YEARBOOK OF CHINESE LOCAL RECORDS

中国地方志工作办公室 编

中国地方志年鉴

2022

中国社会科学出版社

图书在版编目（CIP）数据

中国地方志年鉴. 2022 / 中国地方志工作办公室编. -- 北京：中国社会科学出版社，2024.12. -- ISBN 978-7-5227-4304-2

Ⅰ. K290-54

中国国家版本馆CIP数据核字第2024J3Q622号

出 版 人	赵剑英
责任编辑	彭莎莉　刘晓婧
责任校对	韩海超
责任印制	张雪娇
出　　版	中国社会科学出版社
社　　址	北京鼓楼西大街甲158号
邮　　编	100720
网　　址	http://www.csspw.cn
发 行 部	010-84083685
门 市 部	010-84029450
经　　销	新华书店及其他书店
印刷装订	三河市东方印刷有限公司
版　　次	2024年12月第1版
印　　次	2024年12月第1次印刷
开　　本	889×1194　1/16
印　　张	40.25
插　　页	12
字　　数	1175千字
定　　价	358.00元

凡购买中国社会科学出版社图书，如有质量问题请与本社营销中心联系调换
电话：010-84083683
版权所有　侵权必究

编辑说明

一、《中国地方志年鉴》是经国家新闻出版署批准、由中国地方志工作办公室编纂、国内外公开发行的正式出版物，是一部全面系统地记述中国地方志事业发展状况的专业年鉴，从2002年创刊起，每年出版一卷。本卷为第21卷。

二、《中国地方志年鉴（2022）》的编纂，坚持以马克思列宁主义、毛泽东思想、邓小平理论、"三个代表"重要思想、科学发展观、习近平新时代中国特色社会主义思想为指导，客观翔实记述2021年全国及各省（自治区、直辖市）、市（地、州、盟）、县（市、区、旗）三级地方志工作机构，新疆生产建设兵团志办公室、国务院有关部委局史志机构等地方志工作的基本情况。

三、为了更好地反映全国地方志系统的工作情况，结合地方志工作实际，《中国地方志年鉴（2022）》除特载、特辑、大事记、文献等部分外，设中指组及其办公室工作、志书编纂与出版、旧志整理与出版、年鉴编纂与出版、地方志资源开发利用、信息化与方志馆建设、理论研究与期刊出版、依法治志与督促检查、工作会议、专业培训与考察交流、机构队伍、人物类目。

四、《中国地方志年鉴（2022）》采用分类编辑法，类目下设分目，分目下设条目，以条目为主体。各部分一般依行政区划排列，同一行政区域内，再按时间排序。全书使用规范的语体文记述，文字言简意赅。

五、2023年，经党中央、国务院批准，中国地方志指导小组不再保留，中国地方志指导小组办公室更名为中国地方志工作办公室。本卷年鉴在记述中涉及这两个机构名称的，一仍其旧。

六、为便于读者查阅，卷首设中、英文目录，卷末有索引。索引采用主题分析法，包括地方志工作机构名和书名，按汉语拼音音序排列。

七、本年鉴所采用的文字内容和数据，除特载和理论研究与期刊出版类目的研究综述、论文索引为特约稿件外，其他资料由各级地方志工作机构提供，并经单位领导审定。对部分遗漏和不完整的资料，则从全国地方志系统期刊简报摘录补充，不一一注明。

《中国地方志年鉴》编辑委员会

主　　　任　高　翔
主　　　编　陈文学
副　主　编　邱新立　朱旭尧
执 行 主 编　刘永强
委　　　员（按姓氏笔画排列）

马海军	王　洪	王筱武	王　鹰	牛继兴
毛志华	甘根华	左健伟	左　军	石为怀
田　冰	冯　英	刘汉征	刘文海	刘永强
刘学圊	江　涌	江红英	朱旭尧	朱东风
贠有强	李云鹤	杨立勋	杨松义	吴爱民
邱新立	冷晓玲	汪德军	张恒彬	张　奎
张　权	张　鹏	陈文学	陈　旭	陈银绍
陈传刚	林　浩	罗小胜	欧阳志国	郑金月
郎健华	赵国卿	赵增昆	胡巧利	战国立
姜巧玲	贺　彪	洪民荣	唐昌华	袁国华
曹　丽	曹荣湘	程中才	熊　晖	

编辑部主任　刘永强
编　　　辑　冷晓玲　张　鹏　朱　海　范锐超　李一龙

《中国地方志年鉴（2022）》撰稿人名单

中国地方志指导小组办公室：刘永强　程方勇　王　超　宋丽亚　冷晓玲　张　鹏
　　　　　　　　　　　　　崔瑞萍　谷春侠　张晶萍　朱　海　黄冠潼　付红旭
　　　　　　　　　　　　　武　斌
北京市：曹梦玲　陈　亮　单胜礼　付向东　高俊良　管清斌　纪　元　姜　原　李金艳　李　楠
　　　　刘　婷　刘　慧　宁葆新　齐庆栓　齐　田　史　晔　孙　湄　王　锦　王　鹏　王振华
　　　　徐丽丽　张洪连　张　莉　赵　芬　赵文才　周宝龙　周润洁　北京年鉴社
　　　　北京市方志馆
天津市：陈江鸿　丛　英　戴传辉　邓　磊　杜军强　冯月兰　郭　静　李　颖　李玲玲　刘　新
　　　　柳　杨　吕永辰　马锦玲　穆　欣　宋铭月　唐　旗　王国新　王若濛　王新宇　王中玮
　　　　韦　恬　吴俊侠　吴丽萍　杨　莉　杨全东　于　淼　岳　宏　张　晨　张　岩　张　媛
　　　　张龙伟　张耀鑫　郑　佳　郑　爽　庄倩倩
河北省：梁敏学　刘　霁　刘天骄　刘智勇　邢素丽　杨海云　郑小明
山西省：毕瑾璟　付施蓓　高　峰　兰冬生　乐晓琴　李　蒙　栗　苗　廖依雪　牛　彬　牛　琪
　　　　王　刚　王　珍　闫国风　袁　宁　袁加勤　张　燕　山西省地方志研究院
　　　　大同市地方志研究室　朔州市地方志研究室　太原市地方志研究室　阳泉市地方志研究室
　　　　忻州市地方志研究室　临汾市地方志研究室　吕梁市地方志研究室　晋中市史志研究室
　　　　运城市地方志研究室　长治市地方志研究室　方山县地方志研究室
内蒙古自治区：董丽娜　李承远　李海峰　李瀚鹏　玉　红　赵　婧
辽宁省：卜俊丽　丁玉恒　杜雅娟　姜　东　李　娜　李少军　李系光　李小琳　李占坤　梁忠音
　　　　钱振华　邱　旭　沈明军　王　元　谢莉莉　于泳生　张　帆　张晓春　张晓蕾　赵　丹
沈阳市：沈阳市委党史研究室
大连市：刘　成
吉林省：常京锁　陈晓杰　范云娇　付　莉　高　岩　李　刚　李士心　刘　颖　刘士宏　卢艳春
　　　　马艾民　慕林林　任　帅　盛禹彭　孙敏杰　王晓辉　徐　鑫　闫佳函　叶冬梅　于　永
　　　　张　健　张建光　赵　乐　赵　磊　赵德新　周玉顺
长春市：崔玉恺
黑龙江省：杜胜男　张　帝　朱　丹　中共黑龙江省委史志研究室
哈尔滨市：包鸿梅　边清山　曹　禹　宋春秀　魏思阳　肖莉虹
上海市：陈　畅　郭万隆　吕鲜林　王师师　杨　婧

江苏省：纪莉莉　雷卫群　李海宏　沈萌潋　邬　进　武文明　尤　岩　张　俊　朱莉萍
南京市：黄　涛
浙江省：浙江省志办　杭州市志办　宁波市志办　温州市志办　嘉兴市地方志编纂室
　　　　湖州市地方志编纂室　绍兴市地方志编纂室　金华市志办　衢州市志办
　　　　台州市地方志编纂室　丽水市志办
安徽省：程正周　杜中文　胡　锴　黄玉华　刘　春　牛　毅　苏爱梅　孙　戎　王德桡　张　军
　　　　章慧丽　朱金龙
福建省：蔡　荫　蔡晨晖　蔡钰臻　曹　斌　陈　曦　雷启伟　林春花　刘剑星　刘楷彬　陆华珍
　　　　欧长生　吴文守　游友荣　郑　欣　福建省委党史研究和地方志编纂办公室　福建省方志馆
　　　　福建省地方志学会　三明市委党史和地方志研究室　宁化县委党史和地方志研究室
　　　　建宁县委党史和地方志研究室　尤溪县委党史和地方志研究室
　　　　三元区委党史和地方志研究室　大田县委党史和地方志研究室
厦门市：厦门市委党史方志室
江西省：邓　静　付施蓓　傅媛媛　谷丽茜　黄诗惠　兰冬生　乐晓琴　廖伟东　廖依雪　刘善泳
　　　　倪贵清　潘　舒　施恩沁　孙晓东　涂　杨　王　颖　吴志文　熊　玮　叶国丰　袁　宁
　　　　袁加勤　钟洪成　朱　岳　南昌市史志办　新建区史志研究室
山东省：杜　泉　李果霖　宋　涛　魏　伟　张富华　梁一博
济南市：济南市地方史志研究院
青岛市：青岛市地方史志研究院
河南省：李惠清　王　颖　徐德森　张　凯　张　新
湖北省：湖北省文化和旅游厅地方志工作处
武汉市：武汉市志办
湖南省：补发明　曾小玲　陈　波　陈　曦　陈　艳　陈垂良　陈大鹏　陈丹青　陈晓红　陈欣波
　　　　邓　尧　费淑荷　冯　拥　郭　琦　洪　全　黄　斌　黄　芬　黄　磊　黄坤维　蕳　甜
　　　　蒋　意　蒋祖智　李　丹　李国维　李惠清　梁雪梅　廖闻菲　刘兴汉　刘志强　隆清华
　　　　罗　斌　罗　慧　罗　健　孟　韵　孟东华　牟志扬　任璀洺　尚　畅　谭文美　谭泽鑫
　　　　唐继武　唐清明　田望春　汪冬梅　王　晶　王　艳　王成亮　王明成　吴文广　肖　艳
　　　　熊仲荣　姚分廷　易可倩　余立新　张　睿　赵　琳　赵小明　郑德丽　周建文　周进银
　　　　周美凤　赫山区地方志编纂室　南县史志编纂室
广东省：曾玉婷　陈　渊　黄　真　黄凯旋　梁锐洪　刘士忠　麦贵旺　莫锐煊　宋　婧　钟文婧
　　　　广东省志办　罗湖区志办　南山区史志研究中心　盐田区志办　宝安区志办　坪山区志办
广州市：广州市志办
深圳市：林吟专　杨腾窝
广西壮族自治区：高　叶　梁　昕　刘　妍　王小霞　韦瑟钧乙　吴辉军　谢达春　周岳琳
　　　　　　　　周珍朱

海南省：陈文萍　王凌云　谢成林　张东安　张永翠

重庆市：白　刚　陈　坤　陈欣如　贺壹城　匡　勇　雷　蕾　李才东　李海海　刘　芳　马　伟
　　　　马必波　秦　成　石　车　童泓萍　谢海洪　谢力新　熊　英　徐　天　张　莉　张　怡
　　　　张玉洁　周怡彤　邹　川　重庆市志办　忠县党史和地方志研究室

四川省：陈婧妮　黄　绚　李　果　刘艳平　孙玉峰　朱　丹

成都市：冷一帅

贵州省：毕文龙　鄂启科　方文鹏　雷　蕾　李　兵　林　浩　刘　芳　吕　勇　石胜成　唐　翡
　　　　王　鸿　王　云　肖　伟　张　亚　张娇娇　张文建　赵弟军　周端敏　周慧云
　　　　贵阳市志办　六盘水市志办　安顺市史志办　毕节市史志办　铜仁市志办　盘州市志办
　　　　大方县史志办　《贵阳年鉴》编辑部　《贵阳统计年鉴》编辑部

云南省：云南省志办

西藏自治区：康丰智　罗布曲珍　王梅洁　扎　西　赵建鹏　赵文成　邹廷波

陕西省：陕西省志办　《陕西年鉴》编辑部　陕西省方志馆

西安市：西安市志办

甘肃省：董　宏　段进泓　高天成　高赞娃　贾婉妮　贾小炎　李保军　李佳潞　李满强　梁拴明
　　　　梁兴明　刘世清　敏彦萍　牛建文　司德芳　孙海泽　王　炜　王　旭　杨争山　余德艳
　　　　张建魁　甘肃省史志办

青海省：师玉洁　杨树寿　张进芳

宁夏回族自治区：张明鹏

新疆维吾尔自治区：艾克热木·托合提　邓兆勤　康丰智　刘　铖　齐俊生　杨　柳　杨持纲
　　　　　　　　　张　炜　赵　琳　克拉玛依市史志办

新疆生产建设兵团：王兴鹏　兵团第一师阿拉尔市史志办　兵团第二师铁门关市史志办
　　　　　　　　　兵团第三师图木舒克市史志办　兵团第五师双河市史志办
　　　　　　　　　兵团第六师五家渠市史志办　兵团第八师石河子市史志办　兵团第九师史志办
　　　　　　　　　兵团第十师北屯市史志办　兵团第十一师史志办　兵团第十三师史志办

中国国家铁路集团有限公司：叶　清

《中国水利年鉴》编辑部：芦　珊

方志出版社：范锐超　焦鸿鹏

有关组织机构及文件全称、简称对照表

中国共产党中央委员会	中共中央
中国人民政治协商会议全国委员会	全国政协
中华人民共和国人力资源和社会保障部	人社部
中国人民解放军	解放军
中国人民武装警察部队	武警部队
新疆生产建设兵团	兵团
中国共产党××省(自治区、直辖市)、市(地、州、盟)、县(市、区)委员会	××省(自治区、直辖市)、市(地、州、盟)、县(市、区)委
××省(自治区、直辖市)、市(地、州、盟)、县(市、区)人民代表大会	××省(自治区、直辖市)、市(地、州、盟)、县(市、区)人大
中国人民政治协商会议××省(自治区、直辖市)、市(地、州、盟)、县(市、区)委员会	××省(自治区、直辖市)、市(地、州、盟)、县(市、区)政协
中国地方志指导小组	中指组
中国地方志指导小组办公室	中指办
××省(自治区、直辖市)、市(地、州、盟)、县(市、区)地方志编纂委员会	××省(自治区、直辖市)、市(地、州、盟)、县(市、区)地方志编委会
××省(自治区、直辖市)、市(地、州、盟)、县(市、区)地方志编纂委员会办公室	××省(自治区、直辖市)、市(地、州、盟)、县(市、区)志办
××省(自治区、直辖市)、市(地、州、盟)、县(市、区)人民政府地方志办公室	××省(自治区、直辖市)、市(地、州、盟)、县(市、区)志办
××省(自治区、直辖市)、市(地、州、盟)、县(市、区)地方志办公室	××省(自治区、直辖市)、市(地、州、盟)、县(市、区)志办
××省(自治区、直辖市)、市(地、州、盟)、县(市、区)地方志工作办公室	××省(自治区、直辖市)、市(地、州、盟)、县(市、区)志办
××省(自治区、直辖市)、市(地、州、盟)、县(市、区)地方史志办公室	××省(自治区、直辖市)、市(地、州、盟)、县(市、区)史志办

《香港参与国家改革开放志》出版典礼暨《粤港澳大湾区志》合作备忘录签署仪式

2021年12月6日,《香港参与国家改革开放志》出版典礼暨《粤港澳大湾区志》合作备忘录签署仪式在香港举行,全国政协副主席、国务院港澳事务办公室主任夏宝龙通过视频方式发表讲话

(新华社 供图)

香港特别行政区行政长官林郑月娥出席活动并发表演讲　　　　　　（新华社　供图）

中国社会科学院院长、中指组组长谢伏瞻发表视频致辞　　　　　　（中指办　供图）

2021年全国省级地方志机构主任工作会议暨中国地方志学会第七次会员代表大会

　　2021年3月19日，2021年全国省级地方志机构主任工作会议暨中国地方志学会第七次会员代表大会以"现场+网络直播"的方式召开。中国社会科学院院长、中指组组长谢伏瞻（主席台左二）出席会议并讲话。中国社会科学院副院长、中指组常务副组长高翔（主席台左三）主持会议并讲话。图为会议现场　　　　　　　　　　　　　　（中指办　供图）

部分分会场现场　　　　　　　　　　　　　　　　　　　　　　（中指办　供图）

全国地方志工作研讨会议

2021年3月30日至4月1日,国家方志馆江南分馆启动推进会在江苏苏州召开。图为与会代表围绕江南分馆建设进行讨论　　　　　　　　　　　　　　　　　　（中指办　供图）

2021年4月8日至9日,中国抗击新型冠状病毒肺炎疫情志资料收集编纂研讨会在浙江温州召开。图为开幕式会场

2021年4月19日至20日,国家方志馆南方丝绸之路分馆建设启动大会暨南方丝绸之路国际论坛筹备会议、国家方志馆南方丝绸之路分馆建设主题主线和布展大纲讨论会在云南大理召开。图为开幕式会场　　　　　　　　　　　　　　　　　　　　　（中指办　供图）

2021年5月26日至27日,全国年鉴质量建设暨中国年鉴精品工程研讨会在广西防城港召开。图为开幕式会场　　　　　　　　　　　　　　　　　　　　　　（中指办　供图）

2021年7月22日,中国名镇志、中国名村志业务研讨会在山东烟台召开。图为与会代表围绕编纂工作开展情况进行讨论　　　　　　　　　　　　　　　　　　（中指办　供图）

2021年7月28日至29日,全国地方志法治化建设研讨会在黑龙江抚远召开。图为开幕式会场　　　　　　　　　　　　　　　　　　　　　　　　　　（中指办　供图）

2021年10月25日至27日,"讲述黄河故事 传承黄河文化"系列活动讲述大赛决赛暨颁奖会在山东济南举办。图为会议现场
（中指办 供图）

2021年12月7日至10日,第十一届中国地方志学术年会、第二届全国方志论坛、第五届全国年鉴论坛、全国地方史志期刊建设暨理论研讨会以线上方式召开。图为北京主会场开幕式现场
（中指办 供图）

2021年12月21日至24日,第八届全国地方志优秀成果（年鉴类）省级综合年鉴、中央部委年鉴评审会议在北京召开。图为评审会议现场
（中指办 供图）

业务培训

2021年4月11日至17日，2021年第一期全国地方志工作机构新任负责人培训班在山东济宁举办。图为开班式会场　　　　　　　　　　　　　　　　　　（中指办　供图）

2021年7月18日至24日，2021年第二期全国地方志工作机构新任负责人培训班在山东济宁举办。图为开班式会场　　　　　　　　　　　　　　　　　　（中指办　供图）

2021年7月20日至21日，中国名镇志、中国名村志丛书编纂业务培训班在山东烟台举办。图为开幕式会场 （中指办 供图）

2021年11月2日至4日，第六期全国年鉴主编培训班采用"视频会议+网络直播"的形式举办。图为北京主会场开班式现场 （中指办 供图）

各省（自治区、直辖市）省领导指导地方志工作

2021年1月18日，湖南省委常委、宣传部部长张宏森（右排右三）到省地方志编纂院调研，听取工作汇报。图为汇报会现场　　　　　　　　　　　　　（湖南省地方志编纂院　供图）

2021年2月23日，广西壮族自治区人大常委会副主任杨静华（左二）到自治区志办调研并参观志鉴编纂成果　　　　　　　　　　　　　　　　　（广西壮族自治区志办　供图）

2021年3月5日,安徽省委常委、宣传部部长、省委党史学习教育领导小组副组长陶明伦(右一)到省委党史研究院(省地方志研究院)调研并参观史志成果展

(安徽省地方志研究院 供图)

2021年4月29日,福建省副省长郭宁宁(左二)到省委党史研究和地方志编纂办公室调研并参观省情展览(中共福建省委党史研究和地方志编纂办公室 供图)

2021年11月1日,江西省委常委、宣传部部长梁桂(左二)到省社会科学院(省地方志研究院)调研并参观成果展

(江西省地方志研究院 供图)

2021年11月11日,黑龙江省委常委、省委秘书长、省委办公厅主任徐建国(左二)到省委史志研究室调研并参观省方志馆　　　　　　　　　(黑龙江省委史志研究室　供图)

2021年12月1日,山西省委常委、宣传部部长吴伟(右二)到省委党史研究院(省地方志研究院)调研并参观史志成果展　　　　　　　　　(山西省地方志研究院　供图)

目 录

特 载

·谢伏瞻工作讲话

奋力推进全国地方志事业向法治化
　高质量转型升级
　　——在2021年全国省级地方志
　　　机构主任工作会议暨中国地方志
　　　学会第七次会员代表大会上的
　　　讲话……………………谢伏瞻（1）
在《香港参与国家改革开放志》
　出版典礼暨《粤港澳大湾区志》
　合作备忘录签署仪式上的
　致辞………………………谢伏瞻（4）
在"同舟共济 志同道合"——港穗
　双城图片展上的
　致辞………………………谢伏瞻（4）

特 辑

全国政协副主席、国务院港澳事务
　办公室主任夏宝龙等出席《香港
　参与国家改革开放志》出版
　典礼暨《粤港澳大湾区志》
　合作备忘录签署仪式…………………（5）
高翔对四川省第二轮修志任务
　完成作出批示…………………………（5）
河北省委书记、省人大常委会主任
　王东峰向中指办致感谢信……………（5）
山西省委常委、宣传部部长吕岩松
　出席全省党史方志部门主要负责人
　会议并讲话……………………………（5）
山西省委常委、宣传部部长吴伟到
　省委党史研究院（省地方志研究院）
　调研……………………………………（6）
辽宁省代省长李乐成就地方志
　工作作出批示…………………………（6）
吉林省省长韩俊对年鉴工作作出
　批示……………………………………（6）
吉林省副省长阿东对地方志工
　作作出批示……………………………（6）
黑龙江省委常委、省委秘书长、
　省委办公厅主任徐建国到省
　委史志研究室调研……………………（6）
黑龙江省政协副主席宫晶堃到
　省方志馆参观考察……………………（6）
江苏省委常委、常务副省长樊
　金龙对《江苏记录》作出
　批示……………………………………（7）
江苏省委常委、宣传部部长
　张爱军参观江苏书展"方志
　江苏馆"…………………………………（7）
江苏省委常委、苏州市委书记
　许昆林与副省长马欣参观江
　苏书展苏州市志办展位………………（7）
浙江省省长郑栅洁对地方志工
　作作出批示……………………………（7）
浙江省委常委、宣传部部长朱
　国贤出席《浙江通志》编纂
　成果应用工作会议……………………（7）
安徽省委副书记程丽华专题听
　取省委党史研究院（省地方
　志研究院）工作汇报…………………（7）
安徽省委常委、宣传部部长陶
　明伦到省委党史研究院（省
　地方志研究院）调研…………………（8）
安徽省委常委、省委秘书长郭
　强出席全省党史和地方志部
　门主要负责人会议暨全省党
　史和地方志干部培训会议……………（8）

福建省委副书记、政法委书记
　　罗东川调研地方志工作……………（8）
福建省委副书记、厦门市委书
　　记胡昌升致信省委党史研究
　　和地方志编纂办公室……………（8）
福建省副省长郭宁宁到省方志馆
　　调研………………………………（8）
福建省副省长李德金对年鉴工
　　作作出批示………………………（9）
江西省副省长孙菊生就加快第
　　二轮《江西省志》编纂进度作出
　　批示………………………………（9）
江西省委常委、宣传部部长梁
　　桂到省社科院（省地方志研究院）
　　调研………………………………（9）
江西省委书记易炼红，省委副
　　书记、代省长叶建春等就第
　　二轮《江西省志》编纂工作
　　作出批示…………………………（9）
江西省副省长孙菊生对地方志
　　工作作出批示……………………（9）
江西省委书记易炼红，省委常
　　委、宣传部部长庄兆林对地
　　方志工作作出批示………………（9）
山东省委书记刘家义、副省长
　　孙继业就年鉴工作作出批示……（10）
山东省委常委、组织部部长王
　　可，副省长孙继业就精品年
　　鉴工作作出批示…………………（10）
山东省委常委、组织部部长王
　　宇燕，省人大常委会副主任
　　王华就援疆援藏志工作作出
　　批示………………………………（10）
湖南省委常委、宣传部部长张
　　宏森到省地方志编纂院调研……（10）
湖南省委常委、宣传部部长张
　　宏森对地方志工作作出批示……（10）
湖南省政协副主席贺安杰到省
　　地方志编纂院调研………………（10）
广东省委书记李希到省志办调
　　研并对地方志工作作出批示……（10）
广西壮族自治区党委常委、组
　　织部部长曾万明，海南省委
　　常委周红波到海南省史志馆
　　参观考察…………………………（11）
广西壮族自治区副主席黄俊华
　　对地方志工作作出批示…………（11）
广西壮族自治区副主席黄俊华
　　听取自治区志办工作汇报并作
　　指示………………………………（11）
广西壮族自治区人大常委会副
　　主任杨静华到自治区志办调研…（11）
广西壮族自治区政协副主席钱
　　学明到自治区志办调研…………（11）
海南省委副书记、代省长冯飞
　　对史志工作作出批示……………（11）
海南省委常委、省委秘书长孙
　　大海，副省长王路分别就
　　"两全目标"推进工作作出
　　批示………………………………（12）
海南省委常委、省委秘书长孙
　　大海就《海南绿水青山志
　　（1988—2021）编纂工作方
　　案》作出批示……………………（12）
海南省委常委、省委秘书长
　　孙大海对史志工作作出
　　批示………………………………（12）
四川省委常委、成都市委书记
　　范锐平听取市志办地方志工作
　　汇报………………………………（12）
四川省人大常委会副主任王宁
　　对第二轮修志任务完成作出
　　批示………………………………（12）
云南省副省长、省地方志编委
　　会副主任李玛琳到省志办
　　调研………………………………（12）
西藏自治区党委常委、党委秘
　　书长达娃次仁对地方志督导
　　和培训工作作出批示……………（12）
甘肃省副省长、省地方志编委
　　会主任何伟就"两全目标"
　　推进工作作出批示………………（12）

目　录

青海省委书记王建军等对地方
　　志工作作出批示……………………（12）
青海省省长、省地方志编委会
　　主任信长星对《青海省志》
　　稿作出批示…………………………（13）
青海省省长、省地方志编委会
　　主任信长星等对地方志工作
　　作出批示……………………………（13）
青海省省长、省地方志编委
　　会主任信长星等对《青海
　　省抗击新冠肺炎疫情实录
　　（2020.1.19—2020.12.1）》
　　（征求意见稿）作出批示…………（13）
青海省副省长、省地方志编委
　　会常务副主任杨逢春对地方
　　志工作作出批示……………………（13）
青海省副省长杨志文对地方志
　　工作作出批示………………………（13）
宁夏回族自治区主席咸辉对地
　　方志工作作出批示…………………（14）
宁夏回族自治区副主席、宁夏
　　地方志和古籍文献整理委员
　　会副主任杨培君主持召开宁
　　夏地方志和古籍文献整理委员
　　会议……………………………………（14）
新疆维吾尔自治区党委副书
　　记，兵团党委书记、政委王
　　君正对史志工作作出批示…………（14）
新疆生产建设兵团党委常委、
　　党委秘书长李冀东对地方志
　　工作作出批示………………………（14）

大事记

1月……………………………………………（15）
2月……………………………………………（16）
3月……………………………………………（16）
4月……………………………………………（17）
5月……………………………………………（17）
6月……………………………………………（18）
7月……………………………………………（19）
8月……………………………………………（20）
9月……………………………………………（21）
10月……………………………………………（21）
11月……………………………………………（22）
12月……………………………………………（23）

中指组及其办公室工作

· 中指组工作

新冠肺炎疫情防控资料收集编
　　纂工作启动…………………………（26）
中指组通报2020年"两全目
　　标"完成情况………………………（26）
中指组通报2021年上半年全国
　　省市县三级综合年鉴全覆盖
　　完成情况……………………………（26）
全国地方志系统先进集体和先
　　进工作者表彰………………………（26）
第八届全国地方志优秀成果
　　（年鉴类）评审活动开展…………（26）

· 中指办工作

全国地方志系统开展"学习吴
　　志宏，建功新时代"主题宣教
　　活动……………………………………（27）
2021年全国省级地方志机构
　　主任工作会议暨中国地方
　　志学会第七次会员代表大会
　　召开……………………………………（27）
国家方志馆江南分馆启动推进会
　　召开……………………………………（27）
中国抗击新型冠状病毒肺炎疫
　　情志资料收集编纂研讨会召开……（27）
2021年第一期全国地方志工作
　　机构新任负责人培训班举办………（28）
国家方志馆南方丝绸之路分馆
　　建设启动会召开……………………（28）
中指办领导出席《湘西土家族
　　苗族自治州扶贫志》专家
　　评审会…………………………………（28）
中指办领导赴贵州指导《红军
　　街志》《茅台酒志》编纂……………（28）

国家方志馆南方丝绸之路分馆
　　建设工作领导小组第二次会议
　　召开……………………………（28）
中指办领导到广西调研地方志
　　工作……………………………（29）
全国年鉴质量建设暨中国年鉴
　　精品工程研讨会召开……………（29）
中指办领导到宁夏调研地方志
　　工作……………………………（29）
中指办领导到湖北调研地方志
　　工作……………………………（29）
国家方志馆南方丝绸之路分馆
　　建设工作领导小组第三次会
　　议及专家组会议召开……………（29）
中指办领导到云南省祥云县调
　　研地方志工作…………………（30）
国家方志馆南水北调分馆试开
　　馆仪式举行………………………（30）
国家方志馆南方丝绸之路分馆
　　建设工作领导小组第四次会议
　　召开……………………………（30）
中指办领导到天津调研地方志
　　工作……………………………（30）
2021年第二期全国地方志工作
　　机构新任负责人培训班举办……（30）
中国名镇志、中国名村志丛书
　　编纂业务培训班举办……………（31）
中国名镇志、中国名村志丛书
　　编纂业务研讨会召开……………（31）
中指办领导到黑龙江省调研地
　　方志工作…………………………（31）
国家方志馆南方丝绸之路分馆
　　建设工作领导小组第五次会议
　　召开……………………………（31）
全国地方志法治化建设研讨会
　　召开……………………………（32）
中指办领导到天津调研地方志工作……（32）
中指办领导听取江苏地方志工作
　　汇报……………………………（32）
中指办领导听取国家方志馆南
　　水北调分馆工作汇报……………（32）
"讲述黄河故事，传承黄河文
　　化"系列活动讲述大赛决赛
　　暨颁奖会举办……………………（32）
第六期全国年鉴主编培训班举办………（33）
中国扶贫志编纂工程和中国全
　　面小康志编纂工程线上研讨会
　　召开……………………………（33）
中指办与中央宣传部出版产品
　　质量监督检测中心座谈会召开……（33）
2021年全国地方志系统信息化
　　业务培训班举办…………………（33）
第十一届中国地方志学术年会
　　等系列学术活动举行……………（34）
中指办领导听取广西地方志工作
　　汇报……………………………（34）
第八届全国地方志优秀成果
　　（年鉴类）省级综合年鉴、
　　中央部委年鉴评审会议召开………（34）
中指办领导听取河南省地方志
　　工作汇报…………………………（34）
中指办公布第六批中国名镇志
　　丛书、第五批中国名村志丛
　　书入选名单………………………（34）
新时代年鉴事业高质量发展座
　　谈会召开…………………………（35）
方志出版社出版486部图书……………（35）

志书编纂与出版

· 编纂进度

北京市志书编纂进度……………………（36）
天津市志书编纂进度……………………（36）
河北省志书编纂进度……………………（36）
山西省志书编纂进度……………………（36）
内蒙古自治区志书编纂进度……………（37）
辽宁省志书编纂进度……………………（37）
吉林省志书编纂进度……………………（38）
上海市志书编纂进度……………………（38）
江苏省志书编纂进度……………………（38）
浙江省志书编纂进度……………………（38）
安徽省志书编纂进度……………………（38）

福建省志书编纂进度……………………（38）
江西省志书编纂进度……………………（39）
山东省志书编纂进度……………………（39）
河南省志书编纂进度……………………（39）
湖北省志书编纂进度……………………（39）
湖南省志书编纂进度……………………（39）
广东省志书编纂进度……………………（40）
广西壮族自治区志书编纂进度…………（40）
海南省志书编纂进度……………………（40）
重庆市志书编纂进度……………………（41）
四川省志书编纂进度……………………（41）
贵州省志书编纂进度……………………（41）
云南省志书编纂进度……………………（41）
西藏自治区志书编纂进度………………（41）
陕西省志书编纂进度……………………（42）
甘肃省志书编纂进度……………………（42）
青海省志书编纂进度……………………（42）
宁夏回族自治区志书编纂进度…………（42）
新疆维吾尔自治区志书编纂
　进度……………………………………（43）
新疆生产建设兵团志书编纂
　进度……………………………………（43）
全国铁路系统志书编纂进度……………（43）

· 省级志书出版

《北京志·人民代表大会志
　（1998.1—2013.1）》出版……………（43）
《天津市志·纪律检查志
　（1949—1993）》出版…………………（43）
《河北省志·对外经济贸易志
　（1979—2005）》出版…………………（43）
《河北省志·农业志（1979—
　2005）》出版……………………………（44）
《山西省志·广播电影电视志
　（1978—2013）》出版…………………（44）
《山西省志·城乡建设志》出版…………（44）
《山西省志·监察志》出版………………（44）
《山西省志·国土资源志》出版…………（44）
《山西省志·建筑材料工业志》
　出版……………………………………（44）
《山西省志·扶贫开发志》出版…………（45）
《山西省志·总述》出版…………………（45）

《内蒙古自治区志·包钢志》出版………（45）
《江苏省志（1978—2008）·国内
　贸易志》出版…………………………（45）
《江苏省志（1978—2008）·海洋
　渔业志》出版…………………………（45）
《江苏省志（1978—2008）·建材
　建筑志》出版…………………………（46）
《江苏省志（1978—2008）·劳动
　保障志》出版…………………………（46）
《江苏省志（1978—2008）·体育
　志》出版………………………………（46）
《江苏省志（1978—2008）·外事
　港澳台侨事务志》出版………………（46）
《江苏省志（1978—2008）·社会
　科学志》出版…………………………（46）
《江苏省志（1978—2008）·人物
　志》出版………………………………（47）
《江苏省志（1978—2008）·石油
　化工志》出版…………………………（47）
《江苏省志（1978—2008）·轻工
　纺织志》出版…………………………（47）
《江苏省志（1978—2008）·电子
　信息志》出版…………………………（47）
《江苏省志（1978—2008）·财政
　税务志》出版…………………………（48）
《江苏省志（1978—2008）·人口
　人民生活志》出版……………………（48）
《江苏省志（1978—2008）·附录》
　出版……………………………………（48）
《江西省志·组织志（1991—
　2010）》出版……………………………（48）
《江西省志·出版志（1991—
　2010）》出版……………………………（48）
《重庆市志·交通银行志（1915—
　2018）》出版……………………………（48）
《西藏自治区志·地质矿产志》
　出版……………………………………（48）
《青海省志·检察志（1986—
　2005）》出版……………………………（49）
《青海省志·体育志（1995—
　2010）》出版……………………………（49）

《青海省志·发展计划志（1986—2005）》出版 …… （49）
《青海省志·邮政电信志·电信（1986—2005）》出版 …… （49）
《青海省志·公安志（1986—2005）》出版 …… （49）
《青海省志·社会科学志（1993—2010）》出版 …… （49）
《青海省志·监狱管理志（1995—2010）》出版 …… （50）
《青海省志·自然环境志》出版 …… （50）
《青海省志·人口与计划生育志（1986—2013）》出版 …… （50）
《青海省志·医疗卫生志（1990—2013）》出版 …… （50）
《青海省志·文化艺术志（1986—2005）》出版 …… （50）
《青海省志·旅游志（1982—2010）》出版 …… （50）
《青海省志·区域建置志（1990—2011）》出版 …… （50）
《青海省志·国内贸易志（1986—2005）》出版 …… （51）
《青海省志·报业志（1995—2010）》出版 …… （51）
《青海省志·总述·大事记（1986—2005）》出版 …… （51）
《新疆通志·工商行政管理志（1986—2013）》出版 …… （51）

· 市级志书出版

《包头市志（1991—2015）》出版 …… （51）
《鞍山市志·第三卷（1986—2005）》出版 …… （51）
《鞍山市志·第四卷（1986—2005）》出版 …… （51）
《鞍山市志·第五卷（1986—2005）》出版 …… （52）
《本溪市志·第四卷（1986—2005）》出版 …… （52）
《锦州市志·政治文化卷（1986—2002）》出版 …… （52）
《营口市志·第三卷（1986—2005）》出版 …… （52）
《阜新市志·第三卷（1986—2005）》出版 …… （52）
《铁岭市志·第四卷（1984—2005）》出版 …… （52）
《宁波市志（1991—2010）》出版 …… （52）
《嘉兴市志（1991—2010）》出版 …… （53）
《宁德市志（1993—2005）》出版 …… （53）
《长沙市志（1988—2012）》出版 …… （53）
《防城港市志》出版 …… （53）
《贺州市志》出版 …… （54）
《来宾市志》出版 …… （54）
《山南地区志（2001—2015）》出版 …… （54）
《玉树州志（1996—2015）》出版 …… （54）
《博尔塔拉蒙古自治州志（1978—2005）》出版 …… （55）

· 县级志书出版

《北辰区志·城市管理综合执法志》出版 …… （55）
《北辰区志·安全生产监督管理志》出版 …… （55）
《北辰区志·气象志》出版 …… （55）
《北辰区志·供销社志》出版 …… （55）
《北辰区志·红十字会志》出版 …… （56）
《北辰区志·人民代表大会志》出版 …… （56）
《北辰区志·工会志》出版 …… （56）
《北辰区志·交通运输管理志》出版 …… （56）
《北辰区志·文化志》出版 …… （56）
《北辰区志·工商联（商会）志》出版 …… （56）
《阳泉市城区志》出版 …… （56）

《壶关县志》出版 …………………… （57）
《方山县志》出版 …………………… （57）
《东河区志》出版 …………………… （57）
《石拐区志》出版 …………………… （57）
《九原区志（1991—2013）》
　出版 ………………………………… （57）
《扎赉诺尔区志（2006—2018）》
　出版 ………………………………… （58）
《鄂伦春自治旗志（2010—
　2019）》出版 ……………………… （58）
《西市区志（辽晚期—2011）》
　出版 ………………………………… （58）
《永嘉县志（1991—2010）》
　出版 ………………………………… （58）
《乐清市志（1991—2013）》
　出版 ………………………………… （58）
《嘉兴市南湖区志》出版 …………… （59）
《嘉兴市秀洲区志》出版 …………… （59）
《安吉县志》出版 …………………… （59）
《绍兴县志（1990—2013）》
　出版 ………………………………… （59）
《台州市椒江区志》出版 …………… （59）
《泉州市洛江区志》出版 …………… （59）
《益阳市赫山区志》出版 …………… （60）
《广州市黄埔区志（2001—
　2015）》出版 ……………………… （60）
《广州市萝岗区志》出版 …………… （60）
《上林县志（1986—2005）》
　出版 ………………………………… （60）
《岑溪市志（1991—2005）》
　出版 ………………………………… （60）
《苍梧县志（1991—2005）》
　出版 ………………………………… （61）
《上思县志（1991—2005）》
　出版 ………………………………… （61）
《钦州市钦南区志》出版 …………… （61）
《兴业县志》出版 …………………… （61）
《田林县志（1991—2005）》
　出版 ………………………………… （62）
《乐业县志（1990—2005）》
　出版 ………………………………… （62）
《德保县志（1991—2005）》
　出版 ………………………………… （62）
《象州县志（1991—2005）》
　出版 ………………………………… （62）
《来宾市兴宾区志（1991—
　2005）》出版 ……………………… （63）
《崇左市江州区志（1986—
　2005）》出版 ……………………… （63）
《龙州县志（1986—2005）》
　出版 ………………………………… （63）
《武隆县志·经济信息委志
　（1949—2016）》出版 …………… （63）
《武隆县志·政协志（1950—
　2016）》出版 ……………………… （63）
《萨嘎县志》出版 …………………… （64）
《洛扎县志》出版 …………………… （64）
《西宁市城西区志（1987—
　2005）》出版 ……………………… （64）
《同仁县志（1991—2015）》出版 …… （64）
《河南蒙古族自治县志（1991—
　2010）》出版 ……………………… （64）
《同德县志（1986—2005）》
　出版 ………………………………… （65）
《兴海县志（1986—2005）》
　出版 ………………………………… （65）
《都兰县志（1991—2010）》
　出版 ………………………………… （65）
《冷湖行政区志（1991—
　2015）》出版 ……………………… （65）
《大武口区志（1991—2013）》
　出版 ………………………………… （65）
《奎屯市志（1996—2015）》
　出版 ………………………………… （65）
《十四团志（1999—2015）》
　出版 ………………………………… （66）
《二十七团志（1996—2015）》
　出版 ………………………………… （66）
《四十五团志（1995—2010）》
　出版 ………………………………… （66）
《一八四团志（1995—2015）》
　出版 ………………………………… （66）

《一八五团志（1993—2015）》
　　出版……………………………（67）
- **乡镇村志书**
　《麦子店街道志》出版……………（67）
　《张家庄村志》出版………………（67）
　《燕家台村志》出版………………（67）
　《康陵村志》出版…………………（67）
　《万娘坟村志》出版………………（68）
　《付村志》出版……………………（68）
　《郭村志》出版……………………（68）
　《孙庄子村志》出版………………（68）
　《刘庄村志》出版…………………（68）
　《边村志》出版……………………（68）
　《凌口村志》出版…………………（69）
　《小倪庄村志》出版………………（69）
　《大倪庄村志》出版………………（69）
　《辛院村志》出版…………………（69）
　《梨园头村志》出版………………（69）
　《王姑娘庄村志》出版……………（69）
　《宁家房子村志》出版……………（69）
　《凌庄子村志》出版………………（70）
　《高庄子村志》出版………………（70）
　《杨楼村志》出版…………………（70）
　《王台村志》出版…………………（70）
　《东碾坨嘴村志》出版……………（70）
　《邓店村志》出版…………………（70）
　《大张庄镇志》出版………………（71）
　《西堤头镇志》出版………………（71）
　《双口镇志》出版…………………（71）
　《南故邑村志》出版………………（71）
　《北翟营社区志》出版……………（72）
　《小车行村志》出版………………（72）
　《辛兴村志》出版…………………（72）
　《寺庄镇志》出版…………………（72）
　《沈阳街道乡镇志（第五辑）》出版……（72）
　《红旗镇志（1913—2016）》
　　出版……………………………（72）
　《双闸街道志》出版………………（72）
　《和凤镇志》出版…………………（73）
　《石湫镇志》出版…………………（73）
　《东屏镇志》出版…………………（73）

《武家嘴村志（2000—2020）》
　　出版……………………………（73）
　《云亭街道志》出版………………（73）
　《南闸志》出版……………………（73）
　《溪隐村志》出版…………………（73）
　《江苏名村·祝陵村志》出版………（74）
　《新建镇志》出版…………………（74）
　《湖汶镇志（1997—2018）》出版……（74）
　《黄家溪村志》出版………………（74）
　《吴巷村志》出版…………………（74）
　《双湾村志》出版…………………（75）
　《宝带桥社区志》出版……………（75）
　《香雪村志》出版…………………（75）
　《金庭传统村落合志》出版………（75）
　《占上村志》出版…………………（75）
　《盛泽镇志》出版…………………（76）
　《蒋巷村志》出版…………………（76）
　《山北村志》出版…………………（76）
　《姜巷村志》出版…………………（76）
　《杜桥村志》出版…………………（76）
　《泾河村志》出版…………………（76）
　《浮桥镇志》出版…………………（77）
　《莳谊社区志》出版………………（77）
　《洋口镇志》出版…………………（77）
　《江苏名镇·吕四港镇志》
　　出版……………………………（77）
　《江苏名镇·白蒲镇志》出版………（77）
　《石庄镇志》出版…………………（78）
　《江苏名镇·城东镇志》出版………（78）
　《江苏名村·泰宁村志》出版………（78）
　《新安镇志》出版…………………（78）
　《张店镇志》出版…………………（78）
　《百禄镇志》出版…………………（78）
　《新集镇志》出版…………………（78）
　《江苏名镇·高沟镇志》出版………（79）
　《尚庄镇志》出版…………………（79）
　《三仓镇志》出版…………………（79）
　《江苏名镇·富安镇志》出版………（79）
　《溱东镇志》出版…………………（79）
　《八滩镇志》出版…………………（79）
　《蒋王街道志》出版………………（80）

《扬州市邗江区汊河街道志》
　　出版 …………………………………（80）
《汤汪乡志》出版 ………………………（80）
《文昌花园社区志》出版 ………………（80）
《陈集镇志》出版 ………………………（80）
《高桥镇志》出版 ………………………（81）
《指南村志》出版 ………………………（81）
《天王镇志》出版 ………………………（81）
《下蜀镇志》出版 ………………………（81）
《宝华镇志》出版 ………………………（81）
《镇江新区镇江经济技术开发
　　区志（1992—2015）》出版 …………（81）
《苏陈镇志》出版 ………………………（81）
《罡杨镇志》出版 ………………………（82）
《京泰路街道志》出版 …………………（82）
《唐甸村志》出版 ………………………（82）
《渔行社区志》出版 ……………………（82）
《白马镇志》出版 ………………………（82）
《乔杨社区志》出版 ……………………（82）
《引江社区志》出版 ……………………（83）
《溱潼镇志》出版 ………………………（83）
《淤溪镇志》出版 ………………………（83）
《河横村志》出版 ………………………（83）
《小杨村志》出版 ………………………（83）
《沙沟镇志》出版 ………………………（83）
《大邹镇志》出版 ………………………（84）
《戴南镇志》出版 ………………………（84）
《孤山镇志》出版 ………………………（84）
《滨江镇志》出版 ………………………（84）
《虹桥镇志》出版 ………………………（84）
《西桥村志》出版 ………………………（84）
《桑木村志》出版 ………………………（85）
《郭寨村志》出版 ………………………（85）
《凤凰街道志》出版 ……………………（85）
《寺巷街道志》出版 ……………………（85）
《新庄镇志》出版 ………………………（85）
《建设街道志》出版 ……………………（85）
《金星村志》出版 ………………………（86）
《王江泾镇志》出版 ……………………（86）
《王店镇志》出版 ………………………（86）
《洪合镇志》出版 ………………………（86）
《濮院镇志》出版 ………………………（86）
《洪溪村志》出版 ………………………（86）
《林城镇志》出版 ………………………（87）
《大和村志》出版 ………………………（87）
《桑渎志》出版 …………………………（87）
《陶朱街道志》出版 ……………………（87）
《柘皋镇志》出版 ………………………（87）
《唐嘴村志》出版 ………………………（87）
《石杨镇志》出版 ………………………（87）
《石牌镇志》出版 ………………………（87）
《关庙乡志》出版 ………………………（88）
《斑竹园镇志》出版 ……………………（88）
《司前乡志》出版 ………………………（88）
《上杭县旧县镇志》出版 ………………（88）
《桥光村志》出版 ………………………（88）
《高安市独城镇志》出版 ………………（88）
《洪范池镇志》出版 ……………………（88）
《和圣苑村志》出版 ……………………（89）
《南寨社区志》出版 ……………………（89）
《后田社区志》出版 ……………………（89）
《东流亭社区志》出版 …………………（89）
《博山区镇村志略（八陡镇
　　卷）》出版 ……………………………（89）
《东洋江村志》出版 ……………………（89）
《古现街道志》出版 ……………………（89）
《西障郑家村志》出版 …………………（90）
《罗家庄志》出版 ………………………（90）
《衡里炉村志》出版 ……………………（90）
《东关社区志》出版 ……………………（90）
《千泉街道志》出版 ……………………（90）
《王庄镇志》出版 ………………………（90）
《桃园镇志（1990—2019）》
　　出版 …………………………………（90）
《汶阳镇志（1988—2017）》
　　出版 …………………………………（91）
《兰山区朱潘社区志》出版 ……………（91）
《九间棚村志》出版 ……………………（91）
《堤岭村志》出版 ………………………（91）
《程官庄村志》出版 ……………………（91）
《安乐镇志》编纂出版 …………………（91）
《宜阳县城关镇志》出版 ………………（91）

《翟镇村志》出版 （92）
《老城镇志》出版 （92）
《恩村志》出版 （92）
《褚河镇志》出版 （92）
《东关街道志》出版 （92）
《陈店乡志》出版 （92）
《商水县姚集乡志》出版 （93）
《聂堆镇志》出版 （93）
《北姚村志》出版 （93）
《满春街道志》出版 （93）
《宗关街志》出版 （93）
《韩家墩街志》出版 （93）
《古田街志》出版 （94）
《武汉市狮子山街志》出版 （94）
《白沙洲街道志》出版 （94）
《三店街志》出版 （94）
《丁家坪村志（1900—2018）》
　出版 （94）
《玉泉办事处志（1973—2015）》
　出版 （95）
《三桥村志（1926—2020）》
　出版 （95）
《张家场村志》出版 （95）
《马羊洲村志》出版 （95）
《董家湾村志》出版 （95）
《清水溪村志（1949—2015）》
　出版 （95）
《洋坪村志（1926—2018）》
　出版 （96）
《石桥坪村志（1949—2018）》
　出版 （96）
《阳泉村志（1949—2018）》
　出版 （96）
《高岚村志（1949—2019）》
　出版 （96）
《秀龙村志（1949—2019）》
　出版 （96）
《双坪村志（1949—2018）》
　出版 （96）
《夫子社区志（1949—2018）》
　出版 （96）
《茅坪镇志》出版 （97）
《头道河村志（1949—2019）》
　出版 （97）
《陈家湾村志（1949—2015）》
　出版 （97）
《黄家山村志》出版 （97）
《柴家湾村志》出版 （97）
《桂花坪村志（1949—2015）》
　出版 （98）
《调关镇志》出版 （98）
《上车湾镇志》出版 （98）
《桥市镇志（1986—2017）》
　出版 （98）
《东湖街道志（1991—2020）》
　出版 （98）
《长沙市雨花区街镇简志》出版 （99）
《湖南乡镇简志·邵阳市卷》出版 （99）
《坪坦村寨志》出版 （99）
《广州市名镇名街名村志丛
　书·南华西街道志》出版 （99）
《广州市名镇名街名村志丛
　书·猎德村志》出版 （99）
《广州市名镇名街名村志丛
　书·茶塘村志》出版 （100）
《广州市名镇名街名村志丛
　书·大埔围村志》出版 （100）
《大岗镇志》出版 （100）
《黄阁镇志》出版 （100）
《龙穴街道志》出版 （100）
《南沙街道志》出版 （100）
《广州市名镇名街名村志丛
　书·东涌镇志》出版 （100）
《广州市名镇名街名村志丛
　书·榄核镇志》出版 （101）
《海南省志·七坊镇志（1935—
　2017）》出版 （101）
《海南省志·牙叉镇志（1935—
　2017）》出版 （101）
《城厢镇志》出版 （101）
《大划镇志（1911—2019）》
　出版 （101）

《三学寺村志》出版……………（101）
《西来镇志》出版……………（101）
《绵阳市名镇志》出版…………（102）
《马岭镇志（1950—2017）》
　出版………………………（102）
《金中镇志》出版……………（102）
《汇川区高桥镇志》出版………（102）
《绥阳县枧坝镇志》出版………（102）
《松烟镇志》出版……………（102）
《龙溪镇志》出版……………（103）
《关兴镇志》出版……………（103）
《鹿城镇志》出版……………（103）
《光禄镇志》出版……………（103）
《环州村志》出版……………（103）
《黑井镇志》出版……………（103）
《大北厂村志》出版……………（104）
《中台村志》出版……………（104）
《横山镇志》出版……………（104）
《永忠村志》出版……………（104）
《榆中县黄家庄村志》出版……（104）
《芳草村志》出版……………（104）
《甘泉镇志》出版……………（104）
《山城子村志》出版……………（105）
《东联村志》出版……………（105）
《霍城镇志》出版……………（105）
《段渠村志》出版……………（105）
《孖秀村志》出版……………（105）

・部门（行业、专题）志书
《北京市怀柔区地名志》出版……（105）
《北京市朝阳区地名志》出版……（106）
《北京市门头沟区地名志》
　出版………………………（106）
《北京市昌平区地名志》出版……（106）
《东丽区武术志》出版…………（106）
《大城县文学艺术志》出版……（106）
《义和团图志》出版……………（106）
《丰宁千松坝林场志（2000—
　2020）》出版………………（107）
《应县木塔志》出版……………（107）
《大同工会志（1993—2018）》
　出版………………………（107）

《大同市保险业志（1949—2017）》
　出版………………………（107）
《广灵扶贫志（2014—2020）》
　出版………………………（107）
《阳泉市人民代表大会志（2001—
　2020）》出版………………（107）
《晋城市人民代表大会志（1985—
　2020）》出版………………（108）
《晋城保险志》出版……………（108）
《泽州农商银行志》出版………（108）
《朔州市金融志》出版…………（108）
《科尔沁区人民代表大会志》
　出版………………………（108）
《满洲里市人民代表大会志
　（1954—2019）》出版………（108）
《察哈尔右翼后旗地名志》出版……（108）
《阿拉善盟统一战线志》出版……（109）
《青冈县体育志（1949—2019）》
　出版………………………（109）
《江苏省对口支援西藏建设
　志》出版……………………（109）
《江苏老字号志》出版…………（109）
《江苏开发区志（1984—2008）》
　出版………………………（109）
《六合交通运输志》出版………（109）
《溧水县政协志》出版…………（109）
《邳州市人大志》出版…………（110）
《常州市钟楼区教育志（1999—
　2019）》出版………………（110）
《金坛国土资源志》出版………（110）
《江苏金坛第一建筑安装工程
　有限公司志》出版…………（110）
《苏州对口支援新疆志》出版……（110）
《苏州对口支援西藏志》出版……（110）
《苏州市相城区20年发展图志
　（2001—2021）》出版………（111）
《常熟水利志》出版……………（111）
《常熟市人民代表大会志》出版……（111）
《常熟史志工作图志》出版……（111）
《中国农工民主党常熟市委员
　会志》出版…………………（111）

《张家港市统战志》出版……………（112）
《张家港市对口支援和扶贫协
　　作志》出版…………………（112）
《南沙小学志》出版…………………（112）
《昆山市民政志（1949—2018）》
　　出版……………………………（112）
《中国昆山昆曲志》出版……………（112）
《南通市关工志》出版………………（112）
《南通市通州区人大志》出版………（113）
《灌云县政协志》出版………………（113）
《灌云县旅游志》出版………………（113）
《灌云县人大志》出版………………（113）
《灌南县老干部工作志》出版………（113）
《灌南县交通运输志》出版…………（113）
《抗日山志》出版……………………（113）
《大丰图志（1978—2020）》
　　出版……………………………（114）
《射阳县财政志（2006—2015）》
　　出版……………………………（114）
《扬州市援藏援疆志》出版…………（114）
《镇江市工商业联合会镇江市
　　总商会志》出版………………（114）
《泰州市国土资源志》出版…………（114）
《江苏省靖江高级中学志》
　　出版……………………………（114）
《兴化市人民代表大会志（1954—
　　2019）》出版…………………（115）
《宿迁市宿豫区住房和城乡建
　　设志》出版……………………（115）
《宿迁市宿豫区人力资源和社
　　会保障志》出版………………（115）
《温州证券志》出版…………………（115）
《温州市教育志（1991—2012）》
　　出版……………………………（115）
《平阳县工商联志》出版……………（116）
《嘉兴统战志》出版…………………（116）
《海宁市地名志》出版………………（116）
《平湖市公安志》出版………………（116）
《嘉善县卫生志》出版………………（116）
《长兴县旅游志》出版………………（116）
《长兴县卫生志》出版………………（117）
《安吉县人大志》出版………………（117）
《安吉县外经贸志》出版……………（117）
《绍兴市越城区教育志》出版………（117）
《剡溪志》出版………………………（117）
《中共武义县委党校志》出版………（117）
《衢州市卫生志（1992—2015）》
　　出版……………………………（117）
《芜湖县人民代表大会志》出版……（118）
《淮北相山志》出版…………………（118）
《淮北水志》出版……………………（118）
《枞阳县政协志》出版………………（118）
《安徽劳动大学志》出版……………（118）
《宣笔志》出版………………………（118）
《闽学志》出版………………………（118）
《福州茶志》出版……………………（119）
《仙游县教育志》出版………………（119）
《莆田市工艺美术志·工艺人
　　物卷》出版……………………（119）
《莆田市工艺美术志·行业管
　　理卷》出版……………………（119）
《上杭县农业志》出版………………（119）
《武平茶志》出版……………………（119）
《庐山栖贤寺志》出版………………（119）
《南康区脱贫攻坚志》出版…………（120）
《京杭大运河山东段志》出版………（120）
《山东省老字号志》出版……………（120）
《济南公安志（1986—2020）》
　　出版……………………………（120）
《东营市工商业联合会志（1989—
　　2019）》出版…………………（120）
《临朐县人民代表大会志》出版……（120）
《临朐县人民医院志（1950—
　　2018）》出版…………………（120）
《昌邑市财政志（1986—2019）》
　　出版……………………………（121）
《微山县地名志》出版………………（121）
《曲阜市农业农村志》出版…………（121）
《济宁老商号（工业篇）》出版………（121）
《肥城市地名志》出版………………（121）
《乳山市教育志》出版………………（122）
《威海姓氏志》出版…………………（122）

《日照市茶叶志》出版……………………（122）
《沂蒙红嫂志》出版………………………（122）
《沂南电业志（2008—2019）》
　　出版……………………………………（122）
《蒙阴县人物志》出版……………………（122）
《沂南县国有林场志》出版………………（123）
《齐河县解放战争志》出版………………（123）
《德州市审计志（1984—2019）》
　　出版……………………………………（123）
《惠民县人民代表大会志（1945—
　　2020）》出版…………………………（123）
《巨野县政协志》出版……………………（123）
《黄河小浪底水利枢纽志》
　　出版……………………………………（123）
《豫菜志》出版……………………………（123）
《汝州曲剧志》出版………………………（124）
《鸡公山常见药用植物志》出版…………（124）
《驻马店市脱贫攻坚志》出版……………（124）
《英山县地名志》出版……………………（124）
《恩施市人民政协志（1949—
　　2018）》出版…………………………（124）
《恩施市人民代表大会志（1949—
　　2016）》出版…………………………（125）
《巴东县地名志》出版……………………（125）
《鹤峰县政协志（1984—2020）》
　　出版……………………………………（125）
《岳阳市工会志（1986—2019）》
　　出版……………………………………（125）
《常德市科学技术志（1988—
　　2010）》出版…………………………（125）
《常德市安全生产监督管理志
　　（1988—2018）》出版………………（126）
《宁乡经济技术开发区志》出版…………（126）
《宁乡高新技术产业园区志》
　　出版……………………………………（126）
《平江县扶贫志》出版……………………（126）
《运河图志》出版…………………………（126）
《广州市人力资源和社会保障
　　志（2001—2017）》出版……………（126）
《广州市国家税务志（1994—
　　2018）》出版…………………………（127）
《广州市林业和园林志（2001—
　　2017）》出版…………………………（127）
《广州市城市更新改造志（2001—
　　2017）》出版…………………………（127）
《广州市环境保护志（2001—
　　2017）》出版…………………………（127）
《南川民俗图志》出版……………………（127）
《重庆市武隆中学校志（1942—
　　2017）》出版…………………………（127）
《梁平柚志》出版…………………………（127）
《成都改革开放志（1978—
　　2018）》出版…………………………（128）
《浪漫白鹿图文志》出版…………………（128）
《邛崃文物图志》出版……………………（128）
《攀枝花市标准地名志》出版……………（128）
《盟遂合作志》出版………………………（128）
《峨眉风物志》出版………………………（128）
《南充市人民代表大会志（1950—
　　2020）》出版…………………………（128）
《达川人大志（1909—2019）》
　　出版……………………………………（128）
《名山区地方志工作志》出版……………（129）
《荥经黑砂志》出版………………………（129）
《普格县脱贫攻坚综合帮扶图
　　志（2014—2020）》出版……………（129）
《贵州桥梁志》出版………………………（129）
《中共遵义市委党校志》
　　出版……………………………………（129）
《正安县法院志》出版……………………（129）
《贵州湄潭茶场志》出版…………………（130）
《湄江高级中学志（1958—
　　2017）》出版…………………………（130）
《玉屏侗族自治县纪检监察志
　　（1950—2020）》出版………………（130）
《德江县检察志》出版……………………（130）
《贵州三穗农村商业银行志》
　　出版……………………………………（130）
《咸阳市商务志（1991—2010）》
　　出版……………………………………（130）
《延安市政协志（1986—2020）》
　　出版……………………………………（131）

《延安市水利志（1991—2018）》
　　出版…………………………………（131）
《神木县人民代表大会志》出版……（131）
《府谷县人民代表大会志》出版……（131）
《子洲县人民代表大会志》出版……（131）
《定边县扶贫志》出版…………………（131）
《安康人民代表大会志（1984—
　　2019）》出版………………………（132）
《安康市财政志（1990—2020）》
　　出版…………………………………（132）
《白河县人民代表大会志（1949—
　　2018）》出版………………………（132）
《紫阳县人民代表大会志》出版……（132）
《紫阳小学校志》出版…………………（132）
《紫阳县标准地名志》出版……………（132）
《镇安县财政志》出版…………………（133）
《甘肃省安全生产监督管理志
　　（1949—2019）》出版………………（133）
《青海民俗志》出版……………………（133）
《宁夏生态环境志》出版………………（133）
《固原扶贫志》出版……………………（133）
《中宁枸杞志》出版……………………（133）
《新疆绿翔建筑安装工程有限
　　责任公司志（1999—2018）》
　　出版…………………………………（134）

旧志整理与出版

- **工作开展**

　天津市……………………………………（135）
　江苏省……………………………………（135）
　安徽省……………………………………（135）
　江西省……………………………………（135）
　山东省……………………………………（135）
　湖北省……………………………………（136）
　湖南省……………………………………（136）
　广东省……………………………………（136）
　广西壮族自治区…………………………（136）
　重庆市……………………………………（136）
- **旧志出版**

　《北京旧志集成》再造出版6辑………（136）

康熙《潞城县志》校注出版……………（136）
康熙《榆次县志》影印出版……………（137）
民国《灵石县志》影印出版……………（137）
民国《太谷县志》影印出版……………（137）
乾隆五十年《保德州志》影印
　　出版…………………………………（137）
康熙、光绪《永宁州志》影印
　　出版…………………………………（138）
民国《抚松县志》影印出版……………（138）
民国《东丰县志》影印出版……………（138）
《民国〈梨树县志〉译注》
　　出版…………………………………（138）
《连云港历史文献集成》珍藏
　　版点校出版…………………………（138）
《〔康熙〕溧水县志》点校
　　出版…………………………………（139）
《民国溧水资料备览》出版……………（139）
《昆山历代山水园林志》点校
　　出版…………………………………（139）
《昆山历代人物志》点校出版…………（139）
民国《瓜洲续志》点校出版……………（139）
《西天目祖山志》点校出版……………（140）
宋版《宝庆〈四明志〉》《开庆
　　〈四明续志〉》影印出版……………（140）
《余姚旧志散文解读》出版……………（140）
《盐邑志林》点校出版…………………（140）
《吴兴备志》点校出版…………………（140）
万历《义乌县志》点校出版……………（141）
《开化历代方志集成》出版……………（141）
乾隆《望江县志》点校出版……………（141）
弘治《徽州府志》点校出版……………（141）
嘉靖《南京太仆寺志》整理出版………（141）
同治《天长县纂辑志稿校注》
　　出版…………………………………（142）
《闽台历代方志集成》（福建
　　省志辑）出版………………………（142）
道光《厦门志》整理再版………………（142）
民国《厦门市志》整理再版……………（142）
崇祯《宁化县志》点校出版……………（142）
明清《建宁县志》点校出版……………（142）
康熙《尤溪县志》点校出版……………（142）

光绪《光泽县志》点校再版…………（143）
同治《永丰县志》点校出版…………（143）
乾隆《袁州府志》影印出版…………（143）
道光《宜春县志》影印出版…………（143）
同治《宜春县志》影印出版…………（143）
同治《东乡县志》点校出版…………（144）
同治《乐安县志》点校出版…………（144）
《济南历代旧志序跋汇辑》
　　出版………………………………（144）
道光《济宁直隶州志》点校
　　出版………………………………（144）
民国《荣成县续志》校注出版………（145）
《明清登封方志集成》影印
　　出版………………………………（145）
康熙《济源县志》影印出版…………（145）
《荆楚文库·武当山志》第一
　　部点校出版………………………（145）
同治《房县志》点校（校注）
　　出版………………………………（145）
嘉靖《宜城县志》校注出版…………（146）
光绪《施南府志续编》校注
　　出版………………………………（146）
乾隆《衡山县志》点校出版…………（146）
嘉庆《新安志》点校出版……………（146）
道光《南海县志（校注）》
　　出版………………………………（147）
《肇庆历代方志集成（州、县志）》
　　影印出版…………………………（147）
康熙六年《西宁县志》（译注
　　本）出版…………………………（147）
道光《上思州志》影印出版…………（147）
光绪《江津县志》白话本出版………（147）
嘉庆《江津县志》白话本出版………（147）
民国《江津县志》白话本出版………（148）
《彭州历史文献丛刊》影印
　　出版………………………………（148）
乾隆《隆昌县志二种》点校
　　出版………………………………（148）
《眉州属志》校注出版………………（148）
乾隆《大竹县志》点校（校注）
　　出版………………………………（148）

《云南历代方志集成》第二辑
　　整理出版…………………………（149）
天启《滇志》影印出版………………（149）
嘉庆《滇系》影印出版………………（149）
民国《新纂云南通志》影印出版……（149）
民国《续云南通志长编》
　　出版………………………………（149）
民国《黄陵县志》校注出版…………（149）
民国《甘肃通志稿》影印出版………（150）
《平凉旧志辑珍》影印出版…………（150）
乾隆《环县志》点校（校注）
　　出版………………………………（150）
《西吉旧志辑录》出版………………（150）

年鉴编纂与出版

· **年鉴创刊出版**

《北京商务中心区年鉴（2021）》
　　创刊出版…………………………（151）
《中关村发展集团年鉴（2021）》
　　创刊出版…………………………（151）
《天津港保税区年鉴（2020）》
　　创刊出版…………………………（151）
《汾湖高新区（黎里镇）年鉴
　　（2021）》创刊出版………………（151）
《常熟市支塘年鉴（2021）》
　　创刊出版…………………………（152）
《南丰年鉴（2021）》创刊出版……（152）
《凤凰年鉴（2021）》创刊出版……（152）
《福田街道年鉴（2021）》创刊……（152）
《莲花街道年鉴（2021）》创刊……（152）
《沙头街道年鉴（2021）》创刊……（153）
《松岗街道年鉴（2021）》创刊……（153）
《成渝地区双城经济圈建设年鉴
　　（2021）》创刊出版………………（153）
《西藏教育年鉴（2019）》创刊
　　出版………………………………（153）
《霍尔果斯年鉴（2019）》创刊
　　出版………………………………（153）

· **省级综合年鉴出版**

《北京年鉴（2021）》出版…………（154）

《天津年鉴（2021）》出版……………（154）
《河北年鉴（2020）》出版……………（154）
《山西年鉴（2021）》出版……………（155）
《内蒙古年鉴（2021）》出版…………（155）
《辽宁年鉴（2021）》出版……………（155）
《吉林年鉴（2021）》出版……………（156）
《黑龙江年鉴（2021）》出版…………（156）
《上海年鉴（2021）》出版……………（156）
《上海年鉴（2020）》英文版
　　出版……………………………（156）
《江苏年鉴（2021）》出版……………（157）
《江苏年鉴（2020）》英文版
　　出版……………………………（157）
《浙江年鉴（2021）》出版……………（157）
《安徽年鉴（2021）》出版……………（157）
《福建年鉴（2021）》出版……………（158）
《江西年鉴（2021）》出版……………（158）
《山东年鉴（2021）》出版……………（159）
《河南年鉴（2021）》出版……………（159）
《湖北年鉴（2021）》出版……………（159）
《湖南年鉴（2021）》出版……………（160）
《广东年鉴（2021）》出版……………（160）
《广西年鉴（2021）》出版……………（160）
《海南年鉴（2021）》出版……………（161）
《海南年鉴（2021）》英文版
　　出版……………………………（161）
《重庆年鉴（2021）》出版……………（161）
《四川年鉴（2021）》出版……………（161）
《贵州年鉴（2021）》出版……………（162）
《云南年鉴（2021）》出版……………（162）
《西藏年鉴（2020）》出版……………（162）
《陕西年鉴（2021）》出版……………（163）
《甘肃年鉴（2021）》出版……………（163）
《青海年鉴（2021）》出版……………（163）
《宁夏年鉴（2021）》出版……………（163）
《新疆年鉴（2020）》出版……………（163）
《兵团年鉴（2021）》出版……………（164）

- **地市级综合年鉴出版**

《石家庄年鉴（2021）》出版…………（164）
《唐山年鉴（2021）》出版……………（165）
《邢台年鉴（2021）》出版……………（165）
《承德年鉴（2021）》出版……………（165）
《廊坊年鉴（2021）》出版……………（165）
《太原年鉴（2021）》出版……………（166）
《大同年鉴（2021）》出版……………（166）
《阳泉年鉴（2021）》出版……………（166）
《晋城年鉴（2021）》出版……………（167）
《忻州年鉴（2021）》出版……………（167）
《临汾年鉴（2021）》出版……………（167）
《赤峰年鉴（2021）》出版……………（167）
《兴安年鉴（2021）》出版……………（168）
《沈阳年鉴（2021）》出版……………（168）
《大连年鉴（2021）》出版……………（168）
《丹东年鉴（2021）》出版……………（168）
《营口年鉴（2021）》出版……………（169）
《阜新年鉴（2021）》出版……………（169）
《铁岭年鉴（2021）》出版……………（169）
《朝阳年鉴（2021）》出版……………（169）
《长春年鉴（2021）》出版……………（170）
《吉林市年鉴（2021）》出版…………（170）
《辽源年鉴（2021）》出版……………（170）
《白城年鉴（2021）》出版……………（170）
《延边年鉴（2021）》出版……………（171）
《哈尔滨年鉴（2021）》出版…………（171）
《齐齐哈尔年鉴（2021）》出版………（171）
《鹤岗年鉴（2021）》出版……………（172）
《大庆年鉴（2021）》出版……………（172）
《伊春年鉴（2021）》出版……………（172）
《牡丹江年鉴（2021）》出版…………（172）
《黑河年鉴（2021）》出版……………（173）
《无锡年鉴（2021）》出版……………（173）
《南通年鉴（2021）》出版……………（173）
《盐城年鉴（2021）》出版……………（174）
《扬州年鉴（2021）》出版……………（174）
《泰州年鉴（2021）》出版……………（174）
《温州年鉴（2021）》出版……………（175）
《嘉兴年鉴（2021）》出版……………（175）
《湖州年鉴（2021）》出版……………（175）
《金华年鉴（2021）》出版……………（176）
《台州年鉴（2021）》出版……………（176）
《合肥年鉴（2021）》出版……………（176）
《马鞍山年鉴（2021）》出版…………（176）

《淮北年鉴（2021）》出版 …………（177）
《安庆年鉴（2021）》出版 …………（177）
《滁州年鉴（2021）》出版 …………（177）
《亳州年鉴（2021）》出版 …………（178）
《宣城年鉴（2021）》出版 …………（178）
《三明年鉴（2021）》出版 …………（178）
《泉州年鉴（2021）》出版 …………（179）
《漳州年鉴（2021）》出版 …………（179）
《平潭年鉴（2020）》出版 …………（179）
《南昌年鉴（2021）》出版 …………（179）
《新余年鉴（2021）》出版 …………（180）
《赣州年鉴（2021）》出版 …………（180）
《吉安年鉴（2021）》出版 …………（180）
《抚州年鉴（2021）》出版 …………（181）
《淄博年鉴（2021）》出版 …………（181）
《济宁年鉴（2021）》出版 …………（182）
《德州年鉴（2021）》出版 …………（182）
《聊城年鉴（2021）》出版 …………（182）
《开封年鉴（2021）》出版 …………（182）
《鹤壁年鉴（2021）》出版 …………（183）
《濮阳年鉴（2021）》出版 …………（183）
《南阳年鉴（2021）》出版 …………（183）
《信阳年鉴（2021）》出版 …………（183）
《十堰年鉴（2021）》出版 …………（184）
《宜昌年鉴（2021）》出版 …………（184）
《襄阳年鉴（2021）》出版 …………（184）
《荆州年鉴（2021）》出版 …………（185）
《长沙年鉴（2021）》出版 …………（185）
《株洲年鉴（2021）》出版 …………（185）
《衡阳年鉴（2021）》出版 …………（185）
《常德年鉴（2021）》出版 …………（186）
《永州年鉴（2021）》出版 …………（186）
《娄底年鉴（2021）》出版 …………（186）
《广州年鉴（2021）》出版 …………（187）
《深圳年鉴（2021）》出版 …………（187）
《深圳年鉴（2020）》双语版
　出版 ………………………………（187）
《珠海年鉴（2021）》出版 …………（187）
《佛山年鉴（2021）》出版 …………（188）
《东莞年鉴（2021）》出版 …………（188）
《南宁年鉴（2021）》出版 …………（188）

《桂林年鉴（2021）》出版 …………（189）
《梧州年鉴（2021）》出版 …………（189）
《北海年鉴（2021）》出版 …………（189）
《玉林年鉴（2021）》出版 …………（189）
《海口年鉴（2021）》出版 …………（190）
《三亚年鉴（2021）》出版 …………（190）
《儋州年鉴（2021）》出版 …………（190）
《成都年鉴（2021）》出版 …………（190）
《德阳年鉴（2021）》出版 …………（191）
《眉山年鉴（2021）》出版 …………（191）
《广安年鉴（2021）》出版 …………（191）
《凉山年鉴（2021）》出版 …………（191）
《贵阳年鉴（2021）》出版 …………（192）
《遵义年鉴（2021）》出版 …………（192）
《六盘水年鉴（2021）》出版 ………（192）
《安顺年鉴（2021）》出版 …………（193）
《毕节年鉴（2021）》出版 …………（193）
《铜仁年鉴（2021）》出版 …………（193）
《曲靖年鉴（2021）》出版 …………（193）
《临沧年鉴（2021）》出版 …………（194）
《拉萨年鉴（2021）》出版 …………（194）
《山南年鉴（2021）》出版 …………（194）
《铜川年鉴（2021）》出版 …………（194）
《宝鸡年鉴（2021）》出版 …………（195）
《延安年鉴（2021）》出版 …………（195）
《汉中年鉴（2021）》出版 …………（195）
《安康年鉴（2021）》出版 …………（195）
《武威年鉴（2021）》出版 …………（195）
《白银年鉴（2021）》出版 …………（196）
《张掖年鉴（2021）》出版 …………（196）
《庆阳年鉴（2021）》出版 …………（196）
《定西年鉴（2021）》出版 …………（196）
《天水年鉴（2021）》出版 …………（196）
《临夏回族自治州年鉴（2021）》
　出版 ………………………………（197）
《海东年鉴（2021）》出版 …………（197）
《海南年鉴（2021）》出版 …………（197）
《海西年鉴（2021）》出版 …………（197）
《黄南年鉴（2021）》出版 …………（198）
《银川年鉴（2021）》出版 …………（198）
《中卫年鉴（2021）》出版 …………（198）

《巴音郭楞年鉴（2020）》出版……（198）
《克拉玛依年鉴（2019）》出版……（199）
- **县级综合年鉴出版**
《北京东城年鉴（2021）》出版……（199）
《北京朝阳年鉴（2021）》出版……（199）
《北京丰台年鉴（2021）》出版……（200）
《北京房山年鉴（2021）》出版……（200）
《北京通州年鉴（2021）》出版……（200）
《北京昌平年鉴（2021）》出版……（200）
《天津河东年鉴（2021）》出版……（201）
《天津市红桥年鉴（2021）》出版……（201）
《天津市东丽年鉴（2021）》
　出版……（201）
《天津滨海新区年鉴（2021）》
　出版……（202）
《天津市津南年鉴（2021）》
　出版……（202）
《天津市北辰年鉴（2021）》
　出版……（202）
《灵寿年鉴（2021）》出版……（202）
《唐山市丰润年鉴（2021）》
　出版……（203）
《唐山市路北区年鉴（2021）》
　出版……（203）
《阜平年鉴（2020）》出版……（203）
《香河年鉴（2021）》出版……（204）
《壶关年鉴（2021）》出版……（204）
《太谷年鉴（2021）》出版……（204）
《垣曲年鉴（2021）》出版……（204）
《繁峙年鉴（2021）》出版……（205）
《孝义年鉴（2021）》出版……（205）
《呼和浩特市赛罕区年鉴（2021）》
　出版……（205）
《红山年鉴（2021）》出版……（205）
《科尔沁区年鉴（2021卷）》
　出版……（206）
《乌拉特后旗年鉴（2021）》
　出版……（206）
《阿拉善右旗年鉴（2021）》
　出版……（206）
《浑南年鉴（2021）》出版……（206）

《和平年鉴（2021）》出版……（207）
《皇姑年鉴（2021）》出版……（207）
《苏家屯年鉴（2021）》出版……（207）
《法库年鉴（2021）》出版……（207）
《西岗年鉴（2021）》出版……（207）
《大连市中山年鉴（2021）》
　出版……（207）
《沙河口年鉴（2021）》出版……（208）
《甘井子年鉴（2021）》出版……（208）
《普兰店年鉴（2021）》出版……（208）
《长海年鉴（2021）》出版……（208）
《海城年鉴（2021）》出版……（208）
《台安年鉴（2021）》出版……（208）
《清原满族自治县年鉴（2021）》
　出版……（208）
《凌源年鉴（2021）》出版……（209）
《南票年鉴（2021）》出版……（209）
《长春市朝阳年鉴（2021）》
　出版……（209）
《九台年鉴（2021）》出版……（209）
《桦甸年鉴（2021）》出版……（210）
《公主岭年鉴（2021）》出版……（210）
《延吉年鉴（2021）》出版……（210）
《道里年鉴（2021）》出版……（210）
《呼兰年鉴（2021）》出版……（211）
《尚志年鉴（2021）》出版……（211）
《依兰年鉴（2021）》出版……（211）
《巴彦年鉴（2021）》出版……（211）
《鸡冠年鉴（2021）》出版……（212）
《友谊年鉴（2021）》出版……（212）
《铁力年鉴（2021）》出版……（212）
《东宁年鉴（2021）》出版……（212）
《建邺年鉴（2021）》出版……（213）
《江宁年鉴（2021）》出版……（213）
《新吴年鉴（2021）》出版……（213）
《相城年鉴（2021）》出版……（214）
《灌云年鉴（2021）》出版……（214）
《萧山年鉴（2021）》出版……（214）
《奉化年鉴（2021）》出版……（215）
《北仑年鉴（2021）》出版……（215）
《鹿城年鉴（2021）》出版……（215）

《吴兴年鉴（2021）》出版……………（215）
《肥东年鉴（2021）》出版……………（216）
《宁国年鉴（2021）》出版……………（216）
《琅琊年鉴（2021）》出版……………（216）
《南谯年鉴（2021）》出版……………（217）
《青阳年鉴（2021）》出版……………（217）
《三元年鉴（2021）》出版……………（217）
《宁化年鉴（2021）》出版……………（218）
《大田年鉴（2021）》出版……………（218）
《建宁年鉴（2021）》出版……………（218）
《上杭年鉴（2020）》出版……………（219）
《新建年鉴（2021）》出版……………（219）
《分宜年鉴（2021）》出版……………（219）
《贵溪年鉴（2021）》出版……………（219）
《安远年鉴（2021）》出版……………（220）
《高安年鉴（2021）》出版……………（220）
《薛城年鉴（2021）》出版……………（220）
《东营市河口年鉴（2021）》
　　出版……………………………………（221）
《龙口年鉴（2021）》出版……………（221）
《曲阜年鉴（2021）》出版……………（221）
《环翠年鉴（2021）》出版……………（221）
《岚山年鉴（2021）》出版……………（222）
《管城年鉴（2021）》出版……………（222）
《金水年鉴（2021）》出版……………（222）
《巩义年鉴（2021）》出版……………（223）
《滑县年鉴（2021）》出版……………（223）
《禹州年鉴（2021）》出版……………（223）
《夷陵年鉴（2021）》出版……………（223）
《谷城年鉴（2021）》出版……………（223）
《沙洋年鉴（2021）》出版……………（224）
《松滋年鉴（2021）》出版……………（224）
《天门年鉴（2021）》出版……………（224）
《浏阳年鉴（2021）》出版……………（224）
《望城年鉴（2021）》出版……………（225）
《长沙县年鉴（2021）》出版…………（225）
《武陵年鉴（2021）》出版……………（225）
《鼎城年鉴（2021）》出版……………（226）
《桂东年鉴（2021）》出版……………（226）
《越秀年鉴（2021）》出版……………（226）
《宝安年鉴（2021）》出版……………（227）

《南山年鉴（2021）》出版……………（227）
《龙岗年鉴（2021）》出版……………（227）
《龙华年鉴（2021）》出版……………（227）
《福田年鉴（2021）》出版……………（228）
《光明年鉴（2021）》出版……………（228）
《罗湖年鉴（2021）》出版……………（228）
《坪山年鉴（2021）》出版……………（228）
《盐田年鉴（2021）》出版……………（229）
《大鹏新区年鉴（2021）》出版………（229）
《南海年鉴（2021）》出版……………（229）
《顺德年鉴（2021）》出版……………（229）
《柳北年鉴（2021）》出版……………（230）
《柳南年鉴（2021）》出版……………（230）
《荔浦年鉴（2021）》出版……………（230）
《苍梧年鉴（2021）》出版……………（230）
《陆川年鉴（2021）》出版……………（230）
《秀英年鉴（2021）》出版……………（231）
《五指山年鉴（2021）》出版…………（231）
《琼海年鉴（2021）》出版……………（231）
《万宁年鉴（2021）》出版……………（231）
《陵水年鉴（2021）》出版……………（231）
《涪陵年鉴（2021）》出版……………（231）
《大渡口年鉴（2021）》出版…………（232）
《江津年鉴（2021）》出版……………（232）
《南川年鉴（2021）》出版……………（232）
《武隆年鉴（2021）》出版……………（232）
《武侯年鉴（2021）》出版……………（233）
《成华年鉴（2021）》出版……………（233）
《彭山年鉴（2021）》出版……………（233）
《名山年鉴（2021）》出版……………（233）
《天全年鉴（2021）》出版……………（234）
《观山湖年鉴（2021）》出版…………（234）
《盘州市年鉴（2021）》出版…………（234）
《赤水年鉴（2021）》出版……………（234）
《紫云年鉴（2021）》出版……………（235）
《大方年鉴（2021）》出版……………（235）
《红塔年鉴（2021）》出版……………（235）
《华坪年鉴（2021）》出版……………（236）
《姚安县年鉴（2021）》出版…………（236）
《达孜年鉴（2021）》出版……………（236）
《昂仁年鉴（2020）》出版……………（236）

《仁布年鉴（2021）》出版 …………（236）
《萨嘎年鉴（2021）》出版 …………（236）
《曲松年鉴（2021）》出版 …………（236）
《加查年鉴（2021）》出版 …………（237）
《错那年鉴（2021）》出版 …………（237）
《日土年鉴（2020）》出版 …………（237）
《革吉年鉴（2021）》出版 …………（237）
《王益年鉴（2021）》出版 …………（237）
《金台年鉴（2021）》出版 …………（238）
《宝塔年鉴（2021）》出版 …………（238）
《汉滨年鉴（2021）》出版 …………（238）
《兰州市城关区年鉴（2021）》
　　出版 ……………………………（238）
《甘州年鉴（2021）》出版 …………（238）
《庄浪年鉴（2021）》出版 …………（239）
《成县年鉴（2021）》出版 …………（239）
《卓尼年鉴（2021）》出版 …………（239）
《西宁市城东年鉴（2021）》
　　出版 ……………………………（239）
《互助土族自治县年鉴（2021）》
　　出版 ……………………………（239）
《门源年鉴（2021）》出版 …………（240）
《河南蒙古族自治县年鉴（2021）》
　　出版 ……………………………（240）
《乌兰年鉴（2021）》出版 …………（240）
《金凤年鉴（2021）》出版 …………（241）
《惠农年鉴（2021）》出版 …………（241）
《彭阳年鉴（2021）》出版 …………（241）
《达坂城区年鉴（2020）》
　　出版 ……………………………（241）
《沙雅年鉴（2019）》出版 …………（241）
《尉犁年鉴（2020）》出版 …………（242）
《博湖年鉴（2020）》出版 …………（242）
《伊宁市年鉴（2019）》出版 ………（242）
《阜康年鉴（2019）》出版 …………（242）
《第一师阿拉尔市年鉴（2020）》
　　出版 ……………………………（242）
《第二师铁门关市年鉴（2021）》
　　出版 ……………………………（243）
《第六师五家渠市年鉴（2021）》
　　出版 ……………………………（243）
《第十三师年鉴（2020）》出版 ……（243）

- **乡镇村年鉴**

《常熟市辛庄年鉴（2021）》
　　出版 ……………………………（244）
《常熟市琴川年鉴（2021）》
　　出版 ……………………………（244）
《常熟市碧溪年鉴（2021）》
　　出版 ……………………………（244）
《常熟市虞山年鉴（2021）》
　　出版 ……………………………（244）
《常熟市尚湖年鉴（2021）》
　　出版 ……………………………（244）
《高新区（塘桥镇）年鉴（2021）》
　　出版 ……………………………（245）
《永联年鉴（2021）》出版 …………（245）
《张浦年鉴（2021）》出版 …………（245）
《周市年鉴（2021）》出版 …………（245）
《陆家年鉴（2021）》出版 …………（246）
《巴城年鉴（2021）》出版 …………（246）
《千灯年鉴（2021）》出版 …………（246）
《淀山湖年鉴（2021）》出版 ………（246）
《周庄年鉴（2021）》出版 …………（246）
《锦溪年鉴（2021）》出版 …………（247）
《浏河年鉴（2020）》出版 …………（247）
《长兴乡村年鉴（2020）》
　　出版 ……………………………（247）
《华富街道年鉴（2021）》
　　出版 ……………………………（247）
《沙头角街道年鉴（2021）》
　　出版 ……………………………（247）
《新安街道年鉴（2021）》
　　出版 ……………………………（248）
《平湖街道年鉴（2021）》
　　出版 ……………………………（248）
《龙城街道年鉴（2021）》
　　出版 ……………………………（248）
《横岗年鉴（2021）》出版 …………（248）
《坪地年鉴（2021）》出版 …………（248）
《盐田街道年鉴（2021）》出版 ……（248）
《龙华街道年鉴（2021）》
　　出版 ……………………………（249）

《观澜年鉴（2021）》出版……………（249）
《观湖年鉴（2021）》出版……………（249）
《民治年鉴（2021）》出版……………（249）
《福城年鉴（2021）》出版……………（249）
《坪山街道年鉴（2021）》出版………（249）
《马峦街道年鉴（2021）》出版………（250）
《龙田街道年鉴（2021）》出版………（250）
《坑梓年鉴（2021）》出版……………（250）
《凤凰街道年鉴（2021）》出版………（250）
《光明街道年鉴（2021）》出版………（251）
《马田年鉴（2021）》出版……………（251）
《玉塘年鉴（2021）》出版……………（251）
《虎门年鉴（2021）》出版……………（251）
《南城年鉴（2021）》出版……………（251）
《长安年鉴（2021）》出版……………（251）
《塘厦年鉴（2021）》出版……………（252）
《麻涌年鉴（2021）》出版……………（252）
《寮步年鉴（2021）》出版……………（252）
《中山市古镇镇年鉴（2021）》
　出版……………………………………（252）

· 专业年鉴出版

《中国水利年鉴（2021）》出版………（253）
《北京园林绿化年鉴（2021）》
　出版……………………………………（253）
《大兴教育年鉴（2021）》出版………（253）
《中关村年鉴（2021）》出版…………（253）
《北京应急管理年鉴（2021）》
　出版……………………………………（253）
《华北电力大学年鉴（2021）》
　出版……………………………………（254）
《天津水务年鉴（2021）》出版………（254）
《天津统计年鉴（2021）》出版………（254）
《天津教育年鉴（2021）》出版………（254）
《天津科技年鉴（2021）》出版………（254）
《天津经济技术开发区年鉴
　（2021）》出版…………………………（255）
《河北统计年鉴（2020）》出版………（255）
《河北科技统计年鉴（2020）》
　出版……………………………………（255）
《河北社会科学年鉴（2021）》
　出版……………………………………（255）

《河北宣传年鉴（2020）》出版………（255）
《中共河北年鉴（2021）》出版………（255）
《山西统计年鉴（2021）》出版………（256）
《临汾统计年鉴（2021）》出版………（256）
《运城统计年鉴（2021）》出版………（256）
《晋中统计年鉴（2021）》出版………（256）
《大同统计年鉴（2021）》出版………（257）
《内蒙古广播电视年鉴（2020）》
　出版……………………………………（257）
《国网内蒙古东部电力有限公
　司年鉴（2020）》出版…………………（257）
《内蒙古文化和旅游年鉴（2021）》
　出版……………………………………（257）
《中国铁路沈阳局集团有限公
　司年鉴（2021）》出版…………………（257）
《中国石油辽河油田公司年鉴
　（2020）》出版…………………………（257）
《吉林统计年鉴（2021）》出版………（258）
《长春新区年鉴（2021）》出版………（258）
《长白山保护开发区年鉴（2021）》
　出版……………………………………（258）
《长春统计年鉴（2021）》
　出版……………………………………（258）
《长春汽车经济技术开发区年鉴
　（2021）》出版…………………………（258）
《黑龙江统计年鉴（2021）》
　出版……………………………………（259）
《江苏社会科学年鉴（2020）》
　出版……………………………………（259）
《江苏保险年鉴（2021）》出版………（259）
《江苏统计年鉴（2021）》出版………（259）
《江苏卫生健康年鉴（2021）》
　出版……………………………………（259）
《江苏自然资源年鉴（2021）》
　出版……………………………………（260）
《花桥经济开发区年鉴（2021）》
　出版……………………………………（260）
《昆山经济技术开发区年鉴
　（2021）》出版…………………………（260）
《昆山高新技术产业开发区年鉴
　（2021）》出版…………………………（260）

《宁波文化旅游年鉴（2021）》
　　出版……………………………（261）
《鄞州交通运输年鉴（2021）》
　　出版……………………………（261）
《温州统计年鉴（2021）》出版……（261）
《嘉兴统计年鉴（2021）》出版……（261）
《湖州统计年鉴（2021）》出版……（261）
《金华统计年鉴（2021）》出版……（261）
《江西统计年鉴（2021）》出版……（262）
《赣州经济技术开发区年鉴
　　（2021）》出版…………………（262）
《山东建设年鉴（2021）》出版……（262）
《中共山东年鉴（2021）》出版……（262）
《山东科技年鉴（2021）》出版……（263）
《河南农业年鉴（2021）》出版……（263）
《河南省南水北调年鉴（2021）》
　　出版……………………………（263）
《湖北发展改革年鉴（2021）》
　　出版……………………………（263）
《湖北交通运输年鉴（2021）》
　　出版……………………………（263）
《长江年鉴（2021）》出版…………（263）
《东风汽车集团有限公司年鉴
　　（2021）》出版…………………（264）
《湖南教育年鉴（2021）》出版……（264）
《湖南统计年鉴（2021）》出版……（264）
《湖南自然资源年鉴（2021）》
　　出版……………………………（264）
《湖南财政年鉴（2021）》出版……（265）
《长沙统计年鉴（2021）》出版……（265）
《广东建设年鉴（2021）》出版……（265）
《广东财政年鉴（2021）》出版……（265）
《前海年鉴（2021）》出版…………（266）
《广东卫生健康年鉴（2021）》
　　出版……………………………（266）
《广西调查年鉴（2021）》出版……（266）
《广西自然资源年鉴（2021）》
　　出版……………………………（266）
《广西审计年鉴（2020）》出版……（266）
《广西商务年鉴（2021）》出版……（267）
《广西税务年鉴（2021）》出版……（267）

《海南统计年鉴（2021）》出版……（267）
《海南大学年鉴（2021）》出版……（267）
《重钢年鉴（2021）》出版…………（267）
《贵州统计年鉴（2021）》出版……（267）
《贵州交通运输年鉴（2021）》
　　出版……………………………（268）
《贵州卫生健康年鉴（2021）》
　　出版……………………………（268）
《贵州自然资源年鉴（2021）》
　　出版……………………………（268）
《贵阳统计年鉴（2021）》出版……（268）
《西藏统计年鉴（2021）》出版……（268）
《杨凌示范区年鉴（2021）》
　　出版……………………………（269）
《兰州石化公司年鉴（2021）》
　　出版……………………………（269）
《甘肃发展年鉴（2021）》出版……（269）
《青海统计年鉴（2021）》出版……（269）
《青海自然资源年鉴（2020）》
　　出版……………………………（269）
《青海交通年鉴（2020）》
　　出版……………………………（270）
《新疆统计年鉴（2021）》
　　出版……………………………（270）
《新疆生产建设兵团统计年鉴
　　（2021）》出版…………………（270）

地方志资源开发利用

·地情书编写与出版

《清代天津府聚落地理研究》
　　出版……………………………（271）
《近代天津地区博物馆史研究》
　　出版……………………………（271）
《老天津的旧报旧刊》出版…………（271）
《老天津的文坛往事》出版…………（271）
《天津老商业》出版…………………（271）
《一个老共产党员的生活账》
　　出版……………………………（271）
《洮南简史》出版……………………（272）
《中国·敦化刀画》出版……………（272）

《加格达奇区简史》出版……………（272）
《砥砺前行——鹤岗发展历程
　（1921—2021）》出版…………（272）
《上海科创中心实录（2014—
　2020）》出版……………………（272）
《江南文明通鉴》出版………………（272）
《鼓楼街巷录》出版…………………（273）
张家港口述资料集《岁月留声》
　出版………………………………（273）
《金陵明故宫图考·南京明故
　宫制度与建筑考》出版…………（273）
《贞石——南京栖霞地区历代
　碑刻集成》出版…………………（273）
《滨湖文库》出版……………………（273）
《江阴二十四城七十二墩》
　出版………………………………（274）
《志说苏州》出版……………………（274）
《高水平全面建成小康社会丹
　阳实践录》出版…………………（274）
《口述常州援藏援疆》出版…………（274）
《我从哪里来：扬中百家姓氏
　探源（续编）》出版……………（274）
《南京通史》全集出版………………（274）
《百年芳华——石梅人物选》
　出版………………………………（275）
《小康市北》出版……………………（275）
《南通老字号》出版…………………（275）
《我的如东我的家》出版……………（275）
《灌南记忆——常州一百零八
　将》出版…………………………（275）
《奔腾的射阳河》出版………………（275）
《镇江图鉴（2021）》出版…………（275）
《杭城·四时幽赏》出版……………（276）
《杭州纪事（2020）》出版…………（276）
《王阳明与弟子》《明性见智》
　二书出版…………………………（276）
《温州民间俚语诠释》出版…………（276）
《苍南建县40年大事记》出版………（276）
《许村政德故事》出版………………（276）
《王茂荫勤廉故事》出版……………（277）
《歙县名人政德故事》出版…………（277）

《一江清水出新安》出版……………（277）
《标杆——将军县里的先进模范》
　出版………………………………（277）
《芜湖历史文化名人——报业
　先行者张九皋》出版……………（278）
《外国人眼中的老安庆》出版………（278）
《宣城脱贫攻坚实录》出版…………（278）
《淮北历史文化丛书》出版…………（278）
《〈全国革命老区县发展史〉
　丛书（松溪县分册）》出版……（278）
《昭萍韵谱》出版……………………（279）
《资溪面包产业发展史》出版………（279）
《石城风俗》出版……………………（279）
《改革开放以来东营市县委书
　记口述历史》出版………………（279）
《河口百年大事记》出版……………（279）
《寻踪觅迹——黄河口老地方》
　出版………………………………（279）
烟台开发区《铭记》出版……………（279）
《威海三千年》出版…………………（280）
《日照大事记》出版…………………（280）
《冀鲁边抗日根据地史料选编》
　出版………………………………（280）
《郑州地情报告（2021）》出版……（280）
《汝瓷史》出版………………………（280）
《汝州人文史话》出版………………（280）
汝州《地标美食》出版………………（281）
《南乐史话》出版……………………（281）
《百年濮阳县大事记》出版…………（281）
《西陵区要览》出版…………………（281）
《阳新县要览》出版…………………（281）
《黄陂区要览》出版…………………（281）
《沙市区要览》出版…………………（282）
《伍家岗区要览》出版………………（282）
《远安县要览》出版…………………（282）
《来凤县要览》出版…………………（282）
《谷城县要览》出版…………………（282）
《汉川市要览》出版…………………（282）
《孝南区要览》出版…………………（282）
《郧阳区要览》出版…………………（283）
《利川市要览》出版…………………（283）

《保康县要览》出版……………（283）
《潜江市要览》出版……………（283）
《鄂州市要览》出版……………（283）
《大冶市要览》出版……………（283）
《汉南区要览》出版……………（284）
《神农架林区要览》出版………（284）
《江岸区要览》出版……………（284）
《浠水县要览》出版……………（284）
《襄城区要览》出版……………（284）
《咸丰县要览》出版……………（284）
《荆州区要览》出版……………（285）
《点军区要览》出版……………（285）
《西塞山区要览》出版…………（285）
《显正街记忆》出版……………（285）
《武当山》画册出版……………（285）
《武当民间故事》出版…………（286）
《英山民俗汇》出版……………（286）
《万山红遍——百年大党的湖
　南征程》出版…………………（286）
《年鉴里的新湖南——辉煌
　"十三五"》出版………………（286）
《菁莪乐育——湖南育才学校
　百年风云人物散记》出版……（286）
《刘崐与晚清著名历史人物》
　出版……………………………（286）
《历史芷江》丛书第三卷出版…（286）
《广东省自然村落历史人文普
　查资料全集·全粤村情》
　（38册）出版…………………（287）
《广东乡村非遗》出版…………（287）
《广东乡村美食》出版…………（288）
《韶关简史》出版………………（288）
《深圳大事记（1978—2020）》
　出版……………………………（288）
《深圳市南山区革命老区发展
　史》出版………………………（288）
《龙岗革命遗址通览》出版……（288）
《珠海驿道古今》出版…………（288）
《珠海市情（2021）》出版……（288）
《珠海村情》出版………………（288）
《佛山中医药简史》出版………（289）

《广府方言顺德话》出版………（289）
《惠州红色文化百村》出版……（289）
《惠州改革开放史（1978—2018）》
　出版……………………………（289）
《中国国家人文地理·惠州》
　出版……………………………（289）
《中国国家人文地理·阳江》
　出版……………………………（289）
《清远家训》出版………………（289）
《清城乡韵》出版………………（289）
《中山印记》出版………………（290）
《云浮通史（古代卷）》出版…（290）
《广西图鉴（2020）》出版……（290）
《广西地名文化》出版…………（290）
《乾江历史文化探略》出版……（290）
《海南黎族苗族自治州史》出版…（290）
《海南省情概览》出版…………（290）
《重庆地情概览（英文版）》
　出版……………………………（291）
《重庆市情概览（2021）》
　出版……………………………（291）
《丹棱艺文志》出版……………（291）
《四川抗战历史文献》"大事
　记卷""少数民族卷""亲
　历·亲见·亲闻资料卷"出版…（291）
《新时代脱贫攻坚在四川》出版…（291）
《生命至上——四川抗击新冠
　肺炎疫情实录》出版…………（292）
《蜀韵纪事（第二辑）》出版…（292）
《天府大儒魏了翁》出版………（292）
《武侯街巷》出版………………（292）
《春风繁华——百年金街春熙路》
　出版……………………………（292）
《出入文殊院》出版……………（292）
《方志成华》第五辑出版………（293）
《郫都乡愁》出版………………（293）
《遇见·新津》出版……………（293）
《彭州·三国遗韵》出版………（293）
《彭州民俗》出版………………（293）
《夹关记忆》出版………………（293）
《百家百年》出版………………（293）

《新津记忆》出版…………（293）
《绵阳水情》出版…………（294）
《内江市脱贫攻坚亲历者口述
　实录》出版………………（294）
《内江市东兴区革命老区发展
　史》出版…………………（294）
《雅安市红色旅游指南》出版…（294）
《元庆史话》出版…………（294）
《赤水文书》出版…………（294）
《极简云南史——值得传颂的
　三十个云南故事》出版……（295）
《云南省情卡片（2021）》
　出版………………………（295）
《咸阳市民俗志》出版……（295）
《延安饮食小记》出版……（295）
《汉中记忆》出版…………（295）
《宁陕县革命老区发展史（1935—
　2019）》出版………………（295）
《安宁高校概览》出版……（296）
《新疆生产建设兵团抗击新冠
　肺炎疫情纪实》出版………（296）
《第一师阿拉尔市大事记
　（2005—2020）》出版………（296）

· 信息咨询与服务

北京史志宣传月活动………（296）
北京市方志馆举办5期京华讲坛……（296）
《北京年鉴》资源的开发利用……（296）
北京市朝阳区设置档案方志角……（296）
北京市昌平区开展地方志开发
　利用工作…………………（296）
北京市志办指导大兴区史志办
　史志资料室建设…………（297）
大型生态人文纪录片《海河》
　播出………………………（297）
"我为群众办实事"天津方志
　在行动……………………（297）
山西省开展"党史方志图书进
　基层"活动…………………（297）
内蒙古开展地方志进公共图书
　馆活动……………………（297）
内蒙古开展地方志进军营活动……（298）

抚顺市开发利用地方志资源……（298）
丹东市利用方志资料做好服务
　工作………………………（298）
辽阳市为有关部门提供地方志
　书和资料…………………（298）
铁岭市为有关部门提供志鉴资料……（298）
"长春，以共和国的名义"展览
　举办………………………（298）
哈尔滨市庆祝中国共产党成立
　100周年专题图片展举办……（298）
《哈尔滨史志讲堂》播出……（298）
哈尔滨市史志育人面对面宣讲……（299）
大型文献纪录片《红雪飞扬
　——百年红色哈尔滨》播出……（299）
上海市"建党100年四史100
　讲"播出……………………（299）
上海市"志鉴中的红色乡愁——
　2021年杨浦区518地方志法规
　宣传主题展"举办……………（299）
江苏首批100个红色地名公布……（299）
江苏省志办与南通大学签订战
　略合作协议………………（299）
江苏地方志系统参加第十一届
　江苏书展…………………（300）
首届"方志江苏"作者年会举行……（300）
江苏省志办与主流媒体合作……（300）
江苏省方志馆开辟学生方志教育
　"第二课堂"…………………（300）
江苏省方志馆被列入省级爱国
　主义教育基地……………（301）
江苏省地方志学会开展社会科
　学普及工作………………（301）
南京方志大讲堂举办8场……（301）
《掌上无锡（2021）》改版……（301）
江阴市档案史志馆打造地方志
　类"红色书屋"………………（301）
"百年记忆·徐州党史主题展"
　举办………………………（301）
方志系列片《沛县方志印记》
　摄制播出…………………（302）
苏州市方志文化进姑苏………（302）

"海棠花红·志鉴先锋"苏州
　方志文化大讲堂举办……………（302）
中共南通地方史展电视馆正式
　上线…………………………（302）
连云港市"山海书谭·文史讲
　堂"系列讲座举办………………（302）
连云港市首家村级史志书驿揭牌……（303）
淮安市"志在淮上"地情文化
　讲坛举办………………………（303）
"记忆泰州"书房开馆………………（303）
"泰州记忆讲堂"开讲………………（303）
嘉兴开展地方文化咨询服务…………（303）
福建省首家"畲家少年红色
　书屋"成立……………………（304）
宁德市推出10条主题党日活动
　线路……………………………（304）
《烽火西竹岔》微电影开播…………（304）
江西省地方志系统提供信息咨询
　与服务…………………………（304）
青岛市市北区捐赠党史史志资料……（304）
东营市东营区提供革命斗争资料……（304）
潍坊市开展"党史史志成果进
　校园"等活动…………………（305）
济宁市向社区、学校赠送党史
　史志书籍………………………（305）
菏泽市开展"我为群众办实事
　——党史史志书籍捐赠"
　活动……………………………（305）
菏泽市牡丹区提供史料服务…………（305）
河南省提供史志信息咨询与服务……（305）
河南省史志办开展方志文化
　"六进"活动……………………（305）
济源市开展《地方志工作条例》
　颁布实施15周年宣传活动………（305）
庆祝建党百年纪念文献《武汉
　百年瞬间》系列成果推出………（305）
湖南省提供地方志信息咨询服务……（306）
株洲市挖掘史志资源…………………（306）
岳阳市开展城市历史文化编研………（306）
湘西州以地方志服务党委政府
　中心工作………………………（306）

"拍摄百集省情微视频讲好广
　东故事"民生项目实施…………（306）
广东"方志vlog"系列视频摄制
　播出……………………………（306）
广东省地情宣传月活动开展…………（306）
广东省情微视频拍摄32集……………（307）
广东省"粤故事"工作项目推进……（307）
广东省多彩乡村主题教育实践
　活动……………………………（307）
"重庆历代行政长官"主题展
　览举办…………………………（307）
重庆市江北区提供地方志信息
　服务咨询………………………（307）
重庆市江北区助力文旅项目
　"莺花渡"打造…………………（308）
重庆市九龙坡区推动地方志资
　源开发利用……………………（308）
重庆市巴南区推出红色资源开
　发利用…………………………（308）
重庆市黔江区推动地方志资源
　开发利用………………………（308）
"晨曦——西南服务团战斗在
　璧山"档案文献展举办…………（309）
"奋斗百年路 启航新征程"铜
　梁党史图片展举办………………（309）
重庆市铜梁区推动史志成果开发
　利用……………………………（309）
重庆市武隆区推动地方志资源
　开发利用………………………（309）
忠县提供地方志信息服务咨询………（309）
彭水县"初心、使命、奋斗"
　革命历史陈列展举办……………（310）
四川省推动地方志资源开发利用……（310）
四川省地方志系统庆祝建党百
　年系列活动举办…………………（310）
四川省以地方志服务经济社会
　发展……………………………（311）
西藏自治区开展方志工作宣传………（311）
西藏自治区地方志系统开展理
　论宣传活动……………………（311）
陕西省"黄河故事"进机关活动……（311）

陕西省志办向"学习强国"平台
　　报送党史故事、黄河故事……………（311）
陕西省开展"我为群众办实事"
　　地方志"六进"活动…………………（312）
甘肃省开展"书香年鉴进社区"
　　活动……………………………………（312）
甘肃省志鉴服务……………………………（312）
青海省提供地方志信息咨询服务…………（312）
青海省志办与青海师范大学等
　　签订战略合作框架协议………………（312）
宁夏"5·18地方志工作宣传
　　日"活动举办…………………………（312）
克拉玛依市史志档案见证党代会
　　专题展举办……………………………（313）
兵团史志成果进社区活动举办……………（313）
第二师铁门关市举办二师发展
　　历程图片展……………………………（313）
第五师双河市"百年辉煌五师
　　记忆"主题展陈活动举办……………（313）
第八师石河子市开展读史用志
　　"六进"活动…………………………（313）
第九师开展"传承红色基因史志书籍
　　入团入连"书籍捐赠活动……………（313）
第十一师开展"看历史图片、
　　学十一师历史"活动…………………（313）

信息化与方志馆建设

· 网站建设

中国方志网建设……………………………（314）
中国国情网建设……………………………（314）
中国地情网建设……………………………（314）
京网建设维护………………………………（314）
天津方志网建设……………………………（314）
河北省地方志网站建设……………………（314）
阳泉市史志网站建设………………………（314）
长治市地方志网站建设……………………（315）
临汾党史方志网建设………………………（315）
内蒙古地方志网站建设……………………（315）
辽宁省地方志网站建设……………………（315）
吉林省地方志网站建设……………………（315）
龙志网建设…………………………………（315）
哈尔滨史志网建设…………………………（316）
齐齐哈尔档案史志信息网建设……………（316）
江苏省情网改版上线………………………（316）
宿迁史志网建设……………………………（316）
嘉兴市档案史志网建设……………………（316）
"嵊州春秋"网建设…………………………（316）
浦江县地方志网页建设……………………（316）
安徽党史方志网站建设……………………（317）
福建党史方志网建设………………………（317）
江西省地方志网站建设……………………（317）
山东省情网建设……………………………（317）
河南省情网建设……………………………（317）
湖北省地方志网建设………………………（318）
武汉地方志网建设…………………………（318）
湖南省地方志编纂院网建设………………（318）
长沙市地方志网站建设……………………（318）
株洲市地方志网站建设……………………（318）
湘潭市地方志网站建设……………………（318）
常德市地方志网站建设……………………（318）
岳阳市地方志网站建设……………………（319）
永州市地方志网站建设……………………（319）
广东省地方志网站建设……………………（319）
广东省情网建设……………………………（319）
深圳史志网建设……………………………（319）
广西地情网建设……………………………（319）
海南史志网建设……………………………（319）
重庆市地方志网站建设……………………（319）
重庆市黔江区门户网站建设………………（320）
四川省情网建设……………………………（320）
陕西省地方志网站建设……………………（320）
青海省地方志网站建设……………………（320）
宁夏方志网建设……………………………（320）
新疆地情网建设……………………………（320）

· 数字化建设

国家数字方志馆……………………………（321）
《北京年鉴（2020）》移动阅
　　读手机版上线…………………………（321）
天津市志鉴资料数字化……………………（321）
天津市开发掌上年鉴手机版………………（321）
河北省方志数据库…………………………（321）

内蒙古志鉴数据化…………………（321）
吉林省省情数据库…………………（321）
江苏省志鉴数据二维码管理………（321）
安徽省志鉴数字化…………………（321）
江西省地方志数字化………………（322）
山东省省情资料库…………………（322）
河南省省情资料库…………………（322）
湖北省地方志数字化建设…………（322）
武汉市数字化建设…………………（322）
湖南省数字方志馆…………………（322）
广东省情数据库……………………（323）
广东省全粤村情数据平台建设……（323）
深圳市史志图书数字化……………（323）
广西数字方志馆……………………（323）
海南省史志图书数字化……………（323）
重庆市地方志地情数据库…………（323）
重庆市巴南区地方志资源数据库……（324）
重庆市铜梁区地情资料数据库………（324）
彭水县地方志图书数字化…………（324）
四川省方志资源数字化……………（324）
成都市地情资料数字化……………（324）
贵州省方志云平台建设……………（324）
陕西省地方志数据资料库…………（325）
甘肃省数字方志馆建设……………（325）
青海省志鉴数字化建设……………（325）
新疆维吾尔自治区数字化
　方志库……………………………（325）
新疆生产建设兵团史志信息
　数据库……………………………（325）

· **新媒体平台建设**

"方志中国"微信公众号……………（325）
"史志北京"微信公众号……………（325）
"天津市档案方志"微信公众号……（325）
河北省地方志新媒体建设…………（326）
内蒙古自治区地方志新媒体建设……（326）
辽宁省地方志新媒体建设…………（326）
"方志吉林"微信公众号……………（326）
"史志龙江"微信公众号……………（326）
"方志上海"微信公众号……………（326）
江苏省地方志新媒体建设…………（326）
"方志浙江"微信公众号……………（327）

安徽省地方志新媒体建设…………（327）
江西省地方志新媒体建设…………（327）
山东省地方志新媒体建设…………（327）
河南省地方志新媒体建设…………（328）
湖北省地方志新媒体建设…………（328）
湖南省地方志新媒体建设…………（328）
广东省地方志新媒体建设…………（328）
广西壮族自治区地方志新媒体
　建设………………………………（329）
海南省地方志新媒体建设…………（329）
重庆市地方志新媒体建设…………（329）
四川省地方志新媒体建设…………（329）
"贵州档案方志"微信公众号………（330）
"读云南"App………………………（330）
陕西省地方志新媒体建设…………（330）
"方志新疆"微信公众号……………（330）

· **方志馆建设**

国家方志馆…………………………（330）
国家方志馆知青分馆………………（331）
国家方志馆江南分馆………………（331）
国家方志馆黄河分馆………………（331）
国家方志馆南水北调分馆…………（331）
国家方志馆长江分馆………………（331）
国家方志馆南方丝绸之路分馆………（332）
北京市方志馆………………………（332）
北京市西城区方志馆………………（333）
北京市房山方志馆…………………（333）
天津市地方志馆……………………（333）
河北省方志馆建设…………………（333）
保定市方志馆………………………（333）
邯郸市方志馆………………………（334）
山西省方志馆………………………（334）
吉林省方志馆………………………（334）
长春市方志馆………………………（334）
黑龙江省方志馆……………………（334）
大庆市方志馆………………………（334）
明水县方志馆………………………（335）
上海通志展示馆……………………（335）
江苏省方志馆………………………（335）
宿迁市方志馆………………………（336）
海宁方志馆…………………………（336）

湖州市方志馆	（336）
诸暨市方志馆	（336）
义乌方志馆	（336）
青田方志馆	（336）
安徽省方志馆建设	（336）
淮北市方志馆建设	（337）
六安史志馆	（337）
永泰县党史方志馆	（337）
芗城区党史（区情）展示馆	（337）
江西省方志馆建设	（337）
九江市方志馆	（337）
山东省方志馆	（338）
河南省方志馆	（338）
洛阳方志馆	（338）
武汉方志馆	（338）
宜昌史志馆	（338）
湖南方志馆	（339）
长沙方志馆	（339）
邵阳市方志馆	（339）
湘西州民族方志馆	（339）
广东省方志文化场馆建设	（339）
广东省方志馆	（340）
广州市方志馆	（340）
广西方志馆建设	（340）
海南省史志馆	（340）
重庆方志馆重庆大学分馆（川渝共建）	（341）
重庆市南川区史志陈列室	（341）
重庆市涪陵区方志馆	（341）
重庆市巴南区地情展示室	（341）
重庆市江北区方志馆	（341）
四川省方志馆建设	（341）
成都市方志馆	（342）
贵州省方志馆	（342）
云南省方志馆群建设	（342）
陕西省方志馆建设	（343）
甘肃省方志馆建设	（343）
甘州区方志馆	（343）
青海省方志馆项目建设	（343）
新疆方志馆（新疆地情展示中心）	（343）

理论研究与期刊出版

·方志理论研究

2021年全国方志理论研究综述	（344）

·年鉴理论研究

2021年全国年鉴理论研究综述	（355）

·方志论文索引 …………………（362）

·年鉴论文索引 …………………（371）

·志鉴著述选介

《沧州地方志概览》	（375）
《吉林省地方志学术年会（2020）论文集》	（376）
《中国新编乡镇志书目提要（上海通志馆藏）》出版	（376）
《江苏地方志学会2021年度学术年会论文集》	（376）
《志鉴编纂述议》	（376）
《广东省地方志理论研究优秀论文集·2020》	（376）
《天水方志十年辑录（2010—2020）》出版	（376）
《新编甘肃地方志提要》出版	（376）

·学会活动与理论研讨

山西省地方志学会第五届会员代表大会暨第五届理事会第一次会议召开	（376）
山西省年鉴研究会第三届会员代表大会暨第三届理事会第一次会议召开	（377）
新时代山西省地方志（年鉴）高质量发展研讨（培训）会召开	（377）
吉林省市县志编纂专家团成员会议	（377）
2021上海地方志论坛举办	（377）
上海市2021年地方志理论研讨会召开	（378）
上海市"建党百年与史志文化"学术论坛举办	（378）
江苏省地方志学会开展课题研究	（378）

连云港市2021年度地方志理论
　　研讨会征文活动开展……………（378）
首届淮安大运河文化带发展论
　　坛举办……………………………（378）
泰州市2021年度党史地方志档
　　案学术年会召开…………………（378）
杭州市地方志学会第三次会员
　　代表大会…………………………（379）
福建省年鉴研究会2020年理事
　　会议暨学术交流会………………（379）
2020年度安徽省党史地方志部
　　门优秀科研成果评选活动
　　举行………………………………（379）
福建省党史方志专家库建立………（379）
江西省地方志学会第四次会员
　　代表大会召开……………………（379）
山东省党史史志系统庆祝中国
　　共产党成立100周年党史理论
　　研讨会召开………………………（379）
山东省方志理论研讨会暨党史
　　史志期刊座谈会召开……………（380）
长沙市地方志学会开展活动………（380）
广东省地方志学会第七次会员
　　大会………………………………（380）
海南省史志系统庆祝中国共产
　　党成立100周年征文活动开展……（380）
海南省庆祝中国共产党成立100
　　周年学术研讨会召开……………（380）
武隆地域历史文化研究座谈会
　　召开………………………………（380）
四川省地方志学会加强组织建设……（381）
"记录百年党史 感恩伟大时
　　代"主题论坛暨巴蜀方志文
　　化研究中心成立仪式举行………（381）
贵州省地方志学会工作年会暨
　　学术研讨会召开…………………（381）
中国首届方志编纂出版学术论坛……（381）
"让地方志说话，讲好新疆故
　　事"征文活动开展…………………（381）
克拉玛依市史志档案业务培训
　　暨学术交流研讨会举办…………（382）

· 期刊出版

《中国地方志》………………………（382）
《中国年鉴研究》……………………（382）
《中国方志馆研究》…………………（382）
《北京地方志》………………………（382）
《东城史志》…………………………（382）
《海淀史志》…………………………（383）
《天津史志》…………………………（383）
《河北地方志》………………………（383）
《史志学刊》…………………………（383）
《大同今古》…………………………（383）
《盂县史志》…………………………（383）
《长治方志》…………………………（384）
《平阳方志》…………………………（384）
《内蒙古印记》………………………（384）
《今古大观》…………………………（384）
《黑龙江史志》………………………（384）
《哈尔滨史志》………………………（384）
《上海地方志》………………………（384）
《上海滩》……………………………（385）
《江苏地方志》………………………（385）
《南京史志》…………………………（385）
《龙城春秋》…………………………（385）
《常熟季录》…………………………（385）
《张家港史志》………………………（385）
《江海春秋》…………………………（385）
《连云港史志》………………………（386）
《扬州史志》…………………………（386）
《泰州记忆》…………………………（386）
《温州史志》…………………………（386）
《龙湾史志》…………………………（386）
《洞头史志》…………………………（386）
《永嘉史志》…………………………（386）
《嘉兴档案史志》……………………（387）
《海宁档案史志》……………………（387）
《平湖史志》…………………………（387）
《海盐档案史志》……………………（387）
《湖州史志》…………………………（387）
《德清史志》…………………………（387）
《兰溪史志》…………………………（387）
《东阳史志》…………………………（387）

《义乌史志》……………………（387）
《武义方志》……………………（388）
《浦江方志》……………………（388）
《安徽地方志》…………………（388）
《福建史志》……………………（388）
《江西地方志》…………………（388）
《山东史志》……………………（388）
《济南党史》……………………（388）
《青岛史鉴》……………………（389）
《崂山春秋》……………………（389）
《淄博史志》……………………（389）
《周村史志之窗》………………（389）
《枣庄党史与方志》……………（389）
《东营党史》……………………（389）
《沂蒙史志》……………………（389）
《沂水史志》……………………（390）
《德州》…………………………（390）
《菏泽大事》……………………（390）
《河南史志》……………………（390）
《武汉春秋》……………………（390）
《韩公亭》………………………（390）
《长沙史志》……………………（390）
《今古湘乡》……………………（391）
《今昔湘潭县》…………………（391）
《夫夷史苑》……………………（391）
《隆回风情》……………………（391）
《今古云溪》……………………（391）
《古今巴陵》……………………（391）
《古今华容》……………………（391）
《人文湘阴》……………………（391）
《平江风情》……………………（391）
《常德古今》……………………（391）
《瑶都江华》……………………（392）
《广东史志》……………………（392）
《当代广东》……………………（392）
《广州史志信息》………………（392）
《深圳史志》……………………（392）
《宝安史志》……………………（392）
《广西地方志》…………………（392）
《海南史志》……………………（392）
《重庆地方志》…………………（393）

《涪陵史志》……………………（393）
《巴蜀史志》……………………（393）
《志苑集林》……………………（393）
《贵州档案方志》………………（393）
《云南史志》……………………（394）
《西藏地方志》…………………（394）
《林芝史志》……………………（394）
《陕西地方志》…………………（394）
《榆林党史与方志》……………（394）
《甘肃史志》……………………（394）
《青海方志工作》………………（394）
《宁夏史志》……………………（394）
《新疆地方志》（汉文版）……（394）
《新疆地方志》（维吾尔文版）……（394）

· **通讯简报**
《方志中国》……………………（395）
《朝阳兰台》……………………（395）
《档案方志参阅》………………（395）
《山西党史方志工作动态》……（395）
《吉林省方志工作通讯》………（395）
《资政史志专送》………………（395）
《哈尔滨市情活页》……………（395）
《安徽史志信息》………………（396）
《烟台大事记》…………………（396）
《河南大事月报》………………（396）
《广州史志参阅》………………（396）
《八桂地情参阅》………………（396）
《海南史志工作信息》…………（396）
《四川要闻》……………………（396）
《四川省地方志工作简报》……（396）
《成都地方志通讯》……………（396）
《修志工作简报》………………（396）
《青海地方志工作动态》………（397）
《青海月志》……………………（397）
《兵团史志工作简讯》…………（397）

依法治志与督促检查

· **依法治志**
《北京市党史和地方志工作规
　划（2021—2025年）》印发………（398）

《上海市地方志事业发展规划
　　纲要（2021—2025年）》印发……（398）
《江苏省"十四五"地方志事
　　业发展规划》印发……………（399）
《南京市"十四五"地方志事
　　业发展规划》印发……………（399）
《徐州市"十四五"史志事
　　业发展规划（2021—2025
　　年）》印发………………………（399）
《苏州市地方志工作规划
　　（2021—2025年）》印发……（400）
《扬州市地方志事业发展
　　"十四五"规划》印发…………（400）
《宿迁市"十四五"地方志事
　　业发展规划》印发……………（400）
安徽省《2021—2025年人才培
　　养规划》印发…………………（400）
福建省《关于支持特色志书编
　　纂出版经费的暂行规定（试
　　行）》印发………………………（401）
《〈河南抗日战争志·人物
　　篇〉编写规定》印发……………（401）
《〈河南抗日战争志〉志稿送
　　审规定》印发…………………（401）
湖南省制（修）订31项制度
　　（方案）…………………………（401）
广东省制定《广东省方志馆建
　　设办法（试行）》等……………（401）
《海南省史志事业发展规划
　　（2021—2025年）》印发……（402）
《海南省地方综合年鉴编纂出
　　版实施细则（修订版）》
　　印发………………………………（402）
《重庆市地方综合年鉴编纂出
　　版细则（2021年修订版）》
　　印发………………………………（402）
《重庆市志办珍贵方志文献征
　　集和管理制度》印发…………（402）
《重庆市地方志工作办法》制订……（403）
《〈重庆历代优秀方志〉点校
　　通例》印发………………………（403）

重庆市南川区政府办公室印发
　　《关于大力促进新时代地方
　　志事业发展的意见》……………（403）
彭水县《关于大力促进新时代
　　地方志事业发展的实施意
　　见》印发…………………………（403）
《四川省"十四五"地方志事
　　业发展规划》制订……………（403）
《云南省地方志工作条例》纳
　　入立法计划……………………（404）
《西藏自治区乡镇村志系列丛
　　书编纂实施方案》印发………（404）
《新疆维吾尔自治区地方志事
　　业"十四五"发展规划》印发……（404）
《新疆生产建设兵团"十四五"
　　史志事业发展规划》印发……（404）
《兵团团场志书出版资助工程
　　专项资金管理办法》印发……（404）
《新疆生产建设兵团综合年鉴
　　管理办法（试行）》等印发………（404）

·督促检查
北京市检查区级综合年鉴编纂
　　情况………………………………（404）
天津市调研全市"十三五"地
　　方志规划落实情况……………（405）
内蒙古调研全区地方志工作……（405）
黑龙江省委史志研究室领导到
　　大庆市调研史志工作…………（405）
黑龙江省委史志研究室领导到
　　牡丹江市调研史志工作………（405）
黑龙江省委史志研究室一行到
　　部分市（地）、县（市、
　　区）开展地方志工作调研……（405）
盐城市专项督查镇村志编纂情况……（406）
福建省调研厦门地方志工作……（406）
福建省调研泉州地方志工作……（406）
江西省与各设区市地方志工作
　　机构签订工作承诺书…………（406）
江西省实行年鉴月报制度………（407）
山东省地方史志研究院领导到
　　临沂市调研史志工作…………（407）

山东省地方史志研究院领导到菏泽市方志馆调研……（407）
湖北省开展地方志工作调研督办……（407）
湖南省督促"一年一鉴、公开出版"工作常态化……（407）
广东省志办开展地方志工作督查调研……（407）
广西壮族自治区志办调研督导各市县地方志工作……（408）
贵州省志办到贵阳市开展立法调研……（408）
西藏自治区志办督导调研市县地方志工作……（408）
兵团志办开展第二轮师团级志书和综合年鉴全覆盖完成情况季通报……（408）

工作会议

· 地方志工作会议

北京市党史和地方志办主任会议……（409）
北京市《退役军人工作政策制定改革方案》涉志内容座谈会……（409）
2021年天津市档案方志工作会议……（409）
天津市市级地方志书编修工作推动会……（409）
天津地方史工作座谈会……（410）
天津市区级志书编修全覆盖工作推动会……（410）
山西省党史方志部门主要负责人会议……（410）
内蒙古自治区推进全区地方志"两全目标"工作会……（410）
沈阳市党史和地方志工作会议……（411）
江苏省地方志工作座谈会……（411）
江苏省学习贯彻"十四五"地方志事业发展规划座谈会……（411）
江苏省学习贯彻习近平总书记给《文史哲》编辑部全体编辑人员回信精神座谈会……（412）
《江苏省对口支援西藏建设志》新闻发布会……（412）
江苏省即时性记录编纂工作交流推进会……（413）
安徽省党史和地方志部门主要负责人会议……（413）
安徽省地方志"两全目标"总结交流会……（413）
合肥市党史和地方志工作会议……（414）
厦门市2021年全市党史和地方志部门负责人会议……（414）
江西省扶贫志和全面小康志编纂工作启动大会……（414）
江西省地方志工作机构主任会议……（415）
山东省党史研究院（地方史志研究院）院长会议……（415）
河南省地方史志机构主任工作会议暨先进集体先进工作者表彰大会……（415）
湖北省文化和旅游（文物）局长及地方志工作负责人电视电话会议……（416）
武汉市地方志工作机构负责人工作会议……（416）
湖南省市州地方志工作机构主任会议……（417）
广东省地方志工作视频会议……（417）
2021年广东省地方志数字化工作推进视频会……（417）
深圳市地方志工作座谈会……（417）
广西市级地方志机构主任工作会议……（418）
海南省2021年全省史志机构主任会议……（418）
重庆市地方志工作机构主要负责人工作会议……（419）
2021年度四川省地方志工作会议……（419）
贵州省地方志事业发展"十四五"规划暨《贵州简志》编纂征求意见座谈会……（419）

贵州省传达学习全国省级地方志
　　工作机构主任工作会议精神………（419）
贵州省地方志工作会议……………（420）
2021年云南省州市地方志工作
　　机构主任工作会议………………（420）
西藏全区党史工作会议……………（420）
陕西省市级地方志办公室主任
　　会议暨全省地方志事业发展
　　"十四五"规划讨论会议………（421）
甘肃省2021年地方史志工作
　　会议…………………………………（421）
2021年青海省市州级地方志工作
　　机构负责人会议…………………（421）
青海省志办上半年工作总结暨
　　下半年工作形势分析会…………（422）
青海省市州地方志工作机构负
　　责人座谈会…………………………（422）
新疆生产建设兵团史志系统
　　表彰会………………………………（422）

· 年鉴工作会议
北京市区级综合年鉴框架修改
　　建议交流会…………………………（423）
《北京年鉴（2021）》编纂
　　启动会………………………………（423）
2021年天津区级综合年鉴和地
　　方史工作推动会…………………（423）
《辽宁年鉴（2021）》编纂工作
　　会议…………………………………（423）
吉林省年鉴质量评审会议
　　（2021）……………………………（423）
江苏省第八届全省年鉴质量
　　评定…………………………………（423）
江苏省精品年鉴评审系列会议………（423）
南京创建中国精品年鉴区域
　　研讨会………………………………（424）
2020年福建省年鉴精品工程终审
　　评审会………………………………（424）
厦门市、区两级综合年鉴2021
　　卷大纲评审会暨厦门市全域
　　精品年鉴2020年度工作
　　总结会………………………………（424）

2021年福建省全域年鉴精品工
　　程（厦门）部分篇目点评会……（424）
2021年福建省全域年鉴精品工
　　程（厦门）样书评审会在厦
　　门召开………………………………（424）
江西省第六届年鉴质量评比活
　　动专家评审会………………………（425）
湖北省年鉴质量评审活动……………（425）
湖南省第八届全省地方志优秀
　　成果（年鉴类）评审推荐会……（425）
湖南省创精品年鉴调研座谈会………（425）
广东省地方综合年鉴规范化建
　　设片区调研座谈会………………（425）
广东省2021年年鉴片区会议…………（426）
2021年广州市地方综合年鉴质
　　量评价会议…………………………（426）
第八届全国地方志优秀成果
　　（年鉴类）评审活动广西评
　　审推荐会……………………………（426）
《陕西年鉴》编纂出版工作会议……（426）

专业培训与考察交流

· 业务培训
北京市《朝阳大事记汇编》主笔
　　人业务培训…………………………（427）
北京市昌平区史志工作业务
　　培训会………………………………（427）
北京市大兴区史志业务提升
　　"云培训"…………………………（427）
天津2021年度全市地方志工作
　　培训班………………………………（427）
山西省党史方志宣传教育工作
　　培训班………………………………（427）
沈阳市史志系统提高"四史"
　　研究水平专题培训班……………（428）
吉林省地方志编委会专题培训………（428）
吉林省抗击新冠肺炎疫情志编
　　纂人员培训班………………………（428）
吉林省志书编纂业务培训班
　　（2021）……………………………（428）

吉林省年鉴编纂业务培训班
　（2021）……………………（428）
《吉林年鉴（2022）》撰稿人
　培训班………………………（428）
2021年度哈尔滨市区、县（市）
　年鉴编纂业务培训班…………（429）
上海市年鉴编纂业务培训…………（429）
江苏省地方志网络业务培训………（429）
江苏名镇名村志专题培训班………（429）
江苏省年鉴业务培训班……………（429）
学习贯彻江苏省"十四五"地
　方志事业发展规划培训班……（429）
安徽省党史和地方志干部培训会……（430）
《福建年鉴（2021）》全省撰稿
　人业务培训班…………………（430）
江西省市县年鉴业务视频培训班……（430）
江西省扶贫志和全面小康志编
　纂业务培训会…………………（430）
江西省地方志工作机构负责人
　业务培训班……………………（430）
山东省临沂市党史史志业务骨
　干培训班………………………（430）
山东省党史史志业务骨干培训班……（431）
河南省乡镇村志编纂业务培训班……（431）
河南省名镇名村志编纂研讨
　培训班…………………………（431）
2021年湖北省地方志机构新任
　负责人、新进人员业务
　培训班…………………………（431）
2021年武汉市地方志系统业务
　培训班…………………………（431）
湖南省年鉴质量建设专题
　培训班…………………………（431）
2021年广东省地方志系统能力
　提升培训班……………………（432）
2021年广东省年鉴编纂实务研修班
　…………………………………（432）
深圳市名村志编纂业务培训会……（432）
深圳市志办指导基层年鉴工作……（432）
2021年桂志文化讲堂第一讲暨
　党史学习教育专题讲座………（432）

2021年桂志文化讲堂第二讲暨
　党史学习教育专题讲座………（433）
广西地方志业务培训班……………（433）
广西全区乡村史志文化建设现
　场交流暨乡村史志编修专题
　培训会…………………………（433）
2021年桂志文化讲堂第三讲专
　题讲座…………………………（433）
2021年桂志文化讲堂第四讲专
　题讲座…………………………（433）
海南省地方综合年鉴编辑业务
　培训会…………………………（434）
《海南年鉴》省直单位新晋撰
　稿人培训会……………………（434）
《海南扶贫志》撰稿人培训会议……（434）
《海南绿水青山志》组稿培训会……（434）
四川省川北片区地方志业务培
　训会议…………………………（434）
成都地方志系统业务培训班………（435）
贵州省档案馆（省志办）业务
　培训……………………………（435）
贵州全省地方志信息化建设
　培训……………………………（435）
2021年西藏自治区史志业务
　培训班…………………………（435）
陕西省地方史编修研讨培训班……（435）
甘肃全省地方史志业务培训班……（435）
甘肃省市州志鉴培训………………（436）
宁夏回族自治区志鉴业务培训……（436）
宁夏全区地方志系统业务培训班……（436）
第二师铁门关市师市综合年鉴
　业务培训班……………………（436）
第三师图木舒克市第二轮团场
　志编纂推进会暨团场志编纂
　业务培训班……………………（436）
第五师双河市团场第二轮修志
　业务培训班……………………（436）
第九师年鉴组稿人培训……………（437）

·考察交流

天津市档案馆（市志办）一行
　到山东考察方志馆建设………（437）

吉林省地方志系统一行到河南、
　　安徽调研……………………（437）
吉林省地方志组成调研组到宁
　　夏、重庆调研…………………（437）
江苏省志办与省委党校图书馆
　　开展交流………………………（437）
江苏省志办一行到湖北考察交流……（438）
广州市委党史文献研究室一行
　　到上海、杭州考察交流………（438）
《西藏自治区发展改革志》编
　　写组到广西学习交流…………（438）
重庆市志办一行调研广西方志
　　馆工作…………………………（438）
海南省党史研究室一行到广
　　东、山东考察交流……………（438）
云南省地方志一行到重庆考察………（438）
云南省地方志一行到四川考察………（438）
云南省人大调研云南地方志工作……（439）
新疆生产建设兵团志办一行到
　　新疆维吾尔自治区地方志编
　　委会座谈交流…………………（439）
第八师石河子市到玛纳斯县开
　　展兵地史志工作融合交流……（439）

机构队伍

· **机构设置**

北京市地方志工作机构设置…………（440）
天津市地方志工作机构设置…………（440）
河北省地方志工作机构设置…………（441）
山西省地方志工作机构设置…………（442）
内蒙古自治区地方志工作机构
　　设置……………………………（442）
辽宁省地方志工作机构设置…………（442）
吉林省地方志工作机构设置…………（443）
黑龙江省地方志工作机构设置………（443）
上海市地方志工作机构设置…………（444）
江苏省地方志工作机构设置…………（444）
浙江省地方志工作机构设置…………（444）
安徽省地方志工作机构设置…………（444）
福建省地方志工作机构设置…………（445）

江西省地方志工作机构设置…………（445）
山东省地方史志工作机构设置………（446）
河南省地方史志工作机构设置………（446）
湖北省地方志工作机构设置…………（446）
湖南省地方志工作机构设置…………（446）
广东省地方志工作机构设置…………（447）
广西壮族自治区地方志工作
　　机构设置………………………（447）
重庆市地方志工作机构设置…………（448）
四川省地方志工作机构设置…………（448）
贵州省地方志工作机构设置…………（448）
云南省地方志工作机构设置…………（449）
西藏自治区地方志工作机构设置……（449）
陕西省地方志工作机构设置…………（449）
甘肃省地方史志工作机构设置………（449）
青海省地方志工作机构设置…………（450）
宁夏回族自治区地方志工作
　　机构设置………………………（450）
新疆维吾尔自治区地方志工作
　　机构设置………………………（450）
新疆生产建设兵团地方志工作
　　机构设置………………………（450）
中国国家铁路集团有限公司史
　　志工作机构设置………………（451）

· **表彰先进**

内蒙古地方志系统干部李洋获
　　授"内蒙古自治区脱贫攻坚
　　先进个人"称号………………（451）
上海市地方史学会获评"上海
　　市优秀社会科学学会"………（451）
安徽评选表彰全省党史地方志
　　系统先进集体和先进工作者……（451）
安徽省党史地方志系统先进集
　　体名录一览表…………………（452）
安徽省党史地方志系统先进工
　　作者名录一览表………………（453）
福建省1人获评省五一劳动奖章………（453）
湖南省通报表扬地方志系统先
　　进集体和先进工作者…………（453）
湖南省地方志编纂院"两优一
　　先"评选表彰…………………（453）

第八届湖南省地方志优秀成果
　（年鉴类）通报表扬……………（454）
湖南省首届"韩公亭杯"全国方志
　理论研究论文评奖通报表扬………（454）
海南省评选表彰地方志"两全
　目标"先进集体和先进
　工作者………………………………（454）
西藏地方志系统干部邹廷波获
　"新时代西藏最美职工"
　称号…………………………………（454）
青海省第六届全省地方志优秀
　成果（年鉴类）通报表扬…………（454）
新疆地方志系统干部张权获授
　"新疆维吾尔自治区脱贫攻
　坚先进个人"称号…………………（454）
兵团史志系统2015—2019年度
　先进集体、先进工作者和优
　秀成果表彰…………………………（455）

人　物

· 领导名录

中国地方志指导小组办公室……………（456）
中共北京市委党史研究室、北京
　市地方志编纂委员会办公室………（456）
天津市档案馆（天津市地方志
　编修委员会办公室）………………（456）
河北省档案馆（河北省地方志
　编纂委员会办公室）………………（456）
中共山西省委党史研究院（山
　西省地方志研究院）………………（456）
内蒙古自治区人民政府地方志
　研究室………………………………（456）
辽宁省政府办公厅（辽宁省地
　方志行政机构）……………………（456）
辽宁省档案馆（辽宁省工业文化
　发展中心）（辽宁省地方志
　编纂机构）…………………………（456）
吉林省地方志编纂委员会………………（456）
中共黑龙江省委史志研究室……………（456）
上海市地方志办公室……………………（456）

江苏省地方志编纂委员会
　办公室………………………………（456）
浙江省人民政府地方志办公室…………（457）
中共安徽省委党史研究院（安徽
　省地方志研究院）…………………（457）
中共福建省委党史研究和地方
　志编纂办公室………………………（457）
江西省地方志研究院……………………（457）
中共山东省委党史研究院（山东
　省地方史志研究院）………………（457）
河南省地方史志办公室…………………（457）
湖北省文化和旅游厅……………………（457）
湖南省地方志编纂院……………………（457）
广东省人民政府地方志办公室…………（457）
广西壮族自治区地方志编纂委员
　会办公室……………………………（457）
海南省地方志办公室……………………（457）
重庆市地方志办公室……………………（457）
四川省地方志工作办公室………………（457）
贵州省档案馆（贵州省地方志
　办公室）……………………………（457）
云南省地方志编纂委员会办公室………（457）
西藏自治区地方志办公室………………（457）
陕西省地方志办公室……………………（457）
甘肃省地方史志办公室…………………（458）
青海省地方志编纂委员会
　办公室………………………………（458）
宁夏回族自治区地方志编审委
　员会办公室…………………………（458）
新疆维吾尔自治区地方志编纂
　委员会………………………………（458）
新疆生产建设兵团志办公室……………（458）

· 人物选介

刘云飞……………………………………（458）
张积涛……………………………………（458）
林燕燕……………………………………（458）
牟国义……………………………………（459）
江　涌……………………………………（459）
袁渊明……………………………………（459）
吴晓红……………………………………（460）
王宁生……………………………………（460）

耿祥星 …………………………………（460）
张晓改 …………………………………（461）
严　芹 …………………………………（461）

文　献

· 修志文件

关于全国地方志系统"两全目
　标"完成情况的通报 ……………（462）
关于全力做好省市县三级综合
　年鉴2022年卷编纂出版工作
　的通知 …………………………………（473）
关于推进市级部门和相关单位
　志书编修全覆盖工作的通知 ………（474）
关于印发《关于启动市区两级
　地方综合年鉴掌上年鉴移动
　阅读手机版开发建设方案》
　的通知 …………………………………（478）
关于启动市区两级地方综合年鉴
　掌上年鉴移动阅读手机版开发
　建设方案 ………………………………（478）
河北省档案馆（河北省地方志
　编纂委员会办公室）关于印发
　《河北省档案馆（省方志办）
　档案方志资料征集工作规范》
　的通知 …………………………………（480）
河北省档案馆（省方志办）档案
　方志资料征集工作规范 ……………（480）
内蒙古自治区人民政府地方志
　研究室关于开展全区乡镇
　（街道）志编纂工作的通知 ………（482）
关于乡镇志编纂工作的若干意
　见（试行） ……………………………（483）
内蒙古自治区人民政府地方志
　研究室关于进一步强化志书
　年鉴质量的通知 ………………………（487）
内蒙古自治区人民政府地方志
　研究室关于印发《内蒙古自
　治区盟市、旗县（市区）志
　书评审、验收及出版暂行办
　法》的通知 ……………………………（488）

内蒙古自治区盟市、旗县（市区）
　志书评审、验收及出版暂行
　办法 ……………………………………（488）
关于印发《内蒙古自治区地方
　志（史）文献资料收（征）
　集、保护、整理管理办法
　（试行）》的通知 ……………………（490）
内蒙古自治区地方志（史）文献
　资料收（征）集、保护、整
　理管理办法（试行） …………………（490）
关于印发《上海市地方志事业
　发展规划纲要（2021—2025
　年）》的通知 …………………………（491）
上海市地方志事业发展规划纲
　要（2021—2025年） …………………（492）
江苏省政府办公厅关于印发
　《江苏省"十四五"地方志
　事业发展规划》的通知 ……………（494）
江苏省"十四五"地方志事业
　发展规划 ………………………………（495）
浙江省人民政府办公厅关于加
　快推进新时代地方志事业发
　展的意见 ………………………………（499）
关于印发《湖南省地方志服务
　"三高四新"战略实施意
　见》的通知 ……………………………（502）
湖南省地方志服务"三高四
　新"战略实施意见 …………………（502）
关于印发《湖南省志鉴精品工程
　实施方案》的通知 …………………（505）
湖南省志鉴精品工程实施方案 ………（505）
关于印发《湖南省方志人才队伍
　建设三年行动计划》的通知 ………（508）
湖南省方志人才队伍建设三年
　行动计划 ………………………………（509）
关于印发《广东省方志馆建设
　办法（试行）》的通知 ……………（510）
广东省方志馆建设办法（试行） ……（510）
关于印发《广西历史文化名镇
　名村（传统村落）史志文化
　工程实施方案》的通知 ……………（512）

广西历史文化名镇名村（传统村落）史志文化工程实施方案………（513）
中共海南省委办公厅　海南省人民政府办公厅关于印发《海南省史志事业发展规划（2021—2025年）》的通知………（514）
海南省史志事业发展规划（2021—2025年）………（514）
重庆市地方志办公室关于印发《重庆市地方综合年鉴编纂出版细则》的通知………（518）
重庆市地方综合年鉴编纂出版细则……（519）
重庆市地方志办公室关于印发《市志办珍贵方志文献征集和管理制度》的通知………（525）
市志办珍贵方志文献征集和管理制度………（525）
四川省地方志工作办公室关于印发《四川省"十四五"地方志事业发展规划》的通知………（526）
云南省地方志编纂委员会办公室关于印发《云南省地方志事业发展规划纲要（2021—2025年）》的通知………（530）
云南省地方志事业发展规划纲要（2021—2025年）………（530）
关于印发《新疆维吾尔自治区地方志事业"十四五"发展规划》的通知………（534）
新疆维吾尔自治区地方志事业"十四五"发展规划………（534）
兵团党委办公厅　兵团办公厅关于印发《新疆生产建设兵团"十四五"史志事业发展规划》的通知………（539）
新疆生产建设兵团"十四五"史志事业发展规划………（540）

- **领导讲话**

在全省党史和地方志部门主要负责人会议上的讲话（摘编）…………郭强（545）
在2021年全区市级地方志机构主任工作会议上的讲话…………黄俊华（547）
在全区党史工作会议上的讲话（摘编）…………刘江（550）

统计表

全国第二轮省市县志和乡镇村志出版情况统计表………………（552）
全国地方志系统行业志、部门志、专业志、山水名胜古迹志和历代方志整理出版情况统计表………………（553）
全国省市县综合年鉴、行业年鉴、部门年鉴、专业年鉴出版情况统计表………………（554）
全国地方志系统地方史、地情书、教材、理论著述、工具书出版情况统计表………………（555）
方志馆建设情况统计表………（556）
全国地方志系统信息化建设情况统计表………………（557）
全国地方志系统信息化建设情况统计明细表………………（558）
全国地方志系统工作机构情况统计表………………（559）
省级地方志工作机构情况统计表………………（559）
地市级地方志工作机构情况统计表………………（561）
县区级地方志工作机构情况统计表………………（562）

索　引

索引………………（565）

Contents

Featured Article ··············· (1)
- Xie Fuzhan's Speeches during Work Investigation and Research ··············· (1)

Special Collection ··············· (5)

Chronology ··············· (15)

The Work of Chinese Local Chronicles Steering Group and Its General Office ··············· (26)
- The Work of Chinese Local Chronicles Steering Group ··············· (26)
- The Work of the General Office of Chinese Local Chronicles Steering Group ··············· (27)

Local Chronicles Compilation and Publication ··············· (36)
- Recent Progress and Development ··· (36)
- Provincial Local Chronicles Publication ··············· (43)
- Regional and Municipal Local Chronicles Publication ··············· (51)
- County and District Local Chronicles Publication ··············· (55)
- Town and Village Local Chronicles Publication ··············· (67)
- Departmental (Industrial Monographic) Local Chronicles Publication ··············· (105)

Traditional Local Chronicles Collation and Publication ··············· (135)
- Recent Deployment and Progress ··············· (135)
- Traditional Local Chronicles Publication ··············· (136)

Yearbooks Compilation and Publication ··············· (151)
- Launch of the Yearbooks ··············· (151)
- Provincial Yearbooks Publication ··············· (154)
- Regional and Municipal Yearbooks Publication ··············· (164)
- County and District Yearbooks Publication ··············· (199)
- Town and Village Yearbooks Publication ··············· (244)
- Local Professional Yearbooks Publication ··············· (253)

Local Chronicles Resources Development and Utilization ··············· (271)
- Local Information Book Compilation and Publication ··············· (271)
- Information Consultation and Information Service ··············· (296)

Application of Information Technology and Construction of Local Chronicles Museums ··············· (314)
- Website Construction ··············· (314)
- Digital Construction ··············· (321)
- Construction of New Media Platform ··············· (325)
- Construction of Local Chronicles Museums ··············· (330)

**Theoretical Research and
　　Periodicals Publication** ……… （344）
　・The Review of Local Chronicles
　　　Theoretical Research ………… （344）
　・The Review of Yearbooks
　　　Theoretical Research ………… （355）
　・Papers Index of Local
　　　Chronicles……………………… （362）
　・Papers Index of Yearbooks ………… （371）
　・Writing and Compilation of
　　　Local Chronicles and
　　　Yearbooks……………………… （375）
　・Society Activities and
　　　Theoretical Research…………… （376）
　・Periodicals Publication……………… （382）
　・Newsletter and Briefings…………… （395）

**Supervisions according to Regulations
　　and Ordinances** …………………… （398）
　・Rules and Regulations……………… （398）
　・Supervisions ………………………… （404）

Conferences ………………………… （409）
　・Conferences of Local Chronicles …… （409）
　・Conferences of Yearbooks…………… （423）

**Professional Training and
　　Communication** …………………… （427）
　・Professional Training ……………… （427）
　・Communication ……………………… （437）

Institutions and Team-building …… （440）
　・Institution Settings…………………… （440）
　・Commendations……………………… （451）

**The Figures of Local Chronicles
　　and Yearbooks** …………………… （456）
　・Name List of the Leaders …………… （456）
　・Personages Introduction …………… （458）

Documents and Literature ………… （462）
　・Local Chronicles Compilation
　　　Documents……………………… （462）
　・Leaders' Speeches ………………… （545）

Statistical Chart…………………… （552）

Index ………………………………… （565）

特　　载

· 谢伏瞻工作讲话

奋力推进全国地方志事业向法治化高质量转型升级
—— 在2021年全国省级地方志机构主任工作会议暨中国地方志学会
第七次会员代表大会上的讲话

（2021年3月19日）

谢伏瞻

在全国上下深入学习贯彻全国"两会"精神，开展党史学习教育之际，我们召开2021年全国省级地方志机构主任工作会议，总结成绩、谋划未来，意义重大。首先，我谨代表中国地方志指导小组，向各位代表表示热烈欢迎！向全国地方志工作者表示诚挚问候！

2021年是实施"十四五"规划、开启全面建设社会主义现代化国家新征程的第一年，是中国共产党成立一百周年，也是全国地方志事业向法治化高质量转型升级的关键之年。本次会议的主题是，深入贯彻习近平新时代中国特色社会主义思想，持续贯彻习近平总书记关于地方志工作的重要论述，总结《全国地方志事业发展规划纲要（2015—2010年）》颁布以来的工作，部署2021年和"十四五"时期的任务。借此机会，我谈几点意见。

一、发扬成绩，夯实地方志事业新发展基础

党的十八大以来，在党中央坚强领导下，全国地方志系统坚持以习近平新时代中国特色社会主义思想为指导，凝心聚力、开拓创新，推动各项事业取得显著进展。出台《全国地方志事业发展规划纲要（2015—2010年）》，第一次在国家层面对地方志事业作出顶层设计，完成《全国地方志事业发展规划纲要（2021—2025年）》（送审稿）；基本实现省市县三级有志有鉴的"两全目标"，开创世界文化史上的盛举；贯彻落实中央领导同志重要指示批示精神，启动扶贫志编纂工程、中国全面小康志编纂工程；建成各级方志馆611家和完备的地方志网、报、刊体系；初步构建起地方志"五位一体"发展格局，实现了从一项工作向一项事业的转型升级，为"十四五"时期全国地方志事业发展打下坚实基础。

以上成绩的取得，是以习近平同志为核心的党中央坚强领导和亲切关怀的结果，是各级党委政府大力支持和强力推动的结果，是全国地方志工作者开拓创新和共同努力的结果，是社会各界

积极关心和热心帮助的结果。这里，我代表中国地方志指导小组，向地方各级党委政府、地方志工作者、社会各界人士表示衷心感谢！

二、谋划长远，做好地方志事业新发展顶层设计

我国进入新发展阶段，全国地方志系统要科学谋划今后五年乃至更长一段时期的发展思路，推动地方志事业发展实现第二次转型升级，为全面建设社会主义现代化国家作出新的更大贡献。

一要准确把握地方志事业发展新的历史方位。习近平总书记指出，一个国家、一个民族的强盛，总是以文化兴盛为支撑的，中华民族伟大复兴需要以中华文化发展繁荣为条件。方志文化是中华民族特有的文化基因，为传承中华文脉、弘扬核心价值发挥了至关重要的作用。党的十九届五中全会明确提出到2035年建成文化强国的战略目标，为地方志事业发展指明了努力方向和着力点。在新发展阶段，全国地方志系统要从全面建设社会主义现代化国家的高度，推动地方志高质量发展，促进满足人民文化需求和增强人民精神力量相统一，推进社会主义文化强国建设。

二要以新发展理念引领地方志事业发展。习近平总书记反复强调，要把新发展理念贯穿发展全过程和各领域，突出新发展理念的引领作用。进入新发展阶段，地方志工作必须坚定不移贯彻新发展理念。一是践行创新发展理念，准确把握发展规律，拓展工作领域，提升服务质量，丰富成果形式，不断推动地方志理论创新、实践创新、制度创新、管理创新、方法创新。二是立足全国地方志事业发展全局，推动各地区地方志事业协调发展，促进志鉴史馆网等"十业并举"，不断增强发展的整体性，提高发展的协调性。三是主动"走出去"，避免"闭门造车""孤芳自赏"，要加强与党史部门、高等院校、科研机构、档案馆等的学术交流与合作，在更大范围、更宽领域、更深层次上提升事业发展水平。要加强国际传播能力建设，配合国家文化"走出去"战略，让中国方志文化走向世界。四是拓宽用志领域，提升服务能力，提高地方志公共文化服务的覆盖水平和服务供给能力，让人民群众共享地方志成果，不断提升人民群众的文化获得感和满意度。

三要加快构建地方志事业新发展格局。要抓住和用好重要战略机遇期，构建地方志事业新发展格局。一是做好新时代的忠实记录者。要紧紧围绕中国特色社会主义这个主题，担负起记录新时代、书写新时代、讴歌新时代的神圣使命，忠实记录好中国共产党领导人民坚持和发展中国特色社会主义的光辉历程和丰功伟绩，翔实记载中华民族走向复兴、实现中国梦的伟大进程，把当代中国发展进步和当代中国人精彩生活表现好展示好，将改革发展的伟大时代全面客观地载入史册，为时代画像、为时代立传、为时代明德。二是做好新时代的以志资政者。要紧紧围绕党和国家需求、人民需要，把地方志工作主动融入社会经济发展大局，充分发挥地方志在规划编制、旅游开发、城市建设、招商引资、防灾减灾、历史文化遗产保护、宣传教育等方面的作用，当好国民经济和社会发展的地情服务专家。三是做好新时代的培根铸魂者。要用高质量的方志文化成果弘扬社会主义核心价值观、表彰先进、昭示后进，推进社会公德、职业道德、家庭美德、个人品德建设，夯实国家文化软实力，坚守中华文化立场，以踏踏实实的工作推进社会主义文化强国建设。

三、抓好开局，谱写地方志事业法治化高质量发展新篇章

2021年，全国地方志要以推动高质量发展为主题，充分发挥存史、资政、育人功能，处理好全面推进和重点突破的关系，着力做好以下工作。

一要深入学习贯彻全国"两会"精神。全国地方志系统要把学习贯彻全国"两会"精神作为当前一项重要政治任务。坚持以习近平新时代中国特色社会主义思想为指导，深刻领会习近平总书记在全国"两会"期间的重要讲话精神，深刻领会政府工作报告和"十四五"规划提出的目标、任务，深刻把握"十四五"时期我国发展的基本思路、主要目标、重要任务、重大举措以及2035年基本实现社会主义现代化的远景目标，增强"四个意识"，坚定"四个自信"，做到"两个维护"，聚焦主责主业，做好本职工作。要把学习全国"两会"精神与地方志工作的发展方向结合起来，立足实际、把握精髓、融会贯通，谋划好地方志事业新的发展。

二要做好重大专题志编纂工作。要认真贯彻落实中央领导同志重要指示批示精神，积极推动中国扶贫志编纂工程、中国全面小康志编纂工程，加强与各承编单位的沟通联系，做好前期人才培训和资料收集工作，确保工作有序开展。尽快启动和完成中国抗击新型冠状病毒肺炎疫情志编纂工作。在完成《三沙市志》编纂的基础上，推动《香港志》《中国抗日战争志》《中国南海志》等编纂工作。

三要加强地方志事业顶层设计。尽快向国务院报送《全国地方志事业发展规划纲要（2021—2025年）》（送审稿），积极推动地方志第二个规划纲要出台。做好"两全目标"收尾工作，总结并推广第二轮志书和综合年鉴编纂工作中的经验。安排部署第三轮修志工作，科学编制修志规划。加强地方综合年鉴编纂工作，把年鉴工作作为各级地方志工作机构的日常工作重心，摆在更加突出的位置。要按照中央要求，将地方史纳入地方志工作范畴，研究部署地方史编写和管理工作。稳步推进国家方志馆及其分馆建设，加强对地方各级方志馆的指导。实施信息化建设系统工程，加大信息化基础设施投入，实现全国地方志重要信息数据互联互通、资源共享。

四要着力推进地方志法治化建设。要深刻理解依法治国与依法治志的关系，深入研究依法治志的内涵与外延，推动《中华人民共和国史志法》立法进程。要以《全国地方志事业发展规划纲要（2021—2025年）》颁行为契机，制定和完善省市县三级地方志法规，尽快建成地方志法治体系。

五要继续加强人才队伍建设。地方志事业实现高质量发展，关键是要有一支爱岗敬业、业务水平较高、战斗力较强的人才队伍。第二轮修志完成后，要全面总结经验教训，有计划、分步骤地开展教育培训。要做好第四次全国地方志系统先进集体和先进工作者评选表彰工作，营造干事创业的良好氛围。研究制订新时代全国地方志人才队伍建设的实施意见，编制全国地方志人才队伍建设规划，着力培养全国地方志领军人才、省级地方志专家和地方志编修业务骨干。探索将方志学人才培养纳入国民教育体系的方式，与高等院校、科研机构合作，做好地方志专业本科生和研究生培养教育工作。

六要调动社会力量参与地方志工作的积极性。要积极鼓励支持社会组织、企事业单位、专家学者等参与修志工作，形成地方志部门指导、各行各业大力支持、各界人士踊跃参与的良好局面。充分发挥中国地方志学会的桥梁纽带和学术引领作用，联合高等院校、科研机构开展理论研讨、志鉴编研、人才培养和资源开发利用等工作。

同志们！盛世修志，志载盛世。希望大家以对党忠诚、为党分忧、为党尽职、为民造福的政治担当，以时不我待、只争朝夕、勇立潮头的历史担当，以守土有责、守土负责、守土尽责的责任担当，奋发有为、扎实工作，推动全国地方志事业向法治化高质量发展转型升级，为全面建设社会主义现代化国家作出应有贡献，以优异成绩庆祝中国共产党成立一百周年！

在《香港参与国家改革开放志》出版典礼暨《粤港澳大湾区志》合作备忘录签署仪式上的致辞

（2021年12月6日）

中国社会科学院院长、中指组组长 谢伏瞻

值此《香港参与国家改革开放志》出版、《粤港澳大湾区志》合作编修工作启动之际，我谨代表中国地方志指导小组向大家表示热烈祝贺，向为两志编写付出辛勤劳动的各位同仁致以崇高敬意。

习近平主席指出，"香港在国家改革开放进程中，发挥着不可替代的作用"，《香港参与国家改革开放志》以宏阔的视野、严谨的方式、客观的数据、翔实的资料，展现了这一光辉历程，极具史料价值。相信该志的出版，将会加深香港与内地的相互了解，促进两地经济社会高质量发展提供有益借鉴。

今天香港地方志中心与广东省人民政府地方志办公室、澳门基金会共同签署《粤港澳大湾区志》合作备忘录，意义重大，影响深远。明年是香港回归祖国二十五周年，我相信，该志将更好讲述香港作为改革开放参与者、见证者、贡献者和受惠者的故事，促进包括香港同胞在内的所有同胞积极融入国家发展大局。诚挚感谢香港特别行政区行政长官林郑月娥女士对香港地方志工作的大力支持，希望广大地方志工作者充分利用志书传承文明，凝聚人心，记录历史，服务社会，共同谱写新时代、新征程中华民族伟大复兴的壮丽篇章。

在"同舟共济 志同道合"——港穗双城图片展上的致辞

（2021年12月13日）

中国社会科学院院长、中指组组长 谢伏瞻

今年是中国共产党建党一百周年，明年将迎来香港回归二十五周年。举办"同舟共济 志同道合"——港穗双城图片展，具有特殊而重要的意义。在此，我谨代表中国地方志指导小组表示热烈祝贺。

风起南海，潮涌珠江，粤港澳大湾区建设是习近平主席亲自谋划、亲自部署、亲自推动的重大国家战略，是新时代推动形成全面开放新格局的新举措，也是推动"一国两制"事业发展的新实践。广东和香港方志工作者共同举办港穗双城图片展，以志为媒，不断丰富湾区文化交流，是一次十分可喜的尝试。粤港澳大湾区文化同源，人缘相亲，民俗相近，优势互补，珍贵的历史图片，展现了湾区城市的深厚情谊和紧密关系，这次及后续一系列展览将有力推进湾区文化的交融与共振，使香港同胞从历史长河中汲取能量，厚植中华文化底蕴，强化身份认同，增强民族自豪感，坚定文化自信。

希望地方志在大湾区文化交流合作中发挥更大作用，为文化强国建设和民族复兴大业不断注入新动能。

特　辑

【**全国政协副主席、国务院港澳事务办公室主任夏宝龙等出席《香港参与国家改革开放志》出版典礼暨《粤港澳大湾区志》合作备忘录签署仪式**】　12月6日,《香港参与国家改革开放志》出版典礼暨《粤港澳大湾区志》合作备忘录签署仪式在香港举行。全国政协副主席、国务院港澳事务办公室主任夏宝龙通过视频方式发表讲话。香港特别行政区行政长官林郑月娥出席活动并发表演讲。中国社会科学院院长、中国地方志指导小组组长谢伏瞻发表视频致辞。

夏宝龙表示,《香港志》不仅记载着香港沧海桑田的历史变迁,而且具有鉴古知今、资政育人的作用,有助于人们弄明白香港从哪里来、走过哪些路、将向哪里去,从而进一步增强香港同胞的爱国主义情怀、民族自豪感和自信心,在中华民族伟大复兴的历史进程中创造香港更加灿烂的明天。他强调,香港同胞与祖国人民血脉相连,香港与祖国密不可分。确保"一国两制"实践行稳致远,必须始终坚持"爱国者治港"根本原则。

林郑月娥表示,香港在国家改革开放的过程中,一直以香港所长,贡献国家所需,与国家同发展、共繁荣,其角色是多元的,是见证者,也是参与者;是贡献者,也是受惠者。《香港参与国家改革开放志》可以将此全方位呈现出来,让香港的下一代和内地同胞不会忘记香港这个小地方对国家的大贡献,从而明白香港与国家的发展是休戚与共、息息相关的。

谢伏瞻表示,《香港参与国家改革开放志》以宏阔的视野、严谨的方式、客观的数据、翔实的资料,展现了这一光辉历程,极具史料价值。该志的出版将为加深香港与内地的相互了解,促进香港与内地经济社会高质量发展,提供有益借鉴。

（张晶萍）

【**高翔对四川省第二轮修志任务完成作出批示**】　1月20日,中国社会科学院副院长、中指组常务副组长高翔在四川省志办报送的《关于"两全目标"任务完成情况的报告》上作出批示,充分肯定四川省方志办如期高质量完成"两全目标"任务,向四川方志办方志工作者的艰苦付出、四川省省领导的关心和支持表示感谢,并致以新年祝福,希望再创佳绩。

（黄绚）

【**河北省委书记、省人大常委会主任王东峰向中指办致感谢信**】　12月25日,河北省委书记、省人大常委会主任王东峰向中指办致感谢信,感谢中指办对河北工作的支持,并对2021年全国地方志系统取得的成绩表示祝贺。王东峰表示,希望中指办一如既往关心和支持河北发展,河北省将深入贯彻落实习近平总书记关于地方志的重要指示批示精神,继续高度重视地方志工作,进一步深化地方志机构改革成果,不断健全完善管理体制,巩固和发展目前职能明确、运作顺畅的良好工作局面,推动地方志工作为加快建设现代化经济强省、美丽河北发挥更为重要的作用。

（邢素丽）

【**山西省委常委、宣传部部长吕岩松出席全省党史方志部门主要负责人会议并讲话**】　4月7日,山西省委常委、宣传部部长吕岩松出席全省党史方志部门主要负责人会议并讲话。他强调,各党史、地方志部门要牢记领袖殷殷嘱托,准确把握党史方志工作的政治属性、重要作用、主要任务、正确方向、科学方法,扎实深入做好当前和今后一个时期工作，着力为百年大党开启新征程凝聚思想共识、蓄积精神动力，为山西转型发展蹚新路，记录奋进步伐、总结实践经验，为守好守牢意识形态阵地提供学理支撑、壮大主流声音，做到"党有所需、史有所为"。要紧紧围绕庆祝中国共产党成立100周年，按照中央及省委关于高标准高质量开展党史学习教育的一系列部署要求，进一步深化对习近平新时代中国特色社会主义思想的学习研究和宣传阐释，进一步深化党的历史和理论研究，进一步深化党史和文献宣传教育，进一步加强资料征集和信息化建设，进一步加强党史方志队伍建设和内部管理，发挥好党史方志工作引导党员干部学史明理、学史增信、学史崇德、学史力行的重要作用。

（山西省地方志研究院）

【山西省委常委、宣传部部长吴伟到省委党史研究院（省地方志研究院）调研】 12月1日，山西省委常委、宣传部部长吴伟到山西省委党史研究院（山西省地方志研究院）调研。他强调，要高举旗帜，深入学习贯彻习近平总书记关于党史方志工作的重要论述，牢牢把握正确政治方向，把党中央及省委各项部署不折不扣落到实处。要胸怀"国之大者"，坚持人民至上，深化守正创新，推出一系列特色鲜明、影响力强的高水平党史方志编研成果。要坚持以政治建设为统领，全面加强党的领导和党的建设，抓好班子、带好队伍，引领保障党史方志事业高质量发展。

（山西省地方志研究院）

【辽宁省代省长李乐成就地方志工作作出批示】 12月24日，辽宁省代省长李乐成在中指办《关于辽宁省2021年地方志工作情况的函》上作出批示，认为地方志工作极为重要，要求全力支持和服务地方志工作高质量发展。

（梁忠音）

【吉林省省长韩俊对年鉴工作作出批示】 2月5日，吉林省省长韩俊在省地方志编委会《关于〈吉林年鉴（2019）〉被评为全国特等年鉴的报告》上作出批示，进行充分肯定，并向编委会表示祝贺。

（李士心）

【吉林省副省长阿东对地方志工作作出批示】 1月5日，吉林省副省长阿东在中指组《关于向吉林省人民政府致贺信的函》上作出批示，肯定省地方志编委会默默耕耘，攻坚克难，按期完成吉林省方志编纂"两全目标"，位居全国前列，应予以表扬。他提出，下一步要继续努力，发挥好地方志存史、资政、育人的作用。

（李士心）

【黑龙江省委常委、省委秘书长、省委办公厅主任徐建国到省委史志研究室调研】 11月11日，黑龙江省委常委、省委秘书长、省委办公厅主任徐建国到省委史志研究室调研。徐建国考察黑龙江省方志馆，参观"英勇不屈的东北抗日联军"专题图片展览和史志研究成果展览，听取黑龙江省基本省情和相关情况介绍。他指出，党的十八大以来，以习近平同志为核心的党中央高度重视史志工作，习近平总书记治国理政、管党治党的重要讲话、重要活动、重大决策，都展现出深刻的历史思维、深邃的历史眼光和深厚的历史智慧。他强调，史志工作是一项非常重要的基础性工作，从事史志研究是令人崇敬的职业。新时代新征程，做好史志工作使命光荣、责任重大。要深入学习贯彻习近平总书记关于党史工作的重要论述，坚持"党史姓党"这一重要政治原则，围绕开展"四史"宣传教育，深入挖掘黑龙江"四大精神"等红色资源，研究和阐释好黑龙江省新时代振兴发展的新成就新经验，推出更多党史研究成果，更好发挥史志资政育人作用，以史为鉴，开创未来，为实现中华民族伟大复兴中国梦贡献黑龙江力量。

（朱丹 杜胜男）

【黑龙江省政协副主席宫晶堃到省方志馆参观考察】 5月21日，黑龙江省政协副主席宫晶堃到省方志馆参观考察。宫晶堃先后参观考察黑龙江省方志馆和"英勇不屈的东北抗日联军"专题图片展览，听取有关黑龙江省情概貌、历史沿革、区划变动和东北抗联光荣斗争历史等相关情况介绍，就黑龙江地域特点、民族源流与宗教、政权沿革与疆域变化、装备制造工业发展、老工业基地建设等内容与省委史志研究室人员进行探讨和交流，对黑龙江省方志馆展陈内容和"英勇不屈的东北抗日联军"专题图片展览布展工作给予较高评价，对黑龙江省史志工作给予充分肯定，并提出指导性意见。 （朱丹 杜胜男）

【江苏省委常委、常务副省长樊金龙对《江苏记录》作出批示】 2月1日，江苏省委常委、常务副省长樊金龙在省志办《关于〈江苏记录（2020）〉作为省"两会"会议资料有关情况的报告》上作出肯定批示，《江苏记录》作为一种新型志鉴产品实时反映江苏经济社会发展，讲好江苏故事，深受欢迎。他提出，希望省志办持之以恒，将《江苏记录》做专做精。 （武文明）

【江苏省委常委、宣传部部长张爱军参观江苏书展"方志江苏馆"】 7月7日，江苏省委常委、宣传部部长张爱军参观第十一届江苏书展"方志江苏馆"，翻阅被评为"2020苏版好书"的《长江历史图谱》、入选"礼赞全面小康 致敬建党百年"江苏省主题出版重点出版物的《江苏省对口支援西藏建设志》以及《江苏名镇名村志》等参展书籍，对省志办主动服务文化强省建设、服务经济社会发展、服务人民群众给予肯定。张爱军观看无锡市档案史志馆组织的《大哉运河——方志人的丹青视点》现场展演，对方志工作者以丹青描绘运河文化表示赞赏。 （武文明）

【江苏省委常委、苏州市委书记许昆林与副省长马欣参观江苏书展苏州市志办展位】 7月7日，江苏省委常委、苏州市委书记许昆林，副省长马欣参观第十一届江苏书展"书香苏州馆"苏州市志办展位，在"书映——百年征程中的苏州之路"老照片前，翻阅《苏州对口支援西藏志》《苏州对口支援新疆志》，对地方志工作给予肯定。 （武文明）

【浙江省省长郑栅洁对地方志工作作出批示】 1月16日，浙江省省长、省地方志编委会（暨《浙江通志》《浙江年鉴》编委会）主任郑栅洁对包括《浙江通志》在内"两全目标"如期完成作出批示，提出这项工作做得好，应予充分肯定和表扬。 （浙江省志办）

【浙江省委常委、宣传部部长朱国贤出席《浙江通志》编纂成果应用工作会议】 7月13日，浙江省委常委、宣传部部长、《浙江通志》编委会副主任朱国贤出席《浙江通志》编纂成果应用工作会议并讲话。他强调，在守好"红色根脉"、打造"重要窗口"、加快推进共同富裕示范区建设中，全省地方史志系统要深刻领会习近平总书记关于历史文化的系列重要论述，筑牢做好地方志工作的思想遵循和行动指引；要深刻认识到地方志中蕴含着丰富宝贵的历史文化资源，为增强文化自信提供深厚而广泛的滋养；要凝心聚力打造方志"特色之窗"，挖掘方志编修的"深度"、延伸方志宣传的"广度"、拓展方志集成的"维度"，写好"溯源""运用""创新"三篇大文章，奋力书写中国特色社会主义在浙江生动实践的史志新篇章。 （浙江省志办）

【安徽省委副书记程丽华专题听取省委党史研究院（省地方志研究院）工作汇报】 5月7日，安徽省委副书记程丽华专题听取省委党史研究院（省地方志研究院）工作汇报。程丽华指出，省委党史研究院（省地方志研究院）近年来聚焦主责主业，守正创新、开拓进取，兢兢业业存史述史，在党史编研、地方志编纂、史志宣传教育等方面取得丰硕成果，值得充分肯定。她就做好当年和下一步工作提出四点要求：一要发挥专业优势，全力服务庆祝建党100周年系列活动，主动服务党史学习教育，组织好党史宣讲、专题研究、展示展览等；二要为大庆之年和谐稳定贡献力量，会同相关部门加强舆情监测和舆论引导，防范对党史上特别是与本省相关的一些历史问题的模糊认识，运用史实有理有据批驳错误观点；三要提高史志研究和宣传教育的效果，深入挖掘大别山精神、新四军精神、渡江精神、小岗精神等伟大精神，努力把红色故事讲生动、讲精彩，加快"安徽史志数据库"等信息化建设，推动资源共享；四要推进干部队伍专业化建设，注重吸收新鲜血液，注重项目推进和人才培养相结合，努力做到既出成果，又出人才。

（苏爱梅）

【安徽省委常委、宣传部部长陶明伦到省委党史研究院（省地方志研究院）调研】 3月5日，安徽省委常委、宣传部部长、省委党史学习教育领导小组副组长陶明伦到省委党史研究院（省地方志研究院）调研党史学习教育工作。陶明伦参观安徽党史地方志成果展，并与院领导班子成员及党员干部代表进行座谈。他对近年来安徽党史地方志工作和参会人员关于党史学习教育的意见建议给予肯定。他指出，省委党史研究院（省地方志研究院）在党史学习教育中使命光荣、责任重大，要提高政治站位，抓住难得机遇，发挥自身优势，多出成果、多作贡献，展示作为、展示形象。

（苏爱梅）

【安徽省委常委、省委秘书长郭强出席全省党史和地方志部门主要负责人会议暨全省党史和地方志干部培训会议】 4月2日，安徽省委常委、省委秘书长郭强出席全省党史和地方志部门主要负责人会议暨全省党史和地方志干部培训会议并讲话。他强调，要全面贯彻落实习近平总书记关于地方志工作重要论述和全国地方志机构主任工作会议精神，准确把握地方志事业发展新的历史方位，自觉把建成文化强国和创新型文化强省的战略目标作为地方志事业发展的努力方向和着力点，切实推动地方志工作高质量发展，实现满足人民文化需求和增强人民精神力量相统一；以新发展理念引领地方志事业发展，不断推动地方志理论创新、实践创新、制度创新、管理创新、方法创新，切实促进"志鉴史馆网"等多业并举，不断增强发展的整体性、协调性，注意加强区域一体化发展合作，扩大与高等院校、科研机构、档案馆等的学术交流，努力在更大范围、更宽领域、更深层次上提升地方志事业发展水平；加快构建地方志事业发展新格局，做新时代的忠实记录者、以志资政者、培根铸魂者，为时代画像、为时代立传、为时代明德，当好经济社会发展的省情、市情、县情、乡情服务专家，用高质量的方志文化成果弘扬社会主义核心价值观，以踏踏实实的工作推进创新型文化强省建设。

（苏爱梅）

【福建省委副书记、政法委书记罗东川调研地方志工作】 12月1日，福建省委副书记、政法委书记罗东川到中共福建省委党史研究和地方志编纂办公室调研，强调要把学习贯彻党的十九届六中全会精神作为当前首要政治任务，全面落实省第十一次党代会部署要求，开创新发展阶段全省党史方志工作新局面。

（中共福建省委党史研究和地方志编纂办公室）

【福建省委副书记、厦门市委书记胡昌升致信省委党史研究和地方志编纂办公室】 1月5日，福建省委副书记、厦门市委书记胡昌升致信省委党史研究和地方志编纂办公室，就创造性推动和指导厦门在全国首创全域年鉴精品试点工作表示感谢。

（中共福建省委党史研究和地方志编纂办公室）

【福建省副省长郭宁宁到省方志馆调研】 4月29日，福建省副省长郭宁宁到省方志馆调研。郭宁宁先后参观福建省情展览和方志书库，了解福建历史文化和地方志编纂工作，询问省方志馆大楼修缮、机构编制、人员经费、展陈宣传教育和志书收藏利用等情况。她指出，省方志馆新成立不久，要打好基础、立足长远，逐步发挥好方志馆的功能和作用，宣传展示好福建历史文化,做好志书收藏保护和开发利用,推进数字方志建设,更好地满足人民群众的文化需求,以全方位服务推动高质量发展。

（中共福建省委党史研究和地方志编纂办公室）

【**福建省副省长李德金对年鉴工作作出批示**】 9月30日,福建省副省长李德金在中指组《关于2021年上半年全国省市县三级综合年鉴全覆盖完成情况的通报》上作出批示,指出这项工作很有必要,进度不理想不是经费问题,是认识不到位、不重视的问题,应该防止这样的问题再次发生。 （欧长生 雷启伟）

【**江西省副省长孙菊生就加快第二轮《江西省志》编纂进度作出批示**】 2月18日,江西省副省长孙菊生在江西省志办《关于加快第二轮〈江西省志〉编纂进度的工作方案》上作出批示,表示原则同意工作方案,提出要严格按照方案中的时间节点要求,加强督促,务必落实好各主体责任,请各主体单位负责人本着为历史负责的态度,高度关注此项工作,绝不能再拖全省的后腿。 （黄诗惠）

【**江西省委常委、宣传部部长梁桂到省社科院（省地方志研究院）调研**】 11月1日,江西省委常委、宣传部部长梁桂到省社科院（省地方志研究院）调研。他实地参观省社科院科研成果展,并听取省地方志研究院工作汇报,翻阅《江西年鉴（2020）》。 （黄诗惠）

【**江西省委书记易炼红,省委副书记、代省长叶建春等就第二轮《江西省志》编纂工作作出批示**】 11月29日,江西省委书记易炼红在中指组《关于2021年江西省第二轮修志任务完成情况通报》上作出批示,要求夯实责任,明确要求,强化措施,扭转被动、落后局面。12月1日,省委副书记、代省长叶建春作出批示,要求针对未完成任务的责任部门,专题协调,认真落实好通报要求和易炼红批示。11月30日,省委常委、省政府党组副书记梁桂作出批示,要求政府各相关部门主要领导扛起责任,迎头赶上。12月1日,省委常委、省委秘书长史文斌作出批示,要求抓好调度了解具体情况,分析原因,应督办的要抓好督办。涉及省委办公厅承担的任务,要高质量如期完成。12月2日,省社会科学院（省地方志研究院）向省政府呈报《关于第二轮〈江西省志〉编纂工作的整改报告》。易炼红、叶建春分别作出圈示,省委常委梁桂、庄兆林、史文斌分别作出批示,要求对照整改措施,克服困难,狠抓落实。 （黄诗惠）

【**江西省副省长孙菊生对地方志工作作出批示**】 12月7日,江西省副省长、省地方志编委会副主任孙菊生对全省地方志工作作出批示,肯定2021年全省地方志系统深入贯彻落实省委、省政府各项决策部署,充分发挥为党立言、为国存史、为民修志职能,善作善为、砥砺前行,全面完成第二轮省志编纂,率先启动扶贫志、全面小康志编纂工作,志鉴编纂、地方志资源开发利用、方志馆建设和理论研究等方面取得了新成绩,向全省地方志工作者表示衷心感谢和诚挚问候！他指出,地方志是传承中华文明、发掘历史智慧的重要载体,肩负着以文化人、培根铸魂的重要使命。2022年是全省各级地方志工作机构改革全面完成后的第一年。希望全省地方志系统继续坚持以习近平新时代中国特色社会主义思想为指导,志存高远、力学笃行、不忘初心、牢记使命,大力弘扬"修志问道,直笔著史"的方志人精神,记录好江西改革发展进程,开发好、宣传好宝贵的地方志资源,打造出无愧于时代、无愧于人民的精品佳志,为繁荣发展江西省地方志事业,弘扬优秀传统文化,谱写全面建设社会主义现代化国家江西篇章、描绘好新时代江西改革发展新画卷作出新的贡献。 （黄诗惠）

【**江西省委书记易炼红,省委常委、宣传部部长庄兆林对地方志工作作出批示**】 12月27日,江西省委书记易炼红在中指办《关于江西省2021年地方志工作情况的函》上作出批示。

12月29日，省委常委、宣传部部长庄兆林作出批示，要求立足现有条件，勇于担当作为，扎实推进全省地方志工作。

（黄诗惠）

【山东省委书记刘家义、副省长孙继业就年鉴工作作出批示】 1月13日，山东省委书记刘家义在省委党史研究院（省地方史志研究院）《关于〈山东年鉴（2019）〉被评为全国地方志优秀成果（年鉴类）特等年鉴情况的报告》上作出批示，表示祝贺，要求继续努力。1月9日，山东省副省长孙继业作出批示，赞扬成绩可嘉。

（李果霖）

【山东省委常委、组织部部长王可，副省长孙继业就精品年鉴工作作出批示】 5月20日，山东省委常委、组织部部长王可就《山东年鉴（2020）》《滨州年鉴（2020）》入选第五批中国精品年鉴作出批示，祝贺并感谢党史研究院人员的辛勤努力，希望再接再厉，争创更多精品。5月10日，副省长孙继业作出批示，表示祝贺。

（李果霖）

【山东省委常委、组织部部长王宇燕，省人大常委会副主任王华就援疆援藏志工作作出批示】 11月19日，山东省委常委、组织部部长王宇燕在省委党史研究院（省地方史志研究院）《〈山东省对口支援新疆志〉〈山东省对口支援西藏志〉有关情况的报告》上作出批示，肯定积极主动开展工作，很有意义。11月22日，省人大常委会副主任王华作出批示，对《山东省对口支援新疆志》出版表示热烈祝贺，肯定编纂出版《山东省对口支援新疆志》，再现山东省落实中央援疆任务的历程和成果，是一项非常有意义的工作，对总结山东省援疆工作经验，讲好山东省援疆故事，为更好地服务对口援疆工作起到积极作用。

（李果霖）

【湖南省委常委、宣传部部长张宏森到省地方志编纂院调研】 1月18日，湖南省委常委、宣传部部长张宏森到省地方志编纂院调研，参观湖南方志馆并召开调研座谈会。他强调，要开创地方志工作的崭新局面，进一步赢得全社会对地方志工作的广泛尊重和广泛重视，为大力实施湖南省"三高四新"战略，奋力建设现代化新湖南，作出地方志的独特贡献。

（张睿）

【湖南省委常委、宣传部部长张宏森对地方志工作作出批示】 3月1日，湖南省委常委、宣传部部长张宏森在省地方志编纂院《关于全面完成"两全目标"任务的报告》上作出批示，肯定省地方志编纂院在规定时间内完成"两全目标"任务，且进入全国前十位置，成绩可嘉，鼓舞人心。他提出，近来省地方志编纂院呈现出讲政治、顾大局、正风气、事业心越来越强的良好局面，要巩固成果，珍惜集体荣誉，以有分量、高质量的史志巨笔记录恢宏时代，镌刻历史记忆，留下奋进足迹，辉映文化光照，为新时代留信史，为奋力实施湖南省"三高四新"战略，建设现代化新湖南作出地方史志的特殊重要贡献。

（张睿）

【湖南省政协副主席贺安杰到省地方志编纂院调研】 12月2日，湖南省政协副主席、省地方志编委会副主任贺安杰到省地方志编纂院调研指导。贺安杰听取工作汇报后，对省地方志编纂院的工作给予肯定。他指出，地方志是一项基础性的文化事业，是传承文明、挖掘历史智慧的重要载体，承担着"存史、资政、育人"功能，做好地方志工作，具有十分重要的历史意义和社会价值。

（张睿）

【广东省委书记李希到省志办调研并对地方志工作作出批示】 8月19日，广东省委书记李希到省志办调研。他高度评价全省地方志工作，指出广东地方志工作谋划政治站位高、工作开展思路办法多、工作成果亮点纷呈、工作状态好干劲足，为全省经济社会发展作出积极贡献，值得充分肯定。12月21日，李希作出批示，肯定省地方志工作围绕中心，服务大局，成效明显。

（广东省志办）

【广西壮族自治区党委常委、组织部部长曾万明，海南省委常委周红波到海南省史志馆参观考察】 1月4日，广西壮族自治区党委常委、组织部部长曾万明，海南省委常委周红波到海南省史志馆参观考察。曾万明、周红波一行先后参观"南溟奇甸"和"扬帆奋进"展厅，听取讲解，了解海南的地情省情，回顾海南解放后特别是建省办经济特区以来的生动实践、重大成就和宝贵经验。周红波指出，海南建省自办特区以来发展很快，如今在海南建设自由贸易港，这是我国提高对外开放水平的一个重要举措，也是海南发展的一个重要机遇。海南要抓住历史机遇，找准奋斗目标，在新的历史阶段扛起新的担当与作为。

（高叶　王凌云）

【广西壮族自治区副主席黄俊华对地方志工作作出批示】 2月8日，广西壮族自治区副主席黄俊华在中指组《关于全国地方志系统"两全目标"完成情况的通报》上作出批示，指出广西按期保质全面完成"两全目标"，是全自治区方志系统努力奋斗的结果，成绩来之不易，值得肯定。他希望，要总结经验，继续做好第三轮修志和年鉴日常工作。

（高叶）

【广西壮族自治区副主席黄俊华听取自治区志办工作汇报并作指示】 3月5日，广西壮族自治区副主席黄俊华听取自治区志办工作汇报后作出指示。他要求，一要围绕贯彻落实党的十九届五中全会和自治区党委十一届九次全会精神，不断完善全区地方志事业"十四五"规划和第三轮修志规划，做好第三轮修志启动准备工作；二要继续加强年鉴和特色志书编纂，组织编纂《中国扶贫志·广西卷》《中国全面小康志·广西卷》，推进《广西抗日战争志》《广西汉语方言志》《广西海外华人华侨志》编纂，启动编纂《广西边务志》；三要持续做好方志馆基础设施建设，加快推进广西方志馆二期项目工程建设工作，依托广西数字方志馆一、二期平台，完成数字方志馆三期建设任务；四要树立依法治志意识，充分运用《广西壮族自治区地方志工作办法》，推进依法治志新进程；五要树立质量意识，加快完成第二轮修志扫尾工作，确保志书编修质量；六要深入挖掘地情资源，持续推进《灵渠—合浦：海上丝绸之路历史溯源史料选编》《广西抗疫资料选编》等地情书籍编纂，讲好广西故事，树立广西形象，为建设文化旅游强区贡献"志"力；七要加强人才队伍建设，依托地方志协会平台，进一步拓展地方志工作格局，持续实施地方志人才梯队建设项目和人才培训工作；八要加强对外合作与交流，树立地方志品牌，扩大地方志影响力。

（高叶）

【广西壮族自治区人大常委会副主任杨静华到自治区志办调研】 2月23日，广西壮族自治区人大常委会副主任杨静华到自治区志办调研。她参观志鉴编修成果展，在听取自治区志办工作汇报后指出，一是要有家国情怀，要从激发民族自豪感、自信心，从爱国家爱家乡的角度凝聚更多建设社会主义现代化强国的磅礴力量，更好地推动地方志事业持续健康发展；二是要有法治思维，确保地方志事业沿着健康的道路前行；三是要有各方力量支持，确保地方志事业繁荣发展。

（高叶）

【广西壮族自治区政协副主席钱学明到自治区志办调研】 9月14日，广西壮族自治区政协副主席钱学明到自治区志办调研。他强调，要做好北部湾产业发展史料收集整理工作，为北部湾经济区发展提供借鉴和参考。（吴辉军）

【海南省委副书记、代省长冯飞对史志工作作出批示】 1月9日，海南省委副书记、代省长冯飞对省委党史研究室（省志办）工作和海南省史志工作作出批示，指出党史、地方志工作十分重要，特别是自贸港建设正谱写海南发展新篇章，大事要事很多。要坚持正确政治方向，在已有很好的工作基础上，再谋新篇，再创佳绩。

（王凌云）

【海南省委常委、省委秘书长孙大海，副省长王路分别就"两全目标"推进工作作出批示】 2月10日，海南省委常委、省委秘书长孙大海在省委党史研究室（省志办）《关于全国地方志系统"两全目标"完成情况的通报》上作出批示，鼓励再接再厉。2月8日，副省长王路作出批示，对海南省"两全目标"全部完成，给予充分肯定。

（王凌云）

【海南省委常委、省委秘书长孙大海就《海南绿水青山志（1988—2021）编纂工作方案》作出批示】 10月20日，海南省委常委、省委秘书长孙大海在省委党史研究室（省志办）《海南绿水青山志（1988—2021）编纂工作方案》上作出批示，要求强化真实、全面、可看性以及历史档案功能。

（王凌云）

【海南省委常委、省委秘书长孙大海对史志工作作出批示】 12月30日，海南省委常委、省委秘书长孙大海在省委党史研究室（省志办）《2021年工作总结和2022年工作安排》上作出批示，肯定工作成效，希望新的一年再接再厉。

（王凌云）

【四川省委常委、成都市委书记范锐平听取市志办地方志工作汇报】 2月20日，四川省委常委、成都市委书记范锐平主持召开十三届市委常务委员会第172次（扩大）会议，听取地方志工作情况汇报并进行专题研究。会议审议通过成都市《新时代进一步加强全市地方志工作的意见》。

（冷一帅）

【四川省人大常委会副主任王宁对第二轮修志任务完成作出批示】 1月12日，四川省人大常委会副主任王宁在四川省志办《关于第二轮修志任务完成情况的报告》上作出批示，指出第二轮修志工作量大要求高，省志办人员克服困难，主动作为，辛勤工作，如期完成这一重要工作，特表祝贺和问候。

（黄绚）

【云南省副省长、省地方志编委会副主任李玛琳到省志办调研】 9月10日，云南省副省长、省地方志编委会副主任李玛琳到省志办调研，并召开座谈会。李玛琳指出，第二轮修志工作已经完成，现在是为第三轮修志工作做好准备的重要转折时期，各级地方志工作机构要与时俱进、开拓创新、培养人才，要有准备、有计划地开展第三轮修志工作。

（云南省志办）

【西藏自治区党委常委、党委秘书长达娃次仁对地方志督导和培训工作作出批示】 12月28日，西藏自治区党委常委、党委秘书长达娃次仁在《关于赴日喀则、阿里、那曲三地市开展地方志工作督导的情况报告》上作出批示，要求加强工作指导，规范基础性工作，持续强化队伍建设，不断提升工作质量。他还在《关于举办2021年全区史志业务培训班的情况报告》上作出批示，要求总结经验，不断提升培训效果。

（赵建鹏）

【甘肃省副省长、省地方志编委会主任何伟就"两全目标"推进工作作出批示】 2月8日，甘肃省副省长、省地方志编委会主任何伟在中指组《关于全国地方志系统"两全目标"完成情况的通报》上作出批示，充分肯定甘肃省地方志工作走在全国前列，向大家表示感谢和问候，并希望继续做好服务大局工作。9月2日，何伟在省史志办《关于2021年地方志工作进展情况的报告》上作出批示，肯定工作成效明显，要求继续保持，再上台阶。

（甘肃省史志办）

【青海省委书记王建军等对地方志工作作出批示】 5月7日，青海省委书记王建军在省志办《总结经验 把握规律 努力开创我省地方志事业高质量发展新局面》的报告上作出批示，指出地方志是书写历史的工作，省志办为书写青海历史作出了贡献，并向省志办人员表示感谢。

（杨树寿）

【青海省省长、省地方志编委会主任信长星对《青海省志》稿作出批示】 1月18日，青海省省长、省地方志编委会主任信长星在省志办《青海省志·总述·大事记（1986—2005）》（送审稿）上作出批示，指出前言、大事记及重要表述、重要事件是重点，要求省政府办公厅再认真审读一下，提出意见后送省委办公厅把关。

（杨树寿）

【青海省省长、省地方志编委会主任信长星等对地方志工作作出批示】 4月7日，青海省省长、省地方志编委会主任信长星，副省长、省地方志编委会常务副主任杨逢春在《关于2021年全国省级地方志工作机构主任工作会议情况及贯彻落实意见的报告》上作出批示，信长星、杨逢春对贯彻落实意见给予肯定。杨逢春批示，2020年全省方志人奋发有为，多措并举，付出了辛劳，圆满完成"两全目标"，向大家表示感谢和敬意！希望再接再厉，持续努力，认真学习贯彻全国会议特别是中指组领导讲话精神，推动青海省地方志事业高质量发展。5月7日，信长星在省志办报送的《青海省志·人物志（1986—2005）》（征求意见稿）上作出批示，给予肯定，并提出修改意见。他强调，在地方志中，人物志十分重要，要广泛听取意见，力求严谨、准确、权威；"人物传"中图像缺的应多方寻找，力求补全；要多听专家和各方面权威意见。5月8日，副省长、省地方志编委会常务副主任杨逢春在省志办报送的《总结经验 把握规律 努力开创我省地方志事业高质量发展新局面》的报告上作出批示，指出省志办全面系统梳理总结了二十年志鉴编纂工作特别是推进实现"两全目标"的六个方面经验，充分反映了全省志鉴人20年坚持不懈、勇毅前行、奋发有为的艰辛历史，六条经验来之不易，是全省广大志鉴人20年心血的凝聚，体现的是一种执着奉献的情怀和精神，弥足珍贵。要传承并光大这六条经验，一如既往，敬业奉献，砥砺前行，为推进青海省志鉴事业高质量发展作出新的贡献。

（杨树寿）

【青海省省长、省地方志编委会主任信长星等对《青海省抗击新冠肺炎疫情实录（2020.1.19—2020.12.1）》（征求意见稿）作出批示】 5月24日，青海省省长、省地方志编委会主任信长星在省志办《青海省抗击新冠肺炎疫情实录（2020.1.19—2020.12.1）》（征求意见稿）上作出批示，肯定编写这样一份实录很有意义，并就事件记录提出要求。他指出，目前抗疫工作仍在进行中，可先以此为基础加以完善，后面的工作继续补充，待取得彻底胜利后再正式付梓。5月28日，副省长匡湧作出批示，要求协调编纂部门，落实好省长批示要求。

（杨树寿）

【青海省副省长、省地方志编委会常务副主任杨逢春对地方志工作作出批示】 1月19日，青海省副省长、省地方志编委会常务副主任杨逢春在省志办《关于2020年工作总结及2021年工作要点的报告》上作出批示，指出2020年省志办奋发努力，聚焦目标任务，多措并举，发扬钉钉子精神，反复抓、抓反复，工作扎实深入，以非常之举推动全省"两全目标"如期完成，并且充分发挥自身优势，服务中心，在资政等方面主动作为。

（杨树寿）

【青海省副省长杨志文对地方志工作作出批示】 8月21日，青海省副省长杨志文在省志办《关于地方志工作情况的报告》上作出批示，指出地方志是一项十分重要、非常有意义的工作，在资政、存史、教育乃至整个地方经济社会发展中都具有独特的贡献和作用。青海省志办近年来取得显著工作成绩，十分不易，望总结经验，再接再厉，再创佳绩。当前，省志办在全力推进"两全目标"等重点工作的同时，要统筹推进地方志工作"十业并举"等任务落实；要认真学习贯彻习近平总书记考察青海重要讲话和有关重要指示批示精神，按照省委省政府统一部署，认真研究好、谋划好"十四五"期间地方志工作的重点任务，积极协调解决有关困难和问题，实事求是，担当作为，努力开创地方志工作新局面。8月31日，杨志文在省志办《制约地方志事业高质量发展的困难和问题的情况报告》上作出批示，提出省方志馆建设要认真调研论证，从当前严明财经纪律实际要求与长远发展统筹考虑；编制问题等与省委组织部、编办沟通后提出建议，重点解决省级地方志办的问题，市州县通过协调提出工作建议，供市州研究；经费事宜与财政厅对接沟通，实事求是，量力而行。　　　　　　　（杨树寿）

【宁夏回族自治区主席咸辉对地方志工作作出批示】　12月4日，宁夏回族自治区主席咸辉在自治区志办《2021年全区地方志和古籍文献工作情况暨2022年主要工作打算、建议》上作出批示，指出自治区志办主动作为，勤勉工作，获得全国地方志系统先进集体实属不易，值得点赞！希望取得编修史志的更好成果。　　　　　　（张明鹏）

【宁夏回族自治区副主席、宁夏地方志和古籍文献整理委员会副主任杨培君主持召开宁夏地方志和古籍文献整理委员会议】　12月2日，受宁夏回族自治区主席、宁夏地方志和古籍文献整理委员会主任咸辉委托，自治区副主席、宁夏地方志和古籍文献整理委员会副主任杨培君主持召开宁夏地方志和古籍文献整理委员会议。杨培君对2021年全区地方志和古籍文献整理工作予以肯定，表示将努力协调解决有关事宜。他提出，一要立足实际，适时修订《宁夏回族自治区〈地方志工作条例〉实施办法》；二要争取将史志编修工作列入各地每年的民生实事；三要加强对宁夏古籍文献数字化保护力度，不断加强对文化藏品、古籍文献保护的顶层设计；四要加强对市县和行业部门的业务指导，重视与各行业部门的联系，努力推进全区地方志工作高质量发展。（张明鹏）

【新疆维吾尔自治区党委副书记，兵团党委书记、政委王君正对史志工作作出批示】　3月30日，新疆维吾尔自治区党委副书记，兵团党委书记、政委王君正对史志工作作出批示，指出兵团各级史志部门和广大史志工作者要认真贯彻落实习近平总书记关于史志工作的重要指示精神，以史为鉴、以史正人，弘扬光荣传统、传承红色基因，以"不吃老本、再立新功"的精神状态，为兵团完整准确贯彻新时代党的治疆方略，履行"三大功能"、发挥"四大作用"，推动各项事业高质量发展作出新的更大贡献。　　　　　　　（王兴鹏）

【新疆生产建设兵团党委常委、党委秘书长李冀东对地方志工作作出批示】　2月10日，新疆生产建设兵团党委常委、党委秘书长李冀东在兵团党委党史研究室（兵团志办）《关于兵团党委党史研究室（兵团志办）2020年工作总结和2021年工作要点的报告》上作出批示，指出党史研究室2020年工作很有成效，要继续努力，中央即将开展党史学习教育，要按统一安排，切实发挥作用。　　　　（王兴鹏）

大 事 记

1月

4日 广西壮族自治区党委常委、组织部部长曾万明，海南省委常委周红波到海南省史志馆参观。

5日 吉林省副省长阿东就中指办《关于向吉林省人民政府致贺信的函》对全省地方志工作作出批示。

是日 福建省委副书记、厦门市委书记胡昌升向省委党史研究和地方志编纂办公室致感谢信。

8日 吉林省政府办公厅印发《关于组织编纂吉林省抗击新冠肺炎疫情志的通知》。

是日 2021年海南省史志工作机构主任会议暨省史志学会年会召开。

是日 海南省委副书记、代省长冯飞对史志工作作出批示。

12日 四川省人大常委会副主任王宁在《四川省志办关于第二轮修志任务完成情况的报告》上作出批示。

13日 上海市年鉴学会与乌拉圭驻沪总领事馆座谈研讨中国与乌拉圭外交关系史有关内容。

是日 山东省委书记刘家义就《山东年鉴（2019）》获评全国地方志优秀成果（年鉴类）特等年鉴作出批示。9日，副省长孙继业也就此作出批示。

15日 安徽省2021年度党史地方志部门优秀科研成果评选活动举行。

是日 福建省年鉴研究会2020年理事会议暨学术交流会召开。

是日 湖南省地方志编纂院印发《关于表扬第七届湖南省地方志优秀成果（年鉴类）的通报》。

16日 浙江省省长郑栅洁对地方志工作做出批示。

18日 湖南省委常委、宣传部部长张宏森到湖南省地方志编纂院调研。

是日 青海省省长、省地方志编委会主任信长星在省志办报送的《青海省志·总述·大事记（1986—2005）》（送审稿）上作出批示。

19日 青海省副省长、省地方志编委会常务副主任杨逢春在省志办《关于2020年工作总结及2021年工作要点的报告》上作出批示。

20日 中国社会科学院副院长、中国历史研究院院长、中指组常务副组长高翔在四川省志办《关于"两全目标"任务完成情况的报告》上作出批示。

是日 吉林省地方志资源开发立项项目《院士在吉林》获评第五届吉林省新闻出版奖图书精品奖。

22日 《宁波月鉴》创刊。

25日 中指组印发《关于启动新冠肺炎疫情防控资料收集编纂工作的通知》。

26日 西藏自治区志办印发《西藏自治区乡镇村志系列丛书编纂实施方案》。

27日 四川省志办印发《关于提升地方综合年鉴编纂质量的意见》。

28日 中国社会科学院院长、党组书记，中指组组长谢伏瞻在中国社会科学院2021年度工作会议暨全面从严治党加强党的建设工作会议上作工作报告时指出，"经过5年多的努力，基本完成省市县三级有志有鉴的'两全目标'，成为一项世界文化史上的盛举"。

是日　中指组印发《关于全国地方志系统"两全目标"完成情况的通报》。

29日　中指组印发《关于学习宣传吴志宏同志先进事迹的通知》。

是日　中指办印发《关于〈在全国地方志系统开展"学习吴志宏，建功新时代"主题宣教活动实施方案〉的通知》。

是月　人社部、中指组联合印发决定，追授云南省红河州党史研究和地方志编委会办公室原副主任吴志宏"全国地方志系统先进工作者"称号。

是月　吉林省地方志编委会印发《关于2020年全省市县级"年鉴全覆盖"情况的通报》。

2月

1日　吉林省省长韩俊任省地方志编委会主任。

是日　江苏省委常委、常务副省长樊金龙在《关于〈江苏记录（2020）〉作为省"两会"会议资料有关情况的报告》上作出批示。

是日　河南省史志办向全省史志系统印发《关于学习吴志宏同志先进事迹的通知》。

3日　湖北省文化和旅游（文物）局长及地方志工作负责人电视电话会议召开。

5日　吉林省省长韩俊就《吉林年鉴（2019）》获评全国地方志优秀成果（年鉴类）特等年鉴作出批示。

8日至10日　广西壮族自治区副主席黄俊华，海南省副省长王路，甘肃省副省长、省地方志编委会主任何伟，海南省委常委、省委秘书长孙大海先后就中指组《关于全国地方志系统"两全目标"完成情况的通报》作出批示。

是日　新疆生产建设兵团党委常委、党委秘书长李冀东在《关于兵团党委党史研究室（兵团志办）2020年工作总结和2021年工作要点的报告》上作出批示。

18日　江西省副省长孙菊生在《关于加快第二轮〈江西省志〉编纂进度的工作方案》上作出批示。

20日　四川省委常委、成都市委书记范锐平主持召开市委常委会（扩大）会议，审议通过《新时代进一步加强全市地方志工作的意见》。

23日　河南省史志办印发《关于成立"记录小康工程"领导小组的通知》。

是日　广西壮族自治区人大常委会副主任杨静华到自治区志办调研。

是月　《海南年鉴》获第五届海南省出版物政府奖期刊类三等奖。

3月

1日　湖南省委常委、宣传部部长张宏森在省地方志编纂院《关于全面完成"两全目标"任务的报告》上作出批示。

2日　北京市委常委、组织部部长魏小东在《关于开展北京史志宣传月的请示》上作出批示。

是日　广东省志办印发《〈粤港澳大湾区城市群年鉴〉编纂工作实施方案》。

4日　广西《八桂地情参阅》《广西地情报告·2020卷》专题研讨会召开。

5日　广西壮族自治区副主席黄俊华听取自治区志办工作汇报。

6日　吉林省地方志编委会印发《关于进一步加强续志资料的征集、考订和整理工作的通知》。

7日　湖南省地方志编纂院主管、主办的综合性内部双月刊《湖南地方志》更名为《韩公亭》。

8日　云南省委机构编制委员会办公室批复云南年鉴社调整设置为省志办管理的正处级公益一类事业单位。

12日　江苏省地方志系统历史首场地方志基础知识网络培训举办。

17日　上海市志办策划组织、上海通志馆编纂出版的《申江赤魂——中国共产党诞生地纪事》入选上海党史学习教育推荐书单。

是日　湖南省地方志编纂院印发《关于对全省民族地区和脱贫地区县级综合年鉴公开出

大事记

版予以资助的通知》。

19日　全国省级地方志机构主任工作会议暨中国地方志学会第七次会员代表大会以"现场+网络直播"的形式召开。

是日　上海市区级地方志工作机构主任工作会议召开。

是日　江苏省地方志工作座谈会召开。

22日　广东省志办印发《关于进一步做好地方综合年鉴地情信息推介服务的通知》《关于建立和完善地方综合年鉴供稿评价工作制度的通知》。

24日　杭州市委副书记、市长、市地方志编委会主任刘忻在市委党史研究室（市志办）《关于〈杭州年鉴（2019）〉获第七届全国地方志优秀成果特等奖的报告》上作出批示。

是日　2021年四川省地方志工作会议召开。

24日至26日　江苏名镇名村志专题培训班举办。

28日　西藏革命建设改革纪念馆（西藏方志馆）项目开工。

30日　成都市地方志工作会议召开。

是日　新疆维吾尔自治区党委副书记、兵团党委书记、政委王君正对兵团史志工作作出批示。

30日至4月1日　国家方志馆江南分馆启动推进会召开。

31日　天津市档案方志工作会议召开。

是日　广东省深圳市党史文献和地方志学会成立大会暨第一次会员大会召开。

是日　广西壮族自治区市级地方志工作机构主任工作会议召开。

4月

2日　安徽省党史和地方志部门主要负责人会议暨全省党史和地方志干部培训会召开。

7日　山西省党史和地方志部门主要负责人会议召开。

是日　海南省年鉴编纂业务培训会召开。

是日　青海省省长、省地方志编委会主任信长星，副省长、省地方志编委会常务副主任杨逢春对省志办《关于2021年全国省级地方志工作机构主任工作会议情况及贯彻落实意见的报告》给予肯定，杨逢春作出批示。

8日至9日　《中国抗击新型冠状病毒肺炎疫情志》资料收集编纂研讨会召开。

是日　上海市委宣传部召开地方志专题工作会议。

是日　重庆市地方志工作机构主要负责人工作会议召开。

11日至17日　2021年第一期全国地方志工作机构新任负责人培训班举办。

13日　武汉市地方志工作机构负责人工作会议召开。

19日　广西壮族自治区政府印发《广西壮族自治区国民经济和社会发展第十四个五年规划和二〇三五年远景目标纲要》，明确提出"启动第三轮修志工程，编修乡村史志"。

19日至20日　国家方志馆南方丝绸之路分馆建设启动会暨南方丝绸之路国际筹备会、南方丝绸之路分馆建设主题主线和布展大纲讨论会召开。

22日　中共安徽省委党史研究院（省地方志研究院）印发《关于进一步激励广大干部新时代新担当新作为的若干措施（试行）》。

23日　北京市党史和地方志办主任会议召开。

25日至29日　2021年广东省地方志系统业务能力提升培训班（第一期）举办。

26日至27日　湖南省市州地方志工作机构主任会议召开。

27日　河南省地方史志机构主任工作会议暨先进集体、先进工作者表彰大会召开。

28日至30日　全国港澳研究会、南京大学、香港地方志中心等单位联合举办的"以史为炬，照亮香港未来"研讨会召开。

29日　《海南扶贫志》撰稿人培训会议召开。

5月

5日至18日　江苏省志办向全省地方志系

统优秀工作者授予"金方志""银方志"荣誉证书。

6日 广西壮族自治区志办印发《全区乡村史志编修试点工作方案》。

7日 安徽省委副书记程丽华专题听取省委党史研究院（省地方志研究院）工作汇报。

是日 青海省委书记王建军，副省长、省地方志编委会常务副主任杨逢春分别在省志办《总结经验，把握规律，努力开创我省地方志事业高质量发展新局面》报告上作出批示。

是日 青海省省长、省地方志编委会主任信长星在省志办《青海省志·人物志（1986—2005）》（征求意见稿）上作出批示。

10日、20日 山东省副省长孙继业，省委常委、组织部部长王可分别就《山东年鉴（2020）》《滨州年鉴（2020）》入选中国精品年鉴作出批示。

11日 北京年鉴社并入北京市方志馆（北京市地情信息中心），组建新的北京市方志馆（北京市地情资料中心、北京年鉴社）。

是日 内蒙古自治区政府地方志研究室印发《关于开展全区乡镇（街道）志编纂工作的通知》。

17日 国家哲学社会科学文献中心公布"2016—2020年最受欢迎期刊""2016—2020年最受欢迎新刊"，向《中国年鉴研究》编辑部获颁"2016—2020年最受欢迎期刊"牌匾和"2016—2020年最受欢迎新刊"证书。

是日 河南省史志办印发《关于实施第二届年鉴创优工程的通知》。

18日 中国首届方志编辑出版学术论坛举办。

是日 2021上海地方志论坛举办。

是日 广东省深圳市志办名村志编纂业务培训会召开。

是日 广西壮族自治区发展改革委批复《广西方志馆二期工程项目初步设计》。

20日 吉林省地方志编委会印发《吉林名镇名村志编纂试点工作方案》。

21日 黑龙江省政协副主席宫晶堃到省方志馆参观考察。

24日 青海省省长、省地方志编委会主任信长星在省志办《青海省抗击新冠肺炎疫情实录（2020.1.19—2020.12.1）》征求意见稿上作出批示。

26日至27日 全国年鉴质量建设暨中国年鉴精品工程研讨会召开。

27日 河南省史志办定点扶贫工作领导小组办公室被河南省委、省政府授予"河南省脱贫攻坚先进集体"称号。

27日至28日 陕西省村史馆工作培训会召开。

28日 "北京市庆祝中国共产党成立100周年"首场新闻发布会——党史地方志工作专场暨北京史志宣传月新闻发布会举行。

29日 河北省政府党组会议研究同意河北省档案方志馆建设项目实施。

是日 福建省副省长郭宁宁到省方志馆调研。

31日 吉林省地方志编委会印发《关于2021年全省市县级年鉴质量评审情况的通报》。

是日 四川省志办印发《四川省乡镇（街道）、村志编纂工作指导意见》。

31日至6月5日 湖北省地方志工作机构新任负责人、新进人员业务培训班举办。

6月

2日 人力资源和社会保障部、中指组印发《关于表彰全国地方志系统先进集体和先进工作者的决定》，授予北京市密云区地方志办公室等32个单位"全国地方志系统先进集体"称号，授予孟朋文等9人"全国地方志系统先进工作者"称号。

3日 江苏省民政厅、省委党史工作办公室、省文化和旅游厅、省退役军人事务厅、省志办等联合发布江苏省首批100个红色地名。

6日 文汇报社、上海市志办主办的"爱我中华——寻访上海成长轨迹之旅"系列活动启动，该活动持续到年底。

7日 江苏省志办组织编纂的《长江历史图谱》入选"2020苏版好书"。

9日 海南省委常委、省委秘书长孙大海到省委党史研究室（省志办）走访座谈，并讲授专题党课。

9日至10日 《吉林省抗击新冠肺炎疫情志》编纂人员培训班举办。

10日 上海市第二轮规划内志书编辑出版工作研讨会召开。

16日 新疆生产建设兵团财政局、兵团志办印发《兵团团场志书出版资助工程专项资金管理办法》。

17日 国家方志馆南方丝绸之路分馆建设工作领导小组第三次会议及专家组会议召开。

是日 《江苏省对口支援西藏建设志》亮相"礼赞全面小康，致敬建党百年"江苏省主题出版重点出版物发布会。

是日 郑金月任浙江省地方志编委会办公室主任。

18日 武汉市志办印发《〈武汉地方志专家库管理办法（试行）〉的通知》。

是日 海南省委党史研究室（省志办）和省测绘地理信息局共同监制的《海南省红色地图》发行。

21日 江西省市县年鉴业务视频培训班举办。

21日至22日 四川省志办、重庆市志办、内江师范学院共同主办的"记录百年党史感恩伟大时代"主题论坛暨巴蜀方志文化研究中心成立仪式在内江市举行。

23日 内蒙古自治区政府地方志研究室印发《关于进一步强化志书年鉴质量的通知》。

24日 海南省委办公厅、省政府办公厅印发《海南省史志事业发展规划（2021—2025年）》。

25日 海南省委党史研究室（省志办）、省史志学会联合举办庆祝中国共产党成立100周年学术研讨会。

28日 中指组、中国地方志学会印发《第八届全国地方志优秀成果（年鉴类）评审活动实施方案》。

是日 山东省党史史志系统庆祝中国共产党成立100周年党史理论研讨会举办。

是日 云南省红河州党史研究和地方志编纂办公室原副主任吴志宏被中共中央追授为"全国优秀党务工作者"。

29日 "方志江苏"微信公众号在省政府办公厅印发的《关于2021年第二季度全省政务新媒体检查抽查情况的通报》中获得表扬。

是日 湖南省委办公厅、省政府办公厅印发通知，保留湖南省地方志编委会，同时明确湖南省地方志编委会为省委、省政府的议事协调机构。

30日 《上海年鉴（2021）》英文版临港新片区增刊出版。

是日 武汉市志办印发《关于调整武汉地方志编委会成员的通知》。

是月 广东省志办公布《广东省方志文化场馆目录》。

7月

1日 国家方志馆南水北调分馆试开馆仪式举行。

是日 天津市委常委、市委秘书长金湘军在市档案馆（市志办）《关于赴中指办汇报工作暨调研北京市地方志工作情况的报告》上作出批示。

是日 江苏省志办和江苏新闻广播联合打造的《江苏小康印记》H5融媒体产品上线。

是日 江苏省志办主办的"江苏地情网"升级改版为"江苏省情网"，并上线。

是日 "弘扬方志传统，开启时代新局——广西壮族自治区第二轮修志成果展"举办。

7日 国家方志馆南方丝绸之路分馆建设工作领导小组第四次会议召开。

是日 内蒙古自治区政府地方志研究室印发《内蒙古自治区盟市、旗县（市区）志书评审、验收及出版暂行办法的通知》。

7日至11日 江苏省志办组织全省地方志系统在省政府主办的第十一届江苏书展中设立

"方志江苏馆"。7日，省委常委、宣传部部长张爱军参观江苏书展"方志江苏馆"；省委常委、苏州市委书记许昆林，副省长马欣参观江苏书展。

8日　吕素维任河北省档案馆（省地方志编委会办公室）馆长（主任）。

是日　内蒙古自治区政府地方志研究室印发《关于启动全区第一批乡镇（村）志编纂工作的通知》。

12日　河北省档案馆（省地方志编委会办公室）揭牌。

是日　内蒙古自治区政府地方志研究室印发《内蒙古自治区地方志（史）文献资料收（征）集、保护、整理管理办法（试行）》的通知。

13日　《浙江通志》编纂成果应用工作会议召开，省委常委、宣传部部长朱国贤出席。

14日　广东省政府印发《广东省数字政府改革建设"十四五"规划》，提出"优化数字方志馆建设"。

14日至16日　天津市地方志工作培训班举办。

18日　安徽省人力资源和社会保障厅、省委党史研究院（省地方志研究院）联合发文，授予38个单位"全省党史地方志系统先进集体"称号，授予94名个人"全省党史地方志系统先进工作者"称号。

18日至24日　2021年第二期全国地方志工作机构新任负责人培训班举办。

19日　重庆市政府办公厅印发《关于加快实施重庆市国民经济和社会发展第十四个五年规划和二〇三五年远景目标纲要重大项目的通知》，国家方志馆长江分馆暨重庆方志馆项目作为重大文化设施建设项目纳入市"十四五"规划和二〇三五年远景目标。

20日　《武汉抗击新冠肺炎疫情志》编纂工作会议召开。

20日至21日　中国名镇志、中国名村志丛书编纂业务培训班举办。

20日至23日　广东省年鉴编纂实务研修班举办。

22日　中国名镇志、中国名村志丛书编纂业务研讨会召开。

26日　江西省第六届年鉴质量评比活动专家评审会召开。

26日至30日　宁夏回族自治区地方志系统业务培训班举办。

27日至30日　吉林省志书编纂业务培训班举办。

28日　国家方志馆南方丝绸之路分馆建设工作领导小组第五次会议召开。

28日至29日　全国地方志法治化建设研讨会在黑龙江抚远召开。

28日至30日　武汉市地方志系统业务培训班举办。

是日　湖南省年鉴质量建设专题培训班举办。

是月　赵增昆任云南省地方志编委会办公室主任。

8月

10日至13日　甘肃省地方史志业务培训班举办。

12日　河北省档案馆（省志办）印发《河北省档案馆档案方志资料征集工作规范》。

18日至20日　浙江省志鉴编纂业务培训暨全省地方志工作机构负责人会议召开。

19日　广东省委书记李希到省志办调研。

21日　青海省副省长杨志文在省志办《关于地方志工作情况的报告》上作出批示。

26日　云南省政府参事、省地方志编委会副主任杨杰到省志办调研工作，并召开座谈会。

31日　青海省副省长杨志文在《省志办制约地方志事业高质量发展的困难和问题的情况报告》上作出批示。

是月　吉林省地方志资源开发立项项目《木城往事》被省委宣传部确定为"2021年民生读本"。

是月　湖北省年鉴编纂出版质量评审活动举办。

是月 武汉市委办公厅、市政府办公厅印发《武汉市市级机构名称》，明确武汉市地方志工作机构名称为武汉市地方志编纂委员会办公室。

9月

1日 云南省红河州党史研究和地方志编纂办公室原副主任吴志宏被省委宣传部追授为"云岭楷模"。

2日 甘肃省副省长、省地方志编委会主任何伟在省史志办《关于2021年地方志工作进展情况的报告》上作出批示。

6日 广东省志办印发《广东省省情专家服务办法》。

9日 武汉市志办举行揭牌仪式。

13日至17日 浙江省地方志系统业务骨干培训班举行。

14日 《江苏地方志》"红色地名"专刊入选"中国共产党成立100周年精品出版物展"，并在第28届北京国际图书博览会上展出。

是日 广西壮族自治区政协副主席钱学明到自治区志办调研。

18日 江苏省政府办公厅印发《江苏省"十四五"地方志事业发展规划》。

27日 "江苏省方志馆联盟"揭牌仪式举行。

28日 深圳市委常委、深圳警备区司令员杨芝春赴深圳党史馆和方志馆开展党史学习教育活动。

是日 广西壮族自治区志办、自治区住建厅联合印发《广西历史文化名镇名村（传统村落）史志文化工程实施方案》。

是日 重庆市志办印发《关于开展重庆历代优秀方志点校出版工作的通知》。

29日 中国社会科学院宣布干部任免职决定：任命曹宏举为中指办一级巡视员、党组成员、方志出版社总编辑，免去冀祥德中指组秘书长，中指办主任、党组成员职务，另有任用。

30日 福建省副省长李德金就中指组《关于2021年上半年全国省市县三级综合年鉴全覆盖完成情况的通报》对全省地方志工作作出批示。

是日 湖南省地方志编纂院印发《湖南省地方志服务"三高四新"战略实施意见》《湖南省方志人才队伍建设三年行动计划》。

是日 四川省志办印发《四川省志办指导省直部门志鉴编修工作规范（试行）》。

是月 《上海滩》"庆祝中国共产党成立100周年"专刊入选中央宣传部和北京市政府主办的"2021中国精品期刊展"。

是月 广东省方志馆制作的宣传片《留存历史的记忆》发布。

10月

8日 海南省委党史研究室（省志办）提交的理论宣讲报告《弘扬"二十三年红旗不倒"琼崖革命精神，推进海南自贸港建设行稳致远》获2021年度全省优秀理论宣讲报告，微视频《中共琼崖一大的召开》获2021年度全省优秀理论宣讲微视频。

是日 成都市志办印发《成都市地方志系统"三个一"工作方案（试行）》。

9日 广东省志办印发《广东省方志馆建设办法（试行）》。

11日 吉林省地方志编委会印发《关于调整吉林省地方志专家库专家的通知》。

是日 《江苏省对口支援西藏建设志》新闻发布会举行。

14日 新时代山西省地方志（年鉴）高质量发展研讨（培训）会召开。

是日 山西省地方志学会第五届会员代表大会暨第五届理事会第一次会议、省年鉴研究会第三届会员代表大会暨第三届理事会第一次会议召开。

是日 湖南省地方志编纂院印发《湖南省地方志作品编纂出版三审三校制度（试行）》《湖南省地方志编纂院兼职编纂人员报酬管理办法（试行）》。

是日 兵团志办印发《新疆生产建设兵团综合年鉴管理办法（试行）》《新疆生产建设兵团综合年鉴审查验收办法（试行）》《新疆生产建设兵团综合年鉴编纂质量审查标准（试行）》。

15日至16日 广西壮族自治区乡村史志文化建设现场交流暨乡村史志编修专题培训会召开。

19日至20日 浙江省扶贫志、高水平全面小康志、抗疫志编纂工作试点研修班举办。

19日至22日 河南省乡镇村志编纂业务培训班举办。

20日 海南省委常委、省委秘书长孙大海对省委党史研究室（省志办）开展《海南绿水青山志（1988—2021）》编纂工作作出批示。

21日 上海市志办指导，市地方史志学会和市地方志发展研究中心主办的"建党百年与史志文化"学术论坛举行。

21日至23日 上海市志办和复旦大学联合主办的2021年地方志理论研讨会召开。

25日至27日 中国地方志指导小组办公室、国家方志馆主办，山东省地方史志研究院承办的"讲述黄河故事，传承黄河文化"系列活动讲述大赛决赛暨颁奖会举办。

25日至29日 广西壮族自治区地方志业务培训班在山东省济宁市举办。

26日 "志说江南·2021苏州圆桌会议"举行。

是日 江西省扶贫志和全面小康志编纂工作启动大会暨业务培训会召开。

29日 《江苏省对口支援西藏建设志》新闻发布会在拉萨市举行。

是月 内蒙古自治区政府地方志研究室编印的《内蒙古方志》复刊，更名为《内蒙古印记》。

11月

1日 江西省委常委、宣传部部长梁桂到省社科院（省地方志研究院）调研。

2日至3日 四川省川北片区地方志工作会议召开。

2日至4日 第六期全国年鉴主编培训班以"视频会议+网络直播"的形式举办。

5日 成都方志文化海外交流合作单位（新加坡）揭牌典礼暨成都历史文化海外落地展（新加坡站）启动仪式举行。

是日 云南省红河州党史研究和地方志编纂办公室原副主任吴志宏获第八届全国道德模范提名奖。

7日 陕西省委机构编制委员会办公室印发通知，设立陕西省方志馆。

9日 中国扶贫志编纂工程和中国全面小康志编纂工程线上研讨会召开。

是日 中共安徽省委党史研究院（省地方志研究院）印发《2021—2025年人才培养规划》。

是日 中指办印发《关于印发〈西藏自治区志书部分内容编纂用词规定〉的通知》。

10日 广东省方志馆建设推进视频会议召开。

11日 黑龙江省委常委、省委秘书长、省委办公厅主任徐建国到省委史志研究室调研。

是日 重庆市副市长陆克华听取市志办关于国家方志馆长江分馆暨重庆方志馆筹建工作汇报。

11日至12日 江苏省即时性记录编纂工作交流推进会暨年鉴业务培训班以"现场会议+视频直播"的形式举办。

12日 北京市委、市政府对市地方志编委会组成人员进行调整，市委书记蔡奇任顾问；市委副书记、市长陈吉宁任主任；市委常委、常务副市长崔述强，市委常委、组织部部长孙梅君，市委常委、秘书长张家明，市委常委、宣传部部长莫高义，市政府主管地方志工作的副市长王红和市政府秘书长戴彬彬任副主任，其中孙梅君、王红任常务副主任。

15日 安徽省地方志"两全目标"总结交流会召开。

15日至17日 陕西省地方史编修研讨培训班在线上举办。

17日 江苏省委副书记、代省长许昆林任省地方志编委会主任。

是日 "中国精品年鉴在南京"推进会暨《建邺年鉴（2020）》发布会举行。

19日 山东省委常委、组织部部长王宇燕就《山东省对口支援新疆志》《山东省对口支援西藏志》作出批示。22日，省人大常委会副主任王华也就二志作出批示。

29日 江西省委书记易炼红就中指组《关于2021年江西省第二轮修志任务完成情况通报》作出批示。

30日 江西省委常委、省政府党组副书记梁桂对地方志工作作出批示。

是日 河南省名镇名村志编纂研讨培训班举办。

是日 湖南省人力资源和社会保障厅、省地方志编纂院联合印发《关于建立地方志专家库的通知》。

30日至12月1日 2021年全国地方志系统信息化业务培训班以"视频会议+网络直播"的形式举办。

12月

1日 山西省委常委、宣传部部长吴伟到省委党史研究院（省地方志研究院）调研。

是日 福建省委副书记、政法委书记罗东川到省委党史研究和地方志编纂办公室调研。

是日 江西省委副书记、代省长叶建春，省委常委、省委秘书长史文斌对全省地方志工作作出批示。

2日 江苏省学习贯彻《江苏省"十四五"地方志事业发展规划》座谈会召开。

是日 江西省委常委、省政府党组副书记梁桂，省委常委庄兆林，省委常委、秘书长史文斌对全省地方志工作作出批示。

是日 湖南省政协副主席、省地方志编委会副主任贺安杰到省地方志编纂院调研。

是日 宁夏地方志编审和古籍文献整理委员会会议召开，宁夏回族自治区副主席、宁夏地方志和古籍文献整理委员会副主任杨培君主持。

3日 新疆生产建设兵团史志系统表彰会召开。

3日至18日 西藏自治区史志业务培训班先后在日喀则市、阿里地区、那曲市举办。

4日 宁夏回族自治区主席咸辉在自治区志办《2021年全区地方志和古籍文献工作情况暨2022年主要工作打算、建议》上作出批示。

6日 《香港参与国家改革开放志》出版典礼暨《粤港澳大湾区志》合作备忘录签署仪式举行。全国政协副主席、国务院港澳事务办公室主任夏宝龙通过视频方式发表讲话。香港特别行政区行政长官林郑月娥出席活动并发表演讲。中国社会科学院院长、中指组组长谢伏瞻发表视频致辞。会上，香港地方志中心、澳门基金会、广东省省志办三方以视频方式签署《粤港澳大湾区志》合作备忘录。林郑月娥、澳门特别行政区行政长官贺一诚、广东省省长马兴瑞见证签署仪式。

6日至10日 山西省党史方志宣传教育工作第一期培训班举办。

7日 江西省副省长、省地方志编委会副主任孙菊生对全省地方志工作作出批示。

7日至8日 第一期学习贯彻《江苏省"十四五"地方志事业发展规划》培训班举办。

7日至9日 江西省地方志工作机构负责人会议暨业务培训班举办。

7日至10日 第十一届中国地方志学术年会、第二届全国方志论坛、第五届全国年鉴论坛、全国地方史志期刊建设暨理论研讨会以网络视频直播的形式召开。

9日 江西省地方志学会第四次会员代表大会召开。

13日 山东省党史史志业务骨干培训班举办。

13日至17日 山西省党史方志宣传教育工作第二期培训班举办。

13日至20日 "同舟共济，志同道合"——港穗双城图片展首展在广州市方志馆和香港中环交易广场圆形大厅同步开展。

是日 "广州数字史志馆"上线。

15日 江苏省志办公布2021年度江苏精品年鉴。

是日 湖南省地方志编纂院表扬35个省志承编组和市县地方志工作机构为湖南地方志系统先进集体，表扬43名省志承编组成员和市县地方志工作机构工作者为湖南地方志系统先进个人。

19日至20日 北京市副市长王红，市委常委、组织部长孙梅君先后在市委党史研究室、市志办《关于2021年主要工作开展情况的报告》上作出批示。

20日 北京市在市委党史研究室（市志办）《关于2021年主要工作开展情况的报告》上作出批示。

是日 江苏省志办公布2021年度市县地方志特色创新项目评定结果。

是日 四川省志办印发《关于充分发挥职能作用讲好党的百年奋斗史的意见》。

21日 广东省委书记李希对地方志工作作出批示。

21日至24日 第八届全国地方志优秀成果（年鉴类）省级综合年鉴、中央部委年鉴评审会议召开。

22日 中指办印发《关于公布第六批中国名镇志丛书、第五批中国名村志丛书入选名单的通知》。

是日 湖南省地方志编纂院印发《关于首届"韩公亭杯"2021年地方志理论研究征文评选结果的通报》《关于表扬第八届湖南省地方志优秀成果（年鉴类）的通报》。

是日 重庆市方志馆重庆大学分馆（川渝共建）开馆仪式举行。

23日 新时代年鉴事业高质量发展座谈会召开。

是日 山西省省情（方志）馆建设项目奠基开工仪式举行。

是日 上海市第二轮志书出版工作协调会召开。

是日 "方志江苏"微信公众号作者年会召开。

23日至24日 第二期学习贯彻《江苏省"十四五"地方志事业发展规划》培训班举办。

24日 辽宁省代省长李乐成就中指办《关于辽宁省2021年地方志工作情况的函》对全省地方志工作作出批示。

是日 江苏省地方志学会评选出一、二、三等奖学术年会论文。

是日 广东省志办拍摄的"方志vlog"系列视频获评2021年第九届广东互联网政务论坛政务新媒体视觉传播精品案例。

25日 河北省委书记、省人大常委会主任王东峰向中指办致感谢信。

27日 江苏省志办组织编纂的《江南通志》《江苏艺文志（增订本）》获第三届省新闻出版政府奖图书奖。

是日 江西省委书记易炼红，省委常委、宣传部部长庄兆林就中指办《关于江西省2021年地方志工作情况的函》对全省地方志工作作出批示。

28日 西藏自治区党委常委、党委秘书长达娃次仁对地方志督导和培训工作作出批示。

是日 兵团党委办公厅、兵团办公厅印发《新疆生产建设兵团"十四五"史志事业发展规划》。

29日 江西省委常委、宣传部部长庄兆林对地方志工作作出批示。

是日 广东省地方志学会第七次会员大会（换届大会）召开。

30日 海南省委常委、省委秘书长孙大海对省委党史研究室（省志办）工作和全省史志工作作出批示。

31日 中指组、中国地方志学会印发《关于对第八届全国地方志优秀成果（年鉴类）的通报表扬》。

是日 上海市志办印发《上海市地方志事业发展规划纲要（2021—2025年）》。

是日 贵州省副省长、省地方志编委会主任谭炯就中指办《关于贵州省2021年地方志工作情况的函》对全省地方志工作作出批示。

是月 四川省志办、重庆市志办、四川省发展和改革委员会、重庆市发展和改革委员会联合编纂的《成渝地区双城经济圈建设年鉴（2021）》出版。

是月 西藏自治区党委调整自治区地方志编委会组成人员，自治区党委书记王君正担任总顾问，自治区党委副书记、自治区主席严金海担任主任；自治区党委常务副书记、自治区政协党组书记庄严，自治区党委副书记、自治区常务副主席陈永奇，自治区党委常委、党委秘书长达娃次仁，自治区政府党组成员、自治区政府秘书长朱强担任副主任。

中指组及其办公室工作

· 中指组工作

【新冠肺炎疫情防控资料收集编纂工作启动】 1月25日,中指组印发《关于启动新冠肺炎疫情防控资料收集编纂工作的通知》,要求开展新冠肺炎疫情防控资料收集、编纂工作,并着手组织抗疫志编纂试点单位申报工作。4月8日至9日,中指办主办的中国抗击新型冠状病毒肺炎疫情志资料收集编纂研讨会在浙江省温州市召开。7月10日,经报请中指组领导同意,继1月7日批复云南省志办为抗疫志编纂试点单位之后,又确定北京市朝阳区地方志办公室、河北省安国市地方志办公室、江苏省南京市地方志办公室、浙江省温州市地方志办公室、湖北省武汉市地方志办公室、陕西省宝鸡市地方志办公室为抗疫志编纂试点单位,探索抗疫志编纂模式,积累相关工作经验。年内,部分试点单位完成初稿,进入志稿打磨、评审阶段。部分省份按照要求,积极收集相关资料,制订编纂方案,推进抗疫志编纂工作。

(张晶萍)

【中指组通报2020年"两全目标"完成情况】 1月28日,中指组印发《向各省、自治区、直辖市地方志编委会(办公室)及兵团志办发文》,通报截至2020年12月31日全国省市县三级志书完成情况和地方综合年鉴全覆盖完成情况。通报要求,各地已经移交出版单位的志书,应确保在2021年内公开出版;已经移交出版单位的年鉴,应全力推动尽快公开出版;各地要继续做好"两全目标"在线统计系统的数据更新工作。

(张晶萍)

【中指组通报2021年上半年全国省市县三级综合年鉴全覆盖完成情况】 8月27日,中指组印发《向各省、自治区、直辖市地方志编委会(办公室)及兵团志办发文》,通报截至2021年6月底全国省市县三级综合年鉴全覆盖完成情况。通报要求,各地充分认识持续巩固"年鉴全覆盖"成果和编纂出版三级综合年鉴2021年卷的重大意义,切实抓好2021年卷年鉴编纂出版工作;尚未公开出版的2020年卷年鉴,应全力推动尽快公开出版。

(张晶萍)

【全国地方志系统先进集体和先进工作者表彰】 6月2日,人力资源和社会保障部、中指组印发《关于表彰全国地方志系统先进集体和先进工作者的决定》,授予北京市密云区地方志办公室等32个单位"全国地方志系统先进集体"称号,授予孟朋文等9人"全国地方志系统先进工作者"称号。受表彰个人享受省部级表彰奖励获得者待遇。

(张晶萍)

【第八届全国地方志优秀成果(年鉴类)评审活动开展】 6月28日,中指组、中国地方志学会印发《第八届全国地方志优秀成果(年鉴类)评审活动实施方案》,启动评审工作。评审范围是公开出版的2020年卷各级各类年鉴。经评审活动领导小组办公室复审、领导小组终审,在省级综合年鉴、市级综合年鉴、县级综合年鉴、专业年鉴、军事年鉴中确定特等年鉴78部,一等年鉴119部,二等年鉴136部,三等年鉴113部。12月31日,中指组印发《关于对第八届全国地方志优秀成果(年鉴类)的通报表扬》,对以上获评年鉴进行通报表扬。

(张晶萍)

· 中指办工作

【全国地方志系统开展"学习吴志宏，建功新时代"主题宣教活动】 1月29日，中指办印发《关于〈在全国地方志系统开展"学习吴志宏，建功新时代"主题宣教活动实施方案〉的通知》。该通知明确，主题宣教活动包括广泛宣传吴志宏先进事迹、深入学习吴志宏精神、争当新时代吴志宏式方志人等3个方面12项内容，分宣传发动、学习研讨、总结提升、常态化学习4个阶段进行，要求深入学习宣传吴志宏先进事迹，大力弘扬吴志宏精神，向建党100周年献礼。从2月起，各级地方志工作机构掀起学习吴志宏先进事迹的热潮。（张晶萍）

【2021年全国省级地方志机构主任工作会议暨中国地方志学会第七次会员代表大会召开】 3月19日，2021年全国省级地方志机构主任工作会议暨中国地方志学会第七次会员代表大会在北京市召开。中国社会科学院院长、党组书记，中指组组长谢伏瞻出席会议并讲话。中国社会科学院副院长、党组成员，中指组常务副组长高翔主持会议并讲话。中指组秘书长、中指办主任冀祥德出席会议并作工作报告。中指办党组书记、方志出版社社长高京斋，中指办一级巡视员邱新立，中指办纪检组组长、副主任叶聪岚出席会议。谢伏瞻在讲话中对"十三五"时期全国地方志工作进行总结，对"十四五"时期全国地方志工作进行部署。他强调，2021年全国地方志要以推动高质量发展为主题，深入学习贯彻全国"两会"精神，做好重大专题志编纂工作，加强地方志事业顶层设计，着力推进地方志法治化建设，继续加强人才队伍建设，调动社会力量参与地方志工作。中国地方志学会第七次会员代表大会选举高翔担任中国地方志学会第七届理事会会长。高翔对中国地方志学会下一阶段工作提出要求：坚持党的领导，确保正确方向；坚持学术为本，引领事业发展；突出方志特色，推动"三大体系"建设；坚持服务大局，强化社会责任，为实现地方志事业全面繁荣发展保驾护航。会议审议通过《中国地方志学会第六届理事会工作报告》和新修订的《中国地方志学会章程（草案）》等文件，选举产生第七届理事会常务理事和领导机构。会议以"现场＋网络直播"的方式召开，全国省级地方志工作机构领导班子成员，地市级地方志工作机构负责人，第七届中国地方志学会理事推荐人选参加会议。（张晶萍）

【国家方志馆江南分馆启动推进会召开】 3月30日至4月1日，国家方志馆江南分馆启动推进会在江苏苏州召开。中指办党组书记、方志出版社社长高京斋出席会议并讲话。高京斋指出，要高度重视江南分馆建设，深刻认识其重大意义；要科学谋划，正确引领建设理念，定位要准确，主题要明确，思路要清晰；要凝心聚力，共同推进江南分馆建设，加强组织保障和专业保障，确保江南分馆高质量建设和良性运行。与会代表围绕国家方志馆江南分馆建设进行深入讨论。会上成立国家方志馆江南分馆启动领导小组，高京斋担任组长，成员单位包括上海、江苏、浙江、安徽及有关副省级城市地方志工作机构和苏州市志办，形成定期联络交流机制。来自三省一市和28个地级市地方志工作机构负责人参会。（张晶萍）

【中国抗击新型冠状病毒肺炎疫情志资料收集编纂研讨会召开】 4月8日至9日，中国抗击新型冠状病毒肺炎疫情志资料收集编纂研讨会在浙江温州召开。中指组秘书长、中指办主任冀祥德，中指办一级巡视员邱新立出席会议并讲话。冀祥德要求，要充分认识实施中国抗疫志编纂工程的重要意义，全面展示中国共产党的坚强领导和社会主义制度的巨大优越性，进一步弘扬伟大的抗疫精神；要提高政治站位，统一思想认识，确保抗疫志编纂工作高质量进行，既要全面，又要把握关键节点，坚决把好政治关、史实关、体例关、文字关、出版关；要科学谋划，先行先试，在确保政治方向正确、记述科学的基础上，探索创新专题志编纂模式，为国家重大专题志编纂积累经验。

邱新立就抗疫志编纂过程中的难点和篇目设置情况进行详细解读，并回应研讨过程中与会代表提出的问题。　　　　　　（张晶萍）

【2021年第一期全国地方志工作机构新任负责人培训班举办】　4月11日至17日，2021年第一期全国地方志工作机构新任负责人培训班在山东省济宁市举办。山东省副省长孙继业出席开班式并讲话，中指组秘书长、中指办主任冀祥德出席开班式并作动员讲话。培训采取集中授课、大会交流、小组讨论和现场教学相结合的方式进行。会议围绕"如何把习近平总书记关于地方志工作的重要论述精神与地方志各项工作紧密结合起来，以吴志宏同志为榜样，打造一支忠诚干净担当、高素质专业化的地方志人才队伍"等问题展开研讨。培训班授课内容包括地方志业务知识讲座、吴志宏先进事迹宣讲、先进工作经验交流、中国传统文化教育和政德教育专题讲座等。

（张晶萍）

【国家方志馆南方丝绸之路分馆建设启动会召开】　4月19日至20日，国家方志馆南方丝绸之路分馆建设启动会暨南方丝绸之路国际论坛筹备会、国家方志馆南方丝绸之路分馆建设主题主线和布展大纲讨论会在云南省大理白族自治州召开。中指办党组书记、方志出版社社长高京斋出席会议并讲话。中国社会科学院学部委员、中国边疆研究所所长邢广程应邀出席会议并作大会发言；中国社会科学院哲学研究所所长张志强，中国社会科学院世界宗教研究所纪委书记、副所长刘宝山应邀出席会议。会上成立国家方志馆南方丝绸之路分馆建设工作领导小组。会议强调，要提高站位，统一思想，充分认识南方丝绸之路分馆建设是服务国家战略、弘扬南方丝绸之路文化、推动国际交流和坚定文化自信的需要；要科学谋划，突出重点，规划先行，突出主题主线，统筹做好南方丝绸之路分馆策展工作；要加强领导，突出沟通协调，确立组织保障，夯实学理支撑，形成南方丝绸之路分馆建设的合力，力争将南方丝绸之路分馆建成国家方志馆分馆及全国方志馆的标杆。会议要求，各相关省市地方志工作机构要积极主动参与南方丝绸之路分馆建设。　（张晶萍）

【中指办领导出席《湘西土家族苗族自治州扶贫志》专家评审会】　4月20日，《湘西土家族苗族自治州扶贫志》专家评审会在湖南省吉首市召开，中指组秘书长、中指办主任冀祥德，中指办一级巡视员邱新立出席会议。冀祥德充分肯定湘西州扶贫志编修先行先试的试点经验。他指出，湘西是"精准扶贫"重要论述的首倡地，湘西州扶贫志编修意义重大，并勉励要把《湘西土家族苗族自治州扶贫志》努力打造为中国扶贫志工程的一个标杆。与会方志专家共提出800余条修改意见，涉及篇目构架、体例运用、行文规范、保密、图文资料补充、数据核实等方面。　　　（田望春）

【中指办领导赴贵州指导《红军街志》《茅台酒志》编纂】　4月23日至25日，中指办一级巡视员邱新立赴贵州省指导修改《红军街志》和《茅台酒志》。24日、25日，《红军街志》《茅台酒志》修改座谈会分别举行。邱新立认为，《红军街志》基础不错，应选取红色主线来记述，其他内容可以精简，希望编辑部抓紧修改，为建党100周年献礼；茅台酒是国际名酒，一定要把《茅台酒志》打造成一本宣传、解读、释义茅台酒且老百姓喜欢的志书。

（吕勇）

【国家方志馆南方丝绸之路分馆建设工作领导小组第二次会议召开】　5月19日，国家方志馆南方丝绸之路分馆建设工作领导小组第二次会议在云南省昆明市召开。中指办党组书记、方志出版社社长高京斋出席会议并讲话。会议总结前期工作，研究部署下一阶段工作。会议强调，政治站位要高、标准要严；工作进度要快、节奏要紧，办法对策要多、脚步要实；营造氛围要浓、宣传要广。会议提出，要把国家方志馆南方丝绸之路分馆建成国家方志馆分馆

和全国方志馆的标杆，打造经得起历史和人民检验的文化精品工程。　　　　　（张晶萍）

【中指办领导到广西调研地方志工作】　5月25日，中指组秘书长、中指办主任冀祥德一行到广西壮族自治区志办调研第二轮修志总结、第三轮修志启动、"年鉴全覆盖"等工作，并召开座谈会。冀祥德听取工作汇报，肯定自治区志办近年来取得的成绩，并对推动地方志事业高质量发展提出要求。他指出，要抓好学懂弄通做实习近平总书记对史志工作的重要讲话和重要指示、批示精神；紧紧围绕党和国家利益、围绕经济社会发展、围绕以人民为中心，不断开拓创新；认真总结第二轮修志经验教训、思考谋划第三轮修志启动工作；高度重视并着力推进"年鉴全覆盖"工作；在地方志"10+X"工程方面持续发力，着力做好自选动作。　　　　　　　　　（张晶萍）

【全国年鉴质量建设暨中国年鉴精品工程研讨会召开】　5月26日至27日，全国年鉴质量建设暨中国年鉴精品工程研讨会在广西壮族自治区防城港市召开。中指组秘书长、中指办主任冀祥德出席会议并讲话。广西壮族自治区副主席黄俊华、自治区政府副秘书长唐宁等在会议期间分别会见冀祥德一行，就广西地方志工作紧密围绕经济社会发展开拓创新，特别是适时启动《广西边务志》编纂等进行交流。冀祥德指出，要贯彻落实新发展理念，持续不断推进年鉴事业高质量发展；要坚持规划引领，做好年鉴事业发展新的顶层设计；要坚持精品导向，充分发挥精品年鉴对全国年鉴质量建设的引领带动作用；要认真开展研讨，努力做到有的放矢。会议期间4个省市地方志工作机构代表就精品年鉴打造、精品年鉴区域探索等工作进行交流，7名年鉴专家围绕中宣部关于年鉴突出记录好脱贫攻坚和全面建成小康社会历史进程的要求进行专题研讨。会议就《全国年鉴事业发展规划（2021—2025年）》《中国年鉴精品工程实施方案（修订版）》（讨论稿）进行讨论，就中国年鉴精品工程2021年卷申报年鉴篇目进行点评、研讨。　（张晶萍）

【中指办领导到宁夏调研地方志工作】　6月1日，中指办一级巡视员邱新立，中指办纪检组组长、副主任叶聪岚到宁夏回族自治区吴忠市红寺堡区调研。调研组听取红寺堡区志书编纂情况汇报，对启动编纂《弘德村志》工作给予肯定。调研组还到弘德村党史教育基地参观学习，到扶贫车间了解扶贫产业。　（张晶萍）

【中指办领导到湖北调研地方志工作】　6月1日至5日，中指组秘书长、中指办主任冀祥德到湖北省武汉市、荆门市、襄阳市调研，检查《地方志工作条例》《全国地方志事业发展规划纲要（2015—2020年）》贯彻落实情况，听取对第二轮修志经验总结、第三轮修志启动、"年鉴全覆盖"持续推进以及编纂《中国扶贫志》《中国全面小康志》《中国抗击新型冠状病毒肺炎疫情志》的意见。冀祥德指出，湖北省在机构改革后，面对挑战，主动担当，以"修志问道，直笔著史"的方志人精神，圆满完成"两全目标"任务，走在全国前列，值得肯定。他指出，要处理好地方志进一步创新与把握机遇、抓住中心的关系，编纂《中国全面小康志》与第三轮修志的关系，志鉴两者之间的关系，完成主要任务与打造一支稳定高素质队伍的关系。

（湖北省文化和旅游厅地方志工作处）

【国家方志馆南方丝绸之路分馆建设工作领导小组第三次会议及专家组会议召开】　6月17日，国家方志馆南方丝绸之路分馆建设工作领导小组第三次会议及专家组会议在北京市召开。中指办党组书记、方志出版社社长高京斋出席会议并讲话。会议总结建设工作启动以来，特别是领导小组第二次会议以来的工作开展情况，研究审定2021年开馆活动方案、领导小组会议制度、指挥部议事规则和专家库管理办法等8项重大事项，并就重点工作进行研究部署。会议肯定国家方志馆南方丝绸之路分馆启动建设以来取得的工作成效，对规划好、建设好、利用好国家方志馆南方丝绸之路分馆提出新的要求。
（张晶萍）

【中指办领导到云南省祥云县调研地方志工作】 6月28日，中指办党组书记、方志出版社社长高京斋到云南省祥云县调研地方志工作并召开座谈会。高京斋指出，要深刻学习领会习近平总书记的方志情怀，要读志用志修志，要做一个明白人。希望大理以国家方志馆南方丝绸之路分馆建在大理为契机，高位推动大理的方志文化建设，把大理建设成为"方志名州""方志馆标准化建设示范区"。同时希望祥云县深度挖掘地方历史文化资源，建设方志文化园，推出一批彰显地方文化高地的人物志和家谱、族谱、村志、乡镇志，将祥云的历史文化展示出来。
（张晶萍）

【国家方志馆南水北调分馆试开馆仪式举行】 7月1日，国家方志馆南水北调分馆试开馆仪式在河南省焦作市举行。焦作市委书记王小平，中指办党组书记、方志出版社社长高京斋，河南省水利厅党组副书记、副厅长王国栋出席试开馆仪式。王小平、高京斋共同为国家方志馆南水北调分馆揭牌。高京斋指出，国家方志馆南水北调分馆试开馆，是贯彻落实习近平总书记在推进南水北调后续工程高质量发展座谈会上重要讲话精神的一件大事，也是全国方志馆建设进程中的一件喜事，更是河南省、焦作市公共文化基础设施建设的一件盛事。他提出，希望国家方志馆南水北调分馆总结经验，发扬成绩，抓住机遇，再接再厉，在现有工作基础上做到规划不动、节奏不变、力度不减，持续做好有关场馆的布展和开馆工作，在科学办馆、特色办馆、开放办馆上取得新进展、实现新突破、形成新亮点，努力将南水北调分馆打造成资政辅治和科学研究的新平台、社会主义文化建设的新高地、爱国主义教育的新基地。
（张晶萍）

【国家方志馆南方丝绸之路分馆建设工作领导小组第四次会议召开】 7月7日，国家方志馆南方丝绸之路分馆建设工作领导小组第四次会议在云南省昆明市召开。中指办党组书记、方志出版社社长高京斋出席会议并讲话。要求进一步对主题馆、综合馆、数字体验馆的深度设计方案进行优化调整。会议审定通过《南方丝绸之路图志》编纂工作专家组和工作组人员名单，审议通过《南方丝绸之路图志》编纂出版专题会议纪要，审定设计公司专家评审结果。
（张晶萍）

【中指办领导到天津调研地方志工作】 7月13日至15日，中指组秘书长、中指办主任冀祥德一行到天津市调研地方志工作。天津市委副秘书长、市委办公厅副主任、市档案局局长李晶会见冀祥德一行，并陪同参观市档案馆。冀祥德一行先后到和平区、红桥区和武清区调研地方志工作，并与红桥区和武清区地方志工作人员座谈。冀祥德肯定天津市各级方志工作取得的成绩，要求深入学习贯彻习近平总书记关于地方志工作的重要讲话、指示、批示精神，加强党对地方志工作的领导，确保地方志事业发展的正确方向；巩固和保持好天津地方志机构编著地方史的工作势头，争取在编著地方史工作中作出示范；统筹方志馆建设与档案馆、文博馆建设，尽早建成具有地域特点和文化特色的方志馆。他提出，要推动地方志工作向部门、基层延伸，实现各部门、行业、单位全覆盖。
（张晶萍）

【2021年第二期全国地方志工作机构新任负责人培训班举办】 7月18日至24日，2021年第二期全国地方志工作机构新任负责人培训班在山东省济宁市举办。山东省政协副主席、山东师范大学党委书记唐洲雁出席开班式并讲话，中指办党组书记、方志出版社社长高京斋出席并进行动员，中指办纪检组组长、副主任叶聪岚主持结业式并作培训总结。培训采取集中授课、大会交流、小组讨论和现场教学相结合的方式进行。全体学员围绕学习领会习近平总书记"七一"重要讲话精神、如何当好地方志工作机构"一把手"

等主题进行分组研讨。（张晶萍）

【中国名镇志、中国名村志丛书编纂业务培训班举办】 7月20日至21日，中国名镇志、中国名村志丛书编纂业务培训班在山东省烟台市举办。山东省副省长、烟台市委书记傅明先，中指组秘书长、中指办主任冀祥德出席开幕式并讲话。中指办原党组书记田嘉出席会议。冀祥德强调，要推进全国地方志事业第二次转型升级，实现从"有没有"的数量的规模化向"好不好"的质量的法治化转变，持续紧紧围绕党和国家利益、经济社会发展和以人民为中心"三大主题"开拓创新地方志工作，实现地方志"用起来""立起来""活起来""热起来""强起来"。培训班采取授课讲座和志稿解析相结合的方式进行，授课内容包括中国名镇志、名村志丛书篇目设计与记述要素、资料征集及运用、行文规范及出版要求等。与会专家分别以《十八洞村志》《古现街道志》为例进行评稿教学，就篇目设置、体例体裁、记述要点、资料整理和行文规范等进行点评。（张晶萍）

【中国名镇志、中国名村志丛书编纂业务研讨会召开】 7月22日，中国名镇志、中国名村志丛书编纂业务研讨会在山东省烟台市召开。中指组秘书长、中指办主任冀祥德，中指办原党组书记田嘉出席会议并讲话。冀祥德强调，要深入学习领会习近平总书记"七一"重要讲话精神，牢牢把握"以史为鉴、开创未来"九个必须的经验启示和根本要求，紧紧抓住地方志第二次转型升级的历史机遇期，以名镇志、名村志为引领推进国家、省市县、乡镇村（社区）、居民小区志书和年鉴的全覆盖；要继续围绕服务党委政府中心工作、服务经济社会发展大局、服务人民群众的文化需要，进一步深化地方志资源开发利用，逐步提升地方志"10+X"工程的影响力，为乡村振兴、记住乡愁提供方志文化支撑；要秉持地方志证据性、客观性、真实性、权威性的特质，坚持宁缺毋滥的原则，严格执行各项准入条件，交流借鉴山东、福建等地开展省级名镇志名村志编纂经验，不断推动中国名镇志、名村志文化工程高质量发展。与会人员围绕中国名镇志、名村志文化工程工作开展情况和《中国名镇志文化工程实施方案》《中国名村志文化工程实施方案》（讨论稿）进行交流研讨。（张晶萍）

【中指办领导到黑龙江省调研地方志工作】 7月26日至31日，中指组秘书长、中指办主任冀祥德，中指办纪检组组长、副主任叶聪岚一行赴黑龙江省佳木斯市、双鸭山市、抚远市调研地方志工作。冀祥德充分肯定黑龙江省地方志工作，强调要进一步提高对地方志工作重要性的认识，抓住地方志事业千载难逢的发展机遇；要切实强化依法治志意识，真正做到"一纳入、八到位"；要彻底摒弃地方志的"一本书主义"，不仅要做到地方志事业的"十业并举"，还要致力于新时代地方志事业的第二次转型升级；要围绕党委、政府中心工作，切实做活做热地方志工作。调研期间，冀祥德一行重点围绕《全国地方志事业发展规划纲要（2015—2020年）》实施情况，地方志"两全目标"的推进情况进行调研，同时就中国名镇志、中国名村志编纂等工作听取意见，提出建议。（张晶萍）

【国家方志馆南方丝绸之路分馆建设工作领导小组第五次会议召开】 7月28日，国家方志馆南方丝绸之路分馆建设工作领导小组第五次会议在北京市召开。中指办党组书记、方志出版社社长高京斋出席会议并讲话。高京斋提出，希望云南省志办要加强协调，专题研究，做好国家方志馆南方丝绸之路分馆布展指导工作，大理州指挥部和剑川县指挥部要继续保持前期工作的好做法，强化组织指导，在人力物力财力等方面做好保障，科学谋划、合理安排，以程序合法、质量合格、标准合规为原则，以细之又细的工作作风，加快推进各项工作。会议组织专家对主题馆、综合馆、数字体验馆的深度设计方案和丝路剧场的比选方案进行评审，并审议通过有关事项，研究部署下一

步工作。 （张晶萍）

【全国地方志法治化建设研讨会召开】 7月28日至29日，全国地方志法治化建设研讨会在黑龙江抚远市召开。中指组秘书长、中指办主任冀祥德出席会议并讲话，并作题为《学习领会习近平法治思想》的报告。中指办纪检组组长、副主任叶聪岚主持开幕式并作总结讲话。冀祥德在讲话中肯定黑龙江省地方志工作，总结"十三五"时期全国地方志法治化建设取得的成绩。他强调，必须坚持地方志正确的发展方向，要突出讲政治，坚持党的绝对领导，体现地方志的党性、人民性；必须坚定不移地推动依法治志，将地方志各项工作纳入法治轨道，用法治思维和法治手段解决事业发展中遇到的困难和问题；必须推动地方志立法，推动《中华人民共和国史志法》立法和《地方志工作条例》修订，努力推动各地地方志法规规章的完善，为实现地方志第二个百年奋斗目标提供法治保障；必须强化全社会的地方志意识，通过宣传和开发利用地方志，提升党委政府和社会各界对地方志工作重要性的认识，增强地方志的知晓度和社会影响力。
（张晶萍）

【中指办领导到天津调研地方志工作】 9月16日至18日，中指办党组书记、方志出版社社长高京斋到天津调研科学谋划"十四五"时期全国地方志事业发展情况。高京斋相继到天津市和西青区、南开区、和平区地方志工作机构听取汇报，进行座谈交流。他提出，要牢固树立方志文化自信；要适应天津建设社会主义现代化大都市的需要，适应天津在全国的重要位置；要瞄准更好更优的目标，多树全国典型。
（张晶萍）

【中指办领导听取江苏地方志工作汇报】 10月13日，中指办党组书记、方志出版社社长高京斋，中指办纪检组组长、副主任叶聪岚听取江苏省志办党组书记、主任左健伟一行工作汇报。双方围绕国家方志馆江南分馆建设、"志说江南"·2021苏州圆桌会议筹备等进行深入研讨。中指办领导对江苏省委省政府、苏州市委市政府高度重视支持地方志工作表示衷心感谢，对江苏省、苏州市地方志工作成效给予肯定。高京斋要求，国家方志馆江南分馆要明确定位，建筑外观设计要体现国家性、区域性、方志性，内部空间设计要与展陈设计相辅相成、相得益彰；江苏省、苏州市要推进国家方志馆江南分馆申报和建设工作，做好"志说江南"·2021苏州圆桌会议筹备工作。
（张晶萍）

【中指办领导听取国家方志馆南水北调分馆工作汇报】 10月18日，中指办党组书记、方志出版社社长高京斋，中指办纪检组组长、副主任叶聪岚听取河南省史志办主任管仁富、焦作市委市政府领导工作汇报。高京斋提出，国家方志馆南水北调分馆建设要准确把握鲜明特色，着力提升布展内容和艺术设计水平；相关各方要强化责任担当，加强组织领导，统一发展理念，明确责任分工，听取各方意见，高标准建设国家方志馆南水北调分馆。
（张晶萍）

【"讲述黄河故事，传承黄河文化"系列活动讲述大赛决赛暨颁奖会举办】 10月25日至27日，中指办（国家方志馆）主办、山东省地方史志研究院承办的"讲述黄河故事、传承黄河文化"系列活动讲述大赛决赛暨颁奖会在山东省济南市举办。中指办党组书记、方志出版社社长高京斋出席开幕式并讲话。高京斋强调，广大地方志工作者要深入贯彻落实习近平生态文明思想，发挥地方志"存史、资政、育人"三大功能，凝心聚力、同心同德，为黄河流域生态保护和高质量发展作出应有的贡献。决赛采取线上和线下相结合的方式进行，共评选出现场组一等奖2个、二等奖5个、三等奖7个；线上组一等奖1个、二等奖4个、三等奖6个。山东省地方史志研究院、陕西省志办获得"最佳组织奖"，青海省志办等6家单位获得"优秀组织奖"。
（张晶萍）

【第六期全国年鉴主编培训班举办】 11月2日至4日，第六期全国年鉴主编培训班采用"视频会议+网络直播"的形式举办。中指办党组书记、方志出版社社长高京斋进行开班动员并作《感悟习近平总书记的方志情怀——谈谈领导干部如何读志、用志、修志》主题报告。中指办一级巡视员邱新立主持开班式，中指办一级巡视员、方志出版社总编辑曹宏举，中指办纪检组组长、副主任叶聪岚出席培训班。培训班紧紧围绕深入学习贯彻习近平总书记"七一"重要讲话精神和2021年中央人才工作会议精神，对如何谱写年鉴事业高质量发展新篇章作出部署，对深化年鉴质量建设、加强年鉴人才队伍建设提出明确要求。培训班要求，要将中指组领导对年鉴工作的重要指示精神落到实处，把年鉴工作摆在更加突出的位置，在年鉴事业高质量发展新征程上创造新的更大成绩；要坚持质量第一原则，立足新发展阶段，贯彻新发展理念，以高质量发展为主线，投入更大的精力，进一步科学谋划并全方位推动年鉴质量建设；坚持人才是第一资源的理念，建立健全新时代干事创业的工作机制和激励机制，并把学习吴志宏先进事迹作为重要抓手，进一步激励全国地方志工作者干事创业、担当作为。8家中国精品年鉴单位代表作典型经验交流，4位专家进行授课，授课内容包括《从精品年鉴打造看县级综合年鉴编纂存在的主要问题及其规范》《精品年鉴认知和评价的几个问题》《地方综合年鉴军事内容常见问题及其规范》《地方综合年鉴质量规范——〈地方综合年鉴编纂出版规定〉及〈补充规定〉简要解读》。 （张晶萍）

【中国扶贫志编纂工程和中国全面小康志编纂工程线上研讨会召开】 11月9日，中国扶贫志编纂工程和中国全面小康志编纂工程线上研讨会召开。中指办党组书记、方志出版社社长高京斋出席开幕式并讲话，中指办纪检组组长、副主任叶聪岚主持开幕式。会议要求，要统一思想，充分认识"两志"编纂工程的重大意义；要科学谋划，进一步加强顶层设计，积极争取党委政府重视和相关部门的支持，成立相应的编纂领导机构和工作机构，加强督促指导，强化责任落实；要借鉴首轮和第二轮地方志书编纂的经验和做法，加强人才培训，组织研讨，努力搜集征集资料，研究制订编纂规范和志稿评审验收的具体办法。参会代表围绕"两志"的编纂范围、保障措施、志书名称、时间断限、篇目设置、资料搜集、志稿评审等问题进行研讨。 （张晶萍）

【中指办与中央宣传部出版产品质量监督检测中心座谈会召开】 11月26日，中指办与中央宣传部出版产品质量监督检测中心在国家方志馆召开座谈会，共同商讨新时代地方志质量建设工作。中指办党组书记、方志出版社社长高京斋，中央宣传部出版产品质量监督检测中心主任袁亚平，中指办一级巡视员、方志出版社总编辑曹宏举，中指办一级巡视员邱新立，中央宣传部出版产品质量监督检测中心副主任樊国斌出席会议，中指办纪检组组长、副主任叶聪岚主持会议。会议提出，在扶贫志、全面小康志编纂准备阶段和第二轮修志结束、第三轮修志启动时期，双方可以发挥各自优势，在编纂和出版等环节密切配合，总结成功经验、发现存在问题，携手打造无愧于历史和时代的地方志精品。双方围绕志鉴编纂出版质量标准制定、质量检查程序建立、志鉴教材编写、编纂出版业务培训、干部交流学习等，进行探讨和交流，并达成共识。 （张晶萍）

【2021年全国地方志系统信息化业务培训班举办】 11月30日至12月1日，2021年全国地方志系统信息化业务培训班以"视频会议+网络直播"的形式举办。中指办党组书记、方志出版社社长高京斋作开班动员讲话，中指办纪检组组长、副主任叶聪岚主持开班式。培训班围绕深入学习贯彻党的十九届六中全会精神，介绍全国地方志信息化工作的现状，对新时代地方志信息化工作的形势任务进行研判，对"十四五"时期全国地方志信息化工作提出要求。培训班要求，全体地方志信息

化工作者要提高站位，顺应时代潮流；拓宽思路，提升信息化水平；凝聚共识，树牢"一盘棋"思想。培训班提出，要努力探索"互联网+地方志"的有效路径，深化地方志资源开发利用，丰富方志文化产品，创新传播方式，逐步提高地方志信息化建设水平，推动新时代地方志事业实现新突破、再上新台阶。培训班上，对国家数字方志馆平台功能操作进行演示。3位专家进行授课，授课内容包括《互联网体系及其安全保障》《"建设数字中国"新时代背景下的信息化建设》《数字人文与中文古籍数字化整理与利用》。　（张晶萍）

【第十一届中国地方志学术年会等系列学术活动举行】　12月7日至10日，第十一届中国地方志学术年会等系列学术活动以"视频会议+网络直播"的方式召开。其中，7日至8日举行第十一届中国地方志学术年会，8日举行第二届全国方志论坛，9日举行第五届全国年鉴论坛，10日举行全国地方史志期刊建设暨理论研讨会。中国社会科学院科研局局长崔建民出席开幕式并致辞，中指办党组书记、中国地方志学会副会长高京斋讲话，中指办一级巡视员、中国地方志学会副会长邱新立主持开幕式。会议要求，要深入学习领会党的十九届六中全会精神，深刻认识中国共产党百年奋斗的历史意义和时代价值，深刻领会全会精神的逻辑架构和思维体系，准确把握新时代地方志工作的历史机遇和发展方向；要认清当前地方志理论研究工作现状，下大力气解决问题与短板；要明确新时代地方志理论工作者的使命担当，加强地方志服务新时代研究，构建地方志理论体系，造就高素质地方志研究队伍，为全面建设社会主义现代化国家、实现中华民族伟大复兴中国梦作出新的更大贡献，以优异成绩迎接党的二十大胜利召开。会议采取以文与会的方式，进行学术交流和讨论，集中展示年度方志理论研究成果，推介一批优秀的方志学术人才，促进社会各界对地方志学术交流活动的关注。　（张晶萍）

【中指办领导听取广西地方志工作汇报】　12月17日，中指办党组书记、方志出版社社长高京斋听取广西壮族自治区志办党组书记、主任梁金荣一行工作汇报。中指办一级巡视员、方志出版社总编辑曹宏举，中指办纪检组组长、副主任叶聪岚出席会议。会议提出，希望广西在助力当地治理与发展上动脑筋，在人才培养上下功夫，在记录新时代、服务新时代上做文章，在全国地方志事业发展全局中突出广西特色，各项工作出样板、出典型。　（张晶萍）

【第八届全国地方志优秀成果（年鉴类）省级综合年鉴、中央部委年鉴评审会议召开】　12月21日至24日，第八届全国地方志优秀成果（年鉴类）省级综合年鉴、中央部委年鉴评审会议在北京市召开。中指办党组书记、方志出版社社长高京斋出席会议。20余名年鉴专家分成省级综合年鉴评审小组、中央部委年鉴评审小组，分别对30部省级综合年鉴、14部中央部委年鉴进行评审。会议还就《中国年鉴精品工程实施方案（修订版）》《"精品年鉴品读季"活动实施方案（讨论稿）》征求意见。
　（张晶萍）

【中指办领导听取河南省地方志工作汇报】　12月22日，中指办党组书记、方志出版社社长高京斋听取河南省史志办党组书记、主任、一级巡视员管仁富一行工作汇报。中指办一级巡视员、方志出版社总编辑曹宏举，中指办一级巡视员邱新立，中指办纪检组组长、副主任叶聪岚出席会议。高京斋提出，希望河南继续保持和传承优良工作作风，各项工作出典型、出榜样、出亮点，以有为谋有位，赢得省委、省政府的更多重视支持和社会各界的更大关注认可。　（张晶萍）

【中指办公布第六批中国名镇志丛书、第五批中国名村志丛书入选名单】　12月22日，中指办印发《关于公布第六批中国名镇志丛书、第五批中国名村志丛书入选名单的通知》，经中国名镇志文化工程学术委员会、中国名村志文化工程学术委员会评审通过，确定《天桥街道志》《杨柳青镇志》等15部志书入选第六批中国名镇志丛书，《外三道沟村志》《电站村志》等5部志书入选第五批中国名村志丛书。

（张晶萍）

【新时代年鉴事业高质量发展座谈会召开】 12月23日，新时代年鉴事业高质量发展座谈会在北京市召开。中指办党组书记、方志出版社社长高京斋出席座谈会。与会专家从持续巩固"一年一鉴，公开出版"、深入实施中国年鉴精品工程、提高年鉴编纂出版质量、年鉴人才队伍建设及业务培训等方面提出意见和建议。会议要求，要唱响服务新时代的主旋律，坚守已有成果，不断拓展事业发展的触角，突出领导重视这个关键，抓住有所作为这个基础，夯实使命担当这个保障，持续增强干事创业的责任感与使命感；要从务实的理论、科学的标准、专业化的人才、认真负责的态度四个方面发力，为全面推进包括年鉴事业在内的地方志事业高质量发展提供坚强保证。

（张晶萍）

【方志出版社出版486部图书】 2021年是方志出版社的质量建设年。经过努力，年内，列入出版计划的486部图书全部完成，质量建设取得进展，年度营业额和利润分别比上年增长17.75%、9.8%，总体上实现"质量上台阶、效益提升、收入不减"的年度总目标。向国家新闻出版署申报的《中国扶贫志》《海内外藏明代善本方志目录及研究报告》项目，"中国世界非物质文化遗产志丛书""中国传统村落志丛书"列入国家"十四五"出版规划和国家古籍整理规划。落实"志书精品走出去"战略，中国名镇志丛书（英文版）有两部图书进入出版流程。在重点选题方面，中宣部交办的《寻乌县脱贫攻坚志》《寻乌县苏区振兴发展志》，建党百年选题《红船起航地——嘉兴"百年百忆"》系列丛书以及首部中国名街志丛书《东关街志》等推进顺利。

（焦鸿鹏）

志书编纂与出版

· 编纂进度

【北京市志书编纂进度】 年内，第二轮《北京志》出版1部，累计出版59部，约占规划总数的86%；其余10部按中央宣传部、国家新闻出版署有关规定正在进行重大选题备案审查。特色志方面，推进《北京市抗日战争志》编纂工作，制定《终审稿统稿要求》《无题述统稿要求》，纠正20余类易错易混表述，提高志书编纂统一性和规范性；在复审和终审阶段，采取分篇评议的方式，召开专家审稿会13次，按时完成该志编纂任务；北京市"中国传统村落志"中9部村志通过终审；《天桥街道志》入选第六批中国名镇志丛书。

（徐丽丽 王鹏）

【天津市志书编纂进度】 年内，天津市第二轮规划志书77部，印刷出版4部，累计出版77部，实现出版全覆盖。其中，省级志书规划61部，《天津市志·纪律检查志》印刷出版，累计出版61部。《天津市志·文物与博物馆志》在重大选题申报中。区级志书规划16部，《天津市西青区志（1979—2010）》《天津市蓟县志（1979—2016）》印刷出版，完成规划出版16部的任务。特色志方面，《东丽区武术志》出版。部门（行业、专题）志方面，《北辰区志·供销社志》《北辰区志·红十字会志》《北辰区志·城市管理综合执法志》《北辰区志·安全生产监督管理志》《北辰区志·气象志》《北辰区志·人民代表大会志》《北辰区志·工会志》《北辰区志·交通运输管理志》《北辰区志·文化志》《北辰区志·工商联（商会）志》出版。乡镇志方面，北辰区《大张庄镇志》《西堤头镇志》《双口镇志》出版。村志方面，西青区《付村志》《潘楼村志》《郭村志》《孙庄子村志》《边村志》《凌口村志》《小倪庄村志》《大倪庄村志》《辛院村志》《梨园头村志》《王姑娘庄村志》《邓店村志》《宁家房子村志》《凌庄子村志》《高庄子村志》《王台村志》《杨楼村志》《东碾坨嘴村志》《刘庄村志》出版。

（王中玮）

【河北省志书编纂进度】 年内，河北省第二轮规划志书214部，出版2部，累计出版188部，约占规划总数的88%；26部移交出版。其中，省级志书规划59部，《河北省志·农业志》《河北省志·对外经济贸易志》2部出版，累计出版33部，另外26部移交出版；市级志书规划7部，累计出版7部，实现出版全覆盖；县级志书规划148部，累计出版148部，实现出版全覆盖。累计出版规划外县级志书14部，超额完成任务9%。 （刘天骄 郑小明）

【山西省志书编纂进度】 年内，山西省第二轮规划志书217部，出版10部，累计出版198部，约占规划总数的91.24%；19部移交出版。其中，省级志书规划87部，《广播电影电视志》《城乡建设志》《监察志》《国土资源志》《建筑材料工业志》《扶贫开发志》《总述》7部出版（2部因不能公开出版作为内部资料留存），累计出版79部，另外《公安志》《文化艺术志》《旅游志》《司法行政志》《广播电影电视志》《著述志》《农业志》《山河志》8部移交出版；市级志书规划

11部，累计出版9部，《朔州市志》《忻州市志》2部移交出版；县级志书规划119部，《阳泉市城区志》《壶关县志（1997—2017）》《方山县志（1986—2016）》3部出版，累计出版110部，《忻州市忻府区志》《代县志》《静乐县志》《岢岚县志》《五寨县志》《晋中市榆次区志》《中阳县志》《石楼县志》《兴县志》9部移交出版。特色志（或重大选题志）方面，《应县木塔志》出版。部门（行业、专题）志方面，《山西道地中药材志》等处于初稿编纂阶段。（山西省地方志研究院）

【内蒙古自治区志书编纂进度】 年内，内蒙古自治区志第二轮规划73部，累计出版69部，占规划总数的95%，其中已成书45部、未印刷成书28部。未印刷成书28部中，《内蒙古自治区志·外事志》已上报重大选题备案，其余27部均已取得书号。部门志方面，完成《内蒙古自治区残疾人联合会志》（稿）评审工作。盟旗级第二轮规划志书114部，出版4部，累计出版92部，约占规划总数的80.7%；13部移交出版，5部完成终审正在修改，4部完成复审正在修改。盟市级志书规划12部，《包头市志（1991—2015）》出版，累计出版8部；《乌兰察布市志（2000—2012）》《鄂尔多斯市志（1990—2010）》《巴彦淖尔市志（1986—2010）》3部移交出版，《呼和浩特市志（1986—2015）》完成复审；旗县（市、区）级志书规划102部，《石拐区志（1991—2015）》《东河区志（2005—2015）》《九原区志（1991—2013）》3部出版，累计出版84部；《托克托县志（2001—2018）》《集宁区志（2004—2013）》《化德县志（2005—2015）》《四子王旗志（2005—2017）》《凉城县志（1989—2016）》《察哈尔右翼前旗志（2005—2015）》《乌审旗志（1991—2010）》《鄂托克旗志（1990—2007）》《伊金霍洛旗志（1990—2015）》《达拉特旗志（2000—2017）》10部移交出版，《昆都仑区志（2001—2015）》《东胜区志（1990—2010）》《准格尔旗志（1991—2015）》《乌拉特前旗志（1990—2010）》《乌拉特中旗志（1988—2012）》5部志书完成终审，《呼和浩特市新城区志（2001—2017）》《土默特左旗志（1983—2016）》《和林格尔县志（1987—2016）》3部完成复审。乡镇（村）志方面，《凉城县永兴镇志》《察右前旗平地泉镇志》《察右前旗黄茂营乡志》《商都县七台镇志》《商都县小海子镇志》《乌兰伦镇志》在搜集资料，《辉苏木志》《甘河镇志》《南木鄂伦春民族乡志》《王爷府镇志》《海勃湾区千里山镇志》《乌达区乌兰淖尔镇志》《海南区拉僧庙镇志》《三合村志》在编纂中，《巴仁哲里木镇志》《达尔罕乌拉苏木志》《巴音查干苏木志》《友联村志》完成初稿，《西把栅乡志》已启动编纂，《将军尧镇志》完成复审。部门（行业、专题）志方面，《满洲里市人民代表大会志（1954—2019）》《兴安盟教育志（2005—2020）》《科尔沁区人民代表大会志》《察哈尔右翼后旗地名志》4部出版，《兴安盟经济技术开发区志》《霍林郭勒市工会志（1982—2020）》《赤峰市地名志》3部移交出版，《锡林郭勒盟地名志》完成终审；《呼和浩特市公安志》审后修改，《新巴尔虎右旗地名志》完成校审，《陈巴尔虎旗人民代表大会志》《陈巴尔虎旗工会志》《新巴尔虎右旗政协志》《商都县扶贫开发志》4部在编纂中。

（玉红 李瀚鹏）

【辽宁省志书编纂进度】 年内，列入第二轮辽宁省级修志工作任务的10部省志中，《国防科技工业志》完成出版，《妇女志》《粮食志》《宗教志》《出版志》《报业志》《广播电视志》《质量技术监督志》《政府法制志》《体制改革志》9部完成复审稿修改。列入市级修志工作任务的市志中，《鞍山市志·第三卷》《鞍山市志·第四卷》《鞍山市志·第五卷》《本溪市志·第四卷》《锦州市志·政治文化卷》《营口市志·第三卷》《阜新市志·第三卷》《铁岭市志·第四卷》8部出版。全省14个地级市中，有10个市完成第二轮市志编修工作，《抚顺市志·第四卷》完成终审，《辽阳市志·第四卷》完成资料补充，《盘锦市志·经济卷》《盘锦市志·社会卷》形成终审稿，《葫芦岛市志·工交城建卷》进入编修阶段，《葫芦岛市志·科教文化卷》《葫芦岛市志·经贸卷》进入资料收集整理阶段。县级志书方面，营口市《西市区志（辽晚期—2011）》出版。　　　　（梁忠音）

【吉林省志书编纂进度】　年内，吉林省推动全省各级志书编修工作。乡镇（村）方面，长春市二道区《宏盛村志》完成初稿，九台区《马鞍山村志》获批省名镇名村志试点工程。吉林省地方志编委会对《乌拉街满族镇志》《叶赫满族镇志》编纂工作进行实地检查和督导。截至年底，《乌拉街满族镇志》按照《中国名镇志文化工程实施方案》要求，完成镇志统稿工作；《叶赫满族镇志》完成基础资料收集工作，待篇目报中指办审定后开始编纂。部门行业（专题）志方面《长春卷烟厂志（1933—2016）》出版。《长春市社会保险志》完成复审。　　（马艾民　崔玉恺）

【上海市志书编纂进度】　年内，上海市第二轮规划志书共计218部，其中140部市志和54部专志于8月底全部完成编纂并交付出版，11月底全部落实书号，12月底全部进入校对、印刷或出版状态；截至11月底24部区县志全部出版。
　　　　　　　　　　　　（王师师　陈畅）

【江苏省志书编纂进度】　年内，江苏省第二轮规划志书169部，累计出版169部，实现三级综合志书出版全覆盖。其中，省级志书规划60部、市级志书规划13部、县级志书规划96部。特色志书方面，《江苏省对口支援西藏建设志》完成出版，《江苏省对口支援新疆建设志》《中国淮扬菜志》《"6·23"特大龙卷风冰雹盐城抢险救灾暨灾后重建志》移交出版。乡镇（村）志方面，全年出版镇村志108部，其中《金庭镇志》《邵伯镇志》《元和街道志》《电站村志》入选中国名镇名村志工程，累计有28部志书入选中国名镇志工程、5部志书入选中国名村志工程；《东山镇志》《马庄村志》等17部江苏名镇名村志相继出版。专题志方面，各地围绕江苏文化标识、地域符号，组织编纂《中国昆山昆曲志》《扬州省运会志》《濠河志》《抗日山志》等。
　　　　　　　　（武文明　朱莉萍　尤岩）

【浙江省志书编纂进度】　年内，《浙江通志》完成出版89卷。《宁波市志（1991—2010）》《嘉兴市志（1991—2010）》等10多部志书出版，市、县第二轮志书累计出版80多部。启动《浙江省扶贫志》《浙江省高水平全面小康志》《浙江省抗疫志》编纂试点工作，确定嘉兴、湖州为《浙江省高水平全面小康志》《浙江省扶贫志》编纂试点单位。　　　　　（浙江省志办）

【安徽省志书编纂进度】　年内，安徽省推进第二轮《安徽省志·人物志》编纂出版工作，按程序报省新闻出版局、省委宣传部、中央宣传部备案审核。乡镇（村）志方面，《关庙乡志》《斑竹园镇志》《唐嘴村志》等6部镇村志出版。截至年底，累计公开出版乡镇志34部、村志21部，内部出版乡镇志6部、村志20部。《柘皋镇志》《石牌镇志》《石杨镇志》等3部志书入选第六批中国名镇志出版，《历阳镇志》《临涣镇志》《大通镇志》《黄麓镇志》等志稿报送审查，进入专家审稿环节。部门志方面，《芜湖县人民代表大会志》《枞阳县政协志》等出版，《马钢志》《中煤矿建第三十三工程处志》等编纂进展顺利。特色志（重大选题志）方面，《宣笔志》《淮北相山志》《淮北水志》完成出版，中国名山志《黄山志》稿完成评议，《安徽抗日战争志》形成评议稿，筹备启动《安徽省全面小康志》《安徽省扶贫志》编纂工作。
　　　　　　　　　　　（张军　章慧丽）

【福建省志书编纂进度】　年内，福建省全面完成第二轮省志编纂出版任务，《闽台关系志》《煤炭工业志》《质量技术监督志》《出入境检验检疫志（福建局辖区篇）》《供销合作志》《旅游志》《工商联志》《出版志》等多部志稿通过审查验收；《报业志》《教育志》《渔业志》《冶金志》《纺织工业志》《档案志》《工商联志》《医药志》《闽台关系志》《文化艺术志》等10部志稿承编单位做好验收后修改工作，并陆续交付出版；《机械工业志》《科技志》《林业志》《厦门海关志》《船舶工业志》《知识产权志》等10余部志稿进行出版校对。　　（曹斌　林春花）

【江西省志书编纂进度】　年内，江西省第二轮修志规划志书208部，出版2部，累计出版114部，约占规划总数的54.8%；剩余94部全部移交出版并取得2021年书号。其中，第二轮《江西省志》规划97部，《组织志》《出版志》2部出版，累计出版3部，《残疾人事业志》等94部全部通过终审验收移交出版；市级志书规划11部，累计出版11部；县级志书规划100部，累计出版100部。重大选题志方面，启动《江西省扶贫志》《江西省全面小康志》编纂。部门、行业志方面，《修水县水利志》《修水县政协志》《瑞昌市人民医院志》《瑞昌市第六中学校志》《庐山市茶志》《庐山栖贤寺志》《安远县人民医院志》《安远县交通运输志》《宁都县人大志》《于都县卫生计生志（第三部）》《于都县疾病预防控制志》《于都宗教场所志》《于都盘古茶志》《会昌县人物志（2004—2009）》《会昌县林业志（1986—2020）》《会昌县人大志》《明月山志》《高安市司法行政志》《三清山风景名胜区志》《中国共产党上饶市党史研究志》《玉山县人民代表大会志（1949—2019）》《广丰区财政志》《上饶县政协志》《永丰县人民代表大会志》《遂川县工会志》《乐安县政协志》出版。乡镇（村）志方面，《棉船镇志》《人和乡志》《信丰乡镇史话》《银坑镇志（1949—2019）》《龙南乡镇史话》《西江镇志（2001—2020）》《白土镇志》《高安市独城镇志》《固村镇志》《东馆镇志》《尚庄街道志》《新建村志》出版。　　（黄诗惠）

【山东省志书编纂进度】　年内，山东省推进《山东抗日战争志》《山东省对口支援青海志》《齐长城志》编纂工作，并进入出版程序。　　（梁一博）

【河南省志书编纂进度】　年内，河南省第二轮省市县三级志书编纂全部完成。乡镇（村）志方面，启动20部、初编完成27部、初审7部、市级评审13部、出版31部。部门（行业、专题）志方面，编纂29部，出版21部。重大专题志方面，《河南抗日战争志》完成送审稿。
　　（徐德森　张凯）

【湖北省志书编纂进度】　年内，湖北省在全面完成第二轮省市县三级地方志书编纂出版基础上，全年全省编纂出版乡镇村志49部，部门（行业、专题）志21部。
　　（湖北省文化和旅游厅地方志工作处）

【湖南省志书编纂进度】　年内，湖南省第二轮规划志书经调整后确定为164部，其中省级志书51部、市级志书9部、县级志书104部。未纳入调整规划的志书中：省级志书，《有色金属工业志》移交出版，《工商行政管理志》完成评议，《文化事业志》完成复审，《人事志》《劳动保障志》《卫生志》进入复审阶段；市级志书，《长沙市志（1988—2012）》出版，《娄底市志（1990—2017）》完成终审，《永州市志（1996—2015）》《邵阳市志（1978—2004）》完成复审；县级志书，《通道侗族自治县志（1996—2010）》出版，《冷水江市志（1988—2010）》《洪江市志（1978—2007）》《益阳市赫山区志（1994—2014）》《娄底市娄星区志（1989—2008）》《新化县志（1990—2009）》完成终审，《衡阳市石鼓区志（1996—2018）》《双峰县志（1988—2012）》《娄底市娄星区志（1989—2008）》完成复审。特色志方面，《湖南省志（综合本）》规划8卷91篇，累计完成送审稿49篇（含终审稿2篇）、评议稿16篇、初稿14篇，《军事篇》《邮政篇》2篇完成志稿评议；"湖南省特色志丛书"规划10部，累计出版4部，《武陵源志》稿完成评议，《大沩山志》稿完成第二次复审，《岳麓山志》稿完成第三次复审。

重大选题志方面，由省地方志编纂院与湘西州联合编纂的《湘西土家族苗族自治州扶贫志》《十八洞村志》作为向党的二十大献礼图书，完成终审交付出版。乡镇简志方面，《湖南乡镇简志·邵阳市卷》出版，累计出版11部。部门(行业)志方面，《常德市科学技术志(1988—2010)》《常德市安全生产监督管理志(1988—2018)》等出版。名镇名村志方面，湘西州永顺县《双凤村志》入选第五批中国名村志丛书名单，全省累计出版名镇志7部、名村志2部。中国影像志湖南卷方面，《中国影像志·凤凰篇》完成审稿，累计完成38部影像志审稿任务。应湖南省援疆前方指挥部请求，省地方志编纂院启动《湖南对口支援新疆志(1998—2022)》编纂工作，年内指导完成该志篇目设计、资料收集、初稿撰写等工作。

（孟东华　谭文美）

【广东省志书编纂进度】　年内，广东省25个第三轮修志试点的省直、市、县、镇、村及行业部门等均有序开展试点工作，并着手开展试点工作阶段性总结，一些试点志书完成编纂。其中，湛江市出版志书26部，完成志稿终审45部。列入年度重点的特色志书中，《罗浮山志》完成终审，《冼夫人志》完成部分总纂，《春砂仁志》完成总纂，《新会陈皮志》在撰写初稿，《潮州古城志》拟定编纂工作方案和篇目大纲。广州市继续推动志书编纂出版，推进《中共广州市委决策志》《广州简志》审改；已启动编纂的68部部门志、行业志，34部完成终审进入出版环节，出版8部；已启动编纂的市级31部名镇名街名村志，16部完成终审进入出版环节，出版8部；各区不断推进志书编纂，黄埔区《萝岗区志》《黄埔区志(2001—2015年)》出版；南沙区全面完成镇街志丛书编纂出版；番禺区《沙湾街道志》入选中国名镇志文化工程，海珠区《南华西街道志》、天河区《珠村村志》《猎德村志》、黄埔区《长洲街道志》、南沙区《东涌镇志》《榄核镇志》、花都区《茶塘村志》、增城区《大埔围村志》出版，越秀区《梅花村志》完成复审修改，海珠区《小洲志》、白云区《江高镇志》《大源村志》、从化区《江浦村志》推进编纂，荔湾区《沙面街志》、白云区《三元里村志》推进启动工作。重大专题志方面，做好广东扶贫志、全面小康志编纂前期谋划工作，收集图片500多幅，20多家省直单位陆续提交有关资料；推动中国名镇志、名村志文化工程，新申报《西樵镇志》《沙湾街道志》《紫南村志》《松塘村志》《鸡㙟·村志》5部，广州《光塔街道志》、梅州《茶阳镇志》2部入选第六批中国名镇志文化工程，《石龙镇志》《温泉镇志》2部出版，《坪石镇志》《长安镇志》《佗城镇志》《浛洸镇志》《沙栏吓村志》《松塘村志》6部通过省级终审提交中指办验收。截至年底，全省累计申报名镇志33部，出版6部；累计申报名村志24部，出版7部。

（广东省志办）

【广西壮族自治区志书编纂进度】　年内，广西壮族自治区第二轮规划三级志书186部，累计出版186部，提前完成出版任务，完成率为100%。规划编修的省级志书65部，印制成书61部，未印制成书4部，分别占比93.85%和6.15%；15部市级志书，印制成书10部，未印制成书5部，分别占66.67%和33.33%；106部县级志书印制成书81部，未印制成书25部，分别约占76.42%和23.58%。

（韦瑟钧乙）

【海南省志书编纂进度】　年内，海南省在特色志(重大选题志)方面，《海南扶贫志》完成初稿，《松涛水利志》《绿水青山志》在组织编纂。乡镇志方面，昌江黎族自治县、白沙黎族自治县、乐东黎族自治县、屯昌县、五指山市全面启动乡镇志，出版《牙叉镇志》和《七坊镇志》2部镇志，中国名镇志《崖城镇志》交付出版，中国名镇志《演丰镇志》《铺前镇志》《新盈镇志》完成初审，《石山镇志》《吉阳镇志》《博鳌镇志》《会文镇志》《潭牛镇志》《龙楼镇志》6部镇志纳入海南名镇名村志文化工程，在编传统乡镇志20

多部。村志方面，中国名村志《保平村志》完成初稿，中国名村志《高林村志》开始编纂，《中廖村志》《博后村志》《西岛社区志》《小妹村志》《什坡村志》5部村志纳入海南名镇名村志文化工程。在编传统村志10多部。

（王凌云　张永翠）

【重庆市志书编纂进度】　年内，重庆市第二轮规划志书125部，累计出版125部，占规划总数的100%，实现市区（县）两级志书全覆盖。其中，省级志书86部、区县级综合志书39部。另外，规划外志书《武隆县志（1996—2016）》《江津市志（1993—2006）》2部出版，《重庆市渝北区志（1995—2015）》完成评审。特色志方面，《南川民俗图志》《梁平柚志》2部出版，《金佛山志》《仙女山志》2部完成评审，《重庆市中山四路志》正在编纂。部门（行业）志方面，《重庆市志·交通银行志》《重庆市武隆中学校志（1942—2017）》《武隆县志·经济信息委志（1949—2016）》《武隆县志·政协志（1950—2016）》《重庆市綦江区档案志》5部出版，《重庆民航志》移交出版，《重庆市志·外事志》《重庆市志·科协志》《重庆高新技术产业开发区志》（上下卷）《重庆市规划和自然资源调查监测院志》《巴南区城乡建设志》《南泉街道志》《二圣镇志》《重庆市护士学校志》《巴南区第二人民医院志》9部完成评审。乡镇（村）志方面，《西沱镇志》《中山镇志》2部移交出版，《玉龙镇志》完成评审，《吴滩镇志》《清水土家族乡志》《华溪村志》在编纂中。

（邹川　陈欣如）

【四川省志书编纂进度】　年内，四川省第二轮规划省级志书92部、市（州）志书21部、县（市、区）志书179部，截至年底累计出版省级志书87卷，占规划总数的94.57%；未出版的《军事志（1986—2005）》《中共志（1986—2005）》《宗教志（1986—2005）》《武侯祠志（1986—2005）》《人物志（1986—2005）》5卷均报送重大选题备案。列入规划的市（州）、县（市、区）志书于上半年全部完成印刷出版。编纂出版乡镇（街道）、村（社区）志6部，编纂出版行业志、部门志6部。

（孙玉峰　陈婧妮）

【贵州省志书编纂进度】　年内，贵州省第二轮规划志书161部，出版159部，占规划总数的98.76%；《贵州省志·军事》《贵州省志·民族宗教》报国家新闻出版署重大选题审批。部门（行业、专题）志方面，《贵州桥梁志》《中共遵义市委党校志》《湄江高级中学志》《贵州湄潭茶场志》《正安县法院志》《玉屏侗族自治县纪检监察志（1950—2020）》《德江县检察志》《黔东南苗族侗族自治州农业志》《贵州三穗农村商业银行志》9部出版。乡镇（村）志方面，《汇川区高桥镇志》《松烟镇志》《龙溪镇志》《关兴镇志》《绥阳县枧坝镇志》《金中镇志》《板寨村志》7部出版；《茅台镇志》通过省级终审，申报中国名镇志文化工程；《桃符村志》通过省级终审，申报中国名村志文化工程。

（吕勇）

【云南省志书编纂进度】　年内，云南省志办组织审改《中共云南省委组织部志》《云南财经大学志》《中国铜业志》《云南省社会主义学院志》等部门志篇目，并对编纂人员进行培训。审读并指导《光禄镇志》《石羊镇志》《昙华村志》《腾越镇志》《抚仙湖志》《泸沽湖志》编纂。启动《南方丝绸之路图志》编纂。年内，楚雄州召开"楚雄州乡土志丛书"发行会，第一批出版20部，选取楚雄州有代表性的名镇、名村、名山（水）、民族特色文化和名特资源物产5类，每类4部，每部20万字至30万字。

（云南省志办）

【西藏自治区志书编纂进度】　年内，《西藏自治区志·地质矿产志》《山南地区志（2001—2015）》《萨嘎县志》《洛扎县志》4部志书出版。《西藏自治区志·地质矿产志（2001—2010）》《西藏自治区志·金融志》《西藏自治区志·对外贸易经济志》《洛隆县志》《措勤县志》《安多县志》《比如县志》《巴青县志》《索县志》《嘉黎县志》《尼玛县志》《双湖区志》《班戈县志》《聂荣县志》《当雄县志》《左贡县志》《扎囊县志》17部志书进入出版程序，23部志书完成审查验收。其中，《西藏自治区志·民政志（2001—2010）》《西藏自治区志·工会志（2001—2018）》《西藏自治区志·农业志（2001—2015）》《山南地区志（2001—2015）》《林芝地区志（2001—2010）》《乃东县志（2001—2010）》《当雄县志（2001—2010）》《噶尔县志（2001—2010）》《普兰县志（2001—2010）》《措勤县志》《班戈县志》《改则县志》《尼玛县志》《萨嘎县志》《扎囊县志》15部志书完成总纂，《扎囊县志（2001—2010）》《措美县志（2001—2010）》《拉萨市城关区志》通过验收，《西藏自治区志·畜牧志（2001—2015）》《边坝县志》通过终审，《西藏自治区志·城乡建设志（2001—2010）》《西藏自治区志·教育志（2001—2010）》《西藏自治区志·卫生志（2001—2013）》《西藏自治区志·社会科学志》及《日喀则地区志（2001—2010）》5部志书通过复审。乡镇（村）志方面，20部正式启动编纂，其中2部通过复审；自治区志办指导《玉麦乡志》和《巴吉村志》编修工作。

（赵文成）

【**陕西省志书编纂进度**】 年内，《陕西省志》15卷70分册全部完成出版。陕西省地情丛书《陕西抗日战争志》完成编纂，进入出版环节。筹备启动《陕西省全面小康志·大事记》编纂工作。 （陕西省志办）

【**甘肃省志书编纂进度**】 年内，甘肃省史志办启动编纂《甘肃扶贫开发志》《甘肃省全面小康建设志》，完成资料收集工作，基本完成资料长编撰写和部分章节初稿的撰写。全省14个市（州）、86个县（市、区）"两志"编纂全部启动，部分市县完成资料长编，进入初稿撰写阶段。乡镇（村）志方面，截至年底出版乡镇（街道）志61部、村（社区）志95部，编纂乡镇（街道）志125部、村（社区）志86部。其中，陇南市《哈达铺镇志》和庆阳市《罗川村志》申报中国名镇志名村志文化工程。陇南市《碧口镇志》《裕河镇志》《花桥村志》《洛峪镇志》《杨店镇志》《红河镇志》6部镇村志出版。平凉市静宁县《段渠村志》出版。

（司德芳）

【**青海省志书编纂进度**】 年内，青海省第二轮规划志书112部，出版24.5部，累计出版102部，占规划数的91.1%。其中，省级志书规划58部，《青海省志·总述·大事记（1986—2005）》等16部出版，累计出版55部；市州级志书规划8部，《玉树州志（1996—2015）》出版，累计出版5部；县级志书规划46部，《城西区志（1987—2005）》等8部出版，累计出版42部。 （师玉洁）

【**宁夏回族自治区志书编纂进度**】 年内，宁夏回族自治区第二轮规划志书52部，累计出版45部，约占规划总数的86.5%；6部移交出版，1部完成终审。其中，省级志书规划25部，累计出版25部；市级志书规划5部，累计出版《银川市志》《石嘴山市志》《固原市志》3部，《吴忠市志》《中卫市志》移交出版；县级志书规划22部，累计出版《盐池县志》《彭阳县志》等18部，《同心县志》《中卫市沙坡头区志》《银川市兴庆区志》《银川市金凤区志（2001—2018）》4部移交出版。乡镇（村）志方面，开展宁夏村志系列丛书编纂工作，其中《单家集村志》出版，《杨坪村志》通过终审，《四十里店村志》《杨柳村志》《塔桥村志》准备评审，《龙泉村志》《原隆村志》《杨郎村志》完成初稿。部门（行业）志方面，《宁夏生态环境志》《宁夏金沙林场志》《宁夏贺兰山志》《中宁枸杞志》《固原扶贫志》4部出版，《宁夏检察志》《宁夏气象志》《宁夏人防志》《宁夏黄河志》《宁夏水文志》《宁夏贺兰山国家级自然保护区志》完成终审，《宁夏扶贫志》《宁夏小康志》《宁夏农业志》《宁夏粮食志》

《宁夏水利科学院志》在编纂。　　（张明鹏）

【新疆维吾尔自治区志书编纂进度】　年内，新疆维吾尔自治区第二轮规划志书《食药志》《质量技术监督志》移交出版；4部专业志召开评审会，《国税志》《国土志》《文化事业志》完成终审，《民用航空志》完成初审。《新疆通志（1986—2005）》完成印刷前审查修改。《新疆抗日战争志》完成初稿编纂。地州县市志书方面，《博尔塔拉蒙古自治州志（1978—2005）》《奎屯市志（1996—2015）》出版，召开《乌什县志（2002—2020）》《阿克苏地区文物志》《阿拉山口口岸志》评审会。　（邓兆勤　齐俊生）

【新疆生产建设兵团志书编纂进度】　年内，新疆生产建设兵团第二轮规划志书20部，累计出版20部，实现全覆盖。其中，省级志书5部，于2019年全部完成；市级志书规划14部，累计出版14部；县级志书规划1部，《图木舒克市志》于2013年出版。部门志方面，《新疆绿翔建筑安装工程有限责任公司志（1999—2018）》出版。团场志方面，《十四团志（1999—2015）》《二十七团志（1996—2015）》《四十五团志（1995—2010）》《一八四团志（1995—2015）》《一八五团志（1993—2015）》出版。
　　　　　　　　　　　　　　（王兴鹏）

【全国铁路系统志书编纂进度】　年内，中国国家铁路集团有限公司所属的哈尔滨局、沈阳局集团有限公司等8个单位续修省（区）志中的铁路志（铁路篇）或单位志。其中，《黑龙江省志·铁路志》《辽宁省志·铁道志》《上海市志·交通运输分志·铁路运输卷（1978—2010）》《广铁集团志（1993—2015年）》出版，《内蒙古自治区志·铁路志（1988—2017）》《江西省志·铁路运输志（1991—2010年）》完成初稿，《南宁铁路局志（1993—2017）》《兰州局集团有限公司志（1996—2020）》进入初稿编纂阶段。　　（叶清）

· 省级志书出版

【《北京志·人民代表大会志（1998.1—2013.1）》出版】　10月，北京市地方志编委会编纂，市人大常委会研究室承编的《北京志·人民代表大会志（1998.1—2013.1）》由北京出版社出版。刘维林、黄石松、崔新建主编。该志设市人民代表大会代表和会议、市人民代表大会常务委员会、市人民代表大会专门委员会、立法、监督、讨论决定重大事项、选举和人事任免、代表工作8篇，记述北京市第十一届至第十三届人民代表大会及其常务委员会在立法、监督、讨论决定重大事项、人事任免、代表工作等方面的履职情况。志首设编纂说明、概述、大事记，志末附附录、后记。该志翔实记述北京市三届人民代表大会及其常务委员会忠实执行人民代表大会制度，创新完善工作方式，推进首都科学发展和民主法治建设，发挥国家权力机关作用的历程。全书73万字。
　　　　　　　　　　　　　　（徐丽丽）

【《天津市志·纪律检查志（1949—1993）》出版】　年内，天津市志办和中共天津市纪律检查委员会共同编纂的《天津市志·纪律检查志（1949—1993）》由天津人民出版社出版。赵继华主编。该志设市级纪检（监察）机构、队伍建设、党风廉政建设、案件检查、案件审理与申诉复查、纪检信访、党风廉政宣传教育、调查研究与理论研讨、文秘管理与信息交流、委口纪律检查工作、区县纪律检查工作11篇，记述1949年至1993年（纪检、监察合署办公前）天津市纪律检查工作的发展历程。志首设综述、大事记，志末附编修始末。全书160万字。
　　　　　　　　　　　　　　（王中玮）

【《河北省志·对外经济贸易志（1979—2005）》出版】　12月，河北省地方志编委会编纂的《河北省志·对外经济贸易志（1979—2005）》由河北人民出版社出版。王进京、齐双来主编。该志由省商务厅牵头，会同省贸促会等有关单位共同编纂，设对外经济贸易管理、货物出口、货物进口、经贸往来与服务、外商投资与国外贷款、服务贸易与国际经济技术合作6编，记述1979年至2005年河北省落实党中央、国务院关于改革开放的决策部署，推进改革和开放的伟大进程，反映河北省对外贸易、利用外资和对外经济技术合作等方面的发展历程。志首设概述、大事记，志末附附录、索引、编后记。该志主要特点是全面系统记述河北省在对外贸易、出口商品结构、出口方式、对外经济技术合作等方面发展历程及存在的不足。全书74.1万字。

（刘天骄）

【《河北省志·农业志（1979—2005）》出版】 12月，河北省地方志编委会编纂的《河北省志·农业志（1979—2005）》由河北人民出版社出版。郑红维、李大北主编。该志由省农业农村厅牵头，省农业开发办公室参与共同编纂，设农村经济体制与经营管理、种植业、畜牧业、渔业、科技与教育、农业开发与扶贫、对外交流与合作、农业机械化、农牧场管理、综合管理10编，记述1979年至2005年河北省农业各方面的历史和现状，总结党的十一届三中全会以来河北省农业改革开放的历史进程，揭示河北省农业事业发展规律。志首设概述、大事记，志末附附录、索引、编后记。全书132.2万字。

（刘天骄）

【《山西省志·广播电影电视志（1978—2013）》出版】 6月，山西省地方志研究院编纂，山西省广播电视局承编的《山西省志·广播电影电视志（1978—2013）》由中华书局出版。张宁主编。该志设广播、电视、电影·电视剧、传输·覆盖、新媒体·报刊·音像·教育、交流合作、体制改革·产业发展、管理8编，记述1978年至2013年底山西广播电影电视改革发展历程，全面系统反映全省广播电影电视发展的历史与现状。全书98.3万字。

（山西省地方志研究院）

【《山西省志·城乡建设志》出版】 6月，山西省地方志研究院编纂，山西省住房和城乡建设厅承编的《山西省志·城乡建设志》由中华书局出版。王立业主编。该志设城乡规划、城市建设、村镇建设、重点工程建设、住房保障与房地产业、工程建设标准定额、勘察设计咨询、施工监理检测保险与担保、建筑工程监督管理、建设科技与建筑节能、建设法制与行政许可、城建档案与建设信息、管理机构与队伍13编，全面记述1978年至2012年底山西省住房和城乡建设事业发展的历史与现状。卷末设附录。全书137.2万字。

（山西省地方志研究院）

【《山西省志·监察志》出版】 6月，山西省地方志研究院编纂，山西省监察委员会承编的《山西省志·监察志》由中华书局出版。李洪涛、徐德峰、张秀山主编。该志设机构队伍、信访举报、案件检查、案件审理、执法廉政效能监察、纠风工作和政务公开、源头治理和惩防体系、宣传教育和理论研究、重要会议9编25章，全面记录山西省监察机关建立后（1950年至1958年，1987年至2017年）的发展历程。全书103万字。

（山西省地方志研究院）

【《山西省志·国土资源志》出版】 6月，山西省地方志研究院编纂，山西省自然资源厅承编的《山西省志·国土资源志》由中华书局出版。任建中主编。该志设国土资源现状、国土资源制度、国土资源规划、国土资源利用、国土资源保护、国土资源管理、国土资源法制、国土资源科教宣传、机构与队伍9编，记述1978年至2012年山西省国土资源工作发展的历史与现状。全书119万字。

（山西省地方志研究院）

【《山西省志·建筑材料工业志》出版】 6月，山西省地方志研究院编纂，山西省工业和信息化厅承编的《山西省志·建筑材料工业志》由中华书局出版。武宏文主编。该志设水泥与水泥制品业、玻璃、建筑卫生陶瓷、墙体屋面材料工业、非金属矿工业、其他建筑材料工业、科研机构、机构与队伍8编，记述中华人民共和国成立至2008年山西省建筑材料工业的历史与现状。全书95.7万字。

（山西省地方志研究院）

【《山西省志·扶贫开发志》出版】 6月，山西省地方志研究院编纂，山西省扶贫开发工作办公室承编的《山西省志·扶贫开发志》由中华书局出版。刘志杰主编。该志设扶贫方略、扶贫实践、扶贫资金、机构与队伍4编，记述1985年至2015年30年间山西扶贫开发工作的起始、改革、发展历程，全面反映山西扶贫开发工作的历史与现状。全书95.7万字。

（山西省地方志研究院）

【《山西省志·总述》出版】 9月，山西省地方志研究院编纂的《山西省志·总述》由中华书局出版。张秀山、刘益令主编。该志设地理环境、改革开放、经济建设、政治建设、文化建设、社会建设、生态建设、三晋文化和市县概况9编，全面记述1978年至2016年全省自然、经济、政治、文化、社会、生态等各方面综合情况。全书169.2万字。

（山西省地方志研究院）

【《内蒙古自治区志·包钢志》出版】 3月，内蒙古自治区包头钢铁（集团）有限责任公司编纂的《内蒙古自治区志·包钢志》（第一版）由内蒙古人民出版社出版。王宏主编。该志设机构与队伍、企业改革、钢铁生产、稀土、非钢生产、矿业、环保、建设工程、企业管理、企业经营、科研工作、文化宣传、党群工作、民族统战纪检监察、教育卫生15篇61章，记述1991年至2017年包头钢铁集团的发展史。志首设概述、大事记，志末附人物、附录。该志记载断限内包头钢铁集团成为世界上最大的稀土工业基地和中国重要钢铁工业基地的发展历程，特别是党的十八大后，包头钢铁集团经历"去产能"淬火重生的锻造，经受改革改制、转型升级、绿色发展等历史进程。全书258万字。

（李瀚鹏）

【《江苏省志（1978—2008）·国内贸易志》出版】 12月，江苏省商务厅组织编纂的《江苏省志（1978—2008）·国内贸易志》由江苏凤凰科学技术出版社出版。潘宪生、仲锁林主编。商业篇设商业管理机构、商业体制改革、商贸行业发展、商品流通管理、市场运行调控、市场体系建设、市场秩序规范、商业基础工作8章；粮食篇设粮食流通管理机构、粮食流通体制改革、粮食收购与销售、食油收购与销售、粮油价格、粮油仓储建设与管理、粮油加工业、粮食财务8章；供销篇设管理机构、基层组织建设、民主管理、农村商品流通、社有企业、教育培训6章；物资篇设体制改革、经营管理、物资流通、现代物流、行业协会、教育6章，运用大量典型资料记述1978年至2008年间江苏商贸流通领域作为改革开放先行军，经历的改革历程。该书以"商、粮、供、物"4个行业独立成篇，体现全书的完整性、行业的系统性，充分反映4个行业的时代特征和行业风貌。志首设序、概述，志末附大事年表、附录、编纂始末。全书107万字。

（朱莉萍）

【《江苏省志（1978—2008）·海洋渔业志》出版】 12月，原江苏省海洋与渔业局承编的《江苏省志（1978—2008）·海洋渔业志》由江苏凤凰教育出版社出版。沈毅主编。该志设环境与资源、水产养殖业、捕捞渔业、水产品加工业与水产品流通业、渔业经营体制改革、水产品质量安全、海域使用管理、污染防治与保护修复、海洋开发与海洋经济、国际合作、科技与教育、渔业行政与海洋监察执法、渔港监督和渔业安全生产、信息化建设、渔民与渔业文化、管理机构与法制建设16章，全面系统记述改革开放30年江苏海洋与渔业发展的历史和现状，以及江苏在加快推进海洋经济和渔业生产发展、满足市场水产品供应和丰富城乡居民"菜篮子"等方面所取得的成就。志首设序、概述，志末附大事年表、附录、编纂始末。全书60万字。

（朱莉萍）

【《江苏省志（1978—2008）·建材 建筑志》出版】 12月，江苏省住房和城乡建设厅组织编纂的《江苏省志（1978—2008）·建材 建筑志》由江苏凤凰科学技术出版社出版。蒋琥勤主编建材部分，纪迅主编建筑部分。建材部分设水泥、混凝土水泥制品、平板玻璃及其制品、玻璃纤维及玻璃钢、建筑卫生陶瓷、墙体屋面材料、化学建材、建材非金属矿及其制品、建材机械制造、建材行业管理10章；建筑部分设建筑工程项目管理、建筑施工管理、工程建设标准、工程造价、建筑工程勘察设计、建筑施工技术、抗震防灾、建筑行业管理、建筑行业发展和外向市场开拓10章。全书系统客观记述改革开放30年江苏建材建筑行业领域的发展历程，8种建材在建筑上的使用及变迁，建筑工艺、标准、造价、管理、项目等变化。志首设序、概述，志末附大事年表、附录、编纂始末。全书95万字。
（朱莉萍）

【《江苏省志（1978—2008）·劳动保障志》出版】 12月，江苏省人力资源和社会保障厅组织编纂的《江苏省志（1978—2008）·劳动保障志》由江苏凤凰教育出版社出版。徐殿春执行主编。该志设机构、劳动就业、职业培训、企业工资、社会保险、劳动关系、农民工工作、法制建设、公共服务9章，系统客观记述改革开放30年江苏劳动保障工作的发展历程。志首设序、概述，志末附大事年表、附录、编纂始末。全书85万字。
（朱莉萍）

【《江苏省志（1978—2008）·体育志》出版】 12月，江苏省体育局组织编纂的《江苏省志（1978—2008）·体育志》由江苏凤凰教育出版社出版。吴宁兴主编。该志设体育机构、全民健身、学校体育、社会体育、民间体育、竞技体育、全省运动会、参加全国综合运动竞赛、承办全国大型运动竞赛、参加国际运动竞赛、承办国际运动竞赛、荣誉称号获得者、对外交往及地区交流、体育经济、体育保障、宣传教育16章，全面展现江苏在全民健身、大型竞技、体育产业等方面取得的成就，如实记录江苏体育在改革开放30年间发展前行的历史轨迹，客观总结江苏在创建体育强省的道路上取得的经验以及遇到的问题与困难。志首设概述，志末附大事年表、附录、编纂始末。全书97万字。
（朱莉萍）

【《江苏省志（1978—2008）·外事 港澳台侨事务志》出版】 12月，江苏省外办、省港澳办、省台办、省侨办组织编纂的《江苏省志（1978—2008）·外事 港澳台侨事务志》由江苏人民出版社出版。黄家俭、张立荣、张松平、吴建中主编外事、港澳事务部分，陈苏、徐开信、杜伟主编侨务部分。外事、港澳事务部分设机构、来访、出访、友城工作、友好交流、外事管理工作、综合性涉外事务、港澳事务8章，以外事工作管理、对外交往合作和港澳事务工作分章设节，全面客观地反映改革开放30年间江苏外事工作和港澳工作的历史与现状；涉台事务部分设机构队伍、台胞接待与服务、苏台交往与交流、苏台经贸交流与合作、宣教管理、台胞捐赠6章，记述1978年至2008年30年间江苏对台工作各个时期的发展进程和主要事件，回顾和总结江苏对台工作30年的历史成就与经验；侨务部分设江苏侨情、归侨侨眷权益保护与服务、联谊交往、捐赠、促进经济科技合作、新闻传媒、组织机构7章。志首设概述，志末附大事年表、附录、编纂始末。全书98万字。
（朱莉萍）

【《江苏省志（1978—2008）·社会科学志》出版】 12月，江苏省社科联组织编纂的《江苏省志（1978—2008）·社会科学志》由江苏凤凰出版社出版。该志设学术机构与学者队伍、马克思主义与哲学、经济学、政治学、历史学、语言文学、教育学、管理学、社科研究项目、决策咨询研究、学术出版、哲学社会科学评奖、社会学科管理13章，全面记述1978年至2008年江苏社会科学学科建设、学术著作、学术活动、社科管理等方面的发展历程，记录江苏社会科学理论创新、注重实践等特点，展现时代特征和江苏特色。志首设概述，志末附大事年表、附录、编纂始末。全书72万字。

（朱莉萍）

【《江苏省志（1978—2008）·人物志》出版】 12月，江苏省委组织部、省志办总纂牵头，省委组织部、省人力资源和社会保障厅、省科技厅、省总工会等承编的《江苏省志（1978—2008）·人物志》由江苏凤凰出版社出版。杨颖奇主编。该志设人物传略、人物名录两部分，收录在党、政、军等重要岗位任职的领导干部，为江苏以至全国经济社会发展作出重要贡献的企业家，在教学、科研部门为江苏以及全国作出重要贡献的专家、学者，在文学艺术、医药卫生等方面作出重要贡献的名师、名家，为保卫国家和人民利益而牺牲及为国家建设作出重要贡献的英烈、模范等五大类近700名人物，收录范围广、涵盖面宽，每个人物身份及经历各具特点，具有鲜明的代表性。志首设概述，志末附索引、编纂始末。全书60万字。

（朱莉萍）

【《江苏省志（1978—2008）·石油 化工志》出版】 12月，江苏省工业和信息化厅牵头，中国石化华东石油局、华东分公司及省化工行业协会共同承编的《江苏省志（1978—2008）·石油 化工志》由江苏凤凰教育出版社出版。俞凯、毛凤鸣、高安东、张洪奎主编石油部分。石油部分由中国石油化工集团华东石油公司、江苏石油勘探局、管道储运公司、中石化华东分公司、江苏油田分公司、管道储运分公司联合承编，设区域油气地质、石油勘探、油气田开发、石油管道建设与石油储运、石油科技、企业管理与改革、对外开放与域外事业7章，全面记述改革开放30年江苏石油工业历史进程。化工部分设化学矿、石油加工、基本有机化学原料、无机化工原料、化学与生物肥料、化学农药及生物农药、染料、合成材料、橡胶工业、专用化工设备制造、安全生产与环境保护、区域集聚发展、化工科技与创新、化工教育、国际经济与技术合作、行业管理机构与社会组织16章，全面记述全省化学工业30年发展历史。志首设概述，志末附大事年表、附录、编纂始末。全书100万字。 （朱莉萍）

【《江苏省志（1978—2008）·轻工 纺织志》出版】 12月，江苏省工业和信息化厅牵头，省轻工业行业协会和省纺织工业协会共同承编的《江苏省志（1978—2008）·轻工 纺织志》由江苏凤凰科学技术出版社出版。熊晓辉主编轻工部分，窦钰主编纺织部分。轻工部分设制浆造纸业、家用电器制造业、食品工业、酒业酒精工业、烟草业、盐业、自行车电动车、家具制造业、金属制品工业、塑料工业、陶瓷工业、日用化学品制造业、皮革毛皮制品、玩具制造工业、轻工机械制造业、教育与科技16章，全面记述全省轻工行业30年的发展，突出江苏轻工业在满足消费、繁荣市场、稳定出口、增加积累、支援农业、扩大就业等方面的重要作用。纺织部分设化学纤维工业、棉纺织工业、色织工业、印染工业、毛纺织工业、麻纺织工业、丝绸工业、针织工业、家用纺织品工业、产业用纺织品工业、服装工业、纺织机械器材工业12章，记述改革开放30年江苏纺织业高速发展，从国民经济的支柱产业、民生产业发展为富民产业、时尚产业和具有国际竞争力的优势产业的发展历程。志首设概述，志末附大事年表、附录、编纂始末。全书80万字。

（朱莉萍）

【《江苏省志（1978—2008）·电子信息志》出版】 12月，江苏省工业和信息化厅牵头，江苏赛联信息产业研究院、南京信息职业技术学院承编的《江苏省志（1978—2008）·电子信息志》由江苏凤凰科学技术出版社出版。崔明主编。该志设雷达、通信、广播电视发射、电子计算机、软件、家用电器设备、电子测量仪器、电子专用设备、电子元件、电子器件制造业、电子信息机电产品、电子信息专用材料12章，全面记述江苏省电子信息产业改革开放30年历程。志首设概述，志末附大事年表、编纂始末。全书70万字。

（朱莉萍）

【《江苏省志（1978—2008）·财政 税务志》出版】 12月，江苏省财政厅、省税务局组织编纂的《江苏省志（1978—2008）·财政 税务志》由江苏凤凰教育出版社出版。财政部分设财政收入、财政支出、财政管理、财务管理、会计管理、其他管理、财政监督、财政法制、科研与教育、财政机构与人员10章，从收入、支出、管理等方面全面系统记述改革开放30年江苏财政改革、发展以及为促进江苏经济社会发展所作的贡献。税务部分设机构人员、税收收入管理、税种管理、征收管理、纳税服务、税收法制建设、涉外税收管理、出口退税管理、税务稽查、税收计会统票、税收信息化建设、综合管理、社团组织13章，记述改革开放30年来江苏税务事业发展的成就，以及对江苏经济、社会发展的贡献。志首设概述，志末附大事年表、附录、编纂始末。全书190万字。 （朱莉萍）

【《江苏省志（1978—2008）·人口 人民生活志》出版】 12月，江苏省卫生健康委和省统计局组织编纂的《江苏省志（1978—2008）·人口 人民生活志》由江苏凤凰教育出版社出版。王汉春主编人民生活部分。人口部分设人口构成与分布、人口素质与寿命、婚姻与家庭、计划生育、宣教科研、服务保障6章，人民生活部分设就业、收入、支出、居民家庭财产、消费、社会保障和社会服务6章，全面客观地反映改革开放30年来江苏人口服务、人民生活的巨大变迁，从人口控制到促进人的全面发展的转变，人民的生活从贫困到温饱再到总体小康的历史性跨越。志首设概述，志末附大事年表、附录、编纂始末。全书78万字。 （朱莉萍）

【《江苏省志（1978—2008）·附录》出版】 12月，江苏省志办组织编纂的《江苏省志（1978—2008）·附录》由江苏凤凰出版社出版。该志设重要文件辑存、大事记、《江苏省志（1978—2008）》分（专）志目录、《江苏省志（1978—2008）》编纂始末4部分。志末附编纂始末。全书20万字。 （朱莉萍）

【《江西省志·组织志（1991—2010）》出版】 5月，江西省地方志编委会组织编纂，省委组织部、省委老干部局承编的《江西省志·组织志（1991—2010）》由江西人民出版社出版。该志设党建工作、干部工作、人才工作、老干部工作、自身建设、组织机构6篇24章104节，全面系统地记录了江西省组织工作、老干部工作改革、创新、发展的历史进程，内容涵盖党建工作、干部工作、人才工作、离退休干部工作、自身建设、组织机构等方面。志首设概述、大事记，志末附人物、附录、编纂始末。全书85.8万字。 （黄诗惠）

【《江西省志·出版志（1991—2010）》出版】 5月，江西省地方志编委会组织编纂，省新闻出版广电局承编的《江西省志·出版志（1991—2010）部》由江西人民出版社出版。该志设图书出版、报刊音像电子数字出版、印刷复制、发行、管理、教育与科研、人物7篇25章94节，纵述江西出版20年之发展演变，充分体现江西新闻出版工作的特点，全面总结江西新闻出版业发展的经验、教训。志首设概述、大事记，志末附人物、附录、编纂始末。全书103.5万字。 （黄诗惠）

【《重庆市志·交通银行志（1915—2018）》出版】 6月，交通银行股份有限公司重庆市分行编纂的《重庆市志·交通银行志（1915—2018）》由西南师范大学出版社出版。杨宁主编。该志设早期沿革、筹备重组、管理机构、业务经营、业务管理、信息技术、人力资源、党群工作、行政服务、企业文化、经营单位11篇，收录106张图照，记述交通银行重庆分行设立、重组、发展变化的历史与现状。志首设综述、大事记，志末附专记、附录。该志重点记述交通银行重庆分行体制机制变革的经验做法和经营管理发展取得的重要成果。全书130万字。 （陈欣如）

【《西藏自治区志·地质矿产志》出版】 7月，西藏自治区地质矿产志编委会编纂的《西藏自治区志·地质矿产志》由中国藏学出版社出版。夏代祥主编。该志设基础地质调查、矿产勘查、水文地质、工程地质及环境地质勘查、勘查技术、地质科学技术、机构与管理7篇，全面系统客观地记述西藏地质事业的发展历程，特别是着重记述西藏和平解放以来西藏地质矿产事业不断发展壮大的历程。志首设图照、序言、凡例、概述，志末附人物、大事记、编后记。全书64万字。（赵文成）

【《青海省志·检察志（1986—2005）》出版】 1月，青海省检察院承编的《青海省志·检察志（1986—2005）》由青海人民出版社出版。尚洪斌、台本主编。该志设机构、刑事检察、职务犯罪检察、职务犯罪预防、监所检察、民事行政检察、控告申诉检察、检察技术、检察调研和宣传（法律政策研究）9章30节，客观记述断限内青海省检察事业发展的历程及取得的成就。志首设照片、概述、大事记，志末附附录。全书41万字。（师玉洁）

【《青海省志·体育志（1995—2010）》出版】 2月，青海省体育局承编的《青海省志·体育志（1995—2010）》由青海人民出版社出版。高学林主编。该志设群众体育、竞技体育、体育赛事、体育产业、高校教研与体育科研、组织管理6章27节，全面系统记述断限内青海省体育事业发展的历程和取得的重大成就。志首设照片、概述、大事记，志末附附录。全书50万字。（师玉洁）

【《青海省志·发展计划志（1986—2005）》出版】 3月，青海省发展和改革委员会承编的《青海省志·发展计划志（1986—2005）》由青海人民出版社出版。党晓勇主编。该志设国民经济和社会发展五年计划、国民经济和社会发展年度计划、专项规划、经济发展、社会发展、重大项目建设、经济体制改革、机构与队伍8章49节，全面系统记述断限内青海省发展改革工作的历史与现状。志首设照片、概述、大事记，志末附附录。全书70万字。（师玉洁）

【《青海省志·邮政电信志·电信（1986—2005）》出版】 3月，青海省通信管理局承编的《青海省志·邮政电信志·电信（1986—2005）》由青海人民出版社出版。张菊民主编。该志分上、下编，上编（政企合一时期）设邮电体制与机构、邮电通信建设、邮电经营业务、邮电维护管理、邮电企业管理5章32节，下编（政企分开时期）设政企分开与市场主体多元化、电信通信建设、电信经营业务、电信运行维护、企业管理、电信服务、通信行业管理、青海省电信实业公司、社会团体、先进集体与模范人物10章48节，全面系统记述断限内青海省电信事业发展的历程及取得的成就。志首设照片、概述、大事记，志末附附录。全书53万字。（师玉洁）

【《青海省志·公安志（1986—2005）》出版】 3月，青海省公安厅承编的《青海省志·公安志（1986—2005）》由青海人民出版社出版。朱运军主编。该志设公安机构、国内安全保卫工作、刑事犯罪侦查、内保工作与打击经济犯罪、禁毒工作、治安管理、监所管理、出入境管理、道路交通管理、消防管理、警卫工作、公安法制、公安科技、公共信息网络安全监察、公安队伍建设、纪检与警务督察、应急处置、警务保障、专业公安19章80节，全面系统记述断限内青海省公安事业发展的历史脉络。志首设照片、概述、大事记，志末附附录。全书72万字。（师玉洁）

【《青海省志·社会科学志（1993—2010）》出版】 3月，青海省社会科学院承编的《青海省志·社会科学志（1993—2010）》由社会科学文献出版社出版。陈玮、孙发平主编。该志设哲学研究、经济学研究、科学社会主义研究、中共党史党建研究、法学研究、社会学研究、文化建设研究、管理学研究、生态文明建设研究、民族学研究、宗教学研究、藏学研究、历史学研究、考古学研究、文学研究、教育学与心理学研究、语言学研究、艺术研究、新闻传播学研究、档案学图书馆学情报学研究、研究机构学术团队和队伍建设、科研管理与学术活动等23章86节，全面系统记述断限内青海省社会科学事业发展的历史脉络及取得的成就。志首设照片、概述、大事记，志末附附录。全书88万字。

（师玉洁）

【《青海省志·监狱管理志（1995—2010）》出版】 4月，青海省监狱管理局承编的《青海省志·监狱管理志（1995—2010）》由青海人民出版社出版。刘海生主编。该志设建制沿革、监狱体制改革、刑罚执行、狱政管理、生活卫生、教育改造、劳动改造、监狱建设、队伍建设、医疗卫生10章70节，全面系统记述断限内青海省监狱管理事业发展的历程及取得的成就。志首设照片、概述、大事记，志末附人物、附录。全书49万字。

（师玉洁）

【《青海省志·自然环境志》出版】 6月，青海师范大学承编的《青海省志·自然环境志》由气象出版社出版。刘峰贵主编。该志设地质、矿产与地质遗迹、地貌、河流、湖泊、气候、土壤、生物、生态环境、自然灾害10章34节，全面系统记述青海省自然环境的演变历史与现状，具有较强的专业性、权威性和地域特色。志首设照片、概述、大事记，志末附附录。全书48万字。

（师玉洁）

【《青海省志·人口与计划生育志（1986—2013）》出版】 6月，青海省卫生健康委承编的《青海省志·人口与计划生育志（1986—2013）》由青海人民出版社出版。苏全仁主编。该志设人口状况、人口和计划生育规划与研究、政策法规、宣传教育、科技服务、考核与统计、流动人口管理与服务、人口和计划生育合作交流与管理8章26节，全面系统记述断限内青海省人口与计划生育事业发展的历史脉络及取得的成就。志首设照片、概述、大事记，志末附人物、附录。全书79万字。

（师玉洁）

【《青海省志·医疗卫生志（1990—2013）》出版】 6月，青海省卫生健康委承编的《青海省志·医疗卫生志（1990—2013）》由青海人民出版社出版。苏全仁主编。该志设行政管理、体制改革、西医医疗、中藏蒙医医疗、公共卫生、卫生应急工作、妇幼保健、基层卫生服务工作、继续教育与学术活动9章49节，全面系统记述断限内青海省医疗卫生事业发展的历程及取得的成就。志首设照片、概述、大事记，志末附人物、附录。全书80万字。

（师玉洁）

【《青海省志·文化艺术志（1986—2005）》出版】 6月，青海省文化和新闻出版厅承编的《青海省志·文化艺术志（1986—2005）》由青海民族出版社出版。该志设文化艺术管理与机构、专业舞台艺术、社会文化工作、文物保护工作、文化市场与文化产业、文化艺术研究、文化艺术交流、博物馆、公共图书馆、文化馆、档案事业11章40节，全面系统记述断限内青海省文化艺术事业发展的历程。志首设照片、概述、大事记，志末附人物、附录。全书58万字。

（师玉洁）

【《青海省志·旅游志（1982—2010）》出版】 6月，青海省文化和新闻出版厅承编的《青海省志·旅游志（1982—2010）》由青海人民出版社出版。该志设旅游资源、旅游文化、旅游规划、旅游产品开发、旅游市场开发、旅游产业要素、旅游管理7章32节，全面系统记述断限内青海省旅游事业发展的历程及取得的成就。志首设照片、概述、大事记，志末附人物、附录。全书38万字。

（师玉洁）

【《青海省志·区域建置志（1990—2011）》出版】 8月，青海省民政厅承编的《青海省志·区域建置志（1990—2011）》由青海人民出版社出版。师存武主编。该志设全省区域建置、西宁市、海东地区、海西蒙古族藏族自治州、海南藏族自治州、海北藏族自治州、玉树藏族自治州、果洛藏族自治州、黄南藏族自治州9章49节，全面系统记述断限内青海省区域建置沿革和演变历程。志首设照片、概述、大事记，志末附附录。全书40万字。

（师玉洁）

【《青海省志·国内贸易志（1986—2005）》出版】 9月，青海省商务厅承编的《青海省志·国内贸易志（1986—2005）》由青海人民出版社出版。赵恒伦主编。该志设商业、物资、供销合作事业、粮食、生活服务业、土特产6章35节，全面系统记述断限内青海省国内贸易事业发展的历史脉络。志首设照片、概述、大事记，志末附附录。全书30万字。

（师玉洁）

【《青海省志·报业志（1995—2010）》出版】 10月，青海日报社承编的《青海省志·报业志（1995—2010）》由青海人民出版社出版。韩国宁主编。该志设报纸种类、新闻报道、报业改革与发展、新闻业务、报业文化建设、报业经营、新闻学术团体、驻青记者站通讯社8章36节，全面系统记述断限内青海省报纸媒体事业发展的历史脉络及取得的成就。志首设照片、概述、大事记，志末附人物、附录。全书55万字。

（师玉洁）

【《青海省志·总述·大事记（1986—2005）》出版】 12月，青海省志办承编的《青海省志·总述·大事记（1986—2005）》由青海民族出版社出版。杨松义主编。该志由总述、大事记两部分组成，是第二轮《青海省志》的总括和概要，能对全志起到统领和补缺的作用。总述采用章节体，总揽全局，扼要介绍断限内全省政治、经济、文化、社会、生态文明等方面的情况。大事记按时间顺序记述断限内的大事要事。全书34万字。

（师玉洁）

【《新疆通志·工商行政管理志（1986—2013）》出版】 10月，《新疆通志·工商行政管理志（1986—2013）》由新疆人民出版社出版。段建国主编。该志设机构改革与队伍建设、法制建设与执法监督、市场建设与管理、企业登记管理、个体私营经济登记管理、经济合同监督管理、商标监督管理、广告监督管理、经济检查与竞争执法、消费者权益保护、信息化建设与应用管理、社团组织、自治区工商行政管理局隶属单位概况、全国工商行政管理系统援助新疆工商行政管理系统14篇61章152节，时间上限为1986年、下限至2013年，部分内容有所上溯，全面记述断限内新疆工商行政管理事业的历史与现状。全书180万字。

（齐俊生）

· 市级志书出版

【《包头市志（1991—2015）》出版】 10月，内蒙古自治区包头市地方志编委会编纂的《包头市志（1991—2015）》由内蒙古人民出版社出版。胡云晖主编。该志设政区、自然环境、人口、中国共产党地方组织、人民代表大会、人民政府、政治协商会议、民主党派、社会团体、民政、人事·劳动与社会保障、公安·检察·审判·司法行政、军事、城乡建设、环境保护·国土资源、交通运输、邮政·电信、工业、农牧林水渔、商贸流通、财政·税务、金融、计划·价格·统计·审计、工商行政管理·食品药品监督·质量技术监督·安全生产监管、海关·出入境检验检疫、科学技术·气象·地震、教育、文化·旅游、报刊·广播电视、医疗·卫生、体育等31篇，记述1991年至2015年包头市自然、政治、经济、文化和社会等诸方面发展的历史与现状。志首设综述、大事记，志末附人物、附录、修志始末。全书330万字。

（玉红）

【《鞍山市志·第三卷（1986—2005）》出版】 9月，辽宁省鞍山市档案馆（市史志办）编纂的《鞍山市志·第三卷（1986—2005）》由沈阳出版社出版。赵国辉主编。该志设经济综述、经济综合管理、工业、农业、商贸、交通信息、金融保险7篇，全面记述1986年至2005年鞍山市经济、工业、农业、商贸、交通信息、金融保险等方面在改革开放和现代化建设中的发展历程。志首设凡例，志末附编后。全书140万字。

（张帆）

【《鞍山市志·第四卷（1986—2005）》出版】 9月，辽宁省鞍山市档案馆（市史志办）编纂的《鞍山市志·第四卷（1986—2005）》由沈阳出版社出版。赵国辉主编。该志设科技教育、文化艺术、新闻出版、卫生体育、旅游5篇，记述1986年至2005年鞍山市科技教育、文化艺术、新闻媒体、卫生体育、旅游等方面在改革开放和现代化建设中的发展历史。志首设凡例，志末附编后。全书98万字。

（张帆）

【《鞍山市志·第五卷（1986—2005）》出版】 9月，辽宁省鞍山市档案馆（市史志办）编纂的《鞍山市志·第五卷（1986—2005）》由沈阳出版社出版。赵国辉主编。该志包括人物、地方法规、大事记、修志始末，记述1986年至2005年鞍山地区的英烈、模范、重要领导、名人，收录具有重大影响和较高存史资政价值的法规文献资料，对鞍山市第二轮修志工作过程、经验进行总结。志首设凡例，志末附编后。全书134万字。

（张帆）

【《本溪市志·第四卷（1986—2005）》出版】 10月，辽宁省本溪市党史地方志办公室编纂的《本溪市志·第四卷（1986—2005）》由辽海出版社出版。马照谦主编。该志设旅游、科学技术、教育、文化体育、广播电视报业、史志档案、卫生、人物8篇43章，记述1986年至2005年该市科学技术、教育、文化体育、广播电视报业、旅游、史志档案、卫生、人物等领域的历史与现状。志末附后记。全书110万字。

（李少军）

【《锦州市志·政治文化卷（1986—2002）》出版】 12月，辽宁省锦州市档案馆（市委党史研究室、市志办）编纂的《锦州市志·政治文化卷（1986—2002）》由辽宁民族出版社出版。朱光、赵希奎、苑丽君、韩玉民、闫子媛主编。该志设政治、军事、法治、人事劳动外事、教育科技、文化传媒、卫生体育、社会8篇，记述1986年至2002年锦州市政治、文化、社会等方面奋斗历程和主要成就，突出改革开放的时代特点和锦州的地方特色。志首设人物，志末附索引、后记。全书90万字。

（邱旭）

【《营口市志·第三卷（1986—2005）》出版】 10月，辽宁省营口市档案史志管理中心编纂的《营口市志·第三卷（1986—2005）》由辽宁民族出版社出版。韩晓东主编。该志设农业、工业、商贸服务业、金融业、综合经济管理、教育科技地震气象、文化旅游、卫生体育、人物9篇54章，记述1986年至2005年营口市工业、农业、财税商贸、科教文卫体、综合管理、人物等方面的发展历程和主要成就，突出记述营口市各相关行业在改革开放方面的发展和变化。志首设凡例、前言，志末附后记。全书210万字。

（李占坤）

【《阜新市志·第三卷（1986—2005）》出版】 12月，辽宁省阜新市档案馆（市史志办）编纂的《阜新市志·第三卷（1986—2005）》由辽宁民族出版社出版。李立新主编。该志设中国共产党阜新市委员会、阜新市人民代表大会、阜新市人民政府、中国人民政治协商会议阜新市委员会、民主党派和工商联、人民团体、政务、政法、军事、科学、教育、文化、卫生、体育、人物等篇，记述阜新市党和国家机关在改革开放时期做出的重大决策部署、主要工作情况及科教文卫体等各项事业发展情况。志首设凡例、彩页，志末附编后。全书172万字。

（张晓春　王元）

【《铁岭市志·第四卷（1984—2005）》出版】 12月，辽宁省铁岭市志办、市档案和党史文献中心编纂的《铁岭市志·第四卷（1984—2005）》由辽宁民族出版社出版。王洪庆主编。该志设教育、科技、文化、广播电视、报纸、档案、卫生、体育、社会生活等26章，配图350幅，记述1984年至2005年铁岭市在市教育、科技、文化、社会生活等方面的发展情况和取得的显著成果，详细记述铁岭市风土人情和重要人物。全书80万字。

（赵丹）

【《宁波市志（1991—2010）》出版】 12月，浙江省宁波市地方志编委会编纂的《宁波市志（1991—2010）》由商务印书馆出版。陈银绍主编。该志分8册，设政区、人口、自然地理、城市建设、港口、经济体制改革、重点开发区域、中国共产党、文化艺术等90卷，全面系统记述1991年至2010年宁波自然、经济、政治、文化、社会等方面的发展变化。志首设综述、大事记，志末附索引、本轮修志录要、后记等。收录图照2000余幅，配置表格3000余幅。该志点面结合，突出重要内容，适当设细目，将各区（县、市）下设若干章，使合为一类、自成一卷；从多角度记述事物，增强资料深度，在各重点工业行业卷中挖掘发展概况、主要产品与品牌、市场与销售、重要技术装备与工艺及创新等。全书1330万字。　　（宁波市志办）

【《嘉兴市志（1991—2010）》出版】 6月，浙江省嘉兴市地方志编委会编纂的《嘉兴市志（1991—2010）》由商务印书馆出版。周志迪主编。该志分自然、政治、经济、文化、社会等几个部类，设46篇308章，专记和附记10篇，收录880张图照，811幅表格，记述1991年至2010年嘉兴市自然、政治、经济、文化和社会各个方面的历史和现状，展示了嘉兴市20年间改革开放的探索和成就。全书彰显嘉兴革命圣地的红色根脉，展示嘉兴改革开放的时代风貌，载录嘉兴人民奋斗的历史功绩。全书755万字。　　（嘉兴市志办）

【《宁德市志（1993—2005）》出版】 6月，中共宁德市委党史和地方志研究室组织编纂的《宁德市志（1993—2005）》由方志出版社出版。陈其春主编。该志系首部《宁德地区志》之续志。该志设建置、环境、资源、国土资源管理、人口、城乡建设、环境保护、交通运输·邮政、水利·电力、经济总情、农业、林业、茶业、渔业、工业与信息产业、品牌产业、国内贸易与区域协作、对外及对港澳台经济与口岸管理、服务业·房地产业、旅游、财政·税务、金融、经济综合管理、中国共产党、人民代表大会、人民政府、政治协商会议、民主党派、人民团体、公安、检察、法院、司法行政、军事、外事·侨务与港澳台事务、教育、科学技术、文化、卫生、体育、扶贫扶建与造福工程、人力资源与社会保障、民政、少数民族、宗教信仰、民俗、人物47编236章848节。该志上限为1993年，与前志衔接，下限至2005年，部分内容略有下延，全面记述宁德自然地理、政治、经济、文化、社会等各方面的发展变化情况。全书400万字。

（蔡晨晖）

【《长沙市志（1988—2012）》出版】 12月，湖南省长沙市地方志编委会编纂的《长沙市志（1988—2012）》由方志出版社出版。王习加主编。该志按自然、政治、经济、文化、社会五大板块排列，下设建置 地理 人口、中国共产党、人民代表大会、政府、人民政协、民主党派、群众团体、民政劳动人事编制、政法、军事、城乡建设与管理、环保能源气象水文地震、经济综述、综合经济管理、财政税务、金融、工业、园区经济、商贸旅游、交通运输邮政通信、农业与农村经济、教育、科学技术知识产权、卫生 计划生育 体育、文化、民族 宗教 风俗 方言、区县（市）及城镇概况27篇187章931节，另设总述、大事记、人物、附录等，收录600幅各类综合图片、145张人物图照，554个各类表格。该志全面系统记述长沙市1988年至2012年经济社会发展所取得的巨大成就和经验教训，突出反映长沙改革开放的时代特点、地方特色。全书800万字。

（黄磊）

【《防城港市志》出版】 9月，广西壮族自治区防城港市地方志编委会编纂的《防城港市志》由线装书局出版。谢绍宏、黄有第等主编。该志设行政区划·区县（市）概况、自然环境、人口·计划生育·民族·居民生活、港口、口岸与海事管理、城乡建设·环境保护、农业、渔业·畜牧业、林业、水利·电力、工业、商贸、旅游业、进出口贸易·经济合作·招商引资、交通、邮政·电信、财政·税务·金融、综合经济管理、政党·群团、政权·政协、政法、军事、外事·侨务、民政·信访·扶贫、编制·人事·劳动、教育·科技、文化、卫生·体育、民俗、语言·宗教、人物30篇。该志上限至事物发端，下限截至2005年，记述防城港市自然、政治、经济、文化、社会的历史与现状。志首设地图、图片专辑、序、凡例、概述、大事记，志末附附录、索引、编后记。全书319.1万字。

（韦瑟钧乙）

【《贺州市志》出版】 12月，广西壮族自治区贺州市地方志编委会编纂的《贺州市志》由中国文史出版社出版。黄观壮、张江帆、秦克宏总纂。该志设行政区划、自然环境、人口与计划生育·居民生活、城乡建设、国土资源·环境保护、农业·农业机械、畜牧·渔业、林业·水利、工业、矿业、旅游、交通运输、邮政·通信、商贸、计划·统计·审计、物价·工商行政管理·食品医药监管、质量技术监督·出入境检验检疫·安全生产监督管理、财政·税务、金融、党派·群团、郡署·州署·县署·行政督察区·县政府、人大·政府·政协、军事、公检法司、民政·扶贫·信访、编制·人事·劳动与社会保险、民族·宗教·侨务·对台事务、外事、教育·科技、文化、报刊·图书·广播电视、卫生、体育、民俗·语言、人物34篇。该志上限至事物发端，下限至2005年，记述贺州市自然、政治、经济、军事、人口民族、文化与社会等各方面不同历史时期的状况。志首设地图、卷首图片、序、凡例、概述、大事记，志末附附录、索引、后记。全书407万字。

（韦瑟均乙）

【《来宾市志》出版】 11月，广西壮族自治区来宾市地方志编委会编纂的《来宾市志》由方志出版社出版。赖祥旭、李勇等主编。该志设行政区划、自然环境、人口与计划生育·民族·居民生活、国土资源管理、城乡建设·环境保护、共产党、国民党·民主党派·社会团体、政权·政协、政法、军事、农业·畜牧业·渔业、林业、水利·电力、工业·乡镇企业、糖业、商贸、粮油、旅游业、交通运输、邮政·通信、财政·税务·金融、综合经济管理、机构编制·人事·劳动、民政·扶贫、外事·侨务·港澳台事务、教育、科学技术、文化、卫生·医疗、体育、习俗·信仰·语言·文字、人物32篇。该志上限至事物发端，下限截至2005年，记述来宾市自然、政治、经济、文化、社会等各方面的历史变迁。志首设地图、图片专辑、序、凡例、概述、大事记，志末附附录、索引、后记。该志记述壮瑶医疗、壮药瑶药及少数民族风俗语言的情况，并将"糖业"升格为篇，彰显了地方特色和民族特色；把中共来宾地方志组织从常设的"党派·群团"篇中析出，单独设"共产党"篇，使中共来宾地方志组织的记述思路清晰，内容得到充分展示。全书480.4万字。

（韦瑟钧乙）

【《山南地区志（2001—2015）》出版】 11月，西藏自治区山南市志办编纂的《山南地区志（2001—2015）》由方志出版社出版。赫沛主编。该志设自然环境、政区、中共山南地区委员会、自治区人大常委会山南地工委、山南地区行政公署、政协山南地区委员会、群众团体·社会团体、扶贫·援藏、法治、军事、城乡建设、交通·邮政·通信、农牧业·林业·水利、工业、商贸·服务业、综合经济管理、财政·税务、金融、民政·人力资源和社会保障、教育·体育、科技·卫生、外事·旅游、人口、民族·宗教、文化25篇96章422节，记述山南改革开放、全面建成小康社会关键时期的历史变迁。志首设图照、序言、凡例、概述，志末附人物、大事记、编后记。全书173万字。

（赵文成）

【《玉树州志（1996—2015）》出版】 6月，青海省玉树州志办承编的《玉树州志（1996—2015）》由北京燕山出版社出版。朱学义主编。该志设政区自然环境·人口、经济总情、农林牧水气象、交通·城建·邮电·电力生态保护、工业·建筑业·房地产业、商贸·旅游和饮食服务业、综合经济管理、财税·金融、党政群团、民政·人力资源和社会保障、公检法司·军事、教科文卫体、民族·宗教·民情民俗、人民生活、人物15编68章351节，全面系统记述断限内玉树藏族自治州政治、经济、社会发展全貌。志首设序、凡例、总述、大事记，志末附附录。全书139万字。

（师玉洁）

【《博尔塔拉蒙古自治州志（1978—2005）》出版】 11月，新疆维吾尔自治区博尔塔拉蒙古自治州地方志编委会编纂的《博尔塔拉蒙古自治州志（1978—2005）》由方志出版社出版。该志设建置区划、自然环境·资源、赛里木湖、艾比湖、人口·民族·宗教·人民生活、城乡建设、环境保护、交通运输、通信、农业、精河枸杞、畜牧业、林业、水利、农牧机械、工业、商业贸易、阿拉山口口岸、旅游、经济管理、财政、税务、金融、中共地方组织、人民代表大会、人民政府、人民政协、群众团体、法治、军事、民政、民族宗教事务、编制·人事劳动和社会保障、科学技术、教育、文化、体育、医疗卫生、精神文明建设、新疆生产建设兵团农五师、人物41编。该志上起1978年，下至2005年，部分内容适当上溯；2005年后的重要资料载入附录；图片下延至2010年，记述博尔塔拉蒙古自治州自然、经济、政治、文化和社会的历史与现状。全书253万字。

（杨持纲）

· 县级志书出版

【《北辰区志·城市管理综合执法志》出版】 6月，天津市北辰区志办、区城市管理综合执法局共同编纂的《北辰区志·城市管理综合执法志》由天津古籍出版社出版。陈刚主编。该志设机构设置与职责、违法建设治理及工程建设保障、道路秩序保障、市容环境整治、专项治理与社区治理、综合管理、党群组织建设及活动、队伍建设、荣誉9章，记述北辰区城市管理综合执法局1986年至2020年初创新管理模式，规范执法流程，推进北辰区城市管理综合执法工作的发展历程。志首设序、凡例、概述、大事记，志末附附录、索引、编后记。全书24.7万字。

（韦恬）

【《北辰区志·安全生产监督管理志》出版】 6月，天津市北辰区志办、区应急管理局共同编纂的《北辰区志·安全生产监督管理志》由天津古籍出版社出版。王志勇主编。该志设管理机构、安全生产文化建设、安全生产基础管理、目标责任与考核、委托服务、重点领域监管、专项监管与治理、职业健康、应急救援与事故处理、政风行风建设、党群工作、行政管理、人物13章，全面系统记述北辰区域内70年间安全生产监管工作历程。志首设照片集锦、凡例、序、概述、大事记，志末设专记、附录、编后记。该全书49.5万字。

（韦恬）

【《北辰区志·气象志》出版】 6月，天津市北辰区志办、区气象局编纂的《北辰区志·气象志》由天津古籍出版社出版。韩学亮主编。该志设气候、灾害性天气、气象业务与服务、气象事业管理、气象机构、党群组织建设、人物7章，记述北辰区的气候特征、气候要素和主要灾害性天气出现的规律，同时记述北辰气象事业60年的发展历程。志首设图照、序、凡例、概述、大事记，志末附附录、索引、编后记。全书42.1万字。

（韦恬）

【《北辰区志·供销社志》出版】 9月，天津市北辰区志办、区供销合作社共同编纂的《北辰区志·供销社志》由天津古籍出版社出版。李世忠、王树林主编。该志设供销社管理与经营机构、供销社职能、商品经营与餐饮服务、基建储运、供销社管理、党组织建设、群众团体及活动、人物、创先争优9章，记述供销社由计划经济到市场经济、由封闭保守到改革开放的全过程。志首设序、凡例、概述等，志末附附录、编修始末。全书30万字。

（韦恬）

【《北辰区志·红十字会志》出版】 9月,天津市北辰区志办和区红十字会共同编纂的《北辰区志·红十字会志》由天津古籍出版社出版。石柱峰、任学芳主编。该志设组织机构、重要会议、救护培训与救护知识普及、备灾救灾、博爱救助、血液、遗体组织器官捐献、社会服务、红十字青少年、红十字知识传播、党组织建设、人物12章,翔实记述1958年至2017年区红十字会创建组织、开展工作、发展事业的全过程及工作成果。志首设彩页、序、凡例、概述和大事记,志末附附录、索引、编后记。全书20万字。 （韦恬）

【《北辰区志·人民代表大会志》出版】 9月,天津市北辰区志办、区人民代表大会常务委员会共同编纂的《北辰区志·人民代表大会志》由天津古籍出版社出版。张德军、张水亭主编。该志设代表选举、人民代表大会、人大常委会、人大常委会工作、代表工作、人物6章,记述1949年至2016年北辰区域内民主政权建设和法治化发展近70年的历程。志首设序、凡例、概述、大事记等篇,志末附附录、索引、编后记。全书51.1万字。 （韦恬）

【《北辰区志·工会志》出版】 9月,天津市北辰区志办、区总工会共同编纂的《北辰区志·工会志》由天津古籍出版社出版。裘地主编。该志设机构、组织、工会代表大会、宣教文体、生活保障、民主管理、劳动竞赛、法治工作、人物9章,记述1953年至2017年北辰区工会适应经济体制转变和劳动关系变化,动员组织全区职工支持和参与改革建设、促进发展、维护稳定、创建和谐社会的工作历程。志首设彩页、编委会、序、凡例、目录,志末附文存、媒体报道。全书48.8万字。 （韦恬）

【《北辰区志·交通运输管理志》出版】 9月,天津市北辰区志办、区交通运输管理局共同编纂的《北辰区志·交通运输管理志》由天津古籍出版社出版。殷小锋主编。该志设机构设置、交通设施、水路和铁路运输、公路客运、公路货运、运输管理、运政管理、仓储物流、党群组织建设、干部队伍建设、人物11章,记述北辰区运输业从发端至发展壮大的历史过程。志首设序、凡例、目录、概述、大事记,志末附文存、媒体报道中的北辰交通运输管理局、典籍中的北辰交通运输管理局、电视专题片脚本。全书30.5万字。 （韦恬）

【《北辰区志·文化志》出版】 11月,天津市北辰区志办、区文化和旅游局共同编纂的《北辰区志·文化志》由天津古籍出版社出版。郭建新、张振海主编。该志设工作机构、文化场所设施、群众文化、静态文化、动态文化、文物·古遗址·寺庙、非物质文化遗产代表性项目、文化行政管理与服务、旅游文化、文化产业、创建国家公共文化服务体系示范区、党组织建设、诗词采撷、人物等19章。志首设彩页、序、凡例,志末附附录、索引、编后记。该志突出北辰区现代民间绘画、"天穆杯"全国小品展演、"北仓（辰）杯"环渤海地区青年歌手大赛、文学创作、广场舞蹈五项文化品牌亮点,选用300余幅图照直观体现北辰区文化事业发展历程。全书40万字。 （韦恬）

【《北辰区志·工商联（商会）志》出版】 11月,天津市北辰区志办、区工商联（商会）共同编纂的《北辰区志·区工商联（商会）志》由天津人民出版社出版。杨淑鑫主编。该志设机构、基层组织、代表、重要会议、参政议政、社会公益慈善事业、党群组织建设、队伍建设、人物荣誉共9章。志首设图照、序、凡例、目录、概述、大事记,志末附附录、索引、编后记。采用大量照片和图表,增强志书的可读性和可信性。全书62万字。 （韦恬）

【《阳泉市城区志》出版】 3月,山西省阳泉市城区地方志编委会编纂的《阳泉市城区志》由山西人民出版社出版。宋燕明主编。该志设建置、自然环境、人口、商贸服务业、经济综述、工业、城建环保等26编,记述1947年

5月阳泉建市至2012年12月31日间阳泉市城区自然、政治、经济、文化和社会等各方面的历史与发展，尤其是改革开放后城区取得的巨大成果。志首设概述、大事记，志末设附录、索引。该志在志书主体外增加"限外辑要"，记述阳泉市城区九届、十届区委确立的工作思路、重点工作，具体选取国有企业改革、城市基层党建示范区创建、国家卫生城市创建、"三供一业"移交改造、相对集中行政许可权改革完成、精神文明建设等事件，限外辑要记录内容延至2020年12月。全书118万字。

（王珍）

【《壶关县志》出版】 1月，山西省壶关县地方志研究室编纂的《壶关县志》由中华书局出版。杨狗则、左满明、王林茂主编，王林茂总纂。该书设建置区划、自然环境、人口、城乡建设、环境保护、交通邮电、经济综述、农业、养殖业、林业、水利、工业、商业贸易、财政税务、银行保险、经济综合管理、中国共产党地方组织、地方人民代表大会、地方人民政府、政协地方组织、党派社团、军事、监察审判、公安司法行政、民政人力资源和社会保障、教育、科学技术、文化、非物质文化遗产、名胜旅游、太行山大峡谷、卫生、体育、民俗宗教、方言谣谚、艺文、人物、限外辑要38编644节，重点记述1997年1月至2017年12月壶关县自然历史及经济社会发展变化。该书收录的人物众多，艺文丰富，突出脱贫攻坚及旅游开发。志首设152幅插图，志末附附录。全书225万字。 （闫国风　牛琪）

【《方山县志》出版】 6月，山西省方山县地方志研究室编纂的《方山县志》由中华书局出版。刘林林主编。该志设36编172章632节，全面记述1986年至2016年方山县政治、经济、社会、文化、自然等方面的历史和现状。志末附附录、限外辑要、各单位供稿人员名单及后记。全书239万字。

（方山县地方志研究室）

【《东河区志》出版】 6月，内蒙古自治区包头市东河区地方志编委会编纂的《东河区志》由内蒙古人民出版社出版。王官祥主编。该志设政区、环境·资源·灾害、人口、中国共产党地方组织、民主党派地方组织、地方人民代表大会、地方人民政府、政协地方委员会、军事、群众团体、检察·审判、公安·司法、财政·税务、综合政务管理、综合经济管理、城建与房地产、生态保护、交通·邮政·信息、工业、农牧林水、商粮物流、旅游·服务业、金融、教育、科学技术、文体·档案·史志、医疗卫生、民族·宗教、精神文明建设29篇，记述东河区2005年至2015年经济社会发展状况。志首设彩页、序，志末附人物、编后记。全书190万字。 （玉红）

【《石拐区志》出版】 10月，内蒙古自治区包头市石拐区地方志编委会编纂的《石拐区志》由内蒙古大学出版社出版。孟晓军主编。该志设政区、自然环境、人口、城乡建设·环境保护、交通·邮政·通信、工业、煤炭工业、农牧林水、生活服务业、综合经济管理、财政·税务·金融、中国共产党地方组织、地方人民代表大会、地方人民政府、政协地方委员会、人民团体·社会团体、军事、检察·审判、公安·司法行政、人事·劳动·社会保障、民政·扶贫、教育、科学技术、医疗·卫生·教育、文化·旅游、社会生活26篇，记述石拐区1991年至2015年推进资源枯竭型城区经济社会发展全面转型的历史进程。志首设概述、大事记，志末附人物、附录。全书110万字。

（玉红）

【《九原区志（1991—2013）》出版】 10月，内蒙古自治区包头市九原区地方志编委会编纂的《九原区志（1991—2012）》由内蒙古人民出版社出版。杜林春主编。该志设政区、自然环境、人口·民族·宗教、农业·畜牧业·林业·水利、工业、商贸流通·旅游业、财政·税务·金融、经济综合管理、交通·邮电·电力、城乡建设·环境保护、政党、人大·政府·政协、群众团体、检察·审判、公安·司法行政、军事、人事·劳动·社会保障、民政·扶贫开发、教育·科学技术、医疗卫生·文化·体育·档案20篇，记述1991年至2013年九原区建置、自然、政治、经济、文化、社会等各领域的发展变化。志首设序、凡例、概述、大事记，志末附附录、修志始末。全书130万字。　　　　　　　　　　（玉红）

【《扎赉诺尔区志（2006—2018）》出版】 10月，内蒙古自治区呼伦贝尔市扎赉诺尔区志编委会编纂的《扎赉诺尔区志（2006—2018）》由内蒙古文化出版社出版。迟忠凯、李农主编。该志设政区、自然环境、人口、民族·宗教、风俗习惯、城市建设与管理、环保生态、交通·邮政·通信、经济综述、农牧林水渔业、工业、商贸旅游社会服务业、金融业、财政·税务、综合经济管理、中国共产党地方组织、地方人民代表大会、地方人民政府、政治协商会议地方委员会、军事、群众团体、检察·审判、公安·司法、人力资源与社会保障、民政·扶贫、科技·教育、文化艺术、扎赉诺尔文化、新闻广播 电视·档案·史志、卫生·体育、精神文明建设、镇·街道办事处工作32篇，记述扎赉诺尔区在自然、政治、经济、文化、社会等方面的发展变化。志首设序言、凡例、概述，志末附扎赉诺尔区机构改革方案、扎赉诺尔区政协助推全域旅游发展调研报告等。全书181.1万字。　（玉红）

【《鄂伦春自治旗志（2010—2019）》出版】 8月，内蒙古自治区呼伦贝尔市鄂伦春自治旗史志编委会（旗档案史志馆）编纂的《鄂伦春自治旗志（2010—2019）》由内蒙古文化出版社出版。耿振国主编。该志设政区、自然环境、人口与计划生育、民族·宗教、中国共产党地方组织、地方人民代表大会、地方人民政府、人民政协地方委员会、军事、群众团体、公安·司法、检察·审判、民政、人力资源·社会保障、经济综述、农牧渔业、林业、水利、工业、商贸流通·社会服务业、文化·旅游业、邮政·通信、交通、城乡建设、环境保护·生态建设、财政、税务、金融、综合经济管理、教育·体育、科学技术、医疗·卫生、融媒体·档案史志、精神文明建设、艺文35篇167章734节，记述鄂伦春自治旗2010年至2019年在政治、经济、社会、文化、生态文明建设中取得的进步和成就。志首设序言、凡例、概述，志末附人物荣誉、附录（文献辑存等）、索引、编纂始末。全书200.6万字。　　　　　　　　（玉红）

【《西市区志（辽晚期—2011）》出版】 12月，辽宁省营口市西市区文化服务中心编纂的《西市区志（辽晚期—2011）》由辽海出版社出版。张亚卓主编。该志分综合、社会、专业3卷，收录370幅配图。综合卷设总述、大事记、人物、区级领导干部名录、附录等；社会卷设政区建置、自然概况、人口、政党政权、群众团体、司法、派出机构、军事等；专业卷设经济、城建环保、教育文化体育、医药卫生、行政管理等。该志记述西市区的政治、经济、文化、社会发展等方面的历史与现状。全书220万字。　　　　　　　　　　（李占坤）

【《永嘉县志（1991—2010）》出版】 11月，浙江省永嘉县地方志编委会编纂的《永嘉县志（1991—2010）》由商务印书馆出版。谢向荣主编。全志分上、下两册，共设40编211章737节，附专记8个，收录440幅图片、807张表格。该志充分体现永嘉民营经济、城乡统筹发展、区域文化特色和时代特征，客观记述1991年至2010年永嘉自然、政治、经济、文化、社会、生态的新变化、新成就。全书339.5万字。　　　　　　　　（温州市志办）

【《乐清市志（1991—2013）》出版】 9月，浙江省乐清市地方志编委会编纂的《乐清市志（1991—2013）》由商务印书馆出版。该志分3册，由图照、概述、大事记、专志和附录组成。专志设42篇17章810节，设专记8篇。志首收录6张地图、90余幅彩图，内文插图410

余幅。该志突出记述中国特色社会主义在乐清的伟大实践，充分体现民营经济、城乡建设、区域文化的发展特色和特征，系统反映1991年至2013年乐清境内自然、经济、政治、文化和社会发展状况。全书348万字。

（温州市志办）

【《嘉兴市南湖区志》出版】 6月，浙江省嘉兴市南湖区志编委会编纂的《嘉兴市南湖区志》由方志出版社出版。董雄主编。该志分上、中、下三册，设39篇214章898节，收录9幅地图、182幅彩色照片、468幅文中照片、地图，553个表格。该志上限追溯至事物起源，下限至2010年12月31日。志首设总述、大事记，志末附附录。全书361万字。

（嘉兴市地方志编纂室）

【《嘉兴市秀洲区志》出版】 6月，浙江省嘉兴市秀洲区史志编委会编纂的《嘉兴市秀洲区志》由中华书局出版。吴海红主编。该志分上、下二卷，由照片、地图、序、凡例、综述、特载、大事记、专志、附录和索引组成，设有专志36编196章734节2030目，收录577个随文表格，310幅照片，2幅地图，另设专记7篇。该志上限起于事物发端，下限止于2010年，记述秀洲历史上的建置变迁和社会发展的兴衰起伏，重点突出改革开放后秀洲经济社会快速发展中形成的秀洲农民画、王店小家电、洪合羊毛衫、王江泾纺织等"秀洲特色"，兼具区域特色和时代特点。全书290万字。 （嘉兴市地方志编纂室）

【《安吉县志》出版】 8月，浙江省安吉县地方志编委会编纂的《安吉县志》由浙江人民出版社出版。温菊梅主编。该志设建置、政治、经济、文化、社会5大编45篇，全面记述1989年至2012年安吉的政治、经济、社会发展情况和取得的重大成果。志首设特载，志末附索引。全书的亮点是以生态文明建设为主线，贯穿全编。全书312万字。

（湖州市地方志编纂室）

【《绍兴县志（1990—2013）》出版】 12月，浙江省绍兴市柯桥区地方志编委会编纂的《绍兴县志（1990—2013）》由中华书局出版。该志分4册，除序、凡例、编纂说明、概述、大事记、索引、后记外，设建置区划、自然环境、土地管理、环境保护、城镇建设、乡村建设等43编240章676节2667目。共收录文前彩页41幅，正文图片1186幅。为有效承接前志，该志对部分事物的起源和发端进行适度回溯，强化事物发展的整体性。该志记录柯桥区（绍兴县）发展经济、保护环境、改善民生取得的突出成就。全书488万字。 （绍兴市地方志编纂室）

【《台州市椒江区志》出版】 4月，浙江省台州市椒江区地方志编委会编纂的《台州市椒江区志》由商务印书馆出版。叶长春主编。该志分4册，设40编223章812节，记述椒江区自事物发端至2012年的发展历程（大事记及部分篇目延伸至2020年3月）。志首设图片、地图、序、凡例、概述、大事记、大陈岛垦荒精神，志末附丛录、索引等。该志全面系统反映全区改革开放以来的发展史，见证新时代中国特色社会主义在椒江大地的生动实践。全书377万字。 （台州市地方志编纂室）

【《泉州市洛江区志》出版】 6月，中共福建省泉州市洛江区委党史和地方志研究室编纂的《泉州市洛江区志》由方志出版社出版。陈永泽主编。该志设境域建置、自然环境与保护、人口与计划生育、城乡规划建设、交通运输与邮政通信、经济总情、工业、农业、水利电力、国内商贸服务业、对外经贸、金融、财政·税务、经济综合管理、中国共产党洛江地方组织、地方人民代表大会、地方人民政府、人民政协地方组织、民主党派与社会团体、民政军事、编制人事劳动和社会保障、外事侨务港澳台事务、政法、教育、科学科技、文化旅游体育、医疗卫生、文物、风俗宗教、方言、乡镇街道概况、人物先进集体32篇。该志上溯事物发端，下限至2007年，全面系统记述断限内洛江区自然、政治、经济、文化和社会的历史与现状，翔实记述洛江建区十年间的发展变化情况，记述历届洛江区委、区政府团结带领全区人民在改革开放和经济社会建设等方面取得的成就。全书150万字。

（吴文守）

【《益阳市赫山区志》出版】 10月，湖南省益阳市赫山区地方志编委会编纂的《益阳市赫山区志》由团结出版社出版。谢甫良主编。该志设地理人口、中共地方组织、人民代表大会、政府、人民政协、群众团体、军事法治、人力资源和社会保障民政、综合经济与管理、农业与农村经济、工业、商贸、财政税收金融、交通邮电、城乡建设环境保护、教育科技、文化旅游、卫生体育、社会生活19篇83章，反映1994年至2014年赫山区自然、政治、经济、文化、社会等方面的发展情况，突出赫山区实施"推进新型工业化、农业现代化、新型城镇化和信息化建设"强区发展战略，实现经济发展方式由县域经济向城市经济转变，人民生活由温饱到初步小康的深刻变化。全书128万字。

（赫山区地方志编纂室）

【《广州市黄埔区志（2001—2015）》出版】 8月，广东省广州市黄埔区地方志编委会编纂的《广州市黄埔区志（2001—2015）》由方志出版社出版。李国荣主编。该志设33篇158章，收录57幅专题图片、368幅随文照片。该志全面记述2001年至2015年黄埔行政区域内自然、政治、经济、文化、社会的发展变化过程。志首设专题图片、大事记、专志，志末附附录、索引、修志始末。全书151.8万字。

（广东省志办）

【《广州市萝岗区志》出版】 8月，广东省广州市萝岗区地方志编委会编纂的《广州市萝岗区志》由广东人民出版社出版。李国荣主编。该志设22篇91章，收录168幅图片。该志上溯至事物发端，下限至2015年，记录萝岗区自2005年4月建区至2015年8月撤销的发展历程，重点记述萝岗区建立后与广州开发区融合发展的情况，全面记述萝岗区域内自然、政治、经济、文化、社会的发展历程。志首设地图、总述、大事记，图表随文，志末附专记、附录、索引、编修始末。全书178.5万字。

（广东省志办）

【《上林县志（1986—2005）》出版】 6月，广西壮族自治区上林县地方志编委会编纂的《上林县志（1986—2005）》由中州古籍出版社出版。樊守辉主编。该志设行政区划、自然资源·自然环境、人口与计划生育·居民生活、民族·语言·姓氏·习俗·宗教、农林牧渔业、水利·农业机械、工业、商业服务、交通运输·邮政通信、城乡建设·环境保护·国土资源管理、旅游、财税·金融、综合经济管理、中国共产党组织、地方人民代表大会、地方人民政府、政协地方委员会、群众团体·工商联、法治·军事、民政·信访、机构编制·人事劳动和社会保障、扶贫开发·世界粮食计划署援助项目、教育·科技·卫生、文化·体育、历史文化遗产、人物26篇，记述1986年至2005年上林县自然、经济、政治、文化和社会的历史与现状。志首设专版彩页图片、序、凡例、概述、大事记，志末附附录、索引、后记。该志突出上林县改革开放及市场经济逐步建立的鲜明主题，客观反映在前进道路上遇到的困难和出现的问题，体现历史时代风貌和浓厚的地方特色、民族特色。全书247万字。

（韦瑟钧乙）

【《岑溪市志（1991—2005）》出版】 12月，广西壮族自治区岑溪市地方志编委会编纂的《岑溪市志（1991—2005）》由方志出版社出版。罗伟雄、吴伟华等主编。该志设行政区划、自然环境、人口·计划生育·居民生活、农业·水利·农机、工业·乡镇企业·招商引资、商贸·旅游业、交通运输、邮政·电信、财税·金融、城建·环保、综合经济管理、政党·群团、政权·政协、机构编制·人事劳动·社会保险、民政·扶贫·外事侨务、政法·军事、科技·文化·体育、教育、医疗·卫生、民族·民俗·宗教·语言、人物·先进集体21篇，记述1991年至2005年岑溪市自然、经济、政治、社会、文化和民俗等方面的历史和现状。志首设地图、照片专辑、序、凡例、概述、大事记，志末附附录、索引、编后记。全书158.2万字。　　（韦瑟钧乙）

【《苍梧县志（1991—2005）》出版】　12月，广西壮族自治区苍梧县地方志编委会编纂的《苍梧县志（1991—2005）》由线装书局出版。钟斌明主编。该志设行政区划·自然环境、人口与计划生育·居民生活、城乡建设·环境保护、农林牧渔业、水利·电力、工业、交通·邮政·电信、商贸、财政·税务·金融、综合经济管理、政党·群团、人大·政府·政协、政法·军事、民政·扶贫·信访工作、机构编制、人事劳动·社会保障、教育·科技、文化·体育·旅游、卫生、民族·民俗·语言·宗教、人物20篇，记述1991年至2005年苍梧县自然、政治、经济、文化和社会等方面的历史与现状。志首设序、凡例、概述、图照、大事记，志末附附录、索引、编后记。全书147.3万字。（韦瑟钧乙）

【《上思县志（1991—2005）》出版】　8月，广西壮族自治区中共上思县委党史研究和地方志编纂办公室编纂的《上思县志（1991—2005）》由中州古籍出版社出版。林碧挺主编。该志设建置政区、自然环境、人口·计生生育·民族、农林水利、蔗糖业、工业·乡镇企业、商贸、交通·邮政·通信、经济管理、财政·税务、金融·保险、国土资源管理·城乡建设·环境保护、政党·群团、人大·政府·政协、政法·国防、编制·人事劳动和社会保障、民政·信访·扶贫、教育·科技、文化·体育·广电·旅游、医疗卫生、社会生活、人物22篇，记述1991年至2005年上思县自然、政治、经济、文化、社会等方面的历史与现状。志首设序、凡例、卷首图片、概述、大事记，志末附附录、索引、编后记。全书128万字。　　　　　　　　　　（韦瑟钧乙）

【《钦州市钦南区志》出版】　8月，广西壮族自治区钦州市钦南区地方志编委会编纂的《钦州市钦南区志》由线装书局出版。曹传德主编。该志设行政区划·自然环境、党派·人民团体·群众组织、政权·政协、公安机关·司法机关·司法行政机关、军事、城市建设·环境保护、政府综合管理、国土资源管理、农林牧果产业、水利、水产业、工业、乡镇企业·手工业、盐业、坭兴陶、财税·金融、商业贸易·粮油·物资、交通·邮电、教育·科技、文化·体育·旅游业、卫生、劳动·人事·民政·扶贫、人口·计生、民族·居民生活、习俗·语言·宗教·民间信仰、街道·镇概貌25篇。该志上限至事物发端，下限至2005年，记述钦南区资源和社会经济发展基本情况，重点记述中华人民共和国时期境内事物，尤其突出改革开放后社会主义建设成就。志首设图、序、凡例、概述、大事记，志末附人物、附录、编后记。该志主要特点是把"水产渔业"从"农业"分出，独立成篇，另单独设"盐业""坭兴陶"篇，突出钦南地方特色。全书296.4万字。　　（韦瑟钧乙）

【《兴业县志》出版】　12月，广西壮族自治区兴业县地方志编委会编纂的《兴业县志》由中州古籍出版社出版。王甲志、甘广林等主编。该志设行政区划、自然环境、人口与计划生育·居民生活、城乡建设·环境保护、交通邮电、工业·乡镇企业·招商引资、农业、畜牧·水产、林果业、水利·电力、商贸·旅游、财税·金融、综合经济管理、党派、政权·政协、群众团体、机构编制·人事劳动·社会保障、政法·军事、民政·扶贫·信访、教育·科技、文化·体育、卫生、民族·民俗·宗教·方言、人物24篇。该志上限至事物发端，下限至2005年，记述兴业县自然、政治、经济、文化和社会各方面的历史和现状，重点记述1997年新设兴业县之后的社会发展情况，展示了兴业县历史演变和深厚的文化底蕴。志首设序、凡例、志首图片、概述、大事记，志末附附录、索引、后记。全书200

【《田林县志（1991—2005）》出版】 9月，广西壮族自治区田林县地方志编委会编纂的《田林县志（1991—2005）》由线装书局出版。黄晋强、饶珍珠等主编。该志设行政区划·自然环境、人口与计划生育·居民生活、中国共产党地方组织、地方人民代表大会、地方人民政府、中国人民政治协商会议地方委员会、人民团体地方组织、政法·国防建设事业、农牧渔业、林业、工业、城乡建设·环境保护、交通运输·邮政·通信、国土资源管理·水利、商贸、财税·金融、综合经济管理、教育·科技、文化·体育·旅游、卫生、民政·扶贫、机构编制、人事·劳动和社会保障、民族·宗教、习俗·语言24篇，记述1991年至2005年田林县的自然、政治、经济、文化和社会发展变化过程与现状。志首设序、凡例、地图、照片专辑、概述、大事记，志末附人物、附录、索引、编后记。全书185.4万字。　　　　　　　　（韦瑟钧乙）

【《乐业县志（1990—2005）》出版】 10月，广西壮族自治区乐业县地方志编委会编纂的《乐业县志（1990—2005）》由线装书局出版。黎启顺主编。该志设行政区划、自然环境·自然资源、乐业天坑群、人口与计划生育·居民生活、扶贫开发·库区移民安置、城乡建设·环境保护、中国共产党、人民代表大会、人民政府、政治协商会议、群众团体、公安·司法·司法行政、军事、机构编制·人事·劳动和社会保障、民政·信访、农林牧渔业·水利、工业·乡镇企业、商贸服务业、旅游业、交通运输·邮政·通信、财政·税务·金融、计划·价格·统计·审计、工商行政管理·食品药品监督管理·质量技术监督、国土资源管理·安全生产管理、教育·科学技术、文化、卫生·体育、语言·民间文化·习俗27篇，记述1990年至2005年乐业县自然、政治、经济、文化和社会发展的历史与现状。志首设序、凡例、地图、卷首图片、概述、大事记，志末附人物、附录、索引、编后记。该志主要特点是把乐业天坑群、扶贫开发·库区移民安置、旅游业单列成篇，突出地方特色。全书163.8万字。　　　　　　　　（韦瑟钧乙）

【《德保县志（1991—2005）》出版】 12月，广西壮族自治区德保县地方志编委会编纂的《德保县志（1991—2005）》由方志出版社出版。玉彩勤、黄剑锋主编。该志设行政区划、自然环境、农林牧渔业·水利、工业·乡（镇）企业、特产、商贸·招商引资、交通运输·邮政电信、城乡建设·环境保护、财税·金融、综合经济管理、政党·社会团体、人大·政府·政协、民政·扶贫·信访、机构编制·人事劳动和社会保障、司法·军事、教育·科技、文化·旅游·体育、卫生、人口·计生·居民生活·民族·宗教、人物20篇，记述1991年至2005年德保县自然、政治、经济、文化和社会发展的历史与现状。志首设地图、图片专辑、序、凡例、概述、大事记，志末附附录、索引、后记。全书221.9万字。　　　　　　　　（韦瑟钧乙）

【《象州县志（1991—2005）》出版】 9月，广西壮族自治区象州县史志办编纂的《象州县志（1991—2005）》由团结出版社出版。韦敏主编。该志设行政区划、自然环境、自然资源、人口、计划生育、民族·宗教、民俗、农村经济体制改革、农业、农业机械、畜牧渔业、林业、水利、工业、矿业、电力、安全生产、商贸、粮油、交通运输、邮政、电信、县城建设、乡村建设、环境保护、财政、税务、金融·保险、计划、统计、审计、工商行政管理、物价管理、国土资源管理、食品药品监督管理、质量技术监督、共产党、人民代表大会、人民政府、人民政协、人民团体、公安、审判、检察、司法行政、民政、扶贫、信访、劳动·社会保障、人事、机构编制、国防建设、教育、科技、文化艺术、广播影视、医疗卫生、体育、旅游、社会科学60章，记述1991年至2005年象州县自然、经济、政治、文化和社会生活等方面的基本情况、历史变化和巨大成就。志首设地图、图片专辑、序、凡例、概述，志末附人物、附录、大事记、编后记、索引。该志主要特点是"文化"板块突出地方特色文化、历史文化、民间文化的记述；"民族宗教"板块突出族源、地方民族文化、地方风俗习惯的历史形成。全书150万字。

（韦瑟钧乙）

【《来宾市兴宾区志（1991—2005）》出版】 12月，广西壮族自治区来宾市兴宾区地方志编委会编纂的《来宾市兴宾区志（1991—2005）》由中国文史出版社出版。兰龙生、雷宗志等主编。该志设建置行政区划、自然环境、居民、农业、甘蔗、工业、交通·邮政·通信、商贸·旅游、城乡建设·环境保护、金融保险、财政税务、经济综合管理、政党·群团、政权·政协、政法·军事、民政·信访·扶贫、劳动人事、教育·科技·卫生、文化·体育、人物·先进集体20篇，记述1991年至2005年兴宾区自然、政治、经济、文化和社会等方面的历史与现状。志首设地图、照片、序、凡例、概述、大事记，志末附附录、索引、编后记。该志主要特点是把甘蔗单列成篇，突出地方特色。全书131.8万字。

（韦瑟钧乙）

【《崇左市江州区志（1986—2005）》出版】 8月，广西壮族自治区崇左市江州区地方志编委会编纂的《崇左市江州区志（1986—2005）》由线装书局出版。廖理主编。该志设行政区划、自然环境、人口·计划生育、居民生活、政党·人民团体、人大·政府·政协、公检法司·国防建设、体制改革、综合行政事务、农林牧渔·农机、蔗糖业、工业·乡镇企业、水利·电力、城乡建设、商贸业、交通运输·邮电、财税·金融、国土资源管理·环境保护、教育·科技、文化·体育·旅游、卫生·医疗、民政·扶贫、编制·人事·劳动、民族·习俗23篇，记述1986年至2005年江州区自然、政治、经济、文化和社会等方面的历史与现状。志首设地图、照片专辑、序言、凡例、概述、大事记，志末附人物、附录、索引、后记。全书139.3万字。 （韦瑟钧乙）

【《龙州县志（1986—2005）》出版】 9月，广西壮族自治区龙州县地方志编委会编纂的《龙州县志（1986—2005）》由方志出版社出版。黄革忠等主编。该志设行政区划·自然环境、人口与计划生育·居民生活、政党·群团、人大·政府·政协、军事、政法、农业、林业、畜牧水产、水利·电力、工业·乡镇企业、商贸·旅游、交通·邮政·通信、财政·税务、金融、综合经济管理、城建·环保、机构编制·人事·劳动、民政·扶贫·信访、教育·科技、文化·体育、卫生、海关·检验检疫、民族·语言·民俗·宗教、土特产品、乡镇、人物27篇，记述1986年至2005年龙州县自然、政治、经济、文化和社会等方面的历史与现状。志首设序、凡例、地图、照片专辑、概述、大事记，志末附附录、索引、后记。全书160.7万字。 （韦瑟钧乙）

【《武隆县志·经济信息委志（1949—2016）》出版】 9月，重庆市武隆区经济和信息化委员会、区地方志编委会编纂的《武隆县志·经济信息委志（1949—2016）》由四川民族出版社出版。邓伟主编。该志设机构沿革、工业综述、化工建材制造业、冶金装备制造业、能源工业、商品加工制造业、其他工业、工业经济管理、荣誉·人物9章25节，记述1979年武隆县经济委员会成立至2016年期间武隆县的工业经济发展历程。志首设概述、大事记，志末附附录、编后记。全书28.5万字。

（李才东）

【《武隆县志·政协志（1950—2016）》出版】 11月，政协重庆市武隆区委员会办公室、区地方志编委会编纂的《武隆县志·政协志（1950—2016）》由四川民族出版社出版。罗斌主编。该志设机构、政协委员、政协会议、履行职能、经常性工作、服务中心、自身建设、表彰、人物等9章29节，记述1950年至2016年武隆县各代会、学委会及历届武隆政协履行政治协商、民主监督、参政议政职能，为推动经济发展、社会进步所作出的历史贡献。志首设概述、大事记，志末设附录、编后记。全书50.8万字。

（李才东）

【《萨嘎县志》出版】 1月，西藏自治区萨嘎县地方志编委会编纂的《萨嘎县志》由方志出版社出版。顿珠主编。该志设自然地理、政区建设、党政群团、人大政府、政事纪要、人事劳动·民政、法治·军事、经济综合管理、农牧林水、交通·邮电·城建·旅游、工商粮贸、财政·税务·金融、文化、教育·体育·科技·卫生、人口·民族宗教·民俗15篇（章），记述萨嘎县20世纪下半叶的伟大变革。志首设图照、序言、凡例、概述，志末附人物、大事记、附录。全书80万字。

（赵文成）

【《洛扎县志》出版】 8月，西藏自治区洛扎县地方志编委会编纂的《洛扎县志》由中国藏学出版社出版。边巴主编。该志设自然地理、政区建置、政党群团、政权政务、政法军事、农牧林水、交通·邮电·城建·旅游、工商粮贸、财税金融、经济综合管理、文教体卫、人口·民族·宗教12篇（章），记述洛扎县政治、经济、社会、文化等方面情况。志首设图照、序言、凡例、概述，志末附人物、大事记、考、附录。全书82.8万字。

（赵文成）

【《西宁市城西区志（1987—2005）》出版】 11月，青海省西宁市城西区地方志编委会编纂的《西宁市城西区志（1987—2005）》由青海人民出版社出版。贾栋主编。该志设区划设置·自然环境、人口·土地、中国共产党城西区地方组织、人民代表大会、政府、人民政协、民主党派·人民团体、人民武装、法治、政事、经济综合管理、财税金融、城乡建设、农业、工业建筑业、商贸流通、交通·通信、教育·体育、科技·卫生·文化、人物20篇68章346节，全面系统记载城西区1987年至2005年改革开放、建设发展的历程。志首设序、凡例，志末附编后记。全书105万字。

（师玉洁）

【《同仁县志（1991—2015）》出版】 12月，青海省同仁县地方志编委会编纂的《同仁县志（1991—2015）》由三秦出版社出版。罗富贵主编。该志设境域·政区、自然环境、人口·土地·环境、农林牧业、城乡建设·扶贫开发、水利·电力、工业·建筑业、商贸·服务·旅游、财政·税收、交通·邮政·通信、金融·保险业、政党·社团、人大·政府·政协、地方军事、公检法司、政事、教育·科技、文化·体育、卫生、民族宗教·社会生活、人物实录21编62章330节，记述1991年至2015年同仁县政治、经济、文化及民族宗教等各方面的发展情况。该志将同仁县的非物质文化遗产——唐卡作为文化符号及经济发展点全面介绍，记述其在传承传统文化、发展地方经济方面的贡献。志首设序、概述、大事记，志末附附录、索引、编后记。全书100万字。

（师玉洁）

【《河南蒙古族自治县志（1991—2010）》出版】 10月，青海省河南蒙古族自治县地方志编委会编纂的《河南蒙古族自治县志（1991—2010）》由四川民族出版社出版。阿琼、钢夫主编。该志设区域·环境·人口、经济总情、土地管理·环境保护、牧业·林业·水利·扶贫、有机畜牧业、工业·电力·城建·房地产、商贸·服务业、交通运输·邮政通信、财政·税务·金融、综合经济管理、中共地方组织、人民代表大会、政府、人民政协、群众团体、民政·人事管理·社保、公安·检察·审判·司法、军事·武装、教育·科技·气象、医疗卫生·计划生育、文体·广电·旅游、民族·宗教、民俗·语言、人物等24编96章400节，系统记述1991年至2010年河南蒙古族自治县的自然、经济、文化、社会等方面的历史和现状，翔实准确地记述历届县委、县政府领导全县干部群众艰苦创业、开拓进取的奋斗历程。志首设序、凡例、总述、大事记，志末附文献辑存、艺文选载、杂记拾零、索引、后记。全书120万字。　　（师玉洁）

【《同德县志（1986—2005）》出版】　12月，青海省同德县地方志编委会编纂的《同德县志（1986—2005）》由九州出版社出版。赵庆珊主编。该志设政区·环境·人口，农牧·林业、水利、工业·乡镇企业、商业·粮油、综合经济管理、财政·税务·金融、交通·邮政·通信、城乡建设·生态环保、党委·人大·政府·政协·群众团体、法治·军事、民政·扶贫·人事劳动和社会保障、教育·科技·医疗卫生、文化·广播·体育·旅游、民族·宗教·民俗·民生、人物15篇52章，记述1986年至2005年同德县各个领域、各个行业经济社会发展取得的巨大成就。志首设序、凡例、概述、大事记，志末附附录、编后记。全书69.4万字。　　（师玉洁）

【《兴海县志（1986—2005）》出版】　5月，青海省兴海县地方志编委会编纂的《兴海县志（1986—2005）》由三秦出版社出版。哇多主编。该志设政区·自然环境·人口、城乡建设·环境保护·土地、畜牧业·农业·林业、水利·气象·扶贫开发、工业·建筑业、商贸·服务业·旅游业、交通·通信·电力、综合经济管理、财税·金融、党政群团、政法·人民武装、政事、社会事业、社会、人物等15编61章，记述兴海县1986年至2005年政治、经济、文化、自然地理、风俗民情等方面的发展历程和风采。志首设概述、大事记，志末附索引、编后记。该志主要特点是图文并茂地呈现出兴海县在改革开放、世纪之交前后20年的发展历程。全书105万字。　　（师玉洁）

【《都兰县志（1991—2010）》出版】　11月，青海省都兰县地方志编委会编纂的《都兰县志（1991—2010）》由三秦出版社出版。肖军主编。该志设建制区划、自然环境、人口土地环境、中国共产党都兰县地方组织、政权政协、综合经济管理、财税金融、基础设施、农牧林水利、工业商贸、政事、法治军事、群团组织、教育科技卫生、文化体育旅游、社会、人物16编，记述1991年至2010年都兰县政治、经济、教育、科学、文化、自然和社会发展状况等。志首设概述、大事记，志末附重要文献、前志补遗。全书110万字。　　（师玉洁）

【《冷湖行政区志（1991—2015）》出版】　12月，青海省海西蒙古族藏族自治州冷湖工作委员会、行政委员会编纂的《冷湖行政区志（1991—2015）》由青海民族出版社出版。杨东亮主编。该志设总述、大事记、地理、政治、经济、基础设施、工业、综合管理、税务金融、国土环保林业、社会、教科文体卫生、人物、附录14编60章，记述1991年至2015年冷湖地区经济社会变化。志首设序、凡例，志末附后记。该志主要特点是集中反映小城镇建设所取得的成就。全书55万字。　　（师玉洁）

【《大武口区志（1991—2013）》出版】　3月，宁夏回族自治区石嘴山市大武口区志办编纂的《大武口区志（1991—2013）》由宁夏人民出版社出版。苏焕喜主编，王生发总纂。该志分上、下两册，设地理气候、建制、人口、城乡建设、工业、农业、商贸服务、交通邮电、经济综述、经济行政管理、财税金融、党派群团、政权政协、公检法司、军事、扶贫开发、民政、人事劳动、教育体育、文化旅游、医疗卫生、科技、民情风俗、人物24篇100章360节，收录86幅照片。该志上限起自1994年1月1日，下限至2013年12月31日。志首设序、凡例、概述、大事记，辅助篇目包括文献辑录、限外辑要、参考资料、编志始末等。全书162万字。　　（张明鹏）

【《奎屯市志（1996—2015）》出版】　5月，新疆维吾尔自治区奎屯市地方志编委会编纂的《奎屯市志（1996—2015）》由新疆文化出版社出版。该志设建置区划、自然环境·资源、人口·民族·宗教、城乡建设与管理、环境保护、交通运输、通信、经济综述、工业、园区建设、商贸·物流、农业、财政·税收、金融、综合经济管理、中国共产党奎屯市地方组织、奎屯市人民代表大会、奎屯市人民政府、政协奎屯市委员会、民主党派与工商联、群众团体、法治·军事、编制·人事劳动和社会保障、民政、教育、科学技术、文化·体育·旅游、医疗卫生、精神文明建设、人物、人民生活31编。该志上限为1996年，下限至2015年，部分内容适当上溯或下延，记述奎屯市自然、经济、政治、文化和社会发展的历史与现状。2015年后的重要资料载入附录。全书150万字。

（杨持纲）

【《十四团志（1999—2015）》出版】 5月，新疆生产建设兵团第一师十四团史志编委会编纂的《十四团志（1999—2015）》由新疆生产建设兵团出版社出版。张新建、湛胜主编。该志设建制区划、自然环境、资源与管理、人口与计划生育、城镇建设、电力、交通邮电、改革开放、种植业、林果业、养殖业、农业机械、职工自营经济、工业、商贸旅游、金融保险、经济管理、中共十四团组织、行政、人民团体、民政、劳动人事、军事、法治、精神文明创建、教育、科技、文化、卫生体育、人民生活、荣誉、人物32章131节247目，记述十四团政治、经济、文化和社会发展的历史和状况。志首设凡例、大事记，志末附附录、索引。全书70万字。

（兵团第一师阿拉尔市史志办）

【《二十七团志（1996—2015）》出版】 11月，新疆生产建设兵团第二师二十七团史志编委会编纂的《二十七团志（1996—2015）》由国家行政管理出版社出版。郭宗顺、王玉霞主编。该志设建制区划、自然地理、人口、土地资源与管理、水利电力、村镇建设、交通·邮政·通信、经济综述、种植业、啤酒花、林果业、畜牧业、农业机械、工业及农副业、建筑业、商贸物资、经济管理、政治工作、政企事务、政法武装、群众团体、人力资源和社会保障、科学技术、教育、文化体育广播影视、精神文明建设、医疗卫生、社会生活、先进人物与先进集体29章185节，记述1991年至2015年二十七团自然、经济、政治、社会、文化等方面的情况。志首设凡例、概述，志末附附录。全书95.4万字。

（兵团第二师铁门关市史志办）

【《四十五团志（1995—2010）》出版】 10月，新疆生产建设兵团第三师四十五团史志编委会编纂的《四十五团志（1995—2010）》由新疆生产建设兵团出版社出版。曹红霞主编。该志设建置区划、自然地理、人口与计划生育、经济综述、经营管理、水利、种植业、林果业、畜牧业、农业机械、工副业、商贸服务业、城镇建设、中国共产党四十五团组织、四十五团行政、群众团体、法治·人民武装、卫生、教育、科技、文化、劳动和社会保障、社会民生、人物24章，记述四十五团1995年至2010年自然、经济、政治、文化和社会等方面的发展状况。志首设概述、大事记，志末附附录、后记。该志主要展示团场社会主义物质文明、精神文明、政治文明、社会文明和生态文明成果。全书70万字。

（兵团第三师图木舒克市史志办）

【《一八四团志（1995—2015）》出版】 12月，新疆生产建设兵团第十师一八四团编纂的《一八四团志（1995—2015）》由新疆生产建设兵团出版社出版。吴劲松主编。该志设建置区划、地理环境、人口、基础建设、交通（邮政）通信、经济综述、种植业、林果业、畜牧业、水利、农业机械、工副业、屯南工业园区、商业旅游业、经济管理、中共一八四团委员会、行政、群众团体、政法、军事、科学技术、教育、医疗卫生、文化体育、人口资源和社会保障、对口援建、民政、社会生活、精神文明建设、人物荣誉30章154节，记述一八四团1995年至2015年自然、政治、经济、文化和社会等方面的历史与现状。志首设彩页专辑，志末附团场南部开发资料及展现团场历史发展的文章。该志将屯南工业园区单独设章，体现作为十师团场唯一兵团级工业园区的发展历程。全书75万字。

（兵团第十师北屯市史志办）

【《一八五团志（1993—2015）》出版】 12月，新疆生产建设兵团第十师一八五团编纂的《一八五团志（1993—2015）》由中国文史出版社出版。罗瑛主编。该志设建制区划、自然环境、人口与计划生育、城建交通环保、经济综述、种植业、林果业、畜牧业、农业机械、水利、工副业、商业、经济管理、中共一八五团组织、行政组织、人民团体、政法委及综治、人民武装、科技技术、教育、医疗卫生、文化·体育、对口援疆、社会保障、社会生活、精神文明建设、旅游、荣誉28章204节，记述第十师一八五团1993年至2015年自然、政治、经济、文化和社会等方面的历史与现状。志首设彩页专辑，志末附团场重要会议报告以及展现团场历史发展的优秀文学作品。该志将旅游工作单独设章，体现兵团国家级5A旅游景区所在的团场，由小众旅游向大众旅游转变，景点旅游向全域外旅游转变，观光旅游向观光休闲旅游并重转变，浅层次旅游向深层次旅游转变等特点。附录中收录为团场屯垦戍边艰苦创业、奉献青春的感人故事。全书60万字。 （兵团第十师北屯市史志办）

· 乡镇村志书

【《麦子店街道志》出版】 5月，北京市朝阳区麦子店街道办事处编纂的《麦子店街道志》由线装书局出版。李燕梅、于久翔主编。该志设建置区划、自然地理·资源环境、人口·家庭、中国共产党麦子店街道党（工）委、朝阳区人大常委会麦子店街道工作委员会、麦子店街道办事处、人民团体、司法·国防建设、基础设施·环境建设、辖区经济、教育·科技、文化·体育·卫生、民政、国际化社区、居民生活、民俗·方言、人物·集体荣誉17章62节，收录200余张图照，记述麦子店街道1987年成立至2017年的发展变化和取得的成就。志首设彩插，志末附附录。全书46万字。 （姜原）

【《张家庄村志》出版】 12月，北京市门头沟区地方志编委会编纂的《张家庄村志》由团结出版社出版。张慧军主编。该志设概述、大事记、隶属沿革、自然环境、人口、村落、组织、军事、经济、衣食住行、旅游、文物、教育、卫生体育、文化旅游、习俗语言、人物17章57节，收录69幅图片，记录门头沟区张家庄村的悠久历史、村落布局、村容村貌、村民生产生活等情况，特别是村域内多种不同建筑风格形成的传统村落。志首设专题图片，志末附《北京市门头沟区清水镇张家庄村村庄规划说明（2007—2020年）》（节录）。全书18万字。 （付向东）

【《燕家台村志》出版】 12月，北京市门头沟区地方志编委会编纂的《燕家台村志》由团结出版社出版。张慧军主编。该志设概述、大事记、自然环境、隶属沿革、人口、村落、组织、军事、经济、旅游、教育医疗、文化、村民生活、文物、民俗语言、人物16章53节，收录64幅图片，记述燕家台村域内有人类活动的悠久历史。该志最远追溯至旧石器时代，包括组织沿革、经济工作、党务村务工作、村落布局、村容村貌、村民生产生活等，特别是村域内不可移动文物的遗存情况，如古民居、古寺庙遗址和乡土建筑等。志首设专题图片，志末附燕家台农林牧生产合作社1956年至1962年远景规划、清水公社燕家台大队东龙门涧旅游点规划、燕家台村梆子戏戏谱选、燕家台村村歌。全书20万字。 （付向东）

【《康陵村志》出版】 12月，北京市昌平区委党史办公室、区志办编纂的《康陵村志》由中国友谊出版公司出版。赵立新主编。该志设建置沿革、自然环境、人口姓氏、康陵、正德春饼宴与民俗旅游、党群组织、村级行政组织、军事·法治、村落民居、农村经济、教育·文化·体育、诗文·传说·技艺、医疗卫生、村民保障、村民生活、村风民俗、人物17章。该志上限起于事物发端，下限至2018年12月，记述康陵村村落地域范围内自然、政治、经济、社会、教育、文化、村民保障等方面的历史和现状。志首设编委会、凡例、彩插、概述、大事记，志末附附录、参考文献、后记。该志主要特点是突出记载康陵墓主生平、陵寝营建、陵寝及附属建筑、陵寝管理、正德春饼宴等康陵村特色内容。全书25万字。　　　　　　　　　（李楠）

【《万娘坟村志》出版】　12月，北京市昌平区委党史办公室、区志办编纂的《万娘坟村志》由中国友谊出版公司出版。宋伟主编。该志设建置沿革、自然环境、人口姓氏、明宪宗皇贵妃万氏园寝、党群组织、村级行政组织、军事·政法、村落建设、农村经济、文化教育、医疗卫生、村风民俗、村民生活、人物14章。该志上限起于事物发端，下限至2018年12月，记述万娘坟村村落地域范围内自然、政治、经济、社会、教育、文化、村民保障等方面的历史和现状。志首设编委会、凡例、彩插、概述、大事记，志末附附录、参考文献、后记。该志主要特点是在万贵妃园寝布局、建筑布局、祭祀、园寝保护等方面进行详细记述。全书20万字。　　　　　　　（李楠）

【《付村志》出版】　1月，天津市西青区精武镇付村编纂的《付村志》由方志出版社出版。刘金栋主编。该志设建制沿革与自然地理、人口与居民生活、基础设施、村级组织与事务、乡村经济、文教民俗、艺文杂技、人物8章，记述付村自明初建村至2017年底600余年域内政治、经济、文化、社会等方面的发展历程。志首设概述、大事记，志末附附录、编后记。该志以图文并茂的形式再现付村先民600余年奋斗打拼的沧桑岁月。全书55.9万字。
　　　　　　　　　　　　　（王新宇）

【《郭村志》出版】　10月，天津市西青区精武镇郭村编纂的《郭村志》由天津古籍出版社出版。吴文艳主编。该志设建置区划、自然环境、人口、村容村貌、交通邮电、农业、水利电力、工业副业、商业、党派人士、民政、军事、教育、文化体育、医疗卫生、人物、民情17章，记述郭村自明永乐年间至2018年域内政治、经济、文化、社会等方面的发展历程。志首设序言、凡例、概述、大事记，志末附编后记。全书24.7万字。　　　　（王新宇）

【《孙庄子村志》出版】　10月，天津市西青区精武镇孙庄子村编纂的《孙庄子村志》由天津古籍出版社出版。孙博瑄主编。该志设村庄隶属、自然环境、人口、村庄建设、农业、乡村工商业、村党务、村政建设、社会事业、社会生活、人物11章，该志上限为明永乐年间，下限至2018年，记述孙庄子村自明永乐年间至2018年域内政治、经济、文化、社会等方面的发展历程。志首设序言、凡例、地图彩页，志末附轶事传说、制度章程。全书7.8万字。　　　　　　　　　（王新宇）

【《刘庄村志》出版】　10月，天津市西青区精武镇刘庄村编纂的《刘庄村志》由天津古籍出版社出版。左维宝、郭振江、左连弟主编。该志设地理位置、人口、乡村建设、农业、工商业、党政群团、民政、军事、教育、卫生体育、人物、民情12章，记述刘庄村自建村以来域内政治、经济、文化、社会等方面的发展历程。志首设概述、大事记，志末附《刘庄村村民自治章程》等。全书22.5万字。（王新宇）

【《边村志》出版】　11月，天津市西青区李七庄街道边村编纂的《边村志》由黄海数字出版社出版。张宝刚主编。该志设建置区划与自然环境、人口、中国共产党基层组织·群团组织、村政管理、军事、村庄建设、农（副）业、工商服务业、教育卫生、文化体育、社会生活、人物12章，记述边村自1368年到2016年域内政治、经济、文化、社会等方面的发展历程。志首设概述、大事记，志末附附录、后记。该志较为翔实地记录边村的沿革历史，再现村庄经济社会发展的轨迹。全书13.6万字。

（杜军强）

【《凌口村志》出版】 11月，天津市西青区李七庄街道凌口村编纂的《凌口村志》由黄海数字出版社出版。赵学春主编。该志设村庄隶属与自然环境、人口、中国共产党基层组织·群众团体、村政建设、军事、村庄建设、精神文明建设、农（副）业、工商服务业、教育·卫生、文化·体育、社会生活、传说·方言·熟语·歌谣、人物14章，记述凌口村从建村至2016年域内政治、经济、文化、社会等方面的发展历程。志首设彩页、序言、概述，志末附附录、后记。全书13.5万字。

（杜军强）

【《小倪庄村志》出版】 11月，天津市西青区李七庄街道小倪庄村编纂的《小倪庄村志》由黄海数字出版社出版。倪忠起主编。该志设村庄、地理自然、中国共产党基层党组织、基层政权、群团武装、农业、工商业、村庄建设、教育文化体育、医疗卫生、人口、村民生活、民情风俗、人物14章，记述小倪庄村自明初至2016年域内政治、经济、文化、社会等方面的发展历程。志首设概述、大事记，志末附附录、编后记。全书25万字。

（杜军强）

【《大倪庄村志》出版】 11月，天津市西青区李七庄街道大倪庄村编纂的《大倪庄村志》由黄海数字出版社出版。屈春祥主编。该志设村庄、地理自然、中国共产党基层党组织、基层政权、群团组织、农业、乡村工商业、村庄建设、教育文化、医疗卫生、体育、人口与生活、民情习俗、人物14章，记述大倪庄村自明初至2016年域内政治、经济、文化、社会等方面的发展历程。志首设概述、大事记，志末附附则、编后记。全书10万字。

（杜军强）

【《辛院村志》出版】 11月，天津市西青区李七庄街道辛院村编纂的《辛院村志》由黄海数字出版社出版。张晋主编。该志设建置、自然环境、人口、农业、工业·建筑业、村庄建设、党群组织、村政、文化·教育、卫生·体育、民情习俗、人物12章，记述辛院村自1949年至2018年域内政治、经济、文化、社会等方面的发展历程。志首设概述、大事记，志末附编后记、附录。该志主要亮点是记述辛院村从依靠农田、养殖辛勤劳作到改革开放、农工商并举，再到如今村民除陋习、树新风、全力建设小康村的过程。全书15万字。 （杜军强）

【《梨园头村志》出版】 11月，天津市西青区李七庄街道梨园头村编纂的《梨园头村志》由黄海数字出版社出版。郭有库主编。该志设隶属·地理、人口、交通·水电、农业、工商业、中共基层组织、村政村务、群众团体（武装）、精神文明建设、美丽乡村建设、村民物质生活、教育·文娱·卫生、风土民情、艺文杂记、人物15章，记述梨园头村自明初至2016年的历史发展进程，以及改革开放40年来的发展变化。志首设概述、大事记，志末附附录、编纂始末。全书22.2万字。

（杜军强）

【《王姑娘庄村志》出版】 11月，天津市西青区李七庄街道王姑娘庄村编纂的《王姑娘庄村志》由黄海数字出版社出版。张殿成主编。该志设隶属·地理、人口、交通水电、农业、工商业、中共基层党组织、村政村务、群众组织（武装）、创建全国生态文化城、物质生活、教卫文体、风土民情、艺文杂记、人物14章，记述王姑娘庄村自明初至2016年间村落发展变化和改革开放进程，全面展现王姑娘庄村厚重的历史文化底蕴。志首设概述、大事记，志末附附录、编纂始末。全书18万字。

（杜军强）

【《宁家房子村志》出版】 11月，天津市西青区李七庄街道宁家房子村编纂的《宁家房子村志》由黄海数字出版社出版。该志设建置与自然环境、人口、农业、村庄建设、工商业、综合经济、党政组织、社会事业、方言民俗、人物10章，记述宁家房子村自建村至2018年末自然、政治、经济、文化、社会生活等方面的发展历程。志首设概述、大事记，志末附附录、后记。全书8.7万字。

（杜军强）

【《凌庄子村志》出版】 11月，天津市西青区李七庄街道凌庄子村编纂的《凌庄子村志》由黄海数字出版社出版。赵光勋主编。该志设村庄、凌奥菁华、自然生态、人口、农业、工业·建设业、凌奥产业园区、商贸·服务业、综合经济、新农村建设、党的建设、群众团体、村政、精神文明建设、军事、教育·卫生、体育、文化、民俗、人物20章，记述凌庄子村自1368年至2018年域内政治、经济、文化、社会等方面的发展历程。志首设概述、大事记，志末附附录、编后记。该志着重记述从2003年起凌庄子村发展集体企业，创立天津市首家凌奥创意产业园，由全国有名的上访村转变为年收入过亿元的全国文明村的转变过程。全书19万字。

（杜军强）

【《高庄子村志》出版】 11月，天津市西青区李七庄街道高庄子村编纂的《高庄子村志》由黄海数字出版社出版。王士雪主编。该志设建置隶属、自然环境、人口、村居建设、农业、工商运输业、党群组织、村政、武装、教育卫生、文化体育、通信传媒、生活消费、风土民情、方言俗语、人物16章，记述高庄子村自明初至2016年域内政治、经济、文化、社会等方面的发展历程。志首设概述、大事记，志末附附则、编后记。全书13.1万字。

（杜军强）

【《杨楼村志》出版】 11月，天津市西青区李七庄街道杨楼村编纂的《杨楼村志》由黄海数字出版社出版。张家利主编。该志设位置·隶属、地理环境、道路·河流、人口、农业、乡村工业、第三产业、党群组织、村政建设、精神文明建设、新农村建设、物质生活、文化·教育·卫生、方言词语、风俗习惯、人物、艺文杂记17章，记述杨楼村从明初至2016年间历史发展概貌及改革开放40年来的变化。志首设概述、大事记，志末附附录、编纂始末。全书18.3万字。

（杜军强）

【《王台村志》出版】 12月，天津市西青区李七庄街道王台村编纂的《王台村志》由黄海数字出版社出版。王宝民主编。该志设村庄隶属、自然生态、人口、农业、工业·商业、村庄建设、中国共产党基层党组织、群众团体、村政·财税、政法、军事、民政、社会事业、民俗、人物15章，记述王台村自明洪武年间建村至2018年自然、政治、经济、文化和社会生活各方面的发展历程。志首设概述、大事记，志末附附录、后记。全书12万字。

（杜军强）

【《东碾坨嘴村志》出版】 12月，天津市西青区杨柳青镇东碾坨嘴村编纂的《东碾坨嘴村志》由方志出版社出版。任兆清主编。该志设建置地理、基层组织、基层政权、群团组织、农林养殖业、工商业、军事、卫生教育、人口、交通邮电、基础建设、文化体育、民俗风情、方言谣谚、人物15章，记述东碾坨嘴村自明永乐十八年（1420）至2018年域内政治、经济、文化、社会等方面的发展历程。志首设序、凡例、概述、大事记（略），志末附东碾坨嘴村村规民约、村民自治章程等。该志特色在于对"乾隆赐名""天津地下军手枪队联络站""东碾坨嘴村人赶大营""津疆交流寻根访祖""东碾坨嘴村夯号""盛兴风云老会"等村庄发展史上的特色亮点事件全面记述。全书30万字。

（冯月兰）

【《邓店村志》出版】 12月，天津市西青区李七庄街道邓店村编纂的《邓店村志》由黄海数字出版社出版。周恩禄主编。该志设建制、地理·自然、姓氏·人口、中国共产党基层党组织、基层政权、群众团体、人民武装、农业、工副业、商贸业·租赁业、文化·体育、教育、医疗卫生、乡村建设、社会生活、人物16章，记述邓店村自建村至2016年间域内政治、经济、文化、社会等方面的发展历程。志首设序、凡例，志末附附录、后记。全书10万字。

（杜军强）

【《大张庄镇志》出版】 11月，天津市北辰区大张庄镇编纂的《大张庄镇志》由天津人民出版社出版。王振卫、刘兰凤、邵大年主编。该志设建置、村庄、自然环境、人口、交通、村镇建设、邮政·电信·电力、水利、农业、工业、商业·服务业·金融业、运输业·建筑业、经济行政管理、示范镇建设还迁区、栖凤小镇、北辰郊野公园（大张庄镇段）、中国共产党基层组织、政权·政协、群众团体、政法·军事、民政与社会保障、教育、文化、现代民间绘画、医疗卫生、体育、精神文明建设活动、民情、方言·习俗、人物·荣誉30章，记述大张庄镇1440年始至2016年底域内政治、经济、文化、社会等方面的发展历程。志首设彩页、序、凡例、目录、编修人员名单、概述、大事记，志末附专记、附录、编修始末、提供资料人员名单。该志篇目设置突出镇域特色，设"现代民间绘画"章，彰显该镇"中国现代民间绘画之乡"地位；设"示范镇建设还迁区""栖凤小镇"章，凸显该镇作为天津市示范小城镇之一的建设成果和融入北辰区产城融合示范区建设情况；插图丰富且多采用大图，力求多角度佐证历史原貌。全书101万字。

（张龙伟）

【《西堤头镇志》出版】 11月，天津市北辰区西堤头镇编纂的《西堤头镇志》由天津人民出版社出版。张富国主编。该志设建置区划、村庄、生态环境、人口、交通运输、水利·电力·邮电、村镇建设与管理、农业、工业、第三产业、财税·经济行政管理、旅游业、中国共产党地方组织、政权、社会生活、群众团体、政法、军事、民政·社会保障、教育、科技、文化、民间文学、志海钩沉、卫生、体育、国术、精神文明建设活动、人物、荣誉30章，全面记述建镇初始至2016年域内政治、经济、文化、社会等方面的发展历程。志首设概述、序、凡例、大事记，志末附附录、后记。全书72万字。

（张龙伟）

【《双口镇志》出版】 11月，天津市北辰区双口镇编纂的《双口镇志》由天津人民出版社出版。孙艳云主编。该志设建置区划、村庄、生态环境、人口、交通运输、水利·电力·邮电、村镇建设、农业、徐堡大枣、工业、第三产业、经济行政管理、中国共产党基层组织、政权、群众团体、政法、军事、民政与社会保障、教育、科技、文化、现代民间绘画、卫生·体育、精神文明建设、居民生活、风俗·方言·宗教、革命先驱安幸生、人物28章，记述1403年至2016年底域内政治、经济、文化、社会等方面的发展历程。志首设彩页、序、概述、凡例、目录、编修委员会、大事记，志末附附录、编后记、提供材料人员名单。该志将徐堡大枣、现代民间绘画、革命先驱安幸生3篇内容升格独立成章，彰显镇内特色，且志书中使用大量高质量照片，力求多角度反映历史原貌。全书71万字。

（张龙伟）

【《南故邑村志》出版】 4月，河北省石家庄市鹿泉区铜冶镇南故邑村志编委会编纂的《南故邑村志》由河北人民出版社出版。张志勇主编。该志设历史沿革、自然环境与资源、人口、中共南故邑村支部委员会、村政、群团组织、军事、农业、林木养殖、工副业、旅游业、贸易金融、教育、卫生体育、村民生活、村风民俗、基础设施、文化艺术、民间故事、人物、重大历史事件21章，记述自周代至2016年南故邑村的历史沿革、自然、政治、经济、文化、社会发展的历史与现状。志首设概述、大事记，志末附"窦王城"遗址首次考古发掘等内容。该志着重体现南故邑村名人多（飞虎队冯佩瑾、黄埔军校许育林等）、"率先"多（1913年率先成立国民小学，率先飞播造林等）、发展早（1957年购煤油机等）等特色。全书90.7万字。

（郑小明）

【《北翟营社区志》出版】 6月,河北省石家庄市长安区北翟营社区志编委会编纂的《北翟营社区志》由河北人民出版社出版。倪兰花主编。该志设建制沿革、自然环境、人口姓氏、农业、工业、商贸金融、基础设施、新农村建设、社区党组织、村政务、群众组织、军事、教育、医疗卫生体育、文化艺术、风俗宗教、村民生活、人物18章,记述北翟营村自元大德四年(1300)至2018年700多年的政治、经济、文化、民俗等内容。志首设概述、大事记,志末附后记。该志着重记录北翟营由村落转变为城市社区这一历史阶段,讲述近三代人革命斗争、建设发展、创新创业的发展史。全书46.7万字。 （郑小明）

【《小车行村志》出版】 8月,河北省石家庄市鹿泉区上庄镇小车行村志编委会编纂的《小车行村志》由河北人民出版社出版。王孟新主编。该志设建置沿革、自然环境·自然资源及灾害、人口、姓氏族谱、村级组织、军事、政治运动、农业生产、工业·副业生产、商业·服务业、教育文化、体育·卫生、村民生活、风俗与方言、人物15章,记述小车行村自唐代至2015年间的历史。志首设概述、大事记。该志详细记载小车行村"长寿村"的成因、打井、拦坝、兴修水利、修建引岗渠等内容,在自然环境、人口、姓氏族谱、人物上着墨略多。全书36.6万字。 （郑小明）

【《辛兴村志》出版】 1月,河北省保定市蠡县辛兴村编纂的《辛兴村志》由花山文艺出版社出版。田文周主编。该志设辛兴的光荣、建置、自然环境、人口、村级党务政务、基础设施、农业、工业、商贸服务业、金融业、文化、传说与歌谣、文学创作、教育卫生体育、风俗习惯、方言、人物17章,记述辛兴村自然与社会的历史和现状。志首设概述、大事记,志末附后记。全书57万字。 （郑小明）

【《寺庄镇志》出版】 1月,山西省高平市寺庄镇志编委会编纂的《寺庄镇志》由新华出版社出版。文战胜主编。该志设地理、自然环境等25篇。该志上限追溯事物发端,下限至2019年底,记述高平市寺庄镇地理、自然环境、人口、村镇建设、交通邮电等内容。志首设综述、大事记,志末附附录、后记。全书100万字。 （牛彬）

【《沈阳街道乡镇志(第五辑)》出版】 11月,辽宁省沈阳市委党史研究室(市志办)编纂的《沈阳街道乡镇志(第五辑)》由沈阳出版社出版。李向来主编。该志收录铁西区兴工街志、光明街志、启工街志、重工街志、笃工街志、霁虹街志6个街志。志首设彩页,收录62幅图片,记述从清末到20世纪80年代沈阳部分地区的政治、经济、文教卫生、城市建设、人民生活、社会风貌等方面的发展变化。该志针对铁西区大工厂多的特点,以沈阳鼓风机厂、东北制药总厂等工厂照片为主体,选取铁西工业区照片作为封面,突出铁西工业区的特点。全书42万字。 （沈阳市委党史研究室）

【《红旗镇志(1913—2016)》出版】 9月,黑龙江省七台河市新兴区红旗镇地方志编委会编纂的《红旗镇志(1913—2016)》由黑龙江人民出版社出版。鲁志刚主编。该志设政区环境、村屯、农业、乡村企业、乡村建设、社会生活、经济财政、劳动人事民政、邮政电信、党政群团、公安司法、文化、教育、卫生、精神文明建设、荣誉、人物、民俗18篇75章288节,记述红旗镇域自然、政治、经济、文化和社会等方面的历史与现状。志首设总述、大事记,志末附附录、《红旗镇赋》《红旗镇之歌》、后记。全书120万字。 （朱丹 张帝）

【《双闸街道志》出版】 12月,江苏省南京市建邺区双闸街道党工委和双闸街道办事处主办、建邺区志办指导编纂的《双闸街道志》由中国文史出版社出版。徐凌主编。该志设图照、序、凡例、概述、大事记、专志、综录7个部分共25章,记录双闸街道自成立以来至2018年的自然、经济、政治、文化、社会等各

方面的历史与现状。全书58万字。　　（尤岩）

【《和凤镇志》出版】　8月，江苏省南京市溧水区和凤镇政府主编的《和凤镇志》由中国文史出版社出版。董海燕、邰振华、曹友洪主编。该志设和凤乡篇（1999年前）、孔镇乡篇（1999年前）和和凤镇篇（2000—2010年）3篇。该志上限追溯事物发端始源，下限至2010年，全面记录镇域内自然、地理、政治、历史、经济、文化等方面史料。全书124.8万字。　　（尤岩）

【《石湫镇志》出版】　8月，江苏省南京市溧水区石湫镇政府主编的《石湫镇志》由中国文史出版社出版。赵永生主编。该志设石湫镇（1999年12月前）、明觉镇（1999年12月前）和合并后的石湫镇（2000年1月后）3篇。该志上限追溯事物发端始源，下限至2018年5月石湫镇撤销改设石湫街道，全面记录镇域内自然、地理、政治、历史、经济、文化等方面史料。全书91.3万字。　　（尤岩）

【《东屏镇志》出版】　12月，江苏省南京市溧水区东屏街道办事处主编的《东屏镇志》由中国文史出版社出版。文博主编。该志按东屏镇、群力乡合并时间节点谋篇布局，第一篇为东屏镇、第二篇为群力乡、第三篇为合并后的东屏镇。第一、二篇时间上限为中华人民共和国成立，并因事而异，适当追溯至发端，下限至1999年底。第三篇从2000年初群力乡并入东屏镇始，下限至2010年底。该志详细记载1949年至2010年期间东屏的历史沿革、经济发展、社会事业进步等方面的发展变化。全书113.3万字。　　（尤岩）

【《武家嘴村志（2000—2020）》出版】　2月，江苏省南京市高淳区《武家嘴村志》编纂小组编纂的《武家嘴村志（2000—2020）》由中国档案出版社出版。史锡伟、王萌主编。该志设概述、大事记、村情概览、村级组织、村庄建设、造船水运业、经济发展、村务管理与服务、文教卫生、精神文明建设、人物与荣誉、志余12篇。该志上限为2000年，下限至2020年，翔实记载2000年至2020年间武家嘴村的经济社会发展变化，充分展示"敢为人先、敢创大业、敢争一流"的武家嘴精神。志首设图照、总述、大事记，志末附附录、辑存文献。全书30万字。　　（尤岩）

【《云亭街道志》出版】　10月，江苏省江阴市云亭街道编纂的《云亭街道志》由江苏人民出版社出版。邹士金主编。该志设建置、地理环境、人口、农业、水利·农机、工业、建筑业·房地产业、交通·邮电、供电·供水·供气·供汽、商贸服务业、金融·财政·税务·保险、人民生活、政党·社团、政权·政协、军事、民政·劳动人事、治安·司法、教育、文化体育、卫生·科技、民俗、人物、艺文·杂记23编104章。该志上至可追溯之年，下至2018年，全面翔实记述云亭街道自然环境、社会发展、经济建设和风土人情的历史与现状。志首设彩页、大事记等。全书140.8万。　　（尤岩）

【《南闸志》出版】　6月，江苏省江阴市南闸街道编纂的《南闸志》由广陵书社出版。张树森主编。该志设建置·区划、自然环境、人口、农业、水利、工业、建筑业·房地产业、商贸服务业、交通运输、邮电·电信·供电·供水·供气、金融·财政·税务、政党·人民团体、政权·政协、军事、公安·司法、劳动·民政、教育、文化·体育、科技·卫生、人民生活、宗教·宗族·民俗·方言、人物、艺文23编87章。该志上至可追溯之年，下至2015年，全面翔实记述南闸街道政治、经济、文化乃至社会风习等情况。志首设彩页、大事记等。全书160.5万字。　　（尤岩）

【《溪隐村志》出版】　4月，江苏省宜兴市宜城街道溪隐股份经济合作社编纂的《溪隐村志》由江苏人民出版社出版。徐海友主编。该志设村情概览、村民生活、村级组织、村庄建设、经济发展、农事农趣、溪隐政事、古村风貌、村落文化、故事传说、洑溪艺文、物产美食、名人乡贤等13章，收录图片318幅，记述溪隐村建村以来的历史沿革、重大事件、村庄概览、农村经济、古村面貌、民俗文化、诗词文章及故事人物。志首设概述、大事记，志末附专记、编纂始末。全书43万字。（尤岩）

【《江苏名村·祝陵村志》出版】 5月，江苏名镇名村志编委会、宜兴市祝陵村志编委会编纂的《江苏名村·祝陵村志》由江苏人民出版社出版。陈有富主编。该志设村情概览、乡村建设、古迹遗韵、梁祝文化、善卷洞风景、村落文化、物产美食、习俗礼仪、名人乡贤9章，重点突出祝陵村的梁祝文化、溶洞文化以及古迹遗韵。志首设概述，志末附大事记、编后记。该志主要特点是以全媒体志书的形式，把音视频、图片与文字等量齐观，形成文字、图片和音视频三条独立的记述线索，重点展现祝陵村的梁祝文化。全书10万字。（尤岩）

【《新建镇志》出版】 6月，江苏省宜兴市新建镇政府编纂的《新建镇志》由江苏人民出版社出版。缪俊（前）、史国兴主编。该志设区划、自然环境、人口、镇村建设、农业、多种经营、水利、工业、化纤纺织产业、电业、商业、交通运输、信息传媒、财税金融保险、工商行政管理、中国共产党新建基层组织、政务、群团组织、法治、民政、军事、土地资源管理、科技、教育、文化、体育、医疗卫生、居民生活、风俗民情、人物30章。该志上限不限，下限至2015年，重点记叙1912年至2015年宜兴市新建镇的自然、政治、经济、文化和社会等方面的历史与现状，集中展示新建镇经济建设、政治建设、文化建设、社会建设取得的成果。志首设概述、大事记。全书86万字。（尤岩）

【《湖㳇镇志（1997—2018）》出版】 8月，江苏省宜兴市湖㳇镇政府编纂的《湖㳇镇志（1997—2018）》由凤凰出版社出版。邵少华主编。该志设建置区划、自然环境、人口、社情民情、人物、阳羡生态旅游度假区、农业、林业、工业、商贸服务、交通运输、信息通信、财税金融、国土资源管理、生态环境保护、工商行政管理、镇村建设、中共湖㳇镇委员会、湖㳇镇人民代表大会、湖㳇镇政府、政协湖㳇镇工作委员会、村（社区）组织、群团组织、法治·人民武装、教育、科技、文化、医疗卫生、体育等29章，记述1997年至2018年宜兴市湖㳇镇经济社会发展取得的成就和发展历程。志首设概述、大事记。该志突出展现湖㳇镇地处苏浙皖三省交界的区位优势，茶、林、果等土特产资源优势和旅游资源优势。全书70万字。（尤岩）

【《黄家溪村志》出版】 1月，江苏省苏州市《黄家溪村志》编委会编纂的《黄家溪村志》由上海社会科学院出版社出版。陈志明主编。该志设建置区划、自然环境、人口、自然村、农业、工业、商贸业服务业金融业、村庄建设、文化、民生保障、村级组织、风俗方言宗教、人物13章，记述黄家溪村自然、地理、经济、政治、文化等方面的历史发展和社会变迁，重点记载改革开放以来村庄各项事业的发展、村民生活水平的提高和村民精神生活的变化。志首设概述、大事记，志末附丛录、编纂始末。该志主要特点是记事及人，用大量史料展现黄家溪村的村民风采（包括农民、"离土不离乡"的工人、农业规模经营户和农民企业家），是黄家溪村民的"记功簿"；记事及利，记述村民的生活，从经济收入到衣食住行，表现黄家溪村村民的艰苦创业，以工促农，改善村民生活；记事及情，记述名人与黄家溪、黄家溪的名门望族、革命军人表、大中专学生，以及路巷、建筑、祠堂、庙宇、古树名木，让村民记住乡愁、留住乡情。全书46万字。（尤岩）

【《吴巷村志》出版】 6月，江苏省苏州市吴中区东山镇《吴巷村志》由江苏人民出版社出版。金惠华主编。该志设建置地理、人口、古迹遗存、经济体制改革、农副业、工商业、东山"雨花绿"蔬菜、新农村建设、基层组织、社会事业、吴巷吴氏、人物、风俗、方言歌谣轶闻、诗文选15章55节，设有访谈录2篇，全面系统反映吴巷村的历史变迁和发展现状。该志收录东山"雨花绿"蔬菜一章，特色鲜明，图文并茂。正文中手绘自然村平面图，将吴巷村境域内村民住宅、河浜道路、村内建筑悉数绘入，并标注每户户主姓名，展示吴巷村的村情村貌。全书40万字。 （尤岩）

【《双湾村志》出版】 7月，江苏省苏州市吴中区东山镇《双湾村志》由江苏人民出版社出版。杨维忠主编。该志设地理建置、人口姓氏、名胜古迹、村级经济、基层组织、新农村建设、双湾物产、村民生活、风俗风情、人物、著述诗文、丛录12章61节，系统反映吴中区双湾村2019年以前自然经济和社会的变迁。该志图文并茂地记录境域各自然村的历史和发展印迹，"双湾十景""古民居""白沙枇杷""双湾人物"等内容凸显地方特色。"村级经济""新农村建设""村民生活"等内容以史为据，记述改革成果。各"自然村村民分布图"展示村民的生活轨迹。全书25万字。 （尤岩）

【《宝带桥社区志》出版】 8月，江苏省苏州市吴中区《宝带桥社区志》由苏州大学出版社出版。张瑞照主编。该志设建置地理、人口、澹台湖·宝带桥、社区经济、城市化建设、基层组织、社会事业、风土人情、人物荣誉、丛录10章35节，口述笔录2篇，系统反映吴中区宝带桥社区2017年以前自然和社会变迁的历史与现状。该志主要特点是设"澹台湖·宝带桥"专章，还原澹台湖、宝带桥的历史与变迁；各自然村拆迁前住宅分布示意图，展示拆迁前村民的生活轨迹，为村民留住乡愁记忆。全书60万字。 （尤岩）

【《香雪村志》出版】 10月，江苏省苏州市吴中区《香雪村志》由广陵书社出版。李嘉球主编。该志设建置区划村庄、地理交通、人口、香雪海、窑上桂花、花木盆景、村级经济、基层组织、新农村建设、社会事业、名胜古迹旅游、民情风俗、人物、诗文撷英、志余15章71节，设有附录4篇，全面系统反映香雪村的自然经济和社会的变迁。该志通过记述太湖山水、花卉苗木、四季花果、人文历史、名胜古迹等内容突出香雪村的特点；设置"香雪海""窑上桂花"等章节，图文并茂，记述翔实，展示香雪村特有的风物美景。全书45万字。 （尤岩）

【《金庭传统村落合志》出版】 12月，江苏省苏州市吴中区《金庭传统村落合志》由江苏人民出版社出版。金培德主编。该志采用分合式框架，对明月湾、东村、植里、堂里、后埠、东蔡、西蔡、甪里8个传统村落的格局、古迹、乡贤等分别记述，古村落保护、物产美食、艺文、习俗歌谣等则合并记述。该书系统反映金庭镇域7个中国传统村落和1个江苏省传统村落的历史与现状。全书19.5万字。

（尤岩）

【《占上村志》出版】 5月，江苏省苏州市相城区黄桥街道《占上村志》编委会编纂的《占上村志》由古吴轩出版社出版。沈雪男、周建敏主编。该志设建置地理、人口、新农村建设、农村经济体制变革、农副业、池塘养殖、工商业、基层组织、社会事业、村民生活、人物荣誉、志余12章，记述相城区黄桥街道占上村的自然、经济、政治、文化和社会等方面的历史与现状。志首设序、凡例、概述、大事记，志末附编纂始末。该志主要特点是配以丰富的图照，记录还原黄桥街道占上村各自然村历史，展现占上村发展印迹，数据揭示占上村发展变化，重点突出占上村的池塘养殖和工商业方面所取得的成就。运用二维码延伸阅读功能，添加占上村史实纪录视频，志书内容具备可视化和拓展性。全书43.7万字。

（尤岩）

【《盛泽镇志》出版】 9月，江苏省苏州市吴江区《盛泽镇志》编委会编纂的《盛泽镇志》由广陵书社出版。沈春荣主编。该志设地理、市镇农村、人口、农业水利、工业、丝绸工业、丝绸上市公司丝绸集团企业、商业服务业、丝绸贸易、财政税收金融、党政群团、民政劳动和社会保障、军事政法、镇村建设、交通邮电、教育、文化旅游、科学技术、卫生、体育、社会、荣誉、人物23卷，记述盛泽镇的自然环境、建置沿革、社会变迁、经济发展、科学文化、教育卫生、人文历史、民俗风情等概貌，重点记载盛泽人民艰苦创业、开拓奋进，打造"从一滴油到一匹布""从一根丝到一个品牌"的完整纺织产业链，连续多年位列中国百强镇榜单前列的艰辛历程。志首设概述、大事记，志末附丛录、编纂始末。该志设置"丝绸工业""丝绸上市公司丝绸集团企业""丝绸贸易"三卷，彰显特色；注重记述经济，2家上市公司、7家大型丝绸集团企业，获"全国纺织模范产业集群"称号；撰写"李白赠送'青草滩主人'""沈周与目澜洲""朱国祚与圆明禅院""朱之蕃与古龙庵""苏曼殊三至盛泽镇"等条目，彰显历史文化特色。全书150万字。 （尤岩）

【《蒋巷村志》出版】 7月，江苏省常熟市蒋巷村编纂的《蒋巷村志》由广陵书社出版。韦毓华主编。该志设党和国家领导人心系蒋巷村、建置区划、自然地理、农业水利、林牧副渔业、工业、旅游、"常德盛精神"、精神文明建设、村级建设、基层组织、社会事业、医疗卫生、教育科技文体档案、社会生活、荣誉16章，记述蒋巷村人民改造自然，团结拼搏，成为全国乡村振兴典范的历程。志首设照片、序、凡例、概述、大事记，志末附志余、附录、编后记。全书68万字。 （尤岩）

【《山北村志》出版】 12月，江苏省张家港市山北村志编委会编纂的《山北村志》由广陵书社出版。杨国兴、徐国祥主编。该志设建置区划自然环境、居民、农村建设、交通水利、农业、工业、商贸服务业、党务村务、精神文明建设、治安军事、社会保障、教育文化体育卫生、社会风土、人物荣誉14卷共39章，记述山北村由山脚圩田围垦成陆，到经济、社会全面发展的历史过程。志首设绿水青山、浓浓乡愁、山北掠影、住房变迁、农业生产、工业经济、第三产业、文化教育、卫生体育、便民服务、民生工程、历史印迹等彩页，志末附志余、参考文献、编后记。该志主要特点是在"自然环境"中突出山丘地貌和通江河港，在"商贸服务业"中突出临港市场经济，在"精神文明建设"中突出宣传教育和文明创建，在"社会风土中"突出香山土产和民间美食，呈现山北独特的地理风貌和人文风情。全书48.7万字。 （尤岩）

【《姜巷村志》出版】 7月，江苏省昆山市姜巷村志编委会编纂的《姜巷村志》由苏州大学出版社出版。刘青主编。该志设村情概览、村庄建设、村域经济、教卫健康、村民生活、四季农事、村落文化、精神文明建设、物产美食、礼仪习俗、遗址遗存、村域人物、村民忆事13章，记述中华人民共和国成立后姜巷村政治、经济、文化和社会事业各方面的发展状况及重大变革。志首设专题图照、序、概述、大事记，志末附《村民家庭记载》1册。全书42.1万字。 （尤岩）

【《杜桥村志》出版】 10月，江苏省昆山市杜桥村志编委会编纂的《杜桥村志》由苏州大学出版社出版。张健主编。该志设村情概览、村庄建设、农业生产、工贸经济、古迹遗存、村落文化、大家龚贤、物产美食、文明创建、习俗礼仪、人物荣誉、村民忆事等12章，记述中华人民共和国成立后杜桥村政治、经济、文化和社会事业各方面的发展状况及重大变革。志首设专题图照、序、概述、大事记，志末附《村民家庭记载》1册。全书48.1万字。 （尤岩）

【《泾河村志》出版】 12月，江苏省昆山市泾河村志编委会编纂的《泾河村志》由苏州大学出版社出版。费建忠主编。该志设村情概览、党政群团、农业、村域经济、乡村建设、教育文化、卫生体育、精神文明、泾河风土、人物荣誉、村民忆事11章，记述中华人民共和国成立以来泾河村的发展历史，以及泾河村全体干部群众营造良好党风、村风、民风的历史轨迹，呈现出中国特色社会主义新农村的全貌。志首设专题图照、序、概述、大事记，志末附《村民家庭记载》1册。全书46.5万字。

（尤岩）

【《浮桥镇志》出版】 9月，江苏省太仓市浮桥镇政府编纂的《浮桥镇志》由江苏人民出版社出版。许超震、王哲主编。该志设建置区划、自然环境、农业、工业、商贸、村镇建设、交通邮电、财政金融、党派社团、政务、劳动民政、治安司法、军事、教育、文化、文物古迹、医疗卫生、科技体育、社会、人物20个篇（章），记述浮桥镇全域自然、经济、政治、文化、社会等方面的历史与现状。志首设概述、大事记，志末附附录。该志全面系统记述浮桥镇经济社会发展历史，重点记述传承太仓东北部沿江文化、改革开放后特别是太仓港开发建设后浮桥镇取得的历史性成就。全书100万字。

（尤岩）

【《莳谊社区志》出版】 12月，江苏省苏州工业园区娄莳街道《莳谊社区志》编委会编纂的《莳谊社区志》由广陵书社出版。顾宗强主编。该志设莳谊概况、社区建设、社区新风、社区经济、社区文化、古迹遗踪、风土人情、乡贤名人8篇（章），多角度客观记述莳谊社区（村）的历史脉络、发展全貌、亮点特色等，着重反映时代特色和地方特点。志首设序、凡例、图照、概述、大事记，志末附编后记。该志主要特点是创新版式设计，提高图片占比，以更直观的视觉形式记述莳谊社区的历史与现实面貌。全书19.5万字。

（尤岩）

【《洋口镇志》出版】 6月，江苏省如东县洋口镇志编委会编纂的《洋口镇志》由江苏人民出版社出版。徐金山总纂。该志设建置区划、自然环境、人口、行政村（场）、镇村建设、交通邮电、海洋渔业、盐业、围垦、农业、工业、电力与绿色能源、商贸服务、行政管理、财政税务金融保险、经济监管、党政、社会团体、军事、社会治安、科学技术、教育、文化体育、医疗卫生、旅游业、社会生活、民风民俗、地名文物、人物荣誉、文存专记30卷，全面记述洋口地区自然环境、历史沿革、经济发展、社会建设、海滨风情等。志首设总述、大事记，志末附索引、编纂始末、参阅资料。全书120万字。

（尤岩）

【《江苏名镇·吕四港镇志》出版】 10月，江苏名镇名村志编委会、启东市吕四港镇志编委会编纂的《江苏名镇·吕四港镇志》由江苏人民出版社出版。杨莹莹主编。该志设镇情概览、镇村建设、吕四港开发、海洋渔业之乡、电动工具之乡、旅游风光、物产美食、渔乡风情、乡贤名人9篇，记述吕四港镇从成陆建置到中华人民共和国成立后，特别是改革开放后区域内自然地理、政治经济、社会文化、民间习俗等方面的历史与现状，彰显吕四港镇作为江苏历史文化名镇的特点。志首设领导题词、吕四港镇行政区划图、区位示意图和荣誉榜，志末附大事记、编后记。全书16万字。

（尤岩）

【《江苏名镇·白蒲镇志》出版】 8月，江苏名镇名村志编委会、如皋市吕白蒲镇志编委会编纂的《江苏名镇·白蒲镇志》由江苏人民出版社出版。马俊、管峰、沙亚峰、朱志聪、达栋、石卫明主编。该志设镇情概览、镇村建设、古镇风韵、滋味白蒲、特色产业、长寿名镇、旅游小镇、民间文化、精神文明、名镇名人10篇，记述如皋市白蒲镇镇域成陆以来的历史、人文、经济、社会等发展情况，彰显白蒲的"名"和"特"。志首设白蒲镇域地形图、区位图、荣誉榜，志末附大事记、编后记。全书16万字。

（尤岩）

【《石庄镇志》出版】 12月，江苏省如皋市石庄镇政府编纂的《石庄镇志》由江苏人民出版社出版。薛煜主编。该志设建置区划、自然环境、人口、村镇建设、农业、交通、邮政电信、工业、商业、财政税务金融、党政社团、人大政府政协、公安司法、军事、教育、卫生科技、文化体育、劳动人事民政信访、习俗、方言、人物、诗文辑录22卷，全面记述石庄地区自然环境、历史沿革、经济发展、社会建设、文化科技、先贤足迹等。志首设总述、大事记，志末附编后记、编纂始末。全书89.6万字。

（尤岩）

【《江苏名镇·城东镇志》出版】 1月，江苏名镇名村志编委会、海安市城东镇志编委会编纂的《江苏名镇·城东镇志》由江苏人民出版社出版。张书伟主编。该志设镇情概览、交通枢纽、镇村建设、工商重镇、名胜古迹、传统文化、物产美食、观光旅游、风土民情、名镇名人10篇，记述海安市城东镇域数千年的自然、政治、经济、文化、社会等历史和现状，侧重展现城东镇在历史、人文、交通、工商业等方面的特色。志首设荣誉榜、城东镇行政区划图、区位示意图，志末附大事记、编后记。全书18万字。

（尤岩）

【《江苏名村·泰宁村志》出版】 4月，江苏名镇名村志编委会、海安市泰宁村志编委会编纂的《江苏名村·泰宁村志》由江苏人民出版社出版。杨国华、叶必俊、刘金兵主编。该志设村情概览、村庄建设、海安第一村、全国文明村、村落文化、红色印记、物产美食、习俗礼仪、名村名人9篇，记述泰宁村历史、自然、经济、社会、文化等方面情况，凸显泰宁"海安第一村""全国文明村"等亮点。志首设荣誉榜、泰宁村域示意图、泰宁村位置图，志末附大事记、编后记。全书14万字。

（尤岩）

【《新安镇志》出版】 12月，江苏省灌南县新安镇志编委会、灌南县志办编纂的《新安镇志》由江苏人民出版社出版。杨咏梅、王金成主编。该志设镇情概览、宜居家园、名人故里、热血新安、经济发展、菌菇小镇、旅游开发、特产美食、精神文明、社会事业、风土民情、古镇记忆、人物春秋13章，记述灌南县新安镇区域自然、政治、经济、文化、社会等方面的历史和现状。志首设总序、序言、凡例、概述、大事记，志末附附录、后记。全书35万字。

（尤岩）

【《张店镇志》出版】 12月，江苏省灌南县张店镇志编委会、灌南县志办编纂的《张店镇志》由江苏人民出版社出版。潘志贵主编。该志设镇情概览、汉韵古镇、水绿之乡、基础设施、红色热土、农业、工业、商贸服务、脱贫攻坚、组织机构、政法军事民政、精神文明、教育、文化体育、卫生健康、社会生活、姓氏宗族、乡贤名人18章，记述张店镇自然、政治、经济、文化、生态、社会生活等各方面情况。志首设总序、序言、凡例、概述、大事记，志末附附录、后记。全书25万字。

（尤岩）

【《百禄镇志》出版】 12月，江苏省灌南县百禄镇志编委会、灌南县志办编纂的《百禄镇志》由江苏人民出版社出版。王都安、朱科臻主编。该志设建置沿革、自然环境、镇村建设、农业、生态农业园区、工业、商贸服务、脱贫攻坚、财税金融、组织机构、军事法治、烽火岁月、精神文明、教育、文化体育、卫生健康、社会生活、风土民情、风味美食、方言俚语、行政村、人物等22章，记述百禄镇的源起、变迁和发展，特别是改革开放以来的经济社会发展成就。志首设总序、序言、凡例、概述、大事记，志末附附录、后记。全书27万字。

（尤岩）

【《新集镇志》出版】 12月，江苏省灌南县新集镇志编委会、灌南县志办编纂的《新集镇志》由江苏人民出版社出版。王飞、管福刚主编。该志设建置区划、自然环境、人口民族、基础设施建设、政治、经济、社会事业、精神文明建设、民风民俗、人物10章，记述自古以来新集地区自然环境演变、人文历史进程及经济、政治、文化等方面的重大成就。志首设总序、序言、凡例、概述、大事记，志末附附录、后记。全书25.8万字。 （尤岩）

【《江苏名镇·高沟镇志》出版】 3月，江苏名镇名村志编委会、涟水县高沟镇志编委会编纂的《江苏名镇·高沟镇志》由江苏人民出版社出版。汪育昌、宋广亮总纂。该志设镇情概览、醉美家园、红色热土、古镇酒缘、物产美景、精神文明、民间文化、风土人情、人物9个篇章，图片100余幅，记述高沟的悠久历史和灿烂文化，展示高沟丰富独特的地域特色和各行各业建设发展情况。志首设荀德麟为高沟撰写的"名镇千秋今世缘"，志末附大事记、编后记。全书16.5万字。 （尤岩）

【《尚庄镇志》出版】 3月，江苏省盐城市盐都区尚庄镇政府组织编纂的《尚庄镇志》由江苏人民出版社出版。胥俊主编。该志设建置区划、自然地理、人口环境国土、交通邮电电力、村镇建设、农业与农业经济、工业经济、商贸服务业、建筑业房地产、市场监管税收财政、金融保险、党政社团、军事、政法、教育科技、医疗卫生、文化广电旅游体育、民政、社会生活、精神文明建设、人物等21篇91章，记述尚庄镇自古以来自然、政治、经济、社会、文化等方面的变迁和现状，重现尚庄镇从底蕴丰厚的革命老区到省级文明建设示范村的转变。全书105万字。 （尤岩）

【《三仓镇志》出版】 5月，江苏省东台市三仓镇志编委会编纂的《三仓镇志》由江苏人民出版社出版。王岩主编。该志设建置区划、自然环境、人口、红色三仓、镇村建设、交通邮电、水利、农业、西瓜之乡、工业、商贸服务业、财税金融、党政群团、法治武装、教育、文化体育、卫生、民政、劳动和社会保障、精神文明建设、社会生活、人物22章，涵盖自然地理、政治、经济、文化、社会、人物等方面，专设"红色三仓""西瓜之乡""农业园区""精神文明"等特色篇目，收录图照168幅，客观记载三仓深厚的文化积淀、日新月异的发展轨迹，集中展示三仓特色。全书70万字。 （尤岩）

【《江苏名镇·富安镇志》出版】 6月，江苏名镇名村志编委会、东台市富安镇志编委会编纂的《江苏名镇·富安镇志》由江苏人民出版社出版。朱厚宽主编。该志设走进富安、千年古镇、中国茧都、智能印机、物产美食、精神文明、风土民情、名镇名人8篇，配以90幅图照、27个视频，形成文字、图片和音视频3条独立的记述线索，以立体、动态、有声的崭新方式为读者展示出文化名镇的深厚底蕴、古为盐场的繁荣兴盛、明代民居的独特魅力、中国茧都的闻名遐迩、智能印机的包装天下、富安美食的回味无穷。全书13万字。 （尤岩）

【《溱东镇志》出版】 10月，江苏省东台市溱东镇志编委会编纂的《溱东镇志》由凤凰出版社出版。鲁润主编。该志设政区环境、集镇村庄、人口、农业、工业、商贸服务业、财税金融、镇村建设、交通邮电、政党社团、政权政协、法治军事、教育、文化科技、卫生体育、民政劳动保障、精神文明建设、社会生活、人物19篇65章，纵跨溱东有文字记载以来1000多年历史，全方位记述自然地理、政治经济、文化社会等方面的发展变化，记述良渚文化开庄遗址、溱湖水美丽传说，水乡泽国自然村落、生态田园水美乡村、下河鱼米之乡、中国不锈钢制品之乡，以及现代化新型工业强镇到全国文明村镇、国家级生态镇的发展历程。全书103万字。 （尤岩）

【《八滩镇志》出版】 12月，江苏省滨海县八滩镇政府组织编纂的《八滩镇志》由江苏人民出版社出版。陆崇贵主编。该志设镇情概览、镇村建设、红色印记、名酒之乡、精神文明、民间文化、物产美食、民风民俗、名镇名人9篇51章，记述八滩自建镇以来自然、政治、经济、社会、文化等方面的历史变迁和发展现状。志首设金八滩赋、大事记，卷末附编纂始末。该志专设"红色印记""江苏名酒"等特色篇目，在编修体例上大胆创新，概述用赋，篇下以词代序，增加志书的文化内涵。全书20万字。

（尤岩）

【《蒋王街道志》出版】 6月，江苏省扬州市邗江区蒋王街道办事处主持编纂的《蒋王街道志》由广陵书社出版。伊柏林主编。该志设建置区划、自然环境、人口、土地管理、城乡建设、水利、交通能源、农业、蒋王都市农业观光园、工业、服装业、建筑安装业房地产业、商贸业、服务业、经济监督管理、财政税务、政党群团、人大政府政协、军事、政法、人事劳动社会保障、民政、教育科技、文化体育、医疗卫生、民情风俗、人物、社区村28章111节。该志上限溯至发端，下限断至2015年，全面系统记述境内的政治、经济、文化、社会、生态等方面的历史和现状。志首设概述、大事记，志末附附录、后记。全书80余万字。

（尤岩）

【《扬州市邗江区汊河街道志》出版】 12月，江苏省扬州市邗江区汊河街道办事处主持编纂的《汊河街道志》由广陵书社出版。余勇、林明皋主编。该志设建置区划、自然环境、土地管理、人口、城乡建设、交通邮电能源、农业水利、工业、扬州高新技术产业开发区、建筑业房地产业、商贸服务业、财政税务金融、经济事务管理、政党群团、人大政府政协、政法军事、教育科技、扬子津科教园、文化体育卫生、民情民俗、高旻寺、民政劳动就业社会保障、行政村社区、人物24章94节。该志上限追溯至发端，下限至2015年，记述汊河街道政治、经济、文化、社会、生态各项事业发展，翔实记载域内行政区划、自然地理、城乡建设和农业、工业、商贸服务、经济管理、科教文卫、社会生活等方面的历史变迁。志首设概述、大事记，志末附附录、后记。全书87万字。

（尤岩）

【《汤汪乡志》出版】 12月，江苏省扬州市广陵区汤汪乡地方志编委会编纂的《汤汪乡志》由广陵书社出版。吴献中主编。该志设建置区划、自然环境、人口、环境保护、土地资源管理、城乡一体化建设、行政村社区、公园广场绿化、水利、农村农业、蔬菜种植、多种经营、工业、特色产业园、建筑业房地产业、商贸服务业、财税金融、经济综合管理、政党群团、人大政府政协、公安司法人武、教育、科学技术、文化体育、医疗卫生、民政劳动社会保障、社会生活、民风民俗方言、诗文掌故、人物、革命斗争群英谱31章，记述汤汪乡自然、政治、经济、文化和社会等方面的历史和现状。志首设行政区划图、志首彩件收录照，志末附附录、编纂后记。该志特载收录《白衣红甲总动员，守望相助克时艰——2020年汤汪乡防控新冠病毒肺炎疫情专记》，将抗击新冠肺炎疫情的这一重大事件入志有助于保持素材新鲜度，再现抗疫情景。全书122万字。

（尤岩）

【《文昌花园社区志》出版】 6月，江苏省扬州市广陵区曲江街道文昌花园社区地方志编委会编纂的《文昌花园社区志》由广陵书社出版。邵玉庆主编。该志设社区概览、社区党建、社区治理、群团及社会组织、郑翔工作法、平安社区、环境建设、民生保障、养老助残、精神文明建设、文教卫体、疫情防控、艺文书画、人物14章，记述文昌花园社区产生16年来社区管理、社区改革、社区治理等建设发展的历史轨迹，生动体现社区的发展历程、民情民风、文化传承、历史风韵和崭新成就。志首设文昌花园社区位置图、彩照，志末附附录、编后记。全书86万字。

（尤岩）

【《陈集镇志》出版】 11月，江苏省仪征市陈集镇政府编纂的《陈集镇志》由江苏人民出版社出版。梅云主编。该志设建置区划、自然环境、人口、土地管理、镇村建设、水利、农业、工业、交通电力邮电、建筑业房地产业、商贸服务业、财税金融保险、经济综合管理、党派社团、政权政协、公安审判司法信访、军事、人事劳动社会保障、民政、科学技术、教育、文化体育、医疗卫生、民生民情民俗、行政村社区、人物26章，收录269幅图照（其中彩图126幅、插页图143幅）、126个表格。该志上限不限，下限至2016年，大事记及人事任免延伸至2019年，主要记述仪征市陈集镇自然、经济、政治、文化和社会等方面的历史和现状。志首设概述、大事记，志末附附录。全书108万字。 （尤岩）

【《高桥镇志》出版】 5月，江苏省镇江市丹徒区《高桥镇志》编委会编纂的《高桥镇志》由江苏大学出版社出版。顾建平、赵维新主编。该志设区域、自然环境、人口、水利、农业、工业、财贸金融其他服务业、交通邮电镇村建设、地方组织、地方平安建设、文化教育体育卫生、社会生活、人物13篇52章，记录从明朝中叶成洲至2019年的历史演变和发展历程，重点记述中华人民共和国成立后高桥镇政治、经济、科学、文化、社会、教育等各方面的发展变化。志首设概述、大事记，志末有附录、索引、后记。全书50万字。 （尤岩）

【《指南村志》出版】 6月，江苏省扬中市《指南村志》编写组编纂的《指南村志》由南京大学出版社出版。田青主编。该志设历史沿革、自然地理、管理机构、群众团体、社会治安、民政事务、农业生产、工业商贸、土地资源、西滩变迁、基础建设、人口状况、村域教育、医疗卫生、沙滩文化、百姓生活、抗灾救灾、人物风采、浓浓乡情、村民简谱、指南功德簿21章，记述1918年围滩造田至2020年指南村百年发展历程。志首设序、指南村赋、凡例、概述、大事记，志末附编写后记。该志设"沙滩文化"章，记述指南村因地理位置形成"望影报沙、先人一步、迎潮奔滩、围垦拓荒"精神。"指南简谱"章记述组不漏户、户不漏人，经过张榜公开、征求意见、校阅修订等流程，该章著写过程真正践行全民修志理念。全书79.6万字。 （尤岩）

【《天王镇志》出版】 7月，江苏省句容市天王镇志编委会编纂的《天王镇志》由江苏人民出版社出版。张世军主编。该志设概述、大事记、分志（30章）、附录等，上限随史实上溯，下限为2016年，全面系统记述天王镇自然、社会、政治、经济、军事、文化、风土民俗等方面的历史与现状，史料充实丰富、文字通俗简明。全书136万字。 （尤岩）

【《下蜀镇志》出版】 7月，江苏省句容市下蜀镇志编委会编纂的《下蜀镇志》由江苏人民出版社出版。徐明主编。该志设概述、大事记、分志（30章）、附录等，上限随史实上溯，下限为2018年，反映下蜀镇的历史面貌，体现时代特点及地方特色。全书85万字。 （尤岩）

【《宝华镇志》出版】 7月，江苏省句容市宝华镇志编委会编纂的《宝华镇志》由江苏人民出版社出版。卞云峰主编。该志设概述、大事记、分志（29章）、附录等，上限随史实上溯，下限为2016年，记述宝华镇政治、经济、社会、文化等方面历史变迁，重点记述中华人民共和国成立后宝华人民经过奋斗实现家乡发展的历程。全书108万字。 （尤岩）

【《镇江新区镇江经济技术开发区志（1992—2015）》出版】 4月，江苏省镇江新区镇江经济技术开发区志编纂委员会编纂的《镇江新区镇江经济技术开发区志（1992—2015）》由江苏人民出版社出版。孙家政主编。该志设总述、大事记、分志（23卷）、附录、后记、索引等部分，记述镇江新区（镇江经济技术开发区）自成立至2015年的24年历史。全书80万字。 （尤岩）

【《苏陈镇志》出版】 11月，江苏省泰州市苏陈镇志编委会编纂的《苏陈镇志》由南京出版社出版。葛华勇、侯冠群主编。该志设镇情概览、镇村建设、文物遗迹、产业发展、物产美食、文明新风、乡土文化、风土民情、苏陈人物、艺文杂记10篇，客观真实记述苏陈镇的发展历程和地域风貌。志首设总序、序、凡例、彩页、概述、大事记，志末附参考文献、编后记。该志设置"文物遗迹""产业发展""物产美食"等特色篇，展示苏陈镇产业发展、风土民情等特色。全书34万字。

（尤岩）

【《罡杨镇志》出版】 11月，江苏省泰州市罡杨镇志编委会编纂的《罡杨镇志》由上海科学技术文献出版社出版。任福彬、张苏云主编。该志设镇情概览、村镇建设、经济发展、机械制造业、物产美食、文明新风、传统文化、乡愁记忆、风土人情、人物10篇，全面客观记述罡杨镇发展变化的历史与现状。志首设总序、序、凡例、彩页、概述、大事记，志末附编后记。该志记述罡杨镇的发展历程和地域风貌，突出机械制造业、乡愁记忆等特色。全书33.6万字。

（尤岩）

【《京泰路街道志》出版】 10月，江苏省泰州市海陵区京泰路街道志编委会编纂的《京泰路街道志》由人民日报出版社出版。李金明主编。该志设街道概况、宜居之街、街道建设、市场兴街、乡镇工业、海陵工业园区、泰州文化创意产业园、精神文明、风土人情、人物10篇，全面系统记录京泰路街道发展的历史与现状。志首设总序、序、凡例、彩页、概述，志末附大事记、参考文献、编后记。该志主要特点是设"宜居之街""市场兴街""乡镇工业""海陵工业园区""泰州文化创意产业园""风土人情"等特色篇，全方位展现街道从中华人民共和国成立特别是改革开放以来的发展历程、发展成就，挖掘历史文化及人文风俗，科学反映京泰路街道城镇化进程。全书28万字。

（尤岩）

【《唐甸村志》出版】 11月，江苏省泰州市海陵区城东街道唐甸村志编委会编纂的《唐甸村志》由南京出版社出版。马骏主编。该志设村情概览、甸上桃源、船舶修造、村落文化、物产美食、精神文明、习俗礼仪、风云人物、乡愁记忆9篇，客观真实记述唐甸村的发展历程和地域风貌。志首设总序、序、凡例、彩页、概述、大事记，志末附编后记。该志主要突出船舶修造、村落文化等特色。全书21.4万字。

（尤岩）

【《渔行社区志》出版】 12月，江苏省泰州市海陵区城北街道渔行社区志编委会编纂的《渔行社区志》由江苏人民出版社出版。于万林主编。该志设社区概览、社区建设、文化遗存、水乡渔行、渔行美食、文明新风、传统文化、风俗民情、艺文杂记、人物10篇，客观真实记述渔行社区的发展历程和地域风貌。志首设总序、序、凡例、彩页、概述、大事记，志末附编后记。该志主要突出文化遗存、水乡渔行等特色。全书20.3万字。

（尤岩）

【《白马镇志》出版】 6月，江苏省泰州市高港区白马镇志编委会编纂的《白马镇志》由江苏人民出版社出版。李正斌主编。该志设白马镇情、镇村建设、名胜古迹、特色产业、旅游开发、物产美食、精神文明、风土风情、人物、诗文辑录10篇，全面客观记述白马镇发展历史与现状。志首设总序、序、凡例、彩页、概述、大事记，志末附编纂始末。该志设"名胜古迹""特色产业""旅游开发"等特色篇，记述海军诞生地、红色旅游、非遗传承等内容，突出白马镇文化名镇、旅游名镇的特色。全书34.9万字。

（尤岩）

【《乔杨社区志》出版】 5月，江苏省泰州市高港区许庄街道乔杨社区志编委会编纂的《乔杨社区志》由江苏人民出版社出版。乔向民主编。该志设乔杨概览、乡村建设、新农村建设、特色产业、乡村旅游、物产美食、文明新风、村落文化、习俗礼仪、人物、乔杨礼赞11篇，全面系统记述乔杨社区的发展历程和变化情况。志首设总序、序、凡例、彩页、概述、大事记，志末附附录、编后记。该志设"新农村建设""特色产业""乔杨礼赞"等特色篇，突出乡村振兴和乡土气息。全书27万字。
（尤岩）

【《引江社区志》出版】 12月，江苏省泰州市高港区口岸街道引江社区志编委会编纂的《引江社区志》由南京出版社出版。张和平主编。该志设社区概览、社区建设、物产美食、精神文明、村落文化、习俗礼仪、圩田留踪、人物、文存9篇，客观记述引江社区发展变化的历史与现状。志首设总序、序、凡例、彩页、概述、大事记，志末附附录、编后记。该志设"村落文化""圩田留踪"等特色篇，充分体现引江社区经济地域、文化特色。全书28万字。
（尤岩）

【《溱潼镇志》出版】 12月，江苏省泰州市姜堰区溱潼镇志编委会编纂的《溱潼镇志》由江苏人民出版社出版。俞华生、胡亚亭主编。该志设镇情概览、镇村建设、古镇保护、旅游开发、物产美食、精神文明、传统文化、风土风情、人物、诗文辑录10篇，记述溱潼镇的发展历程与成果。志首设总序、序、凡例、彩页、概述、大事记，志末附编后记。该志主要特点是设"古镇保护""旅游保护""物产美食""溱潼名人""诗文辑录"等特色篇，多方位、立体化展示中国历史文化名镇、中国特色小镇溱潼镇的文化底蕴和发展特色。全书38万字。
（尤岩）

【《淤溪镇志》出版】 12月，江苏省泰州市姜堰区淤溪镇志编委会编纂的《淤溪镇志》由南京出版社出版。杨宝军主编。该志设镇情概览、镇村建设、名胜古迹、特色农业、水乡美食、精神文明、传统文化、风土风情、艺文辑录、人物等10篇，全面系统记述淤溪镇的自然、政治、经济、文化等方面的历史与现状。志首设总序、序、凡例、彩页、概述、大事记，志末附编后记。该志设"名胜古迹""特色农业""传统文化""艺文辑录"等4个特色篇，集中展现姜堰里下河地区的特色水乡风貌和民俗风情。全书34万字。
（尤岩）

【《河横村志》出版】 6月，江苏省泰州市姜堰区溱潼镇河横村志编委会编纂的《河横村志》由江苏人民出版社出版。张晓鹏主编。该志设村情概览、村庄建设、古村留痕、生态农业、乡村旅游、精神文明、村落文化、习俗礼仪、名村名人、艺文辑录10篇，记述河横村的发展历程与成果。志首设总序、序、凡例、彩页、概述、大事记，志末附编后记。该志设"古村留痕""生态农业""乡村旅游""村落文化""艺文辑录"等特色篇，记述河横村的发展历程与成果，突出展示河横村作为生态环境"全球500佳"的名村特色风貌。全书35万字。
（尤岩）

【《小杨村志》出版】 8月，江苏省泰州市姜堰区三水街道小杨村志编委会编纂的《小杨村志》由江苏人民出版社出版。李林山主编。该志设村情概览、村庄建设、"两个主体"培育、特色田园乡村、物产美食、文明新风、村落文化、民间习俗、小杨名人9篇，全面客观记述小杨村的发展历程与成果。志首设总序、序、凡例、彩页、概述、大事记，志末附附录、编后记。该志设"'两个主体'培育""特色田园乡村""村落文化"等特色篇，展示小杨村作为江苏省首批特色田园乡村的特色发展路径。全书27万字。
（尤岩）

【《沙沟镇志》出版】 4月，江苏省兴化市沙沟镇志编委会编纂的《沙沟镇志》由江苏人民出版社出版。徐德龙主编。该志设镇情概览、镇村建设、古镇保护、老店寻踪、传统行当、沙沟渔文化、美食物产、旅游开发、文明新风、风土民情、古镇人物、艺文辑录12篇，客观记述沙沟镇发展变化的历史与现状。志首设总序、序、凡例、彩页、概述、大事记，志末附编后记。该志设"古镇保护""老店寻踪""传统行当""沙沟渔文化""美食物产""旅游开发""艺文辑录"等特色篇，突出展示中国历史文化名镇沙沟镇的深厚底蕴和多彩文化。全书34.5万字。　　（尤岩）

【《大邹镇志》出版】　6月，江苏省兴化市大邹镇志编委会编纂的《大邹镇志》由江苏人民出版社出版。陈明干主编。该志设镇情概览、镇村建设、双溪古韵、双溪文韵、美食物产、风土民情、文明新风、古镇人物8篇，全面系统记述大邹镇自然、政治、经济、文化和社会等方面的历史与现状。志首设总序、序、凡例、彩页、概述、大事记，志末附编后记。该志设"双溪古韵""双溪文韵"等特色篇，展示古镇大邹的地域特色和文化底蕴。全书39万字。　　（尤岩）

【《戴南镇志》出版】　5月，江苏省兴化市戴南镇志编委会编纂的《戴南镇志》由江苏人民出版社出版。刘林主编。该志设镇情概览、镇村建设、戴南不锈钢、兴达钢帘线、古迹新景、物产美食、精神文明、风土风情、人物9篇，客观记述戴南镇发展变化的历史与现状。志首设总序、序、凡例、彩页、概述，志末附大事记、编后记。该志设"戴南不锈钢""兴达钢帘线""古迹新景"等特色篇，展示戴南"工业强镇"的特色。全书28万字。　　（尤岩）

【《孤山镇志》出版】　12月，江苏省靖江市孤山镇志编委会编纂的《孤山镇志》由江苏人民出版社出版。邵志彬主编。该志设镇情概览、镇村建设、奇峰孤山、特色产业、孤山文化、文明新风、物产美食、民风民俗、孤山名人、诗文孤山10篇，全面客观记述孤山镇发展变化的历史与现状。志首设总序、序、凡例、彩页、概述、大事记，志末附后记。该志设"奇峰孤山""特色产业""孤山文化""诗文孤山"等特色篇，从不同角度展示孤山的自然、经济、历史、文化等方面的发展脉络和丰富内涵。全书30万字。　　（尤岩）

【《滨江镇志》出版】　10月，江苏省泰兴市滨江镇志编委会编纂的《滨江镇志》由江苏人民出版社出版。曹济兵主编。该志设镇情概览、镇村建设、特色产业、物产美食、文明新风、民俗风情、乡镇文化、名镇名人8篇，全面系统记述有史以来至2017年滨江镇自然、经济、政治、文化和社会等方面的历史及现状。志首设总序、序、凡例、彩页、概述、大事记，志末附编后记。该志设特色产业篇，记述精细化工产业、医药农药产业、仓储物流业、建筑业、产业集聚、项目开发、科技创新等内容，重点记述济川健康特色小镇、高端装备制造产业基地、21个世界级的"拳头"产品、融合发展等新业态、新技术、新模式，全方位展现江畔明珠、鱼米之乡，工业重镇、投资热土，通江达海、发展迅猛，崇文尚教、幸福滨江的优美画卷。全书50万字。　　（尤岩）

【《虹桥镇志》出版】　6月，江苏省泰兴市虹桥镇志编委会编纂的《虹桥镇志》由上海科学技术文献出版社出版。孔军主编。该志设镇情概览、镇村建设、虹桥工业园区、虹桥新城、物产美食、生态旅游、精神文明、风土人情、人物9篇，全面系统记述虹桥镇自然、经济、政治、文化和社会等方面历史及现状。志首设总序、序、凡例、彩页、概述、大事记，志末附编后记。该志设"虹桥工业园区""虹桥新城""生态旅游"等特色篇，展现虹桥镇依靠得天独厚的生态资源带动全域经济发展，形成完整的居住、产业、旅游等新模式，彰显"因水而生、因水而美、因水而灵"的城市特色。全书42万字。　　（尤岩）

【《西桥村志》出版】　6月，江苏省泰兴市张桥镇西桥村志编委会编纂的《西桥镇志》由上海科学技术文献出版社出版。袁瑞林、陈兵主编。该志设村情概览、村庄建设、国家级生态村、特色产业、大众创业、文明新风、特产美食、习俗礼仪、村落文化、名村名人10篇，全面系统记述西桥村的发展历程、地方特色和时代特征。志首设总序、序、凡例、彩页、概述、大事记，志末附编后记。该志设"特色产业""大众创业""村落文化"等特色篇，展现水韵西桥、生态西桥、文明西桥、创富西桥的乡村风情。全书28.5万字。　　　　　　（尤岩）

【《桑木村志》出版】　11月，江苏省泰兴市姚王街道桑木村志编委会编纂的《桑木村志》由上海科学技术文献出版社出版。张明乔主编。该志设村情概览、村庄建设、经济发展、精神文明、特产美食、村落文化、民俗风情、村贤名人8篇，全面系统记述桑木村的发展历程、地方特色和时代特征。志首设总序、序、凡例、彩页、概述、大事记，志末附附录、参考资料、编纂始末。该志设"经济发展""村落文化""民俗风情"等特色篇，记述东郊明珠生态这边独好，百业齐兴农家富足有余，诗画桑木承载盛世时光的乡村特色。全书21万字。　　　　　　（尤岩）

【《郭寨村志》出版】　11月，江苏省泰兴市宣堡镇郭寨村志编委会编纂的《郭寨村志》由上海科学技术文献出版社出版。叶国平、刘琦主编。该志设村情概览、村庄建设、古村保护与消失的踪迹、乡村旅游、花卉苗木产业、物产美食、习俗礼仪、村落文化、精神文明、人物10篇，全面系统记述郭寨村的发展历程、地方特色和时代特征。志首设总序、序、凡例、彩页、概述、大事记，志末附附录和编后记。该志设"古村保护""乡村旅游""花卉苗木产业"等特色篇，记述郭寨人经历的土地改革、农业合作化、人民公社、家庭联产承包制和土地承包经营权流转等系列农业经济体制的变革；经历的改革开放后从单一农业生产走向发展乡村工业，再走向贸工农多元化经济发展的轨迹；经历的人民生活从贫穷落后到解决温饱，再到实现全面小康，迈向基本现代化的全过程。全书20万字。　　　　　　（尤岩）

【《凤凰街道志》出版】　6月，江苏省泰州医药高新技术产业开发区凤凰街道志编委会编纂的《凤凰街道志》由江苏人民出版社出版。李俊标主编。该志设镇情概况、新城崛起、社区建设、文明新风、特色产业、文物古迹、凤凰美食、风土人情、人物9篇，客观记述凤凰街道发展变化的历史与现状。志首设总序、序、凡例、彩页、概述、大事记，志末附参考文献、编后记。该志设"新城崛起""社区建设""特色产业"等篇，展现凤凰街道的城镇化发展历程。全书28.1万字。　　　　　　（尤岩）

【《寺巷街道志》出版】　6月，江苏省泰州医药高新技术产业开发区寺巷街道志编委会编纂的《寺巷街道志》由江苏人民出版社出版。殷海成、陈海燕主编。该志设街道概览、街村建设、寺巷访古、产城高地、特色经济、商贸服务、街味美食、乡土风情、寺巷人物、艺文著述10篇，客观记述寺巷街道发展变化的历史与现状。志首设总序、序、凡例、彩页、概述，志末附大事纪略、附录、后记。该志设"寺巷访古""产城高地""特色经济""商贸服务"等特色篇，展现千年古寺巷在改革开放大潮中成为医药产业高地的发展历程。全书37.5万字。　　　　　　（尤岩）

【《新庄镇志》出版】　11月，江苏省宿迁市《新庄镇志》编委会编纂的《新庄镇志》由江苏人民出版社出版。曹兵主编。该志设镇情概览、农业、工业、镇村建设、历史遗存、杉荷园、生态经济示范镇、精神文明、教育体育卫生、乡土文化、物产美食、习俗方言、宗族家风、人物等14章，记述新庄从乡到镇、从弱变强，从以产粮为主的农业大镇到百业兴旺的生态经济示范镇的变迁过程。志首设《新庄赋》和《淮北江南——新庄》，志末附大事记、编后记。全书36.8万字。　　　　　　（尤岩）

【《建设街道志》出版】　6月，浙江省嘉兴市南湖区建设街道志编委会编纂的《建设街道志》由方志出版社出版。苏焕铺主编。该志上限自事物发端，下限至2015年12月31日，设建置·区划、环境·气候·水系、人口·计划生育、境域格局·道路·桥梁、市政建设·城市管理、交通运输·电力、邮政·电信·信息化、工业·商贸·服务业、金融·保险、党组织·派出机构、社会团体、综合治理·公安·司法、军事、教育·文化·体育、医疗·卫生·保健、民政·劳动·社会保障、民族·宗教、民风·民俗、方言、文物·名胜·遗迹、人物20篇，志首设概述、大事记，志末设附录。该志是嘉兴市首部街道志书。全书157万字。（嘉兴市地方志编纂室）

【《金星村志》出版】 7月，浙江省嘉兴市南湖区余新镇《金星村志》编委会编纂的《金星村志》由团结出版社出版。吴上德主编。该志共设18章70节，包含村组织改革、人居环境、人口·生育、道路桥梁、新农村建设、农业、工业、商贸服务业、教育、文化体育等篇章，记载金星村范围内从新石器时代的曹墩遗址和黄姑庵遗址到2018年社会、经济、文化等方面的发展历程。志首设序、概述、大事记，志末附编纂始末等。全书90.2万字。（嘉兴市地方志编纂室）

【《王江泾镇志》出版】 6月，浙江省嘉兴市秀洲区王江泾镇地方志编委会编纂的《王江泾镇志》由方志出版社出版。欧福泰、李忠林主编。全志设25章142节，收录图片199幅，地图2张。该志上限追溯至事物发端，下限为2010年，全面记述王江泾镇从古至今在经济、政治、文化、社会等方面的发展变化，重点突出王江泾镇从浙江省的重点产粮区发展成为"中国织造名镇"的巨大变迁。全书132.2万字。（嘉兴市地方志编纂室）

【《王店镇志》出版】 9月，浙江省嘉兴市秀洲区《王店镇志》编纂委员会编纂的《王店镇志》由中国文史出版社出版。梅晓民主编。全志设26篇107章320节，收录图片804幅，地图5张。该志上限追溯至事物的发端，下限为2010年，全面记述王店镇政治、经济、文化等方面的发展变迁，重点突出朱彝尊等历史文化名人和王店小家电特色产业的崛起，发展成为"中国浴霸之乡"的历程。全书128万字。（嘉兴市地方志编纂室）

【《洪合镇志》出版】 4月，浙江省嘉兴市秀洲区《洪合镇志》编委会编纂的《洪合镇志》由中国文化出版社出版。李鹏飞主编。全志设22章92节，111幅图片，3张地图。洪合镇是以革命烈士命名的镇。该志上限追溯至事物发端，下限为2010年，全面反映洪合镇经济、社会、文化等各个领域的历史变迁，重点突出"王洪合"为红色名片的革命红色历史，以及改革开放后洪合羊毛衫特色产业崛起，发展成为"中国毛衫名镇""中国出口毛衫制造基地"的历程。全书40万字。（嘉兴市地方志编纂室）

【《濮院镇志》出版】 6月，浙江省嘉兴市桐乡区《濮院镇志》编委会编纂的《濮院镇志》由方志出版社出版。张振刚主编。全志分两册，除序言、凡例、总述、大事记外，设建置区划、自然环境、农业、工业、羊毛衫产业、社会、人物等21编。该志纵贯古今，下限至2010年，若干史实根据实际需要作适当延伸，全面系统记述濮院的历史和现状，展现濮院作为江南水乡历史古镇和中国羊毛衫名镇特有的地域风貌和深厚的人文底蕴。全书219.6万字。（嘉兴市地方志编纂室）

【《洪溪村志》出版】 7月，浙江省嘉善县天凝镇洪溪村村志编委会编纂的《洪溪村志》由方志出版社出版。陈佳杰主编。该志设村域建置、自然环境、人口、土地制度与经济体制、农业水利、工业、商业、交通、村庄建设和土地管理、金融税务、电信广电、中国共产党基层组织、村级组织、村务管理、群团组织、军事治安司法、教育、文化体育、医疗卫生、民政、劳动和社会保障、精神文明建设、居民生活、习俗宗教、方言俗语、人物、专记27章，上限为1430年，下限为2018年，记述洪溪村域内自然、政治、经济、文化、军事、民生事业的发展变化。志首设概述和大事记，志末设附录。全书56万字。

（嘉兴市地方志编纂室）

【《林城镇志》出版】 12月，浙江省长兴县《林城镇志》编委会编纂的《林城镇志》由中国文史出版社出版。该志设20章79节，收录82幅图片，其中地图类4幅，记述林城镇有史以来至2012年自然、政治、经济、文化、社会各个方面的历史与现状。全书50万字。

（湖州市地方志编纂室）

【《大和村志》出版】 12月，浙江省绍兴市柯桥区《大和村志》编委会编纂的《大和村志》由中国广播影视出版社出版。主编李贤生。该志设村庄、村民、村政、党群团体、农业、工业、商贸服务业、教育、医疗卫生、文化、人物、丛录12章。该志上限为唐代，下限至2019年末，真实记录先辈筑海塘、产渔盐、养蚕桑、建村庄的历史，全方面展示大和村位于多源文化、经济交叉点，搞活经济、发展生产、建设新农村的过程。全书48万字。

（绍兴市地方志编纂室）

【《桑渎志》出版】 12月，浙江省绍兴市柯桥区柯桥街道新双梅社区、双渎社区《桑渎志》编委会编纂的《桑渎志》由中国广播影视出版社出版。平兴法主编。该志设境域、城市化建设、村民、农业、工商业、金融税收、基层组织、教育、医疗卫生、文化、人物、方言习俗、传闻逸事13章。该志上限起于南宋嘉泰元年（1201），下限至2020年末，记载桑渎的平原风貌、社会经济和风土人物，真实展现桑渎人民在建设家乡、发展经济的历史和现状。全书46万字。

（绍兴市地方志编纂室）

【《陶朱街道志》出版】 5月，浙江省诸暨市陶朱街道志编委会编纂的《陶朱街道志》由中国文史出版社出版。王辉主编。该志记述时间上限不限，下限为2018年，主要记载街道自然、政治、经济、文化、社会、风土人情等方面的历史与现状。全书161.8万字。

（绍兴市地方志编纂室）

【《柘皋镇志》出版】 12月，安徽省巢湖市柘皋镇志编委会编纂的《柘皋镇志》由方志出版社出版。钱凤超、杨临生主编。该志设基本镇情、千年古镇、文物古迹、武装斗争、旅游发展、风土民情、名人与名镇、艺文杂记等篇，详细记述千年古镇柘皋的历史底蕴、发展历程。志首设彩图、凡例、概述，志末附大事记略、主要参考文献、编纂始末。全书31万字。

（章慧丽）

【《唐嘴村志》出版】 6月，安徽省巢湖市烔炀镇《唐嘴村志》编委会编纂的《唐嘴村志》由安徽人民出版社出版。杨临生主编。该志设基本村情、古村风貌、水下城址、红色记忆、旅游发展、风土民情、艺文杂记、名人与名村等8篇，记述唐嘴村的自然、经济、社会等各方面的发展和历史变迁。志首设彩图、凡例、概述，志末设大事记略、主要参考文献、编纂始末。该志还详细记述位于唐嘴村的巢湖水下城址的发掘与保护历程。全书24.5万字。

（章慧丽）

【《石杨镇志》出版】 12月，安徽省和县石杨镇志编委会编纂的《石杨镇志》由方志出版社出版。马维国主编。该志设基本镇情、名胜古迹、治水惠民、乡村旅游、红色记忆、风土民情、名人与古镇、艺文杂记等篇，翔实记录石杨镇丰厚的历史文化底蕴和改革开放以来取得的重大成就。志首设彩图、凡例、概述，志末附大事记略、主要参考文献、编纂始末。全书32万字。

（章慧丽）

【《石牌镇志》出版】 12月，安徽省怀宁县石牌镇志编委会编纂的《石牌镇志》由方志出版社出版。何承雪主编。该志设基本镇情、商贸要津、戏曲之乡、胜迹遗存、民间艺术、风土民情、名人与名镇、艺文杂记等篇，翔实记录石牌镇从北宋建隆年间见诸史端到

2020年的发展历程。志首设彩图、凡例、概述，志末附大事记略、主要参考文献、编纂始末。该志设戏曲之乡类目，重点突出千年古镇石牌镇作为戏曲之乡"无石不成班"的地方特色，具有鲜明的地域性和浓郁的乡土味。全书30万字。
（章慧丽）

【《关庙乡志》出版】 3月，安徽省金寨县关庙乡志编委会编纂的《关庙乡志》由安徽人民出版社出版。詹必成主编。该志设基本乡情、乡村建设、红色关庙、政治、经济发展、社会事业、风土人情、辖村述略、人物9篇，全面系统地记述关庙乡自然、政治、经济、文化、社会等方面的历史和现状。志首设彩图、序、凡例、概述、大事记，志末附附录、主要参考书目、供稿单位和个人、索引、编纂始末。全书62.8万字。
（章慧丽）

【《斑竹园镇志》出版】 8月，安徽省金寨县斑竹园镇志编委会编纂的《斑竹园镇志》由黄山书社出版。张万永主编。该志设基本镇情、红色斑竹园、政治、经济发展、镇村建设、社会事业、风土民情、辖村述略、人物9篇，记述斑竹园镇自然、政治、经济、文化、社会诸方面的发展历程。志首设彩图、序、凡例、概述、大事记，志末附附录、主要参考书目、为斑竹园镇志提供资料和给予支持的单位和个人、编纂始末。该志主要特点是突出记述斑竹园镇红色历史，特别是发生在土地革命战争时期的红色历史，并用专章记述金寨境内诞生的中国工农红军第十一军第三十二师始末，具有较高的存史和收藏价值。全书47.5万字。
（章慧丽）

【《司前乡志》出版】 12月，福建省光泽县司前乡志编委会编纂的《司前乡志》由海峡文艺出版社出版。高兴有主编。该志上限追溯至事物发端，下限为2015年，设行政区划、自然、人口、建设国土、农林水利、工业贸易、交通邮电、财税金融、政党群团、政权政协、政法武装、民政扶持、教育、医疗卫生、文体旅游、物产、民俗宗教、人物、村落等19章，全面记述司前乡自然、政治、经济、社会的历史和现状。志首设概述、大事记，志末附附录。全书105.6万字。
（陆华珍）

【《上杭县旧县镇志》出版】 5月，福建省上杭县旧县镇志编委会编纂的《上杭县旧县镇志》由方志出版社出版。吴福田、高德星主编。该志设建置区划、自然环境、自然资源、人口、农业、养殖水产、工业·建筑业、林业、镇村建设、交通、邮电、商贸服务业、工商·税务·金融·财政、政党·社会·团体、政权·政协、公安·司法·行政、民政、军事、教育、文化、体育、医疗卫生、风俗·宗教信仰、人物、行政村简介等25章，全面记述旧县自然、政治、经济、社会的历史和现状。全书80万字。
（游友荣）

【《桥光村志》出版】 10月，福建省仙游县游洋镇桥光村村民委员会编纂的《桥光村志》由海峡书局出版社出版。林加芬主编。该志设自然地理、沿革·行政区划、人口、政治·军事、民政、农业、林业、交通·邮电、工业·手工业·商业、教育·科技·卫生、文化与方言、宗教与民间信仰、农村习俗、人物14章，详细记述桥光村地理、自然、历史、经济、人文等方面的发展和变迁，以及中华人民共和国成立以来桥光村各方面所取得的成就。全书37.2万字。
（刘剑星）

【《高安市独城镇志》出版】 7月，江西省《高安市独城镇志》编委会编纂的《高安市独城镇志》由百花洲文艺出版社出版。该志设自然编、政治编、经济编、文化编、社会编等40章246节，记述独城镇自唐贞观年间建村至2019年1392年的发展史。志首设概述、大事记，志末附附录、编后。全书150万字。
（黄诗惠）

【《洪范池镇志》出版】 10月，山东省平阴县洪范池镇志编委会编纂的《洪范池镇志》

由山东齐鲁音像出版有限公司出版。万肇平主编。该志设基本镇情、齐鲁泉乡、群山秀峰、帝王之师、全域旅游、古村风貌、风情民俗、非物质文化遗产、文物古迹、人物、洪范吟赞11篇，上限追溯至事物发端，下限至2020年底，突出洪范池镇的历史文化与地方特点。全书40万字。　　　　　　　　　　（杜泉）

【《和圣苑村志》出版】　11月，山东省平阴县孝直镇和圣苑村志编委会编纂的《和圣苑村志》由天津古籍出版社出版。张兴琦主编。该志设村情概况、新型农村社区建设、和圣文化、社会生活、民俗风情、大事纪略、革命烈士、附录8篇，上限追溯至事物发端，下限至2019年，个别重大事项延至搁笔，如实记录和圣苑村自然、政治、经济、文化与社会发展，特别是改革开放以来的发展变化。全书32万字。　　　　　　　　　　　　（杜泉）

【《南寨社区志》出版】　2月，山东省青岛市城阳区惜福镇街道南寨社区志编委会编纂的《南寨社区志》由黄河出版社出版。矫扶恩、黄相勤主编。该志设基本域情、人口、政治、经济、教体文卫、社会生活、民俗、语言、人物9篇43章，收录300余幅照片，展现出社区的历史沿革、淳风美俗、社会变迁、灿烂文化、人物风采。全书50万字。　　　（杜泉）

【《后田社区志》出版】　6月，山东省青岛市城阳区城阳街道后田社区志编委会编纂的《后田社区志》由线装书局出版。李延琨主编。该志设基本域情、党政群团、经济、社会生活·文化·教育、体育·卫生、精神文明建设、民风民俗以及人物8篇，全面记载后田社区立村以来，特别是中华人民共和国成立后经济社会发生的巨大变化。该志在篇章结构上，将"精神文明建设"升格独立成篇，突出社区在社会主义核心价值观教育和社会文明新风尚建设上的成就，展现了社区昂扬向上、奋发有为的精神风貌。全书35万字。（杜泉）

【《东流亭社区志》出版】　12月，山东省青岛市城阳区流亭街道《东流亭社区志》编委会编纂的《东流亭社区志》由天津人民出版社、天津古籍出版社出版。刘世洁主编。该志设基本村情、峄阳文化、交通要冲、文物·古迹·碑碣·书帖、风俗民情、乡贤、艺文杂记、大事纪略等7篇，重点突出社区历史文化、交通要冲、集市山会、宜业宜居等"名"与"特"内容。全书30万字。　　（杜泉）

【《博山区镇村志略（八陡镇卷）》出版】　4月，山东省淄博市博山区镇村志略编委会编纂的《博山区镇村志略（八陡镇卷）》由山东省地图出版社出版。房涛主编。该志分镇志略、村志略两部分，以博山区八陡镇现行境域为记述范围，收录325幅图片，209个表格。记述上限追溯至事物发端，下限至2014年底，全面反映全镇政治、经济、社会事业发展变化进程和改革开放成果。该志主要特点是增设"特色产业""孝文化"等专题，具有鲜明的八陡特色。全书59万字。　　　　　（杜泉）

【《东洋江村志》出版】　2月，山东省利津县盐窝镇东洋江村志编委会编纂的《东洋江村志》由中国文化出版社出版。张继虎主编。该志设村庄建置、自然环境、居民、党群组织建设、村务、生产关系变革、农业、村庄建设、工商业、拥军优属与民生保障、文明村建设、村志文化、教育·体育、卫生医疗、村民生活、村风民俗、人物17章。该志上限追溯到明洪武二年（1369）立村，下限断至2018年底，展现东洋江村数百年来的发展历程和奋发有为的新时代风貌。全书51.2万字。（杜泉）

【《古现街道志》出版】　12月，山东省烟台市经济技术开发区古现街道志编委会编纂的《古现街道志》由方志出版社出版。刘建国、蔡海林主编。该志设概述、基本街情、三十里堡古城遗址、中国鲁菜名镇、旅游休闲、风土民情、王氏家族、艺文、名人与名镇、大事纪略、附录11篇，收录200多幅图片，全面记录古现街道特色文化、镇村变革、民风传承、产业转变等发展历程和重要成就。全书40万字。

（杜泉）

【《西障郑家村志》出版】 12月，山东省烟台市委党史研究院（市地方史志研究院）、莱州市平里店镇西障郑家村编纂的《西障郑家村志》由吉林文史出版社出版。李丕志主编。该志设基本村情、红色西障郑家、郑耀南、乡村振兴、农业生产、村民生活、草编艺术、民俗·民间艺术、乡村记忆9章，收录300余幅照片，全面记述西障郑家村政治、经济、文化、社会、生态等各项事业的发展历程，书写西障郑家儿女为民族独立和解放事业浴血奋战、为社会主义革命和建设发愤图强、为改革开放和中国特色社会主义新时代锐意进取的奋斗精神，具有红色元素丰富、革命故事感人、时代气息浓郁、文化底蕴厚重、乡土风情绚烂等特点。志首设概述、大事记，志末附人物、附录、编修始末。全书22万字。

（杜泉）

【《罗家庄志》出版】 4月，山东省高密市朝阳街道罗家庄村志编委会编纂的《罗家庄志》由中国海洋大学出版社出版。姜祖幼、袁毅飞、李子红执行主编。该志设建置隶属、地形环境、党政群团、村庄建设、产业、道路运输·能源·通信、教育、文化·体育·卫生、人口·生活、兵事、民俗、人物12编43章。该志上限为1949年，下限至2018年，记述罗家庄村70年的发展历程。全书36.8万字。

（杜泉）

【《衡里炉村志》出版】 1月，山东省临朐县城关街道《衡里炉村志》编委会编纂的《衡里炉村志》由九州出版社出版。尹兴明主编。该志设建置·地理、姓氏人口、党政群团、经济发展、社会事业、村庄建设、村风民俗、人物8篇23章，反映村庄政治、经济、文化及居住环境的发展变化，展现全村各行各业优秀代表人物。志首设村情概述、大事记，志末附附录。全书57.1万字。

（杜泉）

【《东关社区志》出版】 2月，山东省邹城市千泉街道地方志编委会编纂的《东关社区志》由中国文史出版社出版。石桥主编。该志设建置环境、社区建设、居民、农业、工商业、党建群团、文教卫生、文物古迹、艺文等11篇。该志上限起于556年，下限断至2019年，记述东关社区政治、经济、文化、风俗等方面的发展变化。全书55万字。

（杜泉）

【《千泉街道志》出版】 4月，山东省邹城市千泉街道地方志编委会编纂的《千泉街道志》由中国文史出版社出版。乔景芳主编。该志上限为2000年，下限至2017年，志前设专志19编，按地理、经济、政治、文化、社会等顺序排列；志后设人物、附录。全书127.2万字。

（杜泉）

【《王庄镇志》出版】 7月，山东省肥城市王庄镇志编委会编纂的《王庄镇志》由山东齐鲁音像出版有限公司出版。杨鸿义主编。该志设基本镇情、政治建设、经济建设、文化建设、社会建设、生态文明建设和人物7编42章197节，收录随文158幅图片、78个统计表。该志上限追溯至事物发端，下限至2019年12月，全方位展现王庄镇的历史与现状。志首设序言、凡例、概述、大事记，志末附历史考证资料、文件书籍辑存、重要新闻报道、艺文、修志始末等。全书68万字。

（杜泉）

【《桃园镇志（1990—2019）》出版】 7月，山东省肥城市桃园镇志编委会编纂的《桃园镇志（1990—2019）》由黄海数字出版社出版。吕吉功主编。该志记述上限为1990年，下限为2019年，采用编、章、节、目4级结构，共设镇情风貌、世上桃园、新型城镇化建设、工业、农业、财税·金融·商贸、党的建设、政权政务、法治·武装、社会事业、文化、人物等12编，卷首设概述、大事记，卷末设附录，全面记述桃园30年来经济和社会各项事业发展成就。全书58.8万字。

（杜泉）

【《汶阳镇志（1988—2017）》出版】 10月，山东省肥城市汶阳镇志编委会编纂的《汶阳镇志（1988—2017）》由山东齐鲁音像出版有限公司出版。康承前主编。该志除序言、凡例、目录、索引外，主体设基本镇情、经济建设、政治建设、文化建设、社会建设、生态文明建设、人物7编38章170节。该志上限承接第一部《汶阳镇志》下限，起于1988年，下限断于2017年，为保证史实的完整性，部分内容适当上溯或下延，反映汶阳镇改革开放30年来的经济社会发展成就。志首设概述、大事记，志末附附录。全书87万字。 （杜泉）

【《兰山区朱潘社区志》出版】 3月，山东省临沂市兰山区白沙埠镇朱潘社区志编委会编纂的《兰山区朱潘社区志》由中国文史出版社出版。王家廷主编。该志设概况、党政群团、经济、文教体卫、军事、社区建设、社区管理与服务、社会生活、村风民俗、荣誉等编。该志浓缩朱潘社区2000多年历史，记录社区25个姓氏、100多个家族支系血脉传承。志首设概述、大事记，志末附人物、姓氏家谱、附录。全书86万字。 （杜泉）

【《九间棚村志》出版】 12月，山东省平邑县地方镇九间棚村志编委会编纂的《九间棚村志》由方志出版社出版。曹传韵、甄德生主编。该志设概述、大事记、地理·环境、村民、党政群团、村庄建设、金银花、教科体卫、文化、旅游、九间棚精神、社会生活、人物·荣誉、附录14篇，详细记载九间棚村200多年的发展历史，突出记述20世纪80年代九间棚人彻底改变贫穷落后面貌铸造的"团结奋斗，顽强拼搏，坚韧不拔，艰苦创业"的九间棚精神。全书58万字。 （杜泉）

【《堤岭村志》出版】 11月，山东省德州市德城区新华街道堤岭村志编委会编纂的《堤岭村志》由吉林文史出版社出版。李玉友主编。该志设建置、村庄建设、地理环境、人口·家庭、社会保障、生产关系、农业、工商副业、集市与专业市场、村级组织、教育、医疗保健、文化活动、村风民俗14章，收录百余幅图片，全方位介绍堤岭村的历史人文发展脉络，记述堤岭村的发展和变迁。志首设概述、大事记，志末附人物、附录。全书33万字。 （杜泉）

【《程官庄村志》出版】 11月，山东省齐河县赵官镇程官庄村志编委会编纂的《程官庄村志》由吉林文史出版社出版。朱存亮主编。该志设建置、环境、村民、村民生活、社会保障、生产生活用具、农业生产关系、生产条件、农作物、渔牧林果业、工业、商贸服务业、中共村级组织、村政组织、群众团体、参军与优抚、教育、卫生、文体活动与文化遗产、艺文选登、婚丧嫁娶、交际礼仪、节日习俗、信仰、迷信与禁忌、方言俗语21章，收录百余幅图片，介绍程官庄村的历史人文发展脉络，记述程官庄村的发展和变迁。志首设概述、大事记，志末附传记、简介、人物表、附录。全书37万字。 （杜泉）

【《安乐镇志》编纂出版】 8月，河南省洛阳市洛龙区安乐镇志编委会编纂的《安乐镇志》由中州古籍出版社出版。刘洋主编。该志设自然环境与建制区划，隋唐洛阳城洛南里坊，白居易与履道里，邵雍与安乐窝，安乐牡丹等18章。志首设洛龙区乡镇志总纂委员会、安乐镇志编辑委员会及编辑人员和序言，志末附编纂后记。该志介绍当地的工商业发展状况、洛南里坊的历史和布局以及开发利用情况、唐代大诗人白居易兼济天下的为官之道、宋代理学家邵雍及其祠堂、安乐牡丹的种植及科技人才等。全书71.2万字。 （徐德森）

【《宜阳县城关镇志》出版】 12月，河南省宜阳县城关镇志编委会编纂的《城关镇志》由中州古籍出版社出版。王治敏主编。该志设镇域地理、党政群团、法治军事、精神文明建设、城镇建设、商贸服务、乡镇工业、农业林业水利、交通运输邮政电信、财政国土工商税务金融、教育体育、文化、医疗卫生、民政社保人民生活、民俗方言宗教、社区简介、人物等17章。该志全面系统记述城关镇自然环境、自然资源、精神文明、经济发展、社会人文、卫生教育等方面的历史与现状。作为城关镇第一部志书，上溯各项事物之起始，下至2017年（少部分重要资料延至2020年），重点记叙城关镇自1970年3月建镇以来的历史与发展。志首设概述、大事记，志末设附录、修志始末、参与镇志编纂人员。该志详细记录城关镇的历史变迁，展现该镇淳朴的乡风民俗和该镇各行各业持续、快速、健康发展的丰硕成果，突出鲜明的时代特征和地方特色。全书80万字。

（徐德森）

【《翟镇村志》出版】 5月，河南省洛阳市偃师区翟镇村志编委会编纂的《翟镇村志》由中州古籍出版社出版。白友民主编。该村志上限始于西周时期，下限止于2018年12月，个别重大事件至2020年5月。该志设概述、大事记、区位建制、村落变迁、基础设施、村级组织、农业、工业、商贸等共20章80节。志首设序、凡例，志末附有附录。该志主要特点是乡土气息浓厚、文化元素丰富多彩。该志记录翟镇村从明朝至2018年的历史，全景式再现了一个村庄的历史演变过程和社会生活的方方面面。全书46万字。

（徐德森）

【《老城镇志》出版】 1月，河南省长葛市老城镇志编委会编纂的《老城镇志》由中州古籍出版社出版。尚建华主编。该志设自然环境、建置、人口与计划生育、民情民俗等22篇，记述老城镇域内的自然、政治、经济、文化、教育和其他事业的历史与现状。志首设概述、大事记，志末附千年古县长葛人城文化生态旅游度假区规划、只设丁字路口的神秘老城等，记述了老城称为"人城"的由来。全书64.9万字。

（徐德森）

【《恩村志》出版】 7月，河南省焦作市山阳区新城街道恩村志编委会编纂的《恩村志》由中州古籍出版社出版。张宗保主编。该志设村情概览、党务村务、村域经济、征迁安置、社会事业、村民生活、文物古迹、姓氏民居 谱祠 源流、风土民情、艺文、人物等11章，记述恩村的地理位置、区域环境、交通优势、历史沿革、文物遗存、历史事件、经济发展、村镇建设、社会民生以及古今名人、民俗姓氏、风土人情等诸方面。志首设概述、大事记，志末附名人与恩村、文件资料汇编。该志翔实记录恩村的人文地理、经济社会、文化教育、民俗风情等方面的沿革发展。全书77万字。

（徐德森）

【《褚河镇志》出版】 5月，河南省禹州市褚河镇志编委会编纂的《褚河镇志》由哈尔滨出版社出版。胡建设主编。该志设褚氏祖地、高铁新城与国家泡桐基地等16章，凸显褚河镇地方特色，系统翔实地记述褚河镇的发展历程。全书90万字。

（徐德森）

【《东关街道志》出版】 4月，河南省南阳市宛城区东关街道志编委会编纂的《东关街道志》由中州古籍出版社出版。马炜、胡善良主编，齐英杰执行主编。该志前设概述、大事记，后设建置区划、自然环境、人口资源、中共地方组织、政权、社区居委会、政法、军事武装、民政、劳动人事团体、城市建设、交通、工业、商贸服务业、经济管理、教育体育、文化科技、医疗卫生、名胜古迹、道义渊府、玄妙观、医圣祠、河街、传说轶闻、民情风俗、地名稽考、驻域单位、人物28章，记述了东关街道辖区发生的要事、大事，重点记述建国后辖区的政治、经济、社会文化等诸方面内容。志首设编委组成、彩页、序、凡例、目录，志末附编后记。全书64万字。

（徐德森）

【《陈店乡志》出版】 4月，河南省新县陈店乡志编委会编纂的《陈店乡志》由中州古籍出版社出版。扶元升、杨亮、方晓主编。该志设概述、大事记、建置区划、自然环境、人口、革命斗争记略、中国共产党、人民代表大会、人民政府、社会团体、军事政法、农村经济管理、农业、乡镇企业、名优特产、水利电力、交通邮电、村镇建设、商贸、财税金融、教育科技、文化、卫生体育、社会事务、人民生活、风俗、杂记、人物、行政村（居委会）简介等29篇（章），记述陈店乡的自然、政治、经济、文化、社会的历史与现状。志首设序言、凡例，志末附附录、后记。该志主要特点是全面、系统、客观地记述陈店乡百年厚重历史和风土人情，集中展现陈店乡作为古色之乡、红色之乡、绿色之乡的丰富底蕴。全书74万字。
（徐德森）

【《商水县姚集乡志》出版】 1月，河南省商水县姚集乡志编委会编纂的《商水县姚集乡志》由黄海数字出版社出版。曹辉主编。该志设建置区划、自然环境、居民等27章，记述上启事物发端，下到2014年12月31日。志首设概述、大事记，志末附姚集研究、文献辑存、奇闻轶事、修志文件、限外辑要、参考书目。该志资料翔实、内容丰富，全面记述姚集乡政治、经济、社会、文化、精神文明和生态环境等各方面的发展历史。全书100万字。
（徐德森）

【《聂堆镇志》出版】 7月，河南省西华县聂堆镇志编委会编纂的《聂堆镇志》由黄海数字出版社出版。牛海燕主编。该志设社会事务、乡情民俗、盘古女娲创世文化、龙泉寺等26章。志首设彩页、序、凡例、目录，志末附附录、限外辑要、参考书目、编纂始末、跋等。该志客观记载聂堆镇的发展历程，记录聂堆镇的历史变迁。全书63万字。 （徐德森）

【《北姚村志》出版】 6月，河南省济源市思礼镇北姚村志编委会编纂的《北姚村志》由中国国际文化出版社出版。徐占元主编。该志设区位建置、自然环境、党政群团、军事、教文卫体、居民、生产、生活、习俗9篇。志首设目录、序一、序二、凡例、概述、大事记、"北姚之最"等，志末设附录，其内容有编纂北姚村志寄语、村志编纂筹集资料提纲和要求等。该志概述按村名北姚、北姚钟灵、北姚毓秀、北姚厚德、北姚载物、北姚勤奋、北姚宜居、老家北姚8个方面记述，全文用四言体，1400余句；用挂谱形式记载北姚村18个立户姓氏的由来、世序、全部族人。全书98万字。
（徐德森）

【《满春街道志》出版】 11月，湖北省武汉市江汉区《满春街道志》编委会编纂的《满春街道志》由武汉出版社出版。该志设自然·建置、人口与计划生育、道路、街区规划与建设、商业、工业、中共满春街党组织、人大·政协、满春街办事处、群团组织、司法·武装、民政、社会保障、文体·教育·卫生、民情·宗教·掌故15章，该志上起事物发端，下迄2016年，个别延续至2019年。志首设地图、风貌图集、综述、大事记，志末附人物、专记。全书47.6万字。 （武汉市志办）

【《宗关街志》出版】 7月，湖北省武汉市硚口区宗关街道办事处、硚口区档案馆（硚口区史志研究中心）编纂的《宗关街志》由长江出版社出版。该志设地理·建置·人口、社区·行政村、城市建设与管理、工业·建筑业、汉西建材大市场、商贸服务业、交通运输、街道经济、党政群团、法治·武装、教育·科技、文化·体育、医疗卫生、民政、社会生活15章。该志上起事物发端，下迄2017年，全面记述宗关地区自明清以来的历史变迁，收录地区建置沿革、自然地理、民俗风情、经济社会发展等方面的珍贵史料。志首设地图、风貌图集、概述、大事记，志末附人物、附录。全书36万字。 （武汉市志办）

【《韩家墩街志》出版】 10月，湖北省武汉市硚口区政府韩家墩街道办事处、硚口区档案馆（硚口区史志研究中心）编纂的《韩家墩街志》由武汉出版社出版。该志设自然环境·建置·人口、居民组织·社区·行政村、街区建设、城市管理、工业、商业、服务业、邮电金融、交通运输、党政群团、教育、文化体育、医疗卫生、民情风俗14章。该志上起事物发端，下迄2016年，记述韩家墩街道的历史演变过程、发展轨迹、街情特色、风土人情等。志首设地图、风貌图集、概述，志末附人物、大事记、附录。全书51万字。（武汉市志办）

【《古田街志》出版】 12月，湖北省武汉市硚口区政府古田街道办事处、硚口区档案馆（硚口区史志研究中心）编纂的《古田街志》由武汉出版社出版。该志设自然环境·建置·人口、居民组织·社区分述、街区建设与管理、交通运输、工业、商业、餐饮·服务业、金融·邮政·通信、政党·政权·群团组织、政法·驻军·驻街机构、教育、文化·体育、卫生、社会生活14章，该志上起事物发端，下迄2016年，部分延续至2020年，全面展示古田街作为武汉近代工业的发源地之一、中华人民共和国成立后武汉重要的工业基地之一的历史变迁过程，以及进入21世纪后汉江湾古田生态新城的建设发展成果。志首设地图、风貌图集、概述，志末附人物、大事记、专记、附录。全书49万字。（武汉市志办）

【《武汉市狮子山街志》出版】 9月，湖北省武汉市洪山区《武汉市狮子山街志》编委会编纂的《武汉市狮子山街志》由湖北科学技术出版社出版。该志设自然·建置·人口、社区、党政·群团、法治、军事、农业科技·农业企业、工业·服务业、街区建设与管理、科教·文化、卫生、社会生活11章。该志上起事物发端，下迄2016年，部分延续至2018年的历史，重点记述以湖北省农业科学院为代表的农业科研机构和相关农业企业、以马应龙药业为代表的工业和服务业、以华中农业大学为代表的高等教育和职业教育，以及南湖炮队烽烟往事等。志首设地图、风貌图集、概述、大事记，志末附人物、附录。全书28.3万字。（武汉市志办）

【《白沙洲街道志》出版】 11月，湖北省武汉市武昌区《白沙洲街道志》编委会编纂的《白沙洲街道志》由武汉出版社出版。武昌区档案馆（区史志研究中心）主编。该志设自然环境、建制·人口、社区、街区建设、城市管理、产业、经管服务、党政机构、人民团体、法治·军事、教育·科学、文体·卫生、民政·社保、居民生活14章。该志上起事物发端，下迄2016年，个别事项延续至2018年，记述白沙洲从繁华南市到码头文化发源地、从竹木贸易点到工业园区的沧桑岁月和历史跨越。志首设地图、风貌图集、综述、大事记，志末附人物、附录。全书48.8万字。

（武汉市志办）

【《三店街志》出版】 12月，湖北省武汉市新洲区《三店街志》编委会编纂的《三店街志》由长江出版社出版。该志设自然环境、建置区划、人口、城乡建设、交通·邮电、农业、工业·建筑业、商贸·物流·房地产、经济综合管理、金融、政党·政权·群团、军事·政法、民间文化艺术、文物胜迹、教育、广播电视·体育、卫生·科技、社会、轶闻传说19章。该志上起事物发端，下迄2018年，部分延续至2021年，重点围绕中华人民共和国成立以来三店街道的历史与现状，记叙境内自然、政治、经济、社会、文化等方面的发展状况，展示三店街"湖北民间文化艺术之乡"的特点。志首设地图、街区风貌、概述、大事记，志末附人物、附录。全书74万字。

（武汉市志办）

【《丁家坪村志（1900—2018）》出版】 4月，湖北省宜都市聂家河镇丁家坪村志编委会编纂的《丁家坪村志（1900—2018）》由三峡电子音像出版社出版。周友平主编。该志设位置境域、村名地名、村民生活、村级组织、山村经济、基础设施、二三八厂、文教卫生、村风民俗、民间文化、人物、文史杂录12篇（章），记述丁家坪村1900年至2018年历史发展变迁情况。志首设专题彩页，志末附村规民约。全书13.8万字。

（湖北省文化和旅游厅地方志工作处）

【《玉泉办事处志（1973—2015）》出版】 4月，湖北省当阳市玉泉街道办事处志编委会编纂的《玉泉办事处志（1973—2015）》由三峡电子音像出版社出版。夏江华主编。该志设建置、自然环境、人口、农业、工业、交通运输、邮政通信电力、城镇建设、商业贸易、财政税务金融、经济综合管理、政党群团、政权政协、法治武装、教育科技、文化体育传媒、卫生事业、社会生活、行政村社区、人物20篇（章），记述玉泉街道办事处的历史和现状，着重展现玉泉街道改革开放近40年所取得的成就。志首设序、凡例、概述、大事记，志末附文件选录、文献辑存、史料选存。全书109.7万字。

（湖北省文化和旅游厅地方志工作处）

【《三桥村志（1926—2020）》出版】 12月，湖北省当阳市玉泉街道三桥村志编委会编纂的《三桥村志（1926—2020）》由三峡电子音像出版社出版。刘厚林主编。该志设村域村貌、村人村民、村政村事、村域经济、美丽乡村、社会事业、村民生活、村风民俗、春秋记忆9章，记述三桥村自然环境、经济发展、社会建设、风俗民情等。志首设序、凡例、概述、大事记，志末附文件选录。全书35万字。

（湖北省文化和旅游厅地方志工作处）

【《张家场村志》出版】 2月，湖北省枝江市七星台镇《张家场村志》编委会编纂的《张家场村志》由三峡电子音像出版社出版。盛桂平主编。该志设建置地理、资源环境、人口、村级组织、农村经济体制改革、基本建设、农业、生产条件、工商业、教育卫生科技、文艺体育、村民生活、民生保障、民风民俗、人物15章，全面、客观、系统地记述张家场村发展变化进程和改革开放成果。志首设序、凡例、大事记、概述，志末附附录、后记。全书31.7万字。

（湖北省文化和旅游厅地方志工作处）

【《马羊洲村志》出版】 5月，湖北省枝江市七星台镇《马羊洲村志》编委会编纂的《马羊洲村志》由三峡电子音像出版社出版。袁义祥主编。该志设建置地理、人口、农业、基本建设、工商业、村级组织、教育卫生科技、文化体育、广电通讯、民生保障、文明创建、村民生活、民风民俗、人物14章，记述马羊洲村自然、政治、经济、文化、社会等各个方面的历史进程和发展状况。志首设序、前言、凡例、大事记、概述，志末附附录、后记。全书18.6万字。

（湖北省文化和旅游厅地方志工作处）

【《董家湾村志》出版】 6月，湖北省枝江市七星台镇《董家湾村志》编委会编纂的《董家湾村志》由三峡电子音像出版社出版。杨启福主编。该志设建置地理、村级组织、人口、农业、经济体制改革、工商业、环境保护、基本建设、教育与法治、医疗卫生、文化体育、民生保障、村民生活、民风民俗、人物15章，全面、客观、系统地记述董家湾村历史发展面貌和改革开放的成就。志首设序、前言、凡例、大事记、概述，志末附附录、后记。全书25.9万字。

（湖北省文化和旅游厅地方志工作处）

【《清水溪村志（1949—2015）》出版】 12月，湖北省枝江市顾家店镇《清水溪村志》编委会编纂的《清水溪村志》由三峡电子音像出版社出版。杨启发主编。该志设建置地理、人口、农业、工商业、基本建设、经济综合管理、村级组织、教育科技卫生、广电通讯交通、民生保障、社会生活、文化体育、民风民俗、人物14章，记述1949年7月至2015年清水溪村政治、经济、文化、自然、人口等方面历史进程和发展状况，重点突出清水溪村的社会发展和历史演变，展现清水溪村人民全面决胜小康建设和建设美丽乡村等方面的成就。志首设序、前言、凡例、大事记、概述，志末设附录、后记。全书27.1万字。

（湖北省文化和旅游厅地方志工作处）

【《洋坪村志（1926—2018）》出版】 6月，湖北省远安县洋坪镇洋坪村村委会编纂的《洋坪村志（1926—2018）》由三峡电子音像出版社出版。文宗林主编。该志设建置、地理环境、人口与计划生育、农牧林业、集镇建设、旅游、基础设施建设、村办企业、村级组织、精神文明建设、农村经济、卫生体育、教育、人民生活、地方文化、人物16章，记述洋坪村经济、社会、政治、文化等方面的历史变迁。志首设概述、大事记，志末附附录、编后记。全书34.7万字。

（湖北省文化和旅游厅地方志工作处）

【《石桥坪村志（1949—2018）》出版】 6月，湖北省远安县旧县镇石桥坪村村委会编纂的《石桥坪村志（1949—2018）》由三峡电子音像出版社出版。韩德怀主编。该志设建置区划、地理地貌、气候物候、自然资源、人口与计划生育、农业、石桥茶、企业、村庄建设、交通运输、教育与卫生、村级组织、文化、石桥坪美食、旅游、人物16章，记述该地自然、经济、政治、文化及社会生活等方面的历史与现状。志首设概述、大事记，志末设附录、编后语。全书46.5万字。

（湖北省文化和旅游厅地方志工作处）

【《阳泉村志（1949—2018）》出版】 4月，湖北省兴山县南阳镇阳泉村编纂的《阳泉村志（1949—2018）》由三峡电子音像出版社出版。贾代雄主编。该志设建置区划、自然环境、人口姓氏宗祠、村级组织、农业、企业、交通运输、商贸旅游、教育科技、卫生体育、文化广电通讯、社会生活、民俗方言、人物14章61节，记述阳泉村1949年至2018年自然、经济、政治、文化、社会等方面的变化和现状。志首设序、凡例，志末附附录、编后语。全书31.7万字。

（湖北省文化和旅游厅地方志工作处）

【《高岚村志（1949—2019）》出版】 3月，湖北省兴山县水月寺镇高岚村编纂的《高岚村志（1949—2019）》由三峡电子音像出版社出版。黄忠琚主编。该志设建置区划、自然环境、人口、村级组织、农业、企业、交通运输、商贸旅游、教育科技、卫生体育、文化广电通讯、移民、社会生活、民俗方言、人物15章74节，记述高岚村1949年至2019年70年间的发展历程。志首设序、凡例，志末设附录、编后语。全书31.7万字。

（湖北省文化和旅游厅地方志工作处）

【《秀龙村志（1949—2019）》出版】 7月，湖北省兴山县峡口镇秀龙村编纂的《秀龙村志（1949—2019）》由三峡电子音像出版社出版。甘卫泽主编。该志设建置区划、自然环境、人口家庭、村级组织、农业、企业商贸、交通运输、教育科技、卫生、善人善事、文化广电通讯、三峡库区移民、社会生活、民俗方言、人物15章63节，记述秀龙村从1949年至2019年自然、经济、政治、文化、社会等方面的历史和现状。志首设序、凡例，志末设附录、后记。全书16.75万字。

（湖北省文化和旅游厅地方志工作处）

【《双坪村志（1949—2018）》出版】 9月，湖北省兴山县峡口镇双坪村编纂的《双坪村志（1949—2018）》由三峡电子音像出版社出版。何宝华、杨守焕主编。该志设建置区划、自然环境、人口、村级组织、农业、企业、交通运输、教育科技、卫生体育、文化广电通讯、社会生活、精准扶贫、民俗方言、人物14章，记述双坪村1949年至2018年自然、经济、政治、文化、社会等方面的历史和现状。志首设序、凡例，志末附附录、后记。全书15.7万字。

（湖北省文化和旅游厅地方志工作处）

【《夫子社区志（1949—2018）》出版】 11月，湖北省兴山县古夫镇夫子社区编纂的《夫子社区志（1949—2018）》由三峡电子音像出版社出版。张兴昌主编。该志设建置区划、自然环境、人口、社区（村）级组织、农业、企业、交通运输、商贸旅游、教育科技、卫生体育、文化广电通讯、移民、社会生活、军事、民俗方言、人物16章64节，记述夫子社区从1949年至2018年自然、经济、政治、文化、社会等方面的历史和现状。志首设序、凡例，志末附附录、编后语。全书16.75万字。

（湖北省文化和旅游厅地方志工作处）

【《茅坪镇志》出版】　6月，湖北省秭归县茅坪镇志编委会编纂的《茅坪镇志》由三峡电子音像出版社出版。谭承尧主编。该志为"秭归县地方志丛书"之一种。该志设建置区划、自然环境、人口、农业、工业、商业、财税金融、经济综合管理、交通邮政通讯、移民、城建环保、旅游、党政群团、政权政协、政法军事、科技教育、文化体育卫生、建东花鼓戏、社会生活、人物20编，记述起于有史记载之时或事物发端，下限至2015年，全面记述秭归县茅坪镇自然、经济、政治、文化、社会发展的历史与现状。志首设大事记、概述，志末附文件辑录、文献、古诗词及现代诗。该志突出反映茅坪镇作为三峡工程坝上库首第一镇、秭归县城东迁所在地，三峡移民迁建和移民生产生活以及地方戏建东花鼓戏等特色。全书56.6万字。

（湖北省文化和旅游厅地方志工作处）

【《头道河村志（1949—2019）》出版】　9月，湖北省秭归县郭家坝镇头道河村志编委会编纂的《头道河村志（1949—2019）》由三峡电子音像出版社出版。高登茂主编。该志为"秭归县地方志丛书"之一种。该志设建置区划、自然环境、人口、村级组织、农业、企业贸易、村镇建设、交通运输、三峡工程移民、教育科技、卫生体育、文化、村民生活、民俗方言、人物15篇（章），记述秭归县郭家坝镇头道河村1949年至2019年，特别是改革开放以来自然、经济、政治、社会、人文历史等内容。志首设大事记、概述，志末附村规民约、通讯报道、荣誉表彰等。该志主要特点是突出反映三峡库区移民新村建设和柑橘产业发展。全书13.7万字。

（湖北省文化和旅游厅地方志工作处）

【《陈家湾村志（1949—2015）》出版】　9月，湖北省秭归县泄滩乡陈家湾村志编委会编纂的《陈家湾村志（1949—2015）》由三峡电子音像出版社出版。陈俊主编。该志为"秭归县地方志丛书"之一种。该志设建置区划、自然环境、人口、村级组织、农业、工业商贸旅游、交通运输、教育科技、卫生、体育、文化广电通讯、移民、社会生活、习俗、方言、人物16篇（章），记述1949年至2015年秭归县泄滩乡陈家湾村自然条件及政治、经济、文化、社会各方面建设历程等。志首设概述、大事记，志末附文件法规辑存、新闻转载、陈家湾村三峡库区外迁移民名册、文献辑存。该志主要特点是反映三峡工程建设移民特色、夏橙柑橘产业、集镇村庄建设和全民健身的文化体育活动特色等。全书20.5万字。

（湖北省文化和旅游厅地方志工作处）

【《黄家山村志》出版】　10月，湖北省秭归县泄滩乡黄家山村志编委会编纂的《黄家山村志》由三峡电子音像出版社出版。余先满主编。该志为"秭归县地方志丛书"之一种。该志设建置区划、自然环境、人口与计生、村级组织、农业、林业、养殖业、商贸企业、基础设施、教育医疗、民间习俗、民间文化、民间技艺、人物简介14篇（章），记述上限起于有史记载之时或事物发端，下限至2015年秭归县泄滩乡黄家山村自然、政治、经济、文化、民生民俗等内容。志首设大事记、概述，志末附黄家山之最。该志主要特点是突出民间习俗与民间文化特色。全书18.4万字。

（湖北省文化和旅游厅地方志工作处）

【《柴家湾村志》出版】　10月，湖北省秭归县泄滩乡柴家湾村志编委会编纂的《柴家湾村志》由三峡电子音像出版社出版。何平主编。该志为"秭归县地方志丛书"之一种。该志设建置区划、自然环境、人口、村级组织、农业、企业、交通运输、商贸旅游、基础设施、教育卫生体育、文化广电通讯、社会生活、农村扶贫、民俗方言、人物15篇（章），记述上限起于有史记载之时或事物发端，下限至2015年秭归县泄滩乡柴家湾村自然生态、政治、经济、农林牧业、文化卫生、社会服务等内容。志首设概述、大事记，志末附后记。该志主要特点是突出茶叶产业和高山反季节蔬菜产业以及民俗风情特色。全书14.5万字。

（湖北省文化和旅游厅地方志工作处）

【《桂花坪村志（1949—2015）》出版】 10月，湖北省秭归县泄滩乡桂花坪村志编委会编纂的《桂花坪村志（1949—2015）》由三峡电子音像出版社出版。王大科主编。该志为"秭归县地方志丛书"之一种。该志设建置区划、自然环境、人口、村级组织、农业、企业、交通运输、商贸、教育、卫生体育、文化广电通讯、社会生活、民俗方言、人物14篇（章），记述1949年至2015年秭归县泄滩乡桂花坪村自然、政治、经济、文化、社会等方面的内容。志首设概述、大事记，志末附后记。该志突出记述秭归县建立的第一个苏维埃政府的红色文化特色以及当地生产生活习俗。全书12.2万字。

（湖北省文化和旅游厅地方志工作处）

【《调关镇志》出版】 12月，湖北省石首市调关镇政府主持编纂的《调关镇志》由武汉出版社出版。郭紫峰、张天明主编。该志设建置沿革、社区·行政村、自然环境、农业、水利、工业、电力、交通、邮电、村镇建设、供水、建筑业、商业、财税、金融、工商行政管理、党群组织、基层政权、公安·司法、军事、革命斗争史略、教育体育、卫生事业、文化事业、民间文学、文学艺术、风景名胜、宗谱文化、新闻传媒、人口、人民生活、民政、社会风俗、方言、人物35章157节。该志上限为清宣统元年（1909），下限至2018年。该志全面反映调关镇的历史变迁、发展历程与现状，重点记述全镇各行各业发生的巨大变化、崭新风貌及在精神文明领域和美丽乡村建设中取得的新成就，充分展示调关镇自然资源、地域文化、特色产业、发展成果、乡土风情、社会人文及人物风采等。全书106万字。

（湖北省文化和旅游厅地方志工作处）

【《上车湾镇志》出版】 4月，湖北省监利市上车湾镇政府主持编纂的《上车湾镇志》由湖北科学技术出版社出版。该志设环境 建置、集市 行政村、人口与计划生育、农业、畜牧 林业 水产、堤防 水利、乡镇企业、商贸、财税 银行 工商管理、村镇建设、党群组织、政权、政法 武装、民政 社会保障、教育、卫生、文化、社会生活、人物19编，志首设序、凡例、概述、大事记，志末设附录、编后记，配载地图、卷首彩页及编首图、随文图近200张。该志记述监利市上车湾镇自然、经济、政治、文化、社会、生态发展等方面的历史和现状。该志为监利市第一部公开出版的乡镇志书。全书67万字。

（湖北省文化和旅游厅地方志工作处）

【《桥市镇志（1986—2017）》出版】 12月，湖北省监利市桥市镇政府主持编纂的《桥市镇志（1986—2017）》由武汉出版社出版。曾德高主编。该志设自然建置、人口·计划生育、农业、水产、水利、村镇建设、乡镇企业、邮政·通信·交通·电力、商贸、财政·税务·金融、经济管理、党政·群团、政法·武装、民政、文化、教育、卫生、社会生活、行政村·社区、人物20编。该志上限接首部《桥市镇志》的下限，下限至2017年，记述1986年以来桥市镇经济、社会发展进程。志首设序、凡例、大事记、概述，志末附附录、后记。全书76万字。

（湖北省文化和旅游厅地方志工作处）

【《东湖街道志（1991—2020）》出版】 11月，湖北省黄冈市黄州区东湖街道办组织编纂的《东湖街道志（1991—2020）》由三峡电子音像出版社出版。胡凯主编。该志设地理环境人口、街道经济、基础建设和管理、财税金融、街道组织、社会事业、社会生活、人物8章，详细记述黄州区东湖街道辖区政治、经济、文化、社会、生态文明等方面的基本情况，着重展现地方特色和发展成就。志首设东湖街道辖区地图和经济社会发展成就图片集，志末附文件辑录、地方调研报告选录、地名由来和村社史话等内容。全书37.4万字。

（湖北省文化和旅游厅地方志工作处）

【《长沙市雨花区街镇简志》出版】 8月，湖南省长沙市雨花区地方志编纂室编纂的《长沙市雨花区街镇简志》由方志出版社出版。唐清明主编。该志设雨花区概况篇及13个街镇篇。该书客观真实记载雨花区所辖13个街镇自建置以来至2019年的发展历程及地域特点，展现各街镇建置沿革、历史变迁、经济建设、社会发展等内容。全书46.7万字。

（唐清明）

【《湖南乡镇简志·邵阳市卷》出版】 年内，湖南省地方志编纂院、邵阳市地方志编纂室编纂的《湖南乡镇简志·邵阳市卷》由中州古籍出版社出版。周玉柳、曾爱武主编。该志分上、下两卷，采用纲目体，除总述、邵阳市情综述外，设大祥区、双清区、北塔区、邵东县、新邵县、隆回县、洞口县、绥宁县、城步苗族自治县、武冈市、新宁县、邵阳县12个类目，类目下设县市区概述及各乡、镇、街道条目，条目下分区域概况、经济发展、基础设施、社会事业、特色地情五大板块，全面、系统、客观地记述邵阳市90个乡（其中少数民族乡21个）、107个镇、24个街道的历史和现状。该志上限追溯自建置之始或事物发端，下限至2014年年底。收录随文彩图378幅。志首设湖南省行政区划略图、邵阳市行政区划图，志末附10篇文献、2篇后记。全书200万字。

（李国维）

【《坪坦村寨志》出版】 2月，湖南省通道侗族自治县史志办编纂的《坪坦村寨志》由四川师大电子出版社出版。吴祥雄、吴文志、吴文广主编。该志设历史沿革、行政建制、地理环境、人口生活、村寨建设、民族风俗、经济发展、传说故事等12章，如实客观地记述通道侗族自治县坪坦村寨的历史和现状。志首设概述、大事记，志末附附录。全书35.7万字。

（吴文广）

【《广州市名镇名街名村志丛书·南华西街道志》出版】 6月，广东省广州市海珠区南华西街道志编委会编纂的《广州市名镇名街名村志丛书·南华西街道志》由广东旅游出版社出版。该志设南溪风华、基本街情、基础设施、文物胜迹、古今商贸、水上居民、民俗购物、街区文化、兴学重教、"两个文明"建设、古街保护、龙溪望族——潘氏、名人与名街、诗词撷萃、大事纪略等类目，上限追溯至清乾隆四十一年（1776），下限至2019年，记述该辖区街巷形成发展、商贸兴起繁荣的历史变迁，十三行商潘氏家族和近代以来在南华西街道辖内生活过的革命志士和文化名人，以及二十世纪八九十年代经济快速发展的南华西街街道，充分展现中华第一街的时代风貌。志末附参考文献、编纂始末。全书49.8万字。

（广东省志办）

【《广州市名镇名街名村志丛书·猎德村志》出版】 10月，广东省广州市天河区猎德街道猎德村志编委会编纂的《广州市名镇名街名村志丛书·猎德村志》由方志出版社出版。该志设改造典范名村猎德、基本村情、猎德城中村改造、村域经济、村民生活、风土民俗、文物古迹、艺文杂记、猎德人物、大事纪略等类目，全面记述猎德村发展历程，突出该村900多年悠久历史，典型岭南水乡的人文风貌，展示猎德村开广州市城中村改造历史先河的典范价值。志末附附录、主要参考文献、编纂始末。该志主要特点是收录猎德村在广州市和天河区的位置图，以及大量改造前后局部变化的对比图照，展现村容村貌的巨大变化。全书33万字。

（广东省志办）

【《广州市名镇名街名村志丛书·茶塘村志》出版】 5月，广东省广州市花都区志办、炭步镇茶塘村志编委会编纂的《广州市名镇名街名村志丛书·茶塘村志》由广东经济出版社出版。该志设古建遗韵粤海名村、基本村情、经济、古韵流漫、风土民情、艺文杂记、名人与名村、大事纪略8个类目，上限追溯至该村始祖汤氏宋代开基时，下限至2018年，全面记述茶塘村的历史变迁和社会主义新农村建设的成就。志首设专题图片，志末附附录、参考资料、编纂始末。全书26.3万字。

（广东省志办）

【《广州市名镇名街名村志丛书·大埔围村志》出版】 10月，广东省广州市花都区大埔围村志编委会编纂的《广州市名镇名街名村志丛书·大埔围村志》由广东人民出版社出版。该志设概述、基本村情、抗日勋劳、文化源流、村民自治、风土民情、旅游开发、艺文、名人与村、大事纪略等类目，上限为清康熙年间建村，下限至2019年，全面记述村庄变迁历史和社会主义新时代的美丽乡村建设成就。全书30万字。

（广东省志办）

【《大岗镇志》出版】 5月，广东省广州市南沙区大岗镇编纂的《大岗镇志》由广东经济出版社出版。该志设地理建置、经济、城乡建设、政治、文化、社会、人物7篇34章，上溯事物发端，下限为2015年，记述至2015年底大岗镇的地理环境、社会经济、人文底蕴、民俗风情。志首设总述、大事记，志末附附录、主题索引、编后记。全书71.6万字。

（广东省志办）

【《黄阁镇志》出版】 5月，广东省广州市南沙区黄阁镇编纂的《黄阁镇志》由广东经济出版社出版。该志设地理建置、经济、城乡建设、政治、文化、社会、人物7篇41章，收录图片近400幅。该志上溯事物发端，下限为2015年，记述黄阁镇行政区域内天文、地理、政治、经济、军事、文化、教育、科技、城乡建设、风土人情、方言及历史人物等方面的情况。志首设总述、大事记，志末附附录、主题索引。全书80万字。

（广东省志办）

【《龙穴街道志》出版】 5月，广东省广州市南沙区龙穴街道编纂的《龙穴街道志》由广东经济出版社出版。该志设建置人口、自然环境、城乡建设、经济、政治、文化、社会、人物与先进集体8篇40章，记述该行政区域从古伶仃洋的一个无人居住小岛，发展为海洋高端工程装备制造区和现代海洋服务聚集区的轨迹，在经济社会和文化发展方面的历程。志首设总述、大事记，志末附附录、索引、后记。全书48.5万字。

（广东省志办）

【《南沙街道志》出版】 11月，广东省广州市南沙区南沙街道编纂的《南沙街道志》由广东经济出版社出版。该志设地理建置、经济、城乡建设、政治、文化、社会、人物7篇37章，收录图片700余幅。该志上限追溯至公元前214年秦平岭南设置岭南三郡时期，下限至2015年底，记录南沙街道区域的历史沿革、政事民生、社会经济、自然风貌、人文景观、民俗风情。志首设总述、大事记，志末附附录、主题索引、编后记。全书87.5万字。

（广东省志办）

【《广州市名镇名街名村志丛书·东涌镇志》出版】 12月，广东省广州市南沙区东涌镇编委会编纂的《广州市名镇名街名村志丛书·东涌镇志》由广东经济出版社出版。该志设概述、基本镇情、经济名镇、特色旅游、特色文化、风土民情、名人与名镇、艺文掌故、大事纪略9个类目，收录图照300多幅。该志上限追溯至宋元归属于沙湾司时，下限至2019年，记述该镇的沙田水乡自然生态和疍家渔民生产生活的人文景观，以及作为全国综合实力千强镇在经济产业方面的特色。志末附附录、参考文献、编纂始末。全书42万字。

（广东省志办）

【《广州市名镇名街名村志丛书·榄核镇志》出版】 12月,广东省广州市南沙区榄核镇编委会编纂的《广州市名镇名街名村志丛书·榄核镇志》由广东经济出版社出版。该志设星海精神耀故里沙田水乡似天堂、镇情概览、民俗风情、灵秀水乡、经济发展、红色文化、文苑荟萃、艺文、名人与榄核、大事纪略10个类目,上限追溯至清代,下限至2019年。志末附附录、参考文献、编纂始末。该志突出人民音乐家冼星海故里和广州市革命老区等亮点,以红色文化和绿色生态为特色。全书39.5万字。

(广东省志办)

【《海南省志·七坊镇志（1935—2017）》出版】 6月,海南省白沙县七坊镇编纂的《海南省志·七坊镇志（1935—2017）》由南方出版社出版。陈志强主编。该志设政区自然人口、党政群团、经济发展、社会事业、文化传承及人物等篇（章）,记述白沙黎族自治县七坊镇的自然、政治、经济、文化、社会等方面的历史和现状。志首设概述、大事记,志末附七坊镇村规民约、中共七坊镇委关于乡镇撤并工作的实施方案等。全书67.4万字。

(张永翠)

【《海南省志·牙叉镇志（1935—2017）》出版】 7月,海南省白沙县牙叉镇编纂的《海南省志·牙叉镇志（1935—2017）》由南方出版社出版。韦昌发主编。该志设政区自然人口、党政群团、经济发展、社会事业、文化传承及人物等篇（章）,记述白沙黎族自治县牙叉镇的自然环境、社会事业、政治、经济、军事、文化等方面的历史和现状。志首设概述、大事记,志末附牙叉镇2017年扶贫产业项目实施方案等。该志重点记载世界最大的无颗粒陨石坑等自然景观、"牙叉会议"革命遗址,以及黎族民族舞蹈等地方特色。全书60万字。

(张永翠)

【《城厢镇志》出版】 12月,四川省成都市青白江区志办和城厢镇合编的《城厢镇志》由成都地图出版社出版。该志设综述（千年城厢丝路新语）、基本镇情、千年县治、移民之乡、名人之乡、风土民情、艺文杂记、附录等类目。该志内容上限追溯至事物发端,下限至2018年,图文并茂地记述千年古镇城厢的历史现状、发展变迁及独特的人文景观、风土民情等。志首设凡例、序、区位图、行政区划图、彩页等,志末附大事记略、历代乡贤、英雄人物及参考文献、编纂始末等。全志40万字。

(孙玉峰)

【《大划镇志（1911—2019）》出版】 4月,四川省崇州市大划镇志编委会编纂的《大划镇志（1911—2019）》由中国文史出版社出版。罗天林主编。该志设自然地理、建制沿革、政治、经济、文化、社会风土、村（社区）概况、人物等篇,记述1911年至2019年大划镇政治、经济、社会、文化、人民生活诸方面的发展变化。志首设前言、凡例,志末附附录、后记。全书58万字。

(孙玉峰)

【《三学寺村志》出版】 12月,四川省金堂县栖贤街道三学寺村志编委会编纂的《三学寺村志》由山东文化音像出版社出版。廖春水主编。该志设基本村情、道教名山、隋唐古寺、名人诗咏、墨客文韵、碑刻楹联、文物古迹、旅游开发、风土民情、人物、大事记略11篇（章）,重点记述金堂县栖贤街道三学寺村丰富悠久的历史文化和独具特色的文物古迹、旅游资源和风土民情。志首设序言、凡例和前言（文献名山、道佛胜地）,志末附参考文献、编纂始末。全书35万字。

(孙玉峰)

【《西来镇志》出版】 12月,四川省蒲江县西来镇编纂的《西来镇志》由四川民族出版社出版,《西来镇志》编委会主编。该志设概述、基本镇情、古镇西来、美丽西来、红色西来、风情西来等篇（章）,记述西来镇优美的山水自然风光、悠久的千年古镇风貌和丰富的文化旅游资源,真实形象地展现西来镇的历史与现状。志首设凡例、综合图照,志末附附录、编后记。该志呈现独特的川西古镇风情，介绍川剧之乡的历史渊源、红色文化背后的故事、"佛从西来"的底蕴、千年古镇的"古"字等。全书47万字。

（孙玉峰）

【《绵阳市名镇志》出版】 10月，四川省绵阳市地方志编纂中心编纂的《绵阳市名镇志》由四川科学技术出版社出版。余正道主编。该志选择在传统文化、革命历史、民族特色、旅游景观、经济发展等方面具有代表性的49个乡镇（街道），以条目体的编纂形式，客观简要介绍其历史沿革、自然地理、经济与社会发展状况、乡镇建设等基本情况，重点反映当地文物古迹、古镇保护、旅游名胜、特色经济、特色文化、风土民情、本土名人等独具地方特色的内容。志首设前言、凡例，志末附编后记，随文插图382幅。该志内容丰富、特色鲜明、图文并茂，全面展示了绵阳市名镇文化的魅力，对于绵阳市保护乡土历史文化、探索新型城镇化建设、实施乡村振兴战略具有重要的参考价值。全书47万字。

（孙玉峰）

【《马岭镇志（1950—2017）》出版】 5月，四川省雅安市名山区马岭镇政府编纂的《马岭镇志（1950—2017）》由中国文化出版社出版。余安敏任主编。该志设建制、自然环境、党群组织、人民武装、民政与司法、国土、人口与计划生育、畜牧兽医、农业、乡镇企业、森林、交通邮电、金融财税、教育、医疗卫生、社会生活、场镇建设、行政村（社区）、"知青"文化19章，突出反映马岭镇厚重的耕读文化，悠久的历史人文、贡茶文化，灿烂的佛教文化，优美的生态文化等特色。全书28.8万字。

（孙玉峰）

【《金中镇志》出版】 6月，贵州省开阳县金中镇志编委会编纂的《金中镇志》由贵州人民出版社出版。桂顺钊主编。该志设区域环境资源、人口、政党等14篇，记述政区设置、自然环境、土地矿产、人口状况、集镇建设、政党机构、农业工业、军事法治、教育卫生、财政金融、风土人情、社会生活等史实。志首设政区集镇图片、序言、凡例，志末附人物、编后语。全书66万字。

（张文建）

【《汇川区高桥镇志》出版】 10月，贵州省遵义市汇川区高桥镇志编委会编纂的《汇川区高桥镇志》由中国文化出版社出版。袁建文主编。该志设建置区划、地理自然、自然灾害生态环境、中国共产党汇川区高桥镇机构组织、镇（乡）人民代表大会、镇（乡）政府、政协群团、军事法制、经济管理、种植业、养殖业、工业企业、商业服务业、规划建设、教育、科技、文化、卫生、体育、人口与计划生育、民政21章，记述高桥镇人文地理、社会、经济、文化历史发展历程。志首设图片、序、凡例，志末附编纂人员名单、后记。全书100万字。

（张文建）

【《绥阳县枧坝镇志》出版】 6月，贵州省绥阳县枧坝镇政府编纂的《绥阳县枧坝镇志》由中国文化出版社出版。黄明仲主编。该志设自然地理、建置沿革、人口民族宗教、中国共产党枧坝基层组织、镇人民代表大会、镇政府政协联络组、群团组织、特色产业、红色印记、特色文化旅游、军事、法治、农业、林业、水利电力、土地管理、工业商贸、交通集镇建设、邮政电信网络、财政税务金融、扶贫招商、教育、文化广播电视、医疗卫生体育、民政劳动保障、习俗礼仪、居民生活、语言28篇（章），记述枧坝镇历史、地理、文化、经济、人文、民风、民俗等内容。志首设概述、大事记，志末附附录、后记。全书99万字。

（张文建）

【《松烟镇志》出版】 4月，贵州省余庆县松烟镇志编委会编纂的《松烟镇志》由中国文化出版社出版。徐兴茂主编。该志设建置区划，自然环境，民族·人口·宗教，经济管理，农业，交通运输，邮政通信，镇村建设·环境保护，工业商贸，财政税务金融，党政社团，军事·公安·行政司法，人事劳动·社会保障·民政，教育卫生，文化旅游·科技·体育，他山文化，方言·习俗·民间故事16章，记述松烟镇政治、经济、文化、社会等方面的发展历程及全貌。志首设图片、序和凡例，志末附附录、编后记。该志主要亮点是反映他山文化地域特色。全书67万字。

（张文建）

【《龙溪镇志》出版】 5月，贵州省余庆县龙溪镇志编委会编纂的《龙溪镇志》由中国文化出版社出版。屈凡彪主编。该志设建置区划，自然地理，人口·民族·宗教，资源管理，经济管理，农业，交通运输·邮政与通信，镇村建设·环境保护，工业商贸，财政税务金融，党政社团，军事·公安·政法，人事劳动·社会保障、社会事务，教育医疗卫生，文化·科技·体育，方言·词语·习俗16章，详细记载龙溪镇的社会发展历程。志首设图片、序和凡例，志末附附录、编后记。该志设专记全面记述烟花产业重镇特色，还详细记载红军转战龙溪激战历程、开展红色教育的重要史料。全书69万字。 （张文建）

【《关兴镇志》出版】 10月，贵州省余庆县关兴镇志编委会编纂的《关兴镇志》由中国文化出版社出版。盛榜明主编。该志设沿革境域·行政区划，地理自然，民族宗教·姓氏家庭和人口，经济管理，农业，交通运输·邮政通讯，镇村建设·环境保护，工业商贸，财政税务金融，党政社团，军事、法治，人事劳动·社会保障·民政，教育医疗卫生，文化·体育，方言·习俗15章，全面翔实记载关兴镇政治、经济、文化、社会生活等方面的重大事项和基本情况。志首设图片、序、凡例，志末附附录、编后记。全书59万字。

（张文建）

【《鹿城镇志》出版】 6月，云南省楚雄彝族自治州乡土志丛书编委会、楚雄市鹿城镇志编委会编纂的《鹿城镇志》由云南人民出版社出版。吴宁、李玉相主编。该志设基本镇情、鹿城史话、鹿城新貌、鹿城旅游、文化艺术、风土民情、艺文杂记、人物、大事纪略9篇，记述鹿城镇深入实施"产业兴镇、开放活镇、生态美镇、科教兴镇、依法治镇"战略，作为楚雄州中心城镇的作用和辐射功能日渐凸显的发展历史。志首设总序、《鹿城镇志》序、凡例、编纂说明，志末有附录、主要参考文献。全书31万字。 （云南省志办）

【《光禄镇志》出版】 1月，云南省楚雄彝族自治州乡土志丛书编委会、姚安县光禄镇志编委会编纂的《光禄镇志》由云南人民出版社出版。凌世锋、蒋龙、朱德宣主编。该志设基本镇情、千年古镇、龙华古刹、高氏家族、文化古迹、风土民情、特色旅游、光禄名人、艺文杂记、大事纪略10篇，记述光禄镇自然风貌以及经济、文化、社会发展的历史和现状，展现光禄镇独特的自然风貌、气候物产、风土民情和经济社会发展成就。志首设总序、《光禄镇志》序、凡例、编纂说明，志末附主要参考文献、编纂后记。全书25万字。

（云南省志办）

【《环州村志》出版】 6月，云南省楚雄彝族自治州乡土志丛书编委会、武定县环州乡环州村志编委会编纂的《环州村志》由云南人民出版社出版。杨晓艳主编。该志设概述、村情概要、土司故地、风土民情、民间文化、艺文传说、人物辑录、大事纪略、附录9篇，基本村情基础上，突出反映环州村历史文化、土司文化、彝族文化。志首设总序、《环州村志》序、凡例、编纂说明，志末附编纂始末。全书30万字。

（云南省志办）

【《黑井镇志》出版】 4月，云南省楚雄彝族自治州乡土志丛书编委会、禄丰县黑井镇志编委会编纂的《黑井镇志》由云南人民出版社出版。宋敏、张学正主编。该志设基本镇情、盐都话旧、黑井古迹、保护开发、风土民情、艺文杂记、名人名镇、大事纪略8篇，记述黑井独特的自然、经济、社会、历史和古盐文化。图随文走，图文并茂。志首设总序、《黑井镇志》序、凡例、编纂说明，志末有附录、主要参考文献、编纂后记。全书31.5万字。

（云南省志办）

【《大北厂村志》出版】 6月，云南省楚雄彝族自治州乡土志丛书编委会、禄丰县金山镇大北厂村志编委会编纂的《大北厂村志》由云南人民出版社出版。李萍主编。该志设文毅公故里社科前沿村（概述）、村情概览、禄村社会调查、禄村农田经济、古迹遗址、风土民俗、艺文传说、人物、大事纪略、附录10篇，突出反映大北厂村作为费孝通社会学田野调查的"标本"——"禄村"以及明东阁大学士、礼部尚书兼兵部侍郎王锡衮故里的历史文化底蕴、地域特色和风土民情等。志首设总序、《大北厂村志》序、凡例、编纂说明，志末附参考文献、编纂后记。全书22万字。

（云南省志办）

【《中台村志》出版】 8月，陕西省吴起县档案局和庙沟镇中台村民委员会编纂的《中台村志》由三秦出版社出版。齐光旭主编。该志上限尽量追溯至事物发端，下限截至2019年年底，记述范围为2018年中台村与柳沟村合并后的中台村。志首设彩页、序言、凡例，后设概述、大事记、基本村情、人口姓氏、农耕养殖、林果经济、匠艺副业、教育卫生、乡风民俗、乡贤人物、艺文集锦、杂记故事，志末附编后记。全书26.2万字。

（陕西省志办）

【《横山镇志》出版】 7月，陕西省榆林市横山区横山镇政府主持编纂的《横山镇志》由陕西人民出版社出版。该志设地理、经济、政治、军事、科教文卫、社会、艺文、人物8编，随文图近200幅，记述横山镇自然、经济、政治、文化、社会、生态发展的历史和现状。志首设序、凡例、概述、大事记、地图、卷首彩页及编首图，志末附附录、编后记。全书70万字。

（陕西省志办）

【《永忠村志》出版】 12月，陕西省榆林市横山区雷龙湾镇永忠村委主持编纂的《永忠村志》由中国现代出版社出版。该志设地理自然、历史沿革、党政组织、农业水利、林业畜牧、工业交通、商业贸易、教育卫生、文化艺术、生活习俗、永忠人物、永忠纪事12编，随文图近200幅，记述雷龙湾镇永忠村自然、经济、政治、文化、社会、生态发展的历史和现状。志首设序、概述、地图、卷首彩页及编首图，志末附附录、编后记。全书49.4万字。

（陕西省志办）

【《榆中县黄家庄村志》出版】 1月，甘肃省榆中县志办、榆中县来紫堡乡黄家庄村志编委会编纂的《榆中县黄家庄村志》由甘肃文化出版社出版。张德馨主编。该志设建置沿革、自然环境、人口宗族、交通通信、村组织、土地使用和生产关系等18章，全面系统地记述黄家庄村的自然、地理、政治、经济、文化、民生、风俗等方面的历史与现状，突出记述改革开放以来的发展变化。志首设序言、彩插、编写说明、概述、大事记，志末附编修感言和后记。全书43.3万字。

（贾婉妮）

【《芳草村志》出版】 5月，甘肃省景泰县芦阳镇《芳草村志》编委会编纂的《芳草村志》由研究出版社出版。李保军主编。该志设建置、自然环境、农业·畜牧业·林业、商业流通·建筑业、水利·电力、交通·运输·通信、人口、教育·文化、医疗、党政群团、乡村建设、风俗民情、方言·俗语、人物、艺文15章。该志上限上溯事物发端，下限至2019年12月，全面反映芳草村历代村民质朴风貌和建设家乡、保卫家乡的事迹，着重记录中华人民共和国成立以来取得的历史性进步和发展。全书56万字。

（李保军）

【《甘泉镇志》出版】 6月，甘肃省天水市麦积区甘泉镇政府主持编修的《甘泉镇志》由天津古籍出版社出版。石廷秀、潘守正主编。该志设沿革区划、自然地理、人口、政治体制、农村经济体制、农业、工业、交通邮电、商业、财税金融、镇村建设、民生、教育、文化、文物、风景名胜、医疗卫生、体育、风俗、艺文、人物21章105节，全面记述镇内各项事业发展历程。该志上溯事物发端，下迄2013年，重在记述改革开放后发展状况。志首设概述、大事记，志末附附录、后记。全书65万字。　　　　　　　　　　（刘世清）

【《山城子村志》出版】　3月，甘肃省民乐县洪水镇山城子村志编委会编纂的《山城子村志》由甘肃文化出版社出版。马长福主编。该志设自然环境、村政建置、人口家庭、党政群团、兵役、农村变革、村庄农耕、水利事业、畜牧业、工商贸易、交通邮电、教育卫生、村民生活、文化旅游、农具用具、习俗礼仪、村民语言、艺文、人物19章，记述山城子村从明代到2020年，特别是改革开放以来在自然、经济、社会发展等方面的巨大变化和新农村建设的现状及取得的成就。志首设序言、概述、大事记，志末附碑文祭文、论文新闻、赞助名单及跋和后记。该志全彩印刷，装帧精美；农具用具照片多，图文并茂；谱系载录完整，收录全村各姓家谱，村民全部志上留名；世系无一遗漏，彰显村民各代演变；收录方言、艺文可读性强。全书55万字。　　　　　　（董宏）

【《东联村志》出版】　8月，甘肃省高台县巷道镇东联村志编委会编纂的《东联村志》由甘肃文化出版社出版。万吉刚总编，胡光钧主编。该志设建制沿革、自然环境、人口、经济体制变革、农业生产、畜牧养殖、林果业、工商贸易、教育事业、社会事业、基础设施建设、政党政权及群团组织、政事概略、生产生活用具、村民生活、家风·家训、文化艺术、荣誉·人物、艺文集萃19章，记述东联村有史以来至2018年12月的变迁历史。志首设概述、大事记，志末附村规民约、"三变"改革试点工作的经验做法等。该志收录东联村254户居民家风家训和全家福照片。全书25万字。
　　　　　　　　　　　　　　（段进泓）

【《霍城镇志》出版】　9月，甘肃省山丹县霍城镇编委会编纂的《霍城镇志》由中国书籍出版社出版。韩旭华、王晓军主编。该志设自然地理、行政建置、家庭人口与生活、农业生产、林业、畜牧业、水利建设、交通邮电、商业贸易、财政金融、乡镇建设、党的组织、行政建设、综治司法、公安、群团组织、民政社保、军事、教育事业、医药卫生、文化、方言民俗、艺文、人物24章，记述霍城镇上自远古，下至2019年的自然、经济、政治、文化、社会生活的发展变化。志首设序、凡例、概述、大事记，志末附附录、后记。该志主要亮点是大事记完备，农业生产、畜牧业、水利建设等章节突出霍城镇特点特色。该志设有微信扫码阅读功能。全书42万字。　　（杨争山）

【《段渠村志》出版】　11月，甘肃省静宁县三合乡《段渠村志》编委会编纂的《段渠村志》由甘肃文化出版社出版。王宏伟主编。该志设建置、地理、人口、经济、政治、社会、文化、卫生、社保、人物10篇，记述该志断限内段渠村经济社会发展历程。志首设概述，志末附大事记、附录。全书31万字。
　　　　　　　　　　　　　　（李满强）

【《尕秀村志》出版】　7月，甘肃省碌曲县党史县志办编纂的《尕秀村志》由四川师范大学电子出版社出版。尤文平主编。该志设境域·区划、自然环境与资源、村级组织、征兵及民兵工作、脱贫攻坚、畜牧业、商贸流通、交通运输、水利水电、教育卫生、文化、体育、旅游、通信传媒、人口、村民生活、民情风俗、人物18章，记述百年来尕秀村由小到大、由贫到富、由落后到文明、由分散游牧到集中定居的发展变迁。志首设序言、概述、大事记，志末附重要文献、村规民约、后记等。全书30万字。　　　　　　　　　　（敏彦萍）

·部门（行业、专题）志书

【《北京市怀柔区地名志》出版】　1月，《北京市怀柔区地名志》编纂领导小组主编的《北京市怀柔区地名志》由北京工业大学出版社出版。丁学济主编。该志设自然地理实体、政区、聚落、交通、文物古迹名胜、生产建筑、公共建筑、历史地名、地名管理9篇29章，记述怀柔区域内各类重要地名的标准名称、读音、位置、行政归属及其命名的由来、含义和演变等要素以及地名反映的自然、经济特征等。志首设凡例、彩插、概述、大事记，志末附地名文件、地名论文、地名诗词、地名传说、本志主要参考资料、索引、后记。该志主要特点是图文并茂、详今略古，重点放在现代地名，对政区、聚落、交通做了较为详尽的叙述，历史地名不采用过去朝代分类法，而是分为古代、近代、现代。全书86万字。　　　　（张洪连）

【《北京市朝阳区地名志》出版】　10月，北京市朝阳区地方志编委会编纂的《北京市朝阳区地名志》由方志出版社出版。王志勉主编。该志设概述、大事记、政区概览、政区聚落、交通设施、古迹名胜、生产建筑与公共服务设施、历史地名、地名管理和附录9篇15章39节，收录1500余个地名、360余幅图照，记述朝阳区地名的历史与现状，以及地名形成背景和演变过程，展现朝阳区地名变化的时代特征和根植于地名背后的深厚人文底蕴。志首设朝阳区行政区划图、地形图、交通图、专题照片。全书100万字。　　　　　　（姜原）

【《北京市门头沟区地名志》出版】　12月，北京市门头沟区地方志编委会编纂的《北京市门头沟区地名志》由北京出版社出版。韩春鸣主编。该志设自然地名、政区、聚落、名胜古迹、交通道路、企业建筑、公共服务机构、历史地名、地名管理9篇28章108节，收录322幅图片。志首设专题图片，志末附地名管理文件选录、北京市人民政府关于颁发《北京市地名管理办法》的通知、北京市地名管理办法、历史地名文献摘录等。该志记录门头沟区地名形成及演变的过程，特别是政治、经济、文化诸多领域的印记，体现出门头沟区历史文化特色。全书100万字。　　　　（付向东）

【《北京市昌平区地名志》出版】　12月，北京市昌平区委党史办公室、昌平区志办编纂的《北京市昌平区地名志》由中国书店出版社出版。朱华海、操太盛主编。该志设自然地理实体、政区·聚落、交通设施、生产建筑、公共建筑、古迹文物·纪念地·风景名胜、历史地名与地名管理7篇。该志上限起于事物发端，下限止于2014年，个别内容视需要适当下延，记述昌平区地名演变情况。志首设凡例、彩插、概述、大事记，志末附专记、附录、地名诗词、索引、后记。全书100万字。　　　　　　　　　　　　（李楠）

【《东丽区武术志》出版】　4月，天津市东丽区武术协会编纂的《东丽区武术志》由天津人民出版社出版。迟广智主编。该志设组织机构、武术门派与拳械套路、武术队伍、武术之村、创建全国武术之乡、武术段位制推广、武术赛事成绩、东丽区的摔跤运动、人物、武林轶事10章，系统记述东丽区武术运动自发端至2017年的发展历史，反映全区武术人弘扬国粹、传承优秀传统的爱国主义精神。志首设东丽区武术活动照片、凡例、序一、序二、概述、大事记，志末附东丽区武术协会章程、制度选编、文件选编、论文、文章、讲话、网站及微信公众号。全书28.8万字。　　（韦恬）

【《大城县文学艺术志》出版】　6月，河北省大城县文学艺术界联合会编纂的《大城县文学艺术志》由北方文学出版社出版。李会宁主编。该志设文联机构、文学、书法、美术、摄影、音乐、戏曲、曲艺、舞蹈、诗词、硬笔书法、平舒印社、民间文艺、文学艺术作品选、人物传记15编，记述大城县文学艺术的历史和现状。全书32万字。　　　　（郑小明）

【《义和团图志》出版】　10月，中国义和团研究会会员、河北省社会科学院特邀研究员、河北省邢台市威县人大常委会原副主任李金鹏编著的《义和团图志》由新华出版社出版。该书以赵三多领导的义和团斗争为主线，以义和团的时代背景、成因、首义、高潮、余波为脉络，分8个部分展示义和团运动起因、过程及其意义。该志收录历史图片319幅。全书21.3万字。

（郑小明）

【《丰宁千松坝林场志（2000—2020）》出版】 10月，河北省丰宁县千松坝林场志编委会编纂、丰宁满族自治县史志办承编的《丰宁千松坝林场志（2000—2020）》由九州出版社出版。曹海龙主编。该志设机构人员、工程建设、工程管理、育苗、林业科研、基础设施建设、资源管护、财务管理、森林资源开发与生态扶贫、政治思想建设、作风建设、组织建设、精神文明建设、先进集体与先进个人14章，记述丰宁千松坝林场建场20年的历史与现状。志首设概述、大事记，志末附附录、编后记。全书143.7万字。 （郑小明）

【《应县木塔志》出版】 9月，山西省地方志研究院编纂的《应县木塔志》由方志出版社出版。张志仁主编。该志设千古一塔、塔乡应县、佛宫名刹、永镇金城、天柱地轴、百尺莲开、峻极神工、万古观瞻、古迹重新、万象逢春、盛世重光、百世流芳、翰苑墨香、天华云锦、岁月留痕、名人履踪、大事记、参考文献、后记19篇，详细记述应县木塔的故乡、居处、兴造、建筑、结构、营造技艺、塔内秘藏、修葺、保护、开发、文献、艺术、故事、访客，全方位展示木塔构造和营造技术，呈现的特点和蕴含的思想及文化。全书72万字。

（山西省地方志研究院）

【《大同工会志（1993—2018）》出版】 12月，山西省大同市总工会编纂的《大同工会志（1993—2018）》由中国文史出版社出版。姚夏冬主编。该志设劳动力资源、组织建设、服务经济、劳动保护、女职工工作等15章，记述1993年至2018年大同工人阶级、工会组织、工会工作的历史和现状。志首设概述、大事记，志末附附录。全书140万字。

（大同市地方志研究室）

【《大同市保险业志（1949—2017）》出版】 12月，山西省大同市保险行业协会编纂的《大同市保险业志（1949—2017）》由方志出版社出版。郭促、贺启宗主编。该志按保险企业重要管理要素列志，设企业使命、目标与战略管理、企业组织机构、保险企业经营、保险企业管理等10篇35章，记述1949年至2017年大同保险业的历史与现状。志首设概述、大事记，志末附索引。全书92万字。

（大同市地方志研究室）

【《广灵扶贫志（2014—2020）》出版】 12月，山西省广灵县地方志研究室编纂的《广灵扶贫志（2014—2020）》由山西经济出版社出版。王崇虎主编。该志设贫困状况与扶贫方略、专项扶贫、精准帮扶、基础设施建设、扶贫管理、人物、文献辑要7编38章111节，记述2014年至2020年广灵县脱贫攻坚的历史。志首设概述、大事记，志末附后记。全书90万字。

（大同市地方志研究室）

【《阳泉市人民代表大会志（2001—2020）》出版】 11月，山西省阳泉市人民代表大会志编委会编纂的《阳泉市人民代表大会志（2001—2020）》由方志出版社出版。王旭明主编。该志设阳泉概况、党对人大工作的领导、市人大代表选举、市人民代表大会、市人大常委会、市人大常委会主任会议、市人大常委会主要工作、市人大常委会机关、县乡人民代表大会、人物和文件选编11篇51章169节，记述阳泉市21世纪前20年坚持和完善人民代表大会制度的历史全貌，重点反映全市各级人大代表履行代表权利及设立人民代表大会常务委员会以来全面工作和发展过程。志首设序言、凡例、图片、概述和大事记，志末附后记。该志把人大依法履职同全市重大事件紧密相连，突出党的十八大以来的创新发展以及历届市人大常委

会的工作，收录同期人大各级所有党务、政务文件。全书169.8万字。 （王刚）

【《晋城市人民代表大会志（1985—2020）》出版】 6月，山西省晋城市人民代表大会志编委会编纂的《晋城市人民代表大会志（1985—2020）》由新华出版社出版。范丽霞主编。该志设代表篇、会议篇、机构篇、工作篇、党建篇、县乡篇、人物篇、文献篇8篇。该志上限至1985年5月晋城市建市，下限至2020年，各县区篇章追溯到晋城解放前后，记述晋城市人大及其常委会依法履行职责、推进社会主义民主法治建设、促进全市经济发展和社会全面进步的历程。志首设序、前言、凡例、综述，志末附大事记、后记。全书110万字。 （张燕）

【《晋城保险志》出版】 6月，山西省晋城市保险行业协会编纂的《晋城保险志》由九州出版社出版。王亮清主编。该志设监管服务机构、财产保险公司、人寿保险公司、保险业务、社会服务与宣传、行业文化、行业风采7章。该志上限追溯至事物发端，下限至2019年年底，部分内容延至2020年9月，记述晋城市保险行业企业文化、先进模范、社会贡献等内容。志首设彩页、凡例、综述、大事记，志末附附录、后记。全书58万字。 （张燕）

【《泽州农商银行志》出版】 6月，山西省晋城市泽州农商银行志编委会编纂的《泽州农商银行志》由山西人民出版社出版。孙永斌主编。该志设组织架构、业务经营、经营管理、党群组织、企业文化等9篇。该志记述上限为1950年，下限为2020年，记述泽州农商银行70年来发展变化。志首设彩页、凡例、概述、大事记，志末附附录、后记。全书98万字。 （张燕）

【《朔州市金融志》出版】 12月，山西省朔州市金融志编委会主编的《朔州市金融志》由中国金融出版社出版。卫文江主编。该志设货币、机构、监管、金融机构业务、综合、人物、纪略7篇70章263节1040目，纪事上溯朔州货币发端，下迄2019年，真实记述和再现朔州历代金融服务业的发展历程，特别是记述中华人民共和国成立以来朔州金融业演进发展的历史脉络和现实境况，记录改革开放以来金融发展和经济建设互促共荣所取得的巨大成就，侧面反映历史前进中的曲折徘徊，突出的时代烙印和独到的地方特色。该志为朔州首部金融专业志书。全书163.2万字。

（朔州市地方志研究室）

【《科尔沁区人民代表大会志》出版】 11月，内蒙古自治区通辽市《科尔沁区人民代表大会志》编纂委员会编纂的《科尔沁区人民代表大会志》由内蒙古文化出版社出版。刘晓梅主编。该志设各界人民代表会议、人民代表大会2篇，记述通辽县、通辽市（1999年前为县级市）、科尔沁区人民代表大会及其常务委员会的发展历程，全面真实地体现不同历史时期人民代表大会的作用。志首设序、凡例、概述、大事记，志末附文献辑录、跋。全书106.9万字。 （玉红）

【《满洲里市人民代表大会志（1954—2019）》出版】 5月，内蒙古自治区满洲里市人民代表大会志编委会编纂的《满洲里市人民代表大会志（1954—2019）》由内蒙古文化出版社出版。李昌武主编。该志设各界人民代表会议、人民代表大会、人民代表大会常务委员会、组织机构、区镇街道办事处人大工作5篇，记述满洲里市人民代表大会及其常务委员会历史与现状。志首设概述、大事记，志末附人物、附录、编纂始末。全书86.6万字。 （玉红）

【《察哈尔右翼后旗地名志》出版】 12月，内蒙古自治区察哈尔右翼后旗民政局主办、旗档案史志馆编纂的《察哈尔右翼后旗地名志》由湖南地图出版社出版。何林主编。该志分3部分，第一部分是序言、编纂说明、察右后旗概况、政区沿革及名称概述；第二部分是自然地理实体名称、特色建筑及企事业单位等；第三部分是历史地名及附录。该志详细记述地名的形成命名、更改演变过程，记载察右后旗历史、民族文化和地域文化，以及各民族群众生产生活的环境。志首设前言、凡例，志末附编后语。全书73万字。　　　　　　（玉红）

【《阿拉善盟统一战线志》出版】　7月，内蒙古阿拉善盟委统战部编纂的《阿拉善盟统一战线志》由内蒙古教育出版社出版。马新军主编。该志设统一战线工作机构、民主党派和无党派、民族宗教、经济领域统一战线工作、港澳台及海外统一战线工作、人民政协与政策落实、盟属旗区院校统一战线工作7编24章。志首设彩图、序言、概述、大事记，志末附专记、人物、荣誉、修志始末。全书59万字。　　　　　　　　　　　（玉红）

【《青冈县体育志（1949—2019）》出版】　5月，黑龙江省青冈县体育志编委会编纂的《青冈县体育志（1949—2019）》由黑龙江人民出版社出版。隋旭盛主编。该书设组织机构、场馆设施、竞技体育、群众体育、体育赛会赛事、体育人物6篇，记述中华人民共和国成立以来青冈县体育事业的发展历程。志首设序、概述，志末附专记、大事记、编后记。全书26万字。　　　　　　（朱丹　张帝）

【《江苏省对口支援西藏建设志》出版】　6月，江苏省志办组织编纂的《江苏省对口支援西藏建设志》由江苏人民出版社出版。黄莉新、樊金龙主编。该志设组织领导、民生援建、产业援建、智力援助、市县对口支援、援藏人物6章，收录随文附表30张、图照327幅，链接媒体报道65个，记录1994年以来江苏援藏政策、规划、方案、措施及成效，展现江苏援藏干部人才勇于担当、无私奉献的精神风貌。志首设综述，志末附大事记、2020年援藏大事记、编纂始末。该志特点是设视频二维码23个，将历史记录的真实性、文字表达的可读性、全媒体展示的可视性相结合。全书55万字。　　　　　　　　　　（朱莉萍）

【《江苏老字号志》出版】　12月，江苏省商务厅组织编纂的《江苏老字号志》由江苏凤凰科学技术出版社出版。周常青主编。该志设餐饮业、百货业、酒业、食品业、医药业、工艺品业6章，全面记述江苏老字号各行业历史渊源与发展脉络，为江苏老字号各行业持续健康发展提供历史经验和治理智慧。志首设概述，志末附大事年表、附录、编纂始末。全书66万字。　　　　　　　　（朱莉萍）

【《江苏开发区志（1984—2008）》出版】　12月，江苏省商务厅组织编纂的《江苏开发区志（1984—2008）》由江苏凤凰科学技术出版社出版。朱益民主编。该志设国家级开发区、苏南省级开发区、苏中省级开发区、苏北省级开发区、江苏开发区的创举、载体功能建设与创新、组织机构和管理体制7章，全面记述江苏开发区建设自1984年至2008年间所经历的3个阶段，反映自南通、连云港最早设立经济技术开发区跨越发展，系统展示江苏开发区工作历程，突出江苏开发区发展过程中的地方特色和时代特征。志首设概述，志末附大事年表、附录、编纂始末。全书70万字。　　（朱莉萍）

【《六合交通运输志》出版】　12月，江苏省南京市六合区交通系统编纂的《六合交通运输志》由方志出版社出版。张文祥、王宗文主编。该志设行政管理机构、公路、桥梁、公路养护绿化、水路交通基础设施、综合运输项目建设、水陆运输、运输服务业、交通行政执法管理、企业管理、交通安全管理、交通规划及招投标和质量管理、市政道路建设与管理、党组织·群团组织·社团组织、荣誉·职称·人物15章，记录六合交通系统1991年至2019年的交通事业发展状况。全书50.7万字。　（尤岩）

【《溧水县政协志》出版】　3月，江苏省南京市溧水区政协编纂的《溧水县政协志》由中国文史出版社出版。徐仕诚主编。该志设组织机构、主要会议、视察调研、提案社情民意、民主评议、团结联络、文史工作、政协自身建设8章。上限始于1980年10月政协溧水县筹备委员会成立，下限止于2013年2月撤县设区，客观记述溧水政协的发展史实。志首设概述、大事记，志末设附录。全书44.46万字。

（尤岩）

【《邳州市人大志》出版】 3月，江苏省徐州市《邳州市人大志》编委会编纂的《邳州市人大志》由江苏人民出版社出版。胡汉军主编。该志设代表、组织机构、会议、人大常委会工作、乡镇人民代表大会、人物6篇，记述上限为1954年第一届人大建立之时，部分篇章适当往前追溯；下限至2020年1月召开的邳州市第十七届人民代表大会第四次会议。志首设凡例、概述、大事记，志末附附录、索引、编纂始末。全书168.7万字。

（尤岩）

【《常州市钟楼区教育志（1999—2019）》出版】 11月，江苏省常州市钟楼区教育局编纂的《常州市钟楼区教育志（1999—2019）》由江苏凤凰教育出版社出版。王援主编。该志设行政管理、学校设置、区域发展、教师队伍、教育经费、基础设施和技术装备、学前教育、小学教育、中学教育、教育教学研究10章，记述钟楼区在改革开放后特别是21世纪教育事业的发展历程及成就。该志以改革、创新为主线，展示钟楼区推进教育现代化，实施集团化办学，创建优质学校、特色学校，城乡教育一体化发展的特色；突出教育教学研究的地位，以较多的篇幅展示钟楼区以科研兴区、科研兴校为导向开展的各级各类研究项目及成果制作，使用73张附表，分类安排在各章节后并在目录中体现；概述从1949年起叙述，一方面建立与前志的衔接，另一方面呈现该区在中华人民共和国成立后的教育发展全貌。志首设序、凡例、目录、概述、大事记，志末附后记。全书71万字。

（尤岩）

【《金坛国土资源志》出版】 7月，江苏省常州市金坛区《金坛国土资源志》由广陵书社出版。黄克洪主编。该志分区域环境、自然资源和风景名胜、国土资源调查和评价、国土资源规划和计划、耕地保护与土地整治、土地征收与供应、国土资源利用、国土资源市场、土地登记发证、地质矿产管理、测绘管理、国土资源法治、科技与信息化、国土资源税费、机关管理、机构队伍16章，全面系统地反映1995年至2018年金坛国土资源开发、利用、管理等方面的历史和现状。志首设彩页、序、大事记，志末设荣誉录、附录、索引、后记。全书97.5万字。

（尤岩）

【《江苏金坛第一建筑安装工程有限公司志》出版】 8月，江苏省常州市金坛区《江苏金坛第一建筑安装工程有限公司志》编委会编修的《江苏金坛第一建筑安装工程有限公司志》由中国商业出版社出版。赵建平、黄晓春主编。该志设组织机构、资产设备、建筑安装、改革改制、企业管理、综合经营、宣传教育、党群工作、保险福利、人物篇，客观真实地反映江苏金坛第一建筑安装工程有限公司70年的发展历程。志首设凡例、概述，志末设附录、大事记、编后记。全书28万字。

（尤岩）

【《苏州对口支援新疆志》出版】 5月，江苏省苏州市志办编纂的《苏州对口支援新疆志》由古吴轩出版社出版。李亚平主编。该志设组织领导篇、对口支援霍尔果斯篇、对口支援巩留篇、对口支援阿图什篇、其他对口支援篇5篇21章84节，记述苏州对口支援新疆维吾尔自治区的援建规划、民生援建、智力援建、脱贫攻坚及产业援建的成果，体现苏州坚持真情援疆、科学援疆、持续援疆，形成把"输血"与"造血"相结合，"硬件"建设与"软件"建设相结合，物质支援与文化交流相结合的全方位、多层次、立体化援疆工作新格局。志首设概述、大事记，志末附附录。全书55.6万字。

（尤岩）

【《苏州对口支援西藏志》出版】 6月，江苏省苏州市志办编纂的《苏州对口支援西藏志》由古吴轩出版社出版。李亚平主编。该志设组织领导、援建规划、民生援建、产业援建、智力援建、基层结对援建、人物7章33节，记述苏州对口支援西藏，特别是对口支援西藏自治区林周县的各项工作，记录中华人民共和国成立以来苏州援助林周县的各项成果，涵盖资金援藏、技术援藏、智力援藏、项目援藏、产业援藏、公益援藏和干部援藏。志首设概述、大事记，志末附附录。全书41.4万字。

（尤岩）

【《苏州市相城区20年发展图志（2001—2021）》出版】 4月，江苏省苏州市相城区委办公室、相城区政府办公室、相城区委宣传部、相城区档案馆（志办）编纂的《苏州市相城区20年发展图志（2001—2021）》由江苏人民出版社出版。曹继军、潘苏平主编。该志设天清地廓、接力逐梦、忆昔抚今、后发快进、蓝图新绘、优势渐显、新城崛起、开发开放、产业兴盛、创新载体、生态绿色、民生福祉、乡村巨变、改革留印、人文彬蔚、镇区新貌、担当有为、党旗高扬、大事留音、逐浪启航等20篇（章），记述相城区成立20年以来翻天覆地的变化，诠释相城人"创新、担当、实干"的精神风貌，展示20年来相城的发展历程和辉煌成就。该志主要特点是运用全媒体志书编纂理念打造新型志鉴产品，以严谨朴实的语言，客观翔实的信息，丰富多彩的图片，直观形象的音视频，依托江苏省志办全媒体志书延伸阅读平台的技术优势，引入二维码延伸阅读功能，实现历史记录的真实性、文字表达的可读性、全媒体展示的可视性结合；从无声变成有声，从平面成为立体，从静态变为动态，打造更大容量的"活"的志书。志首设序，志末附后记。全书50万字。

（尤岩）

【《常熟水利志》出版】 5月，江苏省常熟市水利局编纂的《常熟水利志》由河海大学出版社出版。陈永进、乔小力主编。该志设自然概况、河湖水系、水利规划、长江治理、河湖治理、圩区治理、农田排灌、闸涵工程、农桥、工程管理、防汛防旱、水资源管理、依法行政、水利科技、水利收费、综合经营、行政管理、党群工作、水利人文、荣誉20篇，记述两千多年来常熟水利发展的历史。志首设照片、地图、序、凡例、概述、大事记，志末附附录、编后记。全书166.9万字。

（尤岩）

【《常熟市人民代表大会志》出版】 8月，江苏省常熟市人民代表大会志编委会编纂的《常熟市人民代表大会志》由广陵书社出版。杨崇华主编。该志设组织机构，各界人民代表会议，人民代表大会，人民代表选举，常委会会议、主任会议，监督工作，人事任免，议案和代表书面意见，机关日常工作，乡镇、街道人大，人物11章53节，记述1949年以来常熟市推进社会主义民主政治建设的发展进步之路。该志是常熟市人民代表大会制度建设发展史的首部独立专业志书。志首设照片、序、凡例、概述、大事记，志末附附录、后记。全书68万字。

（尤岩）

【《常熟史志工作图志》出版】 12月，江苏省常熟市志办、中共常熟市委党史工作办公室编纂的《常熟史志工作图志》由山西人民出版社出版。潘志英主编。该志设机构设置、党史编纂、志书编纂、年鉴编纂、史志资源开发与利用、史志研究和宣教、队伍建设、荣誉8章，记述1979年至2020年间中共常熟党史研究和地方志事业发展的历史、现状和成果。志首设彩页、序、大事记，志末附附录、后记。全书32万字。

（尤岩）

【《中国农工民主党常熟市委员会志》出版】 7月，江苏省常熟市《中国农工民主党常熟市委员会志》编委会编写的《中国农工民主党常熟市委员会志》由广陵书社出版。陶理主编。该志设机构、会议、党员、自身建设、参政议政、建言献策文稿选登、社会服务、荣誉、人物9章37节，全面系统记述中国农工民主党常熟地方组织的历史演变及现状。志首设照片、序、凡例、概述、大事记，志末附志余、附录、后记。全书62万字。

（尤岩）

【《张家港市统战志》出版】 2月，江苏省张家港市统战志编委会编纂的《张家港市统战志》由广陵书社出版。谢正国、薛平、唐雷刚主编。该志设组织机构、解放前统一战线、人民政协、民主党派、党外人士与多党合作、港澳台和海外统战工作、民族工作、宗教工作、经济领域统战工作、统战宣传和落实政策、人物·荣誉11章46节。上限为1922年，下限至2012年，记述革命战争时期及中华人民共和国成立后，特别是党的十一届三中全会以来张家港市（沙洲县）统一战线事业的发展历程，反映全市各民主党派、工商联、无党派人士同心向党、砥砺奋进、顾全大局、开拓进取，为张家港经济社会发展所做的贡献。志首设序言、凡例、概述、大事记，志末附志余、编后记，志余涵盖名人履痕、统战轶事、优秀提案等内容。全书50.1万字。　　　　（尤岩）

【《张家港市对口支援和扶贫协作志》出版】 2月，江苏省张家港市委史志办编纂的《张家港市对口支援和扶贫协作志》由江苏人民出版社出版。编写组组长陈飞健。该志设对口支援篇、东西协作篇、南北挂钩篇，附设4篇专记，通过图文并茂的形式，再现张家港市与十余个省（市）的21个县（市、区）镇、村受援地人民同呼吸、共命运，攻坚克难、砥砺奋进的情景，展示受援地拔穷根、摘穷帽的发展过程。志首设序、凡例、综述、大事记，志末设荣誉篇、附录、编后记。全书72.6万字。　　　　（尤岩）

【《南沙小学志》出版】 9月，江苏省张家港市南沙小学志编委会编纂的《南沙小学志》由凤凰出版社出版。这是张家港市第一部公开出版的小学志。张建良主编。该志上限为清光绪三十二年（1906），下限为2019年12月，图片和大事记延至2020年12月。该志设学校沿革、教学教研、德育教育、文化·体育·美育、安全·卫生、教师、学生、教育设施和经费、人物·荣誉9篇42章，全面记述农村美丽校园南沙小学的发展历程和教育教学特色。志书突出反映"香山风"系列校本课程和香山苑文化宫、青少年足球、青少年举重、青少年书法等特色教育。志首有地图、彩页、序、凡例、概述和大事记，志末设志余、后记、主要参考文献。全书41.1万字。　　　　（尤岩）

【《昆山市民政志（1949—2018）》出版】 11月，江苏省昆山市民政志编委会编纂的《昆山市民政志（1949—2018）》由古吴轩出版社出版。陈鲁勇主编。该志设概述、大事记、建制区划、基层政权建设、社会救助、社会福利、养老服务、社会组织、地名管理、婚姻管理、殡葬改革和管理、慈善事业、优待抚恤、双拥共建、革命烈士、民政机构、党群组织、荣誉名录18章，全面系统记述中华人民共和国成立后70年间昆山市民政工作、民政事业的发展演进历程和取得的成绩。志首设专题图照、序、概述、大事记，志末附重要文件辑存、重要纪事辑存、重要书刊辑存、编纂和采编人员名录、后记等。全书48万字。　　（尤岩）

【《中国昆山昆曲志》出版】 7月，江苏省昆山市《中国昆山昆曲志》编委会编纂的《中国昆山昆曲志》由广陵书社出版。杨守松主编。该志设创立编、传承编、人物编、文献编、附编5编，记述昆山在昆曲创立、传承、研究、保护、推广等方面所做的努力和取得的成绩。该志是昆曲原乡昆山组织编纂的第一部昆曲专志，具有鲜明的昆山地方特色，同时借助文字、图片、影像等形式全方位展现昆曲之美，兼具资料性与可读性。全书收录图照100多幅，延伸阅读链接25个。志首设专题图照、序、大事记，志末附跋、编纂始末。全书50万字。　　　　（尤岩）

【《南通市关工志》出版】 11月，江苏省南通市关工志编委会编纂的《南通市关工志》由江苏人民出版社出版。黄鹤群主编。该志设机构和队伍、青少年思想道德教育、青少年法治教育、青少年科普教育、参与社会治理、青少年关爱帮扶、品牌建设、宣传与研究、领导重视、自身建设、校外教育指导中心、文艺作品、县（市）关工委、区关工委、机关系统关工委、高等院校关工委、人物·荣誉、文稿辑存18章，记述南通市关工委成立30年来开展思想道德教育、法治教育、科技教育的具体做法、成功经验，"五老"中的先进典型、感人事迹和代表作品，展示南通市关工委为全市精神文明建设和经济社会发展所做贡献。志首设领导题词、领导重视、组织建设、主题教育等8个图片专题，南通市政区图和南通市区图，志末附重要报道1篇、信件1封、其他文稿资料9件。全书95万字。

（尤岩）

【《南通市通州区人大志》出版】 8月，江苏省南通市通州区人大志编委会编纂的《南通市通州区人大志》由江苏文艺出版社出版。陈斌主编。该志设南通县各界人民代表会议，南通县、通州区（市）人民代表大会代表，南通县、通州区（市）人民代表大会会议等9篇，记述南通县、通州市、南通市通州区人民代表大会及其常委会为行使宪法和法律赋予的职权所做的主要工作，重点反映通州人民代表大会以及职权行使情况。志首设彩页、总述，志末附附录、后记。全书177.4万字。

（尤岩）

【《灌云县政协志》出版】 8月，江苏省灌云县政协编纂的《灌云县政协志》由江苏人民出版社出版。张启银主编。该志设组织机构、政协委员、履职会议、提案工作、调查研究、协商议事、民主监督、文史资料工作、学习宣传、统战联谊、特色工作与专题活动、自身建设、人物13章，记述灌云县政协2001年至2020年的履职工作情况。志首设序、凡例、概述、大事记，志末附附录、前志勘误、编后记。全书50万字。

（尤岩）

【《灌云县旅游志》出版】 10月，江苏省灌云县旅游志编委会编纂的《灌云县旅游志》由中国旅游出版社出版。马兆同主编。该志设旅游资源、旅游规划、景区建设、旅游市场开发、旅游管理、政党与社团、荣誉名录、附录8章，记述灌云县旅游业的发展历程特别是"十三五"期间的跨越式发展及现状。志首设概述、大事记，志末附后记。全书43.2万字。

（尤岩）

【《灌云县人大志》出版】 12月，江苏省灌云县人大志编委会编纂的《灌云县人大志》由江苏人民出版社出版。徐会传主编。该志设组织机构、重要会议、人大代表、决议决定、选举与任免、监督工作、人大宣传与理论研究、特色工作与主题活动、乡镇人大、自身建设10章，记述1954年6月至2021年9月灌云县人大在组织机构沿革、监督工作、人大宣传与理论研究、乡镇人大等方面取得的成绩和经验。志首设概述、大事记，志末附附录、后记。全书84.3万字。

（尤岩）

【《灌南县老干部工作志》出版】 12月，江苏省灌南县志办、中共灌南县委老干部局编纂的《灌南县老干部工作志》由江苏人民出版社出版。金孝清主编。该志设组织机构、老干部党组织建设、老干部学习教育、老干部待遇落实、老干部作用发挥、老干部文体活动、县委老干部局自身建设、人物8篇（章），记述灌南县老干部工作的发展历程。志首设总序、序言、凡例、概述、大事记，志末附附录、后记。全书15万字。

（尤岩）

【《灌南县交通运输志》出版】 12月，江苏省灌南县志办、灌南县交通运输志编委会编纂的《灌南县交通运输志》由江苏人民出版社出版。赵学全主编。该志设道路、道路运输、航道、水上运输、铁路、机构、任务7章，记述灌南县1989年至2020年交通运输事业发展情况。志首设总序、序言、凡例、概述、大事记，志末附附录、后记。全书22万字。

（尤岩）

【《抗日山志》出版】 7月，江苏省《抗日山志》编委会编纂的《抗日山志》由中国文史出版社出版。谢春岐、王维昊主编。该志设自然环境、烈士陵园、纪念设施、抗日武装、重大战事、人物6章，记述80年来抗日山烈士陵园建设历程。志首设序、凡例、概述、大事记，志末设附录、后记。全书20万字。

（尤岩）

【《大丰图志（1978—2020）》出版】 10月，江苏省盐城市大丰区志办编纂的《大丰图志（1978—2020）》由江苏人民出版社出版。钱锡军主编。该图志上限起于1978年12月，下限至2020年12月，以图文结合的形式展示大丰改革开放以来取得的历史性成就和发生的历史性变革。该志设美丽大丰、历史回眸、改革潮涌、沿海开发、接轨上海、城市建设、现代农业、生态环境、全域旅游、幸福和谐、党的建设11章，章下统一设置述体导语，分别以"目"进行图文记述。志首设引言，志末设大事记、后记。全书27万字。 （尤岩）

【《射阳县财政志（2006—2015）》出版】 1月，江苏省射阳县财政志编写领导小组编纂的《射阳县财政志（2006—2015）》由中国图书出版社出版。朱永生主编。该志设财政机构、财政体制、财政收支、财政管理、政府专项资金、镇（区）财政、财政信用、财政监督、财政调研、信息及教育、机关作风建设11章，记述2006年至2015年射阳县财政事业的发展历史。志首设凡例、大事记、概述，志末附财政经济、预算及执行、财政工作、请求报告、党群组织、人物传记、编后记等。全书53.6万字。 （尤岩）

【《扬州市援藏援疆志》出版】 11月，江苏省《扬州市援藏援疆志》编委会编纂的《扬州市援藏援疆志》由江苏人民出版社出版。陈扬、陈锴竑主编。该志设援藏篇、援疆篇两篇，记述1995年至2018年扬州市对口支援西藏自治区曲水县、新疆维吾尔自治区察布查尔锡伯自治县、新源县的历史，适当回溯中华人民共和国成立后至1994年扬州市援藏援疆的历史，并简要记述对西藏、新疆其他地区援建工作和典型人物事迹。总述、大事记、人物附录延至2019年。志首设序、凡例、总述、大事记，志末附附录、编后记。全书74万字。

（尤岩）

【《镇江市工商业联合会镇江市总商会志》出版】 12月，江苏省镇江市《镇江市工商业联合会镇江市总商会志》编委会编纂的《镇江市工商业联合会镇江市总商会志》由方志出版社出版。胡舜根主编。该志设清末与民国时期镇江商会（1903—1949年）、镇江市工商业联合会（总商会）（1949—2020年）、县级工商业联合会（商会）、人物、专记、文献辑录6编25章59节，主要记述1903年至2020年镇江商会和镇江市工商业联合会成立、发展的历史以及主要活动、先进人物等，客观反映100多年来镇江工商界人士在反帝爱国、抵抗侵略、恢复国民经济、支持国家经济社会建设等方面发挥的作用和取得的主要成绩。志首设专题图照、概述、大事记，志末附附录、后记。全书48.4万字。 （尤岩）

【《泰州市国土资源志》出版】 11月，江苏省泰州市国土资源志编委会编纂的《泰州市国土资源志》由江苏人民出版社出版。李兴国主编。该志设自然资源概况、土地权利制度、土地调查统计和评价、土地规划和计划、耕地保护、建设用地管理、土地市场建设、土地登记和权属管理、矿产资源管理、地质环境管理、测绘管理、科技与信息化、法治建设、机构建设、队伍建设15章，全面系统地记述泰州市国土资源事业的改革发展历程。志首设专题图照、序、主编寄语、凡例、概述、大事记，志末附附录、编纂始末。全书66万字。 （尤岩）

【《江苏省靖江高级中学志》出版】 9月，江苏省泰州市《江苏省靖江高级中学志》编委会编纂的《江苏省靖江高级中学志》由南京出版社出版。张志坚主编。该志设学校概况、党建工作、德育工作、教学工作、师资与科研、综合实践、后勤服务、交流合作、校友与母校、人物10章，记述该中学从1941年学校创办至2021年9月的办学情况。该志设置学校变革、校区建设、教职员工、历届学生等篇，展示学校的办学成果和杰出校友风采；对不同时期课题论文、课程基地项目进行归类整理，积累教育教研经验。志首设彩页、序、凡例，志末附大事记、后记。全书58.2万字。
（尤岩）

【《兴化市人民代表大会志（1954—2019）》出版】 4月，江苏省兴化市人民代表大会志编委会编纂的《兴化市人民代表大会志（1954—2019）》由江苏人民出版社出版。翟云峰主编。该志设兴化市（县）人民代表大会代表，兴化市（县）人民代表大会，兴化市（县）人大常务委员会，兴化市（县）人大及其常委会机构，人大街道工委、乡镇人民代表大会及其主席团，人物6章，全面系统记述人民代表大会制度在兴化市(县)建立、发展的历史与现状。志首设彩页、序、凡例、概述、大事记，志末附附录、《兴化市人民代表大会志》评审意见、编纂始末等。全书70.5万字。
（尤岩）

【《宿迁市宿豫区住房和城乡建设志》出版】 4月，江苏省《宿迁市宿豫区住房和城乡建设志》编委会编纂的《宿迁市宿豫区住房和城乡建设志》由江苏人民出版社出版。温冠军主编。该志设建制沿革、城乡规划、市政设施、绿化亮化、市场建设、环境卫生、房地产开发、拆迁安置、保障性住房、商品住宅物业管理、建筑业、建筑节能、工程管理、建筑工程、城市创建、镇村建设、人物荣誉、机构人员18章，记述宿豫区住房和城乡建设发展和变化。志首设概述、大事记，志末附文件选录、咏赞诗词、媒体文摘、论文选编、调研报告、民俗行话、编后记等。全书109.3万字。
（尤岩）

【《宿迁市宿豫区人力资源和社会保障志》出版】 10月，江苏省《宿迁市宿豫区人力资源和社会保障志》编委会编纂的《宿迁市宿豫区人力资源和社会保障志》由江苏人民出版社出版。郑家宝主编。该志设人社机构、编制管理、党政干部管理、公务员管理、专业技术人员管理、事业单位人员管理、工资与福利、人才资源开发管理、劳动保障、社会保障、人物荣誉11章，记述域内人社部门在人力资源开发、人事制度和收入分配制度改革、就业创业公共服务、建立健全社会保障体系、维护和谐劳动关系等方面的主要做法和取得的成就。志首设概述、大事记，志末附后记。全书68.8万字。
（尤岩）

【《温州证券志》出版】 9月，浙江省温州市证券期货业协会与温州大学金融研究院编著的《温州证券志》由光明日报出版社出版。林坚强主编。该志除综述、大事记外，设期货金融机构、证券市场、期货市场、企业上市与挂牌、证券期货机构运行数据、证券期货的管理、人物、特辑8编，客观记述1981年至2020年温州证券行业从产生到发展的历史脉络。志首设彩页、序、凡例，志末附附录、索引、后记。全书55万字。
（温州市志办）

【《温州市教育志（1991—2012）》出版】 9月，浙江省温州市教育志编委会编纂的《温州市教育志（1991—2012）》由中华书局出版。潘龙俊主编。该志设学前教育、义务教育、普通高中教育、特殊教育与民族教育、中等职业技术教育、普通高等教育、继续教育、民办教育、教育科学研究等20章，全面记述1991年至2012年温州教育事业发展历程及各类教育发展的概况和主要特点。与首轮教育修志相比，该志增加民族教育、民办教育、教育科学研究、电化教育与教育信息化、招生与考试、教育行政监察与教育审计、学校安全等内容。志前有"温州市高校高中分布图（2012年）""温州市中心城区义务教育学校分布图（2012年）"两张地图，以及"知识殿堂，人才摇篮""桃李不言，下自成蹊""捐资助学，造福桑梓""民间办学，共促发展""立德树人，新人新貌""为国育才，师门荣光""科技创新，喜结硕果""走出校门，服务社会""面向世界，扩大开放""前事不忘，后事之师"等10个图片主题，生动形象展示断限内温州教育的主要成就和特色风貌。志首设凡例、序言、综述、大事记，志末附附录、索引、编后记。全书120万字。

（温州市志办）

【《平阳县工商联志》出版】 7月，浙江省平阳县工商业联合会编纂的《平阳县工商联志》由西泠印社出版。郑小同主编。该志设民国时期商会及商号行帮、平阳县工商业联合会（总商会）、社会主义革命时期和建设时期工商联的职能活动、改革开放后的社会主义现代化建设时期工商联的主要任务、表彰奖励、人物、附录7篇，记述县工商联（总商会）各个时期职能工作及活动。志书详载史上诸多商号行帮、公所会馆，精详至一镇一业、一街一铺，而且详细记述中华人民共和国成立后县工商联历次大会、历届组织，具体到每家商会、每项活动。志首设概述、大事记，志末附参考文献、后记。全书54万字。 （温州市志办）

【《嘉兴统战志》出版】 9月，浙江省《嘉兴统战志》编委会编纂的《嘉兴统战志》由方志出版社出版。张颖杰、刘君主编。该志设8篇35章，记载上限为1949年，下限至2014年，客观反映嘉兴市统一战线工作的发展历程，涵盖机构队伍、统战工作会议和落实统战政策、多党合作和政治协商工作、民族宗教工作、经济领域统一战线工作、港澳台和海外统一战线工作、民主党派和工商联、各县（市、区）委统战工作等八个方面。志首设概述、大事记，志末附后记。全书129.3万字。

（嘉兴市地方志编纂室）

【《海宁市地名志》出版】 12月，浙江省《海宁市地名志》编委会编纂的《海宁市地名志》由中华地图学社出版。张镇西、顾志兴主编。全书分建置与区划、自然地理实体、人文地理实体、地名管理、地名文化及附录等编。采用编、章、节、目结构进行编纂。全书上限自事物发端，下限至2014年，记述各类地名的由来、历史演变、地理位置、行政归属等情况。该志吸收保留前志有价值的内容，在尊重前志的前提下，以近年来地名工作取得的新成果、掌握的新资料、对事物的新认知为基础，保护和传承海宁的地名文化。志首设凡例、概述、大事记，志末附文件选编、主要地名读音集注、地名索引、编后记。全书168万字。

（嘉兴市地方志编纂室）

【《平湖市公安志》出版】 7月，浙江省《平湖市公安志》编委会编纂的《平湖市公安志》由中国文史出版社出版。汤洪成主编。该志上限为1949年，下限至2015年，设26章135节，记述平湖公安业务分类及机构设置情况，并真实反映平湖公安机关和广大公安民警的优良传统和作风，充分展现人民公安的职能作用。志首设概述、大事记，志末附编后记。全书83.6万字。 （嘉兴市地方志编纂室）

【《嘉善县卫生志》出版】 6月，浙江省《嘉善县卫生志》编委会编著的《嘉善县卫生志》由中华书局出版。马公超主编。该志设19章87节，全面系统记述嘉善县卫生健康事业的发展历史，特别是改革开放以来，嘉善县依靠科技进步，积极发挥社会力量，坚持预防为主、中西医并重，卫生健康事业发展所取得的显著成效。志首设序、图照、概述、大事记，志末附专记、附录。全书66.2万字。

（嘉兴市地方志编纂室）

【《长兴县旅游志》出版】 9月，浙江省《长兴县旅游志》编委会编纂的《长兴县旅游志》由方志出版社出版。何杰雄主编。该志设5编16章72节，收录48幅图片。该志上限自事物发端，下限至2015年12月31日，系统记述长兴县旅游资源及旅游行为，特别是近20年来长兴县旅游资源开发和旅游业发展取得的成就。志首设专题图照、序、凡例、目录、综述、大事记，志末设附录、索引、编后记。全

书60万字。　　（湖州市地方志编纂室）

【《长兴县卫生志》出版】 12月，浙江省《长兴县卫生志》编委会编纂的《长兴县卫生志》由浙江科学技术出版社出版。主编黄梅宝。该志设15章53节，收录103幅图片，全面系统反映长兴县大力发展医疗卫生事业，深化医药卫生体制改革，统筹规划和合理配置卫生资源，改进医疗卫生条件，提高卫生服务能力，不断满足人民群众日益增长的医疗卫生健康需求的历史进程。志首设序、凡例、专题图照、目录、概述、大事记，志末设附录、编后记。全书45万字。　（湖州市地方志编纂室）

【《安吉县人大志》出版】 10月，浙江省《安吉县人大志》编委会编纂的《安吉县人大志》由方志出版社出版。郑濂生主编。该志设各届人民代表会议、县人民代表大会、人物、丛录等6编，记述1949年10月至2019年12月间安吉县人大组织从无到有、制度实施逐渐完善的历史进程。志首设概述、大事记，志末附后记。全书119.7万字。

（湖州市地方志编纂室）

【《安吉县外经贸志》出版】 8月，浙江省《安吉县外经贸志》编委会编纂的《安吉县外经贸志》由浙江古籍出版社出版。温菊梅主编。该志设出口贸易、椅业（家具制造业）出口贸易、商品进口、运输与仓储等10章，记述安吉对外经济贸易的发展历史。志首设专题图照、序言、凡例、概述、大事记，志末附丛录、索引、后记。全书34.8万字。

（湖州市地方志编纂室）

【《绍兴市越城区教育志》出版】 12月，浙江省《绍兴市越城区教育志》编辑工作委员会编纂的《绍兴市越城区教育志》由宁波出版社出版。赵仁达主编。该志设学前教育、小学教育、初中教育、特殊教育、成人教育、社区教育、德育、艺术教育、教师、教育研究等17章，时限起自1984年1月，迄于2014年底，记述越城区教育事业。志首设专题图照、序、凡例、目录、概述、大事记，志末设附录、编后记。全书70万字。　（绍兴市地方志编纂室）

【《剡溪志》出版】 7月，浙江省嵊州市政协《剡溪志》编纂委员会编著的《剡溪志》由中国文史出版社出版。钱树军主编。《剡溪志》以"千年剡溪，首部专志，文史百科"为编纂宗旨，是一部区域性的侧重于人文历史的专志。全志从地理、历史、文化三个维度，设自然资源、人文历史、诗词文选3编。时限上起事物发端，下至2020年。志首设专题图照、序、凡例、目录、概述、大事记，志末设附录、后记。全书91.7万字。

（绍兴市地方志编纂室）

【《中共武义县委党校志》出版】 5月，浙江省武义县委党校编纂的《中共武义县委党校志》由团结出版社出版。朱连法主编。该志设8章34节，收录157幅图片，全面客观记述中共武义县委党校创办、变迁、发展历程和现状。志首设专题照片、序、凡例、概述、大事记，志末设附录、后记。全书48万字。

（金华市志办）

【《衢州市卫生志（1992—2015）》出版】 11月，浙江省衢州市卫生志编委会编纂的《衢州市卫生志（1992—2015）》由中国文史出版社出版。何建刚主编。该志设环境与居民、医疗、医疗机构、疾病防制、卫生监督、爱国卫生、妇幼保健、教育科研、交流合作、卫生改革、卫生行政、党派群团、人物13篇62章187节，15篇专记，收录302幅照片，309个图表。该志断限为1992年1月1日至2015年12月31日，上接1997年版《衢州市卫生志》，下至衢州市卫生局更名之年年末，概述、大事记、人物、附录等篇延伸至2019年。志首设图照、卫生机构分布图、序言、凡例、概述、大事记，志末为附录，含文件选录、卫生年鉴、杨继洲里籍家世新考、编后记。全书145万字。

（衢州市志办）

【《芜湖县人民代表大会志》出版】 12月，安徽省《芜湖县人民代表大会志》编委会编纂的《芜湖县人民代表大会志》由中国民主法制出版社出版。陶显松主编。该志设人大代表、人大会议、人大常委会、人大工作、乡镇人大、人物6章，全面系统记载人民代表大会制度在芜湖县建立、发展的过程。志首设凡例、概述、大事记，志末附附录、编后记。全书92.7万字。　　　　　（章慧丽）

【《淮北相山志》出版】 12月，安徽省淮北市委党史和地方志研究室编纂的《淮北相山志》由中国文史出版社出版。王超、牛继清主编。该志设地理环境、植树造林、相山景观、显通古寺、保护与开发、人物、艺文掌故7篇，主要记述相山风景区12.04平方千米、略记整条相山山脉约80平方千米范围内的历史和现状。该志特点是将"植树造林"升格为类目，浓墨重彩地记述淮北市石质山造林经验，充分彰显地方特色；同时该部分编配动植物图片43幅，兼具科普性。志首设彩图、概述，志末附文件辑存、参考文献等。全书21万字。　　　　　（章慧丽）

【《淮北水志》出版】 12月，安徽省淮北市委党史和地方志研究室编纂的《淮北水志》由中国文史出版社出版。王超、牛继清主编。该志设自然环境、濉河水系、南沱河水系、浍河水系、澥河水系、北淝河水系、井泉、塌陷湖泊、水利、水务管理、治水人物11篇，记述淮北市境内的河流、湖泊、水利等发展演变脉络。该志特点是设"塌陷湖泊"篇专门记述淮北市煤矿开采沉陷区治理成效。随文图表98幅，图文并茂，可读性强。志首设彩图、概述，志末附文件辑存、统计资料等。全书24.5万字。　　　　　（章慧丽）

【《枞阳县政协志》出版】 6月，安徽省枞阳县政协编纂的《枞阳县政协志》由安徽人民出版社出版。严立新主编。该志设组织机构、政协委员、政协会议、提案工作、调研视察等13章，全面系统记载枞阳县政协的组织历史。志首设凡例、概述、大事记，志末附附录、编后记。全书60万字。　　　　　（章慧丽）

【《安徽劳动大学志》出版】 1月，安徽省宣城市委党史和地方志研究室编纂的《安徽劳动大学志》由黄山书社出版。汪拥、蔡长雁主编。该志设10个篇章，全面客观记述安徽劳动大学（皖南农学院）从筹建到撤销（办学25年）过程中，在学科建设、人才培养、教学科研、基础设施建设、校园管理等方面开展工作的情况和取得的突出成就，以及为社会主义建设、改革开放事业所做出的贡献；真实记录在"文化大革命"特定年代的特殊环境下，安徽高等教育事业所走过的曲折探索之路和经验教训，填补国内二十世纪六七十年代177所半工半读试点学校研究的空白。志首设序、凡例、概述，志末附附录、后记、图表索引。全书56万字。　　　　　（牛毅）

【《宣笔志》出版】 12月，安徽省泾县县委党史和地方志研究室编纂的《宣笔志》由黄山书社出版。许立勋主编。该志设宣笔史略、原料与器具、紫毫笔制作工艺、羊毫笔制作工艺、狼毫笔制作工艺、品种与价格、宣笔企业（上、下）、宣笔丛谈、宣笔人物等卷，记录宣笔的历史演变、技艺表现形式、品鉴、人物、轶事等，综合体现出宣笔文化的独特性。志首设序、凡例、概述、大事记，志末附附录、索引、编后记。全书21万字。　　　　　（章慧丽）

【《闽学志》出版】 8月，中共福建省委党史研究和地方志编纂办公室组织编纂的《闽学志》由中国文史出版社出版。高令印主编。全书分上、中、下3卷，设8章32节。上卷"闽学的创立与发展"主要记述闽学产生的社会基础和思想条件、闽学的创立与传衍，从经学哲学道德伦理学等11个方面全面阐述闽学的基本内容，并介绍闽学的人物与著述；中卷"闽学的传播与影响"介绍闽学在国内外的传播和近现代闽学研究；下卷"闽学的书院与遗迹"收录介绍全国相关的书院、遗址、遗物、遗墨以及朱熹画像等。志首设概述，志末附附录、后记。全书105万字。

（福建省委党史研究和地方志编纂办公室）

【《福州茶志》出版】 5月，福建省福州市委党史和地方志研究室编纂的《福州茶志》由福建科学技术出版社出版。杨江帆、吴依殿、高锦利主编。该志设茶叶种植，茶叶加工与茶类，茉莉花茶，茶叶包装、品鉴与名茶，茶叶流通，茶文化，科技与教育，管理与交流，茶企与茶人9章，着力记述福州茶产业发展史及茶文化内涵。志首设概述、大事记，志末附附录。全书74.8万字。 （陈曦）

【《仙游县教育志》出版】 6月，福建省仙游县教育志编委会编纂的《仙游县教育志》由海峡书局出版。陈清洪主编。该志设幼儿教育、小学教育、普通中学教育、中等职业技术教育、成人教育、特殊教育、高等教育、体育艺术卫生、教育体制、教师队伍、招生考试、教学科学研究、教育经费、学校建设、管理机构、人物16章，记述1992年至2006年仙游县教育所取得的成绩和存在的问题。志首设概述、大事记，志末设后记。全书40万字。 （刘剑星）

【《莆田市工艺美术志·工艺人物卷》出版】 7月，福建省《莆田市工艺美术志》编委会编纂的《莆田市工艺美术志·工艺人物卷》由福建美术出版社出版。杨鹏飞主编。全书设人物传、人物录、人物表3章，详细记述莆田市工艺美术行业中国工艺美术大师、福建省工艺美术大师、高级工艺美术师、一级（高级）技师、福建省工艺美术名人、莆田市工艺美术大师、行业（单项）大师，以及莆田市工艺美术行业的全国劳模、优秀企业家等人物。志首设概述、大事记，志末设后记。全书12.8万字。

（刘剑星）

【《莆田市工艺美术志·行业管理卷》出版】 7月，福建省《莆田市工艺美术志》编委会编纂的《莆田市工艺美术志·行业管理卷》由福建美术出版社出版。该志设管理机构、莆田市工艺美术协会、社会组织、工艺美术博览会、工艺美术艺术展、工艺美术技艺大奖赛、工艺园区、区域品牌、非遗名录、人才培育10章，记述莆田工艺美术行业管理历史发展脉络。志首设概述、大事记，志末设后记。全书16.73万字。

（刘剑星）

【《上杭县农业志》出版】 5月，福建省上杭县农业志编委会编纂的《上杭县农业志》由中国书籍出版社出版。陈华、王安麒主编。该志设农业资源、农业体制、农业科技、农业作物、农村能源、农业机构与经营管理、党群组织、农产品质量安全、法制建设、农业教育培训与农业信息、休闲农业与乡村旅游、人物12章40节，全面记述上杭县农业发展的历史与现状。志首设概述、大事记，志末设附录。全书25万字。

（游友荣）

【《武平茶志》出版】 9月，福建省龙岩市《武平茶志》编委会编纂的《武平茶志》由光明日报出版社出版。吴宇川、钟发贵、孙玲主编。该志设自然环境、茶树品种、茶叶生产、茶叶加工、茶叶销售、武平绿茶品牌创建、茶乡茶协茶企茶人茶俗茶文化7章，全面系统记载武平的自然环境及武平茶叶生产、加工、销售以及品牌创建的过程，通过图文并茂的记叙方式展现武平茶乡、茶协、茶企、茶人、茶俗、茶文化各个方面的实况，展示武平绿茶"香气高锐、滋味清爽、色绿形美"的独特韵味。志首设概述、大事记，志末设附录。全书16万字。

（游友荣）

【《庐山栖贤寺志》出版】 6月，江西省九江市庐山栖贤寺志编委会编纂的《庐山栖贤寺志》由中州古籍出版社出版。刘希波主编。该志设形胜、沿革、新兴、人物、名胜、艺文、遗闻7章，收录600余幅图片，600余篇古文名篇，记载庐山栖贤寺从东晋义熙十二年（416）建寺至2018年的历史与现状，全面真实反映寺庙1600多年的发展情况，呈现庐山人文底蕴、赣鄱文化内涵。该志是庐山栖贤寺历史上的第一部志书。志首设序、凡例、概述，志末附大事记、附录、后记。全书80万字。

（黄诗惠）

【《南康区脱贫攻坚志》出版】 7月，江西省赣州市南康区志办编纂的《南康区脱贫攻坚志》由百花洲文艺出版社出版。倪贵清主编。该志记述2012年至2020年南康区脱贫攻坚事业发展的历程和现状，该志共14章，包括贫困状况与脱贫实施、产业扶贫、就业扶贫、教育扶贫、健康扶贫、安居扶贫、水利扶贫、基础设施建设、兜底保障建设、精神扶贫、合力帮扶、整村推进、乡镇攻坚、特色亮点。全书59万字。

（倪贵清）

【《京杭大运河山东段志》出版】 6月，中共山东省委党史研究院（省地方史志研究院）编纂的《京杭大运河山东段志》由中华书局出版。该志设8编，记事时限上起1282年，下迄2018年，全面系统记述断限内京杭大运河山东段的发展历程及对运河沿线区域社会发展演变的影响，全面反映京杭大运河山东段的历史全貌。其中，运河图辑收录较有代表性的明清山东运河古地图28种，原图分别藏于中国国家图书馆、中国科学院图书馆、台北"中研院"历史语言研究所傅斯年图书馆、美国图会图书馆等处。该志重点记述的区域是京杭大运河流经的德州、聊城、泰安、济宁、枣庄5市。志首设总述、大事记、运河图辑，志末附索引、后记。全书235万字。 （杜泉）

【《山东省老字号志》出版】 12月，中共山东省委党史研究院（省地方史志研究院）、省商务厅和省老字号企业协会共同编写的《山东省老字号志》由中国文史出版社出版。该志涉及粮油食品、酒水饮料、调味酿造、轻工工艺、酒店餐饮、医药保健、农林畜牧、纺织服饰、商贸服务9大行业，收录彩页32页，图片684张，详细地记述全省108家中华老字号、山东老字号企业的发展历史和现状。全书110万字。

（梁一博）

【《济南公安志（1986—2020）》出版】 6月，山东省济南公安志编委会编纂的《济南公安志（1986—2020）》出版。刘宜武主编。该志分上、下两册，设机构、指挥决策、队伍建设、政治保卫、侦查打击、治安行政管理、道路交通安全管理、法制与信访、警务保障、区（县）、直属分局警务11篇83章，收录800余幅照片，系统地回顾济南市公安35年来的发展历程。志首设概述、大事记，志末附人物、附录、后记。全书230万字。 （杜泉）

【《东营市工商业联合会志（1989—2019）》出版】 9月，山东省东营市工商业联合会志编委会编纂的《东营市工商业联合会志（1989—2019）》由线装书局出版。张学胜主编。该志设组织机构、会议、履职尽责、区县工商联、荣誉·人物5编，记述东营市工商联自1989年成立至2019年发展的历史轨迹。志首设彩色图片专辑、综述、大事记，志末附附录、后记。全书23万字。 （杜泉）

【《临朐县人民代表大会志》出版】 1月，山东省临朐县人民代表大会志编委会编纂的《临朐县人民代表大会志》由九州出版社出版。傅来昌主编。该志分上、下两卷，正文设各界人民代表会议、人大代表、人民代表大会、人大常委会、监督工作、人事任免与决议决定、自身建设、乡镇（人民公社）人民代表大会8编28章，记述1949年11月至2020年1月临朐县人民代表大会走过的历程，全面反映临朐县人民代表大会及其常务委员会认真行使宪法和法律赋予的职权、促进临朐经济社会发展和进步的全貌。志首设概述、大事记，志末附人物、附录、索引、后记。全书144.3万字。

（杜泉）

【《临朐县人民医院志（1950—2018）》出版】 1月，山东省临朐县人民医院志编委会编纂的《临朐县人民医院志（1950—2018）》由方志出版社出版。王乐华主编。该志设组织机构、党群组织、医院管理、门（急）诊、外科系统、内科系统、妇儿系统、五官系统、医技科室、中医诊疗、特色诊疗、护理、药事管理、医院建设、信息化建设、科研·教学、防病·防疫、交流合作·救灾援助、改革·创建、东院区20章，记述临朐县人民医院70年艰苦创业历程。志首设概述、大事记，志末附人物、附录。全书74万字。

（杜泉）

【《昌邑市财政志（1986—2019）》出版】 11月，山东省昌邑市委党史研究中心（市地方史志研究中心）指导、昌邑市财政局组织编纂的《昌邑市财政志（1986—2019）》由方志出版社出版。孙效治主编。该志设组织机构、财政体制、财政收入、财政支出、财政管理、财政监督、机关建设、乡镇财政8编25章89节，记述时限为1986年至2019年，客观记录昌邑财政的改革发展历程。志首设概述、大事记，志末附人物 荣誉、艺文。全书87.3万字。

（杜泉）

【《微山县地名志》出版】 1月，山东省微山县民政局编纂的《微山县地名志》由中国文史出版社出版。陶本清主编。该志是在2014年第二次全国地名普查基础上，对微山县3000余条地名实体实地踏勘调查后形成的一项重要地名普查成果。全志设微山县概况，微山县行政区划图 微山县城区图，地名图，历史地图，微山县建置沿革，自然村地名综述，经济开发区、街道（乡、镇）行政区划居民点、自然村，城区道路 街巷，交通运输，水利 电力，遗址 纪念地景区、公园、广场，单位 企业 公共设施，自然地理实体，历史地名，地名故事等15章。志首设凡例，志末附附录、索引、后记。全书70.3万字。

（杜泉）

【《曲阜市农业农村志》出版】 6月，山东省曲阜市农业农村志编委会编纂的《曲阜市农业农村志》由黄海数字出版社出版。孔祥龙主编。该志设16编82章223节，各类专业统计表格96份，各类现代农业发展图片299幅，详细记载曲阜种植业、林果业、畜牧业、水产业的发展历程，曲阜农业农村经营管理模式的变革、更替及跟进，以及水利设施、气象服务、农民教育、农业科技、农业机械化等农业发展基础设施的建设、改进和提升历程。该志还载录曲阜农业农村各部门的组织机构沿革及相关负责人的变迁，中华人民共和国成立以来获曲阜市级以上的农业类劳动模范，农业系统知名专家以及获中华人民共和国农业（农村）部表彰奖励的先进人物的事迹简介。收录曲阜市12个镇街、60余个现代农业经济发展实体、43个曲阜市级以上美丽乡村示范村（居）建设资料。志首设概述、大事记，志末附人物、附录、后记、索引。全书74.9万字。

（杜泉）

【《济宁老商号（工业篇）》出版】 11月，山东省济宁市委党史研究院（市地方史志研究院）编纂的《济宁老商号（工业篇）》由山东齐鲁音像出版有限公司出版。马建国主编。该志设总述和火柴工业、卷烟业、酱园工业、果品业、榨油工业、染料工业、肥皂工业、电池工业、胶木工业、猪鬃业、蛋品加工业、印刷业、铁工业、棉纺织工业、棉针织工业、麻纺织工业、机器面粉加工业、电业、度量衡器制造业19个行业，收录图片1000余幅，每个行业设综述和代表商号情况，详细记述216个老商号，再现清末至20世纪五六十年代运河文化影响下的济宁市区工业发展的盛况。全书25.2万字。

（杜泉）

【《肥城市地名志》出版】 5月，山东省肥城市地名志编委会编纂的《肥城市地名志》由北京燕山出版社出版。梁昌东主编。该志采用纲目体，设肥城概况、历史地图、建制沿革 行政区划、区域地名概述、街道（镇）行政区划及村居、市区城市居民点、交通运输设施、水利 电力 通信、健游园 纪念地 古遗址、石刻 古墓 古建筑、单位、自然地理实体、历史地名、地名传说、附录15部分，记载地名词条1650条，吸收肥城市第二次全国地名普查成果，并对域内的地名文化进行全面梳理和深入挖掘。全书75.5万字。（杜泉）

【《乳山市教育志》出版】 1月，山东省乳山市教育和体育局组织编纂的《乳山市教育志》由线装书局出版。姜雪丽、柳忠诚主编。该志设基础教育、中等职业教育与高等教育、社会教育、素质教育、教研与创新、教育行政、党群组织、人物与荣誉8编，辑录乳山市教育历史与发展情况，客观反映全市教育发展脉络。志首设概述、大事记，志末附附录、后记。全书100万字。（杜泉）

【《威海姓氏志》出版】 12月，山东省威海市委党史研究院（市地方史志研究院）编著的《威海姓氏志》由线装书局出版。耿祥星主编。该志按姓氏归类设置21章，在系统梳理威海市现有全部姓氏的基础上，重点记述242个姓氏的人口数量、姓氏渊源、得姓始祖、郡望堂号、祖籍与分布以及辈分排行、家谱文献等基本情况，并收录各姓氏历代的部分代表人物。志前设概述、大事记，志末附附录、主要参考文献、索引、编后记。全书95万字。（杜泉）

【《日照市茶叶志》出版】 8月，山东省日照市委党史研究院（市地方史志研究院）编纂的《日照市茶叶志》由方志出版社出版。李世恩主编。该志设15章，上限为1954年，下限为2020年，以"南茶北引"为主线，全方位、多层次记述日照茶产业的历史沿革、地理环境、引种南茶、种植、管理、加工、销售、品牌培育、科技研发、茶文化、茶旅游开发以及对外交流与合作等，全面系统记录日照茶产业发展的历程。该志在"引种南茶"一章中记录了20世纪50年代，在毛泽东倡导下，山东省启动实施"南茶北引"工程后，日照人民积极响应，克服重重困难，让浙江、安徽等地的茶叶安家落户的历史过程。志首设概述、大事记，志末附人物、专记、附录、索引、编后记。全书89.9万字。（杜泉）

【《沂蒙红嫂志》出版】 4月，中共山东省委党史研究院（省地方史志研究院）、中共临沂市委党史研究院（市地方史志研究院）编纂的《沂蒙红嫂志》由新华出版社出版。该志设6章，记事时限上起1919年，下迄2020年，记述沂蒙红嫂这一优秀群体产生的历史条件、突出贡献、代表人物以及红嫂精神的弘扬与传承，揭示沂蒙党政军民之间唇齿相依、"水乳交融、生死与共"的关系。该志收录已故红嫂式人物（传略）200余人，沂蒙新红嫂及红嫂精神传承人物（选介）100余人。志首设综述、大事记，志末附人物、附录、编后记。全书90万字。（杜泉）

【《沂南电业志（2008—2019）》出版】 4月，山东省沂南县委党史研究中心（县地方史志研究中心）参与指导、国网沂南县供电公司电业志编委会编纂的《沂南电业志（2008—2019）》出版。高更树主编。该志设机构沿革、发电、电网、供电、营销、安全、管理、多种经营、职工队伍、党群10篇43章102节。该志上限自2008年，下限至2019年，记述沂南电力事业发展的历史和现状。志首设概述，志末附大事记、附录、编后记。全书48万字。（杜泉）

【《蒙阴县人物志》出版】 6月，山东省蒙阴县委党史研究中心（县地方史志研究中心）编纂的《蒙阴县人物志》由山东齐鲁音像出版有限公司出版。刘焕英主编。该书共收录自秦朝至2020年12月的358名蒙阴籍与客籍在蒙阴县境内以及蒙阴籍在县外有影响、有声望、有建树的杰出人物。分古代人物、近代人物、现代人物、革命烈士名录4个部分，以近现代人物为重点。古代人物、近代人物、现代人物3个部分主要介绍人物的生平事迹。革命烈士名录，以列表的形式，反映在不同历史时期英勇牺牲的1300余名蒙阴籍革命烈士的基本情

况。志首设概述，志末附附录、编后记。全书46万字。（杜泉）

【《沂南县国有林场志》出版】 12月，山东省《沂南县国有林场志》编委会编纂的《沂南县国有林场志》由线装书局出版。刘长顺主编。该志设概况、机构、党群组织、造林营林、森林资源、森林保护、多种经营、基本建设、经济管理、林业科技、职工生活福利、人物、艺文13篇38章，介绍国有林场历史文化、风土人情及各阶段的发展历程等，记述沂南县国有林场自1950年北大山林场建场，到孙祖苗圃、孟良崮林场、鼻子山林场、沂河林场、历山园艺场、蒲汪苗圃等先后建立，走过的70多年历程。志首设概述、大事记，志末附后记、索引。全书70万字。（杜泉）

【《齐河县解放战争志》出版】 2月，山东省齐河县委党史研究中心（县地方史志研究中心）编纂的《齐河县解放战争志》出版。郝德禄主编。该志设建置、国共武装力量、党团组织、地方政权、战事、反动派罪行、土地改革、经济、教育·卫生、民政、交通与统战、干部南下、人物13编，全面记述1945年至1952年齐河县党政军民土地改革、参军支前、挥师南下的雄伟事迹，彰显齐河人民前仆后继、浴血奋战的精神风貌。志首设概述、大事记，志末附附录、索引、编后记。全书30万字。（杜泉）

【《德州市审计志（1984—2019）》出版】 8月，山东省德州市委党史研究院（市地方史志研究院）指导、市审计局编纂的《德州市审计志（1984—2019）》由青岛出版社出版。戴希祥主编。该志设机构队伍、国家审计、审计公开和审计业务管理、内部审计指导和社会审计监督、党建工作和精神文明、机关事务6篇21章，收录200余幅随文插图，记述德州市审计机关1984年至2019年的发展历程。志首设概述、大事记，志末附人物、附录。全书75万字。（杜泉）

【《惠民县人民代表大会志（1945—2020）》出版】 11月，山东省惠民县委党史研究中心（县地方史志研究中心）指导、惠民县人民代表大会志编委会编纂的《惠民县人民代表大会志（1945—2020）》由九州出版社出版。牛业霞、周增宝主编。该志设参议会、各界人民代表大会、历届县人民代表大会、人民代表大会常务委员会、惠民县人民代表大会专门委员会、乡镇人民代表大会、孙子文化、人物8篇。该志上限自1945年9月，下限至2020年12月，详细记述惠民县人大及其常委会60多年来履行职责的历史轨迹。志首设概述、县情、大事记，志末附附录、编后记。全书120万字。（杜泉）

【《巨野县政协志》出版】 10月，山东省巨野县委党史研究中心（县地方史志研究中心）指导、巨野县政协志编委会编修的《巨野县政协志》由中国文史出版社出版。闫成瑞主编。该志上限始于1981年1月，下限至2021年3月，设组织机构、重要会议、机关建设、工作概况等，记述巨野县政协的成立、发展和逐步实现制度化、规范化的历史与现状。志首设概述、大事记，志末附人物、文献、委员文艺选编。全书120万字。（杜泉）

【《黄河小浪底水利枢纽志》出版】 9月，水利部小浪底水利枢纽管理中心《黄河小浪底水利枢纽志》编委会编纂的《黄河小浪底水利枢纽志》由黄河水利出版社出版。张善臣主编。该志设黄河流域、工程开发背景、工程设计、建设管理、工程施工、工程监理、征地移民、环境保护、工程验收、西霞院反调节水库、枢纽调度管理、枢纽运行管理、工程保障、成就与效益、人物15章，记述小浪底工程筹备、建设及建成发挥效益等内容。志首设凡例、综述，志末附大事记、附录、索引、编纂始末。全书169万字。（徐德森）

【《豫菜志》出版】 10月，河南省开封市地方史志研究室编纂的《豫菜志》由中州古籍出版社出版。郁正国主编。该志分上、下两册，共12章，收录600余幅图照，全面系统记述豫菜的历史与现状。志首设概述、大事记，志末附附录、索引。全书100万字。

（徐德森）

【《汝州曲剧志》出版】 12月，河南省汝州市史志办编纂的《汝州曲剧志》由中州古籍出版社出版。于志峰主编。该志设曲剧诞生与早期班社、现代演出团体等15章，集中记述1926年把高跷曲子搬上高台从而使曲剧成为戏曲剧种的16位曲子艺人。该志根据汝州曲剧的实际情况，在立传人物板块内特设"曲剧登台十六君子列传"条目。志首设概述、大事记，志末附附录、索引、后记。全书35万字。

（徐德森）

【《鸡公山常见药用植物志》出版】 9月，河南省信阳市史志办编纂的《鸡公山常见药用植物志》由中州古籍出版社出版。陈晓玲主编。该志设鸡公山概述、担子菌门、苔藓植物门、蕨类植物门、裸子植物门、被子植物门（双子叶类）、被子植物门（单子叶类）等篇，记述生长在鸡公山区域内的568种常见药用植物的生长状态、环境和药材性状等。志首设序、凡例，志末附中文名索引、拉丁文学名索引、附录、编后记。全书52万字。 （徐德森）

【《驻马店市脱贫攻坚志》出版】 10月，河南省《驻马店市脱贫攻坚志》由中州古籍出版社出版。邵奉公主编。全志分两册。上册为文字部分，分12个部分，前置概述、大事记，后分10章，包括精准识别管理与农村贫困状况、主体攻坚责任与落实、行业政策与落实、扶贫资金与项目管理、考核验收与监督、脱贫攻坚先进表彰、脱贫攻坚成效与经验、重要文献、新闻报道、人物；下册为图录，共10章，包括关心关爱、扛牢责任、落实政策、产业扶贫、驻村帮扶、社会参与、智志双扶、扶贫成效、荣誉表彰、新的征程。志首设概述、大事记，志末附索引。全书150万字。 （王颖）

【《英山县地名志》出版】 8月，湖北省英山县地名志编委会、县民政局主编的《英山县地名志》由武汉出版社出版。该志设政区、居民点、城镇街巷、交通运输、自然地理实体、纪念地和名胜古迹、专业部门、地域特色品牌、地名艺文、地名管理、附录11篇8章。该志以依托第一次全国地名普查的《湖北省英山县地名志》资料为基础，以第二次全国地名普查调查成果、地方文史资料及英山家族谱牒等为依据，收录截至2014年12月底英山县域内日常生活中使用频率较高的各类地名词条5000余条，非地名词条500余条，从地名文化视角，再现英山地名文化发展变迁历史。志首设英山地图，英山的山脉，英山的河流，英山水库，英山11个乡镇，英山旅游景点，英山标志性地点，英山公路、桥梁，英山文物保护点，英山新建公共设施，英山土特产等11个图片专题，志末附《地名管理条例》《地名实施管理细则》《湖北省地名管理办法》《黄冈市地名管理办法》《英山县地名管理办法》。全书148万字。

（湖北省文化和旅游厅地方志工作处）

【《恩施市人民政协志（1949—2018）》出版】 7月，湖北省恩施市人民政协志编委会编纂的《恩施市人民政协志（1949—2018）》由吉林文史出版社出版。蔡万高主编。该志设组织机构、重要会议、主要职能、人物荣誉4编20章（政协恩施市委员会及其常务委员会、历届政协委员、政协工作机构、中共政协恩施市组织，恩施市各界人民代表会议、全体委员会议、常务委员会会议、主席会议，提案工作、文史资料、专题座谈、专题调研视察、组织学习、民主监督、委组活动、联谊交流、民主党派工商联、政协机关建设、人物简介、荣誉录），记述时限上为1949年11月（着重记述1956年8月政协成立以来的活动），下至2018年12月恩施市政协第九届委员会第二次会议，全面系统记述恩施市（县）政协60余年的发展历程及履职史实。志首设彩页、序、前言、目录、概述、大事记，志末附编后记。全书55万字。 （湖北省文化和旅游厅地方志工作处）

【《恩施市人民代表大会志（1949—2016）》出版】 9月，湖北省恩施市人民代表大会志编委会编纂的《恩施市人民代表大会志（1949—2016）》由新华出版社出版。周海枝主编。该志设县（市）人民代表大会代表选举、各界人民代表会议、县人民代表会议、市人民代表会议、人民代表大会重大决定决议、人大常委会会议、人大常委会决定决议、人大常委会人事任免、人大常委会主任会议、人大及其常委会闭会期间工作、人大及其常委会机构设置、市人大常委会派出机构、乡镇人大（主席团）、人大机关建设、人物荣誉15章，记述时限上为1949年11月，下至2016年12月，客观真实记述历届人民代表大会及其常委会所开展的主要工作，以及人大机关组织沿革、基层人大组织机构及人大机关自身建设等。志首设专题图片、前言、凡例、大事记、概述，志末附附录、后记。全书65万字。

（湖北省文化和旅游厅地方志工作处）

【《巴东县地名志》出版】 3月，湖北省巴东县民政局与巴东县地名图录典志编委会编纂的《巴东县地名志》由长江出版社出版。廖业成主编。该志设总编、政区聚落区片类地名、城镇街巷、交通运输类地名、自然地理实体类地名、纪念地 名胜古迹类地名、专业部门类地名、地域特色品牌、地名艺文、历史地名、地名管理、附录（各级法规）12篇45章，配有100幅余图片，从政区概况、历史沿革、自然条件、经济概况、社会发展、基础设施、名胜旅游等方面对县域情况进行综合介绍，编入政区聚落、城镇街巷、交通运输、自然地理实体、纪念地及名胜古迹、专业部门等各类地名7000余条。同时，选编部分地域特色品牌、地名艺文、地名管理等内容。该志以巴东县第二次全国地名普查资料为基础，记载截至2014年底县内各类地名的音、形、义、时、位、类及与地名有关的政治、经济、文化、自然等特征及其演变，全面反映巴东县区划地名的历史和现状。志首设地图、地名图片、序、凡例、巴东地名来历浅说、巴东常用地名通名集释，志末附索引和编后记。全书197万字。

（湖北省文化和旅游厅地方志工作处）

【《鹤峰县政协志（1984—2020）》出版】 10月，湖北省鹤峰县政协志编委会编纂的《鹤峰县政协志（1984—2020）》由长江出版社出版。马晖主编。该志设组织机构、政协会议、三大职能、提案和建议案、视察调研、团结联谊、文史整编、自身建设、历届政协主席 副主席 秘书长简介9章，记述鹤峰县政协的产生、发展及履职过程。志首设序、凡例，志首图片设领导视察、县委重视、政协会议、主席活动、委员风采、倾情战贫、同心战疫、一线战洪、自身建设、荣誉录、历届主席副主席和秘书长等11个专题，志末附县政协机关帮扶棕园村脱贫攻坚工作综述、制度选录、鹤峰县出席恩施土家族苗族自治州政协会议委员名录、《鹤峰县政协志（1984—2020年）》综合评审意见、《鹤峰县政协志（1984—2020年）》综合评审会现场照片。该志客观记述鹤峰县政协的产生、发展过程及履职工作，反映政协事业的全貌，体现政协工作的创新之举和经验总结。全书54万字。

（湖北省文化和旅游厅地方志工作处）

【《岳阳市工会志（1986—2019）》出版】 10月，湖南省岳阳市总工会组织编纂的《岳阳市工会志（1986—2019）》由吉林文史出版社出版。谭志兰主编。该志设大事记、职工队伍和工会组织、经济技术工作、维权帮扶、女职工工作、财务与经审、人物7章，全面客观记录岳阳市各级工会组织、广大工会干部和职工在社会主义建设、改革开放、全面建成小康社会征途中做出的重要贡献，全景展现巴陵工人运动发展的历史进程。志首设专题图片、概述、大事记，志末设人物、附录。全书80万字。

（刘兴汉）

【《常德市科学技术志（1988—2010）》出版】 12月，湖南省常德市地方志编委会、市科学技术局编纂的《常德市科学技术志

（1988—2010）》由方志出版社出版。陈建中主编。该志设常德科学技术工作、常德科学技术协会工作、常德地震工作3篇19章，记述1988年至2010年常德市科学技术创新进步及推广服务、地震灾害监测预防、科技机构变迁和科技工作者科研业绩等内容。志首设概述、大事记，志末附人物、附录。全书43.7万字。

（孟韵　曾小玲）

【《常德市安全生产监督管理志（1988—2018）》出版】　12月，湖南省常德市地方志编委会、市安全生产监督管理局编纂的《常德市安全生产监督管理志（1988—2018）》由方志出版社出版。刘雷中主编。该志全面记述1988年至2018年常德市安全生产综合监督管理和常德市安监部门直接负责的非煤矿山、烟花鞭炮、危险化学品、工商贸企业及职业健康安全监督管理等情况。志首设彩图、概述、大事记，志末设人物、附录。全书81.3万字。

（孟韵　曾小玲）

【《宁乡经济技术开发区志》出版】　7月，湖南省长沙市地方志编委会组织、宁乡经济技术开发区志编委会编纂的《宁乡经济技术开发区志》由湖南科学技术出版社出版。高旻玲、曾阳明、谢喜阳等主编。该志设建置地理、基础设施建设、土地利用与拆迁安置、招商引资、园区产业、综合管理、社会事业和精神文明建设和党政群团8篇39章96节。志首设概述、大事记，志末附附录、后记等。全书44万字。

（周建文）

【《宁乡高新技术产业园区志》出版】　10月，湖南省长沙市地方志编委会组织、宁乡高新技术产业园区志编委会编纂的《宁乡高新技术产业园区志》由方志出版社出版。欧立新主编。该志设区域建置、园区规划、基础设施建设、土地征用与拆迁安置、招商引资、产业经济、园区产业、科技创新与人才引进、综合管理、党政群团、园区企业11章37节，主要记述产业园发展12年，由一个县级园区发展为省级高新技术产业园区的发展历程。志首设概述、大事记，志末附附录、后记等。全书30.9万字。

（周建文）

【《平江县扶贫志》出版】　7月，湖南省平江县委党史研究室（县地方志编纂室）、县扶贫办编纂的《平江县扶贫志》由湖南地图出版社出版。叶剑芝、朱冒柏、徐谢师主编。该志设扶贫图照、概述、大事记、贫困状况、政策规划、专项扶贫、行业扶贫、部委定点扶贫、结对帮扶、社会扶贫、扶贫管理、扶贫范例、附录等篇，全面记述平江县自改革开放以后至2020年，先后四次被列入国家重点帮扶县，在全面治理贫困、改变落后面貌过程中所取得的成绩，特别是反映了精准扶贫阶段平江实现全面小康、开启由贫转强的成就。志首设序、凡例、习近平扶贫金句，志末附名词解释、决策和文件、重要讲话摘编、后记。全书85万字。

（洪全）

【《运河图志》出版】　6月，湖南省南县档案馆、县史志编纂室编纂的《运河图志》由吉林文史出版社出版。何应超主编。该志收录1975年冬近十万南县人民连续奋战68个昼夜开挖运河的历史，包含100多幅照片、南茅运河的楹联美文以及留存的部分《运河战报》。全书分蓝图、鏖战、创业、焕新、升华、群英、运河文化7个篇章，通过历史图片展现南茅运河从无到有、从有到兴的发展历程，以生动的事迹和感人的场景阐述"艰苦创业、无私奉献、团结协作、敢为人先"的南茅精神。志首设序言，志末附后记。全书15万字。

（南县史志编纂室）

【《广州市人力资源和社会保障志（2001—2017）》出版】　8月，广东省广州市人力资源和社会保障局编纂的《广州市人力资源和社会保障志（2001—2017）》由南方日报出版社出版。该志设机构设置、就业工作、人力资源市场、人才规划和人才引进、职业能力建设、技工教育管理、社会保险综合管理等24章，全面记述2001年至2017年广州市人力资源和社会保障事业的快速发展历程。志首设专题图片、概述、大事记、大事纪略，志末附附录、索引、后记。全书61万字。（广东省志办）

【《广州市国家税务志（1994—2018）》出版】 10月，国家税务总局广州市税务局编纂的《广州市国家税务志（1994—2018）》由广东人民出版社出版。王义平主编。该志设组织机构、税费收入、税政管理、规费管理、税收征管、国际税收、税收法治、税收稽查等14章，记述从1994年市国税局正式挂牌成立始，税务体制两次大改革之间国税事业发展变化。志首设专题图片、概述、大事记，志末附专记、附录、索引、后记。全书60万字。（广东省志办）

【《广州市林业和园林志（2001—2017）》出版】 10月，广东省广州市林业和园林局编纂的《广州市林业和园林志（2001—2017）》由广东人民出版社出版。该志设机构、林业园林发展规划、森林资源与保护管理、林业生态建设、绿道网建设、城市公共绿化、城市公园建设、白云山保护与建设、儿童公园建设等17章，记述广州林业和园林事业的发展变化。志首设专题图片、大事记、大事纪略，志末附附录、索引、后记。全书75万字。（广东省志办）

【《广州市城市更新改造志（2001—2017）》出版】 10月，广东省广州市城市更新局、城市更新规划研究院编纂的《广州市城市更新改造志（2001—2017）》由华南理工大学出版社出版。方武祥主编。该志设8章，全面记述2001年至2017年广州环境状况以及环境管理、保护和污染防治等发展变化。志首设彩图、概述、大事记、大事纪略，志末附附录、索引、编后记。全书41万字。（广东省志办）

【《广州市环境保护志（2001—2017）》出版】 11月，广东省广州市生态环境局编纂的《广州市环境保护志（2001—2017）》由广州出版社出版。陈鹤森主编。该志设9章，记录广州城市更新改造的大政方针和发展轨迹。志首设专题图片、概述、大事记、大事纪略，志末附附录、索引、后记。全书50万字。（广东省志办）

【《南川民俗图志》出版】 4月，重庆市南川区党史和地方志研究室编纂的《南川民俗图志》由重庆出版社出版。周平主编。该志设农业生产习俗、日常生活习俗、人生仪礼、节庆民俗、建筑营造、民间工艺、民间文化7章，记述南川民众千百年来生产生活特有的风土人情与风俗习惯。该志图文并茂，以形象化、可视化的方式，记载、宣传南川独特的民俗风情和历史文化资源，系统展现南川历史文化的发展、演变脉络，全面展现南川人民自立自强、开放包容的人文特性。志首设序、凡例，志末附后记。全书23万字。（马必波）

【《重庆市武隆中学校志（1942—2017）》出版】 4月，重庆市武隆中学、武隆区地方志编委会编纂的《重庆市武隆中学校志（1942—2017）》由四川民族出版社出版。曹诗茂、文学华主编。该志设组织机构、教育教学、管理、学校建设、学生资助、荣誉、人物7章21节，记述1942年筹建"武隆设治局局立初级中学"至2017年武隆中学建校发展历程。该志是武隆区首部中学校志。志首设概述、大事记，志末附附录、后记。全书75万字。（李才东）

【《梁平柚志》出版】 9月，重庆市梁平柚志编委会编纂的《梁平柚志》由方志出版社出版。罗勇主编。该志设中国名柚之乡梁平、梁平柚品种与价值、梁平柚生长环境、栽培与种植、营销与管理、产业发展、柚品美食、梁平柚文化等8个类目48个分目，收录143幅图片，10张表格，客观记述梁平柚业的历史和现状。志首设序、凡例、大事记，志末附附录、后记。全书37.6万字。（张怡）

【《成都改革开放志（1978—2018）》出版】 9月，四川省成都市志办、成都地图出版社编著的《成都改革开放志（1978—2018）》由成都地图出版社出版。主编高志刚。该志设破冰探索、破壁城乡、简政放权、改革攻坚、走向世界、统筹城乡、结构转型、高科技成都建设、全面创新改革实验区建设、建设国家中心城市10章，全景式呈现成都40年改革开放的历史进程、取得的伟大成就、发生的沧桑巨变。志首设序，志末附大事记、后记。全书75万字。

（朱丹）

【《浪漫白鹿图文志》出版】 4月，四川省彭州市志办、彭州市政府共同编纂的《浪漫白鹿图文志》由中国文史出版社出版。刘兰考、陈红昊、刘波、岳金玫、胥波等编著。该志设"白鹿渺渺，蜀韵悠悠""地学奇观，地质奇观""抗震救灾，凤凰涅槃""蜀地欧风，浪漫白鹿"4章，以图文志的形式，记述白鹿镇从先秦时期至2019年间的建置沿革、历史文化、自然生态和发展变迁。志首设序，志末附后记。全书16万字。

（朱丹）

【《邛崃文物图志》出版】 9月，四川省成都市志办、邛崃市志办、邛崃市文物保护中心编纂的《邛崃文物图志》由四川大学出版社出版。胡立嘉编著。该志设遗址、石窟造像、古建、寺庙宫观、近现代遗址及建（构）筑、墓葬等篇（章）。该志以邛崃市域范围内现存的大量不可移动文物为主，选取其中一些有代表性的文物分类收录编写，配以精美图片，图文并茂呈现邛崃悠久的历史和丰富的文化内涵。志首设代序、前言，志末附后记。全书81万字。

（朱丹）

【《攀枝花市标准地名志》出版】 4月，四川省攀枝花市民政局编纂的《攀枝花市标准地名志》由四川数字出版传媒有限公司出版。魏胜利主编。该志设总篇、东区、西区、仁和区、米易县、盐边县记6篇，记述攀枝花市境内重要地名及其相互联系的各种地名要素。志首设前言、凡例，志末附后记。全书18万字。

（孙玉峰）

【《盟遂合作志》出版】 4月，中国民主同盟四川省遂宁市委员会编纂的《盟遂合作志》由团结出版社出版。刘建军主编。该志设机构沿革、科技兴农、科技兴工、农村职业教育与"烛光行动"、水利建设、探索遂宁绿色经济发展之路、建设乡村振兴示范区、盟地合作、"盟遂合作陈列馆"建设9篇。该志记述中共遂宁市委、遂宁市政府与民盟中央、民盟四川省委合作历程实录，展现遂宁市改革开放取得的辉煌成就和发生的翻天覆地的变化。志首设凡例、序、概述、大事记，志末附附录、编后记。全书26.9万字。

（孙玉峰）

【《峨眉风物志》出版】 1月，四川省峨眉山市志办、峨眉学研究会主编的《峨眉风物志》由团结出版社出版。赵敬忠、刘友箭编著。该志设史地、名胜、人文、民俗、特产5篇，全面反映峨眉山市自然环境、历史地理、文化名人、民风民俗和名优特产，全面呈现峨眉山市历史与现状。志首设序、目录，志末附参考文献。全书30万字。

（朱丹）

【《南充市人民代表大会志（1950—2020）》出版】 9月，四川省南充市人民代表大会常务委员会编纂的《南充市人民代表大会志（1950—2020）》由方志出版社出版。袁险峰主编。该志设南充地区人大派出机构、南充市人大组织机构、南充市人民代表大会会议、南充市人大常委会会议、南充市人大常委会主任会议、立法工作、讨论决定重大事项、监督工作、选举任免、代表工作、专题调研、自身建设、县（市、区）人大概况13章，收录300余幅图片，全面记述人民代表大会制度在南充建立和发展的全过程。志首设序、凡例、概述、大事记、特载、专题图片，志末附附录、后记。全书300万字。

（孙玉峰）

【《达川人大志(1909—2019)》出版】 10月，四川省达州市《达川人大志》编委会编纂的《达川人大志（1909—2019）》由四川人民出版社、四川民族出版社联合出版。江孔成、张雪琴主编。该志设中华人民共和国成立前的议会政治、各界人民代表会议、人民代表大会、人大常委会、行权履职、人物6编25章84节，记述1909年至2019年达县民国时期的议会政治制度和中华人民共和国成立以来人民代表大会制度的建立、发展历程，详细勾勒中共十一届三中全会后区（县）人大及其常委会履行职责的历史轨迹，全面系统总结达川（县）实践人民代表大会制度正反两方面的历史经验和教训。志首设序、凡例、概述、大事记，志末附重要文存、部分人大常委会工作报告、重要决议决定、部分人大代表诗词美术作品、编后记。全书125万字。 （孙玉峰）

【《名山区地方志工作志》出版】 6月，四川省雅安市名山区地方志编纂中心编纂的《名山区地方志工作志》由中国文化出版社出版。该志设体制机制、县志编修、部门志编修等9章，记述雅安市名山区地方志工作的历史面貌和现状。志首设前言、凡例、概述、大事记，志末附荣誉榜、文献、后记。全书28.4万字。 （孙玉峰）

【《荥经黑砂志》出版】 2月，四川省雅安市荥经县委党史研究室（县地方志编纂中心）编纂的《荥经黑砂志》由四川科学技术出版社出版。甘文祥主编。该志设黑砂源流、黑砂生产与销售、黑砂工艺与科研、黑砂文化与艺术、黑砂价值与管理、黑砂企业与产业、黑砂小镇与文旅、黑砂荣誉与黑砂城8篇25章，收录200余幅随文插图，反映黑砂起源与历史发展脉络，介绍黑砂手工生产方式、产品特点、销售情况等。该志着重从文化内涵、艺术特色、饮食文化、价值等方面阐释荥经黑砂的文化精髓。志首设序、凡例、概述和大事记，志末设附录、后记。全书20万字。 （孙玉峰）

【《普格县脱贫攻坚综合帮扶图志（2014—2020）》出版】 10月，四川省普格县委、县政府主办，县史志办公室编纂的《普格县脱贫攻坚综合帮扶图志（2014—2020）》由西安地图出版社出版。该志收录行政区划图、序言、大事记、综合帮扶队帮扶。图志部分包括使命召唤、火速集结、真帮实扶、彝乡巨变、难忘普格5个部分。该志以普格县综合帮扶工作为切入点，以2018年以来脱贫攻坚实录图片为主要内容，收录500余幅图片，梳理脱贫攻坚综合帮扶工作开展、作用发挥和取得成效，反映全县脱贫攻坚的历程和成就。全书8万字。 （朱丹）

【《贵州桥梁志》出版】 12月，贵州省交通运输厅、省志办、省发展和改革委员会联合编纂的《贵州桥梁志》由贵州人民出版社出版。李程、归然主编。该志设桥梁博物馆、桥梁建设、桥梁科技与文化、桥梁从业机构4篇，记述贵州桥梁从有记载的历史起到2020年的公路桥梁、铁路桥梁，兼顾市政、旅游等其他领域桥梁，以及贵州企业在省外建设的桥梁。该志收录图片200余幅，直观展现贵州桥梁发展历程、建设成就及文化风貌。志首设序、凡例、概述、大事记，志末附录、编纂始末。全书53.8万字。 （吕勇）

【《中共遵义市委党校志》出版】 1月，贵州省遵义市委党校编纂的《中共遵义市委党校志》由方志出版社出版。谭华伦主编。该志设机构人员与管理体制，教学与培训，学历教育，理论学习、宣讲与研究，科研工作与决策咨询，信息化与图书馆建设，基础设施建设，党建与精神文明建设，综合管理，办学体制改革及工作创新，人物、先进集体及先进个人11章37节，插图110余幅，记述上限起于1949年12月，下限至2019年12月，重点记述1997年撤地设市以来中共遵义市委党校教学科研、行政后勤、党的建设等工作。志首设序、凡例、概述、大事记，志末设附录、编后记。全书52.3万字。 （张文建）

【《正安县法院志》出版】 7月，贵州省正安县法院编纂的《正安县法院志》由中国文化出版社出版。吴太勤主编。该志设机构、刑事审判、民事审判、婚姻家事案件审判、经济审判、行政审判、执行工作、案件诉讼与审判监督、人民调解与人民陪审、"两庭"建设、法院改革、队伍建设、廉政建设、法院文化建设、服务大局、行政管理与后勤保障16章，记述正安法院发展历程、正安法治建设的重要成就。志首设行政区划图及人民法院分布图、法院工作彩色图照，志末附2019年、2020年法院工作，重要文献、论文及调研文章。全书63万字。

（张文建）

【《贵州湄潭茶场志》出版】 9月，贵州省遵义市湄潭茶场志编委会编纂的《贵州湄潭茶场志》由中国农业出版社出版。周开迅主编。该志设自然环境与资源、机构建制、科研、教育、茶叶生产与加工、茶叶市场、交流合作与领导专家关怀、多种经营、组织机构设置、企业改革、社会事业、安全生产与维护社会稳定、茶文化遗产保护与旅游、人物14章。该志上限自1939年国民政府筹建中央实验茶场始，下限止于2019年12月31日，突出事例及图片收录延伸至印刷出版前，系统真实记述贵州湄潭茶场的历史和现状。志首设序，志末附附录。全书95万字。

（张文建）

【《湄江高级中学志（1958—2017）》出版】 6月，贵州省湄潭县湄江高级中学校编纂的《湄江高级中学志》由中国文史出版社出版。何魁主编。该志设沿革、校园、党政、教师、学生、德育、教学、后勤、群团、改革、文化11章。记述上限自1958年，下限终于2017年12月，详近略远，部分内容根据需要适当上溯或下延。志首设序，志末附编后记。全书92万字。

（张文建）

【《玉屏侗族自治县纪检监察志（1950—2020）》出版】 5月，贵州省《玉屏侗族自治县纪检监察志（1950—2020）》编委会编纂的《玉屏侗族自治县纪检监察志（1950—2020）》由九州出版社出版。杨海英、陈松、赵艳华主编。该志设纪检监察机构沿革、纪检监察工作2篇11章，记述玉屏侗族自治县纪检监察机关1950年至2020年的机构沿革，体制变革，翔实记录几代纪检监察人接续奋斗的艰辛历程和反腐败斗争取得的丰硕成果。志首设地图、序、凡例、概述、大事记，志末附附录、编后记。全书95.2万字。

（张文建）

【《德江县检察志》出版】 7月，贵州省德江县检察院编纂的《德江县检察志》由中国现代出版社出版。曹永安、黄佐周主编。该志设检察机构、刑事检察、民事行政生态检察、查办和预防职务犯罪、检察技术、案件管理与接受监督、综合服务、检察队伍建设、党团组织建设、记功奖励与表彰10篇，记述从检察机构成立到2019年开展法律监督取得的成就。志首设序、凡列、概述、大事记，志末附后记。全书34.9万字。

（张文建）

【《贵州三穗农村商业银行志》出版】 9月，贵州黔东南苗族侗族自治州三穗农村商业银行股份有限公司编纂的《贵州三穗农村商业银行志》由中国文化出版社出版。杨仁君主编。该志设机构、员工、基础设施、业务、管理、党群组织、企业文化与精神文明建设和人物8篇，记述1937年至2019年三穗县发展合作金融的历史和现状。志首设概述、大事记，志末附文献资料辑录和专业术语检索。全书144万字。

（张文建）

【《咸阳市商务志（1991—2010）》出版】 12月，陕西省咸阳市商务局组织编纂的《咸阳市商务志（1991—2010）》由三秦出版社出版。咸阳市商务局主编。该志设组织机构、国有商贸企业、体制改革、市场建设、市场管理、商品经营、饮食服务业、对外贸易、外商投资、国际经济技术合作、物资流通、人物、荣誉13章48节，前置彩色插图73幅，以丰富翔实的资料，突出改革开放主线，全面系统记述咸阳市1991年至2010年商贸流通业的发展变化，全面反映咸阳国有商贸流通企业体制改革的历程及民营经济快速发展为市域商贸流通主力军的发展过程。志首设地图、专题图片、凡例、序言、概述、大事记，志末附附录、编后记。全书30万字。　　　　　（陕西省志办）

【《延安市政协志（1986—2020）》出版】 11月，陕西省延安市政协志编委会编纂的《延安市政协志（1986—2020）》由三秦出版社出版。任小林主编。该志设组织机构、政协会议、宣传与研究、提案工作、委员视察、调查研究、民主监督与社情民意、多党合作、联络联谊、文史资料、机关建设、扶贫救灾及其他、县（区）政协、人物14章。上限为1986年，下限至2020年，记述延安市政协组织发展变化的历程。志首设地图、专题图片、凡例、序言、概述、大事记，志末附附录、编后记。全书52万字。　　　　　（陕西省志办）

【《延安市水利志（1991—2018）》出版】 12月，陕西省延安市水利志编委会编纂的《延安市水利志》由三秦出版社出版。赵西安主编。该志为《延安地区水利水保志》续志，设自然环境、水利建设、重大水利项目、水土保持、防汛抗旱、水产、行业管理、基础工作、水文化、人物10编，上限为1991年，下限至2018年，记述断限内全市水利建设事业的历史发展与现状。志首设专题图片、凡例、序、概述、大事记，志末附附录、编后记。全书38万字。
　　　　　（陕西省志办）

【《神木县人民代表大会志》出版】 4月，陕西省神木市人大常委会编纂的《神木县人民代表大会志》由陕西人民出版社出版。杨玉林主编。该志设神府县、神木县各界人民代表会议，神木县人民代表大会，神木县人民代表大会常务委员会，神木县人民代表大会常务委员会党组、主任会议和工作机构，人物，大事记6篇。该志记述时限上限从1949年12月起，下限至2017年7月，真实记录神木县人民代表大会从正式建立、曲折发展、被迫中断到重新恢复、逐步完善的历史轨迹，客观反映神木县人民代表大会及其常务委员会实践人民代表大会制度的历程。志首设彩页专题图片、序言、凡例、概述，志末附附录、编后记。全书89.5万字。
　　　　　（陕西省志办）

【《府谷县人民代表大会志》出版】 3月，陕西省《府谷县人民代表大会志》编委会编纂的《府谷县人民代表大会志》由陕西人民出版社出版。周艳华主编。该志设府谷县各界人民代表会议，府谷县人民代表大会，府谷县人民代表大会常务委员会，府谷县人民代表大会常务委员会党组、主任会议和工作机构，人物，规章制度，附录7编42章，配载地图、156幅卷首彩页图，实事求是地记录府谷县人民代表大会常务委员会的发展历程。志首设序、凡例、概述，志末附编后语。全书132万字。
　　　　　（陕西省志办）

【《子洲县人民代表大会志》出版】 9月，陕西省《子洲县人民代表大会志》编委会编纂的《子洲县人民代表大会志》由陕西人民出版社出版。白春莲主编。该志设大事记，子洲县参议会、子洲县各界人民代表会议，子洲县人民代表大会，子洲县人民代表大会常务委员会，子洲县人民代表大会常务委员会党组、主任会议和工作机构，人物6编35章，配载地图、近180幅卷首彩页图，实事求是地记录子洲县人民代表大会及其常务委员会的发展历程。志首设序、凡例、概述、大事记，志末附附录、编后记。全书100万字。　　　　　（陕西省志办）

【《定边县扶贫志》出版】 10月，陕西省定边县委史志办编纂的《定边县扶贫志》由陕西人民出版社出版。蒋峰荣、刘世雄主编。该志设惠农政策、扶贫管理、产业扶贫、教育扶贫、文化扶贫、健康扶贫、科技扶贫、社会扶贫、项目扶贫、扶贫资金、基建扶贫、精准扶贫、人物、扶贫文化14章，收录400余幅图片，主要记录中华人民共和国成立后特别是

2014年精准扶贫工作开展以来，党的扶贫政策、国家解困惠泽在定边县取得的真实成效。志首设概述、大事记，志末设附录、后记。全书110万字。（陕西省志办）

【《安康人民代表大会志（1984—2019）》出版】陕西省安康市人民代表大会志编委会编纂的《安康人民代表大会志（1984—2019）》由三秦出版社出版。邢世嘉主编。该志设安康地区人大机构与工作、人大代表、市人民代表大会会议、市人大常委会组成、常委会会议主任会议、中共安康市人大常委会组织、市人大常委会日常工作、人物8篇27章，主要记载1984年至2019年底的历史，总述追溯至1949年10月，全面系统反映安康人大发展历程和历届人民代表大会及其常务委员会工作全貌。志首设专题图片、序、凡例、总述、大事记，志末附附录、编后记。全书56万字。（陕西省志办）

【《安康市财政志（1990—2020）》出版】6月，陕西省安康市财政志编委会编纂的《安康市财政志（1990—2020）》由陕西人民出版社出版。王建华主编。该志设财政组织机构、财政体制改革、财政收入、财政支出、财政管理、机关建设、先进表彰7编33章［中省驻安单位、市（地）财政机构、县（区）乡镇机构、党群组织、财政体制、财政改革、税费改革、农村综合改革、财政总收入、税收收入、非税收入、社会保险基金收入、财政总支出、一般公共预算支出、基金预算和国有资本经营预算支出、预决算管理、财政收入管理、国库管理、国有资产管理、生产资金管理、财务管理、地方金融与政府债务、会计事务管理、财政监督、财源建设、队伍建设、设施建设、制度建设、党建廉政作风建设、精神文明建设、承担政府中心工作、先进单位、先进个人］，记述时限上迄1990年，下至2020年，主要记载30余年间安康市（地区）财政部门在履行部门管理职责、完成市（地）委市政府（行署）部署的工作任务，以及自身建设等方面的奋斗历程及所取得的业绩。志首设彩页、序、凡例、概述、大事记，志末附附录、后记。全书60万字。（陕西省志办）

【《白河县人民代表大会志（1949—2018）》出版】10月，陕西省白河县人民代表大会志编委会编纂的《白河县人民代表大会志（1949—2018）》由三秦出版社出版。黄良明主编。该志设县各界人民代表大会、县人民代表大会代表选举及县人民代表大会、县人民代表大会常务委员会、主要工作、自身建设、乡镇人民代表大会、人物名录7章，记述时限上为1949年10月白河县第一届各界人士代表会议，下至2018年12月31日，系统记述白河县人大60余年的发展历程及履职史实。志首设专题图片、序、凡例，志末附附录。全书57万字。（陕西省志办）

【《紫阳县人民代表大会志》出版】2月，陕西省紫阳县人民代表大会志编委会编纂的《紫阳县人民代表大会志》由陕西人民出版社出版。栾成珠主编。该志设各界人民代表会议、人大代表、县人民代表大会、县人大常委会、人物5章，记述时限上为1950年3月，下至2019年12月，全面系统记述紫阳县人大70年的发展历程及履职史实，全面反映紫阳县人大及其常委会主要工作，客观记录人民代表大会制度在紫阳县的生动实践。志首设专题图片、序、前言、概述、大事记，志末附编后记。全书53万字。（陕西省志办）

【《紫阳小学校志》出版】7月，陕西省紫阳县紫阳小学校志编委会编纂的《紫阳小学校志》由三秦出版社出版。刘祖斌主编。该志设学校建设、学校管理、教师队伍、学生工作、课堂教学、素质培养、教育科研、党群组织、学校人物9编，记述时限上为1906年，下至2016年12月，全面系统记述紫阳小学110年的发展历程。志首设专题图片、序、前言、概述、大事记，志末附文献辑录、后记。全书48.6万字。（陕西省志办）

【《紫阳县标准地名志》出版】10月，陕西省紫阳县标准地名志编委会编纂的《紫阳县标准地名志》由三秦出版社出版。邢世嘉主编。该志设紫阳县、乡级行政区行政村及居民点、自然地理实体地名、交通运输设施地名、水利电力设施地名、纪念地旅游胜地人工建筑地名、有地名意义的组织机构住所、历史地名8章。该志是1987年出版的《紫阳县地名志》的续编，系全国第二次地名普查成果，收录有地名意义的各类地名3894条。志首设前言、凡例、目录，志末设附录、编后记。全书49万字。

（陕西省志办）

【《镇安县财政志》出版】 11月，陕西省镇安县财政局编纂的《镇安县财政志》由三秦出版社出版。马高奎主编。该志设机构建制沿革、财政收入、财政支出、财政管理、财政管理体制、财政改革、财政监督检查、会计管理与会计核算、财源建设、农业税收征管、公债发行与债务化解、机关党建、自身建设与脱贫攻坚、信息化建设、荣誉、附录16章81节，记述上限为明代崇祯十七年（1644），下限为2018年12月31日，全面系统总结镇安财政发展成果、记录镇安财政变化印迹。记录时突出重点工作成效及改革创新成就，其中突出镇安财政改革在全省乃至全国具有影响力的经验和成就，以及在财源建设和有效发挥职能作用方面取得的成绩。志首设专题图片、序言、凡例、概述、大事记，志末附编后记。全书56.6万字。

（陕西省志办）

【《甘肃省安全生产监督管理志（1949—2019）》出版】 12月，甘肃省应急管理厅《甘肃省安全生产监督管理志》编纂委员会编纂的《甘肃省安全生产监督管理志（1949—2019）》由甘肃人民出版社出版。黄泽元主编。该志设监管体制机构、安全法规制度、综合监管执法、行业安全管理、应急救援、安全教育与培训、安全文化7篇30章91节，系统记述甘肃省安全生产监督管理事业和应急救援发展的全貌及其脉络，填补了甘肃省安全生产监督管理专业志书的空白。志首设图照、大事记，志末附附录、后记。全书95万字。

（高天成）

【《青海民俗志》出版】 2月，青海省志办编纂的《青海民俗志》（全4册）由社会科学文献出版社出版。赵宗福主编。该志设物质生产民俗、物质生活民俗、社会组织民俗、社会生活民俗、口承民俗、特色民俗、机构与人物、民俗文献8编27章128节，全面系统记述青海民俗文化。志首设序、综述、大事记略，志末设附录、后记。全书150万字。 （杨树寿）

【《宁夏生态环境志》出版】 12月，宁夏回族自治区生态环境厅组织编纂的《宁夏生态环境志》由宁夏人民出版社出版。刘军、张柏森主编。该志分上、中、下三册，上限起自事物发端，下限至2018年底。全志设纪事和机构沿革与能力建设篇、环境质量篇、环境管理篇、环境污染防治篇、生态环境保护篇、环境保护法制篇、环境监测与环境监察篇、环境科研与环保产业篇、环境宣传与环境教育篇、市县环境保护概况篇、党的建设篇、人物篇12篇66章245节。志首设序、凡例，志末附文献辑录、限外辑要、参考资料、编志始末等。全书250万字。

（张明鹏）

【《固原扶贫志》出版】 6月，宁夏回族自治区固原市地方志研究室组织编纂的《固原扶贫志》由宁夏人民出版社出版。张志海、马平恩、陈宇青主编。全志设贫困状况、西海固地区建设、"双百"扶贫、千村扶贫、精准扶贫、移民开发、闽宁协作、党建扶贫、固原经验、扶贫成效、人物11章48节，收录82幅照片。该志上限起自1982年1月1日，下限至2020年12月31日，全面系统记述固原市扶贫工作的发展历程和取得的主要成效。志首设序言、概述，志末附大事记、附录。全书80万字。

（张明鹏）

【《中宁枸杞志》出版】 5月，宁夏回族自治区中卫市《中宁枸杞志》委员会组织编纂的《中宁枸杞志》由宁夏人民教育出版社出版。叶进宝主编。该志设地理环境、道地中宁枸杞、栽培、加工·产品·园区建设、营销、品牌、科学研究、枸杞膳食应用、枸杞古今应用与现代研究、枸杞文化、管理服务、人物12章79节，收录177幅照片。该志上限起自事物发端，下限至2019年12月31日，全面记述"中宁枸杞"的历史渊源及不同历史阶段的发展变化。志首设概述、大事记，志末附附录。全书54万字。　　（张明鹏）

【《新疆绿翔建筑安装工程有限责任公司志（1999—2018）》出版】　7月，新疆绿翔建筑安装工程有限责任公司史志编委会编纂的《新疆绿翔建筑安装工程有限责任公司志（1999—2018）》由新疆生产建设兵团出版社出版。赵霞主编。该志设区域、建制沿革、人口·计划生育·医疗卫生、经营管理、房建工程、水利工程、公路工程、安全管理、中共绿翔建安公司组织、行政管理、主题教育实践活动、精神文明建设、群团组织、劳动和社会保障、社区建设、民政、人物·集体17章113节，全面系统记述新疆绿翔建筑安装工程有限责任公司1999年至2018年建制沿革和政治、经济和文化等各项事业发展历程。志首设地图、彩面图照、序言、凡例、概述、大事记，志末附附录、索引、编后记。全书55万字。　　　　　（兵团第九师史志办）

旧志整理与出版

· 工作开展

【天津市】 年内，天津市档案馆（市志办）对全市乃至全国相关省份图书馆、方志馆、档案馆保存的与天津有关的旧志资料进行了摸底调研，查阅到天津社会科学院图书馆存藏天津旧志12部，天津图书馆存藏天津旧志31部，南开大学图书馆存藏天津旧志24部，天津师范大学图书馆存藏天津旧志11部，市文物管理处存藏天津旧志1部，国家图书馆存藏天津旧志19部，首都图书馆存藏天津旧志13部。完成《关于天津市旧志整理工作的调研报告》，分别从旧志整理的现实意义、外省市旧志整理经验做法、天津市旧志整理情况、存藏问题和下一步工作重点进行论述。 （宋铭月）

【江苏省】 11月8日至10日，第二十三届（2019、2020年度）华东地区古籍优秀图书评奖会议在合肥召开。江苏地方志工作机构共有5种图书获奖。其中，《江苏艺文志（增订本）（全28册）》获2019年度特等奖，由江苏省志办组织编纂，江庆柏主编；《江南通志（全12册）》获2019年度一等奖，由江苏省志办组织整理，程章灿主编；《（万历）扬州府志》获2019年度二等奖，（明）杨洵修，（明）徐銮等纂，由扬州市档案馆、扬州市志办编；《连云港历史文献集成》（第一辑）（2函12册）获2019年度二等奖，由连云港市志办编；《长江历史图谱》（1函5册）获2020年度二等奖，由江苏省志办组织选编，左健伟、张乃格主编。 （李海宏）

【安徽省】 年内，明·弘治《徽州府志》、明·嘉靖《南京太仆寺志》、清·乾隆《望江县志》、清·同治《天长县志纂辑志稿》等相继完成点校出版。 （章慧丽）

【江西省】 年内，江西省各级地方志工作机构点校、影印旧志20余部。南昌市点校万历《新修南昌府志》，至年底已点校文字66万字，形成文稿91万字，进入三审三校阶段。九江市点校出版正德《南康府志》，全书共10卷，计20万字。贵溪市点校出版同治《贵溪县志》。赣州市章贡区点校出版道光《赣县志》和《虔台志》，南康区点校出版道光《南康县志》。宜春市影印出版乾隆《袁州府志》；袁州区整理出版道光《宜春县志》、同治《宜春县志》，对民国《宜春县志》进行数字化收集；樟树市重印出版已知存世的明、清时期原《清江县志》《临江府志》8部（套）旧志及《清江诗萃》；高安市重印出版同治《瑞州府志》、同治《高安县志》。吉安市点校出版万历《吉安府志》、光绪《吉安府志》、顺治《吉安府志》，永丰县点校出版同治《永丰县志》，遂川县康熙《龙泉县志》点校基本完成。抚州市临川区点校出版康熙《临川县志》（校注本），乐安县点校出版同治《乐安县志》，东乡区点校出版同治《东乡县志》，宜黄县点校道光《宜黄县志》基本完成。 （黄诗惠）

【山东省】 年内，山东省各地推进旧志整理，整理出版民国《荣成县续志》、道光《济宁直隶州志》《崂山碑记辑注》《济南历代旧志序跋汇辑》等。 （李果霖）

【湖北省】 年内，湖北省稳步推进旧志整理与出版工作。全省共整理出版旧志6部，分别是湖北文理学院整理的嘉靖《宜城县志》校注版，房县档案馆（县史志研究中心）整理的同治《房县志》点校（校注）版，武当山特区档案馆（特区史志研究中心）点校的《荆楚文库·武当山志》，鄂州市档案馆（市史志研究中心）整理的康熙《武昌县志》影印版、乾隆《武昌县志》影印版，恩施州档案馆（州史志研究中心）整理的光绪《施南府志续编》校注版。 （湖北省文化和旅游厅地方志工作处）

【湖南省】 年内，湖南省地方志编纂院对湖南现存历代旧志进行再次梳理统计，查阅北京天文台的《中国地方志联合目录》、湖南省地方志编纂院主编的《湖南省地方志综合目录》、湖南省图书馆主编的馆藏古籍目录等多项资料，逐条进行比对勘误。9月24日，湖南省地方志编纂院印发《〈湖南历代方志集成〉项目建设计划》，在项目概况中预计项目周期为10年，计划每年出版100册。《乾隆衡山县志点校》出版，湘西州的《凤凰厅志》《永绥厅志》2部旧志处于校注阶段。 （任璀洛）

【广东省】 年内，广东省志办启动《粤港澳方志集成》项目，在已经整理出版《广东历代方志集成》基础上，进一步整理出版粤港澳方志文献。该项目计划征集整理粤港澳方志文献250多种，约4.2万页，出版《粤港澳方志集成》丛书40册。至年底，完成项目前期调研、专家论证、工作方案拟订、冠名备案、征集书目拟订等工作。全省市县共出版旧志整理书籍3种，其中校注（译注）出版道光《南海县志（校注）》、康熙六年《西宁县志》译注本2种165万字；影印出版《肇庆历代方志集成（州、县志）》1种。 （广东省志办）

【广西壮族自治区】 年内，广西壮族自治区志办持续推进《广西历代方志集成》项目，拟对广西现存280种历代方志及历史地理文献进行集约式整理影印。9月，项目获自治区政府批复，同意成立编辑委员会和资金安排，资金总额以自治区财政厅评审结果为准。12月，项目资金评审资料提交自治区财政投资评审中心进行评审。2022年可开展项目招投标等工作。年内，开展广西府州县志整理情况普查工作，各市县整理府州县志（含公开出版和内部印刷）113种，整理时间从20世纪80年代至2021年，其中以南宁市整理17种为最多，其次为河池市12种、来宾市10种。113种旧志中公开出版的有57种，占51.35%。注明点校或校注的有27种，占24.3%，河池市及属县整理影印的旧志，全部点校。 （王小霞 周岳琳）

【重庆市】 年内，重庆市志办开展各区县旧志整理情况的调查统计工作，形成《历代方志集成整理情况表》《旧志整理情况调查统计表》《历代优秀方志点校情况表》3个成果。重庆历代方志共128种，各区县影印33种，点校（含校注）69种，白话4种，未进行整理53种，重庆历代优秀方志共36种，各区县已点、校20种，未点、校16种。《清乾隆万县志校注》《清咸丰万县志校注》进入出版流程。正式启动重庆历代优秀方志点校工作。

（秦成）

· 旧志出版

【《北京旧志集成》再造出版6辑】 年内，北京市委党史研究室、市志办组织再造的《北京旧志集成》出版6辑，分别为《北京旧志集成·通州志辑》《北京旧志集成·密云志辑》《北京旧志集成·顺义志辑》《北京旧志集成·怀柔志辑》《北京旧志集成·宛平大兴志辑》《北京旧志集成·专志辑》，共592.22万字。《北京旧志集成》采用国家图书馆藏底本，按原大，宣纸线装形式再造出版。截至年底，累计再造出版北京旧志68种，近600卷。

（北京市方志馆）

【康熙《潞城县志》校注出版】 8月，山西省长治市潞城区地方志研究室校注整理的康熙《潞城县志》由山西人民出版社出版。赵云斌校注。该志成书于清康熙四十五年（1706），为潞城知县张士浩重修，邑人申伯等纂辑。全书设舆地志、建置志、食货志、典礼志、官政志、人物志、艺文志、杂纪志8卷。"睹疆域而规划以尽利，睹建置而因时以制宜，睹食货而撙节爱养以阜民财，睹典礼而贞志彰教以兴民德"，较为详细记载潞城过往的地理人文。该志依据山西省图书馆藏清康熙《潞城县志》抄本复印件、明天启《潞城县志》抄本（复印本）和哈佛大学汉和图书馆藏刻本（电子版）、光绪《潞城县志》（1965年翻印本）校注。注释3000多条，插图百余幅。引典必有出处，释疑必有印证。注释中大量词条皆文史知识，通俗易懂。全书30万字。

（闫国风　牛琪）

【康熙《榆次县志》影印出版】 10月，山西省晋中市榆次区史志研究室整理的康熙《榆次县志》由三晋出版社影印出版。该志成书于康熙二十三年（1684），刘星修、王介石、齐世恩编辑。全书除图考外，设天文、地理、建置、赋役、学校、武备、职官、宦迹、选举、人物、风俗、灾祥、艺文、杂祀14卷。该志依据中国国家图书馆藏清康熙二十三年刻本影印，一函两册。全书30万字。

（晋中市史志研究室）

【民国《灵石县志》影印出版】 10月，山西省灵石县史志研究室整理的民国《灵石县志》由三晋出版社影印出版。该志成书于民国24年（1935），李凯朋修、耿步蟾纂。该志共12卷，卷一地舆志（沿革、分野、疆域、山川〈附水利〉、风俗）；卷二建置志（城池、县治、坊表、桥梁、里甲〈内村庄〉、市集）；卷三食货志（田赋、户口、仓储、榷税、盐法、物产）；卷四学校志（学宫、祭仪、乐章、祭器、书籍、学署、学额、教育）；卷五典礼志（祠庙〈附祀典〉、坛遗、邮政）；卷六武备志（营伍、关隘〈附堡寨墩〉、军器、邮政、铺递）；卷七职官志（知县、县丞、教谕、训导、巡检、典史、驿丞、武职、辅政职员、宦绩）；卷八选举志（进士、举人、孝廉方正、贡生〈恩拔附优岁〉、武进士、武举、省县选举、学校毕业、仕籍、候选、职衔、议叙、封典）；卷九人物志（忠孝、善行、列女、捐赈）；卷十艺文志（记、碑记、铭、辨、颂、令、碑文、墓志、节孝记、寿序、诔文、捐启、诗、歌、楹联）；卷十一古迹志（名胜、寺观、邱墓）；卷十二杂录志（祥异、灾异、事考、仙释、矿产、建设、机关、区村制、农事谚语、捐修志书）。全志凡十二门九十目，附目五，卷首有图十六，较前志增民国全县总图，绘制较为科学，另附"灵石"摄影图片一帧及《灵石图说》一文。该影印本以灵石县档案馆藏民国24年铅印本为底本，底本仅存第一册至五册，第六册以上海图书馆藏同一版本配补。全书50万字。

（晋中市史志研究室）

【民国《太谷县志》影印出版】 12月，山西省晋中市太谷区史志研究室整理的民国《太谷县志》由三晋出版社影印出版。该志于民国13年（1924）由太谷县知事安恭己创修，记事始于清末，继任太谷县长刘玉玑续修民国事，民国19年成稿，继任县长仇曾祜于民国20年付梓刊行，记事止于民国19年，胡万凝纂。全书设8卷，凡图表、略、传、考等十八门六十六目。该志依据民国20年铅排本原样影印，宣纸线装，最大限度地保留原书的文献信息，彩色地图采用原大彩色影印，民国太谷籍著名书法家赵昌燮所题写的书名一应保留。全书50万字。

（晋中市史志研究室）

【乾隆五十年《保德州志》影印出版】 2月，山西省保德县地方志研究室整理的乾隆五十年（1785）《保德州志》由三晋出版社影印出版。该志原为王克昌主修，殷梦高编纂，康熙四十九年（1710）印行。乾隆五十年，经王秉韬在康熙四十九年《保德州志》基础上续修，姜廷铭参订成书。该志共12卷，设卷首、卷一因革、卷二形胜、卷三风土、卷四田赋、卷五圣泽、卷六官师、卷七选举、卷八人物、卷九附纪、卷十艺文上、卷十一艺文中、卷十二艺文下。全书23万字。

（忻州市地方志研究室）

【康熙、光绪《永宁州志》影印出版】 10月，山西省吕梁市离石区地方志研究室整理的康熙、光绪《永宁州志》由三晋出版社影印出版。该志成书于清康熙四十一年（1702），由谢汝霖纂修，于准裁订，朱铃、张永清、梁绍素等同纂。全志8册8卷，于准称"内容荟萃周详，类序严密，纂修实创始矣"，曾于康熙、嘉庆、道光年间三次梓行，流布较广；光绪版由姚启瑞纂修，成书于光绪七年（1881），体例完备，内容翔实，全志8册32卷，涵盖全州之山川地理、疆域沿革、丁赋祀典、职官仕宦、物产丰俗、人文古迹等，为旧郡稽古之重要典籍。这次影印依据康熙四十一年和光绪七年的版本，按时序合辑，对原书篇章结构和顺序未作改动，将原书两种版本共40卷根据实际情况，重分为一函8册，即康熙永宁州志4册，光绪永宁州志4册，康熙版卷首增加出版说明，按照修旧整旧的原则，做到"全清顺"，最大限度地保持原著的独立性和完整性。函盒与书册采用传统的宣纸手工技艺印制装订。全书30万字。　（吕梁市地方志研究室）

【民国《抚松县志》影印出版】 11月，吉林省地方志编委会整理的民国《抚松县志》由吉林文史出版社影印出版。该志成书于民国19年（1930），张元俊修，车焕文总编辑，铅印本、线装、一函4册。该志5卷，卷首收地图、照片、序文、例言等，卷一为位置、疆域、边界、地势、险隘、区划、山脉、河流、城池、公廨、交通、物产、气候、古迹名胜；卷二为原放、续放、垦务、田亩等，这在他志中尚未可见；卷三为沿革、政绩、职官、行政会议、议事会、教育、警察沿革、保甲沿革、公安、公安队、村政、田赋、司法、教养工厂、防军、商团、电报、电话、邮政；卷四为民族、匪乱、户口、农业、商业、参业、渔猎、林业、医业、慈善、宗教、礼俗、文艺、轶闻、土语等；卷五为乡耆、乡宦、义勇、学校毕业生。该影印本整理时给予校对，并对个别文字进行修补，宣纸印刷，仿古线装。全书15.7万字。

（刘士宏）

【民国《东丰县志》影印出版】 11月，吉林省地方志编委会整理的民国《东丰县志》由吉林文史出版社影印出版。该志成书于民国20年（1931），邢麟章修、王瀛杰续修，李耦纂。该志分4卷，卷一为地理志，设经纬度、气候、风向、边界、幅帧、土质、地势、沿革、山脉、河流、城池、镇市、道路、胜迹、物产；卷二为政治志，设行政、司法、公安、保甲、教育、财政、税捐、乡团、清乡、禁烟、铁路、邻政、电话、电报、电灯、区村、选举、外侨、兵事；卷三为人事志，设民族、人口、农业、商业、工业、林业、医业、风俗、宗教、祀礼；卷四为人物志，设先烈、耆旧、忠勇、烈妇、节妇、孝子、循吏、义举、乡宦、荐绅。该志门类广泛、内容突出、材料详备、语言简练。该志依据民国20年铅印本（线装、一函四册）整理影印、校对，对缺损文图进行修补。全书13万字。　（刘士宏）

【《民国〈梨树县志〉译注》出版】 10月，吉林省地方志资源开发立项项目民国《梨树县志》译注本由吉林人民出版社出版。该志出版于民国23年（1934），是继该县光绪十一年（1885）《奉化县志》（梨树原名奉化县，民国3年改称梨树县）之后的第二部官修志书。周宝文译注。该志择要收录《奉化县志》所记载的具有传世价值的事迹、人物，并对其中的讹误进行辨析和订正。该志为文言语体，文无句读，繁体刻印。该译注本对志书全文一律照录，在此基础上进行白话文翻译和注释。全书97.6万字。

（常京锁）

【《连云港历史文献集成》珍藏版点校出版】 11月，江苏省连云港市志办点校整理的《连云港历史文献集成》珍藏版由广陵书社出版。

《连云港历史文献集成》从现存21种文献中选取19种，包括隆庆《海州志》（10卷，明张峰纂修，郑复亨补辑）、康熙《海州志》（10卷，清刘兆龙修，清赵昌祚等纂，清毕秀补辑）、嘉庆《海州直隶州志》（32卷，清唐仲冕修）等，分州志、县志和山水志、乡土文献进行整理，分为3辑6函46册，繁体竖排、宣纸线装。这是首次对连云港地区历史文献进行全面梳理，也是迄今整理连云港古近代地方文献最大的出版项目。全书220余万字。

（李海宏）

【《〔康熙〕溧水县志》点校出版】 9月，江苏省南京市溧水区志办与溧水区档案馆联合整理点校的《〔康熙〕溧水县志》由凤凰出版社出版。该志11卷另卷首1卷，是一部纂辑门类比较齐全、收录内容比较详备的县志。主修者为时任县令刘登科，纂辑者是程之望。点校工作由傅章伟承担，聘请上海社会科学院历史研究所研究员承载对点校本二校稿进行审订。至此，区志办点校的顺治、光绪、万历、乾隆志、康熙志5版《溧水县志》全部出版。全书20多万字。

（李海宏）

【《民国溧水资料备览》出版】 12月，江苏省南京市溧水区志办与区政协办公室联合整理的《民国溧水资料备览》由中国文史出版社出版。溧水自清光绪八年（1882）至中华人民共和国成立前，没有编修县志。为填补这一空白，2021年区志办将《溧水征访册》《溧水古今》等民国史料结集整理成《民国溧水资料备览》，分为两编。第一编记录民国文献资料8篇，可视为官方文献；第二编记录个人撰写的回忆民国时期溧水的文章，共71篇，其中《登封县县长毛公德政碑》录自敦诗堂《水西毛氏宗谱》。全书31.3万字。

（李海宏）

【《昆山历代山水园林志》点校出版】 6月，江苏省昆山市档案馆（市志办）组织点校整理的《昆山历代山水园林志》由广陵书社出版。该志辑录昆山历史上现存的与昆山山水、园林、名胜古迹、祠庙等有关的古籍文献凡15种，收录范围广，有《昆山杂咏》《玉山名胜集》等辑录历代吟咏昆山名胜古迹的诗文总集，《贞丰八景唱和集》《紫阳小筑集咏》等地方文人之间的唱和，《娄江志》《昆山城隍庙续志》《续修昆山县城隍庙》等体例严谨的专门志书。全书97.8万字。

（李海宏）

【《昆山历代人物志》点校出版】 7月，江苏省昆山市档案馆（市志办）组织专家学者点校整理的《昆山历代人物志》由广陵书社出版。朱建忠主编。该志分上、下2册，收录明方鹏撰《昆山人物志》（10卷），明张大复撰《皇明昆山人物传》（10卷）、《名宦传》（1卷），清叶均禧撰《昆山人物传》（7卷），清潘道根、彭治辑《昆山名家诗人小传》（5卷），清刘象春辑《玉山人文小传》（4卷）、《附集小传》（1卷），清潘道根编、杜彝增编《昆山名贤墓志铭》（12卷），清潘道根辑、彭治增辑《昆山先贤家墓考》，民国邱樾著《昆山人物咏》（1卷），清曹梦元辑《昆山殉难录》（10卷），清张立平等编《玉峰完节录·贞烈传·尽忠实录》，清顾本敬、潘道根等编《昆新两邑节孝贞烈存稿·采访昆新两邑节孝底册》等11种人物传记文献，列条目人物2066人。其中，方鹏撰《昆山人物志》刊刻于嘉靖年间，张大复撰《皇明昆山人物传·名宦传》刊刻于崇祯年间（雍正时重修）；有的是稿本或抄本，未曾刊刻。全书142万字。

（尤岩）

【民国《瓜洲续志》点校出版】 12月，江苏省扬州市邗江区史志办点校整理的民国《瓜洲续志》由广陵书社出版。孟德荣点校。该志由于树滋纂，始纂于民国13年（1924），成书于民国16年（1927）。该志28卷，设疆域、山川、河志·兵志·漕运·盐政·盐销、关税、官职·选举·世职·坊表·题额、公署·局所·善堂·书院、古迹、寺观、宅·园墓·义冢、善堂章程规条、祥异·风俗·农谚·物产、人物（上）、人物（下）、烈女（上）、烈女（下）、艺文（一至九）、书目·古物·碑目、杂文、杂录等门，其内容博大恢宏，详尽记载作为江北巨镇、七省通衢的古代瓜洲在政治、经济、军事、文化、交通、航运（尤其是漕运、盐运）、建筑、佛教、慈善等方面的历史。该志依据清末秀才、瓜洲人于树滋刻本为底本点校整理，将繁体竖排改为现在通行的简体横排出版发行。全书76万字。

（尤岩）

【《西天目祖山志》点校出版】 11月，浙江省杭州市临安区地方志研究室整理的《西天目祖山志》点校版由浙江古籍出版社出版。方英儿主编，郭大帅点校，王建华、顾彭荣、许锦光校对。《西天目祖山志》由明代三学院僧广宾纂辑于崇祯十一年（1638），清代禅源寺主持际界增订于嘉庆九年（1804）。全书8卷，首1卷，末1卷附补遗1卷，对西天目山的山川风物、文物古迹、禅林耆宿等做了详细全面的记述。此次点校以民国15年（1926）铅印本为底本，参校嘉庆九年（1804）序刊本、光绪二年（1876）刻本。依照临安旧志整理统一标准，版式为简体直排，用通行标点符号进行整理，遇舛误即行更正，为方便现代读者阅读，部分底本中的异体字径直改为现代通行汉字，避讳字恢复，不另出注。采用宣纸印刷，穿线装订，配以绫面，外加函套，一函四册，保持旧志原有风貌。全书29.8万字。

（杭州市志办）

【宋版《宝庆〈四明志〉》《开庆〈四明续志〉》影印出版】 12月，浙江省宁波市志办整理的两部宁波现存最早方志——《宝庆〈四明志〉》《开庆〈四明续志〉》由宁波出版社影印出版。全书全彩印刷，保留古籍原貌，并制作宁波建城1200周年纪念版。共三册，第一、二册为《宝庆〈四明志〉》（21卷）由胡榘主修、方万里主校、罗濬总纂，修于南宋宝庆三年（1227）至绍定元年（1228）、刻板于绍定二年；底本为中国国家图书馆藏咸淳间增刻本，该版记事补至咸淳八年（1272年），原10册，书中有"五福五代堂古稀天子宝""八徵耄念之宝""天禄琳琅"等藏印。第三册为《开庆〈四明续志〉》12卷，由吴潜修，梅应发、刘锡等纂，修于开庆元年（1259）并刻板；底本为中国国家图书馆藏开庆元年刻本，原6册，书中有清鄞县籍藏书家卢址的抱经楼等藏印。"宋版四明志"的出版丰富了宁波地方志书历史文献的研究资料，促进了对旧志的开发利用以及不同版本的汇校、辑佚等，在弘扬宋韵文化、延续甬城文脉中体现"古志基因"。全书50万字。 （宁波市志办）

【《余姚旧志散文解读》出版】 3月，浙江省余姚市政府地方志编纂室组织编写的《余姚旧志散文解读》由团结出版社出版，徐泉华整理点校。该书从余姚历代志书中辑取有关散文，重新排版编印，不少文章为首次公开出版，具有较高的史料价值和学术价值。全书分上、下两册，设疆域、城池、公廨、风俗物产、学官、书院、典祀、社庙等16章。全书44万字。

（宁波市志办）

【《盐邑志林》点校出版】 4月，浙江省海盐县档案馆（县史志研究室）点校整理的《盐邑志林》由西泠印社出版。宋金华、钱张建点校。该志由明代樊维城辑，是中国现存最早的郡邑类丛书，是海盐县珍贵的文化遗产。该志收录了从三国吴陆绩到明代吕元善共34位作者的著作41种，1580页。全书120万字。

（嘉兴市地方志编纂室）

【《吴兴备志》点校出版】 11月，浙江省湖州市政府地方志编纂室整理的《吴兴备志》点校本由浙江古籍出版社出版。明天启《吴兴备志》共32卷，董斯张纂。其中共征引各类书籍400多种，保存许多今人难以看到的地方文献。其"采摭极富，于吴兴一郡遗闻琐事，征引略备"，故有"备志"之称。四库馆臣称其"典雅确核，足以资考据"，目为明代方志之"翘楚"。此次校对，坚持"尊重原著"的原则，以嘉业堂本为底本，主要以《四库全书》为辅本，并参考《吴兴备志》中所征引的现存文献。全书50.9万字。

（湖州市地方志编纂室）

【万历《义乌县志》点校出版】 4月，浙江省义乌丛书编纂委员会联合浙江大学浙江文献集成编纂中心整理的万历《义乌县志》点校本由中华书局出版。窦怀永点校。该志由明代周士英、吴从周等纂修，修于明万历二十年（1592），是现存最早的义乌县志。此志正文分20卷，细述县境建置、城郭山川、学校礼仪、户口物产、徭役田赋、职官名宦、政事义行、方志艺文，较为全面地反映了当时义乌一县之地情。采用平列诸目的编纂框架体例，内容详今略古，具备当时地方志一般性特点。这次整理以义乌市志编辑部影印余绍宋旧藏本为底本，对校以浙江省图书馆誊抄本之影印本，同时还参校明崇祯《义乌县志》和清康熙《义乌县志》。全书26.5万字。 （金华市志办）

【《开化历代方志集成》出版】 5月，浙江省开化县志办主持整理的《开化历代方志集成》由浙江工商大学出版社出版。该集成点校收录明崇祯四年（1631）、清顺治九年（1652）、康熙二十二年（1683）、雍正七年（1729）、乾隆六十年（1795）、光绪二十四年（1898）和民国38年（1949）稿本等7部《开化县志》。7部旧志脉络相沿、承前启后，从疆域、沿革、山川、河流、特产、税赋、人物、风俗、艺文、祀典、古迹等多方面，真实客观再现开化县历史发展轨迹。全书278万字。 （衢州市志办）

【乾隆《望江县志》点校出版】 12月，安徽省望江县委党史和地方志研究室点校（校注）整理的乾隆《望江县志》由安徽人民出版社出版。汪艺辉、张竹、檀钟点校（校注），韩敬群审校。该志郑交泰、周万宁修，曹京纂，刊刻于清乾隆三十三年（1768）。该志卷前列序四篇、凡例，设八卷，卷一天文，下设星野；卷二地理，下设疆域、沿革、形胜、山川、城池、坊巷、公署、仓廪、属署、绰楔、驿递、圩塘、井泉、津梁、乡镇、江防、古迹、邱墓、寺观、物产；卷三民事，下设户口、人丁、田亩、赋税、风俗、恤政、兵氛、灾异；卷四学校，下设学宫、正位、褒封、附位、师弟、教法、书籍、学产、书院、义产；卷五典礼，下设丁祭、祠祀、坛迹、礼仪；卷六官师，下设职官、名宦、政绩；卷七人物，下设选举、理学、忠节、孝友、宦业、儒林、隐逸、义行、仁寿、流寓、仙释、方伎、贞节；卷八艺文，下设敕、疏、书、记、赋、诗、词、杂文。该志依据清乾隆三十三年刻本点校（校注）。全书70万字。 （章慧丽）

【弘治《徽州府志》点校出版】 4月，安徽省歙县县委党史和地方志研究室点校整理的弘治《徽州府志》由黄山书社出版。余康、王思思点校，邵宝振审定。该志彭泽修，汪舜民纂，刊刻于明弘治十五年（1502），由虬村黄氏与王充仇氏刊刻与印刷。该志12卷，以类纂辑，包括地理、食货、封爵、职制、公署、学校、祀典、恤政、选举、人物、宫室、寺观、祥异、词翰、拾遗等。该志依据宁波天一阁藏本（影印本），不明之处则参考上海图书馆藏本和台湾台北图书馆藏本（版本）。全书72万字。 （章慧丽）

【嘉靖《南京太仆寺志》整理出版】 11月，安徽省滁州市委党史和地方志研究室（市档案馆）整理的嘉靖《南京太仆寺志》由黄山书社出版。张铉、张道峰点校，黄华、张祥林主编。该志编修于明嘉靖三十一年（1552），雷礼修纂。该志共16卷，卷一谟训，卷二孳牧，卷三徵俵，卷四关换，卷五储买，卷六宽恤，卷七官寺，卷八属辖，卷九规制，卷十丁田，卷十一种马，卷十二草场，卷十三册籍，卷十四奉徭，卷十五列传，卷十六遗文。该志援古述今，各卷多以原始文献载入，详尽记述太仆寺官督民牧的事务，总结历朝马政经验，从体制、机制层面分析典章政策施行利弊，是记载古代马政史的珍贵史料。该志翔实记述职官、人物、规制、册籍、草场、俸徭等，是一部不可多得的马政专志。该志依据南京图书馆藏明嘉靖三十一年刻本，进行释要、点校和编目，并对书中的讹漏之处予以订正。全书40万字。

（章慧丽）

【同治《天长县纂辑志稿校注》出版】 12月，安徽省天长市委党史和地方志研究室（市档案馆）整理的同治《天长县纂辑志稿校注》由黄山书社出版。张云年校注。该志于清康熙十一年（1672）首修，嘉庆十一年（1806）张宗泰重修，嘉庆二十四年（1819）刊刻，同治八年（1869）江景桂纂辑。该志共10卷，卷一舆地志，卷二河渠志，卷三食货志，卷四学校志，卷五武备志，卷六职官志，卷七选举制，卷八人物志，卷九艺文志，卷十杂类志。该志依据同治《天长县纂辑志稿》校注，整理时依据体例进行适当归并调整，但每篇内容仍保持原貌，不做任何删改，还辑录距离这次修志时间最近的旧志稿的相关内容，使读者尽可能全面地了解天长县历史。全书68万字。

（章慧丽）

【《闽台历代方志集成》（福建省志辑）出版】 1月，中共福建省委党史研究和地方志编纂办公室整理的《闽台历代方志集成》（福建省志辑）由社会科学文献出版社出版，汇集福建明朝至民国所编省志，每套98册。

（福建省委党史研究和地方志编纂办公室）

【道光《厦门志》整理再版】 12月，福建省厦门市委党史和地方志研究室整理再版的道光《厦门志》由鹭江出版社出版。道光《厦门志》首刊于清道光十九年（1839），共16卷，是厦门岛历史上第一部官修志书，保存大量珍贵的厦门早期社会经济及人文资料，提供丰富的航海、对外贸易和闽台往来的特色史料。该书于1996年由厦门市志办组织整理后，由鹭江出版社出版。此次以1996年版道光《厦门志》点校本为基础，复校底本，订正讹误、调整校注等整理后再版。全书47.4万字。

（郑欣）

【民国《厦门市志》整理再版】 12月，福建省厦门市委党史和地方志研究室整理再版的民国《厦门市志》由鹭江出版社出版。该志是民国时期厦门三次纂修方志未竟的遗稿，保存大量民国时期厦门的社会经济和人文资料。1999年，厦门市志办组织点校整理李禧保存的抄本，由鹭江出版社出版。此次以1999年版民国《厦门市志》点校本为底本，参校2000年上海书店出版社出版的民国《厦门市志》（抄本影印本），进行订正讹误、规范字体，修改标点错误等整理后再版。全书59万字。

（郑欣）

【崇祯《宁化县志》点校出版】 12月，福建省宁化县委党史和地方志研究室点校整理的崇祯《宁化县志》由海峡书局出版社出版。该志由张士俊修，阴维标纂，刊刻于明崇祯八年（1635）。该志10卷（缺卷十）38目，是宁化现存最早的志书。该志依据国家图书馆馆藏崇祯刻本《宁化县志》点校。全书30.8万字。

（宁化县委党史和地方志研究室）

【明清《建宁县志》点校出版】 12月，福建省建宁县委党史和地方志研究室整理的明嘉靖二十五年（1546）《建宁县志》、清康熙十一年（1672）《建宁县志》、清康熙四十五年（1706）《建宁县志》，由厦门大学出版社出版，柯柏林、黄春水、陈忠奋点校。3部县志由建宁县委党史和地方志研究室收藏。据上海图书馆藏明嘉靖二十五年《建宁县志》胶卷还原本、国家图书馆馆藏钤有"辅仁大学图书馆"藏书章的康熙十一年、《建宁县志》与康熙四十五年续志刻印合订本为点校底本。

（建宁县委党史和地方志研究室）

【康熙《尤溪县志》点校出版】 12月，福建省尤溪县委党史和地方志研究室点校整理的康熙《尤溪县志》由海峡书局出版社出版。该志由时任尤溪知县刘宗枢纂修，成书于清康熙五十年（1711）。该志10卷，分86个类目，详细记载尤溪县有关地理、政治、经济、文化、教育、宗教、交通、风俗、物产、赋税、农业、手工业等各方面资料。该志依据国家图书馆收藏的木刻本原本影印本点校（校注）。全书33.2万字。

（尤溪县委党史和地方志研究室）

【光绪《光泽县志》点校再版】 7月，福建省光泽县委党史和地方志研究室整理的光绪《光泽县志》点校本由福建人民出版社出版。胡志明点校。该志为清李麟瑞、钮承藩增修，何秋渊增纂，共30卷。全书63万字。

（陆华珍）

【同治《永丰县志》点校出版】 3月，江西省永丰县县志办点校整理的同治《永丰县志》由天津古籍出版社出版。邹锦良点校。该志由时任永丰县令王建中主修，刘绎总纂，成书刊刻于同治十三年（1874）。该志40卷，分为天文（1卷）、地理（5卷）、建置（2卷）、食货（1卷）、学校（1卷）、军政（1卷）、职官（3卷）、选举（6卷）、人物（6卷）、烈女（2卷）、艺文（10卷）、杂类（2卷）。该志主要记录同治年间永丰县设置、社会、经济、文化、人物等各方面情况。点校版依据原同治十三年版本，添加标点符号，繁体字改成简体字，并分好段落，便于今人阅读。全书104.6万字。

（兰冬生）

【乾隆《袁州府志》影印出版】 5月，江西省宜春市党史地方志办公室整理的乾隆《袁州府志》由江西人民出版社影印出版。该志由袁州知府陈廷枚、袁州同知杨应瑶主修，熊曰华、鲁鸿主纂。卷首为序文、凡例、目录、修志官阶姓氏、绘图等。正文分为沿革、星纪、疆域、山川、营建、户口、物产、田赋、屯运、恤政、风俗、学校、祀典、武备、封爵、秩官、选举、名宦、人物、列女、古迹、方外、艺文、轶说等38个类目，下设79个细目，体例之完备，记述之详细，可谓此前各版府志之集大成者，也是历修《袁州府志》中卷数最繁复的一种，对后世各版府县志书的编纂产生了重要影响，有着较高的文献价值。该志共16册，凡38卷首1卷，共计2356页。这次整理影印清乾隆版《袁州府志》，经宜春市有关部门专家学者审核，认定此次整理修缮最大程度恢复了原版志书的本来面貌，是迄今该版《袁州府志》的最善版本。该志分为精装函套珍藏版和平装缩印普及版两种版式，其中精装函套珍藏版系以手工宣纸双面精印，按原书样式线装、绫面函套装帧，共二函16册。全书53万字。

（袁宁）

【道光《宜春县志》影印出版】 10月，江西省宜春市袁州区旧志古籍整理工作委员会办公室整理的道光《宜春县志》由江西人民出版社影印出版。该志由宜春知县程国观主持纂修，成书于清道光三年（1823）。该志32卷首1卷末1卷，16册。该志依据江西省图书馆馆藏原本影印，综合上海图书馆、南京大学图书馆、江西省图书馆、广东省中山图书馆、中山大学图书馆、中国科学院图书馆（胶卷）等各地图书馆藏书的齐全品相情况，以南京大学图书馆馆藏道光三年刻本《宜春县志》相同版本为主要依据，对书中缺少的册页修旧如旧，进行相应补正。该志体例完备、记述翔实，是历次纂修的《宜春县志》中卷数最多的一种。全书67.5万字。

（廖依雪）

【同治《宜春县志》影印出版】 10月，江西省宜春市袁州区旧志古籍整理工作委员会办公室整理的同治《宜春县志》由江西人民出版社影印出版。该志由宜春知县路青云修，李佩琳、陈瑜纂，同治十年（1871）刻印，凡10卷首1卷。卷首为序文、原序、凡例、目录、修志人员姓氏、绘图等；正文10卷分别为地理、建置、食货、学校、武备、职官、选举、人物、艺文、杂类，其下再分细目，共57项；卷末为跋。该志依据江西省图书馆馆藏原本，对缺页或缺字，以国家图书馆馆藏相同版本刻本进行相应补正。全书42万字。

（廖依雪）

【同治《东乡县志》点校出版】 12月，江西省抚州市东乡区委党史和地方志研究室点校整理的同治《东乡县志》由百花洲文艺出版社出版。张晓峰点校、今译、注释。该志由李士棻、王维新主修，胡业恒编纂，成书于清同治八年（1869），共16卷。分建置、疆域、赋役、水利、学校、庙坛、书院、风土、祥异、秩官、选举、名宦、人物、烈女、艺文15章，按照略远详近原则，较为详尽地记述清代道光、咸丰时期发生在东乡县的重大历史事件，尤其是对太平军在东乡境内造成的政治和社会影响有较详细的记述，并对东乡地区人口、赋税制度做具体记录。同时，对与东乡相关文学作品做大量保留，是研究相关人物及其作品的很好参考。该书以同治八年《东乡县志》为底本，参考嘉靖版、嘉庆版《东乡县志》，明、清《抚州府志》，以及同治版临川、金溪、安仁、进贤等地方县志和相关文集，点校精严。在文字今译方面，秉承信达雅原则，在直译基础上，注重文辞优美简洁，以求保持和文本风格一致。在注释上，对书中晦涩文辞及相关典故和专业术语，尽量做到"有疑而释，有难而释"，满足研究和爱好者的需要。全书110万字。 （乐晓琴 付施蓓）

【同治《乐安县志》点校出版】 12月，江西省乐安县志办点校整理的同治《乐安县志》由福建人民出版社出版。王宏生点校。该志由朱奎章修，胡芳杏等纂，成书于清同治十年（1871），分地理、建置、食货、学校、武备、职官、选举、人物、列女、艺文、杂类11卷，末附《兵难殉节录》2卷。该志以清同治十年刊本《乐安县志》为底本，相关内容参校康熙二十三年（1684）刻本《乐安县志》，曾丰、真德秀、文天祥、吴澄、虞集等人的别集以及《全宋诗》《全宋文》《全元诗》《全元文》等诗文总集。全书57.8万字。 （袁加勤）

【《济南历代旧志序跋汇辑》出版】 12月，山东省济南市委党史研究院（市地方史志研究院）组织整理的《济南历代旧志序跋汇辑》由线装书局出版。该书共辑录明、清、民国时期修纂的37部济南旧地方志所刊载序跋165篇，依次为《济南府志》2种，共17篇；历城旧志6种（含《趵突泉志》），共28篇；长清旧志5种（含《灵岩志》和《五峰山志》），共17篇；章丘旧志6种，共15篇；济阳旧志4种，共21篇；莱芜旧志5种，共19篇；平阴旧志6种，共23篇；商河旧志3种，共25篇。全书按济南府、历城县、长清县、章丘县、济阳县、莱芜县、平阴县、商河县顺序依次分为8编，每编先概述该地历史沿革，再按照当地旧志修纂时间先后顺序，依次概述每种旧志的修纂缘起、时间和过程，并对主要修纂者的生平事迹进行考证和简介，依次收录其序跋；序跋部分之后，附录该部旧志的目录、凡例（例言）及修志姓氏等内容。对书中所辑录的旧志内容，均由济南文史专家和地方文献学者进行精心点校，将原书中竖排繁体字、异体字改成规范简体字，并进行断句标点，以方便读者查阅使用。全书52万字。 （杜泉）

【道光《济宁直隶州志》点校出版】 11月，山东省济宁市委党史研究院（市地方史志研究院）整理的道光《济宁直隶州志》由天津古籍出版社出版。该志徐宗干修，许瀚等纂，刊刻于道光二十一年（1841）。该志10卷、首1卷末1卷，卷首为序文、姓氏、志例、志图、天章志；卷一星野志、五行志、大事态；卷二方舆志，下设沿革表、疆域、形胜、封建、山川志、山阜、河渠、漕运；卷三食货志，下设户口、田亩、物产、赋役、风俗志、里社、风俗；卷四建置志，下设城池、官署、仓储、恤政、兵革志、营制；卷五学校志，下设庙学、书院、秩祀志、坛庙、名胜志、胜迹；卷六职官志，下设职官表、宦迹；卷七选举志，附选举表；卷八人物志，下设先贤、世家、列传、总传、列女；卷九艺文志，下设书目、碑目、诗文录；卷十杂志，附杂录；卷末为志原。近代著名学者梁启超认为该志"为清代名志，可入著作之林"。该志依据清咸丰九年（1859）尊经阁刻本点校。全书100万字。

（杜泉）

【民国《荣成县续志》校注出版】 1月，山东省荣成市委党史研究中心（市地方史志研究中心）、市档案馆、市政协文教卫生文史委员会共同校注整理的民国《荣成县续志》由山东大学出版社出版。该志于民国25年（1936）荣成县续修县志馆成立后着手编修，山东近代著名教育家鞠思敏担任总纂，曾任山东图书馆编辑的袁绍昂等参与编写，设舆地、教育、选举、人物、物产、艺文、通纪、附志等卷，是民国年间续修荣成县志留下的唯一宝贵资料。该志以荣成市档案馆所藏民国《荣成县续志》为底本，以底本现存的舆地、选举、教育、特产、人物、大事记等5卷为主作点校注释。全书49万字。

（杜泉）

【《明清登封方志集成》影印出版】 3月，河南省登封市志办整理的《明清登封方志集成》由中州古籍出版社影印出版。吕宏军整理。该书一函七册，系统而详尽记述上古至明清登封数千年的自然、地理、政治、经济、文化、社会等各个方面的历史。全书80万字。

（徐德森）

【康熙《济源县志》影印出版】 12月，河南省济源市史志办整理的康熙《济源县志》由中州古籍出版社影印出版。该志由清代济源籍文化名人段振蛟修，其子段维衮纂，成书于康熙三十四年（1695）。该志共1函4册18卷，分图考、沿革、年表、星野、疆域、形势、建置、祀典、水利、山川、古迹、陵墓、赋役、职官、选举、人物、艺文、杂志等卷，卷首设山川疆域图、县治图、学宫图和启运书院图等，保存大量有关济源历史沿革、山川风貌、社会变迁、礼仪风俗方面的资料。全书11万字。

（徐德森）

【《荆楚文库·武当山志》第一部点校出版】 12月，湖北省十堰市武当山特区档案馆（特区史志研究中心）点校的《荆楚文库·武当山志》第一部由湖北科学技术出版社出版。《荆楚文库》是湖北省规模最大的文献整理与研究出版工程，收录元代至民国时期编修的10部《武当山志》，整理后的10部《武当山志》将分五部出版。《荆楚文库·武当山志》第一部收录整理元代编纂的《武当福地总真集》《武当纪胜集》和明代编纂的《敕建大岳太和山志》三部旧志。《武当福地总真集》为范学锋、陶真典点校，张全晓、黄永昌审校。该志由刘道明编，成书于元世祖至元二十八年（1291），分上、中、下三卷，收入《正统道藏·洞神部·传记类》。该志"会万古之精华，敛一山之风月"，是迄今所知第一部体例完备、分类明确的武当山志。《武当纪胜集》由范学锋、张全晓点校。该志由罗霆震纂，大致结集于元代中期，是武当山第一部诗体志书。《敕建大岳太和山志》由范学锋、陶真典点校，张全晓、黄永昌审校。该志由任自垣纂修，成书于明宣德六年（1431），共15卷。三部志书30万字。

（湖北省文化和旅游厅地方志工作处）

【同治《房县志》点校（校注）出版】 12月，湖北省房县档案馆（县史志研究中心）点校（校注）整理的同治《房县志》由长江出版社出版。李诗咏点校（校注）。该志于咸丰三年（1853）由杨延烈修，郁方董、刘元栋纂，成书刊刻于咸丰四年（1854），同治五年（1866）刊印，民国24年（1935）重订，有影印和石印两种版本行世。此次出版的同治《房县志》校注本，以原志书为底本，在第一次整理的基础上，由地方志专家对原文中部分文言文进行翻译，将原文繁体字改为简体字，对原文中历史事件、重要人物、典章制度、历史典故、地方掌故、生僻字词、重要年号等予以注释，对原文中能确认的错误予以改正。该志共12卷，设星野 疆域 形胜 沿革、山川 水利、城池 关隘 津梁 铺递、公署 赋役 学校、秩官、兵政 输将 事纪、祀典 古迹、选举、人物、列女、风俗 物产、侨寓 杂记。校注时在原著文本上增加前言、后记和校注说明。校注原则上遵照原著，对明显有误的原志文，在依据天顺《襄阳郡志》、嘉靖《郧阳府志》、万历《郧台志》、万历《郧阳府志》、康熙《郧阳府志》、同治《郧阳府志》以及清代同府各县旧志进行校订的基础上，参考二十四史等典籍进行校订，部分根据文意予以审校或存疑。全书51.8万字。

（湖北省文化和旅游厅地方志工作处）

【嘉靖《宜城县志》校注出版】 5月，湖北文理学院校注整理的嘉靖《宜城县志》由中州古籍出版社出版。韩慧校注。这是襄阳市宜城市首部校注整理出版的旧县志。该志由明代宜城县知县郝廷玺在明正德《宜城县志》基础上，续补重刻，成于明嘉靖三十三年（1554），刻于嘉靖四十二年（1563），是宜城存世最早的县志。该志分为上、中、下三卷（下卷缺失），设建置沿革、邑名、分野、风土、形胜、疆域、城池、山川、井泉、公署、学校、仓库、牌坊、街衢、乡都等门，记载宜城县明代以前自然、政治、文化、历史、地理、教育等内容。校注本以国家图书馆所藏《宜城县志》嘉靖四十二年刻本影印本为底本，并参考南京大学图书馆藏抄本。校、注分列，校在卷末，注在段下。整理文本改为繁体横排，正文为仿宋体。全文20万字。

（湖北省文化和旅游厅地方志工作处）

【光绪《施南府志续编》校注出版】 12月，湖北省恩施土家族苗族自治州档案馆（州史志研究中心）整理的光绪《施南府志续编》校注本由方志出版社出版。阳卓军校注。该志由施南府知府王庭桢、于谦主修，恩施县学教谕雷春沼、恩施籍外省官员尹寿编纂，成书于光绪十一年（1885）。该志10卷，分舆地、建置、经政、学校、武备、职官、选举、人物、杂志、艺文等十纲，6万余字。校注本整理方式为化繁为简、标点笺注，将原作中的繁体字改成简化字，变古代竖排为现代横排，古今字、异体字、避讳字直接改为现代简化字，对没有标点的原作进行现代标点，对作者、地名、生难字词及正文中的成语典故作注释，便于普通读者阅读。全书10万字。

（湖北省文化和旅游厅地方志工作处）

【乾隆《衡山县志》点校出版】 12月，湖南省衡山县地方志编纂室点校的乾隆《衡山县志》由中州古籍出版社出版。熊仲荣、李旭东、刘文新点校。该志由德贵续修，钟光序补修，刊刻于清乾隆三十九年（1774）。该志分沿革、星野、疆域、祀典、古迹、赋役、学校、职官、选举、人物、诗赋、艺文、诰敕14卷，记录当时衡山县自然、政治、经济、文化、社会等诸方面情况，是了解乾隆年间衡山县历史的权威资料性文献。该书点校的最先底本来源于日本早稻田大学图书馆整理扫描的电子版本，于2017年8月通过北京一家文化传播公司购入，参照故宫珍本丛刊《衡山县志》（清乾隆三十九年补刻本和清乾隆十一年版本）以及弘治《衡山县志》、道光《衡山县志》、光绪《衡山县志》等古籍原文。因年代久远原书影印本多模糊不清和缺页，工作人员尽最大努力予以补齐和填充，点校本尽量忠于原文，部分不清晰的图片以其他清晰的旧志照片替换。全书40万字。

（熊仲荣）

【嘉庆《新安县志》点校出版】 2月，广东省深圳市志办整理的嘉庆《新安县志》（点校本）由华南理工大学出版社出版。该书分简体本和繁体本。南开大学历史学院教授何孝荣团队进行点校。该书对前人点校本进行重要修正。该志编纂于清嘉庆二十四年（1819），共24卷，分为沿革志、舆地略、山水略、职官志、建置略、经政略、海防略、防省志、宦迹略、选举略、胜迹略、人物志、艺文志等13个门类，另有卷首"训典"，比较全面、翔实地记述鸦片战争以前广东新安县即今深圳和香港特别行政区的政治、军事、经济、文化、地理、风俗、物产、人物、吟咏等各方面内容，是古代最后一部记载包括今深圳、香港地域"全史"的官修县志。全书18万字。

（林吟专）

【道光《南海县志（校注）》出版】 11月，广东省佛山市南海区志办整理的道光《南海县志》（校注）由广东人民出版社出版，王小超、刘黛校注。该志由潘尚楫等纂修，邓士宪等总纂，成书于清道光十五年（1835）。该志44卷，设有圣谟、图、舆地略、建置略、经政略、江防略、职官表、选举表、古迹略、艺文略、金石略、列传、杂录共12个总目，47个子目。此外还绘有县境全图、六司六十七堡详图和灵洲、西樵等名山图。该志是明清时期南海最后一部通志。全书100万字。

（广东省志办）

【《肇庆历代方志集成（州、县志）》影印出版】 7月，广东省肇庆市志办整理的《肇庆历代方志集成》（州、县志）由中华书局影印出版。该书共24种16册，包括康熙《高要县志》、道光《高要县志》、咸丰《高要县续志》、民国27年（1938）《高要县志》、民国37年（1948）《高要县志》、康熙十一年（1672）《四会县志》、康熙二十五年（1686）《四会县补志》、康熙二十七年（1688）《四会县志》、道光《四会县志》、光绪《四会县志》、乾隆《广宁县志》、道光《广宁县志》、嘉靖《德庆州志》、康熙《德庆州志》、乾隆《德庆州志》、光绪《德庆州志》、天启《封川县志》、道光《封川县志》、康熙十二年（1673）《开建县志》、康熙三十一年（1692）《开建县志》、道光《开建县志》、乾隆《怀集县志》、同治《怀集县志》、民国《怀集县志》。该书根据"保持原貌、修旧如旧"原则编辑，在整理过程中按底本影印，不作点校。

（广东省志办）

【康熙六年《西宁县志》（译注本）出版】 10月，广东省郁南县地方志编委会组织整理的康熙六年（1667）《西宁县志》（译注本）由中国文史出版社出版。宋德云译注。该志由时任西宁县知县赵震阳续编，钟光斗、萧九皋、区孟贤纂辑，成书于康熙六年。该志10卷，分别为舆地志、建置志、贡赋志、礼仪志、秩官志、选举志、兵防志、宦迹志、人物志、艺文志，内容涉及明万历五年（1577）到清康熙初年西宁县的建置沿革、山川古迹、风俗民情等方面。该译注本以上海图书馆藏康熙六年《西宁县志》影印本为底本。全书56万字。

（广东省志办）

【道光《上思州志》影印出版】 年内，广西壮族自治区上思县史志办整理的道光《上思州志》由中州古籍出版社影印出版。该志由陈兰滋纂修，成书于道光十四年（1834），次年刊刻。全志20卷，分别为图略、沿革表、职官表、选举表、建置志、舆地志（2卷）、山川志、学校志（2卷）、武备志、人物志、食货志（5卷）、杂志类、艺文志（2卷）。该志详载上思州资料，为后人保留许多有价值的民族史料。该志图略得益于晋裴秀的著图体论，并借鉴胡渭、顾祖禹诸著述，绘制精详。该书整理本1册。全书26万字。

（王小霞）

【光绪《江津县志》白话本出版】 3月，重庆市江津区地方志研究中心整理的光绪《江津县志》（白话本）由线装书局出版社出版。该志由王煌监修，袁方城纂，成书于光绪元年。该志整理主要采用翻译为白话文的方式，该志12卷，分别为天文志、地舆志、官职志、赋役志、兵防志、食货志、学校志、典礼志、风俗志、选举志、士女志、艺文志。该志依据光绪《江津县志》影印版翻译整理，整理时结合本地地域特点，把书中内容翻译为现代语言，便于普通大众阅读理解。全书42万字。

（匡勇）

【嘉庆《江津县志》白话本出版】 3月，重庆市江津区地方志研究中心整理的嘉庆《江津县志》由线装书局出版社出版。该志徐鼎修，杨彦青校定，成书于嘉庆九年。该志二十二卷，包括天文志、地理志、职官志、赋役志、兵防志、食货志、学校志、典礼志、风俗志、选举志、士女志、艺文志、赋诗、志外、志疑、续等。该志依据嘉庆《江津县志》影印版翻译整理，整理时结合本地地域特点，把书中内容翻译为白话文，让大众能够理解。全书70万字。 （匡勇）

【民国《江津县志》白话本出版】 5月，重庆市江津区地方志研究中心整理的民国《江津县志》由线装书局出版。该志由聂述文、乔运亨监修，程德音总纂，成书于民国13年（1924）。该志17卷，分别为地理志、建置志、前事志、典礼志、食货志、职官志、人物志、学校志、选举志、武备志、风土志、实业志、宗教志、慈善志、杂志、原序四则 跋、志存 志余。该志依据民国《江津县志》影印本翻译整理，整理时结合当地地域特点，把书中内容翻译为白话文，让大众能够理解。全书75万字。 （匡勇）

【《彭州历史文献丛刊》影印出版】 11月，四川省彭州市志办编纂的《彭州历史文献丛刊》由上海三联书店出版。刘波、刘兰考等编（著）。该书由方志、人文著作、民国期刊三部分组成。该书在系统梳理彭州文献的基础上，全面收集彭州地方志、历史文化名人著作、民国期刊有关的彭州历史文献资料，影印出版。全书1200万字。 （朱丹）

【乾隆《隆昌县志二种》点校出版】 4月，四川省内江师范学院古籍整理研究所点校整理的乾隆《隆昌县志二种》由广陵书社出版。该志为乾隆二十九年（1764）《隆昌县志》、乾隆四十年（1775）《隆昌县志》合订本。乾隆二十九年《隆昌县志》，黄文理纂修，纲目体，12卷48目，刊刻于乾隆二十九年。乾隆四十年《隆昌县志》，朱云骏纂修，纲目体，2卷6目33子目，刊刻于乾隆四十年。两志合计14卷54目，是首次整理的两部较早的旧《隆昌县志》，是了解与研究隆昌地理、历史等情况的重要史料。该志依据乾隆二十九年《隆昌县志》、乾隆四十年《隆昌县志》刻本点校出版，参校钱振龙康熙二十六年（1687）纂修《隆昌县志》、康熙二十六年《叙州府志》等进行文字点校、史实校勘、行款调整、校记脚注、索引编制。全书28万字。 （朱丹）

【《眉州属志》校注出版】 6月，四川省眉山市东坡区党史研究和地方志编纂中心、西华大学地方文化资源保护与开发研究中心校注整理的嘉庆《眉州属志》由中国文史出版社出版。该志涂长发修，王昌年等纂，成书刊刻于清嘉庆五年（1800），该志由眉州训导朱有绂（大竹县拔贡生）、王昌年等人参校旧志编纂而成。该志19卷，志分12门64目附3目，艺文门占全书大半。除旧志原载者外，大量增编《全蜀艺文志》等其他史书所载有关眉州之诗文，以及八十年来眉州和所属三县著名文人学者的诗文辞赋。志中有关水利的记载，如对于州境各地兴修水利，渠、堰、沟、塘之分布、作用、灌溉面积等史料收载较详，对研究清代四川平原农业经济之发展具有颇高史料价值。该志以国家图书馆藏嘉庆十七年（1812）刊刻的《眉州属志》和《续眉州志略》为底本点校整理。全书59万字。 （朱丹）

【乾隆《大竹县志》点校（校注）出版】 4月，四川省大竹县志办点校（校注）整理的乾隆《大竹县志》由新华出版社出版。熊传信点校（校注）。该志陈仕林纂修，成书于乾隆五十二年（1787），分10卷，下设封域、营建、秩官、武备、风土、赋役、祀典、选举、人物、艺文等分志，再下有分目。主要记录大竹县建置沿革、山川古迹、风俗民情、职官设置以及贤达名流。点校版以大竹县志办所存乾隆《大竹县志》为底本，参阅道光《大竹县志》和民国《续修大竹县志》。原本为竖排版，为保持古本特色一仍如旧。点校时按当今文字规范要求重新标点、排版，将繁体字、异体字改为简化字。不对新旧历史地名、人物典章、生僻字注解注音；原本在文字上有严重脱漏者，参考乾隆《大竹县志》或据道光《大竹县志》相关内容厘定；原本文字有不清晰的，则以缺字符"□"代之。全书6万字。

（朱丹）

【《云南历代方志集成》第二辑整理出版】年内，云南省志办组织实施的《云南历代方志集成》整理工程第二辑共10部省级旧志由中华书局出版。共38函345册。所选版本信息为：（天启）《滇志》，刘文征纂修，中央民族大学藏校阅本，高国强校阅；《滇系》，师范纂修，南京图书馆藏嘉庆十三年（1808）刻本，年四国校阅；《滇考》，冯甦纂修，康熙十九年（1680）戴庆华校定重印本，袁韬校阅；《滇海虞衡志》，檀萃纂修，云南省图书馆重校刊印本，杨黔云校阅；（道光）《云南志钞》，王崧撰，杜允中注，道光九年（1829）刻本，马晓粉校阅；《滇南杂志》，曹树翘纂修，上海申报馆丛书本，陈曦校阅；《滇南志略》，刘慰三纂，云南省图书馆据上海图书馆藏稿本覆抄本，秦树才校阅；光绪《续云南通志稿》，王文韶等修，唐炯等纂，光绪二十七年（1901）四川岳池刻本，梁初阳校阅；光绪《全滇纪要》，云南课吏馆纂，光绪三十一年至三十二年（1905—1906）铅印本，柴锐校阅；民国《新纂云南通志》，龙云、卢汉修，周钟岳等纂，民国38年（1949）铅印本，王飞虎校阅。全书1000余万字。

（云南省志办）

【天启《滇志》影印出版】 8月，云南省志办整理的天启《滇志》由云南人民出版社影印出版。该志是刘文征在李元阳万历《云南通志》和包见捷《滇志草》基础之上，删减增补重新整理之后的作品。该志33卷，分为14类，各类下又分目，计107目。该志是明代云南纂修的最后一部省志。全书20万字。

（云南省志办）

【嘉庆《滇系》影印出版】 8月，云南省志办整理的嘉庆《滇系》由云南人民出版社影印出版。该志由清代师范纂，嘉庆十三年（1808）刊印于望江，光绪十三年（1887）云南官书局重刻印，《云南丛书》收入，《小方壶斋舆地丛钞》部分转录。该志40册，设疆域、职官、事略、赋产、山川、人物、典故、艺文、土司、属夷、旅途、杂载12系。其中，典故、艺文两系占全书之半有余。全书45万字。

（云南省志办）

【民国《新纂云南通志》影印出版】 8月，云南省志办整理的民国《新纂云南通志》由云南人民出版社影印出版。该志由周钟岳、赵式铭主修，袁嘉谷等编纂，1949年铅印本。全志编纂历时19年。成书266卷，140册。该志体例分记、图、表、考、传5类。全书648万字。

（云南省志办）

【民国《续云南通志长编》出版】 8月，云南省志办整理的民国《续云南通志长编》出版。该志由周钟岳、赵式铭主纂。该志80卷20门，上限为民国元年（1912），下限为民国20年（1931），间有延至民国35年（1946）者。经周钟岳审阅订正，终未定稿。1984年，为编纂《云南省志》，云南省志办组织人员对该长编进行整理，1985年印制，按原稿资料加人物一卷，共81卷。全书465万字。 （云南省志办）

【民国《黄陵县志》校注出版】 12月，陕西省黄陵县志编纂办公室校注、整理的民国《黄陵县志》由陕西人民出版社出版。何炳武、陈一梅、张学领、高叶青校注，樊高林勘误。该志由时任陕西省第三区行政督查专员余正东主修，著名语言学家、方志学家黎锦熙校订，吴致勋总纂，民国33年（1944）铅印。2009年黄陵县志编纂办公室对该志进行校注出版，此次校注本以原书为底本，在第一次整理的基础上，由地方志专家对原文中部分文言文进行翻译，将原文繁体字改为简体字，对原文中历史事件、重要人物、典章制度、历史典故、地方掌故、生僻字词、重要年号等予以注释。

2020年，决定对该校注本进行勘误再版，同时影印民国33年《黄陵县志》原本，一套两册。该志21卷，设建制沿革、自然地理、农业、工商、交通、财政、司法、党团、赋税、教育、民俗、社会、人物等门类。校注时在原文本上增加前言、后记和校注说明，原则上遵照原著，对明显有误的原志文，依据清康熙《中部县志》、嘉庆《续修中部县志》、光绪《中部县乡土志》进行校订。全书45万字。

（陕西省志办）

【民国《甘肃通志稿》影印出版】 6月，甘肃省史志办组织整理的民国《甘肃通志稿》由敦煌文艺出版社影印出版。全书29册。该志编修于民国17年（1928）至民国25年（1936），上起上古，下至1928年，由刘郁芬、杨思、张维等人编纂修订。全书设舆地、建置、民族、民政、财赋、教育、军政、交通、外交、职官、选举、人物、金石、艺文、纪事、变异、杂记17纲130卷。该志结构严谨、体例完备、考证翔实、内容广博，是一部具有较高史学价值和文化价值的巨著，为甘肃、西北乃至全国历史文化研究提供了珍贵资料。原稿本及清抄本均藏于兰州九州台的文溯阁《四库全书》藏书阁中，这次影印依据原稿本进行。全书362万字。

（贾小炎）

【《平凉旧志辑珍》影印出版】 5月，甘肃省平凉市志办收集整理的《平凉旧志辑珍》由线装书局影印出版。该书由全市现存的14部57卷旧志结成，共44册，包括明赵时春纂民国张维校补《平凉府志》（11册），顺治《灵台县志》（2册），乾隆《静宁州志》（4册），乾隆《泾川志》（2册），乾隆《庄浪县志》（4册），张伯魁纂修嘉庆《崆峒山志》（2册），朱愉梅纂修道光《柳湖书院志》（1册），光绪《平凉县志》（1册），张元溁纂修光绪《泾川乡土志》（1册），杨丙荣纂修宣统《泾川采访志》（1册），民国《崇信县志》（4册）、《华亭县志》（4册）、《灵台县志》（6册）、《平凉县志》（1册）。全书300万字。

（王炜）

【乾隆《环县志》点校（校注）出版】 5月，甘肃省环县志办校注的乾隆《环县志》由陕西人民出版社出版。王镇海、黄志远、向文剑、胡茂生、梁德全等点校。该志高观鲤纂修，成书于清乾隆十九年（1754）。全志10卷，对县域自秦至清中期近两千年的地理、政治、经济、文化、社会诸方面进行记述。全书15.6万字。

（梁拴明）

【《西吉旧志辑录》出版】 6月，宁夏回族自治区西吉县委党史和地方志研究室组织点校整理的《西吉旧志辑录》由宁夏人民出版社出版。该书收编清宣统年间杨修德编修的《新修固原直隶州志》附卷内的《硝河城志》部分内容，民国期间庞育德、马国玙编纂的《西吉县志》一卷本以及民国34年（1945）10月至民国36年（1947）1月由陕西韩城王天岳编修的《西吉县政丛纪》，在原本的基础上进行点校说明，将点校本和原本合装，从左至右翻页，采用现行的标点符号和国家规定的一、二表简化字，表外字偏旁等能简化的予以简化，异体字、假借字、避讳字按规定做了更换。该志辑录西吉的沿革、山川、河流、建置、村落、学校、古迹等内容。全书15万字。

（张明鹏）

年鉴编纂与出版

· 年鉴创刊出版

【《北京商务中心区年鉴（2021）》创刊出版】 7月，北京商务中心区管理委员会编纂的《北京商务中心区年鉴（2021）》创刊，由北京出版社出版。牛海龙主编。该卷年鉴设概览、专记、大事记、区域建设、产业发展、楼宇经济、功能区建设、品牌文化、管理与服务、统计资料、附录11个类目，下设75个分目、近1000个条目，收录565幅图片、87张表格。卷首设专题图片，卷末附索引。该卷年鉴全面记录北京商务中心区2020年度区域管理和建设的整体情况，适当从1993年北京商务中心区筹备工作开始回溯，记录北京商务中心区（CBD）从一个老工厂区到现代化商务中心区的发展变化过程。全书105万字。 （姜原）

【《中关村发展集团年鉴（2021）》创刊出版】 11月，北京市中关村发展集团编纂的《中关村发展集团年鉴（2021）》创刊，由知识产权出版社出版。周武光主编。该卷年鉴设概览、特载、专文、大事记、科技股权投资、科技金融服务、科技专业服务、科技园区发展、区域协同创新、国际创新网络、企业管理、企业党建、统计资料、附录14个类目，下设53个分目、930余个条目，收录370余幅图片、27张表格。卷首专题图片设园区建设、年度要闻、服务科技企业成果，卷末附索引。该卷年鉴客观记述中关村发展集团股份有限公司以服务创新发展为使命，致力于打造创新要素聚集的开放共享生态体系，运用园区、投资、金融、专业服务等手段，在全球范围内配置创新资源，推动科技成果转化和产业化的发展情况。全书69万字。 （管清斌）

【《天津港保税区年鉴（2020）》创刊出版】 10月，天津港保税区年鉴编纂委员会主持编纂的《天津港保税区年鉴（2020）》创刊，由天津人民出版社出版。毕光庆主编。该卷年鉴设特载、专记、概览、大事记、区委管委会、规划建设与环境保护、经济管理、招商与金融服务、商贸服务、中国（天津）自贸试验区机场片区建设、区域经济发展、控股公司、法治建设、社会事务、群众团体、附录16个类目，下设79个分目、512个条目，收录55幅彩版照片、238幅随文图照、10张表格。卷首专题图片设天津港保税区示意地图、海港区域、空港区域、临港区域规划图，卷末附主题词索引、全国性主要媒体报道天津直博会目录索引、全国性主要媒体报道保税区目录索引。全书50万字。 （唐旗）

【《汾湖高新区（黎里镇）年鉴（2021）》创刊出版】 12月，江苏省苏州市《汾湖高新区（黎里镇）年鉴》编委会编纂的《汾湖高新区（黎里镇）年鉴（2021）》创刊，由广陵书社出版。徐炳华主编。该卷年鉴设特别报道、专记、大事记、年度总报告、发展愿景、一体化建设、区情概况、产业经济、科技创新、农业农村、城镇建设、公用事业、黎里古镇、综合监管、教育卫生、文化体育、民政、党的建设、政务工作、人民代表大会、群众团体、办事处·村·社区、人物、荣誉榜、附录25个类目，下设110个分目、451个条目，收录106幅图片、19张表格。卷首专题图片设"十三五"

速览、汾湖风貌、重要会议、汾湖的桥、美丽村庄、汾湖高新区地域图，卷末附附录。该卷年鉴在继承传统体例基础上增设并优化框架，设有特别报道、专记、发展愿景等类目，重点产业选介、旅游景点选介、芦墟山歌等分目为特色内容。全书41.2万字。（张俊）

【《常熟市支塘年鉴（2021）》创刊出版】 12月，江苏省常熟市支塘镇政府编纂的《常熟市支塘年鉴（2021）》创刊，由凤凰出版社出版。常熟市支塘镇政府主编。该卷年鉴设媒体聚焦、专记、大事记、镇情概览、中共支塘镇委员会、支塘镇人民代表大会、支塘镇政府、政协支塘镇工作委员会、群众团体、法治、军事、农业、工业、商贸·旅游·金融、经济管理、镇村建设、教育、医疗卫生、文化·广电、体育、社会生活、村·社区、荣誉、镇领导班子24个类目，收录85幅随文照片、10张表格。卷首设专题图片49幅、地图1幅，卷末附附录。全书23.6万字。（张俊）

【《南丰年鉴（2021）》创刊出版】 12月，江苏省张家港市南丰年鉴编委会编纂的《南丰年鉴（2021）》创刊，由广陵书社出版。陈立主编。该卷年鉴设媒体聚焦、大事记、概览、中共南丰镇党委、南丰镇人大·政协南丰镇工委、南丰镇政府、纪检监察、人民团体、社会治理、生态环境、镇村建设、交通·水务·邮政、农业与农村、工业、建筑业·房地产业、服务业、财税·金融、综合经济管理、科技、教育、文化·体育·旅游、卫生健康、精神文明建设、社会民生、村（社区）、人物·荣誉、附录、索引28个类目，下设134个分目、486个条目，收录152幅图片、37张表格。该志重点突出南丰镇全国文明镇创建、新时代文明实践、党建工作的亮点。卷首专题图片设生产、生活、生态3个专题，描绘"风韵江南，人和民丰"的南丰精彩画面。全书35万字。（张俊）

【《凤凰年鉴（2021）》创刊出版】 12月，江苏省张家港市凤凰年鉴编委会编纂的《凤凰年鉴（2021）》创刊，由广陵书社出版。谢凤姣主编。该卷年鉴设特载、媒体聚焦、大事记、概览、中共凤凰镇党委、凤凰镇人大·政协凤凰镇工委、凤凰镇政府、纪检监察、人民团体、法治·军事、生态环境、镇村建设、农业·农村·水务、工业、建筑业·房地产业、服务业、财税·金融、综合经济管理、科技·教育、文化·体育、卫生健康、社会民生、村居、人物·荣誉、附录、索引26个类目，下设122个分目，429个条目，收录150幅图片、31张表格。卷首专题图片设经济强镇、旅游名镇、生态美镇3个专题。该卷年鉴突出展示历史文化名镇的风貌，特别是国家AAAA级旅游景区凤凰山景区的靓丽风景，记录凤凰镇2020年各项事业发展，再现凤凰镇的特色、亮点。全书41.2万字。（张俊）

【《福田街道年鉴（2021）》创刊】 12月，广东省深圳市福田区福田街道年鉴编委会编纂的《福田街道年鉴（2021）》创刊，由海天出版社出版。深圳市福田区福田街道党工委、福田街道办事处主编。该卷年鉴设概貌、大事记、年度关注、新时代党建、党政工作、人民团体、法治、经济监督和管理、城市建设和城市管理、生态文明建设、教文卫体、社会事务、社区、股份公司、领导干部·模范人物选介·荣誉名录、文件选编、统计资料、附录、索引19个类目，下设60余个分目、400余个条目，收录160余幅图表。卷首专题图片设福田政事、福田抗疫、福田要闻、人文福田、魅力福田，卷末附索引。全书43.5万字。（广东省志办）

【《莲花街道年鉴（2021）》创刊】 12月，广东省深圳市福田区莲花街道年鉴编委会编纂的《莲花街道年鉴（2021）》创刊，由广东人民出版社出版。沈朝和主编。该卷年鉴设特载、大事记、年度聚焦、总述、党务政务、群众团体、法治、经济建设与管理、城市建设与管理、公共事业、社会生活、生态文明建设、社区、荣誉、附录15个类目，下设72个分目、384个条目，收录164幅图片、11张表格。卷首专题图片设莲花风貌、大事要闻、风采莲花，卷末附索引。该卷年鉴年度聚焦类目设疫情防控、改革深化、脱贫攻坚、"十三五"发展4个分目，体现年度特点。全书36万字。

（广东省志办）

【《沙头街道年鉴（2021）》创刊】 12月，广东省深圳市福田区沙头街道年鉴编委会编纂的《沙头街道年鉴（2021）》创刊，由广东人民出版社出版。徐开树主编。该卷年鉴设特载、大事记、年度聚焦、总述、党务政务、群众团体、法治、经济发展、经济综合管理、城市建设、城市管理、社会民生、公共事业、生态文明、社区、荣誉、附录17个类目，下设76个分目、281个条目，收录237幅图片、17张表格。卷首专题图片设城区风貌、大事要闻、社区风采，卷末附索引。该卷年鉴年度聚焦类目设疫情防控、脱贫攻坚、深化改革工作分目；总述部分设历史人文与特色景观分目；经济发展类目设产业园区和集体经济分目，突出地方特色。在各社区条目内容中融入基层党组织及集体股份公司参与基层治理工作内容，突出基层治理共建共治共享特色。全书39万字。

（广东省志办）

【《松岗街道年鉴（2021）》创刊】 年内，广东省深圳市宝安区松岗街道年鉴编审委员会编纂的《松岗街道年鉴（2021）》创刊，由团结出版社出版。陈剑锋、廖素芳、刘志远主编。该卷年鉴设特载、大事记、概貌、党政工作·军事、人民团体和社会组织、法治、经济调解与市场监管、城市环境建设与管理、社会事务管理、文化·体育·教育·卫生·计划生育、社区概貌、人物·荣誉、附录、索引等14个类目，下设71个分目、521个条目。全书36万字。 （宝安区志办）

【《成渝地区双城经济圈建设年鉴（2021）》创刊出版】 12月，四川省志办、重庆市志办、四川省发展改革委、重庆市发展改革委联合编纂的《成渝地区双城经济圈建设年鉴（2021）》创刊，由新华出版社出版。陈建春、刘文海、郑备、董建国主编。该卷年鉴设特载、综述、大事记、组织动员、对口合作、基础设施建设、现代产业体系建设、协同创新发展、生态环境保护、体制机制创新、对外开放、公共服务共建共享、川渝重点区域建设13个类目，下设103个分目、1474个条目，收录393幅图片、6张表格。卷首专题图片设决策部署、贯彻落实、交流活动、共建共享、开放共赢、数字川渝，卷末附附录、主题索引。该卷年鉴全面展现2020年川渝两省市推进成渝地区双城经济圈建设国家战略的年度新举措、新成果、新经验，重点突出川渝两省市全面共建、互通共融、成果共享的经济圈建设模式，充分展现川渝共建成渝地区双城经济圈亮点特色。全书90万字。 （陈婧妮）

【《西藏教育年鉴（2019）》创刊出版】 12月，《西藏教育年鉴》编辑部编纂的《西藏教育年鉴（2019）》创刊，由西藏人民出版社出版。杜建功主编。该卷年鉴设特载、领导讲话、年度教育工作要点、教育事业发展统计数据、教育综合管理、所属事业单位、普通高等院校、中等职业学校、各地市县区教育、学校选介、大事记、文件选编12个类目，下设107个分目，收录10幅卷首图片。该卷年鉴记录西藏各级教育行政部门、各级各类学校执行党和国家教育法律法规及方针政策、开展教育工作的经验总结以及西藏教育发展情况。全书49.3万字。 （王梅洁）

【《霍尔果斯年鉴（2019）》创刊出版】 10月，新疆维吾尔自治区霍尔果斯市委市政府主办、市地方志编委会编纂的《霍尔果斯年鉴（2019）》创刊，由新疆生产建设兵团出版社出版。李兆刚主编。该卷年鉴设特载、"一带一路"合作倡议的标杆和示范城市、大事辑要、概况、江苏援霍、政治、群众团体、霍尔果斯口岸、法治、军事、经济监督管理、财政税收、农业、工业、旅游业、金融、交通·信息业、城乡建设·环境保护、社会事业、人力资源和社会保障、卫生健康、乡镇·街道、新疆生产建设兵团驻霍单位、人物·表彰、附录25个类目，下设134个分目、438个条目，收录71幅图片、18张表格。卷首专题图片设改革开放40年回眸、党的建设、口岸大通关、边境旅游、文物古迹、江苏援霍等。该卷年鉴全面系统反映霍尔果斯市政治、经济和社会各项事业的基本情况，其中"一带一路"合作倡议的标杆和示范城市类目，"民族团结一家亲"和民族团结联谊活动、江苏省连云港市对口援疆、江苏省苏州市对口援疆等分目体现该地区的特点和特色。全书60万字。　　　　（张炜）

· 省级综合年鉴出版

【《北京年鉴（2021）》出版】　12月，北京年鉴社编纂的《北京年鉴（2021）》由北京年鉴社出版。孙梅君、王红主编。该卷年鉴设市情概况、特载、专文、大事记、中国共产党北京市委员会、北京市人民代表大会、北京市人民政府、中国人民政治协商会议北京市委员会、纪检监察、民主党派、人民团体、法治、外事、军事、京津冀协同发展、城市副中心建设、冬奥会冬残奥会筹备、创新示范区保税区、三城一区建设、扶贫协作和支援合作、新型冠状病毒肺炎疫情、经济管理、农业农村、工业、信息化、商务、金融、生态环境、国土空间规划和自然资源管理、城市建设、城市管理、应急管理、交通邮电、科学技术、社会科学、教育、旅游、文化、新闻出版、卫生健康、体育、社会建设、人力资源和社会保障、民族宗教、社会生活、人物荣誉、区情概况、统计资料、附录49个类目，下设263个分目、2900个条目，收录202幅图片、47张表格。卷首专题图片设全力打赢新型冠状病毒肺炎疫情防控战、首都功能核心区控制性详细规划（街区层面）、如期打赢低收入农户帮扶攻坚战、全力助推打赢脱贫攻坚战、"两区"建设起步谱写开放新篇、加速建设国际科技创新中心、冬奥会和冬残奥会筹备，卷末附索引。该卷年鉴新设应急管理、新型冠状病毒肺炎疫情防控2个类目；新增市地方金融监管局、市法学会等6家供稿单位。全书164万字。

（北京年鉴社）

【《天津年鉴（2021）》出版】　12月，天津市地方志编修委员会编纂的《天津年鉴（2021）》出版。阎峰总编。该卷年鉴设特载、专记、脱贫攻坚、抗击新冠肺炎疫情、大事记、总述、中国共产党天津市委员会、天津市人民代表大会、天津市人民政府、中国人民政治协商会议天津市委员会、纪检监察、法治、军事、民主党派·工商联、群众团体、经济发展与改革、经济监督管理、合作交流、民营经济、农业·农村经济、工业、信息业、建筑业·房地产业、交通运输、国内贸易、对外及港澳台经济贸易、文化·旅游、会展、城市规划·建设·管理、金融业、财政·税务、人力资源、人口·资源·环境、科学技术、社会科学、教育、新闻·出版·广播电视·电影、卫生、体育、人民生活·社会保障、区情、先进表彰、调研报告、统计资料、附录45个类目，下设217个分目、1697个条目，收录153幅图片、107张图表。卷首专题图片设脱贫攻坚、抗击新冠肺炎疫情、美丽天津、经济发展、科技进步、城市建设、人民生活、社会事业、改革开放、2020天津数字等专题，卷末附天津市域地图、天津市中心城区地图、天津市滨海新区地图和全文检索光盘，同时开发制作掌上年鉴。全书161万字。　　　（王国新）

【《河北年鉴（2020）》出版】　5月，河北省政府办公厅主管、省志办主办的《河北年鉴（2020）》由河北年鉴社出版。王素文主编，王蕾执行主编。该卷年鉴设特载、专记、大事记、河北概况、雄安新区、中国共产党河北省委员会、河北省人民代表大会、河北省人民政府、中国人民政治协商会议河北省委员会、纪检监察、民主党派工商联、群众团体、军事、法治、综合管理、生态环境、水利、农业、工业、建筑业、商贸服务业、经贸合作、财政税务、金融、城乡建设、交通运输、邮政通信、旅游、民营经济、教育、科学技术、社会科学、文化、卫生、体育、社会生活、市县概况、人物、附录39个类目，下设292个分目、2103个条目，收录311幅随文图片、73张表格。卷首专题图片设河北省政区图、河北省交通图、庆祝中华人民共和国成立70周年、政治建设、重要活动、京津冀协同发展、雄安新区、迎冬奥、精准扶贫、法治建设、经济建设、交通运输、生态环保、科技教育、文化活动、卫生健康、体育运动、社会生活、美丽乡村、国家勋章和国家荣誉称号获得者等专题，收录图片130幅，卷末附索引。全书160万字。 （邢素丽）

【《山西年鉴（2021）》出版】 12月，山西省地方志研究院编纂的《山西年鉴（2021）》由方志出版社出版。焦永萍主编。该卷年鉴设特载、大事记、省情概览、中国共产党山西省委员会、山西省人民代表大会、山西省人民政府、中国人民政治协商会议山西省委员会、山西省纪委 监委、民主党派 工商联、群众团体、法治、军事、新冠肺炎疫情防控、脱贫攻坚、经济管理、综改区 开发区、农业、水利、工业、建筑业、商贸服务业、会展、信息服务业、旅游业、经贸合作、金融业、房地产业、交通运输、城乡建设、生态环境、教育、科学技术、文化、大众传媒、医疗卫生、体育、社会生活、应急管理、人物、市县概览、附录41个类目，下设228个分目、72个次分目、1741个条目，收录108幅图片、56张表格。较之往年，该卷年鉴前移脱贫攻坚类目，突出记录全国脱贫攻坚的山西步伐；新增新冠肺炎疫情防控类目，全面记录2020年度山西省统筹疫情防控和经济社会发展的全过程。卷首专题图片设"十三五"收官山西答卷和第七次人口普查山西数据，集中展示山西在"十三五"期间的社会经济发展情况和第七次全国人口普查的相关数据。全书165万字。

（山西省地方志研究院）

【《内蒙古年鉴（2021）》出版】 12月，内蒙古自治区政府主办、自治区地方志研究室编纂的《内蒙古年鉴（2021）》由内蒙古人民出版社出版。贺彪主编。该卷年鉴设特载、专记、大事记、内蒙古区情、政治建设、经济建设、文化建设、社会建设、生态文明建设、盟市旗县（市、区）、开发区 工业园区、企业选介、荣誉、附录14个类目，下设43个分目、275个次分目、3009个条目，收录129幅图片、30张表格。卷首专题图片设社会民生、文化旅游、经济建设、数字内蒙古2020等专题，卷末附索引。该卷年鉴针对内蒙古自治区"筑牢生态安全屏障 打造祖国北疆亮丽风景线"的定位，调整设置生态文明建设类目，下设生态环境保护、资源管理2个分目；企业选介类目下设央企内蒙古区域公司、自治区国有企业、中国民营企业500强内蒙古企业3个分目。增设特载特稿、专记，专记主要选记2020年国家和内蒙古自治区的特别重要和区域特色性的事情，如生态优先 绿色发展、打赢脱贫攻坚战、抗击新冠肺炎疫情等。全书152万字。（赵婧）

【《辽宁年鉴（2021）》出版】 12月，辽宁省政府主办、省档案馆编纂的《辽宁年鉴（2021）》出版。何素君主编。该卷年鉴设特载、大事记、辽宁概况、中国共产党辽宁省委员会、辽宁省人民代表大会、辽宁省人民政府、中国人民政治协商会议辽宁省委员会、中共辽宁省纪律检查委员会辽宁省监察委员会、民主党派·工商联、群众团体、法治、军事、经济管理与监督、新兴经济、民营经济、自贸区与开发园区、农业和农村经济、工业、建筑业与房地产业、商贸服务业、信息服务业、金融业、交通运输·邮政、水利、城乡建设、生态环境、科学技术、教育、文化、旅游业、卫生·体育、社会生活、表彰、市县概况、附录35个类目，下设380个分目、2300个条目，收录200幅图片、70张图表，记述2020年辽宁省自然、政治、经济、文化、社会和生态建设等各领域的基本情况。全书150万字。 （丁玉恒）

【《吉林年鉴（2021）》出版】 9月，吉林省政府办公厅主管、省地方志编委会主办的《吉林年鉴（2021）》出版。李云鹤主编。该卷年鉴为第35卷，设概览、中国共产党吉林省委员会、吉林省人民代表大会、吉林省人民政府、中国人民政治协商会议吉林省委员会、吉林省纪律检查委员会吉林省监察委员会、民主党派·工商联、群众团体、法治、军事、经济管理、振兴吉林老工业基地、农业、工业、建筑业、商贸服务业、冰雪产业、旅游业、会展业、信息产业、金融业、房地产业、经贸合作、对口合作、交通运输、开发区建设、城乡建设、生态、科技、教育、文化、卫生健康、新冠肺炎疫情防控、体育、脱贫攻坚、社会生活、应急管理、市县概览38个类目，下设297个分目、252个次分目、2827个条目，收录图片274幅。卷首设专题图片。该卷年鉴增设冰雪产业、新冠肺炎疫情防控类目，将上一卷中的脱贫攻坚、应急管理、房地产业、体育等分目升格为类目。在附录中增加2020年吉林省农村居民收支情况分析等调查报告、吉林省第七次全国人口普查等统计资料。全书162万字。

（闫佳函）

【《黑龙江年鉴（2021）》出版】 12月，黑龙江省委主管、中共黑龙江省委史志研究室主办的《黑龙江年鉴（2021）》由《黑龙江年鉴》编辑部出版。何伟志主编。该卷年鉴设特载、专记、大事记、省情概览、中国共产党黑龙江省委员会、黑龙江省人民代表大会常务委员会、黑龙江省人民政府、中国人民政治协商会议黑龙江省委员会、纪委·监委、民主党派·工商联、人民团体、法治、军事、综合经济管理、农业、工业、商贸服务业、旅游、金融、省属大型企业、城乡建设·生态环境保护、交通·邮政、信息业、教育、科学技术、社会科学、文化、史志·档案、卫生健康、体育、社会生活、市（地）建设、人物、附录34个类目，下设259个分目、2262个条目，收录284幅图片（卷首专题图片192幅，随文图片92幅）、124张表格。卷首专题图片设重要会议、携手脱贫、同心抗疫、农业龙江、工业龙江、发展龙江、大美龙江、幸福龙江、精彩龙江等专题，卷末附索引。该卷年鉴在保持全书框架基本稳定的前提下，适当增加卷首图片专题和动态条目，集中体现黑龙江省在脱贫攻坚中取得的成绩，以及各行业在新冠疫情防治和有序复工复产中所做出的努力。全书162.5万字。

（朱丹　张帝）

【《上海年鉴（2021）》出版】 12月，上海市志办编纂的《上海年鉴（2021）》出版。周慧琳主编。该卷年鉴设中国共产党上海市委员会、上海市人民代表大会、上海市人民政府、中国人民政治协商会议上海市委员会、中国共产党上海市纪律检查委员会·上海市监察委员会、民主党派与工商联概述、群众团体、法治、外事、浦东开发开放、国内合作、农业、工业、商务、金融业、交通运输·邮政、建筑业·房地产业、旅游业·会展业、民营经济、综合经济管理、城乡建设与管理、信息化、生态环境、精神文明创建、科学技术、社会科学、教育、文化艺术、广播影视、报刊·出版、卫生、体育、民政、人力资源·社会保障、人物、先进集体、区、社会调查38个类目，下设1607个条目，收录370幅照片、207张表格。卷首专题图片设庆祝中国共产党成立100周年、五个新城、黄浦江上的桥等专题。该卷年鉴刊载中国（上海）自由贸易试验区临港新片区建设、上海科创板运行情况、长江三角洲区域一体化发展、第三届中国国际进口博览会、上海全面建成小康社会和上海助力脱贫攻坚6篇专文；专记设上海防控新型冠状病毒感染肺炎疫情、"十三五"时期上海经济社会的发展和浦东开发开放三十年3篇。全书150万字。

（王师师）

【《上海年鉴（2020）》英文版出版】 9月，上海市志办编纂的《上海年鉴（2020）》英文版出版。周慧琳主编。该卷年鉴设申城速览、上海概貌、大事记、特载、政党政权、特载、"上海荣誉市民""上海白玉兰奖"获得者和统计报告8个类目。该卷年鉴在第四届中

国国际进口博览会媒体中心进行展示。全书6万字。　　　　　　　　　　　　（王师师）

【《江苏年鉴（2021）》出版】　12月，江苏省政府办公厅主管、省志办主办的《江苏年鉴（2021）》由江苏年鉴杂志社出版。牟国义主编。该卷年鉴设特载、大事记、省情概览、政治、法治、军事、数字江苏建设、开放型经济、国际（地区）交流、经济结构、经济管理、农业、制造业、商贸流通、金融业、旅游业、房地产业、商务服务业、居民生活服务业、基础设施、城乡发展、区域发展、科学技术、教育、文化、卫生健康、体育、人力资源、收入与分配、社会事务、公共安全、生态环境、市县发展33个类目，下设211个分目、2142个条目，收录291幅图片、315张表格、55条延伸阅读、59份拓展资料，引用77份参考文献。卷首设专题图片、卷末附索引。该卷年鉴主要亮点有：一是专题设计主题鲜明。卷首专题图片部分，除年度要闻外，特别制作抗疫表情、防汛抗洪、东西部扶贫协作、图说全面小康四个专题，全面记录江苏高水平全面建成小康社会的历史进程，全景展示锦绣江苏的时代画卷。二是内容呈现全面深入。在继承综合性、系统性记述的编纂做法基础上，结合新时代新阶段江苏经济社会发展特点，从结构设置到栏目编排、具体内容，进行重新调整完善。三是信息来源权威广泛。在充分发挥省级机关各部门单位组稿主渠道作用的基础上，通过多次组稿、定向组稿、编辑自主采编等方式，广泛搜集各方面典型素材、权威资料、重要信息，引用和著录各类参考文献77份。四是装帧设计与时俱进。封面采用灰色艺术纸，综合运用烫银、印银、压凹工艺，装帧风格兼具典雅和时尚；全新设计"苏"字logo，凸显江苏地方特色；内芯版式与封面呼应，各类目前加入辑封，结构层次更加分明；类目名称采用中英文结合的形式，更富国际性、开放性；用心设计图片和内容编排，注重细节把控，不断提升读者阅读体验。全书210万字。　　　　　　（张俊）

【《江苏年鉴（2020）》英文版出版】　11月，江苏省志办编著的《江苏年鉴（2020）》英文版由南京师范大学出版社出版。严志军、孙健、王祥主编。该卷年鉴为《江苏年鉴》英文版第9卷。《江苏年鉴（2020）》英文版是从《江苏年鉴（2020）》中择取约17万字翻译而成的。全书设江苏概况、2019年江苏大事记、年度回顾、附录和索引5个部分。年度回顾为年鉴内容主体，涵盖地方组织机构、法治、国际（地区）交流、收入与消费、公共管理、经济、制造业、服务业、农业、开放型经济、基础设施、生态环境、城乡发展、科学技术、教育、文化艺术、卫生健康、体育、人力资源、社会保障、社会组织与服务、公共安全22个类目。全书收录87幅照片、25张表格。全书102.6万字。　　　　　　　　（张俊）

【《浙江年鉴（2021）》出版】　12月，浙江省志办编纂的《浙江年鉴（2021）》由红旗出版社出版。郑金月主编。该卷年鉴设特载、专记、特辑、大事记、省情概览、人物、政治建设、经济建设、文化建设、社会建设、生态文明建设、市县（市、区）概览、附录、统计资料14个类目，下设103个分目、292个次分目、1850个条目，收录101幅照片、100张表格。首次设立专记类目，专题记述全省新冠疫情防控和复工复产工作及"十三五"期间全省经济社会发展成就。特辑类目选取学习贯彻习近平总书记考察浙江时重要讲话精神、县级社会矛盾纠纷调处化解中心建设、中国（浙江）自由贸易试验区改革探索等9个专题，聚焦浙江领跑全国、具有鲜明年度特色的亮点工作。卷末附索引。全书系统反映浙江全力打造"新时代全面展示中国特色社会主义制度优越性的重要窗口"新进程中取得的新成就、新经验，为社会各界了解和研究浙江提供翔实的地情资料。全书140万字。　　　　　　　　　　　（浙江省志办）

【《安徽年鉴（2021）》出版】　11月，安徽省政府主管的《安徽年鉴（2021）》由《安徽年鉴》编辑部出版。程中才主编。该卷年鉴设图照、特记、大事记、安徽概况、中共安徽省委、安徽省人大、安徽省政府、政协安徽省委员会、中共安徽省纪委省监委、军事、民主党派与工商联、群众团体、法治、改革 创新、开放与合作、生态建设与环境保护、农业经济、工业经济、民营经济、商贸服务业、旅游、开发区、城乡建设 水利、交通 邮政、信息产业与信息化建设、财政 税务、金融、管理与监督、科学技术、教育、社会科学、文化 艺术、出版发行 广播影视 网络宣传、体育、卫生健康与医疗保障、社会生活、脱贫攻坚、区域发展、省辖市概览、人物、附录41个类目，下设347个分目、1970个条目，收录483幅图片、93张表格。卷首专题图片设安徽决胜全面建成小康社会纪实、安徽抗击新冠肺炎疫情实录。卷末附缩略语、索引。该卷年鉴主要亮点有：一是特记类目收录学习贯彻习近平总书记考察安徽重要讲话指示精神综述、安徽全面完成脱贫攻坚任务、建设新阶段现代化美丽长江（安徽）经济带、2020年安徽新冠肺炎疫情防控、2020年安徽抗洪救灾。二是在框架设计上单设"改革 创新"类目；将脱贫攻坚突出升格单独成篇；将旅游升格单列为类目，深入反映安徽的旅游规模、旅游建设、全域旅游、旅游管理等旅游发展情况；单设开发区类目，重点反映安徽22个国家级经济开发区的园区建设、招商引资、对外开放、产业发展、科技创新、人才服务、生态环境等内容；单设"区域发展"类目，集中反映皖江示范区、江南新兴产业集中区、江北新兴产业集中区、合肥都市圈、皖南国际文化旅游示范区、皖北振兴发展、淮河生态经济带、皖西大别山片区、县域经济发展情况。附录收录2020年安徽省国民经济和社会发展统计公报、2020年长三角地区和中部省份统计公报（节选）、全国分省（自治区、直辖市）主要年份经济指标及位次。为方便读者查阅，单独收录正文中使用频率较高、涉及全局性的重要缩略语，并按缩略语首字英文字母顺序排列。全书150万字。

（程正周）

【《福建年鉴（2021）》出版】 12月，中共福建省委、福建省政府主办，福建年鉴编纂委员会编纂，福建年鉴社具体承编的《福建年鉴（2021）》由福建人民出版社出版。黄誌主编。该卷年鉴设福建名片、福建要闻、特载、八闽关注、大事记、省情概貌、自然资源管理、生态环境、中共福建省委员会、福建省人民代表大会、福建省人民政府、中国人民政治协商会议福建省委员会、纪检监察、民主党派和工商联、群众团体、法治、军事、应急管理、外事侨务 港澳事务、闽台交流合作、经济管理、市场监督、财政 税务、金融、城乡建设、农业农村、工业、民营经济、海洋经济、数字福建、交通 邮政、信息业、商贸流通服务业、对外及港澳台经济贸易、中国（福建）自由贸易区·福州新区、教育、科学技术、社会科学、文化 旅游、卫生体育、社会生活、市县概览、人物、统计资料、附录45个类目，下设260多个分目、1500多个条目，收录160余幅图片、50多张表格，卷末附索引。全书全方位展现了福建省在全方位推动高质量发展超越中所做的努力与取得的丰硕成果。全书140万字。

（福建省委党史研究和地方志编纂办公室）

【《江西年鉴（2021）》出版】 11月，江西省地方志编委会编纂的《江西年鉴（2021）》由线装书局出版。易炼红主编。该卷年鉴设特载、专记、大事记、江西概览、中国共产党江西省委员会、江西省人民代表大会、江西省人民政府、中国人民政治协商会议江西省委员会、纪检监察、民主党派和工商联、群众团体、法治、军事、应急管理、国家区域发展战略、农业农村、工业、信息化建设、园区经济、旅游业、商贸服务业、对外贸易与经济合作、交通邮政、金融、财政税务、经济管理与监督、城乡建设、水利、生态环境、教育、科学技术、社会科学与地方志、文化艺术、新闻出版广播电影电视、卫生健康、体育、居民生活、人力资源、社会保障、社会事务管理、退役军人事务管理、民族宗教事务、精神文明建设、市、县（区）、人物、附录、统计资料49个类目，卷末附索引。该卷年鉴在篇目结构上进行调整优化，在卷首专题图片、专记类目的选题选材上进行及时更新，抓住重点热点，突出反映决胜脱贫攻坚、抗击新冠疫情、全面建成小康社会、抗洪救灾、南昌汉代海昏侯国遗址公园开园、打造全球移动物联网产业高地、中医药改革发展等年度重点内容，体现江西的时代特征、地方特色、年度特点。全书158.7万字。

（黄诗惠）

【《山东年鉴（2021）》出版】 12月，中共山东省委党史研究院（省地方史志研究院）编纂的《山东年鉴（2021）》由山东年鉴社出版。该卷年鉴设山东概貌、中国共产党山东省委员会、山东省人民代表大会、山东省人民政府、中国人民政治协商会议山东省委员会、中国共产党山东省纪律检查委员会 山东省监察委员会、民主党派·工商联、群众团体、法治、军事、经济管理、开放型经济、农业、新兴产业、工业、建筑业、商贸服务业、会展业、旅游业、房地产业、金融业、交通运输、水利、城乡建设、生态环境、教育、科学技术、文化、卫生健康、体育、社会生活、应急管理、人物、市县概况34个类目，下设252个分目、1743个条目，收录163幅图片、47张表格。卷首专题图片设数据山东2020、年度要闻、山东脱贫攻坚、山东战"疫"、辉煌"十三五"，生动地反映了山东的发展变化和成就。卷末设主题索引、表格索引。该卷年鉴框架结构在相对稳定的基础上做适当调整，正文收录新旧动能转换、"三大攻坚战"、疫情防控、"六稳"、"六保"等内容，全面反映山东省坚定不移抓好"八大发展战略""九大改革攻坚""十强现代优势产业集群""七个走在前列""九个强省突破"等工作部署，详细记述全省统筹疫情防控和经济社会发展取得的成效。年鉴中使用3个二维码收录一次性文献资料，既创新记述形式，又节约篇幅。全书132万字。

（宋涛）

【《河南年鉴（2021）》出版】 12月，河南省政府办公厅主管、省史志办编纂的《河南年鉴（2021）》出版。刘世伟主编。该卷年鉴设特载、新冠肺炎疫情防控、脱贫攻坚、全面建设小康社会、出彩中原建设、黄河流域生态保护和高质量发展、2020年大事记、省情概览、中国共产党河南省委员会、河南省人民代表大会、河南省人民政府、中国人民政治协商会议河南省委员会、中共河南省纪律检查委员会河南省监察委员会、民主党派和工商联、群众团体、法治、军事、经济管理、市场监督管理、财政税务、金融、农业农村、工业、信息通信业、商贸服务业、交通邮政、水利、能源、文化旅游、科技、教育、卫生健康、体育、社会生活、住房和城乡建设、生态环境和自然资源、市县概况、人物、统计资料、附录40个类目，下设219个分目、2351个条目，收录214幅图片、64张表格。卷首设专题图片，卷末附索引。该卷年鉴对框架结构进行调整细化，类目由36个增加到40个，增加新冠肺炎疫情防控、脱贫攻坚、全面建成小康社会、黄河流域生态保护和高质量发展4个类目，专题图片设黄河流域生态保护和高质量发展、脱贫攻坚、新冠肺炎疫情防控、出彩中原建设，体现年度特点、地域特色和时代特色。全书126万字。

（王颖）

【《湖北年鉴（2021）》出版】 12月，湖北省政府主管、省文化和旅游厅主办的《湖北年鉴（2021）》由湖北年鉴社出版。蔚盛斌主编。该卷年鉴设特载、省情概览、2020年湖北大事记、中国共产党湖北省委员会、湖北省人民代表大会、湖北省政府、中国人民政治协商会议湖北省委员会、中国共产党湖北省纪律检查委员会 湖北省监察委员会、民主党派·工商联、群众团体、法治、军事、宏观经济管理、综合管理监督与服务、农业农村、水利、工业、信息通信业、金融、交通运输·邮政、商务、住房和城乡建设、科学技术、哲学社会科学研究、教育、文化和旅游、传媒、卫生健康、体育、脱贫攻坚、人民生活、民族宗教事务、民政、人力资源和社会保障、退役军人事务、应急管理、自然资源保护与利用、生态环境保护、市县概况、企事业单位选介、人物、经济和社会发展统计资料、附录及索引44个类目，下设235个分目、2100余个条目，卷首有图片46幅。该卷年鉴在保持框架相对稳定的基础上，对个别类目名称和部分分目内容进行调整，体现年度省情的基本特点和新的变化。全书198万字。

（湖北省文化和旅游厅地方志工作处）

【《湖南年鉴（2021）》出版】 12月，湖南省地方志编纂院编纂的《湖南年鉴（2021）》由《湖南年鉴》编辑部出版。江涌主编。该卷年鉴设湖南概况、政治、军事、法治、综合监督管理、两型社会建设、湘江新区建设·自贸区建设、区域开发与园区经济、农业·林业·水利、工业和信息化、城乡建设与房地产、生态环境保护、交通·邮政·通信、国内贸易、对外经济贸易、旅游业、财政·税务、金融、民营经济、科学技术、社会科学、教育、文化事业、新闻出版·广播电视、文学艺术、医疗卫生、体育、社会生活、市州县概况、人物、附录31个类目，下设238个分目、2036个条目，收录111幅图片、70张表格。卷首专题图片设重要会议、新冠肺炎疫情防控、脱贫攻坚·乡村振兴、创新引领、生态环境保护、开放的湖南、文化建设、民生改善、便捷湖南，卷末附索引。该卷年鉴框架总体沿袭上年卷年鉴基本框架，对个别类目作微调：经济、社会、环境主要统计资料和政策法规选登，不再分别设为类目，归并设为附录；增设专记，下设湖南全面建成小康社会取得决定性成就、湖南抗击新冠肺炎疫情2篇；生态环境类目改为生态环境保护，其下由生态环境1个分目调整为总类、污染防治与专项整治、环境监测监控与评价、生态保护、环保科教与产业5个分目；社会科学类目下，结合近年组稿实际情况，由总类、经济学、历史学、社会学、文学等分目，综合归并为总类、社科理论研讨、社科研究成果3个分目。全书198万字。

（姚兮廷）

【《广东年鉴（2021）》出版】 10月，由广东省政府主管、省志办主办的《广东年鉴（2021）》由广东年鉴社出版。马兴瑞主编。该卷年鉴设概貌、大事记、年度关注、政治、经济、文化、社会生活、生态环境、市县（区）、人物、文献专载·调研报告、统计资料、附录13个类目，下设111个分目、231个次分目、1959个条目，收录325幅图片、105张表格。卷首专题图片设大事要闻、经济特区建立40周年、决战脱贫攻坚、抗击新冠肺炎疫情，卷末附主题索引、英文要目。年度关注类目紧贴广东省委省政府中心工作谋篇布局，对应广东省委"1+1+9"工作部署确定选题，设立党的领导和党的建设全面加强、新冠肺炎疫情防控取得重大成果、脱贫攻坚目标任务如期高质量完成、经济特区建立40周年成就辉煌、科技创新强省建设迈出大步、粤港澳大湾区和深圳先行示范区建设实现新突破、乡村振兴实现"三年取得重大进展""一核一带一区"区域发展格局加快构建、文化强省建设迈出新步伐、国民经济和社会发展"十三五"规划圆满收官等10篇专文。广东数字2020展示广东发展基本情况指标数据；收载十件民生实事全面完成内容，反映好重点人群、人力资源·劳动就业、市场物价、社会保障、扶贫开发、应急管理等民生内容；记录乡村风貌、城市宜居环境改变、农村人居环境整治、生态文明建设等事关人民群众幸福感、获得感的内容；附录类目收录一批便览性、指南性资料。设立22条热门资料链接；在部分次分目设置"全国排头兵"提示语。全书170万字。 （广东省志办）

【《广西年鉴（2021）》出版】 12月，广西壮族自治区地方志编委会编纂的《广西年鉴（2021）》由广西年鉴社出版。梁金荣主编。该卷年鉴基本内容分为综合情况、动态信息、辅助资料3大部分，收录250幅图片、140个表格。综合情况部分设专记、特载、概况3个类目；动态信息部分设政治、法治、军事、经济、产业、自然资源·建设·生态环境、教育、科学、文化、卫生健康、体育、民族、社会生活、市县（区）、人物15个类目；辅助资料设大事记、统计资料和附录3个类目。卷首设数说广西、年度要闻和专题图片。专题图片设新冠肺炎疫情防控、第17届中国—东盟博览会和中国—东盟商务与投资峰会、决战决胜脱贫攻坚、全面推进深化改革、西部陆海新通道建设、强首府战略实施、北钦防一体化、中国（广西）自由贸易试验区建设、"五网"建设大会战、"三企入桂"重大项目建设、"美丽广西"乡村建设、和谐社会新风尚等。全书200万字。

（梁昕）

【《海南年鉴（2021）》出版】 11月，《海南年鉴》编辑委员会编纂的《海南年鉴（2021）》由海南年鉴社出版。毛志华主编。该卷年鉴设海南自贸港建设、政治、经济、文化、社会、生态文明等13个部类，下设217个分目、2560个条目，收录734幅图片、190张表格，全面系统辑录2020年度海南省经济社会发展情况，综合运用记、传、图、表等多种体裁讲好海南故事，完整记录海南自由贸易港的年度发展轨迹。卷首专题图片设海南要闻、辉煌十三五 蓬勃展新局——海南高质量高标准建设中国特色自由贸易港纪实、人民至上 生命至上——海南省抗击新冠肺炎疫情纪实、建设自贸港 我是奋斗者——我为加快推进海南自由贸易港建设做贡献4个专题，卷末附索引。全书200万字。

（张东安）

【《海南年鉴（2021）》英文版出版】 11月，海南年鉴编辑委员会编纂的《海南年鉴（2021）》英文版由海南年鉴社出版。毛志华主编。该卷设海南十大新闻、卷首专题图片、海南概况、经济建设、政治建设、文化建设、社会建设、生态文明建设、大事记、附录、索引11个部分。该卷年鉴在《海南年鉴（2021）》中文版180万字的基础上，精选2020年海南自然、政治、经济、文化、社会和生态建设等现状资料约15万字的综合性内容编译而成。

（张东安）

【《重庆年鉴（2021）》出版】 12月，由重庆市政府主管、市政府办公厅主办、市志办编纂的《重庆年鉴（2021）》出版。欧顺清主编。该卷年鉴设特载、特辑、专文、大事记、重庆概貌、政治建设、经济建设、文化建设、社会建设、生态文明建设、区县（自治县）、人物 光荣榜、统计资料、附录14个部分，共35个类目，下设271个分目，收录203幅图片，128张表格。卷首专题图片设山水之城 美丽之地、新冠肺炎疫情防控、脱贫攻坚、抗洪抢险、生态文明建设，卷末附重庆市行政区划一览。该卷年鉴在特载部分刊载国务院总理李克强在重庆考察时关于防汛救灾工作的重要指示和要求，专文部分增加《成渝地区双城经济圈建设》，经济管理类目增加宏观经济管理分目。该卷年鉴全面反映重庆市统筹推进"五位一体"总体布局和协调推进"四个全面"战略布局取得的新进展、新成果。全书160万字。

（熊英）

【《四川年鉴（2021）》出版】 12月，四川省政府办公厅主管、省志办主办的《四川年鉴（2021）》由四川年鉴社出版。陈建春主编。该卷年鉴设特载、专记、事观天府、天府概貌、政治、综合管理、农业发展、工业发展、服务业发展、中小企业和非公有制经济、开放合作、城乡发展、教育·科学、文化·传播、卫生·体育、社会民生、生态环境、公共安全18个类目，下设98个分目、2905个条目，收录近300幅图片、98张表格。卷首专题图片设众志成城 全力抗击新冠肺炎疫情、脱贫攻坚战取得全面胜利、加快推动成渝地区双城经济圈建设、加快构建"4+6"现代服务业体系 推动服务业高质量发展、"十三五"成就辉煌5个专题。该卷采用"封面+图辑+正文"模式，围绕"川茶"主题，推介本土优秀传统文化元素，凸显年鉴记录历史的"蜀"性；结合四川近年来产业发展战略规划，将原产业发展类目分设为农业发展、工业发展、服务业发展三类，减少层级数量、凸显区域特色；将原年度关注类目调整为事观天府，以呼应天府概貌，理顺编纂思路、编排体系；将原市场建设类目散入其他相应类目，以优化内在逻辑、提升框架科学性；将原脱贫攻坚类目内容重组后前置于特载之中，以凸显重大主题、彰显年鉴功用，并围绕脱贫攻坚主题，通过21个篇章页用图，生动、直观反映四川脱贫攻坚所取得的历史性成就。全书200万字。　　（李果）

【《贵州年鉴（2021）》出版】　11月，贵州省档案馆（省志办）主管主办的《贵州年鉴（2021）》由贵州年鉴编辑部出版。周端敏总编。该卷年鉴设特载、专记、大事记·要闻、贵州概况、中国共产党贵州省委员会、贵州省人民代表大会、贵州省政府、中国人民政治协商会议贵州省委员会、中国共产党贵州省纪律检查委员会贵州省监察委员会、民主党派·工商联、群众团体、军事、法治、民族·宗教、经济管理与监督、财政·税务、金融、农业、脱贫攻坚、工业、大数据产业、建设·环保、文化·旅游、交通运输·邮政、商务、非公有制经济、教育、科学技术、社会科学、文学艺术、新闻出版广播影视、卫生健康·体育、社会生活、市州县区概况、人物、社会经济发展统计资料、附录37个类目，下设174个分目、93个次分目、1988个条目，收录418幅图片、179张表格。卷首设贵州一览（2020）、专题图片，卷末附条目索引。该卷年鉴全面系统记载2020年度贵州省经济社会发展现状、显著成就和成功经验。根据2020年贵州省经济社会发展情况，该书进一步优化类目设置，增设专记，调整贵州省人民代表大会、群众团体等类目名称及内容，进一步规范分目设置。卷首专题图片收录图片127幅，设贵州要闻、2020贵州战"疫"、年度特辑、省情概况4个专题，形象直观地反映全省经济、政治、文化、社会、生态文明发展成就和打赢两场战役、夺取两个胜利、确保与全国同步建成小康社会等方面的主要成就和亮点，突出贵州地方特色和2020年度特点。全书228万字。　　（王鸿）

【《云南年鉴（2021）》出版】　11月，云南省政府主办、省志办主管的《云南年鉴（2021）》由云南年鉴社出版。杨建林、赵增昆主编。该卷年鉴设特载、大事记、云南省概况、中国共产党云南省委员会、云南省人民代表大会常务委员会、云南省人民政府、中国人民政治协商会议云南省委员会、中国共产党云南省纪律检查委员会 云南省监察委员会、民主党派和工商联、群众团体、军事、法治、民族·宗教、经济管理、农林水利、工业经济、信息化和信息产业·无线电管理、交通运输·邮政、建设·生态环境环保、旅游业、烟草业、财政·税务、金融、贸易·经济合作、科学、教育、文化、新闻出版·广播电视、医疗卫生、体育、脱贫攻坚、社会生活、人物、州市概况、经济社会统计资料、附录36个类目，下设2153个条目，收录122幅卷首专题图片、244幅随文图片、80张表格。卷首专题图片设百年建党今朝辉煌、全力抗击新冠肺炎疫情、稳定经济增长、推进美丽城乡建设、生态环境保护、全力攻克贫困最后堡垒、时代楷模等专题，附录收录云南省全国重点文物保护单位、云南省国家公园体制试点、云南省地质公园、云南省国家级森林公园、云南省省级森林公园、云南省国家级自然保护区、云南省省级自然保护区、云南省科学技术奖奖励项目（人）名单等内容。全书149.6万字。

（云南省志办）

【《西藏年鉴（2020）》出版】　10月，西藏自治区志办编纂的《西藏年鉴（2020）》由西藏人民出版社出版。汪德军主编。该卷年鉴设特载、概貌、大事记、中共自治区委员会、政权·政务·政治协商、法治·军事、群众团体、经济综合管理、财政·税务、生态·旅游、农林·水利、工商业、交通运输·住建、科技·教育、文化·卫生·体育、海关出入境·边检、邮政·通信、金融、传媒、社会·生活、七地（市）对口援藏、地（市）·县（区）22个类目，下设189个分目，收录120幅卷首专题图片、267幅随文插图。全书120万字。　　（王梅洁）

【《陕西年鉴（2021）》出版】 11月，陕西省政府办公厅主管、省志办主办的《陕西年鉴（2021）》由陕西年鉴社出版。雷湛主编。该卷年鉴设特载、专文、大事记等栏目及陕西概览、2020年陕西省亮点重点工作等30余个类目，反映陕西省2020年度自然、政治、经济、文化、社会和生态建设等方面的情况。设有统计资料和附录类目，收录重要法规决定以及陕西省和全国各省（自治区、直辖市）主要经济社会指标、公报等。全书150万字。

（《陕西年鉴》编辑部）

【《甘肃年鉴（2021）》出版】 9月，甘肃省史志办编纂的《甘肃年鉴（2021）》由甘肃民族出版社出版。石为怀主编。该卷年鉴设脱贫攻坚特载、大事记、省情概览、中国共产党甘肃省委员会、甘肃省人民代表大会、甘肃省人民政府、中国人民政治协商会议甘肃省委员会、中国共产党甘肃省纪律检查委员会 甘肃省监察委员会、民主党派与工商联、群众团体、军事 法治、农业 林草业 水利、工业、金融业、商贸流通、交通运输 通信、经济管理与监督、资源管理 城乡建设 环境保护、教育 科技、文化 旅游 体育、卫生健康 红十字事业、新冠肺炎疫情防控、新闻出版管理 融媒体传播、社会事务管理 应急救援保障、市（州）概况、甘肃省国民经济和社会发展统计公报、先进集体与先进人物、专利与科技奖励、附录29个类目，下设225个分目、1080个条目，收录80幅图片、65张表格。卷首专题图片设甘肃省行政区划图、脱贫攻坚辉煌成就共26幅图片，卷末附索引。该卷年鉴增设脱贫攻坚特载和新冠肺炎疫情防控类目，不再收录县（市、区）概况。全书140万字。 （牛建文）

【《青海年鉴（2021）》出版】 10月，青海省地方志编委会主办的《青海年鉴（2021）》由青海年鉴社编纂出版。杨松义主编。该卷年鉴设特载、专记、概况、大事纪要、省级部门组织机构及领导名录、新冠肺炎疫情防控、政治、军事、法治、经济、社会事业、市州概览、集体·人物、统计资料、地方性法规等15个类目，下设53个分目、176个次分目、1400个条目，收录109幅图片、24张表格。分目、次分目设置依据现行管理体制，按行业或地区设置。卷首专题图片设青海省地图、数字青海2020、发展足迹、会展活动、文化艺术、体育赛事、生态环保、社会生活、疫情防控、复工复产等10个专题。卷末附索引。该卷年鉴设专记类目，突出反映"十三五"时期青海省经济社会发展取得的历史性成就和国家公园示范省、国家清洁能源示范省、绿色有机农畜产品示范省、高原美丽城镇示范省、民族团结进步示范省等"五个示范省"建设情况；集中反映抗击新冠肺炎疫情情况，设新冠肺炎疫情防控类目；增加盐湖工业、生态环保等三级目。各县级行政区列次分目记述，所设条目统一为概况、主要发展指标、生态保护3个条目。全书119.8万字。

（张进芳）

【《宁夏年鉴（2021）》出版】 11月，宁夏回族自治区政府主管（主办）、自治区志办编纂的《宁夏年鉴（2021）》由方志出版社出版。杨培君主编。该卷年鉴设专文、大事记、宁夏综览、中共宁夏回族自治区委员会、宁夏回族自治区人民代表大会、宁夏回族自治区政府、政协宁夏回族自治区委员会、纪委 监委、民主党派与工商联、群众团体、法治、军事、经济管理、金融、农业、水利、工业、商贸服务、经贸合作、交通 邮政 通信、开发区和园区建设、住房和城乡建设、自然资源管理、生态环境、教育、科学技术、社会科学、文化、旅游、体育、出版传媒、卫生健康、社会管理、民族宗教、市情概览、人物和荣誉、附录，37个类目，收录181幅图片。卷末设索引。全书116万字。

（张明鹏）

【《新疆年鉴（2020）》出版】 4月，新疆维吾尔自治区政府主管、自治区地方志编委会主办、新疆年鉴社编纂的《新疆年鉴（2020）》出版。廖运建主编。该卷年鉴设概况、大事纪要、专记、中国共产党新疆维吾尔自治区委员会、新疆维吾尔自治区人民代表大会、新疆维吾尔自治区人民政府、中国人民政治协商会议新疆维吾尔自治区委员会、纪委·监委、脱贫攻坚、对口援疆、民主党派、群众团体、法治、农业、工业、园区建设、信息产业及信息化、交通运输·邮政、城乡建设、旅游业、商务、经济管理、金融业、生态保护、应急管理、科学技术、教育、文化艺术、党史·地方志·档案、新闻出版·广播电影电视、卫生健康、体育、民族·宗教、社会民生、地州市县概况、新疆生产建设兵团、人物·先进集体、附录38个类目，下设87个分目、1439个条目，收录150幅图片、51张表格。卷首专题图片设自治区庆祝中华人民共和国成立70周年活动、重要会议、党的建设、经济建设、脱贫攻坚、旅游、社会生活、文化教育体育、对口援疆、新疆和平解放70年、新疆是个好地方等专题；卷末附索引。该卷年鉴增加新疆和平解放70周年经济社会发展成就综述、"不忘初心、牢记使命"主题教育、涉疆3本白皮书的发布等年度重点内容。在大事记的选取过程中，注重收录与人民群众工作生活密切相关的事件，注重反映人民群众创造的先进业绩。把专题图片作为年鉴整体的有机组成部分一并纳入全书的编写大纲中，充分发掘图片专题在反映新疆的政治、经济、文化、社会、生态基本面貌和发展变化方面的作用，重点设自治区庆祝中华人民共和国成立70周年、新疆和平解放70周年专题，充分反映建设成就、发展变化，提高年鉴的存史价值。全书140万字。

（张炜）

【《兵团年鉴（2021）》出版】 12月，新疆生产建设兵团年鉴编辑委员会编纂的《兵团年鉴（2021）》由新疆生产建设兵团年鉴社出版。陈旭主编。该卷年鉴设特载、专记、大事记、兵团概况、中国共产党兵团委员会、兵团（因特殊体制原因，"兵团"作类目，特指本级行政管理机构）、纪检监察、民主党派·工商联、群众团体、法治、军事、对口支援、区域协调发展、经济管理、市场监督管理、财政·税务、金融、工业、农业农村、水利、商贸服务业、旅游业、开放型经济、城乡建设、交通运输、信息化、生态环境、脱贫攻坚、教育、科学技术、文化·体育、卫生与健康、应急管理、社会生活、师市概览、人物·荣誉、附录37个类目，下设225个分目、2000个条目，收录163幅专题图片、345幅随文图片、53幅各类统计表、示意图。卷首专题图片设学习宣传第三次中央新疆工作座谈会精神、稳定器、大熔炉、示范区、抗击新冠肺炎疫情、深化改革、向南发展、对口支援、奋进新时代、大美兵团。新增2个类目、30个分目，整合、分设类目4个。原兵团类目下的应急管理分目升格为类目，原园区经济类目降为分目并入工业类目，原上市公司类目降为分目并至金融类目，新设区域协调发展、开放型经济类目，原商贸·旅游类目分设为商贸服务业、旅游业，原人物·集体类目更名为人物·荣誉。全书152.8万字。

（王兴鹏）

·地市级综合年鉴出版

【《石家庄年鉴（2021）》出版】 12月，河北省石家庄市地方志编委会编纂的《石家庄年鉴（2021）》由河北人民出版社出版。祁军英主编。该卷年鉴设特载、专记、大事记、市情概览、开发区·自由贸易试验区、党政机关、群众团体、法治、军事·外事、农业农村、工业、城乡建设、生态环境、交通运输·邮政、信息产业、商业·旅游、金融、综合经济管理、科学技术、教育、文化、卫生·体育、社会生活、区县（市）、人物、附录26个类目，下设198个分目、926个条目，收录117幅图片、129张表格。卷首专题图片设时政报道、脱贫攻坚、滹沱河生态修复、利民惠民工程、体育赛事掠影、抗击新冠肺炎疫情、战"疫"中的医务人员等专题，卷末附索引、编后记。该卷年鉴增设专记类目，重点记述脱贫攻坚、全面建成小康社会、抗击新冠肺炎疫情；调整工业类目下分目设置，突出生物医药、食品工业、装备制造业；法治类目增设人大立法分目；去除附录类目下条例法规

分目。全书120.8万字。 （邢素丽）

【《唐山年鉴（2021）》出版】 12月，河北省唐山市志办编纂的《唐山年鉴（2021）》由团结出版社出版。果爱民主编。该卷年鉴设特载、唐山概况、大事记、年度聚焦一：唐山抗疫、年度聚焦二：脱贫攻坚、对接京津协同发展、中共唐山市委员会、唐山市人民代表大会及常委会、唐山市人民政府、政治协商会议唐山市委员会、中共唐山市纪律检查委员会、民主党派·工商联、人民团体、法治、军事、城乡建设、生态环境、综合管理、农业、工业、民营经济、商贸服务、开放与合作、口岸、财税·金融、交通、邮政·通信、旅游、科学技术、教育、文化、新闻事业、卫生、体育、社会·民生、开发区建设、县（市、区）、人物、权威媒体看唐山、报道唐山新闻要目、附录、法规·规章、重要文献、统计资料44个类目，下设256个分目、2287个条目，收录256幅图片、29张表格。卷首专题图片设"2020年唐山重大成果""唐山'十三五'成绩单"，卷末附索引、唐山行政区划图、唐山市主城区图和旅游线路示意图。为突出年度特色，该卷年鉴新增年度聚焦一：唐山抗疫，年度聚焦二：脱贫攻坚2个类目。全书125万字。 （邢素丽）

【《邢台年鉴（2021）》出版】 12月，河北省邢台市志办编纂的《邢台年鉴（2021）》由团结出版社出版。孟朋文主编。该卷年鉴设特载、大事记、邢台概况、中国共产党邢台市委员会、邢台市人民代表大会、邢台市人民政府、中国人民政治协商会议邢台市委员会、中共邢台市纪律检查委员会邢台市监察委员会、民主党派·工商联、群众团体、军事、消防·应急、法治、综合经济管理、农业·水利、工业、城建·生态环境保护、交通·邮电、商贸服务业、金融·保险、科学技术、教育、文化·旅游、卫生健康·体育、社会生活、县（市、区）、人物、地方性法规28个类目，下设200多个分目、1240多个条目，收录近百幅随文图片、15张表格。卷末附脱贫攻坚

专记。全书100.8万字。 （邢素丽）

【《承德年鉴（2021）》出版】 12月，河北省承德市承德年鉴编委会编纂的《承德年鉴（2021）》由方志出版社出版。奚晓红主编。该卷年鉴设特载、专文、大事记、市情概览、党政机关、农业、工业和信息化、商务、旅游和文化广电、文物、交通、自然资源和城乡规划、城乡建设与管理、生态环境保护、银行业、保险业、教育、科技、卫健医保体育、社会生活等28个类目，下设225个分目、1524个条目，收录164幅图片、13张表格。该卷年鉴在卷首专题图片中设最美逆行者、脱贫攻坚专题，在专文中登载《决胜脱贫攻坚的"承德答卷"》《联防联控战疫情 同心同德显担当》2篇专文，记录2020年承德在新冠疫情防控和脱贫攻坚上取得的成绩。 （邢素丽）

【《廊坊年鉴（2021）》出版】 12月，河北省廊坊市地方志编委会编纂的《廊坊年鉴（2021）》由方志出版社出版。李王娜主编。该卷年鉴设特载、专题、专文、大事记、市情概览、中国共产党廊坊市委员会、廊坊市人民代表大会常务委员会、廊坊市人民政府、中国人民政治协商会议廊坊市委员会、中国共产党廊坊市纪律检查委员会（廊坊市监察委员会）、民主党派、群众团体、法治 军事、综合行政管理、生态环境保护、城乡建设、廊坊临空经济区、交通邮政、农业林业水利、工业信息业、旅游业、商贸流通、民营经济、财政税务、金融业、教育、文化、科学、卫生体育、社会生活、县（市、区）概况、开发区建设、中央省直属驻廊坊单位、人物、附录35个类目，下设259个分目、1200余个条目，收录158幅图片（含卷首彩图50幅）、78张图表。卷首专题图片设临空经济发展、重点项目建设、全民战"疫"、共享文明、多彩廊坊5个主题，卷末附调研文章选载、2020年廊坊市统计资料。该卷年鉴将中国共产党廊坊市纪律检查委员会（廊坊市监察委员会）分目升格为类目；丰富廊坊临空经济区类目内容，增设自贸

试验区、综合保税区分目；在林业分目下增加植物及野生动物保护条目；突出经济管理、文化、旅游、科技、教育、生态环境保护等与人民生活相关的类目内容。全书130万字。

（邢素丽）

【《太原年鉴（2021）》出版】 12月，山西省太原市地方志研究室编纂的《太原年鉴（2021）》由三晋出版社出版。杨云龙主编。该卷年鉴设特载、专文、大事记、脱贫攻坚、新型冠状病毒疫情防控、市情概览、中国共产党太原市委员会、太原市人民代表大会常务委员会、太原市人民政府、中国人民政治协商会议太原市委员会、中国共产党太原市纪律检查委员会 太原市监察委员会、民主党派 工商联、群众团体、法治、军事、经济管理、园区建设、农业水利、工业、建筑业、商贸服务业、金融、交通运输、城乡建设与管理、生态环境、文物 旅游、教育、科学技术、文化、卫生健康、体育、社会生活、应急管理、人物、区县概览、附录36个类目，下设211个分目、63个次分目、1684个条目，收录300余幅图片、37张统计表。卷首专题图片设经济建设、城市建设、社会事业、脱贫攻坚、疫情防控等专题，卷末附索引。该卷年鉴框架在保持相对稳定的基础上，突出年度特点，增设专文，设置脱贫攻坚、新型冠状病毒疫情防控2个类目。全书126万字。

（太原市地方志研究室）

【《大同年鉴（2021）》出版】 12月，山西省大同市地方志研究室编纂的《大同年鉴（2021）》由方志出版社出版。李吉主编。该卷年鉴设特载、大事记、市情概览、中国共产党大同市委员会、大同市人民代表大会、大同市人民政府、中国人民政治协商会议大同市委员会、大同市纪委监委、民主党派 工商联、群众团体、法治、军事、经济管理、农业、工业 建筑业、商贸服务业、旅游业、经贸合作、开发园区、交通运输、金融、城乡建设、生态保护、科学技术、教育、文化、新闻出版 广电影视、卫生健康、新冠病毒疫情防控、体育、脱贫攻坚、社会生活、人物、县区概览、附录35个类目，下设228个分目、2154个条目，收录137幅图片、100张表格。卷首专题图片设同心战疫、全国扶贫职业技能大赛、全国魏碑书法双年展、大同黄花产业发展、脱贫攻坚、扶贫视点等专题。该卷年鉴为突出年度特点和地域特色，增设新冠病毒疫情防控等类目，在农业类目增设黄花产业、药茶产业等分目，在脱贫攻坚类目增设全国扶贫职业技能大赛分目。全书127.9万字。

（大同市地方志研究室）

【《阳泉年鉴（2021）》出版】 12月，山西省阳泉市地方志研究室编纂的《阳泉年鉴（2021）》由中共党史出版社出版。郭玉珠主编。该卷年鉴设市情概览、中国共产党阳泉市委员会、阳泉市人民代表大会、阳泉市人民政府、中国人民政治协商会议阳泉市委员会、中国共产党阳泉市纪律检查委员会 阳泉市监察委员会、军事、民主党派 工商联、人民团体、法治、经济管理、工业、农业、水利、商业贸易、交通运输、邮政电信、城乡建设、环境保护、财税、金融、教育、科技、文化、体育、卫生健康、旅游业、社会生活、人物、区县简况30个类目，下设177个分目、1400个条目，收录136幅照片、85张图表，并设有特载、大事记、附录。卷首专题图片设阳泉行政区划图、全景图和重大项目、合力创卫、抗击疫情、全面小康、红色传承、数字阳泉7个专题，卷末附索引。该卷年鉴在基本框架相对稳定的基础上，将"交通 邮电"类目分设为交通运输、邮政电信，将"财政 金融"类目分设为财税、金融，将卫生类目名称修改为卫生健康，类目划分更加科学、名称更加规范。卷首专题图片中的数字阳泉专题通过综合经济指标的展示，直观反映阳泉市一年来的主要发展成就。设置英文目录，以及主题词、图、表索引。推出数字化阅读模式，在书名页上印有全书电子版的二维码。全书95万字。

（阳泉市地方志研究室）

【《晋城年鉴（2021）》出版】 11月，山西省晋城市地方志研究室编纂的《晋城年鉴（2021）》由方志出版社出版。邵俊生、王晓艳主编。该卷年鉴设特载、专文、大事记、市情概览、中国共产党晋城市委员会、晋城市人民代表大会、晋城市人民政府、中国人民政治协商会议晋城市委员会、中国共产党晋城市纪律检查委员会晋城市监察委员会、民主党派工商联、群众团体、法治、军事、经济管理、农业、水利、工业、建筑业、商贸服务业、金融业、旅游业、房地产业、信息服务业、经贸合作、开发区、交通邮政、城乡建设与管理、生态环境、教育、科技、文化、卫生健康、体育、脱贫攻坚、社会生活、应急管理、人物、区县概览、附录39个类目，下设220个分目、1562个条目，收录137幅图片、63张表格。卷首专题图片设数字晋城·建市35周年、疫情防控、脱贫攻坚、美丽晋城4个专题。该卷年鉴框架在延续相对稳定的基础上做适当调整，增设水利、建筑业、房地产业、信息服务业、旅游业、经贸合作、开发区、体育、脱贫攻坚、应急管理10个类目。全书85万字。 （张燕）

【《忻州年鉴（2021）》出版】 12月，山西省忻州市地方志研究室编纂的《忻州年鉴（2021）》由三晋出版社出版。蔚宏民主编。该卷年鉴设特载、专文、大事记、市情概况、中共忻州市委员会、市人民代表大会、市人民政府、市政协纪检监察、民主党派、群团、法治、军事、经济管理、经济开发区、农业、工业、商业贸易、电信邮政、文化旅游、金融保险证券、交通运输、住房和城乡建设、生态环境保护、教育、科学技术、大众传媒、医疗卫生体育、社会生活、县（市、区）概况、文献辑录、机构设置和领导人名录31个类目，下设203个分目、49个次分目、1544个条目，收录40幅照片、14张表格。卷首专题图片设忻州市政区图、数字忻州、城市建设、新冠疫情防控、全国文明城市创建、脱贫攻坚、忻州古城建设等专题。该卷年鉴增设脱贫攻坚类目，集中反映忻州人民学习贯彻习近平总书记重要讲话精神，攻坚深度贫困，11个贫困县全部实现摘帽的脱贫实录；增设疫情防控类目，记录忻州市早安排、早动员、早部署，全民参与新冠疫情防控的全过程。全书55万字。

（忻州市地方志研究室）

【《临汾年鉴（2021）》出版】 12月，山西省临汾市地方志研究室编纂的《临汾年鉴（2021）》由方志出版社出版。屈波主编。该卷年鉴设重要文献选载、大事记、市情概览、中国共产党临汾市委员会、临汾市人民代表大会、临汾市人民政府、政协临汾市委员会、纪检监察、民主党派、群众团体、法治、军事、经济管理、脱贫攻坚、农业与农村工作、工业、商贸服务业、信息服务业、文物旅游、财政税务、金融保险、交通运输、城乡建设与管理、生态环境、教育、科学技术、图书馆建设、文化、出版传媒、卫生、体育、社会保障、人物、县（市、区）简介、开发区和壶口风景区、附录36个类目，下设210个分目、73个次分目、2026个条目，收录65幅图片、76张表格。卷首专题图片设临汾市防治新型冠状病毒感染肺炎、临汾市脱贫攻坚、临汾市图书馆、临汾市靓城提质等专题，卷末附索引。该卷年鉴的框架在相对稳定的基础上，设置脱贫攻坚、图书馆建设2个特色类目内容。脱贫攻坚类目从综述、组织领导、"两不愁三保障"、精准脱贫、基础设施建设、攻坚深度贫困、巩固脱贫成果7个方面系统地记录临汾市脱贫攻坚取得的决定性胜利；图书馆建设类目从多个方面详细记述临汾市图书馆从立项到建设布展的全过程。全书102.8万字。

（临汾市地方志研究室）

【《赤峰年鉴（2021）》出版】 11月，内蒙古自治区赤峰市档案史志馆编纂的《赤峰年鉴（2021）》由中国文史出版社出版。袁洪军主编。该卷年鉴设市情概况、党政机关、民主党派·群众团体、军事、法治、农牧业、林业和草原、水利、工业、商贸服务业、旅游、金融、交通·邮电、城乡建设·环境保护、综合管理、财政·税务、教育·科技、文化·体育、医疗卫生、社会生活、旗县区概况21个类目，下设97个分目、927个条目，收录246幅图片、21张表格。卷首专题图片设要事聚焦、工业发展、现代农牧业、文化旅游、疫情防控、城市建设、自然风光、机关党建等专题，卷末附索引。该卷年鉴新增专文，辑录《赤喀高铁开通，赤峰进入高铁时代》《万众一心，打赢抗"疫"攻坚战》；在卷首专题图片增加数字赤峰"十三五"板块，对反映全市经济、生活指标数据进行图表展示。全书67.3万字。（赵婧）

【《兴安年鉴（2021）》出版】 12月，内蒙古自治区兴安盟档案史志馆编纂的《兴安年鉴（2021）》由中共党史出版社出版。主编张戎龙。该卷年鉴设大事记、概况、政治、军事、经济、科教文卫体旅广电、市旗县 开发区概况、人物荣誉、附录9个类目，下设51个分目、1213个条目，收录57幅图片、22张表格。卷首专题图片设领导调研、农业、文化、体育等专题，卷末附索引。该卷年鉴增加牛产业担保等特色条目，紧紧围绕兴安盟委、盟行署"两米两牛"决策部署，记述兴安盟在重点领域改革任务取得的成效。对部分框架结构和内容进行调整，政治类目中，将纪检监察从中共兴安盟委员会分目中移出，设立兴安盟纪检监察委员会分目，列于政协兴安盟委员会后；分目群众团体和社会团体改称群众团体；分目公检法司改称法治，政法工作归入法治。全书48.3万字。（赵婧）

【《沈阳年鉴（2021）》出版】 11月，辽宁省沈阳市委党史研究室（市志办）编纂的《沈阳年鉴（2021）》由沈阳出版社出版。李向来主编。该卷年鉴设特载、重点聚集、要闻·大事、"十三五"回望、沈阳概貌、中国共产党沈阳市委员会、沈阳市人民代表大会、经济管理、公共安全、附录等45个类目，下设235个分目、1311个条目，收录115幅图片、102张表格。卷首专题图片设时政记录、经济写真、人物—最美家庭、全民抗疫、脱贫攻坚等专题，卷末附索引。该卷年鉴在内容编排上专设"十三五"回望类目；针对中国全面建成小康社会、取得防控新冠疫情重大胜利，在特载类目设立沈阳新冠肺炎疫情防控与统筹推进经济社会发展、沈阳脱贫攻坚分目。全书110万字。

（沈阳市委党史研究室）

【《大连年鉴（2021）》出版】 12月，辽宁省大连市委员会主管、市档案馆（市委党史研究室、市志办）主办的《大连年鉴（2021）》出版。该卷年鉴设特载、概貌、大事记、中国共产党大连市委员会、大连市人民代表大会、大连市人民政府、中国人民政治协商会议辽宁省大连市委员会、中国共产党大连市纪律检查委员会 大连市监察委员会、民主党派·群众团体、法治、军事、农业、工业、建筑业·房地产业、城市建设与管理、生态环境建设、交通·邮政、信息业、商贸服务业、会展·广告、旅游业、对外经济贸易、国内经济合作、口岸·海关、财政·税务、金融业、经济管理与监督、科学技术、社会科学、教育、文化、卫生健康、体育、社会保障、社会生活、对外开放先导区、区市县、人物、经济社会统计资料和附录40个类目，下设217个分目、15个次分目、2128个条目，收录159幅随文图、135张表格、5个相关链接。卷首专题图片收录大连市城区图、大连市地图，设数读大连（2020）、创新、协调、绿色、开放、共享6个专题，体现出鲜明的地方特色和年度特点。全书150万字。（刘成）

【《丹东年鉴（2021）》出版】 12月，辽宁省丹东市史志办（市档案馆）编纂的《丹东年鉴（2021）》由沈阳出版社出版。赵永峰主编。该卷年鉴设特载、专记、大事记、概貌、组织机构及负责人、中国共产党丹东市委员会、丹东市人民代表大会、丹东市人民政府、中国人民政治协商会议丹东市委员会、纪检监察、民主党派·工商联、群众团体、法治、军事、经济管理、农业、工业、商贸服务业、旅游业、建筑业·房地产业、金融业、交通运输・邮政业、信息业、经济开发区・园区、经贸合作、城乡建设与管理、生态环境保护与建设、科学技术、教育、文化、卫生健康、体育、社会生活、县（市）区概略、先进集体・先进个人、统计资料36个类目，下设206个分目、5个子分目、1304个条目，收录108幅图片、112张图表。卷首专题图片设数字丹东2020、城市荣誉、新冠肺炎疫情防控、脱贫攻坚，卷末附索引。该卷年鉴在专记类目中收录《丹东市"十三五"成就巡礼》《丹东市抗击新冠肺炎疫情纪实》《丹东市脱贫攻坚纪实》3篇文章。全书122万字。　　（李小琳）

【《营口年鉴（2021）》出版】　12月，辽宁省营口市档案史志管理中心编纂的《营口年鉴（2021）》由辽宁民族出版社出版。韩晓东、张金萍主编。该卷年鉴设特载、专文、大事记、营口概貌、中共营口市委员会、营口市人民代表大会、营口市人民政府、政协营口市委员会、纪检监察、民主党派、人民团体、军事、法治、综合经济管理、农业和农村经济、工业、建筑业・房地产业、商贸服务业、旅游、交通运输、财税、金融、城市建设与管理、生态环境、口岸・海关、科学技术、教育、文化・体育、卫生、社会生活、县（市）区、重点园区、四基地一中心、先进集体・人物、地方文献、统计资料、附录37个类目，下设216个分目、1322个条目，收录65幅随文图片、63张表格。卷首专题图片设重要会议、文明之城、发展之城、幸福之城、抗疫纪实5个专题，收录80幅图片，卷末附索引。全书100万字。　　（李占坤）

【《阜新年鉴（2021）》出版】　12月，辽宁省阜新市档案馆（市史志办）编纂的《阜新年鉴（2021）》由辽宁民族出版社出版。李立新主编。该卷年鉴设特载、大事记、概况、中国共产党、人民政权、人民政协、民主党派和工商联、群众团体、政法、军事、农业、工业、民营经济、城乡建设・环境保护、交通・邮电・信息产业、国内外贸易、财政・税务、金融・保险、综合管理、科学、教育、文化・旅游・广播电视・体育、卫生、社会生活、县区建设、园区建设、脱贫攻坚、先进集体、人物、统计资料、附录31个类目，下设144个分目、1289个条目，收录124幅图片、32张表格。卷末附索引。该卷年鉴中国共产党类目增加巡察工作、阜新市党群服务中心分目；人民政权类目增加阜新市公共事务服务中心分目；群众团体类目增加阜新市红十字会分目；取消高新技术产业开发区・高新技术产业园区类目，把工业类目中涉及园区建设的分目单设为园区建设类目；城乡建设・环境保护类目增加阜新市生态环境保护服务中心分目；经济管理类目改为综合管理类目，增加阜新市检验检测中心分目；增设脱贫攻坚类目。全书107万字。　　（张晓春　王元）

【《铁岭年鉴（2021）》出版】　12月，辽宁省铁岭市志办、市档案和党史文献中心编纂的《铁岭年鉴（2021）》由辽宁民族出版社出版。王洪庆主编。该卷年鉴设特载、大事记、概况、中国共产党铁岭市委员会、铁岭市人民代表大会常务委员会、铁岭市人民政府、中国人民政治协商会议铁岭市委员会、中国共产党铁岭市纪律检查委员会 铁岭市监察委员会、民主党派 工商联、群众团体、政法、军事 民防、综合管理、农业、工业、企事业单位选介、城建 环保、交通、邮政通信业、商贸、财政 税务、金融、科技 教育、文化 新闻、卫生 体育、社会生活、民族 宗教、县（市）区、人物、附录30个类目，下设206个分目、1217个条目，收录45幅卷首专题图片、70幅随文图片。卷末附索引。该卷年鉴在卷首专题图片部分增加脱贫攻坚、众志成城 抗击疫情等专题。全书100万字。　　（赵丹）

【《朝阳年鉴（2021）》出版】　12月，辽宁省朝阳市史志办编纂的《朝阳年鉴（2021）》由辽海出版社出版。郎景成主编。该卷年鉴设综述、朝阳市概况、大事记、特载、中国共产党朝阳市委员会、朝阳市人民代表大会及其常务委员会、朝阳市人民政府、中国人民政治协商会议朝阳市委员会、中国共产党朝阳市纪律检查委员会 朝阳市监察委员会、民主党派·工商联、人民团体、法治、军事、农业、工业·信息产业、建筑业·房地产业、城市建设与管理、环境保护、交通·邮政·通信、国内商业·对外贸易、经济开发区、财政·税务、金融业、经济监督管理、教育、科学技术与科学普及、史志·档案、文化艺术、新闻出版·传媒、卫生健康·体育、社会福利救助事业、县（市）区概况、人物、专记、附录、2020年统计资料36个类目，下设199个分目、1157个条目，收录62幅图片、15张表格。卷首专题图片设数字朝阳、工业、农业、生态朝阳、脱贫攻坚、文化生活、优美城市，收录图片43幅。全书90万字。

（杜雅娟）

【《长春年鉴（2021）》出版】 12月，吉林省长春市政府主办、市地方志编委会编纂的《长春年鉴（2021）》由吉林文史出版社出版。战国立主编。该卷年鉴设专文、大事记、长春概貌等35个类目，下设211个分目、1396个条目，收录197幅图片、60张表格，记述2020年长春市经济社会发展的基本情况，对长春市政治、经济、文化、社会发展做全景式再现。卷首专题图片设城市名片、数字长春、春城映像、经济亮点、装备制造、科技创新、文旅活动、生态建设、疫情防控9个专题，突出展示长春市城市特点和年度亮点。该卷年鉴增设建筑业、房地产业、冰雪产业、旅游业、应急管理等类目及分目，将原卫生·体育类目分设卫生健康、体育2个类目。全书85万字。

（付莉）

【《吉林市年鉴（2021）》出版】 11月，吉林省吉林市志办编纂的《吉林市年鉴（2021）》由吉林文史出版社出版。周胜新主编。该卷年鉴设大事记、市情概貌、中国共产党吉林市委员会、吉林市人民代表大会、吉林市人民政府、军事、法治、农业、工业、交通运输、人物等43个类目，下设325个分目、1716个条目，收录226幅图片、49张表格。卷首设专题图片，卷末附索引。该卷年鉴在卷首专题图片设地图、江城名片、数字江城、图说江城、江城映像、年度聚焦等专题，集中反映吉林市城市特点和年度亮点。增设区域合作、自然资源管理、应急管理3个类目；在吉林市人民政府类目增设吉林市人民政府驻京办事处分目；在社会生活类目增设社区建设、社会组织2个分目；在吉林市人民政府类目的精准扶贫分目增设吉林市驻村第一书记协会代言产品推介会，在社会生活类目下社会组织分目增设吉林市驻村第一书记协会成立，在商贸服务业类目下供销合作分目中增设2020吉林省供销年货大集暨吉林市"第一书记代言"农产品展示交易会等生动反映脱贫攻坚时代特点的亮点条目。全书100万字。

（赵磊）

【《辽源年鉴（2021）》出版】 12月，吉林省辽源市地方志编纂中心编纂的《辽源年鉴（2021）》由吉林人民出版社出版。赵杰主编。该卷年鉴设应急管理、经贸合作、开发园区等37个类目，下设236个分目、1473个条目，收录265幅图片、71张表格。该卷年鉴为体现辽源市应对新冠疫情防控工作的整体情况，在卫生健康类目下增设疫情防控分目，在卷首专题图片及专文中也设置相应内容，全面反映辽源市疫情防控总体成果。该卷年鉴在特载、卷首专题图片中着重记述辽源市在"十三五"期间转型发展的新特点、新成效。全书88万字。

（盛禹彭）

【《白城年鉴（2021）》出版】 12月，吉林省白城市政府主办、白城市志办承办的《白城年鉴（2021）》由吉林文史出版社出版。滕坤主编。该卷年鉴设特载、专文、大事记、市情概览、中国共产党白城市委员会、白城市人民代表大会、白城市人民政府、中国人民政治协商会议吉林省白城市委员会、中国共产党白城市纪律检查委员会 白城市监察委员会、民主党派、群众团体、军事、法治、经济监督管理、农业、工业和信息化、商贸服务业、生态旅游、交通 邮政 通信、生态环境建设、金融业、住房与城乡建设、教育、科学技术、文化体育、卫生健康、脱贫攻坚、社会民生、县（市、区）开发区建设、人物、文献、附录32个类目，下设199个分目、1394个条目。卷首专题图片设11个专题，收录62幅图片；收录175幅随文图片、40张表格，该卷年鉴增设特载类目，记载白城市抗击疫情重大举措和成果。全书69.9万字。　　　　　（慕林林）

【《延边年鉴（2021）》出版】　12月，吉林省延边朝鲜族自治州志办编纂的《延边年鉴（2021）》由延边人民出版社出版。赵敬国主编。该卷年鉴设专文、大事记、延边概貌、中国共产党延边朝鲜族自治州委员会、延边朝鲜族自治州人民代表大会、延边朝鲜族自治州人民政府、中国人民政治协商会议延边朝鲜族自治州委员会、中国共产党延边朝鲜族自治州纪律检查委员会 延边朝鲜族自治州监察委员会、群众团体、法治、军事、经济管理与监督、农业、林业、工业、商贸服务业、旅游业、数字信息化、金融业、经贸合作、交通运输和邮政业、城乡建设、生态环境、口岸管理、民族·宗教、科学技术、教育、文化、卫生健康、体育、社会生活、应急管理、县（市）概貌、人物·荣誉、附录35个类目，下设253个分目、1641个条目，收录299幅图片、51张表格。卷首专题图片设数字延边、疫情防控、脱贫攻坚、政治生活、经济发展、开发开放、民族团结、生态文明、幸福民生、和谐社会、安全稳定11个专题，卷末附主题索引、图表索引。该卷年鉴增设经贸合作、应急管理类目，将林业和草原类目更名为林业，将旅游类目更名为旅游业，将金融类目更名为金融业，将城乡建设与管理更名为城乡建设，将口岸开放类目更名为口岸管理，将民族宗教类目更名为民族·宗教，将县（市）开发区更名为县（市）概貌，将人物和荣誉类目更名为人物·荣誉。全书96万字。　　　（赵乐）

【《哈尔滨年鉴（2021）》出版】　10月，黑龙江省哈尔滨市委史志研究室主办、哈尔滨年鉴编辑部编纂的《哈尔滨年鉴（2021）》由哈尔滨年鉴编辑部出版。王洪主编。该卷年鉴设特载、特辑、哈尔滨大事记、概貌、区县（市）概况、党政机关、民主党派·工商联、人民团体、法治、军事、社会综合管理、财政·税务、开发园区、农业、工业、交通运输·邮政业、建筑业·房产住宅业、城乡建设、生态环境保护、商贸服务、旅游业、金融业、科学技术、社会科学、教育、文化、卫生健康、体育、社会民生、附录30个类目，下设185个分目、1229个条目。收录200幅图片、115个表格。卷首图片专辑设冰城冬趣、农业发展、工业制造、城建新貌、生态宜居、文化生活、体育活动、抗击新冠肺炎疫情8个专题，卷末附索引，附赠光盘。该卷年鉴增设开发园区类目；特辑类目下设哈尔滨市新型冠状病毒肺炎疫情防控工作、"十三五"期间及2020年哈尔滨市脱贫攻坚工作成就分目，突出年度重大事件；经济监督管理·应急事务管理类目标题更改为社会综合管理；对外贸易类目并入商贸流通·服务业类目；概貌类目取消政治文明建设、精神文明建设、生态文明建设分目，内容并入相应类目。该卷年鉴上线"掌上年鉴"移动阅读手机版，它依托"哈尔滨史志"微信公众号同步投入使用。全书115万字。　　　　　　（宋春秀）

【《齐齐哈尔年鉴（2021）》出版】　8月，黑龙江省齐齐哈尔市委史志研究室编纂的《齐齐哈尔年鉴（2021）》由黑龙江人民出版社出版。马汇川主编。该卷年鉴设特载、市情综述、中国共产党齐齐哈尔市委员会、齐齐哈尔市人民代表大会、齐齐哈尔市人民政府、中国人民政治协商会议黑龙江省齐齐哈尔市委员会、中共齐齐哈尔市纪律检查委员会齐齐哈尔市监察委员会、民主党派·工商联、群众团体、军事、法治、综合经济管理、农业、工业、商贸服务、交通·邮政·通信、城乡建设·环境保护、金融·保险、科学、教育·文旅·卫生·体育、县（市）区、人物、大事记23个类目，下设120个分目、899个条目，收录432幅图片。卷首专题图片设鹤城印迹，卷末附索引，随书附光盘。全书80万字。

（朱丹　张帝）

【《鹤岗年鉴（2021）》出版】　11月，黑龙江省鹤岗市委史志研究室编纂的《鹤岗年鉴（2021）》由吉林文史出版社出版。潘文胜主编。该卷年鉴设特载、专记、大事记、鹤岗市概况、中国共产党鹤岗市委员会、鹤岗市人民代表大会常务委员会、鹤岗市人民政府、中国人民政治协商会议鹤岗市委员会、纪委·监委、民主党派·工商联、群众团体、法治、军事、综合经济管理、农业、工业、商贸、金融、城乡建设·环境保护、交通·通信、教育、科学技术、文化、卫生·体育、社会生活、区（县）建设、人物、附录28个类目，下设192个分目、1108个条目，收录125幅图片、1幅行政区划图、12张表格。卷首专题图片设抗击疫情、脱贫攻坚、项目建设、现代鹤岗、生态鹤岗等专题，卷末附索引。该卷年鉴首次设专题图片及索引，将市辖区（县）概况类目调整为区（县）建设并置于社会生活之后，将原鹤岗市人民代表大会类目调整为鹤岗市人民代表大会常务委员会。全书68.4万字。

（朱丹　张帝）

【《大庆年鉴（2021）》出版】　12月，黑龙江省大庆市委史志研究室编纂的《大庆年鉴（2021）》由黑龙江人民出版社出版。董善礼主编。该卷年鉴设大庆概况、中共大庆市委员会、大庆市人民代表大会常务委员会、大庆市人民政府、政协大庆市委员会、民主党派·工商联、工会·共青团·妇联、武装、法治、经济管理、工业、开发园区、农业、商贸、财税、金融、交通·邮政、信息业、住房和城乡建设、城市管理、科学、教育、文化·旅游、新闻传媒、卫生·健康、体育、社会生活、县区概况、人物、组织机构、大事记、附录32个类目，下设211个分目、90个次分目、1866个条目，收录254幅图片、10张表格。卷首专题图片设要闻选载。全书120万字。

（朱丹　张帝）

【《伊春年鉴（2021）》出版】　8月，黑龙江省伊春市委史志研究室编纂的《伊春年鉴（2021）》由黑龙江人民出版社出版。王永波主编。该卷年鉴设特载、大事记、市情总述、中国共产党伊春市委员会、伊春市人民代表大会常务委员会、伊春市人民政府、政协伊春市委员会、纪检·监察、民主党派·工商联、群众团体、军事、法治、城镇建设·环境保护、交通·邮电、农业、林业、工业、国内外贸易、森工集团、旅游、财政·税务、金融、经济管理、教育、科学技术、文化、体育·卫生、社会生活、县（市、区）、人物、附录31个类目，下设206个分目、34个次分目、1193个条目，收录65幅图片、41张表格。卷首专题图片设魅力伊春、城区风光、聚焦伊春、庆祝建党百年活动、脱贫攻坚、回眸"十三五"，卷末附索引。该卷年鉴立足市情实际，突出伊春地域特色，卷首专题图片采用连版图片，突出展示伊春旅游特色；围绕伊春林区发展变化，增设森工集团类目。全书60万字。

（朱丹　张帝）

【《牡丹江年鉴（2021）》出版】　11月，黑龙江省牡丹江市委史志研究室编纂的《牡丹江年鉴（2021）》由黑龙江朝鲜民族出版社出版。宋国平主编。该卷年鉴设特载、大事记、专记、牡丹江概貌、中国共产党牡丹江市委员会、牡丹江市人大常委会、牡丹江市人民政府、政协牡丹江市委员会、中共牡丹江市纪律检查委员会、民主党派·工商联、群众团体、法治、军事、综合经济管理、农业、工业、商贸服务、旅游、城乡建设·环境保护、交通·邮政、电信、金融、科学技术、教育、文化·广电·传媒、卫生·体育、社会生活、县（市）区建设、调研成果、人物、附录31个类目，下设154个分目、1308个条目，收录102幅图片、26张表格。卷首专题图片设脱贫攻坚、疫情防控、魅力旅发、产业高地、民生福祉、城市建设。该卷年鉴在正文中设旅游类目，在卷首专题图片中设魅力旅发，详述牡丹江全域旅游发展情况；县（市）区建设类目专设地方特色物产条目，记述2020年通过地理标志农产品认证、地理标志保护产品以提升地方特产的知名度。在选题时间上把握时代性，设调研成果类目，收录脱贫攻坚建小康、牡丹江市红色文化之城建设、第四届旅发大会建议调研等年度重点内容。全书70万字。 （朱丹　张帝）

【《黑河年鉴（2021）》出版】　11月，黑龙江省黑河市委史志研究室编纂的《黑河年鉴（2021）》由方志出版社出版。田桂珍主编。该卷年鉴设特载、大事记、黑河概览、中国共产党黑河市委员会、黑河市人民代表大会、黑河市人民政府、政协黑河市委员会、中国共产党黑河市纪律检查委员会黑河市监察委员会、民主党派、群众团体、法治、军事、应急与安全管理、经济管理、农业、工业、城乡建设、房地产业、生态保护、交通 邮电 通信、金融、口岸 商务、教育、科技、文化、旅游、卫生健康、体育、社会生活、县（市、区）、人物、附录32个类目，下设199个分目、1146个条目，收录280幅图片（145幅卷首专题图片、135幅随文图片）、42张图表。卷首专题图片设黑河名片、数字黑河——献礼建党100周年、疫情防控、脱贫攻坚、第三届黑龙江省旅游产业发展大会、黑河首届寒区试车节、回眸"十三五"7个专题。该卷年鉴展示新时代富裕开放美丽幸福文明黑河城市形象，首次实现全彩印刷，增加随文插图、统计数据表等选用数量。全书102.4万字。 （朱丹　张帝）

【《无锡年鉴（2021）》出版】　9月，江苏省无锡市档案史志馆编纂的《无锡年鉴（2021）》由方志出版社出版。宗翡主编。该卷年鉴设特载、专文、大事记、无锡概貌、中共无锡市委员会、无锡市人民代表大会、无锡市政府、政协无锡市委员会、无锡市纪委监委、民主党派·工商联、群众团体、法治、军事、经济管理、数字经济、总部经济、枢纽经济、参与"一带一路"建设、对外及港澳台经贸、园区经济、农业、制造业、服务业、金融业、旅游业、房地产·建筑业、城市建设与管理、美丽乡村建设、生态建设、水利、数字治理、科技、教育、文化、大众传播、卫生健康、体育、收入与消费、社会事务、社会保障、公共安全、市（县）区发展、人物、附录44个类目，下设317个分目、2226个条目，收录367幅图片、70张表格。卷末附索引。该卷年鉴对年鉴框架进行调整，新设枢纽经济、总部经济类目，突出地方经济特色；新设美丽乡村建设、数字治理类目，将医疗卫生改为卫生健康，突出时代特色；对开发区类目进行调整，改为园区经济，突出园区经济特色；增设水利类目，突出无锡大水利建设特色。卷首设辉煌"十三五"专题图片，从综合实力提升、改革开放深化、产业转型升级、城乡一体化发展、民生福祉建设5个方面，全面展示无锡市"十三五"建设成就；设置抗击新冠肺炎疫情实录和"十三五"对口支援实录；设置太湖湾科技创新带发展规划专文，体现年度工作重点和特色亮点；在附录中增设调研报告，展示人口生育和居民消费的具体情况。全书136.7万字。 （张俊）

【《南通年鉴（2021）》出版】　12月，江苏省南通市志办编纂的《南通年鉴（2021）》由方志出版社出版。姜荣芳主编。该卷年鉴设特载、大事记、市情概览、中国共产党南通市委员会、南通市人民代表大会、南通市政府、中国人民政治协商会议南通市委员会、中国共产党南通市纪律检查委员会·南通市监察委员会、民主党派·工商联、群众团体、法治、军事、跨江融合发展、江海联动开发、经济管理、开放型经济、园区经济、农业、战略性新兴产业、工业、建筑业、商贸服务业、金融业、旅游业、房地产业、交通·邮政、城市建设与管理、乡村振兴、长江大保护、生态建设、科学技术、教育、文化、卫生健康、体育、收入与分配、社会事务、公共安全、人物·荣誉、辖区概况40个类目，下设264个分目、15个次分目、1384个条目，收录185幅图片、75张表格。卷首专题图片设年度视点、最美逆行者、长江大保护、南通与西部扶贫协作、数读"十三五"5个专题，卷末附索引。该卷年鉴突出年度大事、要事，卷首专题图片和特载通过80余幅照片和数据比对及收录重要文章，客观反映南通"十三五"期间成就；突出地方特色，正文部分凸显南通年度热点、亮点工作，在保留原固定类目基础上，重新调整收录跨江融合发展、江海联动开发、开放型经济、战略性新兴产业、房地产业、乡村振兴、长江大保护、生态建设等内容，全面反映南通市认真落实"六稳六保"，全方位融入苏南、全方位对接上海、全方位推进高质量发展的工作实绩；突出时代特色，创新设置乡村振兴、收入与分配等类目，优化设置生态建设、社会事务、卫生健康、公共安全等类目，体现南通市经济社会"五位一体"发展的时代主题；条目呈现"三分法"，明确各类条目的界限，确定综合性条目之"面"、常规性条目之"线"、单一性条目之"点"各自功能定位，既克服三者之间相互涵盖，又统筹三者之间的适当比例，实现三者的立体呈现，有效增强该卷年鉴的存史价值。打造全媒体年鉴，设置15个重大活动二维码、"码上年鉴"微信小程序及7个VR全景。全书113.4万字。

（张俊）

【《盐城年鉴（2021）》出版】 12月，江苏省盐城市志办编纂的《盐城年鉴（2021）》由方志出版社出版。唐宏主编。该卷年鉴设盐城概览、"世遗"湿地、接轨上海、中国共产党盐城市委员会、盐城市人民代表大会、盐城市政府、中国人民政治协商会议盐城市委员会、中国共产党盐城市纪律检查委员会盐城市监察委员会、民主党派工商联、群众团体、法治、军事、经济管理、沿海开放、农业、工业建筑业、商贸服务业、信息服务业、金融业、旅游业、房地产业、城市建设、乡村振兴、水利建设、交通邮政、生态建设、科学技术、教育、文化、卫生健康、体育、收入与分配、社会事务、应急管理、市县发展、人物荣誉36个类目，下设258个分目、32个次分目、1791个条目，收录157幅图片、65张表格。卷首专题图片设城市名片、抗击新冠肺炎疫情、"十三五"数字和年度要闻4个专题，全面反映盐城地域人文特色。特载收录共筑抗疫铜墙铁壁、脱贫攻坚、对口支援合作、"十三五"发展回眸，专记收录《盐城市创成第六届全国文明城市》《盐城市实现全国双拥模范城"六连冠"》《城北振兴——生态宜居新城北改造》，与专题图片相呼应。正文设置专记、世遗湿地、接轨上海、沿海开放、乡村振兴、应急管理等主题鲜明、突出反映地域特色的特色类目，重新整理服务业内容，分设商贸服务业、信息服务业、金融业、旅游业、房地产业等类目。全书采用信息化手段，同步完成口袋书《盐城年鉴·市情手册（2021）》的出版工作。全书138.2万字。

（张俊）

【《扬州年鉴（2021）》出版】 12月，江苏省扬州市地方志编委会编纂的《扬州年鉴（2021）》由广陵书社出版。赵庆红、尤在晶主编。该卷年鉴设特载、大事纪要、概览、区域融合发展、中共扬州市委员会、扬州市人民代表大会、扬州市政府、政协扬州市委员会、中共扬州市纪委扬州市监委、民主党派工商联群众团体、法治、军事、经济管理、农业、新兴产业、工业、建筑业、商贸服务业、软件信息服务业、旅游业、房地产业、金融业、对外及港澳台经贸、开发园区、交通、水利、城市建设、乡村建设、环境资源管理、科学技术、教育、文化、历史文化名城保护、卫生健康、体育、收入消费、社会保障、社会事务、公共安全、区（县、市）发展、人物、附录42个类目，下设272个分目、58个次分目、1871个条目，收录200余幅图片、119张表格。卷首专题图片设数字扬州、印象名城、年度视点3个专题，卷末附索引。开发建设掌上年鉴移动阅读版。全书127万字。

（张俊）

【《泰州年鉴（2021）》出版】 11月，江苏省泰州市委、市政府主办，市党史方志办公室编纂的《泰州年鉴（2021）》由方志出版社出版。张士林主编。该卷年鉴设市情概览、中国医药城、中共泰州市委、泰州市人大、泰州市政府、泰州市政协、泰州市纪委泰州市监委、民主党派·工商联、群众团体、法治、军事、经济管理、大健康产业、农业、制造业、建筑业、商贸服务业、金融业、旅游业、房地产业、开放型经济、泰州港、基础设施、城市建设、乡村振兴、生态环境、科学技术、教育、文化、卫生健康、体育、就业与社会保障、社会事务、公共安全、市（区）发展、人物36个类目，下设256个分目、53个副分目、1425个条目，收录91幅图片、73张表格、11份名录。卷首专题图片设印象泰州、抗疫"泰"给力、乡村"泰"美、品质"泰"好、幸福水天堂5个专题，收录118幅图片。该卷年鉴封面改版，选用蓝色纸张，书名字体统一、烫金，封面封底分别引用望海楼、千垛菜花水墨图片；框架设置做部分调整，新设中国医药城、大健康产业、泰州港、乡村振兴等类目，合并商贸服务业和信息服务业类目为商贸服务业，拆分城乡建设类目为城市建设、乡村振兴2个类目，调整人力资源、社会生活类目为就业与社会保障、社会事务类目，增设参与"一带一路"建设、长三角区域一体化发展、区域合作、新基建、江苏省第20届运动会筹备等分目。全书107.6万字。

（张俊）

【《温州年鉴（2021）》出版】 12月，浙江省温州市志办编纂的《温州年鉴（2021）》由商务印书馆出版。王文胜主编。该卷年鉴设特载、专记、大事记、市情概览、中共温州市委、温州市人大、温州市政府、温州市政协、温州市纪委·市监委、民主党派工商联、群众团体、外事·侨务·港澳台事务、法治、军事、农业、工业、商贸流通、经贸合作、园区经济、交通、金融、旅游、城乡建设管理、生态环境、经济管理、应急管理、社会事务、科学技术、教育、文化、传媒、卫生、体育、世界温州人、人物、县（市、区）附录37个类目，下设270个分目、1840个条目，收录150幅图片、88张表格。该卷年鉴全面系统客观记述2020年温州市在续写新时代创新史、争创社会主义现代化先行市的进程中取得的新成就、新经验，特别是为记录2020年温州市抗击新冠疫情的历程，特设抗疫专题图片、温州市抗击新冠肺炎疫情纪实专记和抗疫英雄分目等。全书133万字。

（温州市志办）

【《嘉兴年鉴（2021）》出版】 12月，浙江省嘉兴市委、市政府主办，市地方志编委会编纂的《嘉兴年鉴（2021）》由中华书局出版。刘松洁主编。该卷年鉴设特载、专记、大事记、市情概览等35个类目，下设267个分目，收录340余幅照片、46张表格。该卷年鉴将纪委监委工作与党委、人大、政府、政协并列设置类目，增设嘉兴市纪委嘉兴市监委类目，专记收录抗击新冠肺炎疫情和复工复产，教育增加体育卫生与劳动教育、教育融入长三角一体化、教育国际化3个分目内容，突出地域特色和时代特征。全书99万字。

（嘉兴市地方志编纂室）

【《湖州年鉴（2021）》出版】 12月，浙江省湖州市委、市政府主办，中共湖州市委党史研究室、湖州市人民政府地方志编纂室编纂的《湖州年鉴（2021）》由中国文史出版社出版。主编杨伟民。该卷年鉴设专记、大事记、概览、中国共产党湖州市委员会、湖州市人民代表大会、湖州市人民政府、中国人民政治协商会议湖州市委员会、中国共产党湖州市纪律检查委员会 湖州市监察委员会、民主党派·工商联、人民团体、法治、军事、外事·侨务·台湾事务、农林牧渔业、工业、服务·商贸·区域合作、信息业·电信业、金融业、对外及港澳台经济往来、开发园（区）、城乡建设与管理、交通运输·邮政业、科学技术、财政·税务、经济管理与监督、文化·旅游、新闻传媒、教育、社会保障·人力资源、社会生活、卫生·体育、生态文明建设、区县、人物、附录、统计资料36个类目，下设199个分目、1146个条目，收录128幅图片、38张表格。卷首专题图片设数说湖州、城市名片、重大活动、美丽乡村、城市建设等，卷末附索引。该卷年鉴结合经济社会发展变化，对框架结构和内容形式进行调整、优化和创新，彰显湖州地方特色和年度特色。全书88万字。

（湖州市地方志编纂室）

【《金华年鉴（2021）》出版】 12月，浙江省金华市委、市政府主办，市志办编纂的《金华年鉴（2021）》由中国市场出版社出版。袁朝明主编。该卷年鉴设特载、大事记、概况、经济建设、政治建设、文化建设、社会建设、生态文明建设、县（市、区）概况、国家省直驻金单位、专记、附录12个类目，下设69个分目、198个条目，收录28幅图片、24张表格。卷首专题图片设金华要闻26幅、金华市地图1幅，卷末附索引、金华城区图。全书89万字。

（金华市志办）

【《台州年鉴（2021）》出版】 12月，浙江省台州市地方志编纂室编纂的《台州年鉴（2021）》由中华书局出版。吴国超主编。该卷年鉴设特载、特辑、大事记、市情概况、市委、人大、政府、政协、纪检监察、民主党派和人民团体、军事、法治、工业、农业、商贸流通、交通、邮电、金融保险、文体旅游、城乡建设、生态环境、经济管理、投融资平台建设、社会事务、科学与技术、教育、传媒、卫生、县（市、区）29个类目，下设244个分目、1190个条目，收录161幅图片、67张表格。卷首专题图片设重大会议、抗击新冠肺炎疫情、复工复产、台州湾新区成立、幸福台州、交通先行等专题。全书约98万字。

（台州市地方志编纂室）

【《合肥年鉴（2021）》出版】 12月，安徽省合肥市委主办、市委党史和地方志研究室编纂的《合肥年鉴（2021）》由黄山书社出版。翟新明主编。该卷年鉴设专记、大事记、合肥概览、中共合肥市委、合肥市人大、合肥市政府、政协合肥市委员会、中共合肥市纪委 市监委、军事、民主党派与工商联、群众团体、法治、改革开放、科技、教育、工业、民营经济、信息产业与信息化、农业农村、商贸服务业、交通邮政、资源和规划、城乡建设与管理、建筑与房地产、生态建设与环境保护、财政 税收、金融、经济监督与管理、应急管理、文化旅游传媒、卫生健康、体育、脱贫攻坚、社会民生、经济开发区、县（市）区概览、人物、附录38个类目，下设252个分目、1218个条目，收录309幅图片、37张表格。卷首专题图片设合肥名片、党的建设、疫情防控、抗洪抢险、脱贫攻坚、科技创新、产业发展、改革开放、城乡建设、生态建设、民生福祉，卷末附索引。该卷年鉴在类目设置上突出科技创新、产业升级和改革开放内容，准确体现近年来合肥市经济社会高质量发展的特点和亮点；设置脱贫攻坚类目，集中记述脱贫攻坚工作成效；在应急管理和卫生健康类目中分别从不同角度集中记述抗击新冠疫情情况。该卷年鉴在2021年度安徽省党史地方志部门优秀科研成果评比中获年鉴类一等奖。全书80万字。

（程正周）

【《马鞍山年鉴（2021）》出版】 12月，安徽省马鞍山市委党史和地方志研究室编纂的《马鞍山年鉴（2021）》由安徽人民出版社出版。丁守卫主编。该卷年鉴设城市概览、中共马鞍山市委、马鞍山市人大、马鞍山市政府、政协马鞍山市委员会、中共马鞍山市纪委 市监委、民主党派 工商联、群众团体、法治、军事、长三角一体化发展、经济管理、农业 水利、工业、建筑业、商贸服务、旅游、金融、房地产、对外开放、交通 邮政 通信、城乡建设与管理、生态环境、教育、科学技术、文化、健康卫生、体育、民生保障、脱贫攻坚、应急管理、县区概览、人物与荣誉33个类目，下设211个分目、1124个条目，收录248幅图片、43张表格。卷首专题图片设脱贫攻坚"结硕果"、抗疫时刻、2020年马鞍山最有影响力的十件大事3个专题。该卷年鉴注重突出年度热点事件和重点工作，调整优化框架结构，增设脱贫攻坚、长三角一体化发展、应急管理类目，科学技术类目下增设科技创新，民生保障类目下增设人口与家庭等分目。为增强年鉴的资料性和时代感，收录2020年版《马鞍山市地图（自然地理版）》。该卷年鉴在2021年度安徽省党史地方志部门优秀科研成果评比中获年鉴类二等奖。全书89万字。

（程正周）

【《淮北年鉴（2021）》出版】 9月，安徽省淮北市委党史和地方志研究室编纂的《淮北年鉴（2021）》由方志出版社出版。王超主编。该卷年鉴设特载、专记、大事记、市情概览、中共淮北市委、淮北市人大、淮北市政府、政协淮北市委员会、中共淮北市纪委 市监委、民主党派、群众团体、法治、军事、开发园区·招商、工业、农业与农村工作、住房与城乡建设、环境·资源、交通 通信、商贸服务、财税、金融、综合经济管理、教育、科学技术、文化·旅游·体育·传媒、卫生、社会民生、县区概况、人物、附录31个类目，下设213个分目、1085个条目，收录183幅图片、42张表格。卷首专题图片设淮北市新冠肺炎疫情防控、淮北市全面建设小康实录，卷末附索引。该卷年鉴注重突出地方特点和年度特色，通过调整分目、归并条目等措施，对年鉴框架结构进行优化，提升年鉴的可读性、可鉴性。工业类目中，先记述新兴产业，再记述传统产业，充分彰显地域特色。增加特色性条目，如县区概况类目濉溪县分目下设文旅融合发展条目，相山区分目下设绿色食品产业条目。合理归并条目，环境资源类目节能减排分目，把涉及工业、交通、公共机构等节能情况集中记述；聚焦脱贫攻坚、新冠疫情防控等内容，设专记把原先分散在相关类目的内容进行整合集中记述，更加全面系统反映脱贫攻坚、疫情防控的工作成效。利用表格、图片等形式，增加年鉴信息量，增强内容直观感。该卷年鉴在2021年度安徽省党史地方志部门优秀科研成果评比中获年鉴类一等奖。全书80万字。

（程正周）

【《安庆年鉴（2021）》出版】 10月，安徽省安庆市委党史和地方志研究室编纂的《安庆年鉴（2021）》由黄山书社出版。徐舒媛主编。该卷年鉴设特载、专记、大事记、市情概览、中共安庆市委、安庆市人大、安庆市政府、政协安庆市委员会、中共安庆市纪委 市监委、民主党派·工商联、群众团体、法治、军事、管理与监督、工业经济、农村经济、商贸服务、信息业、交通运输、城乡建设、生态环境保护、财政·税务、金融、开放合作、教育·体育、文化·旅游·传媒、卫生健康与医疗保障、科学技术、社会生活、脱贫攻坚、开发园区、县（市、区）、人物·先进名录、附录34个类目，下设237个分目、1021个条目，收录200余幅图片、18张表格。卷首专题图片设时事政治、经济发展、基础设施建设、脱贫攻坚、疫情防控、防汛救灾等专题，卷末附索引。该卷年鉴增加脱贫攻坚、疫情防控、防汛救灾记述分量，既有文字记载，又有专题图片反映。该卷年鉴在2021年度安徽省党史地方志部门优秀科研成果评比中获年鉴类二等奖。全书80万字。

（程正周）

【《滁州年鉴（2021）》出版】 10月，安徽省滁州市委党史和地方志研究室编纂的《滁州年鉴（2021）》由黄山书社出版。黄华主编。该卷年鉴设特载、大事记、市情概览、城市建设与管理、城市建设、城市管理、重点工程建设与管理、住房保障、交通邮电物流、生态环境保护、中共滁州市委、滁州市人大、滁州市政府、政协滁州市委员会、纪检监察、军事警务、民主党派和工商联、群众团体、法治、农业与农村经济、工业经济与园区建设、商贸、旅游、财税金融、经济综合管理、文化传媒、教育体育、科学技术、卫生健康与医疗保障、社会与民生、南京都市圈、县（市、区）、人物、附录34个类目，下设186个分目、1055个条目，收录190幅图片、12张表格。卷首专题图片设最美滁州·2020·亭美滁州，卷末附索引。该卷年鉴对框架做调整和完善，注重突出区域特点和年度特色，专记收录《新冠肺炎疫情防控纪实》，增设南京都市圈类目，人物类目中增设滁州市2020年军队二等功臣，原财政税收、金融类目合并为财税金融，原滁州市人大常委会类目中人大法制建设分目调至法治类目。全书全面反映2020年滁州高质量全方位参与长三角一体化发展中取得的新成就。该卷年鉴在2021年度安徽省党史地方志部门优秀科研成果评比中获年鉴类一等奖。全书70万字。　　　　　　　（程正周）

【《亳州年鉴（2021）》出版】　10月，安徽省亳州市委党史和地方志研究室编纂的《亳州年鉴（2021）》由方志出版社出版。时明金主编。该卷年鉴设特载、专记、大事记、市情概览、中共亳州市委、亳州市人大、亳州市政府、政协亳州市委员会、纪检监察、民主党派、群众团体、法治、军事、经济管理、中药产业、农业、工业、商贸、旅游、财政税务金融、交通邮政通信、城市建设与管理、教育、科技、文化、医疗卫生、体育、社会事务管理、开发区简介、县（区）概览、人物、附录32个类目，下设140个分目、927个条目，收录103幅图片、35张表格。卷首专题图片设疫情防控、脱贫攻坚、世界中医药之都、皖北承接产业转移集聚区、长三角绿色农产品生产加工供应基地、华夏酒城、文化旅游强市、省级毗邻区域中心城市8个专题。该卷年鉴合理归并条目，将新冠肺炎疫情防控、脱贫攻坚、环境保护相关工作设专记，对各类目下相关内容进行整合并集中记述，直观全面系统反映亳州市这三项重点工作成效。增加特色条目，结合亳州市是全国最大中药材集散地特点，中药产业类目下设中国（亳州）中药材专业市场、亳州中药材商品交易中心条目，突出亳州市中药材交易产业发展成效。进一步优化彩页内容，根据亳州市"一都一区一基地、一城一市一中心"发展战略分设专题，精选优质图片，全面展示2020年亳州市多方面发展成效。该卷年鉴在2021年度安徽省党史地方志部门优秀科研成果评比中获年鉴类一等奖。全书79.7万字。
　　　　　　　　　　　　　　（程正周）

【《宣城年鉴（2021）》出版】　9月，安徽省宣城市委、市政府主办，市委党史和地方志研究室编纂的《宣城年鉴（2021）》由黄山书社出版。汪拥主编。该卷年鉴设特载、专记、大事纪要、宣城概览、中共宣城市委、宣城市人大、宣城市政府、政协宣城市委员会、中共宣城市纪委 市监委、军事、民主党派与工商联、群众团体、法治、开放与合作、生态环境保护、农业农村、林业、水利、工业、商贸、城乡规划与建设、城市管理、交通运输、邮政 电信 电力、财政 税务、金融 保险 证券、管理与监督、科学技术、教育 体育、文化和旅游、传媒、卫生健康和优化生育、社会和民生、脱贫攻坚、县市区概览、南京都市圈、人物、附录等38个类目，下设278个分目、1456个条目，收录166幅图片、36张表格。卷首专题图片设数字宣城、新闻图片、脱贫攻坚、疫情防控、工业发展、城市建设、社会生活、县（市）区等专题。该卷年鉴进一步优化框架设置，社会和民生类目中脱贫攻坚分目划出，单独设立脱贫攻坚类目；城乡建设和管理类目中城市管理分目划出，单独设立城市管理类目；自然资源管理调归管理与监督类目；工业类目中的电力分目划出调至"邮政 电信"类目，合并为"邮政 电信 电力"类目；开放和合作类目下增设区域经济合作分目；农业农村类目下增设乡村振兴分目。增设缩略语，单独收录正文中涉及全局性的重要的或使用频率较高的缩略语。以宣城行政区域信息资料为主，同时收集与宣城市有关的域外信息资料，设置南京都市圈类目，收集都市圈成员的简况和成员之间的年度交流与合作。采用适当收录回溯性资料，记述宣城创建双拥模范城等连续性的工作，对年度性资料进行衬托或形成对比，展现事物的发展变化。该卷年鉴在2021年度安徽省党史地方志部门优秀科研成果评比中获年鉴类一等奖。全书80万字。　（程正周）

【《三明年鉴（2021）》出版】　12月，福建省三明市委党史和地方志研究室编纂的《三明年鉴（2021）》由海峡文艺出版社出版。

伍旭东主编。该卷年鉴设市情总貌、中国共产党三明市委员会、三明市人民代表大会、三明市人民政府、政协三明市委员会、纪委监委、民主党派 工商联、群众团体、法治、军事、外事 侨务 港澳台事务、经济管理、金融、农业、林业、工业、商贸服务业、旅游业、经贸合作、交通 邮政 通信、城乡建设、生态环境、教育、科技、文化、卫生 健康、体育、社会生活、应急管理、县（市、区）30个类目，下设253个分目、1720个条目，收录273幅图片、32张表格。卷首专题图片设三明"山水城"融合、三明文旅康养产业、三明美丽乡村、三明市新冠肺炎疫情防控、"三明实践"集中采访活动、三明市中央苏区革命纪念馆。该卷年鉴突出年度特色，特载收录"三明实践"，专记收录《三明市新冠肺炎疫情防控纪实》《三明市脱贫攻坚纪实》《用"画龙点睛"之笔，绘就"活力梅列·幸福之城"》3篇；突出地域特色，设置林业类目及教育综合改革、医药卫生体制改革等分目。全书105万字。 （三明市委党史和地方志研究室）

【《泉州年鉴（2021）》出版】 12月，福建省泉州市委党史和地方志研究室编纂的《泉州年鉴（2021）》及其分册《泉州日记》由方志出版社出版。张惠评主编，许晓松执行主编。该卷年鉴设图说泉州、年度聚焦、专记、大事记、市情概览、中共泉州市委员会、泉州市人民代表大会、泉州市人民政府、政协泉州市委员会等43个类目。下设212个分目，1158个条目，收录223幅图片、79张表格。卷首专题图片设大事要闻、政务活动、五个泉州。该卷年鉴以彩版形式设立图说泉州类目；设立"外事 侨务 台港澳事务"类目，实录泉州的国际交流、侨务活动、对台交流、与港澳交流，反映泉州全国著名侨乡、台胞祖籍地等侨台港澳特色；设立民企与泉商类目，全方位立体化反映泉州作为"民办经济特区"的亮点；在教育类目突出反映泉州职业教育和民办教育发达的特色。分册《泉州日记》按时序客观真实地记载2020年泉州地面上每一天发生的大事、要事、新事、特事，反映地方经济社会发展实况和城乡人民生活实态。全书120万字，分册80万字。 （刘楷彬）

【《漳州年鉴（2021）》出版】 12月，福建省漳州市委党史和地方志研究室编纂的《漳州年鉴（2021）》由方志出版社出版。朱建池主编。该卷年鉴设特载、大事记、市情总貌、中国共产党漳州市委员会、漳州市人民代表大会、漳州市人民政府、政协漳州市委员会等37个类目，下设207个分目、1432个条目，收录126幅图片、13张表格。卷首专题图片设党政纪事、新冠疫情防控和复工复产、文明城市创建、经济发展、社会事业、基础设施建设、精准脱贫、社会民生、漳台交流，卷末附索引。全书57.7万字。 （蔡钰臻）

【《平潭年鉴（2020）》出版】 6月，福建省平潭综合实验区党工委党校编纂的《平潭年鉴（2020）》由福建美术出版社出版。蔡荫主编。该卷年鉴设专文、大事记、区情概览、中国（福建）自贸试验区平潭片区、国际旅游岛建设、两岸共同家园建设、中共平潭综合实验区工作委员会、平潭县人民代表大会、平潭综合实验区管理委员会、中国人民政治协商会议平潭县委员会、纪检监察、民主党派与工商联、群众团体、法治、军事、外事侨务港澳事务、应急管理、自然资源环境保护、经济管理、市场监督管理、农业农村、工业、建筑业房地产业、商贸流通服务业、城乡建设管理交通邮政业、信息业、金融、科技、教育、文化、广电影视传媒、医疗卫生与计划生育、体育、社会生活、片区概览、荣誉人物、附录37个类目，下设214个分目，收录158幅图片、9张表格。卷首专题图片设领导活动、政治改革、经济产业、文化体育、社会民生、民俗生活、平潭风光，卷末附索引。全书70余万字。 （蔡荫）

【《南昌年鉴（2021）》出版】 12月，江西省《南昌年鉴》编辑委员会编纂的《南昌年鉴（2021）》由方志出版社出版。钱昀、龙国英主编。该卷年鉴设特载、大事记、市情概览、中国共产党南昌市委员会、南昌市人民代表大会、南昌市人民政府、中国人民政治协商会议南昌市委员会、中国共产党南昌市纪律检查委员会南昌市监察委员会、民主党派·工商联、群众团体、法治、军事、重大重点项目建设、经济管理、农业农村、开放型经济、制造业、开发园区、商贸服务业、旅游业、房地产业、金融业、信息传输、软件和信息服务业、科学技术、交通·邮政、城乡建设和管理、生态环境、教育、卫生健康、文化、体育、社会生活、人物·荣誉、县区（管理局）、附录36个类目，下设249个分目、2300个条目，收录118幅图片、46张表格。卷首专题图片设全面建成小康社会、决胜脱贫攻坚、新冠肺炎疫情防控、抗洪抢险、产业经济发展、合作发展交流、城市建设改造、社会文化活动、生态环境保护9个专题，卷末附索引。该卷年鉴在保持基础框架相对稳定的前提下，删除特辑、民生工程、重要文献类目，将住宿和餐饮业并入商贸服务业，将电力、燃气及水生产和供应业并入城乡建设和管理，增加附录类目。全书133万字。

（南昌市史志办）

【《新余年鉴（2021）》出版】 11月，江西省新余市史志办编纂的《新余年鉴（2021）》由中共党史出版社出版。李立峰主编。该卷年鉴设专记、新余概况、大事记、中国共产党新余市委员会、新余市人民代表大会、新余市人民政府、中国人民政治协商会议新余市委员会、中国共产党新余市纪律检查委员会、民主党派·工商联、群众团体、军事、法治、城市建设·房地产业、工业·交通、信息产业、农业、商业贸易、经济管理与监督、财税·税务·审计、金融、教育·科技、广播电视·报纸、卫生健康·体育、人力资源和社会保障、县区概况、人物、附录27个类目，下设181个分目、947个条目，收录20幅图片、11张表格。卷首专题图片设重要会议、经济民生，卷末附索引。该卷年鉴框架结构较上年卷基本保持稳定，内容略有调整，增设专记，增强年度特色。全书80万字。

（傅媛媛）

【《赣州年鉴（2021）》出版】 10月，江西省《赣州年鉴》编辑委员会和赣州市地方志研究室编纂的《赣州年鉴（2021）》由线装书局出版。许南吉主编。该卷年鉴设特载、专记、大事记、市情概貌、赣南苏区振兴发展、中国共产党赣州市委员会、赣州市人民代表大会、赣州市人民政府、中国人民政治协商会议赣州市委员会、中国共产党赣州市纪律检查委员会 赣州市监察委员会、民主党派、群众团体、法治、军事、经济管理、农业、工业、园区建设、商贸服务业、旅游业、金融业、经贸合作、交通运输、信息化建设、城乡建设、生态环境、教育、科学技术、文化、卫生健康、体育、社会生活、应急管理、县（市、区）、人物 荣誉、附录36个类目，下设261个分目、1400个条目，收录152幅图片、41张表格。卷首专题图片设赣州荣誉、数读赣州、魅力城市、年度聚焦、全省旅发大会、疫情防控、"十三五"回眸专栏7个专题，卷末附索引。该卷年鉴专题记述赣州市历史性实现整体脱贫、"十三五"发展成就、全面建成小康社会完成情况及疫情防控工作。该卷年鉴对框架结构进行适当调整，增设赣南苏区振兴发展类目，下设综述、政策措施、对口支援、先行先试、经济社会发展分目；增设信息化建设类目，下设信息基础设施建设、公共服务信息化、经济领域信息化、数字产业、通信业、无线电管理分目；增设社会生活类目，下设人口与计划生育、劳动就业、收入消费、社会保险、民政事务、住房保障分目；增设应急管理类目，下设综述、防灾减灾、安全生产、消防救援分目。全书132.5万字。（廖伟东）

【《吉安年鉴（2021）》出版】 10月，江西省《吉安年鉴》编辑委员会、中共吉安市委党史和地方志研究中心编纂的《吉安年鉴（2021）》由线装书局出版。刘后魁主编。该卷年鉴设特载、大事记、专记、吉安概览、中国共产党吉安市委员会、吉安市人民代表大会常务委员会、吉安市人民政府、中国人民政治协商会议吉安市委员会、中国共产党吉安市纪律检查委员会·吉安市监察委员会、民主党派·工商联、群众团体、法治、军事、应急管理、农业、工业、经济、信息化建设、旅游、交通、商贸、财政税务、金融、经济管理与监督、人力资源、城乡建设、生态环境、科学技术、教育·体育、文化艺术、卫生健康、民政、社会生活、县（市、区）概貌、人物、文件辑录、统计资料37个类目，下设289个分目、1544个条目，收录117幅图片、62张表格。卷首专题图片设疫情防控取得重大战略成果、三大攻坚战主要目标如期完成、经济实现恢复性增长、发展新动能加速集聚、群众福祉持续增进5个专题，卷末附索引。该卷年鉴对框架结构进行适当调整，在大事记类目下增设抗击新冠肺炎疫情大事记分目；地情类目更名为吉安概览；人民团体类目更名为群众团体；法治类目下的地方立法分目更名为人大立法；卫生健康类目下的医疗卫生体制改革更名为医疗改革，删除医疗服务质量管理、爱国卫生运动分目，增设医政医管、妇幼保健、中医药事业、基层卫生、医学科技教育；增设社会生活类目，下设人口家庭、老龄健康、居民收入消费、社会保险、医疗保险、优抚安置、住房保障7个分目等。全书138.3万字。 （熊玮）

【《抚州年鉴（2021）》出版】 8月，江西省《抚州年鉴》编辑委员会编纂的《抚州年鉴（2021）》由吉林文史出版社出版。汪志强主编。该卷年鉴设特载、大事记、年度关注、概览、中国共产党抚州市委员会、抚州市人民代表大会、抚州市人民政府、政协抚州市委员会、中共抚州市纪律检查委员会·抚州市监察委员会、民主党派、群众团体、军事、法治、农·林·水、工业、高新技术产业开发区·工业园区、交通运输、信息产业、贸易、市场建设·招商引资、财政·税收、金融·保险、经济管理与监督、城乡建设与管理、环境保护·应急管理、教育·体育、文化·广播电视·新闻出版管理·旅游、新闻媒体、科技·卫生、民政·退役军人事务、县区概况、人物32个类目，下设248个分目、1729个条目，收录206幅图片、28张表格。卷首专题图片设重要会议、文化的力量、2020（第六届）江西省互联网大会、2020首届江西教育装备（抚州）展示会、全民战"疫"、精准扶贫等6个专题，卷末附索引。该卷年鉴内文中每个类目均以展现抚州风貌的精美图片开篇。框架设计有较大调整，将中国共产党抚州市委员会类目中农村工作调整至农林水类目、机关事务管理调整至抚州市人民政府类目、编制工作更名为编制管理；抚州市人民政府类目中增设公共资源交易分目，政府财政预决算调整至财政税收类目并更名为地方财政预决算；农林水类目中增设农垦发展分目；交通类目更名为交通运输；环境保护·应急管理类目中应急管理分目细化为安全生产、森林防火、救援协调、防汛抗旱4个分目。全书110万字。 （谷丽茜）

【《淄博年鉴（2021）》出版】 12月，山东省淄博市委党史研究院（市地方史志研究院）编纂的《淄博年鉴（2021）》由线装书局出版。曹丕祯主编。该卷年鉴设市情概览、中共淄博市委、淄博市人大、淄博市政府、淄博市政协、淄博市纪检监察、民主党派·工商联、人民团体、法治、军事、经济管理、"四强"产业、优势产业、农业与农村工作、建筑业、商贸服务业、信息服务业、房地产业、金融业、会展、城乡建设、资源 环境、交通 邮政、水利、招商与合作、园区建设、科学 教育、文化 旅游、卫生健康、体育、民生事务、区县概况、人物、附录35个类目，下设242个分目、1520个条目，收录139幅图片、35张表格。卷首专题图片设领导人在淄博、市人大第六次会议、市政协第五次会议、全面小康新淄博、数字赋能乡村振兴、弘扬伟大抗疫精神、百年之光大型主题展等专题。该卷年鉴围绕中国共产党成立100周年、全面建成小康社会、抗击疫情等年度特点和全面深化改革、数字赋能乡村振兴、公园城市建设等市委、市政府重点工作,在框架和版面安排上予以突出体现,并重点突出以"四强"产业为重点的新兴产业和以齐文化、聊斋文化为主要特色的地域文化。全书98.8万字。　　　　　（宋涛）

【《济宁年鉴（2021）》出版】　11月,山东省济宁市委党史研究院（市地方史志研究院）编纂的《济宁年鉴（2021）》由团结出版社出版。马建国主编。该卷年鉴设济宁概况、中国共产党济宁市委员会、济宁市人民代表大会、济宁市人民政府、中国人民政治协商会议济宁市委员会、纪检监察、民主党派·工商联、群众团体、法治、军事、经济管理、开放型经济、农业、新兴产业、工业、商贸服务业、金融业、交通运输、城乡建设、生态环境、教育、科学技术、文化·旅游、卫生健康、体育、社会生活、应急管理、人物、济宁高新技术产业开发区、济宁太白湖新区、济宁经济技术开发区、曲阜文化建设示范区、县（市、区）概况、附录34个类目,下设216个分目、1700余个条目,收录200余幅图片、36张表格。卷首专题图片设两会、济宁辖区基本情况、济宁名片、数字济宁4个专题,卷末附索引。该卷年鉴全面客观记述2020年济宁市各级各部门在持续深化"1+233"工作体系,大力实施"十大行动",着力强化"五大保障",扎实做好"六稳"工作,统筹推进稳增长、促改革、调结构、惠民生、防风险、保稳定,推动高质量发展,确保全面建成小康社会和"十三五"规划圆满收官中做出的新成绩、取得的新成就、开创的新局面。全书113万余字。　　　　　　　　（宋涛）

【《德州年鉴（2021）》出版】　12月,山东省德州市委、市政府主办,市委党史研究院（市地方史志研究院）编纂的《德州年鉴（2021）》由新华出版社出版。李士新主编。该卷年鉴设德州概览、机构设置、中国共产党德州市委员会、德州市人民代表大会、德州市人民政府、中国人民政治协商会议德州市委员会、中共德州市纪律检查委员会、民主党派·工商联、群众团体、军事、法治、经济管理、农业·水利、工业、交通·通信、城建·环保、商贸·流通、财政·税务、金融、科学技术、教育·体育、文化·旅游、卫生、社会、县（市、区）概况、附录26个类目,收录200余幅图片、30张表格。卷首专题图片设产业扶贫、就业扶贫、健康扶贫、教育扶贫等专题,卷末附索引。全书63万字。　（宋涛）

【《聊城年鉴（2021）》出版】　12月,山东省聊城市委党史研究院（市地方史志研究院）编纂的《聊城年鉴（2021）》由北京燕山出版社出版。郭杰主编。该卷年鉴设全市概况、中国共产党聊城市委员会、聊城市人民代表大会、聊城市人民政府、中国人民政治协商会议聊城市委员会、纪检监察、民主党派和工商联、群众团体、军事、法治、经济管理与监督、农业、工业、交通·邮电、城乡建设、生态保护、商务、财政·税务、金融、科学技术、教育·体育、文化·旅游、卫生健康、社会管理·人民生活、县（市、区）概况、人物26个类目,下设172个分目、936个条目,收录372幅图片、7张表格。卷首专题图片设重要会议、社会发展、脱贫攻坚、抗击疫情等4个专题,卷末附索引。该卷年鉴在专记中收录聊城脱贫攻坚报告和新冠肺炎疫情防控报告等,将原政党·政务类目划分为中国共产党聊城市委员会、聊城市人民代表大会、聊城市人民政府、中国人民政治协商会议聊城市委员会、纪检监察5个类目。全书99.3万字。　　　　（宋涛）

【《开封年鉴（2021）》出版】　11月,河南省开封市委、市政府主办,市地方史志研究室编纂的《开封年鉴（2021）》由中州古籍出版社出版。郁正国主编。该卷年鉴设特载、专记、专文、大事记、市情概览、脱贫攻坚、全面建成小康社会、中国共产党开封市委员会、开封市人民代表大会、开封市人民政府、中国人民政治协商会议开封市委员会、纪检监察、民主党派工商联、群众团体、法治、军事、经济监督管理、城乡建设、交通运输、生态建设与环境保护、财政·税务、金融、工业·信息化、农业和农村工作、商贸服务、文化开封建设、科学技术、教育体育、文化旅游、传媒、卫生健康、社会民生、自贸区·示范区、区县、人物、统计资料、附录37个类目，下设243个分目、1721个条目，收录206幅图片、48张表格。卷首专题图片设数字开封、开封纪事、打赢脱贫攻坚决战、全面建成小康社会、新冠肺炎疫情防控、中国农民丰收节、美丽开封等专题，卷末附索引。开封纪事专题采用月度顺序，突出本地特色和时代特色。民族宗教部分分类介绍地方宗教历史现状。文化类目单设节会，突出本地文化特色。全书100万字。 （王颖）

【《鹤壁年鉴（2021）》出版】 5月，河南省鹤壁市政府主办、市史志办编纂的《鹤壁年鉴（2021）》由中州古籍出版社出版。高武峰主编。该卷年鉴设特载、专文、市情概貌、要事、大事记、全面建成小康社会、脱贫攻坚、防控新冠肺炎疫情、中国共产党鹤壁市委员会、鹤壁市人民代表大会、鹤壁市人民政府、政协鹤壁市委员会、纪检·监察、民主党派·工商联、群众团体、行业协会（商会）、法治、军事、经济管理、农业和农村、工业、煤炭和电力工业、信息化、交通运输·邮政、商贸流通、财政·税务、金融业、生态环境保护、城乡建设、科学研究和技术服务、教育·体育、文化·旅游、新闻传媒、卫生、社会生活、人物、经济技术开发区、城乡一体化示范区、宝山循环经济产业集聚区、县区概况、附录41个类目，下设141个分目、1103个条目，收录360幅图片、32张表格。卷首专题图片设数字鹤壁、荣誉鹤壁、全面建成小康社会、脱贫攻坚决战决胜、众志成城抗击疫情、建设新时代高质量发展示范城市、社会发展硕果累累等专题，卷末附索引。该卷年鉴增加市树、市花、市徽，以及要事、鹤壁亮点、招商引资、行业协会等内容。全书118万字。 （王颖）

【《濮阳年鉴（2021）》出版】 10月，河南省濮阳市政府主办、市史志办编纂的《濮阳年鉴（2021）》由中州古籍出版社出版。李振林主编。该卷年鉴设特载、专记、大事记、市情概览、中国共产党濮阳市委员会、濮阳市人民代表大会、濮阳市人民政府、政协濮阳市委员会、纪检监察、民主党派·工商联、群众团体、军事、法治、城建·环保、交通运输、邮政·通信、工业、石油开采业、农业农村、水利、商贸流通、金融、经济管理与监督、科学技术、教育、文化·旅游·体育、卫生健康、社会生活、全面小康社会建设、脱贫攻坚、人物·荣誉、县情·区情、附录33个类目，下设191个分目、1189个条目，收录129幅图片、69张表格。卷首专题图片设荣誉濮阳、数字濮阳、濮阳风光、濮阳战疫、脱贫攻坚等，卷末附索引。全书80万字。 （王颖）

【《南阳年鉴（2021）》出版】 10月，河南省南阳市委、市政府主办，市史志办编纂的《南阳年鉴（2021）》由中州古籍出版社出版。田永朝主编。该卷年鉴设特载、专记、大事记、市情概览、新冠肺炎疫情防控、高质量打赢脱贫攻坚战的南阳实践、全面建成小康社会、中国共产党南阳市委员会、南阳市人民代表大会、南阳市人民政府、政协南阳市委员会、纪检监察、民主党派 工商联、群众团体、法治、军事、经济管理、农业 农村、水利、工业、信息产业、商贸流通、交通运输 邮政、财政 税务、金融、城乡建设、公用事业、科学技术、教育、文化事业、新闻传媒、卫生健康、体育、社会生活、生态环境和自然资源、人物、园区建设、县市区概况、附录39个类目，下设202个分目、1215个条目，收录268幅图片、65张表格。卷首专题图片设疫情防控、脱贫攻坚、经济建设、政治建设、文化建设、社会建设、生态文明建设等专题，卷末附索引。该卷年鉴突出文化品牌，反映民生重点。全书90万字。 （王颖）

【《信阳年鉴（2021）》出版】 12月，河南省信阳市政府主办、市史志办编纂的《信阳年鉴（2021）》由中州古籍出版社出版。陈晓玲主编。该卷年鉴设特载、市情概况、年度关注、出彩信阳人、信阳毛尖、大事记、中共信阳市委员会、信阳市人民代表大会、信阳市人民政府、政协信阳市委员会、中共信阳市纪委信阳市监委、民主党派和工商联、群众团体、法治、军事、经济管理、农业、工业、产业集聚区、商贸流通、交通、邮政 通信、财政 税务、金融业、城乡建设与管理、自然资源管理与生态环境保护、科学技术、教育 体育、文化和旅游、卫生健康、社会事务管理、社会保障与居民生活、管理区 开发区、县区概况、附录35个类目，下设205个分目、1558个条目，收录233幅图片、108张表格。卷首专题图片设荣誉信阳、数字信阳、年度要闻、自然风光、全面小康社会建设、脱贫攻坚、新冠肺炎疫情防控、全国文明城市创建等专题，卷末附索引。该卷年鉴年度关注聚焦重点，出彩信阳人内容丰富；特产与美食栏目设置突出地方特色；自然科学和社科成果、传统村落、非物质文化遗产等选用多个表格，增强资料性。全书170万字。

（王颖）

【《十堰年鉴（2021）》出版】 12月，湖北省十堰市档案馆编纂的《十堰年鉴（2021）》由长江出版社出版。蔡贤忠主编。该卷年鉴设特载、专辑、大事记、市情概览、中国共产党十堰市委员会、十堰市人民代表大会、十堰市政府、中国人民政治协商会议十堰市委员会、十堰市纪律检查委员会（监察委员会）、民主党派、群众团体、法治、军事、经济管理与监督、农业·农村、工业、东风公司十堰基地、城乡建设与管理、商贸流通、金融、交通·邮政、信息业、区域协调发展、科学技术、教育、文化·旅游·体育、卫生健康、自然资源和规划、生态环境建设、劳动就业和社会保障、社会民生、人物、市辖县市区、统计资料34个类目，下设264个分目、1386个条目，收录561幅图片、130张表格。卷首设专题图片，卷末附索引。该卷年鉴采用全彩印刷，随书附赠电子光盘，突出反映精准扶贫、抗击新冠疫情、创建全国文明城市等地域特色和年度特色。全书118万字。

（湖北省文化和旅游厅地方志工作处）

【《宜昌年鉴（2021）》出版】 12月，湖北省宜昌市史志研究中心编纂的《宜昌年鉴（2021）》由长江出版社出版。孙志中主编。该卷年鉴设特载、抗击新冠肺炎疫情、专文、专记、大事记、概览、中国共产党宜昌市委员会、宜昌市人民代表大会、宜昌市政府、中国人民政治协商会议宜昌市委员会、中国共产党宜昌市纪律检查委员会宜昌市监察委员会、民主党派·工商联、群众团体、法治、军事、经济管理、人力资源管理、农业、工业、建筑业·房地产业、水电开发、商贸服务业、旅游业、金融、经贸合作、交通、水利·湖泊、城乡建设管理、生态环境、信息业、科学技术、教育、文化·传媒、卫生健康、体育、脱贫攻坚、社会生活、市辖县市区、人物、附录40个类目，下设263个分目、1769个条目，收录117幅图片、106张表格。卷首设专题图片，卷末附索引。该卷年鉴增设抗击新冠肺炎疫情、脱贫攻坚、专文类目，在原目录基础上增设总目，优化排版设计。全书122.3万字。

（湖北省文化和旅游厅地方志工作处）

【《襄阳年鉴（2021）》出版】 12月，湖北省襄阳市史志研究中心编纂的《襄阳年鉴（2021）》由长江出版社出版。郝敬东主编。该卷年鉴设襄阳综述、工业经济、农业农村经济、交通·通信、住房和城乡建设、商贸、财政·税务·金融、经济监督管理、组织机构及其领导人名单、中共襄阳市委员会、襄阳市人民代表大会、襄阳市政府、政协襄阳市委员会、纪检监察、民主党派·群众团体、法治、军事、科技·教育、卫生和人民健康、文化·旅游·体育、社会民生、开发区、县（市、区）23个类目，下设217个分目、2000余个条目，收录300余幅图片、56张表格。卷首设专题图片。全书115万字。

（湖北省文化和旅游厅地方志工作处）

【《荆州年鉴（2021）》出版】 11月，湖北省荆州市史志研究中心编纂的《荆州年鉴（2021）》由长江出版社出版。王刚主编。该卷年鉴设年度关注、特载、荆州综述、大事记、中国共产党荆州市委员会、荆州市人民代表大会、荆州市政府、中国人民政治协商会议荆州市委员会、纪检监察、法治、军事、民主党派工商联、群众团体、农业农村、工业与信息化、交通邮政、商贸流通、城乡建设与管理、综合监督与管理、财政税务审计、金融、科学技术、教育、文化旅游体育传媒、卫生健康、社会民生、生态保护与建设、开发区建设、县市区情、人物、统计资料、附录32个类目，下设194个分目、1231个条目，收录79幅图片、30张表格。卷首设专题图片，收录近60幅图片。全书97万字。

（湖北省文化和旅游厅地方志工作处）

【《长沙年鉴（2021）》出版】 12月，湖南省长沙市地方志编委会编纂的《长沙年鉴（2021）》由方志出版社出版。王习加主编。该卷年鉴设特载、长沙概览、大事记、中国共产党长沙市委员会、长沙市人民代表大会、长沙市政府、中国人民政治协商会议长沙市委员会、中共长沙市纪律检查委员会·长沙市监察委员会、民主党派·工商联、群众团体、法治、军事、经济管理、农业、工业·建筑业、商贸服务业、金融、旅游、房地产业、交通、经贸合作、开发区、湖南湘江新区、城乡建设、生态环境、长株潭城市群、科学技术、教育、文化、卫生健康、体育、人民生活、应急管理、区县概况、人物、附录36个类目，下设223个分目、41个次分目、1767个条目，收录146幅图片、66张表格。卷首专题图片设脱贫攻坚、新冠肺炎疫情防控、年度事件3个专题，卷末附主题索引和表格索引。该卷年鉴对框架结构进行适当调整，将长株潭"两型社会"试验区更名为长株潭城市群，卫生·健康类目增设分目新冠肺炎疫情防控，应急管理类目增设应急救援分目，特载类目收录《长沙市全面建成小康社会综述》《长沙市脱贫攻坚纪实》《长沙市抗击新冠肺炎疫情工作纪实》《长沙市乡村振兴战略工作纪实》《长沙市蓝天保卫战三年行动（2018—2020年）工作纪实》5篇文章。制作智能手机版"掌上年鉴"及网络版年鉴。全书150万字。 （陈晓红）

【《株洲年鉴（2021）》出版】 12月，湖南省株洲市政府主办的《株洲年鉴（2021）》由中共党史出版社出版。中共株洲市委党史研究室（市地方志编纂室）主编。该卷年鉴设特载、专文、大事记、株洲概况、法治、经济管理、工业、园区建设、农业和农村工作、商贸服务、非公有制经济、旅游、交通·邮电、财政·税务、金融、城乡建设与房地产、自然资源管理·环境保护、科学技术与科技服务等36个类目，下设207个分目、1362个条目，收录88幅图片、36张表格。卷首设专题图片，卷末附索引。该卷年鉴增加专文类目，突出反映2020年株洲市众志成城、同心协力抗击新冠肺炎疫情的情况；市党、政及各部门、单位负责人类目中，增加任免变动时间，强化领导名录的完整性、资料性；类目记述注重对行业、系统的综合和概括，以及条目的规范和提炼，注重数据的纵横对比。卷首专题图片设株洲行政区划图、株洲"十三五"、同心抗疫、项目建设、乡村振兴专版，在记录地域历史文化、风情的同时，综合反映全市"十三五"所取得的新成就，再现2020年全市项目建设、抗击新冠疫情、乡村振兴等工作的实情实景。全书150万字。 （郑德丽）

【《衡阳年鉴（2021）》出版】 11月，湖南省衡阳市政府主办、市地方志编纂室编纂的《衡阳年鉴（2021）》由湖南地图出版社出版。杨伟东主编。该卷年鉴设特载、大事记、衡阳概况、中国共产党衡阳市委员会、衡阳市人民代表大会、衡阳市政府、中国人民政治协商会议衡阳市委员会、中共衡阳市纪律检查委员会衡阳市监察委员会、民主党派·工商联、群众团体、军事、法治、综合经济和管理、农村经济、工业经济、园区经济与区域开发、政府投融资平台、城建城管、自然资源和规划·生态环境、交通·邮政·通信、商贸服务业、旅游业、金融业、科学技术与科技服务、教育、文化、体育、医疗卫生与健康、社会福利与社会保障、县市区概况、人物、经济社会主要统计数据32个类目，下设257个分目、1804个条目，收录270幅图片、25张表格。卷首专题图片设实施"三强一化"战略、建设国家区域重点城市和省域副中心城市、时政、新冠疫情期间的衡阳、产业经济、城市建设、美丽乡村、文化旅游、学校教育、社会生活、衡阳名家等专题，卷末附索引。该卷年鉴根据2020年年度特点在人物专栏中增设脱贫攻坚先进典型事迹、抗击新冠肺炎疫情先进表彰分目，详细介绍2020年衡阳脱贫攻坚和疫情防控工作的典型事例。全书90万字。

（郭琦）

【《常德年鉴（2021）》出版】 10月，湖南省常德市政府主办、市地方志编纂室编纂的《常德年鉴（2021）》由方志出版社出版。徐永健主编。该卷年鉴设特载、专文、大事记、常德概况、中国共产党常德市委员会、常德市人民代表大会、常德市政府、中国人民政治协商会议常德市委员会、中共常德市纪律检查委员会·常德市监察委员会、民主党派、群众团体、法治、军事、交通·邮政·通信、旅游、城乡建设与管理、工业和信息化、园区经济、农业·林业·水利、商务、金融、财政·税务、国有资产经营与监管、生态环境、经济管理与监管、科学技术与科技服务、教育、文化·新闻·体育、卫生健康、社会生活、区县市·开发区·度假区·管理区、人物、附录33个类目，下设293个分目、1118个条目，收录162幅图片、20张表格。卷首专题图片设魅力常德、经济发展、常德战"疫"、脱贫攻坚、全面小康5个专题。该卷年鉴框架总体沿袭上年卷年鉴基本框架，对个别类目作微调，纪检监察由中国共产党常德市委员会类目下的分目改设为中共常德市纪律检查委员会·常德市监察委员会类目；增加婚姻家庭、社会救助、社会福利、市文化馆、常德博物馆、市图书馆、市科学技术馆等分目。全书100.2万字。

（蒯甜）

【《永州年鉴（2021）》出版】 12月，湖南省永州市委、市政府主办，永州年鉴编委会编纂的《永州年鉴（2021）》由南海出版公司出版。李详红主编。该卷年鉴设特载、专记、大事记、永州概貌、文明创建、政治建设、经济建设、文化建设、社会建设、生态文明建设、县区概况、附录12个类目，下设232个分目、1426个条目，收录197幅图片、58张表格。卷首专题图片设脱贫攻坚、最美逆行者、千年打卡胜地——永州。该卷年鉴框架总体沿袭上年卷，对个别类目作微调，增设十大产业链建设、民营经济、重点民营企业选介、新奥燃气供应等分目，凸显永州年度经济发展特色；把六城同创、扶贫工作分目分别更名为文明创建、脱贫攻坚。在封底嵌入微信二维码，读者通过手机扫码即可获取《永州年鉴》相关信息。全书96万字。

（王晶）

【《娄底年鉴（2021）》出版】 12月，湖南省娄底市地方志编纂室编纂的《娄底年鉴（2021）》由方志出版社出版。陈劲松主编。该卷年鉴设特载、大事记、娄底概览、中国共产党娄底市委员会、娄底市人民代表大会、娄底市政府、中国人民政治协商会议娄底市委员会、纪检监察、民主党派、群众团体、法治、军事、经济综合管理、园区、农业、工业、城乡建设·环境保护、交通、通信·邮政、金融、商贸、科技、教育、文化·体育、医疗卫生、社会生活、县（市、区）概况、人物、附录、索引30个类目，下设161个分目、1066个条目，收录123幅图片、17张表格。卷首专题图片设数字娄底专题。该卷年鉴在2020年卷的基础上增设总目，原政治类目分设为中国共产党娄底市委员会、娄底市人民代表大会、娄底市政府、中国人民政治协商会议娄底市委员会、纪检监察、民主党派、群众团体7个类目；经济综合监督管理类目更名为经济综合管理；教育、文化、医疗卫生等类目重新调整结构。收录的时事、要事、大事更贴近群众生活，更具有年度特色、时代特色和地方特色。全书80.1万字。

（梁雪梅）

【《广州年鉴（2021）》出版】 12月，广东省广州市委、市政府主管，市委党史文献研究室组织编纂的《广州年鉴（2021）》由广州年鉴社出版。郭永航主编。该卷年鉴设概貌、大事记、"十三五"时期经济社会发展情况、国家中心城市建设、党政机关、民主党派和工商联、群众团体、法治、军事、经济管理、财政·税务、工业、信息业、农业农村、商贸流通业、对外经济贸易、金融业、旅游业、交通运输业、建筑和房地产业、城乡建设与管理、生态环境保护、民营经济、科学技术、社会科学、教育、文化、传媒、卫生·体育、社会生活、市辖区、人物、经济社会统计资料、文献选录34个类目，下设89个分目、1633个条目，收录142幅图片、119张表格。卷首设专题图片，卷末附条目索引、表格索引和随文图片索引。该卷年鉴增设"十三五"时期经济社会发展情况类目；国家中心城市建设类目对照广州"一区三城"创新和发展规划调整设置分目；商贸流通业类目撤销食品商业分目，将物流业分目改成商贸物流业；金融业类目增设地方金融组织分目，银行业分目下不再设反映各银行年度发展情况的单独条目，保留银行业的年度条目；邮政业类目改成邮政快递；城乡建设类目改成城乡建设与管理；教育类目去掉非学历教育分目；在市辖区类目，将各区的特色产业发展升格为条目；人物类目新收录军界英模及先进人物的资料内容。全书126.9万字。

（广东省志办）

【《深圳年鉴（2021）》出版】 12月，广东省深圳市志办编纂的《深圳年鉴（2021）》由深圳年鉴社出版。黄玲主编。该卷年鉴设特载、年度聚焦、特色深圳、双区建设、大事记、概貌、中国共产党广东省深圳市委员会、广东省深圳市人民代表大会、广东省深圳市人民政府、中国人民政治协商会议广东省深圳市委员会、广东省深圳市纪律检查委员会·广东省深圳市监察委员会、民主党派和工商联、人民团体、法治、军事、城市建设和管理、口岸、农林渔业、工业、高新技术产业、战略性新兴产业、文化产业、建筑业·房地产业、商业·服务业、旅游业、交通运输·物流·邮政、信息业、金融业、国有经济、民营经济、教育、科学、文化、卫生·体育、人居环境、社会生活、人力资源和社会保障、行政辖区、功能区与功能片区、人物·荣誉集体、附录41个类目，下设231个分目、1964个条目，收录538幅图片、38张表格。卷首专题图片设粤港澳大湾区建设、先行示范区建设、疫情防控、精准扶贫、深爱人才、文化深圳、魅力深圳7个专题，专文收录习近平总书记《在深圳经济特区建立40周年庆祝大会上的讲话》，卷末附主题索引、资料索引、表格索引和卷首、随文图片索引。该卷年鉴根据深圳产业发展特点，将新兴产业·未来产业类目调整为战略性新兴产业；根据深圳年度特点，年度聚焦类目设立疫情防控、扶贫攻坚分目，人才立市分目从年度聚焦类目调至特色深圳。全书166万字。

（广东省志办）

【《深圳年鉴（2020）》双语版出版】 12月，广东省深圳市委党史文献研究室（市志办）编纂的《深圳年鉴（2020）》双语版由深圳年鉴社出版。黄玲主编。该卷年鉴设概貌、年度聚焦、特色深圳、经济发展、文化发展、社会发展、生态文明发展、经济社会统计资料、附录9个类目；优化框架结构，从"五位一体"建设的全方位角度，用中英文反映深圳2020年度地情概貌，收录30幅图片。全书14万字。

（广东省志办）

【《珠海年鉴（2021）》出版】 11月，广东省珠海年鉴编委会编纂的《珠海年鉴（2021）》由广东人民出版社出版。黄志豪主编。该卷年鉴设特载、年度关注、大事记、概貌、政治、经济、文化、社会、生态环境、行政区、经济功能区、人物、统计资料、文献·法规、附录15个类目，下设59个分目、1402个条目，收录219幅图片、59张图表。卷首专题图片设行政区划图、珠海数字2020、特区40年、融合发展、宜业·宜居·宜游、脱贫攻坚、疫情防控，卷末附索引。该卷年鉴将政治类目中国共产党珠海市委员会分目下原重要会议、重要工作2个次分目细化为重要会议、重大决策、重点工作3个次分目；增设巡察次分目记录市委巡察办的职能。经济类目城乡建设分目中增加城市更新次分目，原村镇建设次分目更名为乡村振兴；工业分目下不再设电力能源产业，增设精密机械制造产业，原次分目珠海航空产业园更名为航空产业；商贸服务业分目下增加粮食储备和流通次分目。文化类目教育分目下增设特殊教育次分目；卫生健康分目下设置综述、医疗卫生、健康管理、人口监测与家庭发展、老龄健康工作次分目。生态环境类目增设生态建设分目。全书141万字。

（广东省志办）

【《佛山年鉴（2021）》出版】 12月，广东省佛山市《佛山年鉴》编纂委员会、佛山年鉴社编纂的《佛山年鉴（2021）》由方志出版社出版。倪谦、周紫霄主编。该卷年鉴设中国共产党佛山市委员会、佛山市人民代表大会、佛山市人民政府、中国人民政治协商会议佛山市委员会、纪委监委、民主党派·工商联、群众团体、法治、军事、经济管理、区域发展、开放型经济、数字经济、民营经济、农业、工业、建筑业、商贸服务业、新兴服务业、金融业、旅游业、房地产业、交通·邮政、城市建设、乡村振兴、教育、科学技术、文化、卫生健康、体育、社会生活、应急管理、生态环境、人物·荣誉、市辖区35个类目，下设293个分目、41个次分目、1907个条目，收录419幅图片、84张表格。卷首设专题图片。全书160万字。

（广东省志办）

【《东莞年鉴（2021）》出版】 11月，广东省东莞年鉴编委会编纂的《东莞年鉴（2021）》由广东人民出版社出版。黎军主编。该卷年鉴设特辑、年度关注、争当排头兵、大事记、概览、中国共产党东莞市委员会、东莞市人民代表大会、东莞市人民政府、中国人民政治协商会议东莞市委员会、纪检·监察、民主党派·工商联、群众团体、外事·侨务·台港澳事务、法治、军事、城乡建设、交通·邮政、信息业、区域合作·扶贫开发、开放型经济、农业·农村工作、工业、建筑业·房地产业、商贸流通业、旅游业·餐饮业、金融业、财政·税务、经济监督管理、应急管理、科学、教育、文化、卫生·体育、社会生活、生态环境、开发园区、镇街、人物38个类目，下设231个分目、1870个条目，收录451幅图片、108张表格。卷首专题图片设东莞市中心城区图、东莞名片、湾区都市 品质东莞、"十三五"时期东莞市发展成就，卷末附条目索引、表格索引和图照索引。该卷年鉴突出年度重点和东莞特色，封面图片以两位全副武装的抗疫一线工作人员作为人物原型，通过艺术手法进行图形剪影创作，寓意面对新冠疫情等严峻挑战，东莞推进"双统筹"，奋力夺取新冠肺炎疫情防控和经济社会发展"双胜利"；封底图片为松山湖高新区，寓意东莞坚定"科技创新+先进制造"的定位，努力打造大湾区国际科技创新中心。此卷年鉴框架创新调整，新增生态文明模块；民主党派·工商联·人民团体类目调整为民主党派·工商联和群众团体；新增信息业类目；体育·卫生·健康类目更名为卫生·体育。正文记述东莞把握粤港澳大湾区建设、深圳建设先行示范区、东莞建设省制造业供给侧结构性改革创新实验区"三区"叠加重大历史机遇，全面系统反映2020年东莞自然、政治、经济、文化、社会、生态文明和党的建设的基本情况及成就。全书170万字。

（广东省志办）

【《南宁年鉴（2021）》出版】 10月，广西壮族自治区南宁市地方志编委会编纂的《南宁年鉴（2021）》由方志出版社出版。王德宾主编。该卷年鉴内容分综合情况、动态信息、辅助资料3大部分，收录301幅图片、39张表格。综合情况设专记、特载、大事记、南宁概貌4个类目；动态信息设中国—东盟博览会·商务与投资峰会、南宁与东盟、脱贫攻坚、投资促进与经济协作、公有制与非公有制经济、农业水利、工业、建筑业房地产业、商贸服务业、交通运输邮政、会展业、旅游业、信息化、金融业、经济管理与监督、新区开发区、城市建设与管理、中国共产党南宁市委员会、南宁市人民代表大会、南宁市人民政府、中国人民政治协商会议南宁委员会、中国共产党南宁市纪律委员会南宁市监察委员会、民主党派工商联、群众团体、法治、军事、教育、科学、文化、体育、卫生健康、社会生活、生态文明建设、区县概览、人物35个类目；辅助资料设图片专辑、附录2个类目。全书157.6万字。

（梁昕）

【《桂林年鉴（2021）》出版】 10月，广西壮族自治区桂林市志办编纂的《桂林年鉴（2021）》由线装书局出版。徐朝凯主编。该卷年鉴设概貌、特载、年度聚焦、桂林国际旅游胜地建设、中国共产党桂林市委员会、桂林市人民代表大会、桂林市人民政府、中国人民政治协商会议桂林市委员会、纪检监察、民主党派·工商联、群众团体、法治、军事、外事·接待、旅游业、城乡建设与管理、生态环境保护、交通运输·邮政管理、信息业、工业、农业·水利、商业、财政·税务、金融、新区·开发区、经济行政管理与监督、教育、科学、文化、卫生健康·体育、人力资源·社会保障、社会生活、区县（市）介绍、人物34个类目，下设234个分目，收录60页彩色插页、291幅内文插图、36张表格。全书145.5万字。

（梁昕）

【《梧州年鉴（2021）》出版】 12月，广西壮族自治区梧州市政府组织市地方志编委会承编的《梧州年鉴（2021）》由方志出版社出版。林源主编。该卷年鉴设特载、专文、大事记、梧州概貌、中国共产党梧州市委员会、梧州市人民代表大会、梧州市人民政府、中国人民政治协商会议梧州市委员会、纪检监察、民主党派·工商联、群众团体、法治、军事、数字梧州建设、经济管理、经贸合作、交通·邮政、农业、工业、商贸服务业、旅游业、金融业、建筑业·房地产业、城市建设、脱贫攻坚·乡村振兴、生态环境保护、科学技术、教育、文化、卫生健康、体育、社会生活、应急管理、县（市）区、人物、荣誉36个类目，收录205幅图片、22张表格，并设有数读梧州、年度要闻和反映全市重大事件及发展成就的专题图片。全书110万字。

（梁昕）

【《北海年鉴（2021）》出版】 9月，广西壮族自治区北海市政府组织、市地方志编委会承编的《北海年鉴（2021）》由线装书局出版。冯心广主编。该卷年鉴设市情综览、中国共产党北海市委员会、北海市人民代表大会、北海市人民政府、中国人民政治协商会议北海市委员会、纪检监察、民主党派·工商联、群众团体、外事·侨务·中国港澳台事务、法治、军事、开放开发、工业、农业农村·水利、海洋管理·渔业、交通·邮政、城乡建设与管理、自然资源·生态环境、旅游业、商贸业·高端服务业、信息化建设、经济行政管理与监督、财政·税务、金融、口岸建设与管理、科学技术、教育、文化、体育、卫生健康、社会生活、区县、人物、大事记、统计资料、文献、附录37个类目，收录303幅图片、73张表格。该卷年鉴增加专记，收录"十三五"时期北海经济发展成绩和纪检监察类目。人民团体、军事和国防建设、农业·农村工作、生态环境、城乡规划建设与管理类目分别更名为群众团体、军事、农业农村·水利、自然资源·生态环境、城乡建设与管理。全书125万字。

（梁昕）

【《玉林年鉴（2021）》出版】 9月，广西壮族自治区玉林市地方志编委会编纂的《玉林年鉴（2021）》由广西人民出版社出版。韦忠云主编。该卷年鉴设特载、大事记、总述、特色玉林、党政机关、应急管理、群众团体、法治、军事、新区·开发园区·县域园区、财政·税务、金融业、经济管理与监督、民营经济、农业农村、工业、交通运输和邮政业、商贸流通和服务业、旅游业、信息业、建筑与房地产业、城乡建设与管理、自然资源管理、环境保护、教育、科学研究和技术服务业、文化、卫生健康、体育、社会·民生、县（市、区）、人物、经济社会统计资料、附录、索引35个类目，下设236个分目、1242个条目，收录391幅图片。卷首专题图片设学习宣传贯彻党的十九届四中、五中全会精神，全力打赢新冠肺炎疫情防控阻击战，决战决胜脱贫攻坚，重大项目建设，玉林市乡村风貌提升，玉林市第三次获全国双拥模范城称号，玉林福绵机场通航等专题。该卷年鉴在保持基本框架稳定的基础上，增设玉林法学会、民营经济示范市建设、民用航空、干部教育、大数据发展等分目，增设绩效管理、网络安全和信息化等次分目；优秀传统文化传承、玉林全国农村改革试验区建设、中等职业教育、疾病预防控制分目分别更名为文化建设、第二批全国农村改革试验区建设、职业教育与成人教育、疾病预防与新冠肺炎疫情防控分目，玉林师范学院、广西医科大学玉林校区分目降格为条目，并入高等教育分目。

（梁昕）

【《海口年鉴（2021）》出版】 12月，海南省海口市史志办编纂的《海口年鉴（2021）》由南海出版公司出版。欧少珍主编。该卷年鉴设自贸港建设、经贸合作、互联网产业、民营经济、城乡发展、生态环境等37个类目，下设238个分目、1697个条目，收录204幅图片、74张表格。卷首专题图片设自贸港建设、"十三五"脱贫攻坚、抗击新冠肺炎疫情、生态宜居4个专题。该卷年鉴全面系统记述海口在海南自贸港建设中生动实践和新鲜经验。全书130万字。

（张东安）

【《三亚年鉴（2021）》出版】 12月，海南省三亚市史志工作办公室编纂的《三亚年鉴（2021）》由南方出版社出版。孙令辉主编。该卷年鉴设大事记、市情概览、中国共产党三亚市委员会、三亚市人民代表大会、三亚市人民政府、中国人民政治协商会议三亚市委员会、纪检监察、民主党派、人民团体、法治、军事、经济监督管理等33个部类，下设206个分目、1103个条目，收录196幅图片、30张表格。卷首专题图片设"十三五"成就回顾、鹿城战疫记、全城行动 双战双赢、脱贫攻坚奔小康4个专题，卷末附索引。该卷年鉴完整记录三亚奋力打造海南自贸港建设新标杆的年度探索与实践。全书75万字。

（张东安）

【《儋州年鉴（2021）》出版】 12月，海南省儋州市委党史研究室（市地方志研究室）主编的《儋州年鉴（2021）》由方志出版社出版。该卷年鉴设海南自由贸易港建设、中国共产党儋州市委员会、儋州市人民代表大会、儋州市人民政府、中国人民政治协商会议儋州市委员会、纪检监察、城乡建设与管理、脱贫攻坚·乡村振兴、生态环境、社会生活、应急管理等36个类目，收录198幅图片。卷首专题图片设奋进十三五 儋州这五年、儋州战"疫"、儋州非物质文化遗产3个专题，卷末附索引。全书70万字。

（张东安）

【《成都年鉴（2021）》出版】 12月，四川省成都市志办编纂的《成都年鉴（2021）》由成都年鉴社出版。周莉、熊勇主编。该卷年鉴设综述、政治、城建环保、经济产业、综合经济与管理、社会、成都平原经济区、附录8个篇目，下设成都概述、特载、大事记等27个类目及393个分目、2601个条目，收录13篇文章、235张图表（含示意图）、499幅随文照片。卷首专题图片设成都市行政区划图、成都市城区图、成都轨道交通线网图、影像成都等，卷末附主题索引。该卷年鉴载录2020年度成都经济社会发展的基本资料，并根据年度工作特点，特载收录数说成都"十三五"建设、成都市抗击新冠肺炎疫情纪实、成渝地区双城经济圈建设等内容。全书220万字。

（冷一帅）

【《德阳年鉴（2021）》出版】 12月，四川省德阳市委党史研究室（市志办）编纂的《德阳年鉴（2021）》由九州出版社出版。《德阳年鉴》编辑部主编。该卷年鉴设特载、综述、大事记、党政机关、群众团体等24个类目，下设141个分目、1585个条目，收录100余幅图片、20余张表格。卷首专题图片设数字德阳、民生德阳、风采德阳。该卷年鉴对框架进行调整优化，结合德阳市经济社会发展新态势及机构改革实际，充分吸收上海、广州、成都等省内外优质年鉴经验，在保持框架相对稳定的基础上，对类目进行删减、合并、增设。按"封面展现—彩页表达—条目详述"3个层次，图文并茂、形象直观地介绍德阳政治、经济、文化和社会等各个方面的基本情况和发展新成就、新亮点。全书86万字。 （孙玉峰）

【《眉山年鉴（2021）》出版】 12月，四川省眉山市党史和地方志编纂中心编纂的《眉山年鉴（2021）》由方志出版社出版。赖刚、黄劲松主编。该卷年鉴设特载、大事记、眉山综述、中共眉山市委员会、眉山市人民代表大会、眉山市政府、政协眉山市委员会、纪检监察、民主党派、群众团体、法治、军事、综合经济管理、农业、工信产业、商贸业、旅游业、金融业、交通·邮政、城乡建设与管理、教育·科学技术、文化·体育、卫生、社会民生、生态环保、天府新区眉山片区·县（区）、附录27个类目，下设224个分目、1602个条目，收录212幅图片、104张表格。卷首专题图片设重要活动、经济建设、城乡建设、社会建设、生态建设、创文创卫、疫情防控7个专题，卷末附索引。该卷年鉴在条目设计上主要由"概况+固定条目+单一性记事条目"构成。特载收录《双创工作纪实》《建设成都都市圈副中心工作纪实》《脱贫攻坚工作纪实和抗击新冠病毒肺炎疫情工作纪实》。卷首专题图片增设创卫和疫情防控专题，正文增设人文历史、非遗与民间工艺、地方特产、三苏文化研究等条目，并将天府新区眉山片区升格记述，体现出时代特征、地域特点、眉山特色。采用中英文目录。全书119.9万字。

（孙玉峰）

【《广安年鉴（2021）》出版】 11月，四川省广安年鉴编委会编纂的《广安年鉴（2021）》由九州出版社出版。徐诚主编。该卷年鉴设特载、大事记、市情概览、市委、市人大、市政府、市政协、纪检监察、邓小平故里管理、成渝双城经济圈建设、产业园区、民主党派、群众团体、军事、法治、经济管理、农业和农村、工业和信息业、城乡建设、交通发改、商贸旅游、财税金融、文化和科技、教育和体育、医疗卫生、新冠肺炎疫情防控、社会建设、脱贫攻坚、县（市、区）概述、人物、附录31个类目，下设221个分目、1335个条目，收录121幅卷首专题图片、262幅随文照片、44张表格。卷首图片设领导关怀、成渝地区双城经济圈建设、新冠肺炎疫情防控、脱贫攻坚、产业发展、基础建设、社会事业等专题。该卷年鉴突出记述广安市融入成渝地区双城经济圈建设、邓小平故里管理、新冠肺炎疫情防控、脱贫攻坚等特色工作。全书126.8万字。

（孙玉峰）

【《凉山年鉴（2021）》出版】 12月，四川省凉山彝族自治州政府主办、州史志办编纂的《凉山年鉴（2021）》由四川科学技术出版社出版。陈卫红主编。该卷年鉴设特记、凉山概况、大事记、党委、人大、政府、政协、巡察纪检、民主党派·群众团体、法治·国防、自然资源与环境保护、综合经济管理、农业·农村、工信产业、城乡建设、交通运输、商贸服务业、金融保险、教育·科技、文化旅游、卫生、县市概况、附录23个类目，下设186个分目、1657个条目，收录295幅图片、17张表格。卷首专题图片设重要会议、脱贫攻坚、护林防火、基础设施建设、文化旅游5个专题，卷末附文献资料和法规文件。全书117

万字。　　　　　　　　　　（孙玉峰）

【《贵阳年鉴（2021）》出版】　12月，贵州省贵阳市志办主管、主办的《贵阳年鉴（2021）》由贵阳年鉴编辑部编纂出版。刘本立主编。该卷年鉴设专记、大事记、概览、中国共产党贵阳市委员会、贵阳市人民代表大会、贵阳市政府、政协贵阳市委员会、纪检监察、民主党派与工商联、群众团体、法治、军事、中国数谷、经济管理、民营经济、农业、工业、建筑业、商贸服务业、旅游业、金融、房地产业、交通·邮政、经贸合作、开发园区、贵安新区建设、城市建设、乡村振兴、生态建设、教育、科学技术、文化、卫生健康、体育、社会生活、应急管理、人物·荣誉、区县（市）概貌、附录39个类目，下设250余个分目、6个次分目、2087个条目，收录286幅图片、96张表格。卷末附主题词索引。为体现年度特点和地域特色，卷首专题图片设抗击新冠肺炎疫情、脱贫攻坚、数博会3个专题。该卷年鉴框架结构根据2020年贵阳市大事要闻和实际情况做部分调整，撤销党政机关类目，将所属的中国共产党贵阳市委员会、贵阳市人民代表大会、贵阳市政府、政协贵阳市委员会、纪检监察、民主党派与工商联6个分目升格为类目；大数据产业更名为中国数谷；建筑和房地产业类目分为建筑业、房地产业两个类目；经济管理监督更名为经济管理，取消"财政 税务"类目，降格为分目放入经济管理；城乡建设、城市管理两个类目合并为城市建设；增加乡村振兴、开发园区、贵安新区建设、民营经济4个特色类目；部分分目归属适当调整，彰显贵阳时代特点和鲜明的贵阳特色。全书170万字。

（《贵阳年鉴》编辑部）

【《遵义年鉴（2021）》出版】　10月，贵州省遵义市档案馆（市志办）编纂的《遵义年鉴（2021）》由团结出版社出版。杨润民主编，吴国庆执行主编。该卷年鉴设大事记、市情概览、专记、党政机关、军事、法治、大统战、群众团体、经济综合监督管理、脱贫攻坚、农业农村、茶产业·辣椒产业、工业、开发区·园区建设、白酒业、交通运输·邮政、国内贸易·开放型经济、金融业、城镇化建设、大数据、大健康、教育、文化·传媒、全域旅游、大生态、社会·生活、县（市、区）概况、先进城市·先进单位·人物、警示录、文献辑录、特别报道、统计资料32个类目，下设约350个分目、1200个条目，收录约200幅图片、65张表格。卷首专题图片设数字遵义、疫情防控、脱贫攻坚、乡村振兴、工业强市、开放合作、醉美遵义等16个专题，卷末附索引。该卷年鉴封面封底设计主题为决战脱贫攻坚、决胜全面小康，专记收录"十三五"回眸、疫情防控阻击战，设脱贫攻坚类目，收录脱贫攻坚大事纪略，体现年度特色；继续设置白酒业、茶产业·辣椒产业、全域旅游类目，体现遵义的优势产业和地域特色；将邮政分目从国内贸易·开放型经济类目调整至交通运输类目，设交通运输·邮政类目，体现交邮融合发展；继续设警示录，收录违法违纪、侦破、审判、综合执法、消费维权典型案例。全书145.6万字。　　　　　　　　（张娇娇）

【《六盘水年鉴（2021）》出版】　12月，贵州省六盘水市档案馆（市志办）编纂的《六盘水年鉴（2021）》由陕西科学技术出版社出版。主编何楠。该卷年鉴设特载、大事记、六盘水概况、领导干部名录、中国共产党六盘水市委员会、六盘水市人民代表大会常务委员会、六盘水市政府、政协六盘水市委员会、中国共产党六盘水市纪律检查委员会（六盘水市监察委员会）、民主党派和工商联、群众团体、军事·法治、经济管理与监督、财税·金融·保险、农业经济·生态建设、工业·能源·地勘、城乡建设·交通运输、邮政·通信·电力、商务、教育、医疗·卫生、科技·体育、文化·广电·旅游、社会生活、区（市、特区）概况、开发区建设、附录27个类目，下设206个分目、1428个条目，收录506幅图片、37张表格。卷首专题图片设上级关怀、重要会议、重大活动、新冠肺炎疫情防控、经济社会发展等专题。全书105万字。

（六盘水市志办）

【《安顺年鉴（2021）》出版】 9月，贵州省安顺市地方志（年鉴）编委会编纂的《安顺年鉴（2021）》由四川科学技术出版社出版。金涛主编。该卷年鉴设特载、大事记、市概况等30个类目，下设132个分目、1200个条目，收录220幅图片、15张表格。卷首专题图片设领导关怀、重要会议和活动、安顺新貌、脱贫攻坚、抗击疫情、社会事业6个专题。该卷年鉴全面系统记录2020年度安顺市经济社会发展的新成就、新举措、新经验。全书70万字。

（安顺市史志办）

【《毕节年鉴（2021）》出版】 11月，贵州省毕节市史志办编纂的《毕节年鉴（2021）》由方志出版社出版。高隆礼主编。该卷年鉴设特载、特记、专文、大事记、毕节概貌、领导名录、中国共产党毕节市委员会、毕节市人大及其常委会、毕节市政府、中国人民政治协商会议毕节市委员会、民主党派与工商联、中国共产党毕节市纪律检查委员会毕节市监察委员会、社会团体、军事、法治、经济管理与监督、财政·税务、统计·审计、金融、农业、林业、工业、招商引资、经济开发区·产业园区、城建·环保、旅游、交通·邮电、贸易、教育、科技、文化·体育、史志·档案、广播电视·新闻、卫生、社会生活、企业之窗、县区概况、统计资料38个类目，下设97个分目、210个条目，收录132幅图片、16张表格。卷首专题图片设脱贫攻坚、全面小康专题，卷末附索引·注释。该卷年鉴根据毕节市情及年度特色做适当增加和调整，特载刊载中国反贫困决战的毕节报告等，强化毕节特色、毕节味道。全书140万字。

（毕节市史志办）

【《铜仁年鉴（2021）》出版】 9月，贵州省铜仁市地方志编委会编纂的《铜仁年鉴（2021）》由九州出版社出版。唐虹主编。该卷年鉴设特载、大事记、铜仁市概况、中共铜仁市委员会、铜仁市人民代表大会、铜仁市政府、中国人民政治协商会议铜仁市委员会、中国共产党铜仁市纪律检查委员会·铜仁市监察委员会、军事、法治、民族宗教、经济管理、脱贫攻坚、工业、城乡建设与管理、生态环境、信息产业、商贸与服务业、金融、文化体育、旅游、科学技术、教育、卫生健康、社会民生、人物、区县概况、附录、索引29个类目，下设206个分目、1169个条目，收录34幅图片、90张表格。卷首设专题图片。该卷年鉴与2020年卷年鉴相比，类目名称、排列顺序、所辖分目上有所调整，新增中共铜仁市纪律检查委员会·铜仁市监察委员会类目；原农业与农村类目析为农业与农村和脱贫攻坚2个类目；原民主党派·社会团体类目析为民主党派·工商联和群众团体2个类目；原中共铜仁市委员会类目中民族宗教分目设立为类目；原财税·商贸类目中财政、税收分目调整到经济管理类目；原商务、投资促进等内容调整到商贸与服务业类目；增设商贸流通、粮食流通、现代服务业分目；原工业与信息化类目析为工业、信息产业两个类目；工业类目增设新能源和可再生能源、医药生产、中小企业、重点企业选介分目；信息产业类目增设大数据政用、大数据民用分目；交通物流类目中新增物流与快递业分目；原文化与传媒类目析分为文化体育、旅游两个类目；新增社会民生类目，原市政府类目中关于社会民生工作内容记述到社会民生类目中；新增人物、文献资料2个类目。全书72万字。

（铜仁市志办）

【《曲靖年鉴（2021）》出版】 10月，云南省曲靖市委、市政府主办，市志办编纂的《曲靖年鉴（2021）》由云南人民出版社出版。赵廷勇主编。该卷年鉴设特载、专文、大事记、概况、政治、军事、法治、农业、工业·信息业、开发区·园区、交通运输·邮政·物流业、商贸流通服务业、建设·环保、旅游、财税金融、综合管理与监督、教育·体育、科技、文化·广电·传媒、社会民生、县（市、区）、人物、附录22个类目，下设224个分目、1421个条目，收录353幅图片、78张表格。卷首专题图片设曲靖抗疫、文明城市、产业扶贫、美丽乡村、曲靖美景、红色足迹6个专题，卷末附索引。该卷年鉴封面采用曲靖市地标性建筑南城门和金都国际组合，三角构图，以速写手绘风格呈现；书名使用曲靖爨体，彰显曲靖文化，庄重典雅；书脊纹样为曲靖出土的汉代砖雕纹饰；封底设计元素是素描曲靖市行政区划略图和爨碑拓片；整体色彩选用暖色系，搭配湖蓝色，凸显珠江源头第一市——"水"的主题；封面封底和版式的设计将曲靖历史文化和人文建筑有机地融为一体，彰显曲靖全方位开放包容的城市形象。全书112万字。　　　　（云南省志办）

【《临沧年鉴（2021）》出版】　10月，云南省临沧市委、市政府主办市志办编纂的《临沧年鉴（2021）》由云南人民出版社出版。唐永春主编。该卷年鉴设特载、大事记、临沧概况、中共临沧市委员会、临沧市人民代表大会、临沧市人民政府、政协临沧市委员会、纪检·监察、民主党派·工商联、群众团体、军事、法治、综合经济与管理、应急救援、农·林·水、工业及加工业、交通·邮政·通信、商贸、财税·金融、教育·体育、科学技术、文化·旅游、卫生、社会民生、脱贫攻坚、县（区）概况、统计资料、人物、附录29个类目，下设185个分目、1503个条目，收录403幅图片、47张表格。卷首专题图片设要事掠影、大理至临沧铁路建成通车、脱贫攻坚工作、抗疫工作、第八届亚洲微电影艺术节暨第二届临沧坚果文化节、基础设施建设6个专题。全书129万字。　　　　（云南省志办）

【《拉萨年鉴（2021）》出版】　12月，西藏自治区拉萨市志办编纂的《拉萨年鉴（2021）》由方志出版社出版。侯飞主编。该卷年鉴设特载、专辑、大事记、拉萨概况、中国共产党拉萨市委员会、拉萨市人民代表大会、拉萨市人民政府、中国人民政治协商会议拉萨市委员会、纪检监察、群众团体、法治等33个类目，下设147个分目、1630个条目，收录65幅图片、7张表格。卷首专题图片设领导关怀、重要会议、重要活动，卷末附索引。全书104万字。　　　　（王梅洁）

【《山南年鉴（2021）》出版】　8月，西藏自治区山南市志办编纂的《山南年鉴（2021）》由方志出版社出版。赫沛主编。该卷年鉴设特载、专辑、概况、大事记、中国共产党山南市委员会、山南市人民代表大会、山南市人民政府、中国人民政治协商会议山南市委员会、纪律检查（监察）、对口援藏、群众团体、法治、经济综合管理、农牧业·水利·林业·电力、工业·商贸·旅游、国土·环保·住建、交通·邮政·通信、金融、教育·科技·气象、医疗·卫生、文化·广电、民族·宗教、民政与社会保障、应急管理、区情县情、荣誉、附录27个类目，下设130个分目、1013个条目，收录273幅图片、26张表格。卷首专题图片设党建工作、重要会议、经济发展、民生改善、文化建设、疫情防控、生态山南，卷末附索引。全书71.8万字。
　　　　（王梅洁）

【《铜川年鉴（2021）》出版】　11月，陕西省铜川市政府主办、《铜川年鉴》编纂委员会编纂的《铜川年鉴（2021）》由三秦出版社出版。岳宁主编。该卷年鉴设特载、专文、大事记、铜川概览等36个类目，下设169个分目、984个条目，收录94幅图片。卷首专题图片设数字铜川、重要会议、工业经济、商贸金融、文化活动、农业农村、打赢脱贫攻坚战、抗击疫情铜川在行动、成功创建全国文明城市、大美铜川10个专题，卷末附索引。该卷年鉴对分类目进行调整，设专文记载新冠疫情防控和铜川市创建全国文明城市工作，突出年度重点工作；增加应急救援类目，下设安全生产监督管理、消防、救灾救济、防震工作、森林草原防灭火5个分目；银行业和保险业设为金融业类目；政法分目由中国共产党铜川市委员会类目调整到法治类目；地方志工作分目由中国共产党铜川市委员会调整到文化类目。增设光荣榜类目；在版式设计上，由双栏调整为三栏。全书58万字。　（《陕西年鉴》编辑部）

【《宝鸡年鉴（2021）》出版】　12月，陕西省宝鸡市政府主办、市志办承编的《宝鸡年鉴（2021）》由三秦出版社出版。纪志远主编。该卷年鉴设特载、大事记、市情概览、中共宝鸡市委员会、宝鸡市人民代表大会、宝鸡市人民政府、军事、法治、经济综合监督管理、园区建设、县区、附录等37个类目，下设261个分目、1888个条目，收录196幅图片、57张表格。卷首专题图片设宝鸡市政区图、印象宝鸡、城市建设、抗战遗址、疫情防控、脱贫攻坚、复工复产、工业制造、文化生活、体育活动10个专题。该卷年鉴结合2020年实际，归并宝鸡高新技术产业开发区、宝鸡港务区为园区建设类目，增设疫情防控类目并前置。全书115万字。　（《陕西年鉴》编辑部）

【《延安年鉴（2021）》出版】　12月，陕西省延安市政府主办市地方志编纂中心主编的《延安年鉴（2021）》由三秦出版社出版。该卷年鉴设特载、大事记、延安概况、中国共产党延安市委员会、延安市人民代表大会及其常务委员会、延安市人民政府、中国人民政治协商会议延安市委员会、中国共产党延安市纪律检查委员会·延安市监察委员会、民主党派·工商联、群众团体、法治、军事、经济管理、城乡建设、工业、农业、商业、财政·税务、金融业、交通运输、通信业、科学技术、教育、文化·旅游、卫生·体育、公共安全、社会生活、生态环境、新区·开发区、市县区概况、人物、附录32个类目，下设177个分目、1106个条目，收录81幅图片、17张表格。卷首专题图片设重要会议、重要政务活动、产业建设、文化旅游、社会民生、城市建设、时代人物和延安风光8个专题，卷末附《延安年鉴（2020）》勘误及索引。该卷年鉴在特载中收录延安脱贫攻坚、创建全国文明城市内容，彰显延安2020年地域特色和取得的重要成果；将纪检监察单列在四套班子之后，凸显政治部类时代特色；在人物中增加延安籍院士和部级以上领导简介，提升延安人物高度；增设勘误内容，回应社会各界对《延安年鉴》的关切；增加文内插图，增强年鉴表现力；配合延安洋槐蜜地理标志产品申报工作，增设蜂业品牌条目，服务延安社会经济发展。全书72万字。　（《陕西年鉴》编辑部）

【《汉中年鉴（2021）》出版】　12月，陕西省汉中市政府主办、市志办编纂的《汉中年鉴（2021）》由三秦出版社出版。马世明主编。该卷年鉴设特载、大事记、汉中概况等31个类目，下设202个分目、1340个条目，收录100余幅图片、6张表格。卷首专题图片设汉中名片、数字汉中、重要会议、重大活动等，卷末附索引。全书68万字。

（《陕西年鉴》编辑部）

【《安康年鉴（2021）》出版】　12月，陕西省安康市志办编纂的《安康年鉴（2021）》由三秦出版社出版。萧诚主编。该卷年鉴设市情简介、特载、大事记、中国共产党安康市委员会、纪检监察、安康市人民代表大会、安康市人民政府、中国人民政治协商会议安康市委员会、民主党派工商联、群众团体、军事、法治、财政税收、金融保险、农业和农村经济、工业、交通邮政、城乡规划与建设管理、商贸流通、信息产业、经济管理与监督、教体科技、文化旅游新闻出版、医疗健康、抗击新冠疫情、社会事业、县区、人物表彰、附录29个类目，下设120个分目、1350个条目，收录94幅图片、30张表格。该卷年鉴通过图文互现的形式对全市"十三五"工作回眸、抗击新冠疫情、全面完成脱贫攻坚等内容进行重点反映，展示安康年度工作特点和亮点。全书90万字。　（《陕西年鉴》编辑部）

【《武威年鉴（2021）》出版】　9月，甘肃省武威市委党史和地方志研究中心编纂的《武威年鉴（2021）》由方志出版社出版。罗文擘主编。该卷年鉴设特载、专记、大事记、市情概览、脱贫攻坚、中国共产党武威市委员会、武威市人民代表大会、武威市人民政府、中国人民政治协商会议武威市委员会、中国共产党武威市纪律检查委员会甘肃省监察委员会、民主党派与工商联、群众团体等34个类目，下设205个分目、1090个条目，收录100幅图片、19张表格。卷首专题图片设数字武威、脱贫攻坚、生态治理、社会生活等专题。该卷年鉴专题记述习近平总书记视察甘肃、时代楷模——古浪县八步沙林场"六老汉"三代人治沙造林先进事迹等大事要事，重点突出全市脱贫攻坚、生态文明建设、文化旅游名市建设等方面的新举措、新成效。全书63万字。
（张建魁）

【《白银年鉴（2021）》出版】 10月，甘肃省白银市志办编纂的《白银年鉴（2021）》由甘肃文化出版社出版。蔺学斌主编。该卷年鉴设特载、专记、市情概览、新观察、大事记、中国共产党白银市委员会、白银市人民代表大会及其常务委员会、白银市人民政府、中国人民政治协商会议甘肃省白银市委员会、法治、民主党派与工商联、社会团体等27个类目，下设164个分目、566个条目，收录102幅图片、10张表格。卷首专题图片设数字白银、脱贫攻坚专题。全书60万字。（孙海泽）

【《张掖年鉴（2021）》出版】 11月，甘肃省张掖年鉴编纂委员会编纂的《张掖年鉴（2021）》由甘肃文化出版社出版。张鸿清主编。该卷年鉴设特载、大事记、市情概览、中国共产党张掖市委员会、张掖市人民代表大会、张掖市人民政府、政协张掖市委员会、纪检监察、民主党派与工商联、群众团体、法治、农业农村经济、工业商贸、财税、金融、交通邮电、城建环保、科技、教育、文化旅游卫生体育、综合经济管理、社会保障服务、县区概况、公司农牧场选介、年度先进名录、高级职称人员名录26个类目，下设147个分目、1132个条目，收录1幅张掖市地图、198幅图片、160张表格。卷首专题图片设自然风光、经济社会发展、脱贫攻坚特载等专题，卷末附索引。全书100万字。
（张建魁）

【《庆阳年鉴（2021）》出版】 11月，甘肃省庆阳市志办编纂的《庆阳年鉴（2021）》由陕西人民出版社出版。彭晓峰主编。该卷年鉴设特载、专记、大事记、市情概览、党政、社会团体、军事、政法、经济管理与监督、农业、工业交通、石油化工、城建环保、商贸流通、金融保险、邮政通信、社会管理、社会事业、市属企业、县区概况、附录21个类目，下设138个分目、1518个条目，收录132幅图片、7张表格。卷首专题图片设数字庆阳专题。该卷年鉴首次实现全彩色印刷。全书78万字。
（李佳潞）

【《定西年鉴（2021）》出版】 11月，甘肃省定西市志办编纂的《定西年鉴（2021）》由甘肃民族出版社出版。毛兴东、高福主编。该卷年鉴设特载、专记、大事记、市情概览、中国共产党定西市委员会、定西市人民代表大会、定西市人民政府、中国人民政治协商会议定西市委员会、中国共产党定西市纪律检查委员会定西市监察委员会、民主党派工商联、群众团体、法治、农业、工业、商贸流通、财税、金融业、经济监督与管理、交通通信、城乡建设环境保护、社会事业、社会民生、县区概况、国民经济和社会发展统计公报、先进集体人物、附录26个类目，下设208个分目、1055个条目，收录275幅图片、32张表格。卷首专题图片设脱贫攻坚、产业开发、市第二届运动会、县区新貌。全书81万字。（余德艳）

【《天水年鉴（2021）》出版】 12月，甘肃省天水市志办编纂的《天水年鉴（2021）》由甘肃民族出版社出版。王永刚主编。该卷年鉴设特载、专记、大事记、市情概览、党政机关、民主党派工商联、群众团体、法治、军事、农业·农村经济、工业和信息产业、交通运输·邮政、商贸和招商引资、经济管理与监督、自然资源·城乡建设·环境保护、城市公用事业、财政税务、金融、教育、科学研究·社会科学、文化旅游、祖脉文化、卫生·体育、社会生活、县区概览、人物·荣誉、统计资料、附录28个类目，下设215个分目、1572个条目，收录104幅图片、47张表格及各类示意图。卷首专题图片设城市名片、数字天水、调研慰问、脱贫攻坚、疫情防控、工业经济运行、农业农村经济、名优农产品、商贸流通、城建交通、科教文卫、人文天水、和谐天水建设、旅游盛景14个专题，卷末附索引。该卷年鉴挖掘地方特色，专设祖脉文化类目，突出天水独特的地域文化。全书98万字。

（王旭）

【《临夏回族自治州年鉴（2021）》出版】 12月，甘肃省临夏回族自治州地方志编委会编纂的《临夏回族自治州年鉴（2021）》由甘肃民族出版社出版。陈涛主编。该卷年鉴设特载、专记、大事记、州情概览、中国共产党临夏回族自治州委员会、临夏回族自治州人民代表大会、临夏回族自治州人民政府、政协临夏回族自治州委员会、纪检监察、军事、法治、群众团体、工业、农业、交通运输、金融保险、商贸、通信邮政、经济管理、国土管理 城乡建设 环境保护、教育 科技、文化体育、卫生健康、气象地震、新闻报刊、社会服务与管理、县市概况、附录28个类目，下设46个分目、989个条目，收录174幅图片、7张表格。正文全彩印刷。全书51万字。 （王旭）

【《海东年鉴（2021）》出版】 12月，青海省海东市地方志编委会编纂的《海东年鉴（2021）》由青海人民出版社出版。杨玉英主编。该卷年鉴设特载、专记、市情概况、大事记略、中国共产党海东市委员会、海东市人民代表大会常务委员会、海东市政府、中国人民政治协商会议海东市委员会、纪委监委、工商联·人民团体、军事、法治、经济管理与监督、农林牧水、工业、商贸、交通·通信·邮政、国土资源管理·环境保护·城乡建设、财税·金融、科教·文卫·旅游、民政·社会保障、退役军人事务·应急管理、防震减灾·气象、县区概览、附录25个类目，下设144个分目、934个条目，收录65幅图片、6张表格。卷首专题图片设数字海东、海东市地图、要闻回顾、发展足迹、社会事业、文化体育赛事、疫情防控7个专题，卷末附索引。框架由上年的四级结构调整为三级。条目统一按概述、记事性条目、领导名录、审稿、撰稿人先后顺序进行编排。全书60万字。 （张进芳）

【《海南年鉴（2021）》出版】 12月，青海省海南藏族自治州志办编纂的《海南年鉴（2021）》由青海人民出版社出版。王晓明主编。该卷年鉴设特载、概况、大事记、组织机构及领导名录、政治、军事、经济、社会事业、县情概览、附录10个类目，下设55个分目、106个次分目、876个条目，收录112幅照片、9张表格。卷首专题图片设海南藏族自治州行政区划图、数字海南2020、经济发展、生态环保、社会事业、海南风光6个专题，卷末附索引。全书50万字。 （张进芳）

【《海西年鉴（2021）》出版】 12月，青海省海西蒙古族藏族自治州地方志编委会编纂的《海西年鉴（2021）》由中国社会出版社出版。孙延永主编。该卷年鉴设特载、海西概览、大事记、组织机构及领导名录、中共海西州委员会、海西州人民代表大会、海西州政府、政协海西州委员会、纪检监察、群众团体、军事、法治、综合经济管理、农业和农村、工业、商贸、城乡建设·生态环境·自然资源、交通·邮政·通信、财税·金融、教育·科技、卫生医疗、文化旅游、社会生活、市县行委概览、附录25个类目，下设145个分目、1161个条目，收录199幅图片、12张表格。卷首专题图片设重要会议、疫情防控、经济发展、社会民生、生态保护、旅游风光、城乡新貌7个专题，卷末附索引。该卷年鉴首次将组织机构及领导名录作为类目进行记载，反映海西州各单位机构人员变动情况；单独设置省部级及以上的先进集体和先进个人的表彰；图片新增摄影者及供稿人姓名等要素。全书60万字。

（张进芳）

【《黄南年鉴（2021）》出版】 9月，青海省黄南藏族自治州年鉴编委会编纂的《黄南年鉴（2021）》由九州出版社出版。贾明安主编。该卷年鉴设特载、专记、大事要闻、州情概览、中共黄南州委、黄南州人民代表大会、黄南州政府、政协黄南州委员会、中共黄南州纪委黄南州监委、群众团体、军事、法治、综合经济管理、农牧水利、工业和信息化、城建交通邮政、商贸流通服务、财税金融、生态环保、科技气象、教育体育、文化旅游、医疗卫生、新冠肺炎疫情防控、劳动和社会保障、社会事务、属市（县）概览、附录28个类目，下设152个分目、1098个条目，收录303幅图片、36张表格。卷首专题图片设重要会议、疫情防控、发展足迹、市（县）图照、十年援青、"十三五"成就6个专题，卷末附索引。该卷年鉴增加生态环保、扶贫开发、有机畜牧业、"一核三治"等年度重点工作相关内容，收录黄南州十大新闻、外媒看黄南等内容，全方位、多角度展示黄南经济社会发展全貌，突出时代特征和地方特色；增设重要统计指标与全省兄弟州市、州内各县市数据对比表格，反映黄南近年来在全省经济社会发展中的状况；将文化与旅游合设文化旅游；运用表格、图片等形式，增加年鉴信息量。全书96.8万字。

（张进芳）

【《银川年鉴（2021）》出版】 12月，宁夏回族自治区银川市委主管、市地方志研究室主办的《银川年鉴（2021）》由《银川年鉴》编辑部出版。赵景宝主编。全书设特载、大事记、银川综览、中国共产党银川市委员会、银川市人民代表大会、银川市政府、中国人民政治协商会议银川市委员会、中国共产党银川市纪律检查委员会银川市监察委员会、民主党派·工商联、群众团体、法治、军事、经济管理、农业、工业·建筑业、商贸流通、旅游、信息业、金融、开发区与园区建设、交通·邮政、城乡建设与管理、生态环境、科学技术、教育、文化、医疗卫生、体育、社会生活、应急管理、县（市）区概览、人物、附录33个类目，下设192个分目、12个次分目、1510个条目，收录234幅内文插图、35张表格。卷首收录银川市行政区划图、银川市中心城区图、银川市水系图、银川数字、银川荣誉，专题图片设置回眸"十三五"，收录图片66幅。特载收录《银川市推进黄河流域生态保护和高质量发展先行区建设》《脱贫攻坚精神的银川实践》《银川迎来高铁时代》《银川市抗击新冠肺炎疫情纪实》《银川市蝉联"全国文明城市"称号》《夜银川夜精彩》6个专题，体现年度特点和银川特色。全书配有双重检索系统，书前有中文详细目录和英文要目，书后附综合性主题索引，所有资料可通过目录、书眉、索引等检索渠道查阅；书后配有电子版（光盘），并登载于银川档案方志网，全文可检索、复制。全书94万字。

（张明鹏）

【《中卫年鉴（2021）》出版】 11月，宁夏回族自治区中卫市志办组织编纂的《中卫年鉴（2021）》由阳光出版社出版。李福祥主编。该卷年鉴卷首专题图片设美丽中卫、旅游、商务、文化体育、交通、工业、农业、教育、卫生9个专题，收录113幅照片；正文设专文、大事记、组织机构和领导人、中卫综览、党派群团、政权政协、法治、军事、经济管理、工业与园区建设、云计算和军民融合产业、农业和农村经济、城市建设、交通能源邮电、环境保护、商贸流通、旅游、金融保险、教育、科学技术、文化体育、卫生与健康、社会民生、人物、先进名录、文献26个类目。全书80万字。

（张明鹏）

【《巴音郭楞年鉴（2020）》出版】 4月，新疆维吾尔自治区巴音郭楞蒙古自治州委员会主管、州党史地方志办编纂的《巴音郭楞年鉴（2020）》由方志出版社出版。朱峰主编。该卷年鉴设特载、大事记、巴州概览、中共巴音郭楞蒙古自治州委员会、巴音郭楞蒙古自治州人民代表大会、巴音郭楞蒙古自治州人民政府、政协巴音郭楞蒙古自治州委员会、纪委监委、民主党派·群众团体、法治、军事、对口援助、经济管理、农业、工业·建筑业、商贸服务业、旅游业、金融业、交通运输、邮政通信、经贸合作、园区建设、非公有制经济、城乡建设、生态环境与保护、教育、科学技术、文化体育、卫生健康、民族宗教事务管理、社会生活、应急管理、县市、新疆生产建设兵团第二师·铁门关市、先进集体·人物、附录36个类目，下设218个分目、1802个条目，收录184幅图片、38张表格。卷首专题图片设重要会议、党的建设、经济建设、塔里木石油会战30周年、脱贫攻坚、旅游、社会生活、文化体育、国际军事比赛–2019、对口援疆支援、70年巴州变化、大美巴州等专题，卷末附索引。该卷年鉴设类目记述境内的新疆生产建设兵团第二师铁门关市及各团场发展，设专题记载"塔里木石油会战30周年"等，体现巴州不断推动兵地、油地融合发展的成果；设脱贫攻坚分目，记载巴州2019年提前一年打赢脱贫攻坚战、巩固提升并与乡村振兴有效衔接的探索，并与卷首专题图片、特载、大事记、有关分目及县市记述相呼应。全书117.5万字。
（张炜）

【《克拉玛依年鉴（2019）》出版】 6月，新疆维吾尔自治区克拉玛依市委、市政府主管，市史志档案局编纂的《克拉玛依年鉴（2019）》由中国文史出版社出版。童中华、阿合买提·巴拉提主编。该卷年鉴设特载、专记、概况·大事记、中共克拉玛依市委、市人民代表大会、市人民政府、政协克拉玛依市委员会、地方军事、法治、群众团体、城乡建设与管理、交通·邮政、公用事业、环境保护、经济管理、油气勘探开发、工程技术服务、油气生产保障、炼化·储运·销售、信息产业、金融、旅游、地方工业、商贸、农业、财政·税收、科技、教育、文化·体育、卫生·医药、社会保障、社会生活、市辖区建设、驻市生产建设兵团团场、人物、组织机构及领导名录、附录37个类目，下设287个分目、1652个条目，收录199幅图片、38张表格。卷首专题图片设政治建设、经济建设、文化建设、社会建设、生态文明建设等专题，卷末附索引。该卷年鉴专设油气勘探开发、油气生产保障、工程技术服务、炼化销售4个类目记载石油石化上下游产业链的特色，反映石油石化产业在克拉玛依国民经济中占主导地位的地域产业特点，突出体现克拉玛依油城特色。全书125万字。
（张炜）

·县级综合年鉴出版

【《北京东城年鉴（2021）》出版】 12月，北京市东城区地方志编委会编纂的《北京东城年鉴（2021）》由北京日报出版社出版。金晖主编。该卷年鉴设区情概览、特载、专文、大事记、新冠肺炎疫情防控、中国共产党北京市东城区委员会、北京市东城区人民代表大会、北京市东城区人民政府、中国人民政治协商会议北京市东城区委员会、纪检监察、民主党派、人民团体、法治、军事、重点地区管理、经济管理、工业·建筑业、商贸服务业、旅游、城市规划与建设、城市管理、应急管理、生态环境、科技、教育、文化、卫生·健康、体育、社会建设、社会生活、人物·荣誉、街道、统计资料、附录34个类目，下设216个分目、1649个条目，收录376幅图片、42张表格。卷首设东城区行政区划地图、东城区交通地图；专题图片设抗击疫情、东城社工、活力东城、文化东城、创新东城、精致东城、幸福东城7个专题。设中英文目录，卷末附索引，并配有电子版光盘。全书150万字。
（刘婷）

【《北京朝阳年鉴（2021）》出版】 12月，北京市朝阳区地方志编委会编纂的《北京朝阳年鉴（2021）》由方志出版社出版。杨立亭、赵瑞博主编。该卷年鉴设特载、专文、大事记、区情概览、新冠肺炎疫情防控、中国共产党朝阳区委员会、朝阳区人民代表大会、朝阳区人民政府、政协朝阳区委员会、中国共产党朝阳区纪律检查委员会·朝阳区监察委员会、民主党派、人民团体、法治、军事、功能区建设、经济管理、农业与农村经济、工业·商务服务业、金融、旅游业、城乡规划与建设、城乡管理、生态建设、科技、教育、文化、卫生健康、体育、社会生活、街道·地区（乡）、人物·荣誉、附录32个类目，下设315个分目、2339个条目，收录223幅图片、64张表格。卷首专题图片设新冠肺炎疫情防控、助力冬奥筹办、生态环境建设、社会民生、对口帮扶、基层党建活动集锦6个专题，卷末附索引。该卷年鉴记录2020年朝阳区立足首都城市战略定位，奋力实现"十三五"收官任务，推进疫情防控和经济社会发展，打好"三大攻坚战"，主动融入京津冀协同发展，高标准推进"一廊两带三区"建设，构建"高精尖"经济结构，抓好文化、国际化、大尺度绿化"三化"建设，统筹协调城乡发展，推动农村城市化进程不断加快，着力保障和改善民生等方面的重要举措和取得的成效。全书119万字。
（姜原）

【《北京丰台年鉴（2021）》出版】 12月，北京市丰台区地方志编委会编纂的《北京丰台年鉴（2021）》由中华书局出版。刘怀广主编。该卷年鉴设特载、大事记、区情概览、新冠肺炎疫情防控、对口扶贫支援等36个类目，下设230个分目、2263个条目，收录346幅图片、57张表格。该卷年鉴进行改版，内文改为彩色印刷，配随文图片；增加抗击新冠肺炎疫情和扶贫类目。全书110万字。 （陈亮）

【《北京房山年鉴（2021）》出版】 9月，北京市房山区地方志编委会编纂的《北京房山年鉴（2021）》由线装书局出版。高晓坤主编。该卷年鉴设房山区情、特载、专文、大事记、中国共产党北京房山区委员会、北京市房山区人民代表大会常务委员会、北京市房山区人民政府、中国人民政治协商会议北京市房山区委员会、纪检·监察、民主党派·工商联、人民团体、法治、军事、农业与农村经济、经济管理、工业和信息化建设、商业·金融业、建筑业·房地产业、旅游业、城乡建设和管理、交通·邮电业、生态环境、科学技术、教育、文化、卫生、体育、社会建设、社会生活、乡镇街道、荣誉、统计资料、附录33个类目，下设185个分目、1500余个条目，收录58张表格。卷首设专题图片，卷末附索引。全书80万字。 （曹梦玲）

【《北京通州年鉴（2021）》出版】 12月，北京通州年鉴编辑部编纂的《北京通州年鉴（2021）》由方志出版社出版。朱军辉主编。该卷年鉴设特载、专文、大事记、区情概览、中国共产党北京市通州区委员会、通州区人民代表大会、通州区人民政府、中国人民政治协商会议通州区委员会、纪检监察、民主党派、人民团体、法治、军事、功能区、经济管理、农业与农村、工业信息化、建筑业房地产业、商贸、金融、旅游、交通邮电、生态环境、城乡建设、城乡管理、科技、教育、文化、卫生、体育、社会建设、社会生活、街道乡镇、人物荣誉、附录35个类目，下设195个分目、1773个条目，收录173幅图片、3张表格、1幅地图。卷首专题图片设领导调研与活动、疫情防控、两区建设、产业发展、城市治理、民生建设、生态治理等专题，卷末附索引。该卷年鉴对封面及内页版式进行改版，新版封面以简洁大方为主基调，底色为米白色，主体画面为手绘水彩图案，主题为一幅古今辉映的北京城市副中心建设发展画卷；创新配备2枚书签，1枚为改版纪念书签，1枚为"2020全民抗疫"主题纪念书签，兼具使用价值和纪念收藏价值。全书96万字。
（张莉）

【《北京昌平年鉴（2021）》出版】 11月，北京市昌平区委党史办公室、区志办编纂的《北京昌平年鉴（2021）》由新华出版社出版。操太盛主编。该卷年鉴设区情概述、特载、大事记、专文、中共昌平区委、昌平区人民代表大会、昌平区人民政府、政协昌平区委员会、纪检监察、民主党派、人民团体、法治、军事、功能区建设、经济管理、金融、农业农村、工业与信息化建设、商务、旅游、交通·邮电、生态环境保护、城乡规划建设、城乡管理、房地产开发·建筑业、科技、教育、文化、卫生健康、体育、社会建设、社会生活、人物与先进、街道镇（地区办事处）、统计表、附录36个类目，下设207个分目、29个次分目、2678个条目，收录154幅图片、7张表格。卷首专题图片设新冠肺炎疫情防控、科技创新、"两区"建设、回天行动、生态文明专栏，卷末附索引。该卷年鉴对框架进行调整，对23个类目、51个分目进行重新排序、拆分和调整名称，中共昌平区委类目下分目调整为宣传教育、党史编研、保密、党校教育等；将巡察工作和纪检监察统一记述；昌平区政府类目下分目调整为应急管理、外事、信访，并增加相关分目内容；功能区建设类目调整到经济管理类目之前；农业农村建设类目调整为农业农村；商务旅游类目拆分为商务和旅游2个类目；城乡建设与管理类目拆分为城乡规划建设和城乡管理2个类目，城乡规划建设内的房地产开发建筑业内容另立类目；教育类目下增加学前教育和高等教育分目。全书90万字。

（李楠　单胜礼）

【《天津河东年鉴（2021）》出版】　12月，天津市河东区地方志编委会主持编纂的《天津河东年鉴（2021）》由新华出版社出版。刘雅新主编。该卷年鉴设特载、区情概况、特辑、专文、大事记、新冠肺炎疫情防控、脱贫攻坚、中共天津市河东区委员会、河东区人民代表大会、河东区人民政府、政协天津市河东区委员会、中共天津市河东区纪律检查委员会（河东区监察委员会）、民主党派·工商联、群众团体、法治、军事、区域经济、财税金融、经济监督管理、城市发展、生态文明建设、社会事业、人民生活、街政与社区、人物、地名简记、统计资料27个类目，下设近130个分目（次分目）、近1200个条目，收录40幅卷首专题图片、105幅随文照片、35张表格。卷首专题图片设新冠肺炎疫情防控、脱贫攻坚、创新转型示范区、城市更新实践区、直沽文化繁荣区、宜居宜业承载区专题。该卷年鉴在保持相对稳定的基础上，对年鉴框架进行适当调整和充实，在区委类目前增设新冠肺炎疫情防控和脱贫攻坚2个类目，在法治类目下增设法治政府建设分目，在区域经济类目下增设楼宇经济分目。全书60万字。

（郑爽）

【《天津市红桥年鉴（2021）》出版】　4月，天津市红桥区地方志编委会编纂的《天津市红桥年鉴（2021）》由方志出版社出版。于鹏洲、张磊主编。该卷年鉴设特载、专文、大事记、红桥概览、新型冠状病毒肺炎疫情防控、脱贫攻坚、中共红桥区委员会、红桥区人民代表大会、红桥区人民政府、政协红桥区委员会、中共红桥区纪律检查委员会·红桥区监察委员会、民主党派、人民团体、法治、军事、经济管理、商贸旅游、驻区企业、生态环境建设、房地产与建筑业、城市建设与管理、应急管理、交通·邮政·通信、科学技术、教育、文化、卫生健康、体育、社会生活、街道概览、人物·荣誉、文献、附录33个类目，下设179个分目、1072个条目，收录175幅图片、11张表格。卷首设红桥区地图、红桥区交通图和专题图片，专题图片设新冠肺炎疫情防控、脱贫攻坚、经济建设、社会事业、美丽红桥等专题，收录58幅图片。该卷年鉴增设新型冠状病毒肺炎疫情防控、脱贫攻坚、交通·邮政·通信类目；区域经济类目析为商贸旅游和驻区企业2个类目；综合经济管理、财政·税务合并为经济管理类目；应急管理从综合经济管理类目析出单设类目，生态环境建设、房地产与建筑业从城市建设与管理类目析出分别单设类目，科技、教育、文化、卫生健康、体育从社会事业类目析出分别单设类目。全书65万字。

（张晨）

【《天津市东丽年鉴（2021）》出版】　12月，天津市东丽区政府主办区志编会办组织编纂的《天津市东丽年鉴（2021）》由天津人民出版社出版。张玉明主编。该卷年鉴设区情概况、大事记、特载、专记、新冠肺炎疫情防控、中共东丽区委员会、东丽区人民代表大会、东丽区人民政府、政协东丽区委员会、中共东丽区纪律检查委员会东丽区监察委员会、法治、民主党派·工商联、人民团体、军事、城市建设、生态建设、区域经济、经济管理、财政税收、交通运输、应急救援、区属国有公司、园区建设、科技教育卫生、社会生活、街道、金融业、邮政·电力、专文、统计资料、光荣榜、附录32个类目，下设125个分目、694个条目，收录115幅卷首专题图片、182幅随文插图、13张表格。卷首专题图片设经济数据、重要会议、疫情防控、脱贫攻坚、智能驾驶挑战赛、创新创业联盟、城市建设、农业生产等10个专题，卷末附索引。全书70万字。

（吴俊侠）

【《天津滨海新区年鉴（2021）》出版】 6月，天津市滨海新区政府主办、新区志办承办的《天津滨海新区年鉴（2021）》由新华出版社出版。赵士军主编。该卷年鉴设区情概览、特载、专记、大事记、中共滨海新区委员会、滨海新区人民代表大会、滨海新区人民政府、政协滨海新区委员会、中共滨海新区纪律检查委员会·滨海新区监察委员会、民主党派工商联、人民团体、法治、军事、全面深化改革、经济管理、财政·税务、金融、开发区、中国（天津）自由贸易试验区、工业、网络安全与信息业、农业、商务、建筑业·房地产业、交通运输·邮政、城市建设、城市管理、科学技术、教育、文化旅游、卫生、体育、社会生活、街镇、人物·荣誉、附录、索引37个类目，下设215个分目、1285个条目，收录36幅彩页照片、189幅随文插图、62张表格。该卷年鉴框架保持基本稳定，交通运输业更名为交通运输·邮政。全书75万字。 （唐旗）

【《天津市津南年鉴（2021）》出版】 11月，天津市津南区政府主办、区志办主持编纂的《天津市津南年鉴（2021）》由天津古籍出版社出版。杨俊明主编。该卷年鉴设区情要览、领导名录、大事记·民心工程、特载、中共天津市津南区委员会、津南区人民代表大会、津南区人民政府、政协津南区委员会、纪检监察、民主党派与工商联、人民团体、法治、军事、区域经济、招商引资与区域合作、财税、经济管理与监督、园区建设、城市建设与管理、社会事业、镇街（办事处）建设、光荣榜、附录23个类目，下设135个分目、910个条目，收录94幅图片、12张表格。卷首专题图片设数字津南、魅力津南、扶贫协作、疫情防控等专题。该卷年鉴新增新冠肺炎疫情防控、天津海河教育园区管委会类目。全书58万字。

（宋铭月）

【《天津市北辰年鉴（2021）》出版】 12月，天津市北辰区志办编纂的《天津市北辰年鉴（2021）》由天津人民出版社出版。王春玲主编。该卷年鉴设特载、专记、大事记、北辰概览、中共北辰区委、北辰区人大、北辰区政府、政协北辰区委员会、中共北辰区纪委·北辰区监委、民主党派、人民团体、法治、军事、经济管理、农业与农村建设、工业·建筑业、商贸·服务业、金融、北辰经济技术开发区、水务·环境保护、教育、科学技术、文化旅游、卫生、体育、社会生活、镇·街道、人物·荣誉、统计资料、附录30个类目，下设136个分目、928个条目，收录近220幅照片、50余张表格。卷首专题图片设政治建设、经济建设、社会建设、文化建设、生态文明建设等专题，卷末附索引。该卷年鉴专记设置脱贫攻坚、抗击新型冠状病毒肺炎疫情、全面建设小康3篇，金融类目增加全区银行、保险情况，并根据职能划分将经济管理部分内容与城乡建设与管理部分合并。全书68万字。

（庄倩倩）

【《灵寿年鉴（2021）》出版】 10月，河北省灵寿县地方志编委会编纂的《灵寿年鉴（2021）》由河北人民出版社出版。吴和韵主编。该卷年鉴设特载、专记、大事记、县情概览、党政机关、群众团体、法治、军事、农业·农村、工业、城乡建设与生态环境、交通·电力·邮政、信息产业、商业·旅游、综合经济管理、金融、科学技术、教育、文化·广播电视、卫生·体育、社会生活、乡镇·开发区、光荣榜、附录24个类目，下设165个分目、1328个条目，收录236幅随文图片、41张表格。卷首专题图片150余幅，设脱贫攻坚、新农村建设、新冠肺炎疫情防控等专题，卷末附主题索引、读鉴小词典。全书88.3万字。
（邢素丽）

【《唐山市丰润年鉴（2021）》出版】 11月，河北省唐山市丰润区地方志编委会编纂的《唐山市丰润年鉴（2021）》由河北人民出版社出版。潘贵存主编。该卷年鉴设特载、大事记、丰润概览、中国共产党唐山市丰润区委员会、唐山市丰润区人民代表大会、唐山市丰润区人民政府、中国人民政治协商会议唐山市丰润区委员会、中国共产党唐山市丰润区纪律检查委员会·唐山市丰润区监察委员会、民主党派·工商联·人民团体、军事、法治、脱贫攻坚工作、基础设施建设、生态环境保护、交通·邮政·通信、经济管理、农业、工业·建筑业、商贸服务业、金融业、开放型经济、科学技术、教育、文化、精品景区潘家峪、卫生健康、新冠肺炎防疫防控、体育、社会生活、乡镇·街道、人物、统计资料32个类目，下设199个分目、1680个条目，收录156幅图片、43张表格。卷首专题图片设城市建设、抗击疫情2个专题，收录图片54幅，卷末附索引。该卷年鉴新增脱贫攻坚工作类目，下设脱贫攻坚工作机制、脱贫攻坚工作体系、脱贫攻坚工作成效、脱贫攻坚普查验收4个分目；新增新冠肺炎防疫防控类目，下设新冠肺炎防疫防控组织领导、疫情防控措施、疫情防控宣传、复工复产复学、丰润援鄂医疗队5个分目；新增精品景区潘家峪类目，下设精品景区潘家峪环境、潘家峪革命纪念地、潘家峪惨案纪念馆、生态与观光旅游、革命传统教育基地5个分目；按照党和国家机构改革方案，相应调整应急管理、退役军人事务管理、生态环境管理、自然资源管理、卫生健康等类目、分目的归属，反映时代变化。全书105万字。
（邢素丽）

【《唐山市路北区年鉴（2021）》出版】 12月，河北省唐山市路北区地方志编委会编纂的《唐山市路北区年鉴（2021）》由团结出版社出版。王熹主编。该卷年鉴设特载、路北概览、大事记、新型冠状病毒肺炎防疫抗疫特辑、中国共产党唐山市路北区委员会、唐山市路北区人民代表大会、唐山市路北区人民政府、中国人民政治协商会议唐山市路北区委员会、中国共产党唐山市路北区纪律检查委员会唐山市路北区监察委员会、民主党派 工商联、人民团体、武装、法治、城乡建设与管理、生态环境保护、交通 邮政 通信、经济管理、农业、工业、建筑业、商贸服务业、金融业、开放型经济、经济开发区、凤凰新城、园区经济、唐山陶瓷文化创意产业园区、路北区现代休闲农业园区、科学技术、教育、文化 体育 旅游、卫生健康、社会生活、乡镇 街道、人物、统计资料36个类目，下设154个分目、799个条目，收录177幅图片、44张表格。该卷年鉴设置开放型经济、经济开发区、凤凰新城、园区经济、唐山陶瓷文化创意产业园区、路北区现代休闲农业园区类目，重点记述2020年度路北区招商引资发展规划、重大项目建设、陶瓷文化产业、现代休闲农业等内容；社会生活类目加入路北区人民生活习俗和地方方言分目，记述区域风土人情特色；新增"新型冠状病毒肺炎防疫抗疫特辑"类目，下设防疫抗疫指挥、防疫抗疫政策、群防群控、隔离救治、社会维稳、捐款捐物、抗疫模范风采、复工复产8个分目，其下设抗疫指挥部成立、卫生系统疫情防控、教育系统疫情防控、复工复产帮扶等条目，记录全区新冠肺炎疫情防控工作。全书65万字。
（邢素丽）

【《阜平年鉴（2020）》出版】 2月，河北省阜平县政府主办县志办编纂的《阜平年鉴（2020）》由新华出版社出版。齐茂源主编。该卷年鉴设特载、专记、大事记、阜平概况、中国共产党阜平县委员会、阜平县人民代表大会、阜平县人民政府、政协阜平县委员会、纪检·监察、社会团体、军事、法治、综合管理、农业、工业、商贸、水利·电力、交通·邮政·电信、城建·环保、财政·税务、金融、教育·体育、科学技术、文化·旅游、卫生、社会生活、开发区、乡镇、人物、附录30个类目，下设137个分目、935个条目，收录155幅图片、7张表格。卷首专题图片设数字阜平、政治建设、经济建设、文化生活、易地扶贫搬迁、县非物质文化遗产等专题，卷末附索引。该卷年鉴专记类目收录《只要有信心 黄土变成金——河北阜平县骆驼湾村和顾家台村脱贫调查》《阜平高质量打赢脱贫攻坚战》等文章，记述阜平人民脱贫攻坚的重大成就和深刻变化。全书54.4万字。　　　（邢素丽）

【《香河年鉴（2021）》出版】　12月，河北省香河县地方志编委会编纂的《香河年鉴（2021）》由方志出版社出版。杨振亮主编。该卷年鉴设特载、专题、大事记、香河概况、中国共产党香河县委员会、香河县人民代表大会、香河县人民政府、中国人民政治协商会议香河县委员会、纪检监察、群众团体、军事、法治、综合治理、农业·农村、水务、财政·税务、交通·邮政·供电、商贸流通、工业·信息业、香河经济开发区、特色小镇、香河家具城、城乡建设、生态环境、金融、科技、教育·体育、文化、旅游、卫生健康、社会生活、乡镇（社区办）、人物、文献文件辑存、附录35个类目，下设249个分目（含综述30个）、1661个条目（含概况171个），收录274幅图片、18张表格。卷首专题图片设京津冀协同发展、北运河旅游通航、新冠肺炎疫情防控、政治建设、经济建设、文化建设、社会建设、城乡建设、生态建设9个专题，卷末附索引。该卷年鉴专题类目中设置京津冀协同发展、北运河旅游通航分目，记述与北京市同步实现北运河旅游通航进程；增设特色小镇类目，设置香河机器人小镇、香河健康小镇分目，记述京津冀协同发展和承接非首都功能成果；为突出县域特色，将香河家具城分目提升为类目。全书102.9万字。　（邢素丽）

【《壶关年鉴（2021）》出版】　11月，山西省壶关县地方志研究室编纂的《壶关年鉴（2021）》由中州古籍出版社出版。王林茂主编。该卷年鉴设特载、大事记、县情概貌、中共壶关县委员会、中国共产党壶关县纪律检查委员会壶关县监察委员会、壶关县人民代表大会、壶关县人民政府、中国人民政治协商会议壶关县委员会、群众团体、法治、军事、经济管理、农业、工业、商业贸易、财政·税务、金融、交通运输、邮政·通信、城市建设·环境保护、教育·科学、文化·旅游、卫生·体育、乡镇24个类目，下设164个分目、1154个条目，收录11幅图片、7张表格。卷首专题图片设壶关县行政区划图、县城新貌等专题，卷末附索引。全书55万字。

（长治市地方志研究室）

【《太谷年鉴（2021）》出版】　12月，山西省晋中市太谷区史志研究室编纂的《太谷年鉴（2021）》由山西人民出版社出版。董渊主编。该卷年鉴设特载、大事记、区情概览、政党群团、政权政协、法治军事、晋中国家农高区（山西农谷）太谷经济技术开发区、经济管理与监督、农业、工业商贸、财政税务、金融保险、交通运输邮政通信、城乡建设环境保护、教育科技、文化旅游、卫生健康和体育、社会生活、乡镇城区、附录、索引21个类目，下设91个分目、99个次分目、1299个条目，收录186幅图片、8张表格。卷首专题图片设重大活动、农业、工业、城建、文旅、民生6个专题。全书70万字。　（晋中史志研究室）

【《垣曲年鉴（2021）》出版】　12月，山西省垣曲县地方志研究室编纂的《垣曲年鉴（2021）》由中华古籍出版社出版。李心海主编。该卷年鉴设特载、大事记、县情概览、中国共产党垣曲县委员会、垣曲县人民代表大会、垣曲县人民政府、中国人民政治协商会议垣曲县委员会、纪委监委、社会团体、法治、军事、经济管理、财政税收、金融、农业、工业商贸、城建环保、交通运输、文化旅游、邮政电信、科技教育、卫生体育、水工程移民、后河水库、国家湿地公园、社会生活、乡镇、人事、光荣榜、附录30个类目，下设127个分目、638个条目。卷首收录垣曲县行政区划图1幅，设工业、农业、城建、文化旅游、教育卫生、交通道路等专题，收录63幅图片，另收录8幅光荣榜、统计公报图、11张表格。全书53.4万字。　　　　（运城市地方志研究室）

【《繁峙年鉴（2021）》出版】　12月，山西省繁峙县地方志研究室编纂的《繁峙年鉴（2021）》由三晋出版社出版。范吉林主编。该卷年鉴设特载、大事记、县情概览、中国共产党繁峙县委员会、纪检监察、县人民代表大会、县人民政府、县政协、民主党派、群团、军事、法治、经济管理与监督、工业经济、农业水利、环境保护和城乡建设、交通运输、金融、商业贸易、教育科技、文化旅游、卫生体育、能源、社会生活、乡镇、附录26个类目，下设129个分目、931个条目，收录51幅图片、21张表格。卷末附索引。该卷年鉴将纪检监察从中国共产党类目中分出单设类目；将工业类目的电力和商业类目的石油分目抽出设置为能源类目；拆分邮电通讯类目，把移动、电信、联通归入工业经济中的工信分目，把邮政归入交通运输类目；附录收录《繁峙县脱贫攻坚相关数据统计》。全书48万字。　　　　（忻州市地方志研究室）

【《孝义年鉴（2021）》出版】　12月，山西省孝义市地方志研究室编纂的《孝义年鉴（2021）》由三晋出版社出版。吴晓娟主编。该卷年鉴设市情概览、开发区建设、工业等36个类目，下设196个分目、978个条目，收录99幅图片、98张表格、17张统计图。卷首专题图片设城市名片、基础建设、经济发展、生态建设、文化生活、民生幸福，卷末附附录。该卷年鉴局部调整框架结构，生态环境类目增设生态保护、水资源保护分目；社会生活类目增设社会保险分目，调整增设残疾人服务和保障分目。在条目的选取和编写上，注重提升条目的资料价值，扩展综合性条目的基础信息，增加有效信息容量，彰显地方特点与年度特色；在条目、表格、图片之外，运用"链接"形式，拓展资料的深度和广度。全书75万字。　　　　（吕梁市地方志研究室）

【《呼和浩特市赛罕区年鉴（2021）》出版】　12月，内蒙古自治区呼和浩特市赛罕区政府主办、区志办编纂的《呼和浩特市赛罕区年鉴（2021）》由内蒙古大学出版社出版。张荣主编。该卷年鉴设特载、专记、大事记、区情概况、中共呼和浩特市赛罕区委员会、赛罕区人民代表大会常务委员会、赛罕区人民政府、政协赛罕区委员会、纪委 监委、民主党派与工商联、人民团体、法治、军事、农林牧水菜、工业与商贸服务业、城乡建设 交通运输、社会保障、财政 税务、经济综合管理、教育、文化 体育 科技、气候、卫生 医疗、开发区 镇 街道、媒体说赛罕、附录26个类目，下设151个分目、1253个条目，收录49幅图片、19张表格。卷首专题图片设数字看赛罕、城乡新貌、工业、农业、林业、交通、新农村建设、教育、文化 科技、社区服务、疫情防控11个专题。该卷年鉴设专记类目，反映赛罕区人民打赢疫情防控阻击战实况；增设气候类目，下设气候工作、气象服务2个分目；增设媒体说赛罕类目，收录2020年各级各类媒体宣传报道赛罕区稿件统计表。全书61.5万字。　　　　　　　　　　（赵婧）

【《红山年鉴（2021）》出版】　11月，内蒙古自治区赤峰市红山区档案史志馆编纂的《红山年鉴（2021）》由中国文史出版社出版。刘海婷主编。该卷年鉴设区情概览、中共赤峰市红山区委员会、红山区人民代表大会、红山区人民政府、中国人民政治协商会议赤峰市红山区委员会、纪检监察、民主党派、人民团体、军事、法治、综合管理、农业、工业、商业、脱贫攻坚·乡村振兴、产业园区及平台、金融服务、城乡建设管理·交通运输、自然资源管理·环境保护、教育·科技、卫生健康、文体旅游、社会生活、镇·街道、人物25个类目，下设110个分目，677个条目，收录112幅图片、4张表格。卷首专题图片设城乡新貌、经济建设、教育发展、全民抗疫、新时代文明实践等专题，卷末附索引。该卷年鉴关注地区年度大事要事，突出决战脱贫攻坚和新冠肺炎疫情防控重要事件，增设脱贫攻坚·乡村振兴类目，全面体现扶贫工作成果；卫生健康类目增设新冠肺炎疫情防控分目，卷首专题图片设全民抗疫，突出全民抗疫强大合力；卷首专题图片设新时代文明实践专题，正文增加新时代文明实践条目，全方位体现新时代文明新风。全书39万字。　　　　　（赵婧）

【《科尔沁区年鉴（2021卷）》出版】　11月，内蒙古自治区通辽市科尔沁区党史地方志研究室编纂的《科尔沁区年鉴（2021卷）》由中国文史出版社出版。邰艳玲主编。该卷年鉴设党政机关、民主党派 工商联、群众团体、法治、军事、农业 水利、工业、自然资源与生态环境、城乡建设与管理 交通、财政 税务、金融管理、商业贸易、经济管理与监督、教体 科技 气象、文化 卫生、社会生活、街道 苏木镇 国有农牧场17个类目，下设124个分目、1177个条目，收录61幅图片、15张表格。卷首专题图片设城市建设、疫情防控、复苗工程、社会生活、农业、西门街道、庆和镇7个专题，卷末附索引。全书42.6万字。（赵婧）

【《乌拉特后旗年鉴（2021）》出版】　11月，内蒙古自治区乌拉特后旗史志办编纂的《乌拉特后旗年鉴（2021）》由中州古籍出版社出版。窦永刚主编。该卷年鉴设特辑、乌拉特后旗概况、大事记、中共乌拉特后旗委员会、乌拉特后旗人民代表大会、乌拉特后旗人民政府、政协乌拉特后旗委员会、纪委监委、群众团体、法治、军事、住房和城乡建设、交通运输、自然资源 环境保护、水利电力、人力资源和社会保障、信息产业、农牧和科技、工业、商贸流通、金融业、财政税务、经济综合管理、科学技术、教育体育、文化传媒、卫生和计划生育、社会生活、苏木镇、统计资料、附录30个类目，下设157个分目、997个条目，收录133幅图片、17张表格。该卷年鉴对旗委、人大、政府、政协等部分单位入鉴资料框架结构和条目内容结合实际情况进行优化调整；配有多种检索手段，文中所有信息均可由目录、索引、书眉获得。全书50万字。

（赵婧）

【《阿拉善右旗年鉴（2021）》出版】　11月，内蒙古自治区阿拉善右旗档案史志馆编纂的《阿拉善右旗年鉴（2021）》由团结出版社出版。图娅主编。该卷年鉴设旗情、中共阿拉善右旗委员会、阿拉善右旗人民代表大会常务委员会、阿拉善右旗人民政府、中国人民政治协商会议阿拉善右旗委员会、纪检监察、群众团体、军事、法治、综合管理与监督、农牧林水、工业和信息化、建设环保、交通通信、财税金融、贸易服务业、社会管理与服务、教育、文化旅游、卫生健康体育、苏木镇、人物22个类目，下设111个分目、1012个条目，收录2张表格。该卷年鉴目录、特载为蒙汉双语；类目调整为22个，增设纪检监察；社会团体更名为群众团体；公安·司法更名为法治，调整政法工作至此类目。全书49.6万字。

（赵婧）

【《浑南年鉴（2021）》出版】　11月，辽宁省沈阳市浑南区档案馆（区志办）编纂的《浑南年鉴（2021）》由吉林文史出版社出版。刘爽、任洪亮主编。该卷年鉴设特载、中国共产党沈阳市浑南区委员会（高新区党工委）、沈阳市浑南区人民代表大会、沈阳市浑南区人民政府（高新区管委会）、中国人民政治协商会议沈阳市浑南区委员会、民主党派·工商联、群众团体、教育、卫生健康、文化·科技26个类目，下设168个分目、537个条目，收录80幅图片、11张表格。卷首专题图片设重要会议、时政记录、项目建设、疫情防控、社会生活5个专题，卷末附主题索引。

全书50万字。　　（沈阳市委党史研究室）

【《和平年鉴（2021）》出版】　10月，辽宁省沈阳市和平区志办编纂的《和平年鉴（2021）》由辽宁民族出版社出版。孙红武主编。该卷年鉴设抗疫专文、特载、大事记、和平概貌，卷中设法治、财政税收、地方军事、城市建设与管理等28个类目，下设147个分目、750个条目，收录51幅图片、10张表格。卷首专题图片设三好桥全景，卷末附编后记。该卷年鉴设"抗疫篇章"，以专文形式全面记述和平区面对新冠疫情，共同抗疫的工作实况。首次加入和平区行政区域图。全书50万字。　　（沈阳市委党史研究室）

【《皇姑年鉴（2021）》出版】　12月，辽宁省沈阳市皇姑区政府办公室（区志办）编纂的《皇姑年鉴（2021）》由沈阳出版社出版。吴昊主编。该卷年鉴设中国共产党皇姑区委员会、皇姑区人民代表大会、皇姑区人民政府、中国人民政治协商会议皇姑区委员会、中国共产党皇姑区纪律检查委员会皇姑区监察委员会、民主党派与工商联、群众团体、法治、军事、经济管理等27个类目，下设190个分目、609个条目，收录108幅图片、14张表格。卷首专题图片设时政纪实、经济发展、社会民生、生态宜居、疫情防控5个专题，卷末附索引。全书50万字。　（沈阳市委党史研究室）

【《苏家屯年鉴（2021）》出版】　11月，辽宁省沈阳市苏家屯区档案馆地方志办公室编纂的《苏家屯年鉴（2021）》由沈阳出版社出版。陈奎亮任主编。该卷年鉴卷首设特载、省市领导在苏家屯活动、重要文献、大事记、苏家屯概貌；卷中以中文序号标识的栏目有中国共产党苏家屯区委员会、苏家屯区人民代表大会、苏家屯区人民政府、中国人民政治协商会议苏家屯区委员会、中国共产党苏家屯区纪律检查委员会苏家屯区监察委员会、民主党派与工商联、人民团体、法治等34个类目，下设169个分目、602个条目，收录195幅图片、27张表格。卷首专题图片设苏家屯区战疫大事记专题，卷末附索引。该卷年鉴特载刊载《苏家屯区人民新冠肺炎疫情防控纪实》和《苏家屯区第三次全国农作物种质资源普查与收集》。全书70万字。
　　　　　　　　　　（沈阳市委党史研究室）

【《法库年鉴（2021）》出版】　12月，辽宁省法库县档案馆（县志办）编纂的《法库年鉴（2021）》由吉林文史出版社出版。王恩茂主编。该卷年鉴设专文、要闻、大事记、法库概貌、中国共产党法库县委员会、法库县人民代表大会、法库县人民政府、中国人民政治协商会议法库县委员会等32个类目，下设228个分目、834个条目，收录169幅图片、55张表格。卷首专题图片设时政记录、脱贫攻坚、疫情防控、经济建设、社会事业、生态环境建设6个专题。与上一年卷相较，该卷年鉴类目由35个缩减为32个，撤销特载、建筑业和房地产业、防震减灾与气象服务、史志档案、文献等类目，增加专文、科技气象类目，概貌类目改为法库概貌，社会团体类更名为群众团体，地方军事类目更名为军事，村和社区类目更名为村（社区）选介。全书70万字。
　　　　　　　　　　（沈阳市委党史研究室）

【《西岗年鉴（2021）》出版】　11月，辽宁省大连市西岗区委、区政府组织，区委党校编纂的《西岗年鉴（2021）》由辽宁教育出版社出版。宫传超主编。该卷年鉴设特载、大事记、概貌、党政机关等17个类目，下设76个分目、35个子分目、844个条目，收录151幅随文附图、42张表格、56个相关新闻链接，记述2020年西岗区抓好新冠肺炎疫情防控，实现经济社会平稳发展的情况。全书79.5万字。
　　　　　　　　　　　　　　（刘成）

【《大连市中山年鉴（2021）》出版】　12月，辽宁省大连市中山区委、区政府组织，区委党校编纂的《大连市中山年鉴（2021）》由万卷出版公司出版。杨桂春主编。该卷年鉴设特载、大事记、概貌等22个类目，下设89个分目、27个子分目、669个条目，收录45张表格，记述中山区2020年改革开放、经济建设和社会发展进程。全书80万字。
（刘成）

【《沙河口年鉴（2021）》出版】 10月，辽宁省大连市沙河口区委、区政府组织，区委党校编纂的《沙河口年鉴（2021）》由中国市场出版社出版。张洪运主编。该卷年鉴设特载、大事记、概貌、环境保护等29个类目，下设140个分目、919个条目，收录363幅随文图片。全书64.8万字。
（刘成）

【《甘井子年鉴（2021）》出版】 12月，辽宁省大连市甘井子区委、区政府组织，区党群综合服务中心（区档案馆）编纂的《甘井子年鉴（2021）》由辽宁民族出版社出版。张晓燕主编。该卷年鉴设概貌、组织机构及负责人、大事记、中共甘井子区委员会等28个类目，下设126个分目、1030个条目，记述2020年甘井子区改革开放、经济发展、社会进步等方面的基本情况及各行各业取得的新进展、新经验、新成就。卷首专题图片主要反映甘井子区疫情防控、重大活动、重大项目、精神文明建设、人民生活和生态建设等方面成果。全书64万字。
（刘成）

【《普兰店年鉴（2021）》出版】 12月，辽宁省大连市普兰店区委、区政府组织，区党建服务中心（区委党史研究室）编纂的《普兰店年鉴（2021）》由辽宁师范大学出版社出版。王雪峰主编。该卷年鉴设特载、概貌、大事记、党政机关等24个类目，下设99个分目、28个子分目、651个条目。全书48万字。
（刘成）

【《长海年鉴（2021）》出版】 10月，辽宁省大连市长海县委、县政府组织，县委党史研究室编纂的《长海年鉴（2021）》由万卷出版社出版。张铁梅主编。该卷年鉴设特载、概貌、人物等29个类目，下设150个分目、857个条目，收录53幅随文图、55张表格、2份相关资料。该卷年鉴根据长海县党政机构改革实际，部分类目做相应调整。全书65.5万字。
（刘成）

【《海城年鉴（2021）》出版】 12月，辽宁省海城市档案馆、市史志办编纂的《海城年鉴（2021）》由沈阳出版社出版。该卷年鉴设特载、大事记、海城概况、中国共产党海城市委员会、海城市人民代表大会、海城市人民政府、中国人民政治协商会议海城市委员会、中国共产党海城市纪律检查委员会、人民团体、军事、法治、经济管理、农林 水利、工业经济、城乡建设 环境保护、交通运输 邮政电信、金融 保险、商贸、教育、文化 体育、卫生 医疗保障、社会生活、区镇概况、领导人名单、附录25个类目，下设138个分目、915个条目，收录34幅图片。全书50万字。（姜东）

【《台安年鉴（2021）》出版】 12月，辽宁省台安县信息中心（县档案馆）编纂的《台安年鉴（2021）》由万卷出版公司出版。王凤山主编。该卷年鉴设特载、概况、中共台安县委员会、台安县人民代表大会、台安县人民政府、政协台安县委员会、纪委·监委、党派·团体、法制、军事·人防、农业、工业·建筑业、城建、交通·邮电、水利·农机、供电·环保、商贸·旅游、财政·税务、银行·保险、教育、科技、卫生、文化·体育·传媒、经济管理与监督、社会生活、镇·街道、人物、大事记、社会经济统计资料、附录30个类目，下设132个分目、12个次分目、797个条目，收录97幅图片、31张表格。全书52万字。
（张帆）

【《清原满族自治县年鉴（2021）》出版】 12月，辽宁省清原满族自治县档案管理服务中心编纂的《清原满族自治县年鉴（2021）》由吉林文史出版社出版。吴永俊主编。该卷年鉴设特载、大事记、清原概貌、中国共产党清原满族自治县委员会、清原满族自治县人民代表大会、清原满族自治县人民政府、中国人民政治协商会议清原满族自治县委员会、中国共产党清原满族自治县纪律检查委员会（清原满族自治县监察委员会）、群众团体、法治、军事、农业、工业、商贸·服务业、城乡建设与管理、金融、交通·通信、经济调节与监管、教育·科技、文化·旅游、卫生·体育、社会生活、乡镇、领导干部名录、荣誉、附录、人物27个类目。全书54万字。 （李娜）

【《凌源年鉴（2021）》出版】 12月，辽宁省凌源市史志办编纂的《凌源年鉴（2021）》由辽海出版社出版。钱振华主编。该卷年鉴设特载、专记、大事记、概貌、中国共产党凌源市委员会、凌源市人民代表大会、凌源市人民政府、中国人民政治协商会议凌源市委员会、群众团体、法治、军事、农村经济、工业经济、商贸服务业、经济综合管理、城乡建设、交通运输、邮政·通信、金融·保险、科技·教育、环境保护、卫健·医保、文化·旅游、史志·档案、社会民生、园景区、乡镇街、驻凌单位、人物、附录30个类目，下设151个分目、1046个条目。卷首专题图片设项目建设、脱贫攻坚、疫情防控、美丽乡村和文化生活5个专题，收录75幅图片。该卷年鉴增设专记类目，反映凌源人民脱贫攻坚、疫情防控的奋斗历程。全书56万字。 （钱振华）

【《南票年鉴（2021）》出版】 12月，辽宁省葫芦岛市南票区委政研和信息中心编纂的《南票年鉴（2021）》由辽宁民族出版社出版。该卷年鉴设特载、区情概貌、大事记、中国共产党南票区委员会、南票区人民代表大会、南票区人民政府、中国人民政治协商会议南票区委员会、中国共产党南票区纪律检查委员会·监察委员会、民主党派·工商联、群众团体、法治、外事·侨务·港澳台事务、军事、经济管理与监督、财政·税务·审计、公共安全、农业、工业、企业、建筑业·房地产业、城市建设与管理、民营经济与乡镇企业、环境保护、交通、信息业、商贸服务业、会展·广告、旅游业、金融业、保险、经济合作交流、对外经济贸易、科学技术、教育、文化、卫生健康、体育、社会保障、社会生活、乡镇（街道）建设、南票区事业单位、园区建设、非物质文化遗产、南票区领导干部名录、附录45个类目，下设287个分目、593个条目，收录40幅图片。全书44万字。 （谢莉莉）

【《长春市朝阳年鉴（2021）》出版】 12月，吉林省长春市朝阳区政府主办、区志办编纂的《长春市朝阳年鉴（2021）》由吉林文史出版社出版。主编李国辉。该卷年鉴设专文、大事记、朝阳概览、中国共产党长春市朝阳区委员会、朝阳区人民代表大会、朝阳区人民政府、中国人民政治协商会议朝阳区委员会、朝阳区纪委监委、民主党派、群众团体、军事、法治、经济管理、应急管理、工业、农业农村、商贸服务业、城乡建设、生态环境建设、公用事业、教育、卫生健康、科技·文化·体育·旅游、社会生活、新冠疫情防控、街道·镇、附录、文献28个类目，下设152个分目、850个条目，收录166幅图片。该卷年鉴在框架结构保持相对稳定的基础上，增加2020年新冠疫情防控、卫生健康及应急管理类目；增加金融工作分目，使框架设计与时俱进，更加突出针对性、实效性和时代特色。全书50万字。 （范云娇）

【《九台年鉴（2021）》出版】 12月，吉林省长春市九台区政府主办、区地方志编纂中心编纂的《九台年鉴（2021）》由吉林人民出版社出版。林海主编。该卷年鉴设特载、大事记、区情概览、中国共产党长春市九台区委员会、九台区人民代表大会、九台区人民政府、中国人民政治协商会议九台区委员会、中共九台区纪律检查委员会 九台区监察委员会、民主党派 工商联、人民团体、法治、军事、经济管理、农业、工业、商贸服务业、旅游业、金融、邮政 通信、招商引资、城乡建设、生态建设、科学技术、教育、文化、卫生 体育、社会生活、乡镇街道、人物和荣誉、附录

30个类目，下设159个分目、850个条目，收录150幅图片、12张随文表格。卷首专题图片设数字九台、脱贫攻坚、疫情防控、城乡建设、经济发展、乡村振兴、生态文明、文体事业8个专题。全书53.5万字。　　　　（于永）

【《桦甸年鉴（2021）》出版】　11月，吉林省桦甸市志办编纂的《桦甸年鉴（2021）》由吉林文史出版社出版。王军瑞主编。该卷年鉴设特载、专文、大事记、市情概貌、中国共产党桦甸市委员会、桦甸市人民代表大会、桦甸市人民政府、中国人民政治协商会议桦甸市委员会、纪委监委、人民团体、军事、法治、经济管理、应急管理、财政税务、生态环境建设、农业农村、工业、商贸服务业、旅游业、交通运输、邮政通信、金融、吉林桦甸经济开发区、城乡建设、科技、教育、文化、卫生、社会生活、乡镇街道、人物、附录33个类目，收录158幅图片。全书55万字。　（叶冬梅）

【《公主岭年鉴（2021）》出版】　12月，吉林省公主岭市委、市政府主办，市档案馆编纂的《公主岭年鉴（2021）》由吉林文史出版社出版。李景权主编。该卷年鉴设大事记、概况、中国共产党公主岭市委员会、公主岭市人民代表大会、公主岭市人民政府、中国人民政治协商会议公主岭市委员会、民主党派、群众团体、军事·法治、开发区·园区、经济管理、农业·农村、工业、商贸、交通·邮政·通信、城乡建设与管理、生态环境、金融、科技、教育、文化·体育、卫生·健康、社会·民生、乡镇·街道、人物、文献、附录27个类目，下设180个分目、1101个条目，收录110幅图片、42张表格。卷首专题图片设城市风光、冰雪岭城、文明岭城、城镇建设、农业发展、工业发展、市民生活、新冠肺炎疫情防控、统计图表9个专题。该卷年鉴工业类目下设汽车零部件产业和食品加工产业分目；农业·农村类目综述中突出记载当地现代农业生产体系、产业体系、经营体系等"三大体系"建设成果；社会团体类目更名为群众团体；城乡建设与管理类目下增设城乡供气、城市供热、城乡供水、城乡供电分目。全书68.3万字。　　　　（张建光）

【《延吉年鉴（2021）》出版】　11月，吉林省延吉市地方志编委会编纂的《延吉年鉴（2021）》由吉林文史出版社出版。金丽峰主编。该卷年鉴设专文、大事记、延吉概貌、中国共产党延吉市委员会、延吉市人民代表大会、延吉市人民政府、中国人民政治协商会议延吉市委员会、中国共产党延吉市纪律检查委员会（监察委员会）、群众团体、军事、法治、经济调节与监管、工业、农业、商务、开发区·对外经济贸易、金融业、交通·邮政、信息业、生态环境、旅游业、住房与城乡建设、教育、科学技术、文化·体育、卫生健康、社会·民生、乡镇·街道、人物、文献、附录31个类目，收录1172幅图片、22张表格。卷首专题图片设全民抗疫、创建全国文明城、经济发展、东西部协作、乡村振兴、平安延吉、百姓民生、国家森林乡村8个专题。该卷年鉴在概况类目中设历史沿革条目，旅游业类目设特色节庆活动分目，附录设朝鲜族民俗风情内容，凸显作为少数民族地区特有的民族文化和浓郁的城市特点。全书50万字。　　　　　　　　　　（刘颖）

【《道里年鉴（2021）》出版】　10月，黑龙江省哈尔滨市道里区委主办、道里年鉴编纂委员会编纂的《道里年鉴（2021）》由北方文艺出版社出版。汪源主编。该卷年鉴设特载、大事记、道里概貌、乡镇概况、街道概况、党政机关、民主党派、群众团体、政法·军事、经济监督管理、财政·税务、农业·工业·商业、城乡建设、教育、卫健·文化·体育·旅游、社会生活、人物17个类目，下设85个分目、800个条目。收录16幅图片、22张图表。卷首专题图片设中央大街、关注民生、疫情防控、河湖长负责制、城市管理5个专题，该卷年鉴农业·工业·商业类目的农业分目更名为农业农村分目，删去企业改制分目；社会生活类目增设退役军人事务分目。全书35万字。

（宋春秀）

【《呼兰年鉴（2021）》出版】 7月，黑龙江省哈尔滨市呼兰区委主办、区委史志研究室承办、区地方志编委会编纂的《呼兰年鉴（2021）》由黑龙江人民出版社出版。李爽主编。该卷年鉴设特载、2020大事记、呼兰概貌、党政机关、民主党派·工商联、人民团体、法治、军事、经济监督管理、财政税务、农业、工业与信息产业、商业贸易、交通运输·邮政业、金融业、城乡建设·环境保护、教育科技、文体旅游、档案史志、卫生健康、社会民生、街道乡镇、人物、附录24个类目，下设165个分目、875个条目，收录307幅图片、9张表格。卷首专题图片设数字呼兰、呼兰经济开发区概况、呼兰经济开发区战略定位、呼兰经济开发区产业体系、呼兰经济开发区投资优势——区位优势、呼兰经济开发区投资优势——人文优势、呼兰经济开发区投资优势——资源优势、呼兰经济开发区投资优势——生态优势、呼兰经济开发区投资优势——能源优势、呼兰经济开发区投资优势——产业优势、呼兰经济开发区投资优势——人才优势、呼兰经济开发区位置示意图12个专题，卷末附索引。该卷年鉴呼兰概貌类目增设黑龙江呼兰经济开发区分目，农业类目增设扶贫开发分目，卫生健康类目设疫情防控条目，突出年度重大事件。该卷年鉴电子版内容可通过呼兰区人民政府网首页"魅力呼兰——呼兰志鉴"查阅。全书95万字。

（宋春秀）

【《尚志年鉴（2021）》出版】 7月，黑龙江省尚志市委史志研究室、市档案馆编纂的《尚志年鉴（2021）》由黑龙江人民出版社出版。韩冰主编。该卷年鉴设特载、大事记、尚志市概况、中共尚志市委员会、尚志市人民代表大会、尚志市人民政府、政协尚志市委员会、工商联·群众团体、政法·军事、经济监督管理、财政·税务、对外开放、农业、工业信息科技、交通·邮电、商业·贸易、金融·保险、电业·城建·环保、教育·科技、文体·旅游、卫生·健康、社会·民生、乡镇概况、驻尚中省直单位、人物、荣誉榜、附录27个类目，下设127个分目、880个条目，收录75幅图片、9张表格。卷首专题图片设荣誉尚志、今日风采、工商贸易、农业发展、文体旅游、城镇建设、数字尚志7个专题，卷末附索引。该卷年鉴将农业类目中农机、畜牧、水产分目进行合并；围绕市委、市政府工作重点，增设扶贫工作、营商环境分目，收录扶贫工作相关条目37条，招商引资相关条目23条；收录新冠肺炎疫情防控相关条目36条。该卷年鉴装帧设计、图片专辑突出全国一类革命老区特色，页眉处选用抗日英雄赵尚志雕像图案，卷首专题图片收录多幅相关图片。全书61万字。

（宋春秀）

【《依兰年鉴（2021）》出版】 9月，黑龙江省依兰县委史志研究室编纂的《依兰年鉴（2021）》由哈尔滨出版社出版。刘国生主编。该卷年鉴设特载、大事记、依兰概貌、中国共产党依兰县委员会、依兰县人民代表大会常务委员会、依兰县人民政府、中国人民政治协商会议依兰县委员会、依兰县纪律检查委员会·监察委员会、人民团体、军事、法治、财政税收、经济管理与监督、对外开放、农林业、工业科技·交通·通信、供销经营、金融保险、城乡建设·环境、电力、自然观测、教育、文化体育旅游·融媒体、卫生、社会生活、乡镇经济发展、驻县单位27个类目，下设145个分目、723个条目，收录32幅卷首专题图片、38幅随文图片、3张表格。卷首专题图片设依兰全景、会议特辑、领导活动、产业发展、依兰资源、依兰美篇6个专题，卷末附索引。该卷年鉴增设扶贫开发工作、应对新冠肺炎疫情工作分目，增加随文图片。全书67万字。

（宋春秀）

【《巴彦年鉴（2021）》出版】 11月，黑龙江省巴彦县委史志研究室编纂的《巴彦年鉴（2021）》由黑龙江人民出版社出版。郭旭东主编。该卷年鉴设特载、大事记、综述、党政机关、政法·武装、经济综合管理、农业、工业·电业、交通运输·邮政业·电讯、建设·生态环境、商贸、财政·税务、金融·保险、教育·气象、文化事业、卫生健康、乡镇概况、人物、附录19个类目，下设114个分目、1015个条目，收录120幅图片、15张表格。卷首专题图片设政治会议、工业发展、农业生产、环境整治、招商引资、新农村建设、抗击新冠肺炎疫情7个专题，卷末附索引。卷首专题图片以工业复工生产、农业深加工、乡村振兴、疫情防控为主，反映巴彦县防控疫情、复工复产实况，实现经济平稳运行、社会和谐稳定的举措。全书68.2万字。　（宋春秀）

【《鸡冠年鉴（2021）》出版】　9月，黑龙江省鸡西市鸡冠区委史志研究室编纂的《鸡冠年鉴（2021）》由黑龙江教育出版社出版。郭晶主编。该卷年鉴设特载、大事记、区情概述、中国共产党鸡西市鸡冠区委员会、鸡冠区人民代表大会常务委员会、鸡冠区人民政府、中国人民政治协商会议鸡西市鸡冠区委员会、民主党派、群众团体、法制、军事、工业、农业等24个类目，下设84个分目、382个条目，收录77幅图片、1张表格。卷首专题图片设重要会议、重要活动、文化教育3个专题，卷末附附录。该卷年鉴商贸类目设稳企稳岗、市场消费、数字经济、消费潜能、跨境电商特色条目，城建类目设住房租赁补贴、棚户改造安置、老旧小区改造条目，突出党和政府对民生的关注和工作力度。全书59万字。

（朱丹　张帝）

【《友谊年鉴（2021）》出版】　9月，黑龙江省友谊县委史志研究室编纂的《友谊年鉴（2021）》由黑龙江人民出版社出版。国云昕主编。该卷年鉴设特载、大事记、政治、经济、社会民生、自然生态、乡镇、附录8个类目，收录78幅图片（50幅卷首专题图片、28幅随文图片）、19张图表。卷首专题图片突出年度特色和地域特色，展示友谊县在疫情防控、农业生产、环境整治等方面的成果。全书43万字。　（朱丹　张帝）

【《铁力年鉴（2021）》出版】　7月，黑龙江省铁力市委史志研究室编纂的《铁力年鉴（2021）》由黑龙江人民出版社出版。仇文静执行主编。该卷年鉴设特载、大事记、市情总述、2020年度要事特辑、中国共产党铁力市委员会、铁力市人民代表大会常务委员会、铁力市人民政府、中国人民政治协商会议铁力市委员会、纪检·监察、民主党派·工商联、群众团体、扶贫、军事、法治、城市建设·生态环境、交通·邮电、农业、水利、林业、工业、商业贸易、财政·税务、金融、经济管理、教育、科学技术、文体·广电·旅游、卫生、乡镇、附录30个类目，下设243个分目、1062个条目，收录168幅图片、9张表格。卷首专题图片设重要会议、重点工作、重大项目、重大活动、铁力市铁力镇、铁力市双丰镇、铁力市桃山镇、铁力市神树镇、铁力市日月峡镇、铁力市王杨乡、铁力市年丰朝鲜族乡、铁力市工农乡，卷末附索引。该卷年鉴紧跟铁力发展时事，新增2020年度要事特辑类目，收录新冠肺炎疫情防控、鹿鸣尾矿库泄漏、创建国家卫生城市等关系铁力市经济发展和社会民生的重要事件。卷首专题图片新增城市名片，选取铁力市获得的具有代表性的国家级荣誉称号，彰显铁力发展优势和独特魅力；以8个乡镇为单独版面，突出体现各乡镇一年来的政策落实、特色活动和脱贫成果。卷末新增索引，以主题词为款目。全书77万字。　（朱丹　张帝）

【《东宁年鉴（2021）》出版】　11月，黑龙江省东宁市委史志研究室编纂的《东宁年鉴（2021）》由吉林文史出版社出版。李智明主编。该卷年鉴设特载、大事记、概况、中共东宁市委员会、东宁市人民政府、东宁市人民代表大会、政协东宁市委员会、纪委监委、人民团体、群众团体、法治、军事、工业、农业·农村、国内外贸易、城乡建设·环境保护、交通·邮政·通讯、财政·税务·审计、金融·保险、综合经济管理、社会民生、文体·广电·旅游·科技、教育、卫生健康、镇（区）建设、重要文件选编26个类目，下设136个分目、1136个条目，收录39幅图片。卷首专题图片设经济发展、疫情防控、社会文化生活、城镇建设、自然风光等专题。该卷年鉴大事记下设2020年东宁十大新闻栏目，体现年度特色；根据地方发展特质，设置东宁黑木耳、东宁冰酒、对俄农业合作、深化跨境连锁加工、美丽乡村建设等特色条目；设置疫情防控特色条目，图文并茂，着力反映年度大事要闻。全书59.3万字。

（朱丹　张帝）

【《建邺年鉴（2021）》出版】　12月，江苏省南京市建邺区志办编纂的《建邺年鉴（2021）》由线装书局出版。赵辉主编。该卷年鉴设特载、大事记、建邺概览、中共建邺区委、建邺区人大、建邺区政府、政协建邺区委员会、中共建邺区纪委·建邺区监委、民主党派·人民团体、法治、军事、区域经济、功能园区、经济管理、都市建设、生态环境、教育、科技、文化、卫生健康、体育、社会生活、应急管理、街道概览、附录、索引26个类目，下设121个分目、677个条目，收录156幅随文图片（45张卷首专题图片、111张随文图片）、28张表格。卷首专题图片设城市新貌、要事集萃、年度精彩、抗击疫情4个专题。该卷年鉴区域经济类目突出建邺金融、电子商务、会展、房地产、旅游等重点产业发展优势和取得成绩；功能园区类目介绍区域内四大功能园区的产业定位、经济政策、平台载体和运营成效；都市建设类目强调以规划为引领，全区在城市建设、公共交通、市政建设、水利建设、城市管理方面的投入和所做的实事；生态环境类目则用数据展示全区全年生态环境状况，突出长江大保护、绿化园林、节能减排、污染防治、环境监管等方面所做的工作。优化条目选题，注重选题的全面性、真实性、准确性和连续性。全书42万余字。　（张俊）

【《江宁年鉴（2021）》出版】　12月，江苏省南京市江宁区志办编纂的《江宁年鉴（2021）》由江苏人民出版社出版。施爱兵主编。该卷年鉴设特载、大事记、区情概览、中共江宁区委、江宁区人民代表大会、江宁区政府、政协江宁区委员会、江宁区纪委监委、民主党派·工商联、群众团体、法治、军事、科技创新、数字江宁建设、经济管理、制造业、经贸合作、建筑业、商贸服务业、物流业、旅游业、金融业、房地产、都市农业、交通运输、城乡发展、区域合作、生态环境、教育、文化、卫生健康、体育、社会生活、应急管理、街道、人物、附录37个类目，下设211个分目、33个次分目、1178个条目，收录100幅图片、63张表格。卷首专题图片设数说江宁这五年——"十三五"时期江宁经济社会发展回眸、江宁"战疫"——江宁区抗击新冠肺炎疫情纪实、年度视点3个专题，卷末附索引。与上一年卷相比，该卷年鉴在类目设置上有较大调整，新增区域合作、数字江宁建设、物流业、房地产类目，进一步突出地方特色；科技·人才调整为科技创新，农业调整为都市农业，城乡建设与管理调整为城乡发展，进一步彰显时代特征；党政机关拆分为区委、区人大、区政府、区政协、区纪委监委，制造业·建筑业拆分为制造业、建筑业，卫生·体育拆分为卫生健康、体育，单独设置经贸合作、应急管理类目，进一步反映行业和事业特点。全书92.3万字。　（张俊）

【《新吴年鉴（2021）》出版】　12月，江苏省无锡市新吴区档案史志馆编纂的《新吴年鉴（2021）》由方志出版社出版。吴俊芬主编。该卷年鉴设特载、大事记、新吴概览、中共新吴区委员会、新吴区人民代表大会、新吴区政府、政协新吴区委员会、纪检监察、民主党派、群众团体、法治·军事、经济管理、科技创新、数字经济、总部经济、新兴产业、服务业、都市农业、经贸合作、交通运输、城乡发展、生态环境、教育、文化、医疗卫生、体育、就业与社会保障、社会事业、公共安全、街道、人物·荣誉31个类目，下设201个分目、1029个条目，收录227幅图片、21张图表。卷首专题图片设新吴2020、战"疫"路上同心同行——2020年无锡市新吴区抗击新冠肺炎疫情实录，卷末附索引。新增总部经济类目，经济管理类目顺序提前，去掉物价管理、行政审批管理、安全生产管理分目，新增知识产权管理、信用管理分目，以充分反映高新区新型经济管理的特色；科技创新类目新增科技投入、科技人才、科技金融、科技活动、科技成果分目，使该板块表述清楚明了且内容涵盖全面；新兴产业类目设置高端装备产业、生物医药产业、新能源产业、新一代信息技术产业分目，集中展现无锡高新区（新吴区）产业方面的集聚优势。全书59.4万字。

（张俊）

【《相城年鉴（2021）》出版】 12月，江苏省苏州市相城区档案馆（市志办）编纂的《相城年鉴（2021）》由江苏人民出版社出版。徐华明主编。该卷年鉴设特载、大事记、印象相城、中共苏州市相城区委、苏州市相城区人大、苏州市相城区政府、苏州市相城区政协、苏州市相城区纪委监委、民主党派工商联群众团体、法治军事、科技创新、新经济产业、工业建筑业、服务业、都市农业、开放型经济、枢纽中心建设、城乡发展、生态环境、经济管理、公共服务、就业与社会保障、社会事务、社会治理、基层建设25个类目，下设147个分目、938个条目，收录127幅图片、74张表格、13份视频资料。卷首专题图片设相城高度、相城厚度、相城力度、相城速度4个专题，卷末附索引。该卷年鉴牢固树立"内容为王"的精品意识，完善年鉴基础信息，拓宽资料征集渠道，对部分类目、条目加强多次组稿，增强年鉴的资料性和实用性；单设新经济产业类目，突出相城数字经济发展特色；新增特约审稿人，对年度重点工作把握更加精准；新增图片编辑，增强年鉴的视觉效果；突出以创新设计为重点，精心设计年鉴封面和版式，封面活用相城"御窑金砖"非遗特色元素，布艺烫金，体现以精益求精的工匠精神打造精品年鉴。全书69.5万字。

（张俊）

【《灌云年鉴（2021）》出版】 12月，江苏省灌云县志办编纂的《灌云年鉴（2021）》由江苏人民出版社出版。王余亮、张再楼主编。该卷年鉴设特载、大事记、县情概览、中国共产党灌云县委员会、灌云县人民代表大会、灌云县政府、政协灌云县委员会、中共灌云县纪委灌云县监委、群众团体、法治、军事、经济管理、经贸合作、农业、工业、商贸服务业、旅游业、房地产业、金融业、城市建设、乡村振兴、交通水利、生态环境、科学技术、教育、文化、卫生健康、体育、社会事务管理、就业与社会保障、公共安全、镇街、人物、附录34个类目，下设206个分目、976个条目，收录160幅图片、78张表格。卷首专题图片设庆祝建党100周年、守岛精神传承、花果山机场通航、卫生县城创建、抗击新冠肺炎疫情、脱贫攻坚工程、灌云风光、数说"十三五"8个专题，彰显地域特色。特载收录《新冠肺炎疫情防控工作获国家级表彰》《灌云县顺利实现脱贫致富目标》两文，突出年度特点。记事条目突出年度大事、要事，重点记述发展特点、亮点。全书96.2万字。

（张俊）

【《萧山年鉴（2021）》出版】 12月，浙江省杭州市萧山区委、区政府主办，区委党史研究室（区志办）编纂的《萧山年鉴（2021）》由浙江人民出版社出版。该卷年鉴设特载、区情概览、年度聚焦、大事记、数字经济、农业·农村·农民、国内贸易、对外及港澳台经济贸易、投资促进与区域合作、经济管理与监督、开发区·平台、交通、城市建设与管理、应急管理、国土资源管理·环境保护、建筑业·房地产业、社会服务业、金融业、中共萧山区委、萧山区人民代表大会、萧山区人民政府、政协萧山区委员会、纪检·监察、民主党派·工商联·群众团体、法治、军事、教育、科技、文化·旅游·体育、卫生健康、人力资源和社会保障、社会、镇·街道33个类目，下设295个分目、64个次分目、2034个条目。卷首专题图片设奋进"十三五""百

年风华 萧山巨变"2个专题，卷末附索引。该卷年鉴年度聚焦类目重点关注民生实事、村社组织换届、东西部扶贫协作等具有年度特点的工作；优化萧山故事类目，下设3个分目，收文25篇，其中收录部分单位一线工作人员2020年抗击新冠肺炎疫情的真实故事，"我的2020"记录普通萧山人2020年的见闻经历，乡愁记录第二届萧山人大会及乡贤联谊会发展情况。掌上年鉴与纸质版同步出版。全书118万字。

（杭州市志办）

【《奉化年鉴（2021）》出版】 12月，浙江省宁波市《奉化年鉴》编纂委员会编纂的《奉化年鉴（2021）》由方志出版社出版。陈黎明主编。该卷年鉴设特载、专记、大事记、奉化概况、中国共产党宁波市奉化区委员会、宁波市奉化区人民代表大会、宁波市奉化区人民政府、政协宁波市奉化区委员会、纪检 监察、民主党派、群众团体、军事、法治、农业、农村工作、自然资源、工业、贸易合作、旅游、城市建设与管理、交通运输、水利水务、邮政 通信 信息、金融、经济综合管理、生态环境保护、教育 科技 卫生、文化 新闻体育、社会生活、社会保障服务、镇街道、人物32个类目。卷末附索引。全书60万字。

（宁波市志办）

【《北仑年鉴（2021）》出版】 12月，浙江省宁波市北仑区志办编纂的《北仑年鉴（2021）》由浙江人民出版社出版。盛光杰主编。该卷年鉴设特载、大事记、北仑概况、专记、主要组织机构及负责人名录、中共宁波市北仑区委员会、北仑区人民代表大会常务委员会、北仑区人民政府、政协北仑区委员会、中共北仑区纪律检查委员会 北仑区监察委员会、民主党派 工商联、人民团体、群众团体、开发区、港口 口岸、军事、法治、农业 农村、水利 气象、工业、外向型经济、金融业、商贸 服务业、建筑业 房地产业、综合经济管理、财政 税务、城镇建设与管理、生态环境保护、交通运输、行政管理、社会事务、科学技术、教育、文化、卫生、体育、街道、人物、先进集体 先进个人39个类目，下设224个分目、1128个条目，卷首专题图片设2020北仑数览、2020北仑要闻，卷末附索引。该年鉴系统记述2020年度北仑区域自然、政治、经济、文化、社会和生态等方面的基本情况。全书74.26万字。

（宁波市志办）

【《鹿城年鉴（2021）》出版】 11月，浙江省温州市鹿城区地方志研究室编纂的《鹿城年鉴（2021）》由线装书局出版。朱如明主编。该卷年鉴设特载、专辑、大事记、鹿城概览、中国共产党温州市鹿城区委员会、温州市鹿城区人民代表大会、温州市鹿城区人民政府、政协温州市鹿城区委员会、纪检·监察·巡察、民主党派、人民团体、法治、军事、农业、工业、商贸流通、旅游业、金融业、交通、水利、城乡建设、经济管理、公共安全管理、社会事务管理、人力资源管理、教育、科学技术、文化和体育、卫生、街道·镇、名录·人物、统计公报与分析、鹿城报道33个类目，下设229个分目、973个条目，收录188幅专题图片、47张表格。卷首专题图片设图片鹿城（2020），卷末附索引。该卷年鉴全面系统反映鹿城作为温州中心城区推进城乡发展、实施共同富裕的举措与业绩。全书共113.8万字。

（温州市志办）

【《吴兴年鉴（2021）》出版】 11月，浙江省湖州市吴兴区委、区政府主办，区志办编纂的《吴兴年鉴（2021）》由方志出版社出版。陆安华主编。该卷年鉴设特载、大事记、区情总述、政党·政权、群众团体、法治、军事、农村经济、工业经济、经济管理与监督·国有企业、商贸·服务业·旅游业、对外开放·区域合作·对口支援、城乡建设与管理、交通·邮政·通信、财政·税务、金融业、科学技术、教育、文化·卫生·体育·广电、社会·民生、生态文明建设、产业园区·高新区·乡镇·街道、人物·名录、统计资料、文件选编、光荣榜27个类目，下设

144个分目、549个条目，收录67幅图片、42张表格。卷首专题图片设最美抗疫瞬间。该卷年鉴以基本情况、年度特点、吴兴特色为主要内容，紧跟全区经济社会发展新动态，以扩充内容、调整分类、规范表述为突破方向，提升年鉴信息覆盖面和纵深度，力求符合最新国民经济行业分类和吴兴区情，突出年鉴年度性、权威性、资料性、实用性的特点。全书78万字。

（湖州市地方志编纂室）

【《肥东年鉴（2021）》出版】 11月，安徽省肥东县委党史和地方志研究室编纂的《肥东年鉴（2021）》由黄山书社出版。孙琦主编。该卷年鉴设图照、特载、专记、大事记、县情概览、中共肥东县委、肥东县人大、肥东县政府、政协肥东县委员会、中共肥东县纪委 县监委、军事、群众团体、法治、工业 民营经济、农业 水利、商业 贸易、建设 环保、邮政 通信、交通 运输、财政 税务、金融 保险、管理与监督、教育 体育 科技、文化 旅游、卫生 医疗、社会生活、脱贫攻坚、工业园区、乡镇概览、人物、附录、索引32个类目，下设216个分目、1209个条目，收录301幅图片、215张表格。卷首专题图片设包公故里幸福肥东、肥东抗疫战灾图集2个专题，卷末附索引。该卷年鉴增设人物类目，设军功章分目，宣传在军队作战、训练、执勤、科研等军队建设中作出突出成绩的肥东籍官兵。该卷年鉴获得2021年度安徽省党史地方志部门优秀科研成果评比年鉴类一等奖。全书95万字。

（程正周）

【《宁国年鉴（2021）》出版】 11月，安徽省宁国市委党史和地方志室编纂的《宁国年鉴（2021）》由黄山书社出版。苏政主编。该卷年鉴设特载、大事记、市情概览、中共宁国市委、宁国市人大、宁国市政府、政协宁国市委员会、中共宁国市纪委 市监委、民主党派·群众团体、法治、军事、开放型经济、工业、农业、商贸服务业、旅游、金融、交通运输、邮政和快递、城乡建设与管理、财政税务、综合经济监督与管理、生态环境、教育 体育、科学技术、文化、卫生健康、社会生活、乡镇 街道、人物 荣誉榜、附录31个类目，下设199个分目、1478个条目，收录70幅图片、93张表格。卷首专题图片设年度要闻、成功创建第六届全国文明城市、抗击新冠肺炎疫情、抗洪抢险、决胜全面建成小康社会、多彩宁国·地域文化年度展示，卷末附索引。该卷年鉴框架设计进一步优化调整，自然资源管理与生态环境保护类目更名为生态环境，自然资源管理分目并入综合经济监督与管理类目；卫生·计生类目更名为卫生健康，计划生育分目拆分为宁国市计划生育协会次分目与人口和家庭发展服务分目，分别并入民主党派·群众团体类目与社会生活类目；社会生活类目中的退役军人事务分目并入军事类目；专记收录《宁国市抗击新冠肺炎疫情综述》《宁国市成功创建第六届全国文明城市综述》《宁国市"十三五"时期决胜全面建成小康社会取得决定性成就综述》等文。卷首专题图片"多彩宁国·地域文化年度展示"，设"锦绣云梯·多彩畲族文化"板块，反映2020年获"安徽省百家乡村旅游（扶贫）示范村"称号的宁国云梯畲族乡传承畲族婚俗等畲族文化及发展乡村旅游的活动与成果。该卷年鉴获得2021年度安徽省党史地方志部门优秀科研成果评比年鉴类一等奖。全书90万字。

（程正周）

【《琅琊年鉴（2021）》出版】 12月，安徽省滁州市琅琊区委党史和地方志研究室编纂的《琅琊年鉴（2021）》由黄山书社出版。赵国辉主编。该卷年鉴设特载、大事记、琅琊概览、中共琅琊区委、琅琊区人大、琅琊区政府、政协琅琊区委员会、中共琅琊区纪委 区监委、军事、民主党派与工商联、群众团体、法治、城建环保、农业农村、商贸服务业、琅琊经济开发区、财政税务、管理与监督、文化和旅游、教育体育科技、卫生健康医疗保障、社会民生、街道办事处、人物、附录25个类目，下设134个分目、696个条目，收录88幅图片、6张表格。卷首专题图片设时政要闻、经济发展、民生福祉、文教科卫、生态农业，卷末附索引。该卷年鉴为突出琅琊特色和年度特色，设置城区新貌分目，介绍琅琊新区的交通、道路、桥梁等情况；设置历史与文化分目，介绍琅琊区的历史与文化；特载类目增设新冠肺炎疫情防控分目，记述2020年琅琊区各部门协同作战积极做好疫情防控工作；增设民主党派与工商联类目，分设民革、民盟等民主党派分目，将原琅琊区工商业联合会分目调归该类目；社会民生类目增设精神文明建设分目，退役军人事务管理分目调归军事类目；自然资源管理、国有资产管理分目调归管理与监督类目；群众团体类目增设琅琊区计生协会、琅琊区文学艺术联合会、琅琊区科学技术协会分目。该卷年鉴获得2021年度安徽省党史地方志部门优秀科研成果评比年鉴类一等奖。全书60万字。

（程正周）

【《南谯年鉴（2021）》出版】 10月，安徽省滁州市南谯区委党史和地方志研究室编纂的《南谯年鉴（2021）》由黄山书社出版。郑月祥主编。该卷年鉴设特载、专记、大事记、南谯概览、中共南谯区委、南谯区人大、南谯区政府、政协南谯区委员会、中共南谯区纪委 区监委、军事、民主党派与工商联、群众团体、法治、规划建设与城市管理、环保 水利电力、农业与农村、工业经济与园区建设、商贸 旅游、财政 税务 金融、管理与监督、教育 体育 科技、文化传媒、卫生 医保、社会与民生、镇 街道、人物、附录27个类目，下设142个分目、736个条目，收录233幅图片、16张表格。卷首专题图片设时政要闻、疫情防控、抗洪救灾、经济发展、文化教育、社会民生、脱贫攻坚、数字南谯，卷末附缩略语、索引。该卷年鉴对类目和分目进行调整，突出地方特点和年度特色，增设区委常委会会议、区人大常委会会议、区政府常务会议、区政协常务委员会会议、区纪委常委会会议、人大决定决议选录和企业选介条目；综治 司法类目改为法治，将政法委及综治分目调归此类目；规划建设与城市管理类目下人民防空分目调归军事类目。做好全书的规范统一，民革、民盟等7个民主党派概况条目记述方法实现基本统一。该卷年鉴获得2021年度安徽省党史地方志部门优秀科研成果评比年鉴类二等奖。全书53.5万字。

（程正周）

【《青阳年鉴（2021）》出版】 11月，安徽省青阳县委党史和地方志研究室编纂的《青阳年鉴（2021）》由黄山书社出版。汪大庆主编。该卷年鉴设特载、专记、大事记、青阳概览、中共青阳县委、青阳县人大、青阳县政府、政协青阳县委员会、中共青阳县纪委 县监委、群众团体、军事、法治、管理与监督、农业与农村经济、工业和工业园区、商贸、城乡建设·生态环保、交通·邮政·通信、财政·税务·金融、教育·体育、科技·卫生·医疗保障、文化·传媒·旅游、社会生活、乡镇概况、人物·荣誉榜、附录26个类目，下设129个分目、841个条目，收录258幅图片。卷首专题图片设荣誉青阳、旅游胜地 灵秀青阳、年度要闻·开放之城、决战脱贫攻坚、抗击新冠肺炎疫情、抗洪救灾、工旅双驱·创新之城、城旅双升·品质之城、农旅双兴·生态之城、民旅双荣·共享之城、文旅双合·活力之城等，突出"修身福地、灵秀青阳"主题和青阳县地方特色；封面图片采用安徽省非物质文化遗产——青阳农民画《欢度新年》，彰显地方文化特色；封底图片为位于东九华的"将军湖"，突出青阳县优美的自然风光。卷末附索引。该卷年鉴对相关类目、分目进行调整，青阳概览类目下行政区划条目从人口民族区划分目调至自然地理分目；青阳县政府类目下建议和提案办理分目降为条目，归入综述；管理与监督类目下就业扶贫条目调至青阳县政府类目下扶贫开发分目；社会生活类目下统计调查分目调至管理与监督类目中。该卷年鉴获得2021年度安徽省党史地方志部门优秀科研成果评比年鉴类二等奖。全书47万字。

（程正周）

【《三元年鉴（2021）》出版】 10月，福建省三明市三元区委党史和地方志研究室编纂的《三元年鉴（2021）》由方志出版社出版。吴锦生主编。该卷年鉴设重要报告、万寿岩"新生"专记、大事记 区情总貌、中共三元区委、人民代表大会常务委员会、三元区人民政府、政协三元区委员会、纪检监察、民主党派与工商联、群众团体 法治 军事、应急管理、土地资源管理和环境保护、经济管理与监督 金融、农业农村、林业、工业与经济开发区、工商外贸与民企、城乡建设与交通、教育科技、文化体育与旅游、卫生与健康、社会民生 乡镇街道等28个类目，下设168个分目、1463个条目，收录64幅图片、15张表格。卷首专题图片设重要会议、抗击新冠、经济发展、社会民生、文化创建。该卷年鉴在卷首专题图片类别中设抗击新冠肺炎疫情这一专题，保留这一历史事件图片资料；在专记万寿岩"新生"中，突出展现万寿岩国家遗址公园得到国家媒体的关注。全书35万字。

（三元区委党史和地方志研究室）

【《宁化年鉴（2021）》出版】 11月，福建省宁化县委党史和地方志研究室编纂的《宁化年鉴（2021）》由线装书局出版。游东雄主编。该卷年鉴除特载、大事记外，设县情总貌、客家文化、中国共产党宁化县委员会、宁化县人民代表大会、宁化县人民政府、中国人民政治协商会议宁化县委员会、纪委监委、群众团体、法治 军事、外事 侨务 港澳台事务、经济管理、财政 税务、金融、农业农村、林业、工业 建筑业、商贸服务业、交通 邮政 通信、城乡建设、生态环境、教育 科技、文体旅游、卫生健康、社会生活、应急管理、乡（镇）华侨农场、人物和荣誉27个类目，下设264个分目、1255个条目，收录62幅图片、18张表格。卷首专题图片设领导关怀、政务活动、项目建设、文体繁荣、城市新貌、美丽乡村，卷末附索引。该卷年鉴为突出地方特色，将客家文化类目前置；为突出年度特色和时代特色，在人物和荣誉类目下增设逝世人物、抗疫最美人物；为规范归类，不再单独设置自然资源管理、市场监督管理类目。全书62.5万字。 （宁化县委党史和地方志研究室）

【《大田年鉴（2021）》出版】 12月，福建省大田县委党史和地方志研究室编纂的《大田年鉴（2021）》由方志出版社出版。该卷年鉴设大事记、大田概貌、中共大田县委员会、大田县人民代表大会、大田县人民政府、政协大田县委员会、中共大田县纪委 大田县监委、群众团体、法治、军事、外事 侨务 港澳台事务、应急管理、自然资源管理、生态环境、经济管理与市场监督、金融、农业农村、林业、工业建筑业、交通 邮政 通信、商业贸易、财政 税务、城乡建设、科学技术、教育、文化 体育 旅游、卫生健康、社会生活、乡镇（社区）概况、人物30个类目，下设211个分目、1451个条目，收录21幅图片、16张表格。卷首专题图片设政治、经济、社会、文化等。该卷年鉴新设外事侨务 港澳台事务、应急管理类目；社会团体类目改为群众团体，经济管理与监督类目改为经济管理与市场监督类目；人力资源和社会保障管理分目由经济管理类目归入社会生活类目；人口和计划生育类目改为人口与计生服务类目；金融类目改设综述、金融监管、商业银行、保险证券4个分目；工业类目改为工业建筑业，水利电力类目改为水利建设类目，电力分目更名为电力工业分目，归入工业建筑业类目。全书63.1万字。 （大田县委党史和地方志研究室）

【《建宁年鉴（2021）》出版】 12月，福建省建宁县委党史和地方志研究室编纂的《建宁年鉴（2021）》由方志出版社出版。陈忠奋主编。该卷年鉴设大事记、建宁概貌、中共建宁县委员会、建宁县人民代表大会、建宁县人民政府、政协建宁县委员会、中共建宁县纪委 建宁县监委、群众团体、法治、军事、外事 侨务 港澳台事务、应急管理、自然资源管理、生态环境、经济管理与市场监督、金融、农业 农村、林业、工业 建筑业、交通 邮政 通信、商业贸易、财政 税务、城乡建设、科学技术、教育、文化 体育 旅游、卫生健康、社会生活、乡镇（社区）概况、人物30个类目，下设199个分目、1098个条目，收录105幅图片、18张表格。卷首专题图片设建宁县城区全景图，卷末附福建金铙山顶图。该卷年鉴收录《回顾"十三五"：成效显著 亮点纷呈》，总结"十三五"的主要成绩；收录《建宁县抗击新冠肺炎疫情大事记》和《建宁县疫情防控工作情况汇报》等，系统记述建宁县抗疫情况；收录《山水建宁 绿中淘金》和《做足特色 做大优势 五举措助推建宁产业高质量发展》等，凸显建宁县地域特色。全书58.6万字。　　　（建宁县委党史和地方志研究室）

【《上杭年鉴（2020）》出版】　1月，福建省上杭县委、县政府主办，中共上杭县委党史和地方志研究室编纂的《上杭年鉴（2020）》由方志出版社出版。王波主编。该卷年鉴设特载、年度关注、大事记、县情概览、红色传承、中国共产党上杭县委员会、上杭县人民代表大会、上杭县人民政府、中国人民政治协商会议上杭县委员会、纪检监察、外事侨务港澳台事务、人民团体、法治、军事、经济管理、农业、工业、信息化建设、矿产冶金、交通运输、商贸服务业、金融、城乡规划建设、建筑和房地产业、生态环境、科学技术、教育、文化体育、卫生健康、社会生活、乡镇概况、人物荣誉32个类目，下设174个分目、1042个条目，收录96幅图片、33张表格。卷首专题图片设重点工作、双创实践、庆祝中华人民共和国成立70周年活动、基础设施、文化体育、人民生活等专题，卷末附上杭县副科级以上负责人名录、文件名录、统计资料。该卷年鉴记述2019年上杭县经济社会情况，突出上杭县实施创新驱动、转型升级、项目带动、城乡建设、民生保障，以及加快实现高质量发展落实赶超所取得的新成就、新经验和呈现的新面貌；特载、红色传承等类目，凸显上杭年度特色。全书75万字。　　　　　　（游友荣）

【《新建年鉴（2021）》出版】　12月，江西省南昌市新建区《新建年鉴》编辑委员会编纂的《新建年鉴（2021）》由江西教育出版社出版。万里鹏主编。该卷年鉴设特载、特辑、大事记、新建区概貌、中国共产党新建区委员会、新建区人民代表大会及其常委会、新建区人民政府、政协新建区委员会、纪检监察、群众团体、民主党派·工商联、法治、军事、经济开发区、农业农村、交通运输、商贸流通和服务业、邮电·通信·信息化、金融·保险、教育·体育、文化·传媒·旅游、卫生健康·医疗保障、城乡建设与管理、财政·税务、经济管理与监督、社会管理和服务、乡镇（管理处）、社情民意、人物、文献辑录30个类目，下设287个分目、1300个条目，收录227幅图片、18张表格。卷首专题图片设产业经济发展、城市建设管理、社会文化活动。该卷年鉴在乡镇（管理处）类目中设乡镇风采专版，展示各乡镇乡村振兴成果。全书110万字。　　　　　　（新建区史志研究室）

【《分宜年鉴（2021）》出版】　12月，江西省分宜县地方志编委会编纂的《分宜年鉴（2021）》由江西高校出版社出版。谢淘主编。该卷年鉴设特载、大事记、分宜概览、中国共产党分宜县委员会、分宜县人民代表大会常务委员会、分宜县人民政府、中国人民政治协商会议分宜县委员会、民主党派·工商联、群众团体、军事·政法、农粮·林业·水务、工业·企业、交通·公路·通讯、商贸·供销、经济管理与监督、财税·审计·金融·保险、教育体育·科技文化·卫生健康、住房建设管理·环境保护、社会生活与保障、乡镇（场、办事处）、人物、附录22个类目，下设151个分目、783个条目，收录16幅图片、5张表格。全书65万字。　　　（钟洪成）

【《贵溪年鉴（2021）》出版】　12月，江西省贵溪市政府主办、市志办编纂的《贵溪年鉴（2021）》由中共党史出版社出版。李峰主编。该卷年鉴设特载、大事记、专记、市情概览、中国共产党贵溪市委员会、贵溪市人民代表大会常务委员会、贵溪市人民政府、政协贵溪市委员会、中国共产党贵溪市纪律检查委员会、民主党派、社会团体、国防·武装、法治、工业、园区、农粮·林业·水利、商贸与经济合作、城乡建设、非公有制经济、经济管理与监督、社会应急管理、信息化建设、交通、财政·税务、金融、气象、生态环境、科技、教育体育、文广新旅·新华发行、新闻广电、卫生健康·医疗保障、居民生活、民政·扶贫·退役军人事务、劳动就业与社会保障、乡（镇、街道、场）、驻贵企业单位、人物、主要统计资料、附录40个类目，下设189个分目、1397个条目，收录50幅图片、9张表格。卷首专题图片设领导视察、重要会议、经济建设、棚户区改造、社会事业、城乡建设、新时代文明实践、旅游开发、精准扶贫、生态文明10个专题，卷末附《江西省实施〈地方志工作条例〉办法》。该卷年鉴突出反映决胜脱贫攻坚、抗击新冠肺炎疫情、全面建成小康社会等年度重点内容。全书83.3万字。

（吴志文）

【《安远年鉴（2021）》出版】 10月，江西省安远县史志研究室编纂的《安远年鉴（2021）》由方志出版社出版。李秋平主编。该卷年鉴设特载、专记、大事记、安远概览、中国共产党安远县委员会、安远县人民代表大会、安远县人民政府、中国人民政治协商会议安远县委员会、中国共产党安远县纪律检查委员会 安远县监察委员会、群众团体、法治、军事、脱贫攻坚、经济管理、工业、农业、商贸服务业·经贸合作、旅游、金融业、交通、邮政·电信、城乡建设、生态环境、教育·科技、文化·传媒·体育、卫生健康、社会生活、应急管理、乡镇、人物·荣誉、重要文献选辑、统计资料、附录33个类目，下设212个分目、987个条目，收录105幅专题图片、86幅随文照片、51张随文表格、5幅图。卷首专题图片设数字安远、安远名片、"十三五"回眸、生态旅游、东江源保护、脐橙全产业链发展、疫情防控7个专题，卷末附主题索引、图表索引。该卷年鉴新设脱贫攻坚类目，应急管理由分目升格为类目；特载类目设脱贫攻坚、"十三五"成就内容；专记类目设疫情防控、苏区振兴发展内容；安远概览类目下新设革命遗址、名胜古迹、安远"非遗"、安远荣誉分目。全书70万字。

（叶国丰）

【《高安年鉴（2021）》出版】 12月，江西省高安市《高安年鉴》编纂委员会编纂的《高安年鉴（2021）》由百花洲文艺出版社出版。易集明主编。该卷年鉴设特载、大事记、高安概览、中国共产党高安市委员会、高安市人民代表大会、高安市人民政府、政协高安市委员会、市纪律检查委员会市监察委员会、军事、民主党派·工商联、群众团体、法治、城乡建设·环境保护、基础设施、交通运输管理、农业、工业、园区经济、商务·贸易、金融、经济管理与监督、科技、教育·体育、文化、卫生健康、社会生活、乡镇·街道·垦殖场、人物、附录、统计资料30个类目，下设179个分目、843个条目，收录15幅图片、22张表格。卷首专题图片设政治建设、经济建设、社会建设和文化建设。该卷年鉴新设社会生活类目，退役军人事务分目调整至军事类目之下，脱贫攻坚分目归至社会生活类目。全书79万字。

（孙晓东）

【《薛城年鉴（2021）》出版】 11月，山东省枣庄市薛城区委党史研究中心编纂的《薛城年鉴（2021）》由团结出版社出版。褚洪浩主编。该卷年鉴设薛城概况、中国共产党薛城区委员会、薛城区人民代表大会、薛城区人民政府、中国人民政治协商会议薛城区委员会、纪检监察、民主党派和工商联、群众团体、法治军事、经济监督管理、农业和农村工作、工业和信息化、交通运输和邮政业、城乡建设和环境保护、金融、商贸服务业、教育科学、文化旅游、卫生体育、社会生活、镇街概况、薛城经济开发区、人物、附录24个类目，下设101个分目、719个条目，收录100幅图片、3张表格。卷首专题图片设党史学习教育、落实"工业强市、产业兴市"战略、推进乡村振兴、打造健康薛城、提升城市品质等专题。该卷年鉴突出反映2021年度决胜脱贫攻坚、抗击新冠肺炎疫情等年度重点内容，注重特色条目编写，多角度反映各部门工作情况。全书51万字。　　　　　　　　　　（宋涛）

【《东营市河口年鉴（2021）》出版】　12月，山东省东营市河口区委党史研究中心（区地方史志研究中心）编纂的《东营市河口年鉴（2021）》由中州古籍出版社出版。綦崇河主编，潘春芳执行主编。该卷年鉴设大事记、河口概况、中国共产党河口区委员会、河口区人民代表大会及其常务委员会、河口区人民政府、中国人民政治协商会议河口区委员会、中国共产党河口区纪律检查委员会 河口区监察委员会、群众团体、军事、法治、改革开放、经济管理与监督、财税 金融、农业、水利与黄河河务、工业、交通邮政、信息产业、城建环保、国内贸易、科学技术、教育、文化体育、卫生健康与医疗保障、社会生活、区属国有企业、镇（街道）概况、胜利油田驻河口各单位、人物29个类目，下设144个分目、654个条目，收录61幅图片、6张表格。卷首专题图片设重要会议、时政要闻、重要活动、重点招商活动、重要时事、疫情防控6个专题，卷末附索引。该卷年鉴根据行业特点重新调整法治、群众团体、卫生健康与医疗保障等类目。全书57.9万字。　　　　　　　　（宋涛）

【《龙口年鉴（2021）》出版】　11月，山东省龙口市委党史研究中心（市地方史志研究中心）编纂的《龙口年鉴（2021）》由线装书局出版。迟静主编。该卷年鉴设龙口概览、中国共产党龙口市委员会、龙口市人民代表大会、龙口市人民政府、中国人民政治协商会议龙口市委员会、纪检监察、民主党派、群众团体、法治、军事、经济管理、口岸管理、农业和农村工作、工业、商贸服务·投资促进、旅游、金融、城乡建设、自然资源管理·环境保护、交通、水利、科学技术、教育·体育、文化、卫生健康、社会生活、镇街区、专记、专文、2020年荣誉榜30个类目，下设182个分目、847个条目，收录190余幅图片、11个表格。卷首专题图片设新冠肺炎疫情防控、项目建设助推县域高质量发展、全域化常态实施文明城市提升工程、苹果产业高质量发展、持续推进新时代文明实践中心建设5个专题，卷末附索引。该卷年鉴新设专记、专文类目，以工作纪实的形式全面展示龙口市的脱贫攻坚成果和新冠疫情防控取得的阶段性成果；针对海关、海事、边防等口岸管理部门齐备、港口经济的实际情况，增设口岸管理类目，在交通类目下增设龙口港分目。全书47.5万字。　　　　　　　　　　　　　　（宋涛）

【《曲阜年鉴（2021）》出版】　11月，山东省曲阜市委党史研究中心（市地方史志研究中心）编纂的《曲阜年鉴（2021）》由团结出版社出版。孔凡波主编。该卷年鉴设曲阜概貌、中共曲阜市委、曲阜市人大、曲阜市政府、曲阜市政协、曲阜市纪委 监委、民主党派·工商联、群众团体、法治、军事、经济管理、农业、工业、交通运输、邮政·通信、城乡建设、生态环境、财政·税务、金融业、商贸流通、招商引资·园区经济、文化·旅游、科学技术、教育·体育、卫生健康、社会生活、应急管理、人物、镇街概况、附录30个类目，下设298个分目、1399个条目，收录200幅图片、18张表格。卷首专题图片设2020中国网络诚信大会、脱贫攻坚、全国文明城市创建、抗击新冠肺炎疫情、2020中国（曲阜）国际孔子文化节、第六届尼山世界文明论坛、第七届"百姓儒学节"、幸福食堂。该卷年鉴在框架结构相对稳定的基础上，增设专记类目，收录脱贫攻坚专题照片，记述曲阜市创新实施"育德+扶志+解困"精神扶贫模式，创造性地走出一条以优秀传统文化助力脱贫的路子；应急管理升格为类目，自然资源管理与生态环境保护合并为生态环境类目。全书76.8万字。　　　　　　　　　　　　　　（宋涛）

【《环翠年鉴（2021）》出版】　12月，山东省威海市环翠区委党史研究中心（区地方史志研究中心）编纂的《环翠年鉴（2021）》由方志出版社出版。丛晓红主编。该卷年鉴设环翠概览、中国共产党环翠区委员会、环翠区人民代表大会、环翠区人民政府、中国人民政治协商会议环翠区委员会、中国共产党环翠区纪律检查委员会环翠区监察委员会、民主党派与工商联、人民团体、法治、军事、经济管理、海洋发展、农业、工业、建筑业、商贸服务业、金融业、旅游业、经贸合作、城乡建设、生态环境保护、科学技术、教育、文化、卫生健康、体育、社会生活、镇（街道）、人物荣誉、附录30个类目，下设208个分目、1240个条目，收录154幅图片、35张表格。卷首专题图片设"十三五"成就、疫情防控、脱贫攻坚、经济发展、乡村振兴、文化繁荣、幸福环翠7个专题。该卷年鉴将打造精致幸福充满活力共同富裕先行示范区的实践与年鉴内容选题、题材表现有机融合，框架设计充分彰显地域、年度特色，设置海洋发展、旅游业等类目；面对机构改革、供给侧结构调整、新型业态产生、政府管理方式转变等，突破以部门为分类的框架结构，商贸服务业类目重整，新增商贸服务管理、科技服务业、楼宇经济、住宿餐饮4个分目；建筑业和生态环境保护分目从城乡建设与生态环境保护类目中析出，分别独立设置建筑业和生态环境保护类目。全书101.5万字。 （宋涛）

【《岚山年鉴（2021）》出版】 12月，山东省日照市岚山区委党史研究中心（区地方史志研究中心）编纂的《岚山年鉴（2021）》由线装书局出版。尹世恩主编。该卷年鉴设特载、专记、大事记、岚山概览、中共岚山区委员会、岚山区人民代表大会、岚山区人民政府、政协岚山区委员会、纪检监察、民主党派·工商联、群众团体、法治、军事、经济管理、财政·税务、园区建设·招商引资、港口·交通、对外开放、农业、商业·服务业、城建·环保、邮政·通信、社会生活、教体·卫健、文旅·科技、金融、乡镇街道、附录28个类目，下设130余个分目、1030余个条目，收录360余幅图片、150余张表格。卷首专题图片设疫情防控、临港产业、民生福祉3个专题，卷末附索引。该卷年鉴系统记述2020年度岚山区统筹推进疫情防控和经济社会发展，扎实做好"六稳"工作，全面落实"六保"任务，推动全区经济社会高质量发展的生动实践。全书72.3万字。 （宋涛）

【《管城年鉴（2021）》出版】 11月，河南省郑州市管城回族区政府主办、区志办编纂的《管城年鉴（2021）》由中州古籍出版社出版。王佰顺主编。该卷年鉴设特载、大事记、区情概况、中共郑州市管城回族区委、郑州市管城回族区人民代表大会、郑州市管城回族区人民政府、政协郑州市管城回族区委员会、纪检监察、民主党派和工商联、群众团体、法治、军事、工业、农业、商贸流通、财税金融、经济管理、城乡建设与管理、科学技术、教育、文化旅游、卫生事业、社会事业、生态环境保护、园区建设、街道、荣誉、统计资料、附录29个类目，下设122个分目、731个条目，收录252幅图片、9张表格。卷首专题图片设区委区政府重要会议、党的建设、民主与法治建设、经济发展、疫情防控、文化建设、美丽乡村、生态文明建设、城乡建设等专题，卷末附索引。该卷年鉴卷首专题图片内容丰富，凸显文化特色；园区建设类目亮点突出。全书80万字。 （王颖）

【《金水年鉴（2021）》出版】 10月，河南省郑州市金水区史志办编纂的《金水年鉴（2021）》由方志出版社出版。杨宇峰主编。该卷年鉴设特载、大事记、区情概览、中共郑州市金水区委、金水区人民代表大会、金水区人民政府、政协郑州市金水区委员会、纪检监察、群众团体、法治、军事、工业、农业与农村经济、工业和信息化、商贸、财政税务、经济管理与监督、交通管理、城乡建设与管理、科教文卫、社会事业、园区建设、街道、附录24个类目，下设117个分目、867个条目，收录

144幅图片。卷首专题图片设金水风貌、金水建设、宣传活动、抗击疫情、"金小二"服务等专题，卷末附索引。全书46万字。（王颖）

【《巩义年鉴（2021）》出版】 6月，河南省巩义市政府主办、市史志办编纂的《巩义年鉴（2021）》由中州古籍出版社出版。路培育主编。该卷年鉴设特载、大事记、市情概要、中共巩义市委、巩义市人民代表大会、巩义市人民政府、政协巩义市委员会、纪检监察、人民团体、军事、法治、农业、水利、经济监督与管理、工业经济、商贸流通、交通通信、城乡建设与环境保护、公用事业、财政税务、金融、文化旅游、科学技术、教育、卫生健康、社会生活、镇街道、荣誉榜、附录29个类目，下设140个分目、1290个条目，收录231幅图片、10张表格。全书80万字。（王颖）

【《滑县年鉴（2021）》出版】 11月，河南省滑县政府主办、县地方史志编纂中心编纂的《滑县年鉴（2021）》由中州古籍出版社出版。张利民主编。该卷年鉴设特载、专文、县情概览、大事记、中共滑县委员会、滑县人民代表大会、滑县人民政府、政协滑县委员会、纪检监察、群众团体、军事、法治、经济管理、财政税务、金融业、农业农村、工业、商贸流通、信息产业、住房和城乡建设、生态环境和自然资源、交通邮政、水利、科技教育、文化旅游、卫生健康、社会生活、人物、产业集聚区 滑东新区、乡镇（街道）、附录31个类目，下设140个分目、1286个条目，收录228幅图片、27张表格。卷首专题图片设脱贫攻坚、疫情防控等专题，卷末附索引。该卷年鉴附录设有"史海钩沉"，彰显地方特色。全书80万字。（王颖）

【《禹州年鉴（2021）》出版】 9月，河南省禹州市地方史志编委会编纂的《禹州年鉴（2021）》由中州古籍出版社出版。郑锴主编。该卷年鉴设特载、大事记、市情概览、脱贫攻坚、全面建成小康社会、专文、中共禹州市委员会、禹州市人民代表大会、禹州市人民政府、政协禹州市委员会、纪检监察、群众团体、法治、军事、经济管理、钧陶瓷产业、中医药产业、工业、农业、水利、商贸服务、交通通信、财政税务、金融、城乡建设、生态环境和自然资源、科学技术、教育体育、文化旅游、卫生健康、社会生活、乡镇（街道）32个类目，下设186个分目、1056个条目，收录107幅图片、3张表格。卷首专题图片设城市荣誉、新思想引领新征程、工业强市、文明新城、六稳六保、改善民生、全面建成小康社会、疫情防控、瓦店遗址考古发掘、钧瓷文化等专题，卷末附索引。卷首专题图片有精美钧瓷展示，突出本地特色。全书70万字。（王颖）

【《夷陵年鉴（2021）》出版】 12月，湖北省宜昌市夷陵区档案馆（区史志研究中心）编纂的《夷陵年鉴（2021）》由三峡电子音像出版社出版。谭华、袁旺清主编。该卷年鉴设特载、抗击新冠肺炎疫情、大事记、夷陵概貌、党政机关、民主党派·群众团体、农业·林业·水利·气象、工业·夷陵经济开发区、交通·信息化、城乡建设与生态环境、商贸服务业·金融、旅游、综合管理、法治·军事、科技·教育、文化·体育·新媒体、卫生健康、计划生育、社会生活、镇（乡、街道、试验区）、荣耀夷陵、人物、附录23个类目，下设104个分目、1027个条目，收录218幅图片、46张表格。卷首设专题图片，卷末附索引。全书82万字。

（湖北省文化和旅游厅地方志工作处）

【《谷城年鉴（2021）》出版】 12月，湖北省谷城县史志研究中心编纂的《谷城年鉴（2021）》由长江出版社出版。杨枫主编。该卷年鉴设大事记、谷城综述、农业农村经济、工业经济、交通·通信、商业贸易、财政·税务·金融、经济监督管理、城乡建设与管理、中共谷城县委员会、谷城县人民代表大会、谷城县政府、中国人民政治协商会议谷城县委员会、纪检监察、群众团体、法治、军事、科技·教育、卫生健康、文化·新闻出版·旅游·体育、社会民生、乡镇·开发区22个类目，下设157个分目、1103个条目，收录178幅图片、9张表格。卷首设专题图片。全书60万字。　　（湖北省文化和旅游厅地方志工作处）

【《沙洋年鉴（2021）》出版】　12月，湖北省沙洋县地方志编委会编纂的《沙洋年鉴（2021）》由中国文化出版社出版。沙洋县档案馆（县史志研究中心）主编。该卷年鉴设特载、专文、2020年沙洋荣誉、年度关注、县情概览、2020年大事记、中国共产党沙洋县委员会、沙洋县人民代表大会、沙洋县政府、中国人民政治协商会议沙洋县委员会、中国共产党沙洋县纪律检查委员会、民主党派、群众团体、法治、军事、城乡规划建设管理、生态建设与保护、交通邮政、工业与信息化、农业和农村经济、贸易、经济综合管理、财政税务审计、金融、社会事业、教育、文化体育旅游、卫生与健康、社会民生、镇（区）概况、人物、附录32个类目，下设192个分目、819个条目，收录89幅图片、21张表格。全书65万字。
　　（湖北省文化和旅游厅地方志工作处）

【《松滋年鉴（2021）》出版】　12月，湖北省松滋市档案馆（市史志研究中心）编纂的《松滋年鉴（2021）》由长江出版社出版。李莉主编。该卷年鉴设年度关注、特载、松滋综述、2020年大事记、市委、人大、政府、政协、纪委、群众团体、法治、军事、农业农村、工业与信息化、交通邮政、商贸流通、住房与城乡建设、综合监督与管理、财政税务审计、金融、科学技术、教育、文化新闻旅游体育、卫生与健康、社会民生、生态保护与建设、乡镇（街道）概况、人物、统计资料29个类目，下设206个分目、1009个条目，收录110幅图片、12张表格。全书80万字。
　　（湖北省文化和旅游厅地方志工作处）

【《天门年鉴（2021）》出版】　12月，湖北省天门市委、市政府主办，市文化和旅游局编纂的《天门年鉴（2021）》由长江出版社出版。刘志华主编。该卷年鉴设特载、专文、天门综述、大事记、农业和农村经济、工业与信息化、交通邮政、城乡规划建设管理、生态环境保护、贸易、经济综合管理、财政税务审计、金融、中国共产党天门市委员会、天门市人民代表大会、天门市政府、中国人民政治协商会议天门市委员会、中共天门市纪律检查委员会 天门市监察委员会、民主党派 工商联、群众团体、法治、军事、科学技术、教育、文化 体育 旅游 新闻出版 传媒、卫生健康、社会民生、园区建设、乡镇办场概况、人物、统计资料、附录32个类目，下设212个分目、961个条目，收录95幅图片、9张表格。卷首有40幅专题图片，卷末附索引。全书63.2万字。
　　（湖北省文化和旅游厅地方志工作处）

【《浏阳年鉴（2021）》出版】　12月，湖南省浏阳市地方志编纂室编纂的《浏阳年鉴（2021）》由方志出版社出版。杨钢主编。该卷年鉴设特载、大事记、浏阳概貌、中国共产党浏阳市委员会、浏阳市人民代表大会、浏阳市政府、中国人民政治协商会议浏阳市委员会、中国共产党浏阳市纪律检查委员会浏阳市监察委员会、民主党派、群众团体、法治、军事、经济管理、农业、水利、工业和信息化、鞭炮烟花业、开发区与园区建设、交通运输、邮政·通讯、城乡建设和管理、生态环境、商务、旅游、金融、科学技术、教育、文化·体育、卫生、社会生活、街道·镇·乡、人物与荣誉、文献选篇、附录34个类目，下设203个分目、1409个条目，收录202幅图片、42张表格。卷首专题图片设浏阳市地图、浏阳市森林分布图、数字浏阳，卷末附索引。该卷年鉴框架微调，浏阳概览类目中浏阳市2020年国民经济与社会发展统计公报调整至附录，类目下设国民经济与社会发展分目，简述全市政治、经济、文化与生态文明建设简要发展历程；特载类目设浏阳市脱贫攻坚工作纪实；附录类目收录浏阳市第七次人口普查公报等资料。全书124万字。
　　（唐继武）

【《望城年鉴（2021）》出版】 12月，湖南省长沙市望城区地方志编委会编纂的《望城年鉴（2021）》由方志出版社出版。范焱斌主编。该卷年鉴设望城概览、中国共产党长沙市望城区委员会、长沙市望城区人民代表大会、长沙市望城区政府、中国人民政治协商会议长沙市望城区委员会、中国共产党长沙市望城区纪律检查委员会长沙市望城区监察委员会、民主党派、群众团体、法治、经济管理与监督、军事、农业·农村经济、工业、区域开发与园区经济、商贸服务、金融业·保险服务、交通·邮政·通信·电力·燃气、城乡建设与管理·环境保护、卫生与健康、教育、文化·旅游·体育、科学技术、社会生活、街镇、人物25个类目，下设147个分目、900个条目，收录241幅图片、15张表格。卷首专题图片设抗疫复产速度、园区建设速度、产业发展速度、乡村振兴速度、改革创新速度5个专题。该卷年鉴主要突出2020年度望城区发展情况和地方特色，卷首专题图片从5个方面凸显发展中的"望城速度"；特载收录《望城这五年——"十三五"发展成就概览》，图文并茂地回顾望城过去5年的发展成绩；城乡建设与管理和环境保护类目合并；每个乡镇街道分目下设困难与问题条目，全面客观记述地方发展情况。全书75.8万字。 （肖艳）

【《长沙县年鉴（2021）》出版】 9月，湖南省长沙县地方志编纂室编纂的《长沙县年鉴（2021）》由方志出版社出版。马国军主编。该卷年鉴设特载、专文、长沙县概览、大事记、中国共产党长沙县委员会、长沙县人民代表大会、长沙县政府、中国人民政治协商会议长沙县委员会、中共长沙县纪律检查委员会·长沙县监察委员会、群众团体、法治、军事、经济管理、农业、工业·建筑业、经济园区建设、商贸服务业、金融、旅游、交通·邮政·通信、生态环境、城乡建设与管理、科学技术、教育、文化、卫生健康·体育、应急管理、社会生活、镇·街道、人物·荣誉、统计资料31个类目，下设189个分目、936个条目，收录156幅图片、46张表格。卷首专题图片设数说2020、新冠肺炎疫情防控、脱贫攻坚、美丽乡村建设。该卷年鉴框架略作调整，增设专文类目；长沙县纪律检查委员会·长沙县监察委员会更名为中共长沙县纪律检查委员会·长沙县监察委员会；工业·园区建设类目拆分为工业·建筑业、经济园区建设类目；增设生态环境类目；商贸·旅游类目拆分为商贸服务业、旅游类目；农业·水利类目更名为农业；科学技术·教育类目拆分为科学技术、教育类目；卫生·体育类目更名为卫生健康·体育；增设应急管理类目，下设防灾减灾、安全生产、卫生应急、消防4个分目；人物类目更名为人物·荣誉。全书75.7万字。 （周进银）

【《武陵年鉴（2021）》出版】 12月，湖南省常德市武陵区政府主办、区档案馆（区地方志编纂室）编纂的《武陵年鉴（2021）》由中国书籍出版社出版。林红华主编。该卷年鉴设特载、专文、大事记、武陵概览、中国共产党武陵区委员会、武陵区人民代表大会、武陵区政府、中国人民政治协商会议武陵区委员会、纪检监察、民主党派·工商联、军事、法治、城乡建设与管理、财政与税收、工信与交通、经济管理与监督、教·科·文·卫、农业·水利、商贸服务、群众团体、区属国有企业、乡镇·街道·工业园、荣誉、附录、索引25个类目，下设163个分目、827个条目，收录188幅图片、26张表格。卷首专题图片设关注武陵、产业强区、美好武陵。该卷年鉴框架作微调，武陵区人民武装部、武陵概况、商务·供销类目分别更名为军事、武陵概览、商贸服务；增设民主党派·工商联类目，并下设民革武陵区总支等10个分目；政法工作分目调至法治类目；特载类目下分别增设疫情防控、产业强区、脱贫攻坚、乡村振兴、教育发展5个分目；武陵区政府、工信与交通、乡镇·街道·工业园类目下增设重点社会组织、重点工业企业、重点园区企业分目；城乡建设与管理类目下增设城东新区建设分目；取消党建工作、整章建训、内部管理等单位内视性工作记述，增强年鉴的价值性和可读性。全书80万字。　　　　　　　　　　　　　　（李丹）

【《鼎城年鉴（2021）》出版】　12月，湖南省常德市鼎城区政府主办、区地方志编纂室编纂的《鼎城年鉴（2021）》由方志出版社出版。陈欣主编。该卷年鉴设特载、专题、大事记、区情概览、中国共产党鼎城区委员会、鼎城区人民代表大会、鼎城区政府、中国人民政治协商会议鼎城区委员会、纪委监委、民主党派·群众团体、法治、军事、经济监督管理、财政·税务、金融、农业·林业·水利、工业、常德高新技术产业开发区、商贸服务业、城市建设与管理、交通·邮政·通信、教育·科技、文化·体育·旅游、医疗卫生、社会生活、乡镇·街道·场、人物、重要文件、附录29个类目，下设185个分目、334个条目，收录331幅图片、4张表格。卷首专题图片设江南城区新貌、弘扬扛鼎精神、打造现代江南、建设幸福鼎城4个专题。该卷年鉴突出反映抗击新型冠状病毒感染的肺炎疫情、决胜脱贫攻坚、全面建成小康社会、生态环境整治、江南城区建设等年度重点工作内容，框架作微调，增设纪委监委类目，中国共产党鼎城区委员会类目下纪检监察工作、巡查工作分目归入纪委监委类目，对台工作分目更名为港澳台工作分目，老干部工作分目归入组织工作分目；鼎城区政府类目下民族宗教事务工作分目归入中国共产党鼎城区委员会类目下统战工作分目；民主党派·社会团体类目更名为民主党派·群众团体；法治类目下公安消防分目更名为消防救援分目，原法治政府建设分目归入司法行政分目；军事类目下人民防空分目调整至城市建设与管理类目下的住房和城乡建设分目；工业类目下增设工业企业选介分目；商务类目更名为商贸服务业类目，商务工作分目更名为商贸服务工作分目；文化·体育·卫生·旅游类目更名为文化·体育·旅游类目；增设医疗卫生类目，原文化·体育·卫生·旅游类目下卫生健康、计划生育协会、疾病预防控制、妇幼保健、常德市第四人民医院、常德市第二中医医院分目归入医疗卫生类目；社会保障类目更名为社会生活类目，把人力资源和社会保障分目下就业服务、社会保险、工伤保险条目提级为分目；城市建设与管理类目下房地产业分目调至社会生活类目；增设人物类目。全书71.4万字。　　　　　　　（牟志扬）

【《桂东年鉴（2021）》出版】　12月，湖南省桂东县档案馆编纂的《桂东年鉴（2021）》由团结出版社出版。郭贞辉、郭长青主编。该卷年鉴设特载、专记、大事记、桂东概览、中共桂东县委员会、桂东县人民代表大会、桂东县政府、政协桂东县委员会、中共桂东县纪律委员会、群众团体、法治、军事、经济监督管理、工业、农业水利、城乡建设与环境保护、交通邮政通信、商贸旅游、财政税务、金融、科技气象教育、文化新闻、广电体育、卫生健康、社会生活、乡镇概览、荣誉与人物、重要文件选登、附录29个类目，下设182个分目、731个条目，收录24幅图片、12张表格。卷首设专题图片，卷末附索引。全书55万字。

（黄坤维）

【《越秀年鉴（2021）》出版】　12月，广东省广州市越秀区委、越秀区政府主持，区档案馆（区委党史文献研究室、区志办）编纂的《越秀年鉴（2021）》由广州出版社出版。罗定夫主编。该卷年鉴设越秀概貌、越秀区大事记、年度关注、区领导机关、民主党派·工商联、群众团体、法治、军事、经济管理、分类经济、产业、城区建设与管理、教育·科学技术、文化·卫生·体育、社会生活、街道、先进人物·先进集体、工作报告、统计资料19个类目，下设145个分目、838个条目，收录166幅图片、36张表格。卷首专题图片设党建引领、创新发展、公共文化、城区建设、社会民生、北京路步行街改造提升、校园微改造等专题，卷末附条目主题索引、表格主题索引和随文图片索引。该卷年鉴越秀概貌类目下经济建设、政治建设、文化建设、社会建设、生态文明建设各分目整合为经济社会发展概述分目；年度关注类目下设全力抗击新冠肺炎疫情、北京路步行街改造提升一期项目建设、花果山小镇开园等分目；封面设计选取改造提升后的北京路步行街来构图，实现封面景观的选取与反映越秀区年度重大项目的有机结合。使用二维码向读者提供便捷的年鉴在线阅读服务。全书78万字。
（广东省志办）

【《宝安年鉴（2021）》出版】 12月，广东省深圳市宝安区档案馆、区史志办编纂的《宝安年鉴（2021）》由深圳报业集团出版社出版。黄慧锋主编。该卷年鉴设数字宝安、图片选辑、特载、宝安概况、大事记、特色宝安、中国共产党深圳市宝安区委员会、深圳市宝安区人民代表大会、深圳市宝安区人民政府、中国人民政治协商会议深圳市宝安区委员会、纪检·监察、群众团体、法治、军事、工业、城市规划和建设、人居环境、农业和海洋渔政、交通·邮政·电信、金融、商贸、财政·税务、经济综合管理、科技·教育、文化旅游、卫生·体育、社会生活、街道、人物、统计资料、附录31个类目，下设134个分目、920个条目，收录380余幅图片，36张表格。卷首专题图片设重要会议、活动掠影、魅力宝安，卷末附索引。该卷年鉴充实调整特色宝安类目内容，重点突出脱贫攻坚、水污染治理除黑消劣、深化纯中医治疗医院改革探索等工作，民生实事完成情况，重要展会与论坛等；新增综合服务、民生福祉推进、思想作风建设等分目。全书81万字。 （广东省志办）

【《南山年鉴（2021）》出版】 11月，广东省深圳市南山区史志研究中心编纂的《南山年鉴（2021）》由广东人民出版社出版。李威主编。该卷年鉴设特载、概貌、大事记、年度关注、党政机关、人民团体、法治·军事、经济综合管理与服务、财政·税务、前海蛇口自贸片区、总部经济、上市公司、战略性新兴产业、先进制造业、现代服务业、境外合作·口岸、旅游业、城区建设与管理、人居环境、科技创新、教育、文化·体育、卫生与健康、社区生活、街道、人物、文献选编、附录28个类目，下设146个分目、686个条目，收录55幅图片、56张表格，卷末附索引。该卷年鉴新设先进制造业类目，记述高端电子信息制造业、先进装备制造业、先进轻纺制造业、生物医药及高性能医疗器械制造业、石油化工产业、新材料制造业等。全书88万字。
（南山区史志研究中心）

【《龙岗年鉴（2021）》出版】 12月，广东省深圳市龙岗区史志办编纂的《龙岗年鉴（2021）》由深圳报业集团出版社出版。詹冰主编。该卷年鉴设特载、概览、大事记、年度关注、党政机关、群众团体、法治、军事、经济发展、经济综合管理、重点区域规划建设、科学技术、文化 体育、教育、卫生与健康、城市建设与管理、社会生活、人居环境、街道、人物 荣誉集体、经济社会统计资料、文献选编22个类目，收录202幅图片。卷首专题图片设城区风光、年度关注、创新龙岗、东部中心、产业高地、幸福家园等专题，卷末附索引。全书80万字。 （广东省志办）

【《龙华年鉴（2021）》出版】 12月，广东省深圳市龙华区志办编纂的《龙华年鉴（2021）》由中国文史出版社出版。蓝涛、韩荡主编。该卷年鉴设中国共产党深圳市龙华区委员会、深圳市龙华区人民代表大会、深圳市龙华区人民政府、中国人民政治协商会议深圳市龙华区委员会等29个类目，下设138个分目、41个次分目、993个条目，收录361幅图片、12张表格。卷首专题图片设重大会议、重要活动、魅力龙华。该卷年鉴增设建筑业·房地产业类目，交通·邮政·电信类目调整为交通·物流·邮电，经济监督管理类目改为经济调节与市场监管；特色龙华类目中设数字龙华建设分目，通过数字抗疫、数字治理、数字赋能反映龙华数字建设的突出亮点；设"一圈一区三廊"格局构建类目，透视龙华区"十四五"总体规划；人民团体类目下增设文联、残联分目；荣誉增设模范人物工作、生活照片16幅；特色龙华类目增设2020年度龙华区民生实事项目表格等。该卷年鉴注重载录2020年龙华重大事件，设卫生战线抗疫次分目，在多个类目中编写龙华区各行各业抗疫条目，全方位反映龙华区抗击新冠疫情实况。全书87万字。　　　　　（广东省志办）

【《福田年鉴（2021）》出版】　12月，广东省深圳市福田区年鉴编委会编纂的《福田年鉴（2021）》由中国文史出版社出版。李志东主编。该卷年鉴设党政机关、群众团体、数字政府建设、应急管理等30个类目，下设208个分目（次分目）、1335个条目（包括资料条目43个），收录418幅图片、43张表格。卷首专题图片设湾区福田、魅力福田、幸福福田、创新福田、奋进福田5个专题。该卷年鉴在军事类目下增设国防建设分目；工业·商贸服务业调整为工业·商贸·产业投资服务，增设产业投资服务分目，记述福田区新兴产业——产业投资服务业发展状况；撤销城市建设与管理类目下的综述分目，增设城市建设和工程建设分目；文化·旅游·体育类目下的公共文化、文化产业、文博、文化市场管理由分目降为次分目；人力资源类目下增设综述分目；卫生健康类目下增设新冠肺炎疫情防控、社康建设分目，删除基本公共卫生服务分目；社会生活类目下城市居民生活分目更名为城市居民收入与支出；先进·人物类目更名为人物·先进个人与集体，增设国家级、广东省、深圳市奖项。全书89万字。　　　　　（广东省志办）

【《光明年鉴（2021）》出版】　12月，广东省深圳市光明区史志办编纂的《光明年鉴（2021）》由深圳报业集团出版社出版。该卷年鉴设概貌、大事记、年度聚焦、特色光明、中国共产党深圳市光明区委员会、深圳市光明区人民代表大会、深圳市光明区人民政府、中国人民政治协商会议深圳市光明区委员会、纪检监察、民主党派和工商联（总商会）、人民团体、法治、军事、经济监督和管理、财政税务、服务业、农业 工业、交通 邮电、商业 金融业、城市规划和自然资源管理、城市建设和管理、生态文明建设、教育 科技 卫生、文化 旅游 体育、社会生活、街道、企业选介、荣誉、经济社会统计资料、文件选编、附录31个类目，下设110余个分目，收录400余幅（张）图表。卷首专题图片设重要会议、年度要闻、科学之城、产业高地、同心战疫、治理改革、民生福祉、对口帮扶、魅力光明9个专题。全书100万字。　　　　　（广东省志办）

【《罗湖年鉴（2021）》出版】　12月，广东省深圳市罗湖区委、区政府主办，区年鉴编委会编纂的《罗湖年鉴（2021）》由深圳报业集团出版社出版。赖建华、米勇主编。该卷年鉴设特载、大事记、罗湖概览、年度聚焦、中国共产党深圳市罗湖区委员会、深圳市罗湖区人民代表大会、深圳市罗湖区人民政府、中国人民政治协商会议深圳市罗湖区委员会、纪检·监察、群团组织、法治、军事、经济调节与市场监管、财政·税务、城区规划建设与管理、口岸、工业·商业、科技·教育、文化·旅游、卫生·体育、环保·水务、交通·邮政·电信、社会生活、街道、荣誉榜、媒体报道、附录、索引28个类目，下设106个分目、1034个条目，收录216幅图片、26张表格。卷首专题图片设重要活动、街道风采、罗湖风光3个专题。该卷年鉴较上卷增设年度聚焦、口岸、工业 商业、环保 水务、交通 邮政 电信5个类目和改革创新、罗湖亮点、庆祝深圳经济特区建立四十周年、疫情防控、扶贫攻坚6个次分目。全书81万字。　　（罗湖区志办）

【《坪山年鉴（2021）》出版】　11月，广东省深圳市坪山区委、区政府主办，区委（区政府）办公室承编的《坪山年鉴（2021）》由中州古籍出版社出版。冷和明主编。该卷年鉴设坪山概貌、大事记、年度关注、特色坪山、党务·政务、民主党派和工商联、群众团体、法治、军事、应急管理、经济管理、财政·税务、开放型经济、工业、商贸流通和服务业、城市建设与管理、交通邮电·信息化建设、人居环境、教育、科技创新、文化·体育、卫生健康、民生保障、社会生活、街道、人物·荣誉26个类目，下设240多个分目、1100多个条目，收录255幅图片、32张表格。卷首专题图片设大事要闻、抗击新冠肺炎疫情、坪山风貌3个专题。该卷年鉴设有年度关注和特色坪山类目，记述坪山新冠肺炎疫情防控、"十三五"时期经济社会发展成就、脱贫攻坚和深圳坪山综合保税区、比亚迪制造业、国家生物产业基地发展情况。全书96万字。

（广东省志办）

【《盐田年鉴（2021）》出版】 12月，广东省深圳市盐田区委、区政府主管，区档案馆、区志办编纂的《盐田年鉴（2021）》由深圳报业集团出版社出版。乔宏彬、吴坤生、肖凯主编。该卷年鉴设特载、大事记、盐田概览、年度聚焦、扶贫收官之年特辑、中国共产党深圳市盐田区委员会等32个类目，下设132个分目、948个条目，收录224幅图片、55张表格。卷首专题图片设重要活动、对口帮扶、魅力盐田、街区风采，卷末附主题索引，索引款目按汉字拼音顺序排列。该卷年鉴卷首专题图片增设对口帮扶专题，内文增设扶贫收官之年特辑类目和深圳经济特区建立40周年、疫情防控等分目，突出年度及地方特色。全书85万字。 （广东省志办）

【《大鹏新区年鉴（2021）》出版】 12月，广东省深圳市大鹏新区综合办公室编纂的《大鹏新区年鉴（2021）》由中州古籍出版社出版。王继良主编。该卷年鉴设概貌、大事记、年度关注、政治、生态文明建设、法制、应急管理、经济监督管理、财税金融、产业发展、深圳国际生物谷坝光核心启动区、交通邮件、城市规划和自然资源管理、城市建设与管理、旅游业、教科文卫体、社会生活、办事处、人物荣誉、传媒文萃、文献、经济社会统计资料22个类目，下设115个分目、736个条目，收录105幅图片、26张表格。卷首专题图片设大鹏数字2020、深圳市大鹏新区区划图、大事要闻、美丽大鹏4个专题，卷末附主题索引。该卷年鉴框架对部分内容进行调整、补充、继续设置年度关注类目，体现年鉴的年度特色。全书60万字。 （广东省志办）

【《南海年鉴（2021）》出版】 12月，广东省佛山市南海区委、区政府主持编纂的《南海年鉴（2021）》由广东人民出版社出版。卢明主编。该卷年鉴设南海概貌、年度关注、大事记、区领导机关等26个类目，下设109个分目、46个次分目、905个条目，收录200多幅图片、103张表格。卷首专题图片设回眸"十三五"、脱贫攻坚 南海担当、抗击疫情 众志成城等7个专题，卷末附主题索引。该卷年鉴年度关注类目收录《南海区全面防控新冠肺炎疫情》《南海区建设广东省城乡融合发展改革创新实验区》等专文；文化类目新设公共文化分目，将图书馆、博物馆调整为次分目；法治·军事类目新设法治政府建设分目；农业·农村类目新设新农村建设、农村集体经济分目；人物·荣誉类目收录广东省抗击新冠肺炎疫情先进个人。全书99万字。

（广东省志办）

【《顺德年鉴（2021）》出版】 11月，广东省佛山市顺德区志办、顺德年鉴编辑部编纂的《顺德年鉴（2021）》由广东人民出版社出版。叶卉时主编。该卷年鉴设年度关注、2020年顺德大事记、区情概览、党政机关、民主党派·工商联、群众团体、法治、军事、城乡建设、生态环境、交通·邮电、经济监督管理、财政·税务·金融、农业·农村、工业·产业园区、商贸流通·现代服务业、开放型经济、教育、科学技术、文化、卫生健康·体育、社会民生、镇·街道、人物与荣誉、经济和社会发展统计资料、文献选编26个类目，下设152个分目、24个次分目、993个条目，收录239幅图片、68张表格。卷首专题图片设顺德数字、政务经济、村改总攻、脱贫攻坚、顺德战"疫"、展馆掠影6个专题，卷末附条目索引、表格索引。该卷年鉴框架略有调整，民主党派·群众团体类目拆分为民主党派·工商联和群众团体2个类目；财税·金融业类目更名为财政·税务·金融；党政机关类目下人民武装分目升格为军事类目，并设人民武装、人民防空、退役军人事务3个分目；商贸流通·现代服务业类目下对外经济贸易分目升格为开放型经济类目。全书87万字。　（广东省志办）

【《柳北年鉴（2021）》出版】　10月，广西壮族自治区柳州市柳北区委、区政府组织编纂，区志办承编的《柳北年鉴（2021）》由线装书局出版。周思泉、李柳彬、张联松主编。该卷年鉴设综合情况、动态信息、辅助资料3个部分，收录49幅彩页图片、185幅内文图片、60张表格。综合情况设概貌；动态信息设中国共产党柳州市柳北区委员会、柳州市柳北区人民代表大会、柳州市柳北区人民政府、中国人民政治协商会议柳州市柳北区委员会、民主党派、人民团体、军事、公安·司法·司法行政、农业·水利、工业、商贸·服务·旅游业、交通运输业·邮政业、政务网络·电信业、资源·建设·环保、财政·税务·审计、金融业、社会事务管理、教育·科技、文化·体育、卫生健康、社会生活、街镇概况22个类目；辅助资料设人物、大事记、重要文献、文件目录选登记、统计资料5个类目。卷首专题图片设柳北区地图、柳北区城区图、柳北风采、数读柳北等专题。全书59.73万字。　（梁昕）

【《柳南年鉴（2021）》出版】　9月，广西壮族自治区柳州市柳南区志办编纂的《柳南年鉴（2021）》由中国文史出版社出版。毛国勇主编。该卷年鉴设概貌、中国共产党柳南区委员会、柳南区人民代表大会、柳南区人民政府、中国人民政治协商会议柳南区委员会、中共柳南区纪律检查委员会·柳南区监察委员会、民主党派·工商联、人民团体、法治、国防建设、环境保护·城乡建设、工业、农林牧渔业、交通运输·邮政·电信业、银行业、商贸服务·旅游业、经济事务、社会事务、教育·科技、文化·体育、卫生与健康、镇·街道办事处、人物、大事记、特载、附录26个类目，收录274幅图片、68张表格。全书62万字。　（梁昕）

【《荔浦年鉴（2021）》出版】　8月，广西壮族自治区荔浦市地方志编委会编纂的《荔浦年鉴（2021）》由线装书局出版。李玉清、唐双喜主编。该卷年鉴设特载、大事记、荔浦市概貌、中国共产党荔浦市委员会、荔浦市人民代表大会、荔浦市人民政府、中国人民政治协商会议荔浦市委员会、纪检·监察、人民团体、政法、国防事务、文体·旅游、城乡建设与管理、生态环境、交通运输、信息产业、工业·电力供应、农业·水利·扶贫、商贸业、财政·税务、金融业、经济行政管理与监督、教育·科技、卫生·传媒、社会事务、乡镇、人物、附录28个类目。卷首设专题图片，收录130幅彩色图片。全书82.6万字。　（梁昕）

【《苍梧年鉴（2021）》出版】　11月，广西壮族自治区苍梧县地方志编委会编纂的《苍梧年鉴（2021）》由线装书局出版。钟斌明主编。该卷年鉴设特载、大事记、县情概貌、政治、法治、军事、财税·金融、经济管理与监督、农业·水利·脱贫攻坚、工业·商贸、交通运输业、信息传输业·邮政业、城乡建设·生态环境、科技·教育、文化·体育·旅游、卫生健康、社会生活、各镇概貌、附录19个类目，收录100幅卷首图片、101幅内文插图、4张表格。全书61万字。　（梁昕）

【《陆川年鉴（2021）》出版】　9月，广西壮族自治区陆川县地方志编委会编纂的《陆川年鉴（2021）》由线装书局出版。姚紫燕主编。该卷年鉴分为卷首、综合情况、动态信息、辅助资料4个部分，收录317幅图片、74张表格。综合情况设特载、大事记、陆川概貌3个类目；动态信息设中国共产党陆川县委员会、陆川县人民代表大会、陆川县人民政府、中国人民政治协商会议陆川县委员会、纪检·监察·巡查、人民团体、司法·国防建设事业、财税·金融、农林牧渔业·水利业、工业·园区、商贸业·旅游业、城建·环保、交通·邮政·通信、科技·教育、文化·体育·卫生、社会生活、镇·农场、人物·先进集体18个类目；辅助资料设统计资料、附录。全书124.2万字。　　　　　　　　　（梁昕）

【《秀英年鉴（2021）》出版】　12月，海南省海口市秀英区《秀英年鉴》编纂委员会编纂的《秀英年鉴（2021）》由南海出版公司出版。陈大强主编。该卷年鉴设大事记、特载、特辑、秀英概览、中共秀英区委、秀英区人民代表大会、秀英区人民政府、纪检监察巡察、群众团体、法治·军事、农林牧渔、工商旅游、城乡建设管理、国民经济管理、科教文体卫生、社会民生、镇街概况、人物、附录、文献法规、统计资料21个类目，下设160个分目、1248个条目，收录152幅图片、30张表格。卷首设中、英文目录，类目、分目均译有英文；卷首专题图片设数说秀英2020、新闻集锦，特辑记录巩固脱贫成果发展全面小康、秀英区驻徐闻县新冠肺炎疫情防控工作纪实，卷末附索引。全书86万字。　　　（张东安）

【《五指山年鉴（2021）》出版】　12月，海南省五指山市《五指山年鉴》编辑委员会编纂的《五指山年鉴（2021）》由南海出版公司出版。李刚主编。该卷年鉴设特载、特辑、大事记、总述、政治、经济、文化、社会、乡镇·畅好居等12个类目，下设166个分目、904个条目，收录126幅图片、19张表格。卷首专题图片设五指山风貌、全力抗击新冠疫情、全面打赢脱贫攻坚战、民族风情、创建国家卫生城市和省级文明城市、中国天然氧吧——五指山、旅游·文体·科技7个专题，卷末附索引。全书33万字。　　　　　　　　　　　（张东安）

【《琼海年鉴（2021）》出版】　12月，海南省琼海市委党史（地方志）研究中心编纂的《琼海年鉴（2021）》由南方出版社出版。吴仕春主编。该卷年鉴设琼海概况、政治、军事·法治、经济、社会、文化、镇·农场（林场）等类目，设特载和《琼海市2020年脱贫攻坚事业成就》《琼海市2020年新冠肺炎疫情防控工作》《利剑出鞘斩黑恶 涤荡风气朗乾坤——琼海市扫黑除恶专项斗争工作纪实》《海南博鳌乐城国际医疗旅游先行区2020年发展情况》《多措并举，聚焦民生，巩固"全国文明城市"》5篇专记，卷末附索引。全书77.5万字。　　　　　　　　　　（张东安）

【《万宁年鉴（2021）》出版】　12月，海南省《万宁年鉴》编辑委员会编纂的《万宁年鉴（2021）》由南海出版公司出版。陈星界主编。该卷年鉴设万宁概况、政治、经济、文化、社会事业、镇·区·农垦公司、人物、统计资料、文献法规选编目录、大事记、附录11个类目，下设286个分目、1303个条目，收录153幅图片、44张表格。卷首专题图片设数字万宁、万宁市2020年重要会议、基层调研、文体建设、经济建设、生态建设、社会治理、新冠肺炎疫情防控8个专题，卷末附索引。全书80万字。　　　　　　　　　　　（张东安）

【《陵水年鉴（2021）》出版】　12月，海南省陵水黎族自治县《陵水年鉴》编纂委员会编纂的《陵水年鉴（2021）》由海南出版公司出版。陈敬词主编。该卷年鉴设特载、特辑、概况、自贸港建设、政治、经济、社会、文化·体育、法治·军事、生态家园建设、乡镇、大事记、统计资料、附录14个类目，下设195个分目、1254个条目，收录181幅图片、45张表格。卷首专题图片设领导视察、重要会议、疫情防控、民生聚焦、自贸港建设、留学陵水、育种陵水、康养陵水、安居陵水、文化陵水10个专题，卷末附索引。全书75万字。（张东安）

【《涪陵年鉴（2021）》出版】　12月，重庆市涪陵区地方志研究室编纂的《涪陵年鉴

（2021）》由四川民族出版社出版。周烽主编。该卷年鉴设特载、大事记、区情概览、中共重庆市涪陵区委员会、重庆市涪陵区人民代表大会、重庆市涪陵区政府、政协重庆市涪陵区委员会、中共重庆市涪陵区纪委重庆市涪陵区监委、民主党派·工商联、群众团体、法治、军事、生态文明、农业农村、扶贫开发、榨菜、工业、交通·邮政、城乡建设、商贸服务业、信息产业、金融业、财政·税务、综合经济管理、产业园区、重庆涪陵综合保税区、科学技术、社会科学、教育、文化·旅游·体育、卫生健康、人民生活与社会事务、街道·乡镇、人物·光荣榜、附录35个类目，下设250个分目、1205个条目，收录684幅图片、30张表格。卷首专题图片设涪陵区地图、涪陵战"疫"、年度要闻。该卷年鉴框架适当调整，卷首专题图片设涪陵战"疫"，通过文字和图片相结合的形式生动展现2020年涪陵区在抗击新冠肺炎疫情方面做出的努力和取得的成效；单独设立中共重庆市涪陵区纪委重庆市涪陵区监委类目，详细记述2020年度涪陵区在坚持不懈将全面从严治党向纵深推进方面做出的重大举措和取得的重要成绩；增设涪陵区组织机构及其负责人名单分目，全面梳理和系统记载2020年内涪陵区各级各部门各单位负责人变化情况。全书93万字。

（童泓萍）

【《大渡口年鉴（2021）》出版】 12月，重庆市大渡口区政府编纂的《大渡口年鉴（2021）》由四川民族出版社出版。刘强主编。该卷年鉴设大事记、特载、大渡口概览、政治、经济、大数据应用发展、经济、社会事业、镇和街道、人物与光荣榜、统计资料11个类目，下设117个分目、740个条目，收录14张表格。卷首设区行政规划图和"数字大渡口"，卷末附索引。该卷年鉴特载类目记载政府工作报告，重点总结新冠肺炎疫情防控工作，大渡口概览类目根据区旅游资源、特色产品、非物质文化遗产等情况的变化进行内容更新，经济类目记述大渡口区有序复工复产完成全年利润目标等情况。全书54.5万字。

（雷蕾　刘芳）

【《江津年鉴（2021）》出版】 11月，重庆市《江津年鉴》编委会编纂的《江津年鉴（2021）》由四川民族出版社出版。廖义伟主编。该卷年鉴设专记、大事记、江津概貌、政治、法治、军事、经济、文化、社会事业、平台建设、街镇、人物光荣榜、文献、统计资料、附录15个类目，下设79个分目、1145个条目，收录68幅图片、28张表格。卷首专题图片设区行政区划图、江津区综合交通"十四五"规划布局图、江津区五条精品线路图、图说江津4个专题，卷末附索引。全书93.5万字。

（匡勇）

【《南川年鉴（2021）》出版】 10月，重庆市南川区政府主办、区党史和地方志研究室编纂的《南川年鉴（2021）》由四川民族出版社出版。周平主编。该卷年鉴设特辑、大事记、南川概貌、政治、经济、社会事业、乡镇（街道）、光荣榜、统计资料9个类目，下设28个分目、169个条目，收录64幅图片、73张表格。全书84万字。

（马必波）

【《武隆年鉴（2021）》出版】 12月，重庆市《武隆年鉴》编委会编纂的《武隆年鉴（2021）》由方志出版社出版。邓文光主编。该卷年鉴设武隆概览、脱贫攻坚、中国共产党武隆区委员会、武隆区人民代表大会、武隆区政府、中国人民政治协商会议武隆区委员会、中国共产党武隆区纪律检查委员会武隆区监察委员会、民主党派·工商联、群众团体、法治、军事、生态文明建设示范区、生态旅游、经济管理、应急管理、农业农村、工业、商贸服务业、城乡规划与建设、交通·邮电、金融、文化·体育、科技、教育、卫生健康、社会生活、乡镇（街道）、人物·荣誉28个类目，下设236个分目、1300个条目，收录100余幅图片、60张表格。卷首设专题图片武隆区"十三五"成就，卷末附索引。该卷年鉴框架结构进行调整，增设脱贫攻坚类目列于政治部类之前；生态旅游升格为类目，置于军事类目之后；退役军人事务内容纳入武隆区政府类目；应急管理升格为类目；卫生健康类目下增设新冠肺炎疫情防控分目；专记记述武隆区抗击新冠肺炎疫情纪实、中国·重庆·武隆绿色发展实践国际论坛、武隆区创建"第四批国家生态文明建设示范区"历程、重庆仙女山机场建设历程内容。全书80万字。

（李才东）

【《武侯年鉴（2021）》出版】 12月，四川省成都市武侯区志办编纂的《武侯年鉴（2021）》由新华出版社出版。孙奇主编。该卷年鉴设特载、大事记、区情概览、中共成都市武侯区委、武侯区人民代表大会、武侯区政府、政协武侯区委员会、纪检监察、民主党派和工商联、群众团体、法治、军事、农业与农村工作、工业、建筑业和房地产业、商贸与服务业、产业功能区、财政税收、开放与合作、城乡建设与管理、交通能源、经济管理与监督、精准扶贫、科学技术、教育、卫生健康、新冠肺炎疫情防控、文化体育、生态建设、社会生活、街道、人物荣誉、文献33个类目，下设204个分目、1200个条目，卷首专题图片19页。该卷年鉴翔实反映武侯区按照"国际商务高地，人文宜居武侯"战略定位，加快建设践行新发展理念的公园城市示范城区所开展的各项工作以及所取得的主要成就；版式设计以浅色系暖色调为基础，以不同色系区分不同类目；封面以成都武侯祠内岳飞手书的《出师表》碑刻为底影，配以行书与黑体混搭的烫金标题，简洁清雅，特色突出；配有中英文对照目录、书眉、索引三重检索系统。全书95.2万字。

（孙玉峰）

【《成华年鉴（2021）》出版】 11月，四川省成都市成华区志办编纂的《成华年鉴（2021）》由新华出版社出版。李云主编。该卷年鉴设特载、成华概览、中国共产党成华区委员会、成华区人民代表大会、成华区政府、政协成华区委员会、纪律监察、民主党派、群众团体、法治、军事、生态建设、城市建设、产业功能区发展、都市农业和工业、商贸与现代服务业、交通运输与旅游服务业、经济管理、教育、科技、文化、卫生、体育、城市管理、社会·民生、街道、人物·荣誉、附录29个类目，下设249个分目、1791个条目，收录352幅随文图片、104张表格。卷首专题图片78页，设美丽成华、活力成华、会展成华、产业成华、和谐成华、幸福成华、数字成华、新冠肺炎疫情防控、扶贫攻坚9个专题。该卷年鉴将农业农村和工业类目合并为都市农业和工业类目，工业类目的建筑业与房地产管理分目调至城市管理类目，文化类目的政府门户网和政务微博微信分目调到成华区政府类目，并将综合经济管理更名为经济管理类目，新增民营经济发展分目，突出年度特点、区域特色。全书124万字。

（孙玉峰）

【《彭山年鉴（2021）》出版】 11月，四川省眉山市彭山区档案馆（区党史和地方志编纂中心）编纂的《彭山年鉴（2021）》由方志出版社出版。辛欣主编。该卷年鉴设特载、专记、大事记、基本区情、中国共产党眉山市彭山区委、眉山市彭山区人民代表大会、眉山市彭山区政府、中国人民政治协商会议彭山区委员会、纪检监察、民主党派、群众团体、法治、军事、农业、工信产业、商贸服务业、旅游业、金融业、城乡建设、交通·邮政、综合经济管理、区属国有企业、教育·科技、文化、体育、卫生、社会生活、生态环境、镇·街道、人物、附录31个类目，下设184个分目、1115个条目，收录223幅图片、18张表格。卷首专题图片设开放发展、乡村振兴、交通建设、创建全国文明城市、国家卫生城市、和谐彭山、彭山文创产品，卷末附索引。该卷年鉴增设区属国有企业类目，细化教育、文化、体育分目，正文增设数据表格，采用四色印刷。全书56万字。

（孙玉峰）

【《名山年鉴（2021）》出版】 11月，四川省雅安市名山区地方志编纂中心主编的《名山年鉴（2021）》由中华工商联合出版社出版。秦晓伟主编。该卷年鉴分卷首、专卷、卷尾三部分。卷首设特载、专记、大事记、区情概览4个类目，专卷设中共雅安市名山区委员会、雅安市名山区人民代表大会、雅安市名山区政府、政协雅安市名山区委员会等19个类目，下设1200多个条目，收录209幅图片、34张表格。该卷年鉴卷首专题图片设"十三五"期间雅安市名山区经济社会发展情况规划、完成指标对比图；封面图片选用2020年新评为国家AAAA级风景名胜区月亮湖景区图片，封面封底选用蒙顶山形logo，书中页眉左为蒙顶山形logo，右为茶祖吴理真塑像，突出地方特色的茶产业、茶旅游、茶文化；将2020年全区特别重大事件脱贫攻坚、新型冠状病毒感染疫情防控、村级建制调整设为专记，详细记载；各分目中增设年度性特色条目和图片。全书70万字。（孙玉峰）

【《天全年鉴（2021）》出版】 12月，四川省天全县地方志编纂中心编纂的《天全年鉴（2021）》由中国华侨出版社出版。王泽宏主编。该卷年鉴设特载、专记、大事记、县情综述、中国共产党天全县委员会、天全县人民代表大会、天全县政府、中国人民政治协商会议天全县委员会、纪检监察、民主党派·人民团体、法治、军事、农业农村、工业、经济开发区、民营经济、商贸、旅游、交通·邮政、信息、金融、经济管理、水利、生态环境、城乡发展、应急管理、教育、科技、文化·体育、卫生健康、社会生活、镇·乡、人物·荣誉、附录34个类目，下设203个分目、1225个条目，收录129幅卷首专题图片、337幅随文图片、29张表格。卷首专题图片设绿美天全、年度要闻、抗击新冠肺炎疫情等12个专题。该卷年鉴增设经济开发区类目，并下设综述、始阳工业园区、小河工业园区、天全飞地工业园区分目，体现天全县新发展。全书50万字。
（孙玉峰）

【《观山湖年鉴（2021）》出版】 12月，贵州省贵阳市观山湖区志办组织编纂的《观山湖年鉴（2021）》由贵州人民出版社出版。李力、曹洋主编，苏琳执行主编。该卷年鉴设专记、大事记、区情概览、生态环境建设、党政机关、群众团体、法治、军事、应急管理、商贸与园区建设、经济管理、财政税务金融、城乡规划建设与城市管理、农业、工业与信息产业、交通运输、教育科技、文化旅游、卫生体育、社会生活、镇街道、组织机构和负责人、统计资料、附录24个类目，下设99个分目、1156个条目，收录362幅图片、14张表格。卷首专题图片收录58幅图片，卷末附索引。该卷年鉴将法治军事分成两个类目，增设新型冠状病毒防控分目，并对区情概览、法治、军事、商贸与园区建设、经济管理、城乡规划建设与城市管理、教育科技、卫生体育、镇、街道等方面内容进行补充完善。全书92万字。 （贵阳市志办）

【《盘州市年鉴（2021）》出版】 12月，贵州省盘州市地方志编委会编纂的《盘州市年鉴（2021）》由德宏民族出版社出版。王德熙主编，李招尚执行主编。该卷年鉴设特载、文件选编、大事记、盘州市概况、领导人名录、政治、群团组织、武装、政法、民族宗教、人力资源和社会保障、民政、经济管理、工商行政管理、财政·税收、金融·保险、农·林·水利、开发投资、城建·环保、交通·信息、贸易、文化·教育·科技、医疗卫生·食品药品管理、乡（镇·街道办）、荣誉、表彰26个类目，下设149个分目、1825个条目，收录318幅图片、22张表格。卷首专题图片设领导关心、抗击冠状病毒肺炎疫情、脱贫攻坚成果巩固等专题。该卷年鉴把握时代脉搏、关注社会热点问题、翔实记录有价值的人和事；照片使用精益求精、宁缺毋滥；增设补遗，把以前遗漏的有史料价值资料收集刊载。全书71万字。 （盘州市志办）

【《赤水年鉴（2021）》出版】 11月，贵州省赤水市赤水年鉴编辑部编纂的《赤水年鉴（2021）》由中国文化出版社出版。刘国松主编。该卷年鉴设大事记、市情综述、新冠肺炎疫情、党政机关、群众团体、法治、军事、经济管理与监督、农业农村、工业、商业贸易、旅游、交通、城乡建设与管理、生态环境、文化事业、教育、卫生健康、金融、邮政·通信、社会生活、乡镇街道、先进集体·人物、2021年领导干部名录、文献辑录、经济社会统计资料、索引27个类目，下设204个分目、2610个条目，收录324幅图片、36张统计表格（图）。卷首专题图片设新冠肺炎疫情防控、脱贫攻坚、经济建设、文化教育、生态文明、民生保障6个专题，卷末附赤水市委和赤水市政府的重要文件目录选，七届四次人代会代表建议、批评和意见目录，政协七届四次会议委员提案目录，赤水市国民经济和社会发展统计公报、赤水市国民经济和主要指标完成情况、赤水市分乡镇主要经济指标。该卷年鉴创新内容归集，尝试打破各部门各单位稿件各自撰写、各述其政的布局，站在全市角度，强调总分统一、点面结合，从市委总揽、市政府主抓、部门行业各司其职的视角来重新调整内容归集；创新部类设置，紧扣时代脉搏，聚焦重大事件的特性设置特刊；创新内容形式，在正文中附上表格，清楚表述相关数据指标，增设柱状图、饼状图、折线图，使增减对比、所占比例、趋势升降等指标一目了然，适当插图，力求做到图文并茂、图文相适。全书87万字。
(李兵)

【《紫云年鉴（2021）》出版】 9月，贵州省紫云苗族布依族自治县史志办编纂的《紫云年鉴（2021）》由中国文化出版社出版。谭林主编。该卷年鉴设大事记、特载、文件选编、概况、光荣榜、中共紫云自治县委、紫云自治县人民代表大会、紫云自治县人民政府、政协紫云自治县委员会、中共紫云自治县纪委 紫云自治县监委、史志·档案、群众团体、军事、法治、民族·宗教、经济监督与管理、财政·税务、金融·保险、农业·农村工作、脱贫攻坚、工业·贸易、城建·环保、交通·邮电·通讯、教育·科技、文体广电旅游、社会事业、乡镇街道、附录28个类目，收录133幅图片、13张表格。全书40万字。
(安顺市史志办)

【《大方年鉴（2021）》出版】 11月，贵州省大方县政府主办、县史志办编纂的《大方年鉴（2021）》由开明出版社出版。王慧玲主编。该卷年鉴设特载、大事记、特辑、县情综述、中国共产党大方县委员会、大方县人民代表大会常务委员会、大方县政府、中国人民政治协商会议大方县委员会、中国共产党大方县纪律检查委员会·大方县监察委员会、人民团体、军事、法治、生态建设、经济管理、农业、工业、交通·通信、城乡建设、金融、教育·科技、医疗卫生、文化、旅游、贸易、社会生活、乡镇概况、统计资料、附录28个类目，下设215个分目、1595个条目，收录242幅图片、66张表格。卷首专题图片收录73幅图片，卷末附索引。该卷年鉴增设特辑类目，下设新冠肺炎疫情防控和脱贫攻坚成效巩固2个分目，体现年度主要的重点工作。全书98.1万字。
(大方县史志办)

【《红塔年鉴（2021）》出版】 12月，云南省玉溪市红塔区委、区政府主办，区委党史研究和地方志编纂办公室编纂的《红塔年鉴（2021）》由云南民族出版社出版。王宏主编。该卷年鉴设特载、大事记、概况、中共红塔区委员会、红塔区人民代表大会、红塔区人民政府、政协红塔区委员会、中共红塔区纪委·监察委、人民团体、法治、民族·宗教、经济管理、工业、园区经济、贸易、城乡规划建设、环境保护、农业·林业·水利、交通·物流·邮政、信息产业、财政·税务、科学技术、气象·地震、教育·体育、文化、融媒体发展、烟草、卫生健康、社会生活、人物、附录31个类目，下设1627个条目，收录215幅图片、54张表格、16张图表。卷首专题图片设8个专题，卷末附索引。该卷年鉴装帧设计采用木刻版画艺术形式表现，内容突出聂耳品牌和地域文化"云烟之乡""花灯之乡""聂耳故乡"三乡特色。全书126万字。
(云南省志办)

【《华坪年鉴（2021）》出版】 12月，云南省华坪县委、县政府主办，县委党史研究和地方志编纂办公室编纂的《华坪年鉴（2021）》由云南人民出版社出版。王惠主编。该卷年鉴设大事记、概况等8个类目，下设108个分目、1175个条目，收录585幅图片、47张表格。卷首专题图片设抗击新冠肺炎疫情，全国"绿水青山就是金山银山"实践创新示范基地，华坪县成功入选"中国避寒宜居地""中国天然氧吧"，脱贫攻坚取得历史性成就，中国丽江华坪第二十届云上芒果文化节，全国优秀共产党员、时代楷模张桂梅，通达腊姑河乡村旅游等专题。全书99万字。

（云南省志办）

【《姚安县年鉴（2021）》出版】 11月，云南省姚安县政府主办、县志办编纂的《姚安县年鉴（2021）》由云南人民出版社出版。李万福主编。该卷年鉴设大事·要闻、姚安概貌、中共姚安县委、姚安县人民代表大会、姚安县人民政府、政协姚安县委员会、纪检监察、群众团体、政法·军事、经济管理、农业·水利、工业·信息、商贸·交通、金融·保险、城乡建设、生态文明、科学技术、教育·体育、文化·旅游、医疗卫生、脱贫攻坚、人民生活、人物、附录24个类目，下设152个分目、754个条目，收录244幅图片、8张表格。卷首专题图片设秀美姚安、文化建设、四季花海、物产丰饶4个专题，卷末设索引。全书68万字。 （云南省志办）

【《达孜年鉴（2021）》出版】 9月，西藏自治区拉萨市达孜区志办编纂的《达孜年鉴（2021）》由方志出版社出版。徐远主编。该卷年鉴设特载、大事记、综述、政治、人民团体、援藏工作、军事、法治、经济管理、社会事业、城市建设·环保、交通·通信、金融、乡（镇）概况、附录15个类目，下设71个分目、856个条目，收录268幅图片、3张表格。卷首专题图片设领导关怀、重要会议、重要活动3个专题，卷末附索引。全书55.4万字。

（王梅洁）

【《昂仁年鉴（2020）》出版】 6月，西藏自治区昂仁县委办公室编纂的《昂仁年鉴（2020）》由华龄出版社出版。张正操主编。该卷年鉴设有特载、概览、大事记、党政机构名称及负责人、政党·政务、群团、军事、法治、综合经济管理、农牧林水电、交通·通信、城建·环保、财税·金融、教育·科技、卫生与计划生育、社会、乡（镇）概况、荣誉榜、附录19个类目，下设80个分目、701个条目，收录179幅图片、5张表格。卷首专题图片设重要会议、重大活动、城市建设、旅游文化等专题，卷末附索引。全书22.8万字。

（王梅洁）

【《仁布年鉴（2021）》出版】 12月，西藏自治区仁布县志办编纂的《仁布年鉴（2021）》由南海出版社出版。中共仁布县委、仁布县政府主编。该卷年鉴设特载、大事记、政党政务、人民团体、法治、经济管理、农牧林水电、应急管理、交通通信、城建环保、教育文化、卫生、社会生活、乡镇、附录15个类目。卷首专题图片设疫情防控、生态环保、脱贫攻坚、民生事业、大事要闻等专题。该卷年鉴将消防内容列入应急管理,并设有英文目录。全书37万字。

（王梅洁）

【《萨嘎年鉴（2021）》出版】 12月，西藏自治区萨嘎县委办公室编纂的《萨嘎年鉴（2021）》由四川民族出版社出版。董行主编。该卷年鉴设特载、大事记、党委政务、人民团体、军事、法治、综合经济管理、农林牧水、交通通信、城建生态环保、民族宗教事务、教育文化、卫生、社会生活、乡镇、先进名录、机构及其负责人、附录等24个类目，下设75个分目、483个条目，收录249幅图片、2张表格。卷首专题图片设2020年重要会议、重要活动等专题，卷末附索引。全书30万字。 （王梅洁）

【《曲松年鉴（2021）》出版】 12月，西藏自治区曲松县地方志编委会编纂的《曲松年鉴（2021）》由研究出版社出版。白玛次旦主编。该卷年鉴设特载、大事记、综述、中共曲松县委员会、曲松县人民代表大会、曲松县人民政府、中国人民政治协商会议曲松县委员会、纪检监察、人民团体、法治、军事、经济管理、财税、金融、农牧林水电、商贸、旅游、城乡建设与管理、交通、通信、教育、文化、卫生、民政、社会保障、乡（镇）概况、领导名录、附录28个类目，下设65个分目、477个条目，收录213幅图片、2张表格。该卷年鉴在保持上一卷基本框架的基础上，调整充实部分内容。卷首专题图片增设领导关怀、重要会议、大事要闻3个专题。全书37万字。

（王梅洁）

【《加查年鉴（2021）》出版】 12月，西藏自治区加查县地方志编委会编纂的《加查年鉴（2021）》由九州出版社出版。格桑次仁主编。该卷年鉴设特辑、加查概况、大事记、中共加查县委员会、加查县人民代表大会常务委员会、加查县人民政府、中国人民政治协商会议加查县委员会、纪检监察、脱贫攻坚、人民团体、法治、军事、经济管理、农牧业·水利·林业、旅游·气象、财税·金融·保险、交通·邮政·通信·电力、城乡建设与环境保护、教育·文化、卫生、社会与生活、乡（镇）概况、人物、附录24个类目，下设68个分目、575个条目，收录200幅图片、5张表格。卷首专题图片设数字加查、领导关怀、重要会议、脱贫攻坚、疫情防控、重要活动等专题。全书40万字。

（王梅洁）

【《错那年鉴（2021）》出版】 11月，西藏自治区错那县志办编纂的《错那年鉴（2021）》由九州出版社出版。布多主编。该卷年鉴设特辑、综述、大事记、中共错那县委员会、错那县人民代表大会、错那县人民政府、中国人民政治协商会议错那县委员会、纪检·监察·巡查、重点工作、国防建设、人民团体、法治、综合经济管理、农林水电、商贸、旅游、财政、税务、金融、交通、邮政、通信、城建与环保、科教文卫、社会事业、乡（镇）概况、各级机构及领导名录、荣誉录、附录29个类目，下设87个分目、516个条目，收录108幅图片、30张表格。卷首专题图片设数字错那、领导关怀、重要会议、项目建设、活力错那、进步错那、幸福错那、文化错那等专题。全共56.5万字。

（王梅洁）

【《日土年鉴（2020）》出版】 12月，西藏自治区日土县志办编纂的《日土年鉴（2020）》由陕西人民出版社出版。王超主编。该卷年鉴设特载、概览、大事记、中国共产党日土县委员会、日土县人民代表大会、日土县人民政府、中国人民政治协商会议日土县委员会、纪检监察、对口援藏、人民团体、法治、军事、经济综合管理、农业·科技、工业·商贸、城乡建设·生态保护、交通·邮政·通信、财税·金融、教育·体育、卫生、文化、社会生活、乡（镇）概况、人物、先进集体、文献选辑、统计资料27个类目，下设93个分目、599个条目，收录220张图片、55张表格。卷首专题图片设领导关怀、党务政务、社会事业、城乡建设、生态日土5个专题。全书51万字。

（王梅洁）

【《革吉年鉴（2021）》出版】 9月，西藏自治区革吉县地方志编委会编纂的《革吉年鉴（2021）》由方志出版社出版。韩军峰主编。该卷年鉴设特载、大事记、概况、政治、人民团体、军事、法治、经济管理、社会事业、城市建设环保、交通通信、金融、乡镇概况、附录14个类目，下设77个分目、750个条目，收录193张图片、2张表格。全书49.8万字。

（王梅洁）

【《王益年鉴（2021）》出版】 12月，陕西省铜川市王益区《王益年鉴》编纂委员会编纂的《王益年鉴（2021）》由三秦出版社出版。该卷年鉴设王益概况、中共铜川市王益区委员会、王益区人民代表大会及其常委会、王益区人民政府、军事、法治、工业、农业农村等29个类目，下设150个分目、1041个条目，收录90幅图片、4张表格。卷首专题图片设重要会议、疫情防控、脱贫攻坚、环境保护、招商引资、文化旅游，卷末附索引。该卷年鉴突出展现王益新发展、新变化。全书60万字。

（《陕西年鉴》编辑部）

【《金台年鉴（2021）》出版】 12月，陕西省宝鸡市金台区政府主办、区志办编纂的《金台年鉴（2021）》由三秦出版社出版。张宝良主编。该卷年鉴设特载、大事记、金台概况、园区建设、中共宝鸡市金台区委、宝鸡市金台区人民代表大会、住房与城乡建设、经济综合监督管理、法制、文化旅游、统计资料、附录等32个类目，下设174个分目、1296个条目，收录362幅图片、31张表格。卷首专题图片设政区图、金台数字、重要会议、疫情防控、脱贫攻坚、环境保护、城乡建设经济建设、社会事业、中国农民丰收节、全国老年太极之乡。该卷年鉴打破往年框架常规，开卷以党委常委会工作报告、政府工作报告统揽2020年政治经济社会发展概况，大事记简明勾勒发展变化脉络；设园区建设类目，突出新时期发展重心；前置新冠疫情肺炎防控、脱贫攻坚、生态环境保护等内容，突出三大攻坚战；着重记述城市建设、工业、商贸，体现城市特征；全卷政治、经济、社会部类按照25%、35%、40%资料内容比重布局。全书56.4万字。

（《陕西年鉴》编辑部）

【《宝塔年鉴（2021）》出版】 12月，陕西省延安市宝塔区档案馆编纂的《宝塔年鉴（2021）》由三秦出版社出版。马保平主编。该卷年鉴设特载、专文、大事记、概况、正文、附录等27个类目，下设126个分目、1110个条目，收录48幅图片、22张表格。卷首专题图片设地图、重要会议、领导视察、生态环境、农业生产、文化体育6个专题。该卷年鉴根据年鉴框架设置规范，将工商联与民主党派合并为一个类目；卫生、体育更名为卫生、医疗；社会事业类目更名为社会生活。全书62万字。

（《陕西年鉴》编辑部）

【《汉滨年鉴（2021）》出版】 12月，陕西省安康市汉滨区档案史志馆编纂的《汉滨年鉴（2021）》由三秦出版社出版。张莉主编。该卷年鉴设特载、大事记、概况、党政群团、军事、法治、农业、工业·商贸、交通·邮政·通信、城建·环保、财税·金融、经济管理、文化·教育、科技·卫生、社会生活、精神文明建设、镇办简介、统计资料、附录19个类目，下设100余个分目、800余个条目，收录70余幅图片。全书60万字。

（《陕西年鉴》编辑部）

【《兰州市城关区年鉴（2021）》出版】 10月，甘肃省兰州市城关区志办编纂的《兰州市城关区年鉴（2021）》由兰州大学出版社出版。肖虹主编。该卷年鉴设特载、区情综述、大事记、政治、军事法治、经济、经济管理与监督、自然资源保护与城乡建设、社会事业、街道11个类目，下设50个分目、159个次分目、1282个条目，收录44幅图片、35张表格。卷首专题图片52幅，设重要会议、重要活动2个专题。该卷年鉴根据全区机构改革实际增设相应类目，体现与时俱进的特点。全书88万字。

（孙海泽）

【《甘州年鉴（2021）》出版】 10月，甘肃省张掖市甘州区志办编纂的《甘州年鉴（2021）》由甘肃文化出版社出版。张兰主编。该卷年鉴设特载、脱贫攻坚工作专载、区情概览、大事记、中国共产党张掖市甘州区委员会、张掖市甘州区人民代表大会、甘州区人民政府、中国人民政治协商会议张掖市甘州区委员会、中国共产党张掖市甘州区纪律检查委员会、民主党派、群众团体·工商联、法治·武装、经济管理、财政·税收、农·林·牧、工业·建筑业、商业·贸易、金融、城乡建设与管理、环境保护、交通运输、水利·电力、教育·科技、文体·广电·旅游、卫生健康、社会建设与管理、企业、乡镇、街道、年度人物·先进、新闻选辑31个类目，下设198个分目、1096个条目，收录178幅随文图片、3张表格。卷首专题图片设重要会议、经济发展、城市精细化管理、脱贫攻坚、小康建设、社会事业6个专题，卷末附索引。全书120万字。　　　　　　　　（张建魁）

【《庄浪年鉴（2021）》出版】　11月，甘肃省庄浪县县志编纂办公室编纂的《庄浪年鉴（2021）》由天津古籍出版社出版。杜牧然主编。该卷年鉴设特载、专记、庄浪概览、要闻大事、中国共产党庄浪县委员会、庄浪县人民代表大会及其常务委员会、庄浪县人民政府、中国人民政治协商会议庄浪县委员会、纪检监察、民盟·工商联·群团、军事·法治、应急管理、人力资源、农业农村、工业、信息化建设、商贸服务业、旅游业、金融·保险、财政·税务、经济管理、交通运输、城乡建设、水务、自然资源、生态环境、教育、科学技术、文化、卫生健康、体育、居民生活、社会保障、医疗保障、社会事务管理、退役军人事务管理、妇儿·老龄·残疾人事业、乡镇·社区、先进集体·人物39个类目，下设263个分目、1859个条目，收录27幅卷首图片、111幅随文图片、52张表格。全书100万字。
　　　　　　　　　　　　　　（李佳潞）

【《成县年鉴（2021）》出版】　10月，甘肃省成县县志办编纂的《成县年鉴（2021）》由天津古籍出版社出版。陈金生主编。该卷年鉴设特载、特记、大事记、县情概况、政治、经济、社会、文化、乡镇、附录10个类目，下设189个分目、1206个条目，收录223幅图片、6张表格。卷首专题图片设城市建设、自然风光、美丽乡村、产业发展、工业发展、电子商务、社会事业、抗洪救灾、疫情防控9个专题。全书60万字。　　　（李佳潞）

【《卓尼年鉴（2021）》出版】　11月，甘肃省卓尼县党史县志办编纂的《卓尼年鉴（2021）》由四川省教育电子音像出版社出版。何寿增主编。该卷年鉴设特载、县情概述、大事记、脱贫攻坚和全面建成小康社会、政治、军事法治、人民团体、经济、经济管理与监督、资源管理·环境保护与城乡建设、社会事业、社会服务与管理、乡镇概况、附录14个类目，下设29个分目、914个条目，收录63幅图片、18张表格。卷首专题图片设重要会议、民生民情、精准扶贫和全面小康6个专题。全书55万字。　　（王旭）

【《西宁市城东年鉴（2021）》出版】　10月，青海省西宁市城东区地方志编委会编纂的《西宁市城东年鉴（2021）》由九州出版社出版。周志城主编。该卷年鉴设特载、专记、大事记、区情概览、组织机构和负责人名录、中国共产党西宁市城东区委员会、西宁市城东区人民代表大会、西宁市城东区政府、政协西宁市城东区委员会、纪检·监察、群众团体、军事·法治、经济综合管理、财政·税务、产业融合发展、部分驻区企业、城乡建设管理、教育·体育、文化·科技、医疗卫生、人民生活保障、社会事务、镇·街道23个类目，下设112个分目、782个条目，收录237幅图片、31张表格。卷首专题图片设数字城东2020、疫情防控、党的建设、城市发展、文化繁荣、军事政法、社会民生、生态文明、东区新貌9个专题，卷末附索引。该卷年鉴依规完善地域冠名，年鉴书名重新审定为《西宁市城东年鉴（2021）》；增设专记类目，记述"十三五"时期全区经济社会发展整体情况以及2020年全区在疫情防控期间的各项工作，突出要事大事；新增部分驻区企业类目；社会民生类目分设为人民生活保障、社会事务分目；增设先进人物事迹分目。卷首专题图片除搭配相应图片说明外，在疫情防控、文化繁荣、社会民生等板块均使用一定篇幅文字进行补充说明；为方便查阅，随文图片标注图序及供稿单位。全书42万字。　　　　　　　　　（张进芳）

【《互助土族自治县年鉴（2021）》出版】　12月，青海省互助土族自治县地方志编委会编纂的《互助土族自治县年鉴（2021）》由三秦出版社出版。解生祥主编。该卷年鉴设特载、县情概况、大事纪要、中国共产党互助土族自治县委员会、互助土族自治县人民代表大会常务委员会、互助土族自治县政府、中国人民政治协商会议互助土族自治县委员会、纪委监委、群众团体、法治军事、城乡建设环境保护自然资源管理、交通邮政通信、农业农村水利、工业商贸电力供应、财政税务金融保险、综合经济管理、园区建设、科教卫生健康、文体旅游广电、社会事务、乡镇概览、附录22个类目，下设105个分目、1170个条目，收录105幅图片、7张表格。卷首专题图片设互助土族自治县行政区划图、数字互助2020、风采展示等专题，卷末附索引。全书67.1万字。

（张进芳）

【《门源年鉴（2021）》出版】 11月，青海省门源回族自治县志办编纂的《门源年鉴（2021）》由青海人民出版社出版。马占俊主编。该年鉴设特载、县情概况、大事记、组织机构及领导名录、政治、群众团体、军事、法治、综合经济管理、农牧水利科技扶贫开发、自然资源城建环保、交通电力邮政通信、财政税务金融、社会事业、乡镇农牧场、附录16个类目，下设80个分目、44个次分目、792个条目，收录100幅图片、11张表格。卷首专题图片设门源县地图、数字门源2020、发展足迹、抗疫专辑、农牧经济、社会活动、文体盛事、秀美山川等8个专题，卷末附索引。该卷年鉴框架结构做大幅调整，改版后的年鉴结构更加符合党政部门机构改革后职能重组和优化的实际，便于查阅利用；卷首专题图片除当年重要政务活动工作照外，特别增设展示门源县社会经济发展成果的图片和抗疫专题图片；印刷改为全彩印刷。全书42万字。 （张进芳）

【《河南蒙古族自治县年鉴（2021）》出版】 11月，青海省河南蒙古族自治县志鉴编委会编纂的《河南蒙古族自治县年鉴（2021）》由九州出版社出版。潘英主编。该卷年鉴设特载、专题、大事要闻、县情概览、组织机构和负责人名录、中共河南县委、河南县人民代表大会、河南县政府、政协河南县委员会、中共河南县纪委·河南县监委、群众团体、军事·法治、综合经济管理、农牧水利、城建·交通、邮政·通信、供电·商贸、财税·金融、生态环保、科技·气象、教育体育、文化旅游、医疗卫生、人力资源和社会保障、社会事务、乡镇、附录27个类目，下设115个分目、575个条目，收录296幅图片、22张表格。卷首专题图片设行政区划图、重要会议、领导调研、疫情防控、党的建设、振兴发展、社会治理、生态建设、精神文明、教育事业10个专题，卷末附索引。卷首专题图片收录反映河南县2020年大事、要事和新事，设立民族团结、生态文明建设、脱贫攻坚、疫情防控、新时代文明建设以及作风整治共5个专题。大事要闻选录十大新闻，选出代表性的新闻素材，以图文并茂的形式呈现河南县全年最值得关注的新闻热点；类目及卷末增设图片，展现河南县人文景观。全书65万字。

（张进芳）

【《乌兰年鉴（2021）》出版】 11月，青海省乌兰县地方志编委会编纂的《乌兰年鉴（2021）》由中华工商联合出版社出版。康伟伟主编。该卷年鉴设特载、专记、大事记、县情概览、组织机构和领导名录、中国共产党乌兰县委员会、乌兰县人民代表大会、乌兰县政府、政协乌兰县委员会、纪检·监察、群众团体、军事、法治、经济综合管理、农村·牧区、财税金融、城建·交通·环保、邮政通信、教育·科技、文体旅游广电、医疗卫生、社会民生事务、镇域概况23个类目，下设99个分目、713个条目，收录215幅图片、25张表格。卷首专题图片设乌兰县行政区划图、乌兰县工业园区区位示意图、乌兰县旅游线路图、重要会议、疫情防控、产业发展、城乡建设、对口援建、文化教育、社会民生、政法综治、生态环保、全域旅游、县情速览（2020）14个专题，卷末附索引。该卷年鉴由双色印刷改为四色印刷，内文搭配图表；增设专记，记述"十三五"时期全区经济社会发展整体情况，使用大量图表突出年度变化，并在文末附全州各市县主要经济指标完成情况进行对比；经济板块增设乌兰循环经济工业园分目；设农村·牧区类目；医疗卫生类目设新型冠状病毒肺炎疫情防控分目；体现民族特色和方便查阅，增设蒙古文目录。全书45万字。

（张进芳）

【《金凤年鉴（2021）》出版】 11月，宁夏回族自治区银川市金凤区《金凤年鉴》编纂委员会编纂的《金凤年鉴（2021）》由宁夏人民出版社出版。张涛主编。该卷年鉴设专文、金凤区2020年创新工作成果、大事记、金凤区综览、中国共产党金凤区委员会、金凤区人民代表大会、金凤区政府、中国人民政治协商会议银川市金凤区委员会、民主党派、群众团体、法治·军事、综合经济管理、农业和农村经济、商业贸易与经济技术合作、园区建设、城建交通与城管管理、自然资源与生态环境、科技·教育、文化·体育·旅游、卫生健康、社会管理、镇（街道）、人物·荣誉、附录共25个类目，下设100个分目、1024个条目。卷首专题图片设重要会议、党的建设、疫情防控、经济运行、社会民生、城乡环境、民主法治、金凤区"十三五"完成指标、文化体育旅游9个专题，收录102幅照片。卷首设中、英文目录，卷末附主题词索引。全书80万字。

（张明鹏）

【《惠农年鉴（2021）》出版】 12月，宁夏回族自治区石嘴山市惠农区政府主办、区志办编纂的《惠农年鉴（2021）》由宁夏人民出版社出版。该卷年鉴设特载、大事记、机构设置及领导名录、中国共产党惠农区委员会、惠农区人民代表大会、惠农区政府、政协惠农区委员会、纪律监察·巡察监督、脱贫攻坚、群众团体、军事、法治、应急救援、农业、自然资源、工业·商贸、城乡建设·环境保护、交通·运输、通信、财政·税务·统计·审计、金融业、综合监督管理、科技·气象、教育·体育、卫生健康、文化、民生事业、乡镇·街道、荣誉、附录30个类目，收录1张地图、83幅照片、8张表格。全书63万字。

（张明鹏）

【《彭阳年鉴（2021）》出版】 11月，宁夏回族自治区彭阳县委史志研究室编纂的《彭阳年鉴（2021）》由宁夏人民出版社出版。杨占辉主编。该卷年鉴设特载、彭阳县2020年大事记、彭阳县概览、彭阳县组织机构负责人名录、政党政权、群众团体、法治、军事、经济管理、自然资源、农业农村经济、交通邮政通信、金融保险、工业园区建设、商业贸易、住房与城乡建设、教育体育、文化旅游、科技卫生、社会管理、乡镇、荣誉、附录23个类目，下设116个分目、820个条目。卷首专题图片设反映彭阳县政治建设、经济建设、文化建设、社会建设、生态文明建设方面5个专题，收录37幅照片。全书60万字。

（张明鹏）

【《达坂城区年鉴（2020）》出版】 10月，新疆维吾尔自治区乌鲁木齐市达坂城区委、区政府主管，区史志办编纂的《达坂城区年鉴（2020）》由新疆人民出版社出版。韩新林主编。该卷年鉴设特载、大事记、综述、政治、群众团体、法治、军事、城区建设·生态环境、经济管理、财政·税务、银行保险、交通·邮政、教育·科技、文化体育·旅游·卫生、社会民生、农业、乡镇·片区管委会、荣誉、附录19个类目，下设71个分目、405个条目，收录28幅图片、3张表格。卷首专题图片设领导工作、党建工作、民族团结、爱情小镇等专题。全书28万字。

（张炜）

【《沙雅年鉴（2019）》出版】 10月，新疆维吾尔自治区沙雅县委、县政府主办，县委党史研究室（县志办）编纂的《沙雅年鉴（2019）》由新疆人民出版社出版。李拥国主编。该卷年鉴设特载、概况、大事记、政治、政权·政治协商、群众团体、法治、军事、农业、工业·商贸、交通运输·邮政·通信、城乡建设·环境保护、经济管理与监督、财政·税收·金融、教育·科技·气象、文化体育·广播电视·旅游、医疗·卫生·健康、社会民主、乡镇建设、光荣榜、附录21个类目，下设130个分目、954个条目，收录18幅图片、35张表格。全书65万字。　　（张炜）

【《尉犁年鉴（2020）》出版】　1月，新疆维吾尔自治区尉犁县委、县政府主办，县委办公室编纂的《尉犁年鉴（2020）》由人民日报出版社出版。刘国平主编。该卷年鉴设特载、专文、概览、要闻·大事、中共尉犁县委员会、尉犁县人民代表大会、尉犁县人民政府、群众团体、法治、军事、综合经济管理、应急管理、农业·水利、工业、商贸服务、银行·保险、交通运输、邮政通信、城乡建设·生态环境、教育科技、文化体育广播电视、旅游、卫生健康、社会生活、乡镇、驻县团场、人物·先进集体、附录28个类目，下设132个分目、954个条目，收录30幅图片、6张表格。卷首专题图片设党的建设、脱贫攻坚、社会生活、文化旅游 生态文明、尉犁特产等专题，卷末附索引。全书39万字。　　（张炜）

【《博湖年鉴（2020）》出版】　10月，新疆维吾尔自治区博湖县委、县政府主办，县委办公室（县档案局）编纂的《博湖年鉴（2020）》由新疆生产建设兵团出版社出版。贾锐铭主编。该卷年鉴设特载、概况、要闻·大事记、中共博湖县委员会、政权·政治协商、群众团体、法治、军事、经济管理、应急管理、农业农村、工业·商贸、交通、邮政·通信、财政·税务、银行·保险、城乡建设·生态环境保护、教育·科技·气象、文化·体育·旅游、卫生健康、社会民生、乡镇、驻县单位、附录24个类目，下设114个分目、876个条目，收录45幅图片。卷首专题图片设基层慰问、重要会议、经济建设、脱贫攻坚、"访民情、惠民生、聚民心"活动掠影、旅游文化、社会民生等专题，卷末附索引。全书50万字。　　（张炜）

【《伊宁市年鉴（2019）》出版】　7月，新疆维吾尔自治区伊宁市委、市政府主办，市委党史研究室（市志办）编纂的《伊宁市年鉴（2019）》由新疆人民出版社出版。秦学丽主编。该卷年鉴设特载、概况、大事记、党政机关、群众团体、法治·军事、城乡建设、贸易·旅游、交通运输、农业、工业、经济监督与管理、财政·税收、金融、国土资源·环境保护、教育、科学技术·地震·气象、医疗·卫生、文化·体育·广播影视、社会生活、乡镇·街道、国有农牧场·城区管理、驻市单位、附录24个类目，下设117个分目、436个条目，收录36幅图片、11张表格。卷首专题图片设党的建设、美丽伊宁、民生建设、脱贫攻坚、文化旅游等专题，卷末附后记。该卷年鉴增设国有农牧场·城区管理和驻市单位类目，收录伊犁河南岸新区（奶牛场）、伊宁旅游风景区、霍尔果斯经济开发区伊宁园区管委会、新疆天山西部国有林管理局等内容。全书48万字。　　（张炜）

【《阜康年鉴（2019）》出版】　7月，新疆维吾尔自治区阜康市委、市政府主办，《阜康年鉴》编纂委员会编纂的《阜康年鉴（2019）》由新疆人民出版社出版。葛智超主编。该卷年鉴设特载、综述、大事记、政治、法治、群众团体、军事、城区规划与建设、环境保护、经济监督与管理、财政·税收、金融、农业、工业、旅游、交通邮政·通讯、商务、国土资源管理、气象、教育·科学技术、文化·体育·广播·电视、医疗卫生、民族宗教事务管理、机构编制、人事·劳动·社会保障、社会生活、街道·乡镇建设、驻市团场、荣誉、附录30个类目，下设129个分目、1002个条目，收录28幅图片、6张表格。卷首专题图片设重要会议、工业、农业、文化旅游、社会生活。全书80万字。　　（张炜）

【《第一师阿拉尔市年鉴（2020）》出版】　5月，新疆生产建设兵团第一师阿拉尔市政府主办、师市史志办编纂的《第一师阿拉尔市年鉴（2020）》由中国文史出版社出版。王小强主编。该卷年鉴设特载、专文、大事记、第一师阿拉尔市概况、中国共产党第一师阿拉尔市委员会、阿拉尔市人民代表大会、第一师·阿拉尔市人民政府、中国人民政治协商会议阿拉尔市委员会、纪检监察、群众团体、军事、法治、对口支援、经济管理、财政·税务、金融、农业·农村、水利、工业·信息化建设、交通运输·邮政、城乡建设与管理、商贸流通·旅游、园区经济、生态环境、教育、科学技术、文化·体育、卫生与健康、社会生活、师市直属重点企业、团（镇）·乡·街道办事处、人物·集体、附录33个类目。全书80万字。
（兵团第一师阿拉尔市史志办）

【《第二师铁门关市年鉴（2021）》出版】 12月，新疆生产建设兵团第二师铁门关市史志编委会编纂的《第二师铁门关市年鉴（2021）》由新华出版社出版。张振华主编。该卷年鉴设特载、专记、大事记、第二师铁门关市概况、中国共产党第二师铁门关市委员会、铁门关市人民代表大会、第二师·铁门关市人民政府、中国人民政治协商会议铁门关市委员会、纪检监察、群众团体、军事、法治、对口支援、经济管理、应急管理、市场监督、财政·税务、金融、农业农村、水利、工业、信息化、交通运输·邮政、城乡建设、商贸·旅游、民营经济、生态环境、教育、科学技术、文化·体育、卫生与健康、社会生活、团场（镇）、街道、师属重点企业、人物·集体、附录37个类目，下设193个分目、1542个条目，收录150幅图片、8张表格。卷首专题图片设党的建设、脱贫攻坚、深化改革、抗击疫情、文化润疆、对口支援、民族团结、经济发展、兵地融合、生态建设、社会生活11个专题，卷末附索引。全书80万字。
（兵团第二师铁门关市史志办）

【《第六师五家渠市年鉴（2021）》出版】12月，新疆生产建设兵团第六师五家渠市史志办编纂的《第六师五家渠市年鉴（2021）》由新疆生产建设兵团出版社出版。李兵主编。该卷年鉴设特载、专记、大事记、第六师五家渠市概况、中国共产党第六师五家渠市委员会、五家渠市人民代表大会、第六师·五家渠市人民政府、中国人民政治协商会议五家渠市委员会、纪检监察、群众团体、法治、军事、对口支援、经济管理、财政·税务、金融、农业农村、工业、水利、城乡建设、交通运输·通信、商贸服务业·旅游业、民营经济、开放型经济、生态环境、科学技术、教育、文化·体育、卫生与健康、应急管理、社会生活、团镇·街道、师属重点企业、人物·荣誉、统计资料、附录36个类目，下设187个分目、1169个条目，收录60幅卷首专题图片、68幅随文图片、35张表格。卷首专题图片设牢记使命、巩固脱贫攻坚成果、抗击新冠肺炎疫情、农业建设、工业建设、人民生活6个专题。该卷年鉴与上一卷年鉴相比，将经济管理与市场监督类目改为经济管理；增设应急管理类目；工业·信息化建设类目调整为工业；城镇建设与管理类目改为城乡建设；交通运输·邮政类目改为交通运输·通信；商贸·旅游类目调整为商贸服务业·旅游业；园区经济类目调整为开放型经济，国际贸易促进、招商引资分目归入此类目；原人物·集体类目改为人物·荣誉；统计资料单设为类目。全书70万字。
（兵团第六师五家渠市史志办）

【《第十三师年鉴（2020）》出版】 11月，新疆生产建设兵团第十三师年鉴编辑委员会编纂的《第十三师年鉴（2020）》由新疆生产建设兵团出版社出版。该卷年鉴设特载、专记、大事记、师情概览、中国共产党第十三师委员会、第十三师、纪检监察、群众团体、军事、法治、对口支援、经济管理、民营经济、农业、工业·信息化建设、交通运输业、城乡建设、商贸服务业·旅游业、金融、园区经济、环境保护、精神文明建设、科学技术、教育·体育、文化事业、卫生与健康、人力资源和社会保障、社会生活、师属重点企业、团场、社区、人物、附录33个类目，下设141个分目、1011个条目，收录128幅图片、8张表格。卷首专题图片设党建工作、文化润疆、对口支援、兵地融合、维稳戍边、新型工业、特色农业、特色教育、群众体育、医疗卫生、法制宣传、结亲互助、关爱老兵、生态环境14个专题。全书70万字。（兵团第十三师史志办）

· 乡镇村年鉴

【《常熟市辛庄年鉴（2021）》出版】 12月，江苏省常熟市辛庄年鉴编辑部编纂的《常熟市辛庄年鉴（2021）》由凤凰出版社出版。王正国主编。该卷年鉴设特别报道、大事记、辛庄概览、中共辛庄镇党委、辛庄镇人民代表大会、辛庄镇政府、辛庄镇政协工作委员会、群众团体、平安建设、工业、农业、商业与金融、公共事业、新农村建设、生态建设、综合经济管理、科学技术、教育、医疗卫生、文化、体育、社会生活、村（居、场）23个类目，下设148个分目、578个条目，收录55幅图片、13张表格。卷首专题图片设抗疫图集、千村美居工作、回眸"十三五"3个专题。全书22.2万字。 （张俊）

【《常熟市琴川年鉴（2021）》出版】 12月，江苏省常熟市琴川街道办事处编纂的《常熟市琴川年鉴（2021）》由凤凰出版社出版。常熟市琴川街道办事处主编。该卷年鉴设特载、年度关注、大事记、街道概貌、党政要务、群众团体、综合经济、平安创建、环境建设、综合管理、科教文卫、社会民生、村居概况、人物荣誉、附录15个类目，下设115个分目、937个条目，收录43幅图片、10张表格。卷首专题图片设美丽琴川、品质琴川、海纳琴川、幸福琴川。该卷年鉴突出反映服务城市发展、服务基层，以及精神文明建设、基层党建、防疫抗疫等亮点工作。全书35.1万字。 （张俊）

【《常熟市碧溪年鉴（2021）》出版】 12月，江苏省常熟市碧溪街道办事处编纂的《常熟市碧溪年鉴（2021）》由凤凰出版社出版。周丽芳、邓雪主编。该卷年鉴设特别报道、大事记、街道概览、碧溪街道党工委、碧溪街道人大工委、碧溪街道办事处、碧溪街道政协工委、群众团体、人民武装、社会治理、现代农业、工业科技、生态环境、综合经济、镇村建设、幸福教育、医疗卫生、文化体育、民生保障、行政村社、人物荣誉、领导名录、附录23个类目，下设135个分目、685个条目，收录206幅图片、20张表格。卷首专题图片设领导视察、文明实践、千村美居、灵动文化4个专题，共37幅图片。该卷年鉴框架有部分调整，新增生态环境、社会治理类目，碧溪街道党工委类目下新增新时代文明实践分目，人民武装类目下增设退役军人事务管理分目。全书39.7万字。 （张俊）

【《常熟市虞山年鉴（2021）》出版】 12月，江苏省常熟市虞山街道办事处编纂的《常熟市虞山年鉴（2021）》由凤凰出版社出版。周春阳、李媛媛主编。该卷年鉴设特载、大事记、街道概览、街道党工委、街道人大工委、街道办事处、街道政协工委、虞山文化旅游度假区、虞山林场、群众团体、军事法治、人才科技、农业和农村工作、商贸服务与金融、综合经济管理、城乡建设、文化体育、卫生与健康、人民生活、生态文明、村社区管理区、人物荣誉、负责人名录、附录24个类目，下设168个分目、644个条目，收录191幅图片、26张表格。卷首专题图片设辖区风貌、双区同创、城乡建设、人民生活4个专题，卷末附编后记。该卷年鉴记述2017年原虞山镇行政管理体制改革和行政区划调整以来虞山街道经济社会发展总体情况。全书27.89万字。 （张俊）

【《常熟市尚湖年鉴（2021）》出版】 12月，江苏省常熟市尚湖镇编纂的《尚湖年鉴（2021）》由凤凰出版社出版。顾丽娟主编。该卷年鉴设特别报道、大事记、尚湖镇概览、中共尚湖镇委员会、尚湖镇人民代表大会、尚湖镇政府、政协尚湖镇工作委员会、社会团体、平安建设、工业、农业、商贸服务业、公用事业、现代化新农村建设、生态环境、综合经济管理、科学技术、教育、文化体育、医疗卫生、社会生活、村·社区、人物·荣誉、负责人名录、附录25个类目，下设157个分目、654个条目，收录230幅图片、13张表格、1张地图。卷首专题图片收录32幅图片，卷末附编后记。全书28.6万字。　　（张俊）

【《高新区（塘桥镇）年鉴（2021）》出版】12月，江苏省张家港市高新区（塘桥镇）编委会编纂的《高新区（塘桥镇）年鉴（2021）》由广陵书社出版。郭文谦主编。该卷年鉴设特载、大事记、高新区（塘桥镇）概览、高新区党工委（塘桥镇党委）、塘桥镇人大、高新区管委会（塘桥镇政府）、塘桥镇政协、纪检监察、人民团体、法治·军事、区镇建设、农业·农村·水务、工业与招商、建筑业·房地产业、服务业、财税·金融、综合经济管理、科技、教育、文广·体育·旅游、卫生·健康、社会民生、村居、人物·荣誉、附录25个类目，下设155个分目、550个条目，收录100余幅图片、32张表格。卷首专题图片设2020年新冠肺炎疫情防控、产城融合圈、高铁都市圈、文明活力圈、宜居生态圈5个专题，卷末附索引。该卷年鉴设计融合文化古镇、古村等人文元素，以及现代化高新区时代景观，颇具文艺气息。全书36万字。　　（张俊）

【《永联年鉴（2021）》出版】12月，江苏省张家港市南丰镇永联村主办、永联年鉴编委会编纂的《永联年鉴（2021）》由东南大学出版社出版。张瑜主编。该卷年鉴设专记、大事记、概览、中共永联村委员会、中共永钢集团委员会、村（社区）·经济合作社、人民团体·社会组织、文明永联、交通·水务·邮电、现代农业和农村工作、永钢集团、服务业、人事·科技·教育、文化·卫生·体育、社会生活、荣誉、附录17个类目，下设89个分目、341个条目，收录169幅图片、22张表格。卷首专题图片设年度大事、经济强、百姓富、环境美、文明程度高5个专题，卷末附索引。该卷年鉴中共永钢集团委员会类目体现党组织的引领作用，反映企业的高质量发展；文明永联类目反映永联村的精神文明与生态文明建设及其成果；社会生活类目反映永联村社区服务、老龄关爱、福利待遇等方面情况；框架设计取消永联小镇类目，增设新冠肺炎疫情防控等条目，突出村域实际和年度特色。全书45.2万字。　　（张俊）

【《张浦年鉴（2021）》出版】11月，江苏省昆山市张浦镇《张浦年鉴》编委会编纂的《张浦年鉴（2021）》由广陵书社出版。沈晓峰主编。该卷年鉴设特别报道、大事记、年度总报告、发展愿景、张浦概貌、党政群团、疫情防控、扩权强镇、昆山德国工业园、平安建设、镇村建设、公用事业、农业·水利、工业·科技、商贸服务业、综合经济管理、劳动与社会保障、民政、教育、文化体育、医疗卫生、村·社区、调研报告、年度人物、年度文件、年度荣誉26个类目，下设111个分目、467个条目，收录132幅图片、25张表格、8个延伸阅读链接。卷首专题图片设张浦风貌、发展成果、重大活动、重点实事工程等专题，卷末附索引。该卷年鉴扩权强镇、昆山德国工业园等类目，行政审批、综合执法、联动中心等分目为特色内容。全书39万字。　　（张俊）

【《周市年鉴（2021）》出版】11月，江苏省昆山市《周市年鉴》编委会编纂的《周市年鉴（2021）》由广陵书社出版。孙剑波主编。该卷年鉴设特别报道、专记、大事记、年度总报告、发展愿景、周市概貌、北部新城建设、高端装备智能制造产业基地、北中环产业科创带、工业·经济、农业、综合经济管理、文化·体育、人民生活、劳动保障、社会治理、平安建设、环境保护、公用事业、党政群团、村·社区、年度人物、荣誉榜23个类目，下设89个分目、412个条目，收录95幅图片、30张表格、5个延伸阅读链接。卷首专题图片设周市风貌、经济发展、党建引领、民生福祉、城镇建设、文化体育等。该卷年鉴增设疫情防控专记；北部新城建设、高端装备智能制造产业基地、北中环产业科创带等类目，高端装备产业选介、机器人及智能制造产业选介、重点科技人才项目、野马渡文化品牌活动等分目为特色内容。全书32万字。 （张俊）

【《陆家年鉴（2021）》出版】 8月，江苏省昆山市陆家镇《陆家年鉴》编委会编纂的《陆家年鉴（2021）》由广陵书社出版。袁挺主编。该卷年鉴设特别报道、专记、大事记、年度总报告、陆家概貌、经济发展、乡村振兴、城镇管理、社会治理、社会事业、教育卫生、文化体育、党政群团、年度人物、年度文件、荣誉榜16个类目，下设63个分目、258个条目，收录160幅图片、25张表格、14个延伸阅读链接。卷首专题图片设陆家风貌、高质量发展、高品质生活、高效能治理、"十三五"回眸。该卷年鉴增设2020年陆家镇疫情防控实录、基层整合审批服务执法力量改革2篇专记；医疗器械产业、出租厂区规范化建设、新时代文明实践体系建设、基层监督体系建设等条目为特色内容。全书27万字。 （张俊）

【《巴城年鉴（2021）》出版】 8月，江苏省昆山市巴城镇《巴城年鉴》编委会编纂的《巴城年鉴（2021）》由广陵书社出版。王晔、朱叶华主编。该卷年鉴设特别报道、大事记、发展报告、发展愿景、巴城概览、疫情防控、经济发展、乡村振兴、全域旅游、人居环境、社会治理、人民生活、党政群团、村·社区、年度人物、荣誉16个类目，下设119个分目（次分目）、447个条目，收录118幅图片、12张表格、8个延伸阅读链接。卷首专题图片设巴城风貌、年度会议、疫情防控、农业发展、工业发展、文体活动、创新教育等专题。该卷年鉴增设疫情防控、乡村振兴2个类目，优化人居环境、社会治理、人民生活3个类目；全域旅游类目，工业园区、特色农业分目为特色篇目。全书34万字。 （张俊）

【《千灯年鉴（2021）》出版】 11月，江苏省昆山市千灯镇《千灯年鉴》编委会编纂的《千灯年鉴（2021）》由广陵书社出版。秦微晰主编。该卷年鉴设特别报道、大事记、年度总报告、镇域概貌、新冠肺炎疫情防控、党政群团、机构改革、经济管理、社会治理、人居环境、农业、全域旅游、人民生活、村·社区、年度人物、年度文件16个类目，下设72个分目、321个条目，收录159幅图片、36张表格、3个延伸阅读链接。卷首专题图片设千灯风貌、现代工业、重要活动等。该卷年鉴增设特别报道、年度总报告、新冠肺炎疫情防控3个类目；新冠肺炎疫情防控、全域旅游等类目，历史人文、重大产业选介、特色产业项目、传统村落旅游等分目为特色内容。全书35万字。 （张俊）

【《淀山湖年鉴（2021）》出版】 6月，江苏省昆山市淀山湖镇《淀山湖年鉴》编委会编纂的《淀山湖年鉴（2021）》由广陵书社出版。朱叶华、杨梦霞主编。该卷年鉴设特别报道、大事记、发展报告、发展愿景、淀山湖概览、疫情防控、经济发展、人居环境、对接融入长三角、工作亮点、平安建设、人民生活、党政群团、村·社区、年度人物15个类目，下设110个分目（副分目）、418个条目，收录164幅图片、17张表格、16个延伸阅读链接。卷首专题图片设淀山湖风光、年度聚焦、金秋经贸系列活动、小麦收烘一条龙作业等。该卷年鉴疫情防控、人居环境、对接融入长三角等类目为特色类目。全书36万字。 （张俊）

【《周庄年鉴（2021）》出版】 12月，江苏省昆山市周庄镇《周庄年鉴》编委会编纂的《周庄年鉴（2021）》由广陵书社出版。邱平主编。设特别报道、大事记、发展报告、发展愿景、周庄概貌、经济发展、全域旅游、全域最美村庄、全域产业、全域河湖、疫情防控、防汛抗洪、社会治理、人民生活、党政群团、村·社区、年度人物、荣誉18个类目，下设122个分目（次分目）、442个条目，收录132幅图片、14张表格、10个延伸阅读链接。卷首专题图片设长三角魅力江南风情古镇、重要活动、实事工程。该卷年鉴增设疫情防控、防汛抗洪等类目,其中全域最美村庄、全域产业、全域河湖类目及文化周庄分目为特色内容。全书33万字。

（张俊）

【《锦溪年鉴（2021）》出版】 8月,江苏省昆山市锦溪镇《锦溪年鉴》编委会编纂的《锦溪年鉴（2021）》由广陵书社出版。陈竹琳主编。该卷年鉴设特别报道、大事记、发展报告、发展愿景、锦溪概览、疫情防控、经济发展、全域旅游、乡村振兴、社会治理、人民生活、党政群团、社区·村、年度人物、年度文件15个类目,下设97个分目（次分目）、275个条目,收录124幅图片、11张表格、8个延伸阅读链接。卷首专题图片设锦溪古镇、乡村风貌、企业风貌、重要活动、民生实事5个专题。该卷年鉴增设疫情防控、年度人物类目；经济发展、全域旅游、乡村振兴等类目,转型升级、全域旅游项目、农业现代化、乡村环境整治等分目为特色内容。全书31万字。

（张俊）

【《浏河年鉴（2020）》出版】 1月,江苏省太仓市浏河镇浏河年鉴编委会编纂的《浏河年鉴（2020）》由古吴轩出版社出版。郭亚萍主编。该卷年鉴设特别报道、大事记、浏河概貌、中共浏河镇委员会、浏河镇人大、浏河镇政府、政协工委、纪检监察、群众团体、军事法治、开放型经济、经济发展、全域旅游、综合经济管理、镇村建设、公用事业、教育科技、文化体育、卫生健康、社会民生、村·社区、荣誉、附录23个类目,下设131个分目、526个条目,收录136幅图片、14张图表。卷首专题图片设年度便览、视觉浏河,年度便览收录浏河镇2019年主要经济社会指标和年度重要荣誉,视觉浏河收录浏河风貌、实事工程、重大活动、重要会议、最美浏河人等,收录62幅图片。卷末附索引。该卷年鉴全面记述浏河镇2019年各条线、各单位全力推动高质量建设"全域旅游的现代滨江田园城镇"的亮点工作。全书45.3万字。

（张俊）

【《长兴乡村年鉴（2020）》出版】 9月,浙江省长兴县史志研究室主编的《长兴乡村年鉴（2020）》由浙江人民出版社出版。吴连意主编。该卷年鉴以乡镇为类目设16个类目,以村为分目设235个分目,每个分目设概况、经济发展、社会事业、历史人文4个条目,共收录图片100余幅,记述全县16个乡镇（街道、园区）共235个行政村（居民区）的2019年度经济、社会发展基本情况。全书44.6万字。

（湖州市地方志编纂室）

【《华富街道年鉴（2021）》出版】 12月,广东省深圳市福田区华富街道年鉴编委会编纂的《华富街道年鉴（2021）》由花城出版社出版。深圳市福田区华富街道党工委、福田区华富街道办主编。该卷年鉴设特载、大事记、概貌、党政综合工作、军事工作、人民团体、经济发展与市场监督、法治、城市环境建设与管理、文化·体育、社会事务、社区概貌、荣誉榜、文件选编、媒体报道15个类目,下设81个分目、393个条目,收录115幅图片、5张表格。卷首专题图片设大事要闻、重要活动、魅力华富3个专题,卷末附索引。全书17万字。

（广东省志办）

【《沙头角街道年鉴（2021）》出版】 12月,广东省深圳市福田区沙头角街道年鉴编委会编纂的《沙头角街道年鉴（2021）》由花城出版社出版。林薛灿主编。该卷年鉴设特载、大事记、概貌、党政工作·军事工作、群众团体、经济调节与市场监管、法治、城市建设与管理、文化·体育·教育·卫生、社会事务、社区概貌、荣誉榜、文件选编、媒体报道14个类目,下设72个分目、351个条目,收录34幅彩图图片、50幅随文图片、7张表格。卷首专题图片设大事要闻、社区建设、文化沙头角、魅力沙头角4个专题,卷末附索引。全书17万字。

（广东省志办）

【《新安街道年鉴（2021）》出版】 12月，广东省深圳市宝安区新安街道编纂的《新安街道年鉴（2021）》由花城出版社出版。张力主编。该卷年鉴设大事记、概貌、党政工作、军事工作、群团组织、法治、经济调节与市场监督、城市建设与管理、文体·卫生·科普、社会事务、社区概貌、荣誉榜、附录13个类目，下设75个分目。卷末附索引。全书42万字。

（广东省志办）

【《平湖街道年鉴（2021）》出版】 3月，广东省深圳市龙岗区平湖街道年鉴编委会编纂的《平湖街道年鉴（2021）》由广东人民出版社出版。王舒主编。该卷年鉴设特载、大事记、年度关注、总述、党务政务、群众团体、法治、经济建设、经济综合管理、城市建设、城市管理、生态文明建设、公共事业、社会生活、社区、荣誉、附录17个类目，下设90个分目、477个条目，收录146幅图片、12张表格。卷首专题图片设平湖风貌、大事要闻、风采平湖，卷末附索引。该卷年鉴年度关注类目设疫情防控、脱贫攻坚、"十三五"发展3个分目，体现年度特点；社区类目条目内容中融入基层党组织及集体股份公司参与基层治理工作内容，突出基层治理共建共治共享特色。全书36万字。

（广东省志办）

【《龙城街道年鉴（2021）》出版】 10月，广东省深圳市龙岗区龙城街道办事处编纂的《龙城街道年鉴（2021）》由四川民族出版社出版。林盛扬主编。该卷年鉴设今日龙城、特载、大事要闻、大事纪实、活力龙城、年度聚焦、党务政务、人民团体与社会组织、法治城区、经济发展、经济监督管理、城市建设、人居环境、公共事业、社区、荣誉龙城、附录、统计资料18个类目，下设81个分目、490个条目，收录151幅图片、21张表格。卷首专题图片设今日龙城、大事要闻、大事纪实3个专题，卷末附主题索引。全书25万字。

（广东省志办）

【《横岗年鉴（2021）》出版】 12月，广东省深圳市龙岗区横岗街道年鉴编委会编纂的《横岗年鉴（2021）》由广东人民出版社出版。熊思主编。该卷年鉴设特载、大事记、年度聚焦、总述、党务政务等17个类目，下设74个分目、471个条目，收录184幅图片、13张表格。卷首专题图片设横岗风貌、大事要闻、风采横岗3个专题，卷末附索引。全书42万字。

（广东省志办）

【《坪地年鉴（2021）》出版】 12月，广东省深圳市龙岗区坪地街道年鉴编委会编纂的《坪地年鉴（2021）》由广东人民出版社出版。王荔主编。该卷年鉴设特载、大事记、总述、年度聚焦、党务政务、群众团体、法治、经济建设、经济综合管理、城市建设、城市管理、生态环保、公共事业、社会生活、社区、荣誉、附录17个类目，下设83个分目、564个条目，收录171幅图片、18张表格。卷首专题图片设坪地数字、坪地新貌、大事要闻、产业基地4个专题，卷末附索引。该卷年鉴年度聚焦类目下设疫情防控、脱贫攻坚、"十三五"发展设3个分目，体现年度特点；经济建设类目注重挖掘产业发展动态、营商环境优化等内容；社区类目下各条目内容中融入社区党建、疫情防控、社区治理（服务）等内容，全面反映基层社会治理全貌。全书42.6万字。

（刘士忠）

【《盐田街道年鉴（2021）》出版】 12月，广东省深圳市盐田区盐田街道年鉴编委会编纂的《盐田街道年鉴（2021）》由花城出版社出版。张湛云主编。该卷年鉴设特载、大事记、特色盐田、街道概貌、党政综合工作、人民团体、经济发展与管理、法治、城市建设与管理、社会事务、教科文卫体、社区概貌、荣誉榜、文件选编、附录15个类目，下设54个分目、421个条目，收录50幅彩图图片、68幅内文图片、12张表格。卷首专题图片设大事要闻、重要活动、魅力盐田3个专题，卷末附索引。全书28万字。

（盐田区志办）

【《龙华街道年鉴（2021）》出版】 8月，广东省深圳市龙华区龙华街道办事处编纂的《龙华街道年鉴（2021）》由四川民族出版社出版。柯盈华主编。该卷年鉴设今日龙华、特载、大事要闻、大事纪实、活力龙城、年度聚焦、党务政务、人民团体与社会组织、法治城区、经济发展、经济监督管理、城市建设、人居环境、公共事业、社区、荣誉龙华、统计资料17个类目，下设81个分目、490个条目，收录173幅图片、26张表格。卷首专题图片设今日龙华、大事要闻、大事纪实3个专题，卷末附主题索引。全书30万字。

（广东省志办）

【《观澜年鉴（2021）》出版】 11月，广东省深圳市龙华区观澜街道办事处年鉴编委会编纂的《观澜年鉴（2021）》由中国文史出版社出版。黄甲钊主编。该卷年鉴设特载、大事记、综述、年度聚焦、观澜抗疫实践、纪检监察、党政综合、党建工作、公共服务、综合治理、应急管理、城市建设、经济服务、综合行政执法、社区、统计资料、荣誉、媒体报道18个类目，下设80多个分目、200多个条目，收录100余幅图片、100余张表格。卷首专题图片设城区风貌、领导调研、大事要闻等专题。该卷年鉴根据2020年的街道实际情况，增设数字看观澜、观澜抗疫实践等条目。全书26万字。

（广东省志办）

【《观湖年鉴（2021）》出版】 12月，广东省深圳市龙华区观湖街道年鉴编委会编纂的《观湖年鉴（2021）》由广东人民出版社出版。钟海燕主编。该卷年鉴设特载、大事记、年度聚焦、总述、党务政务、群众团体、法治、经济建设、经济综合管理、城市建设、城市管理、生态环保、公共事业、社会生活、社区、荣誉、附录17个类目，下设80个分目、468个条目，收录177幅图片、15张表格。卷首专题图片设观湖新貌、大事要闻、活力观湖3个专题，卷末附索引。该卷年鉴年度聚焦类目设疫情防控、脱贫攻坚、"十三五"发展3个分目，体现年度特点；社区类目下各条目内容中融入基层党组织及集体股份公司参与基层治理工作内容，突出基层治理共建共治共享特色。社区部分因行政区划新增樟溪社区，地图因新增樟溪社区进行更新。全书32万字。

（广东省志办）

【《民治年鉴（2021）》出版】 12月，广东省深圳市龙华区民治街道办事处党政综合办编纂的《民治年鉴（2021）》由中国文史出版社出版。彭东红主编。该卷年鉴设特载、综述、年度聚焦、特色民治、纪检监察、军事、党政综合、党建工作、公共服务、综合治理、应急管理、城市建设、经济服务、深圳北站综合治理协调、综合行政执法、社区、大事记、荣誉、媒体报道19个类目，下设100个分目、620个条目，收录211幅图片、29张表格。卷首专题图片设数字看民治、图像民治，卷末附主题索引。全书43.5万字。 （广东省志办）

【《福城年鉴（2021）》出版】 12月，广东省深圳市龙华区福城街道党工委、办事处编纂的《福城年鉴（2021）》由中国文史出版社出版。黄燕主编。该卷年鉴设总述、党务政务、人民团体、经济运行、城市发展、公共安全、综合治理、民主法治、社会民生、社区发展等15个类目，下设67个分目、560个条目，收录192幅图片、27张表格。卷首专题图片设图说福城（包括城市景观、领导调研、大事要闻、人文风貌），卷末附文件汇编、媒体报道。该卷年鉴优化框架设计，调整综合治理类目，新增抗击疫情分目，新增深圳民法公园、疫情防控经验全市推广、广东省深圳市党群共建人文社区示范点、红色网格等突出年度特点和地方特色创新性选题。全书40万字。

（广东省志办）

【《坪山街道年鉴（2021）》出版】 12月，广东省深圳市坪山区坪山街道办事处编纂的《坪山街道年鉴（2021）》由广东人民出版社出版。杨远辉主编。该卷年鉴设特载、大事记、总述、聚焦坪山、党务、政务、社会治理、经济发展与管理、城市建设、城市管理与治理、公共事业、社区、人物·荣誉、媒体报道14个类目，下设58个分目、334个条目，收录136幅图片、8张表格。卷首专题图片设领导调研、坪山风采、人文坪山、魅力坪山，卷末附主题索引。该卷年鉴聚焦坪山类目下设置年度关注、特色党建2个分目，充分体现时代特征、地方特色、年度特点，全面展示坪山街道2020年的亮点工作。全书32万字。

（广东省志办）

【《马峦街道年鉴（2021）》出版】 12月，广东省深圳市坪山区马峦街道办事处编纂的《马峦街道年鉴（2021）》由广东人民出版社出版。黄建勋主编。该卷年鉴设特载、大事记、总述、年度关注、党务、政务、人大·政协和群团工作、法治、经济发展与管理、城市建设、城市管理、公共服务、文化·教育·体育、社区、人物·荣誉、媒体关注、文件选编17个类目，下设70个分目、422个条目，收录162幅图片、5张表格。卷首专题图片设调研考察、时政要闻和社会人文3个专题，卷末附索引。该卷年鉴设年度关注类目，包含疫情防控工作、改革创新工作、机构改革工作和马峦近年来的重点工程项目内容；部分类目整合与拆解，整合人大和政协工作与群团工作，下设人大和政协工作、工会、共青团、妇联等分目；拆解附录，将媒体关注和文件选编设为2个独立类目。全书38.98万字。

（广东省志办）

【《龙田街道年鉴（2021）》出版】 12月，广东省深圳市坪山区龙田街道年鉴编委会编纂的《龙田年鉴（2021）》由广东人民出版社出版。肖汉鲁主编。该卷年鉴设图说龙田、特载、大事记、总述、年度聚焦、党政工作、人大·政协、人民团体、法治、街区发展和监管、城市建设与管理、文化·体育·教育、劳动管理与社会服务、社区、领导干部和荣誉名录、媒体报道、文件选编17个类目，下设67个分目、386个条目，收录152幅图片、6张表格。卷首专题图片设调研考察、时政要闻、社会人文，卷末附主题索引。该卷年鉴设年度聚焦类目，包含基层工作创新、疫情防控、城市建设和对口帮扶等内容；拆解人大政协工作与群团工作，下设人大政协工作和人民团体，将媒体报道和文件选编设为2个独立类目。全书34.75万字。

（广东省志办）

【《坑梓年鉴（2021）》出版】 12月，广东省深圳市坪山区坑梓街道办事处编纂的《坑梓年鉴（2021）》由广东人民出版社出版。陆奕、黄其星主编。该卷年鉴设特载、大事记、总述、年度聚焦、党政工作、人大政协、人民团体、法治、街区发展和监管、城市建设和管理、文化·教育·体育、社会管理和公共服务、社区、人物·荣誉、媒体报道、文件选编16个类目，下设63个分目、386个条目，收录173幅图片、7张表格。卷首专题图片设调研考察、时政要闻和社会人文，卷末附主题索引。该卷年鉴设年度聚焦类目，包含机构改革、疫情防控、脱贫攻坚和城市建设等内容，涵盖坑梓街道2020年工作的和年度特色；拆解人大政协与群团工作类目，设人大政协、人民团体2个类目；原附录类目中的媒体报道和文件选编设为2个独立类目。全书40.5万字。

（坪山区志办）

【《凤凰街道年鉴（2021）》出版】 9月，广东省深圳市光明区凤凰街道党政综合办公室编纂的《凤凰街道年鉴（2021）》由吉林文史出版社出版。凤凰街道党政综合办公室主编。该卷年鉴设特载、大事记、凤凰概览、政治·军事、社会团体、法治、经济综合管理、城建·环保、科教文卫体、社会管理、社区、荣誉榜、文件选登、统计数据、党政机构、领导成员名录16个类目，下设89个分目、363个条目，收录101幅照片、13张表格。卷末附索引。该卷年鉴卷首图片专题设凤凰数说2020，让读者通过数据快速了解凤凰；以奋进、蝶变、五彩、魅力、幸福为主题展示2020

年凤凰街道建设发展。全书32.5万字。

（广东省志办）

【《光明街道年鉴（2021）》出版】 12月，广东省深圳市光明区光明街道办事处编纂的《光明街道年鉴（2021）》由中州古籍出版社出版。光明街道党政综合办公室主编。该卷年鉴设特载、大事记、总述、年度聚焦、党务政务、人民团体、经济建设与管理、法治、城市建设、城市管理、社会事务、社区、光明在线、光明荣誉、附录15个类目，下设81个分目，收录200余幅（张）图表。卷首专题图片设领导调研、重大活动、重要会议、疫情防控、便民服务、治理改革、红色阵地、绿色生态等，卷末附索引。该卷年鉴优化调整框架，设年度聚焦类目让读者通过光明街道发生的大事件迅速了解光明；党务政务类目设党的建设、组织人事、纪检监察、宣传工作、统战工作、军事工作、关工委和老干部工作、综合行政事务、政务服务、人大工作、政协工作、义工联合会等分目。全书42万字。 （广东省志办）

【《马田年鉴（2021）》出版】 12月，广东省深圳市光明区马田街道办事处编纂的《马田年鉴（2021）》由中州古籍出版社出版。光明区马田街道办事处主编。该卷年鉴设概貌、大事记、年度关注、党政工作、人民团体、法治、经济监管和企业服务、城市建设和管理、生态环境建设、教文卫体、社会事务、社区、荣誉榜13个类目，下设60余个分目、300余个条目，收录200余幅（张）图表。卷首专题图片设重要会议、调研考察、马田抗疫、马田要闻、魅力马田，卷末附索引。该卷年鉴新设年度关注类目，记述马田街道"十三五"时期主要发展成就、新冠肺炎疫情防控和复工复产情况，并设特色马田分目突出马田街道的年度特色和地方特点。全书30万字。

（广东省志办）

【《玉塘年鉴（2021）》出版】 12月，广东省深圳市光明区玉塘街道年鉴编委会编纂的《玉塘年鉴（2021）》由团结出版社出版。骆辉强主编。该卷年鉴设特载、大事记、概貌、党政工作、军事、群团组织、法治、经济监督与管理、城市建设、城市管理、教育·文化·体育·卫生、社会事务、社区概貌、荣誉榜、媒体报道、文件选编、附录17个类目，下设60个分目、408个条目。卷首专题图片设大事要闻、社区建设、魅力玉塘3个专题，卷末附索引。该卷年鉴新增新冠肺炎疫情防控分目。全书25万字。

（宋婧 麦贵旺 黄凯旋）

【《虎门年鉴（2021）》出版】 11月，广东省东莞市虎门镇政府编纂的《虎门年鉴（2021）》由广东人民出版社出版。韦瑞斌主编。该卷年鉴设大事记、特载、总述、党政机关、人民团体、法治、城建、环保、交通运输、科学技术、招商引资、金融、教育、旅游、文化、体育等24个类目，下设151个分目、1152个条目，收录399幅图片、14张表格。卷首专题图片设虎门镇地图、虎门城市名片、数字虎门、虎门影像4个专题，卷末附索引、后记。全书65万字。 （曾玉婷）

【《南城年鉴（2021）》出版】 11月，广东省东莞市南城街道办事处编纂的《南城年鉴（2021）》由广东人民出版社出版。赖宇诗主编。该卷年鉴设年度关注、大事记、总述、党务·政务、群众团体、法治·军事、城建·环保、交通、开放型经济、工业·商贸流通业、科技·信息化、农业·林业、财政·税务·金融业、经济监督管理、应急管理、教育、文化·旅游、体育·卫生健康、民生、社区、荣誉、文献专载22个类目，下设123个分目、880个条目，收录252幅图片、16张表格。卷首专题图片设南城名片、南城数字·2020、南城街道中心城区图、影像南城4个专题。全书65万字。

（钟文婧）

【《长安年鉴（2021）》出版】 11月，广东省东莞市长安镇委、镇政府主办，镇党政办公室组织编纂的《长安年鉴（2021）》由中州古籍出版社出版。该卷年鉴设图片专辑、述、大事记、年度关注等25个类目，下设132个条目，收录183幅图片、19张表格。卷首专题图片设魅力长安、"十三五"时期长安镇发展成就2个专题。全书59.4万字。　　　（黄真）

【《塘厦年鉴（2021）》出版】　11月，广东省东莞市塘厦镇政府编纂的《塘厦年鉴（2021）》由广东人民出版社出版。黄伟文主编。该卷年鉴设总述、大事记、特载、党务·政务、群众团体·行业协会、政法·军事、城建·环保、交通·邮政、开放型经济、工业·商贸、旅游产业、农业·林业·水务、金融业、财税、经济监督管理、科技·信息化、教育、文化、体育·卫生、民生、社区、附录22个类目，下设134个分目、881个条目，收录237幅图片、31张表格。卷首专题图片设塘厦镇地图、数字塘厦（2020）、塘厦名片、政治建设、城市建设、经济建设、社会治理、文化建设、民生建设、高尔夫产业10个专题。该卷年鉴封面和封底照片分别以塘厦行政新区、塘厦林村汽车城为主题，展示塘厦在城乡面貌、经济发展上取得的新成绩；采用全彩色印刷，配置丰富多彩的图片，形象生动、鲜明直观地体现塘厦风采；塘厦名片图片专题介绍塘厦镇获得"中国百强镇""世界高尔夫名镇""国家卫生镇""国家级生态乡镇"等主要国家级荣誉，数字塘厦（2020）图片专题介绍2020年塘厦镇主要经济社会发展指标。该卷年鉴呈现塘厦镇统筹推进疫情防控和经济社会发展各项工作，推动"工业制造强镇，品质魅力塘厦"建设进程。全书61万字。　（陈渊）

【《麻涌年鉴（2021）》出版】　12月，广东省东莞市麻涌镇政府编纂的《麻涌年鉴（2021）》由羊城晚报出版社出版。尹礎主编。该卷年鉴设影像麻涌、大事记、特载、概览、党务·政务、群众团体、法治·军事、城建·环保、交通·邮电、对外经济·招商引资、农业·农村工作队、工业·商贸、财税·金融、经济管理、科技·信息化、教育、文化·体育、卫生·人口、旅游·美食、民生、村（社区）、人物22个类目，下设126个分目、860个条目，收录309幅图片、26张表格。卷首专题图片设领导关怀、发展空间拓展、人居环境提升、经济体系构建、治理格局共建、民生事务改善。全书42万字。

（莫锐煊）

【《寮步年鉴（2021）》出版】　12月，广东省东莞市寮步镇政府编纂的《寮步年鉴（2021）》由中州古籍出版社出版。曾杜峰主编。该卷年鉴设大事记、特载、总述、党务·政务、群众团体·行业协会、法治·军事、城建·环保、对外经济·招商引资、工业·商贸、汽车产业、香市文化产业、农业·林业、财政·税务·金融、经济管理、应急管理、科学技术·信息化、教育、文化、体育·卫生、社会生活、村（社区）、荣誉22个类目，下设148个分目、980个条目，收录508幅图片、57张表格。卷首专题图片设寮步镇地图、政治建设、城市建设、经济建设、民生建设、社会建设、文化建设、香博会、疫情防控9个专题。该卷年鉴框架进行创新调整，将农业·林业·水利类目更名为农业·林业，增设应急管理类目。全书77万字。　（梁锐洪）

【《中山市古镇镇年鉴（2021）》出版】　12月，广东省中山市古镇镇年鉴编委会编纂的《中山市古镇镇年鉴（2021）》由中州古籍出版社出版。匡志主编。该卷年鉴设镇情概览、灯饰产业等24个类目，下设98个分目、7个次分目、650多个条目，收录125幅图片、2张表格。卷首专题图片设政务古镇、博爱古镇、美丽古镇、幸福古镇、灯博会、灯光文化节等专题，卷末附索引。该卷年鉴设年度关注类目，收录古镇镇"十三五"时期经济社会发展成就、古镇镇防控新冠肺炎疫情、古镇镇正式被认定为第三批广东省全域旅游示范区；继续设立灯饰产业类目，凸显地域特色和时代特点。全书40万字。

（广东省志办）

· 专业年鉴出版

【《中国水利年鉴（2021）》出版】 12月，中国水利年鉴编辑部编纂的《中国水利年鉴（2021）》由中国水利水电出版社出版。李训喜主编。该卷年鉴设综述、特载、政策法规、水利规划计划、水旱灾害防御等25个类目，下设95个分目、1053个条目，收录90张表格。卷末附343张彩插。该卷年鉴框架进行调整，贯彻落实习近平总书记"节水优先、空间均衡、系统治理、两手发力"的治水思路及治水工作重要指示批示精神，突出强调"十四五"时期党和国家事业发展大势，反映新阶段水利高质量发展要求。全书264.6万字。 （芦珊）

【《北京园林绿化年鉴（2021）》出版】 10月，北京园林绿化年鉴编委会编纂的《北京园林绿化年鉴（2021）》由中国林业出版社出版。高大伟主编。该卷年鉴设特辑、文件选编、北京园林绿化大事记、概况、生态环境、城镇绿化美化、森林资源管理、森林资源保护、公园湿地自然保护地管理、绿色产业、法制·规划·调研、科技·信息·宣传、党群组织、市公园管理中心、直属单位、各区园林绿化、荣誉资料、统计资料、附录19个类目，收录198幅图片、19张表格。卷首专题图片设领导、新一轮百万亩造林、生态环境建设、城镇绿化美化、森林资源安全、公园湿地自然保护地、绿色产业、法制规划调研、科技信息宣传、党群组织10个专题，卷末附索引、后记。全书62万字。 （齐庆栓）

【《大兴教育年鉴（2021）》出版】 11月，北京市大兴区教育委员会编纂的《大兴教育年鉴（2021）》由北京出版社出版。王永庆主编。该卷年鉴设大兴教育总述、大事记、党团建设、综合管理、教育督导、德育、学前教育、小学教育、中学教育、职业教育与成人教育、社会教育、民族教育与特殊教育、校外教育、体育卫生、招生与考试、师资建设、教育研究、现代教育技术、交流与合作、教育团体、文件与专文21个类目，下设68个分目、1567个条目，收录300幅图片、33张表格。卷首专题图片设领导关怀、党团建设、教育教学、体育美育、劳动教育、交流合作等专题，收录140幅图片，卷末附索引。该卷年鉴客观翔实记录2020年大兴区教育系统各级各类教育发展新情况、新信息，重点收录新冠疫情期间各教育单位开展疫情防控、线上教学教研等情况。全书65万字。 （李金艳）

【《中关村年鉴（2021）》出版】 12月，北京市中关村科技园区管理委员会编纂的《中关村年鉴（2021）》由北京出版社出版。许强、翟立新主编。该卷年鉴设概述、特载、专文、大事记、示范区建设、多园格局、产业发展、科技金融、人才工作、创业环境、知识产权与标准化、合作与交流、社会组织、统计资料、附录15个类目，下设51个分目、1797个条目，收录360幅图片、33张表格。卷首专题图片设发展数据、年度要闻、科技抗疫、创新成果，卷末附条目索引、表格索引。该卷年鉴记述2020年中关村国家自主创新示范区"一区十六园"及政策覆盖范围内高新技术企业、科研机构、高等院校、专业园、大学科技园、协会联盟等单位创新发展的基本情况和新成就、新特点、新举措等；卷首专题图片增设科技抗疫专题，示范区建设类目增设科技抗疫分目，记录2020年中关村示范区科技企业、科研机构等单位为抗击新冠肺炎疫情开展的活动、采取的举措、涌现出的科技成果等内容。全书116万字。 （王锦）

【《北京应急管理年鉴（2021）》出版】 12月，北京市应急管理局、北京煤矿安全监察局编纂的《北京应急管理年鉴（2021）》由北京出版社出版。唐明明主编。该卷年鉴设综述、特载、专文、大事记、应急救援、防灾减灾救灾、安全生产、综合管理、行业管理、区域管理、企业管理、突发事件案例、统计资料、表彰奖励、组织机构与领导名录、附录16个类目，下设78个分目、3078个条目，收录86幅图片、29张表格。卷首专题图片设抗击新冠肺炎、自然灾害防治、安全生产监管、应急救援力量建设、应急管理宣传教育等专题，卷末附索引。全书119.8万字。　　　　　（赵芬）

【《华北电力大学年鉴（2021）》出版】 12月，华北电力大学档案馆编纂的《华北电力大学年鉴（2021）》由武汉理工大学出版社出版。檀勤良主编。该卷年鉴设特载、总述、大事记、组织机构与干部、党群工作与行政管理、学科建设与教育教学、科技研究与成果转化、科研机构与平台建设、合作交流和对外联络、院系部建设、教科研设施与服务保障、规章制度建设、重要文件选录、统计报表与附录资料14个类目，下设102个分目、850余个条目，收录62幅图片、44张表格。卷首专题图片设疫情防控、党建与思政、学科建设、人才培养、科学研究、师资队伍、合作交流、文化体育、校园建设9个专题，卷末附索引。该卷年鉴卷首专题图片增设疫情防控，以图片的形式再现全校师生抗击新冠肺炎疫情的场面。全书140万字。　　　　　　　　　　（王振华）

【《天津水务年鉴（2021）》出版】 11月，天津市水务局编纂的《天津水务年鉴（2021）》由水利电力出版社出版。丛英主编。该卷年鉴设综述、重要文献、政策法规、水文水资源、水生态环境、城市供水、水旱灾害防御、农村水利、规划计划与计划、工程建设与管理、水利工程管理、引滦工程管理、南水北调市内配套（引江）工程管理、科技信息化、财务审计、干部人事、综合管理、党建工团、新型冠状病毒感染肺炎疫情防控、各区水务20个类目，下设85个分目、636个条目，收录28幅图片、46张表格。另设大事记、水务统计资料、附录、索引。全书83.7万字。　　　　（丛英）

【《天津统计年鉴（2021）》出版】 12月，天津市统计局、国家统计局天津调查总队编纂的《天津统计年鉴（2021）》由中国统计出版社出版。冯嘉强、安平年主编。该卷年鉴设综合、人口、国民经济核算、就业和劳动工资、价格指数、人民生活、财政、资源环境和公共设施、能源生产和消费、固定资产投资和房地产、对外经济贸易、农业、工业、建筑业、规模以上服务业、批发和零售业、交通运输和邮电、住宿和餐饮业与旅游、金融业、科学技术、教育、卫生和社会服务、文化和体育、公共管理及其他、各区基本情况25个类目，收录336个统计表。该卷年鉴收录天津市2020年经济、社会各方面的统计数据以及其他重要历史年份的全市主要统计数据；为方便读者使用，年鉴的篇目索引标明全书结构；每篇后均附有主要统计指标解释；全书采用中英文对照形式，并配光盘。全书96万字。

（宋铭月）

【《天津教育年鉴（2021）》出版】 12月，天津市教育委员会编纂的《天津教育年鉴（2021）》由天津人民出版社出版。郝奎刚主编。该卷年鉴设领导讲话、政策文件、提案议案、综合管理、各级各类教育、教育科研机构、各区教育、各级各类学校、人物、大事记、教育统计、学校名录、索引13个类目，下设61个分目、1341个条目，收录69幅图片、159张表格。卷首专题图片设各级各类教育、抗击新冠肺炎疫情2个专题。该卷年鉴人物类目下增设抗疫英雄分目。全书140万字。

（郭静）

【《天津科技年鉴（2021）》出版】 12月，天津市科学技术局编纂的《天津科技年鉴（2021）》由方志出版社出版。薛景山、王华峰主编。该卷年鉴设特载、科学技术大事记、科技政策法规、基础研究与前沿技术研究、高新技术及产业化、制造业科技、农业科技、卫生健康科技、城建与交通科技、现代服务业科技、科技人才与机构、科技支撑与服务、各区科技、附录14个类目，下设93个分目、1010个条目，收录16幅图片、22张表格。卷首专题图片设重

要科技项目专题，卷末附单位名称索引、人名索引。全书73.9万字。 （杨莉）

【《天津经济技术开发区年鉴（2021）》出版】 12月，天津经济技术开发区地方志编修办公室编纂的《天津经济技术开发区年鉴（2021）》由中华书局出版。尤天成主编。该卷年鉴设新冠疫情防控、创建全国文明城区、投资促进、企业运营服务、科技创新、区域规划建设、环境保护、南港工业区、经济综合管理、国有资产经营与管理、市场监督管理、行政事务、产业园区、天津泰达投资控股有限公司、金融、社会发展、党建党务、纪检监察、群众团体、法治20个类目，下设163个分目、1202个条目，收录200多幅图片、46张表格。卷首专题图片设城市建设、疫情防控、创建文明城区、经济发展等专题。该卷年鉴根据经开区以经济建设为主的特点，设置投资促进、企业运营服务、南港工业区、产业园区等类目；根据2020年新冠疫情暴发、全民防疫的年度特点，设置新冠疫情防控类目；根据2020年以经开区为核心区的滨海新区入选第六届全国文明城区，设置创建全国文明城区类目；首次尝试图文混排、全书彩印，并首次实行印刷版与手机版同步发行。全书79万字。 （陈江鸿）

【《河北统计年鉴（2020）》出版】 1月，河北省统计局、国家统计局河北调查总队编纂的《河北统计年鉴（2020）》由中国统计出版社出版。杨志敏、张炳彦主编。该卷年鉴设特载、综合、人口、国民经济核算、就业和工资、价格、人民生活、财政·金融·保险、能源和环境、固定资产投资、对外经济贸易、农业、工业、建筑业·批发和零售业、运输和邮电、住宿·餐饮业和旅游、房地产、科学技术、教育、卫生和社会服务、文化和体育、公共管理和社会保障、城市概况、县（市、区）主要指标、京津冀主要指标、各省（区、市）主要指标、旅游景区信息、统计大事记28个类目。该卷年鉴收录河北省及各市、县2019年及历史重要年份经济和社会各方面的统计数据。全书99万字。 （邢素丽）

【《河北科技统计年鉴（2020）》出版】 8月，河北省科学技术厅、省统计局编纂的《河北科技统计年鉴（2020）》由河北科学技术出版社出版。马宇骏、杨景祥、郭玉明主编。该卷年鉴设综合、规模以上工业企业、研究与开发机构、高等院校、高新技术产业和高技术产业、科技活动成果、科学技术普及、科技创新平台、全国及分省（市）情况、国际比较、指标解释11个类目。该卷年鉴记述2019年河北省科技活动的投入、产出、科技资源等方面的统计信息数据资料。全书20万字。 （邢素丽）

【《河北社会科学年鉴（2021）》出版】 11月，河北省社会科学院、省社会科学界联合会编纂的《河北社会科学年鉴（2021）》由河北人民出版社出版。彭建强主编。该卷年鉴设特载、河北社会科学发展报告、年度学科综述、年度学术人物、年度重要成果、大事记·年度重要社科活动、科研机构、学术社团、期刊·网站、获奖成果·社科人才·科研课题、附录11个类目，记述2020年河北省社会科学发展的基本情况。全书140万字。 （邢素丽）

【《河北宣传年鉴（2020）》出版】 12月，河北省委宣传部编纂的《河北宣传年鉴（2020）》由河北人民出版社出版。任源主编。该卷年鉴设工作综述、重要会议、重大活动、文件选编、各市工作、省直宣传文化系统各单位工作、经验交流、大事记、机构队伍、荣誉名录10个类目，记述2020年河北省宣传思想文化工作的基本情况、重点部署、重大进展和重要成效。全书28.3万字。 （邢素丽）

【《中共河北年鉴（2021）》出版】 12月，中共河北省委主办、省委党史研究室编纂的《中共河北年鉴（2021）》由河北人民出版社出版。孙增武总编。该卷年鉴设要事特载、大事纪要、重大决策、省委工作概况、省级党组（党委）工作概况、纪检监察工作、省委系统工作、国家战略和国家大事的实施、经济和社会发展、各市概况、典型经验、人物、统计资料13个类目，记述2020年河北省各级党组织工作。全书106万字。

（邢素丽）

【《山西统计年鉴（2021）》出版】 9月，山西省统计局、国家统计局山西调查总队编纂的《山西统计年鉴（2021）》由中国统计出版社出版。张晓东、张杰业主编。该卷年鉴设综合，人口、劳动工资和社会保障，物价，人民生活，财政、金融和保险，能源，固定资产投资，对外经济贸易，农业，工业，建筑业，房地产业，批发和零售业，住宿、餐饮和旅游，交通运输、邮电通信业，教育·科技，文化、体育、卫生、环保，城市概况，地市，县（市、区）20个类目。该卷年鉴为方便读者使用，篇章前绘有反映总体趋势的统计图，篇末附主要统计指标解释，对主要统计指标的含义、统计范围和统计方法及历史沿革予以简要说明。该卷年鉴全面反映山西省国民经济和社会发展情况，主要收录全省和各地市、县（市、区）、有关部门2020年经济、社会、科技等方面的统计数据，以及多个重要历史年份主要统计数据，内文全部采用中英文对照。与上一年卷相比，综合篇修订人均地区生产总值历史数据；人口、劳动工资和社会保障类目根据第七次全国人口普查结果对人口与就业相关历史数据作修订，并调整相关指标；文化、体育、卫生、环保类目调整体育场地表式；地市类目和县（市、区）类目修订补充2011年至2019年人口数据。全书137万字。 （山西省地方志研究院）

【《临汾统计年鉴（2021）》出版】 10月，山西省临汾市统计局、国家统计局临汾调查队编纂的《临汾统计年鉴（2021）》由中国统计出版社出版。总编辑牛永福。该卷年鉴设特载，综合，人口、从业人员和劳动报酬，固定资产投资，对外经济贸易，能源消费与库存，物价，人民生活，农村经济，工业，建筑业，交通运输、邮电、通讯业，批发和零售业，住宿、餐饮业和旅游，财政、金融和保险，教育，科技，文化、体育、卫生、民政和环保，县市，省市19个类目，各类目附主要统计指标解释，对主要统计指标的含义予以简要说明。该卷年鉴收录临汾市2020年经济发展的基本情况和主要统计数据，以及重要年份的主要统计数据。全书67.4万字。

（临汾市地方志研究室）

【《运城统计年鉴（2021）》出版】 9月，山西省运城市统计局、国家统计局运城调查队编纂的《运城统计年鉴（2021）》由中国统计出版社出版。王涞波、贺武明主编。该卷年鉴设综合、人口从业人员和劳动报酬、物价居民生活、能源、固定资产投资、农业、工业等17个类目，下设191个分目，卷首10幅图片呈现2015年至2020年全市年末总人口、地区生产总值、三次产业结构、工业增加值等主要经济指标。该卷年鉴根据全市各专业统计年报加工而成，并收录各市、县及市级有关部门2020年的统计数据。全书46.3万字。

（运城市地方志研究室）

【《晋中统计年鉴（2021）》出版】 11月，山西省晋中市统计局、国家统计局晋中调查队编纂的《晋中统计年鉴（2021）》由中国统计出版社出版。总编辑王爱婕。该卷年鉴设综合，人口，劳动工资和社会保障，物价，人民生活，财政、金融和保险，能源，固定资产投资，对外经济贸易和旅游业，农业，工业，建筑业，房地产，批发零售和住宿餐饮业，交通运输邮电通信业，教育、科技类，广播、文化、体育、卫生、妇联、婚姻、环保类，县（市）17个类目，收录198张表格。该卷年鉴收录晋中市和11个县（区、市）以及山西转型综改示范区晋中开发区的经济、社会、科技等方面的统计数据，全面反映晋中市国民经济和社会发展状况；为方便读者使用，各篇末附有对主要统计指标的解释，对指标的含义、统计范围和统计方法予以简要说明。全书

63万字。　　　　　（晋中市史志研究室）

【《大同统计年鉴（2021）》出版】 12月，山西省大同市统计局、国家统计局大同调查队编纂的《大同统计年鉴（2021）》由中国统计出版社出版。靳文军、王勇主编。该卷年鉴设综合、人口、固定资产、物价与人民生活、农业、工业、建筑业、批发零售贸易、财政和金融、教育、文化和卫生、城市、县区、地市、改革开放15个类目，下设221个分目，7万余个条目，收录37幅图片、346张表格。卷首专题图片设大同地方特色建筑代王府板块，卷末附中国统计出版社有限公司最新图书简目。该卷年鉴系记录2020年度大同社会经济发展状况。全书93.6万字。

（大同市地方志研究室）

【《内蒙古广播电视年鉴（2020）》出版】 12月，内蒙古自治区广播电视局编纂的《内蒙古广播电视年鉴（2020）》由内蒙古人民出版社出版。赵峰主编。该卷年鉴设特载、年度报道、节目播出、受众调查、新媒体与融媒体、科学技术、播出与制作机构、统计、获奖与表彰、考察与调研、干部队伍11个类目，下设185个分目，收录113幅图片、23张表格。卷首专题图片设行业要闻、党建工作、宣传报道、事业建设和各盟市广播电视台宣传工作。该卷年鉴在框架设计上突出内蒙古自治区广播电视局重点工作，记录自治区广播电视基本情况和发展变化。全书61万字。　　（赵婧）

【《国网内蒙古东部电力有限公司年鉴（2020）》出版】 11月，国网内蒙古东部电力有限公司编纂的《国网内蒙古东部电力有限公司年鉴（2020）》由中国电力出版社出版。李彦吉主编。该卷年鉴设公司概况、电网发展、企业管理、安全生产、企业管理、安全生产、电网运行与电力市场、科技信息、党群工作、业务支撑单位与盟市公司、公司荣誉、大事记、重要文献、统计资料14个类目，下设48个分目、208个条目，收录78幅图片、20张表格。卷首专题图片设特载、十年回顾2个专题。该卷年鉴为展示国网内蒙古东部电力有限公司成立十周年，在保持原有结构和框架稳定的基础上，创新增设十年回顾专栏，对特定历史节点完整记录。全书50.5万字。　　　　　　（赵婧）

【《内蒙古文化和旅游年鉴（2021）》出版】 11月，内蒙古自治区文化和旅游厅组织编纂的《内蒙古文化和旅游年鉴（2021）》由内蒙古大学出版社出版。胡丰主编。该卷年鉴设工作综述、重要会议、重大活动、大事记、荣誉奖励、附录、索引7个类目，收录38幅图片。全书66万字。　　　　　　（赵婧）

【《中国铁路沈阳局集团有限公司年鉴（2021）》出版】 12月，中国铁路沈阳局集团有限公司年鉴编委会主编的《中国铁路沈阳局集团有限公司年鉴（2021）》由中国铁路沈阳局集团有限公司年鉴编辑部出版。该卷年鉴设特载、大事记、概况、运输生产、经营管理、综合管理、科教卫生、所属企业、党的建设、群团工作、政法武装、运输站段、运输辅助单位、荣誉记载、统计资料、文件辑存、附录17个类目，下设118个分目、934个条目，收录62幅图片。该卷年鉴全面记述2020年集团公司在运输生产、铁路建设、经营管理、科教卫生等各方面的资料和信息。全书94万字。　　（郝中华）

【《中国石油辽河油田公司年鉴（2020）》出版】 10月，中国石油辽河油田公司史志办编纂的《中国石油辽河油田公司年鉴（2020）》由辽宁民族出版社出版。刘凤英主编。该卷年鉴设特载与专文，总述，大事记，油气勘探，油气开采，科研与信息，企业管理，党群工作，单位概览，机构、人物与荣誉，附录11个类目，下设53个分目、565个条目。该卷年鉴全面系统记述和反映2020年辽河油田公司在油气勘探、油气开发、生产经营、改革发展及企业管理等方面的重点工作。全书79万字。　　　　　　　（沈明军）

【《吉林统计年鉴（2021）》出版】 12月，吉林省统计局国家统计局吉林调查总队编纂的《吉林统计年鉴（2021）》由中国统计出版社出版。苏衡主编。该卷年鉴设综合，国民经济核算，人口，从业人员和职工工资，固定资产投资，对外经济贸易和旅游业，能源生产和消费，财政、金融和保险，价格指数，人民生活，市政公用事业，农业，工业，建筑业，交通运输和邮电通信业，批发零售贸易和餐饮业，教育、科技和文化事业，体育、卫生和其他事业，市（州）和县（市）情况19个类目。该卷年鉴收录全省、各市（州）和县（市）2020年经济和社会各方面大量的统计数据。卷末附录为统计指标解释。全书130万字。 （王晓辉）

【《长春新区年鉴（2021）》出版】 12月，吉林省长春新区地方志编委会编纂的《长春新区年鉴（2021）》由吉林人民出版社出版。李忠斌主编。该卷年鉴设特载、专文、大事记、长春新区概况、主导产业及特色园区、科技创新、招商引资及项目建设、软环境建设、综合经济管理、政务服务、依法治区、社会事业、城市建设与管理、开发区概览、乡街、党群工作、领导干部名录、表彰、附录19个类目，下设127个分目、1075个条目，收录291幅图片、50张表格。该卷年鉴记述2020年长春新区经济、政治、文化、生态文明建设取得的重大成就，为更清晰体现产业发展成果和各开发区开发建设成果，主导产业及特色园区、开发区概览类目增设次分目。全书79万字。 （张健）

【《长白山保护开发区年鉴（2021）》出版】 11月，吉林省长白山保护开发区年鉴编纂工作领导小组编纂的《长白山保护开发区年鉴（2021）》由吉林文史出版社出版。陈鸿罡主编。该卷年鉴设大事记、概貌、政治、民主党派·工商联、群众团体、法治、军事、农业、工业和信息化、商务、城建·交通、金融、经济调节与管理、生态保护、旅游发展、文化·卫生、教育·科技、社会生活、经济区、人物、文献、附录22个类目，下设145个分目、876个条目，收录图片79幅、表格39张。该卷年鉴记述2020年长白山保护开发区政治、经济、文化、社会、生态文明建设情况。卷首专题图片设数字长白山、政务活动、重要会议、旅游发展、安全生产、脱贫攻坚、赛事掠影、社会事业，收录图片45幅；卷末附主题索引。全书50万字。 （卢艳春）

【《长春统计年鉴（2021）》出版】 9月，吉林省长春市统计局、国家统计局长春调查队编纂的《长春统计年鉴（2021）》由中国统计出版社出版。林梅主编。该卷年鉴设特载、县（市）区开发区经济、统计资料、主要统计指标解释4个部分；统计资料设综合、人口、就业与工资、固定资产投资、能源消费与库存、财政、物价、人民生活、城市建设、农业、工业、交通运输邮电通信业、建筑业、批发零售贸易和住宿餐饮业、对外经济贸易和旅游业、金融保险业、教育 科技及文化事业、体育 卫生及其他事业18个类目，收录21幅图片。该卷年鉴收录2020年长春市经济和社会各方面统计数据，以及重要年份的主要统计数据。全书100万字。 （徐鑫）

【《长春汽车经济技术开发区年鉴（2021）》出版】 12月，吉林省长春汽车经济技术开发区管委会主办、开发区地方志编委会编纂的《长春汽车经济技术开发区年鉴（2021）》由吉林文史出版社出版。孙承平主编。该卷年鉴设专文、大事记、汽开区概况、城市建设与管理、招商引资及重点项目、支柱产业及重点企业、科技创新、综合经济管理、政务服务、依法治区、社会事业、街道工作、党群工作、干部名录、表彰、典型、文献、附录18个类目，下设89个分目、327个条目，收录170余幅图片、12张表格。该卷年鉴记述2020年度长春汽车经济技术开发区推动经济和社会事业跨越式发展的奋斗历程和工作成果。卷首专题图片设领导班子、领导调研、城市建设、经济发展、社会民生、生态环保、自身建设、疫情防控，卷末附主题索引。全书34万字。

（陈晓杰）

【《黑龙江统计年鉴（2021）》出版】 12月，黑龙江省统计局、国家统计局黑龙江调查总队编纂的《黑龙江统计年鉴（2021）》由中国统计出版社出版。刘玉和、陈君主编。该卷年鉴设综合，人口，就业人员和工资，国民经济核算，价格指数，人民生活，财政、金融和保险，资源与环境，能源，固定资产投资，对外贸易，农业，工业，建筑业，住房和房地产，国内贸易和旅游业，运输和邮电，教育与科技，文化、体育、卫生与社会服务，城市概况，附录20个类目，收录500余张表格。该卷年鉴收录全省及各市（地）、县2020年经济和社会各方面的统计数据，以及历史重要年份的主要统计数据。卷首设13张特色图表，直观反映全年各部门、行业的数据和情况。全书85.8万字。

（朱丹　张帝）

【《江苏社会科学年鉴（2020）》出版】 7月，江苏省哲学社会科学界联合会编纂的《江苏社会科学年鉴（2020）》由江苏凤凰科学技术出版社出版。该卷年鉴设特载，总述，专题研究，学术机构，学术队伍，综合类学术著作、论文和活动，马克思主义理论（含科学社会主义、党史党建），哲学（含宗教学），经济学，政治学（含国际问题研究），法学（含公安学），社会学（含人口学），历史学（含考古学），文学（含外国文学、区域文化研究），艺术学，语言学，教育学（含心理学、体育学），新闻与传播学（含图书情报与档案管理），管理学，社科研究项目，决策咨询与社会服务，社科普及，学术出版，哲学社会科学"走出去"，社会科学管理，大事记等类目；以条目为主，兼有概述、表格、图片等；收录352幅图片。全书95万字。 （张俊）

【《江苏保险年鉴（2021）》出版】 9月，江苏省保险学会编纂的《江苏保险年鉴（2021）》由线装书局出版。刘玉国主编。该卷年鉴设特载、先进人物、年度要事、领导名录、保险监管、行业发展、财产保险、人身保险、保险中介、社团组织、组织架构、数据统计、文件选编、光荣榜14个类目，下设229个分目、1300个条目，收录205幅图片、46张表格。卷首专题图片设江苏银保监局领导工作调研和参加重要活动、江苏保险事业重要事件、省级保险公司重要活动，卷末附索引。该卷年鉴详细记述2020年江苏省保险事业的发展状况，特载收录江苏保险业抗击疫情内容，数据表格新增江苏省级财产保险公司代理人统计表和江苏省级人寿保险公司代理人统计表；江苏银保监局、省内各保险机构、省市保险社团、省内开设保险专业的中高等院校等提供资料。全书82万字。

（张俊）

【《江苏统计年鉴（2021）》出版】 10月，江苏省统计局、国家统计局江苏调查总队编纂的《江苏统计年鉴（2021）》由中国统计出版社出版。王汉春、仲柯主编。该卷年鉴反映江苏"十三五"期间经济社会发展成就，设综合、国民经济核算等22个部分，另附全国分省主要指标；各篇章前设有简要说明，对该篇章的主要内容、资料来源、统计范围、统计方法以及历史变动情况予以简要概述，篇末附主要统计指标解释。全书250万字。

（张俊）

【《江苏卫生健康年鉴（2021）》出版】 11月，《江苏卫生健康年鉴》编辑部编纂的《江苏卫生健康年鉴（2021）》由方志出版社出版。《江苏卫生健康年鉴》编辑部主编。该卷年鉴设重要会议报告，文件与法规，大事记，工作进展，省卫生健康委直属单位工作，市、县（市、区）卫生健康工作，驻江苏部队卫生和社会团体卫生健康工作，卫生健康界人物，卫生健康统计9个类目，下设41个分目、464个条目，收录21幅图片、61张表格。卷首专题图片设省领导视察、调研江苏卫生健康工作、省卫健委领导工作调研和参加重要活动、江苏卫生健康事业重要事件，卷末附索引。该卷年鉴记述2020年江苏省卫生健康事业的发展状况,由江苏省卫生健康委各部门、省卫生健康委直属单位、设区市卫生健康委、驻苏部队卫生健康部门和省卫生健康界社会团体提供资料。全书117万字。

（张俊）

【《江苏自然资源年鉴（2021）》出版】 12月,江苏省自然资源厅史志年鉴办公室编纂的《江苏自然资源年鉴（2021）》由江苏人民出版社出版。孙卫东主编。该卷年鉴设重要文献篇、特载篇、法治建设篇、重要工作专述篇、行政管理篇、直属单位及学会协会篇、市县局工作篇、机构调整和人员变动篇、统计资料篇等12篇,下设131个类目、1089个条目,收录76幅图片、28张表格。卷末附江苏省生态文明建设和生态修复成果巡礼专题图文。该卷年鉴增设特载篇,记载"十三五"自然资源事业成果,第一次将江苏省地质勘查局、省有色金属华东地质勘查局、省林业局纳入组稿范围,反映各自领域"十三五"成果。2021年卷同时发布《江苏海洋经济统计公报》《江苏省城市地价动态监测报告》《江苏省海洋灾害公报》;第一次采用精装本,全书彩色印刷,在封面设计、腰封装帧、页眉、篇目名、标题、版心图片等方面,彰显江苏特点、行业特色和历史文化底蕴。全书75万字。

（张俊）

【《花桥经济开发区年鉴（2021）》出版】 7月,江苏省昆山市《花桥经济开发区年鉴》编委会编纂的《花桥经济开发区年鉴（2021）》由广陵书社出版。徐金龙主编。该卷年鉴设特别报道、大事记、年度总报告、园区愿景、区域概貌、融入上海、园区建设与管理、产业发展、资产经营管理、人才科创、营商环境、抗击新冠肺炎疫情、安全生产、亮点工作、党政群团、社会民生、教育卫生、文化体育、年度人物、调研报告、荣誉榜21个类目,下设77个分目、304个条目,收录199幅图片、21张表格、8个延伸阅读链接。卷首专题图片设花桥速览、2020年荣誉、"十三五"回眸、花桥十大新闻、花桥风貌等专题。该卷年鉴融入上海、产业发展等类目,党建互融、文化互通、产业体系、平台载体等分目为特色内容。全书36万字。

（张俊）

【《昆山经济技术开发区年鉴（2021）》出版】 10月,江苏省《昆山经济技术开发区年鉴》编委会编纂的《昆山经济技术开发区年鉴（2021）》由广陵书社出版。高勇主编。该卷年鉴设特别报道、大事记、发展报告、发展愿景、概览、宏观经济、园区科创、制造业、服务业、农业·农村、综合经济管理、营商环境、疫情防控、人居环境、生态环境、城市管理、综合监管、人民生活、党务·政务、群众团体、街道·社区、荣誉22个类目,下设120个分目、446个条目,收录129幅图片、45张表格、7个延伸阅读链接。卷首专题图片设"十三五"速览、2020年荣誉专栏及开发区风貌、重大活动3个专题,卷末附索引。该卷年鉴宏观经济、园区科创、综合经济管理等类目,电子信息产业、装备制造业、食品饮料业、会展旅游业、百亿级企业等分目为特色内容。全书39万字。

（张俊）

【《昆山高新技术产业开发区年鉴（2021）》出版】 11月,江苏省《昆山高新技术产业开发区年鉴》编委会编纂的《昆山高新技术产业开发区年鉴（2021）》由广陵书社出版。王志刚主编。该卷年鉴设特别报道、年度大事、年度总报告、发展愿景、区情概览、抗击新冠肺炎疫情、经济发展、科技创新、营商环境、美丽高新区、乡村振兴、社会民生、惠民安居、党政群团、年度人物、荣誉榜16个类目,下设93个分目（次分目）、224个条目,收录211幅图片、19张表格、7个延伸阅读链接。卷首专题图片设昆山高新区风貌、重大会议及活动等5个专题。该卷年鉴经济发展、科技创新、美丽高新区等类目,创新名片、重大项目跟踪服务、城市建设等分目为特色内容。全书35万字。

（张俊）

【《宁波文化旅游年鉴（2021）》出版】 12月，浙江省宁波文化旅游年鉴编委会编纂的《宁波文化旅游年鉴（2021）》由中国文史出版社出版。周明力主编。该卷年鉴设综述、重大事件、艺术生产与研究、公共文化、非物质文化遗产、公共图书馆、文物保护与考古等类目。卷首收录重大活动及设施照片；文献辑存类目收录重要文件、讲话及作品、论著（提要）。该卷年鉴全面客观记录和反映宁波市2020年度文化旅游工作的面貌。全书40万字。

（宁波市志办）

【《鄞州交通运输年鉴（2021）》出版】 12月，浙江省宁波市鄞州区交通运输局编纂的《鄞州交通运输年鉴（2021）》由宁波出版社出版。冯培荣主编。该卷年鉴特载、专记、交通工程规划与管理、公路建设、铁路与高等级公路、附录、索引等22个类目，系统反映2020年鄞州区交通运输工作情况和事物变化状况。全书29.8万字。

（宁波市志办）

【《温州统计年鉴（2021）》出版】 10月，浙江省温州市统计局、国家统计局温州调查队编纂的《温州统计年鉴（2021）》由中国统计出版社出版。该卷年鉴设综合，人口和从业人员，农业，工业和能源，固定资产投资和建筑业，国内贸易，服务业和对外经济，交通运输和邮电通信业，财政、金融和保险，社会，价格，人民生活，附录等类目，收录温州市2020年经济和社会各方面的详细统计数据，重要历史年份和近年主要统计数据，以及各县（市、区）主要指标数据等。该卷年鉴将历年主要数据分别列入各类目，集中反映中华人民共和国成立以来特别是改革开放以来的发展情况。全书110万字。

（温州市志办）

【《嘉兴统计年鉴（2021）》出版】 8月，浙江省嘉兴市《嘉兴统计年鉴》编辑委员会编纂的《嘉兴统计年鉴（2021）》由中国统计出版社出版。主编沈周明。该卷年鉴设综合与国民核算，人口与劳动力，人民生活、社会保障与物价，固定资产投资，城市建设、环境、能源与资源利用，财政，农业，工业，建筑业，交通邮电业，贸易、对外经济与旅游业，银行、保险及证券，科学、教育、文化、医疗卫生、体育、广电和质量技术监督，城市比较14章，全面反映嘉兴市经济和社会发展情况。全书120万字。 （嘉兴市地方志编纂室）

【《湖州统计年鉴（2021）》出版】 10月，浙江省湖州市统计局主办，市统计局、国家统计局湖州调查队承编的《湖州统计年鉴（2021）》由中国统计出版社出版。该卷年鉴设综合，人口、劳动力、职工人数、基本单位，农林牧渔业、工业、能源、用水，交通运输、邮政、电信，固定资产投资、建筑业，国内贸易、外资、外贸、旅游，财政、金融、保险、证券，职工工资、居民生活、物价，科技、教育、文艺、体育、卫生、广电，城建、环保、水利、气象、林业、民政福利、社保、公积金、治安、档案、技术监督，全省分市县、长三角城市主要经济指标12个篇章，通过大量的统计数据全面系统地记载湖州经济和社会发展情况以及取得的新进展、新成就。全书74.2万字。 （湖州市地方志编纂室）

【《金华统计年鉴（2021）》出版】 10月，浙江省金华市统计局、国家统计局金华调查队编纂的《金华统计年鉴（2021）》由中国统计出版社出版。该卷年鉴设综合，人口和从业人员、农业、工业、交通运输和邮电通信业，固定资产投资和建筑业，国内贸易和对外经济，能源消费，财政、金融和保险，物价指数，人民生活，科技、教育、文化、卫生事业及其他，市区基本情况，乡村基本情况，全省及地级市与市区基本情况，附录15个篇章，收录金华及各县（市、区）2020年经济和社会各方面统计数据，以及改革开放以来金华主要统计数据，记录改革开放中金华经济、科技、社会的发展变化。全书68万字。

（金华市志办）

【《江西统计年鉴（2021）》出版】 9月，江西省统计局、国家统计局江西调查总队编纂的《江西统计年鉴（2021）》由中国统计出版社出版。万庆胜总编。该卷年鉴设综合，人口，就业人员和职工工资，固定资产投资，对外经济贸易，能源，财政，价格指数，人民生活，城市建设，生态环境，农业，工业，建筑业，交通运输、邮电通讯和规上服务业，国内贸易和旅游，金融业，房地产开发，科技、教育、文化、卫生、体育、社会福利和其他，各省、自治区、直辖市主要经济指标21篇，下设364个分目，均为统计表形式，各篇前设简要说明，对该篇的主要内容、资料来源、统计范围、统计方法等予以简要概述，篇末附主要统计指标解释。卷首专题图片设经济总量、产业结构、基础设施等专题图表17幅，卷末附2020江西统计调查工作大事记。该卷年鉴系统收录全省和11个设区市2020年经济、社会各方面的统计数据，改革开放以来和其他重要历史年份的全省主要统计数据，以及全国各省、市、区部分主要指标数据，全面反映江西省经济社会发展情况。全书120万字。

（黄诗惠）

【《赣州经济技术开发区年鉴（2021）》出版】 10月，江西省赣州市《赣州经济技术开发区年鉴》编辑委员会和赣州经济技术开发区史志档案管理中心编纂的《赣州经济技术开发区年鉴（2021）》由方志出版社出版。陈水连主编。该卷年鉴设特载，专记，大事记，地情概览，区纪工委、管委会，人民团体，法治，军事，招商引资，工业，现代服务业，现代农业，经济管理与监督，国有投资控股企业，内外经贸，财税与审计，城乡建设，城市管理，应急管理，医疗卫生，教育，文化，体育，社会生活，环境管理，环境保护，乡、镇、街道建设，功能区建设，人物，荣誉，媒体聚焦，会议，文件，统计资料30个类目，下设105个分目、673个条目，收录168幅图片、9张表格。卷首专题图片设大事纪要、经济发展、社会民生、三十年跨越4个专题，卷末附索引。该卷年鉴首次采用大篇体，设篇目、类目、分目、条目4个层次体现赣州经开区的时代特色和年度特色；以建区30周年为契机，卷首专题图片中的三十年跨越立体化展现辖区30年经济社会发展变迁；专记类目设置了"十三五"脱贫攻坚工作综述、2020年新冠肺炎疫情防控工作综述、2020年营商环境工作综述等分目，集中展现年度重点工作。全书47.7万字。

（施恩沁　王颖）

【《山东建设年鉴（2021）》出版】 11月，山东省住房和城乡建设厅编纂的《山东建设年鉴（2021）》由线装书局出版。潘岚君主编。该卷年鉴设山东住房城乡建设事业发展总述、城镇化建设、城市建设、城市管理、房地产业与住房保障、建筑节能与科技、建筑市场监管、工程质量安全监管、勘察设计、村镇建设、行政许可、建设法制、交流与合作、建设教育与执业资格注册、建设工会、建设研究、各市住房城乡建设、附录18个类目。该卷年鉴根据年度特点适当增减分目和条目；卷首设年度关注，收录山东精准推进工程项目开复工、脱贫攻坚农村危房改造工作纪实等内容。全书56.3万字。

（宋涛）

【《中共山东年鉴（2021）》出版】 12月，山东省委主办、山东省委党史研究院承编的《中共山东年鉴（2021）》由中国文史出版社出版。赵国卿主编。该卷年鉴设中共山东省委工作、省人大常委会 省政府 省政协党组工作、省法院 省检察院党组工作、省委各部门工作、党风和党纪、人民团体党组工作、武装工作、市委工作、县（市、区）委工作、高校党委工作、文章选编、党建典型、大事记、光荣榜、统计资料15个类目。该卷年鉴文章选编类目收录省领导21篇文章；各单位稿件中设置创新经验部分，展示各地各单位的创新性经验；党建典型类目注重省委中心工作的导向和典型的示范引导作用。全书148万字。

（宋涛）

【《山东科技年鉴（2021）》出版】 12月，山东省科学技术厅编纂的《山东科技年鉴（2021）》由科学技术文献出版社出版。唐波主编。该卷年鉴设科技管理、行业科技进步、高新技术产业开发区科技发展、高校科技发展、科研院所科技发展、区域科技发展、科技成果和奖励、科技统计8个类目，下设129个分目、1048个条目，收录15幅图片、47张表格。卷首专题图片设重要事件和活动专题，卷末附索引和英文目录。该卷年鉴围绕年度科技重点工作，全面客观记述2020年全省各地区、各部门、各行业科技领域的重大活动和重要事项，以及科技成就和创新发展情况，展现科技系统加快实施创新驱动发展战略，为山东省疫情防控和经济社会发展提供强有力科技支撑的新面貌、新成就、新发展。全书101万字。

（宋涛）

【《河南农业年鉴（2021）》出版】 12月，河南省农业农村厅主管、省农业科学技术展览馆编纂的《河南农业年鉴（2021）》由中州古籍出版社出版。武国兆主编。该卷年鉴设特载、2020年河南省农业农村大事记、脱贫攻坚、种植业、畜牧业、水产业、农垦、农业机械化、农业科技教育、农产品质量安全监管、农村社会事业与人居环境、农业招商引资和对外开放、乡村产业化、农业政策法规与农村经营管理、农业市场信息、机关建设、省辖市农业农村工作、省直管县农业农村工作、附录19个类目。该卷年鉴增设脱贫攻坚、2020年河南省农业农村大事记2个类目；卷首专题图片体现年度特点、时代特点和地域特色；卷末附索引。全书100万字。

（王颖）

【《河南省南水北调年鉴（2021）》出版】 12月，河南省南水北调年鉴编纂委员会编纂的《河南省南水北调年鉴（2021）》由黄河水利出版社出版。该卷年鉴设特载、要事纪实、规章制度重要文件、干线工程（上篇）、干线工程（下篇）、配套工程（上篇）、配套工程（下篇）、水源区保护、传媒信息、组织机构、统计资料、大事记12个类目。该卷年鉴记载河南南水北调年度工作信息，收录南水北调供水、运行管理、生态带建设、配套工程建设和组织机构建设的信息以及社会关注事项。全书69.2万字。

（王颖）

【《湖北发展改革年鉴（2021）》出版】 12月，湖北省发展和改革委员会编纂的《湖北发展改革年鉴（2021）》由线装书局出版。陈新武主编。该卷年鉴设年度关注、特载、经济社会发展与改革综述、产业经济、城乡建设、社会事业和人民生活、区域经济、地区经济和社会发展、企业改革与发展、附录10个类目，下设36个分目，收录262幅图片、121张表格。卷首专题图片设基础设施建设项目、先进性制造业项目、生态环保项目、易地扶贫搬迁项目、社会民生项目5个专题。全书160万字。

（湖北省文化和旅游厅地方志工作处）

【《湖北交通运输年鉴（2021）》出版】 12月，《湖北交通运输年鉴》编委会编纂的《湖北交通运输年鉴（2021）》由人民交通出版社出版。石斌主编。该卷年鉴设特载、大事记、概况、交通运输发展战略研究及前期工作、交通基础设施建设、交通基础设施养护和管理、综合交通和水陆运输、安全应急管理、交通财务费收、交通法治、交通科技与培训教育、交通综合管理、党群工作和精神文明建设、调查研究、专题资料、全省交通运输系统领导名录、获奖名录、统计资料18个类目。该卷年鉴主要反映2020年全省地方交通发展的新成就、新经验和新问题，涵盖铁路、民航、邮政、公路、水路等综合交通部门，突出年度交通发展的特点。全书80.7万字。

（湖北省文化和旅游厅地方志工作处）

【《长江年鉴（2021）》出版】 12月，长江年鉴编委会编纂的《长江年鉴（2021）》由长江年鉴社出版。王宏执行主编。该卷年鉴设特载、概览、长江"智"造·惠泽江河、水利重器、为了一库清水永续北送、水利规划、水利政策法规、水资源管理、水资源节约与保护、水利基本建设与管理、河湖管理、河道采砂管理、水土保持、水利监督、水旱灾害防御、水利对外合作与科技管理、水利水电与新能源工程、三峡工程、南水北调工程、长江经济带、航运、水文、水利科研、水利信息化、治江机构选介、文化与旅游、治江大事、统计资料28个类目，下设78个分目、815个条目，收录大事记202条、21张统计表、131幅插图，有65页彩色插页，卷末附索引。该卷年鉴随书编纂电子版，可供查询和检索。全书123.6万字。

（湖北省文化和旅游厅地方志工作处）

【《东风汽车集团有限公司年鉴（2021）》出版】 12月，东风汽车集团有限公司年鉴编委会编纂的《东风汽车集团有限公司年鉴（2021）》由长江出版社出版。毛静执行主编。该卷年鉴设东风汽车集团有限公司概览、特载、年度关注、大事记、职能管理、东风汽车集团有限公司及其下属单位、荣誉与表彰、附录8个类目，下设201个分目、1218个条目，收录184条大事记，310幅图照、25张统计表格，彩色插页9页，卷末附索引。全书91万字。 （湖北省文化和旅游厅地方志工作处）

【《湖南教育年鉴（2021）》出版】 11月，湖南省教育厅编纂的《湖南教育年鉴（2021）》由湖南地图出版社出版。王瑰曙主编。该卷年鉴设领导讲话、政策法规文件、湖南省教育厅中共湖南省委教育工委、中共湖南省纪委省监委驻省教育厅纪检监察组、湖南省教育工会、湖南中华职业教育社、湖南省教育基金会、湖南省教育厅中共湖南省委教育工委直属单位、市（州）县（市、区）教育行政机构、高等学校、教育统计、大事记、其他资料13个类目，下设309个分目、4625个条目，收录49幅图片、10张表格，卷末附索引。该卷年鉴增设编辑说明，在索引中完善单位名称、条目、事件、人名的检索。全书174.2万字。

（罗慧）

【《湖南统计年鉴（2021）》出版】 9月，湖南省统计局、国家统计局湖南调查总队编纂的《湖南统计年鉴（2021）》由中国统计出版社出版。黎雁南主编。该卷年鉴设特载、综合、国民经济核算、人口、就业人员和工资、价格、人民生活、固定资产投资、对外经济·旅游和开发区、能源、财政·金融和保险、城市建设和环境保护、农业、工业、建筑业、交通运输·邮电和其他服务业、批发和零售业·住宿和餐饮业、教育和科技、文化·体育和卫生、党群·政法和社会服务、区域经济及各市、州主要经济和社会统计指标，各县（市、区）主要经济和社会统计指标23个类目，收录358张表格。卷首专题图片设地区生产总值、三次产业增加值、户籍人口、城镇化率、财政收入、全社会固定资产投资增速、城乡居民可支配收入、汽车拥有量等18幅统计示意图及"湖南的一天"统计表。该卷年鉴系统收录湖南省及各市（州）、县（市、区）2020年经济和社会发展方面的统计数据，以及湖南省重要历史年份的主要经济指标；在保持总体框架和主要内容基本稳定的前提下，结合统计方法制度改革，对表式、指标和指标解释等进行修订和完善，新增2011年至2019年全省分市州年末常住人口表、全省进出口商品高新技术产品情况表、全省研究与试验发展（R&D）经费内部支出表、分市州研究与试验发展（R&D）经费内部支出表、分市州"四上"企业分行业从业人员年末人数表。全书110.2万字。

（廖闻菲）

【《湖南自然资源年鉴（2021）》出版】 11月，湖南省自然资源厅编纂的《湖南自然资源年鉴（2021）》由湖南地图出版社出版。谢文任主编。该卷年鉴设自然资源行政管理、市州县（市、区）自然资源工作、湖南省自然资源厅直属单位、地质勘查行业工作、研究委员会·学会·协会、自然资源统计、政策·法规·规范性文件选登7个类目，下设201个分目、2042个条目，收录38幅图片、32张表格。卷首专题图片设领导关怀、工作剪影2个专题，卷末附索引。该卷年鉴系统记述2020年湖南省自然资源工作的基本情况，地方特色和年度特点突出。全书110.8万字。　　　（罗健）

【《湖南财政年鉴（2021）》出版】　3月，湖南省财政厅主管、省财政科学研究所编纂的《湖南财政年鉴（2021）》由经济科学出版社出版。钟荣华主编。该卷年鉴设特载、湖南省重要财经报告和决议选编、全省财政工作概况、市（州）县（市、区）财政工作概况、财经统计资料、财政机构人员6个类目，下设12个分目、226个条目，收录100幅图片、15张表格。卷首专题图片设财政经济工作、财政党建、财政文化、财政收支情况。该卷年鉴系统反映2020年在新冠肺炎疫情、经济下行压力以及经济改革深化等影响下湖南省财政事业改革和发展的基本概貌。全书120万字。

（余立新）

【《长沙统计年鉴（2021）》出版】　12月，湖南省长沙市统计局、国家统计局长沙调查队编纂的《长沙统计年鉴（2021）》由中国统计出版社出版。张学峰主编。该卷年鉴设特载、综合、国民经济核算、人口就业和职工工资、固定资产投资建筑业、财政金融和保险、物价指数、人民生活、城市建设和环境保护、农业、工业、运输和邮电、国内外贸易对外经济和旅游、服务业、教育和科技、文化体育卫生、区县（市）主要经济和社会指标、全国35个直辖市和省会及副省级城市主要经济社会指标、国民经济主要指标解释及计算方法19个类目，下设168个分目，收录20幅图片、336张表格。该卷年鉴收录2020年全市及各区、县（市）经济和社会发展方面的统计数据，以及重要历史年份的主要统计数据，还包括全国35个直辖市、省会和副省级城市主要经济社会指标对比资料。全书78.2万字。　　（王成亮）

【《广东建设年鉴（2021）》出版】　10月，广东省住房和城乡建设厅主办、广东建设年鉴编委会编纂的《广东建设年鉴（2021）》由广东人民出版社出版。陈天翼主编。该卷年鉴设年度关注、大事记、广东城乡建设事业发展总述、房地产业与住房保障、城市建设与管理、村镇建设与管理、工程建设与建筑业、勘察设计与工程咨询业、建设科技与绿色建筑、建设事业信息化、住房和城乡建设"放管服"改革、法治政府建设、住房和城乡建设教育培训、机关建设、各市建设、人物与荣誉、统计资料、文献选载、调研报告19个类目，下设90个分目、584个条目，收录427幅图片、163张表格、7条知识性链接、11幅示意图。卷首专题图片设广东城乡建设风采、广东建设项目选辑、各市建设新貌等。该卷年鉴在保持年鉴框架结构基本稳定的基础上，增设年度动态性条目，涉及新冠疫情防控、脱贫攻坚、污染防治、工程建设项目审批制度改革、住房保障等行业关注的热点问题；更改部分类目名称，建筑业类目更名为工程建设与建筑业；住房城乡建设信息化类目更名为建设事业信息化；建设行政审批类目更名为住房和城乡建设"放管服"改革，并调整其分目设置；教育培训与职业资格类目更名为住房和城乡建设教育培训。全书145万字。　　　　　（广东省志办）

【《广东财政年鉴（2021）》出版】　11月，广东财政年鉴编辑委员会编纂的《广东财政年鉴（2021）》由广东人民出版社出版。该卷年鉴设专记、年度关注、大事记、广东财政总述、法制税政、预算管理、政府债务、国库管理、归口预算管理、财政监管、财政对外财经合作与交流、机关建设、财政服务、行业协会学会、财政纪检监察、各市财政、机构·荣誉、统计资料、文献专载、附录20个类目，下设127个分目、365个条目，收录151幅图片、23张表格。卷首专题图片设数说财政、省部领导与广东财政、深化预算编制执行监督管理改革、脱贫攻坚、财政抗疫、"数字财政"建设6个专题。该卷年鉴突出年度特点，收录具有特殊意义的资料，以专记开篇，记述"十三五"时期广东财政改革发展成果。全书98万字。　　　　　（广东省志办）

【《前海年鉴（2021）》出版】 11月，广东省深圳市前海蛇口自贸片区管委会、前海管理局主办，前海合作区党工委（前海管理局）办公室编纂的《前海年鉴（2021）》由中国文史出版社出版。该卷年鉴设特载、概貌、年度关注、前海合作区党工委、前海管理局·前海蛇口自贸片区、深港合作、改革创新、营商环境、产业发展、社会事业、"一带一路"支点建设、城市新中心建设、大事记、文献选编、附录、索引16个类目，下设80个分目、400余个条目，收录60幅图片、23张表格。卷首专题图片设前海新貌、春晖篇、关怀篇、践行篇、发展篇。该卷年鉴框架设置突出前海国家战略定位和功能定位，年度关注类目突出深圳特区40周年大会场地保障和合作区十周年、自贸片区五周年等重大节点事件；结合前海城市功能日趋完善、社会事业蓬勃发展的新特点，新增社会事业类目，全面反映2020年前海发展和建设情况。全书60万字。

（广东省志办）

【《广东卫生健康年鉴（2021）》出版】 12月，广东卫生健康年鉴编辑委员会编纂的《广东卫生健康年鉴（2021）》由广东人民出版社出版。朱宏主编。该卷年鉴设广东省卫生健康系统抗击新冠肺炎疫情、总述、年度关注、大事记、卫生健康规划发展与信息化、深化医药卫生体制改革、疾病预防控制、卫生应急、基层卫生健康、老龄健康、妇幼健康、职业健康、食品安全标准与监测评估、卫生健康综合监督、医政医管、药物政策与基本药物制度、卫生健康人才发展、卫生健康科技与教育、卫生健康宣传与健康教育、卫生健康交流与合作、人口监测与家庭发展、中医药事业、医疗技术新进展、卫生健康行政管理与党团组织建设、各市卫生健康事业、卫生健康机构与社会团体、人物与荣誉、文献资料、统计资料、附录30个类目，下设110个分目、936个条目，收录127幅图片、70张表格。卷首专题图片设广东卫生健康发展数字、广东省政区图、2020年广东省各市卫生机构数示意图、2020年广东省各市卫生床位数示意图、2020年广东省各市卫生人员数示意图、新冠肺炎疫情防控、公共卫生体系建设、基层健康、老龄健康等专题，卷末附索引、外语词中文译名表。该卷年鉴增设卫生系统抗击新冠肺炎疫情专辑和图片，反映抗击新冠肺炎疫情取得的战略成果。全书115万字。

（广东省志办）

【《广西调查年鉴（2021）》出版】 10月，国家统计局广西调查总队编纂的《广西调查年鉴（2021）》由中国统计出版社出版。廖金昌主编。该卷年鉴设综述、人民生活、农村贫困监测、价格调查、农业生产、资料分析6篇，另设2个附录、广西主要社会经济指标、全国各省（自治区、直辖市）主要统计指标。该卷年鉴系统收录广西全自治区及各市、县（区）2020年城乡居民生活，居民消费价格与生产者价格，农业生产发展与农村贫困监测等方面的各项统计调查数据，历年广西主要社会经济指标和近年全国及各省（自治区、直辖市）主要统计指标的统计数据。全书95万字。

（梁昕）

【《广西自然资源年鉴（2021）》出版】 11月，广西壮族自治区自然资源厅主办的《广西自然资源年鉴（2021）》由广西科学技术出版社出版。玉彤主编。该卷年鉴设特载、广西自然资源厅概览、自然资源行政、专业技术业务、自然资源宣传、科普·培训、学校教育、林业资源管理、地质矿产勘查、海洋综合管理、行业部门地质勘查、行业社团、各市自然资源工作、大事记、媒体报道、规范性文件、附录、统计资料18个类目。全书90万字。

（梁昕）

【《广西审计年鉴（2020）》出版】 12月，广西壮族自治区审计厅主办的《广西审计年鉴（2020）》由中国时代经济出版社出版。苏海棠、眭国华主编。该卷年鉴设特载，自治区审计厅工作概况，市、县审计机关工作概况，大事记等类目。卷首专题图片设领导关怀、会议动态、队伍建设、基层调研、审计实践、精神文明建

【《广西商务年鉴（2021）》出版】 12月，广西壮族自治区商务厅编纂的《广西商务年鉴（2021）》由广西人民出版社出版。位现强、王治国、刘学文主编。该卷年鉴设综合、商贸流通、开放发展、优化商务营商环境、各地市商务工作、厅属事业单位工作、统计资料、大事记、附录9个类目，系统记载年度国内贸易、对外贸易、利用外资、对外投资、口岸工作、商务体制改革等方面的发展情况，全面反映广西商务的发展轨迹和成果。全书60.5万字。 （梁昕）

【《广西税务年鉴（2021）》出版】 11月，广西壮族自治区税务局科研所组织编纂的《广西税务年鉴（2021）》由广西人民出版社出版。李伟健主编。该卷年鉴设重要文献、广西税收工作、各市税收工作、税收法规选编、机构人员、统计资料、大事记、附录8篇，着重事实、数据，记录2020年度广西税收工作的发展情况和取得的成就。全书88.9万字。 （梁昕）

【《海南统计年鉴（2021）》出版】 8月，海南省统计局、国家统计局海南调查总队编纂的《海南统计年鉴（2021）》由中国统计出版社出版。刘自更、何永东主编。该卷年鉴设综合、人口、国民经济核算、就业和工资、价格、人民生活、财政、资源和环境、能源、固定资产投资、对外经济贸易、农业、工业、建筑业、房地产、批发零售贸易和住宿餐饮业、旅游、运输和邮电、金融、科学技术、教育、卫生和社会服务、文化和体育、公共管理·社会保障和社会组织、城市和农村25篇，系统收录海南省辖区内19个市、县、自治县和洋浦经济开发区2020年经济社会发展方面统计数据以及主要历史年份统计数据。该卷年鉴各篇前设简要说明，对该篇的主要内容、资料来源、统计范围、统计方法以及历史变动情况予以简要概述，篇末附主要统计指标解释。全书86万字。 （张东安）

【《海南大学年鉴（2021）》出版】 12月，《海南大学年鉴》编辑部编纂的《海南大学年鉴（2021）》由海南出版社出版。骆清铭、傅国华主编。该卷年鉴设特载、学校概况、人才培养、学科建设与科学研究、社会服务与对外合作、党建与思想政治工作、行政管理与服务保障工作、理事会·教育基金会和校友会工作、2020年大事记、2020年重要文件、表彰与奖励、海大学人、媒体看海大13个类目，收录40幅卷首彩页图片。全书37万字。 （张东安）

【《重钢年鉴（2021）》出版】 11月，重庆钢铁（集团）有限公司编纂的《重钢年鉴（2021）》由四川科学技术出版社出版。温勇耀主编。该卷年鉴设特载、专文专论、重钢综述、大事记、企业管理、生产经营、重点项目建设、科学研究与运用、企业文化、党群工作、子公司、人物、媒体看重钢、统计资料拾遗与补正、附录15个类目，下设72个分目、311个条目，收录69幅图片、19张表格。该卷年鉴突出行业特色和年度特色，特载类目记载重钢集团抗击新冠病毒打赢疫情防控保卫战的相关情况，企业管理类目记载重钢集团实施改革重组纳入中国宝武管理体系的相关情况；补充记载抗战时期钢迁会医疗卫生事业建设情况。全书60万字。 （雷蕾 刘芳）

【《贵州统计年鉴（2021）》出版】 9月，贵州省统计局、国家统计局贵州调查总队编纂的《贵州统计年鉴（2021）》由中国统计出版社出版。王文忠、肖云慧、程军虎主编。该卷年鉴设综合，国民经济核算，人口，就业人员和职工工资，固定资产投资，对外经济贸易，能源，财政税收，价格指数，人民生活，城市概况，资源和环境，农业，工业，建筑业，运输和邮电，批发、零售、住宿和餐饮业，旅游业，金融业，教育，科学技术，文化、体育和卫生，社会服务及其他，民族自治地方，市（州）、县（市、区、特区）资料，全国及各省（区、市）资料26篇，收录327张数据表。该卷年鉴在每篇首页设简要说明，篇末附主要统计指标解释。全书110万字。
（周慧云）

【《贵州交通运输年鉴（2021）》出版】 11月，贵州省交通运输厅编纂的《贵州交通运输年鉴（2021）》由九州出版社出版。姜凯主编。该卷年鉴设综合、机构与职能、行业管理、公路、道路运输、内河航运、市（州）县（区）交通运输、铁路、民用航空、邮政、交通科技与职业技术教育、党群工作、附录13个类目，下设44个分目、350个条目，收录450幅图片、20张表格。卷首专题图片设贵州省高速公路网规划布局示意图（2009—2030年）、贵州省高速公路网规划建设进展示意图（截至2020年12月）、贵州省"十三五"水运重点项目建设规划图3个专题。该卷年鉴记载2020年贵州交通运输系统贯彻落实党中央、国务院和贵州省委、省政府重大决策部署取得的重要工作成效，凸显行业特色和地方特色。全书116万字。
（鄂启科）

【《贵州卫生健康年鉴（2021）》出版】 12月，贵州省卫生健康委员会主管主办的《贵州卫生健康年鉴（2021）》由线装书局出版。刘文晴执行主编。该卷年鉴设特载、大事记、综述、全省卫生健康工作、委管委属单位工作、医学院校工作、相关单位卫生健康工作、市县级单位卫生健康工作、领导讲话、重要文件、专文、统计资料、附录13个类目，下设167个分目、1307个条目，收录117幅内文图片、39张统计图表。卷首专题图片设省部领导关怀、司局领导调研、委领导在一线、主要工作推进、新冠肺炎疫情防控、卫生健康扶贫、先进医疗设备设施，卷末附主题索引。该卷年鉴全面系统记录2020年度贵州卫生健康系统改革发展所取得的成绩和经验。全书130万字。
（张亚）

【《贵州自然资源年鉴（2021）》出版】 12月，贵州省自然资源厅主管主办的《贵州自然资源年鉴（2021）》由线装书局出版。肖泽国执行主编。该卷年鉴设特载、大事记、贵州省自然资源公报、全省自然资源工作、厅直属单位工作、市州县区工作、重要文献、专文、附录9个类目，下设166个分目、1387个条目，收录8篇文献资料、135幅随文图片、75张图表。卷首专题图片设省部领导视察调研、厅领导在一线、党建引领、工作推进、助力脱贫攻坚、地灾防治、主题宣传活动、贵州世界自然遗产风光8个专题。该卷年鉴全面系统记述2020年度贵州省自然资源系统及相关单位的改革发展情况和取得的成就成绩，突出国土空间生态修复、助力脱贫攻坚等工作的成果亮点。全书115万字。
（石胜成）

【《贵阳统计年鉴（2021）》出版】 12月，贵州省贵阳市统计局、国家统计局贵阳调查队编纂的《贵阳统计年鉴（2021）》由中国统计出版社出版。张缨、张英主编。该卷年鉴设行政区划和自然资源，综合，人口与计划生育，从业人员及职工工资，固定资产投资，能源消费，工业，建筑业，农业，国内外贸易及旅游，交通、运输、邮电，城市公用事业，财政、税收，金融、证券、保险，城乡调查，科技、教育，文化、广播，卫生、体育，民政及其他，全国、全省及省会城市和副省级城市主要经济指标，附录18个类目，下设167个分目。该卷年鉴收录2020年贵阳市经济和社会发展等各方面的统计数据以及改革开放以来的主要统计数据。全书72.8万字。
（《贵阳统计年鉴》编辑部）

【《西藏统计年鉴（2021）》出版】 10月，西藏自治区统计局、国家统计局西藏调查总队编纂的《西藏统计年鉴（2021）》由中国统计出版社出版。蔡岷、李方平主编。该卷年鉴设行政区划和自然资源、综合和国民经济核算、人口就业和工资、固定资产投资、财政、价格、人民生活、农业、工业、建筑业、运输和邮电业、国内贸易、对外贸易和旅游、金融业、教育科技和文化、体育卫生和其他、县（市、区）主要统计指标、全国各省（区、市）统计资料18篇，卷末附主要统计指标解释。该卷年鉴为中英文对照，配有电子版光盘。全书83.6万字。　　　　　　（王梅洁）

【《杨凌示范区年鉴（2021）》出版】 12月，陕西省杨凌示范区志办编纂的《杨凌示范区年鉴（2021）》由三秦出版社出版。柴小刚主编。该卷年鉴设专文、大事记、示范区概览、专辑、政治、人民团体、政法 应急、农业、工业商务 信息产业、交通 邮政、财政 税收、人物等21个类目，下设105个分目、687个条目，收录152幅图片、18张表格。卷首专题图片设杨凌示范区工作、农高盛会、疫情防控、文体生活、城乡建设等。该卷年鉴主要记载杨凌示范区2020年在体制机制创新、农业科技示范推广、产业发展农民增收、城市建设环境改善等方面的成就和经验。全书62.5万字。
（《陕西年鉴》编辑部）

【《兰州石化公司年鉴（2021）》出版】 11月，《兰州石化公司年鉴》编纂委员会编纂的《兰州石化公司年鉴（2021）》由石油工业出版社出版。陈爱忠主编。该卷年鉴设总述、领导讲话选载、大事记、生产与经营、规划与发展、科技与信息化、安全与环保、质量标准化与计量、机动与节能、企业管理等20个类目，下设86个分目、663个条目，收录241幅图片、43张表格。该卷年鉴全面系统记述2020年兰州石化公司主要发展情况。全书120万字。
　　　　　　　　　　　　　　　（余德艳）

【《甘肃发展年鉴（2021）》出版】 12月，甘肃省统计局、国家统计局甘肃调查总队编纂的《甘肃发展年鉴（2021）》由中国统计出版社出版。周立荣总策划，何涛、张晓红总编辑。该卷年鉴分为两部分：第一部分设9篇，包括特载、概况、国民经济、交通通信、财政金融、经济管理、社会事业、人民生活、市州及兰州新区概况；第二部分设23篇，包括综合，人口，国民经济核算，就业和工资，价格，人民生活，财政和金融业，资源和环境，能源，固定资产投资，对外经济贸易，农业，工业，建筑业，批发和零售业，住宿、餐饮业和旅游业，运输和邮电，教育和科学技术，卫生、社会服务和社会保障，文化和体育，城市，民族自治地方，兰州新区，收录395张表格，全面记述2020年甘肃经济社会发展情况。该卷年鉴为方便读者使用资料，统计资料各篇前附有简要说明，篇末附有主要统计指标解释。
　　　　　　　　　　　　　　　（余德艳）

【《青海统计年鉴（2021）》出版】 8月，青海省统计局、国家统计局青海调查总队编纂的《青海统计年鉴（2021）》由中国统计出版社出版。该卷年鉴设特载、综合、人口、国民经济核算、就业和工资、价格、人民生活、财政、能源与环境、固定资产投资和房地产、对外经济贸易、农业、工业、建筑业、运输和邮电、国内贸易、金融业、教育和科技、卫生和社会服务、文化旅游和体育、公共管理社会保障和其他、全国各地区主要经济指标22个类目，除特载有部分文字记述外，其余均以统计表格反映数据。该卷年鉴内容在保持历史数据连续性的基础上，按照"总体稳定，适应形势，与时俱进"的原则，增设体现新形势新任务新特点的统计指标；国内贸易类目增设分地区零售额分项指标；运输和邮电类目增设5G相关指标；卫生和社会服务类目增设社会组织和自治组织单位数量、婚姻登记情况、福利彩票销售等指标；公共管理社会保障和其他类目增设工会组织情况；提升封面设计水平和光盘卡槽工艺，首次实现精装塑封。电子版以光盘为存贮载体，以网页和Excel电子表格为表现形式，随书配套出版，为读者查询和使用提供便捷服务。全书110万字。
　　　　　　　　　　　　　　　（张进芳）

【《青海自然资源年鉴（2020）》出版】 10月，青海省自然资源厅编纂的《青海自然资源年鉴（2020）》由青海人民出版社出版。任振宇主编。该卷年鉴设特载、大事记、省纪委监委驻省自然资源厅纪检监察组工作、省厅行政管理工作、直属机关工作、派出行政机构工作、地勘事业局工作、直属单位工作、统计资料、市（州）自然资源管理工作、厅系统副处级以上干部名录、2020年度厅系统评定高级专业技术职务人员名录、先进单位和人物、重要文献和政策法规、专文、年度论坛、附录17个类目，下设55个分目、508个条目，收录97幅图片、22张表格。该卷年鉴真实记述2020年度自然资源厅系统各部门、各地区自然资源事业的发展成就和取得的成果。全书76万字。

（张进芳）

【《青海交通年鉴（2020）》出版】 12月，青海省交通运输厅编纂的《青海交通年鉴（2020）》由青海人民出版社出版。林才让主编。该卷年鉴设发展与成就、工作图鉴、特载、专文、大事记、交通运输行政管理、党群及精神文明建设、行政事业单位、干部名录、各市州交通运输、政策法规和重要文件、集体和人物、主要指标及统计数据13个类目，下设69个分目、410个条目，收录125幅图片、38张表格。卷首专题图片设领导关怀、基层调研、重要会议、专题掠影。全书80万字。

（张进芳）

【《新疆统计年鉴（2021）》出版】 9月，新疆维吾尔自治区政府主办，自治区统计局、国家统计局新疆调查总队编纂的《新疆统计年鉴（2021）》由中国统计出版社出版。高卫红、韩嵘主编。该卷年鉴设特载（新疆维吾尔自治区2020年国民经济和社会发展统计公报）、综合、国民经济核算、人口与就业、固定资产投资、对外经济贸易和旅游、资源与环境、能源生产和消费、财政、物价、人民生活、城市概况、农业、工业、建筑业、运输和邮电、批发和零售、住宿和餐饮业、金融业、教育、科技和文化、卫生及其他、各地州市主要经济指标排序、附录（各省市区主要经济指标排序）24个类目，下设344个条目，收录343张表格。该卷年鉴收录新疆和各地州市、县市区2020年经济和社会各方面的统计数据，以及重要历史年份和近年全区主要统计数据，并收录全国及各省（区、市）2020年的主要统计数据。全书129.6万字。

（张炜）

【《新疆生产建设兵团统计年鉴（2021）》出版】 8月，新疆生产建设兵团统计局、国家统计局兵团调查总队编纂的《新疆生产建设兵团统计年鉴（2021）》由中国统计出版社出版。李万茂、王洪琛主编。该卷年鉴设特载和统计资料两部分，特载部分刊载兵团2020年国民经济和社会发展统计公报；统计资料部分包括综合，国民经济核算，就业，房地产开发投资，资源与环境，财务，价格指数，人民生活，农业，工业，建筑业，交通运输业，国内贸易，能源生产与消费，利用外资、旅游业和规模以上服务业，金融业和上市公司，科技、教育、文化和卫生，公共管理、社会保障和其他，城市、乡（镇）和团场基本情况，各师市、团场主要指标排序20篇，附各省（区、市）主要指标排序等资料。该卷年鉴刊载兵团、各师、城市、乡（镇）和团场2020年国民经济和社会发展各方面统计数据，新疆及各地（州、市）、全国及各省（区、市）主要统计数据，兵团、师、团场主要经济指标排序资料与各省（区、市）主要指标排序等资料。全书70万字。

（王兴鹏）

地方志资源开发利用

· 地情书编写与出版

【《清代天津府聚落地理研究》出版】 12月，天津市志办资助的《清代天津府聚落地理研究》由天津社会科学院出版社出版。杜晨著。该书重在探究清代天津府聚落体系的形成与演变，从聚落整体角度出发，将各类聚落作为一个体系进行全面、系统研究，从而探索不同类型聚落在发展变化过程中存在的内在联系及规律。全书38万字。 （宋铭月）

【《近代天津地区博物馆史研究》出版】 12月，天津市志办资助的《近代天津地区博物馆史研究》由天津社会科学院出版社出版。张宁、侯晓慧、徐燕卿、尹航合著。该书以近代天津地区博物馆为研究对象，以1840年至1949年为研究时段，通过对历史文献资料的整理和发掘，借鉴相关研究成果，系统梳理天津早期博物馆的发展脉络、人员构成、社会功能等，分析近代天津地区博物馆产生及发展的历史背景和社会环境，进而从公共文化角度审视近代中国博物馆的特性，还原博物馆在近代中国文化转型过程中的独特贡献。全书40.8万字。 （宋铭月）

【《老天津的旧报旧刊》出版】 12月，天津市志办资助的《老天津的旧报旧刊》由天津社会科学院出版社出版。侯福志著。该书以民国时期天津的小报、画报和稀有期刊为主，选择民国时期具有代表性的小报、画报和期刊，结合老天津地域背景，从新闻学、历史学、人文学的角度，全方位、多角度、多层次地展现天津报刊的历史风貌。全书收录90余篇文章，分小报、画报和期刊3个板块，按时间顺序，以图文并茂的形式，向读者披露民国时期天津报业的珍闻和报人佚事。全书27.2万字。 （宋铭月）

【《老天津的文坛往事》出版】 12月，天津市志办资助的《老天津的文坛往事》由天津社会科学院出版社出版。倪斯霆著。该书收录数十篇饶有趣味的研究文稿，对近代天津文坛史实和文学创作等情况进行全方位考察和论述。通过大量实例告诉人们天津通俗文学的社会价值和文学价值，并得出其因"与世俗沟通"的特点，故较新文学更起到促进社会进步的作用。全书25万字。 （宋铭月）

【《天津老商业》出版】 12月，天津市志办资助的《天津老商业》由天津社会科学院出版社出版。曲振明著。该书选取商业在天津城市发展和建设中的作用，通过一个个鲜活的小故事，介绍近代天津商业的商圈、品牌、商家及经营之道。该书对于深入了解天津的经济发展脉络，传承津门老字号，保护知名商标，探究经营之道，都有借鉴参考的现实价值。全书31.2万字。 （宋铭月）

【《一个老共产党员的生活账》出版】 10月，中共山西省委党史研究院（省地方志研究院）编纂的《一个老共产党员的生活账》由三晋出版社出版。杨杰主编。该书入选中宣部2021年主题出版重点出版物选题。该书根据长期在山西参加革命、建设和改革工作的老共产党员张健民的日常记录资料编辑整理而成，记录1952年7月1日至1993年5月11日张健民的生活账本，包括月工资收入、党费交纳记录、柴米油盐以及香烟、学习材料等。该书对研究和考察山西城镇居民家庭生活及社会发展变革的历史具有重要意义。全书62万字。

（山西省地方志研究院）

【《洮南简史》出版】 11月，吉林省地方志资源开发立项项目《洮南简史》由吉林人民出版社出版。孙杰主编。该书设洮南地理位置及地形地貌、洮南早期历史遗迹及古代民族、洮南历史上的古代民族、辽朝时期的洮南、金朝时期的洮南、蒙古国及元朝时期的洮南、洮南的接收与解放、洮南行政建置与区划等14章，详细记述洮南从远古有人类活动始到中华人民共和国成立的历史。全书26万字。

（常京锁）

【《中国·敦化刀画》出版】 11月，吉林省地方志资源开发立项项目《中国·敦化刀画》由吉林人民出版社出版。张指挥主编。该书设8章，展示刀画作品93幅。敦化原生、原发、原创的敦化民间刀画，具有鲜明的地域性、民间性、民族性、时代性特点，作品深受大众欢迎，享誉海内外。敦化市先后被文化部授予"中国·敦化刀画之乡"、省文化厅授予"刀画艺术之乡"，"敦化民间刀画"被延边州人民政府列为州级非物质文化遗产名录项目。全书23万字。

（常京锁）

【《加格达奇区简史》出版】 6月，黑龙江省大兴安岭地区加格达奇区委史志研究室编纂的《加格达奇区简史》由黑龙江人民出版社出版。赵春捷主编。该书设社会主义建设时期（1957年4月—1966年4月）、"文化大革命"时期（1966年5月—1976年12月）、恢复建设与探索改革（1977年1月—1991年12月）、加快现代化建设（1992年1月—2000年12月）、全面发展的加格达奇（2001年1月—2015年12月）5章。该书记录上限为1957年，下限为2015年，记述加格达奇区自然、政治、经济、文化和社会历史状况，建区（镇）以来全区人民艰苦奋斗、砥砺前行的过程，以及在改革开放后在经济社会建设等方面取得的成就。全书53万字。

（朱丹　张帝）

【《砥砺前行——鹤岗发展历程（1921—2021）》出版】 7月，黑龙江省鹤岗市档案馆（市委史志研究室）编纂的《砥砺前行——鹤岗发展历程（1921—2021）》由中国文史出版社出版。潘文胜主编。该书设矿山开发边城火种、山河破碎奋起抗争、矿山光复剿匪支前、巩固政权探索发展、蹉跎岁月砥砺前行、拨乱反正改革开放、煤城蝶变走向复兴、不忘来路继续前行8章。该书多方位、全角度记录鹤岗地区、鹤岗人民百余年来所走过的历程和经验得失，深刻展示鹤岗百年薪火相传、风云激荡的历史。全书47.5万字。　（朱丹　张帝）

【《上海科创中心实录（2014—2020）》出版】 8月，上海市志办编纂的《上海科创中心实录（2014—2020）》由上海人民出版社出版。作者张聪慧。该书设概况、专题纪事、媒体报道、访谈录、政策法规等篇，以多维视角系统总结科创中心发展历程、特点和经验，反映上海科创中心建设全貌，概括历史轨迹和逻辑思路，凸显成就和亮点。该书是2018年上海市社科规划（地方志研究专项）课题"上海科创中心建设历程研究"的成果。全书37.9万字。

（王师师　陈畅）

【《江南文明通鉴》出版】 11月，上海文化发展基金资助、上海市志办编纂的《江南文明通鉴》由上海辞书出版社出版。作者叶舟。该书从江南人、江南事、江南物三个方面进行详细叙述，包括江南的士人、农民、工匠、商人、女子、望族；江南的信仰、民俗、学风、科举与教育、水利治理；江南的稻米、棉布与丝绸、市镇、园林、美食、书画、音乐与戏曲等内容。该书从江南文明的历史与特性入手，探讨江南文明的环境变迁与历史发展，通过对江南各阶层的人、江南有影响的事、江南有特色的物的阐释，提炼江南文明中有特色和有代表性的因子，总结江南文明的经验教训，认识和发掘江南文明的现代价值。全书29万字。　　　　　　　　　　（范锐超）

【《鼓楼街巷录》出版】　2月，江苏省南京市鼓楼区志办、区档案馆编纂的《鼓楼街巷录》由南京出版社出版。该书是关于鼓楼区域内道路街巷的地情书籍，汇集区内357条道路街巷的基本情况。每条道路街巷包括文字和图片两部分，文字分为基本情况和拓展链接，基本情况记述道路街巷的现状和沿革，拓展链接则挖掘与道路街巷有联系的历史文化、社会热点、先锋人物等内容。图片分为实景照片和位置示意图，实景照片显示路牌路标。全书22.1万字。　　　　　　　　　　　（尤岩）

【张家港口述资料集《岁月留声》出版】　2月，江苏省张家港市史志办编纂的改革开放新时期张家港口述资料集《岁月留声》（上、中、下）三册由广陵书社出版。张家港市从2016年开始策划口述历史工程，并专门设立口述史采访室，制定采编计划，确定主题和对象。分三年采编资料59篇，并对采访对象进行录音、录像，保存珍贵史料。2019年起，对稿件进行精心打磨。《岁月留声》重点聚焦改革开放时期张家港的大事件，例如张家港精神文明建设、保税区创设、张家港建港、家庭联产承包、撤县建市、产权制度改革等选题，采访各个阶层的、不同行业的典型人物。全书48.2万字。　　　　　　　　　　　（尤岩）

【《金陵明故宫图考·南京明故宫制度与建筑考》出版】　4月，江苏省南京市志办编纂的《金陵明故宫图考·南京明故宫制度与建筑考》由南京出版社出版。为"南京稀见文献丛刊"之一种。《金陵明故宫图考》，葛定华著。该书除序言外，分故宫遗迹、故宫兴废、故宫地址、南京明故宫制度与建筑考故宫建制、故宫宫阙五节，是现代学术意义上首部南京明故宫研究成果，结合地下发掘考古，对明故宫进行全面考证。《南京明故宫制度与建筑考》，朱偰著，是未刊手稿。该书引用明人潘孟登的《明故宫记》，提出自己的见解。两书对南京明故宫研究具有重要的参考价值。全书6.2万字。　　　　　　　　　　（尤岩）

【《贞石——南京栖霞地区历代碑刻集成》出版】　5月，江苏省南京市栖霞区志办编纂的《贞石——南京栖霞地区历代碑刻集成》由江苏人民出版社出版。吴炳根主编。正文分为六朝、唐宋、明朝、清朝、民国5章，前有专家撰写的长篇研究性序言，后附栖霞区佚失碑碣石刻表等。收录的每件石刻均有释文、拓图、简介三项内容，资料翔实，颇富学术价值。书中收录碑版、墓志、地券、摩崖题刻、造像记、砖铭等近300件，计350幅拓片影印照，东晋南朝时期的包括神道石刻与墓志以及南朝至唐代的佛教造像等珍贵资料均有收录，时间跨度自三国孙吴至民国时期近1700年，是一部展示栖霞区碑刻宏大规模的通景式著作，为古都南京浩瀚的传世文献之林增添一部"石头史"。全书11.33万字。　　　　　（尤岩）

【《滨湖文库》出版】　5月，江苏省无锡市滨湖区委宣传部、区档案史志馆编纂的《滨湖文库》由广陵书社出版。钱江、高来东主编。该书共21册，收录文献106部，从山水名胜地、工商孕育地、教育先行地、名人荟萃地四个方面，展示1949年前现滨湖行政区域内的人文历史、风土人情。收罗传统文献，汇集诸多老照片、实测地图、设计图纸、视频等近代新型文献，并通过数字处理实现开放共享，提高该书的公益价值。此次文献征集整理工作既注重从国家图书馆、上海图书馆、南京图书馆、北师大图书馆、无锡市图书馆、滨湖区档案史志馆等机构收集各类高价值文献史料，又重视走访众多私人收藏者，在他们的藏品中遍寻滨湖痕迹。该书书页作留灰处理，一比一影印，最大限度地保留文献原貌。《滨湖文库》是滨湖地域范围内的第一次文献大汇集。全书800万字。　（尤岩）

【《江阴二十四城七十二墩》出版】 6月,江苏省江阴市民政局、市档案史志馆、江阴华夏自然村落研究会主编的《江阴二十四城七十二墩》由凤凰出版社出版。顾洪伟主编。该书设"二十四城""七十二墩"和"附录"三部分。"二十四城""七十二墩"记述从远古至今江阴所属区域内的"城"和"墩"的详细情况及历史演变;附录中包含有《书中所列古城墩分布情况简述》《江阴古城在唐朝以后的称谓》《七十二墩以外墩的简况》等,围绕江阴古城古墩,做进一步介绍、说明和陈述。全书史料扎实、考证严谨、内容丰富、文风朴实,江阴市档案史志馆方志工作科全程参与该书编纂,通过查阅馆藏资料和多部县志,新增加40余个墩名资料。全书22.9万字。 （尤岩）

【《志说苏州》出版】 6月,江苏省苏州市志办编纂的《志说苏州》由古吴轩出版社出版。陈其弟著。该书由48篇文章组成,从地方志角度,解读苏州历史,介绍苏州的历史、文化、传说、习俗、人物等多个方面的背景故事,是了解苏州的地情读物,纠正一些以讹传讹的谬误。全书23.3万字。 （尤岩）

【《高水平全面建成小康社会丹阳实践录》出版】 6月,江苏省丹阳市委、市政府主编的《高水平全面建成小康社会丹阳实践录》由江苏人民出版社出版。丹阳市史志办编著。该书包括丹阳聚焦产业强市推动高质量发展、加快城市建设步伐建立高效运转体系、实施乡村振兴战略推进"三农"高质量发展、打赢脱贫攻坚战走共同富裕之路、发展文教卫体事业打造高质量人民生活、健全社会保障体系提升民生保障水平、创新社会治理构建共建共治共享新格局、坚持绿色发展理念营造宜居生态环境、突出党建引领打造高质量发展"红色引擎"九方面。全书27.4万字。 （尤岩）

【《口述常州援藏援疆》出版】 8月,江苏省常州市志办主编的《口述常州援藏援疆》由江苏人民出版社出版。李亚雄主编。该书共征集录用稿件128篇,分上、下两册,设西藏篇、新疆篇,西藏篇收录稿件3篇,新疆篇收录稿件125篇,文中插图近300幅。该书全面客观记录常州援藏援疆干部为促进民族团结和共同发展所付出的努力和常州对口支援成果,真实反映常州和西藏、新疆人民的深情厚谊,生动保存常州支援西藏、新疆建设的一手资料。全书40万字。 （尤岩）

【《我从哪里来:扬中百家姓氏探源（续编）》出版】 9月,江苏省扬中市民俗文化研究会、市史志办编纂的《我从哪里来:扬中百家姓氏探源（续编）》由江苏大学出版社出版。朱怀林主编。续编收录黄、李、陆、孙、施等38个姓氏,47部家谱信息;补遗张、王、陈、朱等9个姓氏,19部家谱信息。篇首设扬中访谱、扬中家谱馆、《中国影像方志·扬中篇》扬中市民俗文化研究会部分;特稿收录《家谱生死劫》《鲜为人知的"江洲五凤"》;设扬中家谱艺文录篇。全书42万字。 （尤岩）

【《南京通史》全集出版】 12月,江苏省南京市志办编纂的《南京通史》全集8卷本由商务印书馆出版。张宪文、茅家琦、梁白泉、蒋赞初任学术顾问,南京大学,南京师范大学以及省、市社会科学院等高校院所学者担任各卷作者。全书以现行的行政建置南京市为基本地域范围,按照历史发展阶段分为《史前时代至秦汉卷》《六朝卷》《隋唐五代宋元卷》《明代卷》《清代卷》《中华民国卷》《共和国卷》,此外另设《综合卷》,系统阐述南京地区文明产生、演变、发展的历史,涵盖政治、经济、军事、文化、社会、生活等各个领域,时间跨度从史前文明一直贯通至2010年。该书是南京第一部以马克思主义唯物史观为指导,融贯古今、覆盖全域的地方通史著作,从学术的视角系统厘清南京历史发展的基本脉络与总体特点,全面展现南京各个历史时期丰厚的文化积淀与辉煌成就,深刻揭示南京在中国历史发展进程中的独特影响与重要地位,填补南京地方通史研究的空白。全

书450万字。 （尤岩）

【《百年芳华——石梅人物选》出版】 12月，江苏省常熟市志办、市政协文化文史委编纂的《百年芳华——石梅人物选》由古吴轩出版社出版。唐奕、潘志英、陈邵东主编。该书收录100位和"石梅"（常熟市石梅小学）相关的知名人物，他们大多在这所学校读过书，其中一些人在政治界、教育界、医学界等领域卓有建树，也有这所学校的负责人、教师，以及与这所学校有过交集的人士。该书以一所小学为基点，以人物为主体主线，挖掘常熟深厚的文化底蕴。全书27.8万字。 （尤岩）

【《小康市北》出版】 12月，江苏省昆山市周市镇市北村《小康市北》编委会编纂的《小康市北》由江苏凤凰文艺出版社出版。陈建中、朱建忠主编。该志设党史篇、实业篇、社会篇3个篇章，采集近50位村民的口述历史，以亲历者视角，书写市北村从贫穷奔向小康之路的奋斗历程。口述村民来自各行各业，有扎根基层数十年的老干部，有致力家乡经济建设的创业领头羊，有坚守传承的能人巧匠，还有艰苦奋斗、无私奉献的乡村建设者。该书增加早期与共产党员有关联的村民，如地下党员丁绍林、掩护新四军的村民、渡江船工等，反映出党建引领乡村振兴、带领村民奔小康的历史。全书18万字。 （尤岩）

【《南通老字号》出版】 12月，江苏省南通市志办、市商务局编纂的《南通老字号》由江苏人民出版社出版。姜荣芳主编。该书收录南通市首批24户"南通老字号"企业，以全媒体志书的形式从字号起源、经营理念、发展历程、特色产品、工艺流程等方面全方位展示南通老字号企业悠久历史传统、精湛技术工艺和深厚文化底蕴，记录和呈现老字号企业所承载的鲜明地域文化。全书7.6万字。 （尤岩）

【《我的如东我的家》出版】 12月，江苏省如东县委党史工作办公室主编的《我的如东我的家》由江苏人民出版社出版。陈震主编。该书分为扶海溯源、东方福地、史海钩沉、革命烽火、民俗文化、如日东升6章。全书资料翔实、搜罗甚广、特点鲜明，为社会各界特别是青年一代了解如东地方文化提供重要资料。全书18万字。 （尤岩）

【《灌南记忆——常州一百零八将》出版】 12月，江苏省灌南县委组织部、县委老干部局、县志办编纂的《灌南记忆——常州一百零八将》由江苏人民出版社出版。金孝清主编。该书记述1958年常州援助灌南108人听从党的召唤，服从组织安排，在平凡岗位上奉献青春和智慧的历史。该书深入挖掘真实人物故事，以传记体裁、纪实手法、图文并茂的形式，生动再现常州援助灌南108人的历史事迹。全书33.1万字。 （尤岩）

【《奔腾的射阳河》出版】 12月，江苏省射阳县委党史工作办公室编纂的《奔腾的射阳河》由中国图书出版社出版。邱明哲主编。该画册以射阳河为脉络，用图片生动展现射阳地方风土人情和经济社会发展亮点。该画册立足射阳河的源头宝应县射阳湖，采撷射阳河两岸独特的自然景观、多彩的民俗风情。全册共280余幅图片。 （尤岩）

【《镇江图鉴（2021）》出版】 12月，江苏省镇江市史志办编纂的《镇江图鉴（2021）》由广陵书社出版。徐强主编。该图鉴设跑动镇江·纵览篇、跑动镇江·经济建设篇、跑动镇江·政治建设篇、跑动镇江·文化建设篇、跑动镇江·社会建设篇、跑动镇江·生态文明建设篇6篇，下设37个分目，收录近600幅图（表）。该图鉴为镇江市史志办在编纂年鉴的基础上，首次探索创新"鉴"的表达方式，围绕镇江市的经济建设、政治建设、文化建设、社会建设、生态文明建设"五位一体"总体布局构架，以反映镇江市在落实创新、协调、绿色、开放、共享五大发展理念中取得的突出成就为主线，以"跑动镇江"主题为总领，以图片为主要形式，形象而又生动地展现全市年度发展特色亮点。

（尤岩）

【《杭城·四时幽赏》出版】 4月，浙江省杭州市委党史研究室（市志办）编纂的《杭城·四时幽赏》由杭州出版社出版。作者梵七七。该书是"最忆杭州"丛书中的一册，主要内容为明代高濂所著的《四时幽赏录》的原文全景还原与考证；西湖及周边景点四季走访拍摄；钩沉方志史料、历史故事、老照片及人物传记，展现西湖精神；老杭州民俗采访；作者在走访研究过程中对城市的体会与感悟，展现今日杭州的新风貌。全书39.6万字。

（杭州市方志办）

【《杭州纪事（2020）》出版】 11月，浙江省杭州市委党史研究室（市志办）编纂的《杭州纪事（2020）》由浙江大学出版社出版。《杭州纪事》由原《杭州纪事》和《杭州日记》整合提升后重新改版而成，每年编纂一卷，以编年体大事纪要的形式，忠实记录杭州城市发展历程，为保存城市历史留存基础资料，为史志研究和社会各界了解杭州提供权威参考。《杭州纪事（2020）》作为改版后的第一卷，汇集原《杭州纪事》和《杭州日记》的记述范围，整合两者的编纂特点和经验，本着"继续发挥存史、资政的功能，做到观点准确、资料翔实、内容丰富；又充分融合党史和地方志记述方法"的原则，在记述内容、板块设置、装帧设计等方面做了进一步充实、完善和创新，既体现红色基因，又彰显深厚历史文化底蕴。全书46.7万字。 （杭州市方志办）

【《王阳明与弟子》《明性见智》二书出版】 年内，浙江省余姚市政府地方志编纂室组织编写的《阳明研究丛书》之四《王阳明与弟子》、之六《明性见智》由团结出版社出版。徐泉华编著。《王阳明与弟子》力求呈现王阳明与弟子充满智慧的对话，从而体现王阳明的心学思想。全书34.3万字。《明性见智》按照奏疏、序记说、杂著、王阳明会试卷等内容，分为11章，全面收录王阳明所流传文章并进行解读。全书176.9万字。至2021年底，该丛书累计出版《阳明平濠记》《诗话阳明》《王阳明年谱通译》《王阳明与弟子》《书话阳明》《明性见智》6种，其中《阳明研究丛书》之五《书话阳明》系2020年11月出版。

（宁波市志办）

【《温州民间俚语诠释》出版】 3月，浙江省温州市鹿城区地方志研究室编写的《温州民间俚语诠释》由团结出版社出版。林正华、王剑峰主编。世代积累流传下来的温州民间口头语数量多、范围广、用法活、形式杂，带有浓厚的乡土气息，生动形象，反映特定的社会风貌和思想意识。编者择其精华，全面解析俚语含义、用法、使用范围和用例、由来，以及现实意义，对于留存乡音、为地方文明建设保存文化种子有积极意义。全书22万字。

（温州市志办）

【《苍南建县40年大事记》出版】 10月，浙江省苍南县委党史研究室（县地方志研究室）和县档案馆编纂的《苍南建县40年大事记》由团结出版社出版。杨邦昌主编。该书采用编年体方式，客观记录1981年6月至2021年6月间苍南在经济、政治、文化、社会、生态文明等方面的重大成就、重大变化、重要政策措施，以及在全省乃至全国具有一定影响力的富有苍南地方特色的大事、要事。全书31万字。

（温州市志办）

【《许村政德故事》出版】 6月，安徽省歙县许村镇党委、镇政府、县委党校、县委党史和地方志研究室编纂的《许村政德故事》由安徽人民出版社出版。何建中主编。歙县许村历来重视教育，文风昌盛，乡风淳朴，名人辈出。民国时期出现"一门五博士"的奇观，如今又享有"一村四院士"的殊荣。该书讲述历代乡贤良吏诗书传家、乐善好施、清廉自守等可歌可泣的故事。该书出版有利于广大读者了解徽文化的精髓，推动践行社会主义核心价值观,增强民族自信和文化自信。全书20万字。

(牛毅)

【《王茂荫勤廉故事》出版】 6月,安徽省歙县纪委监委、县王茂荫研究会、县委党校、县委党史和地方志研究室编纂的《王茂荫勤廉故事》由安徽人民出版社出版。朱敏主编。王茂荫,歙县杞梓里人,曾任职道光、咸丰、同治三个朝代,历任户部、兵部、工部、吏部侍郎等职,并两次担任监察御史,他的货币主张被学界评为"我国封建社会货币理论的最高成就"。王茂荫担任京官三十余载,始终未带家眷,孑身独居北京宣武门外歙县会馆。在咸丰、同治两朝,前后上了100多个奏折,皆关乎国计民生大事。全书共收录王茂荫一生的42个故事,从立身高洁、为政勤勉、情为民系、师友纯真四个方面详述王茂荫一生恪尽职守、不谋私利、刚正不阿、家教从严、关心国计民生等崇高品德。该书充分挖掘王茂荫的勤廉思想,阐释其蕴含的时代价值。该书绝大部分内容是从奏折、年谱及各种古籍中钩沉出来,故事性强,既遵从史实,又通俗易懂。为增强可读性和艺术性,编者为每个篇章和故事都创作了插图。全书21万字。

(牛毅)

【《歙县名人政德故事》出版】 6月,安徽省歙县教育局、县委党校、县委党史和地方志研究室编纂的《歙县名人政德故事》由安徽人民出版社出版。汪天平主编。该书选取西晋至民国时期汪华、程灵洗及任昉、孙遇等47位徽州历史上的名人、贤官良吏的政德小故事,或贯穿他们的一生,或截取人生的一个小片段,情节曲折生动,蕴含着道德的正能量。该书深入挖掘历代名人政德内涵,作为歙县中小学生特色思政课程的乡土教材,及外地师生来歙县的研学资料,引导学生吸收先贤优秀文明成果,增强学生的民族自豪感和社会责任感。对广大干部和师生陶冶高尚道德情操,崇尚廉洁自律风范,具有深远的现实意义。全书19万字。 (黄玉华)

【《一江清水出新安》出版】 6月,安徽省歙县文化旅游体育局、县委党校、县委党史和地方志研究室编纂的《一江清水出新安》由安徽人民出版社出版。朱健刚、毕维鹏主编。该书主要从徽州母亲河的时代变迁、践行新安、人文新安、品味新安四个方面对新安江及其在歙县范围内的干流进行简要介绍。该书引言为徽州母亲河的时代变迁,主要从历史的角度纵向介绍不同历史时期新安江所承担的主要功能;践行新安主要介绍歙县的农林水、移民、新安江保护、旅游等职能部门在数十年间所做出的努力;人文新安则选取新安江沿线一些代表性的古村落,对其人文、历史、物产等进行介绍;品味新安重点介绍徽墨、歙砚、歙茶、盆景、小吃等名优特产。全书文字简洁、叙述生动、图片精美,既是一本介绍新安江沿线自然人文、物产美景的导游图册,又是一本习近平总书记"两山"理论新安江实践成果的初步总结。全书21万字。

(黄玉华)

【《标杆——将军县里的先进模范》出版】 6月,安徽省金寨县委党史和地方志研究室编纂的《标杆——将军县里的先进模范》由安徽人民出版社出版。胡遵远主编。该书设置劳动模范、先进工作者,全国优秀教师、教育先进个人,希望工程代表、爱心公益楷模、孝亲敬老之星,行业杰出代表,军人、优秀人民警察、革命烈士,获部级及以上表彰的先进个人、先进工作者、劳动模范人物名录、"庆祝中华人民共和国成立70周年"纪念章金寨县获得者名录6个编目,通过详细介绍县域内218位获得过国家级、省部级表彰的先进人物,展现各条战线、各行各业、各个领域的先进典型、模范人物的优秀事迹。该书是金寨县向中国共产党成立百年华诞献礼、改革开放以来县内第一本收录先进人物的公开出版物,旨在彰显先进事迹,激励后人砥砺前行。该书在2021年度安徽省党史地方志部门优秀科研成果评比中获资料专题著作类三等奖。全书30万字。 (黄玉华)

【《芜湖历史文化名人——报业先行者张九皋》出版】 11月，安徽省芜湖市委党史和地方志研究室编纂的《芜湖历史文化名人——报业先行者张九皋》由安徽师范大学出版社出版。刘萍主编。该书记述安徽新闻界中颇具影响的爱国民主进步人士、安徽第一张大报《皖江日报》创始人、芜湖报业先行者张九皋，从清末到民国直到中华人民共和国成立各个时期不断奋斗、进取、开拓的一生，评述他为芜湖地方新闻事业发展所做出的不懈努力、在安徽新闻史上的历史贡献，以及他在古代哲学思想和地方文史研究方面的成就。该书从一个侧面展现了芜湖近现代各个时期的地方历史、社会文化等诸方面的状况，有助于发掘、利用、传承地方丰富的历史名人文化。全书25万字。

(牛毅)

【《外国人眼中的老安庆》出版】 11月，安徽省安庆市委党史和地方志研究室编纂的《外国人眼中的老安庆》由合肥工业大学出版社出版。徐舒媛主编。老省城安庆在清末民初既是安徽省主要商埠、政治文化中心，又是交通要道，常有外国人活动于此。该书取材于19世纪中期至20世纪前半叶西方出版的报刊书籍，以外国人留存的文字、摄影的图片资料为主，分"亲历"和"印象"两个部分，记述清末民初外国人在安庆城的所见所闻，呈现该时期在安庆城演绎的新旧思想碰撞与中西文化碰撞。该书资料珍贵，视角独特，既有宏观讲述，也有微观思考，以西方人的视角剖析当时的安庆社会，是对安庆历史记录的一个重要补充，对于了解老安庆有较大帮助。全书20万字。

(牛毅)

【《宣城脱贫攻坚实录》出版】 11月，安徽省宣城市委党史和地方志室编纂的《宣城脱贫攻坚实录》由黄山书社出版。汪拥主编。该书全面客观真实记述宣城市委、市政府团结带领全市人民打赢脱贫攻坚战的历史，为巩固拓展脱贫攻坚成果、全面推进乡村振兴提供借鉴。该书采用类目体结构，除概述、大事记、附录外，分全域篇和县市区篇。该书采用纪实手法，通过200余幅图片和真实笔触，清晰呈现宣城市109个建档立卡贫困村、8.94万人，涉及67个乡镇、582个村的脱贫过程以及积累的众多富有成效的"宣城经验"。该书在2021年度安徽省党史地方志部门优秀科研成果评比中获资料专题著作类二等奖。全书50万字。

(黄玉华)

【《淮北历史文化丛书》出版】 12月，安徽省淮北市委党史和地方志研究室编纂的《淮北历史文化丛书》由中国文史出版社出版。主编王超、牛继清。该丛书共分《淮北柳孜遗址志》《淮北风物志》《淮北相山志》《淮北水志》《淮北诗文集萃》5卷。《淮北柳孜遗址志》系统记述通济渠、柳孜古镇的发展变迁，遗址的发掘过程与出土重要遗迹遗物，以及运河申遗历程等，全面发掘和展示运河历史文化，祝凯歌、叶舒然编著；《淮北风物志》设市情市貌、名胜古迹、文化艺术、土特名产、方言与地方风俗、掌故传说等类目，全面展示淮北地域文化，王嘉炜编著；《淮北相山志》分设地理环境、植树造林、相山景观、显通古寺、保护与开发、人物、艺文掌故等类目，充分展示相山的自然与人文、历史与现状，权伟编著；《淮北水志》系统记述淮北市境内的河流湖泊等历史与现状、自然与人文，张红、凌富亚、原康编著；《淮北诗文集萃》选录清宣统三年（1911）以前淮北先贤的诗文名篇以及古人描写、咏赞淮北的诗文名篇，赵敏编著。该丛书充分彰显淮北地域特色和文化内涵，集文献性和资料性于一体、真实性与可读性相统一，是了解淮北历史文化的普及读本，是展示淮北历史文化的窗口。全套丛书90余万字。

(黄玉华)

【《〈全国革命老区县发展史〉丛书（松溪县分册）》出版】 12月，福建省松溪县老区建设促进会主编、县委党史和地方志研究室牵头编纂的《〈全国革命老区县发展史〉丛书（松溪县分册）》由海峡文艺出版社出版。全书设土地革命战争时期的革命斗争、抗日战争和解放战争时期的革命斗争、社会主义革命和建设等6章,卷首收录40余幅图片。该书突出记载松溪县近百年来革命斗争、社会经济发展等重大历史事件。全书27万字。　　（陆华珍）

【《昭萍韵谱》出版】　10月,江西省萍乡市委史志研究室编《昭萍韵谱》由江西高校出版社出版。李正平著。该书是一部拟古代韵书体例编纂的萍乡城关方言韵书,将城关方言中具有方土特色的字、词、句尽力搜寻、挖掘,收集、整理,按韵脚字分类汇集,加以注释,并附录萍乡城关方言简介、萍乡城关方言音标与国际音标对照表、萍乡方言熟语韵文选辑等。该书出版为本土文化研究提供地方语言文字基础,为地方曲艺的正确用字、用韵提供依据,也为古汉语研究提供语料,对保存、弘扬萍乡方土语言与方土文化具有重要意义。全书35万字。　　（黄诗惠）

【《资溪面包产业发展史》出版】　10月,江西省资溪县政协主持,县史志研究中心、面包商会及面包产业办等部门编纂的《资溪面包产业发展史》由光明日报出版社出版。全书设产业起源、发展历程、产业推进、领导关怀、媒体关注、行业盛会、产业贡献、产业人物、产品选介9章,并设前言、附录、后记。该书挖掘资溪面包深厚的文化内涵,彰显资溪面包精神、品牌效应和企业家风采,记述资溪县各级党政组织因势利导服务面包产业发展使之做大做强的经验,图文并茂,全方位、多视角地展示资溪面包发展历史、现状和成果。全书28.5万字。　　（黄诗惠）

【《石城风俗》出版】　11月,江西省石城县史志研究室编纂的《石城风俗》由江西人民出版社出版。刘善泳主编。全书为"人文石城系列丛书"之一,分方言俗话、传统习俗、民间信仰、手工技艺、传统美食5个部分,章节体结构。该书首次对全县方言分区、方言语音发展变化、方言与普通话发音对比规律进行描述,并在前人的基础上,收集大量特色方言词汇特别是方言中的古汉语用字,同时首次系统收集整理成语类方言熟语,会同民间谚语逐一进行注释；集中记述手工技艺70余种、传统饮食320余种,增补相关记述空白。全书36.6万字。　　（刘善泳）

【《改革开放以来东营市县委书记口述历史》出版】　6月,山东省东营市委党史研究院（市地方史志研究院）编纂的《改革开放以来东营市县委书记口述历史》由线装书局出版。杜金华主编。该书配图150余幅,收录6位市委书记和29位县（区）委书记任内在经济、政治、文化、社会、生态和党的建设中具有全省乃至全国影响的重大决策、重要事件、重点工程或典型经验做法。全书36.2万字。　（杜泉）

【《河口百年大事记》出版】　6月,山东省东营市河口区委党史研究中心（区地方史志研究中心）编纂的《河口百年大事记》由中州古籍出版社出版。綦崇河主编。该书配插图70余幅,分图说河口、河口油地之最、大事记、重大决策4部分,记述1830年至2020年间河口大地上发生的大事要事,尤其突出反映自1984年建区以来全区在党的领导下取得的成就。全书57万字。　　（杜泉）

【《寻踪觅迹——黄河口老地方》出版】　12月,山东省东营市委党史研究院（市地方史志研究院）编纂的《寻踪觅迹——黄河口老地方》由线装书局出版。杜金华主编。该书收录东营市境内古文化遗址、名胜古迹、名人故居、古村古镇等独具黄河口特色的"老地方"123处,图片500余幅。该书的出版发行进一步丰富了"老字号"系列特色地情丛书。全书29万字。　　（杜泉）

【烟台开发区《铭记》出版】　6月,山东省烟台开发区委党史研究中心（开发区地方史志研究中心）组织编纂的《铭记》出版。蔡海林主编。该书配图200余幅,全面展示了辖区1921年至2021年间的重要人物和重大事件，共收录人物事迹和简介50篇、重大事件33篇，记载各类英烈英模200余人。全书40万字。

（杜泉）

【《威海三千年》出版】 12月，山东省威海市委党史研究院（市地方史志研究院）编纂的《威海三千年》由新华出版社出版。耿祥星主编。该书选用图片100余幅，设建置沿革、自然环境、物阜海昌、多彩风情、文化揽胜、人物春秋、独特历史7章，以典籍记载为根本，采用"志说威海"的形式，全方位展示威海3000年的自然、政治、经济、社会和文化的发展变迁，为广大读者了解威海、感受威海提供窗口，为社会各界研究威海提供资料和依据。全书10万字。

（杜泉）

【《日照大事记》出版】 12月，山东省日照市委党史研究院（市地方史志研究院）编纂的《日照大事记》由线装书局出版。李世恩主编。该书采取编年体和纪事本末体相结合的记事方式，以编年体为主，按时序先后记述事件。该书上限自日照有历史记载以来（公元前202年西汉时期），下限至2020年底（其中部分内容下限至2013年底），选取日照政治、经济和文化社会中具有全局性、主流性、重要性事件，兼及新、奇、特事件。为增强完整性、可读性和历史关照性，该书增设区域建置、自然环境、自然资源、人口等篇章，与大事记互为参照，有助于读者更加全面地了解日照的历史风貌、环境自然等重要史料。全书35.5万字。

（杜泉）

【《冀鲁边抗日根据地史料选编》出版】 8月，山东省乐陵市委党史研究中心（市地方史志研究中心）、市冀鲁边区革命教育基地管理中心编纂的《冀鲁边抗日根据地史料选编》由山东齐鲁音像出版有限公司出版。周甄励、宋秀利主编。该书由综合文献、大事记拾遗、访谈录、回忆摘录、其他等5部分组成，收集冀鲁边抗日根据地相关史料共计87篇。全书33.6万字。

（杜泉）

【《郑州地情报告（2021）》出版】 12月，河南省郑州市史志办编纂的《郑州地情报告（2021）》由中国水利水电出版社出版。该书分为总报告、专题报告、调研报告三部分。总报告以加快郑州国家中心城市现代化建设，为中原更加出彩、中部地区崛起、黄河流域生态保护和高质量发展做出新的更大贡献为主题组织编纂，突出年度发展特点和亮点。专题报告由各供稿单位在年度工作报告的基础上围绕发展亮点选题编写，突出典型性和代表性，增加篇数，扩大史志资料覆盖面。调研报告广泛征集，结合市委、市政府中心工作和重点工作，由各供稿单位选题编写，深入调查研究，认真分析问题，对下一步工作提出意见建议，突出研究性和样本意义。全书40.2万字。

（徐德森）

【《汝瓷史》出版】 1月，河南省汝州市史志办编纂的《汝瓷史》由中州古籍出版社出版。于志峰主编。该书正文分4编16章，前有概述、后有参考文献、后记，为方便检索，前有目录、图版目录，后有索引、图版索引。《汝瓷史》是汝州市第一部汝瓷专题史，是一部融科学性、纪实性、资料性于一体的地情专著。该书按照历史时间顺序，多方位记述汝瓷的衍生、发展、恢复、仿制的过程，记述历史上汝瓷和全国各大窑口之间的交集或传承关系，客观分析当前国际陶瓷界对于汝瓷的各种学术观点，总结中华人民共和国成立以来广大科研工作者在艰苦的汝瓷研发过程中取得的成就，是一部研究汝瓷、保护传承汝瓷烧制技艺、发展汝瓷产业的参考书籍。全书65万字。

（徐德森）

【《汝州人文史话》出版】 5月，河南省汝州市史志办编纂的《汝州人文史话》由中州古籍出版社出版。于志峰主编。该书分为历史印记、风物揽胜和诗文荟萃三个部分。上篇为历史人文，分别叙述汝州九个主要历史时期的大事记、建置界域、历史人物、历史故事、传统农具、货币流通、民族服饰等内容；中篇为风物揽胜，分为文化遗产、名胜古迹和民风民俗三部分；下篇为诗文荟萃，主要包含汝州历史上的诗词题记、楹联榜文、谚语戏串、铭文碑帖、民间文学等内容。该书是一部全面系统记述汝州人类社会历史发展的资料性地情专著，内容涵盖量大，资料丰富，有利于传承和彰显汝州传统历史文化。全书35万字。

(徐德森)

【汝州《地标美食》出版】 5月，河南省汝州市史志办编纂的汝州美食专著《地标美食》由中州古籍出版社出版。于志峰主编。该书选取汝州手工绿豆粉皮、汝州素胡辣汤、汝州灌肠、死面锅盔、锅盔馍夹卤猪肉5个美食地标作为记述对象。编辑人员通过对汝州名吃经营商家的现场采访，收集到大量珍贵的一手资料，从历史渊源到制作技艺，从文化传承到名家名店，从用餐习惯到诗咏民谣，文字资料十分丰富充实。书中采用图片全部是现场拍摄，图文并茂，设计精美。全书5万字。

(徐德森)

【《南乐史话》出版】 6月，河南省南乐县史志办编纂的《南乐史话》由山东齐鲁音像出版有限公司出版。刘电波主编。该书对南乐县历史上的人物和事件、掌故钩沉索隐，条分缕析，展现大量已经消逝的历史风云，特别是唐、宋、元、明、清时期南乐县史乘有载的人物，是对丰富多彩的南乐县历史人文的第一次全面真实再现和系统梳理。全书50万字。

(徐德森)

【《百年濮阳县大事记》出版】 6月，河南省濮阳县史志办编纂的《百年濮阳县大事记》由山东齐鲁音像出版有限公司出版。李瑞明主编。该书全面记录濮阳县全县人民在百年征程中所取得的革命、建设、改革的伟大历史性成就；各项重大活动、重要事件和会议，各行各业涌现出可歌可泣的英雄、模范人物和先进单位等。全书21万字。

(徐德森)

【《西陵区要览》出版】 1月，湖北省文化和旅游厅编纂的《西陵区要览》由长江出版社出版。杨黎明、胡启主编。该书为"湖北要览丛书"之一，丛书编委会主任雷文洁。该书分西陵概貌、建置区划、自然环境、优势产业、名优特产、水利交通、科教卫体、文化艺术、文物名胜、民俗方言、重大事件、著名人物12大类，以条目形式介绍宜昌市西陵区的基本地情和地域特色。该书以《西陵区志》和各年度《西陵年鉴》为核心资料，突出展现西陵区总部楼宇产业和现代服务业优势。全书12.8万字。

(湖北省文化和旅游厅地方志工作处)

【《阳新县要览》出版】 1月，湖北省文化和旅游厅编纂的《阳新县要览》由长江出版社出版。张建设主编。该书为"湖北要览丛书"之一，丛书编委会主任雷文洁。该书分阳新概况、建置区划、自然环境、优势产业、名优特产、交通商贸、教育卫生、文化艺术、文物名胜、民俗方言、重大事件、著名人物12大类，以条目形式介绍黄石市阳新县的基本地情和地域特色。该书以两轮《阳新县志》和各年度《阳新年鉴》为核心资料，突出展现阳新县"百湖之县"和革命老区的特色。全书12.8万字。

(湖北省文化和旅游厅地方志工作处)

【《黄陂区要览》出版】 1月，湖北省文化和旅游厅编纂的《黄陂区要览》由长江出版社出版。颜学甫主编。该书为"湖北要览丛书"之一，丛书编委会主任雷文洁。该书分黄陂概貌、建置区划、自然环境、优势产业、名优特产、交通商贸、科教卫体、文化艺术、文物名胜、民俗方言、重大事件、著名人物12大类，以条目形式介绍武汉市黄陂区的基本地情和地域特色。该书以《黄陂区志》和各年度《黄陂年鉴》为核心资料，突出展现黄陂区的历史文化和生态旅游优势。全书9.9万字。

(湖北省文化和旅游厅地方志工作处)

【《沙市区要览》出版】 2月，湖北省文化和旅游厅编纂的《沙市区要览》由长江出版社出版。李刚主编。该书为"湖北要览丛书"之一，丛书编委会主任雷文洁。该书分沙市概貌、建置区划、自然环境、优势产业、名优特产、交通商贸、科教卫体、文化艺术、文物名胜、民俗方言、重大事件、著名人物12大类，以条目形式介绍荆州市沙市区的基本地情和地域特色。该书以《沙市区志》和各年度《沙市年鉴》为核心资料，突出展现沙市区工业和商业优势。全书12.8万字。

（湖北省文化和旅游厅地方志工作处）

【《伍家岗区要览》出版】 2月，湖北省文化和旅游厅编纂的《伍家岗区要览》由长江出版社出版。利清山主编。该书为"湖北要览丛书"之一，丛书编委会主任雷文洁。该书分伍家岗概貌、建置区划、自然环境、优势产业、名优特产、交通商贸、科教卫生、文化艺术、文物名胜、民俗方言、重大事件、著名人物12大类，以条目形式介绍宜昌市伍家岗区的基本地情和地域特色。该书以《伍家岗区志》和各年度《伍家岗年鉴》为核心资料，突出展现伍家岗区打造宜昌现代新城的特色。全书11万字。 （湖北省文化和旅游厅地方志工作处）

【《远安县要览》出版】 2月，湖北省文化和旅游厅编纂的《远安县要览》由长江出版社出版。陈祖波主编。该书为"湖北要览丛书"之一，丛书编委会主任雷文洁。该书分远安概貌、建置区划、自然环境、优势产业、名优特产、交通商贸、科教卫生、文化艺术、文物名胜、民俗方言、重大事件、著名人物12大类，以条目形式介绍宜昌市远安县的基本地情和地域特色。该书以两轮《远安县志》和各年度《远安年鉴》为核心资料，突出展现远安县绿色生态优势。全书12.8万字。

（湖北省文化和旅游厅地方志工作处）

【《来凤县要览》出版】 2月，湖北省文化和旅游厅编纂的《来凤县要览》由长江出版社出版。唐海泉主编。该书为"湖北要览丛书"之一，丛书编委会主任雷文洁。该书分来凤概貌、建置区划、自然环境、优势产业、名优特产、交通商贸、科教卫体、文化艺术、文物名胜、民俗方言、重大事件、著名人物12大类，以条目形式介绍恩施土家族苗族自治州来凤县的基本地情和地域特色。该书以两轮《来凤县志》和各年度《来凤年鉴》为核心资料，突出展现来凤"一脚踏三省"的地理位置和民族特色。全书10.2万字。

（湖北省文化和旅游厅地方志工作处）

【《谷城县要览》出版】 3月，湖北省文化和旅游厅编纂的《谷城县要览》由长江出版社出版。杨枫主编。该书为"湖北要览丛书"之一，丛书编委会主任雷文洁。该书分谷城概貌、建置区划、自然环境、优势产业、名优特产、交通商贸、科教卫体、文化艺术、文物名胜、民俗方言、重大事件、著名人物12大类，以条目形式介绍襄阳市谷城县的基本地情和地域特色。该书以两轮《谷城县志》和各年度《谷城年鉴》为核心资料，突出展现"银谷城"的特色。全书12.5万字。

（湖北省文化和旅游厅地方志工作处）

【《汉川市要览》出版】 3月，湖北省文化和旅游厅编纂的《汉川市要览》由长江出版社出版。余志平、张会平、余波、王长明主编。该书为"湖北要览丛书"之一，丛书编委会主任雷文洁。该书分汉川概貌、建置区划、自然环境、优势产业、名优特产、交通商贸、科教卫体、文化艺术、文物名胜、民俗方言、重大事件、著名人物12大类，以条目形式介绍孝感市汉川市的基本地情和地域特色。该书以《汉川县志》《汉川市志》和各年度《汉川年鉴》为参考资料，突出展现汉川经济强市的优势。全书9.9万字。

（湖北省文化和旅游厅地方志工作处）

【《孝南区要览》出版】 3月，湖北省文化和旅游厅编纂的《孝南区要览》由长江出版社出版。黄文星主编。该书为"湖北要览丛书"之一，丛书编委会主任雷文洁。该书分孝南概貌、建置区划、自然环境、优势产业、名优特产、交通商贸、科教卫生、文化艺术、文物名胜、民俗方言、重大事件、著名人物12大类，以条目形式介绍孝感市孝南区的基本地情和地域特色。该书以《孝南区志》和各年度《孝南年鉴》为核心资料，突出展现孝南区"中华孝文化名城""麻糖米酒之乡"的特色。全书12.8万字。

（湖北省文化和旅游厅地方志工作处）

【《郧阳区要览》出版】 6月，湖北省文化和旅游厅编纂的《郧阳区要览》由长江出版社出版。陈红梅、王涛、焦贵龙主编。该书为"湖北要览丛书"之一，丛书编委会主任雷文洁。该书分郧阳概貌、建置区划、自然环境、优势产业、名优特产、交通商贸、科教卫生、文化艺术、文物名胜、民俗方言、重大事件、著名人物12大类，以条目形式介绍十堰市郧阳区的基本地情和地域特色。该书以两轮《郧县志》和各年度《郧阳年鉴》为核心资料，突出展现郧阳区作为南水北调中线工程丹江口水库核心水源区的特点。全书11.1万字。

（湖北省文化和旅游厅地方志工作处）

【《利川市要览》出版】 6月，湖北省文化和旅游厅编纂的《利川市要览》由长江出版社出版。周恒国主编。该书为"湖北要览丛书"之一，丛书编委会主任雷文洁。该书分利川概貌、建置区划、自然环境、优势产业、名优特产、交通商贸、科教卫体、文化艺术、文物名胜、民俗生活、重大事件、著名人物12大类，以条目形式介绍恩施土家族苗族自治州利川市的基本地情和地域特色。该书以《利川县志》《利川市志》和各年度《利川年鉴》为核心资料，突出展现利川的巴楚文化和旅游资源。全书11.6万字。

（湖北省文化和旅游厅地方志工作处）

【《保康县要览》出版】 6月，湖北省文化和旅游厅编纂的《保康县要览》由长江出版社出版。张海林主编。该书为"湖北要览丛书"之一，丛书编委会主任雷文洁。该书分保康概貌、建置区划、自然环境、优势产业、名优特产、交通商贸、科教卫生、文化艺术、文物名胜、民俗方言、重大事件、著名人物12大类，以条目形式介绍襄阳市保康县的基本地情和地域特色。该书以两轮《保康县志》和各年度《保康年鉴》为核心资料，突出展现保康全山区县的特色。全书10.2万字。

（湖北省文化和旅游厅地方志工作处）

【《潜江市要览》出版】 7月，湖北省文化和旅游厅编纂的《潜江市要览》由长江出版社出版。刘家伟、李习文主编。该书为"湖北要览丛书"之一，丛书编委会主任雷文洁。该书分潜江概貌、建置区划、自然环境、水乡园林、优势产业、名优特产、交通商贸、教育卫体、文化艺术、文物名胜、民俗方言、重大事件、著名人物13大类，以条目形式介绍潜江市的基本地情和地域特色。该书以《潜江县志》《潜江市志》和各年度《潜江年鉴》为核心资料，突出展现潜江"水乡园林""中国小龙虾之乡"的特色。全书12.5万字。

（湖北省文化和旅游厅地方志工作处）

【《鄂州市要览》出版】 7月，湖北省文化和旅游厅编纂的《鄂州市要览》由长江出版社出版。杨又才主编。该书为"湖北要览丛书"之一，丛书编委会主任雷文洁。该书分鄂州概貌、建置区划、自然环境、优势产业、名优特产、交通商贸、科教卫生、文化艺术、文物名胜、民俗方言、重大事件、著名人物12大类，以条目形式介绍鄂州市的基本地情和地域特色。该书以光绪《武昌县志》《鄂州市志》和各年度《鄂州年鉴》为核心资料，突出展现鄂州作为"湖北之根，武昌之源"的历史文化。全书12.2万字。

（湖北省文化和旅游厅地方志工作处）

【《大冶市要览》出版】 7月，湖北省文化和旅游厅编纂的《大冶市要览》由长江出版社出版。李国强主编。该书为"湖北要览丛书"之一，丛书编委会主任雷文洁。该书分大冶概貌、建置区划、自然环境、优势产业、名优特产、交通商贸、教育卫生、文化艺术、文物名胜、民俗方言、重大事件、著名人物12大类，以条目形式介绍黄石市大冶市的基本地情和地域特色。该书以《大冶市志》和各年度《大冶年鉴》为核心资料，突出展现大冶的工业文化和经济优势。全书8.7万字。

（湖北省文化和旅游厅地方志工作处）

【《汉南区要览》出版】 7月，湖北省文化和旅游厅编纂的《汉南区要览》由长江出版社出版。易山伟主编。该书为"湖北要览丛书"之一，丛书编委会主任雷文洁。该书分汉南概貌、建置区划、自然环境、围垦与水利、优势产业、名优特产、交通商贸、科教卫体、文化艺术、文物名胜、民俗方言、重大事件、著名人物13大类，以条目形式介绍武汉市汉南区的基本地情和地域特色。该书以《汉南区志》和各年度《汉南年鉴》为核心资料，突出展现汉南由围垦农场发展成经济开发区的历史变迁。全书9.6万字。

（湖北省文化和旅游厅地方志工作处）

【《神农架林区要览》出版】 9月，湖北省文化和旅游厅编纂的《神农架林区要览》由长江出版社出版。易伟主编。该书为"湖北要览丛书"之一，丛书编委会主任雷文洁。该书分神农架概貌、建置区划、自然环境、优势产业、名优特产、交通商贸、科教卫生、文化艺术、文物名胜、民俗方言、重大事件、著名人物12大类，以条目形式介绍神农架林区的基本地情和地域特色。该书以《神农架志》《神农架林区志》和各年度《神农架年鉴》为核心资料，突出展现神农架的自然禀赋和旅游资源。全书9.6万字。

（湖北省文化和旅游厅地方志工作处）

【《江岸区要览》出版】 10月，湖北省文化和旅游厅编纂的《江岸区要览》由长江出版社出版。李爱华、周鹏主编。该书为"湖北要览丛书"之一，丛书编委会主任雷文洁。该书分江岸概貌、建置区划、自然环境、优势产业、名优特产、交通商贸、科教卫体、文化艺术、文物名胜、民俗方言、重大事件、著名人物12大类，以条目形式介绍江岸区的基本地情和地域特色。该书以《江岸区志》和各年度《江岸年鉴》为核心资料，突出展现江岸区的滨江文化。全书10.2万字。

（湖北省文化和旅游厅地方志工作处）

【《浠水县要览》出版】 10月，湖北省文化和旅游厅编纂的《浠水县要览》由长江出版社出版。李毅主编。该书为"湖北要览丛书"之一，丛书编委会主任雷文洁。该书分浠水概貌、建置区划、自然环境、优势产业、名优特产、交通商贸、科教卫生、文化艺术、文物名胜、民俗方言、重大事件、著名人物12大类，以条目形式介绍黄冈市浠水县的基本地情和地域特色。该书以两轮《浠水县志》和各年度《浠水年鉴》为核心资料，突出展现浠水县的农业特色。全书11.6万字。

（湖北省文化和旅游厅地方志工作处）

【《襄城区要览》出版】 10月，湖北省文化和旅游厅编纂的《襄城区要览》由长江出版社出版。朱峰主编。该书为"湖北要览丛书"之一，丛书编委会主任雷文洁。该书分襄城概貌、建置区划、自然环境、优势产业、名优特产、交通商贸、科教卫生、文化艺术、文物名胜、民俗方言、重大事件、著名人物12大类，以条目形式介绍襄阳市襄城区的基本地情和地域特色。该书以《襄城区志》和各年度《襄城年鉴》为核心资料，突出展现襄阳城悠久的历史文化。全书10.7万字。

（湖北省文化和旅游厅地方志工作处）

【《咸丰县要览》出版】 12月，湖北省文化和旅游厅编纂的《咸丰县要览》由长江出版社出版。魏荣主编。该书为"湖北要览丛书"

之一，丛书编委会主任雷文洁。该书分咸丰概貌、建置区划、自然环境、优势产业、名优特产、交通商贸、科教卫体、文化艺术、文物名胜、民俗方言、重大事件、著名人物12大类，以条目形式介绍恩施土家族苗族自治州咸丰县的基本地情和地域特色。该书以两轮《咸丰县志》和各年度《咸丰年鉴》为核心资料，突出展现咸丰县作为武陵山区、革命老区和民族地区的特色。全书12.2万字。

（湖北省文化和旅游厅地方志工作处）

【《荆州区要览》出版】 12月，湖北省文化和旅游厅编纂的《荆州区要览》由长江出版社出版。秦富明主编。该书为"湖北要览丛书"之一，丛书编委会主任雷文洁。该书分荆州概貌、建置区划、自然环境、优势产业、名优特产、交通商贸、科教卫生、文化艺术、文物名胜、民俗方言、重大事件、著名人物12大类，以条目形式介绍荆州市荆州区的基本地情和地域特色。该书以《荆州区志》和各年度《荆州区年鉴》为核心资料，突出展现荆州古城的历史文化特色。全书13.4万字。

（湖北省文化和旅游厅地方志工作处）

【《点军区要览》出版】 12月，湖北省文化和旅游厅编纂的《点军区要览》由长江出版社出版。赵启喜主编。该书为"湖北要览丛书"之一，丛书编委会主任雷文洁。该书分点军概貌、建置区划、自然环境、优势产业、名优特产、交通商贸、科教卫生、文化艺术、文物名胜、民俗方言、重大事件、著名人物12大类，以条目形式介绍宜昌市点军区的基本地情和地域特色。该书以《点军区志》和各年度《点军年鉴》为核心资料，突出展现点军作为滨江生态新城区的特色。全书10.8万字。

（湖北省文化和旅游厅地方志工作处）

【《西塞山区要览》出版】 12月，湖北省文化和旅游厅编纂的《西塞山区要览》由长江出版社出版。王海燕主编。该书为"湖北要览丛书"之一，丛书编委会主任雷文洁。该书分西塞山概貌、建置区划、自然环境、优势产业、名优特产、交通商贸、科教卫生、文化艺术、文物名胜、民俗方言、重大事件、著名人物12大类，以条目形式介绍黄石市西塞山区的基本地情和地域特色。该书以《西塞山区志》和各年度《西塞山年鉴》为核心资料，突出展现西塞山区作为中国民俗文化传承基地的特色。全书7万字。

（湖北省文化和旅游厅地方志工作处）

【《显正街记忆》出版】 11月，湖北省武汉市汉阳区档案馆（区史志研究中心）主编的《显正街记忆》由武汉出版社出版。麻建雄著。该书是一部关于汉阳古城正街显正街过往诸事的回忆之书，记录作者在1960年代至1970年代在显正街的所见所闻和现在的所思所想。全书分五大部分，包括老街流影、市井百图、大屋灯暖、母校春晖和遗迹寻踪，共40个篇章，每个篇章后附有资料链接。主要围绕柴米油盐、衣食住行、文化娱乐、街坊邻居、同学师长、风土人情、人文地理、建筑胜迹、古城风云、名人轶事及百年名铺诸方面，讲述城市的故事、老百姓的故事。书中的故事人物、社会生活，从多方面丰富和补充地方的史料，加上作者拍摄的显正街纪实照片，其中20幅独家照片是首次面世。全书50万字。

（武汉市志办）

【《武当山》画册出版】 8月，湖北省十堰市武当山旅游经济特区管委会编纂的《武当山》画册由九州出版社出版。武当山特区档案馆（特区史志研究中心）执行编纂。该画册分为问道武当、养生太极、五行太和三部分，摄影作品精选四届"中国武当国际摄影大展"的获奖作品，集中反映武当自然风光、古代建筑、武当武术、武当文物、养生文化，以及武当山近年来民宿经济发展、第四届国际道教论坛等内容。全书3万字。

（湖北省文化和旅游厅地方志工作处）

【《武当民间故事》出版】 9月，湖北省十堰市武当山旅游经济特区档案馆（特区史志研究中心）编纂的《武当民间故事》由湖北科学技术出版社出版。范学锋主编。华中师范大学民间文学专家、教授、博士生导师刘守华为该书作序。该书收录中国民间艺术家李征康、武当文化专家陶真典搜集整理的武当山区域的民间故事近180篇。全书30万字。

（湖北省文化和旅游厅地方志工作处）

【《英山民俗汇》出版】 11月，湖北省英山县档案馆（县史志研究中心）编纂的《英山民俗汇》由武汉出版社出版。方立主编。该书为章节体，分农耕习俗、工匠习俗、商贸与服务、交通运输、日常生活、婚育丧葬、民间技艺、宗教祭祀8章，收录老物件照片312幅，系统展现英山的民间文化和风土人情。全书19万字。

（湖北省文化和旅游厅地方志工作处）

【《万山红遍——百年大党的湖南征程》出版】 7月，湖南省地方志编纂院编纂的《万山红遍——百年大党的湖南征程》由东方出版社出版。江涌主编。全书分站起来、富起来和强起来3个篇章，下设17节，卷首设引言"湘江北去"，卷末附跋"看万山红遍听历史涛声"，封面及卷首配湖南省行政区划分界轮廓图、湘江水系图2幅地图，随文配149幅历史资料图片。该书全面、系统展示中国共产党领导下湖南的百年光辉历程，以宏大历史叙事方式和独特的视角、史诗的气韵，引领人们回顾历史、观照现实、展望未来。随书附有风琴折页，以小题材（一首诗、一幅画、一支歌等）切入，达到"每个故事都不负读者眼光"的目的。该书出版后，同版有声书在"学习强国"和"喜马拉雅"网站同步推出。该项目列入2021年度湖南省社科基金重大委托项目，结项鉴定等级为优秀。中共湖南省委党史学习教育领导小组办公室《党史学习教育简报》予以推介。全书21万字。

（隆清华）

【《年鉴里的新湖南——辉煌"十三五"》出版】 7月，湖南省地方志编纂院编纂的《年鉴里的新湖南——辉煌"十三五"》以《湖南年鉴》增刊形式出版。江涌主编。该书分为政治、经济、文化、社会、生态建设5篇，下设21章75节，总用图439幅。该书以《湖南年鉴》《湖南统计年鉴》等省级权威文献记载的2016年至2020年湖南经济社会发展的情况和数据为依托，述、记、图、表等体裁并用，图文并茂，概要反映湖南在"十三五"期间，以习近平新时代中国特色社会主义思想为指导，实施创新引领、开放崛起战略，建设富饶美丽幸福新湖南的发展历程和取得的辉煌成果。全书39万字。

（邓尧）

【《菁莪乐育——湖南育才学校百年风云人物散记》出版】 4月，湖南省长沙市地方志编纂室主编的《菁莪乐育——湖南育才学校百年风云人物散记》由湖南师范大学出版社出版。龚军辉著。该书主要记述湖南育才学校（现为湖南省益阳市九中）的办学历程，以及一百多年来该校的一些风云人物故事。该书通过人物线索回顾长沙近现代的教育历史，被誉为"民国长沙教育的生动侧影"。全书30万字。

（周建文）

【《刘崐与晚清著名历史人物》出版】 9月，湖南省长沙市地方志编纂室主编的《刘崐与晚清著名历史人物》由湖南师范大学出版社出版。龚军辉著。该书以晚清湖南巡抚刘崐为中心，用三篇九记的结构，借刘崐的视角去观察晚清近两百个著名历史人物，以史传体的形式记载、描绘其结交往来诸人物的独特个性、非凡经历和传奇逸事等，折射湖湘文化在晚清跌宕风云中的沉淀与嬗变，具有厚重的历史还原感和立体的场景剖析感。全书60万字。

（周建文）

【《历史芷江》丛书第三卷出版】 2月，湖南省芷江侗族自治县史志研究室、县党史联络组、芷江申报国家历史文化名城办公室编纂的

《历史芷江》丛书第三卷由团结出版社出版。丛书第三卷分8册，分别是《芷江史事》（曾岸著）、《偏沅巡抚》（刘楚才著）、《芷江留痕》（唐成云、张青松编著）、《沅州史话》（杨序凯著）、《芷江岁月》（张自元、唐成云、补发明编）、《五省总督史话》（蒲秀芳编著）、《芷江记忆》（唐成云编著）、《清末民初芷江留学及教育史录》（田均权编著）。丛书150万字。　　　　　（补发明）

【《广东省自然村落历史人文普查资料全集·全粤村情》（38册）出版】　年内，《广东省自然村落历史人文普查资料全集·全粤村情》（38册）出版。《全粤村情》是广东省自然村落历史人文普查重要成果，收录全省13.34万个自然村的历史人文情况，全书分设110卷、368册。年内出版的38册为：《全粤村情·广州市黄埔区卷》（广东人民出版社）、《全粤村情·广州市增城区卷（一）》（广东人民出版社）、《全粤村情·广东省深圳市福田区罗湖区南山区盐田区卷》（华南理工大学出版社）、《全粤村情·广东省深圳市龙岗区卷（一）》（华南理工大学出版社）、《全粤村情·广东省深圳市龙岗区卷（二）》（华南理工大学出版社）、《全粤村情·佛山市顺德区卷（二）》（广东人民出版社）、《全粤村情·佛山市高明区卷（一）》（广东人民出版社）、《全粤村情·佛山市高明区卷（二）》（广东人民出版社）、《全粤村情·佛山市三水区卷（二）》（广东人民出版社）、《全粤村情·韶关市乐昌市卷（四）》（华南理工大学出版社）、《全粤村情·河源市和平县卷》（方志出版社）、《全粤村情·梅州市梅县区卷（一）》（广东旅游出版社）、《全粤村情·梅州市平远县卷（一）》（广东旅游出版社）、《全粤村情·梅州市平远县卷（二）》（广东旅游出版社）、《全粤村情·江门市开平市卷（二）》（华南理工大学出版社）、《全粤村情·江门市开平市卷（三）》（华南理工大学出版社）、《全粤村情·江门市开平市卷（四）》（华南理工大学出版社）、《全粤村情·江门市开平市卷（六）》（华南理工大学出版社）、《全粤村情·江门市开平市卷（七）》（华南理工大学出版社）、《全粤村情·阳江市江城区卷（一）》（中华书局）、《全粤村情·阳江市江城区卷（二）》（中华书局）、《全粤村情·阳江市江城区卷（三）》（中华书局）、《全粤村情·阳江市阳东区卷（五）》（广东旅游出版社）、《全粤村情·阳江市阳春市卷（三）》（广东人民出版社）、《全粤村情·湛江市徐闻县卷（一）》（广东人民出版社）、《全粤村情·茂名市信宜市卷（一）》（华南理工大学出版社）、《全粤村情·茂名市信宜市卷（二）》（华南理工大学出版社）、《全粤村情·茂名市信宜市卷（三）》（华南理工大学出版社）、《全粤村情·茂名市信宜市卷（四）》（华南理工大学出版社）、《全粤村情·茂名市信宜市卷（五）》（华南理工大学出版社）、《全粤村情·茂名市信宜市卷（六）》（华南理工大学出版社）、《全粤村情·茂名市信宜市卷（七）》（华南理工大学出版社）、《全粤村情·清远市清城区卷（一）》（广东旅游出版社）、《全粤村情·清远市清城区卷（二）》（华南理工大学出版社）、《全粤村情·清远市英德市卷（一）》（广东人民出版社）、《全粤村情·清远市连州市卷（一）》（广东旅游出版社）、《全粤村情·潮州市饶平县卷（二）》（华南理工大学出版社）、《全粤村情·揭阳市揭阳空港经济区卷》（广东人民出版社）。各册收录相应区域内的自然村300个至500个，图文并茂地介绍各自然村的基本状况，包括村落名称、地理位置、自然环境、历史沿革、人口情况、生产经营、基础设施、传统建筑、文物遗址、风俗习惯、掌故传说、历史事件、主要人物、村落荣誉等内容。每册约100万字。　　　　　　　　（广东省志办）

【《广东乡村非遗》出版】　12月，广东省志办编纂的《广东乡村非遗》由华南理工大学出版社出版。全书共收录147个非遗项目，以国家级非遗项目为主，以全省具有典型性、代表性意义的省级非遗项目为补充。内容涉及民间文学、传统音乐、传统舞蹈、传统戏剧、曲艺、传统体育、游艺与杂技、传统美术、传统技艺、传统医药、民俗等，主要介绍这些项目的起源、流传区域、主要特征及相关村落。该书为"广东乡村集萃系列丛书"之一。全书49.5万字。

（广东省志办）

【《广东乡村美食》出版】 12月，广东省志办编纂的《广东乡村美食》由华南理工大学出版社出版。该书主要介绍在广东乡村广泛流传的156种特色美食，按佳肴、粥粉面饭、粿、籺、糍、粽子、糕点、饼等类别编排，每种美食一篇，主要内容包括美食简介及典故传说、主要做法、相关村落介绍等。该书为"广东乡村集萃系列丛书"之一。全书50万字。

（广东省志办）

【《韶关简史》出版】 9月，广东省韶关市志办主编的《韶关简史》由广东人民出版社出版。该书全面系统梳理韶关地区的重要历史事件和重要人物活动，提炼岭南古史源头、三省通衢商贸繁荣、文明交融之地、南方革命活动重要基地等韶关历史的四个地域文化特质，归纳总结韶关地区大约13万年前至1949年全境解放各历史时期的政治经济文化成就和社会面貌。全书46万字。 （广东省志办）

【《深圳大事记（1978—2020）》出版】 3月，广东省深圳市志办编纂的《深圳大事记（1978—2020）》由深圳报业集团出版社出版。该书收录43幅图片，反映深圳改革开放以来的大事、要事、新事、特事。全书52万字。

（广东省志办）

【《深圳市南山区革命老区发展史》出版】 6月，广东省深圳市南山区史志研究中心编纂的《深圳市南山区革命老区发展史》由广东人民出版社出版。该书设区域和革命老区概况、大革命时期与土地革命战争时期的南山、抗日战争中的南山、解放战争中的南山、中华人民共和国成立后南山经济社会建设、南山老区改革开放的巨大成就6章，下设23节，收录85幅照片、3个表格。该书全面记述南山区革命老区早年党组织活动和革命斗争历程，以及中华人民共和国成立后特别是改革开放后南山区经济社会发展成就。全书21万字。

（广东省志办）

【《龙岗革命遗址通览》出版】 6月，广东省深圳市龙岗区党史办公室编纂的《龙岗革命遗址通览》由华南理工大学出版社出版。该书记录深圳市龙岗区与革命遗址相关的史实、保护利用情况、现状等。该书记录的25处革命遗址，分重要机构遗址、重要革命活动遗址、秘密交通站遗址、重要战斗遗址、革命纪念设施5个部分编排。全书9.4万字。（广东省志办）

【《珠海驿道古今》出版】 5月，广东省珠海市志办编著的《珠海驿道古今》由羊城晚报出版社出版。郑安兴主编。该书分古道、名村、故里、胜迹、非遗、艺文、游径7个部分，全面系统记载珠海古驿道历史人文资源及保护利用现状。全书40万字。（广东省志办）

【《珠海市情（2021）》出版】 6月，广东省珠海市志办、珠海年鉴编辑中心编著的《珠海市情（2021）》由方志出版社出版。全书设概况、特区40年、珠澳合作、产业·科技、交通、文化、民生、公园之城、脱贫攻坚、新冠疫情防控、党建11个板块，以图表、照片为主的简约直观形式展现"十三五"时期发展成就、珠海数字2020、"十四五"规划三个部分，直观地呈现珠海的发展现状及愿景。全书4.4万字。 （广东省志办）

【《珠海村情》出版】 8月，广东省珠海市志办编纂的《珠海村情》由中州古籍出版社出版。郑安兴主编。该书汇集珠海461个自然村落历史人文状况，梳理每个自然村落的村情村况、经济发展、文化资源、乡贤名人，助力乡

村振兴战略。全书200万字。　（广东省志办）

【《佛山中医药简史》出版】　11月，广东省佛山市志办主持编纂的《佛山中医药简史》由中山大学出版社出版。陈凯佳、郑洪主编。该书设佛山中医药发展概说、古代的佛山中医药（上古至1840年）、近代的佛山中医药（1840—1949年）、中华人民共和国成立后的佛山中医药（1949—2020年）4章，记述佛山中医药起源、形成与发展过程。书后附佛山中医药大事编年表。全书44.5万字。

（广东省志办）

【《广府方言顺德话》出版】　11月，广东省佛山市顺德区档案馆（区志办、区委党史研究室）主编的《广府方言顺德话》由中山大学出版社出版。叶卉时著。该书阐述顺德话在广府方言中的地位，对顺德话在语音、声韵、分布和与广州话区别等方面进行概述，重点是对顺德话和广州话存在的声母差异、韵母差异和声调差异进行具体分析，对顺德话字音在名词性、连续、叠音词、谓词、句末语气助词、其他词性和句末字音等方面的变调进行详细研究，广泛收集顺德话有关名词性词语、动词、形容词、助词、叹词、否定词等众多特色词汇，同时对相关特色词语还进行释例，最后还概括顺德话的发展演变过程。全书33万字。

（广东省志办）

【《惠州红色文化百村》出版】　6月，广东省惠州市档案馆（市志办）主编的《惠州红色文化百村》由羊城晚报出版社出版。该书充分利用惠州市自然村落历史人文普查工作成果，吸收党史、档案等方面研究成果，回顾100个惠州乡村在中国共产党领导下曲折而光辉的革命历史，展现这些村庄近年来的发展建设成果及特有的民俗风情，旨在打造惠州乡村文化品牌，汇聚各方力量持续推进乡村实现更大发展，助力乡村振兴战略。全书34.3万字。

（广东省志办）

【《惠州改革开放史（1978—2018）》出版】　6月，广东省惠州市档案馆、市志办编纂的《惠州改革开放史（1978—2018）》由羊城晚报出版社出版。吴琦生主编。该书设5章，收录147幅图片，全面记述40年间惠州市以开放促改革、以改革促发展的伟大实践，以及在政治、经济、文化、社会、生态等方面取得的一系列发展成就。全书35.5万字。

（广东省志办）

【《中国国家人文地理·惠州》出版】　9月，广东省惠州市委宣传部组织编纂、市档案馆（市志办）编写的《中国国家人文地理·惠州》由中国地图出版社出版。该书全面展现惠州的自然条件、历史底蕴、人文宝藏、秀丽风光、发展成就、城市蓝图等。全书26.4万字。

（广东省志办）

【《中国国家人文地理·阳江》出版】　9月，广东省阳江市志办主编的《中国国家人文地理·阳江》由中国地图出版社出版。陈宝德等编著。该书设阳江名片、阳江概况、历史撷英、海洋文化、阳江名人、两阳山水、阳江风物、发展成就、城市蓝图9个部分。全书24万字。

（广东省志办）

【《清远家训》出版】　11月，广东省清远市史志办主编的《清远家训》由华南理工大学出版社出版。该书分上、下两篇，分别为家训选编和家训故事。上篇家训选编主要收录全市各地族谱家谱、祠堂碑刻等记载的族规族训、家规家训；下篇家训故事主要收录全市各地族谱家谱中记载的以及现实生活中与家训、家风、家教有关联的人物故事。全书11.8万字。

（广东省志办）

【《清城乡韵》出版】　1月，广东省清远市清城区志办编纂的《清城乡韵》由广东省地图出版社出版。蔡迟亮、朱健明主编。该书在2016年至2018年清远市清城区1807个自然村历史人文普查工作基础上，将普查成果进一步转化，选取具有代表性的158个村落，按特点分为传统村落、红色村落、美丽乡村、特色产业村、乡贤英烈村5个部分。全书70万字。

（广东省志办）

【《中山印记》出版】 11月，广东省中山市档案馆、市志办编纂的《中山印记》由广东人民出版社出版。陈岚主编。该书设红色印记、古城旧事、百业撷影、岁月足音4部分，收录19名文史、地方志、档案工作者的文章42篇，以文集方式讲述中山旧址新貌变迁、百行百业兴衰、民生岁月百态。该书收录历史图片、档案史料154件。全书18.7万字。

（广东省志办）

【《云浮通史（古代卷）》出版】 7月，广东省云浮市志办主持编纂的《云浮通史（古代卷）》由羊城晚报出版社出版。赖少雄著。该书记述云浮市行政区域自远古至鸦片战争前的历史，包括政治、经济、文化、社会和生态发展及其重大事件的过程。全书53万字。

（广东省志办）

【《广西图鉴（2020）》出版】 年内，广西壮族自治区志办主办、广西年鉴社编纂的《广西图鉴（2020）》由广西师范大学出版社出版。梁金荣主编。该卷图鉴共收录约1000幅图片，掠影式展现2019年度广西政治、经济、文化、社会、生态等方面的基本情况，忠实记录2019年度广西发生的大事要情、具有纪念意义的人物事件等，展现社会发展变化和文明进步。该卷图鉴对原刊的编写框架和体例进行改版提升，变6大板块为12个篇章，包括政治建设、深化改革、开放合作、区域经济·投资开发、转型升级·产业发展、农业农村、生态文明建设、社会事业、民族·民生、管理服务、和谐稳定、市县风采，每个篇章包括若干个专题。此次改版，改变原刊内容"全而不精"的做法，侧重展现关注度高、影响面广的12个重大社会领域；以专题形式辑录相关重要领域的图片，突出反映相关专题的最新进展情况。

（梁昕）

【《广西地名文化》出版】 6月，广西壮族自治区志办编著的《广西地名文化》由广西人民出版社出版。梁金荣、吴辉军等编著。该书以广西地名考释为切入点，分广西历史沿革、民族分布融合、古代交通、历史印记、经济发展、乡愁乡情6章，介绍广西一些地名的来历和演变。全书10万字。

（周珍朱）

【《乾江历史文化探略》出版】 年内，广西壮族自治区北海市志办编纂的《乾江历史文化探略》由云南人民出版社出版。冯心广主编。全书设7章32节，收录115幅图片，记述"千年古镇"乾江（今北海市合浦县乾江街社区和乾江村）的历史文物胜迹、百年教育、俊彦贤达、民俗文化等。全书20万字。

（周珍朱）

【《海南黎族苗族自治州史》出版】 9月，海南省委党史研究室（省志办）编纂的《海南黎族苗族自治州史》由海南出版社出版。该书分海南少数民族地区的解放与向社会主义过渡、自治州社会主义建设在探索中前进、自治州在"文化大革命"中的曲折发展、自治州的拨乱反正和改革开放的展开4篇，记载从1952年黎族苗族自治区成立至1987年黎族苗族自治州撤销，海南黎族苗族自治州存续的35年历史。这一时期，居住在自治州（区）境内的黎、苗、回、汉等各族人民，把一个昔日极为贫穷落后的荒蛮之地，建设成为初步繁荣的民族聚居地区。全书42万字。

（王凌云）

【《海南省情概览》出版】 11月，海南省委党史研究室（省志办）编纂的《海南省情概览》由南方出版社出版。毛志华主编。该书设省情序图、印象新海南、空间规划、自由贸易港、现代产业体系、重点功能平台、区域发展、海南2035规划、附录（投资服务电话）9个栏目，收录300多幅图片。该书瞄准海南自贸港开放形态、链接全球的区位优势和交通优势以及得天独厚的生态环境，围绕构建现代产业体系，聚焦11个重点园区和海南各市县不同区域的资源禀赋和特色优势，通过高清实景图片记录海南自贸港建设的风采和成就，展现海南自贸港顺利开局、蓬勃展开的全新气象，并采用二维码链接政策信息与联系方式，为投资者更好地了解海南提供指引。全书26.9万字。

（张东安）

【《重庆地情概览（英文版）》出版】 9月，重庆市志办主编的《重庆地情概览（英文版）》由重庆大学出版社出版。该书介绍重庆的自然禀赋、历史文化、民风民俗和社会发展，记录不同历史时期重庆人民生生不息奋斗的厚重历史，特别是在中国特色社会主义新时代向着中华民族伟大复兴"中国梦"奋勇前进的壮阔历程，是重庆首部全面展示历史、人文、地理的外文图书。全书设8章26节，编收图片148幅。全书41.9万字。 （陈欣如）

【《重庆市情概览（2021）》出版】 12月，重庆市志办编著的《重庆市情概览（2021）》由中国言实出版社出版。该书设特辑、政治建设、经济建设、文化建设、社会建设、生态文明建设、统计资料、附录8个部分，彩图32幅，简要记述2020年度重庆市经济、政治、文化、社会、生态文明等方面建设的基本内容。全书20.5万字。 （谢力新）

【《丹棱艺文志》出版】 8月，四川省丹棱县党史研究和地方志编纂中心主编的《丹棱艺文志》由团结出版社出版。赵强主编。该书在辑录历版丹棱旧志所载"艺文志"诗文基础上，新增1109篇与丹棱相关的诗词文章（诗词787首，文章322篇）和53条史志资料。该书收录史料对历版丹棱旧志的记载进行勘误，填补历版丹棱旧志地情资料的空白，大大丰富了历版丹棱旧志中"艺文志"内容，是一部丹棱地方文史资料书和地情资料书，也是眉山市首部县级艺文志书。全书105万字。 （朱丹）

【《四川抗战历史文献》"大事记卷""少数民族卷""亲历·亲见·亲闻资料卷"出版】 年内，四川省志办主编的《四川抗战历史文献》"大事记卷""少数民族卷""亲历、亲见、亲闻资料卷"由四川大学出版社出版。"四川抗战历史文献"系列丛书共11个分卷24册，约1200万字，是省级重点文化项目，旨在弘扬中华民族伟大的爱国主义精神、强化中华儿女的历史意识和历史记忆、丰富巴蜀文化的内涵及有效地保护利用抗战时期四川相关历史文献。"大事记卷"，由四川省政府参事室（省政府文史研究馆）承编。该卷所记述的历史事件，时间上自1931年、下至1945年，以1937年及以后为重点；地域范围包括当时的四川省、重庆市及西康省行政区。在资料选择上，坚持体现四川抗战全貌，既坚持政治原则，又重视史料价值，真实、完整地记载抗战时期四川行政区域的大事、要事。全书53.8万字。"少数民族卷"由王川承编。该卷所辑录历史文献，主要包括1931年至1945年在当时四川省（包括今四川省、重庆市）、西康省（1939年1月1日正式成立，其行政管理范围部分在原四川省区域内，1955年10月撤销）与民族事务相关的各类抗战历史文献。全书83.1万字。"亲历·亲见·亲闻资料卷"由四川省政协文史学习委承编。该卷分两辑，第一辑以出川作战的战场记述为主，即前方抗战；第二辑以川内后方支援的记述为主，包括征兵征粮、工农业生产、国防建设、文化教育以及远征军作战。全书用"亲历、亲见、亲闻"的第一手文史资料，以及翔实客观的历史文献，再现川军奋勇抗战、后方人民勤劳勇敢、各方人士众志成城的壮丽史实，展现四川军民在抗战中为中华民族做出的历史功绩。全书176万余字。

（朱丹）

【《新时代脱贫攻坚在四川》出版】 6月，四川省志办联合中共四川省直属机关工作委员会、省乡村振兴局，会同四川天府党务党建信息服务中心联合编纂的大型史志画册《新时代脱贫攻坚在四川》由四川人民出版社出版。画册收录图片1034幅，从旗帜引领、基础建设、新村新寨、百业竞业、全力保障、生态扶贫、合力攻坚、大爱无疆、感恩奋进、先锋模范10个方面，全方位、多视角、立体式展现新时代四川脱贫攻坚波澜壮阔的历程，形象记录四川脱贫攻坚取得的突出成就与重要经验，热情讴歌四川人民奋发进取的时代精神，充分彰显中国特色社会主义制度的巨大优越性。千余幅真实生动的图片，汇聚成一幅恢宏的历史画卷，展示四川人民对美好生活的向往，记录巴蜀儿女的奋斗足迹，堪称大国战"贫"中的四川篇。全书90.3万字。 （朱丹）

【《生命至上——四川抗击新冠肺炎疫情实录》出版】 12月，四川省政府新闻办公室、省志办编纂的《生命至上——四川抗击新冠肺炎疫情实录》由方志出版社出版。李晓骏、陈建春主编。该书从组织指挥、疫情防控、援助湖北、复工复产、舆论宣传、战"疫"文化、英雄礼赞、附录8个方面，全景式记录四川抗疫的生动实践。全书127万字。 （朱丹）

【《蜀韵纪事（第二辑）》出版】 12月，四川省志办编撰的《蜀韵纪事（第二辑）》由新华出版社出版。该书分上、下两册，从2019年度"方志四川"微信公众号发布的近3000篇文章中精选整合，去粗取精选取编辑243篇，分为巴蜀文脉源远流长、地载千古奇秀川上、风流人物毓秀流芳、城市记忆印象四川、蜀尚游乐古今不绝、古镇村落乡音情切、邹鲁遗风非遗匠心、民风民俗百态千姿、特产风物千古不绝9个板块，从政治、经济、社会、文化、自然等多方面，展现四川独具魅力的人文特色。全书92万字。 （朱丹）

【《天府大儒魏了翁》出版】 12月，四川省成都市志办主编的《天府大儒魏了翁》由开明出版社出版。蒲江县史志办、魏了翁研究会著。该书注重"乡土故事"发掘，对魏了翁在蜀地留下的纪事诗文进行详细释读；注重"论世知人"，结合家族谱牒、学派源流、历史遗迹全面反映魏了翁的生平事迹，突出作为天府大儒、理学宗师的历史地位与世界影响力；注重"名人效应"放大，在深入详细记述人、地关系的同时，展示蒲江县优越的地理环境、厚重的历史积淀与鲜明的人文特色。全书32.6万字。 （朱丹）

【《武侯街巷》出版】 3月，四川省成都市武侯区志办编纂的《武侯街巷》由成都时代出版社出版。该书分武侯区建置沿革、浆洗街街道、望江路街道、火车南站街道、玉林街道、红牌楼街道、晋阳街道、机投桥街道、簇锦街道、华兴街道、簇桥街道、金花桥街道、城市主干道13章，其中每个街道分特色街巷、其他街巷和已消失街巷。该书阐述武侯区内的街巷命名缘由、历史变迁以及所承载的逸闻趣事和文化因子。资料收集较广泛，既有古籍记载，也有坊间传说，还有现代特色街区情况介绍，同时补充完善随着城市建设消失却有丰富文化记忆的街巷资料。收录图片125幅，全书12万字。 （朱丹）

【《春风繁华——百年金街春熙路》出版】 1月，四川省成都市锦江区志办主编的《春风繁华——百年金街春熙路》由四川科学技术出版社出版。成都市志办、锦江区志办、锦江区春熙路街道办事处联合编著。该书设千年商都、百年金街、街巷名胜、名人足迹、逸闻趣事、今日春熙、大事记、锦江诗词选8个板块，全面系统诠释春熙路的前世今生。全书42万字。 （朱丹）

【《出入文殊院》出版】 8月，四川省成都市青羊区志办编纂的《出入文殊院》由团结出版社出版。向仕才主编。该书对文殊院相关建筑、民俗、文化、宗教、人居生活展开立体记述，回顾现代文创产业发展历程，真实展现文殊院及文殊坊片区历史文化和社会生活本源，挖掘根植其中的人文历史和文化特质。全书设6篇，配170幅图片。全书30万字。 （朱丹）

【《方志成华》第五辑出版】 12月，四川省成都市成华区志办编纂的《方志成华》第五辑由新华出版社出版。全书分烈火燎原、克传弓冶、班荆道故、旁求博考、茹古涵今5篇，通过对亲历者的实录研究，记录老东郊工业发展的变迁，让人们铭记和传承艰苦奋斗、勇于奉献、开拓进取、自强不息的"东郊精神"，同时也为成都、四川乃至中国工业发展研究提供史料实证。全书20万字。 （朱丹）

【《郫都乡愁》出版】 11月，四川省成都市郫都区史志办编纂的《郫都乡愁》由成都时代出版社出版。桂学文主编。该书从乡誉、乡贤、乡里、乡俗、乡语、乡礼、乡趣、乡味、乡事、乡学10个方面寻找郫都特有的乡愁。该书配有30幅手绘图和一些将要失传的物件图片，图文并茂地向读者讲述叫卖声里、童谣里、神奇传说里、名人故里的郫都乡愁。全书20万字。 （朱丹）

【《遇见·新津》出版】 4月，四川省成都市新津区志办主编的《遇见·新津》由中国科学文化出版社出版。该书分为遇见一座城、千古通衢门、江郊多胜迹、劝君且徐行4个板块，分别从厚重的历史、优越的区位、多彩的文化、秀美的山川4个维度，采用图文并茂的方式，对新津做了较为系统的记述。全书10万字。 （朱丹）

【《彭州·三国遗韵》出版】 9月，四川省成都市志办、彭州市志办、彭州市社科联共同编纂的《彭州·三国遗韵》由成都时代出版社出版。苏志福主编。该书通过认真梳理、调研采风和反复研讨，完整呈现了彭州的三国文化。全书20万字。 （朱丹）

【《彭州民俗》出版】 9月，四川省成都市志办、彭州市志办编纂的《彭州民俗》由成都时代出版社出版。刘波、刘兰考主编。该书通过前辈口述、参考史料等方式收集资料，采用文字与手绘图片相结合的形式，生动有趣地向人们介绍彭州的地方民俗文化。该书丰富了彭州地域民俗文化，也为非遗工作提供资料参考，是现在及以后人们了解彭州历史民俗文化的重要资料。全书22.1万字。 （朱丹）

【《夹关记忆》出版】 1月，四川省成都市志办、邛崃市志办、邛崃市夹关镇政府编纂的《夹关记忆》由四川民族出版社出版。肖庆主编。该书以夹关镇的历史沿革为经线，民风民俗、风物遗存、地域特色、人物故事、特色产业为纬线，全面介绍夹关镇的过往今来。该书形式上采用图文互动的方式，通过大量精美的图片，将其所包含的历史文化信息、自然景观、民俗风情原汁原味地再现于读者面前。全书25万字。 （朱丹）

【《百家百年》出版】 8月，四川省成都市志办、邛崃市委组织部、邛崃市志办编纂的《百家百年》由四川民族出版社出版。该书以家庭为立足点，以口述史的形式，由中国共产党成立100周年以来100个邛崃普通家庭的亲历、亲见、亲闻资料汇编而成，通过家庭的变迁来反映时代的巨变，向党的百年华诞献礼。该书社会剖面广泛，所选人物涵盖教坛杏林、渔樵耕读、文苑艺圃等各个领域；地域特色明显，口述者或生于邛崃，或长于邛崃，或在邛崃成家立业，无不从自身或家庭的成长轨迹出发；生活细节宏富，如实描绘邛崃百年发展历程的壮丽画卷；思想内涵深远，口述文章真实生动地反映100年来邛崃在城乡发展、改革创新、基础设施建设等各个方面发生的翻天覆地变化和发展历程。全书38万字。 （朱丹）

【《新津记忆》出版】 11月，四川省成都市志办和成都市新津区志办主编的《新津记忆》由四川师范大学电子出版社出版。该书由南河往事、人物风华、五津风物、史海钩沉4个板块组成，收文22篇，配图照115幅。全书从慈善、文艺、民俗、文物、移民文化、人物先贤、重大历史事件等方面，深入挖掘新津的人文内涵，并对岳田氏节孝坊、新津与五津的关系等历史问题进行严谨考证。全书内容尊重史实，条理清晰、逻辑严密、语言通俗易懂，兼具学术性和可读性，方便更多人读懂新津历史、传承优秀地方文化。全书18.3万字。

（朱丹）

【《绵阳水情》出版】 9月，四川省绵阳市地方志编纂中心编纂的《绵阳水情》（上、下）由四川大学出版社出版。该书主要记述绵阳市境内涪江水系的自然地理风貌，涪江干流及其主要支流流域地区的人文历史。全书以涪江与绵阳城市发展的关系为主题，分"悠悠涪水情"和"水兴富乐城"两大板块，通过对河流水系、城镇关隘、码头渡口、涪江航运、水利工程等方面历史与现状的梳理、挖掘和阐述，展现绵阳市境内涪江流域美丽的自然风光和厚重的人文历史。全书12.8万字。 （朱丹）

【《内江市脱贫攻坚亲历者口述实录》出版】 12月，四川省内江市委党史地方志研究室主编的《内江市脱贫攻坚亲历者口述实录》由开明出版社出版。申福建主编。该书按市级、县（市、区）级排列，分为内江市亲历者、援助凉山州亲历者、援助阿坝州亲历者、附录四部分。该书采用第一人称叙述，以口述者亲历感受为内容，编辑基本遵循口述者的身份和语言习惯，每篇口述资料插入1—5幅相关图片。全书32万字。 （朱丹）

【《内江市东兴区革命老区发展史》出版】 7月，四川省内江市东兴区革命老区建设促进会、中共内江市东兴区委党史地方志研究室主编的《内江市东兴区革命老区发展史》由四川美术出版社出版。李运书、陈敏、廖镜林、刘尚元、陈巨硬、蓝代发等编（著）。该书记录革命老区新民主主义革命时期、社会主义革命和建设时期、改革开放和社会主义现代化建设新时期以及中国特色社会主义新时代的光辉历史和辉煌成就。全书40.5万字。 （朱丹）

【《雅安市红色旅游指南》出版】 7月，四川省雅安市地方志编纂中心主编的《雅安市红色旅游指南》由四川科学技术出版社出版。该书以图文结合的方式，集中收录雅安市范围内中国工农红军第一、第四方面军长征、"5·12"汶川特大地震、"4·20"芦山强烈地震抗震救灾等方面的重要遗址遗迹和相关纪念设施等红色旅游景点；生动反映雅安红色旅游景点和精品旅游线路中涉及的重大历史事件和感人故事，并注重将红色旅游景点和周边优美自然风光，独具雅安特色的汉文化、茶文化、大熊猫文化、少数民族文化等历史人文旅游资源进行有机衔接；推荐一些当地美食特产，把雅安"红绿相融"的旅游资源完整地呈现给读者，让读者在参观红色景点的同时，也能欣赏到周边的自然美景和历史文化古迹，既呈现红色旅游"寓教于游"的特征，也具备一般旅游"吃、住、行、游、购、娱"的基本功能。全书46.5万字。 （朱丹）

【《元庆史话》出版】 10月，贵州省修文县六广镇元庆村村委会编纂的《元庆史话》由团结出版社出版。胡光胤主编。该书设元庆典故、传统拾遗、古今乡贤、山村抒怀4个篇章，卷首设序、前言、元庆村基本情况，附录含元庆村大学生名单、元庆村历任村支委负责人名单、元庆村大事记、元庆村历次公益行动捐资摘录。全书含史话故事47个，散文诗歌作品13个。该书是在元庆村巩固脱贫攻坚成果与乡村振兴有效衔接，落实乡村文化振兴之机，在贵州省散文学会的支持下，在修文县志办的指导下启动编写的。史话通过讲述古军屯、"预言"洞、剿匪英雄故事、乡村建设等事迹，展示修文县一个特色乡村的来龙去脉、人文风情等。全书15万字。 （张文建）

【《赤水文书》出版】 6月，贵州省赤水市志办编纂的《赤水文书》由中国文化出版社出版。刘国松、苏林富整理。该书收录的民间文书以清、民国时期的契约为主，仅有明代地契一份，文书内容完整。为保持部分地契形成后交易过程的完整性，收录清代、民国的契尾、新契、新买契、验契注册证、附加税契费凭单、卖契本契、契税罚款收据、卖契税收据、卖契、卖契纳税凭单等。该书按照土地买卖、山林买卖、房屋买卖、租佃田土、租佃房屋、典当、借贷、婚姻、继承（分关）、过继、捐赠、货物、调解分类，根据文书产生的时间先后顺序、不同类的档案编号排列。该书收录赤水河流域现存民间文书，为赤水市档案馆珍藏精品，内容形式多样，具有较为系统性、完整性的特点。全书29.3万字。　　（张文建）

【《极简云南史——值得传颂的三十个云南故事》出版】　8月，云南省志办编纂的《极简云南史——值得传颂的三十个云南故事》由方志出版社出版。杨建林、赵增昆主编。该书内容从庄蹻王滇开始，讲到民国时期，包括云南历史大事时间轴和30个历史故事，由古滇王国、诸葛亮、郑和、吴三桂、钱南园、滇越铁路、中国远征军、西南联大等故事组成，以人物串、以故事传，寻找各个历史时期的典型人物，从人物故事入手，带出人物所在时代的历史。作为通识类读本，极简史的定位不在"高、大、全"，而在"既有料，又有趣"。全书21.2万字。　　（云南省志办）

【《云南省情卡片（2021）》出版】　9月，云南省志办编纂的《云南省情卡片（2021）》由方志出版社出版。杨建林、赵增昆主编。该书包括总体省情、历史省情、自然省情、经济省情、文化省情、社会省情、未来省情7个方面内容。全书6.5万字。　　（云南省志办）

【《咸阳市民俗志》出版】　6月，陕西省咸阳市地方志编委会编纂的《咸阳市民俗志》由陕西人民出版社出版。该书收录112幅彩色图片、近300幅黑白插图，从生产民俗、生活民俗、人生礼仪、岁时节令、信仰民俗、社会民俗、手工技艺、娱乐民俗、民间文艺和方言10个方面内容，以图文并茂的形式，全面系统挖掘梳理咸阳辖区的民俗文化现象及发展变化情况，立体式反映咸阳市民俗文化的历史渊源与基本面貌。全书67万字。　　（陕西省志办）

【《延安饮食小记》出版】　9月，陕西省延安市地方志编纂中心编纂的《延安饮食小记》由三秦出版社出版。霍志宏著。该书为"延安地情资料丛书"之一种。共收集记录陕北炖羊肉、剁荞面、洋芋擦擦、和杂面、抿节、油糕、煎饼、凉粉等近百种独具特色的延安地方小吃。全书20万字。　　（陕西省志办）

【《汉中记忆》出版】　11月，陕西省汉中市志办编纂的《汉中记忆》由西安出版社出版。马世明主编。该书为"汉中地情丛书"之一种。该书分历史记忆、诗书记忆、人物记忆、山川记忆、城乡记忆、人文记忆、时代记忆7大板块，从汉水考源到栈道话古、陕南民俗概观，从秦岭吉祥鸟朱鹮到谢村黄酒、巴山佳茗，从两汉三国文化资源到川陕革命根据地红军故事、疫情防治纪实，从疥疙洞旧石器文化、《史记》、张骞到"十三五"追赶超越，收录记述汉中自然人文历史发展的文章89篇。全书47万字。　　（陕西省志办）

【《宁陕县革命老区发展史（1935—2019）》出版】　10月，陕西省宁陕县老区建设促进会、县档案史志局编纂的《宁陕县革命老区发展史（1935—2019）》由三秦出版社出版。刘丁一主编。该书设县情、红军在宁陕、星火正燎原、中原突围战、解放换新天、百废初兴路、改革起宏图、脱贫添锦绣、青山伴忠骨、附录10章。书首设彩页、总序、序、目录，书末附编后记。该书以相关历史文献、档案、遗址、遗迹及当事人回忆、讲述为基础，以中华人民共和国成立后历年统计资料、党政文件和会议纪要、记录为依据，经过梳理核实纂辑，详尽记载革命战争年代中国共产党领导的革命武装、党政组织在宁陕浴血斗争及宁陕人民奋不顾身参与和支持革命的红色史实，真实记录宁陕解放以后七十多年特别是改革开放四十多年来和在脱贫攻坚中所取得的辉煌成就以及展现出来的翻天覆地的变化。全书25.6万字。　　（陕西省志办）

【《安宁高校概览》出版】 12月，甘肃省兰州市安宁区志办编纂的《安宁高校概览》由甘肃民族出版社出版。王梅主编。该书对驻区各大学和省级科研单位创建过程（历史沿革）、办学宗旨、院条、学科设立以及教学设施、师资队伍等情况作简略介绍；对各高校、学院发表的学术论文、专著名称和数量，以及科研项目名称，获得的国家、省、部级科研成果奖项也作以简要介绍。该书还收集整理辑入各校历届校长名录、校（院）徽、校风及校训等。全书34万字。

（贾婉妮）

【《新疆生产建设兵团抗击新冠肺炎疫情纪实》出版】 10月，新疆生产建设兵团党委党史研究室编纂的《新疆生产建设兵团抗击新冠肺炎疫情纪实》由新疆生产建设兵团出版社出版。陈旭主编。该书设综述、战"疫"先锋、战"疫"故事、战"疫"报道、战"疫"实录、战"疫"访谈、战"疫"述评、战"疫"之歌、名录、文献、大事记11个专题，选用图片62幅。书中所收录的宣传报道内容均来自《人民日报》《兵团日报》《湖北日报》等报刊刊登的文章，所收录的部分文献为首次公开发表。全书65万字。

（王兴鹏）

【《第一师阿拉尔市大事记（2005—2020）》出版】 9月，新疆生产建设兵团第一师阿拉尔市史志办编纂的《第一师阿拉尔市大事记（2005—2020）》由中国书籍出版社出版。王小强主编。该书是2005年编纂出版的《农一师阿拉尔市大事记（1949—2004）》的续编，主要记述2005年至2020年第一师阿拉尔市政治、经济、文化、社会等各项建设的大事、要事。全书38万字。

（第一师阿拉尔市史志办）

· 信息咨询与服务

【北京史志宣传月活动】 5月至7月，北京市委党史研究室、市志办组织全市党史和地方志系统开展以"共享伟大荣光共铸复兴伟业——庆祝中国共产党百年华诞"为主题的史志宣传月活动，策划实施宣讲、理论研讨、专栏专刊、影音视频等14个板块159个重点项目，293家单位参与，受众达1600余万人次，为社会提供文字和有声读物2.73万册（本、套）。

（刘慧）

【北京市方志馆举办5期京华讲坛】 年内，北京市方志馆品牌活动——京华讲坛继续开展，举办"北京城市史上的若干重要问题""北京大运河的演变与遗产保护应用""清代京城的粮食供应与管理政策"等5期，重点围绕历史视野下北京老城和大运河的发展变迁，为观众提供从国家治理、文明赓续的角度理解历史文化名城和三个文化带保护传承利用的新视野。

（北京市方志馆）

【《北京年鉴》资源的开发利用】 年内，北京市委党史研究室、市志办拓宽《北京年鉴》服务渠道，增强服务功能，增强年鉴资源的开发利用。为编写《北京脱贫攻坚大事记》《中国共产党北京市委执政纪事（2017—2019）》提供资料和图片；为北京市方志馆"年鉴北京"专题展提供资料和图片，并就展览大纲和布展等提出意见，为人民群众提供喜闻乐见的文化产品，讲好北京历史故事，助力全国文化中心建设。

（北京年鉴社）

【北京市朝阳区设置档案方志角】 6月9日，北京市朝阳区志办在"国际档案馆日"活动期间设置档案方志角，播放《中国名村影像志·高碑店村》等纪录片，展出全区档案方志编研成果，同时面向社会全面征集朝阳区抗击新冠肺炎疫情档案资料。活动期间，邀请高碑店乡高碑店西社区和高井村等市民和群众参观系列展览地方志宣传展板，赠送志鉴书籍和《北京地方志》杂志、《朝阳兰台》报等，宣传地方志，扩大地方志工作的影响力和辐射面。

（姜原）

【北京市昌平区开展地方志开发利用工作】 年内，北京市昌平区志办统筹推进地方志开发利用工作。完成资料年报工作，分类收集区内地情资料，向市委党史研究室、市志办报送电子资料22本（份），并寄送纸质资料。梳理昌平区地方志工作成果及相关信息，包括综合年鉴，专业志（部门志）、镇（街道）志、村志及其他地情书编纂情况，新媒体建设情况及人员机构配置情况等，形成统计表，按时上报。为北京市方志馆举办展览核对文字脚本，提供图片资料。为昌平区回天地区展览展示中心提供东小口、回龙观地区建设相关地方志材料，为昌平区文旅局、延寿镇、崔村镇等单位提供铁壁寺相关史志资料。为昌平区委宣传部提供扶贫大事记和"爱上昌平"历史文化展览提供资料，与北京市密云区、顺义区、大兴区、门头沟区，湖北省宜昌市、河北师范大学等开展志书交流活动。 　　　（李楠）

【北京市志办指导大兴区史志办史志资料室建设】　年内，北京市委党史研究室、市志办多次实地指导、协助大兴区史志办史志资料室建设。该室总面积70余平方米，藏书近万册，主要以大兴地情、党史和地方志类书刊为主，约占60%，工具书、各类百科、人物传记、人文地理、古籍等约占40%；档案资料配备密集架，存有资料1000余卷，其中100余个拆迁村资料近500卷；收藏系统整理的第一轮志书、第二轮志书等修志资料以及各类会议文件、规划、调研、口述资料、回忆录等2000余万字。
　　　　　　　　　　　　　　（北京市志办）

【大型生态人文纪录片《海河》播出】　12月，天津市档案馆（市志办）与天津广播电视台合作拍摄的大型生态人文纪录片《海河》在天津广播电视台科教频道播出。该纪录片共6集，每集完整时长约50分钟，分天、地、人、水、路、城6个主题，拍摄地点覆盖天津、北京、河北、山东、河南、山西、内蒙古等省（区、市），从生态与人文多视角切入，展示以京津冀为中心的海河流域的沧桑巨变、自然风光与历史文化的深厚底蕴，以大历史观的角度，呈现海河流域开发、治理、发展的辉煌成就与广阔前景，凸显天津兼容并包、中西结合的城市风情与人民的热情、勇敢、拼搏进取的精神面貌，切实体现习近平总书记关于人与自然和谐共生、文明在互鉴中发展、京津冀协同发展和"一带一路"建设等指示精神。该纪录片筹备、脚本撰写和镜头画面，参考、引用大量方志、地情类专著内容，如《天津府志》《重修天津府志》《天津长芦盐业志》《天津通志·交通志》《天津通志·港口志》《天津通志·附志·租界》等，是对天津城市和海河发展变迁繁荣脉络的一次集中呈现，具有很强的历史文化价值和现实意义。 　　　　（王若潆）

【"我为群众办实事"天津方志在行动】　年内，天津市、区地方志工作机构大力开展"我为群众办实事"实践活动，通过召开座谈会、征求意见会、设置征求意见箱、网上征求意见等多种方式形成动态化"群众诉求清单"，与共建社区、基层党支部开展"支部联基层，书记当先锋"实践活动和结对帮扶活动，提升方志利用服务保障水平。市志办和滨海新区、南开区、红桥区、北辰区、宁河区、蓟州区等地方志工作机构向社区、农村、企业等基层单位赠送史志、年鉴书籍资料，宝坻区挖掘利用"三辣"生产、水稻栽培等史志资料，助力全面推进乡村振兴战略。 　　　（吕永辰）

【山西省开展"党史方志图书进基层"活动】　5月，中共山西省委党史研究院（省地方志研究院）启动"党史方志图书进基层"活动。截至年底，向全省公共图书馆、学校、机关、企业、农村、社区和军营等300余家单位赠送党史方志图书7.4万册，为各地各部门开展党史学习教育提供重要补充素材。　（山西省地方志研究院）

【内蒙古开展地方志进公共图书馆活动】　11月26日，内蒙古自治区地方志研究室在内蒙古图书馆举行"地方志进公共图书馆"捐赠仪式，捐赠志书68种，其中自治区志23种，盟市、旗县（市区）志45种。内蒙古图书馆专门开辟地方志书阅览区，方便广大群众读志用志，为党史学习教育成果转化为文化惠民提供有效途径。

（董丽娜）

【内蒙古开展地方志进军营活动】 12月8日，内蒙古自治区地方志研究室与内蒙古军区举行"地方志进军营"捐赠仪式，捐赠志书57种，其中自治区志23种，盟市、旗县（市区）志34种。内蒙古军区组织官兵开展读志用志活动，学习利用好方志文化成果，进一步增强官兵文化自信。

（董丽娜）

【抚顺市开发利用地方志资源】 年内，辽宁省抚顺市志办为抚顺银行、市环保局、抚顺军分区、丹东市抗美援朝纪念馆等单位提供年鉴、市志及市情相关资料，累计服务超过20次。为市委宣传部整理"辽宁名人录"抚顺名人100人的事迹、抚顺"一五"以来工业成就等资料，累计提供文字8万字，图片30余幅。为抚顺市政府网提供抚顺概况等信息，内容涉及30个栏目，总文字量10万字。为"不忘初心 牢记使命 抚顺市庆祝中国共产党成立100周年主题图片展"提供图片、文字资料，累计图片300余幅、文字1万余字。

（李系光）

【丹东市利用方志资料做好服务工作】 年内，辽宁省丹东市志办为制定《丹东国土空间总体规划》《丹东市全域旅游发展总体规划》《丹东市"十四五"旅游业发展规划》提供地情资料和数据，为长城国家文化公园（丹东段）项目建设提供参考资料，为中国黄（渤）海候鸟栖息地辽宁丹东鸭绿江口候鸟栖息地申遗工作提供地情材料佐证依据，为丹东农产品申请国家地理标志认证提供证明资料，为中国第二批民主人士北上协商建国登陆地点考证工作提供文史资料和专家意见。按照市委宣传部要求，完成辽宁省"纪录小康工程"数据库大事记上传5175条。

（卜俊丽）

【辽阳市为有关部门提供地方志书和资料】 年内，辽宁省辽阳市志办发挥方志资料优势，为有关领导和相关部门提供服务。为新到任的市领导提供辽阳志书和年鉴，为市委宣传部提供有关"小康社会建设"方面的资料，为市委组织部、市应急局提供有关自然灾害方面的资料，为延安市地方志编纂中心提供辽阳籍在延安工作的老同志资料，为市水利局提供志书、年鉴资料。

（张晓蕾）

【铁岭市为有关部门提供志鉴资料】 年内，辽宁省铁岭市志办为市市场监督管理局、市招商服务中心、市国资委、市军分区等有关部门提供志书和年鉴等地方志资料，并配合其完成相关工作，发挥志书、年鉴的资政功能。定期将最新出版的志书、年鉴送至市档案馆、市图书馆等单位，发挥存史价值。

（赵丹）

【"长春，以共和国的名义"展览举办】 年内，吉林省长春市地方志编委会为庆祝中国共产党成立100周年，举办"长春，以共和国的名义"展览。该展览设21块展板，图片近200幅，展现长春市发展历史及取得的重大成就。该展览先后在市委市政府办公楼和市方志馆展出。

（崔玉恺）

【哈尔滨市庆祝中国共产党成立100周年专题图片展举办】 6月29日至7月12日，黑龙江省哈尔滨市委史志研究室主办的"百年奋斗史 光辉耀冰城——庆祝中国共产党成立100周年专题图片展"在哈尔滨市党政办公区开展。该展览通过100块展板、1200余幅珍贵的历史图片，用家乡事教育家乡人，突出哈尔滨地方党史的特色，展现百年来中国共产党团结领导哈尔滨人民浴血奋战、艰苦创业、砥砺奋进的光辉历程。100余家市直机关单位4000余人次观展。

（边清山）

【《哈尔滨史志讲堂》播出】 年内，黑龙江省哈尔滨市委史志研究室和哈尔滨广播电视台在哈尔滨广播电视台新闻综合频道继续联合推出《哈尔滨史志讲堂》栏目。该栏目推出《赵尚志：从哈尔滨走出的抗日英雄》《哈尔滨四市合一探究》《邓洁民与东华学校》《地下交通员薛雯》《"牵牛坊"往事》《陈为人在哈尔滨》《红色交通员张宗伟》《哈尔滨解放初期的青年运动和青干校》《陈龙在哈尔滨》《哈尔滨南下干部》10期讲堂,每集时长20分钟,并同步在《哈尔滨新闻》微信公众号、哈尔滨史志网推介,成为全省史志系统品牌栏目。

(魏思阳)

【哈尔滨市史志育人面对面宣讲】 年内,为庆祝中国共产党成立100周年,哈尔滨市委史志研究室"史志育人面对面"宣讲队到部分市直机关、区县(市)、街道社区、大中院校进行哈尔滨地方党史知识和历史文化宣讲19场,直接受众超5000人次,服务全市党史学习教育走深走实走心。宣讲团成员以"传承红色基因,铭记最可爱的人""英名传青史,忠魂驻冰城——抗日民族英雄李兆麟的故事"为题参加市委宣传部等部门组织的"童心向党 党的光辉照我心"主题宣讲节目录制,面向全市青少年开展党史宣传,教育引导青少年牢记革命历史、立志为国奋斗。 (魏思阳)

【大型文献纪录片《红雪飞扬——百年红色哈尔滨》播出】 年内,黑龙江省哈尔滨市委史志研究室与市委组织部、市委宣传部、哈尔滨广播电视台联合拍摄制作10集大型文献纪录片《红雪飞扬——百年红色哈尔滨》。该片通过《革命洗礼》《先驱足迹》《壮志酬国》《青年先锋》《吹响号角》《后方基地》《南下洪流》《政协启航》《阡陌守望》《砥砺前行》10个部分的讲述,展现中国共产党领导哈尔滨人民进行革命、建设、改革开放取得的辉煌成就。6月26日起,该片在哈尔滨广播电视台新闻综合频道陆续播出,每天一集。 (魏思阳)

【上海市"建党100年四史100讲"播出】 年内,上海市志办和上海通志馆共同策划制作地方志沪语音频节目"建党100年四史100讲"。该节目根据中国共产党百年历史确定10个主题,每个主题10个故事,推出100辑音频,每辑音频约10分钟。从2020年7月1日开始正式上线,在阿基米德音频客户端和学习强国上海学习平台等同步播出,每周定期更新2辑至2021年7月1日。 (王师师 陈畅)

【上海市"志鉴中的红色乡愁——2021年杨浦区518地方志法规宣传主题展"举办】 5月18日至6月18日,上海市志办、杨浦区政府指导,杨浦区委宣传部、区志办等主办,国歌展示馆承办的上海市"志鉴中的红色乡愁——2021年杨浦区518地方志法规宣传主题展"举办。该展由志载初心、鉴往知来和图说百年3个部分组成,通过2个展示橱窗和50块展板组成的展板墙,以志书、年鉴记录党史的形式,展现中国共产党在杨浦的红色印记。 (范锐超)

【江苏首批100个红色地名公布】 6月3日,江苏省民政厅、省委党史工作办公室、省文化和旅游厅、省退役军人事务厅、省志办等联合召开新闻发布会,对外发布江苏省首批100个红色地名。此次征集推荐按照"3个为主、一个兼顾"的原则,即时间方面以新民主主义革命时期为主,人物方面以党的领导人和为中华人民共和国成立作出突出贡献的英雄模范人物为主,影响方面以具有第一性、唯一性和广泛知晓度的地名为主,争取做到兼顾地区平衡。发布的100个红色地名中,按类别分共有村落区片18个、纪念地和建筑物76个、山河湖岛6个,按年代分有新民主主义革命时期88个、社会主义建设时期4个、改革开放时期8个。 (武文明)

【江苏省志办与南通大学签订战略合作协议】 6月3日,江苏省志办与南通大学举行共建签约暨捐赠图书仪式。江苏省政府副秘书长、办公厅主任、参事室主任谢润盛出席仪式并讲话。江苏省志办党组书记、主任左健伟,南通市副市长王洪涛,南通大学党委书记浦玉忠、副校长蒋乃华出席活动。谢润盛代表省政府对战略合作协议的签订表示祝贺。双方代表签署省志办与南通大学战略合作框架协议,将在地方志学科建设、理论研究、资源开发利用、方志文化推广等方面深化战略合作。省志办与南通大学合作共建方志研究院，联合开展以"弘扬张謇精神，传承江海文化"为主题的相关研究。双方合建方志研究院在全省高校中属首创，将为人民群众提供更高水准的方志文化产品。南通大学图书馆加入江苏省方志馆联盟，共同打造区域特色文化品牌。双方共同为方志研究院和江苏省方志馆联盟揭牌。省志办向南通大学捐赠《生命至上：江苏抗击新冠肺炎疫情实录》《长江历史图谱》《江苏历代方志全书》《江苏艺文志》和《乾隆江南通志》（点校）等史志书籍。省志办有关处室（社、馆）、省地方志学会、南通市志办负责人，南通大学相关部门、学院负责人和师生代表参加活动。

（武文明）

【江苏地方志系统参加第十一届江苏书展】 7月7日至11日，江苏省政府主办的第十一届江苏书展在苏州国际博览中心主展场举行。省志办组织全省地方志系统设立"方志江苏馆"，对全省近年来编纂出版的1500多部优秀成果进行集中展陈。举办6场新书推介研讨活动，发布《苏州对口支援西藏志》《苏州对口支援新疆志》《南通乡村影像志》《苏州市相城区20年发展图志》、苏州市吴中区《东山镇志》、徐州市贾汪区潘安湖街道《马庄村志》、扬州市广陵区曲江街道《文昌花园社区志》等7部地方志书和《贞石——南京栖霞地区历代碑刻集成》，多角度多形式展现江苏高水平全面建成小康社会，交出"强富美高"新江苏建设小康答卷的壮丽图景。组织情景剧"方志少年说"、文化展演"大哉运河——方志文献和当代方志人丹青视点"、"走进'苏作'、感悟江南"现场分享会和南京的金箔，徐州新沂柳编，南通剪纸、面塑，扬州雕版印刷、泰州泥塑等10多场展演展示，让读者多方面感受方志文化的博大精深。"方志中的'红色记忆'——常州红色故事宣讲会"，面塑、泥塑、雕版、柳编等文化展演，将红色元素融入非遗文化，生动诠释伟大建党精神和共产党人的精神谱系。新华网、学习强国等10多家新闻媒体通过全媒体形式对"方志江苏馆"进行宣传报道，推送新闻报道90多篇。

（武文明）

【首届"方志江苏"作者年会举行】 12月23日，江苏省志办在南京举行2021年"方志江苏"作者年会。来自高校的专家学者，全省各地的文史爱好者、作协会员、退休老同志，市、县（市、区）地方志系统的代表等数十位作者齐聚一堂，共同为"方志江苏"政务新媒体创新发展和方志文化宣传建言献策。

（武文明）

【江苏省志办与主流媒体合作】 截至年底，江苏省志办参与中央电视台的影像志制作，《中国影像方志》系列播出江苏23个县（市、区）。全国第一部中国名村影像志《江村·开弦弓村》在央视和新华社客户端播出。与交汇点合作"江苏方志大讲堂"，与江苏新闻广播合作"方志江苏"微信公众号专题音频，与《扬子晚报》合作推广"方志江苏"微信公众号文史文章，进一步扩大地方志的影响力。人民网、新华网、《光明日报》、学习强国等媒体推送江苏地方志工作宣传报道200余篇。

（武文明）

【江苏省方志馆开辟学生方志教育"第二课堂"】 年内，江苏省方志馆向社会招募10名"小讲解员"进行专业讲解培训，并录制视频。暑假期间，为致敬中国共产党成立100周年，组织开展"红色编程""红色故事会""红色绘画"3场主题活动。全年举办10期周末常规活动，2场"方志小课堂"，为学生介绍地方志的基本知识；举办2场"小讲解员"招募活动，通过理论指导和实践体验，帮助学生在学习方志文化过程中，锻炼口语表达能力，增强自信心和沟通能力，提高综合素质；举办1场读书会，共读《生命至上：江苏抗击新冠肺炎疫情实录》，回顾抗疫历程，致敬抗疫英雄；举办1场红色故事会，为学生讲述抗日小英雄马金牛的故事；举办4场非遗体验活动，邀请非遗传承人讲授剪纸、绳结等传统技艺，让学生切身感受非遗文化的独特魅力。3月，省方志馆与南京外国语学校签署共建校外课程教育基地协议，创建了省方志馆首个与中学合作共建的教育基地。　（沈萌澈）

【江苏省方志馆被列入省级爱国主义教育基地】　9月，江苏省方志馆被省委宣传部列为省级爱国主义教育基地。年内，先后有省科协国际交流中心、省血液中心、省气候中心等单位，三江学院、江苏开放大学等高校，以及中国邮电器材集团江苏分公司、国家能源集团科学技术研究院等国有企业的党员干部来馆开展主题教育和党日活动。通过讲解省情知识和历史文化知识，阅读党史书籍，重温百年来党领导人民坚守初心牢记使命、艰苦卓绝开拓前行的峥嵘岁月与光辉历程，激发广大党员干部热爱祖国、热爱家乡的情怀。　（沈萌澈）

【江苏省地方志学会开展社会科学普及工作】　年内，江苏省地方志学会与文史专家学者合作，用最新研究成果和智慧更好为社会科学普及和方志文化推广服务。利用"方志大讲堂""方志江苏"微信公众号及《江苏地方志》期刊等平台，刊登"水润江南""江苏地名溯源"等文化专题文章；省地方志学会和邬进分别被江苏省社会科学普及工作联席会议评为《江苏省社会科学普及促进条例》实施工作成绩显著单位和个人。　（邬进）

【南京方志大讲堂举办8场】　年内，南京方志大讲堂举办8场，单场传播量近百万人次。南京方志大讲堂自2021年3月开讲，每月一次。邀请邱新立、胡阿祥等文史专家，在六朝博物馆、石头城、莫愁湖、甘熙故居、栖霞山等历史文化地标，通过授课访谈、现场介绍等，讲授南京故事，传播南京地情文化。大讲堂通过音频录制、网络云直播、短视频等形式，借助新华网、交汇点、学习强国等媒体再传播，使方志文化及时便捷地送达大众。　（武文明）

【《掌上无锡（2021）》改版】　年内，江苏省无锡市档案史志馆确定年鉴视角、鲜活人文、精彩当下、清新表达、现代呈现、实用好看的定位，对《无锡市情》进行从内容到形式的全方位改版，编纂成《掌上无锡（2021）》。全新改版的《掌上无锡》，相比沿用20多年的《无锡市情》，实现四个方面的重大变化。一是改变书名，体现其便携性。二是改变框架和内容，设置卷首（含四季无锡、城市名片、文化象征等）、无锡概貌、历史文化、经济发展、开发园区、旅游休闲、社会事业、人民生活8个部分，大幅删减各部门工作内容，增设基础地情和特色亮点工作，成为活化了的地情手册。三是改变版式，每页均配有精美照片，图文并茂，可读性强。四是改变文字，采用中英文对照，更有利于对外宣传推介和招商引资，更好地服务于经济社会发展的大局。　（李海宏）

【江阴市档案史志馆打造地方志类"红色书屋"】　年内，江苏省江阴市档案史志馆利用自身优质资源，打造江阴市地方志类"红色书屋"——志澄书屋，为公众提供江阴地方志、党史、地情、档案四大类书籍，供市民学习查阅。利用志澄书屋，联合江阴市融媒体中心开展"小记者"实践活动，联合市教育局开展小学生学习地方史活动；结合街道志发行，联合"书香江阴"全民阅读活动举办读书会，结合时事热点搞好小型展览带动书屋人气。与江阴市美术协会和摄影协会举办"她的表情"江阴市女艺术家书法、美术、摄影展，与市委宣传部联合举办"辉煌百年路"中国共产党江阴历史主题展览。　（武文明）

【"百年记忆·徐州党史主题展"举办】　6月至12月，江苏省徐州市史志办联合市委宣传部、市地铁集团共同举办"百年记忆·徐州党史主题展"。展览以"百年记忆"为主题，分徐州建党、烽火徐州、徐州抗战、徐州解放、徐州新生、徐州改革、文化徐州、生态徐州、腾飞徐州等11个板块，以图、文、视频等形式系统梳理展示徐州党史文献史料和200余幅历史图片，首次全方位、多角度地展示徐州这片红色革命热土百年激荡的建党史。展览地点选取人流密集的徐州地铁1号、3号线换乘站（徐州火车站）和绿地东方影院作为主展区，把固定展和流动展相结合，将主题展引向社区、学校、企业。展览设计新颖，立足新时代，运用新技术，打造"沉浸互动式"学习体验。通过200多幅历史图片图表，辅以灯箱、LED大屏等传播载体，结合"电视播、电台广、终端传、现场展、专家讲"等传播形式，营造"党的盛典、人民的节日"的社会氛围，吸引党员干部群众200余万人次观展。　　（武文明）

【方志系列片《沛县方志印记》摄制播出】 6月，江苏省沛县志办开展方志系列片《沛县方志印记》拍摄制作工作，开展影音方志、全媒体方志工作尝试，从历史传承、汉文化故事、运河风物、湖团文化、红色征程、社会事业6个方面的视角，深入挖掘、整理、展现沛县发展奋斗历程和风土人情。系列片设计36个专题，计划2年内全部完成收集、整理、制作、推出工作。至12月，《帝王之乡的汉画像石》《歌风台、歌风碑的迁徙与探源》等陆续在沛县无线、有线台新闻频道、生活频道，以及手机客户端沛县发布、活力充沛、沛县方志等平台上播出。　　（武文明）

【苏州市方志文化进姑苏】 11月3日，江苏省苏州市方志文化送书送课走进姑苏区，将176组5200多册志书、地情读物送进姑苏区新时代文明实践所、站，实现全覆盖。苏州市志办向吴门桥街道赠送方志文库。市志办、苏州新城投资公司、姑苏区委宣传部就结对共建新时代文明实践文化服务平台工作进行签约，依托现有资源和平台，活化活用方志资源，开展群众性公共文化、江南文化以及苏州方志地情文化等方面的宣传、服务和学术研讨活动。
　　（武文明）

【"海棠花红·志鉴先锋"苏州方志文化大讲堂举办】 年内，江苏省苏州市志办发挥"海棠花红·志鉴先锋"党建品牌效应，与各县区地方志工作机构联动，开展以党史学习教育为主题的方志文化"六进"工程，将志书、年鉴、地情书等送进机关、企业、农村、社区、学校、军营等。党员志愿者到苏州市方志馆各分馆、各县市区镇村史馆送课，走进张家港市、常熟市、吴江区，向当地镇、村史馆赠送《苏州市志》《苏州志略》等方志地情书籍，举办地情文化讲座。　　（武文明）

【中共南通地方史展电视馆正式上线】 9月29日，江苏省南通市委党史办、江苏有线南通分公司联合组织的中共南通地方史展电视馆上线启动仪式举行。主要展出南通市委党史办公室、江苏有线南通分公司联合发布的《百年历程与辉煌——中共南通地方史展》数字电视版，在南通数字电视本地页面推出。《百年历程与辉煌——中共南通地方史展》以中国共产党在南通波澜壮阔的奋斗历程为主线，分为革命、建设、改革、复兴4个篇章，以图文视频的形式，集中展示百年来南通人民在党的领导下所走过的艰辛历程和取得的辉煌成就。中共南通地方史展电视馆用现代信息技术让南通市民实现"云"上观展、"云"上打卡，方便市民足不出户了解党史、学习党史，感受党的百年创造、百年风华，更加坚定地感党恩、听党话、跟党走，是响应习近平总书记系列重要讲话精神，深入开展"我为群众办实事"主题实践活动的具体行动。　　（李海宏）

【连云港市"山海书谭·文史讲堂"系列讲座举办】 7月至10月，江苏省连云港市志办与市图书馆在市图书馆五楼共享书房，共同举办9场"山海书谭·文史讲堂"系列讲座，《连云港通史》编写组专家任主讲嘉宾，以时间为轴线，从先秦到共和国，系统梳理、挖掘、研究人文历史，保护、利用文化遗产，讲座结合交流研讨，弘扬地方文化，讲好新时代的港城故事，让港城文史爱好者、港城人民全方位、深层次了解连云港厚重的地域文化,增强文化自信,助力连云港"高质发展,后发先至"。地方文化专家、学者、文史爱好者500余人次聆听。　　　　　　　　　　　（武文明）

【连云港市首家村级史志书驿揭牌】　6月17日,江苏省连云港市首家村级史志书驿在海州区浦南镇江浦村揭牌。揭牌仪式上,江苏省志办副主任牟国义代表省市两级志办向江浦村赠送首轮《江苏省志》《连云港市志》《连云港抗战志》《连云港援疆建设志》《连云港年鉴》《中共连云港地方史》(第一卷、第二卷)等史志书籍。揭牌活动是连云港市志办史志文化"六进"活动之一,也是开展学党史为民办实事系列活动之一。（李海宏）

【淮安市"志在淮上"地情文化讲坛举办】　年内,江苏省淮安市志办结合党史学习教育活动和"我为群众办实事"活动,打造"志在淮上"地情文化讲坛。结合市委、市政府重点项目大运河"百里画廊"建设工程,推出淮安大运河文化主题讲座,深入挖掘大运河淮安段文化内涵,为市委、市政府重大决策部署提供智力支持和方志智慧;结合全市"青春留淮"引才计划,为江苏省大学生青年马克思主义者培养工程培训班学员开设淮安地情文化专题讲座,在淮阴工学院、江苏财经职业技术学院举办地情文化讲座,讲述淮安的前世与今生,探究淮安的文化和美好,助力人才招引;结合"世界美食之都"申创、全国文明城市复审等重点工作,与市政府办合力联动,在社区开设地情文化讲座,讲述身边的人和故事。"志在淮上"地情文化讲坛活动全年累计开办10场,听众覆盖面累计近4000人次,形成品牌效应。　　　　　（武文明）

【"记忆泰州"书房开馆】　4月21日,江苏省泰州市史志办开设、市图书馆共同管理的"记忆泰州"书房举行开馆仪式,正式对外开放。"记忆泰州"书房坐落于泰州凤凰东路79-1号,建筑面积300余平方米,藏书1万余册,是江苏省第一家以城市记忆为主题的城市书房,也是由地方志部门开设的第一个城市书房。书房内配备有自助借还设备,与市图书馆图书通借通还。读者可自行办理图书出借、归还、续借手续,便利市民的阅读需求。书房开放时间长16小时,从早上7点至晚上11点,最大限度方便阅读。图书以泰州地方历史为特色,致力于让更多市民了解江苏和泰州历史地情文化,并为专业人员开展研究提供阅览服务。书房具备读书功能,同时承载阅读推广、主题活动、交流平台等多种功能;定期举办记忆泰州讲坛,包括微型方志讲座、革命、建设、改革、新时代各个历史的文化沙龙,开展各种小型互动活动,弘扬地情文化,传承红色基因。　　　　　　　　　　　（武文明）

【"泰州记忆讲堂"开讲】　12月22日,江苏省泰州市史志办打造的"泰州记忆讲堂"正式开讲。首讲在市档案馆开讲,靖江市博物馆副馆长朱苏钢讲授"江海文化浅谈——兼论靖江历史文化"。"泰州记忆讲堂"系列讲座,打造以记忆为主题的特色文化品牌,由泰州著名的专家、学者及对泰州历史文化、红色文化、档案文化有研究的爱好者,走进景点、学校、社区等地,为广大市民讲述泰州历史、红色文化、档案文化,以文化为魂,提升市民文化自信。
　　　　　　　　　　　　　　（武文明）

【嘉兴开展地方文化咨询服务】　年内,浙江省嘉兴市地方志系统服务全市庆祝建党百年活动和党史学习教育等,为"重走一大路"之"一条铁路·一座城市"主题展提供方案和资料;协助打造王洪合革命事迹展陈馆、红色转角湾党性教育基地和海北工委展览馆等一批具有本地特色和影响力的红色阵地;为鸳湖旅馆和兰溪会馆重建提供意见建议,提供区域沿革资料;加强与长三角城市地方志机构及高校院所的交流合作,为国家方志馆江南分馆展陈大纲提出意见建议,参加分馆启动推进会和"志说江南·2021苏州圆桌会议";服务乡村振兴战略和农村文化礼堂建设。　（嘉兴市地方志编纂室）

【福建省首家"畲家少年红色书屋"成立】
12月，福建省地方志学会与中共三明市委党史和地方志研究室在永安市青水畲族乡民族中心小学建立全省首家"畲家少年红色书屋"。这是"党史方志书屋"在少数民族地区的延伸，有助于传承红色基因，推动乡村文化振兴，促进素质教育。　　（福建省地方志学会）

【宁德市推出10条主题党日活动线路】　年内，福建省宁德市委党史和地方志研究室探索红色资源线路化，在全市筛选确定重要革命遗址遗迹和党史学习教育参观点81个，将点串成10条线路，连线成网。联合市委办公室、市直机关工委编印《"传承红色基因，走出闽东特色乡村振兴之路"主题党日活动线路指导手册》，为全市各级党组织开展主题党日活动提供指导。同时在20余个网站发布推广10条线路，首次通过网络公开招募方式，组建市县两级10支队伍，分别按照10条线路进行线下实地体验。吸引市内外上千个基层党组织在宁德开展主题党日活动，助力乡村振兴。配套编撰《悠远地方志仙韵路下乡》《悠远地方志耕读黄柏乡》等画册，推介当年地委学习中心组读书班场景、乡村农耕文化等内容。（蔡晨晖）

【《烽火西竹岔》微电影开播】　10月1日，福建省柘荣县委党史和地方志研究室联合县委宣传部、县文旅局等单位制作的红色微电影——《烽火西竹岔》开播。西竹岔战斗是闽东独立师成立以后与国民党正规军进行的最大一次阵地战，微电影以"西竹岔战斗"为创作背景，讲述以烽仔为代表的红军战士和以火娃为代表的当地群众鱼水情深的感人故事，重现闽东独立师英勇顽强的战斗情景。　　　　　　　　　　（蔡晨晖）

【江西省地方志系统提供信息咨询与服务】
年内，江西省各级地方志工作机构围绕党委、政府工作大局，提供信息咨询服务。南昌市史志办参与《南昌历史文化名城保护规划（2020—2035）》编制工作，为提高南昌历史文化名城保护工作出谋划策。九江史志办参加九江市申报国家历史文化名城文本《九江历史文化价值与特色研究》审核修改工作。永修县史志办编辑出版《遇见吴城》，为打造吴城候鸟小镇提供资料参考。共青城市史志办编印《档案里的共青城——重要报刊文章选编》，成为市委理论中心组学习和党史学习教育的重要读本。修水县史志办协助漫江乡党委政府打造宁红茶茶码头、茶市古街、茶文化公园等宁红古镇体验区。德安县史志办为《德安地名志》等书提供史料，助力塘山辣椒、爱民花生、聂桥葡萄等一批特色农产品申报国家地理标志。庐山市史志办编写《致敬庐山》，为大庐山旅游发展规划、庐山市旅游新区发展规划编制和南康古城修复规划编制提供翔实资料。芦溪县史志办围绕全县创建"世界电瓷之都"目标，提供电瓷发展相关史料。赣州市地方志研究室为编写《赣州市兵要地志》、赣南引进香猪情况、赣南脐橙申报国家地理标志产品提供资料依据。　　　　　（黄诗惠）

【青岛市市北区捐赠党史史志资料】　11月，山东省青岛市市北区委党史研究中心（区地方史志研究中心）向青岛市图书馆捐赠其编纂的系列图书11种、33册。双方约定将发挥各自在文史资料研究编纂与地方文献保护收藏方面的优势，持续深入合作，传承历史、有益当代、惠及后世，共同推动青岛地方文化的发展。　　　　　　　　　　　（杜泉）

【东营市东营区提供革命斗争资料】　9月，山东省东营市东营区委党史研究中心（区地方史志研究中心）向区人武部提供东营区抗日战争和解放战争时期有关历史资料。1984年东营区建区后，东营区党史、史志、文史部门注重搜集、挖掘、整理和研究东营区革命斗争史，整理出《抗日战争和解放战争时期东营区党史大事记》，出版《党史风云》《清河区抗战史》《岳拙园》《东营区老照片》（1—5辑）等一系列记述抗日战争和解放战争时期东营区红色革命斗争历史和英雄人物

的专著。　　　　　　　　　　（杜泉）

【潍坊市开展"党史史志成果进校园"等活动】 6月至7月，山东省潍坊市委党史研究院（市地方史志研究院）开展"党史史志成果进校园""党史史志成果进企业""党史史志成果进军营"活动，向山东信息技术学院、潍柴动力股份有限公司、潍坊市军分区、赠送《潍坊改革开放实录》《潍坊市志》等史志书籍。
　　　　　　　　　　　　　　（杜泉）

【济宁市向社区、学校赠送党史史志书籍】 11月，山东省济宁市委党史研究院（市地方史志研究院）向任城区阜桥街道贤路街社区、济宁第八中学赠送党史史志书籍，赠送《中共济宁简史》《中国共产党济宁市组织史资料》《济宁市志》《济宁大事记》等史志图书100余册，作为社区党组织开展党史学习教育、普及市情概貌的重要参考资料；向济宁第八中学师生赠送《济宁革命斗争故事连环画》100余套。　　　　　　　　　（杜泉）

【菏泽市开展"我为群众办实事——党史史志书籍捐赠"活动】 4月，山东省菏泽市委党史研究院（市地方史志研究院）到包联乡镇定陶区冉堌镇开展"我为群众办实事——党史史志书籍捐赠"活动，向冉堌镇党委、镇政府赠送近年来编研出版的《改革开放实录》《红色印记》《忠魂》《菏泽市志》《菏泽地区志》《牡丹志》等党史史志书籍200余册。市委党史研究院（市地方史志研究院）鼓励冉堌镇依托国道便捷的交通优势，挖掘冉子文化，讲好冉子故事，打造冉子故里名片。　　　（杜泉）

【菏泽市牡丹区提供史料服务】 8月，山东省菏泽市牡丹区林业局工作人员到牡丹区委史研究中心（区地方史志研究中心），查找关于牡丹区古树名木的历史记载。区委党史研究中心（区地方史志研究中心）工作人员积极协助查找史料，提供《菏泽市志（1840—1985）》《牡丹区志（1986—2005）》等地情资料，为资料中有关木瓜、柿树等古树名木的调查认定工作提供佐证。　　　（杜泉）

【河南省提供史志信息咨询与服务】 年内，河南省史志办支持鼓励各单位编写地情资料，指导《河南军事地理志河南卷》（复审稿）、《小浪底水利枢纽志》、《石漫滩水库志》、《人民胜利渠志》、《河南省国土资源志》、《白龟山水库志》、《固始县水利志》、《洛阳水文志》等编写工作，参加《中国共产党洛阳历史（第二卷）》评审。　　　　　　　　　　（张凯）

【河南省史志办开展方志文化"六进"活动】 年内，河南省史志办发挥地方志工作"存史、育人、资政"的作用，持续推进方志文化"六进"活动。3月，向省委办公厅、省政府办公厅、省人大常委会办公厅、省纪委监委、省公安厅、省体育局、省国资委等70余家省直单位赠送首轮《河南省志》第13卷《共产党志》2850余本，以实际行动践行史志部门的使命和担当，为全省党史学习教育添彩助力。4月14日、6月17日、11月5日，省史志办先后向河南大学、平顶山学院、郑州师范学院捐赠大型方志文献《河南省历代方志集成》。　（张新）

【济源市开展《地方志工作条例》颁布实施15周年宣传活动】 5月18日，河南省济源市史志办开展《地方志工作条例》颁布实施第15周年纪念宣传活动。济源市史志办全体人员到沁园路小游园通过摆设板报、悬挂横幅、发放宣传彩页等形式向广大市民介绍《地方志工作条例》、济源市情及济源修志编鉴工作成果。
　　　　　　　　　　　　　　（王颖）

【庆祝建党百年纪念文献《武汉百年瞬间》系列成果推出】 年内，湖北省武汉市志办策划编纂庆祝建党百年纪念文献《武汉百年瞬间》，配图700多幅，100万字，记述建党百年来武汉城市发展中具有重要意义的重大历史事件，反映武汉百年沧桑巨变。以此为基础，联合武汉交通广播推出"武汉百年瞬间"融媒体产品，同时在武汉交通广播FM89.6、学习强国、人民日报人民号、新华网新华号、"方志武汉"微信公众号等10多个媒体平台同步推出100期。联合武汉市档案馆举办"武汉百年瞬间"专题展览，社会反响良好。

（武汉市志办）

【湖南省提供地方志信息咨询服务】 10月，湖南省地方志编纂院向省国资委提供中华人民共和国成立以来湖南省国企改革发展情况相关资料词条共计401条，其中重大事件资料233条、重要政策文件资料16条、突出成绩资料152条，为省国资委牵头开展国企调研活动提供资料支撑，为服务湖南经济社会高质量发展做出方志贡献。 （易可倩）

【株洲市挖掘史志资源】 年内，湖南省株洲市地方志编纂室深入挖掘史志资源，加强对不同阶段、不同领域株洲史志人物和事件的研究，服务株洲市经济社会发展和文化建设。完成株洲市社科重点课题《罗霄山片区湘赣边区乡村振兴路径研究》《毛主席重上井冈山》《清水塘搬迁改造》等。 （谭泽鑫）

【岳阳市开展城市历史文化编研】 年内，湖南省岳阳市地方志编纂室开展城市历史文化名片编研，组织修改撰写岳阳百度百科词条中的岳阳概况、市名由来、著名人物、所获荣誉4个专栏。为市住房和城乡建设局、市城市管理和综合执法局等单位提供修编系统规划基础资料，为洞庭新城建设、洞庭南路历史文化街区建设、洞庭湖博物馆提供地情资料并提出意见建议。 （王艳 陈波）

【湘西州以地方志服务党委政府中心工作】 年内，湖南省湘西州委党史研究室（州地方志编纂室）发挥史志工作职能优势，服务党委政府中心工作。为申报国家长征文化公园、红色旅游开发、工农业特色产品申报国家地理标志证明商标、大专院校课题研究、重大建设项目论证等提供2000余册（次）史志资料查询和咨政服务。指导启动永顺县双凤村村史馆示范点建设。先后10次组织干部到花垣县和平村、龙山县洗车河镇、保靖县黄金村等村镇走访调研，开展"史志宣讲下基层""六查六看"大走访活动，赠送史志书籍500余册，捐赠文具150套，协调资金15万元完善和平村基础设施建设，推进脱贫攻坚成果同乡村振兴有效衔接。 （田望春）

【"拍摄百集省情微视频讲好广东故事"民生项目实施】 年内，广东省志办围绕党史学习教育，开展"我为群众办实事"实践活动，以经济社会发展和人民群众需求为导向，实施"组织拍摄百集省情微视频讲好广东故事"民生项目。项目围绕党史学习教育和建党百年主题主线，深入挖掘广东地方志和地情资源，重点展示广东在百年伟大历程中的红色革命、建设发展、改革开放的历史和成就，以《广东印记》系列微视频为龙头，拍摄红色故事、特色物产、特色建筑、特色产业、科技创新、岭南秀色、美丽乡村、非遗等系列微视频，用镜头鲜活展现广东历史、地理、文化、经济、物产、民俗等特色内容，宣传推介广东省情，讲好广东故事。全年共完成微视频121集摄制，在方志广东、学习强国、南方网、腾讯视频、抖音、快手、B站等十几个网络媒体平台集中展播。年内播放量达3064万次，其中省情综合宣传片《好嘢，广东！》播放量近100万次。 （广东省志办）

【广东"方志vlog"系列视频摄制播出】 年内，广东省志办首次开展广东"方志vlog"拍摄，采用主播拍摄个人日志的方式，挖掘具有吸引力的方志内容，介绍各地历史文化、美景特产等。全年完成珠海、潮州、清远、揭阳4集制作，浏览量近800万次。12月，广东省志办拍摄的"方志vlog"系列视频获评2021政务新媒体视觉传播精品案例。 （广东省志办）

【广东省地情宣传月活动开展】 年内，广东省志办联合中山、佛山、珠海、清远、肇庆、揭阳、佛冈、揭西等地开展地情宣传月活动，联动推出涉及历史、文化、旅游、物产、能源、产业等方面地情信息200多条。通过"方志广东"微信公众号、学习强国广东学习平台方志广东专栏、各地政务媒体公众号、南方网、腾讯新闻、腾讯大粤网等推广宣传，点击浏览量超5亿次。　　　（广东省志办）

【广东省情微视频拍摄32集】　年内，广东省志办落实经济欠发达地方志编修经费补助179万元，采用项目竞争择优筛选方式，扶助经济欠发达地区梅州、清远、潮州3市14个县区拍摄省情微视频32集。年内，省志办制订广东省情微视频建设标准规范，对市县加强针对性指导，引入专家评审，精工细磨提升质量，打造方志影像精品，并在各大网络媒体平台集中展播，累计播放量1958万次。　（广东省志办）

【广东省"粤故事"工作项目推进】　年内，广东省志办推进"粤故事"工作项目，将其打造成讲好广东故事主要抓手、推介广东历史文化和省情主要平台、落实"三服务"标志性和品牌性项目。年内，组建"粤故事"工作联席会议。围绕广东名人、名事、名物、名地，全年共推送高质量稿件40余篇，在多家新媒体推广平台、网站、期刊上发布，单篇点击率最高近28万次；制作"粤故事"系列省情微视频4部，在多家网络媒体传播推广。
　　　　　　　　　　　　（广东省志办）

【广东省多彩乡村主题教育实践活动】　年内，广东省志办连续第5年联合多家省直有关单位举办多彩乡村系列主题教育实践活动。活动以"多彩乡村学史奋进"为主题，与党史学习教育紧密结合，落实"我为群众办实事"要求，进一步扩大活动参与面和"三服务"成效，取得良好社会效益。活动共制定上千个村的调研指引，利用各种平台宣传推广，举行高校师生、地方志工作机构线上交流会，建立活动专题页面和QQ答疑群，多种形式解读活动方案，持续广泛动员引导。部门协作、省市县联动更加紧密，社会参与面进一步扩大，活动主办单位拓展到10家，联动的市级部门60多个，直接参与的党政机关120个、企事业单位和社会团体近70个、省内外高校93所和省内中小学148所，均为历年之最。超过三分之二的地级以上市志办组织相关联动活动，直接参与活动的市县地方志工作机构30多个。省内重点高校全覆盖，辐射至城乡中小学以及上海、江苏、湖南、山东、澳门等地高校。省委党史学习教育巡回指导组、省直机关工委、省公安厅等部门大力支持。作品数量和质量进一步提升，活动共收到各类作品4412件，其中微视频1131件、海报737件、图片1311件、动漫91件、调研报告888件，其他254件。各级学校共投入2000多名老师对学生进行专业辅导，推动作品质量明显提升。活动紧扣党史学习教育主题，与党史学习教育紧密结合，推动为群众办实事走深走实，列入省地方志办党史学习教育"我为群众办实事"项目，引导青年学生和社会各界深入乡村调研，以各种形式开展党史学习教育，调研服务乡村2050个，累计宣传推介乡村3000多个（次），提出振兴乡村对策建议2700多条，为服务党史学习教育和乡村振兴发挥方志作用。　　　　　（广东省志办）

【"重庆历代行政长官"主题展览举办】　12月，重庆市志办举办"重庆历代行政长官"主题展览。展览运用文字、照片、手绘图片、视频等方式，展示先秦以来重庆74位杰出行政长官的文治武功、365位行政长官的主要事迹，展现不同历史时期重庆人民生生不息奋斗的厚重历史，再现重庆悠久的历史文化传统和优秀的人文精神。全年共接待各级领导、党政机关及事业单位参观学习3000余人次。
　　　　　　　　　　　　　（陈欣如）

【重庆市江北区提供地方志信息服务咨询】　年内，重庆市江北区地方志工作机构为重庆两江新区鱼复新城道路命名提供参考。根据两江新区鱼复新城建设规划，要对城市道路新路网进行规划编制，以利新城发展需要和新时期发展定位。江北区档案馆查阅清道光《江北厅志·舆地》、民国《江北县志稿·教育志》等方志资料，遵循反映历史、文化和地理特征的原则，利于鱼复新城人文古迹和厚重的历史文化、地理特点和新时期发展需要，编制出以鹿城寺、鹿鸣学堂"鹿"字开头的鹿城大道、鹿栖大道、鹿港大道、鹿悦大道等新地名，弘扬地名历史"底色"，留住地域记忆"本色"，彰显地域文化特质。　　（石车）

【重庆市江北区助力文旅项目"莺花渡"打造】年内，重庆市江北区五里店街道新设立莺花厢社区，打造江北莺花渡、莺花厢、莺花巷文旅项目，江北区档案馆从清道光《江北厅志》《江北区志》(1993年版)、《江北城街道志》、《五里店街道志》等志书中，查找探寻"莺花古渡"的历史渊源和故事传说，提高其知名度和美誉度，推动文商旅融合发展。　　（石车）

【重庆市九龙坡区推动地方志资源开发利用】年内，重庆市九龙坡区开展地方志资源开发利用。开展方志进校园、进社区活动，先后向杨家坪中学、谢家湾小学、铜罐驿镇英雄湾村、渝州路街道科园二路社区等学校和社区捐赠书籍1090册。深化群众史志教育，联合区委党史研究室和陶家镇党委、政府在陶家小学举办"永远跟党走·筑梦新时代"九龙坡区史志进基层主题活动；走进西彭镇真武宫村，为全村党员专题宣讲"方志中的九龙坡党史"。常态化开展方志研学活动，组织市区文史专家、方志学者开展地方志研学活动，实地考察清光绪年间文峰山观摩崖造像、乾隆年间董经进士节孝牌坊、区域唯一列入《巴县志》的观文书院、成渝古驿道等历史文化遗迹。推进成渝方志交流，紧密结合成渝双城经济圈建设主题，与成都市及新都区志办开展志书交流互换活动。　　（徐天　李海海）

【重庆市巴南区推出红色资源开发利用】　年内，重庆市巴南区利用馆藏红色档案地方志资源，编研《百年追忆·共鉴华诞——巴县留法勤工俭学运动史料汇编》，设一纸唤起百年追忆、留法勤工俭学运动在巴县、伟人印记、被迫归国、忠魂英烈、女性留法先行者、重庆报业鼻祖、史海拾珍8篇，全面展示巴南区档案馆馆藏近200幅珍贵留法勤工俭学档案资料及其背后主人的故事，生动再现邓希贤（邓小平）、聂荣臻、陈毅等老一辈无产阶级革命家的历史足迹和周文楷（周贡植）、陈家齐、张振华、周钦岳等爱国党史名人生平。联合重庆中国三峡博物馆、巴南区博物馆共同策划打造"寻梦法兰西·报国赤子心——重庆留法勤工俭学运动史料展"，通过少年壮志出国门、勤工俭学建党团、坚定初心为人民3个单元，多维度呈现重庆留法勤工俭学运动历史，接待观众2万余人次。　　（白刚）

【重庆市黔江区推动地方志资源开发利用】年内，重庆市黔江区协助区委宣传部打造区级党史学习教育基地，完成市级党史学习教育基地——黔江红三军司令部旧址仅存纪念碑的周边环境整治，并布展旧址照片和相关文字说明。协助区委宣传部、区民宗委在重庆市民族博物馆内新建"四史"宣传教育馆，协助区旅投集团重新布展水车坪黔江红军革命纪念馆。与区融媒体中心联合开设《党史上的今天·黔江》和《庆祝建党100周年·红色印记》栏目，提供全年"党史上的今天·黔江"栏目相关内容和红色故事44个。为新华中学历史教研组提供黔江红色故事资料，向各基层党组织及群众发放《地方党史简明读本》《信仰的力量——黔江党史人物篇》等各类党史学习宣传资料万余册，为黔江区广播电视大学、区人武部、重庆仁祖文化传媒有限公司等单位提供《黔江县志》《重庆市黔江区志（1986—2017）》《黔江地方党史简明读本》等资料。为社会个人查阅方志资料30余人次。与渝北区地方志编纂中心等单位交流志书、年鉴60余册。完成区委主要领导交办工作，形成《关于呈报对〈"黔江峡谷"命名"狼山峡谷"废"酉阳山"山人还"狼山"之人的建议〉回复的报告》，得到区委主要领导的肯定性批示。

指导社会人士编纂《黑山社区志》。

（谢海洪）

【"晨曦——西南服务团战斗在璧山"档案文献展举办】 6月，重庆市璧山区地方志编修中心承办的"晨曦——西南服务团战斗在璧山"档案文献展在璧山区展出。展览精选档案文献200余件，从西南服务团的组建、集训整编、走向大西南、接管建政、巩固政权、团史人物6个方面，呈现璧山解放初期恢宏的历史，诸多档案文献是首次公开展出。在展览之前，璧山区还组织拍摄"晨曦——西南服务团战斗在璧山"专题片，并在清明节前通过融媒体播出。

（马伟）

【"奋斗百年路 启航新征程"铜梁党史图片展举办】 6月25日至7月4日，重庆市铜梁区党史地方志研究中心主办的"奋斗百年路 启航新征程"铜梁党史图片展在铜梁区人民公园举办。展览以中国共产党建党百年为时间轴，设峥嵘岁月、光辉起点、勇立潮头、时代新章4个板块，以图片、档案、文字为载体，图文并茂展现在中国共产党领导下铜梁地方党组织带领铜梁人民进行波澜壮阔的解放斗争，社会主义建设、发展、改革、奋斗的百年历史。内容上主要选用铜梁各个时期的重大事件、重要会议、重要成果，从英雄人物、先进人物取材，从革命建设取得翻天覆地的变化和辉煌业绩中取材，既生动地展现铜梁近百年发展变化，也真实地反映出铜梁地方党组织在不同时期的担当和作为。观展干部、群众达到10万人次。

（张玉洁）

【重庆市铜梁区推动史志成果开发利用】 年内，重庆市铜梁区史志研究中心开展史志成果开发利用工作。在《铜梁报》上开设《奋斗百年路 启航新征程》铜梁史志专栏，用连载方式回顾铜梁基层党组织建立和发展的光辉历程，连载62期，获得读者好评。利用铜梁网"铜梁史志"栏目对铜梁地情文化进行宣传，全年累计推送地情信息48期。全年向区内各部门、镇街、学校、企业赠阅《铜梁年鉴（2020）》400册，与市内外地方志工作机构交流县志、年鉴等各类地情书籍约200册。为区委宣传部、区民政局、区融媒体中心等单位提供地情资料7万余字；为区农委，相关镇街、企业提供地理标识商标相关查询和编辑指导10余次；为区纪委、区融媒体中心、区文联等单位审查地情和党史类资料约30万字。

（张玉洁）

【重庆市武隆区推动地方志资源开发利用】 年内，重庆市武隆区档案馆累计向区级各部门、街道办事处、乡镇政府赠送《武隆县志（1996—2016）》700余册；购买、收集公开出版物8种，征集《黄柏渡刘氏家谱》《武隆白马山自然保护区重要植物图册》《重庆市武隆区白马山土壤试样富硒、锌、锗调查成果报告》《浩口村史》等家谱、内刊地情资料9种，征集全国优秀共产党员罗旦华证书、奖章等实物22件；全年接待地方志查阅4批次10人次，为武隆苕粉、武隆老鹰茶、武隆青茶、武隆高山茶等申报地理标志产品认证、地理证明商标，为三河口花酒、烟草村碗碗羊肉申报重庆市老字号，为区农业农村委员会核对1952年、1981年农作物种质资源普查相关数据等提供服务，为中科院院士向仲怀提供查阅咨询服务；帮助贵州省庆余县市民杨某找到祖辈居住地（白马镇板桥村凉水井坪阳组），帮助区畜牧发展中心申报武隆土鸡为农产品地理标志登记产品。

（李才东）

【忠县提供地方志信息服务咨询】 年内，重庆市忠县地方志工作机构为党政机关、社会各界提供信息服务咨询。向县级部门、乡镇、企事业单位提供《忠县志》《忠县年鉴》《口述忠县党史》《图说忠县党史》《建党百年·忠县百件大事百名人物》等地情资料书700余册；为县委组织部、县档案馆、县文保中心、县消防救援大队等单位部门提供相关地情资料，接受各级各部门、企事业单位、社会各界人士地情资料查阅和咨询服务，开展志书、家谱编纂指导工作。

（忠县党史和地方志研究室）

【彭水县"初心、使命、奋斗"革命历史陈列展举办】 8月至12月，重庆市彭水苗族土家族自治县档案馆（县党史和地方志研究中心）主办的"初心、使命、奋斗"彭水革命历史陈列展在县委广场和县民族中学等地展陈，受众上万人次。展览以彭水20世纪二三十年代的地下党斗争为主线，分探索革命道路、建立中共组织、发动武装起义、坚持革命斗争、星星之火可以燎原5个部分，以图片、档案、文献资料为载体，展现彭水地下党人为争取独立自由而进行的英勇斗争，弘扬地方红色文化。

（陈坤）

【四川省推动地方志资源开发利用】 年内，四川省地方志系统紧扣省委、省政府重点工作，发挥地方志资政辅治"智库"作用，市（州）及县（市、区）地方志部门撰写资政报告143篇，46篇获领导批示，29篇被相关部门采纳，巴中市2篇资政报告获巴中市社科奖。编纂《四川年鉴（2020）》《四川年鉴（2021）》《阿坝年鉴（2021）》简本，服务全省及阿坝州"两会"。成都市编纂出版《成都改革开放志》，为成都建设践行新发展理念的公园城市示范区提供历史镜鉴。德阳市、内江市向党代会代表赠送志鉴书籍。芦山县创新推出"微资政"模式，通过手机短信向党委、政府分管领导发送资政"微"建议。全省地方志系统为《四川省红色资源保护传承条例》立法提出建议意见。

（朱丹）

【四川省地方志系统庆祝建党百年系列活动举办】 年内，四川省地方志系统立足史志优势，自觉担负宣传、引导重任，以实际行动庆祝建党百年。编纂红色志书方面，省志办组织编纂《四川方志中的红军长征记忆》，泸州市、绵阳市、乐山市、广元市等地方志部门编纂出版红色书籍146种，宜宾市编纂的红色书籍被列为市委党校主题班必学书目，眉山市编纂的党史书籍被列为全市党史学习教育辅导读本，资阳市编纂的党史学习教育读本广受欢迎，甘孜州编纂《甘孜州英烈传略》，凉山州编纂《红军长征过凉山》等党史读物，助力党史学习教育。开展红色征文方面，省志办开展"巴蜀英烈"主题征文，在四川省情网及"方志四川"微信公众号专栏展播巴蜀英烈光荣事迹文章93篇；会同省直机关工委、省教育厅、团省委、四川日报社，开展"百年辉煌百年荣光——庆祝中国共产党成立100周年"文字和影像作品征集活动；编纂出版《巴蜀史志》"庆祝中国共产党成立100周年"特刊。成都市开展"幸福不忘感党恩·奋进美好新时代"主题书画创作并将作品汇编成书，德阳市、乐山市联合开展庆祝中国共产党成立100周年主题征文。阐释红色精神方面，省志办会同重庆市志办、内江师范学院举办"记录百年党史感恩伟大时代"论坛；各地地方志部门开展讲党课活动747场次，开展宣传活动732场次。泸州市志办牵头承办中央红军长征"四渡赤水"在泸州研讨会；德阳市志办会同市委宣传部等部门举办"百年辉煌初心永恒"主题展览；绵阳市地方志编纂中心牵头举办"奋斗百年路·启航新征程"大型图片展；宜宾市志办会同市委宣传部举办宜宾庆祝建党100周年理论研讨会，会同市档案馆等部门举办"红色珍档百年印记"——宜宾市庆祝中国共产党成立100周年档案文献展；资阳市地方志编纂中心联合市新闻传媒中心等部门拍摄党史宣教片；凉山州史志办会同州委组织部等部门举办"传承长征精神"主题论坛。宣传红色文化方面，省志办做好"五老"史料挖掘整理及宣传；在四川省情网、"方志四川"新媒体矩阵和《巴蜀史志》期刊开设"庆祝中国共产党成立100周年"等专栏，发布主题文章3338篇；制作并在"方志四川"电台发布"百年辉煌百年荣光——庆祝中国共产党成立100周年"优秀征文音频50期；德阳市、绵阳市、内江市、宜宾市、眉山市、资阳市联合本地主流报刊开辟党史学习教育专栏，广元市全媒体推出"广元红军故事"等栏目，甘孜州在《甘孜州实录》

期刊开设专栏，遂宁市开展"整理遂宁英烈资料，讲好红色革命故事"活动，通江县开展红色文化宣传推广。　　　　　（朱丹）

【四川省以地方志服务经济社会发展】　年内，四川省志办印发《关于充分发挥职能作用讲好党的百年奋斗史的意见》，对全省地方志系统阐释好、解读好、宣传好党的十九届六中全会精神、省委十一届十次全会精神做出部署。助力成渝地区双城经济圈建设，川渝两省市联合编纂出版《成渝地区双城经济圈建设年鉴（2021）》。服务全省抗疫大局，编纂出版《生命至上——四川抗击新冠肺炎疫情实录》。聚焦乡村振兴、乡镇行政区划和村级建制调整改革"后半篇"文章，启动全省乡镇（街道）志、村志编纂工作，16个市（州）完成编纂总体规划方案，规划乡镇（街道）志2600余部、村志1000余部。配合省委政研室编纂《四川省乡镇行政区划改革和村级建制调整改革实录》。德阳市将编纂乡镇（街道）志、村志纳入"两项改革"后半篇文章范畴；广安市政府组织召开全市乡镇（街道）、村（社区）志编纂工作推进会。宜宾市、雅安市、资阳市、阿坝州、甘孜州编纂出版抗疫专题书籍。年内，省志办编纂《四川年鉴（2020）》英文版，服务四川对外开放。成都市持续打造"成都名镇名村志""成都风土人文丛书"两大特色方志品牌，与成都文旅集团合作打造"夜游锦江"项目和锦江绿道建设。攀枝花市志办助力攀枝花市"历史文化名城"申报工作，制作完成《讲好红色故事，传承三线精神》短视频并开展红色遗址普查工作，上报红色遗址17处。绵阳市完成《绵阳市名镇志》《绵阳水情》（上下册）出版。眉山市编纂出版《通济堰志》等风景名胜志。乐山市开发利用史志资源，指导市中区及沐川、井研、峨边等县打造特色街区。　　　　（朱丹）

【西藏自治区开展方志工作宣传】　2月1日，《西藏日报》刊登《全区编纂完成121部地方志书 82种三级地方综合年鉴实现一年一鉴、公开出版》《修志问道、以启未来》等文章。自治区志办参加系列相关活动，推动地方志文化进机关、进学校、进村居、进寺庙，加大地方志文化宣传；为有关史志知识竞赛提供方志素材，为拉日铁路建设等提供方志资料；选取志鉴中部分内容，印制成轻便的文本，供相关领导和部门使用参考。　　　（王梅洁）

【西藏自治区地方志系统开展理论宣传活动】年内，西藏自治区志办围绕庆祝中国共产党成立100周年和西藏和平解放70周年、学习宣传贯彻习近平总书记视察西藏重要讲话精神开展宣讲工作，选派专家先后为自治区政协、区党委党校、区委网信办、区社科院、拉萨市警备区、武警西藏总队、西藏开投等多家单位以及芒康、贡觉、江达等地的基层干部职工、武警官兵做辅导报告，受众3000余人次。选派1人参加西藏和平解放70周年大庆活动；撰写《以史鉴今、聚焦党史主业、走好新时代赶考路》等纪念建党百年理论文章，并在《新西藏》上发表；选派人员参加《（新编）中国通史》《中华民族史》民族宗教历史专题座谈会并发言。在《西藏地方志》发表《浅议西藏地方志书中"凡例"的写法》《运用培训成果提升业务素质——争做新时代优秀青年干部》《努力编纂符合新时代要求的西藏地方志书》《加强党性修养提升工作能力》等文章。（赵建鹏）

【陕西省"黄河故事"进机关活动】　10月，陕西省志办在省政府机关大院开展"黄河故事"进机关活动，将3个在全国获奖的陕西故事视频节目投放到全院电梯中循环播放，故事视频在学习强国平台播放。在展示省志办工作的同时，为讲好新时代"黄河故事"注入时代内涵、贡献方志力量。　（陕西省志办）

【陕西省志办向"学习强国"平台报送党史故事、黄河故事】　年内，陕西省志办为进一步深化党史学习教育，讲好陕西的党史故事、黄河故事，推进黄河文化遗产的系统保护，向"学习强国"平台报送《古今故事话陕西》红色血脉卷、时代先锋卷文章和黄河故事征文比赛优秀文章。"学习强国"陕西学习平台连载刊登党史故事专题文章14篇，平台还专设"讲好黄河故事"专题，刊登黄河故事系列文章7篇。截至年底，刊登文章21篇，阅读量19万次，点赞量9600次。 （陕西省志办）

【陕西省开展"我为群众办实事"地方志"六进"活动】 年内，陕西省志办到省委党校图书馆、西北大学图书馆、陕西师范大学图书馆、尧柏集团和新城大院武警大队等单位开展图书捐赠活动，召开座谈会议。向省编办、省检察院、省审计厅等21家机关单位捐赠图书。接待洒金桥小学师生参观陕西地方志陈列馆，介绍陕西省情，帮助师生在志书和地情丛书中查找其光辉校史，孩子们现场开展祭英烈活动，诵读英雄事迹。开展"六进"活动，支持4个市级方志馆、8个市级文化单位、7个县区街道社区图书室、3个村史馆的建设。全年出库赠予图书40余种1733册。
（陕西省志办）

【甘肃省开展"书香年鉴进社区"活动】 年内，甘肃省地方史志办公室机关党委组织开展"我为群众办实事、书香年鉴进社区"活动，为单位所在社区——榆中街社区赠送2016—2020年卷《甘肃年鉴》60册，帮助群众了解全省一年来的自然、政治、经济、文化、社会、生态等各方面的情况。 （牛建文）

【甘肃省志鉴服务】 年内，甘肃省史志办发挥志鉴资政、育人功能，为省委、省人大、省政府、省政协及各部门提供2021年卷《甘肃年鉴》1000余册；向省委党史研究室、省政府文史馆、甘肃省图书馆、省档案馆赠送100余册史志资料；向各大院校赠送500多册参考资料；向14个市（州）、86个县（市、区）史志办、全省地方志学会会员赠送交流研讨资料2000余册。向省纪委办公厅提供《甘肃简史》《甘肃史地考述》（上、下册）、《甘肃历史学术研究论丛》各10册。 （牛建文）

【青海省提供地方志信息咨询服务】 年内，青海省志办向国家方志馆报送省级志鉴成果47种234册，市州、县级志鉴成果178种870册；向社会发放《青海民俗志》等特色志书1300余套，向省内相关单位赠送志书600余册，接待外单位查阅资料30余人次，提供相关资料350余册。 （杨树寿）

【青海省志办与青海师范大学等签订战略合作框架协议】 3月17日，青海省志办与青海师范大学、高原科学与可持续发展研究院战略合作框架协议签字仪式在青海师范大学新校区举行。省志办主任杨松义，青海师范大学校长，高原科学与可持续发展研究院院长史培军、高原科学与可持续发展研究院副院长杜常顺等参加签订仪式。战略合作旨在以"真诚合作、优势互补、共同发展"为原则，在高原历史与文化研究领域充分发挥各自优势，在科研创新及平台建设、地方经济社会与历史文化研究、青藏高原史志材料发掘整理、人才互聘与培养等方面展开合作，形成战略合作长效机制，服务国家战略和区域经济社会及文化事业发展。 （杨树寿）

【宁夏"5·18地方志工作宣传日"活动举办】 5月18日，宁夏回族自治区志办和宁夏民族职业技术学院联合举办以学党史、悟思想、办实事、开新局，志鉴成果进校园为主题的"5·18地方志工作宣传日"暨向宁夏民族职业技术学院赠书活动。宁夏社会科学院副院长田光锋，宁夏民族职业技术学院副院长高建国，宁夏志办主任负有强、宁夏志办副主任张明鹏，吴忠市委党史和地方志研究室主任胡建东、宁夏民族职业技术学院图书馆馆长郭庆等参加活动。宁夏民族职业技术学院师生100余人参加赠送图书交接仪式。双方签订"地方志成果赠送协议"，宁夏志办党支部和宁夏民族职业技术学院图书馆党支部建立支部共建关系。胡建东现场讲党课，学习有关党史学习教育内容。宁夏志办向宁夏民族职业技术学院图书馆赠送《宁夏通志》3套、《宁夏年鉴》3套及"宁夏地方史话"丛书8种，共1709册，赠送自治区志办宣传册100本。各市、县（区）地方志工作机构根据实际，开展不同形式的宣传活动。 （张明鹏）

【克拉玛依市史志档案见证党代会专题展举办】 9月16日，新疆维吾尔自治区克拉玛依市史志办举办克拉玛依史志档案见证风雨兼程的党代会专题展，展示文献档案、照片档案、荣誉档案共48件。 （克拉玛依市史志办）

【兵团史志成果进社区活动举办】 1月19日，新疆生产建设兵团志办到往第十二师三坪农场祥和社区开展史志成果进社区活动，向社区赠送《新疆生产建设兵团志（1986—2010）》《兵团年鉴2020》等史志成果。
（王兴鹏）

【第二师铁门关市举办二师发展历程图片展】 7月1日，新疆生产建设兵团第二师铁门关市史志办为庆祝中国共产党成立100周年，在第二师铁门关市举办第二师发展历程图片展，选取展现第二师从1947年渤海建军到2020年不同历史时期的照片30幅。
（第二师铁门关市史志办）

【第五师双河市"百年辉煌五师记忆"主题展陈活动举办】 6月底至7月初，新疆生产建设兵团第五师双河市史志办举办"百年辉煌五师记忆"主题展陈活动。展陈分党的历次代表大会、历史洪流篇、探索前进篇、改革发展篇、新时代新征程篇、湖北对口支援师市篇、新时代党内集中教育篇、党史学习教育篇8个部分。第五师双河市史志办与师市网信办合作，为展陈录制短视频，提升展陈效果，拓宽传播范围。 （兵团第五师双河市史志办）

【第八师石河子市开展读史用志"六进"活动】 3月至10月，新疆生产建设兵团第八师石河子市史志办结合党史学习教育，分别赴师市人武部、石河子大学、一四三团二连、玛纳斯县委党史和文献研究室、老街街道11-1社区和新疆天山铝业有限公司开展读史用志活动，通过举行座谈、捐赠书籍等形式，向群众赠送兵团屯垦戍边史和师市史志书籍。累计捐赠史志书籍333册。
（兵团第八师石河子市史志办）

【第九师开展"传承红色基因史志书籍入团入连"书籍捐赠活动】 6月2日，新疆生产建设兵团第九师史志办开展"传承红色基因史志书籍入团入连"书籍捐赠活动，师史志办向各团场和连队文化室赠送《新疆生产建设兵团历史文件选编》《农九师历史大事记》《农九师简史》《农九师志》《农九师概况》等史志书籍1500余册。 （兵团第九师史志办）

【第十一师开展"看历史图片、学十一师历史"活动】 年内，新疆生产建设兵团第十一师史志办为庆祝中国共产党成立100周年，与师党委办公室联合举办"看历史图片、学十一师历史"活动。师史志办制作6块展板，图片40余幅，从六个历史阶段再现十一师从1949年至2020年所走过的艰苦历程、取得的辉煌成就。 （兵团第十一师史志办）

信息化与方志馆建设

· 网站建设

【中国方志网建设】 中指组主管、中指办主办的中国方志网（http://www.difangzhi.cn）于2003年正式开通，并在2005年、2008年、2015年、2019年先后进行4次改版设计。年内，新版网站设事业概况、组织机构、志书、年鉴、方志馆、地方史、科研、期刊、信息化、开发利用、学会、对外交流、专题专栏等20个一级栏目，志书编纂、志书选介、年鉴编纂、年鉴选介、馆舍建设、展览宣教、收藏研究等55个二级栏目，个别栏目下分三级、四级栏目。年内，该网总访问量127696人次，发布信息2117条，设《学习党史百年汲取奋进力量》《学习吴志宏厚实人物志》等专栏。 （张晶萍）

【中国国情网建设】 中指办主办的中国国情网（http://www.zhongguoguoqing.cn）是"信息方志与数字方志建设工程"的重要内容，是国情信息展示平台、国情信息检索平台、国情资料收集平台。该网络设一级栏目8个，二级栏目31个。年内，发布信息6700条。（张晶萍）

【中国地情网建设】 中指办主办的中国地情网（http://www.zhongguodiqing.cn）是全国地情网站的集群网站，致力于各地地情网站资源的整合与开发，努力打造地情信息的展示、检索、服务和共享。年内，发布信息650条。
（张晶萍）

【京网建设维护】 10月，北京市委党史研究室、市志办完成京网（www.zgbjds.com）项目建设，进入试运行阶段。该网站设机构设置、工作动态、北京党史、北京方志、宣传教育、数字方志馆、政务服务等栏目。 （史晔）

【天津方志网建设】 年内，天津档案方志网（https：//www.tjdag.gov.cn）的子栏目"天津方志网"设新闻动态、信息公开、方志园地、地情数据库、专题专栏、印象津门、影像津门7个栏目。该网站发布工作信息44篇，转载中指办及其他省市工作信息173篇。11月19日，"天津方志网"移交天津市档案馆宣传部统一管理，发布及转载中指办及其他省市工作信息4篇，上传市级志书11部、区级志书9部、年鉴1部。 （柳杨　李玲玲　郑佳）

【河北省地方志网站建设】 年内，河北省情网围绕时政热点，设"党史学习教育"专栏，宣传普及党史知识；围绕方志工作，及时更新志鉴动态、图片新闻、省情简介、修志人物和历史上的今天等板块，网站年度访问量持续增长。截至年底，保定市、唐山市、廊坊市、沧州市等20余个市、县开通地情网站，另有部分市、县（市、区）建立政府门户网站专栏。 （梁敏学）

【阳泉市史志网站建设】 年内，山西省阳泉市委党史研究室（市地方志研究室）主办的阳泉史志网继续建设。该网站于2019年1月整合原"阳泉党史网"和"阳泉地方志网"而成，设党史动态、史志概览、史志研究、成果展示、红色旅游、人物春秋6个栏目。年内，该网增设庆祝中国共产党成立100周年专栏，增加优质内容推送，上传《阳泉红色百

年纪事》《阳泉年鉴（2020）》《阳泉年鉴（2021）》全书二维码。　　　　（毕瑾璟）

【长治市地方志网站建设】　年内，山西省长治市委党史研究室（市地方志研究室）主管、主办的长治党史地方志网站（原名长治市情网）设工作动态、长治概况、长治人物、数字方志馆、长治年鉴、长治方志等栏目。截至年底，该网站发布工作信息167条，其中党史类信息22条、方志类信息11条；上传出版物61部，其中市志1部、县志14部、旧志5部、市情资料7部；上传《长治年鉴》2012年卷至2020年卷9部；上传《长治方志》（第121—145期）共25期。　　　　　　　　（李蒙）

【临汾党史方志网建设】　年内，山西省临汾市委党史研究室（市地方志研究室）主管、主办的临汾党史方志网优化栏目设置。该网设机构概要、临汾地情、党史研究、方志编研、宣教阵地、数字党史方志馆6个栏目。截至年底，征集数据资料达到130GB，各类历史和地情图片1.1万余幅，上传时政新闻和研究文章1300余篇，点击量达3万余人次。

（临汾市地方志研究室）

【内蒙古地方志网站建设】　年内，内蒙古区情网中文网站、蒙古文网站稳定运行。研究制定《内蒙古自治区人民政府地方志研究室网络信息管理办法（试行）》，对地方志网络信息的组织管理、内容管理、信息发布程序、数据库录入标准、保密及安全管理、运维保障等进行规范。全年发布区情信息7823篇，共1280万字。其中，蒙古文稿件1050篇，图片2242幅，视频21个。截至年底，"内蒙古区情网"点击量突破9000万人次。　　　（李承远）

【辽宁省地方志网站建设】　截至年末，辽宁省有省级地方志网站1个，市级地方志网站5个。省级地方志网站为"辽宁省地方志"网，市级地方志网站包括中共沈阳市委党史研究室（市志办）主办的"沈阳地方志"网，鞍山市档案馆（市史志办）主办的"鞍山档案史志信息网"，中共营口市委党史研究室主办的"营口春秋网"，丹东市档案局主办的"丹东市档案信息网"，阜新市档案馆（市史志办）主办的"阜新市档案馆（阜新市史志办公室）"网。"沈阳地方志"网站常设工作动态、党史研究、党史宣传、史海钩沉、沈阳风物、风景名胜、人物述林等栏目；年内，围绕时政热点，增设党史学习教育、庆祝中国共产党成立100周年、党史百年天天读、学习贯彻党的十九届六中全会精神等专栏；至年底，共上传史志文章及信息稿件104篇，近10万字。中共营口市委党史研究室对"营口春秋网"进行重新改版设计，改版后设史志动态、党史党建、营口史话、民俗文化、历史人物、当代名人等近20个栏目；至年末，上传各类史志书籍40余部，以及大量历史资料、地情资料、市情资料；年访问量达到3万人次。"阜新市档案馆（阜新市史志办公室）"网于4月8日正式开通，设馆（办）概况、通知动态、业务工作、党建工作、史志年鉴、网上查阅、在线展厅、学习专栏等栏目；年内，上传各类地方志资料130万字，为读者查询提供优质便捷服务；为迎接建党100周年，更新网站在线展厅，上传阜新英烈、城乡建设成就、阜新人民纪念抗战胜利等主题展览。　　　　　（梁忠音）

【吉林省地方志网站建设】　6月8日，吉林省地方志编委会主办、主管的吉林省地方志编委会网（http://www.dfz.jl.gov.cn）正式开通。年内，该网站经过9次重新改版设计，设方志动态、业界动态、通知公告、政策文件、互动交流、党建园地、志说吉林、图说吉林、方志馆、方志视频、志鉴论坛、立项开发、今古大观、省情数据库等栏目。年内，该网站更新发布信息500多条，年度总访问量达16.5万人次。　　　　　　　　（于泳生）

【龙志网建设】　年内，黑龙江省委史志研究室主办、主管的"龙志网"持续建设。该网站于2000年开通，设工作要闻、市县工作、外埠动态、通知通告、省情概览、龙江记忆、龙江影音、志鉴论坛、全景方志馆、书库等26个栏目，史志鉴全文数据库1个，内含500余部史志鉴全文数据。年内，新增《黑龙江省志·水利志》《黑龙江省志·监察志》《黑龙江省志·电信志》《黑龙江省志·出版志》《黑龙江年鉴（2020）》，总字数420万字。发布工作动态、通知公告、方志知识等信息近200条。丰富"龙志网"地情数据库内容，全年完成已出版志鉴数字化录入5部。访问量达56万人次。

（朱丹　张帝）

【哈尔滨史志网建设】　年内，黑龙江省哈尔滨市委史志研究室主办、主管的哈尔滨史志网持续建设。该网站于2020年1月1日正式运行，设网站首页、机构设置、信息公开、党史研究、方志年鉴、科研成果、城市记忆、文献资料8个栏目，入库文字1000余万字，着力建设成为哈尔滨经济社会发展服务的资料性网站。年内，该网站根据机构改革的实际情况，以中国共产党成立100周年为契机，进行改版，取消哈尔滨方志馆和哈尔滨党史纪念馆栏目，增设"中国共产党成立100周年"专题。数据库录入50万字，发布信息10条。

（肖莉虹）

【齐齐哈尔档案史志信息网建设】　年内，黑龙江省齐齐哈尔市委史志研究室主办、主管的齐齐哈尔档案史志信息网（http://www.qqhrda.org.cn）持续建设。该网站设齐市快讯、卜奎风情、史料公布、卜奎人物、老照片、鹤城大事记等栏目。年内，该网站发布工作动态61篇，年度总访问量达6000余人次。

（朱丹　张帝）

【江苏省情网改版上线】　7月1日，江苏省志办主办的江苏地情网升级，改版为江苏省情网开通上线。江苏省情网新版优化网站界面和布局，视觉上更加清晰美观，致力于为使用者提供互联网服务模式、舒适方便的浏览体验、丰富的信息资讯、翔实的文献资料查询检索功能，着力提升方志文化传播力和公众影响力。新网站在栏目设置上优化省情资料库的特色栏目，突出讲好江苏省情和忠实记录现今江苏大地上发生的大事要事。主网页设置政务公开、新闻中心、江苏省情、志鉴成果、方志馆联盟、研究培训、党的建设7个一级栏目，下设34个二级栏目，同时选取各栏目的精华部分在首页集中展示。2021年，江苏省情网发布消息6000余条，完成全省13个设区市的41册综合志书、7本名镇名村志、《江苏年鉴》中文版和英文版、《江苏地方志》2021年8期的电子书制作及加载工作，工作日平均更新动态约20条。网站充分发挥互联网传播速度快、覆盖面广、信息量大优势，运用文字、图片、微视频等形式，直观生动地宣传普及方志文化。

（李海宏）

【宿迁史志网建设】　2月，江苏省宿迁市史志办对门户网站"宿迁史志网"进行整合。该网站专门设立"党史宣传"板块，发表党史宣传文章视频等。

（李海宏）

【嘉兴市档案史志网建设】　浙江省嘉兴市档案史志网于2003年6月开通运行，2020年12月迁移到嘉兴市委、市政府网站集约化平台。嘉兴市档案史志网开设党务公开、政务公开、网上办事、机关党建、档案史志文化、专题专栏6个栏目。

（嘉兴市地方志编纂室）

【"嵊州春秋"网建设】　浙江省嵊州市志办于2013年创办"嵊州春秋"网。年内，网站设有栏目：机构职能、史志动态、嵊州地情、地方党史、史志宣教、资政课题、历史遗迹、地方文献、剡地人物、法规文件、史志刊物、主任信箱。2021年上传网站的内容有《嵊州年鉴（2020）》以及一些史志动态。

（绍兴市地方志编纂室）

【浦江县地方志网页建设】　浙江省浦江县政府网→走进浦江→史说浦江专栏由浦江县地方志编纂室发布与更新信息，设有浦江县志、浦江年鉴、浦江大事记、浦江方志、浦江历史文化栏目。2021年度全年发文35篇，涉及县志1篇、年鉴1篇、大事记1篇、方志2篇、历史文化30篇，平均浏览次数达102次。

（金华市志办）

【安徽党史方志网站建设】 年内，安徽省委党史研究院（省地方志研究院）主办、主管的安徽党史方志网（http://www.anhuids.gov.cn）持续建设。该网为2019年3月由原省委党史研究室、原省志办两家网站内容整合而成。2020年重新改版设计，设新闻中心、史志研究、红色文化、省情概览、政务公开、机关党建、文明创建、安徽省志、市（县、区）志、安徽年鉴、学术前沿、江淮英烈、史志期刊、风景名胜、民风民俗、名特产品等栏目。年内，该网围绕新时代新思想新征程、时政要闻、党史学习教育、庆祝中国共产党成立100周年、安徽党史重要人物、安徽大事记等专栏和开办党史学习教育咨询台，加强党史方志宣传，发挥资政育人作用。截至年底，上传地方志书11部、安徽年鉴3部，共计1950余万字，年度总访问量达3.8万人次。 （刘春）

【福建党史方志网建设】 年内，福建省委党史研究和地方志编纂办公室及省内各地市党史方志部门持续做好福建党史方志网网站群内容建设，依托网站群平台发布、上传党史方志资料与工作动态；主动建设专题栏目，及时更新各类学习资料。截至年底，上传信息数达1万条，浏览量达88万人次，为公众提供获取党史方志信息"一站式"服务，实现全省党史方志资源的互通共享，降低地市级党史方志部门经费压力。

（福建省委党史研究和地方志编纂办公室）

【江西省地方志网站建设】 年内，江西省地方志研究院主办、主管的江西省地方志研究院网（http://dfzb.jiangxi.gov.cn/）持续更新。该网站于2013年8月开通，2019年重新改版设计，设江西概览、工作动态、市县动态、出版信息、党建动态、政务公开、通知公告、地情资料库等栏目，另设"江西省社科院""江西省方志馆"等网站栏目入口。年内，该网站更新信息230条，维护专栏专题9个，阅读量稳步增长，截至年底，年度总访问量达79万人次。

（黄诗惠）

【山东省情网建设】 年内，山东省情网信息质量和数量进一步提升。转载上级领导论述、要闻动态290多篇；发布山东省委党史研究院（省地方史志研究院）工作动态157篇，市县工作动态1100多篇；对2020年山东省情网稿件采用量排在前列的东营、德州、青岛等9个地市以及肥城市、平阴县、沂南县等11个县（市、区）史志机构进行通报表扬。搭建庆祝建党百年和党史学习教育网上宣传平台，设置"党史100年天天读""党史学习教育""奋战百天献礼百年""红动齐鲁·红色故事讲解大赛""党史宣讲""深入学习贯彻党的十九届六中全会精神"6个网上宣传专栏，发布信息600多篇，视频129个；转发山东省档案馆《读档》等视频100多集。2021年山东省情网访问量达260万人次，总访问量达1800万人次。年底，山东省情网与中共山东历史网融合改版为"山东党史史志网"。新版网站设机构概况、通知公告、要闻动态、热点专题、机关党建、学术研讨、出版成果、宣传教育、影像纪录、文献法规10个一级栏目，下设本院简介、领导成员、内设机构、预算决算、表彰奖励、成果统计、重要论述、上级动态、省直动态、市县动态、政治建设、基层组织建设、群团工作、作风纪律建设、本院论坛、他山之玉、党史成果、志鉴成果、成果评选、革命遗址、教育基地、纪念场馆、展览陈列、志愿服务、党史影像、红色文化讲坛、齐鲁动漫、图说山东、党的文献、法规文件30个二级栏目，实现山东党史、史志两网融合。 （魏伟）

【河南省情网建设】 年内，河南省史志办主办、主管的河南省情网（http://dfz.henan.gov.

cn）局部改版。该网站于2006年10月正式开通，主要设河南省情、新闻中心、政务公开、方志工作、省情数据库、传统文化、记忆中原等栏目。年内，根据上级部门有关指示和工作需要，该网站新增"政府网站找错"功能。全年发布和转载动态信息1210条，访问量达34万人次。

（李惠清）

【湖北省地方志网建设】 截至年底，湖北省地方志工作系统共建立地情网站18个。其中，省级机构网站1个，市级机构网站9个，县级机构网站8个。年内，湖北省文化和旅游厅网站"志说湖北"专栏、《文旅湖北》"方志揽胜"专栏共刊载地方志工作动态、理论文章等60余篇。

（湖北省文化和旅游厅地方志工作处）

【武汉地方志网建设】 年内，武汉地方志网运营维护，所有栏目均进行常态化更新。全年上传信息264条，共计34.5万字，图片260幅，视频4个。该网站普查月均得分94.3分，其中6月网站检测得分为100分。全年网站访问量6万人次，点击量26万人次，平均日点击量725人次。

（武汉市志办）

【湖南省地方志编纂院网建设】 湖南省地方志编纂院网（dfz.hunan.gov.cn）由湖南省政府发展研究中心提供技术支持，属于湖南省政府政务网站群下的一个部门网站站点。该网站于2012年8月开通。2015年，湖南省全面启动政府网站集约化建设，该网站旧版内容被整合迁移到省政府门户网站统一平台，设网站首页、信息公开、互动交流、数字方志馆、图书检索5个大栏目。底部有长沙、株洲、湘潭、岳阳、常德、永州等市地方志工作机构的网站链接。年内，网站增设党史学习教育专栏，收录省地方志编纂院的党史学习教育动态。全站全年发布消息397条，其中政务动态242条、通知公告33条、党史学习教育动态15条、党建工作动态76条、人事信息17条、首页图片新闻5条。改版以来，网站独立用户访问总量54822个，总访问量580081人次（数字方志馆和图书检索的信息更新数量和点击量均未统计在内）。

（任璀洛）

【长沙市地方志网站建设】 年内，湖南省长沙市地方志编纂室主办的长沙方志网（szb.changsha.gov.cn）持续维护。该网站于2008年开通运行，2019年网站改版，设政务公开、工作动态、资政要闻、党务公开、长沙方志、长沙地情、方志宣传、理论研究、地方史等16个栏目，9个专题专栏。年内，长沙市地方志编纂室加强网站日常管理和运维，共发布信息618条，网站总访问量1735682人次，日均浏览量4755人次。

（陈丹青）

【株洲市地方志网站建设】 湖南省株洲市委党史办公室与株洲市地方志编纂室原各自建设有网站。后因机构改革，职能合并，原"株洲党史网"变更为"株洲史志网"（www.hnzzdsw.com），2020年6月正式上线运营。调整后主要有史志动态、政务公开、史志编研、史志宣教、株洲人物、市县之窗、机关建设7个一级栏目和重大专题若干，下拉显示下级栏目。同时设置中央党史方志网站、省级党史方志网站、政府机构网站、"史志株洲"公众号、株洲数字方志馆等若干链接。年内，发布工作动态77条，发布领导班子、政策规章、财务公开等政务公开信息8条。

（汪冬梅）

【湘潭市地方志网站建设】 湖南省湘潭史志网（https://www.xtszw.org.cn）设有史志动态、党史编研、党史联络、方志编纂、年鉴编辑、历史回眸、网上党史馆、政务公开8个栏目。2021年新增庆祝中国共产党成立一百周年，百年党史、党史天天读，献礼建党一百周年华诞等专题专栏。全年发布和更新信息193条，访问量达上万人次。

（冯拥）

【常德市地方志网站建设】 湖南省常德史志网（cdszw.changde.gov.cn）由常德市政府主管，中共常德市委党史研究室、常德市地方志编纂室主办，2006年1月1日正式开通运行。网站先后经历3次改变和调整，2021年开设有以史铸魂、古今常德、信息公开、机关党建、业务园地等栏目。总访问量达523万多人次。

（陈大鹏　陈曦）

【岳阳市地方志网站建设】　湖南省岳阳市情网（www.yysqw.gov.cn）由中共岳阳市委党史研究室（市地方志编纂室）主办，2005年5月12日开通运行。网站原设18个栏目、46个子目，2018年2月网站改版，设置13个栏目，主要有岳阳历史上的今天、史志工作、史志书廊、巴陵群英、研究考证等。至年底，网站总访问量389万人次，比2020年年底增加70万人次，日均浏览量2000余人次。（王艳）

【永州市地方志网站建设】　9月20日，湖南省永州党史方志网（dsfz.yzcity.gov.cn）正式运行。该网站分机构设置、政务公开、方志永州、红色永州和数字馆5个模块，其中数字馆将永州历年来市县志、部门志、特色志和年鉴进行数字化处理。2021年，网站访问量8900余人次。（黄斌）

【广东省地方志网站建设】　年内，广东省地方志系统继续加强和规范网站建设。截至年底，广东省独立运营的省情地情网站有广东省情网、广州市情网、深圳史志网、佛山档案与方志、惠州档案方志网、汕尾档案方志网、中山市地情信息库、江门地情网、盐田档案与史志信息网9个，共建设栏目68个。市县地方志工作机构在当地政府门户网站开设地情频道（栏目）共134个。（广东省志办）

【广东省情网建设】　年内，广东省情网对产业·产品栏目进行升级，重点突出推介功能，为广东优势产业特色产品集中推介提供平台阵地。广东省情网（http://dfz.gd.gov.cn/）设要闻动态、政务信息公开、专题专栏、省情要览、数字方志馆、全粤村情、广东产业、广东名优产品、机关党建、走进广东、影像广东、地情研究12个栏目。其中，专题专栏围绕时政热点，设党史学习教育、全面乡村振兴、疫情防控、向吴志宏同志学习等专栏。截至年底，广东省情网独立用户访问总量达30万多个，网站总访问量达74万多人次，信息发布总数2018条。（广东省志办）

【深圳史志网建设】　年内，广东省深圳市委党史文献研究室、市志办依托方志馆信息化系统建设项目，市地方志门户网站升级改版成深圳史志网（www.shenzhenshizhi.cn），设通知公告、史志动态、时事新闻、专题专栏、深圳概貌、深圳区情、湾区动态、数字资源（在线阅览）、政务公开、数字展馆、影像深圳、时光掠影等主页栏目以及党史文献、深圳方志、深圳年鉴等业务专栏。截至年底，发稿数量共计3491篇，新增简报类信息124篇、更新类信息112篇、图片208幅。（广东省志办）

【广西地情网建设】　年内，广西地情网上线广西历代方志库、民国图书数据库、方志馆馆藏书目等系统；上传志书、年鉴75册，约8000万字。截至年底，广西地情网地情资料库共有新编三级地方志书308册、三级地方综合年鉴363册、期刊39册、地情书63册、方志论著6册、乡村志书22册、古籍旧志61册，共计862册；网站浏览量达1800多万人次。

（周珍朱）

【海南史志网建设】　年内，海南史志网围绕时政热点，设奋斗百年路 启航新征程 庆祝中国共产党成立100周年、党史百年（1921—2021）天天读、庆祝中国共产党成立100周年海南党史、深入学习贯彻党的十九大精神等专栏，上传地方志书52部、海南年鉴书籍3本，信息及图片更新频率加快，阅读量稳步增长。截至年底，海南史志网上传党史书籍91本、地方志书162本、海南年鉴237本，年度总访问量达12.69万人次。（王凌云）

【重庆市地方志网站建设】　重庆市志办主

办、主管的市志办门户网站（http://www.cqdfz.cn）于2017年5月26日正式开通，2020年重新改版设计。年内，设时政要闻、工作动态、政务公开、机关党建、人文巴渝、民俗民风、风景名胜、农特产品、区县方志、理论研究、旧籍整理、期刊杂志、方志大讲堂等栏目，另设"数字方志库"等网站栏目入口。该网站围绕时政热点，设党史学习教育和学习吴志宏同志先进事迹专栏，上传学习资料150余篇。截至年底，重庆市志办门户网站发布网站栏目信息1149篇，年度总访问量达155万余人次。

（周怡彤）

【重庆市黔江区门户网站建设】 重庆市黔江史志网（http://www.qianjiang.gov.cn/ztzl_210/qjsz/）于2019年建设开通，设置一级栏目1个，日均访问量21次。网站内容主要为《黔江年鉴》，由专人负责更新维护。 （谢海洪）

【四川省情网建设】 四川省志办主办、主管的四川省情网（http://www.scsqw.cn/）原名四川省地方志网站，2010年正式开通。2019年6月1日，按建设"最权威最全面四川省情信息网"的指导思想改版上线，更名为四川省情网，设政府信息公开、四川地情、四川印象、数字方志、文化纵横、资政服务等栏目。每日将《人民日报》《光明日报》《四川日报》重要新闻及文章、《四川日报》图片上传至四川省情网。结合各类主题活动，开设党史学习教育、巴蜀英烈、庆祝建党百年等专栏。截至年底，该网站浏览量1.95亿人次，独立访客1336万名。

（朱丹）

【陕西省地方志网站建设】 截至年底，陕西省地方志系统开通地情网站10个。其中，省级地方志工作机构网站1个，市级地方志工作机构网站9个，县、区级地方志工作机构在属地政府网站上以频道或专栏的形式发布地情信息。陕西省志办门户网站依托省信息化中心云平台部署，自行远程登录维护。网站设新闻中心、政府信息公开、陕西省情、方志资料库、志鉴园地和专题专栏6个一级栏目，全年累计发布新闻信息584条，更新省政府网站链接的省情栏目信息约14000字，全年点击量93万人次。2021年投入20万元开展网络软件正版化工作，购买安装正版操作系统和国产化办公软件，推行信息化设备和软件全国产化。

（陕西省方志馆）

【青海省地方志网站建设】 年内，青海省志办主办、主管的青海省地方志网持续更新。该网站于2015年10月正式开通。年内，不断对所设的省情综览、机构职责、政务公开、法规制度、工作动态、志鉴论坛、志书成果、志鉴百科等栏目进行优化完善。年内，志书成果栏目上传省志、市（州）志、县（市、区、行委）志、特色志等志书28部，工作动态栏目编发《地方志工作动态》56期。 （杨树寿）

【宁夏方志网建设】 年内，宁夏方志网正常运行，设机构设置、政策法规、志书编纂、年鉴编纂、行业志书编纂、旧志整理、村镇志、家谱编修、史话口述史、方志书库、方志动态、通知公告、方志人物、518宣传、地方历史文化研究、方志园地、方志馆等栏目。全年编发转载内容30余条。

（张明鹏）

【新疆地情网建设】 年内，新疆维吾尔自治区地方志编委会主管、主办的新疆地情网更新维护。该网站始建于2004年，2013年进行全面改版。该网站设今日新疆、新疆概览、民俗风情、旅游资源、新疆人物、新疆兵团6个栏目，下设方志论坛、方志之窗、西域研究、方志理论等60个二级栏目，以及立足中指组政策贯彻的专栏、与全国地方志系统交流的各省市地方志网站链接，收录自2011年以来的《新疆地方志》杂志（汉文版）全部内容。年内，更新疆内新闻、史志动态、外埠信息、学习动态等栏目。截至年底，该网站共发布各类文章、信息301余条。年访问量约24.9万人次。

（刘铖）

· 数字化建设

【国家数字方志馆】 国家数字方志馆项目是中指办申报立项的中国社会科学院重大信息化项目，是"信息方志与数字方志建设工程"的核心工程。年内，国家数字方志馆一期项目修改完善工作征求专业人士意见2次，召开监理会10余次，梳理问题119项，配套开展地图审核、电子水印制作以及功能演示、问卷调查工作。截至年底，完成项目内所有数字资源加工任务，新方志、旧方志、年鉴、期刊、地方史、地情资料等资源计16万页，图片、视频、音频等多媒体资源计2100多个。形成项目需求规格说明书、数据标准规范、系统原型图等文档近千页，20余万字。完成项目系统框架建设、系统程序主体开发及各应用模块的程序开发工作。共召开项目评审会、专家论证会、研讨会等会议，以及考察、调研等各类活动数十次。　　　　　（王超　张晶萍）

【《北京年鉴（2020）》移动阅读手机版上线】 1月，《北京年鉴（2020）》移动阅读手机版正式上线。移动阅读手机版利用跨媒体链接功能，以移动客户端为主要媒介，为读者提供全文检索、目录浏览、图库查看，以及内容收藏、分享、评论等功能。
（北京年鉴社）

【天津市志鉴资料数字化】 年内，天津市地方志馆购买"PDF文件目录创建与拆分服务"项目，对已出版志书、年鉴等资料电子版进行数字化转换。截至年底，天津档案方志网可供查阅的地方志书共计117册，其中市级志书83册、区级志书23册、年鉴11册。　（柳杨）

【天津市开发掌上年鉴手机版】 年内，天津市志办启动市、区两级地方综合年鉴开发掌上年鉴移动阅读手机版试点工作，《天津年鉴（2020）》《天津市红桥年鉴（2020）》《天津市武清年鉴（2020）》《天津市北辰年鉴（2020）》掌上年鉴分别于9月、8月、10月、11月上线运行。截至年底，累计点击量达13万余人次。　　　　　　　（唐旗　吴丽萍）

【河北省方志数据库】 年内，河北省档案馆（省志办）依托河北省情网建立河北方志数据库，收集整理10余部电子志书、年鉴上传至网站对应栏目，供用户查阅；与先期合作的万方数据网站建立无障碍端口，实现2038部社会主义新方志、412部旧志通过网络免费向社会公众开放。　　　　　　　　　（梁敏学）

【内蒙古志鉴数据化】 年内，内蒙古数字化地方志志鉴文献资料63部，总计6000余万字。其中，专业志书7部，953万字；盟市志1部，368.7万字；旗县志7部，1070.8万字；其他志书6部，359万字；年鉴35部，2500万字；其他史志资料1部，160万字；地情资料5部，566万字；刊物1部，28万字。　（李承远）

【吉林省省情数据库】 年内，吉林省地方志完成上一年度全省地方志工作机构已出版的70部综合年鉴的数字化，并追加到吉林省情数据库中。截至年底，数据库存贮志鉴图书总量达820多部，计5亿多字。　　　（于泳生）

【江苏省志鉴数据二维码管理】 年内，江苏省地方志志鉴数据二维码管理系统建成，包含二维码制作子系统、二维码分配管理子系统和长短码映射引导子系统。该系统主要用于为省志办及全省地方志工作机构用户免费提供延伸阅读用二维码，以减轻下级单位的研发压力，推动志书多媒体化。所有数据均存放于省政务云。2021年度制作生成二维码807个，其中21部名镇名村系列制作二维码641个，苏州、淮安、扬州、南京溧水4地的5个专集提供134个二维码，省志办2个专集提供32个二维码。　　　　　　　　　　　（李海宏）

【安徽省志鉴数字化】 年内，安徽党史方志网完成14种馆藏纸质图书的数字化工作，发布

《安徽省志·人口人民生活志》《安徽省志·教育志》《安徽省志·外事侨务志》《安徽省志·证券志》《安徽省志·邮政志》《安徽省志·报刊志》《安徽省志·文学艺术界联合会志》《安徽省志·茶业志》《安徽省志·广播影视志》《安徽省志·总述大事记》《安徽省志·通信志》11部1500万字,《安徽年鉴(2018)》《安徽年鉴(2019)》《安徽年鉴(2020)》3卷450万字,文章63篇、10.8万字,地情图片247幅。开通冠名"初心如磐——中国共产党安徽百年奋斗历程"的安徽数字党史馆,内容包括新民主主义革命时期、社会主义革命和建设时期、改革开放和社会主义现代化建设新时期、中国特色社会主义新时代4个部分,通过近300幅图片及有关简练文字资料,全方位展示中国共产党在安徽的百年奋斗历程、重大成就和历史经验。

(刘春)

【江西省地方志数字化】 年内,江西省地方志数字化依托江西省方志馆网站建设。年内,网上展厅上线全新的"江西方志展""江西省情展"数字展览;上传史志书籍104部、约4080万字,上传《江西地方志》杂志6期。截至年底,江西省方志馆累计数字化志书、年鉴、地情书等地方志书籍共计2600余册,其中江西省出版的地情资料964册;"江西省方志馆"门户网站已累计上传书177部、年鉴23部、旧志100部、《江西地方志》杂志54期,年度总访问量达14.1万人次。

(邓静 涂杨)

【山东省省情资料库】 年内,山东省省情资料库迁移到新建的山东党史文献库,并借助该库的先进技术实现资料库升级。新版山东省情资料库汇集山东概况、山东地方史、齐鲁方志、资料库等原有4大板块,完成首轮山东省志原版数字化加工103册、4000万字的录入。

(魏伟)

【河南省省情资料库】 年内,河南省史志办继续对省情数据库进行更新完善,全年数字化志书、年鉴、地情资料共20册、1800余万字。

(李惠清)

【湖北省地方志数字化建设】 年内,湖北省地方志系统继续开展数字化建设。武汉市志办开展地情书籍数字化加工,全年完成19部地情书籍数字化,加工1599.8万字;全年共上传志鉴图书32部35册、2054.2万字;武汉数字方志馆访问量由2020年的9万人次增加至2021年的42万人次,其中移动端用户占比22.1%。宜昌市宜昌数字史志馆二期当年项目建设任务完成,数字史志馆软硬件框架基本建成;免拆装书籍扫描识别软硬件一体化部署到位,扫描及数据化处理书籍800册,平均每册823页;安装万兆交换机、防火墙、服务器、磁盘阵列、切换器、精密空调等硬件设备,运行正常;升级原数字资源综合发布网站,测试上线运行;开发全文数据库管理系统和文件分布式存储系统,部署到服务器并运行。仙桃市档案馆(市史志研究中心)开展馆藏纸质档案史志资料数字化工作,依托仙桃市情网,发布地情资料2万字;截至年底,共完成2种1.5万件馆藏纸质档案的数字化加工工作。

(湖北省文化和旅游厅地方志工作处)

【武汉市数字化建设】 年内,武汉市志办按照标准规范完成对19部22册地情书籍的数字化加工,计8692页1599.8万字。全年共上传志鉴图书32部35册,计2054.2万字。截至年底,武汉数字方志馆上传志鉴书籍160册,总字数1.4亿字。其中,武汉首轮市志30册,第二轮市志8册,两轮区县志28册,《武汉年鉴》37卷,《武汉年鉴实用手册》及《武汉市情概览》14卷,《武汉城市圈年鉴》13卷,其他地情书籍30册。武汉数字方志馆访问量42万次,其中移动端用户占比22.1%。

(武汉市志办)

【湖南省数字方志馆】 年内,湖南省地方志编纂院完成数字方志馆前期项目收尾工作,完善300余册市县两级地方志书的版权页,完成

800余万字志鉴资料的数字化加工，发布省志分志4部、乡镇简志2部、综合年鉴2卷。至2021年底，湖南数字方志馆的志书文献字数达4.5亿字，拥有数字化志鉴503种（其中第一轮《湖南省志》86部，第二轮《湖南省志》42部，《湖南特色志》4部，《湖南通鉴》1部，《湖南年鉴》37卷，市州区县志332部，目录资料1部），还有Flash格式翻页旧志101部。

（任璀洛）

【广东省情数据库】 年内，广东省情数据库新增数字化入库图书1400多册，存量图书基本实现数字化全覆盖入库。至2021年末，入库各类图书资料累计超2900册，对公众发布图书1400多册。年内，广东省地方志系统通过网站、新媒体平台发布省情地情信息1万条，曝光量超8亿次；全省制作微视频、动画、Vlog、音频、长图等新产品超600个。

（广东省志办）

【广东省全粤村情数据平台建设】 年内，广东省志办以优化功能、扩大使用范围和数据有效利用率为导向，持续推进数据平台建设。用户群体进一步扩大，向所有省直部门、中央驻粤单位以及各市县地方志工作机构开放使用权限。数据资源使用范围逐步扩大，通过全省政务大数据中心向省自然资源厅等4个部门以及云浮等市县共享数据，并与省政数局等新建系统对接数据共享。同时，在资政报告撰写、结构化丛书编纂、村情推介等方面进一步发挥作用。平台自身建设逐步完善，平台升级改造（二期）项目通过省政数局审核备案立项，顺利完成2021年数据运营有关工作，清点核校全部自然村名单，新制作一批数据产品并陆续发布。研究探索对接省政数局粤智助平台，布局到每个行政村，以丰富的村情信息直接服务村民，帮助村民了解本村历史文化和村情特点。

（广东省志办）

【深圳市史志图书数字化】 年内，广东省深圳市史志数字化依托深圳市情网（网库合一）对馆藏图书分批进行数字化处理，完成4345册、299万页馆藏图书数字化工作，其中在深圳史志官网和微信公众号上传137种、5.6万页。对全市各区627本史志数字化书籍进行认真审核，确保顺利通过省、市史志数据库的入库验收。

（广东省志办）

【广西数字方志馆】 广西数字方志馆由广西壮族自治区志办主管、主办，2019年启动建设，2020年建成。设置有区情概况馆、新编志书馆、八桂年鉴馆、古籍文献馆、地情资料馆、史志期刊馆、桂海影像馆、八桂名人馆8大专题馆。截至年底，共上线广西历代方志、新编三级地方志书、年鉴及其他各类文献约600部，6亿字。

（周珍朱）

【海南省史志图书数字化】 年内，中共海南省委党史研究室（省志办）推进史志图书数字化工作，在海南省史志馆建成书籍数字管理系统，完成4万余册上架图书加工编目工作；将全省史志系统出版的图书63册、2867.4万字进行数字化处理，并分类上传至海南史志网和史志馆图书管理系统。同时，影像资料库不断完善，有史志影像资料库图片38721幅，视频359个。其中，人物库图片1420幅，视频23个；事物库图片5592幅，视频23个；史志事务库图片31709幅，视频313个；整理年报资料731盒，历史资料328盒（根据智慧史志馆关于图书数字化管理的安排，将历史资料进行扫描，实现老旧珍贵资料数字化）；老旧照片806幅，底片878个；DVD480盒，磁带116盒，录像带129盒，胶卷11个；整理各类珍贵古籍16部。

（谢成林）

【重庆市地方志地情数据库】 年内，重庆市地方志数字化依托重庆地方志地情数据库建设，数据库发布综合志书70部、专业志书9部、综合年鉴19部、地情书籍61部、旧志17部。截至年底，共增加124部馆藏纸质图书的数字化工作。

（周怡彤）

【重庆市巴南区地方志资源数据库】 年内，重庆市巴南区地方志编纂中心完成地方文献数字化处理，扫描巴县旧志、第一轮修志成果等地方文献66部，合计29364页，目录著录5000余条，对馆藏1200余册市内外志鉴及地方文献进行重新编目、张贴数字标签、建立资源目录，第二轮修志成果58部志书电子稿收集齐全。建成两库两专栏一平台，在巴南区数字档案馆系统建成地方志资源数据库，在图书馆系统建成地情文献资料数据库，在区政府网站开设走进巴南专栏，在区图书馆网站开设巴南地情展示室专栏；整合川渝两地19家公共和高校图书馆地方文献书目，完善巴蜀·巴渝地方文献联合目录检索平台，促进地方文献共享和深度挖掘。数字赋能方志成果转化应用，通过数字档案馆系统和图书馆文化共享工程系统向镇街部门共享地方志资源目录，使公众能够便捷获取地方志资源；利用地方志资源制作音视频文件，在巴南电视台老巴县龙门阵和巴南广播电台音乐随声听栏目播出，让方志文化接地气有温度。 （白刚）

【重庆市铜梁区地情资料数据库】 年内，重庆市铜梁区史志研究中心开展"互联网+地方志"行动，将区史志研究中心的志书、年鉴、党史、期刊等地情资料进行整理，形成档案1231卷，同时进行数字化处理，建成数据库，做到数字存史、网上资政、网上教化、利用，推动史志文化转化和发展。 （张玉洁）

【彭水县地方志图书数字化】 年内，重庆市彭水县全面完成馆藏纸质图书数字化工作，其中县级综合志书2部352.9万字、综合年鉴9部478.6万字、旧志2部101万字、地情书籍19部455.1万字，共计完成32部、13717页的馆藏纸质图书数字化工作。 （陈坤）

【四川省方志资源数字化】 年内，四川省志办加快方志资源"数字化"，推动"互联网+地方志"，继续开展志鉴电子版征集工作，2021年收到志书、年鉴、地情书电子版830部。截至年底，共完成1500余部书籍数字化，供公众查阅。泸州市数字史志馆（一期）建设项目纳入泸州市智慧城市和信息化项目2021年度实施计划，预计到2023年完成基础建设。德阳市常态化开展史志数字化工作，将史志书籍、资料数字化后上传至德阳大数据平台。绵阳市成立地方志信息化建设项目领导小组，编制信息化建设方案，进入采购程序。乐山市依托四川省情网和乐山市委党史和地方志网站栏目建设，发布综合志书13部、综合年鉴12部、地情书籍5部、文章87篇、地情图片200幅，合计22.8G。南充市依托市方志馆图书查阅系统建设，上传综合志书10部1470.3万字、专业志书5部310万字、综合年鉴41部3160万字、地情书籍13部410.5万字、文章196篇17.2万字。宜宾市依托宜宾史志网（网库合一）发布综合志书2部230万字、综合年鉴11部699万字。广安数字方志馆补充书籍16部，有数字化书籍65部、地情文献10部，累计4万多页、5000余万字，年度总访问量约5万人次。眉山市依托市、县（区）政府网站发布综合志鉴2部152.5万字、文章70篇21万字、地情图片120幅。甘孜州完成甘孜州数字方志馆（一期）项目，建成特色数据库1个，完成《甘孜州志》《甘孜州年鉴》等126本（册）文献数字化加工入库，全库文字OCR并实现全文检索和甘孜州特色UI设计。全年，省、市、县三级地方志部门有数字方志馆（数据库）13个。 （朱丹）

【成都市地情资料数字化】 年内，四川省成都市志办严格落实相关规定，扎实开展数字化建设，突出做好事故排查整改工作，针对信息发布、网站链接、系统漏洞等环节，共进行46次例行检查、11次随机抽查，及时发现、整改问题12处，保证多媒体平台全年运行零事故。完成第四期成都市地方志编委会办公室纸质地情文献资料电子化服务项目，完成文字校对39005.9千字节，双层PDF制作26105页。

（冷一帅）

【贵州省方志云平台建设】 年内，贵州省志办丰富贵州省方志云平台资源，共完成6本志书、年鉴的碎片化加工及入库工作。同时，做好贵州省方志云宣传推广工作，与11家单位分别签署贵州省方志云综合服务平台合作协议，并在2021中国国际大数据产业博览会上通过易拉宝、宣传册、显示大屏等进行平台的展示宣传。

（方文鹏）

【陕西省地方志数据资料库】 年内，陕西省志办进一步整合全省地方志系统数字化资源，实现方志资源共享。依托省志办网站管理系统，全省市、县（区）地方志信息化工作人员通过VPN登录网站后台，以统一的技术规范和要求上传地方志数字化书籍资料，充实地方志数据资料库。截至年底，网站上传发布多种格式地方志数字化书籍1218部（册）。累计征集到陕西省第二轮三级志书数字资源148部（册）。

（陕西省方志馆）

【甘肃省数字方志馆建设】 年内，甘肃省史志办继续加强甘肃数字方志馆（http://www.gsdfszw.org.cn/）数字建设。截至年底，累计完成数字化志鉴882部、6.7亿字，图照11.7万幅，网站累计浏览量达到103万人次。

（贾小炎）

【青海省志鉴数字化建设】 年内，青海省志办推动志鉴数字化建设，完成第三批共38部志鉴的数字化制作及验收工作。截至年底，通过购买社会服务，青海省志书数字化项目先后完成第一批83部第一轮省志专业志的数字化制作及验收工作，第二、三批共97部第一轮州县志以及《青海年鉴》、相关地情书籍的数字化制作。

（杨树寿）

【新疆维吾尔自治区数字化方志库】 截至年底，数字化新疆方志库收录新疆首轮出版的全部志书和《新疆年鉴》1984年卷至2013年卷，共计250卷，约4亿字。因特殊原因，数字化新疆方志库暂时对外关闭。

（刘铖）

【新疆生产建设兵团史志信息数据库】 年内，新疆生产建设兵团史志信息化、数据库工程（一期）项目续建工作继续推进。完成相关数据导入和校核史志书籍相关内容工作，建立不同子库，共收录公开出版的700多部兵、师、团史志书籍，4亿余字。兵团史志资料库数据库实现内部试运行。

（王兴鹏）

· 新媒体平台建设

【"方志中国"微信公众号】 年内，"方志中国"微信公众号发布页面全新改版，可提供链接中国方志网、中国国情网、中国地情网的服务，并形成省市县三级地方志工作机构以及行业微信矩阵群。"方志中国"年度订阅数15022个，发布推送130条。

（张晶萍）

【"史志北京"微信公众号】 年内，"史志北京"微信公众号不断推送史志工作信息和相关文章视频，全年共发布278期，合计712篇信息，阅读量近20万人次；发挥今日头条、喜马拉雅、抖音等各大新媒体平台宣传阵地作用。

（刘慧）

【"天津市档案方志"微信公众号】 年内，"方志天津"微信公众号推送信息141条，以图文形式发布工作动态、志书出版、党史学习、民法典、中华家训、为官箴言、老天津之冠等信息。11月19日，"方志天津"与"天津市档案馆"微信公众号合并，更名为"天津市档案方志"微信公众号，以宣传档案史志资料，探究天津历史文化为目标，将微信平台打造成宣传档案史志文化的阵地。该微信公众号设置记忆天津、专题专栏、档案服务3个板块。每个板块均有5个子菜单，包括专题展览、老照片、史志故事等，子菜单会根据不同的时间节点随时更换。截至年底，微信平台总用户量达1.6万个，多篇推文阅读量达到10万以上。"天津市档案方志"微信公众号合并后推送信息42篇。阅读人数9685人，阅读次数14209次。

（柳杨 李玲玲 郑佳）

【河北省地方志新媒体建设】 年内,"方志河北"微信公众号关注人数近万人,推送信息730余篇,年阅读量13万余人次。"方志河北"澎湃问政号、今日头条号同步推送,年阅读量达千万人次,内容涵盖河北地情、各级地方志机构工作动态、志鉴和地情书籍出版情况等;澎湃政务号2021年度"最佳政务传播——文旅传播榜"榜单"方志河北"榜上有名。截至年底,市、县两级地方志新媒体平台数量120余个,"方志河北""方志大名""方志邯郸""方志清河""方志安国""香河方志"等长期占据澎湃指数文化榜前列。"方志大名"澎湃号入选澎湃政务号2021年度"最佳政务传播——文旅传播榜"。 （梁敏学）

【内蒙古自治区地方志新媒体建设】 年内,内蒙古自治区地方志研究室主办的手机网站、手机报、微信公众号、多功能数据库稳定运行。其中,微信公众号发布270期,年阅读量达10万人次。 （李承远）

【辽宁省地方志新媒体建设】 年内,辽宁省4个市级地方志工作机构推出微信公众号,分别是大连市志办的"大连史志"、中共营口市委党史研究室的"营口春秋"、丹东市志办的"丹东年鉴之家"、阜新市史志办的"阜新市史志办公室"。2个县级地方志工作机构推出微信公众号,分别是大连市甘井子区党群综合服务中心的"甘井子史志"、大连金普新区综合事务服务中心（区志办）的"金普综合服务"。年内,"营口春秋"微信公众号推送微信图文和消息84条,内容涵盖营口历史、营口市情、营口人物、年节习俗等众多方面,阅读量近万人次。 （梁忠音）

【"方志吉林"微信公众号】 年内,"方志吉林"微信公众号编辑推送图文信息116条,收到互动留言171条,总浏览量15万人次,转发8000余次,平台总关注人数4341人。 （李刚）

【"史志龙江"微信公众号】 年内,中共黑龙江省委史志研究室创新微信公众号"史志龙江"的栏目设置,设大美龙江、史志要闻、党史钩沉、史人治史、龙江风情、节日民俗、红色龙江、战疫史话、红色文化等栏目。该微信公众号被列为全省党史学习教育重要宣传媒体,平均每周推送2期,全年推送105期372条信息,充分发挥微信公众号阵地作用,高频次推送史志讯息。 （朱丹 张帝）

【"方志上海"微信公众号】 年内,"方志上海"微信公众号推送79期,发文近300篇。包括《法华镇|一条马路穿越千年》《上海女性烫发简史》等原创推文30余篇。获市委宣传部"月度最佳稿件"1次和"月度最佳公众号"2次;6篇推文被"上海发布"转发,其中2篇的单篇阅读量为10万人次;3篇推文被"学习强国"上海学习平台转发,并推荐其文字稿刊于《解放日报》;澎湃新闻全年转发"方志上海"微信公众号推文222篇,阅读量约147.6万人次,其中2篇的单篇阅读量为50万以上人次、9篇单篇阅读量为10万人次。 （王师师 陈畅）

【江苏省地方志新媒体建设】 年内,江苏省加快地方志与新媒体融合,13个设区市全部开通运行方志微信公众号。各县区陆续创建微信公众号,形成地方志新媒体矩阵。"方志江苏"政务新媒体包括微信公众号和头条号,2021年度发布信息和粉丝数再创新高。年内,"方志江苏"微信公众号发布信息1053篇,其中原创地情文章352篇,粉丝数2万,访问人次达150余万;头条号发布信息472条,累计阅读量300万人次,"方志江苏"政务新媒体整体运行良好。2021年度"方志江苏"政务新媒体紧紧围绕中心大局,主动捕捉热点,策划专题文章,传播党的声音,讲好江苏故事,持之以恒提升方志文化影响力。积极配合党史学习教育,推出"跟着方志学党史""江苏100个红色地名故事"等系列,深度挖掘江苏红色资源、整理编撰党史故事。紧贴要闻大事,探索历史渊源。与江苏新闻广播、高等院校、文史名家等进行深化合作，打造了"江南""长江文化与苏商传奇""方志大讲堂""文史赏听"等品牌系列。围绕人民群众喜爱的电视、电影节目，深入解读背后的文化内涵，受到好评。6月29日，省政府办公厅印发《关于2021年第二季度全省政务新媒体检查抽查情况的通报》，对省志办着力通过政务新媒体推进政务公开，为群众办实事，积极发挥政务新媒体的作用给予充分肯定。通报指出，省志办"方志江苏"微信深耕内容，主打原创，以高质量内容服务中心工作，连续两年保持全国地方志系统省级第一名。7月2日，省志办、江苏新闻广播联合打造的《江苏小康印迹》H5融媒体产品上线，在我苏网、微讯江苏、方志江苏、Radio江苏、直通江苏、江苏省情网等网络平台同步推送。《江苏小康印迹》H5融媒体产品内容涵盖13个设区市、95个县（市、区），以及全省19个经济技术开发区、工业园区、示范区的小康图景，以互动电子书的形式作为内容载体，图文乐相结合，全景、立体地展现江苏高水平全面建成小康社会的答卷。年内，江苏省无锡市档案史志馆完成掌上《无锡年鉴（2020）》PC端的开发，并于2021年2月4日在"中国无锡"政府网站首页"魅力锡城—无锡年鉴"栏目上线。掌上《无锡年鉴（2020）》实现在安卓、苹果、PC端查询使用全覆盖，可以全天候跨地区方便查询无锡市情。全新开发的年鉴移动端、PC端，采用电子书样式，具备目录检索、全文检索、模糊搜索、放大缩小、复制粘贴等功能。"宿迁史志"微信公众号推送信息236篇，年阅读量5万余人次，"清博指数"跻身全国地方志榜单前10名。"宿迁史志"微信公众号共被"学习强国"宿迁平台转载文章24次，被宿迁市政府网站、《宿迁日报》、《宿迁晚报》、"速新闻"、"宿迁之声"等媒体转载文章27篇、视频2部，累计100余次，成为服务群众方志文化需求的新阵地。

（李海宏　武文明　尤岩）

【"方志浙江"微信公众号】　9月6日，浙江省志办负责运营的"方志浙江"微信公众号正式上线。该微信公众号旨在立足浙江地方志工作，弘扬浙江地方历史文化，介绍浙江省情地情，讲述浙江故事，通过最具浙江辨识度的重大历史事件、著名历史人物事迹、重要的物质文明和精神文明成果等精彩的历史文化片段，展示浙江地域风貌、发展成就和人文精神。设志界动态、公告通知、浙里有志、历史大事、史志纵览等主要栏目，特色主题有"地方志成果转化应用""跟着方志赏民俗""跟着方志游西湖"等。截至年底，推送图文信息80篇，关注人数754人。

（浙江省志办）

【安徽省地方志新媒体建设】　年内，"安徽党史方志"微信公众号推送信息369篇，年阅读量28.7万余人次，内容涵盖安徽地情、各级地方志机构工作动态、志鉴和地情书籍出版情况等。截至年底，市、县两级地方志新媒体平台数量达21个，阅读总量达到1.3亿人次。

（刘春）

【江西省地方志新媒体建设】　年内，"方志江西"微信公众号推送信息449篇，年阅读量18万余人次，内容涵盖江西地情、各级地方志机构工作动态、志鉴和地情书籍出版情况等，文章阅读量有大幅提升。"江西省方志馆"微信公众号上线，推送文章13篇，年阅读量800余人次，设本馆概况、数字图书馆、读者服务等栏目，为广大读者在线查询和在线阅读地方志资料提供便捷平台。全省绝大多数设区市均开设微信公众号，部分市、县地方志工作机构开设微博、抖音，这些新媒体平台成为深入挖掘地方志资源，传播赣鄱文化的重要载体。其中，赣州市于都县运营微信公众号，抖音、快手、微视频等多个新媒体平台，阅读量达百万人次。

（黄诗惠　涂杨）

【山东省地方志新媒体建设】　年内，"山东史志"微信公众号发布信息1025篇，阅读量9.72万人次，关注人数16570人。"山东史志"今日头条号发稿840篇，阅读量25.7万人次，累计发布5231条，阅读总量达到413万人次。东营市创新举办"我i黄河"短视频有奖征集活动，全面展示黄河流域的自然风光、城市风貌、文化古迹、旅游景点、非遗传承、民风民俗、美丽乡村或特色物产等内容，在抖音、快手等热门短视频平台进行话题营造，并通过"国家方志馆黄河分馆"官方抖音号、微信公众号、视频号等平台进行展播，扩大提升黄河文化影响力。曲阜市开通"曲阜史敢当"微信公众号，充分利用新媒体传播快捷优势，更好地记述、宣传儒家文化、史志工作等主要内容。

（魏伟）

【河南省地方志新媒体建设】 年内，"河南记忆"官方微信公众号推送史志动态信息300余条，年阅读量5万余人次。内容包括河南地情、省内各级地方志机构工作动态、地方史志政策法规、志鉴和地情书籍出版情况、政治理论研讨、学习培训情况等。配合党史学习教育，开设"百年足迹·中国共产党在河南"专题。截至年底，全省共有33家地方志工作机构开通微信公众号、微博等新媒体平台。

（李惠清）

【湖北省地方志新媒体建设】 年内，湖北省地方志系统继续开展新媒体平台建设。"史志宜昌"微信公众号于2015年6月开通，2020年6月更名为"史志宜昌"（原名"宜昌往事"），是宣传宜昌史志工作的重要平台。2021年共推送党史方志文化稿件161篇。3月，黄冈市英山县"英山史志"微信公众号开通，全年推送信息59篇，年阅读量4万余人次。该微信公众号实现与英山党委政府主流融媒体同步推送，年阅读量千万人次，内容涵盖英山县情、地方志工作动态、志鉴成果推介等。咸宁市赤壁市"赤壁兰台"微信公众号创建于2020年9月，截至2021年底，累计发表文章97篇，浏览量达13万人次。

（湖北省文化和旅游厅地方志工作处）

【湖南省地方志新媒体建设】 湖南省地方志编纂院运营的新媒体平台有"方志湖南"微信公众平台和"韩公亭"微信公众平台。年内，"方志湖南"微信公众平台增加地方志、通知公告、旧志整理、党史学习教育、机关党建5个话题，对部分以往发布的消息进行话题分类，将"党史学习教育"话题配置在公众号主页上。同时，将湖南省地方志编纂院网站的机构职能、内设机构、直属机构、互动交流等栏目直接外链到公众号的自定义菜单，加深网站和微信公众号的结合度。截至年底，"方志湖南"微信公众平台关注用户837人，年内共计推送消息209条，年内用户阅读30702次。11月22日，"韩公亭"微信公众平台开通。该平台定期发布《韩公亭》的"云展网"电子书，介绍《韩公亭》的目录及上新情况。《韩公亭》2021年的5册内容全部上传至自定义菜单的链接页面中。截至年底，访问量1453次。年内，湖南省方志新媒体平台主要集中在微信公众平台，运营的新媒体平台共20个，除"方志湖南""韩公亭"外，还有"方志长沙""史志株洲""常德史志""娄底史志""张家界史志研究""红色湘西""史志怀化""史志醴陵""蒸水党史""史志耒阳""常宁史志""茶陵档案""湘阴党史""鼎城史志""红色石门""夫夷史苑""永定区史志""永顺县党委史志研究室"，在全国地方志微信公众号月榜单中排名较靠前的有"方志湖南""方志长沙"。14个市州地方志工作机构中，有7个开通微信公众平台。

（任璀洺）

【广东省地方志新媒体建设】 年内，广东省地方志新媒体平台包括"学习强国"方志广东专栏、微信公众号、微博、头条号等。主阵地微信公众号矩阵有"方志广东""广东省方志馆""广州市情""深圳党史""汕头史志""佛山档案方志""韶关市志""河源史志""方志梅州""惠州档案方志""汕尾档案方志""方志东莞""中山档案方志""五邑档案方志""史志阳江""茂名史志""肇庆史志""史志清远""云浮档案方志"等

19个公众号，其中"茂名史志"关注人数超20万人。学习强国"方志广东"专栏累计供稿近600条，特别推荐81篇，全国平台选用19篇，浏览量1700万人次，2021年度被广东学习平台评为20个优秀通讯站之一。"中山档案方志"微博累计阅读量超2070万人次。

（广东省志办）

【广西壮族自治区地方志新媒体建设】 年内，"方志广西"微信公众号推送信息282篇，年阅读量5.4万余人次。至年底，广西共有5个方志微信公众号平台，包括"方志广西""方志北海""志说桂林""方志南宁""方志钦州"等；1个APP，即"方志南宁"APP。 （周珍朱）

【海南省地方志新媒体建设】 年内，海南省加强"琼崖史志"微信公众号建设和利用工作，在庆祝中国共产党成立100周年之际，加大对海南党史原创性文章推送频率，设海南百件大事（附音频版）、海南百名人物、琼崖党史微课、海南红色地图、海南改革开放实录等专题栏目，可读性和覆盖面大幅提升。微信公众号全年编辑推送296期，发布文章和信息695篇，关注人数达到11347人，全年总阅读量超过15.8万人次。6月，正式上线《海南年鉴（2020）》微信小程序，该小程序具备目录导航、页面浏览、页面放大、文本复制四大功能，读者通过手机扫描小程序码或在微信上搜索"海南年鉴"微信小程序，即可在手机上浏览、阅读、检索、复制所需的内容，方便读者随时随地查询，实现掌上读鉴用鉴。同时，加大与其他媒体平台的合作力度，全年向"学习强国"海南平台成功推送发布文章376篇；联合人民日报海南分社、人民网海南频道、海南省广播电视总台、海南日报社等推出海南党史系列报道近300篇；联合海南干部在线学习中心摄制党史短视频10个，作为党史课程在海南干部在线学习网、"学习强国"海南平台和"琼崖史志"微信公众号等平台上推出；结合建党一百周年主题，摄制原创党史微视频11个，其中党史微视频《木船打军舰》获第二届海南省"追寻先烈足迹"微视频大赛第二名，《中共琼崖一大的召开》获"知史爱党知史爱国"全国党史故事短视频展播活动三等奖、海南省优秀理论宣讲微视频；摄制原创廉政短片《鉴史问廉——海南有个海青天》，获首届海南省直机关工委创作大赛三等奖。

（陈文萍 张东安 王凌云）

【重庆市地方志新媒体建设】 年内，"重庆地方志"微信公众号推送信息855篇，年阅读量20万余人次；"重庆地方志"今日头条号同步推送原创文章355篇，获得年展现量432.9万余人次，年深度阅读量20.15万余人次。

（周怡彤）

【四川省地方志新媒体建设】 四川省志办充分发挥"方志四川""两微八号一网一台一刊一店一馆"（"方志四川"微信公众号、微博、人民号、澎湃号、搜狐号、头条号、企鹅号、川观号、封面号、抖音号、四川省情网手机版、喜马拉雅FM电台、《巴蜀史志》期刊电子版、微店、个人图书馆）新媒体矩阵作用，全年发布文章2920篇，宣传中华优秀传统文化、革命文化、社会主义先进文化，壮大主流思想舆论。截至2021年底，"方志四川"新媒体矩阵关注人数13.6万人（与2020年比，增加8万人），阅读量3.37亿人次（与2020年比增加2亿人次）。在澎湃新闻2021年每月进行的澎湃政务指数排名中，"方志四川"澎湃号排名澎湃政务全国文化榜前3位（其中8个月排名第2位）、澎湃政务四川榜前9位（其中6个月排名前3位）。"方志四川"新媒体矩阵发布的10余篇文章阅读量在50万人次以上，其中1篇阅读量314万人次，1篇阅读量261万人次，还有2篇阅读量分别为109万人次和102万人次。与"学习强国"四川学习平台建立常态化协作关系，在腾讯音乐相关平台发布省志办制作的近700篇音频，传播弘扬巴蜀文化。"成都方志"微信公众号推送信息811篇，阅读量24.6万余人次；"成都方志"抖音号推送短视频189篇，关注人数突破126万人，播放量2.6亿次。泸州市、绵阳市、内江市加强新媒体平台运行，雅安市在"雅州史志"微信公众号及各县区地方志部门微信公众号、头条号、抖音号等新媒体发布红色文化、民俗文化类文章，阅读（播放）量突破1800万人次。"雅州史志"微信公众号在"七一"前夕推出"党史网上知识竞赛"，6000余人参与答题。年内，"方志南充"微信公众号正式开通。泸定县志办与县融媒体中心合作，加强历史文化宣传。全年，各市（州）地方志部门建立史志新媒体平台64个。（朱丹）

【"贵州档案方志"微信公众号】 6月30日，贵州省档案馆（省志办）主办的"贵州档案方志"微信公众号正式上线。该微信公众号分消息、服务2个部分。"消息"设学习之窗、史海钩沉、档案见证、黔志纵览、编研集萃、人文山水、工作信息等栏目，"服务"设官方网站、黔方志云、预约查档、查档指南、联系我们等菜单，公众可进一步了解查档指南、进行查档预约及爱国主义教育基地参观预约等；通过"官方网站"链接到"贵州档案方志信息网"，通过"黔方志云"直接链接"黔方志云"小程序。截至年底，累计关注人数为684人，推送信息74期，共计147篇，平均每周推送5.7篇，其中原创文章19篇，年阅读量1.7万余人次，日均访问量94.4次，单篇阅读数最高达4576次。（毕文龙）

【"读云南"App】 年内，云南省志办"读云南"App上线云南历史文化类和省情类图文、书籍、视频等数字方志资源。主要设数字方志、数字年鉴、省情微视频、历史动漫、权威地情、地名溯源、资政辅治、互动参与等栏目，并在各大应用市场发布。截至年底，注册用户超过7000人。（云南省志办）

【陕西省地方志新媒体建设】 年内，陕西省各级地方志工作机构继续开展新媒体平台建设。"方志陕西""悦鉴西安""方志汉中""史志铜川""写在市志上的韩城""宁强记忆"等微信公众号持续开展主流意识形态宣传，及时发布地方志工作动态和陕西地情信息，推介地方志数字化工作成果。"方志陕西"微信公众号新开设"志苑评论"专栏，常态化向公众推送读志用志评论和体会，发挥志鉴交流的平台作用。"方志陕西"微信公众号全年推送陕西地方志图文信息186条，关注人数持续增加。（陕西省方志馆）

【"方志新疆"微信公众号】 "方志新疆"微信公众号于2015年开通，共计推送649条内容、2700余篇文章。年内，推送46条内容、262篇文章，访问量9000余人次。主要发布各类地情信息和全疆地方志系统活动信息。（刘铖）

·方志馆建设

【国家方志馆】 年内，国家方志馆建筑总面积11329.89平方米，展厅面积约2900平方米，馆内设"方志中国""魅力中国"两个展览。年内，共接待参观35场，230余人次。组织开展全国地方志系统第二轮修志成果报送工作，积极做好沟通联络、拆箱核查、登记造册、日志记录和证书发放等各项工作，年内共计接收入库1516家单位报送志鉴图书41487册，另有45G电子书、光盘350个、优盘12个。开展图书批量编目上架和复本图书整理工作，共完成志书编目4251种9705册，年鉴7255种16295册，普通中文图书7917种13676册，整理复本图书24996册。截至年底，国家方志馆完成编目图书总量为志书15749种34731册、年鉴15383种34793册、普通中文图书38561种58208册。加上已整理复本图书24996册，有效馆藏总量达到152728册。4月16日，国家方志馆南方丝绸之路分馆建设工作领导小组成立。7月1日，国家方志馆南水北调分馆试运行。8月20日，经中指办研究，并报经中指组领导批准，同意在珠海市设立国家方志馆粤港澳大湾区分馆。（谷春侠 付红旭 张晶萍）

【国家方志馆知青分馆】 年内，黑龙江省黑河市的国家方志馆知青分馆以"中国知青与共和国同命运"为基本陈列展览，叙述自1955年全国第一批知青垦荒队赴边疆农村开荒以来数十年的知青史，展览内容共分7个部分。国际博物馆日、文化遗产日和国庆期间，知青分馆举办"英模礼赞"临时展览。在新冠疫情防控条件允许的前提下，全年实现免费开放240天，接待观众15.6万人次。持续开展网上展览，在公众号上发布展览15期，点击量2.6万次，在"喜马拉雅"手机新媒体开办"树新讲知青"栏目，发布353期，点击量220万次。9月，经中国人民解放军北部战区批准，知青分馆挂牌"北部战区陆军——红色基因代代传教育基地"。知青分馆新展览中心项目基础和主体工程建设完毕，项目总投资1100万元，建筑面积4000平方米，集知青方志展览中心、中国知青专题馆、文创中心等于一体，立体化呈现中国知青精神和文化内涵。 （朱丹 张帝）

【国家方志馆江南分馆】 3月，国家方志馆江南分馆（苏州市方志馆）正式立项。按照苏州馆市长办公会会议纪要精神，6月与项目代建单位苏州国裕建设项目管理有限公司、项目设计单位杭州中联筑境设计有限公司签订三方合同。10月完成土地规划性质调整公示。12月，苏州市资规局发布江南分馆项目建设工程规划批前公示。项目建筑设计方案通过五轮优化后进入深化设计阶段，工程建设的可研报告和项目概算进入送审阶段。 （沈萌潋）

【国家方志馆黄河分馆】 年内，接待游客12万余人次，入选第九批中国华侨国际文化交流基地，成功加入全国水利博物馆联盟，获评山东省爱国主义教育基地。面向全社会开展"我i黄河"短视频有奖征集活动，优秀作品在"国家方志馆黄河分馆"微信公众号等平台进行展播，黄河文化影响力得到进一步彰显。受邀参加黄河生态文明国际论坛线上论坛，在"黄河文化与生态文明志建设"分论坛上以"感悟母亲河"为题发表演讲，从文化层面对"母亲河"内涵进行了深刻阐释，呼吁大家感悟母亲河、形成黄河文化自觉、坚定黄河文化自信，让中华民族的文明形态在全世界弘扬光大，为打造世界人类命运共同体做出新的更大贡献。与山西省考古研究院签订战略合作协议，在陈列展览、学术研究、人才培养、资源开发等方面，共同探索创新合作方式，合力打造黄河文化事业发展"共同体"。发挥黄河分馆平台优势，创办"黄河讲堂"，服务大中小学生研学游和市民文化素质提升。开辟"第二课堂"，与东营育才学校、东营市第二中学等多所中小学校联合建立研学基地，与山东理工大学、山东师范大学文学院、东营职业学院等高等院校共建校外实践教育基地，先后有700余批次，近9万名青少年来馆开展研学活动，引导青少年学生深入地了解黄河流域的历史、文化、地方特色及发展变化，激发青少年学生热爱家乡、热爱祖国的情感。联合市广播电视台制作推出系列专题片《黄河口史话》，制作《从这里读懂黄河》《三馆共建手拉手·大河文化竞风流》等宣传片，推动黄河文化加快走进千家万户。 （耿玉石）

【国家方志馆南水北调分馆】 7月1日，国家方志馆南水北调分馆试开馆。该馆为全国第三家开馆的专业分馆，位于南水北调焦作城区段总干渠入城拐角处，总占地300亩，建筑总面积约4万平方米，主馆3层、高23.9米，建筑面积1.76万平方米、总投资6亿元。造型设计灵感来自成语"水到渠成"，外观以水为形、以南水北调渠首为意，简洁流畅、灵动时尚、活力绽放，俯视建筑为"如意"形态的设计造型。该馆以调水工程为主题，设室内、室外两个展陈空间，室内展陈包含序厅、基本陈列厅以及故乡之水、和谐征迁、复兴之水3个专题展厅，主要展示反映南水北调征迁、安置、建设方面的实物、史料及相关影像作品等。室外展陈主要有穿黄工程盾构机、提槽机、衬砌机及其他大型施工机械等。 （徐德森 李惠清）

【国家方志馆长江分馆】 3月，国家方志馆长江分馆暨重庆方志馆作为公共文化服务重大项目被纳入《重庆市国民经济和社会发展第十四个五年规划和二〇三五年远景目标纲要》。重庆市志办积极推进各项筹备工作，形成《国家方志馆长江分馆暨重庆方志馆工作方案》，初步规划长江分馆的功能定位和设计蓝图。向市规划自然资源局报送《关于国家方志馆长江分馆暨重庆方志馆选址建议的函》。在展陈设计方面，起草《国家方志馆长江分馆暨重庆方志馆展陈设计》，拟按照序厅、长江历史文化展示厅、重庆历史文化和地情市情展示厅、重庆非物质文化遗产展示厅、方志文化展示厅、展望未来、临时展示厅等7部分进行布展设计。在书籍征集方面，进一步丰富馆藏资料，争取专项经费480余万元，采购《中国方志丛书》《天一阁藏历代方志汇刊》《北京大学图书馆藏稀见方志丛刊》《民国二十年代中国大陆土地问题资料》（全201册）等方志典籍。截至年底，重庆市志办馆藏图书达到16833种47779册。通过地情实物征集活动、市场化购买、个人捐赠等方式，收集巴蜀地区各类票证、器物、标识标牌以及工业品等地情物件800余件。　　　（张莉　陈欣如　贺壹城）

【国家方志馆南方丝绸之路分馆】　国家方志馆南方丝绸之路分馆是中国西南地区首家国家方志馆分馆，于2020年12月30日经中指组批准，中指办批复同意落户大理州剑川古城，主要利用地方政府原有的18个古建筑院落进行规划布展，是全面反映南方丝绸之路及沿线国家和地区开展经济贸易、文化交流的公共文化场所。2021年4月，启动一期项目布展，组建工作领导小组及其办公室，组长为云南省分管副省长和中指办主要领导，下设综合协调、资料征集、策划布展、志书编纂、专家联络5个工作组。州、县两级设立建设工作指挥部，抽调省州县三级驻县指挥部工作人员16名。成立五个专家组，分别聘请中国社会科学院、复旦大学、云南大学专家、教授担任组长和首席专家；组建专家库，首批聘请22位专家；与中国社会科学院边疆研究所、世界宗教研究所、哲学研究所和复旦大学历史地理研究所、云南大学民族与社会学院等团队签订学术支持协议，先后委托复旦大学、云南大学团队完成布展大纲编制并组织了专家评审；开展百万奖金征集设计方案活动。为充实馆藏，指挥部与南方丝绸之路沿线省份以及重要节点城市、省内各地方志工作机构建立工作协作联络机制，发布资料征集公告。至2021年底，云南省16个州市、129个县区市和国内涉及的8个省市、1个节点城市的志书、年鉴、地情资料征集工作全面完成，共征集资料5518册。50多名热心人士无偿捐赠实物、古籍157件。大理州指挥部调拨价值100多万元的36种209件展品。2021年底，完成主题馆、综合馆、数字体验馆、沙溪古镇茶马古道馆、大理古城大理石馆建设。

（云南省志办）

【北京市方志馆】　年内，北京市方志馆贯彻新冠疫情防控要求，暂停接待个人参观，只接待团体预约参观。全年接待北京市发展改革委、北京市工商联、安徽省志办等团体参观22批次356人，接待时长32.5小时。接待社会公众查阅资料2300人次，提供馆藏库本阅览2351册。12月，北京市方志馆改造项目完成。该项目针对方志馆第四层、第五层1300平方米进行升级改造，将原办公区改造升级为展陈区，包括"方志北京""年鉴北京"常设展和"志说'一城三带'"专题展，总投资910.89万元，完成基本陈列。"方志北京"展览主要采取图文版面与实物陈列相结合的传统展示方式，在593平方米区域，通过302幅图片、近4万字文字、780件实物（含志书）、"燕京八景"等场景，重点展示北京市现存的百种千卷旧志、千部万册新志，力求让观众感受北京方志文化博大精深的独特魅力；"年鉴北京"展览在227平方米区域内，通过250幅图片、近2万字文字、340余种年鉴（刊）、"记忆拾珍"多媒体互动、"年鉴长河"等场景，重点展示党的十八大以来北京经济社会发展取得的光辉成就以及各行各业发生的巨大变化，宣传新时代伟大成就，助力观众从中汲取历史智慧;"志说'一城三带'"展览以"志说"为切入点,围绕北京厚重的历史文化和"一城三带"相关规划,兼顾特色,勾连古今,一步一景,将方志文献中的经典图文运用于展陈之中。在480平方米展览区域,通过281幅图片、近2.6万字文字、309件实物(含志书)、军纪密符扇多媒体互动、"永定之水天上来"等场景,重点展示北京的老城和大运河、长城、西山永定河三条文化带。　　(北京市方志馆)

【北京市西城区方志馆】　年内,北京市西城区志办依据北京市"十四五"规划关于建设各级方志馆的规定,在学习其他省市方志馆建设经验的基础上,立足西城区实际,拟定《关于建设西城方志馆的方案》。方案获得区委区政府支持,经过前期汇报沟通协调,8月区政府常务会议审议通过,依托正在规划建设的西城区光源里棚户区改造项目建设西城区方志馆,规划面积2035平方米。西城区志办配合天恒正和置业项目开发部整体规划,做好西城区方志馆的规划设计工作。　　　　　(齐田)

【北京市房山方志馆】　年内,北京市房山方志馆总藏书3361册,有展板63块、展柜12个、展品58件。全年接待参观、借阅1500余人次。房山方志馆发挥社会教育阵地功能,推行"1+N"模式,形成以房山方志馆为中心,依托窗口单位、人员密集场所,探索设立史志驿站,以点带面,逐步推动方志馆阵地体系建设,讲好、宣传好"房山故事"。　(曹梦玲)

【天津市地方志馆】　年内,天津市地方志馆文献资料室与市档案馆利用大厅实现服务融合,优化档案方志查阅利用服务。推进文献资料室书籍目录信息化管理,对近万册上架查阅书籍实现信息查阅、关键词检索、库存更新等信息化管理功能。丰富馆藏资源,全年接收志书、期刊等2800余册。规范馆藏资料管理,对17万余册馆藏书籍分批次盘点整理并集中管理,制定《库房管理规定》《库房管理人员工作职责》等制度。围绕建党百年主题,结合党史学习教育,设立红色资料查阅专区,购买全国名镇名村志等资料并上架利用。优化服务措施,完善文献资料室管理制度,配备基础药品和必要设施,接待查阅群众310余人次。服务方志"六进",开展"学百年党史送书到基层"主题实践活动,为基层提供地情资料服务。依托"天津市地方志志愿服务队",为帮扶村提供相关书籍,充实乡村书屋。9月,天津市地方志馆将8.2万册志鉴资料移入市档案馆档案库房保存。年内,天津市档案馆对2000年至2016年版《天津区县年鉴》共计17部、1804.5万字、11907页的馆藏纸质图书进行数字化扫描。查阅服务中心累计接待进行学术研究、编史修志等工作的专家学者及文史爱好者4625人次。年内,为静海区档案馆抢救修复《静海县志》4册,819页。
(穆欣　马锦玲　邓磊　李颖　张媛　戴传辉)

【河北省方志馆建设】　年内,河北省方志馆建设进入实质性阶段。省档案馆、省方志馆合建项目获批,可行性研究报告完成编制并获得省发展改革委批复,项目设计方案通过专家会,进行项目初步设计和施工图设计。为满足即将建成的省档案方志馆藏书需求,丰富馆藏资源,购买志书2200册。截至年底,河北省有秦皇岛市、保定市、张家口市、邯郸市4家设区市方志馆。其中,张家口市方志馆完成内部布展,即将投入使用;邯郸市方志馆投入使用,对外开放。　　　　　　　(刘霁)

【保定市方志馆】　河北省保定市方志馆于2015年3月开馆,供各界人士免费参观。整体功能定位为以展示保定地情文献,收藏保定市范围内历代志书、年鉴、地情书和历代保定学者的著述、与保定有关的著述为主,兼收国内各地历代志书、年鉴和地情书;收集、展示保定抗日战争史料;开辟保定地情、历史文化学术讲堂。馆内分为展示区、典藏区、临时主题展区和接待区。展示区设地方志展室、抗战史料展室、光园与民国风云展室、方大曾纪念室、何明清纪念室、晋察冀日报纪念室等。典藏区以收藏保定市的各类志鉴、地情史料和历代有关著述为主，收藏图书5000余种，书刊近2万册。年内，保定市方志馆发挥地情教育功能，举办各类公益活动。推进党史学习教育，和保定市门券收藏联谊会联合举办纪念建党100周年红色门券收藏展；开展"书香保定""书香润古城"活动，举办保定红色文化文库图书展览。向河北大学、河北经贸大学、河北省图书馆、衡水市图书馆捐赠《保定通史》《保定红色文化文库》《保定抗日战争史料长编》《保定历史文化资政志鉴》等史志丛书。全年累计接待登记来访者1万多人次。

（邢素丽）

【邯郸市方志馆】 12月27日，河北省邯郸市方志馆揭牌试运行。该馆位于邯郸市中华北大街东侧原市博物馆北副馆，建筑面积1739平方米，总投资1290万元。馆内设有展览展示区、公共服务区、收藏保护区、编纂研究区、学术交流区、信息技术区、综合服务区等功能区域。展览展示区以"志载邯郸"为主题，分"横陈百科纵观千年""文化瑰宝古籍珍典""依法修志资政育人"3个单元，介绍邯郸市情和方志文化。公共服务区设电子阅览室和文本阅览室，为公众提供咨询和地方志资料查阅服务。收藏保护区收藏邯郸市范围内历代志鉴书籍和地情书、历代邯郸学者的著述、与邯郸有关的著述资料和晋冀鲁豫区域的志书、年鉴、红色文化、家谱、地情资料、国内各地历代志鉴书籍和地情书等28000余册。

（邢素丽）

【山西省方志馆】 12月23日，山西省省情（方志）馆建设项目奠基开工仪式在太原举行。该项目建设地址位于太原东山大学城园区，总占地面积29784.92平方米，总建筑面积17659.5平方米。其中，地上三层建筑面积15398.66平方米，主要包含中心展厅、主题展厅、藏书库、数字方志、报告厅、研究室及设备间等辅助设施。 （山西省地方志研究院）

【吉林省方志馆】 年内，吉林省方志馆新馆完成项目建筑主体楼封顶、外墙砌筑抹灰23000平方米，外立面安装大理石面23000平方米，屋面保温、地墙面找平5000平方米、隔气层、石材预埋件及主龙骨建筑施工。确定弱电智能化设计方案、室内精装修设计方案，完成道路绿化招标工作，实现新馆暖气入网工程。8月，位于民康路386号的原馆舍搬迁至长春市人民大街4646号原出版大厦，作为吉林省方志馆过渡性办公场所。吉林省方志馆购买图书10745册，与全国地方志工作机构交换新出版志鉴图书1645册。截至年底，吉林省方志馆主要收藏各省级行政区编修的三级志书、年鉴及吉林省各类省情图书、画册、期刊、报纸、实物等16万余册。 （李刚）

【长春市方志馆】 截至年底，长春市方志馆共征集资料902种1807册。其中，志书534种，年鉴118种，地情资料250种。为满足社会各界需要，特别为庆祝中国共产党成立100周年，面向全市市直机关、企事业单位开展预约参观活动，接待团体28个。 （崔玉恺）

【黑龙江省方志馆】 年内，黑龙江省方志馆更新部分展览板块、提升接待水平，进一步丰富馆藏。图文展板涉及民族、自然资源、发展之路等9块展板，图片总计35幅；"走进龙江"栏目总数调整划分为一级栏目15个、二级栏目33个。全年接待63家单位1221人次，提供126场讲解。持续完善数字方志馆建设，以实体黑龙江省方志馆版面升级改造为基础，对数字方志馆相应板块和内容进行重新设计、扩容增量，全年共调整、增加数字展馆内容30余处；7月1日，黑龙江省方志馆进行360度三维全景拍摄，利用图片、视频影音、热点链接等方式加以展示。12月，推出微信二维码入口。

（朱丹　张帝）

【大庆市方志馆】 黑龙江省大庆市方志馆建于2006年，收藏大庆各类志书30多种、年鉴50余册、地情资料300余册、外地志鉴资料5000

余册。年内，通过进一步完善地情资料捐赠、购买渠道，改进资料搜集整理方法，大庆市方志馆建成融地情资料贮藏、研究、信息权威发布等功能于一体的，体现石油文化特色的方志文化传播基地，为地方志、综合年鉴、地情资料编纂工作提供重要参考，为广大市民和文艺工作者提供史料查阅服务。　（朱丹　张帝）

【明水县方志馆】　黑龙江省明水县方志馆于2015年2月开始筹建（自筹经费），2016年5月对外开放。明水县方志馆展厅面积260平方米，将明水县拓荒开垦以来各个时期的史志资料、文物旧物、地图图片、县域文艺作品及全国各地史志资料集中收藏，向全县群众免费开放展出，提供阅览、参观、查阅等服务。方志馆收藏史志书籍1万余册，其中志书1500余部（册），涉及全国400多个市、县；收藏明水县志、年鉴、行业志、部门志210册（部），其中民国时期48册、东北沦陷时期（抗日战争时期）31册、抗美援朝时期13册、建国时期（合作社）32册、"文化大革命"时期21册、改革开放后490册；收藏书画700幅，作者均是明水籍书画爱好者。明水县方志馆收藏地下埋藏物200多件，包括大型动物遗骸化石30件，生物植物化石30件，历史建筑文物22件，其中龙首螭吻和青砖青瓦为国家一级文物。全年举办展览20余次，包括文物、旧物、古典书籍、报纸、传统文化和老画报展3次，书画展6次（包括和文联、文体局、社区联合展），明水文化人作品展2次。全年接待各地群众查阅资料190余次。　（朱丹　张帝）

【上海通志展示馆】　上海通志馆新馆位于上海图书馆东馆四层，建筑面积约5000平方米，使用面积约2538平方米。新馆围绕"上海地情中心"的基本定位，致力打造成专业图书馆、专业展示馆、开发利用馆、学习教育馆、人才培养馆"五馆合一"的具有百年历史积淀的新型通志馆。2月8日，新馆开幕特展"上海城市品格养成记"展陈大纲经专家论证通过。5月底，上海图书馆东馆内部装修完成，新馆区域各项招标采购与落地执行工作全面铺开。8月26日，市志办党组调研新馆，了解馆内各板块功能及其施工建设情况。12月8日，上海图书馆东馆建设协调会召开，沟通下一阶段建设、开放计划及共建运维机制等事宜。12月28日，新馆首场预热活动——"上海地情普及系列丛书"出版座谈会暨第三辑首发式、第四辑启动仪式在新馆多功能厅举行。年底，新馆各项建设施工基本完成，对外正式命名为"上海通志展示馆"。　（杨婧）

【江苏省方志馆】　截至年底，江苏省有江苏省方志馆，南京、常州、苏州、南通、扬州、镇江、泰州7家设区市方志馆，宜兴市方志馆、仪征市方志馆等一批县（市、区）方志馆。江苏省方志馆对原有"方志之乡"展厅进行升级改造。年内，完成"方志中的江苏"展览设计施工单位招标工作。10月，与江苏省委党校（江苏行政学院）图书馆签署合作共建协议，约定共建共享省情资源，共建省委党校"江苏省情资料中心"，挂牌江苏省方志馆省委党校分馆。11月，在朝天宫街道挂牌"江苏省方志馆可园分馆"。南通市推进镇村史馆全覆盖工程，全市累计建成镇村史馆303家。盐城市确定方志馆选址，开展方志馆功能定位、场馆设计等前期调研工作。宿迁市方志馆于12月底开工建设。宿迁市组建"宿迁史志馆联盟"，普查全市各类史志场馆108个纳入联盟。年内，江苏省方志馆进库图书共758种（套）37048册，其中志书294种（套）25569册，年鉴147种（套）1290册，地情214种（套）609册，工具书42种（套）1235册，家谱7种（套）164册，影印旧志20种（套）8120册，理论资料34种（套）61册；全年出库图书共107种（套）5152册（不含志书六进图书），出库方式包含赠送1360册，销售2756册，省志办自用1020册，交换16册；全年采编图书600余种（套）近3000册，包括新征集的市县志书年鉴和购买的《江苏文库》《中国地方志集成·北京府县志辑》《中国地方志集成补编·山东府县志辑》《中国地方志集成补编·福建府县志辑》等图书，保证馆藏图书的连续性和前瞻性。加大地方志书、地情书、家谱及修志资料征集力度，全年征集到13个市、103个县区图书共243种（套）1427册，其中志书68种362册、年鉴127种786册、地情书43种252册、旧志3种17册、理论资料2种10册，是近几年省方志馆征集图书涉及种类、地区最多的一次。　　　　　　　　　　　　（沈萌潋）

【宿迁市方志馆】　江苏省宿迁市方志馆位置在市民活动中心内，12月正式开工建设，计划于2024年6月建成并投入使用。方志馆建筑面积约5000平方米，包含"方志宿迁"展陈馆、宿迁籍史志学家仓修良先生专门展厅、藏书库、临时展厅、学术报告厅、史志编修室、办公区等。　　　　　　　　　　　　（尤岩）

【海宁方志馆】　年内，浙江省海宁方志馆完成硬装施工、展陈布置、年度资料征集和馆藏图书编目工作。截至年底，"图说海宁"展陈区以"图经"为体例，上限追溯至发端，下限至年底，个别重大事项适当下延。采用图志的形式，分舆地、交通、文化、水利、经济五大部分，收录图照160幅，文字1.08万字，以地图为主，图片和图说为辅，纵览历史轨迹，呈现古今兴替。该展陈区设方志人物展陈专题，将海宁47位在方志领域较有成就的历史人物通过视频、屏风、群像图三种方式呈现。年内采购征集方志典籍、省通志、郡志、与海宁地域相关的志书250余种（套），完成图书编目，入库图书共计4075册。同步征集数字资源，为筹备数字方志馆打好基础，采购征集新方志76册、旧方志1115卷、海宁姓氏家谱39部。　　　　　　　　　（嘉兴市地方志编纂室）

【湖州市方志馆】　年内，浙江省湖州市方志馆坚持落实防疫措施，安全接待团队127批次，接待来客近4万人次。利用抓住重要纪念节日，举办"风华百年·国风端午"民俗活动、"颂百年风华·忆峥嵘岁月"红色家风亲子阅读活动、"红星闪闪·照亮前路"国庆活动等37场次，新增馆校共建学校1所，开展"一片叶子富百姓""一城一馆记菰城"和掐丝珐琅画等主题研学5次，获评"湖州市第四批科普教育基地""湖州市'童眼看湖州'首批亲子研学基地"等称号。持续打造方志馆小小讲解员团队，创新探索走岗制，合格上岗小小讲解员增至156名，累计服务逾3.6万人次。小小讲解员团队在"在湖州看见美丽中国"大型青少年儿童城市品牌推广系列活动中，分别获特等奖、一等奖和优秀奖。
　　　　　　　　　　（湖州市地方志编纂室）

【诸暨市方志馆】　3月，浙江省诸暨市党史和地方志研究室小型方志馆开始建设。10月，该方志馆建设完成。建成后，诸暨市党史和地方志研究室整理出库存书籍4100余册，归类上架并整理录入电脑，并开放免费查阅。
　　　　　　　　　　（绍兴市地方志编纂室）

【义乌方志馆】　浙江省义乌方志馆自2014年开馆以来，为社会各界免费提供史志书籍赠读和参观展览服务，累计接待群众3000人次。其中，接待绍兴社科联到义乌方志馆进行义乌丛书编纂工作调研。5月，义乌方志馆被公布为义乌市第五批非遗基地。　　（金华市志办）

【青田方志馆】　7月5日，浙江省青田县方志馆举行开馆仪式。青田县方志馆布展以"志载千秋世界青田"为主题，挖掘现有馆藏档案、方志资料的历史价值和当代价值，提炼青田内核精神与文化特色，打造具有青田独特魅力的文化新载体。该展览面积680平方米，主要分为方兴、三乡、社会、巨变、方志5个篇章，集中体现青田山河大观、历史沿革、文化特色、风物民俗、百年足迹、方志成果等内容。展馆将纳入乡土文化教育基地、侨乡文化特色旅游景点，满足人民群众对美好生活的文化需求，弘扬青田优秀地方文化。
　　　　　　　　　　　　　　（丽水市志办）

【安徽省方志馆建设】　年内，安徽省方志馆项目工程建设完工，其中展陈、调阅、收藏区建筑面积3200余平方米，计划于2022年底正式开馆。合肥市方志馆完成项目工程建设，对布展大纲做进一步审核修改。

（刘春）

【淮北市方志馆建设】 淮北市方志馆投入使用，建筑面积545平方米，设地方文献阅览室、数字史志馆、淮北地情研究中心，具有收藏、保管、展示、阅览、编纂、研究等功能。其中，地方文献阅览室收藏党史、志书、年鉴以及淮北地情资料等图书3万余册；数字史志馆含中国数字方志库、淮北数字史志馆，共收录志书、年鉴、地情资料10余万套；淮北地情研究中心是淮北市委党史和地方志研究室与淮北师范大学共同建立的资源共享中心。该馆是淮北市文化基础工程之一，对外免费开放。

（刘春）

【六安史志馆】 安徽省六安史志馆于2019年6月底正式开馆，建筑面积500多平方米。主要以"荟萃市情精华，讲好六安故事，弘扬地域文化，展示史志业绩"为主题，侧重体现"青山、绿水、红土地、皖西、皋城、金六安"的地域优势和人文特色，分为6个展区、20余个展片、近百块展板，集中展示六安市情精华及史志成果。该馆被评为六安市爱国主义教育示范基地。

（刘春）

【永泰县党史方志馆】 6月，福建省永泰县委党史和地方志研究室联合县图书馆打造的永泰县党史方志馆投入使用。馆内面积约150平方米，永泰县委党史和地方志研究室深入抢救、挖掘党史方志文化，编辑出版史志书籍，广泛征集、重版重要党史和方志文献，向省、市和兄弟县（市）区史志部门征集、交流，努力拓宽馆藏渠道。截至年底，馆内有藏书3000余册，包括革命亲历者回忆录、口述史记录、绝版史志书籍等非常珍贵的史志资料。

（陈曦）

【芗城区党史（区情）展示馆】 6月28日，福建省漳州区芗城区党史（区情）展示馆开馆，建设展厅面积约300平方米，总投资约105万元。该展厅分峥嵘岁月——革命斗争史（1921年至1949年）、艰辛探索——社会主义建设史（1949年至1978年）、辉煌历程——改革开放史（1978年至今）3个篇章，展示芗江儿女革命、建设、改革的光辉历程和伟大成就。

（蔡钰臻）

【江西省方志馆建设】 年内，江西省方志馆进一步完善布展功能，及时调整板块内容，"江西方志展""江西省情展"2个展厅重新布展完毕，对外开放。全年共征集、接收、交换各类省志、市县区志、年鉴等地情资料3000余册。向国家方志馆和高校、市县方志馆等捐赠地情资料5000余册。截至年底，江西省方志馆馆藏纸质文献约17万册，线装古籍698种近万册，影印古籍近6000册。加强与属地社区和省内社会团体、中小学校之间的联系，与江西电视台共同举办小记者研学活动4次。接待宜春史志办、上海通志馆、深圳市南山区档案馆等单位参观者11批次300余人。年内，德安县利用现有的县规划展览馆与方志馆融合，以多功能馆为雏形对方志馆进行改造提升。浮梁县进坑村、昌江区徐坊村建成并开放村史馆。分宜县史志办指导铃山镇田心村、操场乡牛泥塘村建成村史馆并成功申报红色名村。赣州市新方志馆纳入市政府2021年50件民生实事项目。于都县方志馆指导打造车溪乡优胜村方志馆和梓山镇潭头村史馆。

（邓静 黄诗惠）

【九江市方志馆】 9月29日，江西省九江市方志馆揭牌。该馆是九江市最大的地情资料收藏、展示、研究中心。场馆总面积2032平方米，设地情展示区、藏书区、办公区、阅览区4个功能区。其中，地情展示区671平方米，设方域、方俗、方舆、方物、方志5个展区，运用大量珍贵历史影像、照片、文物，全面展示九江市自然、政治、经济、文化、社会等各方面的历史与现状。10月12日，接待首批团体参

观者。 （黄诗惠）

【山东省方志馆】 年内，山东省方志馆紧抓馆藏与社会服务工作，推进职能运行。全年入库图书5491册，其中社会捐赠达1470册，出库11451册，完成主要馆藏书目编制。全年服务超2100人次，是上年的3倍。基本完成130万字的《山东地方志中的文庙》专项成果，馆内业务人员发表理论文章4篇；与复旦大学、山东大学图书馆开展交流合作，聘请复旦大学知名教授杨光辉、巴兆祥担任学术顾问。在上级部门网络媒体平台发布信息30篇，开展文创产品设计制作发放，筹划在中小学开展古地图展览，社会影响力进一步扩大。 （张富华）

【河南省方志馆】 年内，河南省方志馆新增馆藏图书1000余册，对志书和年鉴的馆藏库房进行扩容整理，新增2间志书馆藏库房和1间年鉴馆藏库房，将第一轮和第二轮省、市、县三级志书，31个省（区、市）年鉴、河南年鉴与河南省市、县两级年鉴重新整理上架。实现省方志馆面向社会开放，接待社会各界人士查阅，为配合党史学习教育，在方志馆阅览室开辟"四史"专栏。同时，省方志馆充分发挥地情资源优势，积极开展方志文化"进机关、进农村、进社区、进校园、进企业、进军营"活动，结合党史教育活动，向省直机关、社会团体、大专院校等100多家单位赠送第一轮《河南省志·共产党志》2800余册。为市、县、乡、村方志馆建设，捐赠大量志、鉴图书，为企业文化建设提供第一轮和第二轮省志及市县年鉴图书。向国家方志馆、31个省（区、市）史志机构和省内市、县两级修志机构赠送第二轮河南省志900套。 （李惠清）

【洛阳方志馆】 年内，河南省洛阳方志馆开馆。该馆建有地情展厅、图书阅览室、电子阅览室、研学基地、临时展厅等功能区，开发有"洛阳地情数据库"。该馆地情展厅是核心功能区，展厅分为"天下之中福地沃壤""千年古都圣贤之邦""文化名城礼乐原乡"等6大篇章，集中全面展示洛阳深厚的历史文化底蕴和灿烂的文明成就。图书阅览室收藏洛阳市地方史志研究室整理出版的《中国河洛文化文献丛书》，该丛书收录全国各大图书馆收藏的洛阳历代旧志、河图洛书文献、洛阳名人文集、戏剧文献等各种典籍139种，共473册、2000多万字。 （徐德森）

【武汉方志馆】 年内，湖北省武汉市志办推动武汉方志馆新馆建设。11月19日，武汉市委副书记、市长程用文主持召开武汉图书馆新馆规划建设专题会，研究将武汉方志馆建设纳入武汉图书馆新馆建设规划。12月7日，明确武汉市志办分工及武汉方志馆纳入项目建设等相关工作。武汉方志馆设立于1994年，2010年3月搬迁至武汉市江岸区铭新街8号。现有馆藏面积约165平方米，书库5个：地方文献室、年鉴志书库、基本藏书库、历史文献库（旧志、工具书、海外文献、复印资料等）、期刊电子出版物库。全年新入藏地情图书资料362种、400册，馆藏图书总量达26772种41968册。全年接待对外查询服务206批次206人次，服务满意率持续保持100%。全年交换、赠送各类地情书籍116种8639册。开展方志"六进"活动，赠送地情书籍116种3226册。与武汉大学签订建立地方文献资料共建共享机制协议，建立地方文献资源交换机制、及时有效的地方文献资源信息共享机制、互利共赢和科研合作机制。 （武汉市志办）

【宜昌史志馆】 年内，湖北省宜昌市史志研究中心开展史志馆建设，发挥史志馆作用。宜昌史志馆被市委确定为全市党史学习教育主阵地、首选地。全年共有837家单位（党组织）、2.62万名党员干部到史志馆开展党史学习教育和主题党日活动，参观者达到36.06万人次。举办《峥嵘岁月》连环画专题展览。打造"掌上史志馆"服务品牌，建设VR史志馆，上线1个月，浏览人数超过10万人次。开展"致敬屈原——践行社会主义核心价值观"主题书法创作活动，收藏书法作品30幅，并在史志馆"致敬屈原文化走廊"展出。联合市直机关工委、团市委在全市开展"薪火传承、初心铸魂"志愿服务活动，至年末，共有122名市直机关党员干部和23名在宜高校学生党员、入党积极分子加入"薪火志愿者"行列，开展讲解、文明引导、图书整理等志愿服务34次。与9名宜昌知名摄影师签约，整理图片资料近千张，存储影像资料435GB，为影像馆建设及历史研究储存资料。

（湖北省文化和旅游厅地方志工作处）

【湖南方志馆】 年内，湖南方志馆完善《藏书馆管理系列制度》，包括《借阅制度》《赔偿制度》《书库管理制度》《阅览室管理制度》《阅览室管理员岗位职责》《交流、捐赠制度》等。全年购入2000年以前出版的志书、年鉴、地情资料和家谱218册，购买新版的综合资料、套装图书1419册，其中包括湖南省地方志381种（台湾成文出版社）等。全年上架和录入志书1069册、年鉴832册、家谱50册、其他图书329册，共计2280册。馆藏图书资料共计24337种、45044册。清点馆藏旧书，到湖南省档案馆调研学习、结合视频教程，学习图书修缮技术。共修缮图书15本，其中线装书4本，20世纪五六十年代出版的重要志书11本，抢救馆藏珍稀文献资料。提供图书查阅、借阅服务115人次。接待省委、省政府、省政协、省委宣传部、省人社厅、湖南文史馆、湖南红网新媒集团、长沙市图书馆、邵阳市地方志编纂室等团体到方志馆指导、参观、交流18次。与海南、福建、广东、云南等地方志工作机构开展志鉴资料交流互赠，收到各兄弟省、市地方志工作机构、个人及公共图书馆捐赠图书252册。 （易可倩）

【长沙方志馆】 年内，湖南省长沙市地方志编纂室积极推动国家方志馆中国近代人物分馆（长沙方志馆）申建工作。4月，湖南省委常委、长沙市委书记吴桂英，长沙市委副书记、市长、湖南湘江新区党工委书记郑建新均对长沙市地方志编纂室的汇报材料做出圈阅。10月13日，长沙市常务副市长夏建平主持召开会议，专题研究国家方志馆中国近代人物分馆建设有关问题。12月23日，郑建新出席专题研究国家方志馆中国近代人物分馆筹建工作市长办公会，强调要确保尽快建成开馆。 （尚畅）

【邵阳市方志馆】 8月19日，湖南省邵阳市机关事务管理局根据2020年4月10日邵阳市政府第10次常务会议决定，批复同意将邵阳市档案馆6楼5间办公室调配给邵阳市地方志编纂室作为邵阳市方志馆建设使用。同月，邵阳市方志馆建设启动，该馆分咨询服务和展示区、管理功能区、年鉴收藏区、志书收藏区、档案及珍贵文献保管区5大功能区。截至年底，方志馆库房等基础设施基本建成，使用面积454.52平方米。 （李国维）

【湘西州民族方志馆】 年内，湖南省湘西州民族方志馆收藏史志图书23000册。该馆于2019年8月开馆，建筑面积300平方米，展览面积200平方米，设址湘西州图书馆内，为州委党史研究室（州地方志编纂室）内设正科级机构，馆藏各类志书、年鉴、地情书、党史正本、党史读物。年内对所有图书进行标准化陈列，设立湘鄂川黔革命根据地和红二方面军长征历史图书专柜，对重点图书进行数字化录入处理，实现史志资料资源快速共享。与全国各地交流图书2000余册。主导策划《红色湘西——红二方面军的摇篮》首发式、"湘西州流动党史馆——湘西州百年党史百件大事巡回展览"和"红色湘西——红二方面军的摇篮"专题摄影图片展。向州党代表、人大代表、政协委员和干部群众免费赠阅《红色湘西——红二方面军的摇篮》《中国共产党湘西州历史》第一、二、三卷8000多套3.2万余册。

（田望春）

【广东省方志文化场馆建设】 年内，广东省建成方志馆26个、在建（含立项）21个，覆盖省、市、县、镇4级。多个地市积极推进基层方志文化场馆建设。广州市越秀区、黄埔区、南沙区等推进方志驿站建设，珠海、东莞、中山、佛山南海区等地充分利用当地文化资源，合理布局，推动建设基层方志文化场馆集群、矩阵。在全国率先依法公布《广东省方志文化场馆目录》，并在省情网、"南方+"发布公开信息。该目录共涵盖全省已向社会开放的78个方志文化场馆信息。（广东省志办）

【广东省方志馆】 年内，广东省方志馆广泛向出版社和社会征集图书文献，全年新增图书5700多册（采购2419册），并完成编目、审校及上架。加大家谱扫描力度，全年打印家谱1145册，扫描3.5万多页。优化编目方法，重新编目家谱阅览室内的6000余册家谱，并重新整理上架。向省委提供图书资料及咨询6次，提供图书11册，资料复印件数份。古籍文献的保护和利用工作持续开展，修复古籍文献2册（《武备志》），清理装订并局部修复12册家谱，制作《异物志》复制品1册。全年先后接收清远市志办捐赠的非物质文化遗产连南瑶族服饰刺绣、长鼓、连山壮锦等7件，肇庆市志办捐赠的2018年省运会吉祥物"庆庆"及其文创产品8件，同时接收私人捐赠的彩绘莲花纹玻璃杯、外销贴印花碟、华南牌缝纫机、电视机、收音机以及不同年代的手机10多台，粮票100多张。年内，省方志馆新增"广东省十佳科普教育基地""中共广东省委党校（广东行政学院）现场教学点""中山大学现场教学基地"，进一步拓宽文化服务内容。严把展览内容审核关，审核丘逢甲故居陈列大纲、广州市志办党史展和穗港双城展、汕尾市档案馆和方志馆概念性展陈简纲和设计方案等。（广东省志办）

【广州市方志馆】 年内，广东省广州市加强市地方志馆示范场馆和服务阵地建设，全年新制作新征集微视频近70部，强化市地方志馆19个教育基地建设，其中新增省社科基地。市地方志馆全年接待80044人，其中团队273批次11530人次。全市发展7个高校地方志分馆、299个方志驿站。7个区建设方志场馆，2个区建成党史场馆。12月，市地方志馆正式上线"广州数字史志馆"，综合运用虚拟现实、720度全景、3D渲染、移动互联等前沿技术，将中国共产党广州百年历史展览、广州全面建成小康社会专题展、广州帮扶成果专题展、"同舟共济志同道合"港穗双城图片展四大展览的内容数字化，实现实体方志馆展览与数字方志馆并轨运行。年内，接受广东省政协委员、民营企业家苏忠阳为"同舟共济志同道合"港穗双城图片展特别制作的同主题骨雕作品。《行进大湾区》"红色起点"节目组向市地方志馆捐赠由非遗传承人专门创作的4件非遗作品，分别为广彩瓷烧作品《金地牡丹》、通草水彩画《广东省立宣讲员养成所》、剪纸作品《中国共产党第三次全国代表大会》、打铜作品《广州起义纪念馆》。截至年底，市地方志馆共接收社会捐赠展品433件、珍贵邮品3686件。年内，新增《广州港志》《广州年鉴（2020）》《十八大以来改革发展主要文献选编（2012—2017）》《广州市全面建成小康社会大事记》等志书、年鉴、地情书23种3000多册，馆藏图书达2万余种20万余册。

（广东省志办）

【广西方志馆建设】 5月，广西方志馆（二期）项目初步设计方案获广西壮族自治区发改委批复，11月获自治区财政厅批复招标控制价，12月完成项目工程总承包（EPC）开标及合同签订。广西方志馆共采集图书资料6000余册，扫描馆藏珍贵文献资料870页。截至年底，馆藏图书4万余种11万册，报刊1000余种2.2万册（合订本）。广西有方志馆4个，除广西方志馆外，还有2个市级方志馆，即南宁市方志馆、北海市方志馆；1个县（区）级方志馆，即平桂区党史方志馆。柳州市方志馆建设纳入柳州市政府"文化惠民"工程。

（周珍朱 高叶）

【海南省史志馆】 年内，海南省史志馆共接待参观团队近1500个，累计观众量约17万人次。利用报告厅举办各类党课、讲座等100多场次，先后被评为"海南省爱国主义教育基地""海南省党史教育基地""海南省直机关党员干部教育基地""海南省社会科学普及示范基地"等。　　　　　　（谢成林）

【重庆方志馆重庆大学分馆（川渝共建）】12月，重庆方志馆重庆大学分馆（川渝共建）开馆。该馆面积约300平方米，于2020年5月开始筹备，2021年9月开始场馆建设，2021年12月正式开馆。规划藏书3万册，入藏各类地方志文献2万余册，有《万方方志数据库》《雕龙古籍库》《爱如生—中国基本古籍库》等方志数据库，涵盖巴蜀以及国内主要地区政治、经济、历史、文化、社会等方面史籍史料和志鉴图书。设有藏书区、阅览区、展览展示区、学术交流区、专家工作室及会议室等多元化研修空间，致力于打造巴蜀地区方志数字人文中心，采用数字化方式激活方志资源，让公众能更加轻松便捷地读志、用志。（陈欣如）

【重庆市南川区史志陈列室】　6月，重庆市南川区史志陈列室完成布展。该陈列室占地面积约140平方米，设习近平论党史地方志、建置沿革、行政区划、历史人文、光辉历程、辉煌成就、史志展示等板块，主要展陈习近平总书记历年来关于党史地方志工作的论述、建置沿革、行政区划、历史人文、红色征程、辉煌成就等内容，系统展示南川地理概况、历史溯源、风土人情及发展历程，还展示南川党史研究室、志办自成立以来的编研成果。自陈列室开放以来，共计接待各级领导及干部群众观展2000余人次。　　　　　　（马必波）

【重庆市涪陵区方志馆】　8月，重庆市涪陵方志馆批复立项，10月开工建设，12月完成展陈主体工程验收。该馆建筑面积600平方米，按照"横排门类、纵述史实"的总体结构，分涪陵概览、前世今生、山水因缘、物阜民丰、城市文脉、人杰地灵、民风民俗、修志问道8个单元，全面系统展示涪陵的建置沿革、自然生态风貌、经济发展成就、重要历史人物、地方文化特色和地方志工作脉络等。
（童泓萍）

【重庆市巴南区地情展示室】　4月，重庆市巴南区在区图书馆巴渝文化文献馆建成开放巴南地情展示室，馆藏纸质资源6000余册，相关论文1704篇，数据库1个，以历史类、地理类、经济类巴渝文献为主。其中，地方志相关文献664册，除《巴县志》《巴南区志》《巴南年鉴》《巴南统计年鉴》及已编纂出版的50余部镇街部门志外，还征集到《巴南区党史资料汇编》《巴南区文史资料选辑》《木洞古镇文脉》《接龙吹打乐》《巴渝儿歌》《胡天成全集》等地情文献资料100余种，以及《重庆市志》《重庆年鉴》及区县志书年鉴若干册，既较好满足专题研究、政府决策、本土教育、公众阅读等文化需求，又方便利用巴渝文化文献馆的专家资源及合作平台开展巴南方志文化研究。　　　　　　（白刚）

【重庆市江北区方志馆】　重庆市江北区方志馆位于区文化艺术中心五楼，2011年6月立项，2013年4月开馆。该馆定位为全区地方志和地情资料收藏、展示中心，地情、区情研究和咨询中心，地方文化对外交流中心及爱国乡土教育基地，设区情展示厅、志鉴及地情资料陈列厅、方志编研室3个功能区。展厅内容包括江北区情、江北方志两部分，设历史江北、地理江北、人文江北、今日江北及方志概览、新编方志、本土方志、方志馆藏、修志剪影等栏目。至2021年末，有馆藏书籍3000余册，其中志书类1126册、年鉴类207册、综合类1379册、图（画）册类51册、文学类300册。全年接待参观和查阅资料500人次，为两江新区鱼复新城道路命名、文旅项目"莺花渡"打造等提供资料查阅及咨询服务。　（石车）

【四川省方志馆建设】　年内，四川省志办持续推进四川省方志馆高校分馆建设，四川省方志馆四川大学分馆（川渝共建）、重庆市方志馆重庆大学分馆（川渝共建）建成开馆。加大全省方志馆建设推进力度,召开全省方志馆建设现场会,组织市(州)地方志部门负责人赴成都市、遂宁市、南充市学习借鉴方志馆建设经验。打造成都方志馆、成都方志馆分馆以及社区微方志馆三级集群,建成成都方志馆蜀源分馆、四川师范大学分馆和成都大学分馆及30余家"社区微方志馆"。德阳市史志馆建设纳入"十四五"德阳市文化事业重点项目。遂宁市方志馆收集古籍电子书1000余册,推行"互联网+地方志"的阅读新模式。南充市着力将方志馆打造成南充城市文化会客厅、方志文化新阵地,南部、营山、仪陇等3个县级方志馆正在建设。巴中市史志馆完成部分展陈内容修改完善工作,并向社会免费开放,建成平昌县方志馆。内江市已建成内江市市中区方志馆和东兴区史志馆2个方志馆。宜宾市挂牌建立宜宾史志馆宜宾学院分馆、宜宾史志馆宜宾市图书馆分馆。眉山市推进史志馆建设,截至年底,眉山市史志馆讲解稿初稿基本形成。乐山市规划建设地方文献馆。泸州市、甘孜州着力建设数字方志馆。截至年末,全省推进省、市、县、乡、村五级史志场馆建设,建立市县级方志场馆34个、乡镇(街道)情馆27个、村(社区)史馆223个。 (朱丹)

【成都市方志馆】 12月,四川省成都市方志馆经市委市政府批准为"2021年成都市市级爱国主义教育基地",全年接待各级党政机关、社会团体、业内机构100余家,接待参观群众2500余人次。做好藏品征集工作,征集历史地图、旧志文献、石刻拓片、家风家训实物等馆藏品5000余件(套),完成藏品的信息录入和上账入库工作,推进成都方志馆新馆建设的前期工作。举行"成都微方志馆"集体授牌仪式,建立天府新区麓湖国际社区、崇州葛仙山镇梨花读乡村社区等30余家"社区微方志馆",持续扩大方志文化影响力。(冷一帅)

【贵州省方志馆】 年内,贵州省有5个市级方志馆(方志室、读志用志基地)、45个县级方志馆(方志室、读志用志基地),均与同级档案馆、史志办、图书馆合建,依托办公区域而设,主要用于存志、读志,未单独立项、布展,尚无独立建(开)馆。5个市级方志馆分别为贵阳市方志馆、遵义市方志馆、铜仁市志办方志室、黔东南州方志室(读志用志基地)、黔西南州方志馆。其中贵阳市方志馆、遵义市方志馆、铜仁市志办方志室与同级档案馆合建;黔东南州方志室(读志用志基地)是在办公区域划出一间办公室作为存志、读志、用志区域;黔西南州方志馆是黔西南州地方志工作机构与图书馆合作,划出特定区域,用于存志、读志、用志。45个县级方志馆为:贵阳市4个(乌当区方志室、花溪区方志室、云岩区方志存列室、修文县微型方志馆);遵义市12个(赤水市地方志收藏室、绥阳县方志室、正安县方志室、播州区方志室、务川仡佬族苗族自治县方志室、仁怀市方志室、汇川区方志馆、余庆县方志室、凤冈县档案方志室、红花岗区方志馆、道真仡佬族苗族自治县方志室、桐梓县方志馆);六盘水市1个(盘州市方志馆);安顺市3个(西秀区方志室、镇宁县方志资料室、紫云县方志室);铜仁市6个(思南县档案馆方志馆、松桃苗族自治县地方志馆、玉屏县方志陈列室、碧江区方志馆、印江县方志室、德江县方志室);黔东南州16个[凯里市、黄平县、雷山县、台江县、麻江县、丹寨县、黎平县、榕江县、从江县、镇远县、剑河县、锦屏县、三穗县、施秉县、岑巩县、天柱县方志室(读志用志基地)];黔南州2个(瓮安县党史方志馆、龙里档案史志馆);黔西南州1个(兴义市史志办方志室)。 (张文建)

【云南省方志馆群建设】 年内,云南省志办和大理州全力推进国家方志馆南方丝绸之路分馆建设,完成主题馆布展。云南省方志馆茶马古道分馆、大理石分馆、兰花分馆等特色专题馆同步建设。1月12日,大理州方志馆开馆和数字方志馆上线仪式在大理州图书馆举行。在云南省志办和中国邮电大学的支持下,大理州方志馆在实体方志馆中建设数字方志馆。3

月6日，省志办同意祥云县申报省级方志馆分馆，同意南华县申报云南省方志馆野生菌分馆；3月7日，省志办同意大理市申报云南省方志馆大理石分馆、兰花分馆，同意巍山县申报云南省方志馆南诏分馆。（云南省志办）

【陕西省方志馆建设】 陕西省方志馆2009年正式开馆，有藏书3万余种10万余册，位于陕西省西安市莲湖区西大街70号。年内，宝鸡市填补方志馆建设空白，将市、县（区）方志馆建设纳入《宝鸡市国民经济和社会发展第十四个五年规划和二〇三五年远景目标纲要》，并与市图书馆确定联合建立宝鸡市方志馆事宜；铜川市在市图书馆开设方志馆，并于9月揭牌开馆；延安市持续开展"方志角·地情库"活动，构筑群众身边的方志文化阵地；安康市积极发挥方志馆教育平台作用，结合党史学习教育发挥文化引领和教化作用；商洛市与市图书馆初步达成协议，在图书馆设立方志馆。（陕西省方志馆）

【甘肃省方志馆建设】 年内，甘肃省史志办积极开展市级方志馆建设有关工作。对嘉峪关长城分馆、武威丝绸之路分馆建设进行调研，对市县方志建设工作进行分类指导。建立电子数据介质存储档案。截至年底，全省建成市（州）级方志馆（资料室）8个，县（区）级方志馆、地情资料馆29个；乡（镇）、村乡（镇）史馆、记忆馆、展览馆、村志（史）馆51个。（贾小炎）

【甘州区方志馆】 年内，甘肃省张掖市甘州区方志馆建成开放，场馆建筑面积150平方米，设书库、阅览大厅、文献扫描室等。馆内藏书4000余册，涵盖甘州区政治、经济、历史、文化、社会等方面的史籍、史料、研究、大事记、志书、年鉴等各种书籍，重点收存方志、年鉴及甘州区地情资料书籍。馆内书籍按照内容分为省内外、张掖市志书年鉴，甘州区、各乡镇村、部门行业志书，地情资料等专柜陈列。对年代较早的清代编修的反映张掖地域文化的志书《甘州府志》《重刊甘镇志》《甘州放歌》等进行集中陈列展示。（贾小炎）

【青海省方志馆项目建设】 年内，青海省志办协调将省方志馆建设纳入《青海省国民经济和社会发展第十四个五年规划和二〇三五年远景目标纲要》，与西宁市政府、省发改委等相关地区和单位进行对接协调，正式将省方志馆建设项目提上议事日程。（杨树寿）

【新疆方志馆（新疆地情展示中心）】 年内，新疆方志馆（新疆地情展示中心）完成《新疆方志馆展陈大纲》，该展陈分两个部分，第一部分为新疆的历史与现状，设新疆是个好地方、中华疆土、丝路热土、多元一体、水乳交融、兼容并蓄6个单元；第二部分为方志文化的传承与发展，设方志文化的源流与传承、新疆方志文化的传承与发展2个单元。新疆方志馆积极探索信息技术在史料的整理、运用和推广等方面广泛应用，力争把新疆方志馆打造成为传播新疆历史文化与地情展示的重要窗口。该馆整体定位是：繁荣、发展、保存、传承新疆新编社会主义地方志成果，开发利用地方志资源，宣传展示新疆地情，实现新疆社会稳定和长治久安总目标的公共文化服务机构。该馆是爱国主义教育基地、新疆地情展示中心、地方文献收藏中心、综合数据网库中心（数字方志馆）、对外文化交流中心。（刘铖）

理论研究与期刊出版

· **方志理论研究**

2021年全国方志理论研究综述

方志学作为传统中国学术的一部分延续至今。随着研究队伍、研究领域、研究视角的扩大与延伸，出现了新的理论和研究内容。2021年，学界关于方志学的研究无论是在理论上还是在实践中都取得了重要成果。方志理论研究论文共计621篇，其中期刊论文523篇、学位论文98篇。方志学研究的热点依然集中在志鉴编纂、志书研究与地方志史方面，作者与往年类似，主要来自各级地方志工作机构与高校科研机构。下面从方志基础理论研究、方志管理与实践研究、方志编纂研究、方志史与方志学史、志书（稿）研究与评介5个方面梳理2021年方志理论研究的成果。

一、方志基础理论研究

关于方志学基本原理。潘捷军《百年中国马克思主义方志学的历史探索》（《中国地方志》2021年第3期）一文，分三个阶段回溯建党百年来马克思主义方志学的探索与发展历程，揭示用马克思主义唯物史观指导修志工作的重要意义。他还总结第二轮修志期间方志学研究中存在的难点与问题，并对用马克思主义的唯物史观指导修志工作、处理好史志关系以及若干编纂原则与方法问题进行评析。刘效红《方志学基本原理述论》（《上海地方志》2021年第1期）一文，从理论与实践、社会意识与社会存在、研究主体与客体之间的作用与反作用、时间维度与空间维度、科学扬弃与创新发展、与其他学科的辩证关系六个方面对方志学基本原理进行阐释。张莉《方志学研究方法》（《上海地方志》2021年第2期）一文，认为方志学常用的研究方法体现在资料收集、思维分析、研究技术三个层面上，主要有考据、计量分析、比较、个案分析等，具备层次性、复杂性和发展性的特点。

关于方志的功能和作用。葛丽平《地方志在传承发展中华优秀传统文化中的实践》（《志苑集林》2021年辑刊）一文，分别从中华核心理念、中华传统道德理念、中华人文精神三个方面，论述地方志是如何传承和发展中华优秀传统文化的。陈野《建构文化传统：中国方志的深层功能》（《浙江学刊》2021年第1期）一文，揭示方志建构地方文化传统的功能，分析实现路径、成效及多重动力，提倡深化方志学研究，传承弘扬优秀中华传统文化。

关于方志学的学科发展。李惠《方志学成果形态》（《上海地方志》2021年第3期）一文，介绍清乾嘉以来方志学成果，并分析不同阶段方志学研究的特点，梳理方志学形成的过程，认为方志学应在数量"繁华"的基础上进一步"升华"。苏全有、臧亚慧《论民国时期图书馆对方志学的贡献》（《图书馆》2021年第9期）一文，介绍民国时期图书馆、中华图书馆协会组织开展的方志征集、目录整理、新书推介以及方志研究等工作，肯定图书馆对方志学发展的意义。田丰《受众研究：方志传播学的重要课题》（《社会科学报》2021年11月18日）一文，指出地方志的受众研究作为方志传播学的重要内容和基础组成部分，就是对地方志各时期传播中的受众进行描绘、分析，包括信息接受、认知程度、反馈情况等,进而揭示地方志受众的发展变化等规律,并对其内涵进行分析。段愿《民族志语境下方志采编范式之学科互鉴》(《中国地方志》2021年第2期)一文,论述人类学民族志和方志学民族志的区别和交互影响,提倡二者互学互鉴。

关于史志关系。潘捷军《近现代中国史志关系研究述要》(《史志学刊》2021年第5期)一文,介绍史志关系研究缘起、研究状况,在对比分析研究《浙江通志》《浙江通史》的基础上,阐明史志关系的研究视域及相应重点。刘德元《正确处理史与志的若干关系》(《新疆地方志》2021年第1期)一文,围绕编史与修志、史体与志体的关系,就史与志的研究对象、书稿定位、分期分类、体例架构、叙述方法进行论述。张世民《也谈历史学与方志学的几个问题》(《中国地方志》2021年第5期)一文,讨论史志同源与史志理论的内在关联、学科畛域问题、两种学术话语体系的甄别问题。李敏《地方志与中国历史研究》(《黑龙江史志》2021年第5期)一文,认为地方志是对国史内容的延伸和补充,地方志是中国历史研究中不可缺少的重要史料,对中国历史研究的发展和进步发挥着不可或缺的重要作用。

二、方志管理与实践研究

关于方志文化。杨立宇《加强乡村史志文化建设的思考》(《黑龙江史志》2021年第4期)一文,认为应加强史志文化的抢救、整理、保存和发扬工作,建议重视乡村老物件收集整理保存,尽力留存完整的乡村影像资料,有组织地推进乡村志书编修进程,有序推进实施民俗博物馆建设,积极引导指导族谱编修工作,充分发挥史志文化在乡村振兴战略中的作用。管士进《提升方志文化服务效能 满足人民群众文化需求》(《黑龙江史志》2021年第3期)一文,认为新时代的方志馆应做好新定位、优化馆藏结构、科学陈列布展,打造"实体+数字"方志馆,加强管理创新,不断提升公共服务水平。黄辉《影像志助力地方志文化传播的思考》(《福建史志》2021年第4期)一文,分析地方志书的沿革传承、影像志的传播模式以及史志文化传承,认为应推动地方志资源与艺术创作的融合、地方志资源在商业价值上的探索,加快地方志资源电子化的传播应用。

关于方志事业转型升级。林少波《为县市立传,为时代而歌——"风物中国志"与地方志的创新升级》(《江苏地方志》2021年第4期)一文,以《中国国家地理》的"风物中国志"项目为例,揭示"风物中国志"的特点,探索新时代背景下地方志工作的创新升级。郑莉《与历史同行 与时代同步——新时期地方志事业转型升级初探》(《黑龙江史志》2021年第2期)一文,论述新时期地方志的自我定位和理念创新,对地方志转型升级提出建议,认为应推动相关法律法规的修订和立法,加强地方志信息化统筹协调,增加经费投入,加强机构队伍建设。

关于方志信息化研究。沈松平、汪凤娟《新中国地方志信息化建设的历史回顾、存在问题及发展建议》(《中国地方志》2021年第4期)一文,回顾中国地方志信息化发展的阶段性历程,总结地方志信息化建设中存在的主要问题并提出对策建议。任璀洛《论地方志鉴文本信息化的"三部曲"》(《深圳史志》2021年第4期)一文,指出随着地方志系统电子化建设的进一步推进,不但要建成相对完善的地方志系统信息资料库和数据库,还要利用地方志系统信息资料库和数据库,进行多种途径和方式的开发利用。

在方志开发利用方面。"方志江苏"微信工作小组《一个微信公众号的涅槃——"方志江苏"微信公众号发展报告》(《江苏地方志》2021年第1期)一文,分析"方志江苏"微信公众号的创新之路,阐述打造江苏省地方志新媒体矩阵的发展。唐子豪《地方志旅游价值的开发与利用——以明代至民国时期北海的地方志为研究对象》(《黑龙江史志》2021年第10期)一文,以明代至民国时期北海的地方志为研究对象，侧重挖掘书中的旅游价值，认为地方志中记载北海市丰富的旅游资源，从而为北海市旅游产业的发展提供文献依据。王志迁《用现代影像技术传承方志文化——〈中国影像方志〉的传播价值与启示》（《江苏地方志》2021年第1期）一文，分析《中国影像方志》的产生背景、传播特征、传播功能、传播成效以及对方志文化的传播启示，提倡用现代影像技术传承方志文化。李娜《面向方志类古籍的多类型命名实体联合自动识别模型构建》（《图书馆论坛》2021年第12期）一文，以数字化的特色馆藏方志农业典籍《方志物产》为研究对象，构建实体的内外部特征模板，完成基于条件随机场的自动实体识别，实现多类型命名实体的自动抽取，证明条件随机场模型在方志类古籍多类型命名实体识别中的有效性。游桃琴《数字化助推新时代地方志事业发展》（《新疆地方志》2021年第1期）一文，论述方志数字化的探索状况以及未来开发利用前景，主张推动数字地方志建设，用新媒体技术开发利用地方志资源。武童《VR背景下方志阅读的优势和途径探索》（《兰台内外》2021年第5期）一文，介绍VR背景下阅读方志的优势，分析VR技术创新方志文化阅读的实现途径，提出"VR+方志"的实施策略。欧长生、程立雪《浅谈地方志的活态化应用》（《史志学刊》2021年第1期）一文，分析我国地方志的历史方向与研究现状、目前地方志应用的困境，指出数字化、信息化新时代应活态化应用地方志。姜成洋、李文《区域史研究与方志利用——论史景迁〈王氏之死〉》（《安徽史学》2021年第2期）一文，分析史景迁《王氏之死》如何利用方志建构历史，指出其史料的不足之处与方志材料的局限性，提倡当代史学研究应综合运用方志及其他各种资料。吉保民、刘艳骄、张蕊、高和《西藏地方志中有关高原病及高原睡眠障碍的文献研究》（《世界睡眠医学杂志》2021年第9期）一文，通过梳理西藏地方志中高原病与高原睡眠障碍的相关内容，总结防治两种疾病的临床经验。

关于方志人才队伍建设。李秋洪《地方志职业群体的心理素质》（《广西地方志》2021年第6期）一文，着重探析地方志职业群体的职业价值观、职业认知、职业自豪感、职业成就感、职业能力、人际关系能力、群体认同感、创新动机等心理素质的构成、主要制约因素和优化途径。王复兴《关于加强读书学习的思考——培养方志大家的必由之路》（《黑龙江史志》2021年第1期）一文，指出方志理论研究真正高质量的创新之作少，学识的深度和广度还有欠缺。为使方志学作为独立学科在科学界占有一席之地，并培养出方志大家，就要在加强方志理论研究的同时，特别加强读书学习，拓宽知识面，夯实学识基础。

关于地方志工作的指导意见。谢伏瞻《奋力推进全国地方志事业向法治化高质量转型升级——在2021年全国省级地方志机构主任工作会议暨中国地方志学会第七次会员代表大会上的讲话》（《中国地方志》2021年第2期）一文，指出要准确把握地方志事业发展新的历史方位，以新发展理念引领地方志事业发展，加快构建地方志事业新发展格局。高京斋《学习感悟习近平总书记的方志情怀——谈领导干部如何读志用志修志》（"学习强国"学习平台2021年5月19日）一文，指出习近平总书记具有浓厚的方志情怀，喜欢读志、善于用志、重视修志，发表了一系列关于地方志工作的重要论述，为读志、用志、修志指明了方向、树立了典范。学习领悟习近平总书记的方志情怀，贯彻落实习近平总书记关于地方志工作的重要论述，是全国地方志系统的首要政治任务，也是领导干部党史学习教育的重要一环。领导干部要增强看齐意识，就要学习感悟习近平总书记的方志情怀，深入思考如何读志、用志、修志。

关于工作经验交流。李秋洪《地方志工作的哲学思辨》（《广西地方志》2021年第1期）一文，以辩证思维方法分析地方志事业的至上与非至上、发展条件、内容与形式、质量与数量、守成与创新等原理和范畴，肯定哲学的辩证思维方法对方志人的意义。权芳敏《机构改革背景下二轮〈辽宁省志·工业志〉编纂工作模式研究》(《黑龙江史志》2021年第8期)一文,总结《辽宁省志·工业志》的编纂过程和经验,分析工作思路和做法,以期为第三轮志书编纂提供参考借鉴。王贞伟《新时代地方志事业的行政绩效管理问题研究——以新疆阿克苏地区为例》(《新疆地方志》2021年第1期)一文,介绍阿克苏地区地方志事业行政绩效管理的主要做法,分析存在的问题及原因,提出提高地方志事业行政绩效管理的路径。梁金荣《关于新时代地方志高质量发展的几点思考》(《广西地方志》2021年第6期)一文,对新时代地方志高质量发展进行分析,提出四个必须:必须对"国之大者"心中有数、必须对自身面临的机遇与挑战有准确的判断、必须对自身的现状问题有清醒的认识、必须明确下步努力的工作方向。汪丽菁《张家港市"一村一志一馆"工程建设实施报告》(《江苏地方志》2021年第2期)一文,介绍张家港市"一村一志一馆"工程建设状况、建设经验,提出创新展望。陈家传《浅谈指导市县地方志编修实践的经验与思考——以海南为例》(《广西地方志》2021年第5期)一文,在总结海南省志办指导市县地方志编修实践经验的基础上,认为应充分重视第三轮修志,应保持修志连贯性、做好培训工作。

关于方志馆研究。潘捷军《转型升级与方志馆事业发展前景再探》(《中国方志馆研究》2021年辑刊)一文,指出各地方志馆建设事业已进入第二轮修志向第三轮修志转型升级的关键期,并从四个方面探讨如何客观分析目前方志馆的发展"型"状,在此基础上探索把握今后的升"级"趋势和前行路径。张丽《新时期省级方志馆馆藏建设及服务探究》(《江苏地方志》2021年第3期)一文,介绍省级方志馆馆藏现状以及利用状况,提出省级方志馆馆藏建设及开发利用的建议。张星煜《江苏省方志馆探索公共文化服务新路径的实践》(《江苏地方志》2021年第3期)一文,介绍江苏省方志馆在提升公共文化服务方面的探索和经验。孙景《方志馆地情展览建设初探》(《新疆地方志》2021年第1期)一文,强调方志馆地情展览建设的必要性,论述方志馆地情展览的本质特征、基本要求以及当前方志馆地情展览建设存在的问题、建议措施。王敏君《浅谈方志馆育人功能及其实现路径》(《黑龙江史志》2021年第2期)一文,从知识教育、情感教育、能力培训三方面探讨方志馆的育人功能,分析方志馆育人功能的开发制约因素以及开发路径。李莉《让青少年走进方志馆成为常态——利用方志馆资源开展中小学教育教学的路径初探》(《福建史志》2021年第4期)一文,阐述方志馆在开展中小学教育教学中的独特作用,论述利用方志馆资源开展中小学教育教学的工作基础、面临的主要困难以及解决路径。

韩松涛《特藏建设:新思路、新方法、新实践——以浙江大学图书馆为例》(《图书馆杂志》2021年第11期)一文,指出在特藏建设中,除图书馆界熟知的珍本特藏外,提出学术特藏、文化特藏两个新的概念,并对三类特藏的内涵和建设方式进行探讨,该方式对方志馆的馆藏发展起到借鉴作用。

三、方志编纂研究

关于编纂基础研究。常洁琼《地方志自然部类编纂略论》(《中国地方志》2021年第1期)一文,分析地方志中自然部类的历史演变以及编纂中存在的不足,探讨"续、补、改、创"原则在自然部类编纂过程中的应用。詹跃华《谈志书以事系人》(《广西地方志》2021年第2期)一文,提倡志书应以事系人,通过明确以事系人的入史标注、记述方式、记述内容、记述要求,处理好人物与事物、个人与群体、存真与生动的关系。詹跃华《论志书记述失误》(《黑龙江史志》2021年第6期)一文,分析志书记述失误的目的、原则、方法以及要注意的问题,认为应准确记录发展历程中的失误,提高志书的质量和功能。韩章训《志书记载重点演变述论》(《广西地方志》2021年第3期)一文,论证修志与用志辩证关系，认为修志决定用志、用志对修志有反作用，指出修志和用志互为条件、互相依存、彼此交织、相辅相成，用为目的，修为手段。尤岩《全媒体时代志书文本的价值尺度：以概述为例》（《江苏地方志》2021年第4期）一文，以概述为例，论述全媒体时代志书文本的价值尺度，提倡修志人应从全局出发去谋篇布局、写好概述。金雄波《谈谈"续志"及续修方式》（《新疆地方志》2021年第3期）一文，针对第二轮修志没有统一续修方式的现象，指出续志的基本特征是传承性、独立性和衔接性，续志的续修方式应"详今明古"。金雄波《"续志"基本特征及其续修方式研究》（《江苏地方志》2021年第3期）一文，在分析第二轮续志编修不足的基础上，指出全面理解续志特性是第三轮编修续志的先决条件，强调续志的基本特征是传承性、独立性和衔接性，为此应"详今明古"并注意对前志所记事物的拾遗补阙、订讹正误。陈声华《二轮志书评审工作分析与思考——结合〈三明市志（1993—2005）〉编纂》（《福建史志》2021年第2期）一文，结合第二轮《三明市志》编纂，分析志书评审中较突出的问题及原因，为第三轮修志提出建议。刘涛《二轮志书地情记述问题分析及其史实重建的路径——以闽南千年古县漳浦、长泰为例》（《上海地方志》2021年第3期）一文，梳理漳浦、长泰第二轮志书的史实错误，并分析原因，提出相应建议。

关于各类方志编纂研究。詹跃华《浅谈志书篇目标题编制应讲究科学规范》（《黑龙江史志》2021年第3期）一文，分析志书篇目标题的基本类型、编制要求、命题方法以及注意事项，提倡志书篇目标题编制应讲究科学规范。钱永兴《方志小序的名称、体式与应用》（《中国地方志》2021年第2期）一文，考释小序名称、辨析小序体式，举例探讨小序的应用，提倡应在继承小序传统基础上进行创新。刘桂珍《浅谈做好资料基础工作是编修精品志书的重要保障——以编修〈滨州市滨城区志〉（1998—2007）为例》（《黑龙江史志》2021年第8期）一文，以《滨州市滨城区志》（1998—2007）的编纂为例，论述志书资料的征集整理和使用，指出做好资料基础工作是编修精品志书的重要保障。李秋洪《论新编地方志中非公有制经济的地位、层级与要素——以广西第一轮、第二轮县（市、区）志为例》（《广西地方志》2021年第4期）一文，在分析广西第一、二轮志书中非公有制经济的行业分布、记述方式和层级、基本要素的基础上，对第三轮修志非公有制经济篇章的编纂提出建议。陈泽泓《个体人物志编修蠡思——以〈冼夫人志〉编修为中心》（《中国地方志》2021年第5期）一文，梳理个体人物志概念的提出、体例渊源，分析《冼夫人志》的材料取舍、体例篇目设计特点及考虑点，并就个体人物志编纂理论的若干问题进行研讨。黄俊军《特色志编纂应注意的几个问题——以湖南省特色志丛书编纂为例》（《江苏地方志》2021年第2期）一文，回顾湖南省新编特色志的发展历程，讨论特色志的定位以及志书名称、篇目框架、记述内容、写法，提倡在坚持志体的前提下有所创新。黄伟《书写中国伊斯兰教故事——以修清真寺志为例》（《中国穆斯林》2021年第1期）一文，通过梳理新中国各地清真寺志编修情况，分析清真寺志的编纂特色、指导思想、体例源流以及编修价值与意义。王彦军《〈测绘志〉志书编写注意事项及常见问题》（《北京测绘》2021年第2期）一文，以测绘行业的志书为例，介绍地方志的体例、功能、作用、修志原则、基本要求、注意事项，归纳总结文法、叙述等方面的问题以及处理方法。金雄波《口述史入志是编修高质量地方志书的需要——以〈萧山市志〉实践为例》（《江苏地方志》2021年第6期）一文，围绕《萧山市志》编纂中的口述史实践，强调口述史入志的必要性。

在乡镇志和村志方面。俞富江《浅论乡镇志书编纂的规范与创新》（《黑龙江史志》2021年第5期）一文，论述乡镇志书的编纂规范、编纂创新以及两者之间的关系。钱茂伟、王笑航《大规模推广村村修志的必要性与成功路径》(《中国地方志》2021年第4期）一文，从公众史学角度分析大规模推广村村修志的必要性，并结合区县村村修志试点的成功经验，对村村修志普及推广的困难提出解决办法。中国名镇志、名村志文化工程是中志办实施的以打造系列精品镇志为目标的重要工程。强亚娟《对地方志编纂的若干思考——以〈中国名镇志——乌镇志〉为例》(《档案管理理论与实践 浙江省基层档案工作者论文集》2021年辑刊）一文，探讨《中国名镇志·乌镇志》的创新之处，并对地方志编纂提出开拓视野、重视资料性、增强可读性等建议。王晖《尽善尽美写好概述——深度编纂中国名村名镇志之一》(《江苏地方志》2021年第1期）一文，认为中国名村名镇志概述编写应遵守史法、端正文风，标题应得体，措辞不能言过其实，应横排竖写，结构形式应科学，首尾要相顾。

在第二轮修志方面。2020年，全国"两全目标"任务全面完成，第二轮修志留下的宝贵经验为第三轮修志提供了借鉴。莫艳梅《新时代人人入志的构想——第三轮修志的探索》(《上海地方志》2021年第4期）一文，提出第三轮修志人人入志的构想，并论述实现路径与原则。詹跃华《第三轮志书民族门类编纂浅见》(《新疆地方志》2021年第2期）一文，揭示第三轮志书记述民族内容的必要性和应注意的问题，强调设置民族篇目要因地制宜、内容要全面系统。詹跃华《第三轮志书人口门类编写浅议》(《广西地方志》2021年第5期）一文，列举前两轮志书人口门类编写存在的问题，探讨第三轮志书人口门类的归类设置、篇目构建、内容记述。刘善泳《新一轮修志编修通纪志的必要性》(《中国地方志》2021年第1期）一文，通过回顾修纂通纪志的历史传统、分析第二轮修志编修断代志的原因，指出地方综合年鉴影响断代志在志书体系中的地位，并论述新一轮修志编修通纪志的必要性。

关于重大专题志编纂。志书中如何记录新冠疫情防控和全国扶贫工作成为2021年理论研究热点问题。负有强《我国扶贫专题志的编修实践探析》(《中国地方志》2021年第3期）一文，介绍扶贫志编修的政策因素及人文环境，分析扶贫志编修成功的因素及推动力量、扶贫志篇目框架设置及规律特点，并针对扶贫志编修实践中存在的问题提出建议。徐强《抗疫专题档案、方志征编一体化的泰州实践》(《江苏地方志》2021年第1期）一文，结合泰州市统筹抗疫专题档案的资料征集工作，总结《泰州市防控新冠肺炎疫情实录》的编纂过程、实践经验、社会效应。

四、方志史与方志学史

关于历代方志史研究。2021年，学者多从宏观的角度来研究方志的发展及进步。韩章训《志书记载重点演变述论》(《广西地方志》2021年第3期）一文，将志书记载重点演变过程划分为五个阶段：重地理轻人文时期（宋元），从重地理到重人文的过渡时期（明代），重人文轻地理时期（清代），既重全面又凸显政治、经济、文化时期（民国），既重全面又凸显经济时期（当代）。刘力超、刘彤《隋唐时期方志的发展及其理论进步》(《上海地方志》2021年第1期）一文，分析隋唐时期图经的繁荣及其原因，总结隋唐时期方志特点以及方志理论的发展。段庸生《古代方志文存的内容及价值——以重庆地区古代方志为中心》(《重庆师范大学学报（社会科学版）》2021年第1期）一文，以重庆地区古代方志为中心，考察古代方志中的艺文志、人物纪传、轶事，讨论方志在文学研究中的增长价值和凸显地域文化的价值。沈松平《论新中国两轮方志编修对旧方志的继承和创新》(《河南师范大学学报（哲学社会科学版）》2021年第3期）一文，从体例、框架结构等方面论述新中国两轮方志编修对旧方志的继承和创新，批判假象创新、盲目创新和否定式创新的现象，认为应在继承旧志优秀传统基础上进行创新。刘思文《〈乡土志例目〉对清末民国方志之影响》(《图书馆杂志》2021年第10期）一文，通过分析《乡土志例目》对清末民国乡土志著述、乡土志编纂及其思想、乡土教材发展、民国及之后乡土志书研究的影响，肯定该书的学术价值与影响。申津宁《民国方志中地方认同的构建》（《黑龙江史志》2021年第4期）一文，通过分析民国方志的时间叙述、文化记忆以及共同参与等特质，论述民国方志对地方认同的构建。郁冲聪《中古物产专志的产生与流变》（《中国历史地理论丛》2021年第3辑）一文，梳理中国物产志专志的产生、流变，并分析总结异物志、物产志出现的原因、著述特点。

关于区域方志史研究。涂庆红《清代方志纂修出版及署名反映的权属问题——以清代巴蜀方志为例》（《出版广角》2021年第8期）一文，以清代巴蜀方志为例，分析清代方志纂修出版及署名所反映的著作权属问题，以及清代方志权属问题形成的基础和影响。蔡菲《清代豫南地区方志纂修整理述评》（《中国地方志》2021年第5期）一文，分析清代豫南地区方志存佚与版本、分布与类型、纂修特点及成因，肯定清代豫南地区方志人才辈出及修志意识对此后修志实践和方志理论发展的作用。谢宏维、秦浩翔《清代广西地方志编纂及其特征述论——以府志为中心》（《中国地方志》2021年第3期）一文，围绕清代广西各府志，结合通志、州县志，从编纂思想、时空分布、编纂人员及组织、编纂体例及内容等方面论述清代广西地方志编纂状况和特征。漆良蕃《存史、资政：南昌市地方志考》（《南方文物》2021年第4期）一文，考察明清及民国时期南昌市的地方志编纂，介绍并肯定《南昌府志》《南昌县志》《新建县志》的编纂及意义。申津宁《政统与文统之间——抗战中的陕北修志》（《黑龙江史志》2021年第2期）一文，介绍抗战时期陕北修志状况，并举例分析方志中的政统及文统，肯定抗战时期的修志意义，认为当时志书的书写超越地域，指向民族和文化。安大伟《清代东北方志序论思想价值略论》（《中国地方志》2021年第1期）一文，系统阐述清代东北方志序论的思想价值，认为"志"在维护社会秩序、延续价值观念、总结治国理政经验方面发挥着重要作用。梁允华《郑州地区明清地方志文化传播及研究趋势评述》（《新闻爱好者》2021年第8期）一文，介绍郑州地区明清地方志传播及出版状况、内涵研究现状，肯定相关研究价值，并提出加强研究的建议。陈郑云、巴兆祥《合修到分修：清代两江、湖广省志编修中的制度博弈与省籍意识》（《史林》2021年第5期）一文，介绍清代两江、湖广地区省志修纂的分期特征、制度博弈以及清代两江、湖广通志中的省籍意识，勾勒出地方官暨志书修纂群体省籍意识变化的过程。杨彦智《1949年以来河南方志的整理、出版与研究》（《出版广角》2021年第19期）一文，介绍1949年中华人民共和国成立以后，河南方志的整理、纂修状况以及研究概况，提倡各学科学者参与研究开发河南方志。通过分析方志编纂及体例内容，可以对区域方志史有更为深入的认知。黄伟、齐玉莹《第一轮修志以来台湾地方志研究概述》（《福建史志》2021年第1期）一文，介绍第一轮修志以来大陆和台湾学者对台湾地方志的研究状况，在对比两岸学者关注异同的基础上，提出加强两岸方志交流、构建两岸方志文化共同体的倡议。

关于修志人物研究。田文斌《再论〈方志今议〉对章实斋方志学说的承袭与发展》（《新疆地方志》2021年第4期）一文，提出应重新认识《方志今议》，认为黎锦熙在方志属性上完善了章学诚的史性说；在方志体例上对章学诚方志理论有所扬弃，更承袭发展了章学诚对方志材料的搜集援引方法，并探讨《方志今议》对章学诚理论的承继发展问题。张沁玮《梁启超与钱穆关于清代学术史整理的思想交涉——以章学诚研究为例》（《开封文化艺术职业学院学报》2021年第6期）一文，指出梁启超、钱穆于同名著作《中国近三百年学术史》中均挖掘到章学诚在学术史中独特的价值，并给予定位。以研究内容观之，梁、钱论章学诚的最大异点在于梁氏重章学诚之方志学成就，而钱氏重章学诚与戴震论学歧异。针对这一问题，可以从两书相异的直接及本质原因进行考察，同时应注意避免将梁启超与钱穆严格对立的倾向，二人学术观虽存异点，但异中有同。郑彩云《熊相生平及其方志著述考略》（《上海地方志》2021年第2期）一文，梳理熊相的生平事迹、方志著述，从"有裨于世教"的修志功用、实事求是的直笔精神、方志体例的继承与创新等方面分析熊相的方志理论。王仓、杜思龙《赵时春与明代嘉靖〈平凉府志〉的编纂论述》（《合肥师范学院学报》2021年第2期）一文，介绍赵时春的生平以及编纂嘉靖《平凉府志》的历程，评价其编纂成就、不足之处以及对后世地方志编纂的启发。刘涛《晚明张燮关注广西地方志的原因及影响》（《独秀论丛》2021年第1期）一文，论述张燮关注广西地方志的过程及原因、获得广西地方志的途径，借助对广西地方志版本的考证，探讨张燮对广西地方志的影响。陈笃彬《清代泉人与台湾志书的编纂》（《闽台缘》2021年第2期）一文，围绕清代泉州入台士子参与台湾志书编纂的主题，陈述作者简况、修志缘起与过程以及特点，肯定志书的学术贡献。顾广圻被誉为清代校勘第一人，黄毓芸《论清代顾广圻校勘〈华阳国志〉》（《古籍整理研究学刊》2021年第3期）一文，介绍顾广圻校勘《华阳国志》始末，分析其校勘宗旨、方法及特点、影响及评价。颜全己《论邹汉勋对地方志舆图绘制的继承与发展》（《中国地方志》2021年第4期）一文，介绍邹汉勋参编或纂修四部名志疆里舆图图说的背景和历程，分析四部名志在舆图绘制上的继承与创新，肯定邹汉勋的历史地位和学术贡献。李华《孙葆田的方志学思想与实践》（《现代交际》2021年第24期）一文，介绍孙葆田的修志实践、方志思想、修志特点，肯定孙葆田对方志学的贡献。朱晓舟《新、旧西康之间：刘赞廷康、藏方志研究》（《西藏民族大学学报（哲学社会科学版）》2021年第1期）一文，介绍刘赞廷所修县志的版本源流，分析其方志编纂的总体规划，对其修志实践进行评述，亦指出其不足。王川、陈鹤、邹敏《近代以来蜀地名人李调元研究文献述评》（《成都大学学报（社会科学版）》2021年第6期）一文，从生平事迹、学术成就、文献整理与研究、巴蜀文化研究等几个方面指出清代百科全书式学者李调元（1734—1803）的研究，在近代以来呈现逐渐增多的态势。系统回顾近代以来李调元及其著述的研究成果，总结李调元的学术贡献。

张其昀是中国现代人文地理学的开创人，也是历史地理学的鼻祖。沈松平《以现代地理学改造传统方志：张其昀"新方志"理论述评》（《史志学刊》2021年第1期）一文，通过探讨张其昀的"新方志"理论，阐释张其昀用现代地理学观点改造传统方志的思想，分析其特点与修志思想、学术贡献及影响力。何沛东《张其昀主编的〈方志月刊〉及其地理学贡献》（《地理科学》2021年第5期）一文，介绍张其昀主编的《方志月刊》的历史、名称由来及性质，分析作者群体，总结办刊特色及其价值与影响。薛艳伟《傅振伦与方志批评》（《中国地方志》2021年第3期）一文，介绍傅振伦方志批评的形式、标准及特点，肯定其对方志学的贡献，号召后世学人向他学习。许彤、万华英《方志宗师朱士嘉及其学术成就》（《河南图书馆学刊》2021年第6期）一文，介绍朱士嘉的学术生涯，通过简要概述《中国地方志综录》《中国地方志联合目录》《美国国会图书馆藏中国方志目录》《宋元方志传记索引》的编纂过程及价值，肯定朱士嘉的学术贡献。钱茂伟《仓修良先生的学术道路与学术特点》（《淮阴师范学院学报（哲学社会科学版）》2021年第3期）一文，梳理仓修良的学术道路，介绍其在方志学学科建设方面的贡献、学术特点及影响力。葛以权、姜田兵《史志学家仓修良与故乡泗阳》（《江苏地方志》2021年第1期）一文，讲述仓修良关心故乡泗阳的故事，揭示其对故乡的关心及贡献。巴兆祥《邹逸麟方志思想及其指导价值》（《上海地方志》2021年第1期）一文，从方志属性与边界、方志价值与功用、方志编纂等方面总结邹逸麟方志理论贡献、思想特色及其对当前修志工作的指导价值。颜越虎《魏桥方志学说的特色与价值》(《中国地方志》2021年第4期)一文,较为系统地分析魏桥方志学说并总结特色,肯定其价值。

五、志书(稿)研究与评介

关于旧志研究。张志华《中国国家博物馆藏〈归绥县志序稿〉研究》(《中国国家博物馆馆刊》2021年第2期)一文,围绕序稿中的题签、序文、王葆心信札、傅岳棻题诗,论述民国《归绥县志》的版本、特色与价值。徐岱《〈乾道建康志〉及〈庆元建康续志〉新考》(《中国典籍与文化》2021年第1期)一文,考证乾道、庆元二志是《景定建康志》编撰的重要参考文献及资料来源。张灵《略论县域旧志体例的演变——以永泰县3部方志为例》(《中国地方志》2021年第3期)一文,以永泰县历史上的3部方志为例,分析明清到民国时期方志体例发展变化。郭炳亮、张大凡《明清上党府县方志体例特点刍论》(《今古文创》2021年第16期)一文,介绍明清时期上党地区的方志体例,分析套志、繁志、简志三种类型的特征。关永利《崇文与尚质:明代两部〈朝邑县志〉的撰写体例与志学观念》(《中国地方志》2021年第5期)一文,分析正德《朝邑县志》和万历《续朝邑县志》在志书繁简体例、资料选取、语言特色及其背后反映的学术思想之异。秦浩翔《从"控驭"到"认同":明清时期广西地方志的族群书写》(《民族论坛》2021年第2期)一文,梳理明清时期广西地方志的族群书写,认为其重心由"控驭"转向"认同",并且分析转向原因,肯定方志书写对宣扬国家统一、加强边疆管理的意义。代剑磊《论明清时期榆林城市的空间形态演变——以方志城图为中心》(《中国地方志》2021年第4期)一文,依托明清至民国时期的方志资料分析榆林城市的空间形态演变,肯定方志城图对研究城市形态发展的意义。陈郑云《地域、文本与认同:"大一统"视野下盐井历史书写——以康熙〈黑盐井志〉为例》(《盐业史研究》2021年第2期)一文,介绍康熙《黑盐井志》的纂修过程、历史书写以及黑盐井的地域文化观。杜云南《方志文献对汉代岭南女性苏娥经商故事的历史书写》(《梧州学院学报》2021年第2期)一文,通过梳理方志文献对苏娥形象的历史书写,分析清代方志编者书写地方女性的意图在于凸显贞节观念。罗宝川《清代云南方志舆图之于乡村社会治理有效性考论》(《农业考古》2021年第4期)一文,以云南方志舆图佛寺地理要素为切入点,介绍地方官以图知民、以图治民的目的以及实现状况,分析影响地方官员治理有效性发挥的因素。聂鸿音《光绪〈丹噶尔厅志〉蒙藏词语札记》(《满语研究》2021年第1期)一文,用现代蒙古语、藏语及湟源地名见于记载者,解说光绪《丹噶尔厅志》卷八记载有湟源县山水村庄地名33则,以读音推测语义,这些词的原始形式虽然大致可据以寻出,但对应的当今地名仍有个别尚有待考证。

关于旧志评介。周蓓《"别为新编":民国〈河南通志稿〉的编纂》(《史学史研究》2021年第3期)一文,介绍民国《河南通志稿》的编修群体、资料征访方法、编纂特点,揭示省志编纂在清代至民国从传统典守、私家世守到政府官守的变化。吴凯桐、孙廷林《罗浮山志编纂及陈琏〈罗浮志〉价值考论》(《中国地方》2021年第1期)一文,在梳理《罗浮山志》编纂历程并考证现存版本的基础上,介绍陈琏《罗浮志》体例与内容及其价值。王雅洁《〈福建市舶提举司志〉浅谈》(《历史教学(下半月刊)》2021年第11期)一文,肯定《福建市舶提举司志》叙事分类得体、内容丰富、记述态度公允,总结该志成书的原因以及不足之处。2021年度关于边疆旧志的研究值得关注。李江杰、杨静怡《资政视阈下回疆方志与清代新疆治理研究——以〈新疆回部志〉和〈新疆回部纪略〉为例》(《古籍整理研究学刊》2021年第2期)一文,分析《新疆回部志》《新疆回部纪略》经世致用、彰显功德教化、严谨务实的撰写理念,肯定其文献价值和社会价值。周燕玲《清代新疆通志的殿军——〈新疆图志〉及其整理本评介》(《中国地方志》2021年第1期)一文,介绍《新疆图志》修纂、内容特点、价值以及整理本的特点,高度肯定原本和整理本两者的价值。

关于新方志研究。张丽、戴羽《浙江方志所见龙舟竞渡史料及其价值初探》(《浙江体育科学》2021年第3期)一文,整理研究有关龙舟竞渡的浙江方志史料,从历史学、民俗学、体育学三方面讨论方志所载龙舟竞渡的价值。钱永兴《方志核心理念及其当代表达——以二轮〈象山县志〉为例》(《江苏地方志》2021年第5期)一文,以第二轮《象山县志》为例,分析方志核心理念及其当代表达,认为修志应把握传统方志核心理念的精髓,同时要合乎时代精神,让修志人可以发挥创意。史天社《略议新编地方志的科学性——以〈尖扎县志(1991—2015)〉为例》(《新疆地方志》2021年第2期)一文,以《尖扎县志(1991—2015)》为例,讨论新编地方志的科学性、科学目的、科学方法、科学精神,总结尖扎成功经验,力倡志书编纂的科学性。王铁鹏《试论〈浙江通志·茶叶专志〉的记述特色》(《广西地方志》2021年第4期)一文,从专业特点、地域特色、时代特征、文化特性四方面介绍《浙江通志·茶叶专志》,肯定其意义。舒睿《〈上海市志·图书文博分志·图书馆事业卷(1978—2010)〉编纂因袭与创新》(《上海地方志》2021年第3期)一文,介绍《上海市志·图书文博分志·图书馆事业卷(1978—2010)》的概况,从篇目设置、资料收集、编写实践三方面梳理总结新志的编纂特色。李论《新方志"市级志书"概念之混淆与辨识》(《中国地方志》2021年第1期),从新方志编修现状出发,说明"市级志书"中不同种类辨识的疑难点以及原因,提出在新方志目录中清晰著录"市级志书"的设想。

关于新方志评介。吴华峰《地方艺文志编纂的标志性成果——评〈江苏艺文志(增订本)〉》(《江苏地方志》2021年第3期)一文,围绕编纂体例、内容两方面分析《江苏艺文志(增订本)》对《江苏艺文志》的改进之处,揭示前者的价值及其编纂疏漏。李论《缅北果敢佤邦新方志的特色及文化交流价值》(《上海地方志》2021年第2期)一文,介绍缅北果敢佤邦新方志的编纂活动,总结其特色及文化交流价值,认为缅北新方志的编纂为扩大中缅文化交流、了解当地地情提供新形式。曹广华、范春义《戏曲文物志书编纂方法刍议——评〈中国戏曲文物志·舞台题记卷〉》(《文艺研究》2021年第8期)一文,在论述《中国戏曲文物志·舞台题记卷》碎片化文本呈现方式及其整合的基础上,分析题记文本的非稳定性与整理的"相对史源学",提倡戏台题记志书应吸收已有成果并提供可靠知识。杨学英、王洪宇《同心同德志载盛世——〈河北省国营海兴农场志〉编纂体会》(《中国农垦》2021年第10期)一文,通过总结编纂《河北省国营海兴农场志》的经验,认为修志应拟订好纲目、做好资料征集、严格标准、加强领导。

关于旧志整理。谢辉《94卷本崇祯〈松江府志〉小考》(《中国地方志》2021年第2期)一文,通过比较分析94卷本崇祯《松江府志》与58卷本崇祯《松江府志》,肯定前者的史料价值以及对方志学史的意义。王斌《印本差异与旧志整理——以同治〈大邑县志〉为例》(《中国地方志》2021年第2期)一文,以同治《大邑县志》为例,论述印本差异的特性以及与旧志整理的重要关系,提倡重视旧志印本,做好校勘整理工作。

关于方志勘误。刘军华《以志校史:利用方志校正史书地名讹误的文献实践及理论探析》(《历史文献研究》第47期)一文,通过地方志中记载的地名和地理文献来辨析、校正《建炎以来系年要录》《宋史全文》和《续资治通鉴》中的地名讹误,认为推而广之,可用地方志中的相关地理文献材料来核查、辨析、校正其他史书中的地名讹误。白丽萍《〈明史·云南土司传〉勘误一则——以明清大理方志的记载为中心》(《中国地方志》2021年第6期)一文,指出《明史》称段世和段明皆是段宝之子的记载错误,明确段氏家族段世、段明、段宝三者关系是:段世是段宝叔,段宝是段明父。仲海燕《民国〈民勤县志〉辨伪》(《中国地方志》2021年第6期)一文,指出民国《民勤县志》纂修姓氏节抄自民国《朔方道志》、体例内容纂抄自乾隆《五凉全志·镇番县志》,通过对民国《民勤县志》编撰者、编撰时间、体例、内容等各方面进行较系统的分析,揭示其攫抄实质。

关于方志补正。王建勇《方志所见宋元遗文十五篇辑补——以正德〈蓬州志〉与万历〈营山县志〉为对象》(《宋代文化研究》第38辑)一文,从明代孤本方志正德《蓬州志》和万历《营山县志》中辑录出15篇宋元遗文,涉及已收作者李处遁、郭由中、王俦、严曜、贾元5人,未收作者陈伯庠、黎筹、杜源、李宜之、杨大渊、袁岱、严定子、陈义方、冯中卿、支渭兴10人,以期为断代文史研究补充新材料,并透视古旧方志对于文献整理与研究的重要意义。梁景之《方志所见明清教派史料补正》(《中国地方志》2021年第6期)一文,指出为维护王可就一门的忠烈形象,志书讳谈王道森即王森,并刻意回避王可就及其房支与滦州石佛口王森传教家族的关系,甚至张冠李戴,将"妖狐断尾"故事之主人公、闻香教教主王森代之以虚构人物"王好善"。值得注意的是,闻香教葬法与定陵万历皇帝及皇后的所谓北斗七星葬式,两者或许有某种内在的关联。

关于方志的硕博学位论文。高晓京《清代光绪〈永济县志〉音乐史料整理与研究》(山西师范大学2021年硕士学位论文)一文,通过整理光绪《永济县志》的音乐史料,分析清代永济县的音乐生存状况,反映地方文化与史书文化的异同。申陈《从明代方志地图探讨南京城市空间》(南京师范大学2021年硕士学位论文)一文,基于南京地区部分明清方志的图志对南京城市空间格局变化进行研究。陆力《明清保定地方志编纂研究——以四部明清保定方志为中心》(河北大学2021年硕士学位论文)一文,以四部明清保定方志为中心,从编纂流程与人员组织、编纂成书与刊印传播、体例结构与编纂特色、史料来源与文献价值、人物传记与叙事成就、理论成就等方面分析明清保定地方志的编纂。张诗怡《南充市地方志公共文化服务问题研究》(西华师范大学2021年硕士学位论文)一文,分析南充市地方志公共文化服务的现状、存在的问题及原因,并提出对策建议。魏伟《方志馆书库环境监测与控制系统的设计与实现》(山东大学2021年硕士学位论文)一文,在分析国内外方志馆及相近功能的场馆环境测控状况的同时,介绍山东省方志馆的书库环境监测与控制系统。习媛《当代中国水志的编撰与出版研究》(青岛科技大学2021年硕士学位论文)一文,分析当代中国水志的编撰与出版状况、工作流程和创新发展,肯定水志编纂的社会价值。胡艳杰《民国方志纂修研究》(中国科学院大学2021年博士学位论文)一文,从民国时期的方志概况、方志纂修、方志收藏三个角度考证论述民国时期方志编纂状况。秦浩翔《清代广西方志编纂与边疆社会文化、国家认同》(江西师范大学2021年硕士学位论文)一文,梳理清代广西地方志编纂状况,并通过分析方志编纂,论述广西地区的地域文化、社会变迁、边疆治理与国家认同等内容。

2021年是"十四五"规划的开局之年,随着全国地方志系统第二轮修志任务的基本完成,省、市、县三级地方志书、地方综合年鉴全覆盖目标的总体实现,如何进一步推动地方志事业和相关研究高质量发展成为方志学讨论的重要话题。2021年方志理论研究虽较往年数量上基本保持平衡,但是文章质量可观,文章内容也丰富多彩,研究视角依旧包罗万象,硕博士学位论文已不再只关注旧志的研究,产生了一些新的研究领域;第二轮修志的收官,使得方志学宏观研究涌现,对方志事业新出路的研究也较多;由志、史鉴关系引出地方志与其他学科的关系,不仅仅体现在地方志的资料性上,跨学科交叉联动、非线性思维成为方志研究的主导思维,深入互动成为地方志学术新动态。但是也要看到，在方志理论研究的背后也仍存在研究碎片化、地方化、保守化，研究缺乏深度，方志事业转型困难等问题。因此，为了推动方志事业转型、方志学科体系建立、方志话语权的构建，需要一代又一代方志人的努力。

（范锐超）

· 年鉴理论研究

2021年全国年鉴理论研究综述

年鉴事业是地方志事业的重要组成部分，在实现省、市、县三级综合年鉴全覆盖后，提高年鉴质量，抓精品年鉴建设成为年鉴工作的重要任务。2021年，全国公开发表的论文有186篇。从论文的作者单位来看，与往年一样，高校、科研单位及各省（市、区）地方志工作机构依然为主要力量。通过梳理和考察年鉴的情况可知，我国学者在年鉴编纂注意事项、存在的问题，年鉴质量提高和创新，年鉴评价和研究等方面取得了一定的研究成果。下面从年鉴编纂基础理论、年鉴编纂应用理论、年鉴事业管理研究与实践、年鉴开发与利用4个方面对2021年年鉴研究情况作梳理，梳理的对象主要是国内公开发表的期刊论文，有关研究著作仅做简要介绍，有关学术研讨会议论文、论文集论文不在论述范围之内。

一、年鉴编纂理论

年鉴编纂理论包括年鉴基础理论、中外年鉴和民间年鉴研究等。专家学者主要针对年鉴学科建设、年鉴的属性和功能等问题进行深入研究。

（一）基础理论研究

关于年鉴的性质研究。徐佳佳《以问题意识引领年鉴理论研究》（《中国年鉴研究》2021年第2期）一文，围绕年鉴研究问题意识的重要性主题，指出我国年鉴理论研究中普遍缺乏问题意识的根源。强调树立问题意识，积极开展元理论、交叉学科以及中外年鉴比较等理论研究，处理好问题与材料、理论方法、学术规范、实践研究、年鉴的全球化与本土化等关系问题。刘传仁《年鉴资料性问题探析》（《中国年鉴研究》2021年第2期）一文，分析年鉴资料性问题的提出、成因，探讨增强年鉴资料性的途径。

关于年鉴的功能和属性研究。彭勇《如何提高年鉴的存史价值——中央民族大学历史文化学院教授彭勇访谈录》（《中国年鉴研究》2021年第2期）一文，围绕年鉴基本功能、史料价值、学术价值、质量提升等方面，较为系统地论述如何提高年鉴的存史价值。陈述清《浅论拓展县级综合年鉴的资料储备功能》（《江西地方志》2021年第3期）一文，以县级综合年鉴为例，指出资料性是年鉴最基本的属性。

关于年鉴学科体系构建。宋铭月《关于年鉴学学科构建的思考》（《上海地方志》2021年第4期）一文，从年鉴学的基本概念入手，讨论年鉴学学科构建背景、基础理论、学科建设支持以及学科体系构建。颜小忠《对年鉴理论研究存在问题与解决路径的思考》（《上海地方志》2021年第2期）一文，指出年鉴研究存在的问题，提出解决方案，建议构建独立的年鉴学概念体系、系统的年鉴学学科体系以及完善的年鉴理论研究常规工作机制。与往年相比，在年鉴基础研究方面，常年探讨的年鉴与志书、与档案等关系问题的论文较少。贾栋钰《地方志书资料储备对年鉴编纂思路的影响》（《中国年鉴研究》2021年第1期）一文，指出地方综合年鉴凭借其在定位切入、收录资料、编纂规范和编纂人员等方面与地方志书的相近和相同，构成对地方志书资料储备的补充。通过地方志书资料储备的视角，从立足基本规范、坚持前瞻视野、坚持编鉴为用、坚持内容拓宽和提升存史价值5个方面入手，探索地方综合年鉴编纂思路创新途径。

（二）国外年鉴和民国年鉴研究

关于国外年鉴研究。姜原《国外年鉴特征辨析及启示》（《中国年鉴研究》2021年第1期）一文，介绍国外年鉴的出版发行、框架结构、选材、内容编写及其对我国年鉴编纂工作的启示。杨永成《从传统走向现代——〈惠特克年鉴〉对英国大众年鉴的改革及其后续发展》（《新疆地方志》2021年第4期）一文，考察《惠特克年鉴》对英国传统年鉴革新办法及其年鉴后续发展，揭示英国年鉴作为年度参考工具书的发展脉迹。杨彩霞、沈松平《由〈北海道年鉴〉〈神奈川年鉴〉看日本地方综合性年鉴的编纂特点》（《新疆地方志》2021年第3期）一文，对《北海道年鉴》和《神奈川年鉴》两部比较有代表性的日本地方综合性年鉴进行研究，分析日本地方综合性年鉴的共性特点。

关于民国年鉴研究。吴宏岐、何俊宇《〈广州湾商业指南年鉴合辑〉及其史料价值》（《中国年鉴研究》2021年第3期）一文，指出1943年出版的《广州湾商业指南年鉴合辑》，不仅刊载广州湾的商业资料、广州湾当局和国民政府发布的相关官方文件，还刊登大量广州湾当地的商业广告，蕴含丰富的历史信息，有助于研究抗战时期广州湾及附近地区的商业状况、相关商业管理条例和规章制度。徐佳佳《〈实用国民年鉴〉编辑出版研究》（《黑龙江史志》2021年第7期）一文，分析《实用国民年鉴》的编辑出版特点和工作机制等，管窥抗日战争时期我国出版业的发展，透析我国年鉴的本土化历程，为当前年鉴的发展提供镜鉴。而其《20世纪30年代民营出版业"年鉴热"原因及影响分析》（《广西地方志》2021年第4期）一文，认为20世纪30年代我国本土年鉴理论不断发展，世界年鉴逐渐受到学界和政府的肯定，受现代出版传媒产业快速发展，年鉴的价值被出版界发掘等因素影响，出版了数量众多、种类丰富的年鉴，早期本土年鉴人才不断涌现，本土年鉴理论不断深化，商业化的年鉴编辑出版机制初步形成，年鉴得到广泛传播。另外，其《民国〈中国经济年鉴〉编辑运营及启示》（《广西地方志》2021年第2期）一文，研究民国政府实业部出版的官修年鉴《中国经济年鉴》，指出该年鉴的诞生与20世纪30年代中国社会经济危机中统制经济理论大行其道、统计理论广泛传播、统计工作普遍开展、本土年鉴迎来发展热潮等有密切关系。朱金龙《近代民族航运业发展缩影——〈航业年鉴（1935年）〉述略》（《收藏与投资》2021年第6期）一文，指出1935年《航业年鉴》由上海市轮船业同业公会编辑出版，在一定程度上反映了上海轮船同业组织发展的历程，也是研究这一时期上海乃至全国轮船业发展状况的重要资料。

二、年鉴编纂研究

（一）地方综合年鉴编纂

关于年鉴框架设计。2021年，全国年鉴事业进入高质量发展阶段，为此《中国年鉴研究》期刊特设"地方综合年鉴各部类框架设置研究"专栏，组织有关专家学者按年鉴部类开展专题研究。崔震《地方综合年鉴生态部类框架设置研究》（《中国年鉴研究》2021年第4期）一文，建议结合整部年鉴框架设计的原则、组稿工作的可行性和生态文明建设内容的全面性，综合考虑生态部类的框架设计。在合理位置设置生态环境类目，重点反映生态环境相关情况。不宜设置生态等概念过大的类目，也不宜将非生态环境部门职责范围、与生态相关的内容全部并入生态环境类目，破坏其他类目的完整性。陆瑞萍《年鉴农业农村类目框架及记述内容浅析》（《中国年鉴研究》2021年第3期）一文，通过对江苏省16部县级年鉴有关农业农村类目框架设计的分析比较，指出目前年鉴农业农村部分尚存在思想认识不到位、概念混淆框架交叉、记述内容没有与时俱进、选题选材不当、排序混乱、归类不当等问题，提出应单独设置乡村振兴类目，科学设计农业和乡村振兴类目、分目，在内容选材上突出新业态新模式，加强宏观记述，凸显文献价值。付莉《新发展理念下地方综合年鉴经济部类编写的思考》（《中国年鉴研究》2021年第3期）一文，指出经济部类既是各产业贯彻新发展理念实现经济高质量发展的重要记述载体,也是实现年鉴高质量发展的关键环节。年鉴经济部类的编写要贯彻新发展理念,科学设计框架结构,注重突出地方特色和时代特点,将年度内经济领域各产业发展情况记述得科学、系统,呈现得有广度、有深度,体现年鉴作为年度发展实录的价值。周永达《论年鉴篇制》(《江苏地方志》之江苏省地方志学会2021年度学术年会论文集2021年专辑)根据年鉴篇目数将地方综合年鉴分大篇制、中篇制、小篇制,分析3种篇制年鉴的比例及优缺点,对篇目的设计提出建议。

关于年鉴记述脱贫攻坚、乡村振兴。随着脱贫攻坚战取得全面胜利,乡村振兴战略作为全国人民实现第二个百年奋斗目标的一项重要战略,年鉴如何科学记述引起很多研究者的关注。廖运建《记录好脱贫攻坚伟业是年鉴工作者的责任担当》(《中国年鉴研究》2021年第3期)一文,论述年鉴记录脱贫攻坚的重点,提出年鉴记录脱贫攻坚的篇目构想。刘星《为党立言,科学记录脱贫攻坚和全面建成小康社会历史伟业》(《中国年鉴研究》2021年第3期)一文,结合新疆工作情况,论述在年鉴中全面记录脱贫攻坚和全面建成小康社会的意义,指出记述应全方位、立体式,还应突出记述的重点,处理好全面建成小康社会与脱贫攻坚的关系,突出年鉴"年刊"的特性。牟国义《脱贫攻坚和全面建成小康社会的年鉴书写——以21部申报中国年鉴精品工程的地市级年鉴为例》(《中国年鉴研究》2021年第3期)一文,紧扣年鉴记述脱贫攻坚,从专题图片、前置栏目、内容呈现、记述体裁四方面分析21部申报中国年鉴精品工程的地市级年鉴质量,探讨2021年卷年鉴专题书写脱贫攻坚和全面建成小康社会的形式。孟亚男《年鉴突出记录脱贫攻坚和全面建成小康社会历史进程问题探析——以21部申报中国年鉴精品工程的地市级年鉴为例》(《中国年鉴研究》2021年第3期)一文,分析21部申报中国年鉴精品工程的地市级年鉴记录脱贫攻坚和全面建成小康社会历史进程的情况,分析不足之处,并对2021年卷年鉴突出记录脱贫攻坚和全面建成小康社会历史进程提出建议。地方综合年鉴如何记述乡村振兴也是2021年的重点研究。陈红、焦学健《地方综合年鉴设置乡村振兴类目研究》(《江苏地方志——江苏省地方志学会2021年度学术年会论文集》2021年专辑)一文,从地方综合年鉴设置乡村振兴类目的重要性、乡村振兴内容编纂过程中存在的问题、进一步完善乡村振兴类目编纂的建议3个方面入手,分析年鉴编纂过程中存在的问题,对地方综合年鉴如何设置乡村振兴类目提出操作性较强的意见和建议。

关于年鉴编纂研究。曾维浩《地方综合年鉴记述文化内容的变迁——以〈珠海年鉴〉为例》(《中国年鉴研究》2021年第2期)一文,结合对《珠海年鉴》编纂历程与发展特点的介绍,分析文化类目下的条目变化,探讨从年鉴文化记述看地方文化发展,以及新时代年鉴如何记录文化等问题。周日杰《年鉴编纂中的"中国之治"》(《中国年鉴研究》2021年第1期)一文,论述年鉴编纂如何体现"中国之治",指出应通过创新年鉴编纂方式方法来研编新时代精品年鉴。汪洁《全媒体时代年鉴编纂创新路径思考》(《江苏地方志》之《江苏省地方志学会2021年度学术年会论文集》2021年专辑)一文,结合《淮安年鉴》编纂工作实际与创新需求,尝试从年鉴编纂的体制机制、入鉴内容、表现形式、传播渠道创新和拓展等方面,探讨在全媒体背景下年鉴编纂方法及资源利用的创新路径。马玉庆、刘一翔、张根熹、万宇明《网站内容自动摘要方法及其在高校年鉴编制中的应用》(《微型电脑应用》2021年第10期)一文,针对年鉴编写存在耗费人力、专业壁垒问题,研究网站内容自动分析方法,对网站内容进行挖掘,以自动生成年鉴条目。徐佳佳《年鉴专记类文献的发展与使用》(《黑龙江史志》2021年第4期)一文,分析近年来我国年鉴中专记类文献的使用存在内容不专、不特,来源窄、书写风格公文化、名称和定义不统一等问题,认为产生这些问题的主要原因与当前我国专记类文献研究理论基础薄弱、编纂弹性较大等有关。要加强年鉴基础理论研究，拓展专记类文献等内容的来源渠道，提高年鉴编纂人员的综合素质至关重要。

关于乡镇年鉴编纂。2020年全国省、市、县三级完成年鉴全覆盖，部分省份的乡镇也逐步认识到编纂年鉴的重要性。徐秋明、徐琳、徐澜《乡镇年鉴编纂的实践——以昆山市11个区镇年鉴全覆盖为例》（《中国年鉴研究》2021年第4期）一文，强调乡镇年鉴编纂的必要性，并介绍昆山市11个区镇年鉴全覆盖的实践经验，分析乡镇年鉴编纂问题，提出制订"一年试点、二年推进、三年全覆盖"的工作方案，科学设计编纂纲目，组织开展编纂人员业务培训，组织聘请专家进行面对面指导，强化书稿审核验收的对策。徐秋明、苏晔、徐琳、杨伟娴、徐澜《对乡镇年鉴编纂的一些思考——基于21部镇级年鉴的比较研究》（《江苏地方志》之《江苏省地方志学会2021年度学术年会论文集》2021年专辑）一文，对东莞市和昆山市两地已经公开出版的21部乡镇年鉴进行比较研究，指出两地乡镇年鉴编纂在框架结构、内容设计、装帧设计等方面的异同。作者提出，乡镇年鉴发展要从顶层设计着手，提升编纂史料，实现编纂手段、编纂内容和编纂形式的转型升级。

关于年鉴条目研究。孙善英《年鉴条目编写存在的问题及优化路径》（《中国年鉴研究》2021年第2期）一文，总结三类年鉴条目编写存在的问题，提出要统筹考量各自的界限和占比，最大限度地优化编写路径。许凯《年鉴条目及其常见问题探析——以〈中国林业年鉴〉为例》（《传媒论坛》2021年第3期）一文，阐述年鉴条目的基本概念，介绍综合性条目、单一性条目这两类年鉴条目及其特点，对年鉴条目的选题原则和撰写要求进行探讨。

关于年鉴图照。徐佳佳《年鉴卷首彩页发展变化、存在问题及对策——以〈江西年鉴〉等省级综合年鉴为例》（《福建史志》2021年第1期）一文，指出多年来年鉴编辑思路的转变、市场竞争的加剧、年鉴行业的不断进步和规范，使地方综合年鉴的卷首彩页编辑发生较大变化。但卷首彩页仍存在文字说明不规范、图片质量不高等问题。赵孝勤《地方综合年鉴图片专题编辑浅议——以〈克拉玛依年鉴〉为例》（《新疆地方志》2021年第3期）一文，从专题的构成、专题的设置、专题的"包装"以及图片的收集、选择、编排等方面总结年鉴专题图片编纂实践经验。

（二）专业年鉴编纂

关于企业年鉴编纂。企业年鉴编纂在专业年鉴编纂占比较重。李琳《地方专业年鉴的变革与创新发展——以〈广西建设年鉴〉为例》（《广西地方志》2021年第1期）一文，梳理《广西建设年鉴》的发展历程，从编纂体例、框架设计、装帧设计等方面进行分析，厘清专业年鉴的发展脉络，提出应总结年鉴编纂经验，继承年鉴编纂过程中的好方法，以实践创新工作思路开创专业年鉴发展的新局面。姚岳山《年鉴编纂应处理好12个重点关系——以国铁企业年鉴为例》（《史志学刊》2021年第4期）一文，通过总结编纂经验、分析存在问题，从年鉴理论学习研究、年鉴编纂规范贯彻落实、具体操作改进创新等方面，提出正确认识、把握和处理年鉴的12个相互联系、相互补充、相应影响的重点关系。

关于军事年鉴编纂。黄学爵《探索新时代强军事业记载的路径——以〈中国军事年鉴〉编纂规划为例》（《中国年鉴研究》2021年第4期）一文，强调应深入论证、充分认识编纂军事年鉴的重要意义，科学设立编纂的指导思想，正确界定编纂的基本原则，把握编纂工作的正确方向：应科学设计、合理确定编纂规模和装帧形式，科学设定框架，严格限定内容收录和记述范围，确保编纂内容系统规范；应精心组织，明确各级职责任务，搞好信息资料收集整理，注重编纂队伍建设，推动军事年鉴编纂工作有序展开。

关于高校年鉴编纂。高校年鉴作为专业年鉴重要的一部分，在2021年多探讨的是其编纂创新路径。王调江《高校年鉴编纂实践与思考》（《中国多媒体与网络教学学报（上旬刊）》2021年第12期）一文，从工作实际出发，对高校年鉴编纂的基本原则和工作中遇到的问题及对策进行探讨和反思。王琴《高校年鉴编纂机制创新与实践路径》(《宿州教育学院学报》2021年第1期)一文，指出高校年鉴编纂工作普遍存在内容欠规范、信息可利用性低和编制周期不确定等问题。作者提出，应将主体编纂工作关口前移，由编辑部门承担编纂主体任务，简化编纂流程等创新年鉴编纂工作机制是有效提高年鉴编纂规范性和时效性的路径。张幸媛、张芳《信息时代下如何做好档案编研工作——高校年鉴编纂工作的探索与创新》(《黑龙江档案》2021年第3期)一文，提出应当充分利用现已成熟的网络信息传播的优势，丰富年鉴的内容，改进年鉴编纂的方法和思路，进而提升年鉴的阅读量、利用率和影响力，为其能发挥更大的社会价值和效益做铺垫。

(三) 年鉴质量建设研究

关于年鉴规范建设。阳晓儒《关于地方综合年鉴规范化建设初探》(《史志学刊》2021年第2期)一文，从年鉴框架设计、内容编写、出版印刷等年鉴编纂出版环节论述地方综合年鉴规范化建设的重要性，以及如何正确处理年鉴规范与创新的关系。陆瑞萍《精品年鉴内容质量标准探讨》(《江苏地方志》2021年第1期)一文，论述精品年鉴的内容质量标准，认为精品年鉴在宏观层面应内容博洽，彰显时代价值，中观层面应立条精准，体现系统思维，微观层面应编校规范，熔铸工匠精神。

关于年鉴精品建设。贯彻精品意识、打造精品年鉴是年鉴建设的重要话题，在完成全国"年鉴全覆盖"目标后，进一步提高年鉴质量成为年鉴发展的重要任务。刘永强《中国精品年鉴建设的实践与思考》(《中国年鉴研究》2021年第3期)一文，全面梳理近年来中国年鉴精品工程引领的中国精品年鉴建设的实践创造，总结经验，分析存在的主要问题，提出坚持精品理念、探索打造模式、完善质量机制、发挥专家作用、深化学术研讨、做好宣传推广等建议，为科学谋划好下一步的中国精品年鉴建设、引领推动年鉴事业走上高质量发展道路提供有益参考。林忠玉《年鉴精品工程价值初探——以福建省为例》(《史志学刊》2021年第6期)一文，介绍福建省年鉴精品工程的实施状况，论述年鉴精品工程的价值。桑荟《江苏精品年鉴创建报告》(《江苏地方志》2021年第3期)一文，介绍江苏精品年鉴的建设状况，总结建设特点和经验。邓尧《地方综合年鉴图片专辑精品化的思考》(《中国年鉴研究》2021年第2期)一文，阐述地方综合年鉴图片专辑的意义，分析存在的问题，提出精品化编辑图片专辑的思路。梁辰《关于提升年鉴编纂质量有效途径的几点思考》(《黑龙江史志》2021年第8期)一文，强调质量是年鉴的生命和灵魂，是年鉴的价值所在。在新时代地方志事业高质量发展的过程中，积极探索提升年鉴编纂质量的有效途径，具有极为重要的意义。

三、年鉴事业管理研究与实践

关于年鉴事业高质量发展。冀祥德《高质化、法治化：年鉴事业第二次转型升级》(《中国年鉴研究》2021年第1期)一文，指出年鉴事业要深入贯彻落实党的十九届五中全会精神，以高质量发展为主线、以改革创新为动力、坚定方志文化自信，做好年鉴事业第二次转型升级。崔震《坚定文化自信，加快推进中国特色社会主义年鉴事业》(《中国年鉴研究》2021年第1期)一文，认为要坚定文化自信，加快推进中国特色社会主义年鉴事业。贠有强《以新发展理念为引领，推动年鉴事业高质量发展》(《中国年鉴研究》2021年第2期)、何伟志《资政辅治谱新篇，推动新时代年鉴事业持续高质量发展》(《中国年鉴研究》2021年第4期)、黄玉华《凝心聚力，推动年鉴事业更上一层楼》(《中国年鉴研究》2021年第1期)、刘传仁《以高质量发展为主题，谱写年鉴事业新篇章》(《中国年鉴研究》2021年第1期)等文，均认为应以新发展理念为引领，提升资政辅治的能力水平，不断推动新时代年鉴事业持续高质量发展，并基于新发展理念，提出年鉴事业发展的注意点。欧长生《履职尽责，开创年鉴工作新局面》（《中国年鉴研究》2021年第1期）一文，从真实记录、质量保证、讲好故事三方面论述年鉴事业的职责。王蕾《发挥年鉴作用，突出记录全面建成小康社会的历史进程》（《中国年鉴研究》2021年第3期）一文，认为要用"新时代"的思维开展年鉴工作、进一步拓展年鉴功能。陈永红《坚定文化自信，建设年鉴强国》（《中国年鉴研究》2021年第2期）一文，分析年鉴中国化成功的原因，认为应坚定文化自信，建设年鉴强国。

关于年鉴事业管理。李涛《中国军事类年鉴发展历程与趋势》（《中国年鉴研究》2021年第1期）一文，认为我国开展军事类年鉴编纂的历史轨迹分为探索起步、成长壮大、快速发展和转型创新四个阶段。军事年鉴从为地方年鉴提供资料到独立出版、从零星开展到普遍参与、从自发编纂到全面部署经历较长的发展历程，在加强指导力度、坚持依法编鉴、拓展编纂范围、推动理论研究、注重队伍建设、打造精品年鉴等方面取得了突出成绩与成功经验。面对当前存在的编鉴单位不平衡、编纂内容不规范、编鉴队伍不稳定、功用发挥不充分等现实问题，军事年鉴编纂要走创新发展之路，要进一步更新观念意识，迅速构建新的工作运行机制，体现时代特色，运用高新技术，突出记述改革强军的伟大实践，注重开发利用等，确保同步存史工作落地见效。吴爱民《扬帆起航正当时，栉风沐雨铸辉煌》（《中国年鉴研究》2021年第2期）一文，回顾天津年鉴事业的发展历程以及原因，表示要不断推动年鉴事业高质量发展，更好地发挥年鉴效能。林浩《凝心聚力再出发，砥砺前行谱新篇》（《中国年鉴研究》2021年第2期）一文，论述福建省年鉴工作者的任务，表示要全方位推动福建省年鉴事业高质量发展。王习加《以新发展理念推动长沙年鉴精品区域新格局》（《中国年鉴研究》2021年第1期）一文，介绍长沙市在新发展理念指导下，坚持系统观念、统筹设计长沙"大年鉴"发展新格局、加强精品年鉴区域建设的方略。黄忠顺、李文蔚《被引数据视域中的城市综合年鉴考量——以广东省市级综合年鉴为例》（《中国年鉴研究》2021年第1期）一文，基于中国知网2009—2019年被引量统计分析，揭示城市综合年鉴被引频次呈普遍下降趋势和城市的文化知名度与其年鉴的外地引用占比呈反比关系的现象，提出文化知名度不高的城市年鉴更迫切需要主动"走出去"，积极加入使用广泛的大型文献数据库和检索平台。赵行《乘建党百年之势而上，开启年鉴事业发展新征程》（《中国年鉴研究》2021年第2期）一文，总结四川年鉴事业的发展状况和经验，提出应乘建党百年之势而上，开启年鉴事业发展新征程。曹宇《文化润疆工程助力兵团年鉴新征程》（《中国年鉴研究》2021年第1期）一文，针对新疆生产建设兵团年鉴工作发展部署，指出要立足实际，为开展文化润疆工程、发挥文化示范区作用贡献力量。

关于年鉴队伍建设。李琳《人力资源管理优化提升编辑工作效能刍议——以广西建设年鉴编辑部为例》（《山西经济管理干部学院学报》2021年第3期）一文，围绕如何在人才配置上发挥效益最大化、提升编辑工作效能、促使年鉴编辑部在深化业务的同时获得长足发展等问题进行探讨。作者从人力资源管理模式、配置方式、健全完善运行机制等方面，运用定性分析法和人力资源模型分析广西建设年鉴编辑部的人才管理模式，探索出一套培养专业年鉴高素质编辑人员的管理办法。牛毅《对丝绸之路（敦煌）国际文化博览会年鉴编辑工作的思考与实践》（《发展》2021年第3期）一文，分析丝绸之路（敦煌）国际文化博览会年鉴编辑出版的背景意义，并立足于深刻把握敦煌文博会定位，对拟定敦煌文博会篇目大纲、设置篇目内容和完成编辑人员职责进行分析。

关于年鉴出版。苏锦生《新时代地方综合年鉴出版印刷环节"掌握时间主动权"初探》（《新疆地方志》2021年第4期）一文，分析近年来出现的年鉴出版书号申请难、出版费用上涨等新情况，认为年鉴工作者要创新思想，科学谋划，依法治鉴，在紧抓年鉴前期工作如规划、征稿、编纂等环节质量进度的同时，在年鉴后期工作如排版设计、出版印刷等环节"掌握时间主动权"，前后相辅相成、无缝接轨，力促提质增效。万小芳《探析大型丛书或年鉴志书中的版式陷阱》（《传媒论坛》2021年第10期）一文，分析年鉴志书在设计排版中容易忽略的版式陷阱。如果不加以注意，可能导致前面的大量工作要推倒重来，造成编辑精力和时间的浪费。张帆《年鉴图书常见编校问题探析》（《传媒论坛》2021年第17期）一文，通过剖析年鉴图书编校工作中遇到的一些代表性问题，探讨年鉴图书编校工作的特点和相关编校人员应具备的素质，并提出年鉴图书编校质量的提升途径。

四、年鉴开发与利用

（一）年鉴开发与利用

关于年鉴开发。曹琨《媒介传播背景下年鉴开发和利用的几点思考》（《科技传播》2021年第9期）一文，结合媒介传播的特点，分析当前媒介传播背景下年鉴开发和利用存在的主要问题，进而探索出相应的解决路径。

关于年鉴利用。年鉴的利用多为针对某种年鉴内容的利用研究。原雯、王君、申鸿怡、王新民《基于统计年鉴和网络大数据的房屋竣工面积估算》（《北京大学学报（自然科学版）》2021年第5期）一文，选择北京市年鉴中的若干数据指标对2017年和2018年北京市房屋竣工面积进行预测。杨寒、曹照洁《"十四五"时期我国中等职业教育师资队伍建设研究——基于〈中国教育统计年鉴（2016年至2020年）〉数据分析》（《职业教育（下旬刊）》2021年第9期）一文，分析2016年至2020年《中国教育统计年鉴》对"十三五"期间我国中等职业教育师资队伍数量、类型结构、职称结构、学历结构、年龄结构、双师质量等问题。张辉、魏东、乔璐、李丹丹、张玉尧《基于工作流的统计年鉴数据清洗模型构建》（《河南农业科学》2021年第10期）一文，提出构建实现统计年鉴数据集成整合和综合快速查询的方法，以2000年至2018年《中国统计年鉴》及《河南统计年鉴》等全国31个省（区、市）统计年鉴为例，构建的数据清洗建模方法具有高效、可溯源的优势。

（二）年鉴研究与评价

关于精品年鉴的个案研究。刘桂珍《争精品年鉴 创一流业绩——〈滨城年鉴〉入选中国年鉴精品工程做法与启示》（《黑龙江史志》2021年第5期）一文，总结《滨城年鉴》编纂及申报中国年鉴精品工程的做法和经验，为精品年鉴建设提供启示。周美凤《总结精品年鉴打造经验 探寻年鉴高质量发展路径——以〈长沙年鉴〉等为例》（《江苏地方志》之《江苏省地方志学会2021年度学术年会论文集》2021年专辑）一文，介绍《长沙年鉴》的编纂状况及经验，从突出"三色"（政治底色、地域特色、时代亮色）、坚持"三性"（创新性、系统性、实用性）、把好"三关"（保密关、审校关、规范关）三方面论述如何打造精品年鉴。

关于年鉴评价。秦存誉《〈中国考古学年鉴〉的编纂模式、特点与影响》（《中国年鉴研究》2021年第4期）一文，通过分析36部《中国考古学年鉴》，指出其主要设有9个栏目，编纂模式是中国考古学界最高级别的学术团体宏观指导，最高级别的科研机构具体实施，各省、自治区、直辖市文物考古机构和考古院校积极配合，国内绝大多数考古学者共同参与。《中国考古学年鉴》的出版不仅推动中国考古学科的发展、促进考古学者视野的拓展和水平的提升，还对其他相关学科产生一定影响。罗庆春、魏锦喜、林长青《〈福建退役军人事务年鉴（2020）〉编纂实践与思考》（《福建史志》2021年第2期）一文，结合《福建退役军人事务年鉴（2020）》编纂的具体实践，就如何做好退役军人事务领域年鉴编纂进行思考、提出方向和措施。郭奕然、王春枝《分析统计学的发展趋势以及统计教育教学改革——评〈中国科学院统计年鉴（2019）》》（《科技管理研究》2021年第22期）一文，围绕《中国科学院统计年鉴（2019）》相关信息进行研读，分析我国统计学的未来发展趋势，提出统计教育教学改革方向与措施。

总的来说，2021年年鉴理论研究取得了一定进展，对广大年鉴工作者起到较好的指导作用。但全国年鉴研究仍然存在一些不足。一是经验表述型的多、理论思辨型的少。已有的研究主要是根据自己编纂实践经验提出工作中的见解，"年鉴工作评论""年鉴编纂经验"多为年鉴工作者交流的重点，很多文章是对工作经验的总结，一些文章给人"较浅"的感觉，缺少一些有分量的理论文章。二是定性研究的多、定量研究的少。很多年鉴工作者讨论年鉴要创新、要根据读者定位来编辑年鉴，但很少去调查了解一下编出来年鉴的受众情况，编纂人员脱离实际、脱离读者是找不到问题的症结的。三是重复研究的多、创新研究的少。很多文章看到以后就有似曾相识的感觉。比如讨论编辑人员的素质、框架结构创新、资料征集方式、开发利用等问题缺乏深度，也少有新意。

（范锐超）

·方志论文索引

一、方志理论

李　惠　方志学成果形态　《上海地方志》2021年第3期

刘效红　方志学基本原理述论　《上海地方志》2021年第1期

张　莉　方志学研究方法　《上海地方志》2021年第2期

潘捷军　百年中国马克思主义方志学的历史探索　《中国地方志》2021年第3期

黄　伟　齐玉莹　第一轮修志以来台湾地方志研究概述　《福建史志》2021年第1期

潘捷军　近现代中国史志关系研究述要　《史志学刊》2021年第5期

葛丽平　地方志在传承发展中华优秀传统文化中的实践　《志苑集林》2021年辑刊

钱永兴　方志核心理念及其当代表达——以二轮《象山县志》为例　《江苏地方志》2021年第5期

王建设　中国方志大系及其学科之构建　《深圳史志》2021年第2期；《广东史志》2021年第3期

韩章训　论修志与用志辩证关系　《上海地方志》2021年第1期

李　果　黄　湘　论整理"旧志"的基本方法与学术规范——以清光绪《叙州府志》为例　《巴蜀史志》2021年第2期

陈　野　建构文化传统：中国方志的深层功能　《浙江学刊》2021年第1期

贾小炎　马克思主义基本原理同中华优秀传统文化相结合的几点思考　《甘肃史志》2021年第4期

张世民　也谈历史学与方志学的几个问题　《中国地方志》2021年第5期

李　敏　地方志与中国历史研究　《黑龙江史志》2021年第5期

周保欣　地方志与当代小说的体式创构　《社会科学战线》2021年第2期

高　磊　地方志与红色文化传承　《江苏地方志》之《江苏省地方志学会2021年度学术年会论文集》2021年专辑

刘德元　正确处理史与志的若干关系　《新疆地方志》2021年第1期

田　丰　受众研究：方志传播学的重要课题　《社会科学报》2021年11月18日

韩章训　志书记载重点演变述论　《广西地方志》2021年第3期

朱　峰　志载盛世育后人——学习贯彻党的十九届六中全会精神　《新疆地方志》2021年第4期

二、方志管理与实践

武　童　VR背景下方志阅读的优势和途径探索　《兰台内外》2021年第5期

李　波　安徽省"数字方志"建设与思考　《安徽地方志》2021年第1期

漆良蕃　存史、资政：南昌市地方志考　《南方文物》2021年第4期

钱茂伟　王笑航　大规模推广村村修志的必要性与成功路径　《中国地方志》2021年第4期

雍　俊　地方史志期刊"姓史姓志"文化属性彰显路径浅析——以《扬州史志》2017年改版为例　《江苏地方志》之《江苏省地方志学会2021年度学术年会论文集》2021年专辑

李卓航　地方志编修助推农村文化产业升级策略研究　《传媒论坛》2021年第7期

周　游　地方志服务中心工作的实践与思考——以服务威远文旅发展为例　《巴蜀史志》2021年第3期

李秋洪　地方志工作的哲学思辨　《广西地方志》2021年第1期

唐子豪　地方志旅游价值的开发与利用——以明代至民国时期北海的地方志为研究对象　《黑龙江史志》2021年第10期

李秋洪　地方志职业群体的心理素质　《广西地方志》2021年第6期

作者	题目	出处
李振林	发挥地方志职能优势 弘扬新时代濮阳精神	《濮阳日报》2021年11月26日
李 果	发挥地方志作用 抓好党史学习教育	《巴蜀史志》2021年第2期
运子微	改革开放以来北京市新编地方志工作的探索与实践	《北京地方志》2021年第3期
王复兴	关于加强读书学习的思考——培养方志大家的必由之路	《黑龙江史志》2021年第1期
梁金荣	关于新时代地方志高质量发展的几点思考	《广西地方志》2021年第6期
王 琼	桂林旧志整理与利用情况调查	《广西地方志》2021年第4期
张 睿	基于数字人文的地方志文本分析研究	《安徽地方志》2021年第4期
吉林省方志委赴宁夏、重庆调研组	吉林省赴宁夏、重庆方志办调研情况报告	《今古大观》2021年第6期
张晓兰	记录北京教育史实 讲好首都教育故事——北京教育志鉴事业发展纵览	《北京地方志》2021年第2期
焦永萍	坚持党对地方志工作的全面领导	《党史文汇》2021年第8期
张 军	讲好中国故事 增强文化自信——影像方志的几点思考	《安徽地方志》2021年第1期
王秀梅 袁 军	晋城市地方志编修工作现状梳理分析	《晋城职业技术学院学报》2021年第4期
任璀洛	论地方志鉴文本信息化的"三部曲"	《深圳史志》2021年第4期
李 娜	面向方志类古籍的多类型命名实体联合自动识别模型构建	《图书馆论坛》2021年第12期
汪德军	努力编纂符合新时代要求的西藏地方志书	《西藏地方志》2021年第2期
王建设	普修村志全面振兴乡村文化之国家意义	《广东史志》2021年第5期
王建设	普修村志与乡村振兴	《安徽地方志》2021年第1期
庞德成	浅谈方志类纪录片创作中的深度提炼	《新闻潮》2021年第4期
麦凤庄	浅谈跨界视域下地方志全媒体传播策略	《广东史志》2021年第2期
周修宇	浅谈新修志书的利用——以《浙江通志》为例	《黑龙江史志》2021年第6期
蒋 锋	浅谈在红色文化传承中发挥地方志的职能优势	《江苏地方志》之《江苏省地方志学会2021年度学术年会论文集》2021年专辑
陈家传	浅谈指导市县地方志编修实践的经验与思考——以海南为例	《广西地方志》2021年第5期
方亚光	浅析二轮《江苏省志》的指导推进方式与质量管控机制	《江苏地方志》之《江苏省地方志学会2021年度学术年会论文集》2021年专辑
尤 岩	全媒体时代志书文本的价值尺度：以概述为例	《甘肃史志》2021年第4期
王志迁 纪莉莉	深耕地方文化 助力乡村振兴——地方志服务乡村振兴的路径探析	《江苏地方志》之《江苏省地方志学会2021年度学术年会论文集》2021年专辑
刘艳平	深耕主业 乘势而上 破浪前行——四川省"十三五"地方志工作综述	《巴蜀史志》2021年第3期
张安东	深入学习贯彻十九届五中全会精神 加强新时期方志文化建设	《安徽地方志》2021年第1期
贺荟蓉	实施地方志工作"155"楚雄实践	《楚雄日报（汉）》2021年11月11日
朱艳林	书写四川记忆 传播四川声音——《巴蜀史志》获四川省期刊协会2020年年会肯定	《巴蜀史志》2021年第1期
游桃琴	数字化助推新时代地方志事业发展	《新疆地方志》2021年第1期
朱 丹	顺势而为开拓创新 砥砺前行再创佳绩——写在"方志四川"新媒体矩阵关注用户数突破60000名之际	《巴蜀史志》2021年第1期
管士进	提升方志文化服务效能 满足人民群众文化需求	《黑龙江史志》2021年第3期
《北京地方志》编辑部	挖掘地方志资源 服务"四史"学习教育——以北京市新编地方志书为例	《北京地方志》2021年第1期
吉向阳	文献名邦的传承与方志文化的运用	《大理日报（汉）》2021年10月14日
高京斋	习近平总书记的方志情怀——谈领导干部如何读志用志修志	《巴蜀史志》2021年第3期
新疆地方志系统掀起"学习吴志宏 建功新时代"热潮		《新疆地方志》2021年第1期
魏占海	新疆地方志铸牢中华民族共同体意识的实践路径	《新疆地方志》2021年第4期
王安芝 李颖杰	新疆乡土志的贡献与应用路径探析	《新疆地方志》2021年第2期
王贞伟	新时代地方志事业的行政绩效管理问题研究——以新疆阿克苏地区为例	《新疆地方志》2021年第1期
苏锦生	新时代地方综合年鉴出版印刷环节"掌握时间主动权"初探	《新疆地方志》2021年第4期
沈松平 汪凤娟	新中国地方志信息化建设的历史回顾、存在问题及发展建议	《中国地方志》2021年第4期
高京斋	学习感悟习近平总书记的方志情怀——谈领导干部如何读志、用志、修志	《西藏地方志》2021年第2期
"方志江苏"微信工作小组	一个微信公众号的涅槃——"方志江苏"微信公众号创新发展报告	《江苏地方志》2021年第1期
杨志虎	一肩挑四担，攻坚克难战"两全"——新疆全面完	

	成修志编鉴"两全目标"任务的启示 《新疆地方志》2021年第1期	
李伟春	以地方之志助力地方之治的松阳样本 《江苏地方志》2021年第6期	
黄　辉	影像志助力地方志文化传播的思考 《福建史志》2021年第4期	
王志迁	用现代影像技术传承方志文化——《中国影像方志》的传播价值与启示 《江苏地方志》2021年第1期	
赵　杰	竭宝峰　用志两则 《今古大观》2021年第2期	
郑　莉	与历史同行 与时代同步——新时期地方志事业转型升级初探 《黑龙江史志》2021年第2期	
江　涌	在建设现代化新湖南中彰显方志人新担当 《新湘评论》2021年第21期	
莫艳梅	在修志实践中进一步解放思想 《新疆地方志》2021年第2期	
史五一	总结二轮修志经验 推动地方志事业高质量发展——安徽省第二轮市、县（区）志编纂工作回顾与思考 《安徽地方志》2021年第4期	
刘　源	做足存史育人资政文章 服务全省经济社会发展 四川省地方志工作取得丰富成果 《巴蜀史志》2021年第4期	
刘　涛	北宋名儒刘棠方志书写变迁考 《天中学刊》2021年第1期	
许　彤	万华英　方志宗师朱士嘉及其学术成就 《河南图书馆学刊》2021年第6期	
薛艳伟	傅振伦与方志批评 《中国地方志》2021年第3期	
蔡婉婷	黄佐：潜心修志留文脉 《广东史志》2021年第3期	
张景孔	良师益友 情深谊长——深切怀念梁滨久先生 《中国地方志》2021年第5期；《黑龙江史志》2021年第9期	
张沁玮	梁启超与钱穆关于清代学术史整理的思想交涉——以章学诚研究为例 《开封文化艺术职业学院学报》2021年第6期	
徐佳佳	柳亚子对地方志事业的探索与启示 《安徽地方志》2021年第4期	
颜全己	论邹汉勋对地方志舆图绘制的继承与发展 《中国地方志》2021年第4期	
葛以权	姜田兵　史志学家仓修良与故乡泗阳 《江苏地方志》2021年第1期	
李　华	孙葆田的方志学思想与实践 《现代交际》2021年第24期	
刘　涛	晚明张燮关注广西地方志的原因及影响 《独秀论丛》2021年辑刊	
郑彩云	熊相生平及其方志著述考略 《上海地方志》2021年第2期	
沈松平	以现代地理学改造传统方志——张其昀"新方志"理论述评 《史志学刊》2021年第1期	
田文斌	再论《方志今议》对章实斋方志学说的承袭与发展 《新疆地方志》2021年第4期	
何沛东	张其昀主编的《方志月刊》及其地理学贡献 《地理科学》2021年第5期	
李振宁	章学诚方志学理论探析 《甘肃史志》2021年第3期	
巴兆祥	邹逸麟方志思想及其指导价值 《上海地方志》2021年第1期	
李秀霞	最古之史 实为方志——梁启超与方志学 《广东史志》2021年第3期	
潘捷军	转型升级与方志馆事业发展前景再探 《中国方志馆研究》2021年辑刊	
宋向光	方志类展陈内容"空间"网格模式及设计策略 《中国方志馆研究》2021年辑刊	
王　慧	将方志事业拓展至公共空间——从民国上海市通志馆谈起 《中国方志馆研究》2021年辑刊	
付　莉	付　堂　新时代转型升级视角下的方志馆建设 《中国方志馆研究》2021年辑刊	
李　滨	浅谈数字博物馆与数字方志馆的结合 《中国方志馆研究》2021年辑刊	
孙　景	方志馆地情展览建设初探 《新疆地方志》2021年第1期	
陈宏亮	方志馆公共文化服务体系构建研究 《广东史志》2021年第2期	
张利利	方志馆实物藏品收集的思考与对策——以广东省方志馆为例 《收藏与投资》2021年第6期	
张星煜	江苏省方志馆探索公共文化服务新路径的实践 《江苏地方志》2021年第3期	
翁红霞	徐　强　历史文化资源有效开发利用的实践与启示——以镇江方志馆为例 《江苏地方志》之《江苏省地方志学会2021年度学术年会论文集》2021年专辑	
苏全有	臧亚慧　论民国时期图书馆对方志学的贡献 《图书馆》2021年第9期	
王敏君	浅谈方志馆馆际合作与资源共享——以江苏方志馆为例 《文化产业》2021年第19期	
王敏君	浅谈方志馆育人功能及其实现路径 《黑龙江史志》2021年第2期	
李　莉	让青少年走进方志馆成为常态——利用方志馆资源开展中小学教育教学的路径初探 《福建史志》2021年第4期	
袁　琳	融媒体视域下方志馆文化传播工作的实践与探索 《时代报告（奔流）》2021年第38期	
亿　男	潘俊才　新丰设立方志驿站普及地情和党史知识 《源流》2021年第10期	
张　丽	新时期省级方志馆藏建设与服务探究 《江苏地方志》2021年第3期	
翁丽春	以国家方志馆江南分馆落户为契机，助力打造文化高地 《江苏地方志》之《江苏省地方志学会2021	

年度学术年会论文集》2021年专辑
汪丽菁 张家港市"一村一志一馆"工程建设实施报告 《江苏地方志》2021年第2期

三、方志编纂

周蓓 "别为新编"：民国《河南通志稿》的编纂 《史学史研究》2021年第3期
金雄波 "续志"基本特征及其续修方式研究 《江苏地方志》2021年第3期
王彦军 《测绘志》志书编写注意事项及常见问题 《北京测绘》2021年第2期
周广骞 《聊城县志》的纂修与文献价值略论 《枣庄学院学报》2021年第6期
金雄波 编修志书应重视从报纸中搜集资料——以《萧山市志》编纂为例 《广东史志》2021年第4期
贺红梅 编纂《甘肃省扶贫开发志》的思考 《甘肃史志》2021年第2期
苏雁 蒋丽英 充分挖掘方志里的江南文化资源 《光明日报》2021年12月8日
卢荣花 刍议《扶贫志》对市、县（区）、乡镇扶贫内容的记述 《安徽地方志》2021年第4期
周功钊 传统方志编写与城市空间构想 《书城》2021年第3期
金玲 林静 从万历《通粮厅志》的编纂看明代官署志 《北京地方志》2021年第4期
金雷磊 从志书序、跋看宋代福建志书的编纂 《福建史志》2021年第3期
雷卫群 陈陶 周美凤 从自然灾害志的实践谈新冠肺炎抗击志的编纂 《上海地方志》2021年第4期
张卓 地方志书篇目标题设置探析 《北京地方志》2021年第1期
齐迎春 地方志述体的发展：方志文学和非虚构写作 《上海地方志》2021年第2期
常洁琼 地方志自然部类编纂略论 《中国地方志》2021年第1期
翟屯建 断代志的理论探索与编纂实践——读《厦门市志（1996—2005）》有感 《嘉禾之光》2021年第4期
强亚娟 对地方志编纂的若干思考——以《中国名镇志·乌镇志》为例 《档案管理理论与实践·浙江省基层档案工作者论文集》2021年辑刊
刘德敏 对地方志编纂工作创新的几点思考 《广州史志信息》2021年第1期
陈声华 二轮志书评审工作分析与思考——结合《三明市志（1993—2005）》编纂 《福建史志》2021年第2期
钱永兴 方志小序的名称、体式与应用 《中国地方志》2021年第2期
陈泽泓 个体人物志编修蠡思——以《冼夫人志》编修为中心 《中国地方志》2021年第5期
俞富江 关于村志编纂的几点思考 《新疆地方志》2021年第3期
付莉 关于二轮修志编纂体例若干问题的思考 《今古大观》2021年第1期
陈建东 关于做好三轮修志的基本思考——以常熟市为例 《江苏地方志》之《江苏省地方志学会2021年度学术年会论文集》2021年专辑
刘道胜 徽州方志中的人物志书写刍议 《安徽地方志》2021年第1期
权芳敏 机构改革背景下二轮《辽宁省志·工业志》编纂工作模式研究 《黑龙江史志》2021年第8期
梁钊 基于域外典籍的河北地方志补遗 《燕赵文化研究》2021年辑刊
邹佳良 家族史、地方志与革命书写——历史深处的"自流井" 《当代文坛》2021年第4期
苏新功 张瑶 简议在地方志编纂过程中如何搜集整理档案资料 《大众标准化》2021年第14期
徐强 抗疫专题档案、方志征编一体化的泰州实践 《江苏地方志》2021年第1期
金雄波 口述史入志是编修高质量地方志书的需要——以《萧山市志》实践为例 《江苏地方志》2021年第6期
潘捷军 论二轮修志周期学术研究中的若干难点与问题 《上海地方志》2021年第1期
李秋洪 论新编地方志中非公有制经济的地位、层级与要素——以广西第一轮、第二轮县（市、区）志为例 《广西地方志》2021年第4期
沈松平 论新中国两轮方志编修对旧方志的继承和创新 《河南师范大学学报（哲学社会科学版）》2021年第3期
赵心愚 略论清代西藏地方志的特色篇目——"程站" 《上海地方志》2021年第1期
张灵 略论县域旧志体例的演变——以永泰县3部方志为例 《中国地方志》2021年第3期
史天社 略议新编地方志的科学性——以《尖扎县志（1991—2015）》为例 《新疆地方志》2021年第2期
金雄波 漫谈村志编修资料的收集——以编修《凤凰村志》经济部类为例 《广东史志》2021年第6期
李论 缅北果敢佤邦新方志的特色及文化交流价值 《上海地方志》2021年第2期
王希水 浅论地方志编修中加强感性因素的意义与方法 《江苏地方志》之《江苏省地方志学会2021年度学术年会论文集》2021年专辑
俞富江 浅论乡镇志书编纂的规范与创新 《广东史志》2021年第5期
欧长生 程立雪 浅谈地方志的活态化应用 《史志学刊》2021年第1期 西藏自治区地方志办公室 浅析西藏地方志书中"凡例"的写法 《西藏地方志》

	2021年第1期	
王广才	全国部分《扶贫志》编纂解析与思考 《甘肃史志》2021年第3期	
周 涌	确保现代方志的时间精准性 《社会科学报》2021年10月7日	
朱 磊	试论北京乡镇村修志发展状况及当代价值 《北京地方志》2021年第1期	
张卓杰	试论当代志书篇目设置中的视觉因素形式美构成规律及体现 《上海地方志》2021年第4期	
王广才	他山之石 可以攻玉——全国部分《扶贫志》编纂述略与思考 《广东史志》2021年第1期	
王铁鹏	谈村镇志的编纂 《今古大观》2021年第6期	
詹跃华	谈志书初稿修改 《西藏地方志》2021年第1期	
黄俊军	特色志编纂应注意的几个问题——以湖南省特色志丛书编纂为例 《江苏地方志》2021年第2期	
员有强	为实现中华民族伟大复兴提供"志力"支撑 《史志学刊》2021年第5期	
林少波	为县市立传,为时代而歌——"风物中国志"与地方志的创新升级 《江苏地方志》2021年第4期	
俞富江	乡镇"修志难"的现状、因素及其对策 《安徽地方志》2021年第4期	
吉 祥	乡镇志的特质与编纂思维 《江苏地方志》之《江苏省地方志学会2021年度学术年会论文集》2021年专辑	
王建设	新编方志模糊词语举隅 《广东史志》2021年第6期	
韦相伍	新编县(区)志书篇目结构之比较及分析——以肇庆市第二轮五部志书篇目为例 《广东史志》2021年第1期	
李 论	新方志"市级志书"概念之混淆与辨识 《中国地方志》2021年第1期	
王建设	新方志文言运用之辨析 《广东史志》2021年第1期	
梅 森	新品种:重大事件志编纂刍议 《今古大观》2021年第4期	
赵 玲	新时代地方志记录方式创新特征研究初探 《江苏地方志》之《江苏省地方志学会2021年度学术年会论文集》2021年专辑	
莫艳梅	新时代人人入志的构想——第三轮修志的探索 《上海地方志》2021年第4期	
刘善泳	新一轮修志编修通纪志的必要性 《中国地方志》2021年第1期	
纪 筐	修志过程中应重视资料长编的编纂 《北京地方志》2021年第4期	
张 军	修志之道贵在资料——学习《东吴志》的若干思考 《黑龙江史志》2021年第7期	
唐子婷	语言学视域中的语言志编撰规范研究 《文化产业》2021年第26期	
缴世忠	政治质量是地方志书永恒的标准 《今古大观》2021年第2期	
韩章训	志书记载重点演变述论 《广西地方志》2021年第3期	
杜仁彬	志书篇目分类原则研究 《江苏地方志》2021年第2期	
张 军	志书应如何——《东吴志》以资料为重的回答 《安徽地方志》2021年第4期	
顾晓红	志书整体性、立体感、多面性的强化探析 《江苏地方志》之《江苏省地方志学会2021年度学术年会论文集》2021年专辑	

四、方志史与方志学史

崔 壮	"层累地造成":危素谪守余阙庙故事考——基于明清方志、笔记资料之考察 《中国地方志》2021年第1期
周保欣 荆亚平	"地方"的发现及其小说史意义——当代"方志小说"的历史观照与现实逻辑 《浙江社会科学》2021年第7期
潘捷军	"通志"十论——基于《浙江通志》的编修实践与学术探索 《中国地方志》2021年第6期
罗 志	晚清名臣吴棠与淮安史事考证三题——以地方志与档案史料为核心 《中国方志馆研究》2021年辑刊
宋庆阳	"文约事丰"与新编方志的篇幅研究——以苏州市姑苏区合并前原三区区志为例 《江南论坛》2021年第9期
刘思文	《乡土志例目》对清末民国方志之影响 《图书馆杂志》2021年第10期
吕靖波	20世纪以来方志戏曲文献研究的回顾与展望 《戏曲艺术》2021年第2期
刘旭冬	安徽方志史考略——兼论建国前地方修志中出现的若干问题 《贵州工程应用技术学院学报》2021年第1期
孟晓辉	安徽民间戏资筹措方式研究——以清代至近代安徽方志史料为中心 《明日风尚》2021年第7期
林鹏妹 张弓也 薛含丽 畅洪升 段晓华	北京方志医家史料探析 《中医文献杂志》2021年第3期
关永利	崇文与尚质:明代两部《朝邑县志》的撰写体例与志学观念 《中国地方志》2021年第5期
赵太和	从独立成子目成部类到独立成专目——中国方志目录源流新考 《中国地方志》2021年第6期
张 云 张付新	从方志、史料看清代乾隆时期阿克苏办事大臣驻地的设置 《牡丹江师范学院学报(社会科学版)》2021年第5期
刘 骞 张 虹	从方志看20世纪哈尔滨传染病百年简史 《黑龙江史志》2021年第1期
刘 瑾	从方志看明代广东地震的时期分布 《兰台世界》2021年第5期
谢章辉	从方志看清代福建学田 《山东农业大学学报(社会科学版)》2021年第2期
李博文 王凤翔 吕会彦	从方志看烟草在黄河三角洲的引

作者	篇名	出处
	种推广	《黑龙江史志》2021年第4期
张莎	从清代地方志看中缅边境历史文化旅游资源的开发——以瑞丽市为例	《开封文化艺术职业学院学报》2021年第8期
谢贵文	从清代台湾方志看地方官员对民间信仰的态度	《上海地方志》2021年第2期
周甜歌 沈雷强	从奢靡到崇俭——近代无锡地方志婚、丧民俗演乐的探究	《南京艺术学院学报（音乐与表演）》2021年第2期
徐满成 李文惠 段逸山	地方志涉医资料研究	《中国中医基础医学杂志》2021年第5期
薛韩刚 曹庆楼 郑蕊华	地方志视域下清至民国时期贵州刺梨的种植探析	《农业考古》2021年第4期
权春燕	地方志所见清至民国时期贵州番薯名称、属类及种植与贡献	《六盘水师范学院学报》2021年第3期
刘金林	地方志与矿冶文化的传播——以明清时期《大冶县志》为例	《文化软实力研究》2021年第4期
章舜粤	地方志中现当代黄帝陵祭祀史事考辨	《史志学刊》2021年第5期
陈郑云	地域、文本与认同："大一统"视野下盐井历史书写——以康熙《黑盐井志》为例	《盐业史研究》2021年第2期
卢塱 易筱雅	方志城池图中的城市意象——以浙江石浦古城保护规划为例	《炎黄地理》2021年第6期
刘涛	方志书写与史实重建——戚继光平定龙头寨事迹遭旧志阙载、改写原因考析	《孙子研究》2021年第4期
侯官响 侯君	方志所见美洲作物在楚雄地区的引种与传播	《楚雄师范学院学报》2021年第2期
杜云南	方志文献对汉代岭南女性苏娥经商故事的历史书写	《梧州学院学报》2021年第2期
张国梁	方志中的清音雅韵——《中国历代方志所见琴学史料类编（西北卷）》述评	《档案》2021年第5期
钱永兴	方志自注应用的历史考察与实践探索	《中国地方志》2021年第6期
段庸生	古代方志文存的内容及价值——以重庆地区古代方志为中心	《重庆师范大学学报（社会科学版）》2021年第1期
杨幸 高升荣	古代山西枣地位变迁——以明清山西地方志为中心	《农业考古》2021年第6期
仲海燕	古物与方志互见的民族交往交流交融——以丝绸之路与节点城市的关系为例	《宁夏师范学院学报》2021年第9期
陶禹	汉晋都邑赋"方志性"的生成与演进	《文学评论》2021年第1期
白金杰	科举"岁时"民俗的形态、仪式与内涵——以福建方志为中心的考察	《教育与考试》2021年第6期
仝晰纲 郑立娟	孔子家族志社会功能转化刍议	《东岳论丛》2021年第9期
秦浩翔	礼教、信仰与秩序建构：清代广西地方志的祠祀书写与边疆治理	《宗教信仰与民族文化》辑刊
舒启东	历代方志"八景"的记述及其价值与启示——以德阳地区历代方志为例	《巴蜀史志》2021年第4期
陈军	论岭南方志传记的文化世家建构策略——以从化黎氏文化世家为例	《文化产业》2021年第6期
熊茂松 郭作飞	论明代中后期三峡地区地方政府的施政行为——以正德《夔州府志》为考察中心	《重庆三峡学院学报》2021年第1期
代剑磊	论明清时期榆林城市的空间形态演变——以方志城图为中心	《中国地方志》2021年第4期
杨继业	略论清代西北方志的灾害记述	《中国地方志》2021年第3期；《甘肃史志》2021年第3期
熊欣 王昊 邓三鸿	面向方志知识图谱的术语抽取模型迁移学习研究	《情报理论与实践》2021年第4期
申津宁	民国方志中地方认同的构建	《黑龙江史志》2021年第4期
张显锋	民国时期汉中方志文化研究——以"西学东渐"为视角的历史考察	《陕西理工大学学报（社会科学版）》2021年第2期
赵鹏团	民国浙江通志局初议	《中国地方志》2021年第3期
姚树颖	民俗方志中伍子胥历史遗迹探寻	《温州大学学报（社会科学版）》2021年第1期
段愿	民族志语境下方志采编范式之学科互鉴	《中国地方志》2021年第2期
陆力	明代保定方志的成书与传播	《保定学院学报》2021年第2期
郑益兵	明代滁州方志中的旅游资源及其开发建议	《佳木斯大学社会科学学报》2021年第1期
王笑晨	明代地方志中的渤海国记载	《今古文创》2021年第22期
聂雨欣	明代贵州方志中的地名与治理	《汉字文化》2021年第3期
刘雁翔	明嘉靖《秦州志》存佚流变考论	《古籍研究》2021年辑刊
周源	明江西建昌府建置时间考——兼及明清方志之史料价值	《中国地方志》2021年第6期
刘玉堂 张钰晨	明清鄂东沿江县域方志舆图风景秩序及其空间意蕴	《江汉论坛》2021年第12期
李沈阳	明清山东私修方志四议	《枣庄学院学报》2021年第3期
郭炳亮 张大凡	明清上党府县方志体例特点刍论	《今古文创》2021年第16期
刘辉	明清时期廉州府的瘟疫与社会——以地方志为主的探讨	《广东史志》2021年第4期
许勇强 李蕊芹	明清时期陕西作家地理分布研究——以明清陕西方志为考察对象	《西华师范大学学报（哲

	学社会科学版）》2021年第3期	易 艺	社会史视角下的私修方志：晚清江西莲花厅《爱莲编》研究 《地方文化研究》2021年第5期
武振伟	明清时期士人城隍观考论——以山东地区方志考察为中心 《海岱学刊》2021年辑刊	李明元	试论高中历史教学中史料实证素养的塑造——以方志材料运用为例 《中学历史教学》2021年第6期
曾国富	明清时期粤北地区府县志的修纂（七） 《广东史志》2021年第1期	李 渌	书写"要荒"："八景"所见明清贵州的开发与社会变迁 《中央民族大学学报（哲学社会科学版）》2021年第3期
郭云鹏	明清时期邹鲁地区书院发展特质及成因探析——以方志资料为中心的考察 《中国地方志》2021年第5期	刘力超 刘 彤	隋唐时期方志的发展及其理论进步 《上海地方志》2021年第1期
曹 莹	明清乡宁地区民间信仰研究——以地方志和碑刻为例 《品位·经典》2021年第6期	覃 影	土司舆图的谱系研究——以乾隆《雅州府志》土司图版本辨析为例 《民族学刊》2021年第6期
安大伟	清代东北方志序论思想价值略论 《中国地方志》2021年第1期	张 煜	晚清湖北修志新、旧派争论——以两版光绪《麻城县志》的编纂差异为例 《中国地方志》2021年第2期
涂庆红	清代方志纂修出版及署名反映的权属问题——以清代巴蜀方志为例 《出版广角》2021年第8期	吉保民 刘艳骄 张 蕊 高 和	西藏地方志中有关高原病及高原睡眠障碍的文献研究 《世界睡眠医学杂志》2021年第8期
马嘉明 路 虹	清代甘肃方志祥异观探析 《黑龙江史志》2021年第10期	王志强	乡土与忠义：湘军名臣及其幕府方志理论的建构 《湘学研究》2021年辑刊
谢宏维 秦浩翔	清代广西地方志编纂及其特征述论——以府志为中心 《中国地方志》2021年第3期	唐子婷 向 亮	湘鄂边区地方志中的语言志编撰与语言规范研究 《文化与传播》2021年第4期
吕宽庆	清代河南普济堂研究——以地方志为中心 《中国地方志》2021年第2期	朱晓舟	新、旧西康之间：刘赞廷康、藏方志研究 《西藏民族大学学报（哲学社会科学版）》2021年第1期
施敏锋	清代湖州民间敬惜字纸传统论考——以《惜字林碑记》及地方志为中心 《中国地方志》2021年第3期	张志勇 郑志恒 李朝杰	燕赵地域方志文学史料探研 《燕赵文化研究》2021年第2期
乔立智 叶树全	清代及民国滇黔地方志所载民族语言资料的特征 《西南交通大学学报（社会科学版）》2021年第3期	张 雪	蒋玉斌 宜宾方志中所见民间演剧史料及其价值 《中国地方志》2021年第6期
杜 颢	清代民国时期广西温泉研究——以地方志的记载为中心 《广西地方志》2021年第1期	方 璐	以她言说他言——宁夏旧方志女性言语分析 《吕梁教育学院学报》2021年第4期
艾 炬	清代民国时期山西方志所见演剧史料辑考 《晋阳学刊》2021年第2期	周思明	以文化自觉抉发深圳历史文化无尽藏——兼议地方志与民俗文化的辩证关系 《深圳史志》2021年第4期
孙瑞静	清代黔东南地方志对妇女家庭角色的建构 《文化创新比较研究》2021年第16期	苗 丽	榆林地方志中的民俗"送穷" 《咸阳师范学院学报》2021年第3期
陈笃彬	清代泉人与台湾志书的编纂 《闽台缘》2021年第2期	王 仓 杜思龙	赵时春与明代嘉靖《平凉府志》的编纂论述 《合肥师范学院学报》2021年第2期
陈俊宇	清代四川巡检司时空分布补正——以方志和档案为中心 《中国地方志》2021年第4期	张 丽 戴 羽	浙江方志所见龙舟竞渡史料及其价值初探 《浙江体育科学》2021年第3期
卞 梁 连晨曦	清代台湾方志中的文化遗产纂录及其价值 《中国地方志》2021年第1期	柳龙玺 杨贵环	镇江方志所录明代运河诗文研究 《青年文学家》2021年第15期
蔡 菲	清代豫南地区方志纂修整理述评 《中国地方志》2021年第5期	梁允华	郑州地区明清地方志文化传播及研究趋势评述 《新闻爱好者》2021年第8期
罗宝川	清代云南方志舆图之于乡村社会治理有效性考论 《农业考古》2021年第4期	申津宁	政统与文统之间——抗战中的陕北修志 《黑龙江史志》2021年第2期
权春燕	清至民国时期贵州番薯名物考辨——以方志为中心的考察 《绵阳师范学院学报》2021年第9期	郁冲聪	中古物产专志的产生与流变 《中国历史地理论丛》2021年第3辑
姜成洋 李 文	区域史研究与方志利用——论史景迁《王氏之死》 《安徽史学》2021年第2期	李 娜	中国特色地方志文献研究的知识图谱分析 《文教资料》2021年第2期
徐满成 黄晓华 李文惠 段逸山	上海府县旧志视野下的疫情认知与应对 《中华中医药杂志》2021年第3期	郭晓菲	重庆府方志现存演剧史料辑考（清代—民国）

	《戏曲艺术》2021年第1期	陈郑云	从《甘肃通志稿》看地方志的近代转型 《甘肃史志》2021年第2期
李江杰 杨静怡	资政视阈下回疆方志与清代新疆治理研究——以《新疆回部志》和《新疆回部纪略》为例 《古籍整理研究学刊》2021年第2期	黄 玲	大历史视野下的香港变迁与发展——《香港志》总述读后感 《深圳史志》2021年第1期；《广东史志》2021年第2期

五、志书（稿）研究与评介

余 霞	《（嘉庆）威远县志》考论 《内江师范学院学报》2021年第1期	潘是辉	道光《厦门志》对台湾地方志编纂的影响 《闽台缘》2021年第4期
任璀洛	《方志立三书议》注释与文白对照 《深圳史志》2021年第1期	赵心愚	道光《云南通志稿》"西藏卷"考略 《志苑集林》2021年辑刊
唐光荣	《古今图书集成》本《重庆府志》考 《中国地方志》2021年第4期	吴华峰	地方艺文志编纂的标志性成果——评《江苏艺文志（增订本）》 《江苏地方志》2021年第3期
陈建军 余 冰	《河南志》辑录东汉洛阳城里坊考疑 《中国方志馆研究》2021年辑刊	陈 倩	第二轮《北京志文物志》的资料收集与分析整理 《北京地方志》2021年第3期
孟 荣	光绪《畿辅通志·艺文略》与《畿轴艺文考》比较研究 《中国方志馆研究》2021年辑刊	章志辰	动植物俗名不俗——厦门地方志书中的动植物 《嘉禾之光》2021年第4期
武 超	《嘉定赤城志》的地名学价值探究 《台州学院学报》2021年第1期	车明怀	妇女是推动社会进步发展的重要力量——编纂《西藏妇女志》的几点体会 《西藏地方志》2021年第2期
余 辉	《江西旧地方志茶叶文献汇考》评介 《农业考古》2021年第2期	聂鸿音	光绪《丹噶尔厅志》蒙藏词语札记 《满语研究》2021年第1期
姜复宁 周琦玥	《鄱阳记》辑佚文献考 《图书情报研究》2021年第1期	徐美珍 周晶晶	光绪《江西通志·艺文略》校考二十二则 《文教资料》2021年第26期
徐 岱	《乾道建康志》及《庆元建康续志》新考 《中国典籍与文化》2021年第1期	顾 久	记录贵阳市改革开放三十年历史的百科全书——评《贵阳市志（1978—2008）》 《人文贵阳》2021年第1期
黄辛建	《太平寰宇记·吐蕃》考论——兼谈西藏地方志在宋代的发展 《西藏大学学报（社会科学版）》2021年第1期	王广才	继承并创新的精品试点志书——读《安国市志（1991—2010）》笔记 《江苏地方志》2021年第5期
李寅初	《咸淳毗陵志》的修纂与流传 《江苏地方志》之《江苏省地方志学会2021年度学术年会论文集》2021年专辑	刘 涛	嘉靖《漳南道志》考述 《长江文明》2021年辑刊
陈福蓉	《湘山志》修复记 《古籍保护研究》2021年辑刊	张保见	嘉庆《四川通志》述评 《上海地方志》2021年第3期
吴榕青	《永乐大典·潮州府》卷外潮州旧志辑校 《中国地方志》2021年第5期		坚持专业特性 彰显时代特点——二轮《北京志广播电视志》评述 《北京地方志》2021年第4期
阚世良	《长白山江冈志略》之碑石 《今古大观》2021年第2期	孟彦弘	江苏学术文化史的一本"总账"——《江苏艺文志》评介 《江苏地方志》2021年第3期
阚世良	《长白山江冈志略》之木把、木排、采木公司 《今古大观》2021年第1期	王 晖	尽善尽美写好概述——审读编纂中国名镇名村志之一 《江苏地方志》2021年第1期
张清江	《朱子家礼》与明清珠江三角洲丧葬礼仪实践——以地方志为中心的考察 《中国地方志》2021年第1期	肖更浩	近代深圳旧志拾遗 《深圳史志》2021年第2期
李云恒	《遵义府志》与《遵义新志》比较研究 《汉字文化》2021年第4期	朱星宇 包 平	近代以降（1905—1955）方志视角下的知识需求与服务选项演进 《图书馆》2021年第10期
田玉红	（乾隆）《甘肃通志》史源探析 《档案》2021年第3期	黄俊杰	荆门志版本述略 《荆楚学刊》2021年第4期
杨彦智	1949年以来河南方志的整理、出版与研究 《出版广角》2021年第19期	徐炯明	立体修志的白云实践 《人文贵阳》2021年第1期
殷 勇	20世纪五六十年代的一部新方志——1963年版《泰兴县志》 《江苏地方志》2021年第3期	李 泉	立于当今 传之后世——《中国运河志》写作笔谈 《运河学研究》2021年第1期
杨杏芝	城市社区志的特色与创新之作——评扬州市《文昌花园社区志》 《江苏地方志》2021年第5期	花志红	凉山地方志《艺文志》研究综述 《文教资料》2021年第13期
		张 辉	两当县沿革及相关问题考辨 《甘肃史志》2021年第1期
		陈东辉	两浙经籍（艺文）志考述 《中国典籍与文化论

	丛》2021年辑刊	吴会蓉	试论《西康通志稿》的编纂特色 《志苑集林（5）》2021年
黄毓芸	六朝地志辑佚得失与辑本榷诂 《中国地方志》2021年第6期	王铁鹏	试论《浙江通志·茶叶专志》的记述特色 《广西地方志》2021年第4期
沈松平	论民国《重修浙江通志稿》的修纂特点 《图书馆研究与工作》2021年第4期	颜越虎	魏桥方志学说的特色与价值 《中国地方志》2021年第4期 我国首部海事航保专业性志书《天津市志·北海航海保障志》出版——专访北海航海保障中心主任柴进柱 《中国海事》2021年第1期
郑益兵	论万历《滁阳志》的特点与不足 《湘南学院学报》2021年第3期		
胡巧利	论魏源《海国图志》对传统方志的继承与发展 《广东史志》2021年第3期	刘云鹤	我与县级《宿迁市志》的因缘 《江苏地方志》2021年第1期
秦 磊 张全晓	论咸丰《兴义府志》编纂及其史料价值 《黔南民族师范学院学报》2021年第5期	肖更浩	邬庆时民国《宝安县志》探佚 《深圳史志》2021年第3期
刘 志	略论《新疆生产建设兵团志（1949—1988年）》的编纂及意义 《兵团党校学报》2021年第2期	曾 荣	吴宗慈总纂《江西通志稿》与近代方志文化的构建 《中国地方志》2021年第1期
张 涛	略论《永乐大典》本《析津志》及其史学价值 《史学史研究》2021年第4期	陈 吉 王 斌	咸丰《金山县志稿》的版本及其文献价值初探 《上海地方志》2021年第3期
马小鹤	民国《平阳县志》摩尼教资料新考 《绍兴文理学院学报（人文社会科学）》2021年第5期	颜小忠	一部独具匠心的方志学文论选——读《梅森方志学文论选》有感 《安徽地方志》2021年第2期
尹 鹏 褚甜莉	民国《周陵志》编纂及价值略探 《西安文理学院学报（社会科学版）》2021年第3期	王 斌	印本差异与旧志整理——以同治《大邑县志》为例 《中国地方志》2021年第2期
朱克雄	平凉志书史上的一部扛鼎之作 《平凉日报》2021年9月12日	王培垠 丁梦云	着力彰显地方特色 潜心探索资政育人——第二轮《肥东县志》修志实践与理论回顾 《安徽地方志》2021年第4期；《黑龙江史志》2021年第10期
张海成	破解二轮《萧山市志》的"千万之谜" 《江苏地方志》2021年第2期		
刘宗永	清代创修和续修《永定河志》的基本情况 《北京地方志》2021年第3期	王广才	着眼精品 善作善成——读二轮《安国市志》笔记 《今古大观》2021年第3期
秦浩翔	清代广西方志《艺文志》编纂述论 《桂学研究》2021年辑刊	丁 剑	志外志三篇 《安徽地方志》2021年第2期
廖新雨	清代闽台两部著名县志比较 《宜春学院学报》2021年第8期	张志华	中国国家博物馆藏《归绥县志序稿》研究 《中国国家博物馆馆刊》2021年第2期
徐美珍	清光绪《江西通志·艺文略》校考16则 《图书馆学刊》2021年第2期	梁滨久	专记编写的重大突破——读《修文县志（1978—2010）》一得 《人文贵阳》2021年第1期
王浩远	清顺治《汉中府志》纂修考——明清易代之际的方志书写 《中国地方志》2021年第3期	姚伯岳	凌一鸣 专业·专精·专深——《江苏艺文志（增订本）》评介 《古籍保护研究》2021年第2期
龙耀华	瞿宣颖《方志考稿》未刻稿述论 《图书馆》2021年第9期	闵 军 林 勇	专业年鉴的规范与创新——《四川油气田年鉴》编纂实践 《巴蜀史志》2021年第4期
朱登麟	去芜存菁 存史励志——2019版《息烽县志》述评 《人文贵阳》2021年第1期	白丽萍	《明史·云南土司传》勘误一则——以明清大理方志的记载为中心 《中国地方志》2021年第6期
王志强	僧人纂道志：乾隆《桃源洞天志》考略 《中国地方志》2021年第6期	邵 岩	《千顷堂书目》史部地理类方志目录缺文考补 《宁波大学学报（人文科学版）》2021年第4期
陈 才	上海博物馆藏娄县方志叙录 《汉籍与汉学》2021年辑刊	刘红霞	《全宋词》辑补：《永乐大典·常州府》清抄本宋代已佚方志十一首佚词 《中国诗歌研究动态》2021年辑刊
房 亮	盛仪《嘉靖惟扬志·经籍志》目录学思想探析 《图书馆研究与工作》第7期		
彭一万	十年辉煌史 奋力谱新章——《厦门市志（1996—2005）》读后感 《嘉禾之光》2021年第4期	梁景之	方志所见明清教派史料补正 《中国地方志》2021年第6期
王广才	十年磨砺终成佳作——读二轮《安国市志》笔记 《安徽地方志》2021年第2期	王建勇	方志所见宋元遗文十五篇辑补——以正德《蓬州志》与万历《营山县志》为对象 《宋代文化研究》第38辑
韩春平	史籍所见古代《漳县志》钩沉 《中国地方志》2021年第3期	仲海燕	民国《民勤县志》辨伪 《中国地方志》2021年第6期

李永龙	试述旧志纪年常见讹误——以安徽部分旧志为例 《福建史志》2021年第6期		《中国地方志集成·河北府县志辑》为例 广西艺术学院2021年硕士学位论文
刘军华	以志校史：利用方志校正史书地名讹误的文献实践及理论探析 《历史文献研究》第47期	王艳芳	清代《稷山县志》音乐史料研究 山西师范大学2021年硕士学位论文

六、硕士博士学位论文

宋丽丽	《福州府志》开发利用研究 上海师范大学2021年硕士学位论文	汪 言	清代福建育婴机构研究——基于地方志的历史考察 福建师范大学2021年硕士学位论文
戴光耀	《双阳县乡土志》整理与研究 长春师范大学2021年硕士学位论文	李广照	清代河南地方志纂修探究 江西师范大学2021年硕士学位论文
刘佳乐	《宛署杂记》疑难词语考释 江西师范大学2021年硕士学位论文	孟晓辉	清代及民国安徽方志所载演剧研究 山西师范大学2021年硕士学位论文
苏莉莉	《新纂云南通志》的编修与20世纪30—40年代云南学术 云南大学2021年硕士学位论文	徐嘉慧	清代京畿地区地方志书所见"流寓"研究 东北师范大学2021年硕士学位论文
朱艳霖	《舆地纪胜》引书研究 吉林大学2021年硕士学位论文	刘子嘉	清代绍兴文人所撰方志考 绍兴文理学院2021年硕士学位论文
姚文洁	《舆地纪胜》与江南文学地理空间的建构 浙江师范大学2021年硕士学位论文	陆颖琦	萨英额《吉林外记》研究 长春师范大学2021年硕士学位论文
李雨涵	巴蜀方志中的方言语音研究 西南交通大学2021年硕士学位论文	崔前杰	万历《福建运司志》研究 福建师范大学2021年硕士学位论文
申 陈	从明代方志地图探讨南京城市空间 南京师范大学2021年硕士学位论文	常文豪	吴汝纶与《深州风土记》研究 河北大学2021年硕士学位论文
习 媛	当代中国水志的编撰与出版研究 青岛科技大学2021年硕士学位论文	张 莉	重庆市地方志资源开发利用研究 中共重庆市委党校2021年硕士学位论文
白茜锐	地方志中的灾害书写研究 陕西师范大学2021年硕士学位论文		（范锐超）
魏 伟	方志馆书库环境监测与控制系统的设计与实现 山东大学2021年硕士学位论文		

·年鉴论文索引

一、综 论

周甜歌	近代无锡地方志民俗音乐研究（1840—1949） 江南大学2021年硕士学位论文
黄 硕	临安三志研究 上海师范大学2021年硕士学位论文
林兆梅	民国《云阳县志·方言》整理与研究 重庆三峡学院2021年硕士学位论文
江智健	明《（成化）中都志》研究 淮北师范大学2021年硕士学位论文
唐 浩	明代地方志孝行传书写研究 东北师范大学2021年硕士学位论文
韩 天	明代方志中的地图及其作者考证 南京师范大学2021年硕士学位论文
邹春燕	明嘉靖《赣州府志》研究 福建师范大学2021年硕士学位论文
陆 力	明清保定地方志编纂研究——以四部明清保定方志为中心 河北大学2021年硕士学位论文
欧阳进	明清吉安府志研究 江西师范大学2021年硕士学位论文
尹晶晶	明清鲁北地区文庙研究——以德州地区地方志为中心 山东师范大学2021年硕士学位论文
张诗怡	南充市地方志公共文化服务问题研究 西华师范大学2021年硕士学位论文
李卓玲	乾隆时期河北地方志音乐史料的整理与研究——以

颜小忠	对年鉴理论研究存在问题与解决路径的思考 《上海地方志》2021年第2期
余德艳	增强地方综合年鉴实用性的几点思考 《甘肃史志》2021年第3期
徐佳佳	以问题意识引领年鉴理论研究 《中国年鉴研究》2021年第2期
徐佳佳	以"问题意识"引领年鉴理论研究 《安徽地方志》2021年第1期
贾栋钰	地方志书资料储备对年鉴编纂思路的影响 《中国年鉴研究》2021年第1期
王 蕾	发挥年鉴作用，突出记录全面建成小康社会的历史进程 《中国年鉴研究》2021年第3期
宋铭月	关于年鉴学学科构建的思考 《上海地方志》2021年第4期
任璀洛	论地方志鉴文本信息化的"三部曲" 《深圳史志》2021年第4期
刘传仁	年鉴资料性问题探析 《中国年鉴研究》2021年第2期
陈 健	年鉴即时性记录《江洲纪事》的编纂实践和思考 《江苏地方志》之《江苏省地方志学会2021年度学术年会论文集》2021年专辑

詹跃华	论地方综合年鉴条目选题　《黑龙江史志》2021年第5期
彭　勇	如何提高年鉴的存史价值——中央民族大学历史文化学院教授彭勇访谈录　《中国年鉴研究》2021年第2期
吴炳根	论年鉴的可持续发展——以南京市《栖霞年鉴》为例　《江苏地方志》2021年第1期
陈述清	浅论拓展县级综合年鉴的资料储备功能　《江西地方志》2021年第3期
李　涛	中国军事类年鉴发展历程与趋势　《中国年鉴研究》2021年第1期
刘善泳	从两部近代年鉴比较看地方综合年鉴的基因谱系——以《上海年鉴（1852）》和《上海市年鉴（1935）》为例　《江西地方志》2021年第1期
徐佳佳	《实用国民年鉴》编辑出版研究　《黑龙江史志》2021年第7期
徐佳佳	20世纪30年代民营出版业"年鉴热"原因及影响分析　《广西地方志》2021年第4期
朱金龙	近代民族航运业发展缩影——《航业年鉴》（1935年）述略　《收藏与投资》2021年第6期
徐佳佳	申报年鉴编辑出版研究　《上海地方志》2021年第2期
徐佳佳	当代方志对地方综合年鉴的影响与反思　《安徽地方志》2021年第2期；《河南史志》2021年第4期
姜　原	国外年鉴特征辨析及启示　《中国年鉴研究》2021年第1期
杨永成	从传统走向现代——《惠特克年鉴》对英国大众年鉴的改革及其后续发展　《新疆地方志》2021年第4期
杨彩霞 沈松平	由《北海道年鉴》《神奈川年鉴》看日本地方综合性年鉴的编纂特点　《新疆地方志》2021年第3期
程　豪	一种指标体系测算思路——以《世界竞争力年鉴》为例　《中国统计》2021年第11期
徐佳佳	日本年鉴教科书化现象探析　《广西地方志》2021年第1期
向雪欣	新时代视角下年鉴编纂的转型——以《阳山年鉴（2019）》为例　《广东史志》2021年第2期

二、地方综合年鉴编纂

崔　震	地方综合年鉴生态部类框架设置研究　《中国年鉴研究》2021年第4期
杨卓轩	地方综合年鉴文化部分篇目设置研究　《中国年鉴研究》2021年第2期
曾维浩	地方综合年鉴记述文化内容的变迁——以《珠海年鉴》为例　《中国年鉴研究》2021年第2期
陆瑞萍	年鉴农业农村类目框架及记述内容浅析　《中国年鉴研究》2021年第3期
李　梅	关于年鉴生态建设类目编纂的探索——以《楚雄州年鉴》为例　《中国年鉴研究》2021年第4期
张东安	年鉴生态文明类目如何彰显地方特色——以《海南年鉴》生态文明内容编纂为例　《中国年鉴研究》2021年第4期
牟国义	脱贫攻坚和全面建成小康社会的年鉴书写——以21部申报中国年鉴精品工程的地市级年鉴为例　《中国年鉴研究》2021年第3期
孟亚男	年鉴突出记录脱贫攻坚和全面建成小康社会历史进程问题探析——以21部申报中国年鉴精品工程的地市级年鉴为例　《中国年鉴研究》2021年第3期
陈　红 焦学健	地方综合年鉴设置乡村振兴类目研究　《江苏地方志》之《江苏省地方志学会2021年度学术年会论文集》2021年专辑
孟亚男	关于脱贫攻坚和全面建成小康社会历史进程突出记录问题探讨——以中国年鉴精品工程申报参评年鉴为例　《史志学刊》2021年第5期
桑　荟	地方综合年鉴记述经济部类内容的思考——以服务业为例　《中国年鉴研究》2021年第3期
付　莉	新发展理念下地方综合年鉴经济部类编写的思考　《中国年鉴研究》2021年第3期
赵　杰	新时代地方综合年鉴社会部类编写刍议　《今古大观》2021年第6期
李为平	浅谈地方综合年鉴框架中常见的逻辑错误　《今古大观》2021年第2期
徐学鸿	地方综合年鉴框架设计存在的问题及对策　《江苏地方志》之《江苏省地方志学会2021年度学术年会论文集》2021年专辑
徐　敏	地方综合年鉴框架设计的实践探索——以《连云港年鉴（2020）》为例　《江苏地方志》之《江苏省地方志学会2021年度学术年会论文集》2021年专辑
郑　锦	本位表达导致的年鉴失真辨析　《江苏地方志》2021年第2期
付　莉	从体例框架视角浅谈年鉴编纂创新　《今古大观》2021年第4期
刘善泳	地方综合年鉴的叙事本位及实感要求　《中国年鉴研究》2021年第4期
赵孝勤	地方综合年鉴图片专题编辑浅议——以《克拉玛依年鉴》为例　《新疆地方志》2021年第3期
徐佳佳	地方综合年鉴专记类文献使用问题、原因及对策研究　《今古大观》2021年第3期
徐秋明 苏昇 徐琳 杨伟娴 徐澜	对乡镇年鉴编纂的一些思考——基于21部镇级年鉴的比较研究　《江苏地方志》之《江苏省地方志学会2021年度学术年会论文集》2021年专辑
徐秋明 徐琳 徐澜	乡镇年鉴编纂的实践——以昆山市11个区镇年鉴全覆盖为例　《中国年鉴研究》2021年第4期
朱　岳	关于地方综合年鉴概况条目的几点认识　《江西地方志》2021年第6期
周永达	论年鉴篇制　《江苏地方志》之《江苏省地方志学

	会2021年度学术年会论文集》2021年专辑		王宇光	做好《中国科协年鉴》编纂工作的关键要素分析 《科技传播》2021年第6期
陈述清	论县级年鉴专记的个性、特点与编纂——以《庐山市年鉴》编纂为例 《广西地方志》2021年第6期		黄学爵	探索新时代强军事业记载的路径——以《中国军事年鉴》编纂规划为例 《中国年鉴研究》2021年第4期
王 胜	年鉴编纂及创新研究 《巴蜀史志》2021年第2期		鲍立新 何 艳	农业科研单位年鉴框架结构浅析 《广西地方志》2021年第5期
吕何生	年鉴编纂十讲 《河南史志》2021年第3期		许 凯	年鉴条目及其常见问题探析——以《中国林业年鉴》为例 《传媒论坛》2021年第3期
周日杰	年鉴编纂中的"中国之治" 《中国年鉴研究》2021年第1期		谢 华 苗 蕾 曾 科	年鉴索引规范编辑研究——以《湖南科技年鉴》为例 《内蒙古科技与经济》2021年第4期
徐佳佳	年鉴卷首彩页发展变化、存在问题及对策——以《江西年鉴》等省级综合年鉴为例 《福建史志》2021年第1期		姚岳山	年鉴编纂应处理好12个重点关系——以国铁企业年鉴为例 《史志学刊》2021年第4期
张永芳 张双全	年鉴索引词条编撰浅析——以《栖霞年鉴》为例 《南京史志》2021年第4期		闵 军 林 勇	专业年鉴的规范与创新——《四川油气田年鉴》编纂实践 《巴蜀史志》2021年第4期
孙善英	年鉴条目编写存在的问题及优化路径 《中国年鉴研究》2021年第2期		黄河清	省级专业部门可持续资料文献建设的探索——《江苏自然资源年鉴》实施报告 《江苏地方志》2021年第5期
滕 坤	新时代地方综合年鉴动态条目编纂刍议 《今古大观》2021年第1期		罗 浩	数字化时代统计年鉴资料出版的探讨 《采写编》2021年第10期
向雪欣	新时代视角下年鉴编纂的转型——以《阳山年鉴（2019）》为例 《广东史志》2021年第2期		王庆勇	卫生健康年鉴编纂常见问题分析与对策 《记者观察》2021年第6期
张双全	区（县）级年鉴条目编撰和编纂中相关文字规范与守正的若干粗浅思考——基于《栖霞年鉴》编撰与编纂实务分析 《江苏地方志》之《江苏省地方志学会2021年度学术年会论文集》2021年专辑		王 琴	高校年鉴编纂机制创新与实践路径 《宿州教育学院学报》2021年第1期
			王调江	高校年鉴编纂实践与思考 《中国多媒体与网络教学学报（上旬刊）》2021年第12期
李 果 黄 湘	无以擅"小"而为之——对年鉴编纂分类模式的再思考 《巴蜀史志》2021年第2期；《青海工作方志》2021年第2期		刘 鹏 冯 路 徐聪颖	存史鉴今 资治育人——《北京大学年鉴》的编纂实践与思考 《北京地方志》2021年第2期
陈述清	县级综合年鉴分目设置的焦虑与响应策略 《安徽地方志》2021年第4期		张幸媛 张 芳	信息时代下如何做好档案编研工作——高校年鉴编纂工作的探索与创新 《黑龙江档案》2021年第3期
俞富江	浅谈年鉴专文撰写 《广东史志》2021年第4期			
钱玉洲	浅谈综合年鉴编纂存在的主要问题及原因分析——以广西部分市、县（市、区）综合年鉴评审稿及成书为例 《广西地方志》2021年第3期		任晓东 陆建伟 唐晓春	水文年鉴复刊中逐潮高低潮位表数据的修改方法 《治淮》2021年第3期
			徐佳佳	年鉴专记类文献的发展与使用 《黑龙江史志》2021年第4期；《重庆地方志》2021年第3期
张征远	善于从新闻材料中提炼有价值的年鉴条目——以永州市有关素材为例 《韩公亭》2021年第4期		**四、年鉴质量**	
苏锦生	新时代地方综合年鉴出版印刷环节"掌握时间主动权"初探 《新疆地方志》2021年第4期		吴炳根	《栖霞年鉴》提高编纂质量用硬招 《南京史志》2021年第1期
三、专业年鉴编纂			孟亚男	初论精品年鉴——以中国年鉴精品工程为例 《今古大观》2021年第1期
杨 英	创新，新时代企业年鉴发展的战略选择 《河北企业》2021年第5期		董泽国	从年鉴质量评审谈地方综合年鉴随文图片编辑 《广州史志信息》2021年第3期
黄河清	省级专业部门可持续资料文献建设的探索——《江苏自然资源年鉴》实施报告 《江苏地方志》2021年第5期		陈朝权	打造精品年鉴的思考 《重庆地方志》2021年第4期
蔡 红	打造行业年鉴亮点的探索与思考——以《杭州文化广播电视年鉴》为例 《新闻传播》2021年第9期		阳晓儒	地方综合年鉴规范化建设初探 《史志学刊》2021年第2期
李 琳	地方专业年鉴的变革与创新发展——以《广西建设年鉴》为例 《广西地方志》2021年第1期		邓 尧	地方综合年鉴图片专辑精品化的思考 《中国年鉴研究》2021年第2期
葛志军	浅谈企业年鉴的语言特色 《兰台世界》2021年增刊			
郑 璐 杨冬梅	电力企业年鉴特性分析及应用 《中国电力企业管理》2021年第30期			

杨争山　稳定"规定动作" 精编"自选动作" 提高年鉴质量——以12部《山丹年鉴》为例　《甘肃史志》2021年第4期

徐　源　修用并举，升华精品价值——《浦口年鉴（2020）》创成"江苏精品年鉴"　《南京史志》2021年第2期

张　华　对年鉴质量提升的几点思考——以《泰州年鉴》为例　《江苏地方志》之《江苏省地方志学会2021年度学术年会论文集》2021年专辑

阚文胜　论地方综合年鉴质量管控　《江西地方志》2021年第2期

梁　辰　关于提升年鉴编纂质量有效途径的几点思考　《黑龙江史志》2021年第8期

陆瑞萍　精品年鉴内容质量标准探讨　《江苏地方志》2021年第1期

熊　军　浅述县级年鉴存在的质量问题与解决对策　《江西地方志》2021年第5期

周美凤　总结精品年鉴打造经验 探寻年鉴高质量发展路径——以《长沙年鉴》等为例　《江苏地方志》之《江苏省地方志学会2021年度学术年会论文集》2021年专辑

阎晋平　提高年鉴编辑质量的几点思考　《甘肃史志》2021年第1期

汝州市地方史志办公室　提高年鉴编纂质量的几点做法　《河南史志》2021年第5期

蒲　霞　依据史学评论标准，提升年鉴整体质量　《上海地方志》2021年第1期

杨冬梅　提升电力年鉴编纂质量的思考　《当代电力文化》2021年第12期

五、年鉴管理与实践

刘永强　中国精品年鉴建设的实践与思考　《中国年鉴研究》2021年第3期

刘永强　关于中国精品年鉴建设的实践与思考　《史志学刊》2021年第6期

林忠玉　年鉴精品工程价值初探——以福建省为例　《史志学刊》2021年第6期

唐　旗　实施中国年鉴精品工程是促进年鉴事业高质量发展的有效途径　《河南史志》2021年第6期

桑　荟　江苏精品年鉴创建报告　《江苏地方志》2021年第3期

刘桂珍　争精品年鉴 创一流业绩——《滨城年鉴》入选中国年鉴精品工程做法与启示　《黑龙江史志》2021年第5期

杨　英　改革期企业年鉴工作环境现状及革新思考　《河北企业》2021年第4期

李　琳　人力资源管理优化提升编辑工作效能刍议——以广西建设年鉴编辑部为例　《山西经济管理干部学院学报》2021年第3期

牛　毅　对丝绸之路（敦煌）国际文化博览会年鉴编辑工作的思考与实践　《发展》2021年第3期

刘小娟　郭　芳　年鉴类书稿常见编校差错辨析　《参花（下）》2021年第7期

张　帆　年鉴图书常见编校问题探析　《传媒论坛》2021年第17期

万小芳　探析大型丛书或年鉴志书中的版式陷阱　《传媒论坛》2021年第10期

提供优质出版服务 打造精品志书年鉴　《审计观察》2021年第1期

游桃琴　用新发展理念指导地方综合年鉴转型升级　《江西地方志》2021年第3期

徐佳佳　《国家地理儿童年鉴》的市场突围　《新疆地方志》2021年第1期

海南州党史研究室（州地方志办公室）　在实现"两全目标"中走出志鉴编纂的"样板"之路　《青海方志工作》2021年第3期

常　华　冯　拥　在创新中实现地方综合年鉴的可持续性发展——以《湘潭年鉴》编纂为例　《韩公亭》2021年第1期

张晓兰　记录北京教育史实 讲好首都教育故事——北京教育志鉴事业发展纵览　《北京地方志》2021年第2期

何伟志　资政辅治谱新篇，推动新时代年鉴事业持续高质量发展　《中国年鉴研究》2021年第4期

冀祥德　高质化、法治化：年鉴事业第二次转型升级　《中国年鉴研究》2021年第1期

陈永红　坚定文化自信，建设年鉴强国　《中国年鉴研究》2021年第2期

陈传刚　贯彻习近平总书记"七一"重要讲话精神，推进军事年鉴编纂事业又好又快发展　《中国年鉴研究》2021年第4期

高生记　坚持以人民为中心，编纂中国精品年鉴　《中国年鉴研究》2021年第1期

崔　震　坚定文化自信，加快推进中国特色社会主义年鉴事业　《中国年鉴研究》2021年第1期

廖运建　记录好脱贫攻坚伟业是年鉴工作者的责任担当　《中国年鉴研究》2021年第3期

曹荣湘　记录时代厚植历史，以史鉴今开创未来　《中国年鉴研究》2021年第4期

李云鹤　记录新的征程，地方综合年鉴必须处理好七个重大课题　《中国年鉴研究》2021年第6期

欧长生　履职尽责，开创年鉴工作新局面　《中国年鉴研究》2021年第1期

黄玉华　凝心聚力，推动年鉴事业更上一层楼　《中国年鉴研究》2021年第1期

林　浩　彰显年鉴时代性，记录好重大题材　《中国年鉴研究》2021年第3期

鉴　文　争创南京全域精品年鉴地区　《南京史志》2021年第2期

黄学爵　与时俱进，力争军事年鉴编纂再创辉煌　《中国年

	鉴研究》2021年第1期	
赵　行	乘建党百年之势而上，开启年鉴事业发展新征程 《中国年鉴研究》2021年第2期	
负有强	以新发展理念为引领，推动年鉴事业高质量发展 《中国年鉴研究》2021年第2期	
赵国卿	深刻把握历史大势，推进新时代年鉴事业高质量发展 《中国年鉴研究》2021年第4期	
曹　宇	文化润疆工程助力兵团年鉴新征程 《中国年鉴研究》2021年第1期	
刘传仁	以高质量发展为主题，谱写年鉴事业新篇章 《中国年鉴研究》2021年第1期	
毛志华	以习近平总书记"七一"重要讲话精神为指引，推动海南年鉴事业高质量发展 《中国年鉴研究》2021年第4期	
王习加	以新发展理念推动长沙年鉴精品区域新格局 《中国年鉴研究》2021年第1期	
吴爱民	扬帆起航正当时，栉风沐雨铸辉煌 《中国年鉴研究》2021年第2期	
程中才	强化"四个坚持"，开创年鉴事业高质量发展新局面 《中国年鉴研究》2021年第4期	

六、年鉴开发与利用

俞富江	"互联网+"时代地方综合年鉴编纂模式与应用创新浅议 《广东史志》2021年第1期；《江西地方志》2021年第1期	
汪　洁	全媒体时代年鉴编纂创新路径思考 《江苏地方志》之《江苏省地方志学会2021年度学术年会论文集》2021年专辑	
马玉庆　刘一翔　张根熹　万宇明	网站内容自动摘要方法及其在高校年鉴编制中的应用 《微型电脑应用》2021年第10期	
徐佳佳	清末民国时期统计学影响下的年鉴事业 《新疆地方志》2021年第2期	
徐佳佳	学科建设视角下民国统计对年鉴的影响 《黑龙江史志》2021年第3期	
曹　琨	媒介传播背景下年鉴开发和利用的几点思考 《科技传播》2021年第9期	
任璀洺	论志鉴文本信息化的"三部曲" 《江西地方志》2021年第6期；《河南史志》2021年第6期	
俞富江	浅谈县级年鉴开发利用存在问题及对策 《安徽地方志》2021年第1期	
杨　寒　曹照洁	"十四五"时期我国中等职业教育师资队伍建设研究——基于《中国教育统计年鉴（2016—2020年）》数据分析 《职业教育（下旬刊）》2021年第9期	
闫雨薇	以内蒙古年鉴数据为例回顾分析环境规制对产业升级的影响 《财富时代》2021年第7期	
赵永涛　倪　锋	从《年鉴》看高压开关行业发展——浙江省高压开关设备发展情况分析 《电器工业》2021年第9期	
张　辉　魏　东　乔　璐　李丹丹　张玉尧	基于工作流的统计年鉴数据清洗模型构建 《河南农业科学》2021年第10期	
原　雯　王　君　申鸿怡　王新民	基于统计年鉴和网络大数据的房屋竣工面积估算 《北京大学学报（自然科学版）》2021年第5期	
赵　乐　赵宏宇　刘　斌　陈彦如	基于语义树的非结构化年鉴Excel表格的ETL方法 《计算机应用》2021年增刊	

七、年鉴研究与评价

罗庆春　魏锦喜　林长青	《福建退役军人事务年鉴（2020）》编纂实践与思考 《福建史志》2021年第2期	
吴宏岐　何俊宇	《广州湾商业指南年鉴合辑》及其史料价值 《中国年鉴研究》2021年第3期	
黄忠顺　李文蔚	被引数视域中的城市综合年鉴考量——以广东省市级综合年鉴为例 《中国年鉴研究》2021年第1期	
秦存誉	《中国考古学年鉴》的编纂模式、特点与影响 《中国年鉴研究》2021年第4期	
郭奕然　王春枝	分析统计学的发展趋势以及统计教育教学改革——评《中国科学院统计年鉴（2019）》 《科技管理研究》2021年第22期	
赵　辉	守正创新，树立精品意识——《建邺年鉴（2020）》创成"中国精品年鉴" 《南京史志》2021年第2期	
李　津　赵　力	中国水墨年鉴创作谈（一）食肉者的禅机 《艺术品鉴》2021年第1期	
王明明　赵　力	中国水墨年鉴创作谈（二）北京画谈 《艺术品鉴》2021年第4期	
张　敏　袁　武	中国水墨年鉴创作谈（三）水墨人物的连续性与疏离感 《艺术品鉴》2021年第7期	
张　敏	中国水墨年鉴创作谈（四）传统在等待一个可能性 《艺术品鉴》2021年第10期	
张　敏　林海钟	中国水墨年鉴创作谈（五）"观"山水 《艺术品鉴》2021年第13期	

（范锐超）

·志鉴著述选介

【《沧州地方志概览》】 9月，河北省沧州市志办编纂的《沧州地方志概览》由九州出版社出版。杨秀立主编。该书收录嘉靖年间至2020年400多年沧州域内地方志著述568部。其中，历代旧方志47部，社会主义新方志521部。该书对每部著述除记述其著述项外，还提要其内容，简介编纂特色。全书20.6万字。

（邢素丽）

【《吉林省地方志学术年会（2020）论文集》】 8月，吉林省地方志编委会编纂的《吉林省地方志学术年会（2020）论文集》由吉林人民出版社出版。该书收录《初论精品年鉴——以中国年鉴精品工程为例》《"互联网+"时代年鉴编纂创新路径的思考》《实践导向的年鉴教学课程体系探究》《续志资料准备工作存在的问题及对策——以吉林省为研究对象》等57篇论文。全书42.8万字。

（常京锁）

【《中国新编乡镇志书目提要（上海通志馆藏）》出版】 5月，上海通志馆编纂的《中国新编乡镇志书目提要（上海通志馆藏）》由复旦大学出版社出版。吕志伟、吴一峻主编。该书收录上海通志馆截至2018年12月30日所征集收藏的20世纪80年代以来全国31个省、自治区、直辖市新编乡镇志。每条提要由词目和释文两部分组成。词目包括志书的全称或分志名全称、卷次。释文结构顺序、文字均依据原书，包括编纂单位、主编（总纂）、副主编、出版单位、出版时间（版次、印次）、印数、开本、页数、字数、定价、插页数、地图数、序文作者、凡例、结构体例特征、编（篇、卷）、章节总数、附录、编后记、编纂始末及其他内容。全文36.7万字。

（范锐超）

【《江苏地方志学会2021年度学术年会论文集》】 年内，江苏省志办编纂的《江苏地方志学会2021年度学术年会论文集》以《江苏地方志》增刊的方式出版。该书设方志研究、年鉴研究、地情文化研究三个栏目，收录《浅析二轮江苏省志的指导推进方式与质量管控机制》《关于地方综合年鉴设置乡村振兴类目的思考》《乡镇志的编纂思维：从一般乡镇志到名镇志》《历史文化资源的有效开发利用的实践与思考》等入选第六届江苏省地方志学会第三次学术年会的30篇论文。全书30万字。

（雷卫群）

【《志鉴编纂述议》】 1月，《志鉴编纂述议》由百花洲文艺出版社出版。詹跃华编著。该书收录作者2016年至2020年撰写发表的志鉴编纂理论文章56篇，总结多年来对修志编鉴工作的思考，及志鉴编纂工作中出现的问题的见解。全书40.8万字。

（黄诗惠）

【《广东省地方志理论研究优秀论文集·2020》】 11月，广东省志办编纂的《广东省地方志理论研究优秀论文集·2020》由广东人民出版社出版。陈华康主编。该书收录2020年广东地方志理论研讨优秀论文42篇，以及261篇参与论文评选的论文目录。全书56.6万字。

（广东省志办）

【《天水方志十年辑录（2010—2020）》出版】 4月，甘肃省天水市志办编纂的《天水方志十年辑录（2010—2020）》由中华书局出版。李宽余主编。该书除彩插、序言、凡例、附录、后记外，设综合、志书、年鉴、史志资料、机构机制、成果成效6篇。全书61万字。

（高赞娃）

【《新编甘肃地方志提要》出版】 1月，甘肃省史志办编纂的《新编甘肃地方志提要》由甘肃民族出版社出版。贺红梅主编。该书主要收录1983年甘肃新编地方志工作启动至2020年期间，由甘肃省地方志工作机构编纂出版的省、市（州）、县（市、区）三级地方志书。设省志、市（地、州）志、县（市、区）志三章，章下设第一轮、第二轮两节，节下以志书名称设词条对志书主要内容进行提要。每部志书的提要内容包括志名、编纂单位、主编（总纂）、副主编（副总纂）、执行主编、出版社、出版时间、字数、断限、篇目、主要特点等。全书30万字。

（高天成）

·学会活动与理论研讨

【山西省地方志学会第五届会员代表大会暨第五届理事会第一次会议召开】 10月14日，山西省地方志学会第五届会员代表大会暨第五届理事会第一次会议在山西省太原市召开。省地方志研究院院长曹荣湘出席会议并讲话，省社会科学联合会学会部主任谢春玲出席会议。省地方志研究院一级巡视员、省地方志学会第四届会长刘益令做工作报告，学会秘书长张彰作财务工作报告。会议审议通过《山西省地方志学会章程（修正案）》《山西省地方志学会会费管理制度》《山西省地方志学会选举制度》。会议选举产生新一届理事会、监事会。第五届理事会第一次会议选举产生新一届学会会长、副会长、秘书长。刘益令当选第五届会长。学会会员近50人参加会议。

（山西省地方志研究院）

【山西省年鉴研究会第三届会员代表大会暨第三届理事会第一次会议召开】 10月14日，山西省年鉴研究会第三届会员代表大会暨第三届理事会第一次会议在山西省太原市召开。省地方志研究院院长曹荣湘出席会议并讲话，省社会科学联合会党组书记张云泽出席会议，山西省年鉴研究会第二届会长赵群虎做工作报告。会议审议通过《山西省年鉴研究会章程（修正稿）》《山西省年鉴研究会会费标准和管理办法》《山西省年鉴研究会选举制度》，选举产生新一届理事会、监事会。第三届理事会第一次会议选举产生新一届学会会长、副会长、秘书长。山西省地方志研究院二级巡视员高生记当选为会长。省年鉴研究会会员近50人参加会议。（山西省地方志研究院）

【新时代山西省地方志（年鉴）高质量发展研讨（培训）会召开】 10月14日，新时代山西省地方志（年鉴）高质量发展研讨（培训）会在山西省太原市召开。省地方志研究院院长曹荣湘出席会议并讲话。11个地市代表及省地方志研究院专家分别围绕第二轮修志经验总结、第三轮志书编纂谋划准备、年鉴高质量发展及编纂出版规范等主题做交流发言。会议强调，必须深刻认识和把握地方志（年鉴）工作姓党的政治属性，坚持把党的政治建设摆在首位。要紧紧围绕省委、省政府的中心工作，围绕地方志事业高质量发展的重大问题，广泛调研，开展攻关，资政建言，发挥决策支撑作用，建设高水平智库。要站在地方志（年鉴）事业改革发展的高度，按照贴近时代发展、贴近方志实践、贴近理论前沿的原则，围绕制约地方志（年鉴）事业改革发展的基础性、前瞻性、战略性问题，围绕社会广泛关注的重点、难点和热点问题，解放思想、守正创新，促进地方志（年鉴）学术理论的创新与发展。全省省市县地方志工作机构代表90人参加会议。

（山西省地方志研究院）

【吉林省市县志编纂专家团成员会议】 7月27日，吉林省市县志编纂专家团成员会议在伊通满族自治县召开。省地方志编委会党组书记、副主任李云鹤就专家团成员的课题研究、第三轮志书编修期间的培训教育工作及培训师资来源作专门部署。省地方志编委会市县指导处处长马艾民向专家团成员讲述专家团的成立背景、主要职责、应有素质。针对修志工作涉及的方方面面确定60个左右选题，对入选的23名专家进行任务分工，每人承担2至3个选题。要求他们坚持长期研究、跟踪学术前沿、适时更新内容、随时随团讲授。根据全省各市（州）和县（市、区）的业务需要和修志进程，由省地方志编委会统一调配师资力量，或集中一地开展全省性集中培训，或到各市（州）对全体参与修志人员开展针对性培训。

（马艾民）

【2021上海地方志论坛举办】 5月18日，上海市志办主办的2021上海地方志论坛举办。这是上海市地方志系统为庆祝建党100周年、从党的百年伟大奋斗历程中汲取继续前进的智慧和力量，同时纪念宣传国务院《地方志工作条例》颁布15周年和《上海市实施〈地方志工作条例〉办法》颁布10周年而开展的系列活动主活动。论坛回顾过去一年来全市地方志事业发展情况，发布"2020年地方志社会使用度调查"报告，观看吴志宏同志先进事迹报告会视

频。市志办党组书记、主任洪民荣致辞，副主任生键红、姜复生分别主持论坛开幕式和视频报告会。上海市志办和各区方志办、上海通志馆、当代上海研究所50余人参加论坛。

（王师师　陈畅）

【上海市2021年地方志理论研讨会召开】10月21日至23日，市志办与复旦大学联合主办，上海市地方志发展研究中心、《上海地方志》杂志编辑部承办的2021年地方志理论研讨会召开。该研讨会是上海市志办自2016年以来连续举办的第六届研讨会，主题为"方志学科构建与实践探索"。市志办党组书记、主任洪民荣和复旦大学历史学系副主任黄敬斌在开幕式上致辞。中指组成员、复旦大学教授巴兆祥，中国（浙江）地方志学术研究中心主任、浙江省社科院研究员潘捷军分别作"王昶与青浦方志文化""地方史：新事业拓展 新视野探索"主题报告。上海市志办相关人员、复旦大学历史学系和上海市地方志发展研究中心代表、上海通志馆和当代上海研究所及各地方志办的相关人员等50多人参会并作交流发言。

（王师师　陈畅）

【上海市"建党百年与史志文化"学术论坛举办】10月22日，"建党百年与史志文化"学术论坛在上海市举行。上海市委党校常务副校长徐建刚、市委党史研究室主任严爱云分别作"学习习近平总书记关于党史的重要论述""史志文化对弘扬红色文化传承红色基因的重要作用"主题演讲，上海社会科学院原副院长熊月之、解放日报社党委副书记周智强分别作题为"在五城建设中重视梳理上海文脉""伟大建党精神"的发言。市委党史学习教育第三巡回指导组组长邬立群、副组长刘道平，市委宣传部党史学习教育指导一组副组长薛彬，长三角史志机构负责人，上海市志办全体党员、复旦大学历史学系和市地方志发展研究中心代表，市地方史志学会理事等100多人出席论坛。　　　（王师师　陈畅）

【江苏省地方志学会开展课题研究】7月，江苏省地方志学会与三江学院地图研究院共同开展的"江苏成省300多年来区域变迁历史文化研究"课题成功入选江苏省社科应用研究精品工程课题项目，12月21日完成课题结项，研究成果发表于《江苏地方志》2021年增刊。

（邰进）

【连云港市2021年度地方志理论研讨会征文活动开展】3月至6月，江苏省连云港市志办、市地方志学会开展2021年度全市地方志理论研讨会征文活动。经评选，《明代以来赣榆县志编纂的历时演进》等8篇论文被评为2021年度连云港市地方志理论研讨会优秀论文。其中，一等奖2篇，二等奖3篇，三等奖3篇。

（尤岩）

【首届淮安大运河文化带发展论坛举办】11月20日，江苏省淮安市志办大运河文化研究中心与淮阴师范学院淮安发展研究院联合举办首届淮安大运河文化带发展论坛。论坛围绕淮安市运河文化遗产的保护传承利用、大运河"百里画廊"建设、非物质文化遗产传承与淮安文创产业的发展等问题展开探讨和交流。淮安市志办大运河文化研究中心主任刘志平、助理研究员李静华分别就建设大运河清口枢纽国家考古遗址公园的背景分析和浅谈淮安农业遗产开发利用进行重点发言。淮安大运河文化带规划和建设机构的领导及职能部门负责人，市内运河研究机构的专家、学者，淮安智库主要专家成员，非物质文化遗产传承人代表等30余人参加论坛。（尤岩）

【泰州市2021年度党史地方志档案学术年会召开】12月22日，江苏省泰州市2021年度党史地方志档案学术年会召开。主题为"以史为鉴，开创未来"。会议总结2021年度市中共党史和地方志学会、市档案学会工作，提出2022年度学会工作建议和思路，表彰2021年度优秀学会论文、优秀组织单位和党史知识竞赛优秀组织单位。靖江市博物馆副馆长、文博馆员朱苏钢做题为"江海文化浅谈——兼论靖江历史文化"专题

讲座。　　　　　　　　　　（尤岩）

【杭州市地方志学会第三次会员代表大会】 10月15日，浙江省杭州市地方志学会第三次会员代表大会召开。会议审议并通过第二届杭州市地方志学会工作报告、财务收支情况报告、《杭州市地方志学会章程》修正案，选举产生市地方志学会第三届理事会。市地方志学会第三届理事会第一次会议选举产生常务理事会成员和会长、副会长、秘书长，决定学会顾问、副秘书长人选。全市史志工作部门、市直有关单位、在杭高校等领域的代表参加会议。

（杭州市志办）

【福建省年鉴研究会2020年理事会议暨学术交流会】 1月15日，福建省年鉴研究会主办的福建省年鉴研究会2020年理事会议暨学术交流会在顺昌县召开。福建省委党史研究和地方志编纂办公室副主任林浩、省年鉴研究会会长齐建华、省年鉴研究会名誉会长王钦如、省地方志学会会长方清出席会议并讲话。顺昌县委副书记吴英杰，南平市委党史和地方志研究室主任谢金润先后致辞。各理事单位代表、学术论文作者等40多人参加会议。

（福建省委党史研究和地方志编纂办公室）

【2020年度安徽省党史地方志部门优秀科研成果评选活动举行】 1月15日，2020年度安徽省党史地方志部门优秀科研成果评选活动在安徽省合肥市举行。参评成果216项，评出特别奖1个，一等奖18个，二等奖47个，三等奖55个。其中，基本著作类（包括党史正本、地方志书等），授予《决战决胜最前沿——驻村扶贫干部口述》《中国共产党怀远历史》第二卷（1949—1978）等24部著作特别奖和一、二、三等奖；年鉴类，授予《合肥年鉴（2020）》等37部年鉴一、二、三等奖；资料专题著作类（包括大事记、人物传、地情专著），授予《凤阳凤画》等13部著作一、二、三等奖；研究论文类，分别授予《试析新安江流域成为生态补偿机制建设先行探索地的内在必然性》等17篇论文一、二、三等奖；宣传资政文章类（包括地情报告、调研与资政报告），授予《安徽推进科技创新融入长三角一体化研究报告》等16篇文章一、二、三等奖；影视音像作品类，授予文献纪录片《三进淮上》等14部作品一、二、三等奖。省委党史研究院（省地方志研究院）、省社科院、安徽大学、安徽人民出版社、黄山书社、省中共党史学会、省地方志学会等部门和单位15名专家组成评选专家组。

（朱金龙）

【福建省党史方志专家库建立】 9月23日，福建省委党史研究和地方志编纂办公室召开室务会议，原则同意《关于建立福建省党史方志专家库的建议方案》。该专家库下设党史专家库、方志专家库、年鉴专家库、展陈专家库4个子库，专家库成员以全省党史和地方志系统内的专家为主，同时吸纳省直机关、省内高校、科研机构及社会各界从事党史和地方志编研工作的领导、教授、专家、学者。

（福建省委党史研究和地方志编纂办公室）

【江西省地方志学会第四次会员代表大会召开】 12月9日，江西省地方志学会第四次会员代表大会在江西省南昌市召开。省社科院党组成员、副院长兼省地方志研究院院长、省地方志学会会长甘根华代表第三届理事会作学会工作报告。南昌市史志办主任谢晓亮主持会议并作《〈江西省地方志学会章程〉修改说明》。与会代表围绕工作报告展开讨论。会议选举甘根华为会长，选举副会长和常务理事，表决通过《江西省地方志学会章程》。全省各地及省直有关单位的代表56人以线上线下相结合的方式参加会议。

（黄诗惠）

【山东省党史史志系统庆祝中国共产党成立100周年党史理论研讨会召开】 6月28日，中共山东省委党史研究院（省地方史志研究院）主办的全省党史史志系统庆祝中国共产党成立100周年党史理论研讨会在山东省济南市召开。5人分别以"青岛党组织百年奋斗历程及经验启示""鲁西北四区'粮棉一齐抓，重点抓棉花'的历史考察与启示""人民治黄在东营的实践与启示""大力弘扬沂蒙精神，开创党史史志工作新局面""新民主主义革命时期平阴地方党史研究"为主题发言。研讨会共收到论文109篇，内容聚焦山东百年党史中的光辉历程、辉煌成就、重大事件、伟大精神等方面。省委党史研究院（省地方史志研究院）院长赵国卿、副院长董立新以及来自省、市、县三级党史史志系统代表70余人参加会议。

（杜泉）

【山东省方志理论研讨会暨党史史志期刊座谈会召开】 12月17日，山东省方志理论研讨会暨党史史志期刊座谈会在山东省济南市召开。会议通报2021年全省方志理论研究和党史史志期刊工作情况，总结交流工作经验，安排部署2022年工作。省委党史研究院（省地方史志研究院）副院长姚丙华，原省委党史研究室巡视员、《山东党史》特邀编审韩延明出席会议并讲话，各市委党史研究院（市地方史志研究院）分管院长参加会议。会议为获奖作者颁发荣誉证书；市、县（市、区）期刊主编，《山东党史》《山东史志》重点作者等50余人参加会议。

（杜泉）

【长沙市地方志学会开展活动】 3月21日，湖南省长沙市地方志学会召开地方志文创座谈会，研究影像志、画志的选题和创作思路。8月11日，市地方志学会召开2021年第一次会长办公会，审议通过学会秘书处关于修订《长沙市地方志学会章程》和成立长沙市地方志编纂服务中心的有关说明；审议通过影像志、画志、文创中心有关项目策划及预算。8月24日，市地方志学会召开长沙市地方志学会地方志编纂服务中心筹备会。

（黄斌）

【广东省地方志学会第七次会员大会】 12月29日，广东省地方志学会第七次会员大会（换届大会）召开。省志办党组书记、主任陈华康，党组成员、副主任丘洪松、刘卫，省志办原副巡视员、第六届理事会会长侯月祥出席会议。省方志馆馆长陈宏亮主持会议。省社科联社会组织联络部派员到会指导。大会选举产生新一届理事会、监事会。会议选举刘卫为会长，黄玲、郭声波、曾秀兰、白崇、陈宏亮为副会长（陈宏亮为常务副会长），刘凤霞为秘书长兼学会法定代表人，选举许清华为监事长。

（广东省志办）

【海南省史志系统庆祝中国共产党成立100周年征文活动开展】 年内，中共海南省委党史研究室（省志办）和海南省史志学会联合开展全省史志系统庆祝中国共产党成立100周年征文活动。征文活动收到论文115篇。经组织专家评审，并经论文评审委员会审定，评出一等奖4篇，二等奖8篇，三等奖12篇，优秀奖18篇，部分文章推荐在《海南日报》《今日海南》《海南史志》发表，获奖论文入选《庆祝中国共产党成立100周年征文获奖论文集》（内部资料）。

（王凌云）

【海南省庆祝中国共产党成立100周年学术研讨会召开】 6月25日，中共海南省委党史研究室（省志办）和海南省史志学会主办的庆祝中国共产党成立100周年学术研讨会在海南省海口市召开。会议通报庆祝中国共产党成立100周年征文评选结果，与会人员围绕党的百年光辉历程、重大贡献、宝贵经验等进行交流发言探讨。庆祝中国共产党成立100周年征文部分获奖作者、省史志学会部分理事、省史志系统和省内高校代表参会。

（陈文萍）

【武隆地域历史文化研究座谈会召开】 7月8日，重庆市武隆地域历史文化研究座谈会在重庆市武隆区召开。座谈会围绕武隆地域历史文化、地方志编纂等进行交流讨论。重庆大学、西南大学、重庆电子工程职业学院、云南大学相关专家等20余人参加会议。

（李才东）

【四川省地方志学会加强组织建设】 年内，四川省地方志学会印发《四川省地方志学会2020年度工作报告》《四川省地方志学会2021年工作要点》，完成常务理事、理事调整，健全学会组织机构，推动学会工作开展。完成省地方志学会会费收缴和年度检查工作。泸州市史志学会召开第二届会员代表大会，修订学会章程，开展换届选举，夯实学会组织建设。德阳市将党史学会更名为史志学会，广泛吸纳个人会员，组建由高校教师、行业专家、本地史志爱好者组成的史志人才库。

（刘艳平）

【"记录百年党史 感恩伟大时代"主题论坛暨巴蜀方志文化研究中心成立仪式举行】 6月21日至22日，四川省志办、重庆市志办、内江师范学院主办，四川省地方志学会、内江师范学院社会科学联合会承办的"记录百年党史 感恩伟大时代"主题论坛暨巴蜀方志文化研究中心成立仪式在四川省内江市举行。内江市委常委、组织部部长苟小莉，内江师范学院党委书记张志远，重庆市志办副主任夏小平在开幕式上致辞。四川省志办党组书记、主任陈建春作总结讲话。内江师范学院副校长郭云东，四川省志办副主任赵行和夏小平分别主持论坛开幕式、专题讲座、大会交流及总结大会。内江师范学院校长陈晓春、四川省志办副主任陶利辉、内江师范学院副校长赵明出席会议。论坛期间，四川省志办、重庆市志办、内江师范学院三方签署《共同成立巴蜀方志文化研究中心合作协议书》，共同为"巴蜀方志文化研究中心"揭牌。四川省委省政府决策咨询委员会副主任、四川省社会科学院党委书记、教授李后强，西南民族大学原校长、中国民族学学会副会长赵心愚，四川省委党校期刊社副社长、省中共党史学会常务理事王友平作专题讲座。内江师范学院、重庆市合川区委史志研究中心等6名优秀论文作者作大会交流。与会人员到毛泽东主席视察隆昌气矿纪念馆和四川石油会战史馆参观学习。编辑印发《"记录百年党史感恩伟大时代"主题论坛资料辑录》。川渝地方志工作机构、高校科研院所专家代表、入选论文第一作者等近150人参加会议。 （刘艳平）

【贵州省地方志学会工作年会暨学术研讨会召开】 9月13日，贵州省地方志学会工作年会暨学术研讨会召开。会议以"全面总结贵州省二轮修志"为主题，省志办一级巡视员、省地方志学会理事长归然出席会议并讲话，省志办二级巡视员、年鉴工作处处长周端敏出席会议，省志办省志工作处、市县志工作处处长钟莉主持。各市、州和相关区县地方志工作机构全体人员通过线上方式参会。7人分别就第二轮修志的启示、地方志助力乡村文化振兴的探索、乡镇志的功能提升等选题进行交流和探讨。省地方志学会理事、省志办相关处室负责人参会。

（张文建）

【中国首届方志编纂出版学术论坛】 5月18日，中国地方志学会编纂出版分会主办、方志出版社承办、云南省志办协办的中国首届方志编纂出版学术论坛在昆明市举办。云南省副省长李玛琳出席开幕式并致辞，中央宣传部出版产品质量监督检测中心主任袁亚平，中指办党组书记、方志出版社社长高京斋和中国社会科学院科研局副局长郭建宏出席会议并讲话。原国家林业局局长赵树丛和云南省政府副秘书长彭耀民出席开幕式。方志出版社总编辑、中国地方志学会编辑出版分会会长于伟平主持开幕式。有关专家学者、中央党史和文献研究院和各省级地方志工作机构有关负责人、方志出版社有关人员、云南省各州市地方志工作机构有关负责人等100余人参加会议。

（云南省志办）

【"让地方志说话，讲好新疆故事"征文活动开展】 9月，新疆地方志学会举办"让地方志说话，讲好新疆故事"征文活动。活动旨在深入学习贯彻习近平总书记"七一"重要讲话精神，总结第二轮修志经验，促进新疆地方志理论研究，展示"修志问道，直笔著史"的方志人精神。面向全疆地方志工作者和关心支持新疆地方志事业发展的社会各界人士征文，共收文章35篇，从中选出优秀文章在《新疆地方志》杂志和"方志新疆"微信公众号上进行连载刊登。　　　　　　　　　（刘铖）

【克拉玛依市史志档案业务培训暨学术交流研讨会举办】　9月16日，新疆克拉玛依市委史志办（市档案馆）召开史志档案业务培训暨学术交流研讨会。研讨会收到论文28篇，选出《地县综合年鉴图片专题编辑浅议》《全宗卷在档案依法治理中的价值研究与应用》2篇在会上进行交流。新疆地方志编委会通志工作处负责人到会指导。　　　（克拉玛依市史志办）

· 期刊出版

【《中国地方志》】　年内，中指办主办的《中国地方志》出刊6期，刊发稿件80篇，130万字。该刊创刊于1981年，累计出刊331期。邱新立主编。该刊主要设专稿、新方志研究、旧方志研究、地方史研究、方志学人、札记等栏目。该刊坚守意识形态阵地，年内刊发"两类"文章（"马克思主义理论"文章和"批驳错误思潮"文章）4篇。该刊编校实行三审六校，以提高期刊编校质量。1月，该刊副主编程方勇荣获中国社会科学院（2020）"优秀期刊编辑奖"。　　　（程方勇　张晶萍）

【《中国年鉴研究》】　年内，中指办、社会科学文献出版社主办的《中国年鉴研究》出刊4期，刊发稿件53篇，46万字。该刊创刊于2017年，累计出刊18期。第1—3期冀祥德主编，第4期刘永强主编。该刊主要设重要文件、专稿、年鉴编纂、专题研究、专业年鉴研究、回顾与发展、比较研究、专家访谈等栏目。年内，刊发"年鉴高质化、法治化笔谈""庆祝党的百年诞辰　与年鉴事业高质量发展笔谈""年鉴突出记录脱贫攻坚与全面建成小康社会伟大历史进程专题""深入学习习近平总书记'七一'重要讲话精神，推动年鉴事业高质量发展笔谈"等重要理论文章28篇。5月，该刊获国家哲学社会科学文献中心颁发"2016—2020最受欢迎期刊"称号。
　　　　　　　　　　　（朱海　张晶萍）

【《中国方志馆研究》】　年内，国家方志馆主办的《中国方志馆研究》第三辑由方志出版社出版，刊发稿件13篇，15.8万字。该刊创刊于2017年，累计出刊3期。该辑主编邱新立。该刊主要设志馆建设、展览研究、信息方志、收藏保护、旧志研究、地情研究、地方文化、志馆风采等栏目。第三辑开设"名家专栏"，邀请北京大学教授考古文博学院原党委书记、中国高校博物馆专业委员会主任、教授宋向光，浙江省志办原主任、研究员潘捷军分别就方志类展陈内容设计、方志馆事业发展前景等问题进行探讨。
　　　　　　　　　　（崔瑞萍　张晶萍）

【《北京地方志》】　年内，北京市委党史研究室、市志办主管、主办的《北京地方志》出刊4期，其中研究专刊3期，刊发稿件56篇，38万余字，约300幅图片，累计出刊98期。刘岳主编。该刊主要设本刊特稿、志鉴编纂、地情文化、志说北京、京华讲坛、影像图志、风物揽胜等栏目。刊载《寄语北大　引领时代——学习习近平总书记关于北京大学的重要论述》等文章；围绕庆祝建党100周年推出"北大红楼历史文化研究专刊"，围绕"一城三带"建设推出"西山永定河历史文化研究专刊""大运河历史文化研究专刊"；对清代3部《永定河志》、万历《通粮厅志》等北京地区相关旧志的编纂进行专业深入的研究和再讨论；梳理总结北京市第二轮修志宝贵经验，推出《改革开放以来北京市新编地方志工作的探索与实践》等不同角度的理论研究文章。
　　　　　　　　　　　　　　（孙湄）

【《东城史志》】　年内，北京市东城区委党史工作办公室、区志办主办的《东城史志》出刊4期，刊发稿件66篇，约32万字，累计出刊111期。丁选云主编。该刊主要设特载、历史与东城、史志研究、中共创建史研究与资料、论苑、大事记、东城史迹史籍、往事回首等栏目。该刊围绕庆祝建党100周年，强化中共创建史研究与资料栏目，推出"庆祝中国共产党成立100周年专刊"；围绕十九届六中全会精神宣讲，推出"党的历史决议"专栏；推动有关精神的学习贯彻，设置"东城区党史正本出版座谈"专栏。

（周宝龙）

【《海淀史志》】 年内，北京市海淀区史志办主办的《海淀史志》出刊7期，刊发稿件139篇，65万字，收录图片260余幅，累计出刊84期。吴计亮主编。该刊设本刊特稿、人物春秋、学府忆旧、园林荟萃、海淀村镇、海淀陵墓、海淀述往、寺庙观堂、山川地貌、史海钩沉、诗词歌赋、地名辨析、史志动态、撰史修志、三山五园研究、感悟七一讲话16个栏目，其中感悟七一讲话为增设栏目。该刊当年增加专刊三期，第80期为"庆祝中国共产党成立100周年专刊"，第81期为"海淀区社会生活与民俗现象专刊"，第83期为"《海淀史志》创刊15周年座谈等会议专刊"。

（宁葆新）

【《天津史志》】 年内，天津市志办编印、市地方志馆编辑的《天津史志》出版6期，刊发稿件122篇，43万字，累计出刊197期。该刊设特载、志鉴交流、史学百家、志述津沽、三津人物、信息动态等栏目。年内增设"建党百年""学习吴志宏、建功新时代"专栏。首次制作《天津史志》合订本全文检索光盘。

（岳宏）

【《河北地方志》】 年内，河北省档案馆（省志办）主办的《河北地方志》（内部资料性出版物）出刊6期，刊发稿件71篇，约40万字。该刊创刊于1984年，累计出刊275期。任丽英主编。该刊设方志论坛、经验交流、志鉴评论、燕赵史话等栏目。年内，新的河北省档案馆（省志办）组建后，《河北地方志》在版面设计、内容选取等方面融入档案元素，并围绕党史学习教育、中国共产党成立100周年等重点内容组织专栏，挖掘红色资源，助力红色血脉传承。该刊在河北省省会报刊出版物2021年度行业评先创优活动中被评为"精品内资"出版物。

（张耀鑫）

【《史志学刊》】 年内，山西省地方志研究院主管、主办的《史志学刊》出刊6期，刊发稿件57篇，64万字。该刊创刊于2015年，累计出刊42期。高生记主编。该刊主要设历史研究、文化史研究、区域史研究、志鉴研究、地方志研究、年鉴编纂研究、旧方志研究、史地文献研究、读书札记等栏目。该刊除核心栏目外，围绕党史学习教育、庆祝中国共产党成立100周年等活动开设专栏，刊发12篇学术研究成果。在原有志鉴栏目基础上增设年鉴精品研究等栏目，刊发11篇学术成果。

（山西省地方志研究院）

【《大同今古》】 年内，山西省大同市地方志研究室主管、主办的《大同今古》出刊6期，刊发稿件132篇，58万字。该刊创刊于1984年，累计出刊193期。李吉主编。该刊设平城考古、云中论坛、塞上春秋、振兴大同、方志天地、云中人物、史海拾贝、朝花夕拾、边塞风情、风物忆览、烽火台等栏目。除常规栏目外，该刊紧抓建党100周年历史主线，增设百年先锋、百年记忆等专栏，突出年度特色。

（大同市地方志研究室）

【《盂县史志》】 年内，山西省阳泉市盂县地方志研究室主办的《盂县史志》出刊2期（总第25辑、总第26辑），刊发稿件26篇，14万余字。该刊创刊于2011年，累计出刊26期。高峰主编。该刊设文献辑录、史志动态、遗址普查、峥嵘岁月、修志随笔、景观风物、休闲驿站、大事摘要等栏目。年内，增设特载、红色历史、晋盂人物、履职纪实、仇犹漫笔、文化研究等栏目。其中"晋盂人物"栏目是该刊的特点亮点，栏目中刊载回忆性文章，文章的主角均为盂县各时期优秀共产党员代表，记录每位共产党员平凡感人事迹。

（高峰）

【《长治方志》】 年内，山西省长治市地方志研究室主办的《长治方志》出刊6期，刊发文章133篇，60余万字。该刊创刊于1981年，累计出版152期。刘海峰主编，党文滨执行主编。该刊设方志园地、文化天地、史事稽考、党史研究等15个栏目。增设庆祝中国共产党建党100周年主题征文专栏，刊发相关文章17篇，从各层次和不同角度记录中国共产党成立100周年在长治发生的历史事件。

（栗茁）

【《平阳方志》】 年内，山西省临汾市地方志研究室主办的《平阳方志》出刊4期，刊发稿件72篇，40余万字。该刊创刊于2001年，累计出刊80期。李慧主编。该刊设大事记略、特载、史海泛舟、学术争鸣、平阳大地、平阳人物、志鉴论坛、天南地北、民间传说等栏目。年内，该刊第2期为《临汾红色文化名胜》专刊，设红军东征纪念地、抗日战争纪念地、人民英烈陵园墓地、抗日党政组织驻地和部分党史人物故居5个栏目，全方位介绍临汾的红色文化名胜。

（临汾市地方志研究室）

【《内蒙古印记》】 年内，内蒙古地方志研究室主办的《内蒙古印记》出刊2期，刊发稿件51篇，14.7万字。该刊创刊于1983年，原名《内蒙古地方志通讯》，先后更名为《内蒙古史志》《内蒙古方志》，2021年定名为《内蒙古印记》，累计出刊166期。张晓虹主编。该刊设领导讲话、专稿、工作研究、机关党建、工作动态、志书选介、法规文件等栏目，第2期开始增设志说乡土栏目。

（李海峰）

【《今古大观》】 年内，吉林省地方志编委会、省地方志学会主办的《今古大观》（内部资料性出版物）出刊6期、增刊1期，刊发稿件90篇，80余万字。该刊创刊于2003年，累计出刊102期。张圣祺主编。该刊主要设说志论鉴、党史学习教育专栏、史海钩沉、人物长廊、地情笔记等栏目。该刊围绕"研究志鉴理论，交流志鉴信息，发掘史料宝藏，弘扬先进文化"的宗旨，稿件质量和印刷装帧质量逐步提高，方志理论研究氛围浓厚。每期制作成电子刊上传到"方志吉林"微信公众号，方便读者手机端阅读。全年印刷7200册，向全国县以上地方志工作机构、《吉林年鉴》撰稿人、《吉林省志》编纂单位、地方志爱好者赠阅和交流5400余册。

（常京锁）

【《黑龙江史志》】 年内，中共黑龙江省委史志研究室主办的《黑龙江史志》出刊10期，80余万字。该刊创刊于1985年，累计出刊429期。何伟志任编委会主任。该刊设市县之窗、志鉴编纂、文化考略、龙江古籍、黑土文化、学术园地、地情研究、龙江往事、地方史志、大事要览、读志用志、史志随笔、传统文化、史志成果、史志工作、地情风貌、口述史料、史志评介、龙江战"疫"、黑龙江省大事记等栏目。该刊于11月休刊。

（朱丹 张帝）

【《哈尔滨史志》】 年内，黑龙江省哈尔滨市委史志研究室和市地方志学会主办的《哈尔滨史志》出刊4期，刊登稿件84篇，约20万字。该刊创刊于1983年，累计出刊106期。王洪主编。该刊主要设党史研究、志鉴论坛、人物春秋、史海钩沉、随笔、动态信息等栏目。为庆祝中国共产党成立100周年，出版庆祝中国共产党成立100周年专刊。专刊采用百年百版的设计理念，设要论、百年史考、百年历程、百年菁英、百年抒怀等全新栏目，收录纪念文章、历史研究论文、人物传记以及歌颂建党百年的诗文36篇。

（包鸿梅）

【《上海地方志》】 年内，上海市志办主管、主办的《上海地方志》出刊4期，累计出刊192期。唐长国主编。该刊创刊于1988

年，前身为《上海修志向导》，2002年改为《上海志鉴》，2007年改为《上海地方志》，2016年起公开出版。该刊设特载、方志学研究、二轮修志、志书研究、年鉴研究、地方史研究、旧志研究等栏目，刊登学术论文49篇。年内，该刊提升论文学术规范和质量，刊登社科基金项目阶段性成果论文8篇。

（郭万隆）

【《上海滩》】 年内，上海市志办主管、上海通志馆主办的《上海滩》出刊12期，累计出版430期。该刊创刊于1987年。年内，该刊设海上红韵、浦江风云、海上名人、百年风情、海派艺苑、今日上海、海上交往等栏目。结合年度特色，强化对新中国成立暨上海解放重大选题的策划组稿工作。继续讲好海派故事，探索筹划"百家话上海"等重点系列。

（吕鲜林）

【《江苏地方志》】 年内，江苏省志办主办的《江苏地方志》出刊6期，刊发144篇文章，81万字；增刊2期，刊发130篇文章，70万字。每期发行7200册，印刷8300册。该刊创刊于1986年，累计出刊197期。吉祥主编。该刊每期聚焦一个专题，在江苏文脉栏目收录5至6篇文章，分别是"最是江南""苏商前传""因运而兴""东方之城""天工苏作""延陵风骨"6个专题。9月14日至19日，《江苏地方志·红色地名》专刊作为"中国共产党建党100周年主题宣传精品期刊"入展第二十八届北京国际图书博览会。

（雷卫群）

【《南京史志》】 年内，江苏省南京市志办、市地方志学会主办的《南京史志》由半年刊改版为季刊，出刊4期，刊发稿件134篇，40万字。该刊于2010年（内部准印）复刊，累计出刊26期。姜巧玲主编。该刊设城市记忆、史海钩沉、探索发现、金陵文脉、掌故逸闻、修志园地、旧志整理等栏目。年内，围绕中国共产党成立100周年等重大历史节点刊发系列文章。

（雷卫群）

【《龙城春秋》】 年内，江苏省常州市史志办主办的《龙城春秋》出刊4期，刊发稿件70篇，40万字。该刊创刊于1982年12月，累计160期。臧秀娟任主编。该刊设特稿、地方文史研究、风采、专栏、人物、记忆、史海钩沉、发现、风土人情、鉴赏、影像常州等栏目。

（雷卫群）

【《常熟季录》】 4月，江苏省常熟市志办编写的《常熟季录》创刊，每季度编印1期。全年出刊3期，约18万字。潘志英主编。该刊设最聚焦、最前沿、最常熟3个板块。"最聚焦"板块下设政策、声音、数字3个栏目；"最前沿"板块下设热词、快读、虞说3个栏目；"最常熟"板块下设人物、风情、历史3个栏目。该刊以常熟为记录范围，收录上一季度在常熟发生或与常熟密切相关的大事、要事、新鲜事。该刊向常熟市机关企事业单位及各镇、街道免费赠阅，并在"常熟智慧党史"微信小程序上提供电子版供查阅。

（雷卫群）

【《张家港史志》】 年内，江苏省张家港市史志办与张家港市政协文化文史委主编的《张家港史志》出刊1期，20万字。该刊于2013年创刊，原为季刊。2017年起市史志办与市政协合作编纂，改为年刊，累计出版季刊14期、年刊5期。该刊设庆祝中国共产党华诞、人生回眸、港城人物、口述史料、文教剪影、史志论坛、谱牒研究、村镇旧影8个栏目，刊发《谭震林三进沙洲》《渡江激战双山岛》等文章34篇。

（雷卫群）

【《江海春秋》】 年内，江苏省南通市史志办编印的《江海春秋》出刊4期，刊发稿件54篇，24万字。该刊创办于1986年，累计编印194期。该刊设江海烽火、江海岁月、江海撷英、往事情怀、江海风情、张謇研究、史志园地等栏目。陈延祥主编。年内，增设庆祝建党100周年、百年回眸栏目，编撰百年历程与辉煌彩印专辑，集中展现南通地方党史百年辉煌

历程。　　　　　　　　　　（雷卫群）

【《连云港史志》】　年内，江苏省连云港市史志办主管（主办）的《连云港史志》出刊4期，刊发稿件86篇，32万字。该刊创刊于1999年，累计出刊131期。魏鹏主编。该刊设党史论丛、苍梧史话、峥嵘岁月、乡镇风貌、地方文化、家谱采珠、风物揽胜、谈志论鉴、资政研究、馆藏文物、大事记等栏目，根据重大节庆日、重要人物纪念日、市委市政府重要施政举措设立专栏。年内，出版庆祝中国共产党成立100周年专刊。
　　　　　　　　　　　　（雷卫群）

【《扬州史志》】　年内，江苏省扬州市档案馆、市志办主办的《扬州史志》出刊4期，刊发稿件84篇，36万字。该刊创刊于1987年，累计出刊141期。姚震主编。该刊主要设峥嵘岁月、运河文化、家风家训、绿杨春秋、古城流韵等栏目。年内，该刊结合档案方志部门的工作实践和主业特点，推出"庆祝中国共产党成立100周年专辑"（上、下），专辑收录8个栏目36篇文章，设红色地名故事、革命英烈传记、隐蔽战线斗争、红色影视经典、革命干部摇篮、重要战役战斗、战地岁月回忆、红色文献栏目。7月，该刊在第十一届江苏书展展出。　　　　　　　　（雷卫群）

【《泰州记忆》】　年内，江苏省泰州市史志办主办的《泰州记忆》出刊4期，刊发稿件56篇，20余万字。该刊创刊于2016年，出刊21期。吴学华主编。该刊设泰州文脉、名胜古迹、人物春秋、乡愁记忆、江海文化、非遗文化、戏曲文化、宗教文化、史海钩沉、市井百态、乡村风貌、业务交流、工作动态、要事速览等栏目。　　　　　　　　（雷卫群）

【《温州史志》】　年内，浙江省温州市委党史研究室（市志办）主办的《温州史志》出刊4期（季刊），30余万字，累计出刊137期。该刊主要设史志要闻、致敬模范、扶贫专题、资政专栏、史志研究、历史人文、革命人物、诗意温州等栏目。　　　　　（温州市志办）

【《龙湾史志》】　年内，浙江省温州市龙湾区委党史研究室、区地方志研究室主办的《龙湾史志》出刊5期，其中增刊1期，刊发稿件100多篇，42万字。该刊创刊于2002年，累计出刊95期。郑雁鸿主编。该刊主要设人文地理、风物人情、探究考索、红色记忆、论文衡史、人物春秋、案卷采撷等栏目。该刊具有鲜明的地域性，连续刊登龙湾本土作者撰写的本土文章，为本土史志资料挖掘、保存和流传发挥重要作用，为永嘉场文化振兴、新时代龙湾文化建设作出贡献。刊物发布途径也多样，有纸质赠阅，有电子杂志。　（温州市志办）

【《洞头史志》】　年内，浙江省温州市洞头区档案馆、区史志研究室主办的《洞头史志》出刊1期，为解放洞头口述史设专刊，刊发稿件18篇，5.7万字。该刊创刊于2011年7月，累计出刊13期。邱亚顿主编，曾焕定、戴婉贞副主编。该刊主要设概述、战役篇、英雄篇和附录（烈士名录）等4个栏目。2022年1月15日是洞头解放70周年纪念日，特设专刊纪念那段不平凡的岁月，缅怀那些不平凡的英雄。该刊赠予洞头区各机关企事业单位、各学校、各村居文化礼堂和当地群众阅览。　（温州市志办）

【《永嘉史志》】　年内，浙江省永嘉县委党史研究室（县地方志研究室）主管、主办的《永嘉史志》出刊2期，收录稿件34篇，24万字。谢向荣主编。该刊始于2012年创刊的《永嘉方志》，2019年更名为《永嘉史志》，累计出刊28期，其中《永嘉方志》累计出刊22期。设史志纪要（理论研究和工作动态）、舆地纪实（山川地理和物产）、辉煌记程（永嘉党史和社会发展）、春秋纪事（永嘉历史上发生过的事件）、人物纪痕（永嘉历史先进人物事迹）、学术记新（永嘉学术新人和学术研究成果）等栏目，刊载地情文章。该刊为永嘉方志同仁理论交流的园地、学术探讨的窗口、沟通信息的平台，强调内容的真实性、趣味性与可读性，文风简约。该刊先后被国家图书馆以及北大、清华等高校图书馆收藏。

（温州市志办）

【《嘉兴档案史志》】 年内，浙江省嘉兴市档案馆、市委党史研究室、市地方志编纂室主办的《嘉兴档案史志》刊印4期，累计刊印79期。该刊主要设兰台速递、兰台视野、志鉴研究、名人往事、嘉兴记忆、史海钩沉、嘉禾随笔等栏目。

（嘉兴市地方志编纂室）

【《海宁档案史志》】 年内，浙江省海宁市档案馆（市史志研究室）主办，市档案学会、市史志学会协办的《海宁档案史志》出刊4期，累计出刊64期。该刊设兰台藏真、档案纵横、观涛弄潮、述史鉴今、谱牒研究、宁志余闻、海昌图经、文献微考、文史记忆、史海钩沉、馆室动态等栏目。

（嘉兴市地方志编纂室）

【《平湖史志》】 年内，浙江省平湖市史志研究室主办的《平湖史志》出刊2期。该刊2005年创刊，2012年改版，累计刊印63期。该刊设方志视窗、文史丛谈、党史专题、往事回首、平湖人物、史志动态、编读交流、史海纵横等栏目。每期发行650册。

（嘉兴市地方志编纂室）

【《海盐档案史志》】 年内，浙江省海盐县档案馆（县史志研究室）主办的《海盐档案史志》出刊4期，累计出刊69期。该刊设党史研究、乡贤在线、盐邑人文、盐邑风情、史海钩沉外，新增学术研究、馆藏撷珍、兰台随笔等栏目。

（嘉兴市地方志编纂室）

【《湖州史志》】 年内，浙江省湖州市委党史研究室、市政府地方志编纂室主办的《湖州史志》出刊4期，刊发稿件68篇，29万字。该刊创刊于2012年，累计出刊40期。龚荣庭主编第1、3期，姚国强主编第2、4期。该刊主要设工作纪实、史志研究、菰城记忆、苕溪人物、学习交流、史志动态等栏目。该刊为庆祝中国共产党成立100周年，第1、3期设"党史百年"栏目，刊登湖州党史百年"时光轴"；第3期设"庆祝中国共产党成立100周年"专栏，刊登全市党史系统相关专题论文；为纪念潘季驯诞辰500周年，第2期为"纪念潘季驯诞辰500周年专刊"。

（湖州市地方志编纂室）

【《德清史志》】 年内，浙江省德清县委党史研究室（县地方志编纂室）主办的《德清史志》出刊2期，刊发稿件35篇，11万字。方康顺主编。该刊创刊于2003年，累计出刊62期。该刊主要设地方文献、红色回忆、纪实文学、简讯、大事记等栏目。该刊开设红色回忆、地方文献专栏，结合中国共产党成立一百周年历史节点，撷取历年党史口述资料征集工作成果，助推党史学习教育走深走实。同时进行旧志点校整理，辅以新媒体传播之法，达到传播当地传统文化目的。

（湖州市地方志编纂室）

【《兰溪史志》】 年内，浙江省兰溪市委党史研究室、市地方志编纂室主办的《兰溪史志》出刊2期，刊发稿件27篇，约15万字。朱吉鑫主编。该刊创刊于2016年7月。该刊设党史专题、峥嵘岁月、口述历史、党史人物、学习研究、史料考证、史海钩沉、人物春秋、兰溪古今、文史论坛、谱牒研究、史志动态等10余个栏目。

（金华市志办）

【《东阳史志》】 年内，浙江省东阳市委党史研究室、市政府地方志编纂室主办的《东阳史志》出刊4期。张忠鸣主编。该刊创刊于2006年，原名为《东阳史镜》，2011年更名为《东阳史志》，累计出刊58期。该刊设领导讲话、专题研究、红色记忆、地情研究、方志史话、图说历史、人物春秋、史海钩沉、歌山画水、史志工作等20余个滚动栏目。

（金华市志办）

【《义乌史志》】 年内，浙江省义乌市委党史研究室（市志办）主办的《义乌史志》出刊4期。该刊创刊于2001年3月，原名《义乌方志》，季刊，2019年4月机构改革后，与《义乌党史》合并更名为《义乌史志》，由义乌市委党史研究室（市志办）主办，义乌史志编辑部编辑。常设专题研究、史料稽考、史海钩沉、志人札记、风物乡情等栏目，旨在服务地方志编纂工作，为史料的搜集、整理提供空间。累计出刊88期，每期约14万字，印数2000册。　　　　　（金华市志办）

【《武义方志》】 年内，浙江省武义县志办主办的《武义方志》出刊1期，累计出刊9期。廖仁土主编。该刊分红色印记、峥嵘岁月、方域纵横、人物春秋、文史丛坛和志鉴动态6个篇章。　　　　　　　　　（金华市志办）

【《浦江方志》】 年内，浙江省浦江县地方志编纂室编纂的《浦江方志》出刊1期，为《史志中记载的浦江方言专辑》（第六期），是浦江方志史上首本关于浦江方言记载的资料汇编集。　　　　（金华市志办）

【《安徽地方志》】 年内，安徽省地方志研究院主管、省地方志学会编印的《安徽地方志》出刊4期，刊发稿件44篇，33万字。主编吴静。该刊创刊于2001年，累计出刊78期。主要栏目有特载、方志论坛、修志经验、年鉴编研、旧志研究、徽学园地、文化漫谈、读书活动、史海钩沉等。　　　　　　（章慧丽）

【《福建史志》】 2021年，中共福建省委党史研究和地方志编纂办公室、省地方志学会合办的《福建史志》出刊6期。该刊创刊于1984年，累计出刊225期。曹宛红主编。该刊主要设八闽史论、海峡志坛、闽台史谭、文化丛谈、人物春秋、史海钩沉等栏目。
　　　　　　　　　　　　（福建省方志馆）

【《江西地方志》】 年内，江西省地方志研究院主管（主办）的《江西地方志》出刊6期，刊发稿件73篇，39.5万字。该刊创刊于1985年，累计出刊178期。甘根华主编。该刊主要设志鉴研究、地域文化、红色江西、会议专题、特稿专递、动态信息等栏目。该刊跟进地方志工作动态和形势热点，适时宣传造势，连续4期开设"庆祝中国共产党百年华诞"专题，刊登史志研究成果19篇；设置"学习吴志宏、建功新时代"专题，推动吴志宏精神在全省地方志系统落地生根、开花结果。重视志鉴理论研究，选登来自全国地方志系统和其他行业人员的地方志方面的研究文章，年内共刊登志书编修研究文章12篇、年鉴研究文章7篇、史志关系文章1篇、方志馆建设文章1篇。　　　　　　　　（朱岳）

【《山东史志》】 年内，山东省委党史研究院（省地方史志研究院）主办的《山东史志》出刊4期，刊发稿件43篇，32万余字。该刊创刊于1996年（前身《志与鉴》），2009年改版，累计出刊52期。姚丙华主编。该刊主要设特载、方志理论、方志编纂、年鉴编纂、旧志整理、志书评论、方志人物、方志资料、地情研究、齐鲁先贤、经验交流、信息化建设、方志馆建设、古地图、口述历史、主任论坛、方志出版动态、方志人等栏目。该刊"古地图"栏目陆续刊发、展示国内外多家图书馆、博物馆、档案馆珍藏的几百幅古地图。
　　　　　　　　　　　　　　　（杜泉）

【《济南党史》】 年内，济南市委党史研究院（市地方史志研究院）主办的《济南党史》出刊4期，共刊发稿件60余篇，28万字。该刊创刊于1983年，累计出刊93期。刘浩主编。该刊主要设红色人物、方志天地、巍巍丰碑等栏目。年内，该刊开展"回顾百年历史 奋进复兴征程"纪念建党100周年征文活动，择优刊载。第1期以纪念邓恩铭诞辰120周年为主题，第2期为庆祝建党100周年专刊出版，第3期设置"中学生学党史"栏目，刊登多篇中学生写的文章，鼓励学生学习党史，加强红色教育。　　　　　　　　（杜泉）

【《青岛史鉴》】 年内,青岛市委党史研究院(市地方史志研究院)主办的《青岛史鉴》出刊4期,刊发稿件65篇,近30万字。该刊创刊于1986年,累计出刊134期。谢瑞华主编。该刊主要设理论研究、党史纵横、史海钩沉、业务论坛、共同抗"疫"等栏目。为庆祝中国共产党成立100周年,该刊第2期开辟"建党百年"专刊,开设理论研究、光辉历程、海岸初心、星火燎原、百年足迹等多个专题专栏,稿件内容记述各区(市)党组织自成立至今,创建、发展的光辉历程和取得的辉煌成就。

(杜泉)

【《崂山春秋》】 年内,山东省青岛市崂山区档案馆(区委党史研究中心、区地方史志研究中心)主办的《崂山春秋》出刊4期,刊发稿件125篇,30万字。该刊创刊于2003年,累计出刊74期。张星主编。该刊主要设崂山探究、史料辑选、崂山风物、业务论坛、乡情民俗、岁月留痕、工作动态等13个栏目。该刊围绕突出史志工作、中国共产党成立100周年等主题,对栏目进行优化调整,增设红色印记、红色档案、村志撷英栏目,调整岁月留痕、旧文品史、历史纵横栏目。

(杜泉)

【《淄博史志》】 年内,淄博市委党史研究院(市地方史志研究院)主办的《淄博史志》出刊4期,刊发稿件65篇,28万余字,160余幅照片。该刊创刊于2014年8月,累计出刊31期。主编曹丕祯。该刊主要设志鉴论坛、文化印记、峥嵘岁月、乡村记忆、人物春秋、曲水流觞等栏目,宣传介绍淄博历史遗迹、古代建筑、名胜古迹、馆藏文物等,彰显齐文化、聊斋文化、陶琉文化、鲁商文化的历史渊源和深远影响;阐述淄博历史上的重要人物以及历史事件;介绍淄博革命、建设和改革开放等各个时期的光辉历程。

(杜泉)

【《周村史志之窗》】 年内,山东省淄博市周村区委党史研究中心、区地方史志研究中心、区档案馆主办的《周村史志之窗》,出刊2期,其中1期常规版,刊发稿件17篇,9.22万字;1期"庆祝中国共产党成立100周年特刊",22.46万字。该刊创刊于2012年,累计出刊31期。仇勃主编。2012年至2018年,该刊主要设周村史料、商埠文化、历史人物、峥嵘岁月、史料辑存等栏目;2019年改版,主要设方志天地、文史撷英、红色印记、兰台寻踪、志鉴研究、商埠文化、口述实录、谱牒碑刻等栏目。

(杜泉)

【《枣庄党史与方志》】 年内,枣庄市委党史研究院(市地方史志研究院)主办的《枣庄党史与方志》出刊4期,刊发稿件29篇,近15万字。该刊创刊于2017年底,2019年9月底由《枣庄党史》和《枣庄史志》合并,累计出刊18期。该刊主要设理论之窗、工作传真、专题调研、历史回眸、专题研究、志鉴论坛、战"疫"史鉴、志苑撷英、红军将士在枣庄、廉政文鉴、枣庄风物等栏目。

(杜泉)

【《东营党史》】 年内,东营市委党史研究院(市地方史志研究院)主办的《东营党史》出刊4期,刊发稿件64篇,36万字。王振伟主编。该刊创刊于1991年,累计出刊70期。该刊主要设百年风华、探索争鸣、人物春秋、史志纵横、史林撷英、他山之石、峥嵘岁月、口述历史、黄河故事、佳作欣赏、工作动态等栏目。增设"百年风华"专栏,刊发优秀理论文章,回顾党的百年光辉历史,传承红色基因,赓续红色血脉。

(杜泉)

【《沂蒙史志》】 年内,临沂市委党史研究院(市地方史志研究院)主办《沂蒙史志》出刊6期,刊发稿件106篇,50余万字。该刊创刊于2011年,累计出刊66期。杜以坚主编。该刊主要设蒙山沂水、文化掇英、沂蒙乡亲、百家渊流、琅琊风物等10余个栏目。该刊在栏目设置上统筹考虑临沂底蕴丰厚的历史文化资源,精心设计栏目,内容涉及红色文化、民俗文化、遗址遗存等方面;在内容的选择上注重突出临沂地方特色,深入挖掘临沂具有地域特

色的文化资源，展现沂蒙文化纵贯古今的丰富内涵和地方特色。　　　　　　　　（杜泉）

【《沂水史志》】　年内，山东省沂水县委党史研究中心（县地方史志研究中心）主办的《沂水史志》出刊4期，刊发稿件51篇，27万字。该刊创刊于2020年，累计出刊5期。程丽丽主编。该刊主要设本期特载、峥嵘岁月、文史撷英、人物春秋、艺文采珍、图说沂水、工作动态等栏目。　　　　　　　　（杜泉）

【《德州》】　年内，德州市委党史研究院（市地方史志研究院）主办的《德州》出刊6期，刊发稿件177篇，42万字。该刊创刊于1984年，累计出刊372期。张书民主编。该刊主要设特别关注、德州论坛、党史研究、德州人文、干部南下、史海钩沉、中国共产党精神探源、工作交流、岁月印记、珍闻轶事、五色土、德州历史大事记等栏目。（杜泉）

【《菏泽大事》】　年内，菏泽市委党史研究院（市地方史志研究院）主办的《菏泽大事》出刊6期，刊发稿件173篇，43.48万字。该刊创刊于2018年，累计出刊22期。田文建主编。该刊主要设特别关注、曹州人物、菏泽英杰、史海钩沉、历史回望、学术研究、纪实文学、古老建筑、岁月如歌、传说故事、菏泽纪事、信息港湾等栏目。优化调整栏目，推出"建党百年"特稿专辑，增设菏泽英杰、将星传奇、红色档案等版块内容。　　　（杜泉）

【《河南史志》】　年内，河南省史志办主办的《河南史志》出刊6期，刊发稿件71篇，75.6万字。该刊创刊于1983年，累计出刊118期。管仁富主编。该刊主要设工作要点、修志问道、理论研究、志鉴编纂、经验交流、史海钩沉、动态信息等栏目。年内，该刊开辟百年圆梦栏目，刊载中国共产党在河南省的辉煌历程和伟大业绩的各类文章；设弘扬黄河文化专栏，深入挖掘黄河文化蕴含的时代价值，讲好黄河故事，延续历史文脉。　　　　　（徐德森）

【《武汉春秋》】　年内，湖北省武汉市志办主办的《武汉春秋》出刊4期，刊发稿件62篇，34.5万字，图片198幅。该刊创刊于1982年，1985年改为《春秋》，1989年停刊，共出刊47期。1992年7月，经新闻出版部门同意，市志办机关刊物《武汉志通讯》更名为《武汉春秋》，作为内部刊物发行。1982年至1999年为双月刊，2000年开始改为季刊。累计出刊130期。该刊主要设置名城今古、人物春秋、史海钩沉、民俗风物、掌故轶事、往事漫忆等栏目。年内，将第2、3期合刊，出版庆祝中国共产党成立100周年特刊，第4期设置"辛亥革命"专栏，纪念辛亥革命110周年。
　　　　　　　　　　　　（武汉市志办）

【《韩公亭》】　年内，湖南省地方志编纂院主管、主办的内部连续性资料《湖南地方志》更名为《韩公亭》，编印6期，刊发稿件114篇，约80万字。黄俊军主编。该刊创刊于1986年，累计出刊96期。该刊栏目主要有卷首语、工作指导、志鉴编纂、旧志研究、方志利用、志人志事、志里春秋、古旧图志、志评序跋、他山之石、志外风云、湖湘文化、世家望族、英杰贤达、江山胜迹、地域情缘、朝野逸闻、古诗纪事、收藏谈荟等。每期栏目数量视情况而定，一般为8个。　　　　　（张睿）

【《长沙史志》】　年内，湖南省长沙市地方志编纂室主管、市地方志学会主办的《长沙史志》出刊2期，刊发稿件60余篇，约20万字。该刊创刊于2012年，累计出刊19期。肖清平主编。该刊主要设特载、方志研究、史志漫谈、志说长沙、志苑视窗、工作动态等栏目，在保持栏目设置基本稳定的基础上，每期根据选题和稿件情况作适当调整更新。第1期编印出版建党百年特刊；第2期设置"志说长沙"栏目，组织青年会员深入挖掘志书、典籍中的传统文化，整理编写志说民俗、志海拾忆、寻味长沙、我们的节日四个专栏文稿30余篇。
　　　　　　　　　　　　　　（黄斌）

【《今古湘乡》】 年内，湖南省湘乡市委党史研究室（市地方志编纂室）主办的《今古湘乡》出刊4期，刊发稿件92篇，24万字。刘湘主编。该刊创刊于2005年，累计出刊66期，刊发稿件1452篇，400余万字。该刊主要设日出东山、建党百年（2021年）、剑雄笔记、人物春秋、湘乡县令、那年那月、湘乡地理、家史撷英、枚琼（特约供稿人）走笔、史坛文苑、史志经纬等栏目。
（陈艳）

【《今昔湘潭县》】 年内，湖南省湘潭县委党史研究室（县地方志编纂室）主办的《今昔湘潭县》出刊3期，刊发稿件72篇，17.3万字。胡建军主编。该刊创刊于2018年，累计出刊9期。该刊主要设韩联生纪念文集专辑、党史学习教育专辑、中国共产党成立100周年、湘潭革命历史人物、抗击新冠肺炎疫情等栏目。
（陈欣波）

【《夫夷史苑》】 年内，湖南省邵阳县委、县政府主办，县党史和地方志研究室承办的《夫夷史苑》出刊2期，刊发稿件37篇，13.5万字。彭哲主编。该刊创刊于2017年，累计出刊14期，每期印数1000册。该刊主要设人物春秋、史海钩沉、史迹觅踪、往事回眸、乡情民俗、夫夷放歌、夫夷风情、时政专栏、资讯速递、史志业务等栏目。
（赵小明）

【《隆回风情》】 年内，湖南省隆回县党史和地方志研究室主管的《隆回风情》出刊4期，刊发稿件177篇，60万字。罗斌主编。该刊创刊于2014年，累计出刊27期（含合刊）。该刊主要设特稿（重大史志稿件）、地名故事、隆回人物、时代精英、峥嵘岁月、文物天地、记忆深处、不忘初心、桃城逸事、守望民间等30余个栏目。
（罗斌）

【《今古云溪》】 年内，湖南省岳阳市云溪区委办主管（主办）的《今古云溪》出刊1期，刊发稿件22篇，4.1万字。陈飞云主编。该刊创刊于2018年，累计出刊4期，主要设特色园区、多彩乡村、往事珍闻、云溪人物等栏目。年内，该刊紧扣纪念建党100周年，推出建党百年特辑栏目。
（陈垂良）

【《古今巴陵》】 年内，湖南省岳阳县委、县政府主管，县委党史研究室（县地方志编纂室）主办、主编的《古今巴陵》出刊6期，每期印数2800册，刊发稿件133篇，43.68万字。曹瑜主编。该刊创刊于2017年12月，累计出刊26期。该刊主要设特载、聚焦中心、志坛艺苑、岳州地理等栏目。
（费淑荷）

【《古今华容》】 年内，湖南省华容县委、县政府主管，县委党史研究室（县地方志编纂室）主办的《古今华容》出刊1期，刊发稿件31篇，8.2万字。卢琼主编。该刊创刊于2010年，累计出刊23期。该刊主要设桑梓情怀、特稿、热土华容、往事回眸、稽古探幽、容城文萃、史志动态等栏目。年内，该刊主要刊登脱贫攻坚、党史学习教育类文章。
（刘志强）

【《人文湘阴》】 年内，湖南省湘阴县委、县政府主管，县委党史研究室（县地方志编纂室）主办的《人文湘阴》出刊4期，刊发稿件72篇，21万字。戴进波主编。该刊创刊于2018年，累计出刊13期。该刊主要设历史纵横、人物传奇、红色记忆、史海钩沉、民俗风情、往事回眸、风景名胜、历史考证、民间传说、美食文化、美丽乡村、今日湘阴等栏目。
（蒋意）

【《平江风情》】 年内，湖南省平江县委党史研究室（县地方志编纂室）主办的《平江风情》出刊5期，刊发稿件100余篇，25万字。朱冒柏主编。该刊创刊于2008年，累计出刊51期。该刊主要设红色追忆、桑梓情怀等栏目。
（洪全）

【《常德古今》】 年内，湖南省常德市委党史研究室（市地方志编纂室）主办的《常德古今》出刊2期，刊发稿件73篇，15万字，每期印数1300册。郑文廷主编。该刊创刊于1992年，累计出刊118期。该刊主要设红色经典、沅澧人物、文化丛谈、芷兰文苑等栏目。封面选取《沅澧英杰图》中黄爱、王尔琢、陈辉、翦伯赞、余嘉锡、辛树帜等人物；封二选登常德市党史学习教育重要会议；封三选用反映与封面对应的名人诗词碑刻；围绕党史学习教育，增设"口述历史"及专栏"党史学习教育"。

（孟韵　曾小玲）

【《瑶都江华》】　年内，湖南省江华瑶族自治县委、县政府主管，县委党史研究室（县地方志编纂室）主办的《瑶都江华》出刊4期，刊发文稿142篇（首），书法作品10幅，绘画作品36幅，36.79万字。蒋祖智主编。该刊创刊于2014年，累计出刊27期。该刊主要设开卷有益（卷首语）、瑶都大事、史志天地、志鉴论坛、瑶族研究、史海钩沉、志苑动态、旧志研究、学志用志、地名故事、地情漫谈、瑶都风物、经验交流、瑶都美景、红色佳作、乡情乡愁、江华人物、志坛文苑、诗词歌赋等栏目。

（蒋祖智）

【《广东史志》】　年内，广东省志办主办的《广东史志》编印6期，刊发稿件109篇，约72万字，累计出刊109期。王涛主编。该刊设修志编鉴、地方史编研、地情调查、工作动态等栏目。

（广东省志办）

【《当代广东》】　年内，广东省志办、省当代广东研究会主办的《当代广东》编印4期，刊发稿件50篇，约32万字，累计出刊100期。刘卫主编。该刊设特载、改革开放、人物春秋、岭南纪事、粤故事等栏目。

（广东省志办）

【《广州史志信息》】　年内，广东省广州市委党史文献研究室（市志办）主办的《广州史志信息》出刊4期，刊发稿件57篇、工作交流信息稿71篇，约33万字。该刊由原《广州党史》与原《羊城今古》合并而成，累计出刊7期。陈穗雄主编。该刊设党史理论学习、党史考评、史志鉴论坛、党史人物、人物春秋、史海钩沉、文博考古、珠江潮汐、岭南风物、乡情古韵、广府文化、工作交流等栏目。

（广东省志办）

【《深圳史志》】　年内，广东省深圳市志办主办的《深圳史志》出版4期。该刊设学习党的十九届六中全会精神、庆祝中国共产党成立100周年、党史研究、志鉴探讨、地情研究、深圳资政参阅、深圳抗疫、深圳往事、亲历者回忆、非物质文化遗产、史海钩沉、书评等栏目。

（广东省志办）

【《宝安史志》】　年内，广东省深圳市宝安区档案馆、区史志办主管（主办）的《宝安史志》出刊4期，刊发稿件32篇，28万字。该刊创刊于2002年，累计出刊79期。黄慧锋主编。该刊主要设史志纵横、史料荟萃、口述历史、史志文咏等栏目，主要特点亮点是口述历史。

（广东省志办）

【《广西地方志》】　年内，广西壮族自治区志办主管、自治区志办和广西地方志协会主办的《广西地方志》出刊6期，刊发稿件85篇，65万字。该刊创刊于1982年，双月刊，累计出刊231期。梁金荣主编。该刊主要设编纂论坛、志鉴编纂、旧志整理、史海纵横、信息看台等栏目。

（周珍朱）

【《海南史志》】　年内，海南省委党史研究室（省志办）主办的《海南史志》出刊6期，刊发稿件136篇。该刊每期分设11—13个栏目，刊发稿件21—24篇，约10万字。该刊主要设特载、庆祝中国共产党成立100周年、资政探索、志鉴编研、专题研究、工作交流、人物春秋、红色记忆、史料考述、地名探源、海南古村落、史志论坛、大事记、史志动态等栏目。年内，该刊增设学习党的十九届五中全会精神、直通自贸港、党史学习教育、学习习近平总书记"七一"重要讲话精神、纪念长征胜利

85周年、学习党的十九届六中全会精神等不同主题的专栏。　　　　　　　　　　（陈文萍）

【《重庆地方志》】　年内，重庆市志办主管、主办的《重庆地方志》出刊4期，刊发稿件80篇，约28万字。该刊为季刊，复刊于2017年，累计出刊19期。夏小平主编。该刊设特载、志鉴研究、文史纵横、地情揽胜、工作交流和工作动态等主要栏目，主要面向重庆市地方志系统内部发行。为庆祝中国共产党诞辰100周年，2021年第2期特设英模战歌栏目；第3期起由原48个页码增至64个页码，由黑白印刷改为4色彩印。　　　　　　　（秦成）

【《涪陵史志》】　11月，重庆市涪陵区地方志研究室主办的内部资料性刊物《涪陵史志》出刊1期，刊发稿件25篇，11.5万字。周烽主编。该刊主要设地方文化、历史人物、史海拾贝等栏目。该刊2021年度增设庆祝中国共产党成立100周年专题栏目，刊载涪陵党史理论研究成果、重大历史事件记述、老同志回忆录、先进人物事迹等文章13篇。　（童泓萍）

【《巴蜀史志》】　年内，四川省志办主管主办的《巴蜀史志》出刊7期，其中常刊6期（含1期专刊）、增刊（特刊）1期，刊发稿件223篇。陈建春主编。该刊创刊于1982年，累计出刊238期。该刊主要设时政辑要、蜀中人物、封面故事、史料之窗、资治探索、庆祝中国共产党成立100周年、成渝双城记、盆地探秘、志鉴研究、乡村振兴等栏目。年内，出刊"庆祝中国共产党成立100周年"特刊，设百年画卷、初心使命、先锋楷模、转折号角、伟大实践、全面小康、同舟共济、百年礼赞8个栏目，刊发39篇文章250余幅图片，196页，28万余字。省志办与省文物考古研究院、三星堆博物馆、中共德阳市委党史研究室（市志办）、广汉市政府办公室联合策划编辑出版《巴蜀史志》2021年第5期"聚焦三星堆"专刊。专刊突出大众性、普及性的同时，又兼顾专业性、学术性、艺术性，共刊发60篇文章、390余幅图片，版面字数111.5万字。　　　（刘艳平）

【《志苑集林》】　9月和12月，四川省成都市志办主办的《志苑集林》第五辑、第六辑先后由四川人民出版社出版，两书合计43万字。《志苑集林》创刊于1984年，肇始于《成都志通讯》，脱胎于《志林大观》，转变于《成都史志》，从服务首轮《成都市志（1840—1989）》到突出地方志专业特色，刊登方志理论研究和新方志评论，介绍成都地区旧志研究、发掘区域史料和传播成都地情知识，突出成都掌故、风土人文、史料发微、史事研究，服务修志资料积累，服务社会经济发展。

（冷一帅）

【《贵州档案方志》】　年内，贵州省档案馆（省志办）主办的内部资料性出版物《贵州档案方志》出刊6期，刊发稿件162篇，48.7万字。该刊前身《贵州地方志编写通讯》创办于1981年1月，由《贵州省志》编写筹备组办公室主办。先后更名为《贵州地方志通讯》《贵州方志》《史志林》《贵州史志林》。2019年4月，与《贵州档案》合并，更名为《贵州档案史志林》，2020年8月又更名为《贵州档案方志》。截至2021年底，累计出版184期。王贤赓主编。该刊主要设志鉴论坛、兰台纵横、档案见证、史海钩沉、人文地理、黔中人物、古籍文献、口述史料等栏目。该刊2021年对封面部分元素进行改变，在带来整体视觉变化的前提下，也根据关键时间节点和中指组文件精神，在栏目上作相应的调整。开设庆祝中国共产党成立100周年专栏，每期均推出多篇政治性、史实性突出的精品文章，与图文报道、专题报道共同着力宣传开展党史学习教育与"牢记殷切嘱托 忠诚干净担当 喜迎建党百年"专题教育相结合等情况，全年共推出专栏文章30篇，并于贵州档案方志信息网开设专栏同步发表，扩大传播力度；新设时代楷模专栏，集中刊登贵州方志人学习云南省红河州志办原副主任吴志宏先进事迹的有关文章等。

（赵弟军）

【《云南史志》】 年内，云南省志办、省通志馆主办的《云南史志》出刊2期，刊发稿件47篇，36万字。赵增昆主编。该刊创刊于1982年，累计出刊210期。2021年改版为半年刊，主要设志说云南、理论探讨、志鉴选介、滇史钩沉、人物春秋等栏目。

（云南省志办）

【《西藏地方志》】 年内，西藏自治区志办主办的《西藏地方志》出刊4期，刊发稿件80余篇，约42万字、近100张图片，累计出刊92期。 （罗布曲珍）

【《林芝史志》】 年内，西藏自治区林芝市内部出版《林芝史志》2期，突出建党100周年、西藏和平解放70周年重大历史节点。

（扎西）

【《陕西地方志》】 年内，陕西省志办主管、主办的《陕西地方志》出刊6期，刊发稿件98篇，62万字。张世民主编。该刊创刊于1982年，累计出刊233期。该刊主要设志鉴格致、史志评弹、工作研究、旧志整理、地情研究、史海钩沉、方志文苑、秦中要事等栏目。2021年期刊全新改版，全彩印刷，双月刊，大16开，68页。 （陕西省志办）

【《榆林党史与方志》】 年内，陕西省榆林市委党史研究室（市地方志编纂研究室）主管（主办）的《榆林党史与方志》出刊4期，刊发稿件54篇，27万字。该刊创刊于2021年，累计出刊4期。赵晓亮主编。该刊主要设党史研究、方志论坛、口述历史、红色印迹、人物春秋、陕北文化、地情笔记、史志研究、榆林档案、文化遗产、传说故事、古今地名、以史为鉴、方言拾贝、著作品鉴、史志影像、他山之石、工作心得、史志动态、散文随笔、诗意榆林等栏目。 （陕西省志办）

【《甘肃史志》】 年内，甘肃省史志办主办的《甘肃史志》出刊4期，刊发文章51篇，近50万字，图片30幅。该刊创刊于2009年，累计出刊48期，《甘肃史志》编委会主编。该刊主要设史地考述、史海钩沉、人物春秋、文化传承、志鉴编研等栏目。2021年增设特载和思想阵地两个栏目，加强政治引领，筑牢意识形态阵地。登载省市县三级史志工作机构人员文章27篇，动态信息9篇，向省内高校学者约稿10篇，刊登省外作者文章5篇。 （贾小炎）

【《青海方志工作》】 年内，青海省志办主管、省地方志学会主办的内部资料《青海方志工作》季刊出刊4期，刊发稿件56篇，约28万字。该刊创刊于2020年4月，累计出刊8期。该刊主要设工作导航、志鉴论坛、编纂者说、奋进脚步等栏目。 （杨树寿）

【《宁夏史志》】 年内，宁夏回族自治区志办主办的《宁夏史志》出刊6期，刊发文章、信息等90余篇，43万字，累计出刊211期。负有强主编。该刊设方志文化、红色记忆、史迹寻踪、古迹考辨、学术园地、宁夏记忆、乡贤名流、口述历史、地域文化、动态信息等栏目。每期向全国省市县地方志工作机构及相关专家学者赠阅或交流350余册，全年总计交流2100余册。 （张明鹏）

【《新疆地方志》（汉文版）】 年内，新疆维吾尔自治区地方志编委会主管、主办的《新疆地方志》（汉文版）出刊4期，刊发稿件51篇，46.13万字。累计出刊154期。马文华主编。该刊创刊于1983年8月，原名《新疆地方志通讯》，为内部刊物，1989年更名为《新疆地方志》，1991年由新闻出版总署批准为国际、国内公开出版物。该刊设志鉴论坛、地情研究、史海拾贝、志苑随笔、西域文化研究、地方志工作等栏目，根据实际设特辑栏目，刊登庆祝中国共产党成立100周年、党史学习教育、中华民族共同体意识研究等专题文章。 （刘铖）

【《新疆地方志》（维吾尔文版）】 年内，新疆维吾尔自治区地方志编委会主管、主办的《新疆地方志》（维吾尔文版）出刊4期，刊发稿件3篇，12万字。累计出刊135期。吐尔地·阿西木主编。该刊创刊于1986年，原名《新疆地方志通讯》，为内部印发的季刊，1989年更名为《新疆地方志》，1991年由新闻出版总署批准为国际、国内公开出版物。该刊设方志论坛、中华民族共同体意识研究、英雄烈士谱、工作调研等栏目，根据实际设特辑栏目，刊登庆祝中国共产党成立100周年、党史学习教育等专题文章。　　　（艾克热木·托合提）

· 通讯简报

【《方志中国》】　年内，中指办编印的《方志中国》出刊22期，刊发稿件730余篇，108万字，累计出刊136期。邱新立主编。该刊设领导重视、文件通知、工作动态、工作总结、经验交流、开发利用、援藏援疆、专稿等栏目。该刊特设"学习吴志宏先进事迹""优秀年鉴经验交流""中国精品年鉴推介"等专刊，宣传方志人服务新时代的先进事迹，以及各地打造精品志鉴的典型经验做法；新增"方志馆工作""年鉴工作"等栏目，突出年度重要工作，为推动地方志高质量发展搭建交流平台。　（宋丽亚　张晶萍）

【《朝阳兰台》】　年内，北京市朝阳区志办主办的《朝阳兰台》编印12期。新增党史学习教育进行时、奋斗百年路 启航新征程、档案话百年——回忆百年党史 见证初心使命、党旗在基层高高飘扬、朝阳地名故事等专栏；刊发习近平总书记重要批示，党史学习教育学习成果，区域内部分优秀共产党员先进事迹，基层志鉴编纂、精品年鉴编纂启示等志鉴理论文章40余篇；刊登全国、北京市、朝阳区地方志工作信息150余篇，照片90余幅。　（姜原）

【《档案方志参阅》】　年内，天津市档案馆依托馆藏档案方志资源创办编印的《档案方志参阅》累计出刊17期。刊发稿件12篇，6.2万字。　　　　　　　　　　　（于淼）

【《山西党史方志工作动态》】　4月，山西省委党史研究院（省地方志研究院）创办《山西党史方志工作动态》。截至年底，共编印17期。该简报以一事一发的形式，刊载全省党史方志重大工作动态和事业发展状况。
　　　　　　　　　　（山西省地方志研究院）

【《吉林省方志工作通讯》】　年内，吉林省地方志编委会编印《吉林省方志工作通讯》14期，刊发稿件84篇、图片41幅。该通讯主要设工作动态、志鉴出版、领导讲话等栏目。
　　　　　　　　　　　　　　　（常京锁）

【《资政史志专送》】　年内，黑龙江省委史志研究室编纂的《资政史志专送》共编印17期，约15万字。该简报推出《从党的百年历史中汲取智慧和力量》《一切为了人民一切依靠人民——纪念从黑土地走出的国家领导人林枫》《黑土地上的革命先驱马骏》《邓洁民与东华学校》《哈尔滨中苏友好协会见证难忘历史》《中国共产党百年黑龙江历史记事》《国耻警钟抗争开端——写在九一八事变90周年》等文章，全年省委领导3次给予批示，经省委领导同意作为全省开展党史学习教育活动的通稿，以《全省党史学习教育简报（增刊）》形式印发给全省基层广大党员干部在党史学习教育中学习参考。　　　（朱丹　张帝）

【《哈尔滨市情活页》】　年内，黑龙江省哈尔滨市委史志研究室主办的《哈尔滨市情活页》编印6期，刊发稿件96篇，50万字。王洪主编。该简报创刊于2007年，累计编印109期，设活页头条、活页关注、特别报道、专题报道、冰城图志、文献参考、知往鉴今、哈尔滨故事、哈埠纪事等栏目。该简报抓住抗击新冠肺炎疫情工作、十四五开局之年、实施乡村振兴战略、党的十九届六中全会胜利召开等时间节点，推出哈尔滨历史上法定传染病管理及免疫预防、哈尔滨老区脱贫的启示与思考、党的十八大以来历次中央全会回顾、重温历年中央经济工作会议提出的主要任务等内容，提升

《哈尔滨市情活页》以史为鉴、资政服务的质量。聚焦中国共产党成立100周年，增设奋斗百年路、党史人物、红色足迹等栏目。

（曹禹）

【《安徽史志信息》】 年内，安徽省委党史研究院（省地方志研究院）办公室编印《安徽史志信息》2期，分别为"党史学习教育专刊"和"庆祝中国共产党成立100周年专刊"，摘要编发全省各市党史和地方志机构开展党史学习教育、庆祝中国共产党成立100周年活动情况。

（苏爱梅）

【《烟台大事记》】 年内，烟台市委党史研究院（市地方史志研究院）主办的《烟台大事记》出刊4期，刊发稿件94篇，25.6万字。该刊创刊于2012年，累计出刊33期。李丕志主编。该刊主要设领导讲话、月份大事、特别专题、大事链接等栏目。年内，该刊改版，剔除和烟台大事相关度不大的栏目，继续保留月份大事，设置烟台市扶贫攻坚大事记、烟台市党史学习教育大事记、中共烟台党史百年之最等专题；设置大事链接、领导讲话栏目。

（杜泉）

【《河南大事月报》】 年内，河南省政府办公厅主管、省史志办主办的《河南大事月报》出版12期，刊发稿件1350篇，总计27万字。该刊创刊于2005年，累计出版192期。管仁富主编。该刊主要栏目设特稿、特别关注、中原亮点、创新动态、时政、工作动态、乡村振兴、经济、和谐社会建设、社会事业、生态环保、基础建设、人物等。该刊内容上强调服务决策、贴近现实，完善连续性内部资料出版手续。

（王颖）

【《广州史志参阅》】 年内，中共广州市委党史文献研究室（市志办）主办的《广州史志参阅》出刊35期，内容涵盖广州百年发展，刊登文章62篇，约45.6万字，累计出刊35期。

（广东省志办）

【《八桂地情参阅》】 年内，广西壮族自治区志办主办的《八桂地情参阅》出刊4期。该刊创刊于2018年6月，累计出刊14期。梁金荣主编。该刊不设固定栏目，每期刊载1篇专稿，主要梳理南宁、柳州、桂林、梧州、北海各县（市、区）得名由来，反映其蕴含的历史发展密码及地域个性特质，包括其自然地理、历史更替、层级嬗变、经略印记及各类美好寓意等。

（周珍朱）

【《海南史志工作信息》】 年内，海南省委党史研究室（省志办）主办的《海南史志工作信息》编印34期，刊载信息111篇，其中室（办）各处（馆）供稿86篇，市县史志工作机构供稿25篇。经优选上报，28篇信息被中央党史和文献研究院、中指办、省委信息综合室、《海南日报》等采用。全年史志工作信息报送数量、采用数量创新高；围绕"三件大事"，信息内容更有热度；寻"深井"挖"富矿"，信息质量更有深度；充分延伸信息触角，信息种类更有广度。

（王凌云）

【《四川要闻》】 年内，四川省志办编印《四川要闻》52期，以每周梳理记录四川发生的大事要事特事新事的形式，同步记载四川改革发展历史，为党政决策提供参考。（黄绚）

【《四川省地方志工作简报》】 年内，四川省志办编印《四川省地方志工作简报》6期，累计76期。该简报设特别关注、市州动态2个栏目。

（黄绚）

【《成都地方志通讯》】 年内，四川省成都市志办主办的《成都地方志通讯》编印12期，刊发稿件200余篇。该通讯设特载、工作动态、理论研究、调研交流等栏目，全面记载成都市地方志工作机构工作情况。（冷一帅）

【《修志工作简报》】 年内，陕西省志办主管、主办的《修志工作简报》编印14期，刊发通讯信息138篇，9万字。

（陕西省志办）

【《青海地方志工作动态》】 年内,青海省志办《青海地方志工作动态》编印56期,其中7期被中国方志网站采编转发、6期被省政府办公厅采编转发。 (杨树寿)

【《青海月志》】 年内,青海省志办、青海年鉴社编辑的内部资料《青海月志》编印12期,12.14万字。刘淑青、张进芳、范海骅、薛婧主编。旨在以大事记的形式,系统扼要地记录青海发展历程中的大事要事,真实客观地反映青海各项事业发展的历史脉络。《青海月志》于2020年1月起逐月编辑,累计编印24期。 (杨树寿)

【《兵团史志工作简讯》】 年内,新疆生产建设兵团志办编印《兵团史志工作简讯》12期。该简讯设特载、特讯、工作动态、经验交流、党史学习教育、支部活动、信息短波等栏目,刊载各类信息、稿件、文章160篇。
(王兴鹏)

依法治志与督促检查

· 依法治志

【《北京市党史和地方志工作规划（2021—2025年）》印发】 1月13日，北京市委办公厅印发《北京市党史和地方志工作规划（2021—2025年）》。该规划围绕首都城市战略定位，立足服务全国文化中心建设，明确主要目标任务。其中，地方志工作的主要任务是：按照中指组统一部署要求，借鉴前两轮修志工作经验做法，科学统筹第三轮修志的篇目规划、组织模式、编修方式、体例内容等，适时启动第三轮规划志书编纂工作。加大对市、区两级综合年鉴指导力度，牢牢把握新时代首都发展新变化新特点，坚持协调推进、均衡发展，实现当年编纂、当年出版的良性循环。进一步加强对部门志书、专业年鉴的业务指导，协调各区推动有条件的乡镇（街道）、社区（村）编纂志书和地情资料，继续参加中国名镇名村志工程。健全质量管理体系，完善审查验收出版制度，切实提升地方志编纂质量。广泛收集、分类梳理北京地区的百种千卷旧志，夯实存史基础，留住北京记忆。围绕历史文化名城保护，写好讲好北京老城的故事；围绕中轴线申遗，写好讲好中轴线的故事；围绕"三个文化带"建设，写好讲好大运河、长城、西山永定河的故事；围绕建筑遗存、胡同肌理、古桥古院等，写好讲好北京风土人情的故事，用涵养历史与现代、传统与时尚、质朴与绚丽兼具的城市文化韵味，进一步擦亮北京历史文化金名片。打造宣传品牌，组织开展主题鲜明、形式多样的"史志宣传月"活动，持续开展地方志"七进"活动；坚守宣传阵地，办好期刊、网站、微信公众号，借助媒体平台发力发声；提升方志馆公共服务能力，打造展示北京地情和历史文化的重要窗口，让丰富厚重的历史文化走向群众。大力培育优秀人才特别是年轻人才，抓紧培养业务骨干，建立健全激励机制，积极改善人才成长环境。发挥北京地方志学会作用，完善地方志专家库，统筹各方资源，凝聚各方力量，使开门修志的路子越走越宽，精品力作越来越多。

（高俊良）

【《上海市地方志事业发展规划纲要（2021—2025年）》印发】 12月31日，上海市志办印发《上海市地方志事业发展规划纲要（2021—2025年）》。该规划纲要分发展基础、指导思想、基本原则、总体目标、主要任务、保障措施6个部分，要求进一步落实市委、市政府关于全力打响"上海文化"品牌战略部署，发挥"存史、育人、资政"功能，按照"创造性转化、创新性发展"要求，体现地方志工作的时代性、创新性和有效性，推进志书编修、年鉴编纂、地方史编写、方志馆建设、地方志理论研究、地方志资源开发、地方志数字化转型、地方志人才队伍建设取得新成绩，推动地方志立法取得新进展，加强和完善地方志编修体系、理论研究和学科建设体系、质量保障体系、资源开发利用体系、工作保障体系"五位一体"的综合体系，力争建设成为党和政府想得起、用得上、靠得住的存史"志库"、育人"知库"和资政"智库"，形成具有时代特征、上海特色和全国影响的地方志事业发展新格局。

（王师师　陈畅）

【《江苏省"十四五"地方志事业发展规划》印发】 9月18日，江苏省政府办公厅印发《江苏省"十四五"地方志事业发展规划》。该规划紧紧围绕"五位一体"总体布局和"四个全面"战略布局，要求抓住建设文化强国的重要机遇，主动担当"争当表率、争做示范、走在前列"重大使命，到2025年，全面建立志鉴编纂工作体系、方志理论研究体系、方志资源开发利用体系、方志人才队伍体系、方志文化传播体系等"五大体系"，实现从方志大省向方志强省跨越，确保江苏地方志工作走在全国前列。该规划立足新时代地方志工作的职责和使命，着力实施志鉴编纂精品工程、方志影响力提升工程、方志服务品牌工程、方志文化协同创新工程、方志工作强基固本工程"五项工程"，以高质量的地方志工作服务省委省政府中心工作、服务经济社会发展大局、服务人民群众文化需求，为谱写"强富美高"新江苏建设的现代化篇章提供有力支撑。该规划要求，各级党委和政府加强对本地区地方志工作的领导和统筹规划，把地方志事业发展纳入当地经济社会发展规划，制定年度工作目标任务；贯彻落实《地方志工作条例》《江苏省地方志工作条例》，提升依法治志意识；各级政府要建立同经济发展相匹配、同地方志工作相适应的经费保障机制；加强目标任务分解落实，组织开展实施情况监测评估，确保主要目标任务顺利实施。 （武文明）

【《南京市"十四五"地方志事业发展规划》印发】 11月24日，江苏省南京市政府办公厅印发《南京市"十四五"地方志事业发展规划》。该规划要求，全市地方志工作要创建品牌，打造精品，争当一流，到2025年，编纂出版一批延续文化脉络、不负时代、传之久远的志、鉴、史精品佳作，保护传承和活化利用一批历史文化精品，不断提升地方志资源研究利用水平和方志文化传播能力，强化地方志理论研究和地方志质量建设，培养一支高素质、专业化的地方志人才队伍；全面建立地方志编纂体系、理论研究体系、资源开发利用体系、方志文化传播体系、人才队伍体系"五位一体"的地方志事业发展综合体系，全市地方志事业高质量发展实现新突破、新跨越，确保南京地方志工作走在全国副省级城市前列。该规划立足新时代地方志工作的职责使命，提出要以高质量的地方志工作服务经济社会发展大局，服务人民群众的文化需求，为南京现代化典范城市建设提供方志支持。该规划还从全面启动新一轮修志工作、全力争创全域精品年鉴地区、协调推进史志编纂工作、深入开展地情资料研究整理工作、不断提高地方志资源开发利用水平、全方位开展方志文化传播工作、着力提升方志馆建设水平、深化地方志理论研究工作、加强地方志质量建设、强化人才队伍建设10个方面，明确"十四五"时期全市地方志工作的发展重点和主要任务。该规划要求各区政府、各有关部门和单位要贯彻落实《地方志工作条例》和《江苏省地方志工作条例》，坚持将地方志工作纳入各区国民经济和社会发展规划、政府工作任务，确保"认识、领导、机构、编制、经费、设施、规划、工作"八到位，创造性地开展地方志工作，确保该规划落到实处。

（武文明）

【《徐州市"十四五"史志事业发展规划（2021—2025年）》印发】 12月29日，江苏省徐州市委办公室、市政府办公室联合印发《徐州市"十四五"史志事业发展规划（2021—2025年）》。该规划以习近平新时代中国特色社会主义思想为指导，深入贯彻习近平总书记视察江苏、视察徐州重要讲话精神和对党史、地方志工作的重要论述精神，紧紧围绕市委、市政府中心工作大局，坚持"为党立言、为国存史、为民修志"，突出以史鉴今、资政育人的根本任务，擘画未来五年甚至更长时期徐州史志事业发展蓝图，对徐州史志事业奋进新征程、建功新时代具有重要的指导意义和引领作用。该规划提出，"十四五"时期徐州史志事业发展主要目标是不断提升史志理论研究和史志质量建设水平，编纂出版一批延续文化脉络、不负时代、传之久远的史、志、鉴精品佳作，保护传承和活化利用一批历史文化精品，培养一支高素质、专业化史志人才队伍，全面建立史志编纂、史志理论研究、史志资料开发利用、史志文化传播、史志人才队伍五大体系，实现全市史志事业全面协调、高质量发展。该规划以坚持党的领导、坚持正确方向、坚持守正创新、坚持经世致用为基本原则，从推进史志编修、深化史志研究、传播史志文化、夯实发展基础4个方面提出14项主要任务举措。该规划从强化组织领导、落实经费保障、完善激励措施等方面提出保障性措施，为推动徐州史志事业高质量发展筑根稳基、保驾护航。　　（武文明）

【《苏州市地方志工作规划（2021—2025年）》印发】　12月13日，江苏省苏州市政府办公室印发《苏州市地方志工作规划（2021—2025年）》。该规划坚持以习近平新时代中国特色社会主义思想为指导，坚持依法治志、创新发展、修志为用和修用并举的原则，聚焦修志编鉴主责主业，服务中心大局，积极发挥地方志存史、育人、资政功能，明确包括编修精品志书年鉴、融入中心修志为用、坚持志鉴为民、强化人才建设4项主要任务。该规划要求认真落实"把地方志工作纳入国民经济和社会发展规划、各级政府工作任务之中，做到认识到位、领导到位、机构到位、编制到位、经费到位、设施到位、规划到位、工作到位"总体要求，加强对本地区地方志工作的领导和统筹规划，进一步构建党的统一领导、地方志工作机构组织实施、有关部门密切配合、社会力量积极参与的工作格局。　　（武文明）

【《扬州市地方志事业发展"十四五"规划》印发】　9月22日，江苏省扬州市志办、市发展和改革委员会联合印发《扬州市地方志事业发展"十四五"规划》。该规划分为序言、发展基础和面临形势、指导思想和总体目标、主要任务、保障措施5个部分。序言部分主要阐明规划制定的依据、目的和意义。发展基础和面临形势部分主要总结"十三五"以来全市地方志工作取得的新成效、新突破，并分析"十四五"时期地方志事业将面临的机遇和挑战。指导思想和总体目标部分明确规划制定的指导思想、战略方向及奋斗目标。主要任务部分从三轮修志、年鉴编纂、乡镇志和部门专业志编纂、方志馆建设、资料建设、信息化建设、资源开发利用、理论研究和学术交流、人才队伍建设9个方面，详细制定全市"十四五"时期地方志事业的发展路径。保障措施部分主要详细提出法治、体制机制、制度、经费、激励等5个方面的保障举措。　　（武文明）

【《宿迁市"十四五"地方志事业发展规划》印发】　11月4日，江苏省宿迁市政府办公室印发《宿迁市"十四五"地方志事业发展规划》。该规划明确编纂专题特色志鉴、加强地方志文献研究、推进名镇名村志编纂、编纂《宿迁纪事》、加快市方志馆建设、创建史志馆联盟6项重点工作。该规划提出，要率先在全省探索，以市方志馆为龙头，整合县（区）方志馆、镇村地情馆、特色展览馆、红色教育基地、厂史馆、校史馆等场馆资源，组建"宿迁史志馆联盟"。　　（武文明）

【安徽省《2021—2025年人才培养规划》印发】　11月9日，安徽省委党史研究院（省地方志研究院）印发《2021—2025年人才培养规划》。该规划分指导思想、主要目标、实施措施、组织领导4个部分。其中，人才培养的主要目标为：理论武装更加深入，党性意识更加强化，队伍结构更加优化，专业能力更加扎实，教育培训更加有效，履行职能更加高效。人才培养的实施措施为：坚持把学习贯彻习近平新时代中国特色社会主义思想摆在干部教育培训、人才培养工作首要位置；树立鲜明用人导向，激励干部担当作为；探索完善考评机制，激发干部创业动力；优化教育培训提升，增强干部履职本领；完善关心关爱机制，努力帮助解决实际困难；凝聚干事创业合力，构建融合发展格局。　　（苏爱梅）

【福建省《关于支持特色志书编纂出版经费的暂行规定（试行）》印发】 7月，福建省委党史研究和地方志编纂办公室印发《关于支持特色志书编纂出版经费的暂行规定（试行）》，进一步支持、推动全省特色志书和地情文献编纂出版，充分发挥地方志服务经济社会发展、弘扬优秀传统文化的独特作用。

（福建省委党史研究和地方志编纂办公室）

【《〈河南抗日战争志·人物篇〉编写规定》印发】 2月23日，河南省史志办印发《〈河南抗日战争志·人物篇〉编写规定》。该规定明确，《河南抗日战争志·人物篇》收录原则是1931至1945年抗日战争中在河南活动并对河南抗战有重大影响的人物；不在河南活动，但对中国抗日战争有重大影响的河南籍抗战人物。规定收录范围及标准里，传略主要记录对抗战有重大影响的人物，包括中共中央中原局主要负责人，中共河南省委（工委、特委、临时省委）、区党委主要负责人，抗日根据地地级以上主要负责人、创始人，中国共产党领导的八路军旅级、新四军师级以上将领；第一战区、第五战区司令长官，副司令长官，集团军总司令；民政部公布的在全国有影响的著名抗日烈士；其他在文化、教育、经济、社会等方面有重要影响的抗战人物。简介主要收录对抗战有较大影响的人物，包括中共中央中原局领导（委员以上），中共河南省委（工委、特委、临时省委）领导，中国共产党领导的八路军团级、新四军旅级以上将领；国民党军长以上人物，河南省政府主席；民政部公布的著名抗日英烈；其他在文化、教育、经济、社会等方面有较大影响的抗战人物。人物表主要收录除列入传略、简介外，对抗战有所贡献、被收录到《河南省志》和各市县志中的人物；日军侵豫主要人物和投日分子。 （张凯）

【《〈河南抗日战争志〉志稿送审规定》印发】 2月23日，河南省史志办印发《〈河南抗日战争志〉志稿送审规定》。该规定明确，各位编写人员所承担的志稿通过评审会评审以后，必须充分吸收各方面的合理意见，反复进行修改、核实、补充和完善，使志稿在观点、史实、体例、文风等方面符合《〈中国抗日战争志〉行文规范（试行）》和评稿会精神，达到"齐、清、定"要求后才能送审。该规定进一步完善《河南抗日战争志》编纂程序，对志稿的"齐、清、定"进行具体要求，确保纂审定稿工作顺利进行。 （张凯）

【湖南省制（修）订31项制度（方案）】 年内，湖南省地方志编纂院制（修）订31项制度（方案）。其中，方志人才队伍建设方面1个，为《湖南省方志人才队伍建设三年行动计划》；志鉴编纂方面5个，分别为《湖南省志鉴精品工程实施方案》《〈湖南历代方志集成〉项目建设计划》《〈湖南省志（综合本）〉项目建设计划》《湖南省地方志编纂院兼职编纂人员报酬管理办法（试行）》《湖南省地方志作品编纂出版三审三校制度（试行）》。 （张睿）

【广东省制定《广东省方志馆建设办法（试行）》等】 年内，广东省志办出台《广东省方志馆建设办法（试行）》，规定各地因地制宜高质量建设方志馆；制定《广东省省情专家服务办法》，完善增补、服务工作机制，鼓励社会力量参与地方志工作；印发《关于建立和完善地方综合年鉴供稿评价制度的通知》，推广广东年鉴供稿评价制度经验。同时，做好地方志法规制度宣传，省志办主要负责人作"全面推进依法治志 奋力开创广东省地方志事业高质量发展新局面"网络访谈，制作《广东省地方志工作条例》宣传条漫。依法做好行政审批和政务服务工作，做好政务公开、信用双公示、网民留言答复；依法治志工作推进情况作为基层调研重要内容、必备内容，督促指导地方政府、辖区地方志工作机构、有关部门单位切实履行依法治志法定职责，落实地方志工作任务。 （广东省志办）

【《海南省史志事业发展规划（2021—2025年）》印发】 6月24日，海南省委办公厅、省政府办公厅印发《海南省史志事业发展规划（2021—2025年）》。该规划强调，要把开展好习近平新时代中国特色社会主义思想在海南的实践研究作为重要任务，围绕省委、省政府重大决策部署，跟进研究好海南自贸港建设的重大问题；要继续巩固夯实史志编研主业，奋力实现海南地方党史基本著作编撰的与时俱进，做好第三轮三级志书编修相关准备；要以海南名镇名村志文化工程为抓手，大力推进特色志鉴、行业志鉴编纂，探索"两全目标"时代的地方志转型升级之路；要着眼海南自贸港建设这一"国之大者"，深挖红色资源宝库，着力阐释好琼崖革命精神、农垦精神、特区精神的时代价值，开展"扶贫攻坚""乡村振兴""生态文明建设"等专题研究，服务好自贸港建设；要继续夯实存史基础，强化跟进意识，记录好自贸港建设的生动实践和新鲜经验；要推动史志资料年报工作化风成俗，抓好口述史料征集，确保史志事业"源头活水"；要围绕重要时间节点，做好党史重大事件、重要人物纪念活动，传承和弘扬好党的优良传统；要提升宣介能力，推出更多有思想、有温度、有品质的成果，讲好中国共产党故事、新时代中国特色社会主义故事，讲好海南故事、海南自贸港故事；要继续将史志制度化、规范化、信息化放在重要位置，着力加强史志干部队伍建设，为史志事业持续健康发展提供坚强人才保障。　　　　　　　　　　（王凌云）

【《海南省地方综合年鉴编纂出版实施细则（修订版）》印发】 7月20日，海南省委党史研究室（省志办）为进一步提高全省地方综合年鉴编纂出版规范化、专业化水平，根据中指组《地方综合年鉴编纂出版规定》《关于地方综合年鉴编纂出版若干问题的补充规定》及其他相关法律法规和政策，印发《海南省地方综合年鉴编纂出版实施细则（修订版）》。修改后的实施细则坚持解放思想、实事求是、与时俱进的思想路线，既保持条款规定的连续性、稳定性，又根据新情况完善符合新时代要求的新规定。经过修改，实施细则总章数不变，在修改完善部分条目的内容的基础上，新增加了8条内容，总条数由原来的101条增加到109条。　　　　　　　　　　（张东安）

【《重庆市地方综合年鉴编纂出版细则（2021年修订版）》印发】 1月，根据国务院《地方志工作条例》和中指组《地方综合年鉴编纂出版规定》《关于地方综合年鉴编纂出版若干问题的补充规定》，重庆市志办印发《重庆市地方综合年鉴编纂出版细则（2021年修订版）》。细则指出，地方综合年鉴是指由重庆市和重庆市各区县政府地方志工作机构组织编纂，系统记述本行政区域自然、政治、经济、文化、社会、生态文明等方面情况的年度资料性文献。年鉴编纂应做到观点正确，框架科学，资料翔实，内容全面，记述准确，编辑出版符合国家相关标准。年鉴编纂出版要严格遵守国家关于保密、著作权、出版、广告等方面的法律、法规或规章，遵守党和国家关于民族、宗教、军事、科技和对外关系等方面的法规或政策，维护国家利益、民族团结和社会稳定。细则出台有利于重庆市地方综合年鉴在框架、资料、内容和体裁、编写规范、出版等方面提高质量，发挥地方综合年鉴在促进地方经济社会发展中的作用，为重庆市行业年鉴、部门年鉴、专业年鉴、乡镇（街道）年鉴等其他年鉴提供参照标准。　　　　　　　　（张莉）

【《重庆市志办珍贵方志文献征集和管理制度》印发】 4月，重庆市志办印发《重庆市志办珍贵方志文献征集和管理制度》，制度对珍贵方志文献的征集、登记、鉴定、保管及使用进行规范。该制度规定，文献收集应当搜集原始资料，认真做好科学记录，包括文献的完整名称、时代、版本、编纂主体、价格、来源等信息。将征集到的珍贵方志文献连同有关信息资料一并交与信息处，信息处负责登记。市志工作处根据展陈需要和藏品定级标准对信息处登记的文献进行鉴定。市志工作处对珍贵方志文献负有严格管理、科学保护、公开展出和提供使用（对社会主要是提供藏品资料、研究成果）的责任。保管工作必须做到：账目清楚、鉴定确切、编目详明、保管妥善、查用方便。珍贵方志文献主要保存在珍贵古旧志书和地情资料收藏室樟木柜、地情展示室玻璃展柜。室内及其附近应保持整洁，禁止存放易燃易爆物品、腐蚀性物品及其他有碍文献安全的物品，并严禁烟火，人走灯灭。制度印发有利于加强珍贵方志文献的保护管理，确保珍贵方志文献的安全，发挥珍贵方志文献的作用。

（张莉）

【《重庆市地方志工作办法》制订】 5月，重庆市志办研究起草《重庆市地方志工作办法》，并向市司法局报送《〈重庆市地方志工作办法〉立项报告》《〈重庆市地方志工作办法〉制定立法调研报告》。办法提出，地方志工作坚持以马克思列宁主义、毛泽东思想、邓小平理论、"三个代表"重要思想、科学发展观、习近平新时代中国特色社会主义思想为指导，坚持党委领导、政府主持、地方志工作机构组织实施、社会广泛参与的工作体制。地方志工作是"守土者之责"，县级以上党委、政府应加强对本行政区域地方志工作的领导，将地方志工作纳入国民经济和社会发展规划、地方各级政府工作任务，健全地方志工作机构。县级以上党委、政府应成立地方志编纂委员会，统筹推进本行政区域内地方志工作，依法履行职责。市志办将根据各单位意见进一步修改完善后报市政府审定印发。

（张莉）

【《〈重庆历代优秀方志〉点校通例》印发】 12月，重庆市志办印发《〈重庆历代优秀方志〉点校通例》，确保《重庆历代优秀方志点校》稿的质量。点校通例指出，旧志整理点校坚持以马克思列宁主义、毛泽东思想、邓小平理论、"三个代表"重要思想、科学发展观、习近平新时代中国特色社会主义思想为指导，坚持辩证唯物主义和历史唯物主义的立场、观点、方法，坚持忠实原文、去伪存真、古为今用的原则，形成高质量的点校文本，服务读者读志用志，更好地发挥方志存史、育人、资政的重要功能作用。点校通例强调，原书所用繁体字改为简体字；严格按照古汉语语法断句；原书附图，均依原图影印或重绘；要按中等以上文化程度的人能够阅读理解的要求，对原书中的历史纪年、历史人物、历史典故、古地名、职官、计量单位、生僻字、方言词语等作注释。注释采用规范的现代语体文，力求简洁明了，不作烦琐考证。

（张莉）

【重庆市南川区政府办公室印发《关于大力促进新时代地方志事业发展的意见》】 年内，重庆市南川区政府办公室印发《关于大力促进新时代地方志事业发展的意见》，面向辖区各乡镇政府、街道办事处，区政府各部门，以及有关单位公开发布，在全区形成认识地方志、学习地方志、运用地方志、支持地方志的良好氛围，促进新时代地方志事业发展，服务全区经济社会发展。

（马必波）

【彭水县《关于大力促进新时代地方志事业发展的实施意见》印发】 2月，重庆市彭水苗族土家族自治县政府办公室印发《关于大力促进新时代地方志事业发展的实施意见》。该意见提出，要适时启动全县第三轮县志编修工作，支持县级部门、乡镇（街）、企事业单位编修部门志、乡镇志、行业志，加强《彭水年鉴》编纂，加快推进基础设施建设，加强地方志信息化建设，不断拓展地方志工作领域，提升地方志成果开发利用水平等主要任务，进一步加强工作机制完善、经费保障、队伍建设、责任落实、舆论宣传等组织保障措施。

（陈坤）

【《四川省"十四五"地方志事业发展规划》制订】 6月，四川省志办分市（州）和省直部门（单位）两个层面召开专题研讨座谈会，组织12个市（州）地方志工作机构主要负责人和省委编办、省发展改革委、省教育厅、省民族宗教委、省司法厅、省财政厅、省交通运输厅、省文化和旅游厅、省乡村振兴局、中石油西南油气田分公司10个单位，对《四川省"十四五"地方志事业发展规划》讨论稿逐条进行讨论研究。8月，四川省志办分别向市（州）地方志部门、省直部门（有关单位）印发征求意见的函，征集到8个市（州）共35条建议（其中采纳19条），4个部门共4条建议（其中采纳3条），再次对规划稿进行修改完善。

（刘艳平）

【《云南省地方志工作条例》纳入立法计划】 年内，《云南省地方志工作条例（草案）》呈报省政府审议有关事项，立法工作纳入2021年省政府立法计划。

（云南省志办）

【《西藏自治区乡镇村志系列丛书编纂实施方案》印发】 1月26日，西藏自治区志办印发《西藏自治区乡镇村志系列丛书编纂实施方案》。该方案明确西藏乡镇村志系列丛书编纂出版工作的指导思想、目的意义、编纂范围、编纂要求、编纂审查出版、组织领导、经费保障和实施步骤，为西藏乡镇村志编纂提供参考依据。

（赵文成）

【《新疆维吾尔自治区地方志事业"十四五"发展规划》印发】 12月16日，新疆维吾尔自治区政府办公厅印发《新疆维吾尔自治区地方志事业"十四五"发展规划》。该规划分4个部分，第一部分发展环境，对"十三五"期间全疆地方志工作进行全面回顾，分析存在的问题和面临的形势；第二部分总体要求，明确指导思想、基本原则和发展目标；第三部分主要任务，从推进志书、年鉴编纂工作，深化地方志资源开发利用，提升地方志服务社会能力，加强地方志理论研究与合作交流，强化地方志发展基础5个方面16个分项明确今后五年全疆地方志事业的发展任务；第四部分保障措施，从组织保障、法规保障、经费保障、宣传保障、监督保障5个方面对做好地方志工作提出体制机制要求。该规划擘画"十四五"时期新疆地方志事业发展的蓝图，是自治区党委、政府贯彻落实依法治志要求的重要体现。

（杨柳）

【《新疆生产建设兵团"十四五"史志事业发展规划》印发】 12月28日，新疆生产建设兵团党委办公厅、兵团办公厅印发《新疆生产建设兵团"十四五"史志事业发展规划》。该规划设4章，第一章发展基础和环境；第二章总体要求；第三章主要任务，从6个方面确定19项具体任务；第四章保障措施，从组织保障、经费保障、人才保障、制度保障、监督保障5个方面提出工作保障要求。

（王兴鹏）

【《兵团团场志书出版资助工程专项资金管理办法》印发】 6月16日，新疆生产建设兵团财政局、兵团志办印发《兵团团场志书出版资助工程专项资金管理办法》。办法共13条，从实施期限、分配方法、使用范围、拨付流程、专项资金管理、绩效管理等方面规范和加强兵团团场志书出版资助工程专项资金管理，保障资金安全，提高资金使用效益。

（王兴鹏）

【《新疆生产建设兵团综合年鉴管理办法（试行）》等印发】 10月14日，新疆生产建设兵团志办印发《新疆生产建设兵团综合年鉴管理办法（试行）》《新疆生产建设兵团综合年鉴审查验收办法（试行）》《新疆生产建设兵团综合年鉴编纂质量审查标准（试行）》3个管理办法，加强对年鉴编纂全流程管理。

（王兴鹏）

·督促检查

【北京市检查区级综合年鉴编纂情况】 9月，北京市委党史研究室、市志办到部分区检查区级综合年鉴编纂进展情况，进行座谈交流，督促区级综合年鉴实现当年编纂、当年出版任务，提升区级综合年鉴编纂质量，突出区域特色和年度特点，加大对区域内专业年鉴指导力度,要求各区在确保2021年卷编纂、出版进度的同时,进一步树立精品意识,同时积极扩大年鉴编纂范围的覆盖面,引导有条件的单位和部门编修年鉴。截至年底,北京市市、区两级17部综合年鉴全部公开出版,连续两年完成一年一鉴、当年编纂、当年公开出版的目标任务。

（赵文才）

【天津市调研全市"十三五"地方志规划落实情况】 10月至12月,天津市档案馆(市志办)按照中指办部署,由馆党委书记、馆长阎峰,副馆长吴爱民、于全太,二级巡视员于学蕴、宋志艳分别带领检查组,到全市15个区以及天津经济技术开发区、市地震局、市教委等10余家单位开展全市地方志系统"十三五"期间工作完成情况调研,听取各单位开展"一纳入、八到位"、法治建设、"两全目标"、地方志质量体系建设、信息化建设、地方志资源开发利用等工作的情况汇报和意见建议,考察各区档案馆库房、馆藏以及在建工程,参观东丽区烈士展、滨海新区家谱展等各区档案馆开办的特色展,并对全市地方志事业发展"十四五"规划进行部署。 （张岩）

【内蒙古调研全区地方志工作】 6月至10月,内蒙古自治区地方志研究室主要领导带队到阿拉善盟、乌海市、巴彦淖尔市、鄂尔多斯市、包头市、呼和浩特市、锡林郭勒盟及所属部分旗县(市、区)开展地方志工作调研,听取地方志工作汇报,根据存在的问题部署下一步工作任务,协调当地政府给予地方志事业重视与支持。通过座谈交流、实地走访、考察当地档案史志馆、方志馆(库)、资料室等,全面了解掌握盟市、旗县(市、区)机构改革后工作运行情况与党史学习教育开展情况,全面推进全区地方志工作进程。 （董丽娜）

【黑龙江省委史志研究室领导到大庆市调研史志工作】 5月30日至31日,黑龙江省委史志研究室主任何伟志等到大庆市就史志工作、党史学习教育进行调研。调研期间,参观考察中共大庆历史陈列馆(工业学大庆遗址)等红色资源场馆,听取大庆市委史志研究室主任董善礼的工作汇报。对党史学习教育中办好实事、发掘红色资源、助力全市党史学习教育、发挥史志部门专业优势、做好口述史视频资料录制和整理工作等方面有针对性地提出指导意见,协调解决史志工作中遇到的具体实际问题。

（朱丹 杜胜男）

【黑龙江省委史志研究室领导到牡丹江市调研史志工作】 6月7日至8日,黑龙江省委史志研究室主任何伟志到牡丹江市就史志工作、党史学习教育进行调研。调研期间,先后参观考察杨子荣烈士纪念馆、中东铁路机车库纪念馆、人民空军摇篮纪念馆、杨子荣事迹馆和牡丹江老照片城市记忆馆,并对进一步用好牡丹江红色资源、加强东北抗联遗存保护、加强红色场馆建设给予现场指导。在牡丹江市召开史志工作与党史学习教育座谈会,听取牡丹江市委史志研究室、海林市委史志研究室情况汇报。何伟志强调,要进一步发挥史志部门在党史学习教育中的作用,要勇于担当,不推不靠,在纪念党的百年华诞和党史学习教育中有所作为;要善于统筹,发挥优势,最大限度地释放党史、地方志和档案资源整合后的整体潜能;要勤于研究,用好人才,让史志干部成为讲好红色故事、传承红色基因的行家里手;要精于谋划,想事干事,为同级党委、政府统筹史志工作全局当好智囊和参谋。

（朱丹 杜胜男）

【黑龙江省委史志研究室一行到部分市(地)、县(市、区)开展地方志工作调研】 7月26日至31日,黑龙江省委史志研究室主任何伟志、副主任章磊等组成调研组先后到抚远市、同江市、双鸭山市、佳木斯市对特色志书编纂、持续巩固"年鉴全覆盖"成果等地方志工作开展情况进行调研,并就当地地方志工作开展情况,尤其是市县两级地方综合年鉴编纂情况进行督促和指导,提出有针对性、指导性的建议。佳木斯市委史志研究室主任邢忠辉、双鸭山市委史志研究室主任李军及佳木斯市、双鸭山市有关县区领导和史志部门负责人陪同参加调研活动并进行工作汇报。　　　（朱丹　杜胜男）

【盐城市专项督查镇村志编纂情况】　3月30日，江苏省盐城市委办公室、市政府办公室印发《2021年盐城市市级督查检查考核计划》，将全市镇村志编纂情况督查纳入专项督查事项。市志办会同市政府办督查室组成联合调研督查组，对全市9个县（市、区）的镇村志编纂情况进行专项督查。督查组通过实地走访镇村、召开座谈会、听取汇报、查阅台账资料等方式，重点围绕是否印发文件、制定配套政策，是否成立领导小组、建立考核督查机制，是否确定业务指导员，是否落实工作经费、搭建编纂班子，是否配套办公场地及设备等方面展开督查并进行考核打分，紧盯资料收集、志稿编纂的相关进度，针对发现的问题进行反馈并要求整改落实。督查组对各县（市、区）镇村志编纂工作提出具体要求。加强组织领导，严格依法修志。要加大对《地方志工作条例》《江苏省地方志工作条例》的宣传力度，确保"一纳入、八到位"，一是要盘活人才资源，锻造修志队伍。要精选优选主编，加强撰稿审稿力量，完善修志队伍年龄结构，吸纳年轻人员参与镇村志编修工作，提升修志效率。二是要着眼目标任务，细化实施流程。发挥以点带面、示范引领作用。修志基础好、人手力量足、编纂热情高的地区要先行先试，成熟一部、推出一部。三是要加强业务指导，县（市、区）业务指导要做到"先行一步、学深一步、跟进一步"。先行一步，要求在领导小组、编纂班子搭建，政策保障，志书编纂，审稿验收方面都能发挥争先创优的精神；学深一步，要求加强业务学习，提升撰稿、审稿水平；跟进一步，要求加强督导检查，及时跟踪进度，确保编纂工作落到实处。
　　　（武文明）

【福建省调研厦门地方志工作】　3月17日，为深入开展"再学习、再调研、再落实"主题调研活动，中共福建省委党史研究和地方志编纂办公室副主任林浩等到厦门市调研，考察厦门市红色纪念场馆保护利用工作。中共厦门市委党史和地方志研究室副主任李志宏陪同调研。调研组实地察看英雄三岛纪念馆、深田图强文史展厅、深田图强政治生活馆、英雄小八路纪念馆、中国少年先锋队队歌纪念馆，了解红色纪念场馆的保护利用情况。林浩对厦门市在党史学习教育中注重用好用活当地红色资源、丰富党史学习教育载体给予积极评价。他指出，厦门市有着丰富的红色资源，要更加细致地挖掘红色文化资源，更好地保护和利用红色资源，大力发展红色文化旅游，用红色文化启迪世人、教育后代。他强调，党史方志部门应结合党史学习教育活动和纪念建党百年活动，主动作为，积极发挥职能优势，在推进党史教育和提高党史方志部门工作水平上彰显担当。
　（福建省委党史研究和地方志编纂办公室）

【福建省调研泉州地方志工作】　3月25日至26日，中共福建省委党史研究和地方志编纂办公室副主任曹宛红率市县志指导处、省方志馆有关人员到泉州开展方志馆建设工作专题调研。曹宛红充分肯定泉州市在方志馆建设方面的工作思路和有益尝试，指出方志馆作为传承历史文化、宣传省情地情、培育家国情怀的公共文化服务设施，有广阔的发展舞台，是新时代党史方志工作服务社会的重要平台和窗口。泉州党史方志部门要进一步增强使命感，利用好当地社会资源优势，发扬"敢闯会创"的精神，积极探索方志馆建设工作新路径，更好满足人民群众精神文化需求。
　（福建省委党史研究和地方志编纂办公室）

【江西省与各设区市地方志工作机构签订工作承诺书】　2月，江西省地方志研究院与11个设区市地方志工作机构签订《2021年年鉴工作承诺书》，明确对不能完成承诺任务的单位进行全省通报，并取消下一年度全省年鉴质量评比评优资格。
　　　　　　　　　　　（潘舒）

【江西省实行年鉴月报制度】 年内，江西省地方志研究院实行"两全目标"完成进度月报制度，各设区市地方志工作机构于每月月底前上报本市市县两级综合年鉴2021年卷的完成进度，省地方志研究院负责统计并形成文件向全省通报。 （潘舒）

【山东省地方史志研究院领导到临沂市调研史志工作】 5月29日至31日，山东省委党史研究院（省地方史志研究院）院长赵国卿等3人到临沂，就深入贯彻全省党史研究院（地方史志研究院）院长会议精神，进一步服务好庆祝建党100周年和党史学习教育进行调研。临沂市委党史研究院（市地方史志研究院）院长杜以坚等陪同调研。赵国卿出席《罗庄区志（1995—2013）》首发仪式。他指出，《罗庄区志（1995—2013）》出版，不仅是罗庄区史志工作的一件大事、喜事，也是全省第二轮修志工作的一项重要成果，具有良好的存史教化、资政辅治作用。下一步，要努力营造重视地方志、利用地方志的良好氛围，进一步抓好志鉴编修、读志用志等各项工作，让优秀志书成果走进千家万户，为建设富强精美新罗庄发挥积极作用。调研期间，调研组听取有关建党100周年和党史学习教育情况的汇报，实地察看有关工作进展情况，并给予现场指导。调研组还实地调研临沭县曹庄镇朱村红色纪念园，中共鲁南第一支部旧址、郯城革命斗争史纪念馆等地。 （杜泉）

【山东省地方史志研究院领导到菏泽市方志馆调研】 12月3日，山东省委党史研究院（省地方史志研究院）院长赵国卿一行到菏泽市方志馆调研，菏泽市委党史研究院（市地方史志研究院）院长田文建陪同调研。赵国卿一行参观"红色传承 筑梦之路——菏泽市庆祝中国共产党成立100周年图片展"、志鉴书籍室、期刊阅览室、古籍珍本室，听取田文建关于菏泽市委党史研究院近年来工作及菏泽市方志馆运行情况的汇报，对菏泽市党史史志工作给予充分肯定，并对方志馆运行提出指导意见。 （杜泉）

【湖北省开展地方志工作调研督办】 2021年，湖北省持续巩固地方志"两全目标"成果，开展地方志工作调研督办，推进全省地方志事业转型升级。省文化和旅游厅每季度开展"两全目标"进展情况统计，督促各地落实工作任务，分别于4月和10月对全省地方综合年鉴编纂工作情况进行通报，要求全省各级地方志工作机构加强地方综合年鉴2021年卷编纂工作的统一领导，落实工作责任，细化时间安排，确保编纂工作顺利推进，加大对地方志工作的督查力度，查找存在的问题并提出整改意见和建议，督促整改落实到位。厅领导多次带队开展地方志工作调研督办，督促各地提高认识，加强举措，推进地方志事业提档升级。各市（州）加大对所辖县（市、区）的督导力度，多个县（市、区）将地方志工作纳入党委政府工作督导，各地党委政府领导多次开展地方志工作调研。 （湖北省文化和旅游厅地方志工作处）

【湖南省督促"一年一鉴、公开出版"工作常态化】 年内，湖南省地方志编纂院聚焦"一年一鉴、公开出版"工作，按照"每月一促进、季度一统计、半年一通报"的原则，督促全省14个市州、122个县（市、区）地方志工作机构按时报送年鉴公开出版情况，综合研判市县年鉴出版进程。印发《关于2020年第四季度湖南省省市县三级地方综合年鉴2020卷编纂出版进度的通报》《关于2021年全省三级地方综合年鉴2021卷编纂出版进度的通报》，对表现突出的市（州）、县（市、区）给予肯定，对于工作进展缓慢或停顿不前的发督办函进行跟进督促，确保巩固"一年一鉴，公开出版"工作成果。截至年底，省市县三级综合年鉴2020年卷实现公开出版率100%，2021年卷实现移交出版率100%。 （王明成）

【广东省志办开展地方志工作督查调研】 年内，广东省志办针对全省地方志工作存在的不平衡、不充分发展的客观实际，高度重视全省地方志工作的全面推进和充分发展，按照《广东省志办领导联系地方工作制度》，先后组织到国家海洋局南海信息中心以及清远、茂名、河源、东莞、兴宁、佛山、广州、珠海、揭阳、肇庆等地开展调研。调研采取听取汇报、召开座谈会、实地调研查看等方式，主要围绕贯彻落实《广东省地方志工作条例》和《关于进一步加强新时代地方志工作的通知》等，重点督促检查自然村落历史人文普查成果《全粤村情》编纂出版、综合年鉴"一年一鉴，公开出版"、资源开发利用工作、数字化工作推进等情况，进行具体工作调研和业务指导。

（广东省志办）

【广西壮族自治区志办调研督导各市县地方志工作】 4月至10月，广西壮族自治区志办调研组到14个设区市及相关重点县开展《广西海外华侨华人志》编纂工作调研并收集相关史料。调研组先后到北海市、合浦县、容县、梧州市、岑溪市、柳州市、融水苗族自治县、玉林市、北流市、贺州市、贵港市、钦州市、来宾市、金秀瑶族自治县、桂林市、防城港市、东兴市、崇左市、宁明县、龙州县、南宁市、上林县、河池市、百色市、右江区25个市、县（市、区）开展实地调研。调研主要采用召开座谈会、实地考察等方式，除到相关市、县侨办、侨联实地调研外，调研组还深入博物馆、华侨农场、社区及相关企业等走访调研10次，先后召开座谈会41次。9月至12月，自治区志办调研组到红七军整编之初到整编后北上所经过的崇左、百色、河池、柳州、桂林、贺州等相关市、县（区）开展专题调研并收集相关史料。调研组先后深入龙州县、河池市、金城江区、河池镇、宜州区、怀远镇、罗城仫佬族自治县、四把镇、融水苗族自治县、三防镇、融安县、三江侗族自治县、梅林乡、福禄乡、全州县、龙水镇、全州镇、大西江镇、贺州市、桂岭镇、开山镇等红七军所经过的21个市、县（区）、乡镇开展实地调研。调研组采取召开座谈会、实地考察等方式，除与相关县区志办、党史办座谈外，还深入到红七军途经乡镇的驻扎地、战斗遗址及红七军驻扎的农户家中走访，先后召开座谈会25次，实地考察32处，走访农户11户，共收集到近140万字资料，并汇编成册。

（谢达春）

【贵州省志办到贵阳市开展立法调研】 9月14日，贵州省志办立法调研组到贵阳市志办就《贵州省地方志工作条例（草案）》开展立法调研工作，与贵阳市志办进行座谈。贵阳市志办介绍贵阳市依法治志有关情况，并围绕明确部门志、乡（镇）志编纂主体，方志馆建设，建立地方志从业人员奖惩机制等方面的具体事项，提出有建设性和可行性的意见和建议。

（吕勇）

【西藏自治区志办督导调研市县地方志工作】 12月3日至16日，西藏自治区志办副主任王会世率自治区地方志工作督导组，到日喀则、阿里、那曲三地市及所属仲巴、改则、尼玛、双湖等10县，采取查阅文件资料、听取工作汇报、实地调研座谈等方式，督导地方志工作开展情况，指导启动乡镇村志编纂工作，现场反馈志书审查意见。针对日喀则等市县地方志工作总体进度较其他市县相对滞后，存在重视程度有待提高、人才短缺问题依然突出、志书编纂基础较差、资料收集难度大、志鉴出版工作进展迟缓等问题，督导组要求日喀则等市县一定要提高政治站位，增强做好地方志工作的责任感、使命感和紧迫感，利用好培训和自身学习等方式提高志鉴编修人员的业务素质，做好人才队伍建设工作，因地制宜建立起地方志资料报送制度，做好资料数据库建设，积极与出版单位联系对接，加快推进志鉴出版进度。

（邹廷波）

【兵团志办开展第二轮师团级志书和综合年鉴全覆盖完成情况季通报】 年内，新疆生产建设兵团志办为推进兵团第二轮师团级志书和综合年鉴全覆盖工作，及时掌握编纂出版进度，每季度末对第二轮师团级志书和师市综合年鉴进展情况进行汇总，以兵团志办文件的形式一季度一通报，通报编纂出版总体情况及各师市进展情况，指出工作存在的不足，并提出工作要求，年内通报4次。

（王兴鹏）

工作会议

· 地方志工作会议

【北京市党史和地方志办主任会议】 4月23日，北京市党史和地方志办主任会议召开。市委常委、组织部部长、市人大常委会副主任魏小东出席会议并讲话。会议学习贯彻习近平总书记关于党史地方志工作重要论述精神，贯彻落实全国党史和文献部门主要负责人会议、全国地方志机构主任工作会议和市委常委会关于党史地方志工作指示精神，回顾总结2020年全市党史和地方志工作开展情况，部署推进2021年重点工作。魏小东强调，习近平总书记关于党史地方志工作的重要论述，为我们做好党史地方志工作指明方向、提供根本遵循，要深入学习贯彻，认真领会落实，牢固树立正确党史观，切实增强使命担当；要围绕服务中心大局，充分发挥以史鉴今、资政育人作用，全力服务好中国共产党成立100周年庆祝活动，带头开展好党史学习教育，助力全国文化中心建设；要着力推动北京党史地方志事业高质量发展，聚焦重点深化史志研究，精准发力加强成果转化，统筹资源提升素质能力，以优异成绩庆祝中国共产党成立100周年。 （史晔）

【北京市《退役军人工作政策制定改革方案》涉志内容座谈会】 8月20日，北京市退役军人事务局与北京市委党史研究室、市志办就落实《退役军人工作政策制定改革方案》中涉及地方志的相关内容召开座谈会。市退役军人事务局介绍退役军人工作有关情况，市委党史研究室、市志办副主任赵鹏介绍调研目的及全市党史地方志工作有关情况。双方就退役军人载入地方志事宜进行交流并形成共识。双方一致认为，为更好地营造全社会尊崇军人职业的良好氛围，激励军人为国防和军队建设作出更大贡献，充分发挥退役军人在社会主义现代化国家建设中的重要作用，利用地方志这一载体来记述退役军人的特殊贡献，有着非常重大的政治意义。 （王鹏）

【2021年天津市档案方志工作会议】 3月31日，2021年天津市档案方志工作会议召开。市档案馆馆长阎峰、副馆长吴爱民分别总结2020年全市档案、地方志工作，对2021年重点工作作出部署。市委副秘书长、市委办公厅副主任李晶出席会议并讲话。李晶指出，要提高政治站位，把牢档案方志工作的政治方向；要完善体制机制，切实提升档案方志工作的效能；要围绕中心服务大局，发挥档案方志工作的时代担当；要从严从实，锻造高素质专业化工作队伍。各区档案局局长、档案馆馆长、地方志工作机构主任和市级机关、团体、企业事业单位档案方志工作负责人及市档案馆各部门负责人160余人参加会议。 （王中玮）

【天津市市级地方志书编修工作推动会】 5月12日，天津市档案馆（市志办）组织召开市级地方志书编修工作推动会。会议传达中指组2021年全国省级地方志机构主任工作会议及2021年天津市档案方志工作会议主要精神，传达学习市委书记李鸿忠，市委常委、市委秘书长金湘军对地方志工作的批示精神，对市级部门修志工作做总体部署，对2021年开始编制修志规划、筹备开展修志试点作出布置，并对修志的组织模式、篇目内容和记述时限等进行说明。市档案馆党委书记、馆长阎峰出席会议并讲话，全市38家应编修志书的市级部门负责人，第一、二轮修志工作中部分先进单位代表，市档案馆方志指导部有关业务干部约50人参加会议。（王中玮）

【天津地方史工作座谈会】 5月25日，天津市档案馆（市志办）组织召开"以高质量编纂出版《天津地方史研究丛书》《天津地情资料丛书》为抓手，提升天津市地方史研究水平，打造地域文化品牌"为主题的座谈会。市档案馆党委书记、馆长阎峰，二级巡视员于学蕴出席会议。阎峰在讲话中指出，市志办要大力推动各区志办编著各区简史以及《天津地方史研究丛书》《天津地情资料丛书》，地方史编著要有正确的政治方向、要写出地方特色、要树立精品意识、要加大宣传推广力度。市有关高校、科研院所、博物馆、各区志办专家及天津文史学者，各区志办负责人及地方史编著人员参加会议。（唐旗）

【天津市区级志书编修全覆盖工作推动会】 10月14日，天津市区级志书编修全覆盖工作推动会在北辰区召开。市档案馆（市志办）党委书记、馆长阎峰出席会议并讲话，北辰区委常委、区委办主任李洪东致辞，市档案馆方志指导部通报各区志书延伸编修情况，并就区级地方志书编修全覆盖工作提出具体指导意见，明确"十四五"时期实现市级部门和相关单位志书编修全覆盖工作任务。北辰区志办和西青区志办分别就本区部门、镇街、村（社区）志书编修和村村建档修志情况向大会作经验介绍。和平区志办、南开区志办和武清区志办分别汇报本区推进区级志书编修全覆盖工作设想。全市各区志办主任、业务科长参加会议。（王中玮）

【山西省党史方志部门主要负责人会议】 4月7日，山西省党史方志部门主要负责人会议以电视电话会议形式召开。省委常委、宣传部部长吕岩松出席会议并讲话。省委宣传部副部长郭晓东主持会议。省委党史研究院（省地方志研究院）院长曹荣湘作工作报告。会议强调，要深入学习贯彻习近平总书记关于党史和文献工作的重要论述精神，认真落实全国党史和文献部门主要负责人会议、全国省级地方志机构主任会议精神，不断开创全省党史方志工作新局面，以优异成绩庆祝中国共产党成立100周年。（山西省地方志研究院）

【内蒙古自治区推进全区地方志"两全目标"工作会】 6月4日，内蒙古自治区推进全区地方志"两全目标"工作会召开。自治区政府副秘书长石墨主持会议。会议指出，地方志"两全目标"任务是国务院部署的法定任务，是必须完成的政治任务。自治区政府高度重视地方志"两全目标"任务，针对目前尚有部分志书未按时出版的情况，要求加快推进后续工作进程，圆满完成全区地方志"两全目标"任务。会议强调，一是要提高政治站位，加强组织领导。有关地区、部门（单位）要提高政治站位，充分认识完成"两全目标"的重要性，加强对地方志工作的领导，下大力气解决影响和制约志书编纂工作的突出矛盾和问题，为如期完成"两全目标"任务提供坚实的组织保障。二是要明确目标任务，加快工作进度。有关地区、部门（单位）要全程跟踪志书年鉴编纂进度，主要领导要亲自上手、亲自研究、亲自部署，加强统筹指导，科学谋划，倒排工期，有针对性地采取具体工作措施，在加快进度的同时，必须严格审核把关，确保志书质量。要积极协调解决志书编纂出版过程中出现的问题，及时给予支持指导，全力推进二轮志书编纂工作进度。三是要增强责任意识，认真履职尽责。要认真贯彻落实习近平总书记关于史志工作的重要论述和重要指示批示精神，按照国务院《地方志工作条例》，全面履行法定职责，强化依法治志意识，切实增强做好地方志工作的责任感和使命感，强化担当精神。要深入落实自治区党委书记石泰峰在呼和浩特市暗访督导重大项目建设时的讲话精神，盯紧抓实地方志重点工作，创新思路，不能拖沓，务必高质高效完成二轮志书的印刷出版。自治区文化和旅游厅、自治区教育厅、自治区外办、自治区体育局、自治区地方金融监管局、自治区邮政管理局、呼和浩特海关、中国人民银行呼和浩特中心支行、内蒙古人民出版社，准格尔旗政府、和林格尔县政府有关人员，自治区政府地方志研究室领导班子及处级干部参加会议。 （董丽娜）

【沈阳市党史和地方志工作会议】 4月29日，辽宁省沈阳市党史和地方志工作会议召开。会议学习贯彻习近平总书记关于地方志工作的重要指示批示精神，全面落实全国省级地方志机构主任工作会议精神，总结2020年工作情况，部署2021年重点任务。会议强调，要以习近平新时代中国特色社会主义思想为指导，认真落实习近平总书记关于地方志工作的重要论述和指示批示精神，聚焦庆祝中国共产党成立100周年、服务全市党史学习教育，出精品、展作为、树形象，扎实做好地方志各项工作，以优异成绩庆祝建党100周年。会议要求，要提高政治站位，准确把握史志工作的政治属性、职责定位、科学方法，确保全市地方志工作始终沿着正确的政治方向前进；要强化使命担当，切实在庆祝建党百年中施展作为、在服务学习教育中当好主力、在编研史志著作中多出精品、在开展史志宣教中扩大效应，充分发挥史志部门职能作用，更好践行"党有所需，史有所为"；要加强组织领导，不断优化史志部门干事创业环境，着力构建党史和地方志工作大格局，努力建设高素质专业化史志干部队伍，切实为史志事业高质量发展提供有力保障。沈阳市委党史研究室（市志办）副处级以上干部、各区县（市）分管党史和地方志工作的领导、党史和地方志部门主要负责人参加会议。 （沈阳市委党史研究室）

【江苏省地方志工作座谈会】 3月19日，江苏省地方志工作座谈会在南京市召开。会议指出，2021年是具有特殊重要性的一年，要深入贯彻党的十九届五中全会和习近平总书记视察江苏重要讲话指示精神，认真落实省委、省政府的决策部署，把握新发展阶段、贯彻新发展理念、构建新发展格局，勇于担当"争当表率、争做示范、走在前列"新的重大使命，力争在主题志鉴编纂、方志文化宣传、学科体系建设和服务人民群众等方面，打造更多人无我有、人有我优的优质产品，高质量记录全省人民在以习近平同志为核心的党中央坚强领导下，全面开启社会主义现代化建设新征程的伟大实践。会议要求，以学习贯彻习近平新时代中国特色社会主义思想为主线，认真组织开展党史学习教育，切实做到学史明理、学史增信、学史崇德、学史力行。加大专题特色志鉴编纂力度，推动年鉴编纂创新发展，积极开发整理旧志文献，主动服务党委、政府中心工作。高度重视方志馆建设，着力打造方志品牌活动，深入推动媒体融合发展，努力为人民群众提供丰富的方志文化产品。加强地方志学会建设，扩大与高校的战略合作，提升地方志科研能力和学术水平。会议强调，地方志工作机构是政治机关，要旗帜鲜明讲政治，不断提高政治判断力、政治领悟力、政治执行力。切实抓好党风廉政建设，在全省地方志系统营造风清气正、干事创业的良好政治生态。认真落实意识形态工作责任制，加强意识形态阵地建设和管理，牢牢掌控意识形态主导权，以实际行动和实际成效增强"四个意识"、坚定"四个自信"、做到"两个维护"。与会人员集中收看全国省级地方志工作机构主任工作会议暨中国地方志学会第七次会员代表大会视频会议直播。会议公布2020年度"江苏精品年鉴"名单。省志办向10名2020年度退休且从事地方志工作满20周年的人员颁发荣誉证书和纪念牌。省志办主任左健伟出席会议并讲话，省志办二级巡视员许善军主持会议，省志办副主任牟国义、陈华出席会议。13个设区市地方志工作机构负责人出席座谈会，并作交流发言。省志办处室（社、馆）负责人出席座谈会。 （武文明）

【江苏省学习贯彻"十四五"地方志事业发展规划座谈会】 12月2日，江苏省志办学习贯彻江苏省"十四五"地方志事业发展规划座谈会在南京市召开。会议指出，全省地方志系统要深入学习贯彻党的十九届六中全会和省第十四次党代会精神，深刻认识《江苏省"十四五"地方志事业发展规划》出台的深远意义，将学习宣传、贯彻落实发展规划化作做好工作的不竭精神动力。会议要求，要深刻理解发展规划的精神实质和丰富内容，牢牢把握修志编鉴的主业职责，及早谋划第三轮志书修编，认真抓好乡镇（街道）、村（社区）志编纂，适应现代人的阅读习惯，推动志鉴编纂创新发展，更好地发挥地方志的功能和效用。要用方志文化视角讲好江苏故事，积极参加党委、政府主办的综合性文化活动，为中心工作贡献方志智慧。加强方志馆建设，打造一批新时代江苏文化地标，培育地方文化标志性的活动品牌，为谱写"强富美高"新江苏，建设现代化篇章提供精神动力和智力支撑。要共同做好"江苏省史志馆联盟"这篇大文章，充分利用高等院校的人才和资源优势，吸纳社会力量共同开发利用地方志，为人民群众提供高质量文化产品。会议强调，要主动向党委、政府及有关部门汇报，积极争取支持，用发展规划来检查和推动地方志工作。要结合工作实际，明确贯彻落实发展规划的时间表和路线图，细化任务分工，加强协调配合，确保各项任务如期完成。要加强工作指导和监督检查，及时掌握工作进展，科学推进发展规划实施。省志办将对发展规划的学习贯彻情况进行专题调研、督促检查，组织开展规划实施情况监测评估，确保规划主要目标任务顺利实施。省志办主任左健伟主持会议并讲话。省志办二级巡视员许善军，省志办副主任牟国义、陈华出席会议并安排部署分管工作。各设区市地方志工作机构负责人参加座谈会，并交流学习宣传情况，对照发展规划确定的目标任务，汇报贯彻落实的思路举措。因疫情防控需要，徐州市史志办主要负责人，通过视频连线参会。省志办各处室（社、馆）负责人参加座谈会。 （武文明）

【江苏省学习贯彻习近平总书记给《文史哲》编辑部全体编辑人员回信精神座谈会】 5月20日，江苏省志办学习贯彻习近平总书记给《文史哲》编辑部全体编辑人员回信精神座谈会在南京市召开。会议学习贯彻习近平总书记给《文史哲》编辑部全体编辑人员回信精神，总结交流方志期刊编辑出版工作。会议强调，要坚持政治引领，坚守意识形态阵地，把学习宣传贯彻习近平新时代中国特色社会主义思想、传播社会主义核心价值观作为方志期刊建设的首要任务。围绕"增强做中国人的骨气和底气"的时代命题，发挥地方志在弘扬中华优秀传统文化、深入阐释中华文明方面的独特作用，自觉从历史和现实、理论和实践相结合的角度研究阐释中国道路和中国精神，增强文化自信。要设置好栏目，编排好版面，深入挖掘地方志这一中华民族独有的精神财富，使之成为服务国家战略、关注社会发展、解决现实问题的思想宝库。要坚持守正创新，主动适应分众化、差异化传播趋势，探索新的办刊举措，增强方志期刊的阅读魅力。坚持开门办刊，主动策划具有时代特色的专题，努力打造精品期刊和名刊名栏。要加强与高等院校、科研院所等方面的合作，吸引更多的文史专家和史志爱好者参与，培养高素质、高水平的撰稿队伍，自觉担负起支持优秀学术人才成长、推广方志文化的责任。加强全省各级各类方志期刊之间的交流合作，实现资源共享、平台共建，扩大方志期刊的文化传播力和社会影响力，为谱写"强富美高"新江苏建设的现代化篇章作出方志贡献。省志办主任左健伟出席会议并讲话，省期刊协会副会长、《江海学刊》总编韩璞庚作以"不忘初心，办人民满意的期刊"为题的学习辅导。《江苏地方志》《南京史志》等9家方志期刊主编参加座谈会。

（武文明）

【《江苏省对口支援西藏建设志》新闻发布会】 10月11日，经江苏省政府同意，《江苏省对口支援西藏建设志》新闻发布会在省政府新闻发布厅举行。省对口帮扶支援合作工作领导协调小组成员王志忠、省发展改革委副主任张世祥、江苏第三批援藏干部总领队宣荣、省对口支援西藏拉萨市前方指挥部总指挥陈静、江苏人民出版社社长王保顶等出席发布会，省志办主任左健伟主持发布会。10月29日，《江苏省对口支援西藏建设志》新闻发布会在西藏自治区拉萨市举行。江苏省政府副秘书长、对口帮扶支援合作工作领导协调小组成员王志忠，拉萨市委常委、常务副市长占堆，江苏援藏前方指挥部总指挥陈静出席发布会，并向西藏自治区发展和改革委员会、自治区图书馆等单位赠书。（武文明）

【江苏省即时性记录编纂工作交流推进会】11月11日，江苏省即时性记录编纂工作交流推进会在南京市召开。会议印发全省21家即时性记录的经验汇编材料。各设区市地方志工作机构分管领导分别围绕即时性记录编纂工作开展情况、更好发挥即时性记录产品存史、育人、资政作用进行交流发言，南京市、响水县、常熟市、盱眙县4家即时性记录编纂单位分别介绍编纂工作经验。省志办主任左健伟、副主任牟国义出席会议并讲话。各设区市地方志工作机构分管主任、部分即时性记录编纂单位负责人参加会议。（张俊）

【安徽省党史和地方志部门主要负责人会议】4月2日，安徽省党史和地方志部门主要负责人会议在合肥市召开。省委常委、省委秘书长郭强出席会议并讲话，省委党史研究院（省地方志研究院）院长程中才作工作报告，副院长苗键、吴静、施昌旺出席会议。郭强强调，要深入学习贯彻习近平总书记关于党史工作的重要论述精神，自觉把党史姓党、坚定自信、资政育人、服务大局、科学方法贯穿始终；要发挥专业和资源优势，聚焦学史明理、学史增信、学史崇德、学史力行，讲清楚中国共产党为什么能、马克思主义为什么行、中国特色社会主义为什么好；要立足新时代新阶段，扎实推进党史研究和宣传教育、革命文物保护等工作，加强干部队伍专业化建设，努力提高党史工作科学化水平；要坚持以新发展理念引领地方志事业发展，做新时代的忠实记录者、以志资政者、培根铸魂者，奋力开创党史和地方志工作新局面。程中才在工作报告中全面总结2018年机构改革以来全省党史和地方志工作，就2021年重点工作进行安排部署，要求切实加强政治建设，精心开展庆祝建党100周年活动，积极开展、主动服务党史学习教育，进一步强化史志编纂出版工作，进一步深化史志学术研究，进一步优化史志宣传教育，进一步加强党的建设和干部队伍建设。各市、县（市、区）委党史和地方志研究室主要负责人，省委党史研究院（省地方志研究院）机关副处级以上干部参加会议。（胡锴）

【安徽省地方志"两全目标"总结交流会】11月15日，安徽省地方志"两全目标"总结交流会在合肥市召开。安徽省委党史研究院（省地方志研究院）院长程中才出席会议并讲话，副院长苗键主持会议并宣读中指组给中共安徽省委的贺信，院一级巡视员吴静回顾总结第二轮修志的历程和体会，院第四、五、六研究室主要负责人，省教育志、省水利志编纂办公室负责人，淮北市、黄山市、金寨县、泾县等4个市、县党史和地方志部门负责人作交流发言。副院长施昌旺、院学术和编审委员会主任朱贵平出席会议。会议认为，在安徽省委、省政府的坚强领导和中指组的精心指导下，安徽省地方志系统和广大地方志工作者聚焦主责主业、埋头苦干、攻坚克难，圆满完成"两全目标"，安徽地方志工作位居全国前列。截至2020年底，规划的第二轮安徽省志87部分志已正式出版86部，1部《人物志》作为重大选题进入备案程序；市县（区）志、山湖志、开发区志132部编纂出版任务早在2015年已经全面完成；《安徽年鉴》自1984年创刊以来已编纂出版37卷，全省121部市、县（区）综合年鉴（2020年卷）全部做到"一年一鉴，公开出版"。"两全目标"的完成，是安徽地方志事业发展的一个里程碑，更是安徽文化发展史上的一项盛举，标志着全省地方志事业实现第一次转型升级，为新时代全面推进地方志事业高质量发展奠定良好基础。会议认真总结实现"两全目标"、推进地方志事业发展的8条重要经验，分别是：坚持正确政治方向是地方志事业发展的根本原则；坚持强化组织领导是地方志事业发展的重要保障；坚持依法治志是地方志事业发展的根本保证；坚持服务大局是地方志事业发展的重要遵循；坚持守正创新是地方志事业发展的不竭动力；坚持质量为本是地方志事业发展的必然要求；坚持团结协作是地方志事业发展的重要条件；坚持强化队伍建设是地方志事业发展的基础前提。会议要求，全省地方志系统和广大地方志工作者要在认真总结经验的基础上，振奋精神，扎实工作，奋力推进地方志工作再上新台阶。要进一步巩固"两全目标"成果，推进《人物志》出版，做好第三轮修志准备工作；抓好重大专题志编纂工作，编纂《安徽省扶贫志》《安徽省全面小康志》，出版《安徽抗日战争志》；加强地方综合年鉴编纂工作，建立健全年鉴编纂出版的长效机制，持续做到"一年一鉴，公开出版、当年见书"；加强乡镇（街道）志、村（社区）志、部门行业志鉴、特色志鉴编纂指导工作；加强地方志资源开发利用，深化方志文化专题研究，弘扬中华优秀传统文化；推进方志馆和信息化建设，大力宣传方志文化；修订《安徽省地方志工作条例》，完善地方志事业发展的体制机制；加强人才队伍建设，为地方志事业高质量发展提供重要支撑。各市委党史和地方志研究室主任、部分县（市、区）党史和地方志研究室主任，院机关有关室（处）主要负责人出席会议。　　　　　（黄玉华）

【合肥市党史和地方志工作会议】　6月18日，安徽省合肥市党史和地方志工作会议在合肥市召开。市委常委、市委秘书长韦弋出席会议并讲话。会议传达学习习近平总书记关于党的历史的重要论述和有关会议精神。肥东县、肥西县、庐江县委党史和地方志研究室作交流发言。市委党史和地方志研究室主任翟新明作题为《坚持政治统领深化史志研究不断开创党史和地方志工作新局面》的工作报告。韦弋充分肯定2020年全市史志系统所取得的成绩，要求2021年度史志工作要把握方向，对表对标干；把握机遇，乘势顺势干；要把握主责，专业敬业干。市委党史和地方志研究室领导班子、市纪委监委驻市委办纪检组、各县（市）区委党史和地方志研究室、各开发区史志机构主要负责人和市直机关主题党日活动基地、合肥学院合肥党史研究基地、渡江战役纪念馆、蜀山烈士陵园、瑶岗渡江战役总前委旧址纪念馆、市党史学会、市新四军历史研究会相关负责人以及党史智库专家代表参加会议。

（王德桡）

【厦门市2021年全市党史和地方志部门负责人会议】　4月22日，福建省厦门市委党史和地方志研究室召开2021年全市党史和地方志部门负责人会议。市委副秘书长、市委党史和地方志研究室主任赖祖辉主持会议并讲话。会议传达学习全国党史和文献部门主要负责人会议、全国省级地方志机构主任工作会议、全省党史方志机构主要负责人会议和市委常委会研究党史和文献工作会议主要精神，部署2021年全市党史和地方志工作。会议强调，全市党史方志工作者要按照市委部署要求，以应有的政治担当和史志情怀，把握难得的历史机遇，珍惜难得的人生际遇和大有可为的党史地方志工作岗位，把高质量完成好各项工作任务作为提高本领、增长才干、检验能力的舞台，不断加强自身建设，练就担当新时代党史方志工作使命的真功夫、硬本领，奋力开创全市党史方志工作新局面，为实现全方位高质量发展超越，更高水平建设高素质高颜值现代化国际化城市作出党史方志部门应有的贡献。各区委办、区政府办分管党史和地方志工作领导、各区党史和地方志部门负责人及厦门市委党史和地方志研究室全体干部职工40余人参加会议。

（郑欣）

【江西省扶贫志和全面小康志编纂工作启动大会】　10月26日，江西省扶贫志和全面小康志编纂工作启动大会在南昌市召开。受副省长孙菊生委托，省政府副秘书长樊雅强出席会议并讲话。会议指出，编纂江西省扶贫志和全面小康志具有深远的历史意义和重要的现实意义，既是政治任务，也是意识形态工程，各参编责任单位要切实提高政治站位，树立精品意识，广泛收集资料，精心撰写志稿，严把志书编纂质量。会议要求，要强化编纂工作领导和保障，按时高质量完成编纂任务。江西省扶贫志和全面小康志是全省"纪录小康工程"的重要组成部分，该工程规划编纂省、市、县三级扶贫志37部，省、市两级全面小康志12部，总字数约4500万字，编纂周期5年。省地方志研究院班子成员，省扶贫志和全面小康志编纂工作责任单位分管领导、联系人，《江西省扶贫志》《江西省全面小康志》编纂室成员等180余人在主会场参加会议。各市委、县（市、区）委宣传、政府办、发展改革委、乡村振兴和史志工作机构负责人及编纂工作人员通过视频方式在分会场参加会议。 （黄诗惠）

【江西省地方志工作机构主任会议】 12月7日至9日，2021年全省地方志工作机构负责人会议在南昌市召开。副省长孙菊生对全省地方志工作作出批示。会议交流2021年全省地方志工作情况，安排部署2022年工作任务。会议要求，各级地方志工作机构要提高政治站位，增强工作使命感和责任感；提升业务能力，发挥机构职能作用；服务中心工作，做好资政辅治"文章"；创新宣传方式，打造方志特色品牌；加强科学谋划，注重人才培养；拓展工作思路，重视学习借鉴；立足地域优势，发掘地情资源；提升编纂质量，提升事业发展水平。全省广大地方志工作者要积极适应全省事业单位改革后事业发展的新形势，聚焦"作示范、勇争先"的目标定位，坚定信心，抢抓机遇，沉着应对挑战，牢记初心使命，强化责任担当，不断夯实地方志事业新发展基础。会上播放《2021年设区市地方志工作亮点展》主题视频，首次以视频形式展示2021年各设区市地方志工作成果。萍乡市、于都县等6个市、县地方志工作机构负责人分别就本地工作亮点和先进经验在大会上作交流发言。省地方志研究院领导班子和各处处长、副处长，省地方志馆负责人，全省市、县两级地方志工作机构主要负责人140余人在主会场参加会议。会议还首次以视频会议形式开到全省各级地方志机构，广大地方志一线工作者均收看会议实况。

（黄诗惠）

【山东省党史研究院（地方史志研究院）院长会议】 4月27日，山东省党史研究院（地方史志研究院）院长会议在济南市召开。省委常委、组织部部长王可出席会议并讲话，副省长孙继业出席会议，省委组织部副部长刘树军、省政府办公厅副主任张连三出席会议。会议肯定上年以来全省党史史志工作取得的成绩，并指出2021年是党的百年华诞，做好党史史志工作具有特殊重要意义。各级党委要加强组织领导，推动构建"大党史史志"工作格局，建强党史史志工作者队伍，为推动全省党史史志事业高质量发展提供有力保证，以优异成绩庆祝中国共产党成立100周年。省委党史研究院（省地方史志研究院）院长赵国卿作工作报告。省委党史研究院（省地方史志研究院）一级巡视员林杰，副院长董立新、王坦、姚丙华出席会议。各市委党史研究院（市地方史志研究院）院长、办公室主任，省委党史研究院（省地方史志研究院）机关及直属单位副处级以上干部等80人参加会议。 （杜泉）

【河南省地方史志机构主任工作会议暨先进集体先进工作者表彰大会】 4月27日，河南省地方史志机构主任工作会议在郑州市召开。会议以习近平新时代中国特色社会主义思想为指导，学习贯彻党的十九届五中全会精神和习近平总书记关于地方志工作重要论述精神，贯彻落实2021年全国省级地方志机构主任工作会议要求，全面总结过去五年来全省史志事业发展成绩，安排部署2021年和"十四五"时期重点任务，并对全省地方史志工作先进集体和先进工作者进行表彰。会议宣读省人力资源和社会保障厅、河南省史志办《关于表彰全省地方志工作先进集体和先进工作者的决定》，对全省史志系统中30个先进集体和60名先进工作者进行表彰。

（张新）

【湖北省文化和旅游（文物）局长及地方志工作负责人电视电话会议】 2月3日，2021年湖北省文化和旅游（文物）局长及地方志工作负责人电视电话会议在武汉市召开。会议坚持以习近平新时代中国特色社会主义思想为指导，贯彻党的十九大和十九届二中、三中、四中、五中全会精神，传达贯彻全国文化和旅游厅局长会议、文物局长会议和全省宣传部长会议精神，总结2020年及"十三五"时期全省文化和旅游工作，部署2021年及"十四五"时期重点任务。会议强调，全省文化和旅游系统要紧紧围绕"举旗帜、聚民心、育新人、兴文化、展形象"的使命任务，坚定"两高于一进位"目标不动摇，立足新发展阶段，贯彻新发展理念，融入新发展格局，以推动高质量发展为主题，大力实施社会文明促进和提升工程，加快构建和完善新时代艺术创作体系、文化遗产保护传承利用体系、现代公共文化服务体系、现代文化产业体系、现代旅游业体系、现代文化和旅游市场体系、对外文化交流和旅游推广体系，努力把湖北建设成为全国有影响的区域文化中心，打造成为"世界知名、国内一流"旅游目的地和长江国际黄金旅游带核心区。会议指出，2021年全省文化和旅游系统要把学习贯彻习近平新时代中国特色社会主义思想引向深入，营造庆祝建党百年的浓厚氛围，加强艺术精品创作生产，提升文化和旅游公共服务水平，推进文化遗产保护传承利用，推动地方志事业发展再上新台阶，推动文化和旅游产业提质升级，促进形成强大文化和旅游消费市场，扩大湖北文化和旅游品牌影响力，夯实基层基础工作，开创湖北文化和旅游高质量发展新局面，以优异成绩迎接建党100周年，为湖北省"建成支点、走在前列、谱写新篇"作出新的更大贡献。省文化和旅游厅党组书记、厅长雷文洁作工作报告，厅党组成员陈锴、李开寿、徐勇、赵建军、唐昌华，省演艺集团董事长古新功，鄂旅投集团副总经理吴传彪在主会场出席会议，厅党组成员、副厅长段天玲主持会议。武汉市、襄阳市、孝感市、黄冈市、咸宁市文化和旅游局主要负责人，宜昌市地方志工作机构负责人作交流发言。各市、州、直管市及神农架林区文化和旅游（文物）局班子成员、地方志工作机构负责人在分会场参加会议。

（湖北省文化和旅游厅地方志工作处）

【武汉市地方志工作机构负责人工作会议】 4月13日，2021年武汉市地方志工作机构负责人工作会议召开。会议传达2021年全国地方志工作机构主任工作会议、全省文化和旅游（文物）局长及地方志工作负责人会议精神。武汉市志办党组书记、主任王筱武作工作报告。各区地方志工作机构负责人汇报2020年工作情况，并围绕2021年全市地方志工作要点进行讨论发言。会议认为，"十三五"时期，全市地方志系统聚力攻坚克难，积极应对机构改革后出现的新形势新变化，"两全目标"全面实现，年鉴质量得到提升，志书编修构建新格局，地情开发利用层次得到新提升，统筹兼顾开展疫情防控和资料收集整理，地方志事业发展纳入全市"十四五"规划，全面完成了武汉市贯彻落实《全国地方志事业发展规划纲要（2015—2020年）》确定的目标任务，交出一份合格答卷。会议强调，"十四五"时期全市地方志系统要坚持以习近平新时代中国特色社会主义思想为指导，紧紧围绕服务党委政府中心工作、服务经济社会发展、服务人民群众，重点在率先启动第三轮修志，提升年鉴编纂质效，开展重大专题志、街道（乡镇）志、名村志编纂，推动方志馆建设，加快地方志信息化建设，提高方志资源开发利用水平，推动地方史编写和旧志整理，加强地方志人才队伍建设8个方面着力，促进武汉地方志事业的发展与武汉建设国家中心城市、长江经济带核心城市和国际化大都市的地位和影响力相适应，奋力开创武汉市地方志事业发展新局面。市志办领导班子、各区地方志工作机构负责人及市志办副处级以上干部参加会议。

（武汉市志办）

【湖南省市州地方志工作机构主任会议】 4月26日至27日，湖南省市州地方志工作机构主任会议在长沙市召开。省委宣传部常务副部长蒋祖烜出席会议并讲话，湖南省地方志编纂院院长江涌主持会议并作总结讲话。会议总结2020年相关工作，部署2021年工作，交流工作经验，明确工作思路，探索推进依法治志和地方志事业高质量发展路径。会议指出，各市州志办领导班子成员在过去一年团结带领队伍，攻坚克难，在落实"一纳入、八到位"工作机制，完成"两全目标"，围绕中心、服务大局，坚持守正创新传播方志文化等方面，结合自身实际进行有益探索，分别在不同领域作出成绩。会议强调，湖南地方志事业呈现良好的发展势头，具有一定社会影响，要以经验促发展，以规范促提升。会议认为，湖南省地方志工作的主要经验是：领导重视是地方志工作的第一推动力，激发方志队伍干事创业热情是地方志工作向前发展的关键，健全完善工作机制和体制是地方志工作有序进行的重要保障，合理地谋篇布局、倒排进度是保质保量完成"两全目标"任务的有效方法，加强培训指导和评审验收是保证志书质量和资料到位的前提。会议对做好2021年工作提出要求：要坚持正确的政治方向，坚持以习近平新时代中国特色社会主义思想为指导，深入学习贯彻习近平总书记在湖南考察时的重要讲话精神和对地方志工作的重要指示批示精神，紧紧围绕"三高四新"战略，切实增强"四个意识"、坚定"四个自信"、做到"两个维护"；要积极争取各级党委政府重视，主动围绕党委政府中心任务开展地方志工作；要准确把握自身定位；要更加充分利用社会资源；要更加深入挖掘地方志资源，提升方志文化的社会价值；要做到上下联动、督促指导更加到位。各市州地方志工作机构就2020年工作总结和2021年工作计划进行交流。长沙市、湘潭市、常德市、湘西州、永州市零陵区作大会典型发言。各市州地方志工作机构主要负责人、省地方志编纂院全体干部职工参加会议。

（张睿）

【广东省地方志工作视频会议】 2月8日，广东省志办召开2021年全省地方志工作视频会议。会议的主要任务是：坚持以习近平新时代中国特色社会主义思想为指导，深入学习贯彻党的十九届五中全会精神，深入贯彻落实习近平总书记出席深圳经济特区建立40周年庆祝大会和视察广东重要讲话、重要指示批示精神，认真落实省委十二届十三次全会精神，总结2020年工作，分析全省地方志事业发展形势，研究部署2021年工作，确保"十四五"开好局起好步，以优异成绩庆祝建党100周年，奋力为广东在全面建设社会主义现代化国家新征程中走在全国前列、创造新的辉煌贡献方志力量。

（广东省志办）

【2021年广东省地方志数字化工作推进视频会】 8月27日，2021年广东省地方志数字化工作推进视频会召开。珠海、清远、台山、佛冈分别就志鉴数字化、微视频制作、地方特色文化推介作经验介绍。有关文化单位介绍地方志特色文化创作经验做法。会议要求，要强化责任意识，加快志鉴数字化入库，加快推进百集微视频项目，运用新技术新媒体讲好广东故事。要压实责任，落后地区要加快进度，确保数字化入库如期完成。要对照三年行动计划规定目标，补短板，强弱项，固优势。要加强力量，加大数字化工作所需人财物保障，引导社会力量参与地方志数字化。要确保安全，统筹安全与发展。各市地方志工作机构数字化分管负责人及业务骨干、经验交流代表近60人参加会议。

（广东省志办）

【深圳市地方志工作座谈会】 11月18日，广东省深圳市召开全市地方志工作座谈会。副市长张华出席会议并讲话。会议学习贯彻习近平总书记在党的十九届六中全会上的重要讲话精神和全会精神，深入学习贯彻习近平总书记关于地方志工作重要论述精神，传达学习落实省委主要领导调研全省地方志工作时的讲话精神，研究部署新时代深圳市各项地方志工作。市政府副秘书长刘昂，市志办主任杨立勋、二级巡视员黄玲、副主任张妙珍，各区地方志工作分管领导及地方志工作机构主要负责人和市志办人员参加会议。　　　　　（广东省志办）

【广西市级地方志机构主任工作会议】　3月31日，2021年全区市级地方志机构主任工作会议在南宁市召开。会议学习贯彻习近平新时代中国特色社会主义思想，传达贯彻全国省级地方志机构主任工作会议精神和自治区副主席黄俊华书面讲话精神，总结过去一年工作，并就2021年及今后五年全区地方志工作进行部署。各设区市地方志工作机构参会代表在会上作交流发言。会议要求，要紧紧围绕自治区党委、政府的工作大局，按照"起步就要提速，开局就要争先"的要求，聚焦工作重点，抓紧谋划推进各项工作，推进地方志事业转型发展；科学谋划地方志事业"十四五"发展规划；全面开启第三轮修志工作；加强方志平台建设；加强组织领导，进一步强化方志工作保障措施；深入贯彻落实习近平新时代中国特色社会主义思想，秉承为党立言、为国存史、为民修志的历史担当，大力弘扬"三牛"精神，创新思路，奋发有为，扎实工作，全力推动地方志事业高质量发展，为经济社会发展贡献方志力量，以优异成绩庆祝建党100周年。自治区志办领导班子、各设区市地方志工作机构负责人参加会议。　　　　　　　　　（高叶）

【海南省2021年全省史志机构主任会议】　1月8日，海南省委党史研究室（省志办）在海口市召开2021年全省史志工作机构主任会议。会议回顾总结2020年全省史志工作，明确2021年工作安排及未来五年重点任务。会议要求，要突出政治统领，牢牢把握史志事业改革发展的正确方向。坚持和加强党对史志工作的全面领导，把党的基本理论、基本路线、基本方略贯穿史志工作全领域、各环节，确保海南省史志事业改革创新始终沿着党中央和省委指引的正确方向前进。要加强研究阐释，以扎实、系统、权威的编研工作带动和促进整个史志工作的繁荣发展。要紧贴"正在做的事情"，使研究成果走进党委、政府的决策过程，切实增强成果转化的资政成效；突出重点、协调力量、集中资源，开展习近平总书记关于党建、经济、改革开放、特区建设、生态文明等重要论述的实践研究；围绕海南自由贸易港建设实践，特别是早期政策落地，形成具有一定分量的专题研究成果。要突出即时存史，夯实史志研究的史料基础。要继续夯实即时存史基础，即时记录省委、省政府重大事件，做好电子档案及纸质档案，在常态化开展"大事记""省委执政实录""资料年报"等资料征编的基础上，着力提升记录水平；围绕史志专题研究内容，开展专题资料征编；加大"活资料"抢救力度，有计划、有重点地推进海南建省办经济特区以来口述史料征集工作。要创新史志宣教，强化史志研究的成果转化。要处理好研究成果与宣教产品之间的关系，缩短转化时间、提高转化效率，用好现成"讲义"。充分利用媒体互融产生的裂变效应，加强与报刊、电视台、网站等媒体合作，继续借助新媒体、新技术宣传推介海南；用好海南省史志馆平台，大力推动史志教育"七进"工作，更好地鼓舞全省人民团结奋进。要着眼建党百年，展现史志部门服务中心大局的担当作为。要深挖精炼活用海南党史"富矿"，力争在纪念建党百年这一关键历史节点上留下属于海南党史的"高光时刻"。出版建党百年献礼丛书，加强"四史"教育，联合开展"红星照耀在海南岛上"大型专题报道，组织庆祝建党百年主题征文，高质量完成省委交办的其他各项任务，为建党百年献礼。要积极拓展领域，深化史志供给侧结构性改革。要深耕史志资源，传承历史文脉，立足红色文化，助力红色旅游。要加强顶层设计，提升指导推进全省著史修志编鉴工作的能力水平。要下真功夫加强史志理论研究，修订完善《党史工作手册》《地方志工作手册》《年鉴工作手册》，规范史志编纂出版流程；进一步处理好与省委办公厅、各市县史志工作机构的关系，做到工作不越位、不缺位，积极作为，精准到位。要强化队伍建设，不断夯实史志事业发展根基。要强化干部培养，提升整体素质，坚持"开门办史志"，激活各方力量作用，构建"大史志"工作格局，不断拓展史志工作的深度和广度。省委党史研究室（省志办）主任毛志华，副主任赖永生、秦武军，各市县区史志机构主要负责人，省史志学会常务理事，室（办）各处（馆）副处级以上领导及省委党史研究室（省志办）退休老干部等近70人参加会议。 （王凌云）

【重庆市地方志工作机构主要负责人工作会议】 4月9日，重庆市地方志工作机构主要负责人工作会议召开。会议以进一步学懂弄通做实习近平新时代中国特色社会主义思想、深入贯彻落实习近平总书记关于地方志工作的重要论述精神为主题，传达学习2021年全国省级地方志工作机构主任工作会议精神，全面总结《全国地方志事业发展规划纲要（2015—2020年）》颁布以来全市的地方志工作，谋划部署"十四五"时期的工作重点和2021年工作要点。市志办主任刘文海主持会议并讲话，副主任夏小平出席会议并作会议总结。全市地方志工作机构50余人参加会议。 （张莉）

【2021年度四川省地方志工作会议】 3月24日，2021年度四川省地方志工作会议在成都市召开。会议全面总结"十三五"时期全省地方志工作，认为"十三五"时期主要取得7个方面的成绩，包括强化党建引领，把准发展航向；坚持依法治志，夯实发展根基；攻坚"两全目标"，如期完成任务；狠抓质量建设，确保"堪存堪鉴"；抓实重大项目，记录伟大实践；强化经世致用，服务中心大局；着力宣传弘扬，推进教化育人。会议明确，"十四五"时期要努力实现全省依法修志、读志、用志、治志水平显著增强，第三轮修志工作全面启动；省、市、县三级综合年鉴编纂公开出版，志鉴质量体系基本建成；"十业并举"的地方志事业发展新格局基本形成；"五位一体"的地方志事业发展综合体系进一步完善；地方志干部队伍素质显著提升，地方志服务中心大局、服务经济社会发展、服务人民群众的能力水平显著提升的目标任务。会议传达学习全国地方志工作机构主任工作会议精神，泸州市、内江市、眉山市、平武县、泸定县和省财政厅6个单位作经验交流发言。省志办主任陈建春出席会议并讲话。省志办副主任赵行主持会议，机关党委书记邓瑜，副主任陶利辉出席会议。21个市（州）地方志工作机构负责人、部分省直部门（单位）志鉴编纂负责人，省志办机关各处（社）负责人参加会议。 （黄绚）

【贵州省地方志事业发展"十四五"规划暨《贵州简志》编纂征求意见座谈会】 1月7日，贵州省地方志事业发展"十四五"规划暨《贵州简志》编纂征求意见座谈会在贵阳市召开。与会专家学者对"十三五"期间全省地方志工作取得的成绩表示祝贺，对总结好"十三五"全省地方志工作的经验和不足，结合全省经济社会发展需要和地方志工作实际，认真编制"十四五"规划提出意见建议。与会专家学者认为，编纂《贵州简志》具有很强的必要性、实用性和时代意义，应配备精兵强将高质量完成编纂工作，并对《贵州扶贫志》《贵州全面小康志》《贵州抗疫志》的编纂提出许多有益的意见建议。省志办原主任范同寿、省文史馆原副巡视员王任索、省志办原副巡视员刘文晴、省志办原副主任周声浩、遵义市志办原主任刘作会、贵阳市志办副主任段洪等参加座谈。省志办主任欧阳志国主持会议，省志办一级巡视员梁贵钢、二级巡视员胡忠良及相关处室工作人员参加会议。 （林浩）

【贵州省传达学习全国省级地方志工作机构主任工作会议精神】 3月22日，贵州省档案馆（省志办）召开馆（办）务会议，传达学习全国省级地方志工作机构主任工作会议精神。会议认为，2021年是实施"十四五"规划、开启全面建设社会主义现代化国家新征程的第一年，是中国共产党成立100周年，也是全国地方志事业向法治化高质量转型升级的关键之年。会议强调，要加强对会议精神的学习和领会，并结合省档案馆（省志办）实际，抓好贯彻落实，抓紧筹备全省地方志工作会议。欧阳志国主持会议，省档案馆（省志办）班子成员，一级、二级巡视员，各处室主要负责人参加会议。
（王云）

【贵州省地方志工作会议】 4月15日，贵州省地方志工作会议在贵阳市召开。会议传达2021年全国地方志工作机构主任工作会议精神和省领导有关批示精神，对"十三五"时期全省地方志工作进行总结，对"十四五"主要任务及2021年重点工作做安排部署。省志办主任欧阳志国作题为《以高质量统领全省地方志事业发展为开创多彩贵州新未来贡献方志力量》的工作报告。会议认为，"十四五"时期是我国全面建成小康社会、实现第一个百年奋斗目标之后，乘势而上开启全面建设社会主义现代化强国新征程、向第二个百年奋斗目标进军的第一个五年。全省地方志系统要紧紧围绕党和国家利益、经济社会发展和以人民为中心"三大主题"开拓创新地方志工作，大力推进全省地方志事业高质量发展。全省"十四五"时期地方志事业发展的总体目标是：全面启动第三轮省市县三级志书编纂，持续巩固省市县三级综合年鉴全覆盖成果，着力推进方志馆建设，努力培养一批高素质专业化的人才队伍，基本形成全面依法治志格局，积极推进地方志编修体系、理论研究和学科建设体系、质量保障体系、资源开发利用体系、工作保障体系"五位一体"的事业发展综合体系建设，切实发挥地方志存史、育人、资政的作用。会议强调，2021年是实施"十四五"规划、开启全面建设社会主义现代化国家新征程的第一年，是中国共产党成立100周年。全省地方志系统要不忘初心、牢记使命、砥砺奋进、担当作为，扎实做好各项工作，实现"十四五"开好局、起好步。2021年重点工作包括：抓实政治机关建设，抓实庆祝建党100周年专题活动，抓实地方志事业发展"十四五"规划编制，抓实第三轮修志前期准备，抓实年鉴编纂，抓实专题志、特色志编纂，抓实志书、年鉴质量建设，抓实方志馆建设，抓实推进信息化建设，抓实人才队伍建设和理论研究。会议要求，全省地方志工作机构要深刻把握"十四五"时期国家和贵州省发展的基本思路、主要目标、重要任务、重大举措以及2035年远景目标，以高度的政治意识和责任担当，始终把牢地方志事业发展政治方向，准确把握地方志事业发展新的历史方位，深刻领会地方志事业高质量发展的内涵要义，全力以赴、求真务实、奋力拼搏，确保各项目标任务顺利完成，奋力推进地方志事业高质量发展，为开创多彩贵州新未来贡献方志力量，以优异成绩庆祝建党100周年。省志办领导班子、9个市（州）地方志工作机构主要负责人参加会议。
（肖伟）

【2021年云南省州市地方志工作机构主任工作会议】 3月19日，2021年云南省州市地方志工作机构主任工作会议在昆明市召开。会议传达学习全国省级地方志机构主任工作会议精神。云南省地方志编委会专职副主任、办公室主任杨建林出席会议并讲话，副主任袁丽萍传达学习省政府领导对地方志工作所作批示，并对在全省地方志系统开展"学习吴志宏、建功新时代"主题宣教活动作安排部署。昆明市、大理州、红河州、曲靖市、昭通市、文山州、普洱市、德宏州地方志工作机构负责人分别作交流发言。与会人员通过视频会议直播方式收看2021年全国省级地方志工作机构主任工作会议，袁丽萍就贯彻落实好会议精神提出明确要求。省志办全体人员、16州市地方志工作机构负责人和分管副主任、部分县市区地方志工作机构负责人、云南省志专家组专家及省政府办公厅秘书六处、厅综合处相关人员70余人参加会议。
（云南省志办）

【西藏全区党史工作会议】 5月20日，西藏自治区全区党史工作会议在拉萨市召开。自治区党委常委、党委秘书长刘江出席会议并讲话。自治区党委副秘书长赵辉年主持会议。会议强调，党史、方志不分家，很多地市都是史志两块牌子、一套人马，要积极在研究成果、资料征集、信息化建设、党史馆和方志馆建设等方面做到相互融合、相互支撑、相互印证，充分发挥史志部门职能作用，全面提升服务水平，更好地服务社会、服务大众。会议对今后一段时间抓好志鉴工作提出具体要求：要坚持党的领导，担负好记录新时代、书写新时代、讴歌新时代的使命，展现好新时代西藏的发展变化；要实施"专""名"工程，突出抓好扶贫志、全面小康志等专项志书的编纂工作，推进名镇、名村、名山、特色产品等"名""特"系列志书编修工作，如喜马拉雅志、雅江志、江河源头志、青稞志、牦牛志等，抓紧编纂出版玉麦镇志和巴吉村志；要实施年鉴提档升级工程，努力提高年鉴编纂质量，在丰富信息、完备内容、方便实用、图文并茂上下功夫，突出大事要事新事特事，不断丰富资政内容；要搞好方志开发利用，充分发挥方志在规划编制、旅游开发、城市建设、招商引资、防灾减灾、历史文化遗产保护、宣传教育等方面的作用。 （康丰智）

【陕西省市级地方志办公室主任会议暨全省地方志事业发展"十四五"规划讨论会议】 4月13日至14日，陕西省市级地方志办公室主任会议暨全省地方志事业发展"十四五"规划讨论会议在西安市召开。省志办公室党组书记、主任雷湛，党组成员、副主任武军、吴玉莲，二级巡视员李保国、张世民出席会议。武军、吴玉莲分别主持会议。武军宣读陕西省委书记刘国中对全省地方志工作的批示及省长赵一德，省委常委、组织部部长张广智，省委常委、常务副省长梁桂就陕西省完成"两全目标"所作的批示；雷湛作题为《凝聚共识 科学谋划 奋力开创地方志事业高质量发展新局面》的工作报告；吴玉莲对陕西省地方志事业发展"十四五"规划（征求意见稿）作相关说明。会议进行分组讨论，交流2020年工作中取得的突出成效和经验做法，对2021年地方志工作提出设想和建设性意见，讨论《陕西省地方志事业发展规划（2021—2025年）》（征求意见稿）。各市志办负责人，省志办各部门负责人等40余名代表参加会议。 （陕西省志办）

【甘肃省2021年地方史志工作会议】 1月22日，甘肃省2021年地方史志工作会议在兰州市召开。会议全面总结全省地方史志事业"十三五"和2020年工作，安排部署全省地方史志事业"十四五"重点工作和2021年各项任务。会议要求，"十四五"期间，全省地方史志工作要以习近平新时代中国特色社会主义思想为指导，全面贯彻党的十九大和十九届二中、三中、四中、五中全会精神，贯彻落实习近平总书记对甘肃重要讲话和指示精神，认真学习习近平总书记关于史志工作的重要论述，以党的政治建设为统领，以"五个根本"为重要方法和指引，立足新发展阶段，贯彻新发展理念，融入新发展格局，全面启动实施新的五年地方志事业规划，全面启动第三轮修志工作，全面巩固三级地方综合年鉴编纂出版，建设一批反映地方综合情况和文化特色的方志馆，培养一批高素质专业化人才队伍；努力形成方志编修、年鉴编纂、地方史编写、方志馆建设、数据库建设、地情网建设、地方志资源开发利用、地方志学会举办、地方史志期刊编辑、地方志理论研究"十业并举"的地方志事业发展新格局；形成并完善地方志编修体系、理论研究体系、质量保证体系、资源开发利用体系、工作保障体系"五位一体"的地方志事业发展综合体系。2021年重点抓好编纂扶贫志和小康志等专志、巩固和保持地方综合年鉴"一年一鉴"连续公开出版常态化、史志信息化、旧志整理、地情资料编研、地方史编写、地方志理论研究和方志馆建设等重点任务。会议以视频方式召开，全省各级地方史志工作部门负责人及省史志办全体工作人员130余人参加会议。 （梁兴明）

【2021年青海省市州级地方志工作机构负责人会议】 4月29日，2021年青海省市州级地

方志工作机构负责人会议在西宁市召开。会议传达学习中指组有关文件和省政府领导对地方志工作的批示精神，总结全省攻坚"两全目标"工作，研究谋划2021年工作任务，各市州地方志工作机构负责人作交流发言。会议要求，全省各级地方志工作机构和地方志工作人员要以高度的政治担当、历史担当、责任担当，奋发有为，扎实工作，自觉做好新时代的忠实记录者、以志资政者、培根铸魂者，努力推动全省地方志事业转型升级，为青海的现代化建设作出方志人应有的贡献。省志办主任杨松义主持会议并讲话。各市州地方志工作机构负责人、省志办全体干部职工参加会议。

（杨树寿）

【青海省志办上半年工作总结暨下半年工作形势分析会】 6月23日，青海省志办2021年上半年工作总结暨下半年工作形势分析会召开。省志办各处室及基层党委负责人汇报上半年各项工作进展情况及取得的成效，分析存在的突出问题和短板弱项，对推进和落实年初既定目标任务情况进行研判，提出抓好下半年工作落实的思路和措施。会议要求，要继续保持上半年的良好工作势头，立足工作实际，加强工作谋划，突出重点任务，夯实工作基础，完善制度体系，不断改进机关作风。会议明确，要进一步加强政治理论学习，坚决做好"两全目标"收尾工作，扎实做好扶贫志、全面小康志编纂筹备启动工作，高质量做好特色志书的编纂及出版印刷工作，切实加强机关制度建设，统筹做好省方志馆建设和现有办公楼改造工作，一以贯之抓好党建工作，不折不扣地落实好省委省政府和中指组的工作要求。省志办主任杨松义主持会议并讲话。省志办全体干部职工参加会议。

（杨树寿）

【青海省市州地方志工作机构负责人座谈会】 9月23日，青海省市州地方志工作机构负责人座谈会在黄南州召开。会议学习《习近平总书记关于史志重要论述选编》《全国地方志事业发展规划纲要（2021—2025年）》（征求意见稿）》，通报全省地方综合年鉴2021卷编纂进展情况以及年鉴评奖过程中发现的主要问题、全省第二轮三级志书出版印刷情况，传达全国名镇志、名村志编纂工作研讨会精神。各市州地方志工作机构负责人围绕总结攻坚"两全目标"工作、实现"十四五"时期地方志事业高质量发展问题等作交流发言。会议要求，举旗定向，进一步深化对习近平总书记关于地方志工作重要论述的学习；提高站位，进一步强化对地方志事业发展新的历史方位的认识；把握大局，进一步细化新发展阶段地方志事业高质量发展的基本思路；立足实际，进一步实化构建地方志事业发展新格局的具体举措；着眼长远，进一步确保地方志事业行稳致远的人才队伍建设。会议强调，各级地方志工作机构要切实履行好《青海省地方志工作规定》赋予的六项职责，在争取领导、融入主流、主动进位、齐抓共管、协力推动、能效统一上狠下功夫，切实做好新时代的忠实记录者、以志资政者、培根铸魂者。省志办主任杨松义主持会议并讲话。各市州及黄南州各县地方志工作机构主要负责人、省志办领导班子成员和各处室相关人员参加会议。

（杨树寿）

【新疆生产建设兵团史志系统表彰会】 12月3日，新疆生产建设兵团史志系统表彰会在乌鲁木齐市召开。兵团党委办公厅、兵团办公厅副主任张卫星，兵团人力资源和社会保障局办公室（兵团表彰奖励办公室）主任、二级巡视员任星红出席会议，兵团志办副主任陈旭主持会议。任星红宣读《关于表彰兵团史志系统2015—2019年度先进集体、先进工作者和优秀成果的通报》。会议要求，要深入学习宣传贯彻党的十九届六中全会精神；与时俱进，准确把握新发展趋势；主动发声，固守意识形态阵地；攻坚克难，全面夯实主责主业。会议强调，希望兵团广大史志工作者以此次表彰会的召开为契机，学习先进典型、汲取榜样力量、强化作风建设、激发干事创业活力，百尺竿头，更进一步，推动史志事业实现高质量发展。

（王兴鹏）

·年鉴工作会议

【北京市区级综合年鉴框架修改建议交流会】3月25日，北京市区级综合年鉴框架修改建议交流会召开。市委党史研究室、市志办副主任、一级巡视员张恒彬出席会议并强调，2021年卷区级综合年鉴应充分体现2020年的年度特色，通过参与中国年鉴精品工程推动年鉴质量的提升，创新拓展年鉴组稿方式，广泛收集有价值的资料。年鉴指导处对2021年卷区级综合年鉴框架修改建议情况做说明，解释框架审读的基本原则，指出各区在年鉴框架设计中存在的共性问题，并对下一步区级综合年鉴编纂工作做出安排。16个区地方志工作机构年鉴工作分管领导和年鉴工作部门负责人，市委党史研究室、市志办年鉴指导处、北京年鉴社相关人员共30余人参加会议。　　　　（赵文才）

【《北京年鉴（2021）》编纂启动会】3月，北京市委党史研究室、市志办组织召开《北京年鉴（2020）》编纂工作总结暨2021年编纂启动会。会议总结2020年"北京年鉴"工作并部署2021年"北京年鉴"工作任务。市委党史研究室、市志办副主任、一级巡视员张恒彬出席会议，强调《北京年鉴（2021）》编纂工作要全面提高编纂质量，认真消化吸收中指办和相关专家对《北京年鉴》的评审意见，通过加强内部审稿和外部专家审稿等方式提高质量。《北京年鉴》责任编辑12人参加会议。
　　　　　　　　　　　　　　（北京年鉴社）

【2021年天津区级综合年鉴和地方史工作推动会】5月8日，天津市档案馆（市志办）组织召开2021年天津区级综合年鉴和地方史工作推动会。会议就2021年卷综合年鉴、疫情防控、精准扶贫内容的谋篇布局进行交流，就地方史编著工作的前期推动、规范化操作进行经验介绍，就做好年鉴工作和高质量开展地方史编著提出建议。市档案馆党委书记、馆长阎峰，副馆长吴爱民出席会议。阎峰在讲话中强调，要加强党的领导，践行初心使命；要以新应新开新局；要主动作为谋发展；要提高质量和精品意识。市、区志办工作人员共53人参加会议。　　　　　　　　　　　　（唐旗）

【《辽宁年鉴（2021）》编纂工作会议】9月16日，辽宁省档案馆（省工业文化发展中心）召开《辽宁年鉴（2021）》编纂工作会议。省档案馆（省工业文化发展中心）副馆长（副主任）田冰主持会议。会议总结《辽宁年鉴（2020）》编纂工作，交流体会，分析存在问题，对做好《辽宁年鉴（2021）》编纂工作做出安排。省档案馆地方志编纂中心全体人员参加会议。　　　　　　　　（梁忠音）

【吉林省年鉴质量评审会议（2021）】4月9日，吉林省年鉴质量评审会议（2021）在长春市召开。年鉴指导处处长刘传仁主持会议。刘传仁传达省地方志编委会领导对评审工作的有关要求，并对《年鉴编纂质量评分标准》进行现场讨论。各位专家逐一发言，提出合理化建议。评审专家组全体成员及省地方志编委会年鉴指导处15人参会。　　（赵德新）

【江苏省第八届全省年鉴质量评定】年内，江苏省志办开展第八届全省年鉴质量评定工作，组织专家分组对报送年鉴进行复审和终审。8月30日，省志办印发《关于2021年度年鉴质量评审情况的通报》，对全省45部市、县（市、区）地方综合年鉴（含5部2020年度精品年鉴）和12部专业年鉴进行通报表扬，其中一等年鉴20部（含专业年鉴5部）、二等年鉴24部（含专业年鉴7部）、三等年鉴13部。根据评选结果，省志办优中选优，推荐19部年鉴参加八届全国地方志优秀成果（年鉴类）评审活动。
　　　　　　　　　　　　　　　　（张俊）

【江苏省精品年鉴评审系列会议】2月24日，江苏省志办召开2021年度全省精品年鉴创建启动视频会。苏州市、无锡市、南京市浦口区、常州市武进区、宝应县5家2020年度省级精品年鉴创建成功单位介绍创建工作经验，省志办对2021年度精品年鉴创建工作进行部署。3月至4月，省志办分别组织专家对泰州市、南京市江宁区、无锡市新吴区、苏州市相城区、灌云县5家精品年鉴创建单位篇目大纲进行评审。7月至10月，开展精品年鉴初稿评审，省志办组织全省8名年鉴专家分为市级年鉴专家组、县级年鉴专家组，分别指导各地创建工作。11月11日，全省精品年鉴终审会在南京举办。全省设区市地方志工作机构分管主任、2021年度精品年鉴创建单位负责人参加会议。泰州市、南京市江宁区、无锡市新吴区、苏州市相城区、灌云县5家精品年鉴创建单位分别汇报修改情况，6名省级精品年鉴评审专家对年鉴进行点评。 （张俊）

【南京创建中国精品年鉴区域研讨会】 11月17日，江苏省南京市创建中国精品年鉴区域研讨会召开。省志办副主任牟国义作题为"打造精品年鉴区域初探"的专题报告，入选中国精品年鉴和江苏省精品年鉴的《南京年鉴》《建邺年鉴》《雨花台年鉴》《浦口年鉴》编辑部主任分别汇报创建精品年鉴的经验体会，其他与会代表就新发展格局下提升年鉴质量、创建中国精品年鉴区域建言献策。江北新区相关工作负责人及南京市各区志办分管年鉴工作领导及年鉴主编30人参会。 （尤岩）

【2020年福建省年鉴精品工程终审评审会】 1月7日至8日，福建省委党史研究和地方志编纂办公室主办的2020年福建省年鉴精品工程终审评审会在罗源县召开。厦门市、漳浦县、延平区等11家进入终审环节的申报单位负责人，省内外特邀年鉴专家，年鉴工作处业务人员等近30人参加会议。福建省委党史研究和地方志编纂办公室副主任林浩出席会议并讲话。

（福建省委党史研究和地方志编纂办公室）

【厦门市、区两级综合年鉴2021卷大纲评审会暨厦门市全域精品年鉴2020年度工作总结会】 3月18日，厦门市、区两级综合年鉴2021卷大纲评审会暨厦门市全域精品年鉴2020年度工作总结会召开。福建省委党史研究和地方志编纂办公室副主任林浩及特邀年鉴专家对厦门市、区7部年鉴大纲进行逐一评点。与会专家在肯定各部年鉴大纲指导思想明确、框架结构合理、选题严谨、内容充分的同时，也对栏目平衡、标题表述、题材充实、文字规范等方面提出修改意见。省委党史研究和地方志编纂办公室年鉴工作处和市、区两级党史方志部门相关人员约30人参加会议。 （郑欣）

【2021年福建省全域年鉴精品工程（厦门）部分篇目点评会】 7月22日，2021年福建省全域年鉴精品工程（厦门）部分篇目点评会在厦门市召开。福建省委党史研究和地方志编纂办公室副主任林浩出席会议并讲话。林浩对厦门市全域年鉴精品工程试点工作取得的成绩予以肯定，就继续开展好试点工作提出要求：认真学习贯彻习近平总书记在庆祝中国共产党成立100周年大会上的重要讲话精神、在福建考察时的重要讲话精神和对党史地方志工作的重要论述，围绕中心服务大局；充分发挥职能作用，认真开展党史学习教育和"四史"宣传教育，学党史、悟思想、办实事、开新局，做到学史明理、学史增信、学史崇德、学史力行；坚持做好主责主业，主责主业是党史方志部门根本所在，也是为民办实事的具体表现，要严格按照要求，把全域年鉴精品工程试点工作做好。省委党史研究和地方志编纂办公室年鉴工作处处长欧长生等7位省年鉴专家，特邀专家，市、区两级党史方志部门分管领导、年鉴负责人等共37人参加会议。

（福建省委党史研究和地方志编纂办公室）

【2021年福建省全域年鉴精品工程（厦门）样书评审会在厦门召开】 12月1日至2日，2021年福建省全域年鉴精品工程（厦门）样书评审会在厦门市召开。福建省委党史研究和地方志编纂办公室副主任林浩出席会议并讲话。评审会上，特邀专家结合自己的编纂实践经验，对厦门市参加2021年福建省全域年鉴精品工程

候选项目的6个区年鉴样书进行逐一评审，从框架设计、条目编写、内容记述等进行全面点评，提出修改意见和建议。市、区两级党史方志部门负责人和年鉴编纂人员40余人参加会议。

（福建省委党史研究和地方志编纂办公室）

【**江西省第六届年鉴质量评比活动专家评审会**】 7月26日，江西省第六届年鉴质量评比活动专家评审会在南昌市召开。省地方志研究院班子成员，省、市、县三级地方志工作机构以及省直有关单位的16名年鉴评审专家参加会议。会议总结全省2021年卷市县综合年鉴编纂进度情况，并对这次评审会和年鉴工作提出要求。经各设区市地方志工作机构和省直有关单位择优推荐，活动共有市、县级综合年鉴和专业年鉴共66部参评。评审专家分成两组，按市级综合年鉴、县级综合年鉴、专业年鉴三个类别进行审读。经各评审组会议提出年鉴建议等次，领导小组召开会议研究确定评审结果，最终共有34部年鉴取得等次，其中一等9部、二等11部、三等14部。 （黄诗惠）

【**湖北省年鉴质量评审活动**】 8月，湖北省文化和旅游厅组织开展全省年鉴编纂出版质量评审活动。参评年鉴为公开出版的2020年卷市、县两级综合年鉴和地方专业年鉴。经各市（州）推荐，共有72部年鉴参评。经过评审，确定《武汉年鉴（2020）》等41部年鉴为优秀等次，其中市级综合年鉴9部、县级综合年鉴27部、地方专业年鉴5部。同时，推荐14部年鉴参加全国评审。

（湖北省文化和旅游厅地方志工作处）

【**湖南省第八届全省地方志优秀成果（年鉴类）评审推荐会**】 7月26日至28日，第八届湖南省地方志优秀成果（年鉴类）评审推荐会在长沙市召开。根据《第八届全国地方志优秀成果（年鉴类）初评推荐和第八届全省年鉴评优工作实施方案》要求，省地方志编纂院从省地方志专家库抽取20位评审专家，分为6个评审小组，按市级综合年鉴、县级综合年鉴、专业年鉴三个类别，采取自主审读、小组评议的方式，对全省14个市州地方志工作机构和省直有关单位择优推荐并已通过评审活动办公室初审的58部年鉴的政治内容、装帧设计、综合内容进行评审，并出具评审推荐书面意见。

（邓尧）

【**湖南省创精品年鉴调研座谈会**】 6月23日，湖南省地方志编纂院年鉴工作部到长沙市地方志编纂室调研长沙市年鉴质量建设工作，并召开创精品年鉴调研座谈会。长沙市地方志编纂室主要负责人从创建精品是手段、提高质量是目的、守正创新是根本、领导重视是关键四个方面作详细的经验介绍，对年鉴工作的规范、创新、发展进行深入阐述，并建议建立长株潭年鉴工作协同机制。长沙市志办年鉴处、浏阳市地方志编纂室、芙蓉区地方志编纂室、长沙县地方志编纂室负责人分别从不同的角度作专题汇报，省、市、县三级地方志工作机构与会人员就长沙市地方志编纂室创中国精品年鉴工程的"长沙模式"的经验进行交流。长沙市地方志编纂室表示将做好精品年鉴创建经验总结，发挥好示范带动作用，努力打造中国精品年鉴区域试点。

（姚兮廷）

【**广东省地方综合年鉴规范化建设片区调研座谈会**】 3月8日至9日，为传达贯彻好副省长覃伟中对年鉴工作的批示精神，高质量做好2021年全省地方综合年鉴编纂出版工作，推进新时代全省年鉴工作科学发展，广东省志办副主任丘洪松带队，分别在江门、茂名市召开地方综合年鉴规范化建设片区调研座谈会。会议传达覃伟中对年鉴工作的批示精神，强调各地要正视困难，切实提高对年鉴工作重要意义的认识，继续认真落实好中指组"两全目标"中年鉴全覆盖的工作任务，把"三服务"落到实处；奋起直追，抓早抓细，切实加快年鉴编纂出版进度；精益求精，切实保证地方综合年鉴编纂出版的质量，往精品年鉴靠拢。会议还传达学习中指组《关于地方综合年鉴编纂出版若

干问题的补充规定》精神，广东年鉴社社长莫秀吉作业务专题辅导。（广东省志办）

【广东省2021年年鉴片区会议】 9月17日，2021年广东省年鉴片区会议在清远市召开，广东省志办党副主任丘洪松出席会议并讲话。年鉴处一级调研员叶辉主持会议。佛冈县政府副县长冯郁娴出席会议并致辞。会上，省志办年鉴处处长吕汉光以"新时代年鉴编纂规范和要点"为题讲授年鉴质量体系建设在年鉴编纂出版中的重要意义，总结近年来全省综合年鉴质量存在的主要问题，并提出解决存在问题、提升年鉴编纂质量的具体建议；广东年鉴社社长莫秀吉以"年鉴内容条目化和条目编写要领"为题作专题辅导，结合具体案例讲解如何提升年鉴条目编写要领。佛冈县政府县长江红平、清远市史志办副主任郭建廉和深圳、汕头、惠州、汕尾、清远、潮州、揭阳等7市及所辖县（市、区）年鉴工作负责人50多人参加会议。（广东省志办）

【2021年广州市地方综合年鉴质量评价会议】 5月25日，2021年广州市地方综合年鉴质量评价会议召开。会议对广州市各区年鉴进行现场点评和推选。省市年鉴专家、市辖11个区地方志工作机构的年鉴编纂业务骨干20余人参加会议。（广东省志办）

【第八届全国地方志优秀成果（年鉴类）评审活动广西评审推荐会】 8月25日至27日，广西壮族自治区志办召开第八届全国地方志优秀成果（年鉴类）评审活动广西评审推荐会。会议对全区各市、中直驻桂单位、区直单位推荐的9部市级综合年鉴、13部县级综合年鉴、8部专业年鉴开展评审。与会专家对照标准，从框架设计、地方特色、表现形式、层次标题、信息价值、资料内容、条目选题、记述方式、语法和标点符号规范、检索系统、版式设计12个方面对参评年鉴进行全面评审。经过分组评审、小组研究、集中评议、投票表决等环节，报广西评审推荐领导小组审定后，确定推荐代表广西参加第八届全国地方志优秀成果（年鉴类）评审活动的年鉴。自治区志办领导班子、评审专家和广西壮族自治区志办年鉴部人员参加会议。（高叶）

【《陕西年鉴》编纂出版工作会议】 1月14日，陕西省志办召开《陕西年鉴》编纂出版工作会议。省志办副主任、《陕西年鉴》常务副主编武军主持会议并讲话。会议采用发言讨论等形式，着重就《陕西年鉴》2020年卷编纂出版工作进行总结，针对2021年卷编纂出版工作进行全面安排，并对年度资料收集范围、撰稿规范等方面提出要求。会议要求，要抓好年鉴规范，年鉴编纂要紧扣《地方综合年鉴编纂出版规定》和《关于地方综合年鉴编纂出版若干问题的补充规定》，夯实年鉴的规范工作。要提高年鉴质量，通过把好政治、保密、文字等关口，积极参与中国年鉴精品工程和对标先进、争创一流、取长补短三项措施，进一步提高年鉴的整体质量。要突出年鉴特色，2021年卷要围绕认真学习贯彻习近平总书记到陕西考察重要讲话、脱贫攻坚、抗击疫情、"六稳""六保"等中心工作，全面反映陕西省的特色亮点工作。要加强年鉴理论研究，陕西年鉴编辑部要带头从小切口研究大道理，并号召全省年鉴工作者参与其中，提高全省年鉴理论水平。《陕西年鉴》全体编辑人员参加会议。
（陕西省志办）

专业培训与考察交流

· 业务培训

【北京市《朝阳大事记汇编》主笔人业务培训】 10月25日,北京市朝阳区志办举办《朝阳大事记汇编》主笔人业务培训。培训通报区地方志工作的整体情况,介绍大事记编写的基本情况,指出存在的问题;从加强组织领导和统筹协调,明确分工、落实责任,严格收录标准,精选大事条目等方面提出具体意见;围绕充分认识大事记工作的重要意义、如何做好大事记供稿工作两方面做业务培训。全区供稿单位主笔人140余人参加培训。 （姜原）

【北京市昌平区史志工作业务培训会】 4月15日,北京市昌平区志办举办史志工作业务培训会。会议对《北京昌平年鉴（2020）》编纂情况进行回顾总结,提出下一步工作的具体要求。《北京昌平年鉴》编辑部负责人以年鉴基本特点及稿件撰写为题,为区内参编单位撰稿人进行业务培训。全区120余家年鉴参编单位撰稿人参加会议。 （李楠）

【北京市大兴区史志业务提升"云培训"】 11月,北京市大兴区志办组织开展史志业务提升"云培训",结合史志工作实际,围绕中共党史、平南红色历史、地方志编纂等内容展开。全区126家单位史志工作人员通过视频参加培训。 （周润洁）

【天津2021年度全市地方志工作培训班】 7月14日至16日,天津市档案馆（市志办）在宝坻区举办2021年度全市地方志工作培训班。中指组秘书长、中指办主任冀祥德应邀出席开班式并授课,中指办年鉴处处长刘永强,国家方志馆馆藏部负责人和卫国,北京市委党史研究室、市志办年鉴指导处处长崔震,中国地方志学会学术委员会委员王晖,天津人民出版社副总编辑杨舒为培训班授课。市档案馆党委书记、馆长阎峰出席开班式并作动员讲话,宝坻区委常委、区委办公室主任、区委组织部部长李强出席开班式并介绍宝坻区经济社会发展和地方志工作情况,市档案馆副馆长吴爱民主持开班式并作培训总结。与会专家围绕实施中国志书、年鉴精品工程,志鉴记述全面建成小康社会、脱贫攻坚、疫情防控伟大成就,方志馆建设和志鉴编修方法、质量规范,以及出版印刷等业务知识进行授课。北辰区作为全国唯一志鉴"双精品"县区级单位作经验介绍。培训期间,还组织分组交流研讨活动。市、区地方志工作人员,天津对口支援的西藏昌都地区地方志工作人员139人参加培训。 （唐旗）

【山西省党史方志宣传教育工作培训班】 12月6日至10日、13日至17日,山西省党史方志宣传教育工作培训班分两期在山西省委党校举办。培训班采取现场授课、远程视频授课和交流研讨等方式进行。授课聚焦学习贯彻党的十九届六中全会精神、习近平总书记关于宣传思想工作重要论述和省十二次党代会精神等,邀请中央党史和文献研究院和北京市委党史研究室、市志办专家分别开展党史和地方志业务培训。全省党史方志系统副处级以上干部及宣传骨干100余人参加培训。

（山西省地方志研究院）

【沈阳市史志系统提高"四史"研究水平专题培训班】 10月12日至14日，辽宁省沈阳市史志系统提高"四史"研究水平专题培训班在东北大学举办。沈阳市委党史研究室（市志办）副部长陈伟和原部长郑德庆分别以"浅谈地方志书编纂常识""大事记编写技巧"为题进行授课。市委党史研究室（市志办）班子成员及部分人员、各区县（市）党史和地方志部门负责人及业务骨干60余人参加培训。

（沈阳市委党史研究室）

【吉林省地方志编委会专题培训】 5月14日，吉林省地方志编委会组织第5期机关法治培训暨民法典系列讲座。北京市金诺（长春）律师事务所律师肖立颖就"民法典婚姻家庭编概述"做专题授课。8月13日，省地方志编委会邀请长春师范大学历史文化学院院长、二级教授、博士研究生导师姜维公就国家安全视域下的高句丽历史问题做专题授课。省地方志编委会及省方志馆全体人员参加培训。

（孙敏杰）

【吉林省抗击新冠肺炎疫情志编纂人员培训班】 6月9日至10日，吉林省地方志编委会举办吉林省抗击新冠肺炎疫情志编纂人员培训班。省地方志编委会党组书记、副主任李云鹤出席开班式并做讲话。省地方志编委会省直指导处处长冯占文、《温州抗疫志》主编张声和、《江苏南京抗疫志》主编吕晓红做专题授课。省直相关单位（部门）和市（州）地方志工作机构参编人员、抗疫志编辑部全体人员等40余人参加培训。 （任帅）

【吉林省志书编纂业务培训班（2021）】 7月28日至30日，吉林省地方志编委会主办的吉林省志书编纂业务培训班（2021）在伊通满族自治县举行。省地方志编委会党组书记、副主任李云鹤，四平市副市长王柏仲，省地方志编委会副主任尚志华，伊通县委副书记、县长叶永兴，四平市地方志编委会党组书记、主任于之，四平市政府副秘书长孙中阳，伊通县委常委、副县长王浩出席开班仪式。李云鹤在开班式上作动员讲话。王柏仲和叶永兴在致辞中介绍四平市以及伊通县的基本情况、特色优势以及近些年来发展所取得的成就，并对地方志工作在促进地方社会经济文化发展中的重要作用给予热情肯定和展望。专题授课阶段，先后由长春市地方志编委会副编审付莉讲授地方志书的源流、属性和功能，吉林市志办处长赵健敏讲授志书的体例，白城市志办副主任滕坤讲授续志资料收集的途径、方法和难点，东丰县志办副研究馆员刘德宝讲授续志资料的分类、归纳和整理。北京市志办原主任王铁鹏作村镇志书的编纂专题授课。尚志华总结讲话。全省各级地方志工作机构的市县志、村镇志编纂人员260余人参加培训。 （马艾民）

【吉林省年鉴编纂业务培训班（2021）】 9月28日至29日，吉林省地方志编委会主办的吉林省年鉴编纂业务培训班（2021）暨年鉴编纂理论研究论坛在松原市举办。省地方志编委会年鉴指导处处长刘传仁主持。培训分年鉴编纂业务培训和理论研究论坛两项内容。业务培训期间，刘传仁对《关于地方综合年鉴编纂出版若干问题的补充规定》进行解读；长春市志办年鉴处付莉作题为"提升年鉴质量应注意的有关问题，以精品年鉴编纂为例"的授课；省地方志编委会年鉴指导处赵德新以"年鉴大事记的编写"为题讲授年鉴大事记的编写规范；省地方志编委会年鉴指导处闫佳函以"条目编纂中存在的问题及优化路径"为题讲授条目编写常见问题及解决对策。全省年鉴编纂单位的领导和编纂人员130余人参加培训。 （闫佳函）

【《吉林年鉴（2022）》撰稿人培训班】 12月21日，吉林省地方志编委会在长春市举办《吉林年鉴（2022）》撰稿人培训班。培训班上，省地方志编委会年鉴指导处处长刘传仁宣读《吉林年鉴编纂委员会关于通报表扬〈吉林年鉴（2021）〉优秀撰稿人的通知》，总结回顾《吉林年鉴（2021）》供稿情况；年鉴指导处苏悦博做《吉林年鉴（2022）》供稿要求辅导；年鉴指导处赵德新就大事记编写进行交流；年鉴指导处闫佳函以"年鉴供稿内容及撰写规范"为题进行讲解。年鉴指导处李雯主持培训班。全省各市（州）、县（市）及省直各部门入鉴单位的140余名撰稿人参加培训。

（闫佳函）

【2021年度哈尔滨市区、县（市）年鉴编纂业务培训班】 4月26日至27日，2021年度哈尔滨市区、县（市）年鉴编纂业务培训班举办。培训班传达全国省级地方志机构主任工作会议暨中国地方志学会第七次会员代表大会精神，各区、县（市）代表围绕工作人员配备、出版资金来源等情况及资料征集等年鉴编纂经验展开交流，黑龙江省委史志研究室一级调研员刘树波、哈尔滨市委史志研究室调研员丁日杰分别以"年鉴编纂注意把握的基本问题""哈尔滨市区、县（市）地方综合年鉴编纂过程中存在的问题与编纂质量提升对策"为题进行专题辅导。哈尔滨市18个区、县（市）委史志研究室负责年鉴编纂工作主管领导、年鉴编辑人员50人参加培训。 （宋春秀）

【上海市年鉴编纂业务培训】 9月15日，上海市志办、市年鉴学会举办上海市年鉴编纂业务培训。培训通报第八届全国地方志优秀成果（年鉴类）评审活动上海地区评审情况，邀请上海人民出版社审读室主任张利雄主讲"年鉴编纂如何把好政治关"。全市各年鉴编纂单位60余人参加培训。 （王师师）

【江苏省地方志网络业务培训】 年内，江苏省志办组织网络业务培训16场，邀请省志办副主任牟国义、原省志办副主任方亚光、苏州市志办副主任陈其弟、连云港市志办副主任陆瑞萍、盐城市志办副主任王海燕等，分别以近代中国年鉴发展简史，志稿（书）审查、验收与出版，志书的编纂原则、体例和要求，地方综合年鉴的框架设计，地方综合年鉴单一性条目的编写等为题进行授课。省内外全年累计参训人数超过1万人次。 （纪莉莉）

【江苏名镇名村志专题培训班】 3月24日至26日，江苏名镇名村志专题培训班在南京市举办。培训班以打造全媒体志书为主题，邀请《中国国家地理·地道风物》首席商务官林少波、《江苏名镇志 新坝镇志》执行主编唐华龙、《靖江市志》主编王宇清授课，交流编纂工作经验；江苏名镇名村志项目组相关人员分别围绕全媒体志书理念与年度工作目标要求、编纂全媒体志书的工作流程、视频制作相关要求和全媒体志书的图片选取等问题，进行具体业务辅导。各市、县（市、区）地方志工作机构分管负责人和镇村志编纂人员100余人参加培训。 （武文明）

【江苏省年鉴业务培训班】 11月12日，江苏省年鉴业务培训班以现场会议+视频直播形式举办。连云港市志办副主任陆瑞萍、南通市志办副主任陈红、扬州市志办四级调研员姚震分别围绕地方综合年鉴政治类目、农业农村类目、乡村振兴类目的设置和内容记述进行授课。各设区市地方志工作机构分管负责人、部分即时性记录编纂单位负责人、2021年度精品年鉴创建单位负责人在南京主会场参会，全省300余名从事年鉴工作人员通过视频直播参加线上会议和培训。 （张俊）

【学习贯彻江苏省"十四五"地方志事业发展规划培训班】 12月，江苏省志办分两期举办学习贯彻江苏省"十四五"地方志事业发展规划培训班。培训班学习贯彻党的十九届六中全会和省第十四次党代会精神，推动《江苏省"十四五"地方志事业发展规划》目标任务落地落实。省志办主任左健伟出席培训班并讲话，省志办二级巡视员许善军作动员讲话并传达中指办党组致省委书记吴政隆的感谢信，省志办副主任陈华从编制背景和过程、总体考虑和主要特点、主要内容等方面对《江苏省"十四五"地方志事业发展规划》作解读。省志办相关处室负责人就主题志鉴编纂、即时性志鉴编纂、方志馆建设和史志馆联盟等作讲解。南京、苏州、盐城和扬州等设区市志办分管负责人分享方志文化传播、特色专题志书编纂、镇村志编纂、国家方志馆江南分馆建设的做法和经验。各市、县（市、区）地方志工作机构负责人参加培训。　　　　　（武文明）

【安徽省党史和地方志干部培训会】 4月2日，安徽省党史和地方志干部培训会在合肥市举办。安徽省委党史研究院（省地方志研究院）院长程中才就党史学习教育作专题辅导报告，院学术和编审委员会主任朱贵平就习近平同志《论中国共产党历史》进行解读。合肥市、淮北市、金寨县、休宁县等4个市县党史和地方志研究室主要负责人在会上作交流发言。副院长苗键、吴静、施昌旺出席会议。各市、县（市、区）委党史和地方志研究室主要负责人，省委党史研究院（省地方志研究院）机关副处级以上干部参加会议。（胡锴）

【《福建年鉴（2021）》全省撰稿人业务培训班】 5月12日至13日，福建省委党史研究和地方志编纂办公室主办的《福建年鉴（2021）》全省撰稿人业务培训班在屏南县举办。福建省委党史研究和地方志编纂办公室副主任林浩出席培训开班式并讲话。福建省委党史研究和地方志编纂办公室相关业务人员、省直有关单位、各市县（区）《福建年鉴》撰稿人近160人参加培训。

（福建省委党史研究和地方志编纂办公室）

【江西省市县年鉴业务视频培训班】 6月22日，江西省市县年鉴业务视频培训班在南昌市举办。培训班通报全省设区市、县（市、区）地方志工作机构改革情况和年鉴编纂进展情况，明确各级地方志工作机构要提高政治站位，切实增强地方志工作的使命感和责任感；要坚持质量第一，推动地方志事业高质量发展；要加强统筹协调，确保志鉴成果落地。省地方志研究院年鉴处处长、一级调研员詹跃华就地方综合年鉴条目编写进行专题培训。各设区市、县（市、区）地方志工作机构的撰稿人员共340余人以视频会议形式参加培训。　　　　　　　　　（黄诗惠）

【江西省扶贫志和全面小康志编纂业务培训会】 10月26日，江西省扶贫志和全面小康志编纂业务培训会在南昌市举办。省地方志研究院二级巡视员周慧以"方志基本知识与'两志'编纂"为题进行授课。省地方志研究院班子成员，省扶贫志和全面小康志编纂工作责任单位分管领导、联系人，《江西省扶贫志》《江西省全面小康志》编纂室成员等180余人在主会场参加会议。各市、县（市、区）宣传、政府办、发展改革委、乡村振兴和史志等机构负责人及编纂工作人员通过视频方式在分会场参加会议。　　　　　（黄诗惠）

【江西省地方志工作机构负责人业务培训班】 12月7日至9日，2021年江西省地方志工作机构负责人业务培训班举办。中指办一级巡视员邱新立、省地方志研究院二级巡视员周慧、南昌市史志办主任谢晓亮分别以"方志体裁运用需注意的若干问题""方志基本知识与'两志'编纂""南昌市史志工作的实践与体会"为题为学员授课。全省各设区市、县（市、区）地方志工作机构负责人，省地方志研究院各处处长、副处长及省方志馆负责人140余人在主会场参加培训。全省各级地方志工作机构一线工作者通过观看视频参加培训。（黄诗惠）

【山东省临沂市党史史志业务骨干培训班】 11月23日至25日，山东省临沂市党史史志业务骨干培训班举办。青岛市委党史研究院（市地方史志研究院）原二级巡视员王现军结合青岛市的编修实例，对镇村志的编修作讲解；省委党史研究院（省地方史志研究院）年鉴工作处处长、一级调研员徐尉以"把握编纂要求，提高年鉴质量"为题，结合打造精品年鉴的工作要求，指出年鉴编纂工作中存在的突出问题，强调提升年鉴质量的方法、要求；临沂市委党校教研部主任、三级教授刘延宏对《习近平总书记在中国共产党成立100周年大会上的讲话》做了深入浅出的解读；省委党史研究院（省地方史志研究院）研究一处二级调研员张艳芳对《新时代现代化强省建设纪实》编写要求和操作实务做辅导。临沂市各县（区）委党史（地方史志）研究中心主要负责人、业务骨干和市委党史研究院（市地方史志研究院）业务科室人员50余人参加培训。 （杜泉）

【山东省党史史志业务骨干培训班】 12月13日至16日，山东省党史史志业务骨干培训班在济南市举办。山东省委党史研究院（省地方史志研究院）副院长姚丙华出席开班式并讲话。临沂市委党史研究院（市地方史志研究院）原院长、一级调研员李洪彦，省委党史研究院（省地方史志研究院）研究三处处长、一级调研员郭洪云，烟台市委党史研究院（市地方史志研究院）副院长、二级调研员李迎春，省委网信办总工程师赫丛庆，省委网信办网络安全协调处副处长、三级调研员韩旭东，江苏省地方志办公室副主任陈华等作专题辅导讲座。全省市、县（市、区）两级党史史志业务骨干90余人参加培训。 （杜泉）

【河南省乡镇村志编纂业务培训班】 10月19日至22日，河南省乡镇村志编纂业务培训班在三门峡市举办。培训分别就地方志的历史与今天，方志学基本理论，方志编纂基本理论与方法，乡镇志、村志的编纂，综合年鉴质量规范有关问题，年鉴编纂需要注意的有关问题探讨等方面进行专题培训。全省史志系统近百名业务骨干参加培训。 （张新 徐德森）

【河南省名镇名村志编纂研讨培训班】 11月30日，河南名镇名村志编纂研讨培训班在郑州市举办。培训采取以会代训的方式进行，各省辖市、直管县史志机构负责人围绕乡镇村志编纂工作进展情况和名镇名村志编修情况，并就编纂过程中取得的经验、采取的措施及存在的问题进行交流。全省史志系统40余名人员参加培训。 （张新 徐德森）

【2021年湖北省地方志机构新任负责人、新进人员业务培训班】 5月31日至6月5日，湖北省地方志机构新任负责人、新进人员业务培训班在武汉市举办。中指组秘书长、中指办主任冀祥德就当前地方志事业面临的形势作全面解读，方志出版社总编辑于伟平讲授志鉴出版规范和质量要求，省政府研究室副主任黄良港讲授湖北省情，中指办年鉴处处长刘永强解读《关于地方综合年鉴编纂出版若干问题的补充规定》，武汉大学信息管理学院教授王三山讲授中华民族优秀传统文化的传承和发展，省文化和旅游厅原二级巡视员司念堂讲授方志基础知识，省文化和旅游厅原二级巡视员王钢讲授年鉴基础知识，省地方志专家库专家李甫清讲授乡镇村志编修等课程。湖北省文化和旅游厅党组成员吴凤端出席开班仪式并讲话。全省市县两级地方志工作机构新任负责人和新进业务人员约120人参加培训。

（湖北省文化和旅游厅地方志工作处）

【2021年武汉市地方志系统业务培训班】 7月28日至30日，2021年武汉市地方志系统业务培训班举办。北京市方志馆副馆长刘宗永，湖北省文化和旅游厅地方志工作处处长卢申涛，原湖北省志办副巡视员陈章华，武汉出版社总编辑邹德清，广东年鉴社社长莫秀吉，武汉地方志专家库专家冯辉等业内专家围绕方志馆建设、街道志编修、第三轮地方志编纂、史志图书编纂、新闻出版基础知识、精品年鉴、地情资源开发利用等主题开展授课培训。武汉区级地方志工作机构主要负责人、市区两级地方志机构业务工作人员、市级行业（专业）年鉴编纂人员、街道（乡镇）志编修专班编撰人员等60余人参加培训。 （武汉市志办）

【湖南省年鉴质量建设专题培训班】 7月29日，湖南省年鉴质量建设专题培训班在长沙市举办。省地方志编纂院院长江涌以"深入学习贯彻习近平总书记'七一'讲话精神，奋力开创全省年鉴事业高质量发展新局面"为题作讲话。副院长彭楚筠、二级巡视员杨盛让等出席培训开班式并讲话，副院长邓建平主持开班式。长沙市地方志编纂室主任王习加以"创精品培育模式 建精品年鉴区域"为题授课，永州市委党史研究室（市地方志编纂室）主任李祥红以"创建市县年鉴评审机制推进地方综合年鉴质量提升"为题授课，江西省地方志研究院二级巡视员、编审周慧作题为"解决年鉴质量问题的根本途径——年鉴的专业化问题"的书面授课。各市州地方志工作机构年鉴工作分管领导、年鉴部门主要负责人、部分县（市、区）地方志工作机构年鉴编纂业务骨干及《湖南年鉴》相关编纂人员50余人参加培训。

（周美凤）

【2021年广东省地方志系统能力提升培训班】 4月25日至30日、11月21日至26日，广东省地方志系统能力提升培训班第一期、第二期先后在中山大学举办。中山大学马克思主义学院教授龙柏林、华南农业大学马克思主义学院教授唐土红、中山大学历史系暨历史人类学中心教授黄国信、华南理工大学教授祁明、中国地方志学会学术委员陈泽泓、广东年鉴社社长莫秀吉等授课。培训内容主要是学习贯彻习近平新时代中国特色社会主义思想，学习党史、志鉴史编纂、数字化和方志馆建设等业务知识。培训形式为讲座、现场教学等。全省各地地方志工作业务骨干、一线工作人员参加培训，第一期67人，第二期65人。

（广东省志办）

【2021年广东省年鉴编纂实务研修班】 7月20日至23日，广东省志办主办的2021年广东省年鉴编纂实务研修班在开平市举办。省志办副主任丘洪松出席研修班并作动员及总结讲话，开平市委常委伍德斌出席开班式。研修班期间，全体人员分成3个大组12个小组对117部年鉴进行质量评价，各大组组长还就参评年鉴的优点、特点及存在问题进行会议交流。全省各地级以上市42位年鉴专家、业务骨干参与研修班。

（广东省志办）

【深圳市名村志编纂业务培训会】 5月19日，广东省深圳市志办召开全市名村志编纂业务培训会。市志办主任杨立勋出席会议。广东省志办方志处二级调研员杨波讲授申报中国名镇志、名村志文化工程需注意的几个问题，黄璐讲授中国名镇志、名村志丛书编纂出版应注意的若干问题及对策；深圳市志办地方志处处长周华讲授志书编纂基本原则及资料工作的具体要求等课程。市志办地方志处业务人员，各区志办负责人和业务人员，申报名村志（名镇志）的街道、社区分管领导和业务人员，相关志稿的编纂人员和各级审核人员等180余人参加培训。

（广东省志办）

【深圳市志办指导基层年鉴工作】 年内，广东省深圳市委党史文献研究室（市志办）组织人员到各区指导年鉴工作。3月，到盐田区开展年鉴业务培训；4月，到龙岗区开展年鉴业务培训，为首卷《松岗街道年鉴》开展业务培训；5月，为罗湖区年鉴工作开展培训；8月，为《政协年鉴》大纲提供指导意见。审读《光明年鉴》《盐田年鉴》《龙岗年鉴》《坪山年鉴》《罗湖年鉴》《宝安年鉴》《南山年鉴》等区级年鉴，审读《新安街道年鉴》《松岗街道年鉴》《马田街道年鉴》，并提出修改意见。6月，组织开展全市年鉴质量评议会，采取各区分头互评打分，再汇总打分表统一评审方式，于中旬选送优秀年鉴28部至省志办。

（杨腾寓）

【2021年桂志文化讲堂第一讲暨党史学习教育专题讲座】 4月29日，广西壮族自治区志办在南宁市举办2021年桂志文化讲堂第一讲暨党史学习教育专题讲座。自治区政府参事、自治区决策咨询委员会专家黄健作"追梦百年奋进南疆——中国共产党广西历史（1921—2021）"专题讲座。黄健从导言、觉醒年代、开天辟地、烽火南疆、壮乡巨变、潮涌八桂、壮美广西等方面，对习近平总书记关于学习党史的重要论述以及中国共产党广西历史进行阐述。自治区志办、南宁市方志办以及广西人民出版社等干部职工60多人参加讲座。

（高叶）

【2021年桂志文化讲堂第二讲暨党史学习教育专题讲座】 7月23日,广西壮族自治区志办在南宁市举办2021年桂志文化讲堂第二讲暨党史学习教育专题讲座。广西区委党校党史党建教研部副主任、教授张忠友作"从百年党史汲取奋进力量为实现中华民族伟大复兴而奋斗——学习习近平总书记在庆祝中国共产党成立100周年大会上的重要讲话精神"专题讲座。张忠友从百年起点——伟大建党精神与民族觉醒、百年历程——伟大成就与民族命运持续改变、百年密码——行动纲领与实现民族伟大复兴3个方面,解读习近平总书记在庆祝中国共产党成立100周年大会上的重要讲话精神。自治区志办及南宁市志办、崇左市志办党员干部职工40余人参加讲座。 （高叶）

【广西地方志业务培训班】 10月25日至29日,广西壮族自治区地方志业务培训班在山东省济宁市举办。自治区志办党组书记、主任梁金荣作开班动员讲话。中指办党组书记、方志出版社社长高京斋讲授"感悟习近平总书记的方志情怀——谈谈领导干部如何读志、用志、修志",山东省委党校文史部主任、教授张文珍讲授"坚定文化自信传承弘扬中华优秀传统文化",山东省地方史志研究院院长赵国卿讲授"锚定走在前列锐意担当作为——全力推动山东史志事业高质量发展的实践与思考",福建省委党史研究和地方志编纂办公室一级巡视员俞杰讲授"以习近平新时代中国特色社会主义思想为指导总结'二轮修志'为开启方志记录新征程贡献力量",山东省东营市地方史志研究院院长杜金华讲授"东营市地方史志工作的几点做法和体会",山东省济宁干部政德教育学院特聘教授、曲阜师范大学副校长、教授李兆祥讲授"为政以德——中国传统政德思想的当代价值"。全体学员以"学山东,比山东,我该怎么办"为主题进行分组讨论。培训组织现场教学,全体学员分别到曲阜孔庙、孔府、孔林、周公庙以及邹城孟庙、孟府参加现场学习。 （高叶）

【广西全区乡村史志文化建设现场交流暨乡村史志编修专题培训会】 10月15日至16日,广西壮族自治区志办、自治区住房和城乡建设厅、广西桂学研究会、桂林市政府联合主办的全区乡村史志文化建设现场交流暨乡村史志编修专题培训会在桂林市临桂区举行。自治区政府副秘书长唐宁,中指办一级巡视员、方志出版社总编辑曹宏举,广西桂学研究会会长吕余生,桂林市人大常委会副主任区捷,桂林市临桂区委书记石玉琳分别致辞。自治区住房和城乡建设厅党组书记、厅长唐标文,自治区志办党组书记、主任梁金荣作工作部署。南开大学历史学院教授、博士生导师王先明,广西壮族自治区志办市县志工作部副部长柳玉秀,原安徽省志办编纂处处长王晖分别以"中国乡村发展的百年探索""广西乡村史志编修的现状及对策"和"乡村史志编修实务"为主题,进行现场授课。桂林市临桂区政协、临桂区志办、阳朔县福利镇忠和村作经验交流发言。与会人员现场观摩学习临桂区中庸镇、四塘镇的村史馆建设经验。自治区地方志系统、住建系统、村镇代表等近200人参加会议。 （高叶）

【2021年桂志文化讲堂第三讲专题讲座】 10月15日,广西壮族自治区在桂林市临桂区举办桂志文化讲堂第三讲专题讲座。南开大学历史学院教授、博士生导师王先明作"百年中国现代化进程与乡村发展的历史反思（1860—2016）"专题讲座。王先明从中国现代化发展进程的三个阶段、现代化发展的历史成就、现代化发展进程中的"三农"问题、对"三农"问题的历史反思、新时代中国乡村的愿景5个方面,对百年中国现代化进程与乡村发展进行历史探索与反思。全区地方志系统及住建系统200余人参加讲座。 （高叶）

【2021年桂志文化讲堂第四讲专题讲座】 12月9日,广西壮族自治区志办在南宁举办2021年桂志文化讲堂第四讲学习贯彻党的十九届六中全会精神暨建党百年党风廉政建设专题培训班。自治区志办党组书记、主任梁金荣作"传

承八桂历史血脉激发广西前行动力"专题讲座。梁金荣结合学习习近平总书记重要讲话与学习领会党的十九届六中全会精神，围绕习近平总书记关于弘扬中华优秀传统文化的重要论述与总结历史经验的重要论述，从华夏文明的千年演进与中华民族共同体的形成讲起，以八桂发展的历史回眸、广西历史形成的特质基因以及以史为鉴、激发八桂前行动力3个方面为纲，点、线、面结合，详细梳理、解读广西发展的历史与发展态势，引导大家牢记总书记嘱托，勇担使命，为建设新时代中国特色社会主义壮美广西贡献力量。自治区退役军人事务厅、自治区党委党史研究室、自治区志办以及驻自治区退役军人事务厅纪检监察组等50多人参加讲座。 （高叶）

【海南省地方综合年鉴编辑业务培训会】 3月18日，海南省地方综合年鉴编辑业务培训会举办。培训内容为讲解精品年鉴质量建设标准、年度重点选题策划、彩图运用及涉密敏感问题等内容。省志办年鉴工作处相关人员以问题为导向，分别对政治、经济、社会部类编撰的具体事项进行讲解。海南10个市、县（区）的10余名年鉴责任编辑参加会议。（张东安）

【《海南年鉴》省直单位新晋撰稿人培训会】 4月8日，《海南年鉴》省直单位新晋撰稿人培训会在海南省史志馆举办。培训内容为《海南年鉴（2021）》撰稿工作具体要求，编写年鉴的意义、年鉴的定义、纲目设置、图片运用、编写规范等方面，分年鉴图片编纂的若干问题、年鉴资料的收集与整理、年鉴条目编撰3个专题进行授课。年鉴工作处负责人就各编撰单位撰稿的内容、要点进行具体指导，并解答编撰人员关于年鉴编写的相关疑问。2020年、2021年《海南年鉴》新晋撰稿人参加会议。
（张东安）

【《海南扶贫志》撰稿人培训会议】 4月29日，海南省委党史研究室（省志办）在海南省史志馆召开《海南扶贫志》撰稿人培训会议。省委党史研究室（省志办）副主任秦武军出席培训会议并作动员讲话。省志编审处相关负责人围绕中指组《地方志书质量规定》和《海南省地方志书行文规范（试行）》，结合编写实践中具有代表性的、比较突出的案例，讲解志书体例、行文等内容。全省55个单位和市县的近70名撰稿人参加培训。 （王凌云）

【《海南绿水青山志》组稿培训会】 12月30日，海南省委党史研究室（省志办）召开《海南绿水青山志》组稿培训会。原山西省志办党组书记、主任、研究员李茂盛，海南大学生态与环境学院二级教授、博导杨小波进行专题授课。李茂盛从志书的编写体例出发，以"志书的启动意义、志体特性、修志方法——以《海南绿水青山志》为例"为题，围绕习近平生态文明思想，讲授修志所应把握的原则，收集资料的方法，志书的编纂原则、行文规范等相关内容。杨小波以生态学、植被学等专业领域为重点，结合《海南绿水青山志》编撰大纲，分章节讲授《海南绿水青山志》各部分所应把握的编写重点、收录内容等，对供稿任务作细化说明。《海南绿水青山志》编辑部相关负责人主持会议，并对志书的截稿时限、编写工作提出具体的要求。《海南绿水青山志》供稿单位相关撰稿人员参加培训。 （张东安）

【四川省川北片区地方志业务培训会议】 11月2日至3日，四川省川北片区地方志业务培训会议在大竹县召开。江苏省志办一级调研员吉祥、万方数据成都分公司副总经理毕雪莹、四川省志办市县志工作处处长高伟明分别作题为"乡镇志特点及编纂思维""互联网思维模式下地方传统文化建设与思考""地方综合年鉴质量问题"的讲座。参训人员到四川东柳醪糟有限公司、川渝合作（达州·大竹）示范园区、大竹数字经济产业园，开展坚持"三个服务"、探索地方志事业法治化高质量转型升级新路径的现场教学。四川省志办主任陈建春，重庆市志办副主任夏小平，达州市委常委、副市长王光生，四川省志办副主任赵行、陶利辉等出席会议。会议要求，要高举旗帜、提高站位，牢牢把握新时代地方志工作正确方向；解放思想、打开格局，准确把握新时代地方志工作历史机遇；明确任务、把握重点，积极探索新时代地方志事业法治化高质量转型升级新路径。成都、德阳、绵阳、广元、南充、广安、达州、巴中、阿坝、甘孜10个市（州）及所属县（市、区）地方志部门负责人、志鉴编纂业务人员，重庆市及所属有关县（区）地方志部门人员，四川省志办机关各处有关人员190余人参加会议。　　　　　　（黄绚）

【成都地方志系统业务培训班】　6月，四川省成都市志办组织全市地方志系统专业骨干及市级相关部门地方志工作者50余人到浙江大学参与"一体共进"综合能力提升班，助力成都市地方志人才队伍提高站位、开阔视野、延展思路。　　　　　　　　　　　（冷一帅）

【贵州省档案馆（省志办）业务培训】　年内，贵州省档案馆（省志办）按照《干部教育培训工作条例》《2018—2022年全国干部教育培训规划》《2018—2022年贵州省干部教育培训规划》《2019—2023年全国党员教育培训工作规划》等相关要求，制定教育培训年度计划，采取集中轮训、专题培训、初任培训、任职培训、网络培训、合作培训、自主选学和组织调训等学习形式，组织开展或参加各类教育培训58批次1871人次，开展干部知识测试2次。其中，围绕省档案馆（省志办）地方志、年鉴、档案保护技术、干部人事档案、民国档案等业务，组织省志办师资库人员上讲台专题授课8人次，698人次参加学习。　（唐翡）

【贵州全省地方志信息化建设培训】　9月23日，贵州省志办首次以线上结合线下方式举办全省地方志信息化建设培训。培训内容主要有地方志基础知识，贵州省方志云综合服务平台、小程序、协同修志系统、协同编鉴系统等的使用，地方志信息化发展趋势等。省志办、9个市（州）及所辖县（市、区、特区）地方志工作机构160余人参加培训。　（方文鹏）

【2021年西藏自治区史志业务培训班】　12月3日至16日，2021年西藏自治区史志业务培训班分别在日喀则市、阿里地区、那曲市举办。培训班由自治区志办主办，日喀则、阿里、那曲三地市志办承办。自治区志办副主任王会世主持培训班开班式并讲话，日喀则市委常委、市委秘书长陈钢，那曲市人大常委会党组副书记、副主任、地方志工作领导小组常务副组长李玉建出席相关开班式并致辞，日喀则市委副秘书长李廷坤出席开班式。培训班除采取现场点评具体志鉴和讲授方志业务知识外，还通过线上方式邀请2名国内知名专家开展史志业务培训，邀请2名区内长期从事地方志工作的市县级方志工作人员上台分享交流工作经验。自治区志办有关人员、三地市各县（区）地方志工作分管领导和业务骨干100余人参加培训。　　　　　　（邹廷波）

【陕西省地方史编修研讨培训班】　12月15日至17日，陕西省地方史编修研讨培训班在线上召开。主会场设在省志办会议室，省志办党组书记、主任雷湛，副主任吴玉莲，二级巡视员李保国以及省志办全体人员在主会场参加培训。这次培训是省志办首次组织召开的线上培训，采用理论学习和经验交流、研讨交流相结合的方式进行。中指办一级巡视员、研究员邱新立，西北大学教授贾志刚进行网络授课，他们从中国史志编修传统，地方志和地方史的区别，地方史的特点，地方史资料搜集，地方史编写应注意的问题等方面进行地方史知识的系统讲解和培训；省志办介绍全省地方史编修情况；西安市、宝鸡市、渭南市交流地方史编修经验；铜川市、咸阳市、凤翔县等10个市、县（区）进行研讨交流。全省90多个市、县（区）200余人参加线上培训。

　　　　　　　　　　（陕西省志办）

【甘肃全省地方史志业务培训班】　8月10日至13日，甘肃省史志办在兰州市举办全省地方史志业务培训班。培训班由省史志办领导班子成员授课，以专题辅导形式进行，分为怎样当好史志办主任、结合全省二轮志书编纂实践谈第三轮修志和地方志书编纂的基本方法、如何编好扶贫志、如何编好小康志、如何编好名镇名村志、按时编出精品年鉴、关于地方史编写的一般方法和需要注意的问题7个专题。甘肃省、市（州）、县（市、区）三级地方史志工作机构近500人参加培训。

（贾小炎）

【甘肃省市州志鉴培训】 年内，甘肃省14个市（州）地方志工作机构分别组织市县区编纂人员，召开《全面建设小康志》《扶贫开发志》及年鉴编纂工作培训会议，就"两志"的资料收集、整理、编写，年鉴高质量编纂等方面做专题培训，培训30多场次，参加人员1000余人次。

（李佳潞）

【宁夏回族自治区志鉴业务培训】 年内，宁夏回族自治区志办采取以会代培、以评代培及专题培训班的形式，开展基层业务指导，提高全区志鉴编纂人员业务理论和实践操作能力。先后举办《金凤年鉴（2021）》编纂业务培训班，《宁夏生态环境志》《银川市金凤区志（2001—2018）》《宁夏检察志》《宁夏惠农渠志》《固原扶贫志》《西吉县扶贫志》《同心县志（1991—2015）》《宁夏水文志》《宁夏贺兰山国家级自然保护区志》《沙坡头区志（2004—2019）》《盐池县环境保护和林业志》评审会，邀请地方志专家学者通过志书评审或专业授课的形式对基层志鉴编纂人员进行业务培训。

（张明鹏）

【宁夏全区地方志系统业务培训班】 7月26日至30日，宁夏全区地方志系统业务培训班在盐池县举办。吴忠市委党校常务副校长杨存葆、自治区党委讲师团副团长李富有、陕西省志办原副主任史天社、中国（浙江）地方志学术研究中心主任潘捷军、《北京海淀年鉴》执行主编钟冷，围绕习近平总书记在庆祝中国共产党成立100周年大会上的重要讲话、中国共产党百年历史进程和基本经验、减贫志编纂、方志馆建设及精品年鉴打造等开展专题讲座。结业式上，自治区志办主任员有强回顾全区地方志系统业务培训工作，要求各市县志办对历年来的培训工作进行评估，就进一步做好业务培训工作提出意见建议。全区地方志系统近70人参加培训。

（张明鹏）

【第二师铁门关市师市综合年鉴业务培训班】 4月23日，新疆生产建设兵团第二师铁门关市史志办在库尔勒市举办师市综合年鉴业务培训班。兵团史志办副主任陈旭传达兵团党委书记王君正对兵团史志工作的批示，兵团志办年鉴处处长曹宇围绕师市综合年鉴框架设计、类目分目的设置、条目资料征集和编写、照片资料的选取等进行讲解。师市史志办工作人员结合年鉴资料征集、编辑、审读、评审中易出现的问题和注意事项进行讲解。师市人大、政协，师市机关各部门、团（镇）企事业单位负责年鉴资料征集的工作人员共86人参加培训。

（兵团第二师铁门关市史志办）

【第三师图木舒克市第二轮团场志编纂推进会暨团场志编纂业务培训班】 3月16日，新疆生产建设兵团第三师图木舒克市史志办在图木舒克市举办第二轮团场志编纂推进会暨团场志编纂业务培训班。师市党史研究室（志办）主任王新军领学《地方志工作条例》《新疆生产建设兵团第二轮修志工作规划（2009—2020年）》，师市党委办公室副主任张立成作动员讲话，喀什地委史志办史志科负责人就志书编纂规范要求、撰写形式、篇目大纲设置等进行授课，参培人员围绕修志中存在的问题进行交流讨论。各团场党政办负责人（团场史志主编）和史志编辑人员30余人参加培训。

（兵团第三师图木舒克市史志办）

【第五师双河市团场第二轮修志业务培训班】 7月11日至12日，新疆生产建设兵团第五师双河市团场第二轮修志业务培训班举办。该培训是第五师双河市史志办在充分调研团场第二轮修志进展情况的基础上，以问题为导向开展的专题性业务培训。师市史志办主任李玲君就深入贯彻落实团场二轮修志目标考核责任制、督查通报制、评审验收制等工作制度，团场志稿中存在的突出问题及解决办法进行授课；师市史志办人员就志书图照的选取、运用及出版工作进行讲解。师市各团场的20名修志工作者参加培训。　　　　（兵团第五师双河市史志办）

【第九师年鉴组稿人培训】 3月8日至12日，新疆生产建设兵团第九师史志办分批开展《第九师年鉴（2021）》组稿人培训会6场次。《第九师年鉴（2021）》执行主编从年鉴资料收集、往年各单位报送稿件中存在的常见问题、《第九师年鉴（2021）》框架设计、年鉴综合性及单一性条目撰写方法、年鉴行文规范等方面进行讲解；对部门（单位）领导干部名录收集注意事项、图片收集、先进集体与人物收录等方面进行培训讲解。全师各团场、师机关各部门、师直相关企事业单位及驻师各单位组稿人90余人参加培训。　　　（兵团第九师史志办）

· 考察交流

【天津市档案馆（市志办）一行到山东考察方志馆建设】 10月18日至20日，天津市档案馆（市志办）组织市、区志办相关人员共18人到山东省方志馆、国家方志馆黄河分馆（东营市方志馆）、滨州市方志馆、东营区方志馆（区情馆）考察调研方志馆建设情况，与相关人员座谈交流。黄河分馆副馆长杨立宇，东营区方志馆馆长王文勃，滨州市方志馆馆长于孝安、副馆长毛英全，分别介绍各自方志馆建设情况。山东省方志馆馆长李坤介绍山东省方志馆情况及山东全省方志馆建设情况，双方就方志馆建设、布置展览、队伍建设等问题进行交流。　　　　　　　　　　　　　（刘新）

【吉林省地方志系统一行到河南、安徽调研】 5月9日至15日，吉林省地方志系统学习调研组一行6人到河南、安徽两省四市县调研，调研主题是第二轮续志工作的经验，遇到的问题及解决办法；对第三轮修志工作的规划、设想；村镇志、专业志编纂工作开展情况及取得的经验。调研组先后到河南省史志办、郑州市史志办、开封市地方史志研究室、许昌市地方史志编纂室和安徽省委党史研究院（省地方志研究院）、宣城市泾县志办学习调研，交流史志编纂工作成果和遇到的问题，就第二轮修志工作经验、第三轮修志工作规划、乡镇村志编纂等内容进行座谈。　　　　　　　（马艾民）

【吉林省地方志组成调研组到宁夏、重庆调研】 9月13日至17日，吉林省地方志编委会副主任李正奎带队、二级巡视员谢奎江一行4人组成调研组，先后到宁夏回族自治区和重庆市进行工作调研。调研组分别与宁夏回族自治区和重庆市地方志工作机构领导、省级志书编纂工作部门领导、负责人及有关工作人员等进行座谈，听取关于第二轮省级志书编纂经验、体例、质量把控、推动措施、第三轮省级志书编纂的谋划和"两志"编纂工作等方面的介绍，并就相关问题进行交流和研讨。（高岩）

【江苏省志办与省委党校图书馆开展交流】 9月3日，江苏省委党校图书馆馆长杨庆云到省方志馆考察，参观"方志之乡"展厅、江苏乡镇村志临展厅和各类阅览室，了解方志起源和发展、志苑名家和地方志发挥的社会价值。省志办主任左健伟陪同考察并重点介绍近年来省志办编纂出版的《长江历史图谱》《生命至上：江苏抗击新冠肺炎疫情实录》《江苏记录2020》《江苏艺文志》以及乾隆《江南通志》（点校本）等书，展示《长江历史图谱》中的故宫名画——总长十米的《万里长江图》（复制版），介绍长江的历史风貌、地理形势和沿途风光。9月7日，省志办主任左健伟一行至省委党校图书馆调研交流，与省委党校常务副校长桑学成、教育长顾明进行座谈。桑学成表示，省志办立足"打造江苏省情和历史文化宣传高地"，大胆创新、真抓实干，立足地情、突出特色，充分发挥其公共文化服务和"以文化人"的功能。省委党校作为培养党员干部的"红色摇篮",在省情教育方面担负着重要职责。省委党校期待与省志办建立长期友好合作关系,有效利用好省志办丰厚的史志资源和党校系统教学科研资源,共建共赢,推动务实合作不断取得新成效。　　　　　（武文明）

【江苏省志办一行到湖北考察交流】 4月7日,江苏省志办主任左健伟带队到湖北考察交流地方志工作。湖北省文化和旅游厅党组成员吴凤端、武汉市志办主任王筱武陪同参观武汉方志馆、武汉地方志成果展并进行座谈。王筱武、左健伟、吴凤端先后发言,就志鉴编纂、方志资源开发利用、方志馆和信息化建设、建立合作共享机制等方面情况分享经验做法。武汉市志办领导班子成员和各处室负责人参加座谈交流。

（湖北省文化和旅游厅地方志工作处）

【广州市委党史文献研究室一行到上海、杭州考察交流】 5月18日至21日,广东省广州市委党史文献研究室（市志办）主任黄小晶率队到上海市委党史研究室、上海市志办以及杭州市委党史研究室（市志办）开展调研考察,学习兄弟单位围绕党委、市政府中心任务深化党史研究、资政服务、场馆建设管理等方面的先进经验。　　　　　　　（广东省志办）

【《西藏自治区发展改革志》编写组到广西学习交流】 3月23日至24日,西藏自治区发展改革委发展研究中心常务副主任尹永威率《西藏自治区发展改革志》编写组到广西壮族自治区志办开展集中统稿工作并学习交流。双方就志书的修改完善工作进行深入交流。（高叶）

【重庆市志办一行调研广西方志馆工作】 5月31日,重庆市志办调研组到广西方志馆调研。调研人员先后参观广西史志博物馆、广西方志馆书库,并召开座谈会,交流方志馆建设工作经验。双方重点围绕筹划建设方志馆的做法,在建设方志馆过程中遇到的难点问题及解决办法,在方志馆展陈设计思路、文献资料收集、运营维护管理、作用发挥以及服务群众等方面的先进经验,馆藏资源的开发利用、宣传推广等方面的经验及实践路径进行交流。调研组向广西方志馆赠送《重庆历代方志集成》一套（100册）。　　　　　　　　（高叶）

【海南省党史研究室一行到广东、山东考察交流】 5月25日至29日,海南省委党史研究室（省志办）副主任秦武军带队到广东省、山东省调研学习。调研组先后与广东省志办、山东省委党史研究院（省地方史志研究院）及广州市、东莞市、济南市地方志同仁,就第二轮志书编修、镇志村志编修、年鉴编纂、村情普查、地方志资源开发利用、方志馆建设、队伍建设等工作进行座谈交流,详细了解中国名村志《南社村志》、中国名镇志《玉皇庙镇志》的具体编修情况,互赠方志研究成果,并实地参观广州市方志馆,考察明清古村落东莞市茶山镇南社村。　　　　　（张永翠）

【云南省地方志一行到重庆考察】 3月23日,云南省地方志编委会专职副主任、办公室主任杨建林带队到重庆市志办考察学习。考察组实地考察重庆市志办重庆地情展览室、区县地方志资料室、地方志综合资料室、文献库和书库建设情况,并召开座谈交流会。重庆市志办主任刘文海主持座谈交流会。双方围绕地方志事业转型升级、方志资源开发利用、方志馆建设、特色志鉴编纂等工作进行座谈交流,并相互赠送第二轮修志成果。　（云南省志办）

【云南省地方志一行到四川考察】 3月24日,云南省地方志编委会专职副主任、办公室主任杨建林带队到四川省志办考察学习。考察组实地考察四川省志办志书编纂和地情资料开发利用成果,召开交流座谈会。四川省志办主任陈建春主持座谈交流会。双方围绕地方志事业转型升级、方志人才队伍建设、方志资源开发利用、方志馆建设、信息化建设、特色志鉴编纂等工作进行座谈交流,并相互赠送第二轮

修志成果。　　　　　　　（云南省志办）

【云南省人大调研云南地方志工作】　5月21日，云南省人民代表大会教育科学文化卫生委员会主任委员和红梅、副主任委员陈云丽调研云南地方志工作。调研组参观云南省通志馆，听取云南省地方志工作情况汇报，观看介绍云南省情系列微视频、云南历史名人动漫、"一部手机读云南"等方志资源开发利用项目的微视频，并就云南省地方志立法等工作进行座谈交流。省地方志编委会专职副主任、办公室主任杨建林陪同调研并汇报云南省地方志工作情况。

（云南省志办）

【新疆生产建设兵团志办一行到新疆维吾尔自治区地方志编委会座谈交流】　4月21日，新疆生产建设兵团志办副主任陈旭一行到新疆维吾尔自治区地方志编委会就兵地方志合作进行座谈交流。新疆地方志编委会党组书记、副主任廖运建，副主任马文华，一级巡视员刘星，相关业务处负责人参加座谈。双方就深化兵地方志合作明确合作思路，商讨实施意见的框架和具体内容，并指定专人负责对接具体工作。

（王兴鹏）

【第八师石河子市到玛纳斯县开展兵地史志工作融合交流】　9月24日，新疆生产建设兵团第八师石河子市史志办主任马联合到玛纳斯县党委党史和文献研究室，就深入开展党史学习教育，加强兵地史志工作融合交流进行座谈和实地参观考察。双方交流史志工作开展情况和党史学习教育进展情况，就石河子、玛纳斯兵地史志融合发展新路径进行探讨，互赠史志成果，参观玛纳斯县广东地乡小海子村赵凯红色收藏馆、村史馆和清水河乡团庄村史馆等。

（兵团第八师石河子市史志办）

机构队伍

· 机构设置

【北京市地方志工作机构设置】 1987年7月3日，北京市政府常务会议决定组建北京市地方志筹备小组。1988年10月24日，北京市政府批准成立北京市地方志编纂委员会。2006年11月10日，北京市政府办公厅明确北京市地方志编纂委员会办公室为负责北京市地方志工作的市政府直属事业单位。2006年11月23日，经北京市人事局同意参照《中华人民共和国公务员法》管理。2019年2月25日，中共北京市委宣布中共北京市委党史研究室、北京市地方志编纂委员会办公室合署办公。2020年4月13日，北京市委组织部批复，中共北京市委党史研究室、北京市地方志编纂委员会办公室继续列入参照公务员法管理范围。内设机构包括综合处（人事处）、第一研究处、第二研究处、第三研究处、市志指导处、区志指导处、年鉴指导处、科研规划处、宣传教育处、文献资料处、刊物编辑部、机关党委（党建工作处）12个处室，核定编制73人，截至2021年底在编人员69人。下属正处级公益一类事业单位1个，为北京市方志馆（北京市地情资料中心、北京年鉴社），核定编制32人，截至2021年底在编人员27人。

全市16个区均成立地方志工作机构，均为正处级参照公务员法管理事业单位，其中朝阳区为地方志、档案部门合并，门头沟区、延庆区为党史、地方志、档案馆合署办公，其余13个区为党史、地方志部门合并或合署办公。16个区地方志部门核定编制184人，截至2021年底在编人员170人。

（史晔）

【天津市地方志工作机构设置】 1984年，天津市地方志编修委员会办公室成立，是天津市政府负责地方志工作的职能部门，副局级事业单位，人员参照《中华人民共和国公务员法》管理，归口市政府办公厅。内设秘书处、规划研究处、市志指导处、区县志指导处、年鉴指导处5个处，编制25人。天津市地方志馆，为市地方志编修委员会办公室所属正处级事业单位，编制7人。2018年11月，按照天津市机构改革方案部署，市、区两级地方志工作机构并入档案馆。天津市档案局（馆）的行政职责划入市委办公厅。市档案局（馆）行政职责以外的职责与市地方志编修委员会办公室的职责整合，重新组建市档案馆，加挂市地方志编修委员会办公室牌子，为市委直属正厅级事业单位。11月22日，新组建的天津市档案馆（天津市地方志编修委员会办公室）正式挂牌成立。新组建的市档案馆（市地方志编修委员会办公室）设办公室、人事处、行政保卫处、规划部、方志指导部、年鉴指导部、宣传部、接收征集部、整理部、保管部、利用部、编辑研究部、网络与信息化部、技术保护部14个内设机构和机关党委办公室。市地方志馆作为市档案馆（市地方志编修委员会办公室）下属事业单位，机构职责不变。在市档案馆（市地方志编修委员会办公室）内设机构中，方志指导部、年鉴指导部是专门负责地方志工作的部门。其中，方志指导部负责组织、指导、督促和检查地方志书编修工作，组织市级地方志书审查验收；年鉴指导部负责组织、指导、督促和检查地方综合年鉴编纂工作，组织市级地方综合年鉴的审查验收，开展史志研究，组织整理旧志。此外，馆其他部门也负有地方志职责。

2019年11月，按照全市公益服务事业单位改革部署，市政府研究室管理的天津年鉴社整建制并入天津市地方志馆。调整后，天津市地方志馆仍为市档案馆（市地方志编修委员会办公室）所属正处级、财政补助事业单位，划入公益一类，内设综合室、信息室、《天津年鉴》编辑部3个科室。截至年底，市档案馆（市地方志编修委员会办公室）方志指导部在职9人，年鉴指导部在职9人，市地方志馆编制15人、在职10人，其他处部15人，总数43人。

各区地方志机构改革均参照全市的改革方案，区档案局（馆）的行政职责划入区委办公室，行政职责以外的职责与区地方志工作机构的职责整合，重新组建区档案馆，为区委直属事业单位，加挂区地方志编修委员会办公室牌子，区档案馆内设一到两个科室负责地方志工作。截至年底，各区机构和人员编制情况是：滨海新区档案馆（区地方志编修委员会办公室）设方志工作部，编制6人，实有6人；和平区档案馆（区地方志编修委员会办公室）设地方志编修科，编制4人，实有4人；河西区档案馆（区地方志编修委员会办公室）设史志科，编制4人，实有在编人员3人（含地方志编修委员会办公室主任），派遣人员1名；河东区档案馆（区地方志编修委员会办公室）设史志年鉴科，编制5人，实有2人，1名副馆长兼任地方志编修委员会办公室主任；河北区档案馆（区地方志编修委员会办公室）设史志科，编制3人，实有2人，外聘人员4人；南开区档案馆（区地方志编修委员会办公室）设史志年鉴科，编制3人，实有3人；红桥区档案馆（区地方志编修委员会办公室）设史志年鉴科，编制3人，实有2人；东丽区档案馆（区地方志编修委员会办公室）设年鉴编纂科和史志编研科，编制8人（含主任），实有3人；西青区档案馆（区地方志编修委员会办公室）设方志年鉴科，编制4人，实有1人；津南区档案馆（区地方志编修委员会办公室）设方志科，编制4人，实有2人，区档案馆馆长兼区地方志编修委员会办公室主任；北辰区档案馆（区地方志编修委员会办公室）设方志编修科，编制4人，实有3人，另有分管副馆长1人；武清区档案馆（区地方志编修委员会办公室）设方志年鉴科，事业编制4人，实有2人，其中科长1名，1名副馆长兼区地方志编修委员会办公室主任；宝坻区档案馆（区地方志编修委员会办公室）设方志年鉴科，编制4人，实有4人，馆内1名三级调研员分管地方志工作；宁河区档案馆（区地方志编修委员会办公室）设志鉴编研科，编制4人，实有4人；静海区档案馆（区地方志编修委员会办公室）设地方志科、年鉴科，编制7人，实有2人，临时聘用1人；蓟州区档案馆（区地方志编修委员会办公室）设方志年鉴科，编制6名，实有4人，1名副馆长兼地方志编修委员会办公室主任。　　（杨全东）

【河北省地方志工作机构设置】　1984年5月，河北省地方志编纂委员会办公室成立，为省政府办公厅直属的参照《中华人民共和国公务员法》管理的全额拨款事业单位，正处级。内设综合办公室、省志总编室、市县指导室、年鉴编辑部、理论研究室、地情资料室6个科室，核定事业编制31人。下设1个全额拨款事业单位河北年鉴社，正科级，核定事业编制3人。2021年3月，按照《河北省深化事业单位改革试点实施方案》精神，原省地方志编纂委员会办公室负责地方志工作的行政职能划入省委办公厅；原省地方志编纂委员会办公室及河北年鉴社机构和人员并入省档案馆，重新组建省档案馆（省地方志编纂委员会办公室），为省委直属事业单位，正厅级，核定事业编制148人。内设办公室、接收征集部、保管利用部（后库管理部）、技术保护部、信息化部（容灾备份中心）、地方志部、编研开发部、宣传教育部（河北年鉴社、档案天地杂志社）、行政保卫部、机关党委（人力资源部）、离退休干部工作部11个部室，各部室职责均涉及地方志工作。机构重组前，省地方志编纂委员会办公室在编人员21人，其中参公人员19人、工勤人员2人；河北年鉴社在编人员2人。截至年底，省档案馆（省地方志编纂委员会办公室）在编人员128人，其中参公人员104

人、工勤人员18人、事业人员6人。

全省11个设区市均成立地方志工作机构，唐山、秦皇岛、邯郸、保定、承德、廊坊、衡水7个设区市地方志工作机构隶属政府办公室管理，石家庄、邢台、张家口、沧州4个设区市地方志工作机构与档案局（馆）合并。县级地方志工作机构存在独立，隶属党委办公室，隶属政府办公室，与党史办合并，与档案局（馆）合并，与党史办、档案局（馆）合并，机构改革未明确7种情况。

（刘智勇　杨海云）

【山西省地方志工作机构设置】 2018年10月，中共山西省委党史研究院（山西省地方志研究院）成立（由原中共山西省委党史办公室和原山西省地方志办公室合并而成），是中共山西省委领导下从事党史研究和地方志编研的专门机构，省委直属事业单位，公益一类，机构规格为正厅级。2021年1月，经省委编办批准，调整优化内设机构及其职责任务：调整方志编研一室、二室、六室的相关职责；成果应用室承担的党史方志宣传教育职责划入宣传教育室；撤销成果应用室，新成立规划研究室，将科研规划室承担的规划职责划入规划研究室；科研规划室更名为科研管理室。调整优化后的内设机构包括办公室、党史研究一室、党史研究二室、党史研究三室、党史研究四室、党史研究五室、党史研究六室、党史研究七室、方志编研一室、方志编研二室、方志编研三室、方志编研四室、方志编研五室、方志编研六室、科研管理室、宣传教育室、规划研究室、信息资料室、人事部（机关党委）、离退休人员工作部。核定编制103人（临时编制5人），截至年底在编人员103人。下属公益二类事业单位1个，即山西省史志服务中心，正处级，核定编制20人（临时编制19人），截至年底在编人员36人。

全省11个设区市地方志工作机构均与党史部门合并。县级地方志工作机构有的与党史部门合并，有的与档案部门合并。太原市迎泽区地方志工作机构与区政策研究中心合并。截至年底，全省市、县两级核定编制1702人，在编人员1226人。

（山西省地方志研究院）

【内蒙古自治区地方志工作机构设置】 2020年12月31日，中共内蒙古自治区委员会机构编制委员会印发《关于内蒙古自治区人民政府地方志研究室机构职能编制的批复的通知》，内蒙古自治区地方志编纂委员会办公室更名为内蒙古自治区人民政府地方志研究室，是自治区人民政府办公厅所属公益一类事业单位，机构规格为副厅级，核定编制28人。截至年底，在编21人。内设综合处、自治区业务处、盟市业务处、年鉴处、资源开发处5个机构。2021年10月26日，内蒙古自治区党委组织部认定内蒙古自治区人民政府地方志研究室参照公务员法管理。

全区机构改革后，12个盟市均成立地方志工作机构。其中，单独设置地方志工作机构的有3个盟市，分别是包头市、乌兰察布市、巴彦淖尔市；与党史机构合并设立的有4个盟市，分别是呼和浩特市、呼伦贝尔市、通辽市、锡林郭勒盟；与党史、档案机构合并设立的有5个盟市，分别是兴安盟、赤峰市、鄂尔多斯市、乌海市、阿拉善盟。全区103个旗县（市、区），有4个旗县（市、区）单独设置地方志工作机构；92个旗县（市、区）地方志工作机构与档案（党史）合并；7个旗县（市、区）无机构，归党委办公室或政府办公室代管；1个旗县（市、区）设立临时机构。

（董丽娜）

【辽宁省地方志工作机构设置】 截至年底，辽宁省三级地方志工作机构115个。其中，省级地方志工作机构2个，市级地方志工作机构14个，县级地方志工作机构99个。辽宁省政府办公厅信息处承担省级地方志工作行政职能，编制8人，在编8人；辽宁省档案馆地方志编纂中心承担省级地方志编纂业务职能，机构规格正处级，编制（专职）14人，在编（专职）10人。市级地方志工作机构中，中共沈阳市委党史研究室（沈阳市人民政府地方志办公室）

编制50人，专职12人，在编41人，在编专职9人。沈阳全市13个县（市）区全部设有地方志工作机构。截至年底，沈阳市、县两级核定编制377人，在编252人。7月，大连市编委决定，重新调整党史研究、地方志、档案有关事业单位设置，独立设置中共大连市委党史研究室，同时设置大连市地方志办公室，为市委党史研究室所属分支机构（至年底，领导班子、机构编制、职责、人员划转等尚未明确）。6月，鞍山市编委决定，设立中共鞍山市委党史研究室，将机构改革时融合至市档案馆（鞍山市史志办公室）的原市史志办公室成建制划入其中，为市委直属事业单位。9月，确定主要职责、内设机构和人员编制，核定编制23人，专职5人，在编13人，专职2人。抚顺市社会科学院（中共抚顺市委党史研究室、抚顺市人民政府地方志办公室）编制49名，专职7名，在编30人，专职4人。本溪市档案馆（本溪市党史地方志办公室）编制51名，专职5名，在编51人，在编专职4人。本溪市6个县区机构编制15人，在编9人。9月，丹东市编委决定，将党史研究、编纂等职责从丹东市史志办公室（丹东市档案馆）析出，设立中共丹东市委党史研究室，丹东市史志办公室（丹东市档案馆）更名为丹东市档案馆（丹东市地方志办公室）。截至年末，编制9名，在编6人。丹东全市6个县（市、区）共核定史志人员编制23人。锦州市档案馆（锦州市人民政府地方志办公室）编制56人，专职13人，在编45人，在编专职9人。中共营口市委党史研究室编制18人，专职7人，在编12人，在编专职3人。阜新市档案馆（阜新市史志办公室）编制38人，定编专职12人，在编23人，在编专职5人。阜新所属县区从事地方志、党史工作在编人员12人。辽阳市档案馆（辽阳市地方志办公室）编制60人，专职5人，在编45人，在编专职2人。铁岭市档案和党史文献中心编制54人，专职5人，在编40人，在编专职5人。铁岭市7个县（市、区）机构，编制专职31名，在编专职23人。10月，中共朝阳市委办公室通知，成立中共朝阳市党史研究室。至年末，编制16名，在编12人。朝阳市所属县区编制55人，在编22人。盘锦市档案馆编制51人，定编专职10人，在编39人，在编专职9人。葫芦岛市地方志办公室定编（专职）5人，在编（专职）5人。

（梁忠音）

【吉林省地方志工作机构设置】 1983年8月，吉林省地方志编纂委员会成立，是省直政府系统参照公务员法管理事业单位，正厅级。内设办公室、省直指导处、市县指导处、年鉴指导处、资料处、研究室和机关党委（人事处），核定编制36人，其中参公编制33人、工勤编制3人。截至年底，在编人员36人，其中参公人员34人，工勤编制人员2人。下设吉林省方志馆1个正处级公益一类全额拨款事业单位，核定事业编制15人，在编人员13人。

吉林省9个市（州）中，8个为独立设置的地方志工作机构，只有辽源市与党史部门合署办公。全省60个县（市、区）地方志工作机构中，5个为独立设置，9个与党史部门合署办公，18个设在政府办公室，28个与档案部门合署办公。截至年底，吉林省市、县两级地方志工作人员核定编制400人。全省从事地方志工作在编人员339人，聘用人员105人。

（周玉顺）

【黑龙江省地方志工作机构设置】 2018年10月，中共黑龙江省委史志研究室根据《中共黑龙江省委办公厅黑龙江省人民政府办公厅关于印发〈黑龙江省深化事业单位机构改革实施意见〉的通知》《中共黑龙江省委办公厅黑龙江省人民政府办公厅印发〈关于《黑龙江省机构改革方案》的实施意见〉的通知》，由原中共黑龙江省委党史研究室与原黑龙江省地方志办公室整合组建成立。整合组建后，中共黑龙江省委史志研究室隶属于中共黑龙江省委员会，是正厅级事业单位，参照公务员法管理。中共黑龙江省委史志研究室内部机构12个，包括办公室、党史研究一处、党史研究二处、党史研究三处、方志工作处、年鉴工作处、编纂处（科研管理处）、宣传教育指导处（史志期刊编辑部)、文献资料征编处、组织史资料编研处、省情信息处、人事处(机关党委)。截至年底,核定编制79人,在编人员68人(含工勤5人)。

全省13个市(地)均成立市(地)委史志研究室,作为市委直属事业单位,其中中共哈尔滨市委史志研究室机构规格为正局级,其他12个市(地)委史志研究室机构规格为正处级。截至年底,全省市、县两级核定编制1744人,在编1239人。 (朱丹 杜胜男)

【上海市地方志工作机构设置】 1986年8月,中共上海市委批准成立上海市地方志编纂委员会及其办公室。1987年9月,市委、市政府明确上海市地方志办公室归口中共上海市委宣传部管理。2008年5月,市委、市政府明确上海市地方志办公室列入参照公务员法管理范围。上海市地方志办公室内设秘书处(组织人事处)、市志工作处、专志工作处、区县工作处、年鉴工作处(《上海年鉴》编辑部)、研究室(信息处)。2010年3月,市委、市政府明确上海市地方志办公室是市政府负责地方志工作的机构,是负责上海市行政区域地方志工作的事业单位,承担上海市地方志编纂委员会的日常工作,由市委宣传部代管。2019年,市委、市政府明确上海市地方志办公室归口市委宣传部领导。2020年,市委、市政府明确上海市地方志办公室为公益一类参照公务员法管理事业单位。上海市地方志办公室下属上海通志馆、当代上海研究所2个正处级公益一类事业单位。

上海市16个区均成立地方志办公室,实行参照公务员法管理。其中,1个区单独设立,6个区与党史办公室合署办公,4个区与档案局(馆)合署办公,5个区与党史办公室和档案局(馆)合署办公。 (王师师 陈畅)

【江苏省地方志工作机构设置】 1986年1月,江苏省地方志编纂委员会办公室成立,为省政府直属全额拨款副厅级事业单位,2007年1月被批准为参照公务员法管理单位。根据1998年2月江苏省政府批准的《江苏省志办机构改革方案》,明确省地方志编纂委员会办公室主要职责、内设机构、人员编制和领导职数等。内设机构包括秘书处、省志指导处、市县指导处、研究室(信息处)、年鉴工作处、机关党委(干部人事处),编制52人,在编人员53人。下属公益一类事业单位2个,均为正处级单位,其中江苏省方志馆事业编制15人,在编人员12人;江苏年鉴杂志社核定事业编制10人,在编人员9人。

全省13个设区市均设有地方志办公室,作为独立机构设立的有南京市、苏州市、淮安市。截至年底,全省市、县两级地方志工作机构核定编制1292人,在编人员1220人。

(纪莉莉)

【浙江省地方志工作机构设置】 浙江省地方志编纂委员会办公室,挂浙江省人民政府地方志办公室牌子,机构规格为副厅级,系浙江省社会科学院下属公益一类事业单位,由省委宣传部分管,内设综合部(浙江年鉴编辑部)、省志工作部、市县工作部、研究室4个部门。

截至年底,全省11个设区市、90个县(市、区)均设地方志工作机构,其中党史、地方志二合一的有57个,档案、地方志二合一的有6个,地方志、党史、档案三合一的有30个,独立设置(或设在党委、政府办公室)的有8个。参公事业单位88个,行政机关单位3个,事业单位11个,全省方志系统在编人员约400人。 (浙江省志办)

【安徽省地方志工作机构设置】 2018年11月,中共安徽省委党史研究院(安徽省地方志研究院)组建成立(由原中共安徽省委党史研究室和安徽省地方志编纂委员会办公室整合而成),是中共安徽省委领导下的党史和地方志工作机构,为省委直属事业单位,参照公务员法管理,机构规格为正厅级。内设办公室、第一研究室、第二研究室、第三研究室、第四研究室、第五研究室、第六研究室、第七研究室、科研规划处、资料信息处、人事处11个处室和机关党委,编制81人,在编80人。下属事业单位1个,为党史纵览杂志社,事业编制7人,在编3人。

全省16个设区市均设立地方志工作机构,其中12个市与党史机构合并,4个市与党史、档案机构合并,均为市委直属事业单位,机构规格为正处级。全省104个县(市、区)地方志工作机构中,39个与党史机构合并;58个与党史、档案机构合并;7个区无地方志工作机构,地方志职能分别由区政府办、区档案馆、区文化局承担。截至年底,全省市、县两级编制1300人,在编人员1140人。

（苏爱梅）

【福建省地方志工作机构设置】 2018年12月26日,中共福建省委党史研究和地方志编纂办公室挂牌成立（由原中共福建省委党史研究室和原福建省地方志编纂委员会整合而成）,是中共福建省委领导下的党史、文献和地方志工作机构,为省委直属正厅级事业单位,参照公务员法管理。内设秘书处、人事处、研究一处、研究二处、研究三处、省志指导处、市县志指导处、年鉴工作处、宣传教育处、科研管理处10个处和机关党委。编制82人;领导职数4人,其中主任（正厅长级）1名、副主任（副厅长级）3人;内设机构领导职数22人,其中正处级11人、副处级11人。截至年底,在编人员75人;省管干部6人,其中主任1人、副主任3人、二级巡视员2人。直属事业单位2个,福建省革命历史纪念馆（中央苏区〈福建〉纪念馆）机构规格为正处级,人员编制55名,领导职数4人,其中馆长（正处级）1名、副馆长（副处级）3人,截至年底,在编人员40人,其中馆长1人、副馆长3人;福建省方志馆机构规格为副处级,人员编制7人,领导职数2人,其中馆长（副处级）1人、副馆长（正科级）1人。截至年底,在编人员2人,其中馆长1人、副馆长1人。

全省9个设区市均设立党史方志工作机构,名称统一为市委党史和地方志研究室,为市委直属事业单位,其中厦门市机构规格为副厅级,福州、漳州、泉州、三明、莆田、南平、龙岩、宁德8个设区市机构规格为正处级;平潭综合实验区党史方志工作机构设在党工委党校。全省县级党史方志工作机构名称统一为县（市、区）委党史和地方志研究室。截至年底,全省市、县两级党史方志工作机构人员编制1117人,在编人员899人。

（福建省委党史研究和地方志编纂办公室）

【江西省地方志工作机构设置】 1983年12月,江西省地方志编纂委员会办公室成立,为省政府直属的参照公务员法管理的全额拨款事业单位。2020年,根据《江西省深化事业单位改革试点工作方案》,原江西省地方志编纂委员会办公室和地方志工作职能并入江西省社会科学院（全额拨款事业单位）,省社会科学院增挂省地方志研究院牌子。原有参公人员存量管理,截至年底,江西省地方志研究院共有存量管理人员32人,机关工勤人员1人。根据《中共江西省机构编制委员会关于省社会科学院深化事业单位改革有关事项的批复》,江西省地方志编纂委员会办公室机关后勤服务中心撤销,省方志馆为省社会科学院下属正处级公益一类事业单位。

全省11个设区市、101个县（市、区）均设立地方志工作机构。机构改革后,11个市级地方志工作机构,1个与党史、档案工作机构三家合并,10个与党史工作机构合并,机构性质均为参照公务员法管理;101个县级地方志工作机构,38个与党史工作机构合并,59个与党史、档案工作机构三家合并,2个与党史工作机构、档案工作机构、党校四家合并,1个与党史工作机构、档案工作机构、政研室四家合并,1个为当地管理局办公室内设机构;参照公务员法管理事业单位62个,事业单位33个,未定性质5个,申报参照公务员法管理机构待审批1个。截至年底,省、市、县三级地方志工作机构共核定编制数1444人,实有工作人员1008人,实际从事地方志工作人员447人（其中24人为临时聘用人员）。 （黄诗惠）

【山东省地方史志工作机构设置】 2018年10月，中共山东省委党史研究院（山东省地方史志研究院）成立（由原中共山东省委党史研究室和原山东省地方史志办公室合并而成），是中共山东省委领导下的党史和地方志工作机构，省委直属正厅级事业单位，参照公务员法管理，由省委常委、组织部部长分管，省政府一名副省长联系。内设办公室、人事处、科研管理处、研究一处、研究二处、研究三处、宣传教育处、文献研究处、省志工作处、年鉴工作处、业务指导处、资料信息处12个处室和机关党委。有省方志馆1个直属事业单位。截至年底，全院有在职干部职工99人，院长1人，一级巡视员1人，副院长3人。

参照省级机构设置，全省16个设区市地方志工作机构均与同级党史部门合并设立地方史志研究院，137个县（市、区）史志办均与同级党史部门合并设立地方史志研究中心。截至年底，全省市、县两级在编人员1754人。

（李果霖）

【河南省地方史志工作机构设置】 1981年，河南省地方志编纂委员会成立，1994年更名为河南省地方史志编纂委员会，规格一直为正厅级。1994年机构改革，更名为河南省地方史志办公室，是由省政府办公厅领导的副厅级事业单位，参照公务员法管理。内设综合处（党委办公室）、省志工作处（地方史理论规划处）、年鉴工作处、市县志工作处（地方史编修指导处）、地情资料信息处5个处室，参公编制49人。截至年底，在编人员43人。

全省辖174个市、县两级地方志工作机构。其中，18个设区市中独立设置的13个（由政府办公厅〈室〉领导的7个），与党史部门合并4个。市、县两级史志机构定编共计1905人，在编1570人，其中18个设区市定编349人，在编294人，借调5人，聘用6人；156个县（市、区）定编1556人，在编1276人，借调36人，聘用56人。

（张新）

【湖北省地方志工作机构设置】 2018年11月16日，湖北省文化和旅游厅正式挂牌。新组建的省文化和旅游厅，整合原省文化厅、省旅游发展委员会的职责，将省地方志编纂委员会办公室并入省文化和旅游厅，不再保留省地方志编纂委员会办公室。2019年1月26日，省委办公厅、省政府办公厅印发《湖北省文化和旅游厅职能配置、内设机构和人员编制规定》正式印发，规定湖北省文化和旅游厅设19个内设机构，地方志工作处为19个内设机构之一。地方志工作处职能是：拟订全省地方志事业发展及工作规划，组织、指导全省各级志书、地方史、综合年鉴的编纂及志鉴资料管理工作，指导省级各类部门志、专业志、专业年鉴编纂，并实行备案管理；负责拟订《湖北省志》编纂方案并组织实施；组织编纂《湖北年鉴》及相关年鉴文献资料；组织整理旧志，推动方志理论研究；完善资料征集制度，建立省情资料库；收集、保管、整理、开发利用地方志资源，开展省情研究；备案审查市级地方志书。截至年底，地方志工作处共有6人，其中正处级3人、副处级2人、正科级1人。

截至年底，全省13个市（州）地方志工作机构中除武汉市是独立机构外，其他均为合并机构，其中襄阳、宜昌、荆州、荆门、孝感、黄冈、咸宁7家地方志工作机构与党史办合并，黄石、十堰、鄂州、随州、恩施5家地方志工作机构与档案馆、党史办合并。全省103个县（市、区）地方志工作机构中，101家与档案馆、党史办合并，2家合并到文化和旅游局。

（湖北省文化和旅游厅地方志工作处）

【湖南省地方志工作机构设置】 1958年6月，湖南省地方志编纂委员会成立，2019年9月更名为湖南省地方志编纂院，是湖南省政府直属参照公务员法管理的正厅级公益一类事业单位。内设办公室（加挂人力资源部牌子）、省志工作部、市县志工作部、年鉴工作部4个工作机构和机关党委、机关纪委、机关工会、妇委会和青工委（工会、妇委会和青工委未单列职位和职数）。机关编制46人。在编人员

41人，其中参公人员36人、工勤人员5人。省地方志编纂院下设1个二级机构，为湖南省地方文献研究所（与湖南方志馆系两块牌子、一套人马），公益一类事业编制5人，在编人员3人。2021年6月29日，中共湖南省委办公厅、省政府办公厅联合下文，明确保留湖南省地方志编纂委员会，作为中共湖南省委、省政府的议事协调机构。

全省14个市州均设有正处级地方志工作机构，其中长沙市、衡阳市、邵阳市、益阳市地方志工作机构独立设置，株洲市、湘潭市、岳阳市、张家界市、娄底市、郴州市、常德市、永州市、怀化市、湘西土家族苗族自治州10个市州地方志工作机构与党史办合并，邵阳市政府办公室设有方志科，承担该市地方志工作行政管理职能；长沙、岳阳、益阳、湘西4个市州地方志工作机构为参照公务员法管理，其余10个市地方志工作机构为事业单位。126个县市区（含岳阳市屈原管理区，益阳市大通湖区、高新区，怀化市洪江区）均设立有地方志工作机构，其中独立设置的9个，与档案（党史）合署办公的117个。截至年底，全省市、县两级地方志工作机构共有编制1276人，在编人数1059人。　　　　　　　　（张睿）

【广东省地方志工作机构设置】　1984年3月，中共广东省委、省政府批准成立广东省地方志编纂委员会办公室，为省地方志编纂委员会所属办事机构，副厅级事业编制。1992年3月，省委、省政府决定，将省地方志编纂委员会改为省地方史志编纂委员会，编纂委员会的办公机构省地方史志办公室列为省政府副厅级事业单位，属常设机构。1997年11月，省机构编制委员会批准《广东省地方史志办公室机构编制方案》，规定省地方史志办公室是省政府直属的负责全省地方史志工作的副厅级事业单位；内设人事秘书处、业务指导处、省志编审处、资料处4个副处级处室。1998年2月19日，省地方史志办公室列入依照国家公务员法管理，不改变原单位事业编制性质。2007年7月，省委组织部、省人事厅联合发出通知，同意省地方史志办公室参照公务员法管理。2008年1月，广东年鉴社由省政府发展研究中心划转省地方史志办公室。2009年9月4日，改称广东省人民政府地方志办公室，设人事秘书处、市县志工作处、省志工作处、年鉴工作处、信息工作处5个正处级处室，人员编制40人。直属1个正处级事业单位广东年鉴社，人员编制15人。2011年3月18日，经省委同意，省人民政府地方志办公室升格为正厅级。2011年11月7日，增设直属正处级公益一类事业单位广东方志馆。至此，广东省人民政府地方志办公室人员共有编制66人，其中机关42人，广东年鉴社14人，广东方志馆10人。2015年11月17日，省人民政府地方志办公室被确定为省政府直属事业单位，正厅级，内设人事秘书处、方志处、年鉴处、地方史处、方志资源开发处5个正处级机构。2018年广东年鉴社增编军转干部编制1人，随人变动。截至2021年底，省人民政府地方志办公室在职42人，广东年鉴社在职14人，广东方志馆在职10人。

全省各地级以上市、县（市、区）均设有地方志工作机构，共146个。21个地级以上市中，4个市（梅州、东莞、湛江、潮州）地方志工作机构独立设置，5个市（佛山、汕尾、中山、江门、云浮）地方志工作与档案合署，10个市（广州、深圳、珠海、汕头、韶关、河源、肇庆、茂名、清远、惠州）地方志工作与党史合署，2个市（阳江、揭阳）档案、党史、地方志"三合一"合署，2个市（清远、揭阳）在党委或政府系统新设置档案地方志管理科履行行政职能，各县（市、区）机构设置基本与所属地级以上市一致。全省专职地方志工作人员1140人。　　（广东省志办）

【广西壮族自治区地方志工作机构设置】2019年7月16日，中共广西壮族自治区委员会办公厅、自治区政府办公厅印发《广西壮族自治区地方志编纂委员会办公室职能配置、内设机构和人员编制规定》，明确广西壮族自治区地方志编纂委员会办公室是自治区政府直属正厅级公益一类事业单位，内设综合部、通志工作部、市县志工作部、古籍整理部、地情信息部、年鉴部6个部，全额拨款事业编制45人，后勤服务聘用人员控制数7人。2020年2月11日，经中共广西壮族自治区委员会组织部重新认定为参照公务员法管理单位。自治区地方志编纂委员会办公室无下属事业单位。截至年底，在编人员49人，其中参公人员43人，工勤人员6人。

全自治区14个设区市均设立地方志工作机构，其中独立机构9个，与党史研究室合署5个，均为正处级事业单位，参照公务员法管理。各县（自治县、市、区）地方志工作机构设置有独立的，有归属政府办公厅（室）的，有与党史办合并的，有与党史办、档案局（馆）合并的，还有无机构归属政府办公厅（室）的。截至年底，自治区市、县两级核定编制829人，在编人员740人。

（刘妍）

【重庆市地方志工作机构设置】 1985年，重庆市地方志编纂委员会成立，负责组织重庆市志编纂工作、指导区县修志工作。1988年，设立重庆市地方志办公室，与重庆市地方志编纂委员会总编室"一套班子，两个牌子"。重庆市地方志办公室为市政府办公厅管理的正厅局级事业单位，参照公务员法管理，下设综合处、市志工作处、年鉴工作处、区县志指导处、文献工作处、信息处6个处，财政全额拨款事业编制25人。截至年底，在编人员24人，其中参公人员23人，工勤编1人。2019年11月，市政府办公厅对市地方志编纂委员会进行调整，由市委副书记、市政府市长任主任委员，市委常委、宣传部部长，市人大常委会副主任，市政府副市长，市政协副主席，重庆警备区副政委，市政府秘书长任副主任委员，市纪委监委机关等42个部门为委员单位，负责统筹推进全市地方志工作。

全市38个区县（自治县）和万盛经开区均成立地方志工作机构，存在独立并归属政府办公室，无机构归属政府办公室，与党史办合并，与档案局（馆）合并，与党史办、档案局（馆）合并5种情况。截至年底，全市市、县两级核定编制430人，在编人员399人。

（张莉）

【四川省地方志工作机构设置】 1981年10月，四川省地方志编纂委员会恢复成立，是省政府直属正厅级事业单位，参照公务员法管理。2015年7月，四川省地方志编纂委员会更名为四川省地方志工作办公室。2021年12月，四川省委组织部重新认定四川省地方志工作办公室为参照公务员法管理单位。机关内设综合处（与机关党委合署办公）、省志工作处、市县志工作处、省情信息工作处、政策法规宣传处5个处，编制40人，年底在编人员为39人。1986年，直属事业单位四川年鉴社成立，核定编制11人（其中财政全额拨款5人）。在编人员为4人，退休人员7人。

全省21个市州均设置地方志工作机构，全部实行或参照公务员法管理。183个县级地方志工作机构中，180个实行或参照公务员法管理。成都市、自贡市、攀枝花市、遂宁市、南充市、广安市、达州市、阿坝州、甘孜州9个市州地方志工作机构为独立机构，绵阳市、泸州市、内江市、乐山市、德阳市、宜宾市、巴中市、雅安市、眉山市、资阳市、广元市、凉山彝族自治州12个市州地方志工作机构与党史部门合并。截至年底，四川省各级地方志工作机构核定编制1607人，实际在编1460人。在编人员中，大学专科以上学历1432人，占总人数的98%。

（黄绚　孙玉峰）

【贵州省地方志工作机构设置】 贵州省档案馆（贵州省地方志办公室）为省委正厅级直属事业单位，内设14个处室，事业编制122人，工勤编制7人。截至年底，在编人员114人，工勤人员7人。

全省9个市州均成立地方志工作机构，黔东南州地方志工作机构独立，贵阳市、遵义市、六盘水市、铜仁市地方志工作机构与档案馆合并，安顺市、毕节市、黔西南州地方志工作机构与党史研究室合并，黔南州党史和地方志工作机构合署办公，单位名称为中共黔南州委党史研究室。县级地方志工作机构有机构独立，归属政府办公室管理，与档案馆合并，与党史研究室合并，与党史研究室、档案馆合并，与档案馆、文史资料征集管理所合并6种情况。截至年底，全省市、县两级核定编制1521人，在编人员1315人。（周端敏）

【云南省地方志工作机构设置】 1981年，云南省地方志编纂委员会办公室成立，由云南省社会科学院代管，为正处级单位，事业编制开始为10人，后增加至24人。2006年8月，云南省机构编制委员会办公室发文，云南省地方志编纂委员会办公室主要领导按副厅级高配。2008年2月，云南省机构编制委员会办公室明确，云南省地方志编纂委员会办公室由省社会科学院代管调整为省政府办公厅直接管理，调整后，机构规格和人员编制不变。2014年1月，云南省委机构编制委员会办公室核定云南省地方志编纂委员会办公室设置4个副处级内设机构，核定事业编制24人，其中主任1人（按副厅级配备），副主任2人（按正处级配备），内设综合处、省志工作处、州市县志指导处、理论信息处4个副处级处室。2014年9月，云南省地方志编纂委员会办公室被划入公益一类事业单位。2019年4月，云南省委机构编制委员会办公室核定云南省地方志编纂委员会办公室（加挂云南年鉴社牌子）设置综合处、省志工作处、州市县志指导处、理论信息处、年鉴处5个副处级内设机构，核定事业编制36人。2021年，云南年鉴社调整设置为省地方志编纂委员会办公室管理的正处级公益一类事业单位，省地方志编纂委员会办公室不再加挂云南年鉴社牌子，核减事业编制4名。调整后，省地方志编纂委员会办公室事业编制32人，其他机构编制事项维持不变。

截至年底，全省共有市、县两级地方志工作机构145个，包括市级16个、县（市、区）级129个。其中，独立设置的地方志工作机构62个，史志合一机构81个，设置在政府研究室2个。（云南省志办）

【西藏自治区地方志工作机构设置】 年内，西藏自治区党委党史研究室充实8人（其中公务员考录2人、遴选3人、调整充实3人）。截至年底，自治区党委党史研究室（自治区地方志办公室）编制31人，在编28人。7个地市均成立编纂委员会及常设的地方志办公室，均为正科级单位。其中，拉萨、那曲两地单设，日喀则、山南、林芝、昌都、阿里5个地市均与党史研究室合署办公。（赵建鹏）

【陕西省地方志工作机构设置】 1982年6月，陕西省政府办公厅印发《关于开展地方志编纂工作的通知》，成立陕西省地方志编纂委员会。1993年12月，省政府办公厅印发《陕西省地方志编纂委员会"三定"方案的通知》，确定省地方志编纂委员会是省政府主管地方志编纂工作的直属事业机构。1996年6月，省政府第13次常务会议决定成立新的省地方志编纂委员会，为省政府议事协调机构，将原省地方志编纂委员会更名为省地方志办公室，仍为省政府直属事业单位，参照公务员法管理。内设秘书处、省志处、市县志处、出版发行处（保留《陕西地方志》编辑部名义）、机关党委5个处室，主要职责是拟定全省地方志工作规划和编纂方案；组织编纂全省地方志书，负责省志直编志书的编纂出版；搜集保存地方志文献资料并整理旧志；利用地方志资源开展地情研究；指导市、县（市、区）地方综合年鉴编纂工作；承担地方志信息化建设任务；组织管理地方史编写工作；开展地方志理论研究；完成省政府交办的其他工作。截至年底，省地方志办公室参公编制48人，在编人员44人，其中参公人员43人、工勤1人。2021年11月根据陕西省委机构编制委员会办公室《关于设立陕西省方志馆的通知》，成立下属正处级公益一类事业单位陕西省方志馆，核定全额拨款事业编制20人。（陕西省志办）

【甘肃省地方史志工作机构设置】 甘肃省地方史志办公室是省政府直属参照公务员法管理的全额拨款事业单位，正厅级。内设秘书处、省志编纂处、市县志指导处、年鉴工作处、信息教育处、机关党委6个处室，核定参公编制33人。截至年底，在编人员30人，其中参公人员28人，工勤人员2人。

全省14个市州均成立地方志工作机构，兰州市、金昌市、酒泉市、白银市、张掖市、天水市、平凉市、庆阳市、甘南藏族自治州、临夏回族自治州10个市州地方志工作机构独立，定西市地方志工作机构归定西市政府办公室管理，嘉峪关市、武威市、陇南市3个市与党史办合并。86个县（市、区）地方志工作机构中单独设置51个，归口县（市、区）政府办公室管理10个，与档案（党史）合并23个，工作职能并入档案馆2个。（梁兴明）

【青海省地方志工作机构设置】 1986年6月，青海省地方志编纂委员会办公室成立。截至年底，省地方志编纂委员会办公室为省政府办公厅代管的参照公务员法管理的正厅级事业单位，内设综合处、业务指导处、青海年鉴社。编制22人（含工勤人员2人），其中厅级领导职数2人，县处级领导职数6人。实有人员20人。全省8个市州中，5个市州地方志工作机构与党史部门合并，归党委管理；3个市州地方志工作机构保持政府管理工作体制。市（州）、县级党史研究室（地方志办公室）总编制数265人，其中市州级编制数71人、县级编制数194人。（杨树寿）

【宁夏回族自治区地方志工作机构设置】 1985年，宁夏回族自治区地方志办公室成立，隶属宁夏社会科学院，事业单位建制。内设综合科、业务指导科、年鉴科、资料征集科。现有工作人员14人，其中编审2人，副编审7人，编辑5人。

5家市级地方志工作机构中，银川市、石嘴山市2家与党史、档案合署，吴忠市、固原市、中卫市3家与党史合署。22个县（市、区）地方志工作机构中，银川市兴庆区、金凤区、西夏区、灵武市、贺兰县、永宁县、平罗县、同心县、红寺堡区、隆德县10家与党史、档案合署，石嘴山市大武口区、惠农区、青铜峡市、盐池县、彭阳县、西吉县、泾源县、海原县、中宁县及固原市原州区、中卫市沙坡头区11家与党史合署，吴忠市利通区暂无地方志工作机构。截至年底，全区地方志系统共有工作人员120余人。（张明鹏）

【新疆维吾尔自治区地方志工作机构设置】 1983年4月，新疆维吾尔自治区地方志编纂委员会成立，是自治区政府直属正厅级事业单位。下设隶属于自治区政府办公厅的副厅级机构地方志总编室，编制15人，总编室内设秘书室（含《新疆地方志通讯》编辑室和资料室）、《新疆通志》编辑室、地州市县联络指导室和《新疆年鉴》编辑部4个部室，均为二级局处级机构。1987年1月，自治区地方志编纂委员会下设的总编室撤销，编纂委员会成为实体机构，明确为正厅级事业单位，编制40人，内设5个正处级机构，分别是《新疆通志》编辑室、《新疆年鉴》编辑部、地县志工作室、编译室、办公室。1997年机构改革后，编制增加为48人，内设机构由5个增至6个，增加资料信息研究处，并新设机关党委。2005年4月，自治区地方志编纂委员会纳入公务员管理序列，为参照公务员法管理单位。2011年6月，自治区政府下发三定方案，明确自治区地方志编纂委员会设综合处、新疆通志工作处、地县志工作处、年鉴工作处（新疆年鉴社）、编译处、信息处6个内设机构，并设机关党委。2018年，自治区地方志编纂委员会未被列入机构改革涉改单位。截至年底，编制48人，实有43人，由汉族、维吾尔族、回族、锡伯族4个民族成份组成。其中正副处级实职干部14人，一级调研员至四级调研员职级干部11人。

新疆14个地（州、市）、96个县（市、区）均设有地方志工作机构。截至年底，全区三级地方志工作机构在编人员501人。（赵琳）

【新疆生产建设兵团地方志工作机构设置】 1984年3月，新疆生产建设兵团设立兵团党史工作办公室和兵团志工作办公室（为团级），两块牌子、一个机构。1996年8月，撤销兵团党史工作办公室、兵团志工作办公室，成立中共新疆生产建设兵团委员会党史研究办公室和新疆生产建设兵团地方志办公室，一个机构、两块牌子，副师级。2003年8月，兵团地方志办公室更名为兵团志办公室。新疆生产建设兵团党委党史研究室、新疆生产建设兵团志办公室下设综合处、党史处、方志处、年鉴处4个处，核定人员编制16人。在编人员全部参照公务员法管理。2021年底在编人员11人，另有援疆干部1人。

兵团14个师市均设有地方志工作机构，与党委党史研究室一个机构、两块牌子（是负责师市史志工作的事业单位），在编人员全部参照公务员法管理。其中，八师石河子市史志办为独立机构，正处级，设有党史科、方志科、年鉴科；其余13个师市史志办为师市办公室管理机构，副处级，未设内部科室。14个师市共有编制46人，截至年底，在编人员36人。团场没有专门的史志机构。　　　　（王兴鹏）

【中国国家铁路集团有限公司史志工作机构设置】　2021年，全国铁路有19个史志工作机构。其中，中国国家铁路集团有限公司档案史志中心为集团直属机构，各铁路局集团有限公司档案史志室18个。其他编纂出版年鉴的国铁企业，虽未设专业机构，但均由企业相关部门专门负责。国铁集团有史志工作人员49名，在编44名，非在编5名。在编人员中，高级专业技术人员16名，中级专业技术人员19名，初级专业技术人员9名。　　　　　　　（叶清）

· 表彰先进

【内蒙古地方志系统干部李洋获授"内蒙古自治区脱贫攻坚先进个人"称号】　6月21日，内蒙古自治区人民政府地方志研究室李洋被内蒙古自治区党委、政府授予"全区脱贫攻坚先进个人"称号。李洋于2019年7月被内蒙古自治区党委组织部派驻兴安盟突泉县学田乡学田村参加脱贫攻坚驻村工作。驻村期间，遍访学田村61户贫困户，积极宣传党中央、国务院和自治区党委、政府关于脱贫攻坚各项方针政策、决策部署与工作措施，宣讲扶贫知识与最低生活保障审核确认办法等相关政策，及时搜集、整理群众反映的问题并第一时间加以解决。通过政策扶贫、生态扶贫、教育扶贫、金融扶贫等方式，积极参与企业专项扶贫，帮扶学田村开展肉羊肉牛养殖产业。主动研究村集体经济发展新模式，制定学田乡学田村（2019—2023年）帮扶发展规划。帮助学田乡高质量完成自治区第三方脱贫攻坚验收工作与国家扶贫绩效考核工作。深度挖掘突泉县地名文化历史渊源，补充、完善突泉县地名文化基础资料并参与突泉县地名文化基础资料的编写工作，有效发挥文化扶贫在助力乡村振兴中的特有作用。　　　　　　　（董丽娜）

【上海市地方史学会获评"上海市优秀社会科学学会"】　11月，上海市社会科学界联合会主办的2018—2020年度上海市优秀社会科学学会、上海市优秀社会科学学会工作者评选结果揭晓，上海市地方史志学会获评"上海市优秀社会科学学会"，会长王依群、副会长柴志光获评"上海市优秀社会科学学会工作者"。
　　　　　　　　　（王师师　陈畅）

【安徽评选表彰全省党史地方志系统先进集体和先进工作者】　4月，安徽省委党史研究院（省地方志研究院）与省人力资源和社会保障厅联合印发《关于评选表彰全省党史地方志系统先进集体和先进工作者的通知》，决定评选表彰一批全省党史地方志系统先进集体和先进工作者，并成立省评选表彰领导小组及办公室。评选坚持自下而上、基层优先的原则，严格按照分配名额、评先条件和程序进行，对拟推荐的先进集体和先进工作者初步征求组织、纪检、公安意见，经各市评选推荐工作领导小组初核后报送省评选表彰领导小组办公室初审、复审，并履行多轮相关评选公示程序。7月18日，省人力资源和社会保障厅、省委党史研究院（省地方志研究院）联合印发《关于表彰全省党史地方志系统先进集体和先进工作者的决定》，授予中共合肥市委党史和地方志研究室等38个单位"全省党史地方志系统先进集体"称号；授予陶俊生等94人"全省党史地方志系统先进工作者"称号。

安徽省党史地方志系统先进集体名录一览表

序号	先进集体	序号	先进集体
1	中共合肥市委党史和地方志研究室	20	中共当涂县委党史和地方志研究室
2	中共肥东县委党史和地方志研究室	21	中共含山县档案馆（县委党史和地方志研究室）
3	中共肥西县委党史和地方志研究室	22	中共芜湖市委党史和地方志研究室
4	中共濉溪县委党史和地方志研究室	23	中共无为市委党史和地方志研究室
5	中共谯城区委党史和地方志研究室	24	中共湾沚区委党史和地方志研究室
6	中共埇桥区委党史和地方志研究室	25	中共泾县县委党史和地方志研究室
7	中共泗县县委党史和地方志研究室	26	中共宁国市委党史和地方志研究室
8	中共怀远县委党史和地方志研究室	27	中共铜陵市委党史和地方志研究室
9	中共固镇县委党史和地方志研究室	28	中共铜陵市义安区委党史和地方研究室
10	中共太和县委党史和地方志研究室	29	中共池州市贵池区委党史和地方志研究室
11	中共颍上县委党史和地方志研究室	30	中共东至县委党史和地方志研究室
12	中共寿县县委党史和地方志研究室	31	中共岳西县委党史和地方志研究室
13	中共凤台县委党史和地方志研究室	32	中共桐城市委党史和地方志研究室
14	中共琅琊区委党史和地方志研究室	33	中共黄山市委党史和地方志研究室
15	中共天长市委党史和地方志研究室	34	中共黟县县委党史和地方志研究室
16	中共定远县委党史和地方志研究室	35	中共安徽省委党史研究院（安徽省地方志研究院）第一研究室
17	中共六安市委党史和地方志研究室	36	中共安徽省委党史研究院（安徽省地方志研究院）第四研究室
18	中共金寨县委党史和地方志研究室	37	中共安徽省委党史研究院（安徽省地方志研究院）第七研究室
19	中共舒城县委党史和地方志研究室	38	党史纵览杂志社

安徽省党史地方志系统先进工作者名录一览表

序号	姓名	序号	姓名	序号	姓名	序号	姓名	序号	姓名
1	陶俊生	20	李建	39	许斌	58	詹诗良	77	余文胜
2	沈松林	21	朱渝军	40	张固娟	59	贾小刚	78	徐舒媛
3	彭均生	22	单乃璞	41	王德聪	60	郭馨	79	朱美丽
4	甄长朴	23	孙沂凤	42	李发武	61	于桂和	80	汪艺辉
5	翟邦军	24	罗会芳	43	陈道明	62	陈虎山	81	占婷婷
6	张红	25	李玉娟	44	苏明波	63	陆再奇	82	夏春林
7	田红梅	26	王硕敏	45	胡本昌	64	徐永剑	83	汪俊杰
8	陆建	27	李璐	46	范润生	65	姜海	84	吴恒玉
9	孙静	28	赵莉	47	贾佳	66	齐洋锟	85	汪华红
10	胡晓瑞	29	杨晓红	48	李勇	67	王宁生	86	王晓东
11	侯清超	30	朱炜华	49	陈康	68	肖华	87	汪弘毅
12	张晓玉	31	陈静	50	陈应菊	69	俞绍来	88	张建爱
13	王伟	32	刘法坤	51	郑凤琴	70	方毅	89	张皓
14	赵红萍	33	时光往	52	唐晴晴	71	吕文强	90	江政
15	万涛	34	王珍	53	王健	72	古宏保	91	盛祥贵
16	唐怀营	35	周莉	54	武正忠	73	汪学华	92	张军
17	庞遵峰	36	黄华	55	洪宗梅	74	程天康	93	张雪飞
18	石秀娟	37	钱宝	56	周芳	75	姚北生	94	张捷
19	康凯	38	戴月林	57	张勋	76	李亚飞		

（杜中文）

【福建省1人获评省五一劳动奖章】 4月，福建省总工会授予福建省委党史研究和地方志编纂办公室宣传教育处处长钟兆云"福建省五一劳动奖章"。

（福建省委党史研究和地方志编纂办公室）

【湖南省通报表扬地方志系统先进集体和先进工作者】 12月15日，经有关省直单位，各市州、县（市、区）地方志工作机构推荐，湖南省地方志编纂院党组研究决定，通报表扬长沙市地方志编纂室等35个省志承编单位和市县地方志工作机构为湖南地方志系统2021年度先进集体，通报表扬吴夏等43名省志承编单位工作人员和市县地方志机构工作者为湖南地方志系统2021年度先进个人。

（张睿）

【湖南省地方志编纂院"两优一先"评选表彰】 年内，湖南省地方志编纂院在全院开展"两优一先"评选活动，表彰5名优秀共产党员、2名优秀党务工作者和2个先进党支部。

向中共湖南省直属机关工作委员会推荐的1名省直机关优秀共产党员、1名优秀党务工作者和1个先进基层党组织获表彰。7月1日，召开"两优一先"表彰大会，表彰优秀个人和先进集体。　　　　　　　　　　　（黄芬）

【第八届湖南省地方志优秀成果（年鉴类）通报表扬】　7月至12月，湖南省地方志编纂院组织开展第八届全省地方志优秀成果（年鉴类）评审工作，在各地各有关部门评选推荐的基础上，经专家小组集中评审和评审活动领导小组办公室复审、领导小组终审，确定《长沙年鉴（2020）》等3部年鉴为特等年鉴，《常德年鉴（2020）》等6部年鉴为一等年鉴，《衡阳年鉴（2020）》等6部年鉴为二等年鉴，《娄底年鉴（2020）》等5部年鉴为三等年鉴，其中地方综合年鉴14部、专业年鉴6部。12月22日，省地方志编纂院印发《关于表扬第八届湖南省地方志优秀成果（年鉴类）的通报》，予以公开表扬。　　　（张睿）

【湖南省首届"韩公亭杯"全国方志理论研究论文评奖通报表扬】　4月至9月，中指办、湖南省地方志编纂院主办，省地方志编纂院、省地方志学会和《韩公亭》编辑部承办的首届"韩公亭杯"2021年全国方志理论研究征文活动举办。活动以"新时代新方志新作为"为主题，收到论文143篇。12月22日，省地方志编纂院印发《关于首届"韩公亭杯"2021年地方志理论研究征文评选结果的通报》，对获奖论文予以通报表扬。《论新中国两轮方志编修对旧方志的继承和创新》（沈松平）获特等奖，《方志艺术表现论》（孙晓东）等4篇论文获一等奖，《中国方志大系及其学科之构建》（王建设）等10篇论文获二等奖，《张国淦的方志学理论与实践述评》（晏依林）等18篇论文获三等奖，《地方志工作法治化成就、问题及对策》（熊仲荣）等8篇论文获优秀奖。　　（张睿）

【海南省评选表彰地方志"两全目标"先进集体和先进工作者】　9月22日，中共海南省委党史研究室（省志办）、省人力资源和社会保障厅联合印发《关于表彰海南省地方志"两全目标"先进集体和先进工作者的决定》，授予海口市地方志编纂委员会等15个单位"海南省地方志'两全目标'先进集体"称号，授予杜惠珍等20人"海南省地方志'两全目标'先进工作者"称号。　　　　　　　　　（王凌云）

【西藏地方志系统干部邹廷波获"新时代西藏最美职工"称号】　12月14日，西藏自治区志办二级主任科员邹廷波获自治区"新时代西藏最美职工"称号。邹廷波先后评审各级各类志鉴70余部（种），参加相关评审会议150余场次，开展各种形式的业务指导300余次；与同事多次深入艰苦偏远县区指导地方志工作。撰写发表西藏地方志工作文章10余篇，其中3篇文章在全国地方志学术活动中交流，3篇文章被有关学术论文集收录，为展现西藏地方志工作者形象、宣传西藏地方志文化作出了贡献。
　　　　　　　　　　　　　　（罗布曲珍）

【青海省第六届全省地方志优秀成果（年鉴类）通报表扬】　12月14日，青海省志办印发《关于对第六届全省地方志优秀成果（年鉴类）通报表扬的通知》。《黄南年鉴（2020）》《西宁年鉴（2020）》被评为一等年鉴，《青海统计年鉴（2020）》《海南年鉴（2020）》《海东年鉴（2020）》《海北年鉴（2020）》被评为二等年鉴，《玉树藏族自治州年鉴（2020）》《尖扎年鉴（2020）》《果洛年鉴（2020）》《门源年鉴（2020）》《青海交通年鉴（2020）》《循化撒拉族自治县年鉴（2020）》被评为三等年鉴。　　（杨树寿）

【新疆地方志系统干部张权获授"新疆维吾尔自治区脱贫攻坚先进个人"称号】　5月24日，新疆维吾尔自治区脱贫攻坚总结表彰大会举行。自治区地方志编委会地县志工作处处长张权获授"新疆维吾尔自治区脱贫攻坚先进个人"称号。7月6日，张权以"牢记习近平总书记精准扶贫要求，做到务实、扎实、真实，坚

决打赢脱贫攻坚战"为题为自治区地方志系统党员作先进事迹报告。 （范锐超）

【兵团史志系统2015—2019年度先进集体、先进工作者和优秀成果表彰】 12月3日，新疆生产建设兵团党委办公厅、兵团办公厅，兵团人力资源和社会保障局办公室（兵团表彰奖励办公室）印发《关于表彰兵团史志系统2015—2019年度先进集体、先进工作者和优秀成果的通报》，共14个先进集体、24名先进工作者和10部优秀成果受到表彰。 （王兴鹏）

人　物

· 领导名录

中国地方志指导小组办公室
　　指导小组秘书长、办公室主任：
　　　　　　冀祥德（9月免）
　　党组书记：高京斋
　　一级巡视员、方志出版社总编辑：
　　　　　　曹宏举（9月任）
　　一级巡视员：邱新立
　　纪检组组长、副主任：叶聪岚

中共北京市委党史研究室、北京市地方志编纂委员会办公室
　　主　任：李　良
　　副主任、一级巡视员：
　　　　　　张恒彬（2月任）
　　　　　　陈志楣
　　副主任：赵　鹏（9月免）
　　二级巡视员：刘　岳　运子微

天津市档案馆（天津市地方志编修委员会办公室）
　　党委书记、馆长：阎　峰
　　党委委员、副馆长：
　　　　　　吴爱民
　　　　　　荆　浩（11月免）
　　　　　　于全太
　　二级巡视员：于学蕴

河北省档案馆（河北省地方志编纂委员会办公室）
　　馆　长（主任）：吕素维（7月任）
　　副馆长（副主任）：刘学圃（7月任）
　　　　　　李宁波（7月任）
　　　　　　杨文丰（9月任）
　　　　　　齐东勇（10月任）
　　二级巡视员：李会生（7月任）

中共山西省委党史研究院（山西省地方志研究院）
　　院　长：曹荣湘
　　一级巡视员：刘益令
　　　　　　孔凡春（8月任）
　　副院长：焦永萍　郭秀翔

内蒙古自治区人民政府地方志研究室
　　主　任：贺　彪
　　副主任：孟秀芳

辽宁省政府办公厅（辽宁省地方志行政机构）
　　副主任：周国春
　　信息处处长：杜　伶

辽宁省档案馆（辽宁省工业文化发展中心）（辽宁省地方志编纂机构）
　　副馆长（副主任）：田　冰
　　辽宁省地方志编纂中心主任：林燕燕
　　辽宁省地方志编纂中心副主任：梁忠音

吉林省地方志编纂委员会
　　党组书记、副主任：李云鹤
　　一级巡视员：孟亚男（7月任）
　　副主任：李正奎　尚志华　李忠双
　　　　　　张圣祺（11月任）

中共黑龙江省委史志研究室
　　主　任：何伟志
　　一级巡视员：车迎坤（9月任）
　　副主任：章　磊　陈春雷

上海市地方志办公室
　　党组书记、主任：洪民荣
　　党组成员、副主任：生键红　姜复生
　　党组成员：孙　刚

江苏省地方志编纂委员会办公室
　　党组书记、主任：左健伟
　　二级巡视员：许善军
　　党组成员、副主任：牟国义　陈　华

浙江省人民政府地方志办公室
主　任：郑金月
副主任：章其祥　董郁奎

中共安徽省委党史研究院（安徽省地方志研究院）
院　长：程中才
副院长：郭德成（1月免）
　　　　苗　键　施昌旺
　　　　王国健（12月任）
　　　　杨继祥（12月任）
学术和编审委员会主任：朱贵平
一级巡视员：吴　静（4月任）

中共福建省委党史研究和地方志编纂办公室
主任、室务会议召集人，省政协提案委副主任（兼）：黄　誌
副主任、室务会议成员、机关党委书记：林　浩
副主任、室务会议成员：王盛泽
副主任：曹宛红
二级巡视员：戴振华　钟健英

江西省地方志研究院
江西省社会科学院党组成员、副院长兼江西省地方志研究院院长：甘根华
二级巡视员：周　慧
副院长、一级调研员：杨志华
副院长：张棉标

中共山东省委党史研究院（山东省地方史志研究院）
院　长：赵国卿
一级巡视员：林　杰
副院长：董立新　王　坦　姚丙华

河南省地方史志办公室
党组书记、主任：管仁富
党组成员、副主任：周慧杰　袁伦中

湖北省文化和旅游厅
党组书记、厅长：雷文洁
党组成员、驻厅纪检监察组组长：陈　锴
党组成员、副厅长：徐　勇　陶宏家
　　　　　　　　　陈祖刚
　　　　　　　　　陈武斌（6月任）
党组成员、总规划师：唐昌华
党组成员：吴凤端

党组成员，省文物事业发展中心党委书记、主任：余　萍（8月任）

湖南省地方志编纂院
党组书记、院长：江　涌
党组副书记、副院长：彭楚筠
党组成员、副院长：邓建平　黄俊军
党组成员、二级巡视员：杨盛让

广东省人民政府地方志办公室
党组书记、主任：陈华康
党组成员、副主任：丘洪松　刘　卫
　　　　　　　　　刘　波（10月免）
二级巡视员：邱家秋（8月免）

广西壮族自治区地方志编纂委员会办公室
党组书记、主任：梁金荣
党组成员、副主任：唐中克　朱东风

海南省地方志办公室
主　任：毛志华
副主任：赖永生　秦武军

重庆市地方志办公室
主　任：刘文海
副主任：夏小平

四川省地方志工作办公室
党组书记、主任：陈建春
党组成员、副主任：赵　行
党组成员、机关党委书记：邓　瑜
党组成员、副主任：陶利辉

贵州省档案馆（贵州省地方志办公室）
馆长（主任）：欧阳志国
副馆长（副主任）：黄远良　王贤赓
　　　　　　　　　田　红（8月任）

云南省地方志编纂委员会办公室
主　任：赵增昆
副主任：袁丽萍

西藏自治区地方志办公室
主　任：汪德军
副主任：赤列旦增　王会世　唐雪连

陕西省地方志办公室
党组书记、主任：雷　湛
党组成员、副主任：吴玉莲
一级巡视员：武　军（8月任）
二级巡视员：李保国

甘肃省地方史志办公室
　　党组书记、主任：张军利
　　党组副书记、副主任：郝宗维
　　党组成员、副主任：李振宇　魏孔俊
　　　　　　　　　　　张正龙（12月免）
　　二级巡视员：石为怀
　　　　　　　　贺红梅（7月任）

青海省地方志编纂委员会办公室
　　主　任：杨松义
　　副主任：魏守良

宁夏回族自治区地方志编审委员会办公室
　　主　任：负有强
　　副主任：张明鹏

新疆维吾尔自治区地方志编纂委员会
　　党组书记、副主任：廖运建（7月免）
　　　　　　　　　　　魏占海（7月任）
　　党组成员、副主任：马文华（厅长级）
　　一级巡视员：刘　星　吐尔地·阿西木
　　二级巡视员：张为民

新疆生产建设兵团志办公室
　　副主任：陈　旭（援疆，主持工作）

· 人物选介

刘云飞　1963年7月生，中共党员。1997年7月担任北京市平谷区地方志办公室副主任，2011年6月至2021年4月担任主任。曾任《平谷县志》编委、《北京市平谷区志》主编、《北京平谷年鉴》主编、《平谷建设史》主编。指导编写《大华山镇志》《大华山村志》《平谷桃志》《平谷区老干部工作图志》。2008年创办《史志桥·民俗船》刊物，任主编，累计出刊20余期，搜集整理刊发系列史志资料300余万字。还曾任《中国共产党北京市平谷区历史》主编，先后主编《护旗的英雄 平谷的光荣》、《平谷原创歌曲集》、《平谷英雄谱》（连环画）、《红谷故事100》、《红色追寻》等红色书刊，主笔编写《灵山秀水刘家店》《京东重镇峪口》《绿野晴川镇罗营》《美丽的金海湖》等书籍，为桃棚等红色旅游景区和展馆提供策展服务，主持创建"绿谷红书屋"近400个，遍布全区所有镇乡。主创的《平谷历史上的第一》获北京电视台一等奖，2017年被评为北京市地方志系统先进工作者。

（纪元）

张积涛　1966年12月生，河北省保定市徐水区人，中共党员，大学学历，副编审，现任保定市地方志办公室主任、保定市方志馆馆长。1988年参加工作，1990年从事地方志工作。组织编纂《保定市志（1979—2010）》中，任执行主编。主编3部《保定年鉴》，担任《保定南下干部纪实》副主编，《保定通史》（4卷）编委，《老保定丛书》（第一辑4册）编委，《保定历史文化资政志鉴》（23卷）副总纂，《保定东西大街史话》（10册）策划；协助组织指导全市第二轮修志工作，高质量完成全市23部县（市、区）志出版，推动县级综合年鉴工作实现全覆盖；指导编辑出版20余部部门志、专业志及乡村志。2005年8月，被中指组评为全国方志先进工作者。2005年5月、2007年12月、2011年1月、2012年1月先后4次被评为河北省地方志系统先进工作者。2008年12月，被评为河北省地方志工作先进个人。

（邢素丽）

林燕燕　女，1962年生，辽宁省沈阳市人，中共党员。1984年，入职辽宁省地方志编纂委员会办公室（后更名为辽宁省人民政府地方志办公室）。2010年12月，担任辽宁省人民政府地方志办公室党组成员、副主任。2017年12月，担任辽宁省地方

志学会会长。2018年辽宁省机构改革后，担任新成立的辽宁省档案馆地方志编纂中心主任。面对第二轮修志繁重任务，团结带领地方志编纂中心全体人员奋起直追、攻坚克难，两年完成51部《辽宁省志（1986—2005）》分志编纂出版任务，参与20余部市志评审，为全省按时保质完成"两全目标"发挥重要作用。在主抓中心全面工作的同时，还担任9部省志分志主编。2019年底省委省政府理顺省级综合年鉴编纂工作体制后，在无机构、无专业人员、无工作经验的情况下，组织中心编纂出版辽宁地方志系统首部省级地方综合年鉴——《辽宁年鉴（2020）》，该卷年鉴荣获全国年鉴评审一等年鉴。坚守方志战线38载，为辽宁省地方志事业的发展作出突出贡献，是众多辽宁"方志人"的典型代表，2009年被评为全国地方志系统先进个人。

（梁忠音）

牟国义 1964年1月生，四川省长宁县人，中共党员。1985年7月，西南师范学院历史系毕业，历史学学士。2007年12月，任江苏省地方志办公室副主任、党组成员。2008年4月，兼任《江苏年鉴》主编、2012年至2019年6月，兼任《江苏地方志》主编、江苏省地方志学会副会长、中国地方志学会年鉴分会省级年鉴部主任、《中国年鉴研究》编委。主编《江苏年鉴》中文版14卷。2016年至2021年，《江苏年鉴》6次获全国地方志优秀成果（年鉴类）特等年鉴。先后组织编纂《年度纪事》、《江苏年鉴》英文版、《江苏微记录》、《江苏记录》、《生命至上——江苏抗击新冠肺炎疫情实录》。自2010年起，持续推动开展年鉴综合质量评审、举办培训、精品创建，推动出台《江苏省地方综合年鉴编纂规范》《关于推动年鉴事业高质量发展的意见》，推进《南京年鉴（2017）》等7部年鉴入选中国精品年鉴，《无锡年鉴》等13部年鉴迈进省级精品行列。先后在《中国地方志》《中国年鉴发展报告》《中国年鉴研究》《江苏地方志》发表论文近20篇。《清末预备立宪时期年鉴编纂活动考察》被《中国社会科学文摘》摘录，人大复印资料《中国近代史》全文转载。参与起草和制订《地方综合年鉴编纂出版规定（试行）》《地方综合年鉴编纂出版规定》和《关于地方综合年鉴编纂出版若干问题的补充规定》。2015年以来，多次为中指办举办的全国地方志工作机构新任负责人培训班、全国年鉴主编培训班等授课。参与和推动中国年鉴精品年鉴工程建设，2016年至2021年，担任中国年鉴精品工程评审专家，累计为六批60余部申报年鉴提出并汇总梳理反馈意见，多次赴申报单位现场指导。（纪莉莉）

江 涌 1963年6月生，湖南省醴陵市人，中共党员，大学本科学历，历史学学士，副编审。现任湖南省政协常委、省地方志编纂院党组书记、院长，《韩公亭》编辑部编辑委员会主任。2015年起，主持编修《湖南省志（1978—2002）·政协志》，担任《湖南年鉴（2020）》《湖南年鉴（2021）》主编，牵头组织编纂出版《万山红遍——百年大党的湖南征程》《年鉴里的新湖南——辉煌"十三五"》两部向中国共产党成立100周年献礼图书，积极打造"韩公亭"方志理论品牌，提高地方志工作的社会知晓度和美誉度，具有深厚的理论功底和丰富的实践经验，撰写多篇理论文章在人民网、光明网、《湖南日报》、新湖南、《新湘评论》、红网等媒体发表。

（张睿）

袁渊明 1972年9月生，四川省仪陇县人，大学本科学历，中共党员。2012年11月至今在南充市地方志办公室工作，现任南充市地方志办公室四级调研员、《南充年鉴》副总编。参与编纂的《南充市志》获得省政府第十五次哲学社会科学类二等奖（全省志书类唯一

最高奖），《南充年鉴（2018）》获得全省综合年鉴一等奖，论文《南充市第二轮志书组织与管理》获得全省地方志理论研究课题二等奖；编纂《南充建市20周年大事记》《南充概览》《南充掌故》等地情书。2018年12月，被四川省人力资源和社会保障厅、四川省地方志工作办公室联合表彰为"四川省地方志系统先进个人"。

（四川省志办）

吴晓红 女，回族，1970年出生，安徽省肥东县人，中共党员，大学本科学历。1991年参加工作，现任宁夏社会科学院地方志办公室年鉴指导科科长、《宁夏年鉴》编辑部副主任，负责《宁夏年鉴》编辑出版工作及全区各级地方综合年鉴、各行业专业年鉴业务指导。担任《宁夏通志》教育卷、财税金融卷、农业卷副主编，多部县区志、专业志责任编辑。主持宁夏社科基金项目《宁夏引黄古灌区保护与开发研究》，参与国家重大委托项目《宁夏全史》、国家社科基金西部项目《西北开发与西北史地学研究》课题研究；参与编著《方志与宁夏》《宁夏地理历史变迁》《宁夏引黄灌溉今昔》等多部地情图书；在核心期刊及其他公开期刊发表《汉代"河南地"移民开发及安边政策考略》《皇甫谧故里述略》《宁夏引黄古灌区遗产资源的历史成因》《从宁夏古代河渠治理看"河长制"的历史渊源》《改革开放以来宁夏水利开发史研究述略》等论文。

（张明鹏）

王宁生 1964年4月生，安徽省绩溪县人，大学本科学历。现任安徽省宁国市委党史地方志研究室方志编研科科长。1991年调入宁国县地方志办公室做编辑工作。2021年，被安徽省人社厅、省委党史研究院（省地方志研究院）评为全省党史地方志系统先进工作者。先后参加《宁国县志》《宁国市志》《宁国年鉴》的编纂工作；完成明嘉靖与民国《宁国县志》两部旧志的整理点校工作；完成第二轮《宣城地区志》《安徽省志·方志志》等志稿中宁国部分的编写工作，参与《宁国政协志》志稿编纂指导工作，参加《云梯畲族乡志》等多部志稿的评议工作。多年来，积极开展地情资料收集与整理，每年搜集宁国地情资料数十种，累计为有关单位和个人开展的旅游景点开发、地情研究等工作提供地情资料服务千余次，参与《周赟》《宁国地名文化集锦》《宁国改革开放四十年》等7本宁国地情书籍的编撰工作，参与《宣城古桥》《宣城百村》《宣城移民》《宣城老照片》等宣城地情书籍中宁国部分的撰稿工作。2012年以来，共主编《宁国年鉴》10卷。其中，2卷在安徽省年鉴质量评审中获特等奖，3卷获一等奖；2卷在全国地方志优秀成果（年鉴类）评审活动中获特等年鉴，3卷获一等年鉴，1卷获二等年鉴。

（杜中文）

耿祥星 1969年7月生，山东省平原县人，中共党员。现任中共威海市委党史研究院（威海市地方史志研究院）院长。2014年10月进入威海市地方史志办公室工作。多年来，坚持精品意识，传承文化根脉，坚持将威海特色与实际工作相结合，潜心研究、问道资政，高质量完成山东省"三全"目标任务，多项工作走在全省乃至全国前列。注重地情研究，服务经济发展。组织编纂出版《威海市志》《威海传统村落》《威海人文传承百问》《英租时期威海卫

行政公署年度报告（1902—1929）》《威海姓氏志》《威海三千年》《威海年鉴》等20余部，出版文字总量达2500万字。《威海市志》首批入选中国志书精品工程。《威海年鉴（2020）》获第八届全国地方志优秀成果（年鉴类）特等年鉴。积极推动市（区）志、行业部门志和乡村志编修，环翠区启动村村修志工程，《陶家夼社区志》入选全国首批中国名村志文化工程。2019年，获评山东省党史史志系统先进个人。2021年，中共威海市委党史研究院（市地方史志研究院）获评全国党史和文献部门先进集体。

（李果霖）

张晓改 女，拉祜族，1969年12月生，云南省澜沧县人，大学本科学历。1991年7月从云南民族学院历史系民族学专业毕业分配到澜沧县地方志办公室工作，先后任助理编辑、编辑、副编审，2001年9月任澜沧县地方志办公室主任。主持并参与澜沧县两轮修志编纂工作，圆满完成"两全目标"任务，编纂出版《澜沧拉祜族自治县志》《澜沧拉祜族自治县志（1978—2005）》《澜沧县情（1991—2000）》《澜沧年鉴》等。多年来，编纂出版各类志书、年鉴近1000万字，使澜沧县设县以来无县志、无地方综合年鉴以及无部门志、无乡镇志的历史得以改变。在县地方志办公室工作期间，还兼任《中国少数民族大辞典系列·拉祜族卷》（澜沧部分）副主编，参加《中国少数民族大辞典系列·拉祜族卷》地理部分中澜沧部分的稿件编审；为《澜沧县改革开放三十年发展成就》等书和普洱市"十大历史"系列评选等活动撰稿50多万字。2003年10月和2007年9月被云南省地方志编纂委员会评为云南省地方志先进工作者；2005年12月，被中指组评为全国地方志先进工作者；2013年起连任政协云南省十一届、十二届委员会委员，2017年9月，被评为政协云南省第十一届委员会提案工作先进个人，事迹载入《拉祜山的脊梁》一书。

（云南省志办）

严芹 女，1979年6月生，四川省宜宾市人，中共党员。现为新疆生产建设兵团第十师党委党史研究室（第十师志办公室）二级主任科员。2015年5月，调入第十师史志办工作，负责年鉴编辑、党史工作，协助第二轮修志工作。组织推动《第十师北屯市年鉴》一年一卷编纂出版工作，每年根据新形势、新情况对《第十师北屯市年鉴》的内容和形式进行调整改进，始终坚持"观点正确、结构合理、史实清楚、语言通顺"的要求。主编多卷《第十师北屯市年鉴》，其中2019年卷获地市级综合年鉴一等年鉴。2020年，荣获兵团史志系统2015—2019年度先进工作者称号，师市史志办获兵团史志系统先进集体称号。2021年，师市史志办获得全国地方志系统先进集体称号。2021年10月，主编的《第十师北屯市志（1996—2015）》出版。2021年末，督促指导的2部团场志出版。

（兵团第十师北屯市史志办）

文　献

·修志文件

关于全国地方志系统"两全目标"完成情况的通报
中指组字〔2021〕2号

各省、自治区、直辖市地方志工作机构，新疆生产建设兵团志办公室：

2015年，国务院办公厅印发《全国地方志事业发展规划纲要（2015—2020年）》，明确规定到2020年，完成第二轮地方志书规划任务，省、市、县三级地方志书全部出版；做到地方综合年鉴由地方志工作机构组织编纂，一年一鉴，公开出版，实现省、市、县三级综合年鉴全覆盖（以下简称"两全目标"）。按期保质完成"两全目标"，是各级党委、政府贯彻落实国务院《地方志工作条例》的法定任务，也是全国地方志系统"十三五"期间核心目标任务。现将全国地方志系统"两全目标"完成情况通报如下：

一、地方志书全覆盖完成情况

截至2020年12月31日，全国第二轮三级志书规划5395部。除上海市、江西省外，编纂完成率为100%。目前，编纂完成5198部[1]，完成率约为96.35%；公开出版4917.5部，完成率约为91.15%。其中，省级志书规划2276部，编纂完成2076部，完成率约为91.34%；公开出版1881.5部，完成率约为82.67%。市级志书规划361部，编纂完成率为100%；公开出版351部，完成率约为97.23%。县级志书规划2758部，编纂完成率为100%；公开出版2685部，完成率约为97.35%。

二、地方综合年鉴全覆盖完成情况

截至2020年12月31日，全国省、市、县三级综合年鉴2020年卷应编纂出版3212部，全部完成编纂、全部移交出版，完成率均为100%；公开出版2843部，完成率约为88.51%。其中，省级综合年鉴应编纂出版32部，公开出版30部，完成率为93.75%；市级综合年鉴应编纂出版346部，公开出版318部，完成率约为91.91%；县级综合年鉴应编纂出版2834部，公开出版2496部，完成率约为88.07%。

三、工作要求

按照中指组领导要求，各地已经移交出版单位的志书，应确保在2021年内公开出版；已经移交出版单位的年鉴，应全力推动尽快公开出版。各地要继续做好"两全目标"在线统计系统的数据更新工作，及时填报公开出版的志书、年鉴相关信息。

各地在推进"两全目标"工作中的经验

---

[1] 已移交出版社，但需报送重大选题备案，出版时间难以确定的志书，纳入"两全目标"已完成统计。

做法、遇到的困难和问题等，请及时报中指组"两全目标"督查小组办公室。

附件：
1.全国第二轮三级志书编纂完成进度统计排名表
2.全国第二轮三级志书出版完成进度统计排名表
3.全国第二轮省级志书完成进度统计排名表
4.全国第二轮市级志书出版完成进度统计排名表
5.全国第二轮县级志书出版完成进度统计排名表
6.全国2020年卷三级综合年鉴出版统计排名表
7.全国2020年卷省级综合年鉴出版统计排名表
8.全国2020年卷市级综合年鉴出版统计排名表
9.全国2020年卷县级综合年鉴出版统计排名表

中国地方志指导小组
"两全目标"督查小组
2021年1月28日

附件1　全国第二轮三级志书编纂完成进度统计排名表

（截至2020年12月31日）

排名	行政区划	规划数	编纂完成	完成率
1	广东	161	161	100%
1	山东	228	228	100%
1	天津	77	77	100%
1	河南	302	302	100%
1	湖北	197	197	100%
1	甘肃	172	172	100%
1	湖南	164	164	100%
1	云南	211	211	100%
1	北京	87	87	100%
1	吉林	128	128	100%
1	江苏	169	169	100%
1	安徽	214	214	100%
1	广西	186	186	100%
1	海南	77	77	100%
1	贵州	161	161	100%
1	西藏	121	121	100%
1	陕西	187	187	100%
1	河北	214	214	100%
1	山西	219	219	100%
1	内蒙古	188	188	100%
1	辽宁	197	197	100%
1	黑龙江	240	240	100%
1	浙江	209	209	100%
1	福建	170	170	100%
1	重庆	125	125	100%
1	四川	292	292	100%
1	青海	113	113	100%
1	宁夏	52	52	100%
1	新疆	89	89	100%
1	兵团	20	20	100%
31	江西	208	133	63.94%
32	上海	220	98	44.55%
	合计	5398	5201	96.35%

说明：编纂完成主要包括移交出版和已出版2个统计指标

附件2　全国第二轮三级志书出版完成进度统计排名表

（截至2020年12月31日）

排名	行政区划	规划数	初稿撰写	志稿初审	志稿复审	志稿终审	审后修改	移交出版	重大选题报备	已出版	出版完成率
1	广东	161	—	—	—	—	—	—	—	161	100%
1	山东	228	—	—	—	—	—	—	—	228	100%
1	天津	77	—	—	—	—	—	—	—	77	100%
1	河南	302	—	—	—	—	—	—	—	302	100%
1	湖北	197	—	—	—	—	—	—	—	197	100%
1	甘肃	172	—	—	—	—	—	—	—	172	100%
1	北京	87	—	—	—	—	—	—	11	76	100%
1	安徽	214	—	—	—	—	—	—	1	213	100%
1	湖南	164	—	—	—	—	—	—	—	164	100%
1	海南	77	—	—	—	—	—	—	—	77	100%
1	云南	211	—	—	—	—	—	—	4	207	100%
1	内蒙古	188	—	—	—	—	—	—	3	185	100%
1	辽宁	197	—	—	—	—	—	—	—	197	100%
1	吉林	128	—	—	—	—	—	—	—	128	100%
1	黑龙江	240	—	—	—	—	—	—	—	240	100%
1	江苏	169	—	—	—	—	—	—	—	169	100%
1	广西	186	—	—	—	—	—	—	—	186	100%
1	重庆	125	—	—	—	—	—	—	—	125	100%
1	四川	292	—	—	—	—	—	—	5	287	100%
1	贵州	161	—	—	—	—	—	—	2	159	100%
1	陕西	187	—	—	—	—	—	—	—	187	100%
1	兵团	20	—	—	—	—	—	—	—	20	100%
23	新疆	89	—	—	—	—	—	11	—	78	87.64%
24	福建	170	—	—	—	—	—	22	—	148	87.06%
25	河北	214	—	—	—	—	—	28	—	186	86.92%
26	宁夏	52	—	—	—	—	—	7	—	45	86.54%
27	山西	217	—	—	—	—	—	31	—	186	85.71%
28	西藏	121	—	—	—	—	—	22	—	99	81.82%
29	浙江	209	—	—	—	—	—	72	—	137	65.55%
30	江西	208	—	47	15	13	—	2	—	131	62.98%
31	青海	112	—	—	—	—	—	54.5	—	57.5	51.34%
32	上海	220	2	43	43	17	17	31	—	67	30.45%
合计		5395	2	90	58	30	17	280.5	26	4891.5	91.15%

附件3　全国第二轮省级志书完成进度统计排名表

（截至2020年12月31日）

排名	行政区划	规划数	初稿撰写	志稿初审	志稿复审	志稿终审	审后修改	编纂完成率	移交出版	重大选题报备	已出版	出版完成率
1	广东	42	—	—	—	—	—	100%	—	—	42	100%
1	宁夏	25	—	—	—	—	—	100%	—	—	25	100%
1	山东	74	—	—	—	—	—	100%	—	—	74	100%
1	甘肃	72	—	—	—	—	—	100%	—	—	72	100%
1	天津	61	—	—	—	—	—	100%	—	—	61	100%
1	河南	134	—	—	—	—	—	100%	—	—	134	100%
1	湖北	83	—	—	—	—	—	100%	—	—	83	100%
1	新疆	10	—	—	—	—	—	100%	—	—	10	100%
1	兵团	5	—	—	—	—	—	100%	—	—	5	100%
1	北京	69	—	—	—	—	—	100%	—	11	58	100%
1	安徽	87	—	—	—	—	—	100%	—	1	86	100%
1	湖南	51	—	—	—	—	—	100%	—	—	51	100%
1	广西	65	—	—	—	—	—	100%	—	—	65	100%
1	海南	55	—	—	—	—	—	100%	—	2	53	100%
1	云南	67	—	—	—	—	—	100%	—	7	60	100%
1	内蒙古	73	—	—	—	—	—	100%	—	3	70	100%
1	辽宁	62	—	—	—	—	—	100%	—	—	62	100%
1	吉林	60	—	—	—	—	—	100%	—	—	60	100%
1	黑龙江	84	—	—	—	—	—	100%	—	—	84	100%
1	江苏	60	—	—	—	—	—	100%	—	—	60	100%
1	重庆	86	—	—	—	—	—	100%	—	—	86	100%
1	四川	92	—	—	—	—	—	100%	—	5	87	100%
1	贵州	64	—	—	—	—	—	100%	—	2	62	100%
1	陕西	70	—	—	—	—	—	100%	—	—	70	100%
25	西藏	40	—	—	—	—	—	100%	6	—	34	85%
26	山西	87	—	—	—	—	—	100%	17	—	70	80.46%
27	福建	77	—	—	—	—	—	100%	22	—	55	71.43%
28	青海	58	—	—	—	—	—	100%	26.5	—	31.5	54.31%
29	河北	59	—	—	—	—	—	100%	28	—	31	52.54%
30	浙江	111	—	—	—	—	—	100%	70	—	41	36.94%
31	上海	196	2	43	43	17	17	37.76%	28	—	46	23.47%
32	江西	97	—	47	15	13	—	22.68%	—	—	22	22.68%
合计		2276	2	90	58	30	17	91.34%	197.5	31	1850.5	82.67%

附件4　全国第二轮市级志书出版完成进度统计排名表

（截至2020年12月31日）

排名	行政区划	规划数	初稿撰写	志稿初审	志稿复审	志稿终审	审后修改	编纂完成率	移交出版	已出版	出版完成率
1	广东	19	—	—	—	—	—	100%	—	19	100%
1	安徽	17	—	—	—	—	—	100%	—	17	100%
1	山东	17	—	—	—	—	—	100%	—	17	100%
1	湖北	17	—	—	—	—	—	100%	—	17	100%
1	甘肃	14	—	—	—	—	—	100%	—	14	100%
1	吉林	9	—	—	—	—	—	100%	—	9	100%
1	江苏	13	—	—	—	—	—	100%	—	13	100%
1	河南	18	—	—	—	—	—	100%	—	18	100%
1	湖南	9	—	—	—	—	—	100%	—	9	100%
1	贵州	9	—	—	—	—	—	100%	—	9	100%
1	云南	16	—	—	—	—	—	100%	—	16	100%
1	广西	15	—	—	—	—	—	100%	—	15	100%
1	海南	2	—	—	—	—	—	100%	—	2	100%
1	河北	7	—	—	—	—	—	100%	—	7	100%
1	内蒙古	12	—	—	—	—	—	100%	—	12	100%
1	辽宁	35	—	—	—	—	—	100%	—	35	100%
1	黑龙江	13	—	—	—	—	—	100%	—	13	100%
1	浙江	11	—	—	—	—	—	100%	—	11	100%
1	福建	9	—	—	—	—	—	100%	—	9	100%
1	江西	11	—	—	—	—	—	100%	—	11	100%
1	四川	21	—	—	—	—	—	100%	—	21	100%
1	西藏	7	—	—	—	—	—	100%	—	7	100%
1	陕西	11	—	—	—	—	—	100%	—	11	100%
1	新疆	11	—	—	—	—	—	100%	—	11	100%
1	兵团	14	—	—	—	—	—	100%	—	14	100%
26	山西	11	—	—	—	—	—	100%	2	9	81.82%
27	宁夏	5	—	—	—	—	—	100%	2	3	60%
28	青海	8	—	—	—	—	—	100%	6	2	25%
合计		361	—	—	—	—	—	100%	10	351	97.23%

附件5 全国第二轮县级志书出版完成进度统计排名表

（截至2020年12月31日）

排名	行政区划	规划数	初稿撰写	志稿初审	志稿复审	志稿终审	审后修改	编纂完成率	移交出版	已出版	出版完成率
1	广东	100	—	—	—	—	—	100%	—	100	100%
1	安徽	110	—	—	—	—	—	100%	—	110	100%
1	湖北	97	—	—	—	—	—	100%	—	97	100%
1	山东	137	—	—	—	—	—	100%	—	137	100%
1	兵团	1	—	—	—	—	—	100%	—	1	100%
1	北京	18	—	—	—	—	—	100%	—	18	100%
1	天津	16	—	—	—	—	—	100%	—	16	100%
1	吉林	59	—	—	—	—	—	100%	—	59	100%
1	江苏	96	—	—	—	—	—	100%	—	96	100%
1	河南	150	—	—	—	—	—	100%	—	150	100%
1	甘肃	86	—	—	—	—	—	100%	—	86	100%
1	湖南	104	—	—	—	—	—	100%	—	104	100%
1	海南	20	—	—	—	—	—	100%	—	20	100%
1	云南	128	—	—	—	—	—	100%	—	128	100%
1	河北	148	—	—	—	—	—	100%	—	148	100%
1	内蒙古	103	—	—	—	—	—	100%	—	103	100%
1	辽宁	100	—	—	—	—	—	100%	—	100	100%
1	黑龙江	143	—	—	—	—	—	100%	—	143	100%
1	福建	84	—	—	—	—	—	100%	—	84	100%
1	广西	106	—	—	—	—	—	100%	—	106	100%
1	重庆	39	—	—	—	—	—	100%	—	39	100%
1	四川	179	—	—	—	—	—	100%	—	179	100%
1	贵州	88	—	—	—	—	—	100%	—	88	100%
1	陕西	106	—	—	—	—	—	100%	—	106	100%
25	江西	100	—	—	—	—	—	100%	2	98	98%
26	浙江	87	—	—	—	—	—	100%	2	85	97.70%
27	山西	119	—	—	—	—	—	100%	12	107	89.92%
28	上海	24	—	—	—	—	—	100%	3	21	87.50%
29	新疆	68	—	—	—	—	—	100%	11	57	83.82%
30	西藏	74	—	—	—	—	—	100%	16	58	78.38%
31	宁夏	22	—	—	—	—	—	100%	5	17	77.27%
32	青海	46	—	—	—	—	—	100%	22	24	52.17%
	合计	2758	—	—	—	—	—	100%	73	2685	97.35%

说明：兵团的县级志书出版1部，其余调整出二轮修志规划。

附件6 全国2020年卷三级综合年鉴出版统计排名表

（截至2020年12月31日）

排名	行政区划	省级 应编纂出版	省级 移交出版	省级 公开出版	市级 应编纂出版	市级 移交出版	市级 公开出版	县级 应编纂出版	县级 移交出版	县级 公开出版	合计 应编纂出版	合计 移交出版	合计 公开出版	移交出版完成率	公开出版完成率
1	北京	1	1	1	—	—	—	16	16	16	17	17	17	100%	100%
1	天津	1	1	1	—	—	—	16	16	16	17	17	17	100%	100%
1	内蒙古	1	1	1	12	12	12	103	103	103	116	116	116	100%	100%
1	辽宁	1	1	1	14	14	14	100	100	100	115	115	115	100%	100%
1	吉林	1	1	1	9	9	9	60	60	60	70	70	70	100%	100%
1	黑龙江	1	1	1	13	13	13	121	121	121	135	135	135	100%	100%
1	上海	1	1	1	—	—	—	16	16	16	17	17	17	100%	100%
1	江苏	1	1	1	13	13	13	96	96	96	110	110	110	100%	100%
1	安徽	1	1	1	16	16	16	105	105	105	122	122	122	100%	100%
1	山东	1	1	1	16	16	16	137	137	137	154	154	154	100%	100%
1	河南	1	1	1	17	17	17	158	158	158	176	176	176	100%	100%
1	湖北	1	1	1	13	13	13	103	103	103	117	117	117	100%	100%
1	广西	1	1	1	14	14	14	111	111	111	126	126	126	100%	100%
1	海南	1	1	1	3	3	3	23	23	23	27	27	27	100%	100%
1	重庆	1	1	1	—	—	—	38	38	38	39	39	39	100%	100%
1	四川	1	1	1	21	21	21	183	183	183	205	205	205	100%	100%
1	贵州	1	1	1	9	9	9	88	88	88	98	98	98	100%	100%
1	云南	1	1	1	16	16	16	129	129	129	146	146	146	100%	100%
1	陕西	1	1	1	10	10	10	107	107	107	118	118	118	100%	100%
1	甘肃	1	1	1	14	14	14	86	86	86	101	101	101	100%	100%
1	青海	1	1	1	8	8	8	44	44	44	53	53	53	100%	100%
1	兵团	1	1	1	14	14	14	—	—	—	15	15	15	100%	100%
23	江西	1	1	1	11	11	11	100	100	97	112	112	109	100%	97.32%
24	湖南	1	1	1	14	14	14	122	122	117	137	137	132	100%	96.35%
25	广东	1	1	1	21	21	18	122	122	105	144	144	124	100%	86.11%
26	宁夏	1	1	1	5	5	3	22	22	17	28	28	21	100%	75%
27	山西	1	1	1	11	11	9	117	117	78	129	129	88	100%	68.22%
28	河北	1	1	0	11	11	10	168	168	104	180	180	114	100%	63.33%
29	浙江	1	1	1	11	11	7	89	89	50	101	101	58	100%	57.43%
30	福建	1	1	1	9	9	5	84	84	38	94	94	44	100%	46.81%
31	西藏	1	1	0	7	7	4	74	74	26	82	82	30	100%	36.59%
32	新疆	1	1	1	14	14	5	96	96	24	111	111	30	100%	27.03%
合计		32	32	30	346	346	318	2834	2834	2496	3212	3212	2844	100%	88.54%

说明：海南省三沙市因情况特殊，未统计在内，下表同。

附件7　全国2020年卷省级综合年鉴出版统计排名表

（截至2020年12月31日）

排名	行政区划	应编纂	启动编纂	一年一鉴	移交出版	公开出版	编纂完成率	移交出版完成率	公开出版完成率
1	北京	1	1	1	1	1	100%	100%	100%
1	天津	1	1	1	1	1	100%	100%	100%
1	山西	1	1	1	1	1	100%	100%	100%
1	内蒙古	1	1	1	1	1	100%	100%	100%
1	辽宁	1	1	1	1	1	100%	100%	100%
1	吉林	1	1	1	1	1	100%	100%	100%
1	黑龙江	1	1	1	1	1	100%	100%	100%
1	上海	1	1	1	1	1	100%	100%	100%
1	江苏	1	1	1	1	1	100%	100%	100%
1	浙江	1	1	1	1	1	100%	100%	100%
1	安徽	1	1	1	1	1	100%	100%	100%
1	福建	1	1	1	1	1	100%	100%	100%
1	江西	1	1	1	1	1	100%	100%	100%
1	山东	1	1	1	1	1	100%	100%	100%
1	河南	1	1	1	1	1	100%	100%	100%
1	湖北	1	1	1	1	1	100%	100%	100%
1	湖南	1	1	1	1	1	100%	100%	100%
1	广东	1	1	1	1	1	100%	100%	100%
1	广西	1	1	1	1	1	100%	100%	100%
1	海南	1	1	1	1	1	100%	100%	100%
1	重庆	1	1	1	1	1	100%	100%	100%
1	四川	1	1	1	1	1	100%	100%	100%
1	贵州	1	1	1	1	1	100%	100%	100%
1	云南	1	1	1	1	1	100%	100%	100%
1	陕西	1	1	1	1	1	100%	100%	100%
1	甘肃	1	1	1	1	1	100%	100%	100%
1	青海	1	1	1	1	1	100%	100%	100%
1	宁夏	1	1	1	1	1	100%	100%	100%
1	新疆	1	1	1	1	1	100%	100%	100%
1	兵团	1	1	1	1	1	100%	100%	100%
31	河北	1	1	1	1	0	100%	100%	0%
31	西藏	1	1	1	1	0	100%	100%	0%
合计		32	32	32	32	30	100%	100%	93.75%

附件8 全国2020年卷市级综合年鉴出版统计排名表

（截至2020年12月31日）

排名	行政区划	应编纂	启动编纂	一年一鉴	移交出版	公开出版	编纂完成率	移交出版完成率	公开出版完成率
1	内蒙古	12	12	12	12	12	100%	100%	100%
1	辽宁	14	14	14	14	14	100%	100%	100%
1	吉林	9	9	9	9	9	100%	100%	100%
1	黑龙江	13	13	13	13	13	100%	100%	100%
1	江苏	13	13	13	13	13	100%	100%	100%
1	安徽	16	16	16	16	16	100%	100%	100%
1	江西	11	11	11	11	11	100%	100%	100%
1	山东	16	16	16	16	16	100%	100%	100%
1	河南	17	17	17	17	17	100%	100%	100%
1	湖北	13	13	13	13	13	100%	100%	100%
1	湖南	14	14	14	14	14	100%	100%	100%
1	广西	14	14	14	14	14	100%	100%	100%
1	海南	3	3	3	3	3	100%	100%	100%
1	四川	21	21	21	21	21	100%	100%	100%
1	贵州	9	9	9	9	9	100%	100%	100%
1	云南	16	16	16	16	16	100%	100%	100%
1	陕西	10	10	10	10	10	100%	100%	100%
1	甘肃	14	14	14	14	14	100%	100%	100%
1	青海	8	8	8	8	8	100%	100%	100%
1	兵团	14	14	14	14	14	100%	100%	100%
21	河北	11	11	11	11	10	100%	100%	90.91%
22	广东	21	21	21	21	18	100%	100%	85.71%
23	山西	11	11	11	11	9	100%	100%	81.82%
24	浙江	11	11	11	11	7	100%	100%	63.64%
25	宁夏	5	5	5	5	3	100%	100%	60%
26	西藏	7	7	7	7	4	100%	100%	57.14%
27	福建	9	9	9	9	5	100%	100%	55.56%
28	新疆	14	14	14	14	5	100%	100%	35.71%
	合计	346	346	346	346	318	100%	100%	91.91%

附件9 全国2020年卷县级综合年鉴出版统计排名表

（截至2020年12月31日）

排名	行政区划	应编纂	启动编纂	一年一鉴	移交出版	公开出版	编纂完成率	移交出版完成率	公开出版完成率
1	北京	16	16	16	16	16	100%	100%	100%
1	天津	16	16	16	16	16	100%	100%	100%
1	内蒙古	103	103	103	103	103	100%	100%	100%
1	辽宁	100	100	100	100	100	100%	100%	100%
1	吉林	60	60	60	60	60	100%	100%	100%
1	黑龙江	121	121	121	121	121	100%	100%	100%
1	上海	16	16	16	16	16	100%	100%	100%
1	江苏	96	96	96	96	96	100%	100%	100%
1	安徽	105	105	105	105	105	100%	100%	100%
1	山东	137	137	137	137	137	100%	100%	100%
1	河南	158	158	158	158	158	100%	100%	100%
1	湖北	103	103	103	103	103	100%	100%	100%
1	广西	111	111	111	111	111	100%	100%	100%
1	海南	23	23	23	23	23	100%	100%	100%
1	重庆	38	38	38	38	38	100%	100%	100%
1	四川	183	183	183	183	183	100%	100%	100%
1	贵州	88	88	88	88	88	100%	100%	100%
1	云南	129	129	129	129	129	100%	100%	100%
1	陕西	107	107	107	107	107	100%	100%	100%
1	甘肃	86	86	86	86	86	100%	100%	100%
1	青海	44	44	44	44	44	100%	100%	100%
22	江西	100	100	100	100	97	100%	100%	97%
23	湖南	122	122	122	122	117	100%	100%	95.90%
24	广东	122	122	122	122	105	100%	100%	86.07%
25	宁夏	22	22	22	22	17	100%	100%	77.27%
26	山西	117	117	117	117	78	100%	100%	66.67%
27	河北	168	168	168	168	104	100%	100%	61.90%
28	浙江	89	89	89	89	50	100%	100%	56.18%
29	福建	84	84	84	84	38	100%	100%	45.24%
30	西藏	74	74	74	74	26	100%	100%	35.14%
31	新疆	96	96	96	96	24	100%	100%	25%
	合计	2834	2834	2834	2834	2496	100%	100%	88.07%

关于全力做好省市县三级综合年鉴2022年卷编纂出版工作的通知

（中指组字〔2021〕24号）

各省、自治区、直辖市地方志工作机构，新疆生产建设兵团志办公室：

为贯彻落实中国地方志指导小组关于"十四五"时期要"加强地方综合年鉴编纂工作，把年鉴工作作为各级地方志工作机构的日常工作重心，摆在更加突出的位置"的安排部署，持续巩固"一年一鉴，公开出版，实现省、市、县三级综合年鉴全覆盖"成果，推进新时代年鉴事业高质量发展，现就全力做好省、市、县三级综合年鉴2022年卷编纂出版工作有关事项通知如下：

一、提高政治站位，充分认识持续巩固"一年一鉴，公开出版"成果和编纂出版三级综合年鉴2022年卷的重大意义

持续不断地编纂出版三级综合年鉴是一项长期任务，是为国存史的一项重要基础性工程。三级综合年鉴2022年卷是全面客观系统记录2021年全国人民在以习近平同志为核心的党中央坚强领导下，隆重庆祝中国共产党成立一百周年，全面建成小康社会，统筹新冠肺炎疫情防控和经济社会发展取得重大成果，实现"十四五"规划良好开局等一系列伟大成就的一卷重要年鉴。编纂好这卷年鉴，具有非常特殊的重要意义。全国地方志系统要深入贯彻落实习近平新时代中国特色社会主义思想，全面贯彻落实党的十九大和十九届二中、三中、四中、五中、六中全会精神，弘扬伟大建党精神，特别是习近平总书记关于"高度重视修史修志""以史为鉴、开创未来"等重要指示精神，从增强"四个意识"、坚定"四个自信"、做到"两个维护"的高度，从贯彻落实新发展理念、为推动经济社会高质量发展提供强有力智力支持的角度，充分认识持续巩固"一年一鉴，公开出版"成果和编纂出版三级综合年鉴2022年卷的神圣职责和光荣使命，进一步统一思想，顺应新时代、记录新时代、服务新时代，埋头苦干、勇毅前行，不断巩固提升"一年一鉴，公开出版"成果的质量和效益，为繁荣发展文化事业、迎接党的二十大胜利召开作出方志人应有的贡献。

二、加强组织领导，提早启动和落实2022年卷年鉴编纂任务

三级综合年鉴2021年卷已公开出版的地方，应抓紧启动2022年卷编纂工作；2021年卷已进入出版环节的地方，或尚未移交出版的地方，应在推动尽快公开出版的同时，抓紧筹备启动2022年卷编纂工作。2022年3月底前，确保2022年卷三级综合年鉴启动编纂实现全覆盖。

各省、自治区、直辖市地方志工作机构和新疆生产建设兵团志办公室应加强对三级综合年鉴2022年卷启动编纂工作的统一领导，落实工作责任，细化时间安排，推动三级综合年鉴编纂单位加快编纂进度，提高编纂效率，在充分考虑出版环节时间要求的前提下，尽早联系出版单位，确保2022年内公开出版。各省、自治区、直辖市和新疆生产建设兵团应统筹协调解决年鉴出版及地图绘制审核等问题。

三、重视资料建设，夯实年鉴编纂基础

资料工作是年鉴编纂的基础性工作。各级地方志工作机构要认真梳理分析2021年度各地经济社会发展状况，突出年度重大主题，把握本地发展特色亮点，广泛征求意见，精心设计2022年卷编纂大纲。要依法开展资料收（征）集工作，加强业务指导，通过开展业务培训等多种方式，进一步落实年鉴供稿和编纂责任，提高编纂质量。要强化资料积累意识，拓宽资料来源渠道，充分利用互联网等传播平台，广泛联系各行业协会等社会组织，扩大资料收（征）集的覆盖面，不断丰富和完善年鉴

资料内容。要建立资料保管及开发利用常态化工作机制，确保编鉴过程中收（征）集到的资料统一管理、妥善保存，同时鼓励充分利用各种形式，为全社会使用年鉴资料提供服务，扩大年鉴工作的影响力。

四、坚持质量第一，推动年鉴事业高质量发展

质量是年鉴事业发展的生命线。要坚持质量至上，严格按照《地方综合年鉴编纂出版规定》《关于地方综合年鉴编纂出版若干问题的补充规定》要求，牢牢绷紧质量控制这根弦，把好政治关、史实关、体例关、保密关、文字关、出版关，编纂出版经得起历史检验、具有鲜明时代特征和地域特色的年鉴成果。

各地要紧扣时代脉搏，适应"十四五"时期经济社会发展要以推动高质量发展为主题的新形势新要求，以配合深入实施中国年鉴精品工程、扎实开展"精品年鉴品读季"活动为抓手，支持和鼓励更多的省份实施年鉴精品工程，构建上下联动的精品年鉴培育机制、优秀年鉴评审机制，打造一大批具有全国影响的高品质年鉴，不断推动年鉴事业高质量发展，更好地为经济社会发展服务。

五、坚持科学谋划，健全"一年一鉴，公开出版"推进工作长效机制

各省、自治区、直辖市地方志工作机构和新疆生产建设兵团志办公室应着眼长远，及早研究2022年年鉴工作安排，在人员配备、提高质量、创新服务、持续巩固"一年一鉴，公开出版"成果上下功夫。要在推动2021年卷年鉴公开出版的基础上，认真总结"十三五"以来"一年一鉴，公开出版"推进工作的成功经验，着眼于强基固本，持续发力不松劲，不断健全"一年一鉴，公开出版"长效机制，为"十四五"时期三级综合年鉴持续编纂出版打好坚实基础。同时，各省、自治区、直辖市地方志工作机构和新疆生产建设兵团志办公室要及时通过"两全目标"在线统计系统更新"一年一鉴，公开出版"工作进度。

各地在"一年一鉴，公开出版"推进工作中和2022年卷编纂工作中的典型经验做法、遇到的困难和问题等，请及时报中国地方志指导小组办公室。

中国地方志指导小组
2021年12月31日

关于推进市级部门和相关单位志书编修全覆盖工作的通知
（津志发〔2021〕2号）

市地方志编修委员会成员单位，有关市级单位，各区地方志编修委员会：

在市委市政府的领导下和中国地方志指导小组的指导下，在全市地方志工作机构和广大地方志工作者的努力下，至2019年，我市提前一年全面完成第二轮地方志书规划编修任务，至此，新中国成立以来我市共顺利完成两轮修志工作。但是，由于各种原因，迄今仍有37家市级部门、单位（名单附后）尚未编修志书。根据中国地方志指导小组办公室意见，经天津市地方志编修委员会研究决定，从今年起所有未修志单位启动志书编纂、出版工作，实现我市市级志书编修全覆盖。现就有关事项通知如下：

一、编修工作全覆盖的重要性

地方志书是指全面系统地记述本行政区域自然、政治、经济、文化和社会的历史与现状的资料性文献。习近平总书记强调"要高度重视修史修志，把历史智慧告诉人们"，李克强总理提出"修志问道，以启未来"。国务院办公厅2015年8月印发的《全国地方志事业发展规划纲要（2015—2020年）》中明确要求，到2020年全面完成"两全目标"，即省、市、县三级地方志书全部出版和省、市、县三级综合年鉴编纂全覆盖。全面、完整地记述天津建设社会主义现代化大都市发展历程，离不开各市级部门、单位的发展历程记录。从第二轮修志情况看，四个直辖市的市级志书编修覆盖率对比，天津相对较低（北京69部、上海196部、天津61部、重庆86部）。各相关单位要认真贯彻落实"市级地方志书第三轮编修工作推动会"精神，尽快安排部署，力争高起点高质量地开展修志工作。

二、指导思想和基本原则

（一）指导思想

以马克思列宁主义、毛泽东思想、邓小平理论、"三个代表"重要思想、科学发展观、习近平新时代中国特色社会主义思想为指导，以党的路线、方针、政策和国家的法律、法规为依据，坚持辩证唯物主义、历史唯物主义的立场和观点，坚持解放思想、实事求是、与时俱进、求真务实的思想路线，全面系统记述天津自然、政治、经济、文化和社会的历史和现状，充分发挥地方志存史、资政、育人作用，为经济社会发展服务。

（二）基本原则

坚持依法治志。贯彻落实《地方志工作条例》和《天津市地方志工作办法》，健全完善我市地方志工作的规范体系，宣传依法治志的意义，树立依法治志的理念，培育依法治志的环境，完善依法治志的制度。天津市地方志编修委员会办公室（以下简称市方志办）要依法履行组织、指导、督促和检查本行政区域内地方志工作的法定职责。

坚持官志官修。强化地方志工作政治属性，把牢政治方向。编纂地方志做到存真求实，确保质量，全面、客观地记述本单位各方面工作的历史与现状。有关市级单位和部门要严格落实《天津市地方志工作办法》，积极主动组织开展修志工作，接受市方志办的指导和检查。

坚持质量第一。质量是志书的生命，修志工作要从一开始就把质量放在第一位。修志工作者一定要本着对历史和现实负责的态度，重点把好志书的政治关、史实关、体例关、文字关。志书的差错率不得超过万分之一。让每一部志书都是一部学术著作，都是精品名志。

三、主要任务和编修步骤

（一）主要任务

从今年开始，37家未修志单位全部启动修志工作，利用3至5年时间完成志书的编修和出版工作。

志书时限。此次参加未修志的单位都为首次编修，时间上限自事物发端，下限原则统一至2020年。

（二）编修步骤

1. 拟定篇目。各承修单位根据志书记述内容和有关规范自行设定凡例和篇目（章、节），并报市方志办备案。

2. 搜集资料。资料是志书编写的基础，必须下功夫广泛深入开展资料收集。要全面搜集，宁多勿漏，广度与深度相结合，要认真整理，去伪存真，力求资料的真实可靠。

3. 撰写初稿。在编纂资料长篇的基础上撰写初稿，并根据《天津市地方志书编修行文规范（试行）》《天津市志人物篇撰写参考意见（试行）》等相关规范要求完成志书文稿总纂。

4. 审查验收。志书的审查验收，按初审、复审、终审三个步骤进行。初审、复审、终审形成的文字材料全部归档保存，个人不得据为己有或出让、出租、转借。

初审：为内部审查。由承修单位自行组织实施，请本单位主管领导和专业专家参加，围绕志书文稿的政治、体例、内容、资料来源、行文规范、保密事项等开展基础审查。初审稿修改完成后报送市方志办申请复审。

复审：为专家评审。由市方志办与承修单位共同组织实施，参与复审的专家应提交书面评审意见，一式两份，一份交与承修单位，一份交与市方志办，并在评审会现场填写评审意见表。复审完成后，由市方志办汇总专家评审意见交给承修单位作为修改依据。

终审：为验收环节。由市方志办负责，主要是对复审稿修改意见落实情况的审查。终审通过后，由市方志办和承修单位双方领导签批

《市级部门、单位志书出版审批单》。

5.出版发行。由承修单位交付出版社印刷出版，积极做好书稿审校工作，严格履行承修单位、市方志办双方领导签批准印程序。志书出版后，承修单位应当按规定及时向市地方志馆报送不少于150部成书。编修过程中形成的初稿、复审稿、终审稿及成书的电子版一并向市地方志馆移交保存。

四、承修单位组织保障措施

（一）加强组织领导

地方志编纂工作责任重大，涉及面广，政策性强，工作要求高，各承修单位要高度重视，要坚持集体决策的原则，单位主要领导和分管领导担任志书编委会主任、副主任，将编纂工作纳入议事日程，定期或不定期听取工作汇报，认真研究和解决实际工作中存在的困难和问题。志书编委会委员由本单位内设和下属机构负责人担任。各单位要成立志书编修办公室，负责志书编修的组织实施，形成全员参与的工作机制，上下联动、各方支持，科学规划、分步实施。可选调具有一定政治理论水平、业务水平和写作能力，既熟悉情况又有志于修志的在职人员和离退休干部，组成编修班子，并给予离退休干部部分资金补贴。不鼓励各单位修志工作采取"服务外包"向社会购买服务的方式。另外可以聘请专家参与修志工作，薪酬建议采用稿费形式按字数结算，具体可由各单位结合实际确定。

（二）强化经费保障

各承修单位领导要为修志工作的顺利开展提供必要的保障和工作条件，按照国务院《地方志工作条例》和《天津市地方志工作办法》"地方志工作所需经费列入本级财政预算"的规定，做好相关费用的预算和申请。费用参考：以100万字为例，共需经费约50万元，其中主要经费包含：志书撰稿费、志书评审费、志书出版印刷费（含出版中的书号申请、审校、设计、印刷等环节），不含调研和资料收集等费用（标准参照国家版权局与国家发改委联合下发第11号令）。

（三）逐步推进实施

各承修单位要有计划、有步骤地启动、推进志书的编修，制定时间表、路线图。切实做到把修志工作纳入本单位工作任务和发展规划之中。

五、指导服务和督促检查

市方志办定期开展业务培训，聘请专家具体讲解志书的编写规范，以提高志稿撰写质量。市方志办每季度收集整理各单位编修进度，定期编发简报。对于各承修单位好的做法、成功的经验，将及时通过天津档案方志网和方志天津微信公众号发布，供大家学习、借鉴。

市委宣传部负责出版印刷环节的监督管理工作。

市财政局继续通过现有经费渠道，保障市级有关单位修志经费。

市地方志编修委员会其他成员单位，在各自职责范围内协同推进此项工作。

各区地方志编修委员会参照本文执行，推动各区部门、单位志书编修工作在"十四五"期间全覆盖。

附件：1.确定参加编修志书的市级部门和相关单位名单

2.市级部门、单位志书出版审批单（略）

天津市地方志编修委员会
2021年8月30日

附件1　确定参加编修志书的市级部门和相关单位名单

序号	单 位
1	中共天津市委办公厅
2	中共天津市委组织部
3	中共天津市委宣传部
4	中共天津市委研究室
5	中共天津市委台湾工作办公室
6	中共天津市委市级机关工作委员会
7	中共天津市委老干部局
8	中共天津市委保密委员会办公室
9	中共天津市委党校
10	天津市工业和信息化局
11	天津市民族和宗教事务委员会
12	天津市人力资源和社会保障局
13	天津市交通运输委员会
14	天津市商务局
15	天津市文化和旅游局
16	天津市应急管理局
17	天津市地方金融监督管理局
18	天津市机关事务管理局
19	天津市人民政府合作交流办公室
20	天津市人民政府政务服务办公室
21	天津市人民政府参事室（天津市文史研究馆）
22	天津市药品监督管理局
23	天津市知识产权局
24	中国共产主义青年团天津市委员会
25	天津市残疾人联合会
26	天津市文学艺术界联合会
27	天津市红十字会
28	天津市作家协会
29	天津市地质矿产勘查开发局
30	天津海河传媒中心
31	天津市住房公积金管理中心
32	天津市社会保险基金管理中心
33	天津市供销合作总社
34	天津画院
35	天津市地方志编修委员会办公室
36	天津港保税区管理委员会
37	中新天津生态城管理委员会

关于印发《关于启动市区两级地方综合年鉴掌上年鉴移动阅读手机版开发建设方案》的通知

(津志办发〔2021〕8号)

市年鉴编辑部，各区地方志办公室：

现将《关于启动市区两级地方综合年鉴掌上年鉴移动阅读手机版开发建设方案》印发给你们，请按照执行。

天津市地方志编修委员会办公室
2021年3月23日

关于启动市区两级地方综合年鉴掌上年鉴移动阅读手机版开发建设方案

为适应现代信息化技术的发展利用，全面开发年鉴工具书功能，充分发挥年鉴资源特有优势，扩大社会影响力，提高年鉴的利用率、普及率，更好服务于党政机关、企事业单位、社会各界和人民群众，推动天津年鉴事业高质量发展，特拟定《关于启动市区两级地方综合年鉴掌上年鉴移动阅读手机版开发建设方案》。

一、总体目标

开发建设市区两级地方综合年鉴掌上年鉴移动阅读功能，坚持以马克思列宁主义、毛泽东思想、邓小平理论、"三个代表"重要思想、科学发展观、习近平新时代中国特色社会主义思想为指导，以弘扬中国特色社会主义先进文化为原则，以满足人民文化需求和增强人民精神力量、推进天津文化建设蓬勃发展为目标。力争在"十四五"期间，实现市区两级地方综合年鉴掌上年鉴移动阅读功能全覆盖的基础上，全市已启动编纂专业年鉴、部门年鉴的单位，开发掌上年鉴移动阅读功能达到100%。让其成为展示天津城市建设风采、辉煌成就和地方特色的重要窗口，打造天津方志文化对外宣传亮丽"新名片"。

二、功能介绍

掌上年鉴移动阅读手机版是建基于微信小程序平台，和微信公众号捆绑，可共享微信技术生态，扩展地理信息系统等应用，是一种不需要下载安装即可使用的应用软件，读者用微信"扫一扫"功能或搜一下微信公众号即可查阅、复制资料，具备全文检索、目录浏览、图库，以及内容的收藏、分享等功能。

(一) 信息检索

掌上年鉴移动阅读手机版设有"智能检索"功能，针对正文、图片、资料等提供全文的检索以及高级检索功能，便于读者快速地搜索所需内容。每次检索，细览每条检索结果可以直接链接相关文章、图片，并能在关联版面上反显检索词。

(二) 图库阅读

图片内容能够提供比文字更为丰富的体验，为读者了解年鉴提供更便捷的途径，掌上年鉴移动阅读手机版设置图片搜索功能，读者可以通过关键字搜索相关图片。使用该功能不占用读者手机的存储资源。

(三) 文章收藏

掌上年鉴移动阅读手机版设置我的收藏功能，方便读者按需要收藏相关文章。

(四) 用户中心

用户中心提供系统设置（比如字体大小、

颜色等)、查看收藏过的内容、阅读历史等功能。

（五）后台维护管理系统

后台维护管理系统提供微信小程序栏目编辑，实时进行正文内容修改与发布，书目上下架等功能。

（六）版本

系统基于微信小程序开发，要求安装微信6.0及以上版本，安卓、苹果手机均可运行。

三、开发方式

（一）外包开发

市区两级地方综合年鉴编纂单位可联系掌上年鉴手机阅读功能产品公司开发。年度开发费用包括如下：

1.软件系统平台使用费。掌上年鉴移动阅读手机版软件系统平台使用费：安装软件，系统图片数据库，文章数据库软件，综合检索引擎，阅读软件及其他软件插页图表的电子化标引导航发布管理，技术处理等。

2.数据处理费。全部数字及表格图片的数据处理，掌上年鉴移动阅读手机版全文检索数据加工包括电子文档和图片的数据处理，标引制作，校对，以及根据数据库的结构格式所要求的插入控制符，文件拆建等。

3.云端存储服务费/1年。

4.系统维护及服务费/1年。

第一年掌上年鉴移动阅读手机版开发费用大约5万元左右，从第二年开始，每年数据更新及系统维护及云端存储服务费约4万元/年左右。

（二）自行开发

具备网络信息化产品研发能力的市区两级地方综合年鉴编纂单位，可与本单位计算机网络维护公司联合开发。具体开发费用问题双方商榷。

（三）开发支持

1.扶助经费。为了支持有意开发掌上年鉴移动阅读功能的单位，激励全市年鉴编纂单位奋发进取、干事创业的强劲动力，促进年鉴事业持续向好发展的态势，市档案馆（市地方志办公室）将从2021年度年鉴业务工作专项经费支出6万元，作为3个试点单位（每个单位2万元）开发的扶助经费。

2.经费发放。试点单位、市档案馆与年鉴手机阅读功能产品公司或单位计算机网络维护公司签订三方合同，扶助经费直接支付给公司。

四、申报试点

（一）申报条件

拟确定在市区两级地方综合年鉴编纂单位中，确定3家单位为试点先行。凡是市区两级地方综合年鉴编纂单位均有资格申报。

（二）优先条件

1.2020年，区级地方综合年鉴被评为中国精品年鉴的可优先作为试点。

2.2020年，市区两级地方综合年鉴获得第七届全国地方志优秀成果（年鉴类）的通报表扬的可按获奖名次先后优先作为试点。

3.已将掌上年鉴移动阅读功能纳入本单位2021年年鉴工作要点的可优先作为试点（上报佐证材料）。

（三）申报时间

试点申报从3月22日开始至4月9日结束，各单位要向市档案馆（市地方志办公室）提交申请书，加盖单位公章，并附启动掌上年鉴移动阅读功能开发建设方案。

（四）确定试点

市档案馆年鉴指导部审核申报试点单位材料，拟报试点单位名单，经馆党委会研究决定后，通知申报试点成功的单位。

五、组织启动

掌上年鉴移动阅读功能开发建设工作办公室设在市档案馆年鉴指导部，全面负责工作的指导开展。

各单位接到通知后，应及时确定研发建设项目、制定启动方案、成立研发小组开展工作。具备今年启动条件的单位力争年内完成启动工作；不具备今年启动条件的单位要在2022年底前完成启动工作；申报成功作为试点的单位，必须于今年完成启动工作。

河北省档案馆（河北省地方志编纂委员会办公室）关于印发《河北省档案馆（省方志办）档案方志资料征集工作规范》的通知

（冀档馆发〔2021〕25号）

省直各单位、中直驻冀单位、省档案馆（省方志办）各部、室：

为进一步丰富河北省的档案方志资源，规范档案方志资料的征集工作，现将《河北省档案馆（省方志办）档案方志资料征集工作规范》印发你们，请遵照执行。

河北省档案馆
（河北省地方志编纂委员会办公室）
2021年9月6日

河北省档案馆（省方志办）档案方志资料征集工作规范

第一条 为持续优化馆藏结构，不断丰富馆藏资源，依据《中华人民共和国档案法》《中华人民共和国档案法实施办法》《地方志工作条例》等法律法规，结合河北省档案馆工作实际，制定本规范。

第二条 本规范所称档案方志资料征集，是指省档案馆依法依规采用收购、征购、寄存、接受捐赠等方式征集散存于公民、法人和其他组织或者散失于境外的对国家、社会具有保存价值的档案方志资料的活动。

第三条 档案方志资料的征集范围

（一）历任党和国家领导人在河北活动期间所形成的讲话稿、录音、录像、照片、题词、书信、实物等。

（二）历任河北省委、省人大、省政府、省政协领导在公务活动中形成的讲话稿、录音、录像、照片、题词、书信、礼品、实物等。

（三）在河北工作、学习、生活过的历史名人、专家学者、知名人士、革命英烈的讲话稿、回忆录、题词、自传、日记、信札、照片、录音、录像、手稿、证书证件、著作作品、个人收藏及使用过的实物等。

（四）外国和国际组织领导人、知名人士在河北工作和活动期间形成的档案资料。

（五）反映河北各个时期的历史资料、各种文稿、出版物、珍贵信札、特色标语、票证钱币、录音录像、回忆录、宣传画、照片、契约、报纸、刊物、著作、像章、邮票等。

（六）反映河北重大活动、重要事件、重点工程项目、重要人物等方面的原始资料。

（七）间接形成的有关河北重大历史事件、重大活动、著名人物的口述资料、回忆录等。

（八）反映河北风俗民情、地方典故、传统艺术、传统文化、家谱族谱、志书等历史资料。

（九）省直各单位未列入省档案馆接收范围的档案方志资料。

（十）其他具有永久保存价值的档案方志资料。

第四条 档案方志资料的征集方式

（一）无偿捐赠。鼓励和接受公民、法人和其他组织将其所有或持有的对国家、社会具有保存价值的档案方志资料无偿捐赠给省档案馆。

（二）有偿收购、征购。有较大商品和文物价值且属个人所有的档案方志资料，持有者愿意出售给省档案馆的，经双方协商，可进行有偿收购、征购。

（三）原件复制。有较大收藏保存价值但持有者不愿意捐赠和出售的珍贵资料，在征得持有者同意后，可采取数字化扫描或者对原件仿真复制的方式进行征集。

（四）档案资料寄存。在不便收购和征购的情况下，鼓励持有者采取委托保管的方式将具有较大研究利用价值的档案方志资料寄存进馆。

（五）条件许可的范围内其他一切合法可行的征集方式方法。

第五条 征集档案方志资料的基本要求

（一）档案方志资料具有较高的保存和研究利用价值。

（二）档案方志资料内容真实，来源可靠。

（三）档案方志资料载体较为完好，如有破损、霉变等现象，其程度应在可修复范围内，且修复后内容基本完整。

（四）档案方志资料为数字化扫描或仿真复制的，应说明其原件的基本情况。

（五）档案方志资料是电子形式的，其数据格式应基本符合进馆标准要求。

第六条 档案方志资料的征集途径。借助广播电视、报刊杂志、网络媒体等各种传播媒介，面向社会各界发布档案方志资料征集公告，公布档案方志资料接收热线，广泛搜集征集线索；合作征集、专题征集、定向征集。

第七条 根据征集工作实际，科学制定年度征集工作计划，合理确定档案方志资料征集专项经费。

第八条 组建档案方志资料鉴定专家库。由省档案馆邀请有关档案方志机构、学校、研究机构、学术机构及其他社会组织的相关专家组成河北省档案馆档案方志鉴定专家库，负责对所有征集档案方志资料进馆前的甄别和鉴定工作。

第九条 档案方志资料的鉴定进馆。对拟征集进馆的档案方志资料均需经过省档案馆征集鉴定委员会的审核鉴定。其中需采用有偿收购、征购方式征集的档案方志资料，由鉴定委员会从专家库中抽选相关专家进行资料真实性和价值的科学鉴定。

第十条 建立征集工作台账。对有征集价值的信息逐一进行梳理登记，并由专人及时与征集对象进行沟通，建立联系，明确相关要求，协商征集方式，做到依法依规征集。

第十一条 档案方志资料征集工作由省档案馆职能部门两名以上的工作人员共同进行，征集工作人员要主动出示身份证明，供征集对象核实。

第十二条 规范征集程序。省档案馆确定档案方志资料征集入馆后，应与档案方志资料提供者签订征集协议，规定双方权利和义务，并对档案方志资料的所有权和处置权做出明确约定。对以征购方式征集的，省档案馆根据协议约定支付相关费用，档案方志资料提供者需提供符合财务制度要求的有效票据。

第十三条 建立奖励机制。为扩大宣传效果和提升社会影响力，省档案馆应向档案方志捐赠人颁发荣誉证书，建立捐赠名册，同时根据捐赠档案方志资料的价值和数量，给予一定的精神和物质奖励。

第十四条 征集经费。档案方志资料征集工作专项经费应根据实际需要列入单位年度财政预算。专项经费要专款专用，严格管理，合理使用，按照征集工作规定和财务管理制度合法合规支出。

第十五条 档案方志资料征集经费主要包括以下内容：

（一）专家鉴定费：档案方志资料征集过程中聘请相关专家对拟征集档案方志资料进行鉴定评估所产生的费用。

（二）档案方志资料征购费：依据专家鉴定评估结果，省档案馆与档案方志资料持有人协商确定的购买价格。

（三）档案方志资料采集费：对不便接收进馆的珍贵档案方志资料进行拍照、录音、录像、数字化扫描、仿真复制等工作中产生的采

（四）档案方志资料整理费：对征集档案方志资料进行规范化整理所产生的费用。

（五）捐赠奖励费：对捐赠重要或珍贵档案方志资料的捐赠人给予的物质奖励支出。

（六）其他费用：与档案方志资料征集工作有关的其它项目支出。

第十六条 整理移交。档案方志资料征集部门要按照相关标准对征集到的档案方志资料进行系统整理，建立移交清册，定期向档案方志资料保管部门移交。移交时，应当填写交接单并附移交清册，由交接部室负责人共同签字确认后归档保存。

第十七条 档案方志资料保管。省档案馆应设立征集档案方志资料专库，配备适用的保护装具，对征集资料进行专门保管。对征集进馆的特殊材质和破损档案方志资料，入库前要做好必要的技术保护处理，以确保档案方志资料的安全保管。在馆内综合设置或在征集资料专库单独设置展示空间，对征集到的珍贵资料进行展示。

第十八条 档案方志资料利用。征集入馆的档案方志资料利用工作，按照省档案馆档案方志资料利用相关规定执行。依据协议，捐赠者对捐赠的档案方志资料享有优先利用权，对捐赠的档案方志资料可提出限制使用的意见，省档案馆应维护其合法权益。

内蒙古自治区人民政府地方志研究室关于开展全区乡镇（街道）志编纂工作的通知

（内志研发〔2021〕6号）

各盟市、旗县（市区）地方志工作机构：

为传承和弘扬优秀传统文化，更好贯彻落实中央全面推进乡村振兴战略，充分发挥地方志在促进经济社会发展中的重要作用，根据中国地方志指导小组办公室关于乡镇村志编纂要求，自治区人民政府地方志研究室决定在全区范围内重点开展乡镇（街道）志编纂工作。现将有关事项通知如下。

一、指导思想

以马克思列宁主义、毛泽东思想、邓小平理论、"三个代表"重要思想、科学发展观、习近平新时代中国特色社会主义思想为指导，深入贯彻落实习近平总书记关于史志工作的系列重要讲话精神，坚持辩证唯物主义和历史唯物主义的立场、观点和方法，全面、客观、系统反映乡镇（街道）自然、经济、政治、文化、社会的历史和现状，记述其在不同历史时期的发展与变化，传承和抢救乡土历史文化，激发爱国爱乡情怀，突出地方特色，展现时代风貌。

二、目标任务

（一）2021年正式启动全区乡镇志编纂工作，按照"先试点、后铺开，先重点、后全面"的原则，鼓励有条件的乡镇先行先试，尤其是在经济建设、文化建设、生态文明建设以及新农村建设等方面获得国家级荣誉称号，或在全区有较大影响的名镇、名乡要积极启动修志工作。力争"十四五"时期编纂出版一批高质量的乡镇（街道）志。

（二）各盟市地方志工作机构将本行政区域内有条件编纂志书的乡镇（街道）名录统一汇总，可先行确定1至2个试点乡镇，于通知下发后1个月内报至自治区人民政府地方志研究室。启动名单确定后，各旗县地方志工作机构积极组织所辖乡镇（街道）科学制定编纂方案，明确资料收集、初稿撰写、审验出版等阶段的具体任务，明确责任及推进进度。编纂方案经旗县政府部门审批后，报自治区人民政府地方志研究室、盟市地方志工作机构备案。

三、编纂要求

（一）乡镇（街道）志编纂要根据中国地方志指导小组《地方志书质量规定》要求，将精品意识贯穿于乡镇（街道）志编纂出版工作的全过程。要充分收集当地自然人文、经济社会、乡风民俗方面的资料尤其是微观资料，遵照志书编纂规范，做到观点正确、体例科学、资料翔实、史实准确。编纂出版的志书要全面、系统、真实、准确地记述各乡镇（街道）的历史与现状，充分反映乡村改革开放的进程与成果，突出时代特色、地域特色和历史文化特色，编纂出版精品良志。

（二）乡镇（街道）志编纂工作启动后，自治区、盟市、旗县（市区）要分层级、有针对性地对参与修志人员进行业务指导和培训。

四、组织实施

（一）自治区人民政府地方志研究室统筹指导全区乡镇（街道）志编纂工作。各盟（市）地方志工作机构负责组织协调。各旗县（市区）地方志工作机构负责具体规划和组织实施。各有关乡镇人民政府承担编写任务。同时要充分调动社会各界参与编纂。

（二）各旗县（市区）党委、政府应当根据国务院《地方志工作条例》和《内蒙古自治区地方志工作规定》，实行党委领导、政府主持、史志档案部门业务指导和管理的领导体制和工作机制。加强对乡镇（街道）志编纂工作的组织领导，将其列入议事日程，在人力、物力、财力等方面给予支持。应建立乡镇（街道）志编纂委员会和工作机构，选派得力人员组成修志工作队伍，保证必要的工作条件。

（三）修志经费应当纳入当地财政预算。

（四）篇目和框架设计，由旗县（市区）地方志工作机构审定，报盟市地方志工作机构、自治区人民政府地方志研究室备案。编纂过程严格履行"三审"程序，分级组织内审、初审、评审和验收，确保志书规范出版。

（五）有条件的地区可以组织编纂村志。

附件：《关于乡镇志编纂工作的若干意见》（试行）

内蒙古自治区人民政府地方志研究室
2021年5月12日

关于乡镇志编纂工作的若干意见（试行）

第一章　总则

第一条　为进一步推进全区乡镇志编纂工作，保证质量，根据有关规定，制订本意见。

第二条　本意见所称乡镇志，是指自治区内所有乡镇编纂的综合性志书，包括派驻办事处的街道志。

第三条　乡镇志质量的总体要求：观点正确，体例严谨，内容全面，特色鲜明，记述准确，资料翔实，表达通顺，文风端正，印制规范。

第四条　凡涉及国家法律、法规和有关标准的内容，以现行法律、法规和有关标准为准。

第二章　指导思想

第五条　高举中国特色社会主义伟大旗帜，全面贯彻党的十九大精神，以马克思列宁主义、毛泽东思想、邓小平理论、"三个代表"重要思想、科学发展观、习近平新时代中国特色社会主义思想为指导，坚持辩证唯物主义和历史唯物主义的立场、观点和方法。

第六条　坚持依法治志。记述民族、宗教、政法、军事、外事等方面内容，必须审慎；志稿形成后，要主动征求有关主管部门的意见，严格履行审查验收程序。

第七条 坚持实事求是。既要客观反映本地的优势、成绩和经验，也要客观反映本地的劣势和不足。处理重大历史问题，必须遵照中国共产党六届七中全会和十一届六中全会分别通过的《关于若干历史问题的决议》和《关于建国以来党的若干历史问题的决议》执行。

第八条 坚持质量第一。着力提高乡镇志编纂质量，把质量意识贯穿于修志工作的全过程和各个环节；正确处理质量与进度的关系，坚持进度服从质量。

第三章 体例

第九条 坚持志体。横排门类，纵述史实，述而不论。体例科学、规范、严谨，适合内容记述的要求。

第十条 乡镇志书冠以下限时的规范的行政区域名称，在本行政区域名称前冠以上一级行政区域名称，如"××县××乡志"；街道志书冠以下限时的规范的街道名称，并连同冠以所在市区名称，如"××市××区××街道志"；续修志书名称后要标明上下限年份，如"××志（××××—××××）"。为避免因书名过长影响美观，可改用不同的字体字号，标明市、县（区）。

第十一条 体裁分为述、记、志、传、图、表、录、引等，以志为主；合理运用"特载""专记"等形式，注意处理好与正文的关系；探索使用专题调查、口述历史等创新体裁；正确处理继承与创新的关系，注意融合章节体、条目体等体式的长处。

第十二条 创修乡镇志，要贯通历史，系统完整；曾经编纂出版过正式志书的地方，可以续修；乡镇（街道）成立不足10年的，可以不修；行政区域、管理系统发生变化的，可以重修。

根据实际情况，选择编纂简志或图志的，必须达到《地方志书质量规定》的基本要求。

第十三条 志书的界限必须做到"两个明确"，即区域界限明确：以本行政区域为记述范围，越境不书；时间界限明确：不随意突破志书的上限和下限，严格控制上溯或下延。

第十四条 篇目设置符合"事以类聚""类为一志"的基本要求，科学分类与社会分工（现行管理体制）、全志整体性与分志相对独立性的关系处理妥当。

第十五条 整体布局合理，结构严谨，归属得当，层次分明，排列有序；类目的升格或降格，使用适当；避免缺项漏项，以及不必要的交叉重复；客观存在的交叉内容，应根据情况从不同的角度记述。

第十六条 标题简明准确，题文相符，同一门类各级标题不重复。

第十七条 在突出个性特点时，篇目设置可以适当打破"科学分类"的一般规则，但须遵循志书编纂的基本原则。

第四章 内容

第十八条 处理好历史与现实的关系，尤其注意处理好中华人民共和国成立前后各个历史阶段、改革开放前后的关系；处理好与上层级志书的关系，尤其在自然环境、民俗方言等部分，须着重记述本辖区特色，不许大段引用甚至抄录上层级志书相关记述内容。

第十九条 内容横不缺要项，纵不断主线；恰当处理政治、经济与自然、文化、社会等各部分内容的比重关系，用翔实资料充分反映事物发展变化内在规律及因果关系，避免流水账式、平面式、观点加例证式的记述方式；在记述重大问题时，可采取集中与分散相结合方式。

第二十条 突出个性特点，避免千志一面。对于历史特性、时代特点、地方特色等个性内容的记述，可以适当打破常规。比如，农耕文明、古旧民居、传统村落、集市庙会、乡土风情等。

第二十一条 注重记述基层元素和普通百姓喜闻乐见的内容。乡镇名称的由来、隶属关系的变化、行政区划的调整，以及境内各村的位置、户数、人口、耕地等，尤其是自然村落（社区），尽量收集相关信息，确保记述完整。广泛开展乡村（街区）考察、入户调查，注重收集运用乡土气息浓郁、鲜活典型的第一手资料，突出草根性、泥土味。

第二十二条 位置图、地形图、区划图、交通图等卷首插图，必须采用国家测绘部门和有关部门绘制或者审定的，重要地理信息数据采用测绘部门公布的法定数据。

第二十三条 照片无广告色彩，除人物传、人物简介外，无个人标准像；党和国家领导人视察要选用新华社等官方媒体发布的照片，并说明视察时间、当时职务，标出照片中领导位次；图照与文字内容相配合，说明文字要准确到位；采用照片，应尽量注明拍摄时间；提倡使用文内插图，以增强新旧对比、扩大信息含量。

第二十四条 大事记选录大事得当，时间、地点、人物（单位）、经过、结果等要素齐备。

第二十五条 表格设计应当科学规范、内容明晰、要素齐全、形式美观。表格栏目设计全面，如果全表计量单位统一，计量单位放在表格右上角，计量单位多时随各栏目；全书表格统一编号。

第五章 人物

第二十六条 入志人物的收录标准要明确具体，记述要素统一规范，分类排序标准一致；记述人物要准确客观、要素齐全。

第二十七条 坚持"生不立传"，立传人物为在本行政区域有重大影响者，以及本籍人物在外地有重大影响者；人物传记述传主的生卒年月、籍贯（出生地）、主要经历、典型事迹、个性特征、社会评价等；人物简介略记人物履历及主要事迹，不面面俱到，严禁有评论性、盖棺定论性语言；人物表、人物名录要素不缺。

第二十八条 在人物传、人物简介、人物表以外记述人物，以事系人、人随事出，但要严格掌握收录标准。

第二十九条 历史人物籍贯、事迹、遗存等考究不清的，比如乡际争执、村间争论等，可以多说并存。

第六章 资料

第三十条 资料要全面系统。自然、政治、经济、文化、社会、人物等方面的资料齐全；反映事物发生、发展过程的资料连贯完整；人、事、物，时间、地点、过程等要素齐备。

第三十一条 资料要真实准确。认真做好资料鉴别筛选工作，避免失实、欠缺和选材不当等问题，保证资料的可靠性与真实性；注重使用原始资料，重要资料来源注明出处；有歧义但不可或缺的资料，要多说并存。

第三十二条 加强资料收集力度，拓展资料收集范围。重视社会调查，注意收集口碑、音像等资料；编写志稿前，对入志资料要进行系统梳理和研究，编辑好资料长编。志书出版后，应加强对原始资料的保管和再利用。

第七章 行文

第三十三条 使用规范的现代语体文记述，不用总结报告、新闻报道、文学作品、教科书、论文等写法。

第三十四条 行文严谨朴实、简洁流畅。文字、数字、量和单位、标点符号的用法等符合国家有关出版物的规定；除引文和特殊情况外，以第三人称记述。

第三十五条 使用规范汉字，用词概念准确，符合现代汉语语法规范；使用口语、方言、土语、俗语要适当适量；不滥用时态助词，不用模糊、空泛词句。

第三十六条 时间、空间概念表述准确具体，指代明确。

第八章 出版

第三十七条 志稿交付出版前，要加强通

编通审，既要"众手成志"，又须"如出一人之手"；按照国家出版法规的规定，加强对审校、设计和印制等环节的跟踪监督，确保全书差错率不超过万分之一。

第三十八条 乡镇志书用16开本（889×1194mm），横排印刷。

第三十九条 以盟市或者旗县（市、区）为单位出版的志书，在整体设计上应整齐划一，形成系列。

第四十条 在出版纸质版地方志书的同时，提倡出版以电子为介质的地方志书。

第九章 组织领导

第四十一条 加强组织领导。各级党委要加强对修志工作的领导，各级政府要切实履行主体责任。自治区人民政府地方志研究室负责全区列为试点的乡镇志的调研考察及协调指导工作；盟市、旗县两级地方志机构要具体负责组织规划实施。

第四十二条 强化官修意识。有修志任务的乡镇（街道）要建立乡镇志编纂委员会，成立编纂班子，负责资料搜集、篇目设计、志稿编写等工作，初稿完成后，要广泛征求意见、核实资料、完善篇目、修改志稿。

第四十三条 加强人员培训。发挥自治区、盟市、旗县三级专职人员的主动性和创造性，分层次、划地域开展对主编、主笔及参与修志人员的业务培训；吸收熟悉地情的机关、学校、企业等离退休人员，包括老支书、老村长、老党员等，以及大学毕业选派生和有业务专长的其他人员参与修志工作。

第四十四条 严明工作程序。志稿内部评议并征求意见后，由县级地方志机构组织相关人员初审；修改完善形成送审稿后，由旗县地方志机构组织，由盟市和自治区人民政府地方志研究室相关专家评审；经盟市和自治区审核验收合格的志稿，方可交付印刷出版；志书出版后3个月内，向自治区、盟市、旗县地方志机构无偿提供藏书50册。

第四十五条 强化修志保障。各地要结合实际，把全面贯彻落实"一纳入（将地方志工作纳入各地国民经济和社会发展规划、地方各级政府工作任务）、八到位（认识、领导、机构、编制、经费、设施、规划、工作到位）"作为实现依法治志的总抓手，特别是县、乡（镇）两级，要把乡镇志编纂纳入经济社会发展规划，建立修志经费保障机制。

第四十六条 加强制度建设。各级地方志机构要坚持和完善在修志实践中建立的目标考核、依法检查、政府督查、责任追究等行之有效的工作制度，根据新形势新要求，提倡各地结合乡镇志编纂工作实际，探索建立和完善保障志书质量的各种规章制度。

第四十七条 未经审查批准将地方志文稿交付出版，或者存在违反宪法、法律、法规规定内容的，由本级人民政府或者上级人民政府责令采取相应措施予以纠正，并视情节追究有关单位和个人的责任；构成犯罪的，依法追究刑事责任。

第十章 附则

第四十八条 村志编修及质量监控，参照相关规定和本《意见》执行。

第四十九条 本《意见》自发布之日起执行。

内蒙古自治区人民政府地方志研究室关于进一步强化志书年鉴质量的通知

（内志研发〔2021〕8号）

各盟市地方志工作机构、自治区二轮专业志书承编单位：

为贯彻落实国务院《全国地方志事业发展规划纲要（2015—2020年）》和自治区政府《内蒙古自治区地方志事业发展实施方案（2016—2020年）》要求，确保全区地方志"两全目标"任务后续工作顺利完成，全面提升全区二轮志书年鉴编纂质量，根据自治区分管领导的要求，就进一步强化全区二轮志书年鉴质量相关事宜通知如下。

一、提高政治站位，增强责任意识

各地区、各有关单位要进一步提高政治站位，切实增强政治意识和责任意识，提高政治判断力、领悟力、执行力，将强化志书年鉴政治关作为一项重要任务抓紧抓实。要持续深入贯彻习近平新时代中国特色社会主义思想，认真学习领会习近平总书记关于民族工作的重要论述，铸牢中华民族共同体意识，自觉维护民族团结和社会稳定，使志书年鉴内容按相关规定记述准确、到位。要认真贯彻落实习近平总书记关于史志工作的重要论述和"高度重视修史修志"的指示精神以及国务院《地方志工作条例》，全面履行法定职责，增强做好地方志工作的责任感和使命感。

二、加快出版进度，增强效率意识

各地区、各有关单位要对标对表国家及自治区要求，加快二轮志书出版进度，增强效率意识，加快地方综合年鉴2021卷的编纂进度。依据《地方志书质量规定》，按照中国地方志指导小组办公室和自治区政府地方志研究室的相关要求进行严格把关。要在志书评审验收后的修改完善环节上下功夫，充分理解把握和吸纳专家评审验收意见，同时广泛征求纪检监察、宣传、保密、民委等有关部门意见建议，经本地区本单位领导审定后交付出版，确保印刷进度。

三、严格规范管理，增强质量意识

各地区、各有关单位要严格规范志书年鉴编纂、审校、出版审核环节，增强质量意识。各编纂单位负责人做好志书年鉴出版前的审核把关与督促检查工作，确保志书年鉴政治观点正确，体例严谨，史实准确，印制规范，符合意识形态和保密要求。特别是涉及民族、宗教、涉外方面的记述，要符合习近平总书记关于民族工作、宗教工作、外事工作的重要指示、重要论述精神，符合党的民族、宗教、外交政策，重点把握志书年鉴内容当中涉及敏感信息内容，绝对不能出现任何不当表述，严格把好志书年鉴的政治关、史实关和保密关。

特此通知。

内蒙古自治区人民政府地方志研究室
2021年6月23日

内蒙古自治区人民政府地方志研究室关于印发《内蒙古自治区盟市、旗县（市区）志书评审、验收及出版暂行办法》的通知

（内志研发〔2021〕11号）

各盟市、旗县（市区）地方志工作机构：

现将《内蒙古自治区盟市、旗县（市区）志书评审、验收及出版暂行办法》印发给你们，请结合实际，认真贯彻落实。

2021年7月7日

内蒙古自治区盟市、旗县（市区）志书评审、验收及出版暂行办法

一、总则

第一条 为规范盟市、旗县（市区）志书的评审、验收和出版工作，确保志书质量，根据《地方志工作条例》《内蒙古自治区地方志工作规定》，结合盟市、旗县（市区）地方志工作实际，制定本办法。

第二条 志书的评审、验收和出版，应当以中国地方志指导小组《地方志书质量规定》为依据，对志书的政治观点、体例结构、记述内容与方法、资料史实、行文及出版规范等全面审核把关。

第三条 本办法适用于内蒙古自治区行政区域内，以旗县级以上行政区域名称冠名的盟市、旗县（市区）地方志书的评审、验收和出版工作。

第四条 内蒙古自治区人民政府地方志研究室盟市业务处全程跟进志书的业务指导工作。

二、篇目审核

第五条 志书篇目由各盟市、旗县（市区）编纂单位自行设置。在志书编纂前，将志书篇目报上一级地方志工作机构审核备案。

第六条 盟市志书篇目由内蒙古自治区人民政府地方志研究室审核备案；旗县（市区）志书篇目由所在盟市地方志工作机构审核备案。

三、志书的评审、验收

第七条 志书实行初审、评审、验收的三审制，依序逐级评议审核。

（一）盟市志

初审：由盟市地方志工作机构组织。

评审：由内蒙古自治区人民政府地方志研究室组织。

验收：由内蒙古自治区人民政府地方志研究室组织。

（二）旗县（市区）志

初审：由各旗县（市区）地方志工作机构组织。

评审：由所在盟市地方志工作机构组织，自治区和盟市相关人员及专家评审。

验收：所在盟市地方志工作机构验收合格后，报送内蒙古自治区人民政府地方志研究室审核批准。

第八条 三审要求

（一）盟市志

1.由盟市地方志工作机构组织有关人员对志书初稿进行初审，并根据初审意见修改后形成送审稿报内蒙古自治区人民政府地方志研究室。

2.内蒙古自治区人民政府地方志研究室组

织相关人员及专家成立志稿评审委员会，由盟市地方志工作机构承办评审会议，由评审委员会出具志稿评审意见。

3.盟市志编纂单位根据评审意见对志稿修改后形成验收稿，并填写《内蒙古自治区盟（市）志验收表》，经同级保密部门审查，由同级人民政府（行政公署）批准后，报内蒙古自治区人民政府地方志研究室验收。

（二）旗县（市区）志

1.由旗县（市区）地方志工作机构组织有关人员对志书初稿进行初审，并根据初审意见修改后形成送审稿报送盟市、自治区地方志工作机构审核，由盟市地方志工作机构报请自治区人民政府地方志研究室召开评审会。

2.自治区人民政府地方志研究室批准召开评审会后，由盟市地方志工作机构组织自治区、盟市相关人员及专家成立志稿评审委员会，由旗县（市区）地方志工作机构承办评审会，评审委员会出具志稿评审意见。

3.旗县（市区）志书编纂单位根据评审意见对志稿修改后形成验收稿，并填写《内蒙古自治区旗县（市区）验收表》，经同级保密部门审查、由同级人民政府批准后，报所在盟市地方志工作机构审核验收并出具验收意见。由盟市地方志工作机构报内蒙古自治区人民政府地方志研究室批准验收。

第九条 送审稿必须达到以下要求，方可进行评审。

1.政治观点正确

志稿必须以马克思列宁主义、毛泽东思想、邓小平理论、"三个代表"重要思想、科学发展观、习近平新时代中国特色社会主义思想为指导，坚持辩证唯物主义和历史唯物主义的立场、观点和方法，实事求是进行记述。内容记述要符合国家法律、法规，符合党的路线、方针、政策。无涉密现象。

2.体例体裁科学合理

坚持横排门类、纵述史实、述而不论的编写原则。力求体例科学、规范、严谨。体裁运用得当，以志为主，凡例、概述、大事记、人物、图（照）、表格、附录、索引等记述完备。

3.篇目设置合理

篇目设置要符合"事以类聚""类为一志"的基本要求，做到门类合理，归属得当，层次分明，排列有序。标题简明准确，题文相符，同一门类各级标题不重复。

4.资料翔实可靠

入志资料要真实、准确、全面、系统，具有代表性、权威性。要如实记载区域和断限范围内各方面的情况，反映事物发生、发展过程的资料要连贯、系统。人、事、物，时间、地点、事件经过等要素齐备。统计数据要准确可靠。

5.行文严谨规范

统一使用规范汉字及现代语体文记述，文风严谨、朴实、简洁、流畅，数字、标点符号、计量单位的使用符合国家标准。

第十条 送审稿应在召开评审会前至少30个工作日送达上级地方志工作机构。对未通过评审的志稿，返回编纂单位补充修改后重新组织评审。

第十一条 验收稿按照评审意见认真修改，达到《地方志书质量规定》要求，方可获准通过验收；对验收不合格的志稿，返回编纂单位修改后重新组织验收。

第十二条 验收稿经内蒙古自治区人民政府地方志研究室验收合格后，方可移交出版。

第十三条 已通过验收的志稿，未经内蒙古自治区人民政府地方志研究室同意，不得擅自增补、删除、改动内容。

四、志书出版

第十四条 志书出版应当符合国务院《出版管理条例》的相关要求。

第十五条 志书版面格式规范，符合国家有关技术标准和规定。采用16开本（889×1194毫米），文字横排。封面志书名称采用标准印刷体，封面左上方标注"内蒙古自治区地方志丛书"字样。制作索引。

第十六条 志书印数在2000~3000册。志书出版后，应在2个月内，报送内蒙古自治区人民政府地方志研究室80套。

五、附则

第十七条 本办法由内蒙古自治区人民政府地方志研究室负责解释。

第十八条 本办法自发布之日起施行。

关于印发《内蒙古自治区地方志（史）文献资料收（征）集、保护、整理管理办法（试行）》的通知

（内志研发〔2021〕13号）

各盟市地方志工作机构，自治区各委、办、厅、局、企事业单位、人民团体办公室：

为广泛收集、保护、整理内蒙古自治区地方志（史）文献资料，进一步发挥地方志存史、资政、育人功能，自治区地方志研究室制定了《内蒙古自治区地方志（史）文献资料收（征）集、保护、整理管理办法（试行）》，请在今后工作中遵照执行。

内蒙古自治区人民政府地方志研究室
2021年7月12日

内蒙古自治区地方志（史）文献资料收（征）集、保护、整理管理办法（试行）

第一章 总则

第一条 地方志（史）文献资料是全面系统记述本行政区域自然、政治、经济、文化和社会的历史与现状的资料性文献，对了解与研究内蒙古自治区自然、经济、政治、文化等方面的历史与发展具有重要的作用。为广泛收集、保护、整理内蒙古自治区地方志（史）文献资料，根据《内蒙古自治区地方志工作规定》，制定本办法。

第二条 本办法所称的地方志（史）文献资料，是指内蒙古自治区所属各地区、各部门（单位）出版的各类志（史）书、年鉴、地情资料等类型出版物。

第三条 凡编辑出版以上所称的地方志（史）文献资料的各级政府及所属部门、自治区各委办厅局（企事业单位）和其他组织均有报送地方志（史）文献资料的义务。同时，鼓励公民捐赠其个人出版或收藏的地方志（史）文献资料。

第四条 自治区人民政府地方志研究室负责全区地方志（史）文献资料征集工作；各级地方志工作机构要加强对本级地方志（史）文献资料征集工作的管理，协调有关方面，采取有力措施，使之成为一项经常化、制度化的工作。

第五条 自治区人民政府地方志研究室资源开发处应做好地方志（史）文献资料的接收、整理、收藏和开发利用工作，充分发挥"资政育人"作用。

第二章 征集范围

第六条 地方志（史）文献资料的征集范围包括：各级政府及所属部门、自治区各委办厅局（企事业单位）编纂出版的地方志书、史书、综合年鉴、专业年鉴等；其他组织及个人编撰，并在自治区内外公开或内部出版发行的地方志类书籍及地情资料出版物；涉及本地区内容的或具有保存价值的特殊类型文献。

第七条 上述各类地方志（史）文献资

料，其类型包括图书、期刊、音像制品、电子出版物等；其编纂形式包括地方（史）志、年鉴、地情丛书、族谱、资料汇编、成果汇编、纪念册、画册、手册等文献；其发行方式包括公开出版、内部交流等。

第八条 涉及保密的文献，按国家有关保密规定执行。

第三章 报送原则和要求

第九条 各地区、各部门（单位）要把报送地方志（史）文献资料作为自己应尽的义务，对征集工作给予积极支持。各级地方志工作机构要督促本级部门单位，及时、完整报送征集资料。

第十条 属征集范围的出版物，原则上以无偿形式报送；某些大型的、特殊的或价值较昂贵的文献，可视实际情况与自治区人民政府地方志研究室协商相关事宜。

第十一条 每种公开出版的各类地方志（史）书报送80本（套），每种公开出版的年鉴、地情丛书报送10本（套）；每种内部出版的地方志（史）书、年鉴、地情丛书报送10本（套）；族谱、资料汇编、成果汇编、纪念册、画册、手册、音像制品等出版物报送10本（套）；同时报送2套电子版出版物，以保证收藏和开发使用。

第十二条 公开出版物在出版后30日内报送；非公开出版物在装订成册后15日内报送。

第四章 报送与接收

第十三条 自治区人民政府地方志研究室资源开发处指定专人具体承担地方（史）文献资料征集工作，负责接收各单位报送与个人捐赠的文献。

第十四条 凡报送或捐赠各类地方志（史）文献资料的单位和个人，由自治区人民政府地方志研究室予以颁发收藏证书；在征集地方志（史）文献资料工作中做出显著成绩的单位和个人，由自治区人民政府地方志研究室给予表彰。

第五章 附则

第十五条 本办法由内蒙古自治区人民政府地方志研究室负责解释。

第十六条 本办法自颁布之日起施行。

关于印发《上海市地方志事业发展规划纲要（2021—2025年）》的通知

（沪志办〔2021〕241号）

各区，各部、委、办、局，各市级机关，各人民团体，驻沪部队，相关企事业单位：

《上海市地方志事业发展规划纲要（2021—2025年）》已经市地方志编纂委员会审议通过，现印发给你们，请认真贯彻执行。

上海市地方志办公室
2021年12月31日

上海市地方志事业发展规划纲要（2021—2025年）

为推进上海市地方志事业高质量发展，根据《地方志工作条例》《中华人民共和国国民经济和社会发展第十四个五年规划纲要》和《上海市实施〈地方志工作条例〉办法》《上海市国民经济和社会发展第十四个五年规划纲要》《全力打响"上海文化"品牌深化建设社会主义国际文化大都市三年行动计划（2021—2023年）》，结合地方志工作实际，制定本规划纲要。

一、发展基础

"十三五"期间，上海市地方志事业以习近平新时代中国特色社会主义思想为指引，深入学习贯彻习近平总书记考察上海重要讲话精神，在中国地方志指导小组指导下，在上海市委、市政府领导下，着力打造存史"志库"、育人"知库"和资政"智库"，各项工作有序有力开展，为"十四五"时期全市地方志事业发展奠定了良好基础。

经过全市各级地方志工作机构和广大地方志工作者的不懈努力，第二轮地方志书编纂工作加快推进，上海市志、上海市级专志基本完成评议，区县志全部完成验收。各区积极规划和推动乡镇街道志和村志编纂，部分区完成乡镇街道志或村志编纂出版、创新性编纂特色志书。年鉴工作持续加强，保持市、区两级地方综合年鉴"一年一鉴、公开出版"，年鉴质量进一步提升；行业年鉴、部门年鉴、企业年鉴、乡镇年鉴等种类趋于丰富、数量不断增加。《上海通史》（修订版）30卷基本完成编纂；区史、行业史、企事业单位史等编纂成果逐步显现。地方志资源开发利用全方位开展，打造文献整理、地情普及、地情研究、方志研究四大系列品牌。运用多种媒体形式，发挥"互联网+地方志"作用，地方志数据库建设稳步推进，网站、微信公众号和《上海滩》杂志影响力有力提升，方志文化宣传效果显著。成立上海市地方志发展研究中心、设置市社科规划地方志专项课题、创办《上海地方志》学术期刊、举办理论研讨会，地方志理论研究和学科建设取得新进展。市、区两级方志馆（通志馆）建设有序推进。

二、指导思想

高举中国特色社会主义伟大旗帜，全面贯彻党的十九大和十九届二中、三中、四中、五中、六中全会精神，坚持以马克思列宁主义、毛泽东思想、邓小平理论、"三个代表"重要思想、科学发展观、习近平新时代中国特色社会主义思想为指导，全面贯彻习近平总书记关于党史学习教育重要论述、关于史志工作重要论述，以及考察上海重要讲话精神，进一步落实国务院《地方志工作条例》和《上海市实施〈地方志工作条例〉办法》，加快形成上海市地方志事业发展新格局。

三、基本原则

1.坚持党的领导。毫不动摇地坚持和加强党对地方志事业的全面领导，坚持马克思主义在意识形态领域的指导地位，确保地方志事业发展的正确政治方向。

2.坚持以人民为中心。坚定人民是历史的创造者、历史由人民书写的理念，深深扎根人民，紧紧依靠人民，主动服务人民，将中华优秀方志文化融入人民之中，以志化人、以志育人。

3.坚持依法治志。以法治为引领，通过法规保障地方志事业持续与全面发展，确保地方志工作机构和工作者依法履职。

4.坚持服务大局。紧密围绕国家赋予上海的重大改革和发展任务，紧密围绕市委、市政府重大决策部署，紧密围绕重要时间节点和重大事件开展地方志工作。

5.坚持质量第一。始终把质量作为地方志工作的根本，确保地方志成果经得起时间和历史的检验，对社会负责，对事业负责，对子孙后代负责。

6.坚持守正创新。贯彻新发展理念，既从历史传统中汲取智慧、延续文化基因，又以时代精神不断激活地方志事业的生命力，实现创造性转化、创新性发展。

7.坚持合作共享。广泛动员社会力量，以开放的姿态和多样化的合作形式，与社会各方共同推进地方志工作、共享地方志发展成果。

四、总体目标

进一步落实市委、市政府关于全力打响"上海文化"品牌战略部署，发挥"存史、育人、资政"功能，按照"创造性转化、创新性发展"要求，体现地方志工作的时代性、创新性和有效性，推进志书编修、年鉴编纂、地方史编写、方志馆建设、地方志理论研究、地方志资源开发、地方志数字化转型、地方志人才队伍建设取得新成绩，推动地方志立法取得新进展，加强和完善地方志编修体系、理论研究和学科建设体系、质量保障体系、资源开发利用体系、工作保障体系"五位一体"的综合体系，力争建设成为党和政府想得起、用得上、靠得住的存史"志库"、育人"知库"和资政"智库"，形成具有时代特征、上海特色和全国影响的地方志事业发展新格局。

五、主要任务

1.全面推进和规范志书编修。完成上海市第二轮地方志书编纂出版任务并总结经验，研究、制定第三轮地方志书编纂规划。继续组织和推进符合条件的市级志书编纂。按时开展区志续修，完成《上海市乡镇街道村志及专业志编纂规划（2017—2025）》任务，编纂出版特色名镇名村志。市、区联动推进《上海全面小康志》《上海扶贫志》《上海抗击新冠肺炎疫情志》等志书编纂，出版《上海抗日战争志》，参与中国名镇志、中国名村志文化工程。

2.做强年鉴编纂。保持市、区综合年鉴"一年一鉴、公开出版"，进一步规范年鉴编纂，加快进度，提升质量，提高时效。强化《上海年鉴》（中、英文版）海派年鉴品质和特色。支持和鼓励年鉴工作创新，打造更多区级综合年鉴品牌。丰富年鉴种类，推进行业年鉴、部门年鉴、企业年鉴、乡镇年鉴等编纂。

3.推动地方综合史编写。制定地方综合史编写规范和发展目标，探索地方综合史管理工作体制机制，强化对地方综合史编写的组织管理、业务培训和指导检查。完成《上海通史》（修订版）出版。鼓励与推广各区综合史和各行业史、企事业单位史等编写。

4.加大方志馆建设力度。完成新馆建设和老馆迁建，建设多功能、现代化的上海通志馆。推动区级方志馆建设，鼓励和探索乡镇街道、村社区、企事业单位等史志馆建设。基本完成市、区两级数字方志馆建设。开展全市史志馆功能联动，提高服务社会能力。

5.提升方志理论研究和学科水平。加强上海市地方志发展研究中心建设，持续办好地方志理论研讨会和年鉴论坛，继续设立市社科规划地方志专项课题，提升《上海地方志》学术质量与影响力，编著出版《方志学研究丛书》，发挥市地方史志学会和市年鉴学会学术平台作用。

6.加大方志资源开发利用力度。深入开展地方志成果转化工作，推进保护性、普及性、研究性和资政性开发利用，集中打造"上海六千年""上海滩""外文文献"以及"实录"等系列丛书。增强《上海滩》社会影响，发挥地情普及读物平台重要作用。编好《21世纪上海纪事》、年度《长江三角洲发展报告》等，打造当代上海研究所资政文化品牌。

7.促进地方志数字化转型。构建地方志智能化社会服务平台，加强"上海通"网站和"方志上海"微信公众号建设，打造有影响力的市、区地方志网站群和微信群。完善上海市地方志数据库。开展与长三角地方志工作机构合作，建设数字长三角地情资料库。

8.强化人才队伍建设。科学做好人才培养规划，全面搭建志鉴史编纂工作实践平台，广泛组织志书、年鉴业务学习与培训、交流，积极鼓励学术研究，加强与高等院校、科研机构等合作，拓展人才培养渠道，建立覆盖全市的地方志资源人才库。

六、保障措施

（一）法治保障

贯彻落实国务院《地方志工作条例》和《上海市实施〈地方志工作条例〉办法》，推动《上海市地方志工作条例》立法，强化地方志工作权威性、规范性，确保地方志工作有法可依、依法落实。明确市、区两级地方志工作机构职能，确保依法履行组织、指导、督促和检查本行政区域内地方志工作的法定职责。

（二）组织保障

坚持和完善党委统一领导、党政齐抓共管、地方志工作机构组织实施、社会各界参与的工作体制。贯彻落实将地方志工作纳入各地国民经济和社会发展规划以及地方各级党委或政府工作任务，确保"认识、领导、机构、编制、经费、设施、规划、工作"到位的"一纳入、八到位"工作机制。建立和完善市、区两级地方志工作机构联动机制，强化信息沟通，推进资源共享，形成发展合力。

（三）工作保障

健全各级地方志编纂委员会。各区、各部门和单位依照所承担的地方志工作职责，保障机构设置、人员编制和经费投入，完善工作条件，按照德才兼备原则配齐、配强工作队伍；建立地方志工作者培训考核和地方志成果表彰制度，严格把好工作质量关；建立和完善社会机构及个人参与地方志编修的工作机制；健全和完善地方志编纂相关规章制度，确保修志编鉴著史工作有序开展。

（四）宣传保障

大力宣传地方志服务上海经济社会发展的新成绩、新贡献；挖掘地方志资源，推出人民群众喜闻乐见的宣传精品；推动全社会读志用志，为上海建设具有世界影响力的社会主义现代化国际大都市做出贡献。

全市各级党委、政府，各有关部门和单位要结合实际，创造性地开展工作，确保本规划纲要落到实处。

上海市地方志办公室负责对本规划纲要的落实和执行情况进行督促检查。

上海市地方志办公室
2021年12月31日

江苏省政府办公厅
关于印发《江苏省"十四五"地方志事业发展规划》的通知
（苏政办发〔2021〕78号）

各市、县（市、区）人民政府，省各委办厅局，省各直属单位：

《江苏省"十四五"地方志事业发展规划》已经省人民政府同意，现印发你们，请认真组织实施。

江苏省人民政府办公厅
2021年9月18日

江苏省"十四五"地方志事业发展规划

地方志是记录历史、传承文明的重要载体，具有资政育人、服务发展的独特功能。为推动新时代全省地方志事业高质量发展，充分发挥地方志工作在"强富美高"新江苏建设中的重要作用，根据《地方志工作条例》、全国地方志事业"十四五"发展规划和《江苏省地方志工作条例》《江苏省国民经济和社会发展第十四个五年规划和二○三五年远景目标纲要》，制定本规划。

一、发展基础和机遇挑战

"十三五"时期，在省委、省政府的正确领导下，全省上下主动积极作为，打造品牌，彰显特色，地方志事业全面发展。省人大常委会颁布实施《江苏省地方志工作条例》，保障地方志工作有序开展。党委领导、政府主持、地方志工作机构组织实施、社会各界广泛参与的工作体制进一步加强，地方志事业形成了全省联动、上下一体的新格局。第二轮省、市、县三级综合志书编纂工作全面完成，共出版110部、271册，计3.35亿字。省、市、县三级地方综合年鉴在全国率先实现全覆盖，一年一鉴、公开出版。主题志鉴、即时性志鉴、全媒体志鉴等创新型志鉴不断涌现。《江苏历代方志全书》等一批旧志文献完成整理出版。信息化与方志馆建设、资源开发利用、方志文化宣传、理论研究以及队伍建设等协调发展，地方志工作在记录时代发展、服务中心工作、宣传地方文化等方面发挥了重要作用。

同时，全省地方志事业也存在一些制约发展的问题，主要是：依法治志的意识还不强，少数地区和部门对地方志工作重要性认识不够；事业发展还不平衡，改革创新的力度还不够大；人员结构有待优化，业务素质亟待提升，信息化与方志馆等方志文化阵地建设还相对滞后等。

"十四五"时期是开启全面建设社会主义现代化国家新征程、向第二个百年奋斗目标进军的第一个五年。党的十九届五中全会明确提出到2035年建成文化强国的战略目标，为地方志事业发展指明了方向、提供了遵循。《江苏省国民经济和社会发展第十四个五年规划和二○三五年远景目标纲要》要求"加强文化传承创新"，"做好修史修志工作"，地方志事业面临更加有利的发展环境。全省地方志工作要紧紧抓住建设文化强国这一重要机遇，筑牢"为党立言、为国存史、为民修志"的初心使命，立足新发展阶段、贯彻新发展理念，助力构建新发展格局，为当代提供资政辅治之参考，为后世留下堪存堪鉴之记述。

二、总体要求

（一）指导思想

坚持以习近平新时代中国特色社会主义思想为指导，深入贯彻党的十九大和十九届二中、三中、四中、五中全会精神，深入落实习近平总书记对江苏工作的重要指示精神和关于地方志工作的重要论述，统筹推进"五位一体"总体布局、协调推进"四个全面"战略布局，牢固树立和贯彻落实创新、协调、绿色、开放、共享的发展理念，主动担当"争当表率、争做示范、走在前列"重大使命，着力实施"五项工程"，以高质量的地方志工作服务省委和省政府中心工作、服务经济社会发展大局、服务人民群众文化需求，为谱写"强富美高"新江苏建设的现代化篇章提供有力支撑。

（二）基本原则

坚持党的领导。牢记地方志工作的政治属性，把党的领导贯穿地方志工作全过程、各方面，增强"四个意识"、坚定"四个自信"、做到"两个维护"，提高政治判断力、政治领悟力、政治执行力，在思想上、政治上、行动上同以习近平同志为核心的党中央保持高度一致。

坚持正确方向。把好意识形态关口，坚持以社会主义核心价值观引领地方志工作。以方志文化的繁荣发展增强人民群众的获得感、幸福感、安全感，实现地方志工作存史、资政、育人相结合，满足人民文化需要与增强人民的精神力量相统一。

坚持质量第一。始终把质量意识、精品意识贯穿于修志编鉴工作全过程，严把政治关、史实关，忠实记录党带领人民取得革命、建设、改革的辉煌成就，深刻反映时代的历史巨变。

坚持创新驱动。落实新发展理念，把创新摆在地方志工作的核心位置，在继承中创新、在创新中发展、在发展中提升，使悠久的方志文化在新时代焕发勃勃生机，体现其应有的历史价值、社会价值和文化价值。

坚持经世致用。把握时代脉搏，融入国家战略，在"五位一体"总体布局和"四个全面"战略布局中找准地方志工作定位，坚持修志为用、修用并举，不断延伸方志触角，拓宽服务领域，推广优秀成果，为治理体系和治理能力现代化提供历史借鉴和方志智力支持。

（三）主要目标

根据国家和省委、省政府工作要求，立足新时代地方志工作的职责使命，到2025年，志鉴编纂精品工程、方志影响力提升工程、方志服务品牌工程、方志文化协同创新工程、方志工作强基固本工程"五项工程"取得重要突破，志鉴编纂工作体系、方志理论研究体系、方志资源开发利用体系、方志人才队伍体系、方志文化传播体系"五大体系"全面建立，实现从方志大省向方志强省跨越，确保江苏地方志工作走在全国前列。

三、主要任务

（一）实施志鉴编纂精品工程，忠实记录"强富美高"新江苏建设的生动实践

1.适时启动第三轮地方综合志书编纂工作。总结首轮和第二轮修志工作经验，开展第三轮修志工作组织管理、编纂模式、编修体例等前期研究。根据国家统一部署，启动第三轮地方综合志书编纂工作，认真编制编纂规划，做好方案论证、篇目设计、资料积累、队伍培训等准备工作。

2.推动年鉴编纂提质扩面。巩固省、市、县三级地方综合年鉴全覆盖成果，加强统筹指导和督促检查，持续做到一年一鉴、公开出版。精益求精编纂好《江苏年鉴》，充分发挥示范引领作用。积极参与中国年鉴精品工程建设，深入开展省级精品年鉴培育创建活动，提高全省年鉴整体编纂质量和水平。推进综合年鉴编纂向重点功能区、重点乡镇（街道）和村（社区）延伸，专业年鉴编纂向机关、社会团体、企事业单位等扩展。鼓励有条件的地区和部门编纂出版外文年鉴，发挥年鉴在区域合作和对外交往中的作用。

3.组织编纂专题特色志鉴。在重大历史节点，编纂出版主题志书，记载当代中国，体现历史担当。编纂以扶贫和全面小康为主题的志书，编纂出版江苏对口支援西藏、新疆建设志，编纂江苏全面小康大事记、江苏小康印迹等，展示江苏扶贫事业和高水平全面建成小康社会的奋斗历程。各部门、单位要围绕中心工作，编纂部门志鉴、行业志鉴、单位志鉴以及专题特色志鉴，及时留存历史资料，记录好新时代、新征程的伟大实践，充分反映各项事业的发展历程。

4.加强乡镇（街道）、村（社区）志编纂。积极融入乡村振兴战略，记录时代变迁，留住乡愁记忆，力争在"十四五"末，全省乡镇（街道）志编纂覆盖面达到70%以上，鼓励有条件的村（社区）编纂村（社区）志。积极推动江苏名镇名村志编纂，鼓励申报中国名镇志、名村志、名街志等系列名志文化工程，为村落保护、城镇建设、乡风文明、乡村治理、文旅融合、招商引资提供翔实可靠的依据和素材。

5.鼓励志鉴编纂创新。编纂集文字、图片、音视频于一体的志书年鉴，推进记录形态多样化。采用全媒体展现手段，打造高品质的江苏名镇名村志。推广《江苏微记录》《江苏记录》成功经验，推动更多地区和部门编纂

即时性志鉴产品，实时记录经济社会发展进程，集成展示当年大事要事、特色亮点，为党和政府中心工作提供高水平的地方志服务。

6.探索地方史编研工作。逐步将地方史编研纳入地方志工作范畴，加强组织管理、业务指导、督促检查等职能建设，全面提高地方史编研管理工作水平。建立完善地方史管理工作体制机制，探索完善地方史编研工作模式，组织推出高质量地方史成果。

（二）实施方志影响力提升工程，彰显地方志资政育人的独特价值

1.以地方志视角讲好江苏故事。广泛开展党史、新中国史、改革开放史、社会主义发展史宣传教育，传承红色基因，弘扬时代精神。加强地方志文献研究，积极参加各级党委、政府主办的综合性文化活动，办好"志说江南"圆桌会议，积极参与长江文化、江海文化、大运河文化、江南文化以及吴文化、楚汉文化、金陵文化、淮扬文化等地域文化活动，阐释优秀传统文化的时代价值。联合上海、浙江、安徽等地方志工作机构举办"地方志与长三角一体化论坛"，以方志文化助力长三角一体化高质量发展。

2.开发形式多样的志鉴产品。充分利用地方志资源，开发人民群众喜闻乐见的简志、地情手册、乡土教材、地方历史普及读物等通识教育类、普及类志鉴文化产品，制作方志文化专题片、微视频等影像志，努力满足人民群众对历史文化、地情文化的需求，传承历史印记，培育家国情怀，弘扬社会主义核心价值观。

3.加强旧志等地方文献整理研究。加强对历代旧志资源的抢救性保护，点校出版一批具有重大历史价值的旧志。在完成《江苏历代方志全书》的基础上，做好《江苏文库·方志编》编纂出版工作。鼓励社会各界读好用好旧志，发挥旧志资源还原历史面貌、展现古代地情、赓续江苏文脉的作用。加强对谱牒工作的研究和业务指导，挖掘整理江苏谱牒文化及姓氏文化的历史资源。

（三）实施方志服务品牌工程，满足人民群众日益增长的方志文化需要

1.推进史志馆建设。江苏省方志馆要以"方志中的江苏"展览为抓手，加强馆藏资源、展览展示、信息服务、编研开发、宣传教育等方面建设。推动江苏省方志馆分馆建设，鼓励有条件的地方申请建设国家方志馆分馆，支持苏州市建设国家方志馆江南分馆。各设区市要把方志馆作为公共文化设施，尚未建设的要纳入规划并加快实施，实现设区市方志馆全覆盖；已经建成的，要完善设施条件，提升服务功能。积极推进县（市、区）方志馆建设。因地制宜建设乡镇（街道）、村（社区）史馆。鼓励历史资源丰富的医院、学校、厂矿企业、科研院所等建设院史馆、校史馆、厂史馆和各类专题史馆。整合各级各类史志馆资源，组建"江苏省史志馆联盟"，并对符合条件的命名"江苏省方志文化教育基地"。鼓励各级各类史志馆申报爱国主义教育基地，更好发挥弘扬优秀传统文化、激发爱国热情、培育民族精神的作用。

2.开展方志文化宣传活动。积极组织方志文化进机关、进农村、进社区、进校园、进企业、进军营，主动服务各级各类"党员之家""职工之家"，在党群服务中心、政务服务中心、机场、高铁站和有条件的旅游景区因地制宜设立方志图书角，让更多地方志成果惠及于民。组织全省地方志系统参加江苏书展，举办各种论坛、讲座、乡情乡音大会等文化活动，全方位、多角度展示宣传江苏省情地情。加强与电视台、电台、报刊、网络媒体等平台合作，拓宽方志文化传播渠道。经常性组织开展方志文化志愿服务活动，让地方志工作更好地贴近群众、服务群众。

3.打造地方志宣传品牌。进一步加强"方志江苏"政务新媒体建设，围绕党委、政府中心工作和群众关心关注的热点，策划专题系列，提升品牌影响力。市、县（市、区）地方志工作机构要因地制宜打造政务新媒体平台，并积极拓展视频号、音频号等新型传播方式，形成地方志宣传矩阵体系。不断提升"江苏方志大讲堂"社会影响力，鼓励各地开设形

式多样的史志讲堂。开展中小学生"方志夏（冬）令营"活动，充分发挥方志文化承载的中华优秀传统文化教育功能，为立德树人提供丰厚滋养。

（四）实施方志文化协同创新工程，提升地方志学术科研水平

1.加强合作交流。加强与高等院校、科研机构、图书机构、档案、出版部门的合作，创建一批方志文化协同创新中心。加强省（区、市）之间特别是长三角地区、长江经济带地区的地方志工作机构合作，在长三角区域一体化发展、长江经济带发展、大运河文化保护传承利用等方面发挥地方志的作用。加强与港澳台地区以及国外有关机构的学术交流与合作，用方志的语言宣传推介江苏。

2.深化学术理论研究。充分发挥各级地方志学会、协会的作用，积极开展学术研讨活动，进一步加强理论研究，促进成果转化，推动发展实践。发挥《江苏地方志》杂志的引领作用，打造地方志学术研究和地方文化研究高地。加强省内以及国内相关史志期刊的合作交流，扩大江苏史志期刊的学术传播力和社会影响力。

3.鼓励社会力量参与地方志工作。鼓励高等院校、科研院所以及古籍专家、文史专家、地情爱好者和文化传承人参与地方志工作，积极开展历史文化和地情研究。实施"江苏优秀史志文化著作资助出版计划"，为具有较高学术价值和社会影响的优秀作品提供出版资助，使其发挥更大社会效益。

（五）实施方志工作强基固本工程，推动地方志事业高质量发展

1.加快地方志信息化建设。实施"互联网+"战略，开通"江苏省情网"门户网站，开发地方志云盘系统、二维码延伸阅读系统，建立网络视频会议培训系统。开发地方志全文数据库和地方志资源共享系统，并借助大数据、云计算、区块链等技术实现地方志资源智能查询检索、内容深度开发，为数字化编纂、智能化阅读、融媒体开发提供有力支撑。

2.做好地方志资料工作。各级地方志工作机构、省各有关部门和单位要健全和完善地情资料搜（征）集及管理制度，大力拓展资料搜（征）集范围和渠道，及时积累保存地方志编修所需要的大事记资料、行业发展资料、人物资料、重要文献资料、图片音像资料及其他具有存史价值的资料等，有条件的要组织编写资料长编。依托各级各类史志馆，开展方志文献、历史文献、专题研究著作及报告等文字资料、音视频资料的收集征集和整理，进一步做好方志资料积累工作。

3.加强人才队伍建设。培养地方志业务骨干，重视人才选拔、交流、培养和使用，大力培育优秀人才特别是年轻人才。建设全省地方志专家库，组建地方志工作和史志馆志愿者队伍，努力建立一支和新时代地方志事业发展相匹配、专兼职相结合的人才队伍，为地方志事业高质量发展提供人才支撑。

4.完善教育培训制度。对地方志工作机构新进人员、新任负责人、主编（总纂）开展专项培训，实现修志编鉴人员培训全覆盖。创新培训方式，开设方志网上课堂，开展地方志业务知识讲座。在高等院校设立地方志研究院，合作共建教学实践基地，联合举办地方志专业进修班，支持地方志工作人员接受专业继续教育。

四、保障措施

（一）组织领导

各级党委和政府要加强对本地区地方志工作的领导和统筹规划，把地方志事业发展纳入当地经济社会发展规划，制定年度工作目标任务。各级党委和政府分管领导要主动关心过问地方志工作，定期听取地方志工作汇报，及时了解和解决地方志工作中的困难和问题。省各有关部门和单位要把本部门、本行业史志工作作为一项基础性工作，明确分管领导和负责部门，加强对全行业志鉴编纂工作指导，忠实履行记录本部门、本行业发展历史的职责。各级地方志工作机构要加强对地方志工作的管理、指导与服务，提高地方志工作能力和水平。

（二）依法治志

贯彻落实《地方志工作条例》《江苏省地

方志工作条例》，提升依法治志意识。加大地方志工作法规规章的宣传、执行力度，适时开展执法监督检查，依法纠正、查处执行不力和违法行为。根据工作实际，及时完善工作制度和业务规范，持续推进地方志工作制度化、规范化建设。

（三）经费保障

各级政府要建立同经济发展相匹配、同地方志工作相适应的经费保障机制。要将地方志工作所需经费列入年度财政预算，改善工作条件和图书资料收藏保管条件，切实保障各项工作开展。

（四）激励措施

按照国家有关规定和《江苏省地方志工作条例》，组织开展先进集体和先进工作者评选表彰活动，建立干事创业的激励机制。组织开展地方志成果质量评定，择优推荐参加全国地方志优秀成果、省哲学社会科学优秀成果和年度"苏版好书"评审评选。

（五）监督检查

加强规划目标任务分解落实，组织开展规划实施情况监测评估，确保规划主要目标任务顺利实施。

浙江省人民政府办公厅关于加快推进新时代地方志事业发展的意见

（浙政办发〔2022〕5号）

各市、县（市、区）人民政府，省政府直属各单位：

为推动全省地方志事业高质量发展，根据《地方志工作条例》（国务院令第467号）和全国地方志事业发展"十四五"规划等有关要求，经省政府同意，现就加快推进新时代地方志事业发展提出以下意见。

一、目标要求

以习近平新时代中国特色社会主义思想为指导，认真贯彻党的十九大和十九届历次全会精神，深入落实习近平总书记关于地方志工作重要论述精神，按照"为党立言、为国存史、为民修志"的职责要求，以高质量发展为主题，着力推动地方志工作由传统方志向数字方志、由重修轻用向修用并重"两个转型"，大力实施方志强基、方志成果转化应用、方志数字化转型、方志文化创新、方志人才培育"五项工程"，着力构建志鉴编纂工作、方志资源开发利用、方志理论研究、方志文化传播、方志人才队伍建设"五大体系"。到2025年，地方志工作"两个转型"实现重要突破，"五项工程"取得明显成效，"五大体系"基本建立，努力打造中国方志之乡文化金名片，开创与社会主义现代化先行省相适应的地方志事业发展新格局，推动浙江地方志工作走在全国前列。

二、主要任务

（一）实施方志强基工程，全面记录浙江发展历史图景

1.有序启动第三轮地方综合志书编纂工作。总结第一、第二轮修志工作经验，开展第三轮修志工作前期研究。组织指导符合条件的市、县（市、区）开展第三轮修志工作，到2025年，30个市、县（市、区）启动志书编纂工作。

2.组织编纂专题志书。在重大历史节点，编纂出版专题志书，记载当代历史，讲好浙江故事，体现历史担当。围绕高水平全面小康、脱贫攻坚、抗击新冠肺炎疫情等专题，组织编纂相关志书、图志、大事记等。完成《中国抗日战争志·国际援助志》编纂出版。重视新领域志书编修，开展《枫桥经验志》等特色志编纂。鼓励各地、各部门围绕党委、政府中心工作和部门实际，编纂各种专题特色志书。

3.推动修志工作向部门、基层延伸。鼓励和支持部门编纂部门志、行业志，发挥志书在部门、行业发展中的存史资政作用，扩大部门志、行业志编纂覆盖面。积极融入乡村振兴战略，组织编纂乡镇（街道）志、村（社区）志，鼓励引导经济强镇（街道）、村（社区）率先开展编纂工作。力争到2025年，全省乡镇（街道）志编纂覆盖面达到30%以上。组织编纂浙江名镇名村志，鼓励各地申报开展国家系列名志文化工程。

4.拓展提升年鉴编纂工作。继续做好省市县三级地方综合年鉴一年一鉴、公开出版全覆盖工作。推进年鉴编纂向机关、企事业单位和乡镇（街道）、村（社区）延伸拓展。鼓励和支持机关、企事业单位编纂部门年鉴、专业年鉴，及时留存历史资料，记录好新时代、新征程的伟大历程。力争到2025年，全省乡镇（街道）年鉴编纂覆盖面达到10%以上。积极参与中国年鉴精品工程建设，组织实施浙江精品年鉴工程。

（二）实施方志成果转化应用工程，彰显地方志资政育人独特价值

1.利用方志成果开展理论溯源研究。以《浙江通志》等方志成果为基础，系统梳理地方志视角下习近平新时代中国特色社会主义思想在浙江探索与实践的历史脉络，深刻总结"八八战略"指引下浙江各项事业发展取得历史性成就的重大经验和启示，并编纂出版研究成果。

2.提高地方志工作服务大局的能力。重点围绕中华人民共和国成立75周年、抗日战争暨世界反法西斯战争胜利80周年、"八八战略"实施20周年、绿水青山就是金山银山理念提出20周年等重要历史节点，开展专题研究、志鉴编纂、成果宣传等。加强各类方志宣传阵地建设，用足用活方志资源，为学习中国共产党党史、新中国史、改革开放史、社会主义发展史和开展爱国主义教育活动提供服务。

3.助力打造新时代文化高地。加强地方志资源的开发利用，积极参与浙江精神、宋韵文化、大运河文化、钱塘江文化、唐诗之路文化、丝绸之路文化以及浙学等文化研究活动，彰显方志文化的时代价值。组织整理出版宋代浙江地方文献，开展浙江地方志研究等项目。

4.开展旧志、谱牒等历史文献整理研究。推进地方志工作机构与有关高校、科研机构、图书机构、档案馆、民间团体、社会组织等的交流合作，开展旧志整理出版工作。组织实施《浙江历代方志全书》整理出版、东海地方志文献整理与研究等项目。力争到2025年，全省旧志整理出版覆盖面达到80%以上。配合做好全国谱牒资源普查工作，重视对谱牒的保护和研究。鼓励社会各界用好旧志，发挥旧志资源还原历史面貌、展现古代地情、赓续浙江文脉作用。

（三）实施方志数字化转型工程，推动地方志工作改革创新

1.加强方志数据资源建设。加强方志数据资源统筹管理，制定全省方志数据资源标准，建立全省方志数据采集和安全保存机制，逐步建立以数据资源为主体的方志资源体系。大力推进传统方志资源数字化工作，力争到2025年，各地方志工作机构保存的现有志鉴成果数字化率达到70%，新编志鉴成果数字化率达到100%。

2.推进数字方志一体化平台建设。按照省委数字化改革的目标要求，依托浙江政务云平台，充分运用大数据、人工智能等技术手段，建设覆盖省市县三级的浙江数字方志一体化平台，建立统一的方志资源共享平台和全文数据库，推动编纂流程在线化、方志成果数字化、成果利用网络化、方志服务知识化。

3.加快建设数字方志馆。推动"互联网+地方志"建设，各地依托省统一平台和方志网站，加强数字方志馆内容建设，力争到2025年，数字方志馆建成率达到90%。

（四）实施方志文化创新工程，打造中国方志之乡文化金名片

1.加强方志馆建设。将方志馆建设纳入公共文化服务基础设施建设规划。重点推动浙江方志馆和设区市方志馆建设，鼓励有条件的县

（市、区）建设方志馆。力争到2025年，省级和设区市方志馆建设启动率达到100%，县（市、区）方志馆建设启动率达到50%以上。充分发挥方志馆保存方志典籍和传播方志文化的主阵地作用，将方志馆建设成为地情资料收藏中心、地情展览服务中心、地情研究发展中心、地方文化宣传中心和爱国主义教育基地。

2.创新方志文化传播。应用新媒体平台等传播方志文化，打造"方志浙江"微信公众号等有影响力的新媒体平台，推动形成全省方志文化传播网络体系。组织实施影像方志等项目，引导全社会读志、传志、用志。拓展方志文化传播渠道，推动方志文化进机关、进农村、进社区、进校园、进企业，参与农村文化礼堂和社区文化室（馆）建设。

3.加强地方志理论研究。发挥中国（浙江）地方志学术研究中心、省地方志学会和省地方志专家委员会等平台作用，开展系统内外学术交流，举办理论研讨、讲座等活动，加强地方志基础理论和编纂实践研究，深入开展浙学和乡土课题研究。加强地方史志期刊编辑工作，提高史志期刊的学术水准和影响力。加强与长三角地区等地方志工作机构交流合作，参与长三角区域地方志事业一体化建设。

4.推动地方史编研工作。贯彻落实中央关于地方史编纂的方针政策，逐步将地方史编研纳入地方志工作范畴，探索建立地方史编研组织管理机制。以"浙江简史丛书"等项目为重点，不断拓展地方史研究领域，推出高质量地方史成果。

（五）实施方志人才培育工程，为地方志事业高质量发展提供人才支撑

1.加大地方志专家队伍建设。突出抓好全省方志领军人才、专家人才和中青年骨干人才的培养发展，分类建立志书编纂、年鉴编纂、研究应用等专家库，充分发挥专家作用。

2.加强地方志专业人员培训。对方志机构负责人和志书编纂、年鉴编纂、信息化、研究开发等人员进行分类培训，提高培训针对性和有效性。创新培训方式，开办线上专题讲座。与有关高校合作，共建教学实践基地，联合举办地方志专业进修班，支持地方志工作人员接受专业继续教育。

3.鼓励社会力量参与地方志工作。鼓励教育科研工作者、古籍专家、文史专家、地情爱好者和文化传承人等参与地方志工作，积极开展历史文化和地情研究。通过方志学术和新媒体平台宣传推介相关研究成果。

三、组织实施

（一）加强组织领导。各地要加强对地方志工作的领导和统筹，把地方志事业发展纳入当地经济社会发展规划，明确年度工作目标任务。省级有关部门要忠实履行记录本部门、本行业发展历史的职责，把本部门、本行业史志工作作为一项基础性工作，明确责任分工，健全工作机制和保障机制，加强对全行业志鉴编纂工作的指导。各级地方志工作机构要加强对地方志工作的管理、指导与服务，提高地方志工作的能力水平。

（二）强化法治保障。深入宣传贯彻《地方志工作条例》和《浙江省实施〈地方志工作条例〉办法》（省政府令第303号），提升依法治志水平，确保地方志工作依法开展。及时完善工作制度和业务规范，推进地方志工作制度化、规范化建设。

（三）加强经费保障。各级政府要结合经济社会发展和地方实际，将地方志工作所需经费列入本级财政预算，改善工作条件和图书资料、数据资源收藏保管条件，切实保障各项工作开展。

（四）建立激励措施。按照国家有关规定和《浙江省实施〈地方志工作条例〉办法》等，建立完善干事创业的激励机制。按照有关规定开展地方志优秀成果、精品年鉴等评选，择优推荐参加全国地方志优秀成果、省哲学社会科学优秀成果等评审评选。

浙江省人民政府办公厅
2022年1月24日

关于印发《湖南省地方志服务"三高四新"战略实施意见》的通知

（湘志编〔2021〕51号）

各市（州）、县（市、区）地方志工作机构，院各部室、地方文献研究所：

《湖南省地方志服务"三高四新"战略实施意见》已经院党组研究同意，现印发给你们，请认真遵照执行。

湖南省地方志编纂院
2021年9月17日

湖南省地方志服务"三高四新"战略实施意见

为深入学习贯彻习近平总书记考察湖南重要讲话精神，全面落实党中央决策部署和省委工作要求，统一思想行动，牢记使命嘱托，推动地方志事业主动对接服务"三高四新"战略，加快实现地方志事业高质量发展，根据湖南省经济社会发展及"三高四新"战略需要和地方志工作实际，制定本实施方案。

一、指导思想

以习近平新时代中国特色社会主义思想为指导，贯彻落实习近平总书记对地方志工作的重要指示批示精神，以存史、资政、育人为根本，以服务高质量发展为主题，坚定不移贯彻新发展理念，加快构建适应新发展阶段的湖南地方志事业新发展格局，切实增强地方志服务"三高四新"战略的能力。

二、总体目标

聚焦"三高四新"战略实施，落实存史、资政、育人根本任务，引导地方志各要素协同打造"三个高地"、践行"四新"使命集聚，记录好、服务好建设现代化新湖南的艰辛探索、奋斗历程和伟大成就。传承弘扬中华优秀传统文化，充分挖掘湖南优秀传统文化、红色文化、乡土文化，贴近经济社会发展实际，贴近人民群众需要，编修和开发利用地方志成果，为培育和践行社会主义核心价值观提供丰富的精神文化产品。夯实人才成长基础，提升人才培养质量，着力解决人才供给侧改革与地方志事业需求侧改革的结构性矛盾，全面提升地方志服务"三高四新"战略的能力和水平。

三、主要举措

（一）服务"三高四新"战略，全面记录发展历程

1.提高全面记录的历史站位。全省地方志工作者要切实提高政治站位、深化认识、凝聚共识，把思想认识统一到习近平总书记重要指示批示精神上来，统一到中央决策部署上来，在思想上政治上行动上同以习近平同志为核心的党中央保持高度一致。记录新时代，书写新时代，讴歌新时代，是党中央、国务院赋予地方志的时代使命，是地方志工作者义不容辞的神圣职责。我们要把初心落在行动上、把使命担在肩膀上，尽职尽责、主动担当、积极作为，以高度的责任感、使命感、紧迫感投入"三高四新"战略的实施中，共同完成好这项重要的战略任务。要抓住机遇，紧紧围绕党的中心任务和湖南的发展实践，坚决贯彻落实省委、省政府的决策部署，自觉把地方志工作放到"三高四新"战略大局中谋划、定位、思考，聚焦主责主业，以实施"湖南省志鉴精品工程"为引领，增强精品意识，提高编纂质量，推动全省地方志事业高质量、高水平、高

2.突出全面记录的重点领域。全省地方志工作者要以实践者、参与者的笔触描绘中共湖南省委在党中央领导下，团结带领湖湘儿女深刻回答新时代湖南"实现什么样的发展，怎样实现发展""建设什么样的高地，怎样建设高地""肩负什么样的使命，怎样肩负使命"等重大问题的奋斗历程和伟大壮举。紧紧扭住打造"三个高地"这个战略重点、科技自立自强这个战略支撑、扩大内需这个战略基点、乡村振兴这个战略任务，瞄准打造工程机械、轨道交通、航空动力三个具有世界影响力的产业集群和电子信息、新材料、新能源三个具有比较优势的国家级产业集群，以及转型升级传统产业集群和布局培育未来新支柱产业集群，围绕打造内陆地区改革开放高地，打造具有核心竞争力的科技创新高地，加强长株潭自主创新示范区、岳麓山种业中心、工业创新中心等科创平台建设等重点领域，以志书、年鉴、地方志衍生产品等诸多形式进行重点记录，真实记录，生动记录。

3.强化全面记录的大局意识。"三高四新"作为新发展理念指引下擘画出的地方发展战略，无论是打造"三个高地"还是践行"四新"使命，都是"创新、协调、绿色、开放、共享"新发展理念在三湘大地的实践化、任务化和使命化。作为记录者，全省地方志工作者要不断拓展方志记录领域，延伸方志笔触，紧扣时代主题，为时代画像、为时代立传、为时代明德，深入挖掘历史智慧，积极参与到规划编制、旅游开发、教育研究、环境治理、历史文化遗产发掘保护等方面的工作；要彻底摒弃"一本书主义"，转向志、鉴、史、馆"四架马车"并驾齐驱，志、鉴、史、馆、库、网、刊、学、会、用"十业并举"；要积极指导和推进部门行业志、专业年鉴、乡（镇）志、村（社区）志、小区志、特色志编纂出版工作，组织开展脱贫志、小康志、抗疫志等体现专题志书编纂，全方位、全过程、全景式、史诗般记录好建设现代化新湖南过程中的奋斗历程和伟大成就。

（二）服务"三高四新"战略，推动地方志创造性转化

1.善于总结事业发展基础优势。通过地方志客观、鲜活的笔触，真实记载湖南发展取得的全方位历史性成就，为实施"三高四新"战略、建设现代化新湖南奠定坚实的基础。树立精准资政意识，积极挖掘整理、总结归纳、开发利用实施"三高四新"战略主战场的相关地情资料。立足湖南形成的工程机械、先进轨道交通装备、航空航天、新一代信息技术和新材料等一批优势产业集群的基础和优势；立足湖南丰富的科教资源，拥有的一批享誉中外的知名科学家和国防科大、中南大学、湖南大学等一批"双一流"高校和"双一流"学科，"两院"院士总数、科技人员总数、普通高校数量均居中部前列的基础和优势；立足超高产杂交稻、超级计算机、超高速列车、中低速磁浮等标志性创新成果领跑世界的基础和优势，总结实践经验，探寻发展规律，阐述湖南特色的发展理论，揭示制胜之道，为讲好湖南故事提供独到的样本和经验。

2.积极谋划方志资源推陈出新。坚持古为今用，推陈出新，深入探索地方志资源开发利用的新模式和新方法，推动地方志资源的创造性转化。加强对地方志资源的深加工，拓宽服务渠道，增强服务功能，创新服务手段。一是挖掘地方志资源的现实价值和历史价值，开发利用地情资料，推出一批人民群众喜闻乐见、有较大社会影响力的地情文化丛书。二是发挥地方志资政辅治的智库作用，加快湖南现存旧志摸底和整理，编辑旧志目录，加强与高等院校、科研机构、公共图书馆、档案馆、博物馆等单位的交流与合作，开展旧志点校、辑佚、整理、研究等工作，推进《湖南历代方志集成》项目建设，建成堪存堪鉴的方志"金库"。三是加快地方志信息化建设，通过加强对地方志资源数字化处理、数据挖掘和数据整理、分析，整合地方志系统的数字资源，建设数字方志馆和湖南地情数据库，为智慧方志建设提供强大的数据支撑，推动形成地方志公共文化服务特色平台，让志鉴中的内容真正亮起

来、动起来、活起来、热起来。四是组织开展地情状况、历史文化资源和风俗民情的系统调查，推出高水平的地理、人文等信息咨询服务和研究成果，为乡村振兴、文旅融合等战略决策提供政策建议。

（三）服务"三高四新"战略，推动地方志创新性发展

1.坚持"三个围绕"创新发展。围绕党委政府中心工作、围绕经济社会大局、围绕人民群众需要，推动地方志事业创新性发展。紧扣"三高四新"主战场，以"开发区志丛书"和"开发区图志丛书"为借鉴，引导和指导开发园区、重点行业、重点企业开展地方志编纂工作。引导湖南自由贸易试验区、长株潭自主创新示范区、郴州市国家可持续发展议程创新示范区、湘江新区、岳麓山国家大学科技城、马栏山视频文创产业园等重大平台和三一重工、中联重科、中车株机、山河智能等先进制造企业，开展地方志编纂工作，理清自身发展历史，记录关键核心技术攻坚、科技创新资源优化整合、企业创新能力、人才培养引进、科技创新体制机制等方面取得的重大进展，推出一批梳理发展脉络、理顺体制机制、加速科技创新、夯实人才培养、总结发展经验，凸显质量变革、效率变革、动力变革的方志成果，为着力打造国家重要先进制造业高地、具有核心竞争力的科技创新高地提供借鉴。

2.坚持记录方式创新发展。地方志产品要不忘本来、吸收外来、面向未来，主动对接"三高四新"战略，创新记录方式，创新表现形式，创新编纂体例，深度融入"现代化湖南"的建设中。在践行"三高四新"战略的重点领域、重点行业、重点企业等，因地制宜推出行业志、企业志、乡（镇）志、村（社区）志、专业年鉴等方志作品中英文版本，服务外商考察投资，提升开放度，提高国际话语权；突出将长株潭都市圈打造为全国重要增长极的重点，围绕长株潭都市圈一体化发展出谋划策，探索建立长株潭都市圈志鉴工作协同机制，全面记载长株潭都市圈一体化发展的总体情况；在年鉴编纂中增设践行"三高四新"战略专文，设置相关条目等，确保志鉴作品与时代同频共振。

3.坚持传播途径创新发展。坚持人民情怀，用好用活培根铸魂的"宝库"，彰善引风气，以文化人，将党的意志转化为全省人民的共识。一是通过方志文化与科技融合，走出一条创新引领、共建共享、"互联网+地方志"的路子，利用数字影像、网络、新媒体等各种媒介，依托方志网、地情网、数字方志馆、方志微信公众号等融媒体平台，宣传推介方志文化，延伸方志文化传播半径，扩大方志文化影响力，让地方志从书架走向大众，从系统内部走向社会。二是以各级地方志学会为主要平台，推出宣传片、纪录片、短视频、方志文创等一系列充满方志元素、展示方志魅力的新型社会公共文化产品。三是积极稳妥推进方志馆建设，将方志馆建设成为地方文献收藏、地域文化研究、开发利用和传播中心，成为开展"四史"教育的重要场所，弘扬爱国主义精神的重要基地。四是深入挖掘湖南"实事求是，经世致用""十步之内，必有芳草"的优秀传统文化和红色资源、红色故事，转换为面向社会、面向公众、面向青少年进行爱国主义教育、红色文化教育、乡土历史教育的教材。五是发挥地方志在国际交往中的纽带作用，通过方志文化贯通的"根"，加强湖湘文化的对外交流，串联起广大港澳台同胞和海外侨胞的文化记忆，画出最大的同心圆。

（四）服务"三高四新"战略，加强地方志人才队伍建设

坚持人才兴业，组织实施地方志人才队伍建设三年行动计划，培养和引进一批高端人才，建设一支专兼职结合、结构合理的地方志编修、研究队伍，弘扬修志问道、直笔著史的方志人精神。完善人才培养工作机制，制定地方志人才培养规划，探索地方志人才培养、引进等政策和措施。加强省、市（州）、县（市、区）三级地方专家库建设，选拔培养从事地方志事业的高素质人才，为其营造良好的工作环境。加大培训力度，与高等院校、科研机构及有关部门合作，分级实施对地方志机

构新任负责人、志鉴主编的专项培训，实现修志编鉴人员岗前培训全覆盖。创造条件吸引有经验的离退休人员和专家学者参与修志编鉴工作，构建新型"传帮带"工作模式。

四、组织保障

（一）加强组织领导。院党组统一领导，相关部门统筹联动，对标对表，落实责任。市（州）、县（市、区）两级地方志工作机构要进一步提高政治站位，深化思想认识，强化责任落实，健全工作机制。

（二）转变思想观念。全省地方志工作者要解放思想，深入领会地方志服务"三高四新"战略的精神内涵，因地制宜找准突破口，奋力担当作为，探索地方志事业转型升级高质量发展的道路。

（三）形成工作合力。省、市（州）、县（市、区）三级地方志工作机构要加强沟通协调，整合系统内外各方力量，调动工作积极性，优化资源配置，形成上下联动、左右协同、内外互动的"一盘棋"要素结构，合力增强地方志服务"三高四新"战略的整体能力。

关于印发《湖南省志鉴精品工程实施方案》的通知

（湘志编〔2021〕52号）

各市（州）、县（市、区）地方志工作机构，院各部室、地方文献研究所：

《湖南省志鉴精品工程实施方案》已经院党组研究同意，现印发给你们，请认真遵照执行。

湖南省地方志编纂院
2021年9月17日

湖南省志鉴精品工程实施方案

为贯彻落实习近平总书记考察湖南重要讲话精神和对地方志工作的重要指示批示精神，在奋力践行"三高四新"战略、全面推进现代化新湖南建设的新征程中展示方志担当作为，不断提高全省志鉴编纂质量，着力培育精品志鉴，结合全省地方志工作实际，制定本方案。

本方案包含"湖南省志书精品工程""湖南省年鉴精品工程"。

一、重要意义

党中央、国务院和省委、省政府高度重视地方志工作，为全省地方志事业发展提供了重要战略机遇。坚持质量第一原则，树立精品意识，提高志鉴质量，打造精品志鉴，是新时期全省志鉴工作的一项核心任务。实施湖南省志鉴精品工程，是全面贯彻落实全国地方志事业发展规划和湖南省"三高四新"战略的重要举措；是培育精品志鉴、提高志鉴质量的重要手段；是发挥地方志存史、资政、育人功能的根基所在；也是地方志工作者紧扣时代脉搏，坚持创新发展，赓续湖湘优秀传统文化和红色文化基因的历史责任。全省各级地方志工作机构应高度重视，增强责任意识，加强组织领导，切实做好推荐、培育、评审、宣传推介等工作，共同促进志鉴质量保障体系建设，全面提高志鉴编纂出版质量。

二、申报范围

（一）纳入省、市（州）、县（市、区）三级规划编修并通过终审的综合志书志稿。

（二）省、市（州）、县（市、区）三级地方志工作机构组织编纂并通过终审的各类专题志、部门行业志、特色志、乡（镇）村（社区）志、小区志志稿等。

（三）省、市（州）、县（市、区）三级地方志工作机构组织编纂的地方综合年鉴。

（四）年鉴工作重视程度较高，编纂基础条件较好，连续公开出版两卷以上，有打造精品年鉴积极性的单位编纂的专业年鉴。

三、评选条件

按照中国地方志指导小组《地方志书质量规定》《地方综合年鉴编纂出版规定》《关于地方综合年鉴编纂出版若干问题的补充规定》等有关文件精神，设定以下评选条件：

（一）观点

以马克思列宁主义、毛泽东思想、邓小平理论、"三个代表"重要思想、科学发展观、习近平新时代中国特色社会主义思想为指导，以践行"三高四新"战略、建设现代化新湖南为指引，坚持辩证唯物主义和历史唯物主义的立场、观点和方法，政治观点正确。

遵守宪法和法律，维护国家统一、主权和领土完整，维护民族团结，弘扬社会主义核心价值观，体现社会主义时代精神，继承和发扬优秀传统文化。

（二）体例框架

志书体例科学、严谨、规范，述、记、志、传、图、表、录、索引等各体运用得当。篇目设置分类科学，门类齐全；整体布局合理，事以类聚、类为一志；纵述主线清晰，领属得当，层次分明；全志整体性、分志独立性强。

年鉴框架应涵盖年度内本行政区域（部门或行业）的基本情况，做到分类科学，层次清晰，领属得当，编排有序，突出年度特点和地方特色。各层次标题应简洁、准确、规范。

（三）资料

志书资料应全面、准确、翔实、连贯、系统，考据精确，具有典型性和权威性，注重使用原始材料。

年鉴资料应全面、系统，真实、准确，具有时代性、年度性和地方性（部门或行业特色）。

（四）内容

志书应全面、客观、系统记述本行政区域（部门或行业）自然、政治、经济、文化和社会的历史与现状，全面反映新时代中国特色社会主义事业在本区域（部门或行业）的发展历程和成绩，正确反映发展中的曲折和问题，地方特色和时代特色鲜明。

年鉴应全面、客观、系统记述本行政区域（部门或行业）自然、政治、经济、文化和社会等方面的年度情况，存真求实，客观反映经济社会发展中取得的成绩和存在的问题。

（五）记述

志书应坚持志体，述而不论；越境不书，断限明确；生不立传，以事系人；秉笔直书，扬善抑恶；实事求是，经世致用；内容完整，详略得当；交叉处理得当，记述前后统一；记述事物要素齐全，记述内容准确、客观、公允。

年鉴选题选材应注重有效性、完整性，力求新颖、准确、系统。综合性条目反映年度内各个领域发展变化的总体情况和主要特点，具有高度的概括性；单一性条目一事一条，基本要素齐全，信息含量大。坚持述而不论，寓观点于记述之中。

（六）行文

使用规范的现代语体文，语言精炼，文风朴实，记述流畅；使用规范、统一的简称和缩略语；名称、标点、专有名词、术语、时间、数字、计量单位、注释、引文、图照表等使用规范，表述前后一致。

（七）检索

志书索引分类标准统一，名称概念清楚，提炼的标目符合主题原意，附缀正文页码准确。

年鉴应具有完备的检索系统，应编制详至条目的中文目录，根据需要可编制英文目录；索引名称概念清晰，标引准确。

（八）编辑版式

编校质量高，全书差错率不超过万分之一。版式设计美观大方。

四、评选程序

评选工作坚持公平、公正、公开原则，严格按照自下而上、择优推荐的方式进行。

（一）"湖南省志书精品工程"评选程序如下：

1.申请参加评选的志书由编纂单位填写《湖南省志书精品工程申报表》（见附件1）一式四份，连同已通过终审的志稿逐级上报。

2.市（州）级地方志工作机构或相关省直单位应组织地方志、政治、经济、保密、档案、历史、法律、军事、民族、宗教等方面的专家进行评审。通过评审后，填写《湖南省志鉴精品工程专家评审表》（见附件2），由参加评审专家签名并加盖市（州）级地方志工作机构或相关省直单位的公章。

3.对通过市（州）级和相关省直单位评审的志书，在本市（州）或本系统内进行为期15天的公示，公示内容包括志书名称、编纂单位、主编、志书目录等。公示无异议，将志书连同有关表格上报"湖南省志书精品工程"办公室。

4."湖南省志书精品工程"办公室集中提交"湖南省志鉴精品工程"学术委员会评选。评选通过后在全省范围内进行为期15天的公示。公示无异议，以湖南省地方志编纂院文件正式公布入选名单。

5.入选的志稿按照"湖南省志书精品工程"要求统一标识、统一版式、统一风格出版。入选的志书正式出版后，由湖南省地方志编纂院颁发证书和奖牌。

（二）"湖南省年鉴精品工程"评选程序如下：

1.中国年鉴精品工程试点单位编纂的年鉴直接进入评选程序。

2.符合申报范围的年鉴编纂单位，应于每年8月底前填写《湖南省年鉴精品工程申报表》（见附件3）一式四份，连同编纂成熟的年鉴稿，逐级上报。

3.各市（州）地方志工作机构或相关省直单位应组织有关地方志、政治、保密、档案、历史、法律、经济、军事、民族、宗教等方面专家，对申报的年鉴稿进行评审。评审通过后，填写《湖南省志鉴精品工程专家评审表》一式四份，由参加评审的专家签名并加盖市（州）级地方志工作机构或相关省直单位的公章。

4.对通过市（州）级或相关省直单位评审的年鉴，在本市（州）或本系统内进行为期7天的公示，公示内容包括年鉴名称、编纂单位、主编、年鉴目录等。公示无异议，将年鉴稿连同有关表格上报"湖南省年鉴精品工程"办公室。报送时间截至每年9月底。

5."湖南省年鉴精品工程"办公室集中提交"湖南省志鉴精品工程"学术委员会评选。评选通过后在全省范围内进行为期7天的公示。公示无异议，以湖南省地方志编纂院文件正式公布入选名单。公布时间一般为每年11月底前。

6.入选的年鉴稿，按照"湖南省年鉴精品工程"要求统一标识、统一版式、统一风格出版。入选的年鉴正式出版后，由湖南省地方志编纂院颁发证书和奖牌。

五、评选要求

（一）湖南省志鉴精品工程在实施过程中坚持质量第一原则，入选志鉴不设比例，成熟一部评审一部、通过一部入选一部，严格标准，宁缺毋滥。

（二）各市（州）地方志工作机构和相关省直单位应严把质量关，特别是政治关和保密关。

（三）湖南省志鉴精品工程实行动态化管理，每年组织申报一次。

（四）入选的志鉴编纂单位，应服从湖南省志书、年鉴精品工程办公室在评审、修改、研讨以及专家指导等方面的统一安排和质量要求。

（五）湖南省志鉴精品工程实行全程培育管理，入选的志鉴，实行专家联系人培育制度，湖南省志书、年鉴精品工程办公室指定专家进行全程指导、培育。

（六）各市（州）、县（市、区）地方志工作机构和相关省直单位应积极组织申报湖南省志鉴精品工程。

六、组织领导

（一）成立"湖南省志鉴精品工程"学术

委员会

由湖南省地方志编纂院党组书记、院长任主任，其他党组成员任副主任，成员由湖南省地方志编纂院、湖南省地方志学会、湖南省地方志专家库相关专家组成。负责审定和指导"湖南省志鉴精品工程"入选志鉴。

（二）成立"湖南省志书精品工程"办公室

湖南省省级志书精品工程办公室依托湖南省地方志编纂院省志工作部设立，湖南省市县志书精品工程办公室依托市县志工作部设立，省志工作部和市县志工作部主要负责人分别担任办公室主任，对口负责评选工作的组织协调以及调研指导、组织出版、宣传等工作。

（三）成立"湖南省年鉴精品工程"办公室

湖南省年鉴精品工程办公室依托湖南省地方志编纂院年鉴工作部设立，年鉴工作部主要负责人担任办公室主任，负责评选工作的组织协调以及调研指导、组织出版、宣传等工作。

七、奖励与宣传

（一）入选的志鉴，在下一年度开展的全国地方志优秀成果评审活动中，直接进入省级推荐名单。在下一年度开展的全省地方志优秀成果评审活动中，直接进入一等以上（含）等次的评审，不占用市（州）的推荐名额。

（二）入选的志鉴，由湖南省地方志编纂院给予适当奖励；同时在发文公布时根据国务院《地方志工作条例》关于"对在地方志工作中作出突出成绩和贡献的单位、个人，给予表彰和奖励"的规定，建议编纂单位的同级人民政府或省直单位对志鉴编纂单位和人员给予表彰和奖励。

（三）入选的志鉴，湖南省地方志编纂院将在全省范围进行宣传推广，特别优秀的，将总结编纂经验向全国推介。各市（州）地方志工作机构或相关省直单位应在本地区本系统组织专门的品读活动，宣传推广先进典型，促进志鉴质量全面提升。

（四）湖南省地方志编纂院适时组织入选志鉴的编纂单位开展研讨交流活动，提供学习交流机会。

八、经费保障

（一）湖南省地方志编纂院负责承担各市（州）地方志工作机构和相关省直单位报送后的有关评审、研讨、宣传推介以及专家指导等费用。

（二）各市（州）地方志工作机构和相关省直单位分别负责承担本级组织评审、报送以及在本地开展宣传推介等相关费用。

（三）各志鉴编纂单位负责承担志鉴稿修改、印制、出版等费用。

九、联系方式（略）

关于印发《湖南省方志人才队伍建设三年行动计划》的通知
（湘志编〔2021〕54号）

各市（州）、县（市、区）地方志工作机构，院各部室、地方文献研究所：

《湖南省方志人才队伍建设三年行动计划》已经院党组研究同意，现印发给你们，请认真遵照执行。

湖南省地方志编纂院
2021年9月17日

湖南省方志人才队伍建设三年行动计划

为深入贯彻落实习近平总书记关于高度重视修史修志的重要指示精神，传承好连绵不断编修地方志这一中华民族特有的文化基因，弘扬中华优秀传统文化，进一步加强全省地方志系统人才队伍建设，夯实人才成长基础，提升人才培养质量，更好地发挥地方志存史、资政、育人功能，根据国务院《地方志工作条例》和《湖南省人民政府办公厅关于进一步加强地方志工作的意见》（湘政办发〔2016〕11号）等有关法律法规和文件精神，制定湖南省方志人才队伍建设三年行动计划。

一、指导思想

党中央、国务院高度重视地方志工作，为地方志事业发展提供了重要战略机遇。加强地方志人才队伍建设，是落实传承中华优秀传统文化、乡土文化、红色文化重大战略任务的重要保障。站在新的历史方位，全省地方志系统要弘扬修志问道、直笔著史的方志人精神，培养和引进一批高端人才，建设一支专兼职结合、结构合理的地方志编修、研究队伍。方志人才队伍建设需着眼全省未来三年乃至更长时期事业发展需要，全省地方志系统应加大人才引进、储备和培养力度，切实增强责任感、使命感和紧迫感，科学谋划、统筹推进，践行为党立言、为国存史、为民修志的使命，满怀激情地投入到实施"三高四新"战略、奋力建设现代化新湖南、实现中华民族伟大复兴的中国梦上来，加快形成推动湖南地方志事业高质量发展的体制机制。

二、具体措施

（一）建立健全人才引进机制。按照实际工作需要，省地方志编纂院三年内面向各市（州）、县（市、区）地方志机构遴选和调任高素质优秀年轻干部，合理选拔高层次年轻专业人才。鼓励全省地方志系统畅通人才选拔渠道，积极和组织部门对接，从企事业单位、高等院校和科研院所调任专业水平高的优秀人才进入地方志系统。

（二）建立健全人才储备机制。联合省人力资源和社会保障厅，建立湖南省方志专家库。专家库专家分"湖南省方志领军人才""湖南省方志首席专家""湖南省方志专家"三个层级。从省内外高校、科研院所和史志工作机构等有关单位和社会组织中，选聘政治立场坚定，作风扎实过硬，热心史志事业，长期从事历史研究或史志编修工作，对湖南经济社会发展的历史有深入了解和研究，具有一定学术造诣和实践经验，在行业内有一定影响力的专家学者，进入省方志专家库，助力推动全省地方志工作高质量发展。大力推动市县两级方志专家库建设，培养市县两级从事地方志事业的高素质人才，加强基层方志人才储备，为建设全省地方志系统专业化队伍夯实基础。

（三）建立健全人才培养机制。全省地方志系统要加大培训力度，充分用好党校、高校等教育培训资源，积极与高等院校、科研机构及有关部门合作，分级实施对地方志机构新进人员、青年领军人才、志鉴主编、业务骨干等专项培训，实现修志编鉴人员培训全覆盖。鼓励全系统人员积极参加地方志论坛、方志工作经验交流会、方志理论研讨会等专业性会议。创造条件吸引有经验的老同志和专家学者参与修志编鉴工作，形成"传帮带"工作模式。

（四）建立健全人才使用机制。坚持人岗相适、人事相宜的原则，让专业的人做专业的事，加强岗位锻炼，注重让有潜力、可塑性强的优秀干部在多岗位锻炼中成长成才。积极稳妥推进地方志系统人员的交流，对有发展潜力、需要递进培养的优秀干部抓紧放到关键岗位上历练，对各方面条件比较成熟的干部要积极向各级党委推荐，破除论资排辈、平衡照顾、求全责备等观念，打破隐性台阶，及时提拔使用。

三、组织保障

（一）提高政治站位。全省上下要切实提高政治站位，深化思想认识，强化责任落实，深刻把握新时代新使命新征程，切实加强全省地方志人才队伍建设，增强大局意识和全局观念，让全省地方志系统人才的聪明才智充分涌流，形成锐意进取、全面发展的良好风尚。

（二）加强组织领导。省地方志编纂院成立湖南省方志人才队伍建设工作领导小组，组长由省地方志编纂院党组书记、院长担任，副组长由其他党组成员担任，建立健全工作机制。市（州）、县（市、区）地方志工作机构要强化责任落实，建立健全相应的工作机制，细化工作方案，成立工作机构，对人才队伍的选拔、培育、管理、任用进行统筹规划。

（三）形成工作合力。合理优化资源配置，加强地方志系统之间的内部合作，上下联动、内外互动，实现省市县三级地方志工作机构强力整合，形成工作合力，为干部健康成长创造有利条件，建成良好的地方志系统人才队伍建设机制。

关于印发《广东省方志馆建设办法（试行）》的通知
（粤志办发〔2021〕12号）

各地级以上市地方志工作机构：

为促进和规范方志馆建设，充分发挥方志馆公共文化服务功能，推动我省方志馆建设高质量发展，现将《广东省方志馆建设办法（试行）》印发给你们，请认真贯彻执行。实施中遇到的问题，请径向我办地方史处反映。

广东省人民政府地方志办公室
2021年10月9日

广东省方志馆建设办法（试行）

第一条 为促进和规范方志馆建设，充分发挥方志馆公共文化服务功能，根据国务院《地方志工作条例》和《广东省地方志工作条例》等法律法规，结合本省实际，制定本办法。

第二条 方志馆是收藏保护、开发利用地方志资源和地方文化资源，宣传展览展示国情、地情的公共文化服务机构，具备收藏保护、展览展示、编纂研究、专业咨询、信息服务、开发利用、宣传教育、业务培训、文化交流等功能。

第三条 方志馆建设要坚持正确的政治方向，坚持以人为本、立足地情、突出特色、服务社会的原则，树立正确的历史观、民族观、国家观、文化观，以社会主义核心价值观为引领，弘扬中华优秀传统文化、继承革命文化、发展社会主义先进文化。

第四条 方志馆属于公共文化服务基础设施。各地级以上市和县（市）应当建立方志馆；设区的市做好统筹规划，根据实际，市、区可整合资源建设，也可分别建设方志馆；鼓励有条件的乡镇、街道建立方志馆。

县级以上人民政府地方志工作机构应当组织、指导、检查和督促本行政区域内的方志馆建设，定期汇总、公布本行政区域内的方志馆目录。

鼓励通过多元化渠道筹集资金建设方志馆，鼓励社会力量参与方志馆建设。

第五条 方志馆建设应当纳入当地建设总体规划和文化设施建设规划，合理布局，方便参观和利用，符合安全与环保等要求。

方志馆的建筑面积，应当根据当地经济社会发展水平、人口状况、环境条件、文化特色确定。地级以上市方志馆，建筑面积一般应不小于10000平方米；县级方志馆，建筑面积一般应不小于5000平方米。有条件的地区可适当增加建筑面积。地情展览展示区域应当占一定比例。

方志馆原则上应当独立建设，确需与其他历史文化设施整合建设的，其功能应当相对独立，通过整合资源，实现服务效能最大化，保障社会公众共享方志文化成果。

第六条 方志馆应当设收藏保护区、地方文献阅览区、地情展览展示区（含常设展区、专题展区）、编纂研究区、学术交流区、信息服务区、行政办公区等主要区域，并建设与之相配套的设施。

第七条 方志馆的设计和建设，应当符合实用、科学、美观、环保的要求，执行国家有关建筑、消防、抗震、承载、安全、防潮、防虫、防光、防尘、防污染、节能等标准与规定，并配置无障碍设施设备以及库房所需特殊保管设备。

方志馆应当定期对其设施设备进行检查维护，确保正常运行。

第八条 方志馆展览展示内容应当主题突出、特色鲜明、内涵丰富、脉络清晰、内容准确，坚持以人民为中心，体现主题主线、主流本质，反映当地自然、经济、政治、文化、社会等发展脉络，突出地方特色、方志特色、时代特色。

展陈手段应当多样化，充分用实情实景实物和现代技术手段，增强生动性、直观性、体验性。展陈说明和讲解词应当准确、完整、权威。展出物品和史料客观真实，有一定数量原件展品，复制品、仿制品和辅助展品标注清晰，复原陈列保持历史原貌。在保持基本陈列相对稳定的前提下，及时补充体现时代精神的内容，并常态化开展展品收集、整理、更新、维护等工作。

第九条 方志馆展陈内容（展览主题、说明和讲解词等）和设计方案应当提前在一定范围征求意见，并按要求报有关部门审定。根据形势发展需要，应当及时完善、更新、调整展陈内容和设计方案。

第十条 方志馆应当加强馆藏资源（包含地方志书、年鉴、地方史、家谱族谱等地方文献、音像资料、实物等）建设，建立馆藏资源征集、鉴定、整理、收藏、保护体系，完善征集、捐赠程序，建立征集、捐赠台账，签订实物征集、捐赠确认书。

鼓励公民、法人或者其他组织向方志馆捐赠文献、音像资料、实物等。

方志馆可以以捐赠者姓名、名称命名馆藏资源专藏或者专题活动，捐赠数量多且价值比较高的可设专区展示其捐赠品。

馆藏资源属于文物、档案或者国家秘密的，方志馆应当遵守有关文物保护、档案管理或者保守国家秘密的法律、行政法规规定。

第十一条 方志馆应当在征集、整理、保存地方志书、年鉴、地方史、家谱族谱等地方文献、音像资料的同时，加强对实物的征集。

实物包括在自然、政治、经济、文化和社会等方面能反映当地各个历史时期时代特色、地域特色且具有存史、育人、资政价值的各类物品以及重要实物的复制品。

第十二条 各地应当应用现代信息技术和传播技术，推动形成场馆服务、流动服务和数字服务相结合的方志馆公共文化设施网络。

第十三条 各地应当主动将数字方志馆融入数字政府建设，创新手段，丰富内容，充分利用数字化技术，活化地方志和地情资源，满足人民群众地情服务需求。

第十四条 充分利用方志馆资源和平台促进优秀公共文化产品的提供和传播，开展公益性地情教育、全民阅读、全民科普、学术交流、优秀传统文化传承等活动。

鼓励结合国家及当地重要纪念日等时间节点开展地情宣传教育、信息服务以及学术交流活动。

鼓励、支持和推进各级方志馆创建爱国主义教育基地、党员教育基地、廉政教育基地等各类基地。

第十五条 方志馆为公益性文化单位，应当建立健全各类内部管理、对外服务体制机制，建立服务公示制度，完善服务条件，健全服务规范，免费向公众开放。建立反映公众文化需求的征询反馈制度和有公众参与的服务评价制度。

第十六条 各级方志馆应当配置与其功能、规模等相适应的工作人员，保障其正常运行。

多渠道培养方志馆管理人才和地情研究人才，鼓励和支持建设方志馆志愿者队伍。

鼓励和支持专业人员、高校毕业生、志愿者和公益性义工组织从事方志馆服务工作，鼓励和支持公民、法人和其他组织参与方志馆服务。

第十七条 鼓励、支持、规范、指导方志驿站、方志文化广场、地情体验馆（站）等其他方志文化场馆建设。推动乡村、社区利用新时代文明实践中心（站）、党群服务中心、村民活动中心、宗祠、名人故居等设施建立村情（史）馆。

方志驿站可结合当地经济社会发展水平因地制宜地发展，应当具备志鉴史等地情文献查阅或地情展览展示以及其他地情服务咨询功能。

有条件的地区可在文化禀赋相对集中的区域组合建设方志馆、方志文化广场、方志驿站、方志长廊、地情体验点等设施形成立体化、复合型的基层方志文化场馆体系。

第十八条 各级方志馆开展示范性方志馆创建活动，其中具备下列条件的，由广东省人民政府地方志办公室授予"广东省示范性方志馆"称号，颁发牌匾，并在全省推广其建设经验：

（一）建设方向正确、主题突出、特色鲜明、内容丰富；

（二）建筑面积符合要求，建设规范，功能区完备；

（三）方志特色显著，馆藏资源丰富，基地创建活动突出；

（四）服务形式多样、成效显著，群众满意度高。

对在方志馆建设中做出突出成绩和贡献的单位和个人，按照国家有关规定给予表彰和奖励。

第十九条 方志馆不得从事或者允许其他组织、个人在馆内从事危害国家安全、损害社会公共利益、违反公序良俗的活动。

方志馆的设施设备不得用于与公共文化服务无关的商业经营活动。

第二十条 本办法自发布之日起试行。

关于印发《广西历史文化名镇名村（传统村落）史志文化工程实施方案》的通知

（桂志办发〔2021〕19号）

各设区市、县（市、区）地方志工作机构、住房城乡建设局：

现将《广西历史文化名镇名村（传统村落）史志文化工程实施方案》印发给你们，请结合实际认真贯彻执行。

广西壮族自治区地方志编纂委员会办公室
广西壮族自治区住房和城乡建设厅
2021年9月28日

广西历史文化名镇名村（传统村落）史志文化工程实施方案

为进一步贯彻落实党中央、国务院和自治区党委、政府关于乡村振兴的战略部署，根据《住房城乡建设部 文化部 财政部关于加强传统村落保护发展工作的指导意见》（建村〔2012〕184号）《广西壮族自治区人民政府关于促进特色名镇名村发展的意见》（桂政发〔2010〕84号），以及《广西壮族自治区地方志工作办法》《广西壮族自治区国民经济和社会发展第十四个五年规划和2035年远景目标纲要》关于加强传统村落保护、促进特色名镇名村发展、推进"编修乡村史志"的具体要求，自治区地方志办公室、自治区住房城乡建设厅决定联合实施广西历史文化名镇名村（传统村落）史志文化工程，现制定实施方案如下。

一、指导思想

以马克思列宁主义、毛泽东思想、邓小平理论、"三个代表"重要思想、科学发展观和习近平新时代中国特色社会主义思想为指导，深入贯彻中央和自治区关于乡村振兴的重要部署，以广西历史文化名镇名村、传统村落保护为重点，以乡村史志编修和镇村史馆建设为切入点，以传承和抢救乡土历史文化、培育文明乡风为方向，整合资源，统筹推进，以点带面，分类实施，为广西乡村振兴提供"志力"支持。

二、目标任务

总体目标："十四五"期间，指导推进全区历史文化名镇名村和传统村落史志编纂工作，编纂出版首批《广西历史文化名镇志》《广西传统村落志》系列丛书，建成一批特色突出的镇村史馆，助力广西乡村文化振兴。

主要任务：

（一）指导广西现有历史文化名镇名村及传统村落开展名镇（名村）志编纂。设区市所辖区域有历史文化名镇（名村）的，每年统筹指导编纂历史文化名镇（名村）志不少于1部。所辖区域有传统村落的县（市、区），每年指导统筹编纂传统村落志不少于1部。

（二）鼓励并指导条件成熟的非历史文化名镇名村、非传统村落开展乡村史志（含乡镇志、街道志）编纂工作。

（三）支持条件成熟的乡镇、村落，依托乡镇文化馆、村级公共服务中心等公共场所，建成一批特色鲜明的镇村史馆。

三、实施步骤

（一）出台指导意见。由自治区地方志办公室牵头，会同自治区住房城乡建设厅及有关方面专家，研究出台《关于实施全区历史文化名镇名村（传统村落）史志文化工程的指导意见》，规范历史文化名镇名村（传统村落）史志编修及镇村史馆建设。

（二）制定编纂计划。县级地方志工作机构结合本地实际制定编纂计划，明确总体思路和实施步骤，并向各设区市地方志工作机构、住房城乡建设局备案。

（三）组织业务培训。自治区每年将分若干批次组织开展对乡镇村志主编、主笔及参与修志人员（镇村史馆布展人员）的业务培训，指导各市、县结合本地实际组织开展不同层次的业务培训。

（四）组织评审验收。根据《广西壮族自治区地方志工作办法》相关规定，乡镇（街道）志、村志由主持编纂的机构在县级人民政府地方志工作机构指导下进行审查验收。

四、保障措施

（一）组织保障。成立自治区历史文化名镇名村（传统村落）史志文化工程指导小组，由自治区地方志办公室、自治区住房城乡建设厅有关业务部门人员组成，负责推进全区历史文化名镇名村（传统村落）史志编纂及镇村史馆建设的组织协调及业务指导。指导小组及成员名单另文下发。

各市、县（市、区）地方志工作机构、住房城乡建设局要结合各地实际，制定工作方案，明确总体思路和实施步骤，做好组织发动、统筹规划、业务指导、审查备案等工作。

（二）经费保障。历史文化名镇名村（传统村落）史志文化项目所需资金，原则上以地方筹措为主，鼓励和引导面向社会捐助。自治区地方志办公室、自治区住房城乡建设厅将联合实施广西历史文化名镇名村（传统村落）史志文化系列精品工程，对列入该工程的历史文化名镇名村（传统村落）史志编修成果通过以奖代补方式给予资金支持。相关要求另文下发。

五、相关要求

县级地方志工作机构要对所辖区域历史文化名镇名村（传统村落）逐一进行摸排并据此制定史志编修计划，填写附件1、附件2，相关情况由市级地方志工作机构汇总后，于12月20日前将纸质版和电子版材料报自治区历史文化名镇名村（传统村落）史志文化工程指导小组。

附件：略

广西壮族自治区地方志编纂委员会办公室
2021年9月28日

中共海南省委办公厅 海南省人民政府办公厅
关于印发《海南省史志事业发展规划（2021—2025年）》的通知

（琼办发〔2021〕29号）

各市、县、自治县党委和人民政府，省委各部门，省级国家机关各部门，各人民团体：

《海南省史志事业发展规划（2021—2025年）》已经省委、省政府同意，现印发给你们，请结合实际认真组织实施。

中共海南省委办公厅
海南省人民政府办公厅
2021年6月24日

海南省史志事业发展规划（2021—2025年）

"十三五"时期，在各级党委、政府的重视和支持下，全省史志部门和史志工作者牢牢把握史志工作正确方向，圆满完成了《海南省2016—2020年史志工作规划》确定的总体目标和主要任务，史志事业持续健康发展，为海南全面深化改革开放作出积极贡献。为切实做好"十四五"时期全省史志工作，进一步推动史志事业转型升级，实现高质量发展，更好服务海南自由贸易港建设，根据党中央、国务院和省委、省政府关于做好新时代史志工作的部署要求，结合我省实际，制定本规划。

一、总体要求

以习近平新时代中国特色社会主义思想为指导，全面贯彻党的十九大和十九届历次全会精神，深入贯彻落实习近平总书记关于党史和地方志工作的重要论述精神，特别是习近平总书记"4·13"重要讲话、中央12号文件和《海南自由贸易港建设总体方案》精神，以中国共产党成立100周年和党史学习教育为契机，紧紧围绕"存史、资政、育人"这一根本任务，以服务海南自由贸易港建设为主线，以推动高质量发展为主题，以深化史志研究为根本，以加强史志宣教为抓手，以强化史志队伍建设为关键，坚持党的领导，确保正确方向，坚持服务大局，提供历史借鉴，坚持研究立室，夯实发展基础，坚持改革创新，激发发展活力，坚持突出重点，促进全面发展，着力实现史志著作精品化、资料征集规范化、建言资政常态化、宣教育人时代化，全面推动我省史志事业转型升级，为高质量高标准建设海南自由贸易港作出贡献。

二、总体目标

到2025年，海南党史第三卷完成编撰出版，市县党史第三卷全面完成送审稿；第三轮修志各项工作准备就绪；地方三级综合年鉴编纂质效提升，形成一批经得起时代和历史检验的史志精品；史志著作编修、资料征集、理论研究、宣传教育、资源开发利用、史志馆建设等各项工作齐头并进，有效服务海南自由贸易港建设；史志编修体系、宣传宣教体系、理论研究体系、开发利用体系、人才队伍体系等进一步健全，史志工作转型升级步伐加快，史志事业高质量发展体系基本形成。

三、重点工作任务

（一）开展习近平新时代中国特色社会主义思想在海南的实践研究

1.开展习近平生态文明思想、关于脱贫攻坚和全面深化改革开放重要论述在海南的生动实践研究。

2.深入学习贯彻党的创新理论，开展海南自由贸易港建设在新发展格局中的作用、地方特色资源在海南自由贸易港建设中的作用等专题研究。

3.围绕省委、省政府重大决策部署，跟进研究好海南自由贸易港建设的重大问题，每年推出2至3个研究专题，适时结集出版。

4.开展《党的十九大到二十大——海南这五年》专题研究。

5.编纂出版《海南绿水青山志》。

（二）全面推进地方党史基本著作编撰出版

1.紧跟《中国共产党历史》第三卷编撰出版步伐，适时出版《中国共产党海南历史》第三卷（1988—2012）。

2.2021年，编撰出版《中国共产党100年海南简史》。

3.2022年，各市县全面完成党史第三卷初稿。

4.2023年，各市县全面完成党史第二卷出版。

5.2024年，各市县全面完成党史第三卷送审稿。

6.2025年，完成《中国共产党三沙历史（1959—2012）》内部出版。

（三）做好第三轮省市县（区）三级志书编修工作准备，全力推动特色志鉴编纂

1.深入总结第一、二轮修志工作经验，从组织模式、编修方式、记述时限、体例内容等各方面为第三轮修志工作做好准备，适时启动编纂。

2.启动海南名镇志名村志文化工程编纂，力争2025年完成一批精品名镇志名村志，形成海南名镇名村志系列丛书；总结陵水县、澄迈县乡镇志编修工作经验，逐步铺开、稳健推进各市县开展乡镇志编修，2025年推动全省各市县全面铺开乡镇志编修。

3.推动部门志、名山名水志等特色志鉴编纂，编纂出版《五指山志》《松涛水利志》《海口骑楼老街志》等，展示好海南的山水人文。

4.编纂出版《海南史志志》。

（四）抓好地方综合年鉴、专业年鉴的编辑出版工作

1.提高《海南年鉴》编纂质量，创新方式、彰显特色，打造精品年鉴。

2.加强市县（区）年鉴，特别是三沙及海口、三亚市辖区年鉴编纂的业务指导，提升编纂质量、提高出版时效。

3.编制《地方综合年鉴编纂出版规范》，启动省域精品工程工作；开展年鉴编纂质量评比，以评比促规范、促提升。

4.加强年鉴资源开发利用，编纂出版《海南年鉴》英文版、中文简本，扩大发行覆盖面；探索年鉴微信版、口袋版等衍生品，推出《海南年鉴》多媒体全文检索电子版；逐步建

立年鉴数据库，实现资源共享。

5.加强业务指导，推动行业年鉴、部门年鉴、专业年鉴编纂。

（五）开展地方史志专题研究

1.着眼自由贸易港建设，专题开展琼崖革命精神、农垦精神、特区精神内涵研究；推进社会主义革命和建设时期、改革开放和社会主义现代化建设时期专题研究。

2.开展中央领导人与海南建设发展相关专题研究；开展海南重要党史人物研究；编写《中国共产党100年海南百名历史人物传略》《中国共产党100年海南百件大事纪略》《中国共产党100年海南历史大事记（1921—2021）》；编写出版《海南英烈谱（续篇）（2000—2020）》。

3.开展"海南当代史""海南自由贸易港建设""乡村振兴"等专题研究。

4.积极参与上级业务主管部门组织的课题研究，编纂出版《海南扶贫志》《海南全面小康志》等。

（六）积极参与重要纪念及宣传活动

1.2021年，参与庆祝中国共产党成立100周年、纪念红色娘子军成立90周年活动。

2.2022年，参与纪念中国人民解放军成立暨琼崖纵队成立95周年活动；配合有关部门做好纪念张云逸诞辰130周年活动。

3.2023年，参与庆祝中国改革开放45周年、海南建省办经济特区35周年活动；参与纪念毛泽东诞辰130周年；参与纪念冯白驹诞辰120周年活动；参与纪念白沙起义80周年、琼崖革命摇篮——母瑞山革命根据地创建95周年。

4.2024年，参与庆祝中华人民共和国成立75周年；参与纪念邓小平诞辰120周年活动。

5.2025年，参与纪念中国人民抗日战争暨世界反法西斯战争胜利80周年、海南解放75周年活动。

（七）全面加强史志资料征集管理工作

1.提升全省史志资料年报工作质量，推动各市县史志资料年报制度落地落实，深化年报资料结果运用。

2.有计划、分专题推进海南改革开放时期口述史料征集整理，编撰《决战决胜最前沿——驻村第一书记口述》《我所经历的脱贫攻坚》《见证：海南改革开放》等；开展农垦口述史征集工作，加强口述访谈、微视频等拍摄及运用力度。

3.征集整理党和国家领导人关于海南工作的指示、批示、讲话等文字材料；党和国家领导人在海南视察、考察的图片、音像等资料。

4.广征博集海南各个历史时期的志书、年鉴、简报、报刊资料、古籍文献、乡土教材、地图、影音像作品、名人书信、手札、回忆录、字画、照片以及祖籍海南的华人华侨、港澳台同胞的著作和资料。

5.逐年编撰《海南省大事记》《海南省图片大事记》《中共海南省委执政实录》；编撰出版《中国共产党海南省组织史资料（2010.01—2019.12）》《中国共产党海南省历次代表大会和各届委员会历次全体会议文献选编（2007—2022）》；编辑、整理、出版海南各个时期的专题资料。

6.实施海南旧志保护计划、谱牒保护计划，摸清海南旧志、谱牒底数，逐步开展搜集、抢救与整理工作。

（八）深入开展史志资源开发利用工作

1.开展第一、二轮修志成果转化利用工作，编写一批公众喜爱和现实需要的地方志普及读本、地情书普及读本，编纂出版《海南省情概览》；借助新媒体、新技术宣传推介好海南党史、地方志；配合有关部门开展好"四史"教育，重点开展好海南党史宣传教育活动，努力推动党史"七进"。

2.依托海南特色文化资源，加强与各类媒体合作，策划重大纪念活动宣传报道，积极推介海南红色文化、历史文化。

3.落实意识形态工作责任制。协助有关部门和单位做好涉及海南史志题材的出版刊物、影视音像作品审读；聚焦互联网、微信等新媒体，积极主动抓好反对历史虚无主义工作。

4.发挥海南史志宣讲团作用，用好海南省史志馆阵地，加强与有关部门对接，运用好主题党日、主题团日、送书下乡、智力扶贫等形式，提升史志资源转化应用效果。

5．坚持"在保护下利用，在利用中保护"，审核确定一批党史教育基地；积极参与红色旅游线路的推介工作；参与革命遗址布展陈列工作；参与国家级、省级重点文物保护单位和非物质文化遗产的保护与开发利用工作。

（九）开展理论研讨和学术交流

1．坚持科研立室。围绕省委、省政府中心工作，每年开展3—5个专题研究，每年推出一批文章在省内外主流媒体发表；建立省与市县联动的史志科研工作机制，以科研带动队伍建设。

2．充分挖掘"候鸟"人才资源。借助"候鸟"人才优势，加强学术交流与研讨，带动提升全省史志业务水平。

3．充分发挥海南省史志学会人才优势。组织发动史志学会成员积极参与史志编研工作；每年支持学会举办一次全省史志理论研讨会或征文活动。

4．加强学术交流与合作。探索开展史志系统研究课题的申报立项工作；积极参与上级业务主管部门的立项课题研究，不断扩大研究领域，持续提升研究层次。

5．办好《海南史志》刊物，严格执行学术规范，扩大组稿范围，提高稿件质量。

6．组织史志业务骨干赴省外及国（境）外文史研究机构、社科学术团体等开展学术交流。

（十）加强史志工作制度化、规范化建设

1．探索建立史志成果评价规范。制定包括史志成果审查验收制度、质量评定标准等在内的一批史志业务规范。

2．修订出台一批史志工作制度。编辑或修订出版《党史工作手册》《地方志工作手册》《年鉴工作手册》，规范史志编纂出版流程。

3．深入推进海南党史精品工程、志书精品工程、年鉴精品工程建设。制定精品工程评审标准、工作流程、激励机制，发挥质量建设引领作用和示范效应。

4．建立海南史志著作及优秀学术成果评比工作规范，以评比促提高，以示范促规范。

（十一）加强史志工作信息化建设

1．优化海南史志网，将其打造成海南史志工作信息化的中心网站、史志资源共享的服务平台；以海南史志网为中心，加速推进史志公开出版物的数字化处理，稳步推进市县史志资料数字化工作，逐步实现全省史志资料数字化。

2．完善"琼崖史志"微信公众号，提高公众号内容的多样性和可读性，提升覆盖面和影响力；加强与省内有影响的微信公众号合作，加强史志资料共享推广。

3．加快史志宣教领域数字化、信息化技术应用，开展好史志"微宣教"。

4．加快史志馆馆藏文献数字化步伐，建设网上史志馆、智慧史志馆，实现党史、地情资料在线阅读、网络移动视听，提升党史和地方志公共服务水平。

5．鼓励支持市县史志部门加快数字化、信息化建设步伐。

（十二）大力推进全省史志场馆设施建设

1．加强海南省史志馆专业化、标准化建设，优化功能配置，丰富展陈内容，创新宣传模式，健全服务规范，着力将其打造成史志资料收藏保护中心、史志展览展示中心、史志研究服务中心、地方文化交流中心。

2．依托海南省史志馆平台，开办各类专题党史、地情展览，组织开展史志课题研究和学术交流活动。

3．鼓励、支持、推动有条件的市县和地区建设党史馆、地情馆、村史馆等，加强展陈内容审核，打造一批有特色的展馆。

（十三）加强史志干部队伍建设

1．加强史志干部的培养培训。继续加强与国内干部培训学院、大专院校、科研院所、培训机构的合作，创新培训方式，提高培训水平，常态化开展史志干部培训；开展特色化多样化史志干部培训，针对史志工作中的重点、难点、堵点，以会代训、以研代训，着力提升培训的针对性与实效性；邀请省内外专家学者不定期开展史志专题讲座。

2.树立正确用人导向,坚持德才兼备、以德为先、任人唯贤,加大史志干部轮岗、交流、挂职锻炼力度,保持队伍活力。

3.组织实施"史志人才建设计划"。重视各行业史志干部队伍建设,纳入培养规划;注重老中青结合,发挥老同志传帮带作用;注重培养中青年业务骨干,每年在全省史志系统内选取若干名中青年业务骨干,合作开展史志课题研究,选拔优秀中青年干部到关键岗位任职,逐步形成合理的梯次结构。

4.加强史志"三支队伍"建设,用好用活"体制内外""省内外""系统内外"人才资源;建立工作联络协调机制,充实和完善全省史志专家库,建立省外史志专家库;采取购买服务、项目合作、志愿服务等方式,吸纳专家学者参与史志理论研究。

四、保障措施

(一)强化组织领导。各级党委、政府要切实加强对史志工作的领导,把史志工作列入工作计划和议事日程,及时帮助史志工作部门解决工作中遇到的重大问题和实际困难;要按照德才兼备原则和专业要求,配齐配强史志工作机构领导班子。

(二)加强督促检查。各级党委、政府要加强史志工作的督促检查,健全和完善史志工作目标考核制、督查通报制,强化责任落实;各级史志工作部门要及时向党委、政府汇报史志工作进展情况,积极借助党委、政府力量,协调解决史志工作过程中的难点问题,不断提升史志工作水平。

(三)注重形成合力。各级党委、政府要坚持和完善党委统一领导、党政齐抓共管、史志工作机构组织实施、社会各界广泛参与的工作机制,努力构建史志工作"大格局";各级史志工作部门要加强与党校、行政学院、高等院校等的联系协作,注重发挥各方面力量参与史志工作的积极性,密切配合、形成合力。

(四)落实经费保障。各级政府要将史志工作所需经费列入本级财政预算,建立同经济发展相匹配、同史志工作相适应的经费保障机制,确保史志工作顺利开展。

(五)建立激励机制。建立健全史志工作评估激励机制,完善考核激励措施,对在全省史志工作中作出突出贡献的单位和个人,按照有关规定,给予表彰奖励;积极开展史志鉴质量评比、优秀史志学术成果评比等活动,激励先进,汇聚正能量,不断开创史志工作新局面。

重庆市地方志办公室
关于印发《重庆市地方综合年鉴编纂出版细则》的通知

(渝志办发〔2021〕1号)

各区县(自治县)地方志工作机构:

经办领导同意,现将《重庆市地方综合年鉴编纂出版细则》(2021年修订版)印发给你们,请认真遵照执行。

重庆市地方志办公室
2021年1月29日

重庆市地方综合年鉴编纂出版细则

(2021年修订版)

第一章　总则

第一条　为了规范重庆市地方综合年鉴编纂出版,提高质量,发挥地方综合年鉴在促进地方经济社会发展中的作用,根据国务院《地方志工作条例》和中国地方志指导小组《地方综合年鉴编纂出版规定》《关于地方综合年鉴编纂出版若干问题的补充规定》,制定本细则。

第二条　本细则所称地方综合年鉴(以下简称年鉴),是指由重庆市和重庆市各区县(自治县)人民政府地方志工作机构组织编纂,系统记述本行政区域自然、政治、经济、文化、社会、生态文明等方面情况的年度资料性文献。

第三条　年鉴编纂出版必须坚持以马克思列宁主义、毛泽东思想、邓小平理论、"三个代表"重要思想、科学发展观、习近平新时代中国特色社会主义思想为指导。

第四条　年鉴编纂出版要严格遵守国家关于保密、著作权、出版、广告等方面的法律、法规或规章,遵守党和国家关于民族、宗教、军事、科技和对外关系等方面的法规或政策,维护国家利益、民族团结和社会稳定。

第五条　年鉴撰稿单位应指定专人搜集资料、撰写初稿,并保持撰稿人员的相对稳定。

第六条　年鉴编纂应做到观点正确,框架科学,资料翔实,内容全面,记述准确,编辑出版符合国家相关标准。

第七条　年鉴应逐年编纂,当年公开出版,并同时制作电子版年鉴。各区县综合年鉴出版后3个月内,报市地方志工作机构备案。

第二章　框架

第八条　年鉴框架是指总体结构设计,是年鉴的基本结构,是年鉴编纂所依循的设计蓝图。年鉴框架应涵盖年度内本行政区域的基本情况。

第九条　年鉴框架应做到分类科学、层次清晰、领属得当、编排有序。

第十条　年鉴框架应体现年度特点和突出时代特征、地方特色。

第十一条　年鉴框架应保持相对稳定,可依据年度特点和事物变化情况作适当调整,有所创新,体现稳定和创新的统一。

第十二条　年鉴框架分类应当参照相关分类标准,体现社会实际分工,突出本行政区域地情特点,避免照搬照抄。

政治部分纪委监委工作应当与党委、人大、政府、政协并列设置类(分)目。

不得将港澳台工作、港澳台交流活动和侨务工作归入"外事"记述,不得将邀请、接待港澳台团体归入"海外联谊"或"海外联络"记述。

"人民团体"类(分)目应当记述工会、共青团、妇联、科协、侨联、台联、青联、工商联。工商联可与民主党派放在一起记述。"群众团体"类(分)目应当记述上述人民团体和文联、作协、贸促会、残联、法学会、红十字会、计生协会等。

"法治"类(分)目一般包括人大立法(《重庆年鉴》)、政法委与综治、法治政府建设、公安、检察、法院、司法行政、仲裁等工作。慎重选登案例。

经济部分框架设计,应当体现地方经济发展特色和产业布局,突出主导产业和优势产业。

第十三条　年鉴框架结构一般分为类目、分目、条目3个层次,应当编排有序;框架内容一般由卷首专题图片、特载、特辑(专记)、大事记、各类条目、人物、统计资料、附录等部分构成。

第十四条 年鉴框架各层次标题应准确、规范、简洁，能够揭示所记述内容的特点，避免重复。

记述人大工作，应当以"××人民代表大会"或"××人大"名称立目。

记述宗教事务管理工作，不得以"宗教活动"为名称立目。

记述群团组织工作，一般以"人民团体"或"群众团体"名称立目。不用"社会团体""社会群众团体""人民团体·群众团体""人民团体·社会团体"等名称。

记述法治内容应当以"法治"为名称立目，不得使用"政法""法制""司法""公安·司法"等名称。

记述军事内容应当以"军事"为名称立目，不得使用"国防""地方防务"或"地方武装""武装"等名称。

第三章 资料

第十五条 年鉴资料应反映本行政区域自然、经济、政治、文化、社会、生态文明等方面的基本情况，以及与本行政区域密切相关的内容。

第十六条 年鉴主要辑录上一年度的资料，一般不上溯下延。

第十七条 年鉴资料应突出时代性、年度性和地方性，具有为现实服务的价值和存史的价值。

年鉴不收录航班时刻表、高铁时刻表、公交车时刻表、特殊电话号码、公共自行车存放点等信息，不刊载文艺作品，不收录趣闻轶事，不收录与编纂者个人相关的作品或其他资料。

第十八条 年鉴资料应当具有连续性和可比性，能正确反映事物发展的脉络和轨迹。

第十九条 年鉴资料应真实，人名、地名、时间、事实、数据、图片、引文等应准确。未经核实的资料不得收录。

第二十条 年鉴采用的数据应以统计部门提供的为准，未列入统计范围的，以业务主管部门提供的为准。数据不一致时，应加以说明。

第二十一条 年鉴编纂单位应拓宽资料搜集渠道，年鉴资料除依靠各供稿单位提供外，还要通过查阅档案、报刊和提炼网络信息，以及调查访问等方式进行搜集。

第四章 内容和体裁

第二十二条 年鉴内容应存真求实，去繁求简，客观反映经济社会发展中取得的成绩和存在的问题，字数一般在30万~80万字之间。

第二十三条 年鉴内容记述的主要形式是条目，也可根据实际情况采用其他形式进行记述。除主要使用图、表外，还可使用特载、特辑、专文、专记、大事记、人物录、附录等体裁。

条目分为综合性条目和单一性条目等类型。综合性条目反映年度内各个领域发展变化的总体情况和主要特点，具有高度的概括性，一般应包括基本情况、主要成效、年度特点、存在问题等。单一性条目一事一条，基本要素齐全，一般应具备时间、地点、事件、人物、原因、结果等6个要素。综合性条目文字一般不超过2000字，单一性条目文字一般不超过500字。

条目编排一般综合性条目在前，单一性条目在后。

第二十四条 条目。条目编写应做到：

（一）选题选材应当注重资料的有效性、典型性、新颖性和连续性。

（二）标题应当准确概括条目中心内容，文字精练，中心词一般应前置，不得使用总结式、口号式等表述方式。

（三）有效信息含量大，避免空洞无物和简单重复。

消除部门工作总结、报告痕迹。应当注重记述部门单位的主要职能工作。一般不记述部门单位内设机构、领导职数、人员编制。不记述单位内部机关党建、宣传信息、队伍建设、后勤保障等非主要职能信息。

军事内容不得记述征兵人数、退役人数、军事单位领导名录、部队移防驻防、武器装备数量及技术战术指标、民兵实力、战时预备役编成、经费预算及投向等情况。

（四）坚持述而不论，寓观点于记述之中。

（五）条目一般由标题、释文、作者署名3个部分构成。条目标题中心词突出，题文相符，一般不出现人名，中间不使用标点符号，中心词前置，使用简化称谓要避免改变原意或产生歧义；条目标题顶格书写，加方头括号（【】），后空一格写正文。综述类、概况类条目可分段书写，其他条目一般不分段。条目作者名署正文下一行，顶后格加圆括号。

（六）条目编写使用第三人称，据实而书，直陈其事，方便检索，突出新事、大事、特事、要事；内容记述至多分三层，第一层序码为一、二、三，第二层序码为1.2.3，第三层序码为（1）（2）（3）；各类目内容重复、交叉时，按主题、主体、主办方归类，避免简单重复。

（七）综合性条目分为综述类和概况类两种，综述类条目置于类目之下，概况类条目置于分目之下；综合反映年度内不同类目和分目所记事物发展变化的全貌和趋势，应包括基本情况、主要成绩、存在问题及重要数据等几个方面的要素，注意资料信息的连续性和可比性。一般来说，综合性条目的信息含量应占全书的7%。为便于检索，综合性条目标题应冠以表明所记事物的定语。

（八）条目排列有序，并避免单个条目构成分目。一般以时间为序排列，也可以轻重主次排列，或分门别类排列，使条目之间的排列体现一定的逻辑顺序。

第二十五条 图片。年鉴应当有卷首专题图片、随文图片。

（一）专题图片应当突出年度重大选题，反映重大事件、重要成果和热点问题。

（二）随文图片应当图文相符，图随文走，以图释文，不得用与记述内容无关的照片补白。

（三）图片应当清晰，选图典型，构图美观。

（四）图片文字说明应当简洁、准确，时间、地点、事件及摄影者姓名或供图单位等要素齐全。

（五）慎用少用领导、会议照片，慎用少用签字、奠基、剪彩等仪式照片，慎用摄影、书法、绘画等艺术图片。除英烈外，一般不使用人物标准照。

（六）年鉴刊载党和国家领导人活动照片等，应当按照国家有关规定履行重大选题备案程序。

第二十六条 地图。年鉴应当选用与记述年度相对应的本地区行政区划图，一般置于卷首。地图选用应遵守国家关于地图管理的法律法规，须经有审核权的测绘地理信息行政主管部门审核，并标注审图号。不得使用未经审核、无审图号的地图。

第二十七条 表。表是增加年鉴信息容量的重要体裁，应广泛应用。表格分专业表格和综合统计、分类统计表格两部分。表格可随文穿插于各有关类目、分目中，也可置于专设的统计资料和卷末的附录中，做到文表对应和统一。

（一）表格制作务必科学准确，其要素包括表题、表栏、表项、表框以及必要的表注等。

（二）表题即表格的名称。除专项统计表外，表题一般应具有时间、单位、事项、表种等要素。表题居中排列，一般不加"表"字，如"2015年重庆市各区县（自治县）吸收合同外资情况"。

（三）表栏是表示表格中各项目类别的名称，居于表格首列或首行，表示主要项目类别的表栏一般居于表格的首行（也称表头）。

（四）表项是表格中纵向或横向自成系列的一组项目栏，所有表项构成表身。

（五）表框是决定表格尺寸大小的外部框架。表框一般以三线表的形式呈现（即不设纵向边线）。

第二十八条 特载。是年鉴展示个性魅力的一种特殊体裁。主题一般为具有重大影响和具有重要存史价值的大事、要事、特事；主题应根据每个年度的不同情况进行筛选。记载要系统、完整并有深度；取材范围广泛，表现形式灵活，可以超出时限，一般置于卷首专题图片之后。收录资料应当严格控制数量。

第二十九条　专文。是指对发生在年度内或是连续几年内具有特别重大意义和存史价值的事件或某项工作进行专门系统记述。除客观反映事件的真实过程外，可以对事件产生的原因，所处的时代背景和经验教训等作适当记述。专文可以专门邀请权威人士撰写，编排位置可灵活处理。

第三十条　大事记。主要记载本行政区域年度内自然、政治、经济、文化、社会、生态文明建设等各个方面具有重要意义和史料价值的事件、活动、举措等，不得以记述领导活动、会议活动等内容为主。选录大事要得当，做到重要事项不漏，时间、地点、人物（单位）、结果等要素齐备。撰写原则为常事不书、以时为序、以事系人、详略有别。可将编年体和纪事本末体相结合。

第三十一条　人物。入鉴人物应严格掌握标准，收录年度各方面代表性人物。一般收录革命烈士、当年逝世的社会影响较大的各界人士；在世的模范人物、新闻人物、社会名流、专家学者等；各级领导人名录，在年鉴上登载领导人名录是重要的史实记载，十分严肃，务必准确完备。人物一般置于百科（政治、经济、文化、社会、生态文明等类目，下同）之后。人物记述可采用简介、名录、表等形式，应客观、准确、公允。

第三十二条　文献。主要收录年度内对本行政区域政治、经济、文化、社会、生态文明建设具有重要影响或重大标志意义的重要文献，包括重要法规、规章、领导重要讲话、重要文件，有特殊意义的书目、文摘等，一般置于百科之后。

第三十三条　附录。是对年鉴正文起补充、拓展、丰富、参考作用的辑录型资料，收录范围包括统计资料类、专题资料类等，置于百科之后。

第三十四条　年鉴应设编辑说明，主要介绍年鉴编纂的指导思想、地域范围、时间界限、记述内容、类目设置、资料来源等事项，不致谢、不落款、不标注时间。

编辑说明应准确、精练，表述规范。

第三十五条　年鉴具有工具书性质，应有完备的检索系统，包括目录和索引。

目录，置于正文之前，完整地体现年鉴的框架结构和整体内容。年鉴应编制详至条目的中文目录，根据需要可编制英文目录或少数民族语言目录。

索引，一般为主题词索引，置于卷尾，名称概念清晰，标目符合主题原意，标引准确，可按汉语拼音字母顺序编排。为体现年鉴的资料性，便于查阅，索引量应大于目录量。

第五章　编写规范

第三十六条　语言。要求准确、规范、简洁、朴实。准确，即用词恰当，逻辑严密，符合一般语法要求；规范，即使用规范的现代汉语，忌用仅在行业内通用的简称；简洁，即开门见山，直陈其事，用简练严谨的语言，向读者提供高浓缩的信息；朴实，即用词把握分寸，如实记事，忌用空话浮词及宣传与广告色彩的语言，慎用"最大""国内领先""国际领先""第一"等文字，对人物、事物的褒贬，应寓于事实的叙述之中。

第三十七条　文体。除专文、引文外，均使用记述文、说明文等文体，文风要朴实，记述要流畅。

第三十八条　数据。

（一）重要数据必须要反映全年（即1～12月）和全局情况。例如反映某行业的主要指标，必须是该行业所有经济成分企业全年的情况。若数据仅反映局部情况，必须在使用时对其作出明确的范围界定。例如，某一行业工业总产值仅指国有企业，必须明确表述为"全行业国有企业工业总产值××"，而不能表述为"全行业工业总产值××"。

（二）重要数据必须确定使用标准，例如

确定年终统计报表为标准。一旦标准确定，则每年以此为撰稿使用的数据来源。数据的统计范围、口径应相对稳定。若数据的使用标准或统计范围和口径有变化，应加以说明。

（三）重要数据均需与上年或其他有较大比较价值的年份作比较，反映其增减变化。凡有累计数的，须提供累计数。

（四）使用一系列相互关联的数据或使用表格，必须经过严密计算，分数之和与总数吻合，前后一致，避免相互矛盾。

第三十九条 数字的使用。

（一）凡世纪、年代、公历年（月、日）、年龄、数字、分数、百分比、机器型号和统计数字等，一律用阿拉伯数字表示，如20世纪90年代、1991年3月30日、35岁、23人、78个、10年、20%、3RD型、1/4等。

（二）数字作为名词、形容词或成语的组成部分，习惯用语、叙述性语句中涉及的不定数（概数），汉语中长期使用已经稳定下来的包含汉字数字形式的词语，应当用汉字表示。如星期三、四书五经、五四运动、十九届五中全会、二八年华、不二法门、八九不离十、相差十万八千里、十几个、七八百人、二期工程、原因有二等。

（三）历史朝代和年号用汉字表示，先写朝代年号，后用"（）"注明公元时间。公元年不写"公元"二字，公元前则应写全。如"清乾隆三十九年（1774年）""汉武帝元鼎六年（公元前111年）"。

（四）千（含千）以下的数字一律用阿拉伯数字写全。超过千位数的，除精确数字用阿拉伯数字写全外，一般以万或亿为单位，小数点后保留2位数（小数点后两位数为0或末位数为0，0不保留）。如：18000写成1.8万，437800写成43.78万，57000000写成5700万，而不作5千7百万。

（五）文章中的行文顺序用汉字表示，如一、二、或（一）（二）；条目中用阿拉伯数字表示，如1.2.或（1）（2）。

第四十条 计量单位名称、符号、代号的使用。

（一）一律采用1984年颁布的《中华人民共和国法定计量单位》。所有单位均应写中文全称，不使用符号或简称，例如应写50千米、234米、700吨、25千克、1000立方米、80平方米。

（二）一律不再使用已废止的计量单位，如斤、两、担、公担等，应换算成相应的法定计量单位表示，如公斤、克、吨等。不再使用亩制单位，应换算成公顷或平方米、平方公里。（1公顷=15亩；666.67平方米=1亩；1平方公里=1500亩）。

（三）一律不再使用已废止的复合字作单位符号，应写成"海里""千瓦"。

（四）文中表示计量的数字与单位不交叉使用，如4.5米不写成4米5，即数字之间不插单位；20℃不写成"摄氏20度"，即单位之间不插数字。

第四十一条 时间和纪念日表示。

（一）时间概念清楚明确，一般不使用时间代名词（如今年、去年、明年、上个月等）而用具体时间（如1990年、1992年、3月）。在有明确的基础时间概念时，可用"上年"的概念，如可表述为1991年工农业总产值23.43亿元，比上年增长4.5%。

（二）可使用"全年""年内"的时间概念。

（三）使用一连串相同的时间概念，首次出现时应写全，以下的可省略。例如，"全年社会总产值500.54亿元，比2015年增长10.9%；国内生产总值428.34亿元，比2015年增长10.2%；国民收入50.71亿元，比2015年增长14.6%……"，可写成"全年社会总产值500.54亿元，比2015年增长10.9%；国内生产总值428.34亿元，增长10.2%；国民收入50.71亿元，增长14.6%……"。

（四）年份一律写全数，不得省略，如2011年不能简写成11年。

（五）记载当年某月某日的事情，可省略年，直接写某月某日。

（六）用月和日表示的重大历史事件，应用间隔号"·"将月和日隔开并加引号，如

"一二·九运动"；用月和日表示节日，不用间隔号，并加引号，如"五一"。

第四十二条 名称和称谓的使用。

（一）年鉴使用简称和缩略语应当规范、统一。名称应尽量用全称，不用简称，特别是不用只在某个地区或行业、单位流行而不为一般读者所熟悉的简称。名称太长，使用不便，可用简称，但首次出现时应当使用全称，并用括号注明"以下简称××"。可用惯用的简称，例如"政协""妇联""民革"等。

（二）不使用不规范的行业术语，杜绝自创词语。

（三）一般不用"我市""我区""我县"等第一人称称谓，而用"重庆市""渝中区""奉节县"等称谓，亦可用"全市""全区""全县"等称谓。

（四）人名一般直书其名，不用"同志"称呼，必须说明职称、职务等表示身份的称谓要冠于姓名之前。

（五）对华侨、华人等人士，以"华侨、香港居民、澳门居民、台湾同胞、外籍华人"的称呼为准。不得将港澳台人士和华侨、侨胞称为"外宾"；不得将港澳台同胞称为"华侨华人"、港澳台青少年称为"华裔"。涉台用语遵照中共中央台湾工作办公室、中共中央宣传部、中共中央对外宣传办公室联合下发的《关于正确使用涉台宣传用语的意见》执行。

（六）记述利用外资、对外贸易、对外经济合作，在文字和表格中出现港澳台地区内容的，应当加"国家（地区）"和"中国香港""中国澳门""中国台湾"等字样。

（七）外国人名、地名、机构名称、学术名词等，均应译成中文，并视需要随文括注外文，不使用脚注或尾注。译文一般以新华社和人民出版社的译名为准。

第六章 出版

第四十三条 年鉴编纂应建立健全审读、审核和校对制度，以确保质量。

第四十四条 语言文字、标点符号、汉语拼音、数字、计量单位使用和索引编制、图照选用等，应符合国家有关法律、法规和规章、规定。

第四十五条 编辑校对应符合国家出版物质量管理的规定。以书号形式出版的，差错率不超过万分之一；以刊号形式出版的，差错率不超过万分之二。

第四十六条 年鉴应有自身特色，公开出版后开本应连续统一，外观一致。文字横排。

第四十七条 版式设计应疏密得当，留白页少，字体、字号选择要既能区别结构层次，又有较好的视觉效果。

第四十八条 封面设计应当遵守出版物规范，庄重大方，完整著录年鉴名称与卷号、编者名、出版者名。年鉴名称、卷号要醒目。封面应印有年鉴名称、年度卷号、使用全称的编者名和出版者名，出版者名印于封面下方。书脊应有年鉴名称、年度卷号和出版者名，出版者名印于书脊下方。封面和书脊以阿拉伯数字标明出版年份，不标年鉴所记内容年份，即以所记述年度的下一年份标识卷号。书脊的设计要注意保持连年整齐划一。主书名页（扉页、内封）置于书芯或插页前，应有年鉴名称、编者名、出版者名等。背面为版权页。版权页后应设置编辑说明、编纂委员会成员名单、编辑部人员名单等。封底应印上刊（书）号、条码和定价。

年鉴名称，一般冠以行政区域名称，如"重庆年鉴""丰都年鉴"等。如使用书法体，应当在适当位置注明题写者。

年鉴卷号，以出版年份标识，标注在年鉴名称后，如"2020"。

第四十九条 版权页记录版本信息应当完整。

版权页记录的年鉴名称、主管主办单位和编纂单位名称应与封面、扉页、编辑说明保持一致。

第五十条 印刷、装帧应符合国家出版物质量标准。

第五十一条 制作出版电子版年鉴，应遵守国家关于电子出版物管理的规定。

第五十二条 年鉴应逐年编纂，做到当年编纂当年出版。

第七章 附则

第五十三条 重庆市行业年鉴、部门年鉴、专业年鉴、乡镇（街道）年鉴等其他年鉴可参照本细则执行。

第五十四条 本细则由重庆市地方志办公室负责解释。

第五十五条 本细则自印发之日起施行，原《重庆市地方综合年鉴编纂出版细则》（渝志办〔2017〕39号）停止执行。

重庆市地方志办公室
关于印发《市志办珍贵方志文献征集和管理制度》的通知

（渝志办〔2021〕1号）

各处室：

《市志办珍贵方志文献征集和管理制度》已经办领导同意，现印发给你们，请认真遵照执行。

重庆市地方志办公室
2021年4月6日

市志办珍贵方志文献征集和管理制度

珍贵方志文献是宝贵的文化财富，是方志馆和地情资料室开展业务活动的实物载体，为了加强珍贵方志文献的保护管理，确保珍贵方志文献的安全，充分发挥珍贵方志文献的作用，结合我办实际，制定如下制度。

第一条 珍贵方志文献是指年代久远、珍稀少见、具有较高学术和收藏价值的地方志文献，是地情资料藏品中的一级藏品。

第二条 征集。文献工作处负责珍贵方志文献的征集，征集藏品时，应当搜集原始资料，认真做好科学记录，包括文献的完整名称、时代、版本、编纂主体、价格、来源等信息。

第三条 登记。登记是文献藏品保管、陈列、使用的基础性工作。文献工作处将征集到的珍贵方志文献连同有关信息资料一并交与信息处，信息处负责登记。

第四条 鉴定。市志工作处根据展陈需要和藏品定级标准对信息处登记的文献进行鉴定。鉴定为一级藏品的珍贵方志文献，信息处移交市志工作处保管，其他文献由信息处负责入库。对鉴定存在重要分歧意见的文献藏品，提交办领导审定。

第五条 保管及使用。市志工作处对珍贵方志文献负有严格管理、科学保护、公开展出和提供使用（对社会主要是提供藏品资料、研究成果）的责任。保管工作必须做到：账目清楚、鉴定确切、编目详明、保管妥善、查用方便。

第六条 保管场所。珍贵方志文献主要保存在珍贵古旧志书和地情资料收藏室樟木柜、地情展示室玻璃展柜。地情展示室及相关柜门钥匙由市志工作处派专人妥善管理，在进行展览展示时，全程负责文献的安全，做到即开即看、即走即关。

室内及其附近应保持整洁，禁止存放易燃易爆物品、腐蚀性物品及其他有碍文献安全的物品，并严禁烟火，人走灯灭。

四川省地方志工作办公室关于印发《四川省"十四五"地方志事业发展规划》的通知

（川志发〔2022〕10号）

各市（州）人民政府，省政府各部门，各直属机构：

经省政府同意，现将《四川省"十四五"地方志事业发展规划》印发你们，请结合实际，认真贯彻执行。

附件：四川省"十四五"地方志事业发展规划

四川省地方志工作办公室
2022年3月28日

附件：四川省"十四五"地方志事业发展规划

地方志是"一方之全史"，具有存史、育人、资政重要功能。地方志工作是党委政府基础性工作的组成部分，肩负着"为党立言、为国存史、为民修志"的光荣使命。地方志事业关乎历史延续、文化传承，是社会主义文化事业的重要组成部分。为推进全省地方志事业高质量发展，根据《地方志工作条例》《四川省地方志工作条例》《四川省国民经济和社会发展第十四个五年规划和二〇三五年远景目标纲要》，制定本规划。

一、工作基础和发展形势

（一）"十三五"发展成效

"十三五"时期，四川地方志事业确立服务中心大局、服务经济社会发展、服务人民群众的"三个服务"工作思路，主动融入和服务脱贫攻坚、乡村振兴、成渝地区双城经济圈建设、省委"一干多支"发展战略，主要目标如期完成。

1.第二轮修志重大文化工程全面完成。第二轮三级志书编修工作启动以来，全省上下本着对历史和人民高度负责的精神，挂图作战，全力推进，2020年底圆满完成规划的省市县三级志书201部（其中，省志1部92卷，市级志书21部，县级志书179部）编修，实现省市县三级综合年鉴全覆盖，第二轮修志重大文化工程全面完成，为四川经济社会发展留下宝贵精神财富。

2."三个服务"作用逐步彰显。围绕党委政府中心工作狠抓资政服务，一批资政报告进入实施转化。地方志资源开发利用步伐加快，推出《大熊猫图志》等一批精品志鉴成果，人民群众日益增长的精神文化需求得到不断满足。《巴蜀史志》改版扩容提质迈上新台阶，"方志四川"新媒体矩阵提档升级，市县传播平台建设取得新进展，中华优秀传统文化弘扬力度不断加大。深化史志"七进"活动，史志文化的覆盖面、影响力进一步扩大。完成1500余部地方志书数字化并上传四川省情网、四川公共数据开放网，史志成果走出深闺、走近人民群众。

3.依法治志不断深化。加大"两条例、一办法"学习宣传力度，开展联合执法调研，依法履职、依法治志意识明显增强。省市县三级出台地方志事业"十三五"发展规划或实施意见，发展环境持续优化。机构改革中，全省有1044个涉改部门将史志编纂工作列入职能职责，组织基础更加牢固。

4.质量建设系统推进。坚持质量第一，在全国率先出台《关于实施地方志工作质量提升行动的意见》，建立全省地方综合年鉴编纂篇目层层审查与复核、质量抽查、《四川年鉴》编纂篇目审定等制度，启动四川省志、市县志、综合年鉴3个质量体系建设纲要及乡（镇）村志编纂规范编制，系统推进质量建设。"十三五"时期，6部史志成果获省社会科学优秀成果二等奖；2018年以来，全省60部志鉴成果获全国奖项。

5.成渝地区地方志合作开局良好。深化川渝合作，签署川渝地方志合作协议，启动《成渝地区双城经济圈建设年鉴》编纂，川渝共建方志馆高校分馆3个，服务成渝地区双城经济圈建设。

6.基础设施建设稳步推进。方志馆建设力度加大，成都、南充、遂宁、巴中市方志馆建成开馆。积极探索创新，首创方志馆高校分馆和社区微方志馆建设模式，建成6个四川省方志馆高校分馆。地方志信息化建设迈开步伐，四川省及成都市数字方志馆建成。

（二）面临的形势与挑战

"十四五"时期，地方志作为中华优秀传统文化传承的独特载体，"存史、育人、资政"价值日益凸显，发挥地方历史映照现实、远观未来的作用更加突出，地方志事业发展处于重要战略机遇期，同时也面临严峻挑战。实现中华民族伟大复兴，全面建设社会主义现代化四川，迫切要求记录伟大时代、履行"永载史册"光荣职责；法治政府建设日益推进，迫切要求以习近平法治思想深化依法治志、提高地方志工作治理能力和水平；人民生活水平显著提高，对精神文化的需求日益增长，迫切要求加快地方志资源开发利用，推进全面数字化转型，提供丰富便捷的文化服务；第三轮修志重大文化工程即将启动，迫切要求加快人才培养、创新编纂模式、提高编纂质量。同时，"闭门修志"观念还未完全破除，地方志资源开发利用还不充分，基础设施建设还比较薄弱，人才队伍建设还有短板，市县地方志工作发展还不平衡，等等。面对机遇，应对挑战，仍要加大改革创新力度，切实推进地方志事业高质量发展。

二、指导思想和基本原则

（一）指导思想

坚持以习近平新时代中国特色社会主义思想为指导，全面贯彻落实党中央、国务院和省委、省政府决策部署，立足新发展阶段，贯彻新发展理念，构建新发展格局，紧紧围绕统筹推进"五位一体"总体布局和协调推进"四个全面"战略布局，紧密服务成渝地区双城经济圈建设国家战略和省委"一干多支、五区协同"发展战略，牢记"为党立言、为国存史、为民修志"的职责使命，坚持存史修志与开发利用、宣传弘扬并重，充分发挥地方志"存史、育人、资政"功能，促进地方志"三个服务"不断深化，推进地方志事业高质量发展，为全面建设社会主义现代化四川、推进治蜀兴川再上新台阶作出积极贡献。

（二）基本原则

1.坚持党的领导。把党的领导贯穿地方志工作全过程、各方面，深刻领会"两个确立"的决定性意义，切实增强"四个意识"、坚定"四个自信"、做到"两个维护"，确保地方志事业正确发展方向。

2.坚持依法治志。贯彻执行国家和省关于地方志工作的法规规章，落实党委领导、人大监督、政府主持、地方志工作机构组织实施、各部门（单位）和社会共同参与的工作机制；省市县三级地方志工作机构依法履行组织、指导、督促和检查地方志工作职责。

3.坚持修用并举。坚持修志为用，既注重留存史实，又注重服务现实，既注重志鉴编修，又注重开发利用，既注重史料挖掘整理，又注重研究分析，充分发挥地方志教化育人、资政辅治功能，为地方经济社会发展提供历史经验和智力支持，不断满足人民群众日益增长的精神文化需求。

4.坚持质量至上。按照存真求实、系统全面要求，始终将精品意识、质量观念贯穿到地方志编纂出版全过程，严把志鉴编纂政治关、史实关、保密关、体例关、文字关，不断提高出版质量，打造经得起检验的精品志鉴。

5.坚持改革创新。积极适应新时代、新形

势、新要求，创新体制机制、理论方法、编纂体例、服务理念、传播手段，推进地方志事业创新发展。

6.坚持全面发展。以依法修志为前提，全面推进开发利用、信息化建设、方志馆建设、旧志整理、地方史编写出版、理论研究等工作，统筹推进"十业"并举，实现地方志事业全面协调可持续发展。

三、总体目标

到2025年，全省依法治志和修志、读志、用志水平显著增强，第三轮修志工作全面启动。省市县三级地方综合年鉴编纂一年一鉴，实现当年卷当年公开出版，志鉴质量明显提高。志、鉴、馆、网、库、用、会、刊、研、史"十业"并举的地方志事业发展新格局基本形成。地方志编修体系、理论研究和学科建设体系、质量保障体系、资源开发利用体系、工作保障体系"五位一体"的地方志事业发展综合体系进一步完善。稳定地方志人才队伍，提高干部队伍素质。地方志事业高质量发展稳步推进，育人、资政功能更充分彰显，地方志服务中心大局、服务经济社会发展、服务人民群众能力水平显著提升，基本实现方志大省向方志强省转变。

四、主要任务

（一）全面做好志鉴编修

1.做好第三轮修志工作启动筹备。完成第二轮修志扫尾工作，总结第二轮修志工作经验，科学编制第三轮修志规划，有序开展编纂试点。探索网络化、数字化、智能化背景下修志方式研究。2025年第三轮省市县三级地方志书编纂工作全面启动。鼓励支持部门（单位）编纂部门（行业）志。

2.推进年鉴编纂。坚持省市县三级地方综合年鉴全面实现一年一鉴、公开出版，当年卷当年出版。鼓励编纂部门（行业）年鉴及跨行政区域年鉴。出台市县地方综合年鉴框架及编纂篇目指导意见。

3.做好重大专题志书编纂。落实省委、省政府及中国地方志指导小组部署要求，抓好扶贫志、全面小康志编纂工作，做好服务现实、贴近民生重大专题志书编纂工作。完成《四川抗日战争志》编纂出版。各地结合当地实际做好重大专题志书编纂。

4.健全完善资料报送制度。严格落实省直部门、中央驻川单位（企业）年度大事记报送制度，逐年编纂出版《四川省直部门（单位）大事记》。推行资料年报制度，完善市县两级地方志资料年报体系。每年编纂出版《四川省地方志发展报告》。

5.鼓励开展乡镇（街道）、村（社区）志编纂。按"成熟一个，启动一个"原则，各市（州）地方志部门指导、县级地方志机构组织做好本行政区域内乡镇（街道）、村（社区）志编纂工作，鼓励支持做好特色村（社区）志编纂，助力乡村振兴和基层治理。

6.鼓励支持学校开展志鉴编纂。鼓励普通高等学校、开放大学及具有20年以上建校历史的高级中学、中等职业学校、初级中学、小学、幼儿园编纂志书。支持普通高等学校编纂出版年鉴。

（二）提升志鉴编纂质量

7.完善地方志质量标准体系。加强质量规范建设，制发《〈四川省志〉质量体系建设纲要》《四川省市县志书质量体系建设纲要》《四川省综合年鉴质量体系建设纲要》以及《省直部门及中央驻川单位（企业）志鉴质量标准》，完善资料报送、志稿评审、质量评价、审查验收、出版审批等制度。

8.严格地方志审核把关制度。健全和完善修志编鉴业务制度和主编责任制，落实审查制度，将志鉴内容审查纳入意识形态工作范畴，严把志鉴质量关。深入推进志书精品工程、年鉴精品工程，完善精品志书、精品年鉴质量评审标准及流程，开展四川精品年鉴评选。

（三）深化方志开发利用

9.抓好地方文献整理研究。立足巴蜀文化传承保护，强化珍稀方志文献的保护利用，深入推进四川旧志、史料文献的整理及点校工作，整理汇编出版《四川历代旧志图集》《四川历代旧志序跋集》，完成《四川抗战历史文献》编纂出版，鼓励单位和个人从事地方志文献开发研究。

10.加强地情普及读物编纂。各地结合当地特色，编写志鉴简本、地情书籍、地情手册、乡土教材、专题资料等普及读物，服务经济社会发展。

11.加强史志成果转化。开展志鉴成果多样性、通俗性转化，推出一批有代表性的地情资料成果。紧密围绕党委、政府决策部署，加强志鉴成果研究分析，开展专题研究，形成一批高质量的资政报告，为党委、政府科学决策提供历史借鉴。

12.做好历史文化宣传弘扬。办好《巴蜀史志》及当地史志期刊，建强"方志四川"新媒体矩阵，推进市县方志新媒体建设。大力弘扬中华优秀传统文化、革命文化、巴蜀文化，着力做好红色文化等宣传弘扬，推出一批群众喜闻乐见的方志文化成果。持续深化史志"七进"，广泛开展地情宣传和历史文化传播。

（四）推进基础建设

13.加强地方志理论研究。加强志鉴基础理论、编纂理论、应用理论以及地方志事业发展等重要问题研究。充分发挥地方志学会作用，逐年发布一批理论研究课题，探索制定促进理论研究工作的激励措施。做好国家和省社会科学成果评奖、地方志优秀成果评奖的组织、推荐、评审等工作。

14.加强方志馆建设。逐年采购、交换、征集图书，丰富方志馆馆藏。加强地方文化资源挖掘整理及宣传展示，推进省级方志馆建设，指导市县方志馆建设，鼓励有条件的乡镇（街道）、村（社区）建设"微方志馆"。持续推进四川省方志馆高校分馆建设，深化方志馆高校分馆合作，提升服务水平。

15.加快地方志信息化建设。组织开展第二轮修志出版物数字化工作，在四川数字方志馆提供数字化阅读、检索，并同步共享给国家数字方志馆及市（州）。建立统一开放的地方志资源共享平台，推动"互联网+地方志"向更高水平发展。

16.扩大方志交流合作。加强与其他省（区、市）、高等院校、科研机构、图书机构、档案机构等的学术交流与合作，引进一批海外珍藏历代方志文献资料。积极参与国际交流合作，讲好四川故事，推动地方文化交流。

（五）助力成渝地区双城经济圈建设

17.推动跨区域重大地方志项目合作。加强川渝两地地方志工作互学互鉴，推动重大专题志书、年鉴编纂的交流互访，联合编纂《成渝地区双城经济圈建设年鉴》。联手挖掘川渝史志资源，联合编纂地方志文化产品，服务两地乡村振兴、文旅融合等重大发展战略。

18.搭建资源共享平台。探索建立川渝地方志部门资源共享机制，川渝地方志成果纳入史志"七进"，让地方志在更大范围内发挥"存史、育人、资政"功能。

19.深化学术交流。搭建学术交流平台，加快建设巴蜀方志文化研究中心，更好发挥作用。探索在两地有条件的高校联办志鉴编修专业，举办专业研修培训班，深化学术交流。

（六）支持少数民族地区地方志工作

20.支持少数民族地区做好地方志工作。在人才培训、志鉴编纂、成果出版、信息化建设上为少数民族地区提供更多帮助。积极支持少数民族地区、革命老区、国家和省乡村振兴重点帮扶县纳入中国地方志指导小组办公室推动的欠发达地区志书等出版工程。

五、保障措施

（一）法治保障。全面贯彻落实《地方志工作条例》《四川省地方志工作条例》《〈四川省地方志工作条例〉实施办法》。面向社会宣传有关地方志的法规规章，提升依法治志意识。定期开展调研检查，重点检查"两条例、一办法"落实情况，依法纠正执行不力行为和违法行为。

（二）制度保障。坚持党委领导、人大监督、政府主持、地方志工作机构组织实施、社会各界广泛参与的地方志工作机制，深入落实"一纳入、八到位"要求，建立和完善目标考核责任制、督查通报制、年度绩效考评制，及时解决地方志工作中出现的困难和问题，消除影响地方志事业发展的不利因素，确保地方志事业依法有序开展。

（三）人才保障。健全地方志工作机构，严格按编制职数落实人员。探索地方志工作引才育才机制，健全分层分类培训机制，加强对新任负责人、志鉴主编（总纂）和修志人员培训，有序推进人员交流、轮训、调训等工作。加强地方志专家库建设，广泛吸纳各领域专家学者和熟悉地情的各界人士参与地方志工作。

（四）宣传保障。大力宣传党和国家有关方针政策、地方志工作服务经济社会发展的新成就、地方志工作者对当地文化建设的新贡献。深入挖掘地方志资源的历史价值和现实价值，强化共享理念，利用电视、报刊、网站、微信等媒体，用公众喜闻乐见的形式传播地方志、宣传地方志，使地方志成果更好地贴近社会发展，服务人民群众。

各地、各部门根据本规划要求，结合工作实际，抓好贯彻落实；各地要制定本地"十四五"地方志事业发展规划。

四川省地方志工作办公室对本规划的落实和执行情况进行督促检查。

名词解释：

①"三个服务"：服务中心大局、服务经济社会发展、服务人民群众。

②"七进"：进机关、进农村、进社区、进校园、进企业、进军营、进网络。

③"两条例、一办法"：两条例，即《地方志工作条例》《四川省地方志工作条例》；一办法，即《〈四川省地方志工作条例〉实施办法》。

④"十业"：志（志书）、鉴（年鉴）、馆（方志馆）、网（地情网或方志网）、库（数据库）、用（开发利用）、会（学会）、刊（期刊）、研（理论研究）、史（地方史）。

⑤"一纳入、八到位"：一纳入，即把地方志工作纳入国民经济和社会发展规划、各级政府工作任务之中；"八到位"，即认识到位、领导到位、机构到位、编制到位、经费到位、设施到位、规划到位、工作到位。

云南省地方志编纂委员会办公室关于印发《云南省地方志事业发展规划纲要（2021—2025年）》的通知

（云志办发〔2021〕11号）

各州（市）、县（市、区）地方志工作机构：

现将《云南省地方志事业发展规划纲要（2021—2025年）》印发给你们，请认真贯彻执行。

云南省地方志编纂委员会办公室
2021年12月27日

云南省地方志事业发展规划纲要（2021—2025年）

为充分发挥地方志在新时代中国特色社会主义建设中的作用，推动"十四五"时期云南省地方志事业高质量发展，更好地服务党委政府中心工作，服务地方经济社会发展，服务广大人民群众方志文化需要，根据《地方志工作条例》《云南省国民经济和社会发展第十四个五年规划和二〇三五年远景目标纲要》，结合当前地方志工作实际，制定本规划纲要。

一、"十三五"时期基本成就和"十四五"时期发展机遇

"十三五"时期,在省委、省政府的坚强领导和全省地方志工作者辛勤努力下,全省地方志事业得到了全面发展,取得了显著成绩。党委领导、政府主持、地方志工作机构组织实施、社会各界广泛参与的工作机制进一步完善,地方志事业全省联动、上下一体,形成了新的格局。"两全目标"全面完成,全省历代旧志集成化整理出版,方志馆建设展现勃勃生机,方志文化微视频和"一部手机读云南"等方志资源开发利用项目成果显著,方志系统自身建设取得了新进展。

同时,全省地方志事业也存在一些制约发展的因素,主要是:依法修志与依法治志还不够完善,一些地方、部门和单位对地方志工作的重要性认识不够高,对地方志事业发展支持力度不够大,地方志事业发展还存在着专业人才队伍建设滞后、经费投入不足、政策支撑不健全等困难和问题。"十四五"时期是我国开启全面建设社会主义现代化国家新征程,向第二个百年奋斗目标进军的第一个五年。党的十九届五中全会明确提出到2035年建成文化强国的战略目标,为全省地方志事业发展指明了方向、提供了遵循。全省地方志工作要紧紧抓住建设文化强国这一重要战略机遇,牢记"为党立言、为国存史、为民修志"的初心使命,积极担当作为。

二、指导思想与基本原则

(一)指导思想

高举中国特色社会主义伟大旗帜,坚持以马克思列宁主义、毛泽东思想、邓小平理论、"三个代表"重要思想、科学发展观、习近平新时代中国特色社会主义思想为指导,认真贯彻落实习近平总书记考察云南重要讲话精神和对云南工作的重要指示批示精神,全面贯彻执行《地方志工作条例》,坚持社会主义新方志编修方向,深入贯彻落实中共云南省第十一次代表大会精神,按照省委、省政府的决策部署,扎实推进全省地方志事业科学发展,充分发挥地方志"存史、资政、育人"的功能作用,努力为谱写好中国梦的云南篇章作出新的贡献。

(二)基本原则

1.坚持党的全面领导。毫不动摇地坚持和加强党对地方志工作的领导,健全党领导地方志工作的体制机制,强化全省各级地方志工作机构党组织自身建设,确保党在地方志工作中始终总揽全局、协调各方,为地方志事业发展提供坚强有力的思想指导、政治引领和组织保障。

2.坚持正确政治方向。坚持辩证唯物主义和历史唯物主义的立场、观点和方法,坚持社会主义先进文化前进方向,坚持走中国特色社会主义文化发展道路,坚持以人民为中心的思想和导向,以坚强的政治判断力、政治领悟力、政治执行力编修好社会主义新方志。通过编修和开发利用地方志,传承云南历史,记录云南省情,以权威的、大众的、丰富的、优秀的公共文化产品服务社会。

3.坚持依法修志治志。按照中国特色社会主义法治建设新要求,全面推进依法修志、依法治志。省级地方志工作机构依法统筹规划好、组织协调好、科学指导好、督促检查好全省地方志工作;州(市)、县(市、区)地方志工作机构依法履行对本区域内的地方志编修工作进行组织、指导、督促、检查和编纂的职责。

4.坚持在继承中创新。始终坚持地方志的官修性质和史料的权威性,坚持地方志的思想性、系统性和科学性相统一,在继承和发扬地方志工作优良传统的基础上,结合实际进行工作创新。深化对地方志编修工作的规律性认识,与时俱进推动地方志编纂方式、存藏样式、传播形式、人才培养等工作的创新发展。

5.坚持方志文化自信。地方志是中华优秀传统文化的根脉,是中华文化的重要组成部分,是实现中华民族伟大复兴和铸牢中华民族共同体意识的宝贵精神财富和动力源泉。要坚守"为党立言、为国存史、为民修志"的使命担当和"为天地立心,为生民立命,为往圣继绝学,为万世开太平"的传统方志文化自信。

三、总体目标与主要任务

（一）总体目标

到2025年，全省地方志系统党的建设全面加强，思想建设、制度建设和人才队伍建设全面提升，编纂一批经得起时代和历史检验的省、州（市）、县（市、区）三级地方志精品和综合年鉴，编修一批文化厚重、特色鲜明的乡镇、村级地方志书，高质量建设一批国家、省、州（市）、县（市、区）级方志馆，扎实完成一批数字化、智能化方志资源开发和利用项目，存史、资政、育人全面突破，取得新成效。

（二）主要任务

1.扎实完成修志编鉴任务。全面加强地方志系统自身建设，培养一批高素质专业人才，为第三轮地方志编修工作奠定坚实基础；结合各地工作实际，统筹编纂脱贫攻坚志、全面小康志、抗击新冠肺炎疫情志等专项志书；完成好党委、政府和上级部门安排部署的志书、年鉴等的编纂任务。

2.积极开展史志资政服务。聚焦地方志工作主业主责，进一步提升全省各级地方志机构服务地方经济社会发展的水平和能力，以地方志成果为基础，围绕"边疆、民族、山区、美丽"的基本省情和各地实际，坚持问题导向，突出重点、难点、热点，深入开展专题研究，为当地经济社会发展建言献策，提供资政服务。

3.充分发挥方志育人功能。贯彻落实社会主义新方志编修的指导思想、原则要求，坚持以人民为中心的工作理念，启动并完成以《新纂云南通志》为重点的一批旧志名志的白话文翻译、注释、推广工作，用通俗易懂的方志读物大力弘扬云南方志文化，进一步发挥地方志的育人功能。

4.提升综合年鉴编纂质量。坚持地方综合年鉴由各级地方志工作机构组织编纂，继续推动省、州（市）、县（市、区）三级地方综合年鉴编纂出版全覆盖，一年一鉴，并于当年底前公开出版；创新年鉴编纂方式，全面提升编纂质量；动态化收集年鉴资料，时效性开展资政服务；鼓励有条件的行业或部门编纂专业（行业）年鉴，有条件的地区出版少数民族文字版年鉴、外文版年鉴。

5.抓好方志资源开发利用。深入发掘地方志资源，拓展地方志工作领域和工作内涵，利用志书、年鉴等积累的资料，选准、做好一批为党委政府中心工作服务的资政课题；鼓励各级地方志机构结合实际编写出版志鉴简本、地情手册、乡土教材、专题资料、地方史普及读物等各类地情书，编纂出版一批独具云南地域特色的地情书和乡土历史书籍；充分利用互联网、新媒体等科技手段，以影像、动漫、视频、音频等群众喜闻乐见的形式扩大方志文化传播。

6.统筹各级方志馆的建设。认真贯彻落实中国地方志指导小组《方志馆建设规定（试行）》精神，将方志馆建设纳入各地经济社会发展、文化建设和城市建设总体规划。至2025年，省通志馆建设完成升级完善，国家方志馆南方丝绸之路分馆稳步运行，建成一批省级分馆和州（市）、县（市、区）方志馆，形成云南方志馆集群，大力提升方志馆公共服务水平；推进方志馆数字化建设，建成一批网上方志馆、数字方志馆，实现地情资料数字贮存、在线阅读、移动视听、智能检索等功能。

7.加强地方志信息化建设。继续加大信息化基础设施投入，推动"互联网+地方志"建设，实施信息化系统工程，按照统一标准、分级协同、开放共享、安全保密的原则，推动云南方志大数据中心建设；积极开发集地方志资源全文检索数据库、影像资料数据库、在线志鉴编纂系统、地方志年报系统、数字方志馆、网上方志馆和地方志全媒体展示等功能为一体的"一部手机读云南"平台，全天候提供读志用志服务。

8.持续开展旧志谱牒整理。继续整理出版《云南历代方志集成》，持续开展旧志的点校、考订、辑佚和出版。开展家谱、族谱征集、整理和研究，编纂出版符合社会主义文化发展需要、与现代教育理念契合的优秀家风家教读本。深入挖掘云南历史文化资源，开展地方史编纂研究，组织编纂出版一批独具云南特色的行业性通俗读物。

9.系统推动方志理论研究。充分利用高等院校、科研院所和专家学者力量，拓展地方志理论研究的渠道与空间；借助期刊、网站、微信公众号等平台资源，不断加强地方志编纂实践和理论研究；举办不同类型的理论研讨会，围绕地方志基本理论、地方志编纂、地方志事业发展、年鉴编纂、方志馆建设、方志文化传播等重要问题开展理论研究。

10.加强方志人才队伍建设。实施地方志人才培育工程，制定全省地方志人才队伍建设规划，加大教育培训力度，着力培养一批国内知名的地方志领军人才、地方志专家、地方志编修业务骨干；建立云南方志研究专家库，广泛吸纳各类专业人才支持地方志事业发展；加强与高等院校、科研院所合作，在地方志办公室（方志馆）挂牌成立教、学、研共建基地或中心；探索与高等院校和其他社会力量联合开展地方志专业方向研究生教育和本科生教育；推动地方志干部跨部门、跨行业轮岗、挂职交流，培养复合型人才。

11.规范方志资料征（收）集管理。健全和完善全省地情资料征（收）集管理制度，着力征（收）集一批价值较高的资料进入馆（库、室）藏；建立与全国各地方志馆（库、室）资料交换、赠予制度，通过社会征集、田野调查、口述史整理等方法，拓展资料征（收）集范围和渠道；推行地方志资料年报制度，推进资料数字化管理，将资料管理工作推向专业化、规范化、标准化；完善征（收）集标准，将特色文化、民族文化、民俗文化、地域文化资料（含多媒体音像资料）纳入收藏范围。

12.务实开展对外交流合作。坚持开门修志，主动服务和融入国家"一带一路"建设，逐步构建与南亚东南亚国家合作开展史志研究和学术交流的合作机制，助力云南省建设面向南亚东南亚辐射中心；加强与兄弟单位地方志机构和党史、宣传、文化旅游、教育等部门的交流合作；加强与省内高等院校、科研院所、文史馆、档案馆、博物馆、图书馆、相关学会的业务交流，形成地方志工作的强大合力。

四、保障措施

（一）法治保障

贯彻落实国务院《地方志工作条例》，积极推动《云南省地方志工作条例》的立法，加强对外宣传，强化依法治志意识；落实行政首长负责制和主编责任制，健全省、市、县三级地方志工作协调机制，建立完善社会各界参与地方志工作的制度，形成强大的工作合力；加强对地方志、综合年鉴编修等工作的督促检查，健全和完善目标考核责任制、督查通报制，确保目标任务完成。

（二）组织保障

在各级党委、政府的领导下开展地方志工作，将地方志工作纳入国民经济和社会发展规划，列入地方工作日程，落实"认识、领导、机构、编制、经费、设施、规划、工作"到位的"一纳入、八到位"工作机制；各级地方志编纂委员会每年要研究一次地方志工作，为地方志事业发展提供坚实保障；按照德才兼备原则和专业要求，选优配强地方志工作机构领导班子和工作人员。

（三）经费保障

各级政府要将地方志工作所需经费列入财政预算，加大对地方志项目经费的支持力度，改善地方志工作条件和图书资料收藏保管条件，保障修志、编鉴、著史、方志馆建设、信息化建设、方志资源开发利用、旧志和谱牒整理、理论研究、人才培养、合作交流等工作，建立同项目需要、人才使用相匹配的经费保障机制。

（四）宣传保障

利用各级各类媒体和活动，积极弘扬方志文化，大力宣传地方志工作机构和地方志工作者在经济社会发展和社会主义文化强国建设中取得的新成绩、做出的新贡献；加快地方志公共文化服务平台建设，拓宽地方志文化公众服务渠道，积极利用传统媒体和新媒体，推出一批可信、可用、可读、有较大社会影响力的地方志精品。

各地可结合工作实际，制定本地地方志事业发展规划纲要或本规划纲要的实施方案。

省地方志办要切实加强分类指导，对规划纲要落实和执行情况每年进行一次督促检查，及时通报情况，推动全省地方志事业进一步健康、繁荣发展。

云南省地方志编纂委员会办公室
2021年12月27日

关于印发《新疆维吾尔自治区地方志事业"十四五"发展规划》的通知

（新政办发〔2021〕113号）

伊犁哈萨克自治州，各州、市、县（市）人民政府，各行政公署，自治区人民政府各部门、各直属机构：

现将《新疆维吾尔自治区地方志事业"十四五"发展规划》印发你们，请认真贯彻执行。

新疆维吾尔自治区人民政府办公厅
2021年12月16日

新疆维吾尔自治区地方志事业"十四五"发展规划

地方志是记录一方历史与现状的重要载体，具有"资政、存史、育人"的独特作用。为推进新疆地方志事业高质量发展，充分发挥地方志工作服务新疆社会稳定和长治久安总目标的重要作用，根据《地方志工作条例》《新疆维吾尔自治区实施〈地方志工作条例〉办法》和《新疆维吾尔自治区国民经济和社会发展第十四个五年规划和2035年远景目标纲要》，制定本规划。

一、发展环境

（一）"十三五"发展成效

"十三五"时期，是自治区地方志工作夯实基础、奋发有为、决战决胜的五年。全区地方志工作机构以习近平新时代中国特色社会主义思想为指导，在自治区党委、自治区人民政府的正确领导下，完整准确贯彻新时代党的治疆方略，聚焦社会稳定和长治久安总目标，全面贯彻新发展理念，深入落实《地方志工作条例》和《新疆维吾尔自治区实施〈地方志工作条例〉办法》，着力提升意识形态工作水平和管理效能，地方志事业取得了长足发展。

——依法治志取得实效。地方志工作纳入地方国民经济发展规划，组织领导和保障体制进一步完善，队伍建设及理论研究不断加强，形成自治区、地（州、市）、县（市、区）三级工作机构上下联动、一体推进的编修工作体系。

——"两全目标"如期完成。《全国地方志事业发展规划纲要（2015—2020年）》确定的第二轮自治区、地（州、市）、县（市、区）三级地方志书89部编纂任务全面完成，三级地方综合年鉴实现一年一鉴、公开出版。

——意识形态阵地巩固加强。坚持党管意识形态原则，严格落实意识形态工作责任制，以铸牢中华民族共同体意识为主线，在地方志领域持续加强阵地建设，正本清源，全面开展地方志出版物专项检查和审读工作，强化领导权意识、阵地意识、底线意识，确保意识形态工作的领导权牢牢掌握在党的手中，坚决维护意识形态领域安全。

——服务社会能力不断提升。编纂出版《新疆大事记》《中央新疆工作座谈会周年大事记》《魅力阿克苏》《神奇的可可托海》等100余种地情书，地方志资源开发利用成果丰硕。方志馆建设力度不断加大，重点工程新疆方志馆（新疆地情展示中心）建设项目主体工程已经完成。大力推进"互联网+地方志"工程，建立3亿多字的数字方志库，开展地情网站、新媒体建设和云计算大数据运用，促进了地方志信息化建设水平与能力的不断提高。地方志工作在记录时代发展、服务中心工作、宣传地方文化等方面发挥了重要作用，在实施"文化润疆"工程中的作用越来越得到彰显。

——党的建设全面加强。全区地方志工作机构认真贯彻新时代党的建设总要求，坚持以政治建设为统领，风清气正的政治生态持续巩固深化，党的组织建设更加坚强有力，积极参加维护稳定、"访惠聚"驻村、脱贫攻坚、乡村振兴、疫情防控等中心工作，在持续推进新疆社会稳定和长治久安中发挥了积极作用。

（二）存在的问题与面临的形势

"十三五"时期，全区地方志事业发展存在一些问题和不足：一些地方对地方志工作的地位和作用认识还不到位，依法治志的要求尚未完全落实；个别地区地方志工作的体制机制不顺，工作滞后；地方志事业发展不平衡、不充分的问题还比较突出；干部队伍素质与地方志事业转型升级的履职要求还不相适应等。这些问题不同程度制约着新疆地方志工作高质量发展的工作大局，需要引起高度重视，在今后的工作中认真研究、加快解决。

"十四五"时期是开启全面建设社会主义现代化国家新征程、向第二个百年奋斗目标迈进的第一个五年，也是新疆巩固社会稳定成果、推进高质量发展、迈向长治久安的关键五年，地方志工作面临新的发展环境和难得的重大机遇。党中央高度重视、关心关怀。以习近平同志为核心的党中央为做好新疆工作擘画了蓝图、加强了顶层设计，党的十九届五中全会明确提出到2035年我国建成文化强国的战略目标，为地方志事业发展指明了方向、提供了遵循。各类政策叠加增效。党中央召开第三次中央新疆工作座谈会，出台了一系列特殊优惠政策和重大支持举措；自治区着眼于完整准确贯彻新时代党的治疆方略，提出"推进文化润疆筑牢共同团结奋斗的思想基础"的主要任务，要求深入实施"文化润疆"工程。对口援疆优势独特。全国19个省市对口支援新疆地方志工作机构，形成了新时代支援新疆地方志事业发展的工作格局。稳定红利充分释放。社会大局持续安定和谐，各项事业欣欣向荣，为新疆改革发展提供了前所未有的有利条件。民心人心极大凝聚。各族干部群众齐心协力搞建设、一心一意谋发展的愿望强烈、热情高涨，成为我们在新的起点上奋勇前进的最坚实、最可靠、最强大的力量。

"盛世修志，志载盛世"，各级地方志工作机构必须适应新形势新任务新要求，找准抓实立足新发展阶段、贯彻新发展理念、构建新发展格局在新时代推动新疆地方志工作发展的着力点和突破口，忠实记载全区各族人民在中国共产党的坚强领导下努力建设中国特色社会主义新疆的艰辛历程和辉煌业绩，为当代提供资政辅治之参考，为后世留下堪存堪鉴之记录。

二、总体要求

（一）指导思想

坚持以习近平新时代中国特色社会主义思想为指导，深入贯彻党的十九大和十九届二中、三中、四中、五中、六中全会精神，贯彻落实习近平总书记在庆祝中国共产党成立100周年大会上的重要讲话精神，贯彻落实中央民族工作会议、第三次中央新疆工作座谈会和自治区第十次党代会精神，完整准确贯彻新时代党的治疆方略，牢牢扭住社会稳定和长治久安总目标，聚焦修志编鉴主责主业，以铸牢中华民族共同体意识为主线，以服务自治区经济社会发展为目标，以守好意识形态领域主阵地为根本，深入实施"文化润疆"工程，全面推进新疆地方志事业高质量发展，为建设团结和谐、繁荣富裕、文明进步、安居乐业、生态良好的新时代中国特色社会主义新疆作出贡献。

（二）基本原则

1.坚持党的领导。毫不动摇地坚持和加强党对地方志工作的全面领导，增强"四个意识"、坚定"四个自信"、做到"两个维护"，不断提高政治判断力、政治领悟力、政治执行力，确保党在地方志工作中始终总揽全局、协调各方，为新疆地方志事业发展提供坚强的组织保障。

2.坚持正确政治方向。坚持马克思主义在意识形态领域的指导地位，突出地方志工作的政治属性。坚持以社会主义先进文化为引领，大力弘扬和培育社会主义核心价值观，发挥地方志独特作用，引导各族群众牢固树立正确的国家观、历史观、民族观、文化观、宗教观，不断增强对伟大祖国、中华民族、中华文化、中国共产党、中国特色社会主义的认同，坚定守好意识形态领域主阵地，为国家立心、为民族立魂，确保意识形态领域绝对安全。

3.坚持依法治志。贯彻习近平法治思想，坚持依法治国方针，遵循国家和自治区公布施行的地方志工作法规条例，完善"党委统一领导、党政齐抓共管、地方志工作机构组织实施、社会各界广泛参与"的工作机制。自治区、地（州、市）、县（市、区）地方志工作机构依法统筹规划、组织协调、督促检查、调研指导地方志工作。

4.坚持守正创新。秉持方志文化优秀传统，与时俱进，解放思想，深化改革，努力提升地方志为现实服务的能力。着力将新发展理念贯穿新疆地方志事业发展全过程，创新体制机制，创新理论方法，创新传播手段，推进地方志更好地服务新时代中国特色社会主义新疆建设。

5.坚持人民立场。牢固树立以人民为中心的发展理念，坚持人民群众是历史的创造者的基本观点，坚持地方志工作为了人民、依靠人民、服务人民，在更好地服务自治区中心工作、服务经济社会发展大局、服务人民群众文化需求中彰显自身价值。

6.坚持存真求实。尊重历史、尊重科学、尊重规律，实事求是、系统全面记载新疆的自然与社会演变发展，反对历史虚无主义和歪曲篡改历史，确保地方志成果作为"信史"流传，经得起时代、历史和人民的检验。

（三）发展目标

"十四五"时期，全区地方志工作机构要紧紧围绕自治区党委、自治区人民政府和中国地方志指导小组的工作部署，主动担当、积极作为，聚焦主责主业，完整准确贯彻新时代党的治疆方略，在服务新疆社会稳定和长治久安、促进经济社会高质量发展，特别是在实施"文化润疆"工程、守好意识形态领域主阵地、铸牢中华民族共同体意识方面发挥更大作用。到2025年，启动第三轮修志工作，巩固自治区、地（州、市）、县（市、区）三级综合年鉴编纂"全覆盖"成果，打造一批经得起时代、历史和人民检验的地方志精品；建成新疆方志馆（新疆地情展示中心）和一批展示各地综合情况、反映地方文化的地（州、市）、县（市、区）方志馆，培养一批高素质专业化的人才队伍；进一步健全志书编修、年鉴编纂、地方史编写、地方志资源开发利用、方志馆建设、数据库建设、地情网建设、地方志学会建设、地方志期刊编辑、地方志理论研究"十业并举"的新疆地方志事业发展新格局；不断完善地方志编修体系、理论研究和学科建设体系、质量保障体系、资源开发利用体系、工作保障体系"五位一体"的新疆地方志事业发展综合体系。

三、主要任务

（一）推进志书、年鉴编纂工作

1.适时启动第三轮修志工作。总结第二轮修志工作经验，开展第三轮修志工作的组织管理、编纂模式、记述时限、体例内容等前期研究。进行第三轮修志工作试点，制定编纂规划，做好方案论证、篇目设计、资料收集、人员培训等准备工作。按照中国地方志指导小组统一部署，适时启动第三轮修志工作。

2.着力做好地方综合年鉴编纂。巩固自治区、地（州、市）、县（市、区）三级综合年鉴编纂"全覆盖"成果，加强统筹指导和督促检查，持续做到一年一鉴、公开出版。缩短地方综合年鉴编纂周期，提高时效性。不断提高各级年鉴的思想性、资料性、科学性、权威性、实用性。《新疆年鉴》着力打造全国精品年鉴，充分发挥示范引领作用。地（州、市）、县（市、区）级综合年鉴做到当年编纂出版，争创全国精品年鉴，其中地（州、市）级创建3—4个、县（市、区）级创建2—3个，创建精品年鉴区域1个。

3.组织编纂专题特色志鉴。在重大历史节点，结合形势需要编纂出版专题志书、年鉴，记载时代印迹，体现历史担当。按照中国地方志指导小组和自治区党委、自治区人民政府要求，协调、配合各地和有关行业部门，组织专家队伍和培训修志人员，高质量完成《扶贫志》《全面小康志》等专题志书、年鉴的编纂任务，完成《新疆抗日战争志》编纂出版任务。制定完善自治区关于行业、部门、单位编纂志书、年鉴的管理规定，鼓励支持围绕中心工作，编纂行业志鉴、部门志鉴、单位志鉴以及专题特色志鉴，及时留存历史资料，充分反映各项事业的发展历程。

4.重视推进乡镇村志编纂。支持指导有条件的乡镇（街道）、村（社区）开展志书编纂工作，助力乡村振兴，记录时代变迁，留住乡愁记忆。积极推动新疆名镇、名村志编纂，鼓励申报中国名镇志、名村志、名街志、名山志、名水志、名酒志等名志文化工程。

5.规范志书、年鉴少数民族文字的翻译出版。守牢意识形态领域主阵地，制定完善有关管理规定，加强编译队伍建设，用好社会翻译力量，不断提高全区志书、年鉴少数民族文字翻译的水平和出版质量。对涉及全局、影响较大的志书、年鉴，在汉文版出版后应及时组织翻译出版少数民族文字版，方便少数民族干部群众阅读使用，更好地发挥地方志的服务功能。

6.加强地方史研究编纂。按照《全国地方志事业发展规划纲要（2021—2025年）》要求，逐步将地方史研究编纂纳入地方志工作范畴，鼓励有条件的地（州、市）、县（市、区）开展地方史研究编纂工作。制定规划方案，建立完善地方史管理工作体制机制，探索完善地方史研究编纂工作模式，组织推出一批高质量地方史成果。

（二）深化地方志资源开发利用

7.开发形式多样的地方志文化产品。充分利用地方志资源，编写出版志鉴简本、地情手册、专题读本、大事记、地方历史和风土民情读物等通俗普及类志鉴产品；完成《新疆地情通览》的出版工作，积极参与《中国地情报告》《中国方志发展报告》《中国年鉴发展报告》的组稿和供稿工作；制作方志文化专题片、拍摄方志微视频等影像志。努力满足人民群众对新疆历史文化、地情文化的需求，传承民族精神，培育家国情怀，弘扬社会主义核心价值观。

8.收集、整理、利用旧志等地方古籍文献。建立和完善有关规章制度，加强旧志等地方古籍文献的收集、整理和利用工作。收齐《新疆文库》已点校收录的旧志，并积极找寻收集各类仍散失各处的历代新疆旧志、地情类古籍图书。鼓励社会各界读好用好旧志和古籍文献，发挥其还原历史面貌、展现古代地情、铸牢中华民族共同体意识的作用。加强对谱牒工作的研究和业务指导，挖掘整理新疆谱牒文化及姓氏文化的历史资源。

（三）提升地方志服务社会能力

9.稳步推进方志馆建设。完成新疆方志馆（新疆地情展示中心）建设和展陈工作，及时面向社会开放。建设和完善5座地（州、市）级方志馆，积极推进有条件的县（市、区）建设方志馆；同时，因地制宜推进乡镇村史馆建设，鼓励历史资源丰富的行业和单位，建设史志馆和各类专题史馆（陈列馆）。不断丰富各级方志馆、史志馆馆藏，将方志馆、史志馆建设成为各地的地情资料收藏保护、展览展示、研究交流中心和爱国主义教育基地、民族团结教育基地、党史学习教育观摩教学点，更好发挥地方志在弘扬中华文化、激发爱国热情、培育民族精神中的作用。

10.积极拓展地方志工作领域。组织方志文化进机关、进农村、进社区、进校园、进企业、进军营,主动服务各级各类"党员之家""职工之家",因地制宜在党群服务中心、政务服务中心等处设立"方志图书角"。加强与电视台、电台、报刊、网络媒体合作,拓展方志文化传播渠道。通过举办地方志成果展、制作纪录片、拍摄微电影、举办论坛和讲座、开展宣讲等多种方式,全方位、多角度展示新疆地情和蕴藏其间的优秀传统和红色基因,教育引导各族干部群众特别是青少年,增强"五个认同"、树立马克思主义"五观",让地方志工作更加贴近群众、服务群众。

(四)加强地方志理论研究与合作交流

11.深化地方志理论研究。充分发挥自治区地方志学会的作用,积极开展学术研讨活动,进一步加强理论研究和工作研究,推动地方志事业科学发展。编好《新疆地方志》(汉文版、维吾尔文版)刊物,完善学术引领、理论研究平台,打造地方志学术研究和地方文化研究高地。提高地方志工作者理论指导实践的能力和地方志工作整体水平。

12.推进地方志对口援疆、兵地协作和学术交流。进一步落实中国地方志指导小组《关于全国地方志工作机构支援西藏、新疆地方志工作的意见》,持续推进地方志对口援疆工作,主动对接援疆省市,争取在人才、资金、培训及相关项目方面的支持,促进新疆地方志事业高质量发展。配合各援疆省市编纂《对口援疆志》,提供资料、人员等方面支持。采用多种形式,加强与兵团地方志工作机构的协作交流,相互帮助、相互借鉴、相互促进。利用各类平台,加强与各省市区地方志工作机构以及疆内外高等院校、科研机构、图书机构、档案部门、哲学社会科学类社团组织的学术交流与合作。

(五)强化地方志发展基础

13.加快信息化建设。实施"互联网+地方志"工程,继续加大信息化基础设施投入。依托新疆地情资料库志鉴资源,不断完善"新疆地情网"。依托数字化新疆地情资料库,建设数字化新疆方志馆。全面开展第二轮志书和三级综合年鉴、地情书、旧志的数字化处理与同步入库工作,力争到2025年,新疆地情资料库数据总量达到6亿字,同时配合做好国家数字方志馆新疆数字资料入馆工作。深度开发"方志新疆"微信公众平台,实现微信公众平台与"新疆地情网""新疆地情资料库"高度融合、信息同步。鼓励和引导地(州、市)、县(市、区)地方志工作机构开设微信公众平台。探索开发适合地方志书、年鉴编纂业务工作的网络编纂平台。

14.强化人才队伍建设。多措并举打造一支政治可靠、业务精湛、作风过硬的地方志队伍,为地方志事业高质量发展提供人才支撑。通过招录(聘)、遴选、选调、兼职、返聘等多种方式补充干部人才队伍,解决地方志工作人员缺乏的问题;建立完善业务岗位培训机制,加大培训力度。同时,健全和完善各级地方志专家库,组织专家广泛参与志鉴编纂和评审工作;以政府购买服务等方式借助社会力量参与修志编鉴,建立完善相应的规范制度。持续开展地方志工作机构先进集体和先进工作者评选表彰活动,建立干事创业的激励机制。

15.依法依规做好地方志资料工作。健全和完善地方志资料收(征)集制度,坚持地方志资料年报制度,运用社会调查、口述史等方法拓展资料收集范围和渠道,建立适应地方志事业发展和方志文化建设需要的地方志资料保障机制。加强地方志资料安全和保密工作,严防失泄密事件发生。做好地方志资料的考证和整理工作,进一步规范地方志资料及图书的收藏管理工作。各地及有关部门编纂的志书、年鉴,要在出版后3个月内向自治区地方志编纂委员会报送纸质版及电子版存档;其中志书报送50册并附电子版,年鉴报送30册并附电子版。

16.深化地方志质量建设。树立"质量第一"理念,强化地方志工作质量责任制,建立防错纠错、动态监管机制,严把志书、年鉴政治关、史实关、体例关、文字关、保密关、出版关，确保地方志工作服从于全区工作大局，在推进高质量发展和铸牢中华民族共同体意识的进程中发挥更大作用。打造新疆精品志鉴，积极参与中国志书精品工程、中国年鉴精品工程。申报设立志书、年鉴及优秀学术成果评比奖励项目，将志书、年鉴纳入自治区有关图书奖评比。

四、保障措施

（一）组织保障

坚持和完善"党委统一领导、党政齐抓共管、地方志工作机构组织实施、社会各界广泛参与"的工作体制。各级政府要在同级党委的领导下，加强对本地区地方志工作的领导和统筹规划，把地方志工作纳入当地经济社会发展规划，制定年度地方志工作目标任务并督促按期完成；按照德才兼备原则和专业要求，配齐配强地方志工作机构的领导班子及工作人员，确保其有效履行职能。自治区各有关部门和单位要把地方志工作作为一项基础性工作，明确分管领导和责任部门，加强对工作的组织领导，切实履行忠实记录本部门、本行业发展历史的职责。各级地方志工作机构要加强对地方志工作的管理、指导和服务，提高工作能力和水平。

（二）法规保障

贯彻落实《地方志工作条例》和《新疆维吾尔自治区实施〈地方志工作条例〉办法》，提高依法治志水平。面向社会广泛宣传地方志工作的法规规章，定期开展执法检查和行政督查，依法纠正、查处执行不力和违法行为。根据工作实际，及时建立完善地方志工作制度和业务规范，健全目标考核责任制和督查通报制度，完善自治区、地（州、市）、县（市、区）三级地方志工作机构分级负责、统筹协调的工作机制，持续推进地方志工作法治化、规范化建设。

（三）经费保障

各级人民政府做好地方志工作经费保障，改善地方志工作条件和图书资料收藏保管条件，保障修志、编鉴、著史、方志馆建设、信息化建设、旧志和谱牒整理、理论研究、人才培养、对外交流等工作顺利开展。

（四）宣传保障

各级各类新闻媒体，要大力宣传全区地方志工作机构和地方志工作者在实施"文化润疆"工程，推进地方志事业高质量发展，发挥地方志功能作用，为实现社会稳定和长治久安总目标作出的新成绩、新贡献。同时，各级地方志工作机构要开发地方志文化资源，充分利用传统媒体和新媒体，推出一批各族群众喜闻乐见的地方志成果，提高地方志的社会影响力。

（五）监督保障

加强规划目标任务分解落实，压实责任。自治区人民政府对依法治志和本规划实施情况进行监督、检查。总结推广好经验、好做法，确保发展目标和主要任务顺利完成，推动新疆地方志事业高质量发展。

兵团党委办公厅 兵团办公厅
关于印发《新疆生产建设兵团"十四五"史志事业发展规划》的通知

（新兵党厅字〔2021〕87号）

各师市、院（校）党委，兵团机关各部门、各直属机构党组（党委）：

《新疆生产建设兵团"十四五"史志事业发展规划》已经兵团党委同意，现印发给你们，请结合实际认真贯彻落实。

中共新疆生产建设兵团委员会办公厅
新疆生产建设兵团办公厅
2021年12月28日

新疆生产建设兵团"十四五"史志事业发展规划

为深入贯彻落实党中央、国务院对新形势下党史、地方志工作的部署，推进"十四五"时期兵团史志事业高质量发展，根据《地方志工作条例》《新疆生产建设兵团国民经济和社会发展第十四个五年规划和2035年远景目标纲要》，结合兵团实际，编制本规划。

第一章 发展基础和环境

第一节 发展基础

"十三五"时期以来，在兵团党委的坚强领导下，兵团史志系统坚持以习近平新时代中国特色社会主义思想为指导，全面贯彻落实党的十九大和十九届二中、三中、四中、五中全会精神，贯彻落实第二次、第三次中央新疆工作座谈会精神特别是习近平总书记重要讲话精神，增强"四个意识"、坚定"四个自信"、做到"两个维护"，完整准确贯彻新时代党的治疆方略，牢牢扭住新疆工作总目标，聚焦履行兵团职责使命，以"存史、资政、育人"为主线，以著史、修志、编鉴为主业，以信息化建设和地情资源开发利用、理论研究为依托，守正创新、锐意进取，构建"史、志、鉴、库、开发利用、理论研究"多业并举的史志工作新格局。

——保障体系日益完善。兵团党委高度重视史志工作，党的领导不断加强，国家业务指导机构支持力度不断加大，社会力量广泛参与，对口援疆进一步精准优化，"一纳入、八到位"全面落实，法治保障、制度保障、经费保障、队伍保障不断完善。

——主业基础全面夯实。坚持夯实主责主业根基，史志成果体系不断拓展和丰富。至2020年底，按期保质完成国务院确定的地方志工作"两全目标"任务，出版规划内志书20部、兵团级综合年鉴5部、师市综合年鉴46部；编纂出版团场志书26部、团场年鉴12部、专业年鉴5部。党史编研形成特色系列，基本完成兵师团三级简史编纂任务，启动口述史编撰工作，持续出版"新疆生产建设兵团史料选辑""新疆生产建设兵团历史文件选编"系列丛书。理论研究能力稳步提升，"兵团精神研究"被立项为国家社科基金党的革命精神谱系梳理和图书编辑出版研究专项项目；参与中央党史和文献研究院、自治区党史和文献研究院组织的多项专题研究项目，在国家级、省级专业期刊和兵团级报刊发表系列理论文章，推出一批研究成果。

——质量建设持续深化。坚持质量第一原则，坚守宣传阵地，落实意识形态工作责任制，将精品意识贯穿史志编纂出版全过程，不断健全著史、修志、编鉴业务管理和制度规范，实现编纂质量全流程管控。进一步完善激励机制，表彰兵团史志系统2015—2019年度优秀成果；积极组织参加国家业务指导机构的质量评比，《兵团年鉴（2020）》获第五届中国出版政府奖印刷复制奖提名奖，兵师团多部史志成果获各类国家级奖项，质量建设实现重大突破。

——开发利用水平实现跃升。坚持围绕中心、服务大局，深入挖掘史志资源，充分发挥史志工作资政育人作用。积极拓宽读史用志领域，在重大历史节点编辑出版《新疆生产建设兵团改革开放四十周年大事记（1978—2018）》《新疆生产建设兵团大事记（1949—2020）》；配合中央电视台完成《中国影像方志》在相关师市的摄制和在央视的播出工作；为庆祝建党100周年，与《兵团日报》联合开辟专栏宣传兵团红色历史；完成兵团史志信息化、数据库工程（一期）项目建设，收录公开出版的725部4亿余字兵师团史志书籍。

——人才队伍建设不断加强。坚持以人为本，注重教育培训与先进示范引领，初步形成一支老、中、青相结合，政治强、业务精、作风正、开拓创新的史志工作人才队伍。全兵团开展业务培训90余次，培训3000余人次；获全国党史系统、全国地方志系统先进集体荣誉称号各1个、全国地方志系统先进个人1名，表彰一批兵团级史志工作先进集体和先进工作者。

——"大史志"工作格局基本构建。坚持开门著史、修志、编鉴，积极调动社会力量参与史志工作。通过规范向社会购买服务、积极引进志愿者、聘请退休干部等方式，打造一支专兼职结合、稳定的史志鉴编纂力量。发挥"外脑"作用，建立兵团史志专家库。

同时，兵团史志工作仍存在一些制约发展的问题，主要表现在：少数师市和部门对史志工作的重要性认识不足、重视不够，事业发展不平衡现象突出，质量建设有待深化，理论研究水平相对滞后，信息化开发利用水平不高，人才队伍素质需进一步提高等。

第二节　形势分析

"十四五"时期，兵团史志事业发展面临前所未有的机遇。以习近平同志为核心的党中央高度重视史志工作，作出一系列重大部署，进一步明确史志工作在推进中华民族伟大复兴，新时代坚持和发展中国特色社会主义，推进党的自我革命、永葆党的生机活力，弘扬社会主义核心价值观和中华优秀传统文化等各项工作中具有不可替代的重要地位和作用，是文化强国建设的重要内容。

在以习近平同志为核心的党中央坚强领导下，新疆各项事业全面进步，社会大局持续稳定、经济实力显著增强、群众生活明显改善、民族团结发展进步、宗教领域和睦和谐、意识形态阵地巩固、生态环境持续改善、依法治疆有力推进、党的建设全面加强，各项工作取得显著成绩。兵团坚持国家利益就是兵团利益，新疆大局就是兵团大局，聚焦履行职责使命，以不断增强组织优势和动员能力为根本，以深化改革和向南发展为动力，维稳戍边能力得到新提升，深化改革取得新成效，向南发展迈出新步伐，兵地融合发展实现新进步，全面从严治党展现新气象，为服务新疆工作总目标作出了新的贡献。

在我国进入全面建设社会主义现代化国家、向第二个百年奋斗目标进军的新征程中，习近平总书记关于史志工作的重要论述，为兵团史志工作高质量发展提供了根本遵循。新疆和兵团工作取得的成就，为兵团史志事业的发展奠定了厚实基础、提供了广阔舞台。《新疆生产建设兵团国民经济和社会发展第十四个五年规划和2035年远景目标纲要》明确提出"提升先进文化传播力""启动兵团第三轮修志工作，推出一系列史志优秀成果"，为深入开展史志工作创造了有利条件。"十四五"时期，是兵团史志工作实现高质量发展的关键阶段，在兵团党委的坚强领导下，兵团史志系统要聚焦兵团维稳戍边职责使命，切实增强思想自觉、政治自觉和行动自觉，积极参与文化润疆工程，充分发挥兵团红色资源优势，以史鉴今、资政育人，不断巩固和完善"史、志、鉴、库、馆、网、开发利用、理论研究"多业并举的事业发展新格局，创新发展思路，夯实发展基础，提高研究水平，多出精品佳作，为兵团更好履行"三大功能"、发挥"四大作用"展现新作为。

第二章　总体要求

第一节　指导思想

高举中国特色社会主义伟大旗帜，以习近平新时代中国特色社会主义思想为指导，全面贯彻落实党的十九大和十九届历次全会精神，增强"四个意识"、坚定"四个自信"、做到"两个维护"，贯彻落实习近平总书记关于史志工作的重要论述，深入贯彻落实第三次中央新疆工作座谈会精神特别是习近平总书记重要讲话精神，完整准确贯彻新时代党的治疆方略，牢牢扭住新疆工作总目标，聚焦履行兵团职责使命，全面把握新发展阶段，完整、准确、全面贯彻新发展理念，主动服务和融入新发展格局，实现史志事业高质量发展，为铸牢中华民族共同体意识、实施文化润疆工程、建设先进文化示范区贡献历史智慧和史志力量。

第二节　基本原则

——坚持党的领导。坚持和加强党对史志工作的全面领导,健全党领导史志工作的体制机制,发挥党在史志工作中的领导作用。

——坚持正确方向。坚持走中国特色社会主义文化发展道路,坚持以人民为中心的发展思想,通过编修和开发利用史志成果,以丰富、优秀的精神文化产品服务人民。

——坚持依法依规。贯彻落实党中央关于党史工作的部署要求,贯彻落实《地方志工作条例》,用法治思维和法治手段推动史志工作高质量发展。

——坚持质量第一。始终把质量意识、精品意识贯穿史志编研工作全过程,严把政治关、史实关、体例关、文字关、保密关、出版关,编纂出版一批经得起历史检验、具有鲜明时代特征和兵团特色的史志鉴精品。

——坚持守正创新。把握史志工作本质,遵循史志事业发展规律,在继承优良传统的基础上,解放思想,实事求是,不断创新工作思路和方法,探寻新路径,实现新发展。

——坚持经世致用。发挥史志资源优势,拓宽开发利用渠道,创新宣传传播形式,提升全社会读史用志水平,为兵团深化改革和向南发展,实现治理体系和治理能力现代化提供历史借鉴和智力支持。

第三节　发展目标

聚焦履行兵团职责使命,实施记载研究工程、优秀成果工程、服务提升工程、宣传教育工程、协作创新工程、固本强基工程"六大工程",全面建构史志编修体系、理论研究体系、质量保障体系、资源开发利用体系、工作保障体系"五大体系",赓续红色血脉,挖掘红色资源,讲好兵团故事,提升围绕中心、服务大局能力。

——实施记载研究工程。即时跟进、准确记载总结研究习近平新时代中国特色社会主义思想在兵团的实践,研究兵团党委和兵团作出的重大部署,充分反映兵团历史性变革进程和取得的伟大成就。

——实施优秀成果工程。聚焦主责主业,挖掘兵团红色资源,深化党史编研、志鉴编修,推出一批高质量成果,打造精品佳作。

——实施服务提升工程。围绕兵团党委中心工作和文化润疆工程、履行先进文化示范区功能开展资政研究,拓宽服务途径,创新服务方式,做好业务指导,紧贴职工群众文化需求,提升史志资源开发利用水平。

——实施宣传教育工程。拓宽宣传教育渠道,创新传播手段方式,丰富宣传内容,为党史学习教育和"四史"宣传教育提供服务,坚守宣传阵地,落实意识形态工作责任制。

——实施协作创新工程。积极争取国家业务指导机构支持,依法依规引进社会力量参与,不断提高对口援疆综合效益。鼓励科研机构、高等院校和社会力量参与史志编研,实现"大史志"工作格局新突破。

——实施固本强基工程。完善资料征管体制,做好资料保管利用,深化理论研究,推进史志信息化建设,建构高素质人才梯队,夯实史志事业发展基础。

第三章　工作任务

第一节　实施记载研究工程,记载总结研究习近平新时代中国特色社会主义思想在兵团的实践

(一)收集整理习近平总书记关于兵团工作的重要论述、重要文献。做好习近平总书记关于兵团工作的重要讲话和重要指示批示的收集整理,为各级党组织和党员干部学习习近平新时代中国特色社会主义思想和新时代党的治疆方略,深刻理解兵团维稳戍边职责使命提供文献资料。

(二)深入开展习近平新时代中国特色社会主义思想在兵团的实践研究。即时跟进记载研究兵团党委新时代坚持和发展中国特色社会主义,统筹推进"五位一体"总体布局和协调推进"四个全面"战略布局的实践进程。记载、总结、研究兵团党委完整准确贯彻新时代党的治疆方略,履行"三大功能"、发挥"四大作用"等方面的重要部署、实践和经验。征

集整理编辑党的十八大以来兵团重要文献资料，记述好兵团党委执政纪事。

第二节 实施优秀成果工程，推出一批高质量编研成果

（三）挖掘红色资源，深化党史编研。充分发挥兵团红色资源优势，围绕兵团重大历史事件、重要时间节点、重要历史人物等开展党史专题研究。加强与科研机构、专家学者合作，积极开展课题研究。全面开展口述史工作，有计划、有重点地征集、整理、编纂、出版老军垦、先进模范、改革先锋等典型人物的口述史资料，以生动鲜活的故事再现兵团维稳戍边光辉历程。

（四）启动第三轮修志，完善志书编修体系。根据国家业务指导机构的统一部署，全面深入总结前两轮修志工作经验，强化组织领导，科学编制第三轮修志规划和编纂方案，开展师市修志试点，启动第三轮修志工作。到2023年底前完成第二轮团场志书出版任务。协调师市和有关部门、行业开展好以扶贫和全面小康为主题的志书编纂工作，探索开展专题志编纂，支持部门、行业、企事业单位编纂部门志、行业志等。

（五）做好年鉴编纂，推动扩面提质。持续巩固兵团、师市两级综合年鉴编纂出版全覆盖成果，一年一鉴，公开出版。缩短年鉴编纂出版周期，提高时效性，积极创新"互联网+"背景下的年鉴编纂出版工作。切实加强年鉴编纂工作的业务指导，有计划推动、支持有条件的团镇（街道）、重点企事业单位和各级各类开发区开展年鉴编纂。试点推进兵师两级综合年鉴参与中国年鉴精品工程。

（六）深化史志质量建设。坚持质量第一，树立精品意识。严格执行国家业务指导机构关于党史、地方志书和综合年鉴编纂出版的质量规定，充分发挥质量建设引领作用和示范效应，强化史志工作质量责任制，规范编纂工作流程，创新编纂方式，落实审查验收制度。

第三节 实施服务提升工程，提高史志资源开发利用水平

（七）深入开展资政研究。围绕中心、服务大局，深入挖掘兵团史志资源，联合各级智库、科研机构、高等院校开展资政专题研究，主动开展前瞻性资政研究，总结历史经验，提供历史借鉴，为兵团各级党政科学决策提供服务。

（八）加快推进开发利用。探索建设兵团级党史学习教育基地，充分利用兵团红色资源打造宣传教育高地，助力兵团履行先进文化示范区功能。配合做好党史遗址遗迹、历史文化遗产保护开发利用工作，为兵团红色旅游开发、爱国主义教育基地建设提供支持。积极推进兵师两级史志馆建设，全面打造地情开发利用服务平台，引导广大党员干部修好党史这门"必修课"，深入了解兵团历史。

（九）切实强化便民服务。充分利用史志资源，写好兵团故事，开发出职工群众喜闻乐见的地情读物、影像作品等，继承中华优秀传统文化，弘扬社会主义核心价值观，努力满足职工群众日益增长的文化需求。

第四节 实施宣传教育工程，提升史志工作影响力

（十）服务党史学习教育和"四史"宣传教育。发挥职能作用和专业优势，积极配合做好兵团开展党史学习教育和"四史"宣传教育，扎实开展好宣传宣讲活动。

（十一）积极扩大社会影响和提升社会效益。联合国家级和兵师两级新闻媒体，积极引进融媒体，盘活史志资源，宣传推广史志文化，讲好兵团故事。提高宣传针对性，积极开展党史纪念活动，以展览、讲座、论坛、宣传册等形式，让史志成果进机关、进连队、进社区、进企业、进军营。

（十二）落实意识形态工作责任制。做好意识形态领域新情况、新问题的研判，坚决反对历史虚无主义，配合相关部门做好舆论引导，对各种歪理邪说、错误思潮和言论主动发声亮剑，做到正本清源。做好党史纪念活动、纪念场馆展陈和涉及兵团的重大事件、重要人物、历史文化产品的审查审读审看工作，确保观点正确、史实无误。

第五节　实施协作创新工程，实现"大史志"工作格局新突破

（十三）加强兵地融合和交流合作。深度推进兵地融合，在史志成果共享、史志业务合作、人员交流培训等方面，加强同自治区史志系统的沟通联系。采取多种形式，加强与区域内外史志机构、档案部门、高等院校、科研机构、出版机构等的交流合作。

（十四）鼓励社会力量参与。整合各方面资源，凝聚各方面力量，鼓励高等院校、科研机构和专家学者参与史志工作，有效调动退休老同志、史志爱好者的积极性，积极引进志愿者，拓宽开门编史修志的路径。

（十五）提升对口援疆综合效益。紧密结合文化润疆工程，主动对接援疆省市，提高资金、项目对口援助精准度。争取对口援疆省市史志机构资金、培训、业务等方面支持，坚持"引进来"和"走出去"相结合，探索建立史志工作人才援疆机制。

第六节　实施固本强基工程，夯实史志事业发展基础

（十六）做好资料征集保护工作。加强资料和史志成果征集工作，建立适应史志事业发展的资料征集工作机制和完善史志成果上报机制，积极拓展与国家级和各省（自治区、直辖市）史志机构的成果交流，打造具有全国影响力的涵盖中华人民共和国成立后陆续组建的生产建设兵团、农建师的史料专题库。做好兵团烈士、参战退役军人、荣获二等功以上奖励的退役军人名录事迹的收集整理，协调相关部门开展史志成果编纂工作。利用现代化信息技术手段和媒介载体，实现资料征集形式多元化。

（十七）强化史志理论研究。不断总结编纂经验，开展理论探讨，加强史志理论研究，以高质量理论研究成果推动编纂实践发展。结合兵团实际创新理论研究形式，通过课题申报、合作立项、专题研究等形式，拓展理论研究广度深度，构建具有兵团特色的史志理论研究成果体系。

（十八）提升信息化建设水平。继续做好兵团史志信息化、数据库工程项目建设，加强硬件和软件配套，推进构建集存储保管、开发利用于一体的兵团史志数据库和数据资源共享平台。

（十九）打造高质量人才梯队。坚持既出成果又出人才，重视人才培养选拔，加大对年轻业务骨干的培养，健全和完善史志专家库，打造专兼职结合、结构合理的人才梯队。加强人员培训和交流，开展对史志机构新任负责人、志鉴主编（总纂）的专项培训，实现史志编修人员岗前培训全覆盖，培养一批编纂、研究高素质人才。

第四章　保障措施

第一节　组织保障

各级党政要高度重视史志工作，依法依规履行工作职责，切实落实史志工作"一纳入、八到位"工作机制，定期听取工作汇报，将史志事业发展纳入国民经济和社会发展规划及工作计划，史志工作机构设置和人员编制要与其有效履行职能、顺利开展工作的要求相适应，按照德才兼备原则和专业要求，配齐配强史志工作机构领导班子。

第二节　经费保障

各级和各有关部门要将史志工作所需经费纳入年度财政预算，做好史志工作经费保障，结合史志工作发展需要建立同经济社会发展相匹配的经费保障机制。

第三节　人才保障

完善教育培训机制，强化培训针对性，努力打造一支作风硬、能力强、业务精的稳定的史志工作人才队伍。依法依规开展先进集体、先进工作者和优秀成果评选表彰活动，建立干事创业的激励机制，营造良好氛围。

第四节　制度保障

各师市和有关部门应根据本规划，结合工作实际，制定本师市本部门史志事业发展规划或实施方案。结合史志工作需要及时总结经验，建立涵盖史志工作管理、编纂、质量控制、开发利用等各方面的制度保障体系，确保各项工作有章可循、有据可依。

第五节　监督保障

各级和各有关部门应结合工作实际，依法依规定期开展史志工作监督检查，健全和完善目标考核责任制、督查通报制，强化责任落实。各师市要把史志工作纳入年度绩效考核范围，确保各项工作落实到位。

· 领导讲话

在全省党史和地方志部门主要负责人会议上的讲话（摘编）

（2021年4月2日）

中共安徽省委常委、省委秘书长　郭强

当前，全党正在深入开展党史学习教育。今天这次会议是省级机构改革之后召开的第一次全省党史和地方志部门主要负责人会议，十分必要、很有意义。省委对党史和地方志工作高度重视，前不久，锦斌书记主持召开省委党建领导小组会议，把省委党史研究院（安徽地方志研究院）正式列为省委党建工作领导小组成员。这次会议之前，锦斌书记又亲自审定会议方案，体现了对全省党史和地方志工作的殷切期望。

近年来，在省委的坚强领导下，全省党史和地方志部门坚持以习近平新时代中国特色社会主义思想为指导，围绕中心、服务大局，聚焦主责主业、奋发开拓进取，有效发挥了存史资政育人作用，为推进全省各级党组织建设和经济社会发展作出了积极贡献。

一是聚焦党史研究，党史编研取得新进展。 深入开展习近平新时代中国特色社会主义思想在安徽的创新实践研究，设立安徽省中国特色社会主义理论体系研究中心省委党史研究院基地，完成《中国共产党安徽历史》（第三卷）初稿，市县党史二卷编撰出版工作即将全面完成，出版《决战决胜最前沿——驻村扶贫干部口述》等一批党史图书，取得了一批有质量有分量的研究成果。

二是聚焦"两全目标"，地方志编纂工作取得新成果。 到去年底，全省规划的214部省市县二轮志书全部出齐，122部省市县综合年鉴实现"一年一鉴、公开出版"全覆盖，"两全目标"顺利实现，进度位居全国前列，中国地方志指导小组专门向省委来信表示祝贺和感谢。

三是聚焦重要节点，史志宣传教育取得新成效。 围绕改革开放40周年、新中国成立70周年、抗战胜利75周年、中国人民志愿军抗美援朝出国作战70周年等重大纪念活动，开设专栏、专刊，举办图片展、研讨会、座谈会，拍摄播出专题片、微视频等，进一步增强了宣传教育的吸引力感染力。

四是聚焦力量整合，自身建设得到新加强。 全省党史地方志部门机构改革顺利完成，研究力量和资源得到有效整合，干部队伍建设进一步加强，有效激发了干事创业的积极性，呈现出团结和谐、开拓奋进的良好局面。广大党史和地方志工作者以强烈的责任感使命感履职尽责，兢兢业业为党存史述史、树碑立传、传经弘道，耐得住寂寞、守得住清贫，展现出传承红色基因、弘扬安徽文化、奋进新时代的昂扬精神风貌。实践证明，我们党史和地方志这支队伍是一支讲大局、顾大局，值得信赖、富有战斗力的队伍。借此机会，受锦斌书记委托，我代表省委，向全体与会同志，并通过你们向全省党史和地方志工作者致以诚挚的问候！

今年是我们党百年华诞。百年风雨兼程、百年苦难辉煌。党史是最好的教科书、营养剂，饱含其间的有信仰、有方向，有宗旨、有传统，有经验、有定力。我们要从百年大党继往开来再出发、引领世界社会主义发展的政治高度，从新时代与大变局相互激荡的时代背景，从加快建设新阶段现代化美好安徽的工作全局，深刻认识新时代党史工作和地方志工作的重大意义，肩负的神圣使命。

借此机会，我先就做好党史工作讲三点意见，供同志们参考（略）。

需要强调的是，机构改革后，党史和地方志合为一体。要进一步深化有机融合，发挥综合优势。这里，我就贯彻落实习近平总书记关于地方志工作重要论述和全国地方志机构主任工作会议精神，奋力开创地方志工作新局面，再讲三点意见。

一要准确把握地方志事业发展新的历史方位。习近平总书记强调，中华民族伟大复兴需要以中华文化发展繁荣为条件。方志文化是中华民族特有的文化基因，为传承中华文脉、弘扬核心价值发挥了至关重要的作用。我们要深入贯彻党的十九届五中全会精神，自觉把建成文化强国和创新型文化强省的战略目标作为地方志事业发展的努力方向和着力点，切实推动地方志工作高质量发展，实现满足人民文化需求和增强人民精神力量相统一。

二要以新发展理念引领地方志事业发展。习近平总书记反复强调，要把新发展理念贯穿发展全过程和各领域，突出新发展理念的引领作用。对地方志工作来说，就是要不断推动地方志理论创新、实践创新、制度创新、管理创新、方法创新；要切实促进志鉴史馆网等多业并举，不断增强发展的整体性协调性。要主动走出去，特别是要积极办好"2021地方志与长三角区域一体化发展论坛"等重要活动，注意加强与高等院校、科研机构、档案馆等学术交流与合作，努力在更大范围、更宽领域、更深层次上提升地方志事业发展水平。要提高地方志公共文化服务的覆盖水平和服务供给水平，让人民群众共享地方志成果。

三要加快构建地方志事业发展新格局。要做新时代的忠实记录者，扎实做好《安徽全面小康志》《安徽扶贫志》和各方面综合年鉴等编纂出版，不断巩固地方志"两全目标"成果，积极推进乡镇村志、特色志编纂，努力将改革发展的伟大时代全面客观地载入史册、载入志册，为时代画像、为时代立传、为时代明德。要做新时代的以志资政者，充分发挥地方志在规划编制、旅游开发、城市建设、招商引资、减灾防灾、历史文化遗产保护、宣传教育等方面的作用，当好经济社会发展的省情、市情、县情、乡情服务专家。要做新时代的培根铸魂者，用高质量的方志文化成果弘扬社会主义核心价值观，以踏踏实实的工作推进创新型文化强省建设。

党史地方志工作是党的工作和党的建设的重要组成部分。各级党委要把党史和地方志工作纳入党委整体工作部署，纳入党建工作、意识形态工作责任制，研究解决好工作中存在的困难和问题。要着力构建"大党史"工作格局，有效整合各种研究资源，统筹协调档案、社科院、高校等部门和机构力量，推动形成做好党史和地方志工作强大合力。各级党史和地方志部门要积极主动向党委请示报告工作情况和重大问题，积极融入中心工作，在服务新阶段现代化美好安徽建设大局中不断作出新的更大贡献，以优异成绩庆祝中国共产党成立100周年！

在2021年全区市级地方志机构主任工作会议上的讲话

（2021年3月31日）

广西壮族自治区副主席　黄俊华

今天，我们在这里召开会议，主要任务是全面贯彻落实2021年全国省级地方志机构主任工作会议精神，总结回顾2020年地方志工作，研究部署2021年及今后一段时期地方志工作，推动全区地方志工作在新的历史起点上开好局、起好步。刚才，金荣同志传达了全国会议精神并汇报了过去一年全区地方志工作情况，自治区生态环境厅、梧州市、百色市、环江毛南族自治县等单位进行了交流发言，大家讲得很好，听后很受启发。下面，我讲几点意见。

一、充分肯定成绩，进一步提振推动地方志事业高质量发展的信心

过去的一年，全区地方志系统紧紧围绕自治区党委、政府决策部署，聚焦主业、服务大局、修志为用，编纂出版了一大批优秀的志鉴成果，各项工作取得了显著成效。一是志鉴编修"两全目标"全面完成。历经20年，列入第二轮修编规划的我区186部自治区、市、县三级地方志书全部出版，118部地方综合年鉴实现一年一鉴、公开出版全覆盖，数代方志人共同期待的第二轮修志工程实现圆满收官，谱写了方志事业发展的新篇章。二是依法治志取得新突破。积极推动《广西壮族自治区地方志工作办法》颁布实施，为地方志工作实现法制化管理提供有力保障。三是打造了一批志鉴精品。聚焦特色品牌打造，涌现出一批志鉴编修新成果，14部地方综合年鉴和专业年鉴在2020年第七届全国地方志优秀成果（年鉴类）评审中获中指组通报表彰。四是特色志书编纂扎实推进。《"天津支边医生在广西"史料选编》顺利出版，《广西抗日战争志》《广西海外华侨华人志》《广西汉语方言志》《广西边务志》《上海支边企业在广西史料汇编》等特色志书编纂工作稳步推进。五是地方志平台建设不断夯实。广西方志馆二期项目落实项目资金1500万元，完成项目初步设计。广西数字方志馆完成一期建设，二期建设正在推进中。在新冠肺炎疫情的影响下，能够取得这样的成绩，值得充分肯定。在此，我谨代表自治区人民政府向全区地方志工作者表示热烈祝贺和衷心感谢！

二、认清发展形势，切实增强做好地方志工作的使命感和责任感

今年是"十四五"规划的开局之年，是中国共产党成立一百周年，也是地方志事业向法治化高质量转型升级的关键之年，以及由"两全目标"收官到第三轮修志的转折之年。在新的历史起点上，地方志工作要准确把握新发展阶段面临的新形势、新任务、新要求，增强做好地方志工作的责任感、使命感。

首先，从新的发展形势看，当前地方志工作正面临难得的发展机遇。随着我区经济社会快速发展，人民日益增长的美好生活需要越来越聚焦精神文化的需要，从历史中汲取养分成为越来越多人的一种学习方式，地方志"存史、资政、育人"作用愈加明显。经过"两全目标"攻坚，从上到下对地方志工作的重视程度前所未有，今年地方志工作再次写进自治区政府工作报告，并将"启动第三轮修志"列入"十四五"规划重点任务和二〇三五年远景目标。与此同时，修志工作的基础性条件大有改善，20年来积累了大量的经验，在组织领导、编写规范等方面形成了各种制度和行之有效的办法，有了一套比较固定的机构和一支专门的队伍，这些都为我区做好"十四五"地方志工作奠定了坚实的基础。

第二，从新的重点任务看，地方志工作

处于全面完成第二轮修志任务，即将启动第三轮修志工作的新阶段。紧密衔接第二轮修志工作与第三轮修志工作，有序推进第三轮修志工作是当前最紧迫的实际问题。第三轮修志是首轮及第二轮修志工作的延续，三者在指导方针、基本要求和组织领导体制上大体上是相同的，但所处的客观环境却发生了较大变化。我们要吸取前两轮修志进度上前松后紧、资料缺失严重、质量参差不齐等教训，早谋划早部署，压实工作任务，运用好新技术、新手段，加强资料收集，加快培养选调一批为方志事业献身的中青年骨干人才，解决好修志队伍青黄不接问题，确保修志事业持续发展。

第三，从新的发展要求看，要推动地方志事业高质量发展。习近平总书记指出，"应对共同挑战、迈向美好未来，既需要经济科技力量，也需要文化文明力量。"地方志作为最深厚的国家文化软实力之一，代表的是一种潜移默化的文化渲染力和影响力，它不仅能够助力经济的快速发展，还能够让普通民众在寻常生活中产生自尊感、自豪感和自信心。党的十九届五中全会明确提出到2035年建成文化强国的战略目标，为地方志事业发展指明了努力方向和着力点。我们要对标文化强国建设目标，把握新发展阶段的新机遇，贯彻新发展理念，主动把地方志工作融入国家发展战略，自觉承担起繁荣发展地方特色文化职责，推介一批高质量地方志成果，为经济社会发展提供文化支撑。

三、聚焦工作重点，推动地方志事业高质量发展

2021年，全区地方志工作要紧紧围绕自治区党委、政府的工作大局，按照"起步就要提速，开局就要争先"的要求，聚焦工作重点，抓紧谋划推进各项工作，推进地方志事业转型发展。

（一）科学谋划地方志事业"十四五"发展规划。"十四五"时期是我国开启全面建设社会主义现代化国家的起步时期，是"两个一百年"奋斗目标的历史交汇期，更是我区准确把握新发展阶段、全面贯彻新发展理念、积极融入新发展格局的关键时期，全区地方志系统要增强责任感、紧迫感，抓紧做好地方志"十四五"规划编制工作。要加强调查研究，通过外出学习考察先进经验做法、到区直部门和市县调研听取意见建议等方式，全面总结一、二轮修志工作经验与不足，为编制地方志事业"十四五"规划打下坚实基础。要主动融入全区发展大局，紧紧围绕"加快发展、转型升级、全面提质"的目标要求，找准地方志工作在新发展格局中的定位，科学统筹，高质量谋划未来五年广西地方志事业发展目标任务和工作措施，同时要注意与全国地方志事业发展规划纲要、广西"十四五"规划相衔接，明确地方志工作在广西"十四五"规划中的定位，将地方志事业纳入广西"十四五"规划总体安排及相关专题规划。

（二）全面开启第三轮修志工作。随着志鉴编修"两全目标"攻坚战的圆满收官，全区第二轮修志工作全面完成，第三轮修志工作启动在即。开展第三轮修志工作，重点要把握好几个方面。一是要准确把握时代脉搏，客观反映时代特征。2006年至2025年是第三轮修志要记载的一段重要历史时期，这个时期内，在党中央和国务院的坚强领导下，自治区党委、政府团结带领全区各族人民战胜了冰冻雪灾、洪涝灾害、金融危机、干旱灾害、经济下滑、新冠肺炎疫情等重重困难，取得了一个又一个胜利。这个时期内，我区经济综合实力明显提升，区域性发展实现国家战略全覆盖，全方位开放发展取得重大突破，基础设施跨越式发展，全面消除绝对贫困，全面建成小康社会。回顾过往，艰难困苦，玉汝于成。各级地方志机构要牢固树立"为党立言，为国存史，为民修志"的责任感和使命感，充分挖掘能展现我区这一时期政治、经济、社会、文化、生态建设等各方面取得的重大成就及经验教训的个性和特色的史料，将自治区党委、政府作出的重大决策，我区经济社会发展等各方面建设取得的重要成就浓墨重彩地记述在第三轮志书中，记录好壮乡人民建设壮美广西、共圆复兴梦想的奋斗史、辉煌史。二要树立质量

意识，编修经得起历史考验的精品佳志。质量是志书的生命。20世纪80年代启动社会主义新方志编修以来，经过两代方志人的探索和实践，地方志工作构建了一套以志稿质量评议、审查验收评分制度等为代表的相对成熟的质量保障体系。要以对历史、社会和后人负责的社会责任感和历史责任感，认真履行职责，强化质量意识，严格执行质量规定和标准，确保编修的地方志经得起历史检验。三要树立法治意识，坚持依法修志。各级地方党委政府要提高对依法治志重要性的认识，把依法治志纳入法治化建设轨道和依法行政范畴，切实履行政府对地方志事业的领导职责。政府有关部门要依法参与地方志工作，接受地方志工作机构的业务指导和督促检查，确保按时完成地方志工作任务。各级地方志工作机构要结合当地实际，建立健全涵盖志书编修、年鉴编纂、旧志整理、信息化建设、地情资源开发利用的规章制度，使地方志各项工作有据可依、有规可循。

（三）加强方志平台建设。进入新的历史时期，地方志工作实现了由传统的"一本书主义"向志、鉴、馆、网、会、刊等多业并举的转型升级。要积极搭建地方志平台，结合"一号一网一会一堂两馆两刊"建设，汇聚地方志事业高质量发展新合力。要抓好微信公众号和地情网站建设工作，搭建方志宣传平台。要依托广西方志馆、广西数字方志馆建设，搭建方志资源共享平台。加快启动广西方志馆二期项目开工建设，加快完成广西数字馆三期建设任务和电子版地方志书发布，全力提升方志数字化信息化水平，提高地方志资源的社会共享率和公众使用价值。要继续办好《八桂地情参阅》（内刊），搭建方志资政平台。高水准编印好《八桂地情参阅》，专题挖掘广西史志文化资源，持续为自治区党委、政府提供资政参考。

（四）围绕党委、政府工作重点，谋划今年及今后工作。目前，脱贫攻坚工作已取得全面胜利，乡村振兴将如火如荼开展；小康社会已经全面建成，全面建设社会主义现代化国家新征程的号角正在吹响。全区地方志系统要围绕自治区党委、政府中心工作，主动出击，做好地情研究和开发，为经济社会发展提供方志素材、贡献方志力量、体现方志担当。围绕建党100周年这一重要主题，各级地方志工作机构要坚决扛起"存史、资政、育人"的政治担当，谋划开展庆祝建党100周年系列活动，向建党百年献礼。围绕党史学习教育，各级地方志工作机构要充分挖掘本地历史文化资源，充分发挥自身优势，为党员干部学习党史、国史、地方史提供资源。围绕结合脱贫攻坚全面摘帽、小康社会全面建成等重要时间节点和事件，要认真抓好项目策划，编写好《扶贫志》《全面建设小康社会志》等志书，以高水准的地情成果向全面建成小康社会献礼。围绕乡村振兴战略，各级地方志工作机构要深挖当地特色文化资源，有计划、分步骤开展乡村史志编纂；要积极参与镇情馆、村史馆、民俗生态博物馆、乡村博物馆等规划建设、布展策划和工作指导，切实发挥地方志在乡村振兴中的积极作用。

四、加强组织领导，进一步强化方志工作保障措施

志鉴编纂是一项系统工程，涉及部门多、专业性强、工作量大。我们要进一步加强组织协调，明确职责分工，强化保障措施，确保圆满完成各项工作任务。

（一）加强对方志工作的组织协调。各级各部门要继续坚持党委领导、政府主持、地方志机构组织实施、社会各界广泛参与的工作体制，进一步加强对地方志工作的领导。各级政府分管领导是直接责任人，要积极主动向主要领导汇报，主动关心过问地方志工作，听取有关工作汇报，加强调研指导，解决地方志工作的困难和问题。各级地方志工作机构负责同志要守土有责、守土尽责，科学制定计划，认真组织落实。各有关部门要按照当地政府和地方志工作部门的安排部署，细化分工，相互支持，密切配合，确保按时完成各自承担的任务。

（二）积极培育地方志生态体系。地方志

系要主动适应外部生态,积极融入大文化建设的范畴,健全地方志工作体制机制,广泛吸纳各领域专家学者和熟悉地情的各界人士参与地方志工作。要加强方志文化建设,发扬"修志问道、直笔著史"的方志人精神,编修精品佳志,不断拓展地方志工作领域,努力开创地方志事业发展新局面。

（三）确保修志队伍稳定。第三轮修志工作是一项系统性的重大文化工程,历时长,工作庞杂,质量要求高。各级政府、各有关部门要切实履职尽责,加强对地方志工作的组织领导,采取有力举措,保持修志工作队伍总体稳定,为启动第三轮修志提供人员保障,确保修志工作机构不撤、人员不散、工作不断。

（四）加强修志编鉴工作经费保障。各级各有关部门要按照地方志工作条例的要求,把修志编鉴工作经费列入各单位部门预算,按时、足额拨付到位,确保修志编鉴工作正常开展。要努力改善地方志工作条件和地方志资料收藏保管条件,加强修志、编鉴、出版、科研、开发利用、信息化建设、资料文献保存等工作经费保障。

（五）加强党风廉政建设。要深入开展党风廉政建设,压紧压实全面从严治党责任,及时梳理排查设施采购、课题经费管理使用、志书审查验收、项目评审、年鉴稿酬发放等地方志领域廉政风险点,及时掌握工作动态、及时完善制度举措。要加强作风和能力建设,营造风清气正、干事创业的良好政治生态。

同志们,在新的历史起点上推动地方志事业高质量发展责任重大、使命光荣。我们要坚持以习近平新时代中国特色社会主义思想为指导,准确把握新发展阶段,认真贯彻新发展理念,积极融入新发展格局,科学谋划、担当实干、扎实推进、狠抓落实,奋力谱写全区地方志事业高质量发展新篇章,为建设壮美广西、共圆复兴梦想作出新的更大的贡献,向建党100周年献礼!

在全区党史工作会议上的讲话（摘编）

西藏自治区党委常委、秘书长　刘江

（2021年5月20日）

党史、方志不分家,对党史工作提出的任务和要求,也是对方志工作的要求。经过"十三五"的努力,全区顺利完成了一、二轮修志任务,基本实现了区地县三级有志有鉴的"两全目标",要抓好"两全"收尾,谋划好"十四五"的工作。一是要坚持党的领导,担负好记录新时代、书写新时代、讴歌新时代的使命,展现好新时代西藏的发展变化。二是要实施"专""名"工程,在积极做好第三轮志书修志准备工作的同时,突出抓好扶贫志、全面小康志等专项志书的编纂工作,大力推进名镇、名村、名山、特色产品等"名""特"系列志书编修工作,如喜马拉雅志、雅江志、江河源头志、青稞志、牦牛志等,抓紧编纂出版玉麦镇志和巴吉村志,为时代画像、为时代立传、为时代明德。三是要实施年鉴提档升级工程,坚持地方综合年鉴由方志机构组织编纂,努力提高年鉴编纂质量,在丰富信息、完备内容、方便实用、图文并茂上下功夫,突出大事要事新事特事,不能搞流水账、大杂烩,坚持做到一年一鉴、公开出版,不断丰富资政内容。四是要搞好方志开发利用,方志编纂出来不能当成摆设、束之高阁,要开发、宣传其中的有益于当下工作的经验、案例,充分发挥方志在规划编制、旅游开发、城市建设、招商引资、防灾减灾、历史文化遗产保护、宣传教育等方面的作用。同时,要积极促进方志与党史工作的融合,其实很多地市都是史志两块牌子、一套人马,在研究方面要融合,资料征集要共享共用、更可以一块搞,研究成果要相互支撑、相互印证,让党史方志相得益彰;信息化建设要融合,充分应用现代化信息技术手段,对革命文物等史料进行数字化保护,延长其寿命,在做好保密工作的前提下,推进门户网站建设,提高利用效率;党史馆和方志馆建设要融合,积极争取中央党史和文献研究院、中国地方志指导小组办公室的支持,按照"一个场馆、两块牌子"的原则进行建设,全面提升服务水平,更好地服务社会、服务大众。

(康丰智)

统计表

全国第二轮省市县志和乡镇村志出版情况统计表

（2021年1月1日至2021年12月31日）

单位：册

序号	行政区划	省级志书出版数	市级志书出版数	县级志书出版数	乡镇（街道）级志书出版数	村（社区）级志书出版数
1	北 京	1	0	0	—	—
2	天 津	—	—	—	4	34
3	河 北	0	0	1	5	52
4	山 西	8	0	13	1	9
5	内蒙古	0	2	8	—	—
6	辽 宁	3	6	3	1	0
7	吉 林	—	—	—	—	—
8	黑龙江	—	—	—	2	0
9	上 海	61	0	3	11	2
10	江 苏	5	4	2	54	42
11	浙 江	0	1	5	3	6
12	安 徽	—	—	—	4	7
13	福 建	0	0	7	1	4
14	江 西	97	0	2	5	0
15	山 东	0	4	6	18	27
16	河 南	—	—	—	14	5
17	湖 北	—	—	—	21	38
18	湖 南	0	2	4	3	4
19	广 东	0	0	3	9	10
20	广 西	0	1	1	—	—
21	海 南	—	—	—	2	0
22	重 庆	1	0	5	3	0
23	四 川	—	—	—	25	5
24	贵 州	—	—	—	7	3
25	云 南	—	—	—	9	11
26	西 藏	0	1	1	—	—
27	陕 西	—	—	—	2	4
28	甘 肃	—	—	—	1	7
29	青 海	15	1	8	—	—
30	宁 夏	0	0	2	1	0
31	新 疆	0	1	2	—	—
32	兵 团	0	0	6	—	—
	合 计	191	23	82	206	270

全国地方志系统行业志、部门志、专业志、山水名胜古迹志和历代方志整理出版情况统计表

（2021年1月1日至2021年12月31日）

单位：部

序号	行政区划	行业志	部门志	专业志	山水名胜古迹志	历代方志整理
1	北京	—	—	—	—	11
2	天津	0	10	1	0	—
3	河北	2	9	6	0	3
4	山西	5	14	1	0	19
5	内蒙古	3	5	1	0	1
6	辽宁	0	3	0	0	—
7	吉林	1	3	0	2	3
8	黑龙江	1	0	0	0	—
9	上海	1	3	1	0	—
10	江苏	3	33	8	2	8
11	浙江	0	6	1	0	6
12	安徽	—	5	1	2	5
13	福建	0	6	3	0	10
14	江西	1	13	1	3	12
15	山东	2	46	10	2	18
16	河南	2	12	9	2	14
17	湖北	2	22	2	0	4
18	湖南	2	13	5	0	4
19	广东	3	17	4	0	3
20	广西	1	1	0	0	3
21	海南	—	—	—	—	—
22	重庆	1	15	2	1	9
23	四川	6	21	4	0	12
24	贵州	1	10	1	0	2
25	云南	6	25	5	2	3
26	西藏	1	0	0	0	—
27	陕西	0	12	3	1	5
28	甘肃	1	12	0	0	3
29	青海	—	—	—	—	—
30	宁夏	0	9	0	0	2
31	新疆	—	—	—	—	—
32	兵团	2	0	0	0	—
	总计	47	325	69	17	160

全国省市县综合年鉴、行业年鉴、部门年鉴、专业年鉴出版情况统计表

（2021年1月1日至2021年12月31日）

单位：种

序号	行政区划	省级年鉴	地市级年鉴	县区级年鉴	行业年鉴	部门年鉴	专业年鉴
1	北京	1	0	16	0	0	24
2	天津	0	0	16	0	0	4
3	河北	1	8	98	10	5	2
4	山西	1	5	82	0	10	0
5	内蒙古	0	9	73	4	2	0
6	辽宁	1	14	100	1	3	0
7	吉林	1	9	60	—	—	—
8	黑龙江	1	13	122	0	2	1
9	上海	1	0	16	2	6	21
10	江苏	2	11	115	5	15	10
11	浙江	1	10	84	0	13	1
12	安徽	1	16	118	9	0	1
13	福建	0	6	73	1	4	0
14	江西	1	13	105	0	2	74
15	山东	0	17	131	5	24	2
16	河南	0	16	111	8	10	1
17	湖北	1	13	95	15	3	0
18	湖南	1	14	116	10	1	6
19	广东	1	22	133	6	11	48
20	广西	1	13	101	0	8	0
21	海南	1	3	23	1	2	0
22	重庆	1	0	39	4	11	2
23	四川	0	21	184	23	3	0
24	贵州	1	9	94	3	2	0
25	云南	1	16	128	7	0	0
26	西藏	2	5	62	0	1	0
27	陕西	1	9	63	4	5	3
28	甘肃	1	14	86	12	5	0
29	青海	1	8	41	0	3	0
30	宁夏	1	5	17	—	—	—
31	新疆	1	9	35	1	0	0
32	兵团	1	0	0	0	0	3
	合计	28	308	2537	131	151	203

全国地方志系统地方史、地情书、教材、理论著述、工具书出版情况统计表

（2021年1月1日至2021年12月31日）

单位：部

序号	行政区划	地方史	地情书	教材	理论著述	工具书
1	北　京	1	1	0	0	0
2	天　津	0	6	0	0	0
3	河　北	10	50	1	0	0
4	山　西	17	13	1	0	0
5	内蒙古	9	1	0	0	0
6	辽　宁	6	10	0	0	0
7	吉　林	3	5	0	1	0
8	黑龙江	4	2	0	0	0
9	上　海	8	26	0	0	1
10	江　苏	26	33	0	0	0
11	浙　江	7	7	0	0	0
12	安　徽	21	18	7	1	6
13	福　建	22	9	4	1	2
14	江　西	23	28	3	2	3
15	山　东	29	32	1	3	9
16	河　南	31	20	0	0	0
17	湖　北	22	44	1	0	2
18	湖　南	31	28	0	0	1
19	广　东	34	39	0	2	2
20	广　西	13	9	0	0	0
21	海　南	—	—	—	—	—
22	重　庆	20	15	1	0	5
23	四　川	37	112	1	0	16
24	贵　州	9	8	0	0	1
25	云　南	—	—	—	—	—
26	西　藏	—	—	—	—	—
27	陕　西	13	14	0	0	1
28	甘　肃	1	7	1	0	0
29	青　海	0	1	0	0	0
30	宁　夏	2	1	0	0	0
31	新　疆	1	1	0	0	0
32	兵　团	1	1	0	0	0
	合　计	401	541	21	10	49

方志馆建设情况统计表

(截至2021年12月31日)

单位：个

序号	行政区划	国家级	省级	地市级	县区级	乡镇（街道）级	村（社区）级
1	北京	0	1	0	0	0	0
2	天津	0	1	0	1	0	0
3	河北	0	0	4	16	0	0
4	山西	0	1	3	12	0	14
5	内蒙古	0	1	4	6	0	0
6	辽宁	0	0	1	2	0	0
7	吉林	0	1	5	10	0	0
8	黑龙江	0	1	9	32	0	0
9	上海	0	1	0	5	0	1
10	江苏	0	1	7	16	0	1
11	浙江	0	0	2	2	0	0
12	安徽	0	1	8	14	0	0
13	福建	0	1	1	7	0	0
14	江西	0	1	7	10	1	0
15	山东	0	1	14	104	8	33
16	河南	0	0	16	35	17	96
17	湖北	0	0	2	6	0	1
18	湖南	0	1	1	3	0	0
19	广东	0	1	13	40	50	40
20	广西	0	1	2	1	0	6
21	海南	0	1	0	0	0	0
22	重庆	0	0	0	10	0	5
23	四川	0	0	7	22	1	14
24	贵州	0	0	3	20	0	0
25	云南	0	0	3	3	0	1
26	西藏	0	1	0	2	0	0
27	陕西	0	1	1	2	1	0
28	甘肃	0	0	3	10	11	13
29	青海	—	—	—	—	—	—
30	宁夏	0	1	2	4	2	11
31	新疆	0	1	1	4	0	20
32	兵团	—	—	—	—	—	—
国家方志馆		1					
合计		1	20	119	399	91	256

说明：

1. 国家方志馆黄河分馆、国家方志馆知青分馆、国家方志馆南方丝绸之路分馆按照地市级方志馆统计。
2. 此次数据系按照在线平台报送原始数据汇总，统计对象为立项、在建、已建的全国各级方志馆。

全国地方志系统信息化建设情况统计表

（截至2021年12月31日）

单位：个

项目　　种类	地情网站建设	数字方志馆（数据库）建设	新媒体建设
省　级	31	26	27
市　级	158	50	132
县　级	112	47	304
乡镇（街道）级	0	0	0
村（社区）级	0	0	0
总　计	301	123	463

全国地方志系统信息化建设情况统计明细表

(截至2021年12月31日)

单位：个

序号	行政区划	地情网站 省级	地情网站 地市级	地情网站 县区级	地情网站 乡镇（街道）级	地情网站 村（社区）级	数字方志馆（数据库）省级	数字方志馆（数据库）地市级	数字方志馆（数据库）县区级	新媒体建设 省级	新媒体建设 地市级	新媒体建设 县区级
1	北京	1	0	0	0	0	1	0	0	2	0	4
2	天津	1	0	0	0	0	1	0	0	1	0	11
3	河北	1	2	4	0	0	0	0	1	0	4	30
4	山西	1	4	0	0	0	0	1	1	1	5	9
5	内蒙古	1	5	0	0	0	1	0	0	1	3	5
6	辽宁	0	5	0	0	0	0	0	0	0	4	2
7	吉林	1	2	0	0	0	1	0	0	1	2	1
8	黑龙江	1	2	0	0	0	1	0	0	1	5	1
9	上海	1	0	7	0	0	1	0	2	2	0	12
10	江苏	1	13	13	0	0	1	3	5	1	11	31
11	浙江	1	1	4	0	0	0	2	6	0	2	18
12	安徽	1	9	3	0	0	1	5	2	1	5	8
13	福建	1	10	2	0	0	1	1	1	1	4	8
14	江西	2	7	2	0	0	1	1	1	1	9	14
15	山东	1	15	15	0	0	1	5	5	1	12	31
16	河南	1	15	10	0	0	1	10	5	1	13	19
17	湖北	1	9	8	0	0	1	3	1	1	3	14
18	湖南	1	5	4	0	0	1	1	0	2	7	12
19	广东	1	11	1	0	0	1	5	2	0	18	11
20	广西	1	5	0	0	0	1	2	0	1	4	0
21	海南	1	0	0	0	0	1	0	0	1	0	0
22	重庆	1	0	2	0	0	1	0	4	1	0	2
23	四川	1	15	9	0	0	1	4	7	1	9	25
24	贵州	2	2	1	0	0	2	1	0	1	1	3
25	云南	1	0	0	0	0	1	0	0	1	0	0
26	西藏	0	0	0	0	0	0	0	0	0	0	0
27	陕西	1	9	7	0	0	1	2	1	1	7	18
28	甘肃	1	10	20	0	0	1	4	3	0	3	9
29	青海	1	0	0	0	0	0	0	0	0	0	0
30	宁夏	1	2	0	0	0	0	0	0	1	1	5
31	新疆	1	0	0	0	0	2	0	0	1	0	1
32	兵团	0	0	0	0	0	0	0	0	0	0	0
	总计	31	158	112	0	0	26	50	47	27	132	304

全国地方志系统工作机构情况统计表

（截至2021年12月31日）

单位：个

种类＼项目	独立	属政府办公厅（室）	与党史办合并	与档案局（馆）合并	与党史办、档案局（馆）合并	无机构	其他	行政机关	参公事业单位	事业单位
省级	15	6	9	4	0	0	2	2	26	5
地市级	83	51	188	19	42	1	1	2	303	44
县区级	429	328	1133	211	654	66	106	76	1668	877
合 计	527	385	1330	234	696	67	109	80	1997	926

省级地方志工作机构情况统计表

单位：个

序号	行政区划＼项目	机构名称	独立	属政府办公厅（室）	与党史办合并	与档案局（馆）合并	与党史办、档案局（馆）合并	无机构	其他	行政机关	参公事业单位	事业单位
1	北京	北京市地方志编纂委员会办公室	0	0	1	0	0	0	0	0	1	0
2	天津	天津市地方志编修委员会办公室	0	0	0	1	0	0	0	0	1	0
3	河北	河北省档案馆（河北省地方志编纂委员会办公室）	0	0	0	1	0	0	0	0	0	1
4	山西	中共山西省委党史研究院（山西省地方志研究院）	0	0	1	0	0	0	0	0	1	0
5	内蒙古	内蒙古自治区人民政府地方志研究室	0	1	0	0	0	0	0	0	1	0
6	辽宁	辽宁省人民政府办公厅	0	1	0	0	0	0	0	1	0	0
6	辽宁	辽宁省档案馆地方志编纂中心	0	0	0	0	0	0	0	0	0	1
7	吉林	吉林省地方志编纂委员会	1	0	0	0	0	0	0	0	1	0
8	黑龙江	中共黑龙江省委史志研究室	0	0	1	0	0	0	0	0	1	0
9	上海	上海市地方志办公室	1	0	0	0	0	0	0	0	1	0

续表

序号	行政区划	机构名称	独立	属政府办公厅（室）	与党史办合并	与档案局（馆）合并	与党史办、档案局（馆）合并	无机构	其他	行政机关	参公事业单位	事业单位
10	江苏	江苏省地方志编纂委员会办公室	1	0	0	0	0	0	0	0	1	0
11	浙江	浙江省地方志编纂委员会办公室	1	0	0	0	0	0	0	0	0	1
12	安徽	中共安徽省委党史研究院（安徽省地方志研究院）	0	0	1	0	0	0	0	0	1	0
13	福建	中共福建省委党史研究和地方志编纂办公室	0	0	1	0	0	0	0	0	1	0
14	江西	江西省地方志研究院	1	0	0	0	0	0	0	0	0	1
15	山东	中共山东省委党史研究院（山东省地方史志研究院）	0	0	1	0	0	0	0	0	1	0
16	河南	河南省地方史志办公室	1	1	0	0	0	0	0	0	1	0
17	湖北	湖北省文化和旅游厅	0	0	0	0	0	1	1	0	0	0
18	湖南	湖南省地方志编纂院	1	0	0	0	0	0	0	0	1	0
19	广东	广东省人民政府地方志办公室	1	0	0	0	0	0	0	0	1	0
20	广西	广西壮族自治区地方志编纂委员会办公室	1	0	0	0	0	0	0	0	1	0
21	海南	中共海南省委党史研究室（海南省地方志办公室）	0	0	1	0	0	0	0	0	1	0
22	重庆	重庆市地方志办公室	1	0	0	0	0	0	0	0	1	0
23	四川	四川省地方志工作办公室	1	0	0	0	0	0	0	0	1	0
24	贵州	贵州省档案馆（贵州省地方志编纂委员会办公室）	0	0	0	1	0	0	0	0	1	0
25	云南	云南省地方志编纂委员会办公室	1	1	0	0	0	0	0	0	1	0
26	西藏	西藏自治区党委党史研究室（西藏自治区地方志办公室）	0	0	1	0	0	0	0	0	1	0
27	陕西	陕西省地方志办公室	1	0	0	0	0	0	0	0	1	0
28	甘肃	甘肃省地方史志办公室	1	0	0	0	0	0	0	0	1	0
29	青海	青海省地方志编纂委员会办公室	0	1	0	0	0	0	0	0	1	0
30	宁夏	宁夏回族自治区地方志办公室	0	0	0	0	0	1	0	0	0	1
31	新疆	新疆维吾尔自治区地方志编纂委员会	1	0	0	0	0	0	0	0	1	0
32	兵团	新疆生产建设兵团志办公室	0	1	1	0	0	0	0	0	1	0
		合计	15	6	9	4	0	0	2	2	26	5

地市级地方志工作机构情况统计表

单位：个

序号	行政区划	独立	属政府办公厅（室）	与党史办合并	与档案局（馆）合并	与党史办、档案局（馆）合并	无机构	其他	行政机关	参公事业单位	事业单位
1	北　京	0	0	0	0	0	0	0	0	0	0
2	天　津	0	0	0	0	0	0	0	0	0	0
3	河　北	0	7	0	4	0	0	0	0	8	3
4	山　西	0	0	11	0	0	0	0	0	9	2
5	内蒙古	2	3	4	0	5	0	0	0	11	1
6	辽　宁	0	0	4	5	4	0	1	0	1	13
7	吉　林	8	0	1	0	0	0	0	0	9	0
8	黑龙江	0	0	1	0	12	0	0	0	11	2
9	上　海	0	0	0	0	0	0	0	0	0	0
10	江　苏	3	2	7	1	2	0	0	0	12	1
11	浙　江	0	1	6	0	4	0	0	0	10	1
12	安　徽	0	0	12	0	4	0	0	0	16	0
13	福　建	0	0	10	0	0	0	0	0	9	1
14	江　西	0	0	10	0	1	0	0	0	11	0
15	山　东	0	0	16	0	0	0	0	0	14	2
16	河　南	13	7	4	0	0	0	0	0	16	1
17	湖　北	1	0	7	0	5	0	0	0	12	1
18	湖　南	4	0	10	0	0	0	0	0	11	3
19	广　东	6	2	9	4	3	0	0	2	19	2
20	广　西	9	0	5	0	0	0	0	0	13	1
21	海　南	1	0	2	0	0	1	0	0	3	0
22	重　庆	0	0	0	0	0	0	0	0	0	0
23	四　川	9	0	12	0	0	0	0	0	21	0
24	贵　州	1	1	4	4	0	0	0	0	8	1
25	云　南	7	0	9	0	0	0	0	0	16	0
26	西　藏	0	2	5	0	0	0	0	0	7	0
27	陕　西	9	1	2	0	0	0	0	0	9	1
28	甘　肃	8	8	4	0	0	0	0	0	13	1
29	青　海	1	3	5	0	0	0	0	0	1	7
30	宁　夏	1	1	1	1	1	0	0	0	5	0
31	新　疆	0	0	13	0	1	0	0	0	14	0
32	兵　团	0	13	14	0	0	0	0	0	14	0
合　计		83	51	188	19	42	1	1	2	303	44

县区级地方志工作机构情况统计表

单位：个

序号	行政区划	独立	属政府办公厅（室）	与党史办合并	与档案局（馆）合并	与党史办、档案局（馆）合并	无机构	其他	行政机关	参公事业单位	事业单位
1	北　京	0	0	14	1	1	0	0	0	16	0
2	天　津	0	0	0	16	0	0	0	0	16	0
3	河　北	17	88	7	21	22	0	9	35	24	105
4	山　西	0	3	106	0	10	0	1	0	55	62
5	内蒙古	3	2	9	5	78	9	0	2	48	45
6	辽　宁	0	6	18	25	21	3	24	3	3	86
7	吉　林	12	16	9	24	1	0	3	4	42	14
8	黑龙江	0	0	4	9	102	6	0	0	63	52
9	上　海	1	0	6	4	5	0	0	0	16	0
10	江　苏	6	6	47	14	25	1	0	1	83	12
11	浙　江	0	0	4	2	1	0	1	0	0	8
12	安　徽	0	0	49	4	47	4	0	0	87	13
13	福　建	0	2	80	0	0	2	1	0	66	16
14	江　西	0	4	42	2	55	0	0	2	71	27
15	山　东	1	4	141	0	12	0	0	0	46	108
16	河　南	109	58	39	8	1	0	0	1	119	37
17	湖　北	0	0	0	0	101	0	2	2	61	38
18	湖　南	0	2	91	1	28	0	0	1	51	70
19	广　东	31	17	43	13	35	0	0	1	101	22
20	广　西	48	1	44	0	3	16	0	0	81	14
21	海　南	1	1	14	0	0	8	0	0	8	7
22	重　庆	6	6	13	10	8	0	0	1	38	0
23	四　川	58	16	92	6	7	4	2	3	171	5
24	贵　州	0	2	30	29	28	0	1	0	57	31
25	云　南	57	0	72	0	0	0	0	0	129	0
26	西　藏	0	7	7	0	11	0	49	0	0	0
27	陕　西	32	28	32	10	27	2	0	7	51	48
28	甘　肃	39	41	27	2	1	1	0	2	65	18
29	青　海	5	13	19	1	0	9	3	0	2	31
30	宁　夏	2	5	7	2	8	1	0	0	16	5
31	新　疆	1	0	67	2	16	0	10	11	82	3
32	兵　团	0	0	0	0	0	0	0	0	0	0
	合　计	429	328	1133	211	654	66	106	76	1668	877

说明：

1. 河北：县（区）级其他9个：滦平县史志办公室、南皮县地方志办公室、东光县民政局地方志办公室、献县地方志办公室、裕华区地方志编纂委员会办公室、桥西区地方志编纂委员会办公室、赞皇县地方志编纂委员会办公室、高邑县地方志编纂委员会办公室、元氏县地方志编纂委员会办公室。

2. 山西：县（区）级其他1个：中共太原市迎泽区委政策研究中心（中共太原市迎泽区委党史研究室 太原市迎泽区地方志研究室）

3. 内蒙古：县（区）级无机构9个：回民区、玉泉区、赛罕区、和林格尔县、武川县、霍林郭勒市、陈巴尔虎旗、杭锦后旗、磴口县

4. 辽宁：县（区）级无机构3个：辽阳县、龙城区、龙港区。地（市）级其他1个：抚顺市人民政府地方志办公室。县（区）级其他24个：东洲区党群服务中心、西丰县政府机关事务服务中心、铁岭县县委机关事务服务中心、清河区政务事务服务中心、银州区机关事务服务中心、辽阳市宏伟区党群事务服务中心、文圣区政府办、白塔区政府政务服务中心、盘锦市盘山县地方志编纂委员会办公室、中共南票区委政研和信息中心、溪湖区党政机关服务中心（溪湖区档案和信息机要服务中心）、长海县委党校、中山区委党校、太和区政务服务中心、凌河区党群服务中心、义县委公务服务中心、凌海市党务工作服务中心、阜新市细河区党群服务中心、阜新市清河门区委党务保障中心、阜新市太平区委政务保障服务中心、阜新市新邱区委党群服务中心、阜新市海州区委党群服务中心、阜新市彰武县党群事务服务中心、阜新市阜新蒙古族自治县党群事务服务中心

5. 吉林：县（区）级其他3个：东辽县地方志编纂委员会办公室、吉林省图们市地方志编纂委员会办公室、中共吉林市龙潭区委员会办公室区地方志编纂委员会（办公室）

6. 黑龙江：县（区）级无机构5个：向阳区、工农区、南山区、兴山区、东山区

7. 江苏：县（区）级无机构1个：鼓楼区

8. 浙江：县（区）级其他1个：乐清市地方志研究室

9. 安徽：县（区）级无机构4个：迎江区、大观区、宜秀区、田家庵区

10. 福建：县（区）级无机构2个：集美区、湖里区。县（区）级其他1个：泉州台商投资区档案局（馆）

11. 湖北：省级其他1个：湖北省文化和旅游厅。县（区）级其他2个：天门市文化和旅游局、神农架林区文化和旅游局

12. 广西：县（区）级无机构16个：长洲区、梧州市万秀区、梧州市龙圩区、城中区、鱼峰区、柳南区、柳北区、南宁市兴宁区、南宁市江南区、南宁市青秀区、南宁市西乡塘区、桂林市秀峰区、桂林市叠彩区、桂林市象山区、桂林市七星区、桂林市雁山区

13. 海南：地（市）级无机构1个：三沙市。县（区）级无机构8个：海口市秀英区、海口市龙华区、海口市琼山区、海口市美兰区、三亚市海棠区、三亚市吉阳区、三亚市天涯区、三亚市崖州区

14. 四川：县区级无机构4个：叙永县、广汉市、广元市朝天区、广元市昭化区。县（区）级其他2个：中共龙马潭区委办公室（党研地方志办公室）、泸县地方志办公室

15. 贵州：县（区）级其他1个：遵义市汇川区档案馆（遵义市汇川区地方志办公室）

16. 西藏：县（区）级其他49个：当雄县地方志办公室、吉隆县地方志办公室、桑珠孜区地方志办公室、谢通门县地方志办公室、仁布县地方志办公室、康马县地方志办公室、昂仁县地方志办公室、定结县地方志办公室、定日县地方志办公室、岗巴县地方志办公室、江孜县地方志办公室、拉孜县地方志办公室、南木林县地方志办公室、聂拉木县地方志办公室、萨嘎县地方志办公室、萨迦县地方志办公室、白朗县地方志办公室、亚东县地方志办公室、仲巴县办公室、噶尔县委党史研究和藏语文编译中心党史（地方志）办公室、改则县委党史研究和藏语文编译中心党史（地方志）办公室、札达县党史研究和藏语文编译中心党史（地方志）办公室、革吉县委党史研究和藏语文编译中心党史（地方志）办公室、措勤县委党史研究和藏语文编译中心党史（地方志）办公室、日土县委党史研究和藏语文编译中心党史（地方志）办公室、普兰县委党史研究和藏语文编译中心党史（地方志）办公室、色尼区地方志办公室、比如县地方志办公室、嘉黎县地方志办公室、巴青县地方志办公室、索县地方志办公室、班戈县地方志办公室、聂荣县地方志办公室、安多县地方志办公室、申扎县地方志办公室、双湖县地方志办公室、尼玛县地方志办公室、乃东区地方志办公室、琼结县地方志办公室、扎囊县地方志办公室、贡嘎县地方志办公室、浪卡子县地方志办公室、洛扎县地方志办公室、措美县地方志办公室、错那县地方志办公室、隆子县

地方志办公室、曲松县地方志办公室、加查县地方志办公室、桑日县地方志办公室

17. 陕西：县（区）级无机构2个：灞桥区、雁塔区

18. 甘肃：县区级无机构1个：玉门市

19. 青海：县（区）级无机构9个：玉树州玉树市、玉树州称多县、玉树州囊谦县、玉树州杂多县、玉树州治多县、玉树州曲麻莱县、果洛州甘德县、果洛州达日县、果洛州久治县。县（区）级其他3个：果洛州玛沁县地方志办公室、果洛州班玛县地方志办公室、果洛州玛多县地方志办公室

20. 宁夏：县（区）级无机构1个：利通区。省级其他1个：宁夏回族自治区地方志办公室

21. 新疆：县（区）级其他10个：库尔勒市委办公室、轮台县委办公室、尉犁县委办公室、若羌县委办公室、且末县委办公室、焉耆县委办公室、和静县人民政府办公室、和硕县委办公室（档案局）、博湖县委办公室、托克逊县委办公室档案史志科

索 引

说 明

1.本索引采用主题分析索引法编制，主题词以正文出现的以下内容予以确定：中指组、中指办及中国地方志学会编制的全国性文件，主办的全国性会议、培训、论坛、活动等；地方志工作机构名、志书年鉴名、地情资料书名等。特载、大事记、理论研究、文献、志鉴人物等类目的内容不在标引范围内。

2.本索引按汉语拼音音序排列（阿拉伯数字0~9放在汉语拼音前），首字相同时，则以第二字排序，依次类推。

3.索引款后的数字和拉丁字母（a、b）分别表示内容所在的页码和栏别（a表示左栏，b表示右栏）。

0~9

6·23特大龙卷风冰雹盐城抢险救灾暨灾后
　　重建志 38a
"精品年鉴品读季"活动实施方案（讨论稿）
　　34b
"两全目标" 5b 6b 7b 10b 11a 12 13 26a 29b
　　31b 402a 405a 407 410b 413b 416b 417a
　　419a 421a 422 425b 454
"年鉴全覆盖" 9a 26 29 405b 408b 420a 425b
"一年一鉴，公开出版" 35a
"一年一鉴、公开出版" 407b 408a 413b 414a
2021年全国省级地方志机构主任工作
　　会议 409b
《武当山》画册 285b

A

阿坝年鉴 310a
阿克苏地区文物志 43a
阿拉山口口岸志 43a
阿拉善盟统一战线志 109a
阿拉善右旗年鉴 206b
阿里市志办 435b
安多县志 41b
安徽地方志 388a
安徽抗日战争志 38b 414a
安徽劳动大学志 118b
安徽年鉴 157b 317a 322a 413b
安徽省地方志研究院 388a
安徽省方志馆 336b

安徽省扶贫志 38b 414a
安徽省教育志 413b
安徽省全面小康志 38b 414a
安徽省水利志 413b
安徽省委党史研究院（省地方志研究院）
　　　317a 379b 396a 400b 413 430a 437b 451b
安徽省志 413b
安徽省志·报刊志 322a
安徽省志·茶业志 322a
安徽省志·广播影视志 322a
安徽省志·教育志 322a
安徽省志·人口人民生活志 322a
安徽省志·人物志 38b
安徽省志·通信志 322a
安徽省志·外事侨务志 322a
安徽省志·文学艺术界联合会志 322a
安徽省志·邮政志 322a
安徽省志·证券志 322a
安徽省志·总述大事记 322a
安徽省志办 332b
安徽史志信息 396a
安吉县人大志 117a
安吉县外经贸志 117a
安吉县志 59a
安康年鉴 195b
安康人民代表大会志（1984—2019）132a
安康市财政志（1990—2020）132a
安乐镇志 91b
安宁高校概览 296a
安庆年鉴 177
安庆市委党史和地方志研究室 177b 278a
安顺年鉴 193a
安顺市史志办 193a 235b
安远年鉴 220a
安远县交通运输志 39a
安远县人民医院志 39a
鞍山市档案馆（市史志办）315a
鞍山市志·第三卷（1986—2005）37b 51b
鞍山市志·第四卷（1986—2005）37b 51b
鞍山市志·第五卷（1986—2005）37b 52a
昂仁年鉴 236b

B

八桂地情参阅 396b
八滩镇志 79b
巴城年鉴 246a
巴东县地名志 125a
巴吉村志 42a
巴南年鉴 341b
巴南区城乡建设志 41a
巴南区党史资料汇编 341b
巴南区地方志编纂中心 324a
巴南区第二人民医院志 41a
巴南区文史资料选辑 341b
巴南区志 341b
巴南统计年鉴 341b
巴青县志 42a
巴仁哲里木镇志 37b
巴蜀史志 310b 329b 393a
巴县志 308a 341b
巴彦淖尔市志（1986—2010）37a
巴彦年鉴 211b
巴音查干苏木志 37b
巴音郭楞年鉴 198b
白城年鉴 170b
白城市志办 428b
白龟山水库志 305b
白河县人民代表大会志（1949—2018）132b
白马镇志 82b
白沙洲街道志 94b
白土镇志 39a
白银年鉴 196a
白银市志办 196a
百家百年 293b
百禄镇志 78b
百年芳华——石梅人物选 275a
百年濮阳县大事记 281a
百年追忆·共鉴华诞——巴县留法勤工俭学运动史料汇编 308a
班戈县志 42a

索　引

斑竹园镇志 38b 88a
板寨村志 41b
包头市志（1991—2015）37a 51b
宝安年鉴 227a 432b
宝安区志办 153a
宝安史志 392b
宝带桥社区志 75a
宝坻区档案馆（区地方志编修委员会办公室）
　　441b
宝华镇志 81b
宝鸡年鉴 195a
宝塔年鉴 238a
保德州志 137b
保定红色文化文库 334a
保定抗日战争史料长编 334a
保定历史文化资政志鉴 334a
保定市方志馆 333b 334a
保定通史 334a
保康年鉴 283b
保康县要览 283
保康县志 283b
保平村志 41a
趵突泉志 144b
北辰区档案馆（区地方志编修委员会
　　办公室）441a
北辰区志·安全生产监督管理志 36a 55b
北辰区志·城市管理综合执法志 36a 55a
北辰区志·工会志 36a 56a
北辰区志·工商联（商会）志 36a 56b
北辰区志·供销社志 36a 55b
北辰区志·红十字会志 36a 56a
北辰区志·交通运输管理志 36a 56a
北辰区志·气象志 36a 55b
北辰区志·人民代表大会志 36a 56a
北辰区志·文化志 36a 56b
北翟营社区志 72a
北海年鉴 189b
北海市方志馆 340b
北海市志办 290b
北京昌平年鉴 200b 427a
北京朝阳年鉴 199b

北京大学图书馆藏稀见方志丛刊 332a
北京地方志 296b 382b
北京东城年鉴 199b
北京房山年鉴 200a
北京丰台年鉴 200a
北京海淀年鉴 436a
北京旧志集成 136b
北京旧志集成·怀柔志辑 136b
北京旧志集成·密云志辑 136b
北京旧志集成·顺义志辑 136b
北京旧志集成·通州志辑 136b
北京旧志集成·宛平大兴志辑 136b
北京旧志集成·专志辑 136b
北京年鉴 154a 296b 423
北京年鉴社 154a 321a 423a
北京商务中心区年鉴 151a
北京市昌平区地名志 106b
北京市昌平区委党史办公室 67b 68a 106b
北京市昌平区委党史办公室、区志办 200b
北京市昌平区志办 296b 427a
北京市朝阳区地方志办公室 26a
北京市朝阳区地名志 106a
北京市朝阳区志办 296b 395a 427a
北京市大兴区志办 427a
北京市东城区志办 382b
北京市方志馆 136b 296b 297a 332b 333a 431b
北京市方志馆（北京市地情资料中心、北京
　　年鉴社）440a
北京市房山方志馆 333a
北京市海淀区史志办 383a
北京市怀柔区地名志 105b
北京市抗日战争志 36a
北京市门头沟区地名志 106a
北京市密云区地方志办公室 26b
北京市委党史研究室、市志办 136b 314a 382b
　　404b 409a 423a 427b
北京市西城区方志馆 333a
北京市志办 297a 428b
北京通州年鉴 200b
北京应急管理年鉴（2021）253b
北京园林绿化年鉴（2021）253a

北京志 36a
北京志·人民代表大会志（1998.1—2013.1）
　　43b
北仑年鉴 215a
北姚村志 93a
奔腾的射阳河 275b
本溪市档案馆（本溪市党史地方志办公室）
　　443a
本溪市志·第四卷（1986—2005）37b 52a
比如县志 41b
毕节年鉴 193a
毕节市史志办 193a
碧口镇志 42b
边坝县志 42a
边村志 36b 68b
标杆——将军县里的先进模范 277b
滨海新区档案馆（区地方志编修委员会
　　办公室）441a
滨湖文库 273b
滨江镇志 84b
滨州年鉴 10a
滨州市方志馆 437a
兵团第二师铁门关市史志办 66b 243a
兵团第九师史志办 134b
兵团第六师五家渠市史志办 243b
兵团第三师图木舒克市史志办 66b
兵团第十三师史志办 244a
兵团第十师北屯市史志办 67a
兵团第一师阿拉尔市史志办 243a
兵团第一师阿拉尔市史志办 66a
兵团年鉴 164a 313a
兵团史志办 436b
兵团史志工作简讯 397b
兵团志办 14b 404b 408b
兵团志办公室 451a
亳州年鉴 178a
博鳌镇志 40b
博尔塔拉蒙古自治州志（1978—2005）
　　43a 55a
博后村志 41a
博湖年鉴 242a

博山区镇村志略（八陡镇卷）89b

C

苍南建县40年大事记 276b
苍南县委党史研究室（县地方志
　　研究室）276b
苍梧年鉴 230b
苍梧县志（1991—2005）61a
沧州地方志概览 375b
沧州市志办 375b
岑溪市志（1991—2005）60b
茶塘村志 40a
茶阳镇志 40b
察哈尔右翼后旗地名志 37b 108b
察哈尔右翼前旗志（2005—2015）37a
察右前旗黄茂营乡志 37b
察右前旗平地泉镇志 37b
柴家湾村志 97b
昌邑市财政志（1986—2019）121a
长安年鉴 251b、252a
长安镇志 40b
长白山保护开发区年鉴 258a
长春卷烟厂志（1933—2016）38a
长春年鉴 170a
长春汽车经济技术开发区年鉴 258b
长春市朝阳年鉴 209b
长春市方志馆 334b
长春市社会保险志 38a
长春统计年鉴 258b
长春新区年鉴 258a
长海年鉴 208a
长江历史图谱 7a 135a 300a 437b
长江年鉴 263b
长沙年鉴 185a 454a
长沙史志 390b
长沙市地方志编纂室 286b 318b 390b 425b
　　431b 453a
长沙市雨花区街镇简志 99a
长沙市志（1988—2012）39b 53b

索　引

长沙市志办 425b
长沙统计年鉴 265a
长沙县年鉴 225a
长兴县旅游志 116b
长兴县卫生志 117a
长兴乡村年鉴 247b
长治方志 315a 384a
长治年鉴 315a
长治市地方志研究室 204b
长治市地方志研究室 384a
长治市委党史研究室（市地方志研究室）
　　315a
长洲街道志 40a
常德古今 391b
常德年鉴 186a 454a
常德市安全生产监督管理志
　　（1988—2018）40a 126a
常德市地方志编纂室 318b
常德市科学技术志（1988—2010）40a 125b
常德市委党史研究室（市地方志
　　编纂室）391b
常熟季录 385b
常熟史志工作图志 111b
常熟市碧溪年鉴 244a
常熟市琴川年鉴 244a
常熟市人民代表大会志 111b
常熟市尚湖年鉴 244b
常熟市辛庄年鉴 244a
常熟市虞山年鉴 244b
常熟市支塘年鉴 152a
常熟市志办 275a 385b
常熟水利志 111a
常州市史志办 385b
常州市志办 274a
常州市钟楼区教育志（1999—2019）110a
朝阳兰台 395a
朝阳年鉴 169b
潮州古城志 40a
陈巴尔虎旗工会志 37b
陈巴尔虎旗人民代表大会志 37b
陈店乡志 92b

陈集镇志 80b
陈家湾村志（1949—2015）97b
成都地方志通讯 396b
成都改革开放志 128a 310a
成都年鉴 190b
成都年鉴社 190b
成都史志 393b
成都市成华区志办 293a
成都市方志馆 342a
成都市锦江区志办 292b
成都市郫都区史志办 293a
成都市青羊区志办 292b
成都市武侯区志办 292b
成都市新津区志办 293
成都市志（1840—1989）393b
成都市志办 128a 190b 393b 396b 435a
成华年鉴 233a
成县年鉴 239a
成县县志办 239a
成渝地区双城经济圈建设年鉴 153
承德年鉴 165b
城厢镇志 101a
程官庄村志 91b
赤峰年鉴 167b
赤峰市地名志 37b
赤水年鉴 234b
赤水市志办 294b
赤水文书 294b
敕建大岳太和山志 145b
重钢年鉴 267b
重刊甘镇志 343b
重庆地方志 393a
重庆地情概览 291a
重庆方志馆重庆大学分馆 341a
重庆高新技术产业开发区志（上下卷）41a
重庆历代方志集成 438b
重庆民航志 41a
重庆年鉴 161b 341b
重庆市地方志办公室 448a
重庆市涪陵区地方志研究室 231b 393a
重庆市涪陵区方志馆 341a

重庆市规划和自然资源调查监测院志 41a
重庆市护士学校志 41a
重庆市江北区方志馆 341b
重庆市江津区地方志研究中心 147b 148a
重庆市南川区党史和地方志研究室 127b 232b
重庆市綦江区档案志 41a
重庆市黔江区志（1986—2017）308b
重庆市情概览（2021）291a
重庆市武隆中学校志（1942—2017）41a 127b
重庆市渝北区志（1995—2015）41a
重庆市志 341b
重庆市志·交通银行志 41a 48b
重庆市志·科协志 41a
重庆市志·外事志 41a
重庆市志办 136b 153a 161b 291a 307b 310b 319b 320a 332a 381a 393a 402b 403a 434b 438
重庆市中山四路志 41a
重修天津府志 297b
崇信县志 150b
崇左市江州区志（1986—2005）63a
崇左市志办 433a
出入文殊院 292b
滁州年鉴 177b
滁州市琅琊区委党史和地方志研究室 216b
滁州市南谯区委党史和地方志研究室 217a
滁州市委党史和地方志研究室 177b
楚雄州乡土志丛书 41b
褚河镇志 92b
春风繁华——百年金街春熙路 292b
春砂仁志 40a
措美县志（2001—2010）42a
措勤县志 41b 42a
错那年鉴 237a

D

达坂城区年鉴 241b
达川人大志（1909—2019）128b
达尔罕乌拉苏木志 37b
达拉特旗志（2000—2017）37a
达孜年鉴 236a
大北厂村志 104a
大城县文学艺术志 106b
大渡口年鉴 232a
大方年鉴 235b
大方县史志办 235b
大丰图志（1978—2020）114a
大岗镇志 100a
大和村志 87a
大划镇志（1911—2019）101b
大理州方志馆 342b
大连年鉴 168b
大连市地方志办公室 443a
大连市志办 326a
大连市中山年鉴 207b
大倪庄村志 36b 69a
大鹏新区年鉴 229a
大埔围村志 40a
大庆年鉴 172a
大庆市方志馆 334b
大庆市委史志研究室 405b
大田年鉴 218b
大田县委党史和地方志研究室 218b
大通镇志 38b
大同工会志（1993—2018）107a
大同今古 383b
大同年鉴 166a
大同市保险业志（1949—2017）107b
大同市地方志研究室 107b 166b 257a 383b
大同统计年鉴 257a
大沩山志 39b
大武口区志（1991—2013）65b
大兴教育年鉴 253a
大冶年鉴 284a
大冶市要览 283b 284a
大冶市志 284a
大源村志 40b
大张庄镇志 36b 71a
大竹县志 148b 149a
大邹镇志 84a

索　引

代县志 37a
戴南镇志 84a
丹东年鉴 168b
丹东市档案馆（丹东市地方志办公室）443a
丹东市志办 298a 326a
丹棱县党史研究和地方志编纂中心 291a
丹棱艺文志 291a
丹阳市史志办 274a
儋州年鉴 190b
当代广东 392a
当雄县志（2001—2010）42a
档案方志参阅 395a
道里年鉴 210b
道真仡佬族苗族自治县方志室 342b
德安地名志 304b
德安县史志办 304b
德保县志（1991—2005）62b
德江县方志室 342b
德江县检察志 41b 130b
德清史志 387b
德庆州志 147a
德阳年鉴 191a
德州年鉴 182a
德州市审计志（1984—2019）123a
德州市委党史研究院（市地方史志
　　研究院）390a
地标美食 281a
地方党史简明读本 308b
地方志工作条例 29b 32a 399 377b 402b
　　406a 410b 436b
地方志书质量规定 434b
地方综合年鉴编纂出版规定 33a 402a
　　402b 426b
邓店村志 36b 70b
堤岭村志 91a
砥砺前行——鹤岗发展历程
　　（1921—2021）272b
第八届全国地方志优秀成果（年鉴类）评审
　　活动实施方案 26b
第八师石河子市史志办 313b
第二师铁门关市年鉴 243a

第二师铁门关市史志办 313a
第九师年鉴 437a
第九师史志办 313b
第六师五家渠市年鉴 243a
第十三师年鉴 243b
第十一师史志办 313b
第五师双河市史志办 313a 436b
第一师阿拉尔市大事记（2005—2020）296a
第一师阿拉尔市年鉴 242b
第一师阿拉尔市史志办 296a
滇海虞衡志 149a
滇南杂志 149a
滇南志略 149a
滇志 149a
滇志草 149a
点军年鉴 285a
点军区要览 285a
点军区志 285a
电站村志 35a 38a
淀山湖年鉴 246b
调关镇志 98a
丁家坪村志（1900—2018）94b
鼎城年鉴 226a
定边县扶贫志 131b
定西年鉴 196b
定西市志办 196b
东城史志 382b
东丰县志 138b
东丰县志办 428b
东风汽车集团有限公司年鉴 264a
东关街道志 92b
东关街志 35b
东关社区志 90b
东莞年鉴 188a
东馆镇志 39a
东河区志 37a 57b
东湖街道志（1991—2020）98b
东丽区档案馆（区地方志编修委员会
　　办公室）441a
东丽区武术志 36a 106b
东联村志 105a

东流亭社区志 89b
东碾坨嘴村志 36b 70b
东宁年鉴 212b
东屏镇志 73a
东山镇志 38a 300a
东胜区志（1990—2010）37a
东乡县志 135b 144a
东阳史镜 387b
东阳史志 387b
东洋江村志 89b
东营党史 389b
东营区方志馆（区情馆）437a
东营区老照片 304b
东营市东营区委党史研究中心（区地方史志研究中心）304b
东营市工商业联合会志（1989—2019）120b
东营市河口年鉴 221a
东营市河口区委党史研究中心（区地方史志研究中心）279b
东营市委党史研究院（市地方史志研究院）279b
东涌镇志 40a
董家湾村志 95b
洞头史志 386b
都兰县志（1991—2010）65a
杜桥村志 76b
段渠村志 42b 105b

E

峨眉风物志 128b
鄂尔多斯市志（1986—2010）37a
鄂伦春自治旗志（2010—2019）58a
鄂托克旗志（1990—2007）37a
鄂州年鉴 283b
鄂州市档案馆（市史志研究中心）136a
鄂州市要览 283b
鄂州市志 283b
恩村志 92a
恩施市人民代表大会志（1949—2016）125a

恩施市人民政协志（1949—2018）124b
恩施州档案馆（州史志研究中心）136a
二圣镇志 41a
二十七团志（1996—2015）43a 66a

F

法库年鉴 207b
繁峙年鉴 205a
方山县地方志研究室 57a
方山县志 37a 57a
方志成华 293a
方志中国 395a
芳草村志 104b
防城港市志 53b
房县档案馆（县史志研究中心）136a
房县志 136a 145b
肥城市地名志 121b
肥东年鉴 216a
肥东县委党史和地方志研究室 216a
分宜年鉴 219b
汾湖高新区（黎里镇）年鉴 151b
丰宁满族自治县史志办 107a
丰宁千松坝林场志（2000—2020）107a
封川县志 147a
蒜谊社区志 77a
凤冈县档案方志室 342b
凤凰街道年鉴 85 250b
凤凰年鉴 152b
凤凰厅志 136a
奉化年鉴 215a
奉化县志 138b
夫夷史苑 391a
夫子社区志（1949—2018）96b
佛山年鉴 188a
佛山年鉴社 188a
佛山市南海区志办 147a
佛山市顺德区档案馆（区志办、区委党史研究室）289a
佛山市顺德区志办 229b

佛山市志办 289a
佛山中医药简史 289a
浮桥镇志 77a
涪陵年鉴 231b
涪陵史志 393a
福城年鉴 249b
福建年鉴 158b 430a
福建省方志馆 388a 406b 445a
福建省委党史研究和地方志编纂办公室 119a 142a 317a 379a 379b 401a 424 425a 430a 433a 445b 453a
福建史志 388a
福田街道年鉴 152b
福田年鉴 228a
福州茶志 119a
福州市委党史和地方志研究室 119a
抚顺市社会科学院（中共抚顺市委党史研究室、抚顺市人民政府地方志办公室）443a
抚顺市志·第四卷 37b
抚顺市志办 298a
抚松县志 138a
抚仙湖志 41b
抚州府志 144a
抚州年鉴 181a
府谷县人民代表大会志 131b
付村志 36b 68a
阜康年鉴 242b
阜平年鉴 203b
阜新年鉴 169a
阜新市档案馆（阜新市史志办公室）443a
阜新市档案馆（市史志办）315b
阜新市史志办 326a
阜新市史志办公室 315b
阜新市志·第三卷 37b 52b

G

噶尔县志（2001—2010）42a
尕秀村志 105b

改革开放实录 305a
改革开放以来东营市县委书记口述历史 279b
改则县志 42a
甘河镇志 37b
甘井子年鉴 208a
甘泉镇志 104b
甘肃发展年鉴 269a
甘肃扶贫开发志 42a
甘肃简史 312a
甘肃年鉴 163a 312a
甘肃省安全生产监督管理志（1949—2019）133a
甘肃省地方史志办公室 312a 449b
甘肃省方志馆 343a
甘肃省全面小康建设志 42a
甘肃省史志办 42a 150a 312a 325a 343a 376b 394a 435b
甘肃省志办 163a
甘肃史地考述 312a
甘肃史志 394a 394b
甘肃通志稿 150a
甘州府志 343b
甘州年鉴 238b
甘州区方志馆 343a
甘孜州年鉴 324b
甘孜州实录 310b
甘孜州英烈传略 310b
甘孜州志 324b
赣县志 135b
赣州经济技术开发区年鉴 262a
赣州经济技术开发区史志档案管理中心 262a
赣州年鉴 180b
赣州市地方志研究室 180b 304b
罡杨镇志 82a
高安年鉴 220b
高安市独城镇志 39a 88b
高安市司法行政志 39a
高岚村志（1949—2019）96a
高林村志 41a
高桥镇志 81a
高水平全面建成小康社会丹阳实践录 274a

高新区（塘桥镇）年鉴 245a
高要县志 147a
高庄子村志 36b 70a
革吉年鉴 237b
公主岭年鉴 210a
巩义年鉴 223a
孤山镇志 84a
古今巴陵 391b
古今华容 391b
古田街志 94a
古现街道志 31a 89b
谷城年鉴 223b 282b
谷城县要览 282b
谷城县志 282b
鼓楼街巷录 273a
固村镇志 39a
固始县水利志 305b
固原扶贫志 42b 133b 436b
固原市志 42b
瓜洲续志 139b
关庙乡志 38b 88a
关兴镇志 41b 103a
关于《在全国地方志系统开展"学习吴志宏，建功新时代"主题宣传活动实施方案》的通知 27a
关于表彰全国地方志系统先进集体和先进工作者的决定 26b
关于地方综合年鉴编纂出版若干问题的补充规定 402 425b 426b 427b 431b
关于对第八届全国地方志优秀成果（年鉴类）的通报表扬 26b
关于公布第六批中国名镇志丛书、第五批中国名村志丛书入选名单的通知 34b
关于启动新冠肺炎疫情防控资料收集编纂工作的通知 26a
观湖年鉴 249a
观澜年鉴 249a
观山湖年鉴 234a 234b
管城年鉴 222b
灌南记忆——常州一百零八将 275b
灌南县交通运输志 113b

灌南县老干部工作志 113b
灌云年鉴 214b
灌云县旅游志 113a
灌云县人大志 113b
灌云县政协志 113a
光禄镇志 41b 103b
光明街道年鉴 251a
光明年鉴 228a 432b
光塔街道志 40b
光泽县委党史和地方志研究室 143a
光泽县志 143a
广安年鉴 191b
广东财政年鉴 265b
广东方志馆 447b
广东扶贫志 40b
广东建设年鉴 265a
广东历代方志集成 136a
广东年鉴 160b
广东年鉴社 426a 447b
广东省地方志理论研究优秀论文集·2020 376b
广东省方志馆 340a
广东省人民政府地方志办公室 447b
广东省志办 60 99b 100 101a 127 136a 147 153a 160b 187b 188 227a 228a 229a 230a 247b 248 249 250 251a 252b 265b 266 287b 288 289 290a 306 307 319 323 329a 340 376b 380 392 396a 401b 407b 417b 425b 426a 432a 438b
广东省自然村落历史人文普查资料全集·全粤村情 287a
广东史志 392a
广东卫生健康年鉴 266a
广东乡村非遗 287b
广东乡村美食 288a
广丰区财政志 39a
广府方言顺德话 289a
广灵扶贫志（2014—2020）107b
广宁县志 147a
广铁集团志（1993—2015年）43a
广西边务志 11a 29a

广西地方志 392b
广西地名文化 290b
广西调查年鉴 266b
广西方志馆 340b
广西方志馆 438a
广西汉语方言志 11a
广西抗日战争志 11a
广西抗疫资料选编 11b
广西历代方志集成 136a
广西年鉴 160b
广西商务年鉴 267a
广西审计年鉴 266b
广西史志博物馆 438a
广西税务年鉴 267a
广西图鉴 290a
广西壮族自治区地方志编纂委员会
　　办公室 447b
广西壮族自治区地方志工作办法 11b
广西壮族自治区志办 29a 34b 290 323b 392b
　　396b 408a 426a 432b 433 438a
广西自然资源年鉴 266b
广州港志 340b
广州简志 40a
广州年鉴 187a 340b
广州史志参阅 396a
广州史志信息 392a
广州市城市更新改造志（2001—2017）127a
广州市方志馆 340a 438b
广州市国家税务志（1994—2018）127a
广州市花都区志办 100a
广州市环境保护志（2001—2017）127
广州市黄埔区志（2001—2015）60a
广州市林业和园林志（2001—2017）127a
广州市萝岗区志 60a
广州市名镇名街名村志丛书·茶塘村志 100a
广州市名镇名街名村志丛书·大埔围
　　村志 100a
广州市名镇名街名村志丛书·东涌
　　镇志 100b
广州市名镇名街名村志丛书·榄核镇志 101a
广州市名镇名街名村志丛书·猎德村志 99b

广州市名镇名街名村志丛书·南华西
　　街道志 99b
广州市人力资源和社会保障志
　　（2001—2017）126b
广州市委党史文献研究室（市志办）
　　392a 432b 438a
广州市委党史文献研究室 187a 438a
广州市越秀区档案馆（区委党史文献研究室、
　　区志办）226b
贵溪年鉴 219b
贵阳年鉴 192a
贵阳市方志馆 342b
贵阳市志办 192a 234b 408b
贵阳统计年鉴 268b
贵州档案方志 393b
贵州档案史志林 393b
贵州地方志编写通讯 393b
贵州地方志通讯 393b
贵州方志 393b
贵州扶贫志 419b
贵州简志 419b
贵州交通运输年鉴 268a
贵州抗疫志 419b
贵州湄潭茶场志 41b 130a
贵州年鉴 162a
贵州桥梁志 41b 129b
贵州全面小康志 419b
贵州三穗农村商业银行志 41b 130b
贵州省档案馆（贵州省地方志办公室）448b
贵州省档案馆（省志办）162a 330a 393b 419b
　　435a
贵州省方志馆 342b
贵州省志 393b
贵州省志·军事 41b
贵州省志·民族 宗教 41b
贵州省志办 324b 381b 408b 435a
贵州史志林 393b
贵州统计年鉴 267b
贵州卫生健康年鉴 268a
贵州自然资源年鉴 268a
桂东年鉴 226b

桂花坪村志（1949—2015）98a
桂林年鉴 189a
桂林市志办 189a
郭村志 36b 68b
郭寨村志 84a
国家方志馆 28b 33b 303b 312a 330b 332a 337b
　　338a 339b 382b
国家方志馆黄河分馆 328a 331a
国家方志馆黄河分馆（东营市方志馆）437a
国家方志馆江南分馆 27b 32b 430a
国家方志馆江南分馆（苏州市方志馆）
　　303b 331a
国家方志馆南方丝绸之路分馆 28 29b 30a 31b
　　330b 332a 342b
国家方志馆南水北调分馆 30a 330b 331b
国家方志馆粤港澳大湾区分馆 330b
国家方志馆长江分馆 331b 332a
国家方志馆知青分馆 331a
国家方志馆中国近代人物分馆 339
国家数字方志馆 321a
国网内蒙古东部电力有限公司年鉴 257a
果洛年鉴 454b

H

哈达铺镇志 42b
哈尔滨年鉴 171b
哈尔滨史志 384b
哈尔滨市情活页 395b 396a
哈尔滨市委史志研究室 298b 299a 316a 384b
　　429a
海北年鉴 454b
海勃湾区千里山镇志 37b
海城年鉴 208b
海淀史志 383a
海东年鉴 197a 454b
海口年鉴 190a
海林市委史志研究室 405b
海南大学年鉴 267b
海南扶贫志 40b 434a

海南黎族苗族自治州史 290b
海南绿水青山志 12a 434b
海南年鉴 161a 197b 329a 434a 454b
海南区拉僧庙镇志 37b
海南省情概览 290b
海南省史志馆 11a 340b 434a
海南省委党史研究室（省志办）290b 392b
　　396b 402a 418a 434a 438b
海南省志·七坊镇志（1935—2017）101a
海南省志·牙叉镇志（1935—2017）101a
海南史志 392b
海南史志工作信息 396b
海南统计年鉴 267a
海内外藏明代善本方志目录及研究报告 35b
海宁档案史志 387a
海宁方志馆 336a
海宁市档案馆（市史志研究室）387a
海宁市地名志 116a
海西年鉴 197b
海盐档案史志 387a
海盐县档案馆（县史志研究室）387a
海州直隶州志 139a
海州志 139a
邯郸市方志馆 333b 334a
洺洸镇志 40b
韩公亭 390b
韩家墩街志 93b
汉滨年鉴 238b
汉川年鉴 282b
汉川市要览 282b
汉川市志 282b
汉川县志 282b
汉南年鉴 284a
汉南区要览 284a
汉南区志 284a
汉中记忆 295b
汉中年鉴 195b
汉中市志办 295b
杭城·四时幽赏 276a
杭州纪事（2020）276a
杭州日记 276a

杭州市方志办 276a
杭州市委党史研究室（市志办） 276a 438a
杭州市志办 140a 215a 379a
濠河志 38b
浩口村史 309b
合肥年鉴 176a 379a
合肥市委党史和地方志研究室 414a
和凤镇志 73a
和林格尔县志（1987—2016） 37b
和平年鉴 207a
和圣苑村志 89a
河北地方志 383a
河北科技统计年鉴 255b
河北年鉴 154b
河北区档案馆（区地方志编修委员会
　　办公室） 441a
河北社会科学年鉴 255b
河北省档案馆（省志办） 321b 383a
河北省方志馆 333b
河北省委党史研究室 255b
河北省志·对外经济贸易志 36b 43b
河北省志·农业志 36b 44a
河北统计年鉴 255a
河北宣传年鉴 255b
河横村志 83b
河口百年大事记 279b
河南大事月报 396a
河南军事地理志河南卷 305b
河南抗日战争志 39b 401b
河南蒙古族自治县年鉴 240a
河南蒙古族自治县志（1991—2010） 64b
河南年鉴 159b
河南农业年鉴 263a
河南省地方史志办公室 446a
河南省方志馆 338a
河南省国土资源志 305b
河南省历代方志集成 305b
河南省南水北调年鉴 263a
河南省史志办 34b 305b 317b 322a 390a 396a
　　401a 416a 437b
河南省志 305b 338a 401a

河南史志 390a
菏泽大事 390a
菏泽地区志 305a
菏泽市方志馆 407a
菏泽市委党史研究院（市地方史志研究院）
　　305a 390a 407a
菏泽市志（1840—1985） 305a
贺州市志 54a
鹤壁年鉴 183a
鹤峰县政协志（1984—2020） 125b
鹤岗年鉴 172a
鹤岗市档案馆（市委史志研究室） 272b
黑河年鉴 173a
黑井镇志 103b
黑龙江年鉴 156a 316a
黑龙江省方志馆 6b 7a 334b
黑龙江省委史志研究室 315b 395b 405a 429a
黑龙江省志·铁路志 43a
黑龙江省志·出版志 316a
黑龙江省志·电信志 316a
黑龙江省志·监察志 316a
黑龙江省志·水利志 316a
黑龙江史志 384b
黑龙江统计年鉴 259a
横岗年鉴 248b
横山镇志 104a
衡里炉村志 90a
衡山县志 136a 146b
衡阳年鉴 185b
衡阳市石鼓区志（1996—2018） 39b
弘德村志 29b
红船起航地——嘉兴"百年百忆" 35b
红河镇志 42b
红花岗区方志馆 342b
红军街志 28b
红军长征过凉山 310b
红旗镇志（1913—2016） 72b
红色印记 305a
红山年鉴 205b
红塔年鉴 235b
宏盛村志 38a

虹桥镇志 84b
洪范池镇志 88b
洪合镇志 86b
洪江市志（1978—2007）39b
洪溪村志 86b
后田社区志 89a
呼和浩特市公安志 37b
呼和浩特市赛罕区年鉴（2021）205b
呼和浩特市新城区志（2001—2017）37b
呼和浩特市志（1986—2015）37a
呼兰年鉴 211a
壶关年鉴 204b
壶关县志 37a 57a
葫芦岛市地方志办公室 443b
葫芦岛市志·工交城建卷 38a
葫芦岛市志·经贸卷 38a
葫芦岛市志·科教文化卷 38a
湖北发展改革年鉴 263b
湖北交通运输年鉴 263b
湖北年鉴 159b 446b
湖北省文化和旅游厅 425a 431b 438b 446b
湖北省文化和旅游厅地方志工作处 95 96 97 98
　　99a 124b 125 136a 146 160a 184b 185a
　　223b 224 263b 264a 281b 282 283 284 285
　　286a 318a 322b 328a 339a 431b
湖北省英山县地名志 124b
湖北省志 446b
湖北省志办 431b
湖汊镇志（1997—2018）74a
湖南财政年鉴 265a
湖南地方志 390b
湖南对口支援新疆志（1998—2022）40a
湖南方志馆 339a 447a
湖南教育年鉴 264a
湖南历代方志集成 401b
湖南年鉴 160a 286b 323a 432a
湖南省地方志编纂院 99a 136a 160a 286 306a
　　318a 322b 328 390b 407b 417a 425a 446b
　　447a 453 454a
湖南省地方志综合目录 136a
湖南省志 39b 401b 323a

湖南特色志 323a
湖南通鉴 323a
湖南统计年鉴 264b 286b
湖南乡镇简志·邵阳市卷 40a 99a
湖南自然资源年鉴 264b
湖州年鉴 175b
湖州史志 387a
湖州市地方志编纂室 59a 87a 117a 141a 176a
　　216a 247b 261b 336b
湖州市方志馆 336a
湖州统计年鉴 261b
虎门年鉴 251b
互助土族自治县年鉴 239b
花桥村志 42b
花桥经济开发区年鉴 260a
华北电力大学年鉴 254a
华富街道年鉴 247b
华坪年鉴 236a
华亭县志 150b
华溪村志 41a
滑县年鉴 223a
化德县志（2005—2015）37a
桦甸年鉴 210a
怀集县志 147a
淮安市志办 303a 378b
淮北风物志 278b
淮北历史文化丛书 278b
淮北柳孜遗址志 278b
淮北年鉴 177a
淮北市方志馆 337a
淮北市委党史和地方志研究室 118a 177a 278b
　　337a
淮北水志 38b 118a 278b
淮北相山志 38b 118a 278b
环翠年鉴 221b 222a
环县志 150b
环县志办 150b
环州村志 103b
皇姑年鉴 207a
黄柏渡刘氏家谱 309b
黄陂年鉴 281b

索　引

黄陂区要览 281b
黄陂区志 281b
黄阁镇志 100a
黄河小浪底水利枢纽志 123b
黄家山村志 97b
黄家溪村志 74b
黄陵县志 149b 150a
黄麓镇志 38b
黄南年鉴 198a 454b
黄埔区志（2001—2015年）40a
黄山志 38b
辉苏木志 37b
徽州府志 135b 141b
回顾"十三五"：成效显著 亮点纷呈 219a
汇川区高桥镇志 41b 102b
会昌县林业志（1986—2020）39a
会昌县人大志 39a
会昌县人物志（2004—2009）39a
会文镇志 40b
惠民县人民代表大会志（1945—2020）123b
惠农年鉴 241a
惠州改革开放史（1978—2018）289b
惠州红色文化百村 289a
惠州市档案馆（市志办）289a
浑南年鉴 206b
霍城镇志 105b
霍尔果斯年鉴 153b
霍林郭勒市工会志（1982—2020）37b

J

鸡公山常见药用植物志 124a
鸡冠年鉴 212a
鸡鹋·村志 40b
吉安府志 135b
吉安年鉴 180b
吉林年鉴 156a 384b 428b
吉林省地方志编委会 38a 138a 156a 315b 376a
　　377b 384a 395b 428 437b 443b
吉林省地方志学术年会（2020）论文集 376a

吉林省方志工作通讯 395b
吉林省方志馆 334b
吉林省志 384b
吉林市年鉴 170a
吉林市志办 428b
吉林统计年鉴 258a
吉阳镇志 40b
极简云南史——值得传颂的三十个云南
　　故事 295a
集宁区志（2004—2013）37a
济南党史 388b
济南府志 144b
济南公安志（1986—2020）120b
济南历代旧志序跋汇辑 135b 144a
济南市委党史研究院（市地方史志
　　研究院）388b
济宁大事记 305a
济宁老商号（工业篇）121b
济宁年鉴 182a
济宁市委党史研究院（市地方史志
　　研究院）305a
济宁市志 305a
济宁直隶州志 135b 144b
济源市史志办 305b
济源县志 145a
蓟州区档案馆（区地方志编修委员会
　　办公室）441b
冀鲁边抗日根据地史料选编 280a
加查年鉴 237a
加格达奇区简史 272a
夹关记忆 293b
佳木斯市委史志研究室 405b
嘉黎县志 42a
嘉善县卫生志 116b
嘉兴档案史志 387a
嘉兴年鉴 175b
嘉兴市地方志编纂室 59a 86 87a 116 140b 175b
　　261b 303b 316b 336a 387a
嘉兴市南湖区志 59a
嘉兴市秀洲区志 59a
嘉兴市志（1991—2010）38b 53a

嘉兴统计年鉴 261a
嘉兴统战志 116a
尖扎年鉴 454b
建宁年鉴 218b
建宁县委党史和地方志研究室 142b 218b 219a
建宁县志 142b
建设街道志 85b
建邺年鉴 213a 424a
江岸年鉴 284b
江岸区要览 284
江岸区志 284b
江北城街道志 308a
江北区志 308a
江北厅志 308a
江北厅志·舆地 308a
江北县志稿·教育志 308a
江高镇志 40b
江海春秋 385b
江津年鉴 232b
江津市志（1993—2006）41a
江津县志 147b 148a
江南通志 135a 300a 437b
江南文明通鉴 272b
江宁年鉴 213
江浦村志 40b
江苏保险年鉴 259a
江苏地方志 378b 385a 412b
江苏地方志 301a 316b
江苏地方志学会2021年度学术年会
　　论文集 376a
江苏记录 7a 437b
江苏金坛第一建筑安装工程有限公司志
　　110b
江苏开发区志（1984—2008）109b
江苏老字号志 109b
江苏历代方志全书 300a
江苏名村·泰宁村志 78a
江苏名村·祝陵村志 74a
江苏名镇·白蒲镇志 77b
江苏名镇·城东镇志 78a
江苏名镇·富安镇志 79b

江苏名镇·高沟镇志 79a
江苏名镇·吕四港镇志 77b
江苏南京抗疫志 428a
江苏年鉴 157 316b
江苏社会科学年鉴 259a
江苏省地方志办公室 431a
江苏省地方志编纂委员会办公室 444a
江苏省对口支援西藏建设志 7a 38a 109a 412b
江苏省对口支援新疆建设志 38a
江苏省方志馆 300 301a 335b 444b
江苏省靖江高级中学志 114b
江苏省 48a 303a
江苏省志（1978—2008）·财政税务志 48a
江苏省志（1978—2008）·电子信息志 47b
江苏省志（1978—2008）·附录 48a
江苏省志（1978—2008）·国内贸易志 45b
江苏省志（1978—2008）·海洋渔业志 45b
江苏省志（1978—2008）·建材建筑志 46a
江苏省志（1978—2008）·劳动保障志 46a
江苏省志（1978—2008）·轻工纺织志 47b
江苏省志（1978—2008）·人口人民
　　生活志 48a
江苏省志（1978—2008）·人物志 47a
江苏省志（1978—2008）·社会科学志 46b
江苏省志（1978—2008）·石油化工志 47a
江苏省志（1978—2008）·体育志 46a
江苏省志（1978—2008）·外事港澳台侨
　　事务志 46b
江苏省志办 32a 48a 109a 135a 299b 300b 303a
　　316a 376a 385a 411b 412b 413a 423b 429
　　434b 438a
江苏统计年鉴 259b
江苏卫生健康年鉴 259b
江苏文库 335b
江苏艺文志 135a 300a 437b
江苏自然资源年鉴 260a
江西地方志 322a 388a
江西年鉴 9a 158b
江西省地方志研究院 317a 388a 406b 407a 415b
　　432a 445b
江西省方志馆 317b 322a 327b 337b 415b

江西省扶贫志 39a 414b 415a 430b
江西省全面小康志 39a 414b 415a 430b
江西省志 39a
江西省志·出版志（1991—2010）48b
江西省志·铁路运输（1991—2010年）43a
江西省志·组织志（1991—2010）48b
江西省志办 9a
江西统计年鉴 262a
江阴二十四城七十二墩 274a
江阴市档案史志馆 274a 301b
将军尧镇志 37b
姜巷村志 76b
蒋王街道志 80a
蒋巷村志 76a
今古大观 384a
今古湘乡 391a
今古云溪 391a
今昔湘潭县 391a
金凤年鉴 241a 436a
金佛山志 41a
金华年鉴 176a
金华市志办 117b 141a 176a 261b 336b 387b 388a
金华统计年鉴 261b
金陵明故宫图考·南京明故宫制度与建筑考 273a
金水年鉴 222b
金台年鉴 238a
金坛国土资源志 110a
金庭传统村落合志 75b
金庭镇志 38a
金星村志 86a
金寨县委党史和地方志研究室 277b
金中镇志 41b 102a
金中镇志
锦溪年鉴 247a
锦州市档案馆（锦州市人民政府地方志办公室）443a
锦州市志·政治文化卷 37b 52a
近代天津地区博物馆史研究 271a
晋城保险志 108a

晋城年鉴 167a
晋城市人民代表大会志（1985—2020）108a
晋中市史志研究室 137a 137b
晋中市榆次区志 37a
晋中统计年鉴 256b
京杭大运河山东段志 120a
京泰路街道志 82a
泾川采访志 150b
泾川乡土志 150b
泾川志 150a
泾河村志 76b
泾县县委党史和地方志研究室 118b
荆楚文库·武当山志 136a
荆州年鉴 185a
荆州区年鉴 285a
荆州区要览 285a
荆州区志 285a
菁莪乐育——湖南育才学校百年风云人物散记 286b
靖江市志 429b
静乐县志 37a
静宁州志 150a
九间棚村志 91a
九江历史文化价值与特色研究 304b
九江市方志馆 337b
九台年鉴 209b
九原区志（1991—2013）37a 57b
巨野县政协志 123b

K

喀什地委史志办 436b
开封年鉴 182b
开封市地方史志研究室 437b
开化历代方志集成 141a
开建县志 147a
康陵村志 67b
抗日山志 38b 113b
科尔沁区年鉴 206a
科尔沁区人民代表大会志 37b 108b

岢岚县志 37a
克拉玛依年鉴 199a
克拉玛依市史志办 313a 382a
坑梓年鉴 250b
崆峒山志 150b
口述常州援藏援疆 274a
口述忠县党史 309b
奎屯市志（1996—2015）43a 65b
昆都仑区志（2001—2015）37a
昆山城隍庙续志 139b
昆山高新技术产业开发区年鉴 260b
昆山经济技术开发区年鉴 260b
昆山历代人物志 139b
昆山历代山水园林志 139a
昆山人物志 139b
昆山市民政志（1949—2018）112b

L

拉萨年鉴 194a
拉萨市城关区志 42a
来宾市兴宾区志（1991—2005）63a
来宾市志 54a
来凤年鉴 282b
来凤县要览 282a
来凤县志 282b
兰山区朱潘社区志 91a
兰溪史志 387b
兰州局集团有限公司志（1996—2020）43a
兰州石化公司年鉴 269a
兰州市安宁区志办 296a
兰州市城关区年鉴 238b
兰州市城关区志办 238b
岚山年鉴 222a
榄核镇志 40a
琅琊年鉴 216b
廊坊年鉴 165b
浪漫白鹿图文志 128a
崂山碑记辑注 135b
崂山春秋 389a

老城镇志 92a
老天津的旧报旧刊 271a
老天津的文坛往事 271b
乐安县政协志 39a
乐安县志 144a
乐陵市委党史研究中心（市地方史志研究
　　中心）280a
乐清市志（1991—2013）58b
乐业县志（1990—2005）62a
冷湖行政区志（1991—2015）65b
冷水江市志（1988—2010）39b
梨树县志 138b
梨园头村志 36b 69b
历史芷江 286b 287a
历阳镇志 38b
丽水市志办 336b
利川年鉴 283a
利川市要览 283a
利川市志 283a
利川县志 283a
荔浦年鉴 230b
溧水县政协志 109b
溧水县志 139a
连云港抗战志 303a
连云港历史文献集成（第一辑）135a
连云港年鉴 303a
连云港史志 386a
连云港市志 303a
连云港市志办 135a 302b 303a 378b 386a 429
连云港通史 302b
连云港援疆建设志 303a
莲花街道年鉴 152b
凉城县永兴镇志 37b
凉城县志（1989—2016）37a
凉山年鉴 191b
梁平柚志 41a 127b
辽宁年鉴 155b 423b
辽宁省档案馆地方志编纂中心 442b
辽宁省法库县档案馆（县志办）207b
辽宁省志·铁道志 43a
辽阳市档案馆（辽阳市地方志办公室）443a

索 引

辽阳市志·第四卷 37b
辽阳市志办 298a
辽源年鉴 170b
聊城年鉴 182b
寮步年鉴 252b
猎德村志 40a
林城镇志 87a
林芝地区志（2001—2010）42a
林芝史志 394a
临沧年鉴 194a
临川县志 135b
临汾年鉴 167b
临汾市地方志研究室 256b 384a
临汾市委党史研究室（市地方志
　　研究室）315a
临汾统计年鉴 256a
临涣镇志 38b
临江府志 135b
临朐县人民代表大会志 120b
临朐县人民医院志（1950—2018）120b 121a
临夏回族自治州年鉴 197a
临沂市委党史研究院（市地方史志研究院）
　　389b 431a
灵渠——合浦：海上丝绸之路历史溯源史料
　　选编 11b
灵石图说 137b
灵石县志 137a
灵寿年鉴 202b
灵台县志 150
灵岩志 144b
凌口村志 36b 69a
凌源年鉴 209a
凌庄子村志 36b 70a
陵水年鉴 231b
刘崐与晚清著名历史人物 286b
刘庄村志 36b 68b
浏河年鉴 224b 247a
柳北年鉴 230a
柳湖书院志 150b
柳南年鉴 230a
柳州市方志馆 340b

柳州市柳北区志办 230a
柳州市柳南区志办 230a
六合交通运输志 109b
六盘水年鉴 192b
六盘水市志办 193a
龙城春秋 385b
龙城街道年鉴 248a
龙岗革命遗址通览 288b
龙岗年鉴 227b 432b
龙华街道年鉴 249a
龙华年鉴 227b
龙口年鉴 221a
龙楼镇志 40b
龙南乡镇史话 39a
龙泉村志 42b
龙泉县志 135b
龙田街道年鉴 250a
龙湾史志 386b
龙溪镇志 41b 103a
龙穴街道志 100b
龙州县志（1986—2005）63b
隆昌县志 148a
隆昌县志二种 148a
隆回风情 391a
娄底年鉴 186b
娄底市娄星区志（1989—2008）39b
娄底市志（1990—2017）39b
娄江志 139b
芦溪县史志办 304b
庐山栖贤寺志 39a 119b
庐山市茶志 39a
庐山市史志办 304b
泸沽湖志 41b
六安史志馆 337a
潞城县志 136b 137a
陆川年鉴 230b
陆家年鉴 246a
鹿城年鉴 215b
鹿城镇志 103a
罗川村志 42b
罗浮山志 40a

罗湖年鉴 228b 432b
罗家庄志 90a
罗庄区志（1995—2013）407a
萝岗区志 40a
洛隆县志 41b
洛阳方志馆 338a
洛阳水文志 305b
洛峪镇志 42b
洛扎县志 41b
洛扎县志 64a
吕梁市地方志研究室 138a 205b

M

麻涌年鉴 252a
马鞍山村志 38a
马鞍山年鉴 176b
马鞍山市委党史和地方志研究室 176b
马钢志 38b
马岭镇志（1950—2017）102a
马峦街道年鉴 250a
马田街道年鉴 432b
马田年鉴 251a
马羊洲村志 95b
马庄村志 38a 300a
玛纳斯县党委党史和文献研究室 439b
麦子店街道志 67a
满春街道志 93b
满洲里市人民代表大会志（1954—2019）37b 108b
茅坪镇志 97a
茅台酒志 28b
茅台镇志 41b
眉山年鉴 191a
眉州属志 148b
梅花村志 40a
湄江高级中学志 41b 130a
门源年鉴 240a 454b
蒙阴县人物志 122b
盟遂合作志 128b

绵阳市地方志 294a
绵阳市名镇志 102a 311a
绵阳水情 294a 311a
棉船镇志 39a
民国二十年代中国大陆土地问题资料 332a
民用航空志 43a
民治年鉴 249b
闽台关系志 38b 39a
闽台历代方志集成 142a
闽学志 118b
名山年鉴 233b
名山区地方志工作志 129a
明清登封方志集成 145a
明水县方志馆 335a
明性见智 276
明月山志 39a
铭记 279b
牡丹江年鉴 172b
牡丹江市委史志研究室 405b
牡丹区志（1986—2005）305a
牡丹志 305a

N

乃东县志（2001—2010）42a
南昌年鉴 179b
南昌市史志办 180a 379b 430b
南城年鉴 251b
南充市人民代表大会志（1950—2020）128b
南川民俗图志 41a 127b
南川年鉴 232b
南方丝绸之路图志 30b 41b
南丰年鉴 152a
南故邑村志 71b
南海年鉴 229b
南海县志 136a 147a
南华西街道志 40a
南京年鉴 424a
南京史志 385a 412b
南京市地方志办公室 26a

南京市鼓楼区志办 273a
南京市栖霞区志办 273b
南京市志办 273a 274b 385a
南京太仆寺志 135b 141b
南京通史 274b
南康县志 135b
南乐史话 281a
南乐县史志办 281a
南木鄂伦春民族乡志 37b
南宁年鉴 188b
南宁市方志办 432b 433a
南宁市方志馆 340b
南宁铁路局志（1993—2017）43a
南票年鉴 209a
南平市委党史和地方志研究室 379a
南谯年鉴 217a
南泉街道志 41a
南沙街道志 100b
南沙小学志 112a
南山年鉴 227a 432b
南社村志 438b
南通老字号 275a
南通年鉴 173b
南通市关工志 112b
南通市史志办 385b
南通市通州区人大志 113a
南通市志办 275a 300a 429b
南通乡村影像志 300a
南阳年鉴 183b
南闸志 73b
南寨社区志 89a
内江市东兴区革命老区发展史 294a
内江市脱贫攻坚亲历者口述实录 294a
内江市委党史地方志研究室 294a
内蒙古地方志通讯 384a
内蒙古地方志研究室 384a 405a
内蒙古方志 384a
内蒙古广播电视年鉴 257a
内蒙古年鉴 155b
内蒙古史志 384a
内蒙古文化和旅游年鉴 257b

内蒙古印记 384a
内蒙古自治区阿拉善右旗档案史志馆 206b
内蒙古自治区残疾人联合会志 37a
内蒙古自治区地方志研究室 155b 297b 298a
　　326a
内蒙古自治区人民政府地方志研究室
　　442b 451a
内蒙古自治区志·包钢志 45a
内蒙古自治区志·铁路志（1988—2017）43a
内蒙古自治区志·外事志 37a
尼玛县志 42a
年鉴里的新湖南——辉煌"十三五" 286b
聂堆镇志 93a
聂荣县志 42a
宁波市志（1991—2010）38b 52b
宁波市志办 140b 215 261a 276b
宁波文化旅游年鉴 261a
宁德地图志 53a
宁德市委党史和地方志研究室 304a
宁德市志（1993—2005）53a
宁都县人大志 39a
宁国年鉴 216a
宁国市委党史和地方志室 216a
宁化年鉴 218a
宁化县委党史和地方志研究室 142b 218
宁化县志 142b
宁家房子村志 36b 69b
宁陕县革命老区发展史（1935—2019）295b
宁夏扶贫志 42b
宁夏贺兰山国家级自然保护区志 42b 436a
宁夏贺兰山志 42b
宁夏黄河志 42b
宁夏回族自治区地方志办公室 450a
宁夏回族自治区志办 163b 312b 394b
宁夏惠农渠志 436a
宁夏检察志 42b 436a
宁夏金沙林场志 42b
宁夏粮食志 42b
宁夏年鉴 163b 312b
宁夏农业志 42b
宁夏气象志 42b

宁夏人防志 42b
宁夏生态环境志 42b 133b 436a
宁夏史志 394b
宁夏水利科学院志 42b
宁夏水文志 42b 436a
宁夏通志 312b
宁夏小康志 42b
宁乡高新技术产业园区志 126a
宁乡经济技术开发区志 126a
农九师概况 313b
农九师简史 313b
农九师志 313b
农一师阿拉尔市大事记（1949—2004）296a

P

攀枝花市标准地名志 128a
盘锦市志·经济卷 38a
盘锦市志·社会卷 38a
盘楼村志 36b
盘州市方志馆 342b
盘州市年鉴 234b
盘州市志办 234b
沛县方志印记 302a
沛县志办 302a
彭山年鉴 233b
彭水苗族土家族自治县档案馆（县党史和地方
　　志研究中心）310a
彭水年鉴 241b 403b
彭阳县志 42b
彭州·三国遗韵 293a
彭州民俗 293a
彭州市志办 293a
邳州市人大志 110a
郫都乡愁 293a
偏沅巡抚 287a
平湖街道年鉴 248a
平湖史志 387a
平湖市公安志 116b
平湖市史志研究室 387a

平江风情 391b
平江县扶贫志 126b
平凉府志 150a
平凉旧志辑珍 150a
平凉市志办 150a
平凉县志 150b
平潭年鉴 179b
平阳方志 384a
平阳县工商联志 116a
坪地年鉴 248b
坪山街道年鉴 249b
坪山年鉴 228b 432b
坪石镇志 40b
坪坦村寨志 99a
萍乡市委史志研究室 279a
莆田市工艺美术志 119a
莆田市工艺美术志·工艺人物卷 119a
莆田市工艺美术志·行业管理卷 119a
蒲江县史志办 292a
濮阳年鉴 183
濮阳县史志办 281a
濮院镇志 86b
浦江方志 388a
浦江县地方志编纂室 316b
浦口年鉴 424a
普格县脱贫攻坚综合帮扶图志
　　（2014—2020）129a
普兰店年鉴 208a
普兰县志（2001—2010）42a
铺前镇志 40b

Q

七坊镇志 40b
齐河县解放战争志 123a
齐齐哈尔年鉴 171b
齐齐哈尔市委史志研究室 316a
齐长城志 39b
千灯年鉴 246
千泉街道志 90b

前海年鉴 266a
虔台志 135b
乾江历史文化探略 290b
衡山县志 136a
潜江年鉴 283b
潜江市要览 283b
潜江市志 283b
潜江县志 283b
黔东南苗族侗族自治州农业志 41b
黔东南州方志室 342b
黔江地方党史简明读本 308b
黔江县志 308b
黔西南州方志馆 342b
乔杨社区志 82b
桥光村志 88b
桥市镇志（1986—2017）98b
钦州市钦南区志 61b
溱东镇志 79b
溱潼镇志 83a
青岛史鉴 389a
青岛市市北区委党史研究中心（区地方史志
　　研究中心）304b
青岛市委党史研究院（市地方史志
　　研究院）389a
青冈县体育志（1949—2019）109a
青海地方志工作动态 397a
青海方志工作 394b
青海交通年鉴 270a 454b
青海民俗志 133b 312b
青海年鉴 163a 325a
青海省地方志编纂委员会办公室 450a
青海省方志馆 343b
青海省抗击新冠肺炎疫情实录
　　（2020.1.19—2020.12.1）13b
青海省志 13a 51a
青海省志·报业志（1995—2010）51a
青海省志·大事记（1986—2005）13a
青海省志·发展计划志（1986—2005）49a
青海省志·公安志（1986—2005）49b
青海省志·国内贸易志（1986—2005）51a
青海省志·监狱管理志（1995—2010）50a
青海省志·检察志（1986—2005）49a
青海省志·旅游志（1982—2010）50b
青海省志·区域建置志（1990—2011）50b
青海省志·人口与计划生育志
　　（1986—2013）50a
青海省志·人物志（1986—2005）13a
青海省志·社会科学志（1993—2010）49b
青海省志·体育志（1995—2010）49a
青海省志·文化艺术志（1986—2005）50b
青海省志·医疗卫生志（1990—2013）50a
青海省志·邮政电信志·电信
　　（1986—2005）49b
青海省志·自然环境志 50a
青海省志·总述·大事记
　　（1986—2005）42b 51a
青海省志办 32b 51a 133b 312b 320b 325a 343b
　　394b 397a 422a 454b
青海统计年鉴 269b 454b
青海月志 397a 397b
青海自然资源年鉴 269b
青田方志馆 336b
青阳年鉴 217b
青阳县委党史和地方志研究室 217b
清城乡韵 289b
清河区抗战史 304b
清江诗萃 135b
清江县志 135b
清水土家族乡志 41a
清水溪村志（1949—2015）95b
清原满族自治县年鉴 208b
清远家训 289b
清远市清城区志办 289b
清远市史志办 289b
庆阳年鉴 196b
庆阳市志办 196b
邛崃市志办 128a 293b
邛崃文物图志 128a
琼海年鉴 231
曲阜年鉴 221b
曲阜市农业农村志 121a
曲靖年鉴 193b

曲松年鉴 236b
衢州市卫生志（1992—2015）117b
衢州市志办 117b 141a
全国地方志工作机构主任工作会议 416b 420a
全国地方志事业发展规划纲要
　　（2015—2020年）29b 31b 416b 419a 422a
全国革命老区县发展史 278b
全国名村志编纂工作研讨会 422b
全国年鉴事业发展规划（2021—2025年）29a
全国省级地方志工作机构主任工作会议
　　419 420b
全国省级地方志工作机构主任工作会议
　　暨中国地方志学会第七次会员代表
　　大会视频会议 411a
全国省级地方志机构主任工作会议 411a 414b
　　418a 420b 429a
全蜀艺文志 148b
全粤村情 287a
全粤村情·潮州市饶平县卷 287b
全粤村情·佛山市高明区卷 287a
全粤村情·佛山市顺德区卷（二）287a
全粤村情·广东省深圳市福田区罗湖区南山区
　　盐田区卷 287a
全粤村情·广东省深圳市龙岗区卷 287a
全粤村情·广州市黄埔区卷 287a
全粤村情·广州市增城区卷 287a
全粤村情·河源市和平县卷 287a
全粤村情·江门市开平市卷 287
全粤村情·揭阳市揭阳空港经济区卷 287b
全粤村情·茂名市信宜市卷 287b
全粤村情·梅州市梅县区卷 287a
全粤村情·清远市连州市卷 287b
全粤村情·清远市清城区卷 287b
全粤村情·清远市英德市卷（一）287b
全粤村情·阳江市江城区卷 287b
全粤村情·阳江市阳春市卷（三）287b
全粤村情·阳江市阳东区卷（五）287b
全粤村情·湛江市徐闻县卷（一）287b
泉州年鉴 179a
泉州市洛江区志 59b
泉州市委党史和地方志研究室 179a

R

人和乡志 39a
人民胜利渠志 305b
人文湘阴 391b
仁布年鉴 236b
仁怀市方志室 342b
日喀则地区志（2001—2010）42a
日喀则市志办 435b
日土年鉴 237b
日照大事记 280a
日照市茶叶志 122a
日照市委党史研究院（市地方史志
　　研究院）280a
荣成县续志 135b 145a
汝瓷史 280b
汝州曲剧志 124a
汝州人文史话 280b
汝州市史志办 280b 281a
乳山市教育志 122a
瑞昌市第六中学校志 39a
瑞昌市人民医院志 39a

S

萨嘎年鉴 236b
萨嘎县志 41b 42a 64a
三仓镇志 79a
三店街志 94b
三合村志 37b
三明年鉴 178b
三明市三元区委党史和地方志研究室 218a
三明市委党史和地方志研究室 178b 179a
三桥村志（1926—2020）95a
三清山风景名胜区志 39a
三学寺村志 101b
三亚年鉴 190a 190b
三元里村志 40b

索　引

三元年鉴 217b 218a
桑渎志 87a
桑木村志 85a
沙沟镇志 83b
沙河口年鉴 208a
沙栏吓村志 40b
沙面街志 40b
沙坡头区志（2004—2019） 436a
沙市年鉴 282a
沙市区要览 282a
沙市区志 282a
沙头角街道年鉴 247b
沙头街道年鉴 153a
沙湾街道志 40
沙雅年鉴 241b
沙洋年鉴 224a
山北村志 76a
山城子村志 105a
山东地方志中的文庙 338a
山东建设年鉴 262b
山东抗日战争志 39a
山东科技年鉴 263a
山东年鉴 10a 159a
山东省党史研究院（地方史志研究院） 415b
山东省地方史志研究院 32b 407a 433a
山东省对口支援青海志 39a
山东省对口支援西藏志 10a
山东省对口支援新疆志 10a
山东省方志馆 338a 437a
山东省老字号志 120a
山东省委党史研究院（省地方史志研究院）
　　317b 388b 407a 431a 438b
山东史志 380a 388b
山河志 36b
山南地区志（2001—2015） 41b 42a 54b
山南年鉴 194b
山西党史方志工作动态 395b
山西道地中药材志 37a
山西年鉴 155a
山西省地方志研究院 5b 6a 43a 44a 45a 107a
　　155a 272a 297b 334a 377a 383b

山西省方志馆 334a
山西省委党史研究院（省地方志研究院）
　　395b 410b
山西省志·城乡建设志 44a 44b
山西省志·扶贫开发志 45a
山西省志·广播电影电视志
　　（1978—2013） 44a
山西省志·国土资源志 44b
山西省志·监察志 44b
山西省志·建筑材料工业志 44b
山西省志·总述 45a
山西省志办 434b
山西统计年鉴 256a
陕西地方志 394a 449b
陕西抗日战争志 42a
陕西年鉴 163a 426b
陕西省方志馆 320b 325a 330b 343a 449b
陕西省全面小康志·大事记 42a
陕西省志 42a
陕西省志办 32b 104 131 132 133a 150a 295b
　　311b 394a 396b 426b 436a
单家集村志 42b
剡溪志 117b
商都县扶贫开发志 37b
商都县七台镇志 37b
商都县小海子镇志 37b
商水县姚集乡志 93a
上车湾镇志 98b
上海地方志 378a 384b
上海科创中心实录（2014—2020） 272b
上海年鉴 156b 444a
上海市地方志办公室 444a
上海市志·交通运输分志·铁路运输卷
　　（1978—2010） 43a
上海市志办 156b 272b 299 377b 378a 384b
　　385a 398b 429a 438a
上海滩 385a
上海通志馆 299a 337b 376a 378a 385a 444a
上海修志向导 385a
上海志鉴 385a
上杭年鉴 219a

上杭县旧县镇志 88b
上杭县农业志 119b
上林县志（1986—2005）60b
上饶县政协志 39a
上思县史志办 147b
上思县志（1991—2005）61a
上思州志 147b
尚志年鉴 211a
尚庄街道志 39a
尚庄镇志 79a
韶关简史 288a
韶关市志办 288a
邵伯镇志 38a
邵阳市地方志编纂室 99a 339
邵阳市方志馆 339b
邵阳市志（1978—2004）39b
绍兴市地方志编纂室 59b 87 117b 316b 336b
绍兴市越城区教育志 117a
绍兴县志（1990—2013）59b
射阳县财政志（2006—2015）114a
歙县名人政德故事 277a
深圳大事记 288a
深圳年鉴 187
深圳史志 392b
深圳市宝安区史志办 227a 392b
深圳市光明区史志办 228a
深圳市龙岗区史志办 227b
深圳市龙华区志办 227b
深圳市南山区史志研究中心 227a 288a
深圳市委党史文献研究室（市志办）187b
深圳市委党史文献研究室、市志办 319b
深圳市盐田区志办 229a
深圳市志办 146b 187a 288a 392b 432a
神木县人民代表大会志 131a
神农架林区要览 284a
神农架林区志 284a
神农架年鉴 284a
神农架志 284a
沈阳街道乡镇志（第五辑）72b
沈阳年鉴 168a
沈阳市委党史研究室 72b 207

沈阳市委党史研究室（市志办）411a 428a
盛泽镇志 76a
嵊州年鉴 316b
嵊州市志办 316b
诗话阳明 276b
施南府志续编 136a 146a
十八洞村志 31a 40a
十四团志（1999—2015）43a 66a
十堰年鉴 184a
石城风俗 279a
石城县史志研究室 279a
石拐区志 37a 57b
石家庄年鉴 164b
石湫镇志 73a
石龙镇志 40b
石楼县志 37a
石漫滩水库志 305b
石牌镇志 38b 87b
石桥坪村志（1949—2018）96a
石山镇志 40b
石羊镇志 41b
石杨镇志 38b 87b
石庄镇志 78a
石嘴山市志 42b
什坡村志 41a
史志林 393b
史志学刊 383b
书话阳明 276b
蜀韵纪事（第二辑）292a
双峰县志（1988—2012）39b
双凤村志 40a
双湖区志 42a
双口镇志 36b 71b
双坪村志（1949—2018）96b
双湾村志 75a
双鸭山市委史志研究室 405b
双闸街道志 72b
水西毛氏宗谱 139a
顺德年鉴 229b
朔州市地方志研究室 108b
朔州市金融志 108a

索 引

朔州市志 36b
司前乡志 88a
思南县档案馆方志馆 342b
四川方志中的红军长征记忆 310a
四川抗战历史文献 291b
四川年鉴 161b 310a 311a
四川省地方志工作办公室 448b
四川省地方志工作简报 396b
四川省方志馆 341b
四川省志办 5b 11a 153a 291b 292a 311a 320a
　　324a 329b 341b 381a 393a 396b 403b 404a
　　434b 435a 438b
四川要闻 396b
四会县补志 147a
四会县志 147a
四明续志 140
四明志 140a
四十里店村志 42b
四十五团志（1995—2010）43a 66b
四子王旗志（2005—2017）37a
寺巷街道志 85b
寺庄镇志 72a
松岗街道年鉴 153a 432b
松塘村志 40b
松涛水利志 40b
松桃苗族自治县地方志馆 342b
松烟镇志 41b 102b
松滋年鉴 224a
苏陈镇志 81b
苏州对口支援西藏志 7a 110b 300a
苏州对口支援新疆志 7b 110b 300a
苏州市方志馆 302b 331a
苏州市相城区20年发展图志 111a 300a
苏州市志 302b
苏州市志办 7a 27b 274a 302a 302b 429a
苏州志略 302b
宿迁纪事 400b
宿迁市方志馆 335b 336a
宿迁市史志办 316b
宿迁市宿豫区人力资源和社会保障志 115a
宿迁市宿豫区住房和城乡建设志 115a

绥阳县方志室 342b
绥阳县枧坝镇志 41b 102b
岁月留声 273a
遂川县工会志 39a
孙庄子村志 36b 68b
索县志 42a

T

塔桥村志 42b
台安年鉴 176a 208b
台州市椒江区志 59b
太谷年鉴 204b
太谷县志 137b
太原年鉴 166a
太原市地方志研究室 166a
泰州记忆 386a
泰州年鉴 174b
泰州史志办 303a
泰州市国土资源志 114b
泰州市史志办 386a
昙华村志 41b
潭牛镇志 40b
汤汪乡志 80b
唐甸村志 82
唐山年鉴 165a
唐山市丰润年鉴 203a
唐山市路北区年鉴 203b
唐嘴村志 38b 87b
塘厦年鉴 252a
洮南简史 272a
桃符村志 41b
桃园镇志（1990—2019）90b
陶朱街道志 87a
腾越镇志 41b
天府大儒魏了翁 292a
天津滨海新区年鉴 202a
天津地方史研究丛书 410a
天津地情资料丛书 410a
天津府志 297b

天津港保税区年鉴 151b
天津河东年鉴 201a
天津教育年鉴 254b
天津经济技术开发区年鉴 255a
天津科技年鉴 254b
天津老商业 271b
天津年鉴 154b 321a 441a
天津区县年鉴 333b
天津史志 383a
天津市北辰年鉴 202b 321a
天津市北辰区志办 55 56 202b 410a
天津市滨海新区志办 202a
天津市档案馆（市志办）135a 297a 405a 409b
　　410a 423a 427a 437a
天津市档案馆（天津市地方志编修委员会
　　办公室）440b
天津市地方志编修委员会 154b
天津市地方志馆 333a 383a 440b 441a
天津市东丽年鉴 201b
天津市和平区志办 410a
天津市红桥年鉴 201b 321a
天津市蓟县志（1979—2016）36a
天津市津南年鉴 202a
天津市津南区志办 202a
天津市南开区志办 410a
天津市武清年鉴 321a
天津市武清区志 410a
天津市西青区志办 410a
天津市志·纪律检查志 36a
天津市志·纪律检查志（1949—1993）43b
天津市志·文物与博物馆志 36a
天津市志办 43b 271 383a
天津水务年鉴 254a
天津通志·附志·租界 297b
天津通志·港口志 297b
天津通志·交通志 297b
天津统计年鉴 254
天津西青区志（1979—2010）36a
天津长芦盐业志 297b
天门年鉴 224
天桥街道志 35a 36a

天全年鉴 234a
天水方志十年辑录（2010—2020）
　　376b
天水年鉴 196b
天水市志办 196b 376b
天王镇志 81b
天一阁藏历代方志汇刊 332a
天长市委党史和地方志研究室 142a
天长县纂辑志稿校注 142a
天柱县方志室 342b
田林县志（1991—2005）62a
铁力年鉴 212b
铁岭年鉴 169b
铁岭市档案和党史文献中心 443a
铁岭市志·第四卷 37b 52b
铁岭市志办 298b
通道侗族自治县志（1996—2010）39b
通济堰志 311a
通粮厅志 382b
同德县志（1986—2005）65a
同仁县志（1991—2015）64b
同心县志 42b 436a
桐梓县方志馆 342b
铜川年鉴 194b
铜梁年鉴 309b
铜仁年鉴 193a
铜仁市志办 193b 342b
头道河村志（1949—2019）97a
图木舒克市志 43a
图说忠县党史 309b
土默特左旗志（1983—2016）37b
托克托县志（2001—2018）37a
佗城镇志 40b

W

外国人眼中的老安庆 278a
外三道沟村志 35a
万娘坟村志 68a
万宁年鉴 231b

索　引

万山红遍——百年大党的湖南征程 286a
万县志 136b
王店镇志 86a
王姑娘庄村志 36b 69b
王江泾镇志 86a
王茂荫勤廉故事 277a
王台村志 36b 70b
王阳明年谱通译 276b
王阳明与弟子 276
王爷府镇志 37b
王益年鉴 237b
王庄镇志 90b
望城年鉴 225a
望江县党史和地方志研究室 141a
望江县志 135b 141a
威海三千年 280a
威海市委党史研究院（市地方史志研究院）280a
威海姓氏志 122a
微山县地名志 121a
潍坊改革开放实录 305a
潍坊市委党史研究院（市地方史志研究院）305a
潍坊市志 305a
温泉镇志 40b
温州抗疫志 428a
温州民间俚语诠释 276b
温州年鉴 175a
温州史志 386a
温州市洞头区史志研究室 386b
温州市教育志（1991—2012）115b
温州市龙湾区地方志研究室 386b
温州市鹿城区地方志研究室 276b
温州市委党史研究室（市志办）386a
温州市志办 58b 59a 115b 116a 175b 215b 261a 276b 386b 387a
温州统计年鉴 261a
温州证券志 115b
文昌花园社区志 80b 300a
汶阳镇志（1988—2017）91a
汶阳镇志 91a

瓮安县党史方志馆 342b
我从哪里来：扬中百家姓氏探源 274b
我的如东我的家 275a
乌达区乌兰淖尔镇志 37b
乌拉街满族镇志 38a
乌拉特后旗年鉴 206a
乌拉特前旗志（1990—2010）37a
乌拉特中旗志（1988—2012）37b
乌兰察布市志（2000—2012）37a
乌兰木伦镇志 37b
乌兰年鉴 240b
乌审旗志（1991—2010）37a
乌什县志（2002—2020）43a
无锡年鉴 173a 327a
无锡市档案史志馆 301b 327a
无锡市情 301b
芜湖历史文化名人——报业先行者张九皋 278a
芜湖市委党史和地方志研究室 278a
芜湖县人民代表大会志 38b 118a
吴滩镇志 41a
吴巷村志 74b
吴兴备志 140b 141a
吴兴年鉴 215b
吴忠市志 42b
梧州年鉴 189a
五峰山志 144b
五里店街道志 308a
五省总督史话 287a
五寨县志 37a
五指山年鉴 231a
伍家岗年鉴 282a
伍家岗区要览 282a
伍家岗区志 282a
武昌县志 136a 283b
武当民间故事 286a
武当山特区档案馆（特区史志研究中心）136a 285b
武当山志 145b
武汉城市圈年鉴 322b
武汉春秋 390b

武汉方志馆 338b
武汉年鉴 322b 425a
武汉年鉴实用手册 322b
武汉市地方志办公室 26a
武汉市汉阳区档案馆（区史志研究中心）285b
武汉市情概览 322b
武汉市狮子山街志 94a
武汉市志办 93b 94 285b 305b 318a 322b 338b 390b 416b 438a
武汉志通讯 390b
武侯祠志（1986—2005）41a
武侯街巷 292b
武侯年鉴 233a
武家嘴村志（2000—2020）73a
武陵年鉴 225b
武陵源志 39b
武隆白马山自然保护区重要植物图册 309b
武隆年鉴 232b
武隆县志（1996—2016）41a 309b
武隆县志·经济信息委志（1949—2016）41a 63b
武隆县志·政协志（1950—2016）41a 63b
武平茶志 119b
武威年鉴 195b
武威市委党史和地方志研究中心 195b
武义方志 388a
务川仡佬族苗族自治县方志室 342b

X

西把栅乡志 37b
西藏地方志 394a
西藏地方志 311b 346a
西藏教育年鉴 153b
西藏年鉴 162b
西藏统计年鉴 268b
西藏自治区发展改革志 438a
西藏自治区志·城乡建设志（2001—2010）42a
西藏自治区志·畜牧志（2001—2015）42a
西藏自治区志·地质矿产志 41b 48b
西藏自治区志·对外贸易经济志 41b
西藏自治区志·工会志（2001—2018）42a
西藏自治区志·教育志（2001—2010）42a
西藏自治区志·金融志 41b
西藏自治区志·民政志（2001—2010）42a
西藏自治区志·农业志（2001—2015）42a
西藏自治区志·社会科学志 42a
西藏自治区志·卫生志（2001—2013）42a
西藏自治区志办 162b 394a 404a 408b 454b
西岛社区志 41a
西岗年鉴 207b
西吉旧志辑录 150b
西吉县扶贫志 436a
西吉县志 150b
西江镇志（2001—2020）39a
西来镇志 101b
西陵年鉴 281b
西陵区要览 281b
西陵区志 281b
西宁年鉴 454b
西宁市城东年鉴 239b
西宁市城西区志（1987—2005）64a
西宁县志 136a 147
西桥村志 84b
西樵镇志 40b
西塞山年鉴 285b
西塞山区要览 285a
西塞山区志 285b
西市区志（辽晚期—2011）38a 58b
西提头镇志 36b 71a
西天目祖山志 140a
西沱镇志 41a
西障郑家村志 90a
浠水年鉴 284b
浠水县要览 284b
浠水县志 284b
锡林郭勒盟地名志 37b
溪隐村志 73b
下蜀镇志 81b

厦门海关志 39a
厦门市委党史和地方志研究室 414b
厦门市志 142b
厦门志 142a
仙女山志 41a
仙桃市档案馆（市史志研究中心） 322b
仙游县教育志 119a
咸丰县要览 284b
咸阳市民俗志 295a
咸阳市商务志（1991—2010） 130b
冼夫人志 40a
显正街记忆 285b
芗城区党史（区情）展示馆 337
相城年鉴 214a
香港参与国家改革开放志 5a
香港志 5a
香河年鉴 204a
香雪村志 75
湘西土家族苗族自治州扶贫志 28b 40a
湘西州民族方志馆 339b
湘西州委党史研究室（州地方志编纂室）
　　306a
襄城年鉴 284b
襄城区要览 284b
襄城区志 284b
襄阳郡志 146a
襄阳年鉴 184b
象州县史志办 62b
象州县志（1991—2005） 62b
萧山年鉴 214b
硝河城志 150b
小车行村志 72a
小康市北 275a
小浪底水利枢纽志 305b
小妹村志 41a
小倪庄村志 36b 69a
小杨村志 83b
小洲志 40b
孝南年鉴 283a
孝南区要览 282b
孝南区志 283a

孝义年鉴 205a
辛兴村志 72a
辛院村志 36b 69b
忻州年鉴 167a
忻州市地方志研究室 205a
忻州市忻府区志 37a
新安街道年鉴 248a 432b
新安县志 146b
新安镇志 78a
新巴尔虎右旗地名志 37b
新巴尔虎右旗政协志 37b
新编甘肃地方志提要 376b
新编中国通史 311b
新化县志（1990—2009） 39b
新会陈皮志 40a
新集镇志 78b
新建村志 39a
新建年鉴 219b
新建镇志 74a
新疆地方志 320b 345a 346a 347 382a 394b 395a
新疆地方志（汉文版） 394b
新疆地方志（维吾尔文版） 394b
新疆地方志编委会 439b
新疆地方志通讯 394b 395a 450b
新疆方志馆（新疆地情展示中心） 343b
新疆抗日战争志 43a
新疆绿翔建筑安装工程有限责任公司志
　　（1999—2018） 43a 134a
新疆年鉴 163b 325a 450b
新疆年鉴社 450b
新疆生产建设兵团历史文件选编 313b
新疆生产建设兵团统计年鉴 270b
新疆生产建设兵团志（1986—2010） 313a
新疆生产建设兵团志办 313a 397b 408b 439a
新疆通志（1986—2005） 43a
新疆通志·工商行政管理志
　　（1986—2013） 51a
新疆通志 450b
新疆统计年鉴 270a
新疆维吾尔自治区地方志编委会 320b 394b
　　395a 439a 450b

新津记忆 293b
新时代脱贫攻坚在四川 291b
新吴年鉴 213b
新修南昌府志 135b
新盈镇志 40b
新余年鉴 180a
新庄镇志 85b
新纂云南通志 149
信丰乡镇史话 39a
信阳年鉴 183b
邢台年鉴 165a
兴安盟教育志（2005—2020）37b
兴安盟经济技术开发区志 37b
兴安年鉴 168a
兴海县志（1986—2005）65a
兴化市人民代表大会志（1954—2019） 115a
兴县志 37a
兴业县志 61b
修水县水利志 39a
修水县政协志 39a
秀龙村志（1949—2019）96b
秀英年鉴 231a
徐州市史志办 301b 412a
许村政德故事 276b
叙州府志 148b
续修大竹县志 148b
续修中部县志 150a
续云南通志长编 149b
宣笔志 38b 118b
宣城年鉴 178b
宣城市委党史和地方志室 278a
宣城市委党史和地方志研究室 118b
宣城脱贫攻坚实录 278a
薛城年鉴 220b
寻乌县苏区振兴发展志 35b
寻乌县脱贫攻坚志 35b
寻踪觅迹——黄河口老地方 279b
循化撒拉族自治县年鉴 454b

Y

牙叉镇志 40b
崖城镇志 40b
雅安市红色旅游指南 294
烟台大事记 396a
烟台开发区委党史研究中心（开发区地方史志研究中心）279b
烟台市委党史研究院（市地方史志研究院） 396a 431a
延安地区水利水保志 131a
延安年鉴 195
延安市水利志（1991—2018）131a
延安市政协志（1986—2020）131a
延安饮食小记 295b
延边年鉴 171a
延吉年鉴 210b
盐城年鉴 174a
盐城市志办 406a 429a
盐池县志 42b
盐池县环境保护和林业志 436a
盐田街道年鉴 248b
盐田年鉴 229a 432b
盐田区志办 248b
盐邑志林 140b
演丰镇志 40b
燕家台村志 67b
扬州府志 135a
扬州年鉴 174b
扬州省运会志 38b
扬州史志 386a
扬州市邗江区汊河街道志 80a
扬州市援藏援疆志 114a
扬州市志办 386a 400a 429b
羊城今古 392a
阳江市志办 289b
阳明平濠记 276b
阳明研究丛书 276
阳泉村志（1949—2018）96a

阳泉年鉴 166b 315a
阳泉市城区志 37a 56b
阳泉市地方志研究室 166b
阳泉市人民代表大会志（2001—2020）107b
阳泉市委党史研究室（市地方志研究室）
　　314b
阳新年鉴 281b
阳新县要览 281b
阳新县志 281b
杨店镇志 42b
杨郎村志 42b
杨凌示范区年鉴 269a
杨柳村志 42b
杨柳青镇志 35a
杨楼村志 36b 70a
杨坪村志 42b
洋口镇志 77a
洋坪村志（1926—2018）96a
姚安县年鉴 236a
瑶都江华 392a
叶赫满族镇志 38a
一八四团志（1995—2015）43a 66b
一八五团志（1993—2015）43a 67a
一个老共产党员的生活账 271b
一江清水出新安 277a 277b
伊春年鉴 172b
伊金霍洛旗志（1990—2015）37a
伊宁市年鉴 242b
依兰年鉴 211b
夷陵年鉴 223b
沂蒙红嫂志 122b
沂蒙史志 389b
沂南电业志（2008—2019）122b
沂南县国有林场志 123a
沂水史志 390a
沂州市志 36b
宜昌史志馆 338b
宜昌市史志研究中心 338b
宜城县志 136a 146a
宜春史志办 337b
宜春县志 135b 143b

宜黄县志 135b
宜阳县城关镇志 91b
义和团图志 106b
义乌方志 388a
义乌方志馆 336b
义乌史志 387b
义乌县志 141a
益阳市赫山区志 39b 60a
银川年鉴 198a
银川市金凤区志（2001—2018）42b 436a
银川市兴庆区志 42b
银川市志 42b
银坑镇志（1949—2019）39a
鄞州交通运输年鉴 261a
引江社区志 83a
印江县方志室 342b
应县木塔志 37a 107a
英山民俗汇 286a
英山县档案馆（县史志研究中心）286a
英山县地名志 124b
荥经黑砂志 129a
营口年鉴 169a
营口市志·第三卷 37b 52b
永定河志 382b
永丰县人民代表大会志 39a
永丰县志 143a
永嘉方志 386b
永嘉史志 386b
永嘉县委党史研究室（县地方志研究室）
　　386b
永嘉县志（1991—2010）58b
永联年鉴 245a
永宁州志 138a
永绥厅志 136a
永泰县党史方志馆 337a
永泰县委党史和地方志研究室 337a
永修县史志办 304b
永忠村志 104b
永州年鉴 186b
永州市委党史研究室（市地方志编纂室）
　　431b

永州市志（1996—2015）39b
尤溪县委党史和地方志研究室 143a
尤溪县志 142b
友联村志 37b
友谊年鉴 212a
淤溪镇志 83a
于都盘古茶志 39a
于都县疾病预防控制志 39a
于都县卫生计生志（第三部）39a
于都宗教场所志 39a
余庆县方志室 342b
余姚旧志散文解读 140b
余姚市政府地方志编纂室 276a
盂县史志 383b
渔行社区志 82b
榆次县志 137a
榆林党史与方志 394a
榆中县黄家庄村志 104b
榆中县志办 104b
雨花台年鉴 424a
禹州年鉴 223a
玉皇庙镇志 438b
玉龙镇志 41a
玉麦乡志 42a
玉屏侗族自治县纪检监察志
　　（1950—2020）41b 130a
玉屏县方志陈列室 342b
玉泉办事处志（1073—2015）95a
玉山县人民代表大会志（1949—2019）39a
玉树藏族自治州年鉴 454b
玉树州志（1996—2015）42b 54b
玉塘年鉴 251a
遇见·新津 293a
遇见吴城 304b
裕河镇志 42b
豫菜志 123b
尉犁年鉴 242a
元和街道志 38a
元庆史话 294b
沅州史话 287a

垣曲年鉴 204b
袁州府志 135b 143
原隆村志 42b
远安年鉴 282a
远安县要览 282a
远安县志 282a
岳麓山志 39b
岳阳市地方志编纂室 306a
岳阳市工会志（1986—2019）125b
岳拙园 304b
越秀年鉴 226b
粤港澳大湾区志 5a
粤港澳方志集成 136a
云浮市志办 290a
云浮通史（古代卷）290a
云南财经大学志 41b
云南历代方志集成 149a
云南年鉴 162b
云南省地方志编委会 420b 438b
云南省地方志编纂委员会办公室 449a
云南省方志馆 342b 343a
云南省方志馆茶马古道分馆 342b
云南省情卡片（2021）295a
云南省社会主义学院志 41b
云南省通志馆 394a
云南省志 149b 420b
云南省志办 26a 31b 41b 103b 104a 149 162b
　　194a 235b 236a 295a 330a 332b 342b 343a
　　381b 394a
云南史志 394a
云南通志 149a
云南志钞 149a
云亭街道志 73b
郧县志 283a
郧阳府志 146a
郧阳年鉴 283a
郧阳区要览 283a
陨台志 146a
运城市地方志研究室 205a 256b
运城统计年鉴 256b
运河图志 126b

Z

枣庄党史与方志 389b
枣庄市委党史研究院（市地方史志研究院）
　　389b
泽州农商银行志 108a
扎赉若尔区志（2006—2018） 58a
扎囊县志（2001—2010） 42a
翟镇村志 92a
占上村志 75b
张店镇志 78b
张家场村志 95a
张家港史志 385b
张家港市对口支援和扶贫协作志 112a
张家港市史志办 273a 385b
张家港市统战志 112a
张家口市方志馆 333b
张家庄村志 67b
张浦年鉴 245b
张掖年鉴 196a
张掖市甘州区志办 238b
漳州年鉴 179b
漳州市委党史和地方志研究室 179b
昭萍韵谱 279a
肇庆历代方志集成 136a 147a
肇庆市志办 147a
柘皋镇志 38b 87b
柘荣县委党史和地方志研究室 304a
浙江年鉴 7b 157b
浙江省地方志编纂委员会办公室 444b
浙江省扶贫志 38b
浙江省高水平全面小康志 38b
浙江省抗疫志 38b
浙江省志办 327 382b
浙江通志 7b 38b
贞石——南京栖霞地区历代碑刻集成
　　273b 300a
镇安县财政志 133a
镇江市工商业联合会镇江市总商会志 114b

镇江市史志办 275b
镇江图鉴 275b
镇江新区镇江经济技术开发区志
　　（1992—2015） 81b
正安县法院志 41b 129b
郑州地情报告（2021） 280b
郑州市史志办 280b 437b
芷江记忆 287a
芷江留痕 287a
芷江史事 287a
芷江岁月 287a
指南村志 81a
志鉴编纂述议 376b
志林大关 393b
志说苏州 274a
志与鉴 388b
志苑集林 393b
致敬庐山 304b
中部县乡土志 150a
中部县志 150a
中共安徽省委党史研究院（安徽省地方志
　　研究院） 444b
中共鞍山市委党史研究室 443a
中共北京市委党史研究室、北京市地方志编纂
委员会办公室 440a
中共常熟市委党史工作办公室 111b
中共朝阳市党史研究室 443a
中共大连市委党史研究室 443a
中共丹东市委党史研究室 443a
中共德阳市委党史研究室（市志办） 393a
中共福建省委党史研究和地方志编纂办公室
　　8b 118b 388a 406b 445a
中共广州市委党史文献研究室
　　（市志办） 396a
中共广州市委决策志 40a
中共哈尔滨市委史志研究室 444a
中共海南省委党史研究室（省志办）
　　380b 323b 454a
中共合肥市委党史和地方志研究室 452a
中共河北年鉴 255b
中共黑龙江省委史志研究室 326b 384b 443b

中共吉安市委党史和地方志研究中心 180b
中共济宁简史 305a
中共连云港地方史 303a
中共临沂市委党史研究院（市地方史志
　　研究院）122b
中共内江市东兴区委党史地方志研究室
　　294a
中共宁德市委党史和地方志研究室 53a
中共黔南州委党史研究室 448b
中共山东年鉴 262b
中共山东省委党史研究院（山东省地方史志
　　研究院）446a
中共山东省委党史研究院（省地方史志
　　研究院）379b
中共山东省委党史研究院（省地方史志
　　研究院）120a 122b
中共山西省委党史研究院（山西省地方志
　　研究院）442a
中共山西省委党史研究院（省地方志
　　研究院）271b 297b
中共上杭县委党史和地方志研究室 219a
中共上思县委党史研究和地方志编纂
　　办公室 61a
中共沈阳市委党史研究室（沈阳市人民政府
　　地方志办公室）442b
中共武义县委党校志 117b
中共厦门市委党史和地方志研究室 406b
中共营口市委党史研究室 443a
中共岳阳市委党史研究室（市地方志
　　编纂室）319a
中共云南省委组织部志 41b
中共株洲市委党史研究室（市地方志
　　编纂室）185b
中共遵义市委党校志 41b 129b
中关村发展集团年鉴 151a
中关村年鉴 253b
中国·敦化刀画 272a
中国传统村落志丛书 35b
中国地方志 382a
中国地方志集成·北京府县志辑 335b
中国地方志集成补编·福建府县志辑 335b

中国地方志集成补编·山东府县志辑 335b
中国地方志联合目录 136a
中国地方志学会 26b 27a 34a
中国地方志学会第七次会员代表大会 429a
中国地方志指导小组 5a
中国方志丛书 332a
中国方志馆研究 382b
中国非物质文化遗产志丛书 35b
中国扶贫志 29b 33a 35b
中国扶贫志·广西卷 11a
中国共产党济宁市组织史资料 305a
中国共产党洛阳历史（第二卷）305b
中国共产党上饶市党史研究志 39a
中国国家地理·地道风物 429b
中国国家人文地理·惠州 289b
中国国家人文地理·阳江 289b
中国国家铁路集团有限公司档案史志
　　中心 451a
中国河洛文化文献丛书 338b
中国淮扬菜志 38a
中国抗击新型冠状病毒肺炎疫情志
　　26a 27b 29b
中国昆山昆曲志 38b 112b
中国名村影像志·高碑店村 296b
中国名村志 31a 40a 41a
中国名村志文化工程 41b 432b
中国名村志文化工程实施方案 31b
中国名街志丛书 35b
中国名镇志 31 40b
中国名镇志丛书（英文版）35b
中国名镇志名村志文化工程 42b
中国名镇志文化工程 432b
中国名镇志文化工程实施方案 31b
中国年鉴精品工程 29a 423a 426b 427b
中国年鉴精品工程实施方案（修订版）
　　29a 34b
中国年鉴研究 382a
中国农工民主党常熟市委员会志 111b
中国全面小康志 11a 29b 33a
中国石油辽河油田公司年鉴 257b
中国首届方志编纂出版学术论坛 381b

索 引

中国水利年鉴 253a
中国水利年鉴编辑部 253a
中国铁路沈阳局集团有限公司年鉴 257b
中国铜业志 41b
中国新编乡镇志书目提要
　（上海通志馆藏） 376a
中国影像方志 300b
中国影像方志·扬中篇 274b
中国影像志·凤凰篇 40a
中华人民共和国史志法 32a
中廖村志 41a
中煤矿建第三十三工程处志 38b
中宁枸杞志 42b 133b
中山市古镇镇年鉴 252b
中山印记 290a
中山镇志 41a
中台村志 104a
中卫年鉴 198b
中卫市沙坡头区志 42b
中卫市志 42b
中阳县志 37a
中指办 5b 6a 9b 26a 27 28 29 30 31 32 33 34 35a
　314 321a 330b 332a 382a 395a 396b 427b
　429b 430b 433 435b 454a
中指组 5b 6b 9a 11a 12b 26 27 28 29 30b 31 32a
　33a 378a 381b 393b 398a 422a 425b 427b
　434b
忠魂 305a
忠县党史和地方志研究室 310a
忠县年鉴 309b
忠县志 309b
周村史志之窗 389a
周市年鉴 245b
周庄年鉴 246b
珠村村志 40a

珠海村情 288b
珠海年鉴 187b
珠海市情 288b
珠海市志办 288b
珠海驿道古今 288b
株洲年鉴 185b
株洲市地方志编纂室 306a 318b
诸暨市党史和地方志研究室 336b
诸暨市方志馆 336b
驻马店市脱贫攻坚志 124a
庄浪年鉴 239a
庄浪县志 150a
准格尔旗志（1991—2015）37a
卓尼年鉴 239a
卓尼县党史县志办 239a
资溪面包产业发展史 279a
资政史志专送 395b
淄博年鉴 181b
淄博史志 389a
淄博市委党史研究院（市地方史志
　研究院） 389a
子洲县人民代表大会志 131b
秭归县地方志丛书 97b
紫南村志 40b
紫阳县标准地名志 132b
紫阳县人民代表大会志 132b
紫阳小学校志 132b
紫云年鉴 235a
紫云县方志室 342b
宗关街志 93b
枞阳县政协志 38b 118a
遵义年鉴 192a
遵义市方志馆 342b
左贡县志 42a